BUTANSÄURE *säuerlich, unangenehm, ranzig* 💧 *Alkohol, Wasser* → *Parmesan*

BUTANSÄURE-2-PROPENYLESTER *nussig-röstig* 💧 *Alkohol, Fett* → *Haselnüsse*

N-DECAN *wachsig* 💧 *Alkohol, Fett* → *Langer Pfeffer*

DECANAL *leicht zitrusartig, wachsig* 💧 *Alkohol, Fett* → *Korianderkraut, Weinbeere, Zitrusfrüchte*

…floral, … Fett

ETHYLHEXANOAT *fruchtig, würzig* 💧 *Alkohol, Fett* → *Granatapfel, Parmesan*

ETHYL-METHYLBUTANOAT *orangig* 💧 *Alkohol, Wasser (schlecht)* → *Orange*

2-FLUORPROP-1-EN *leicht faulig* 💧 *Alkohol, Wasser* → *Algen*

HEPTAN-2-ON *fruchtig-käsig, Blauschimmel* 💧 *Alkohol, Fett, Wasser (schlecht)* → *Gewürznelke, Morcheln, Parmesan*

(E)-2-HEPTENAL *fettig-grün, beißend, mandelartig* 💧 *Alkohol, Fett* → *Algen, Walnuss*

(E)-HEX-2-ENAL *grünlich, blätterartig* 💧 *Alkohol* → *Algen, Aprikosen, Eberraute, Pistazie, Tomaten, Weinbeere*

(Z)-HEX-3-ENAL *grün-grasig* 💧 *Alkohol, Wasser* → *Basilikum, Granatapfel, Korianderkraut, Petersilie, Sauerampfer, Schnittlauch, Tomaten*

HEXAN-2-ON *scharf-stechend* 💧 *Alkohol, Fett* → *Morcheln*

(Z)-3-HEXENYL-2-METHYLBUTANOAT *fruchtig, unreife Äpfel, Grapefruit* 💧 *Alkohol, Fett* → *Rauke*

HEXYLACETAT *fruchtig, reif, süßlich* 💧 *Alkohol, Fett, Wasser (schlecht)* → *Oliven*

IODETHAN *blumig-würzig, teeartig* 💧 *Alkohol, Wasser* → *Algen*

1-IODOCTAN *meeresartig, iodig* 💧 *Alkohol, Fett Wasser (schlecht)* → *Algen*

3-METHYLBUTANOL *erdig, verbrannt, whiskyartig* 💧 *Alkohol, Fett, Wasser (schlecht)* → *Cashew*

3-METHYLBUTANSÄURE *stechend säuerlich-käsig, fruchtig* 💧 *Alkohol, Wasser* → *Kakao, Parmesan*

METHYL-2-HEXANAL *warm-kakaoartig* 💧 *Alkohol, Fett* → *Pistazien*

2-METHYL-1-PROPANOL *fruchtig-schokoladig, fuselig* 💧 *Alkohol, Wasser* → *Trüffel*

5-METHYL-(E)-2-HEPTEN-4-ON *frisch, nussig, röstig* 💧 *Alkohol, Fett* → *Haselnuss*

6-METHYL-5-HEPTEN-2-ON *stechend, fruchtig, zitrusartig, grün* 💧 *Alkohol, Fett* → *Tomaten, Zitronenmelisse*

NONAN-2-ON *fruchtig-süßlich-erdig* 💧 *Alkohol, Fett, Wasser (schlecht)* → *Weinraute*

(E)-2-NONEN-1-OL *wachsig, grün, Melone* 💧 *Alkohol, Wasser (schlecht)* → *Algen*

(E)-2-OCTENAL *würzig, sojasaucenartig* 💧 *Alkohol, Wasser (schlecht)* → *Algen*

OCTANAL *blumig-rosenartig* 💧 *Alkohol, Fett* → *Erdnuss, Granatapfel, Zitrone*

OCTAN-1-OL *holzig, zitrusartig, würzig* 💧 *Alkohol, Fett, Wasser* → *Weinbeere*

OCTAN-2-OL *fettig, erdig, würzig* 💧 *Alkohol, Fett, Wasser* → *Weinbeere*

PENTADECANAL *wachsig* 💧 *Alkohol, Fett* → *Algen*

PENTANAL *fruchtig, holzig, leicht stechend* 💧 *Alkohol, Fett* → *Kürbiskerne, Paranuss, Walnuss*

PENTAN-1-OL *fruchtig-süßlich bis fruchtig-säuerlich, bananenartig, Aprikosenduft* 💧 *Alkohol, Fett* → *Mohn, Trüffel*

PENTAN-2-OL *fruchtig-süßlich bis fruchtig-säuerlich, bananenartig, Aprikosenduft* 💧 *Alkohol, Fett* → *Haselnuss*

PENTAN-3-OL *fruchtig-süßlich bis fruchtig-säuerlich, bananenartig, Aprikosenduft* 💧 *Alkohol, Fett* → *Weinbeere*

1-PENTEN-3-OL *butterig-grünlich* 💧 *Fett, Wasser* → *Walnuss*

YUZUNON *floral-zitrusartig* 💧 *Alkohol, Fett* → *Yuzu*

YUZUNOL *stechend-zitrusartig, floral* 💧 *Alkohol, Fett* → *Yuzu*

ALLICIN *schwefelig, Knoblauch* 💧 *Alkohol, Wasser* → *Bärlauch, Knoblauch, Kresse*

ALLYLISOTHIOCYANAT *schwefelig-scharf* 💧 *Fett, Wasser* → *Meerrettich*

AJOEN *Knoblauch* 💧 *Alkohol, Fett* → *Knoblauch*

BLAUSÄURE *stechend bittermandelig* 💧 *Wasser* → *Bittermandeln*

METHANTHIOL *faulig, kohlartig* 💧 *Alkohol, Wasser* → *Shiitake, Kaffee*

METHIONAL *zwiebel-fleischartig, kartoffelig* 💧 *Alkohol* → *Granatapfel, Kaffee, Tomaten, Zwiebel, Schalotte, Frühlingszwiebel*

3-METHYL-2-BUTEN-1-THIOL *schwefelig, faulig* 💧 *Alkohol, Fett* → *Kaffee*

MeS-S-(CH2)4-Me

METHYLPENTYL-DISULFID *schwefelig, stechend* 💧 *Alkohol* → *Schnittlauch, Zwiebel, Schalotte, Frühlingszwiebel*

METHYLSENFÖL *scharfstechend* 💧 *Alkohol, Wasser* → *Kapern*

4-METHYTHIOBUTYLISOTHIOCYANAT *scharf, stechend* 💧 *Alkohol, Wasser* → *Rauke*

HORTIENOL *floral, leicht holzig* 💧 *Alkohol, Fett* → *Weinbeere*

LINALOOL *blumig, zitrusartig, frisch* 💧 *Alkohol, Fett* → *Basilikum, Bohnenkraut, Koriandersamen, Majoran, Oregano, Zimt, Zitronenmelisse*

LINALYLACETAT *frisch-süßlich, bergamotteartig* 💧 *Alkohol,* → *Bergamotte, Szechuanpfeffer*

MYRCEN *süßlich-würzig, balsamisch, pfeffrig, terpentinartig* 💧 *Alkohol, Fett* → *Dill, Fenchel, Kardamom, Kümmel, Orange, Pfeffer, Piment, Rosmarin*

NERAL *zitronenartig* 💧 *Alkohol, Fett* → *Basilikum, Ingwer, Rose, Zitronengras, -melisse, -verbene, Zitrusfrüchte*

NEROL *frisch, rosig, zitrusartig* 💧 *Alkohol, Fett, Wasser* → *Bergamotte, Estragon, Kaffirlimetenblätter, Rose, Zitronenmelisse*

CARVEOL *pfefferminzartig* 💧 *Alkohol, Fett, Wasser* → *Kümmel*

CARVON, (S)-(+) *kümmelartig* **(R)-(-)** *pfefferminzartig* 💧 *Alkohol, Fett* → *Dill, Fenchel, Kümmel, Rose, Sternanis*

1,4-CINEOL *würzig* 💧 *Alkohol, Fett* → *Basilikum, Sternanis, Wacholder*

1,8-CINEOL *Eukalyptus, kampferartig* 💧 *Alkohol, Fett* → *Basilikum, Cranberrys, Eberraute, Kardamom, Lavendel, Lorbeer, Piment, Wermut*

CUMINALDEHYD *cumin-mandelartig* 💧 *Alkohol, Fett* → *Kreuzkümmel*

P-CYMOL *holzig, terpentinartig, zitrusartig* 💧 *Alkohol, Fett* → *Aprikosen, Fenchel, Kreuzkümmel, Maronen, Nigella, Thymian*

aroma

THOMAS A. VIERICH / THOMAS A. VILGIS

DIE KUNST DES WÜRZENS

aroma

Stiftung Warentest

AROMA – DIE KUNST DES WÜRZENS

EIN FEST FÜR DIE SINNE

Dass der Mensch sein Essen würzt, zeugt von Geschmack. Aber nicht nur von diesem, müsste man hier sofort einwenden. Denn das, was wir landläufig als Geschmack bezeichnen – als Geschmack einer Speise wie als menschlichen Geschmackssinn – ist nur die halbe kulinarische Wahrheit. Die andere lautet: Aroma.

Die Zunge schmeckt süß und sauer, bitter, salzig, das herzhafte umami und eventuell sogar fettig, sie ertastet weich und hart, kross oder flüssig. Auch Reize wie heiß, kalt, scharf, brennend, beißend und prickelnd spielen eine große und unterschätzte Rolle. Sie sind keine Geschmacksreize, sondern eine Empfindung des Trigeminusnervs und tragen zum Gesamteindruck einer Speise, dem Flavour, erheblich bei. Aber Gerichte sind mehr als das: Sie sind blumig, kräuterig, jodig, fruchtig oder röstig, riechen leicht oder intensiv nach Zitronen oder Kiefernnadeln, Rosen oder Orangen, Meer, Holz, Kampfer, Harz, Zimt, Moschus oder tausend anderen Dingen. Hier beginnt die Welt der Aromen – und das Gebiet der Aromaforschung.

In einer Zeit, in der wir relativ einfach über Zutaten aus allen Kontinenten verfügen können, ist das Würzen noch spannender geworden – und zugleich schwieriger: Woher soll man wissen, welche der Hunderten von heimischen und exotischen Gewürzen, Kräutern, Samen und Früchten zueinander passen? Hier kann ein wenig Wissen aus der Kräuterchemie wahre Küchenwunder bewirken. Denn wie sonst könnte man ahnen, dass japanische Wakame-Algen ausgezeichnet mit Schweizer Käse harmonieren? Und Dill, das klassische Kraut des Nordens, mit tropischen Bananen? Dieses Buch will dazu inspirieren, auf der Grundlage von Erkenntnissen aus der Lebensmittelchemie eine ganz neue Intuition beim Würzen zu entwickeln.

ESSEN: SINN UND SINNLICHKEIT

Wenn wir essen, arbeiten all unsere Sinne: Augen und Ohren, Tast-, Geruchs- und Geschmackssinn. Schon das Betrachten eines appetitlich angerichteten Tellers löst eine ganze Reihe von Erwartungen und Assoziationen aus. Gefällt mir, wie die verschiedenen Elemente angerichtet sind? Sagt mir die Optik zu? Das Auge ist die erste wichtige Prüfinstanz, dementsprechend spielen Farbe und Form der Speisen eine große Rolle. Gleichzeitig werden die Ohren gespitzt, wenn es verheißungsvoll in der Pfanne brutzelt oder wenn zischend flambiert wird. Nicht in jedem Fall, aber manchmal wissen wir sogar die haptischen Eigenschaften eines Gerichts zu schätzen – selbst in der gehobenen Küche gibt es Fingerfood. Immer aber wird vor dem ersten Bissen „geschnuppert". Denn schon vor dem ersten Kosten versucht das Gehirn, das Gericht in das kulinarische Gedächtnis einzuordnen, besonders bei unbekannten Speisen: Wie riecht denn das? Woran erinnert es? Während Dämpfe und flüchtige Aromen durch die Nase eingeatmet werden, gleicht das Gehirn die Gerüche sofort mit den „gespeicherten" kulinarischen Erfahrungen und Profilen ab, um zu prüfen, ob die Speise wohl ess- und genießbar ist. Wie rasch und automatisch diese Prozesse ablaufen, kann man an sich selbst beobachten, wenn kulinarisch unbekanntes Terrain betreten wird.

Wird nach der Sicht- und Riechprüfung dann ein Bissen in den Mund genommen, werden die Vorgänge komplizierter. Der erste Zungenkontakt zeigt, ob die Vermutung und der Abgleich mit der individuellen kulinarischen Datenbank richtig waren: Das Essen schmeckt, oder es schmeckt nicht. Dieser Eindruck ist allerdings sehr kurz, denn wird der Bissen als positiv eingeschätzt, beginnt der Esser zu kauen, den Brei gegen den Gaumen zu drücken und im Mund hin und her zu bewegen. Geschmacks- und Tastsinn werden wichtig: Wie und wonach schmeckt die Speise? Ist sie scharf oder wirkt sie kühlend? Welche Konsistenz hat sie und wie verändert sie sich beim Kauen und Befeuchten mit Speichel? Das Kauen und „Schmatzen" hat noch eine weitere Funktion, denn dabei werden eine Vielzahl von flüchtigen Aromen freigelegt, die jetzt gleichzeitig die Riechzellen im Nasenrachenraum reizen. Erst das sogenannte retronasale Riechen, zusammen mit dem Geschmack und Empfinden auf der Zunge und in der Mundhöhle, lässt uns die Speise entsprechend würdigen – oder auch nicht.

Dieses Urteil hängt allerdings nicht nur von Geschmack, Würzung oder Zubereitung ab, sondern auch von unserer kulturellen Prägung. Essen mit Genuss ist eine hochdimensionale Angelegenheit, weit mehr als „Ernährung", die nur gut oder schlecht sein kann. Essen ist sinnlich und gehört zu unserer Kultur. Nicht zuletzt deshalb ist Essen in all seinen Facetten ein schier unerschöpfliches Forschungsfeld für zahlreiche Wissenschaftszweige wie beispielsweise Materialforschung, Design, Ethnologie, Geschichte, Biologie, Physik oder Chemie.

WOZU WISSENSCHAFT?

Um zu wissen, was uns schmeckt, sind wir zwar nicht auf die Hilfe der Wissenschaft angewiesen, dafür haben wir unsere Sinne. Aber um zu wissen, was uns außerdem noch schmecken könnte, ist sie äußerst nützlich – dann nämlich, wenn Erfahrung und Experiment angesichts der Vielzahl an Möglichkeiten an ihre Grenzen geraten.

Die meisten Menschen haben gewisse Grundfertigkeiten beim Würzen entwickelt und geben mit großer Selbstverständlichkeit mindestens Pfeffer und Salz an jedes Gericht, Essig, Zitronensaft und Öl an nahezu jeden Salat. Ziel bei der Zugabe all dieser Zutaten ist es, das Essen interessanter zu machen und das Geschmackserlebnis zu intensivieren. Gewürzt und gekräutert wird dabei nach Gefühl, aber auch nach Tradition und Prägung. So hat jede Kultur ganz besondere Würzkombinationen entwickelt. Die chemische Untersuchung zeigt jedoch, dass alle Würztechniken und -traditionen gewisse Gemeinsamkeiten aufweisen. Der Grund dafür liegt in der physiologischen Wahrnehmung von Duft und Geschmack, die bei allen Menschen ähnlich ist: Mit der Zunge können wir fünf Grundgeschmacksrichtungen schmecken – süß, sauer, salzig, bitter und den herzhaften umami-Geschmack, eventuell auch fettig – und über die Riechzellen der Nase nehmen wir Düfte wahr. Diese Duftstoffe lassen sich je nach ihrer chemischen Zusammensetzung sinnvoll in sieben Gruppen einteilen. Anhand eines einfachen Farbgruppenschemas in diesem Buch kann man prüfen, welches Kraut oder Gewürz, welche Frucht oder sonstige Würzzutat welche Aromengruppen aufweist, und kann dementsprechend kombinieren – Kochen nach Farben, sozusagen: Kommen die Aromen aus derselben Gruppe, verstärken sie sich gegenseitig, während Duftstoffe aus verschiedenen Gruppen sich gegenseitig ergänzen.

Die konkrete Anwendung dieses chemischen Wissens kann dann etwa so aussehen: Liebstöckel enthält den Aromastoff SOTOLON, der süßlich nach Ahornsirup duftet. Denkbar wäre daher eine Kombination mit süßen Früchten, etwa mit Erdbeeren, die man in eine dicke Sauce aus Liebstöckel setzt. Über das SOTOLON bekommen die Sommerfrüchte Noten von Ahornsirup und Karamell, und das ganz ohne Zucker und Hitze. Wem das gemundet hat, kann als Nächstes Liebstöckel durch Bockshornklee ersetzen: Auch hier ist die Konzentration von SOTOLON recht hoch und die Kombination mit Erdbeeren funktioniert tatsächlich – wenn man die Bockshornkleesamen zuvor mit kochendem Wasser überbrüht, damit sie weich werden und einen Teil ihres Bittergeschmacks verlieren. Weiß man außerdem, dass sich das Aroma SOTOLON sehr gut von einer fettigen Umgebung „einfangen" lässt, also in Fett löslich ist (→ Löslichkeit, S. 28), dann kann man die restlichen überbrühten Bockshornkleesamen zwischen die Hälften eines quer durchgeschnittenen Camemberts legen, damit sie den Käse aromatisieren. Jetzt haben wir den Salat: Liebstöckel, Bockshornklee, Erdbeeren, Camembert. All das hängt zusammen, wird über Gewürze und Kräuter miteinander verbunden – und schmeckt auch noch!

Dieses Buch will die wissenschaftlichen Erkenntnisse der Gewürz- und Kräuterchemie für jeden verständlich in die Küchen tragen. Sein Ziel ist nicht, enzyklopädisches Wissen auszubreiten, sondern grundlegende Kenntnisse zu vermitteln, auf deren Grundlage man abenteuerlich, aber gut würzen kann.

GESCHMACKSSINN UND GRUNDGESCHMACK

Wenn wir Schnupfen haben oder die Nase aus anderen Gründen verstopft ist, gebrauchen wir häufig die Worte: „Heute schmeckt mir gar nichts", oder: „Ich habe gar keinen Geschmackssinn." Genau genommen ist das falsch, denn in diesem Fall ist nur das Riechvermögen eingeschränkt. Schmecken auf der Zunge kann man in aller Regel auch bei der stärksten Erkältung.

„Geschmack" ist vermutlich eines der am häufigsten falsch verwendeten Wörter, wenn es um Essen und Trinken geht. Meist bezeichnen wir damit den ganzen Genuss, ohne zwischen Aroma und Geschmack einer Speise beziehungsweise dem menschlichen Geruchs- und Geschmackssinn zu differenzieren. Ein einfaches Beispiel dafür, dass es einen wesentlichen Unterschied gibt, ist die Mischung aus Zucker und Zimt, die sich bei den meisten als Kindheitserinnerung eingeprägt hat: Bei zugehaltener Nase schmeckt sie lediglich „süß", riecht man hingegen nur daran, duftet sie „warm, zimtig". Erst im Mund, bei geöffneter Nase, nehmen wir mit der Zunge den süßen Geschmack wahr, während gleichzeitig die duftenden Aromen über den hinteren Rachenraum – retronasal – in die Nase gelangen. Kurz gesagt: „Geschmack" wird nur mit der Zunge geschmeckt, Aromen oder Duftstoffe werden mit der Nase gerochen.

DIE GRUNDGESCHMACKSRICHTUNGEN

Verglichen mit der Welt der Düfte ist Schmecken recht langweilig. Bislang sind lediglich fünf Grundgeschmacksrichtungen nachgewiesen: süß, sauer, salzig, bitter und umami. Es gibt zwar ebenfalls Rezeptoren auf der Zunge, die einen Geschmack nach „fett" erkennen können, ob dieses Signal allerdings an das Gehirn weitergeleitet wird, ist bislang unklar. Wenn man sich beim Verkosten die Nase zuhält, lassen sich die reinen Grundgeschmacksrichtungen in einer Speise erkennen.

Die Reize scharf, heiß, kalt, beißend, prickelnd und adstringierend sind hingegen kein Geschmacksreiz: Hierbei werden die Schmerzrezeptoren gereizt. Die Signale dieses Trigeminusnervs tragen ebenfalls zum Genuss bei.

(scharf, heiß, kalt, prickelnd, beißend, adstringierend)

DIE GRUNDGESCHMACKSRICHTUNGEN

Bisher werden fünf plus eine Grundgeschmacksrichtungen als gesichert angesehen: „süß", „sauer", „salzig" und „bitter" kennt wohl jeder. Die nicht ganz so geläufige fünfte Grundgeschmacksrichtung, der „umami"-Geschmack, steht für „herzhaft, fleischig". Entsprechende Rezeptoren wurden Anfang des 20. Jahrhunderts von dem japanischen Chemiker Ikeda Kikunae auf der menschlichen Zunge entdeckt. Der Geschmack wurde nach dem japanischen Wort für „wohlschmeckend" benannt. Erst 2011 wurde nachgewiesen, dass es auf der menschlichen Zunge außerdem gustatorische Rezeptoren für „fett" beziehungsweise für Fettsäuren gibt. Das wäre ein sechster Grundgeschmack, wobei bisher nicht geklärt ist, ob diese Signale auch an das Gehirn weitergeleitet werden. Aktuell diskutiert wird in der Forschung darüber hinaus, ob es möglicherweise auch Rezeptoren für „Wasser" beziehungsweise „wässrig" im Mundraum gibt. Taufliegen zumindest besitzen welche, vielleicht auch wir Menschen.

DER GESCHMACKSSINN UND SEINE FUNKTION

Aber warum eigentlich der ganze Aufwand, weshalb können wir schmecken? Die Antwort liegt in der Evolution. Bei unseren Vorfahren gab es weder Zutatenlisten noch Inhaltsstoffangaben. Trotzdem mussten sie herausfinden, was genießbar war und was nicht. Mit der Entdeckung des Fett-Rezeptors wird immer deutlicher, dass wir schmecken können, was der Mensch aufgrund seiner Biologie und Physiologie am dringendsten benötigt: Energie (Zucker, süß), Proteine (Fleisch, proteinreiche Pflanzen, umami-Geschmack) und mineralreiche Lebensmittel (salzig). Andererseits musste gewarnt werden: Bittere Beeren oder Wurzeln sind mit großer Wahrscheinlichkeit giftig, stark saure Früchte zumindest mit Vorsicht zu genießen, da sie häufig unreif sind. Der physiologische Nutzen für den menschlichen Körper von sowohl Fett (Energiespeicher) als auch Wasser sprechen für die Vermutung, dass auch diese Stoffe geschmacklich wahrgenommen werden können.

Das zeigt sich auch bei den ursprünglichsten Reaktionen auf die Grundgeschmacksrichtungen, die jedem Menschen angeboren sind: Während süße Lebensmittel oder die sowohl süßlich als auch nach umami schmeckende Muttermilch bei Säuglingen einen wohlig lächelnden Gesichtsausdruck erzeugen, reagieren diese auf bittere Lebensmittel mit einem abwehrenden „gustofazialen Reflex" – sie verziehen auf ganz charakteristische Weise ihr Gesicht. Auch auf Saures reagieren Kleinkinder ähnlich negativ. Dieser gustofaziale Reflex verliert sich nach einiger Zeit, die Akzeptanz bis hin zum Genuss der Geschmacksrichtungen „sauer" und „bitter" kann also

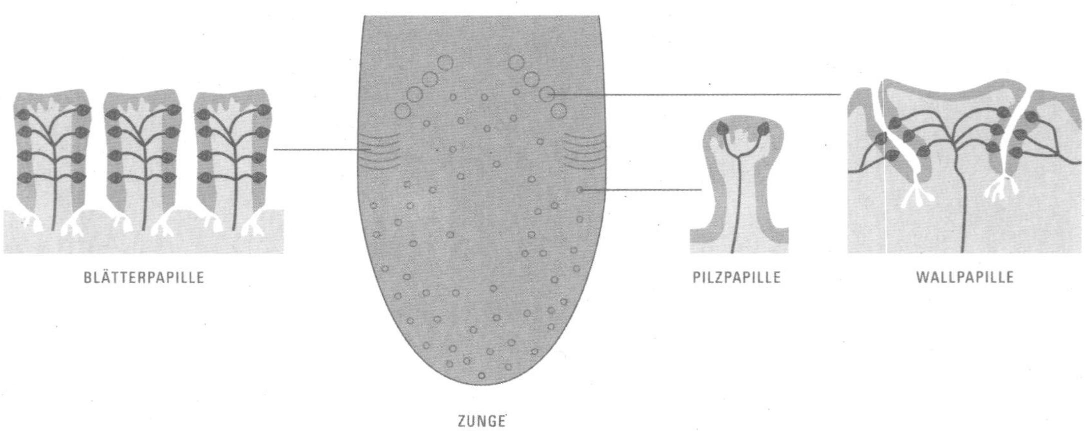

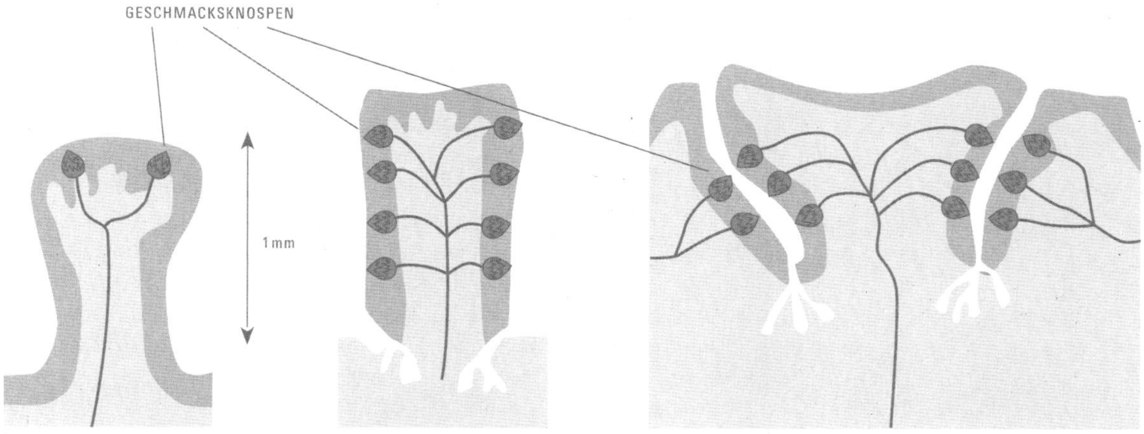

„erlernt" werden. Viele Gemüse weisen zum Beispiel einen erheblichen Bitterstoffgehalt auf, man denke nur an Rosenkohl oder Brokkoli. Auch Spinat ist aufgrund seines erheblichen Anteils an Oxalsäure nicht immer leicht zu ertragen. Da ist es kein Wunder, wenn Kinder diese Beilagen zu Beginn eher ablehnen. Der Lernprozess und die Anpassung der Geschmackserfahrung ist ein wesentlicher Aspekt der Ernährung und des Genusses. Das Erlernte wird im Geschmackserkennungsgedächtnis abgelegt und kann ständig abgerufen werden.

Ein funktionierender und verlässlicher Geschmackssinn ist heute ebenso wichtig wie in der Urgeschichte. Entwickeln wir Lust auf Herzhaftes? Süßes? Oder Salziges? Nicht selten stecken dahinter Andeutungen eines Mangels. Allerdings wird unsere Fähigkeit, auf diese Signale zu hören, mehr und mehr durch ein Überangebot von Nahrung zurückgedrängt. In diesen Mechanismus greift auch stark überwürztes und nicht ausgewogen zubereitetes Conveniencefood ein. Die durch diese Lebensmittel hervorgerufene Verarmung und Vereinheitlichung unserer Wahrnehmung ist mindestens genauso problematisch wie die viel diskutierten Zusatzstoffe.

DIE ZUNGENPAPILLEN

Die stark zerfurchte und zerklüftete Oberfläche der Zunge erlaubt ein sehr feinfühliges Schmecken: Die Geschmacksreize sind rasch erkennbar und gleichzeitig für eine gewisse Zeit wahrnehmbar. Die Struktur, die man mit dem bloßen Auge noch erkennen kann, besteht aus vielen einzelnen Papillen. Von ihnen gibt es mehrere unterschiedlich geformte Typen in den verschiedenen Bereichen der Zunge: Pilzpapillen liegen vorwiegend auf der Zungenoberfläche, Blätterpapillen hauptsächlich am Zungengrund und Wallpapillen in der Nähe der Zungenwurzel. Die ganze Zunge ist darüber hinaus mit Fadenpapillen besetzt, die die physikalischen Eigenschaften der Lebensmittel – Oberflächenbeschaffenheit, Fließverhalten oder andere Textureigenschaften – schnell und sehr genau erkennen. Entgegen früherer Annahmen gibt es aber keine „Geschmackslandkarte" auf der Zunge, also bestimmte Bereiche, in denen man etwa nur „süß" oder nur „bitter" wahrnehmen könnte.

DIE GESCHMACKSKNOSPEN

Geschmacksknospen liegen an den Wänden der Papillen und erinnern in ihrer Form tatsächlich an Blütenknospen. Sie bestehen aus mehreren Sinneszellen, die sich in verschiedenen Segmenten anordnen. Jede Sinneszelle ist dabei durch mehrere Nervenfasern mit dem Zentralnerven-

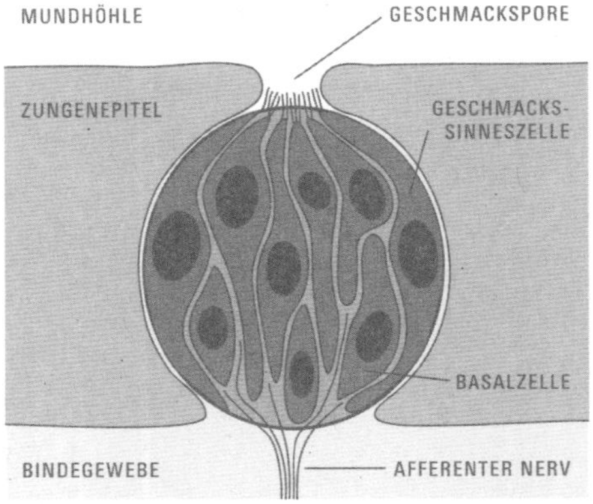

system verbunden, das Signale ins Gehirn weiterleitet, wo der Geschmacksreiz erst in die entsprechende Geschmacksqualität, also beispielsweise „salzig", „sauer" oder „bitter", übersetzt wird. Erkannt – oder wie Physiker sagen: detektiert – wird die jeweilige Geschmacksrichtung allerdings schon in den Geschmacksknospen durch Geschmacksrezeptoren in den sogenannten Mikrovilli, fadenförmigen Ausstülpungen, die die Oberfläche und damit die „Feinfühligkeit" der Sinneszellen in der Geschmacksknospe erhöhen. Die feinen fingerförmigen Strukturen von ca. 500 nm Größe (also ein Zweitausendstel Millimeter) sind von Speichel umgeben und kommen dadurch mit den Geschmacksstoffen der Speisen in Berührung.

WIE FUNKTIONIEREN REZEPTOREN?

Für das Erkennen von Molekülen und molekularen Eigenschaften gibt es mehrere komplizierte Mechanismen. Vereinfacht könnte man sagen: Ein Geschmacksreiz wird durch jeweils ganz bestimmte Stoffe ausgelöst, die in einem Lebensmittel, Kraut oder Gewürz enthalten sind, wobei für jeden Geschmacksreiz andere Stoffe verantwortlich sind. Diese werden vom Speichel gelöst und im Mundraum an den Rezeptoren vorbeigespült, bis sie zufällig an den für ihre Geschmacksrichtung „zuständigen" Rezeptor gelangen und dort andocken. Nur dort passen sie und lösen ihren Reiz aus. Passt der Stoff nicht, reagiert auch der Rezeptor nicht – man spricht deshalb vom „Schlüssel-Schloss-Prinzip".

Während sich der Aufbau der Geschmacksrezeptoren für „salzig und „sauer" ähnelt, funktionieren alle anderen jeweils grundsätzlich anders. Dies liegt an der Natur der Geschmacksauslöser. Salzgeschmack wird durch Ionen ausgelöst: Kochsalz, also Natriumchlorid (NaCl), löst sich in wässriger Umgebung in positiv geladene Natriumionen (Na^+) und negativ geladene Chlorid-ionen (Cl^-) auf. Sowohl die Art der Teilchen als auch die elektrische Ladung zwischen beiden wird von „Ionenkanälen", sogenannten Kanalproteinen, wahrgenommen: Erst bei dieser Doppelbedingung reagiert der Rezeptor. Der Sauergeschmack wird durch Säuren und damit durch positiv geladene Protonen (H^+) ausgelöst, die ebenfalls als kleine geladene Teilchen über Kanalproteine detektiert werden. Die für die Reize „umami" und „bitter" verantwortlichen Moleküle sind komplizierter aufgebaut – entsprechend komplex müssen die jeweiligen Detektoren sein. Der Umami-Geschmacksrezeptor spricht auf den Stoff Glutaminsäure an, Bittergeschmack dagegen wird von unterschiedlichen Stoffen ausgelöst. Strikt nach dem „Schlüssel-Schloss-Prinzip" gibt es 25 verschiedene Bitterrezeptortypen, die jeweils eine bestimmte Ausprägung von „bitter" erkennen können. Alle senden sie ihr individuelles „bitter"-Signal. Diese in der Wissenschaft als TAS2R-Rezeptorenfamilie bezeichneten Detektoren sind allerdings nicht bei allen Menschen gleich ausgeprägt. Abhängig von der genetischen Veranlagung wird „bitter" von „Bitterschmeckern" stärker wahrgenommen als von „Nicht-Schmeckern". Auch das entscheidet, ob beispielsweise Brokkoli – ein Gemüse mit vielen Bitterstoffen – gemocht wird oder nicht. Für die Wahrnehmung der Geschmacksrichtungen „süß" sind wiederum zwei Rezeptoren notwendig, die in engem Kontakt miteinander stehen. Erst wenn ein Molekül dieses „Rezeptorduett" reizt, wird an das Gehirn der Reiz „süß" weitergegeben. Das neu entdeckte Rezeptorprotein CD36 für das Erkennen des Geschmacks von „fett" befindet sich ebenfalls in der Zellmembran der Mikrovilli. Es ist jedoch nicht der einzige Detektor für Fettsäuren: Die G-Proteinrezeptoren GPR40 und GPR120 lösen etwa bei Kontakt mit langkettigen freien Fettsäuren ein Signal aus. Ob diese Rezeptoren aber eine direkte Verdrahtung ins Gehirn haben, um dort einen Sinnesreiz „fett" auszulösen, ist bisher noch nicht klar.

DER „GESCHMACK" DES STILLEN WASSERS

Oben wurde es bereits angesprochen: Taufliegen können Wasser schmecken. Ob der Mensch tatsächlich ebenfalls „wässrig" schmecken kann, ist wissenschaftlich (noch) nicht erwiesen. Mit Blick auf den physiologischen Nutzen wäre es anzunehmen: Wasser ist ein polarer Stoff (→ Lösungsmittel, S. 29), der die ebenfalls polaren Mineralstoffe bindet und damit hilft, den Körper effektiv mit Mineralien zu versorgen. Und wie schmeckt eigentlich Wasser? Die Frage erscheint zunächst absurd und die spontane Antwort lautet wohl meist: „neutral" oder: „nach nichts". Aber dies ist nur auf den ersten Blick richtig, denn Wasser unterschiedlicher Quellen wird durchaus als verschieden empfunden. Erspürt wird dabei die unterschiedliche Mineralienzusammensetzung, die von der Region und dem Gestein der Quelle bestimmt wird. Sorten mit höherem Kalzium- und Magnesiumanteil wirken bei gleichzeitig höherer Konzentration von Hydrogencarbonat etwa weitaus frischer, heller. Im Gegenzug wird Wasser, das arm an diesen Substanzen ist, als eher still, manchmal sogar stumpf empfunden.

GESCHMACK UND TEMPERATUR

Die Intensität eines Geschmacks ist von der Temperatur abhängig, diese Erfahrung hat jeder Koch schon einmal gemacht. Man spricht vom „thermal taste". Eine im heißen Zustand kräftig abgeschmeckte Tomatensuppe wirkt beim Versuch, dieselbe als eiskalte *Gazpacho* zu servieren, fade und wenig aufregend. Dann muss nachgewürzt werden. Salzig und süß verstärken sich tendenziell unter Temperaturerhöhung, sauer und bitter nehmen eher ab. Ab etwa 40 °C wird die Geschmackswahrnehmung immer mehr durch den Einfluss der Wärmerezeptoren überdeckt. Diese Effekte bestimmen somit das Würzen und können bei der Zubereitung beachtet werden.

Ein weiterer für Köche wichtiger Aspekt, der mit der Temperatur zusammenhängt, ist ganz schlicht der Unterschied zwischen heiß und kalt, der unser sinnliches Erlebnis um eine weitere Dimension erweitert: Kräftige Warm-Kalt-Kontraste auf einem Teller heben den Genuss. Dabei muss die Temperatur nicht einmal „echt" sein: Die Inhaltsstoffe von Gewürzen wie Chili oder Minze regen exakt die gleichen Empfindungen an, welche durch Hitze beziehungsweise Kühle verursacht werden (→ Reizen des Trigeminusnervs, Seite 48).

Betrachtet man die Kreationen von Spitzenköchen, so finden sich dort etwa gegrillte Jakobsmuscheln neben geräuchertem Ziegenkäse und eiskaltem Tomatensorbet oder eine heiße Schokoladenmousse, die neben einem kalten Granité aus Orangenlikör serviert wird. Aber auch die Hausmannskost setzt diese Effekte ein: etwa beim Dessertklassiker Vanilleeis mit heißen Himbeeren oder beim heißen Pfefferminztee.

SCHARF IST KEIN GESCHMACKSREIZ

Ein wichtiges Element des Würzens wurde bisher nur gestreift: Die Empfindung für Schärfe, wie sie etwa von Pfeffer, Chili oder Ingwer vermittelt wird, ist keine Geschmacksqualität, sondern ein Schmerzreiz – genauso wie die kühlende Wirkung der Minze. Wahrgenommen wird sie von den Enden des Trigeminusnervs. Diese im ganzen Körper verteilten Nerven sind für das menschliche Empfinden von Schmerz zuständig, worunter auch das Gefühl von Hitze und Kälte fällt. Chili zum Beispiel brennt beim Schneiden oder Entkernen auch an den Händen – und seine Schärfe zieht ähnliche Schweißausbrüche nach sich wie große Hitze.

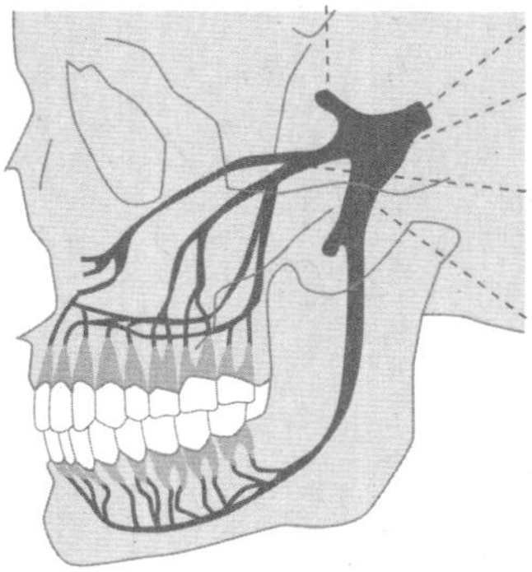

Die Nervenendigungen des Trigeminusnervs finden sich im gesamten Mundraum.

Die Schmerzrezeptoren reagieren also nicht nur auf Temperaturunterschiede oder Verletzungen, sondern auch auf bestimmte Moleküle: etwa auf das CAPSAICIN in Chili, das PIPERIN in Pfeffer, das GINGEROL in Ingwer oder das kühlende MENTHOL in Pfefferminze. ZIMTALDEHYD in Zimt wie auch die verschiedenen schwefelhaltigen Senföle im Knoblauch, Lauch oder Zwiebeln werden ebenfalls als „scharf", „brennend" empfunden. Ob die Reize von echter Temperatur oder von entsprechenden Molekülen stammen, können die Rezeptoren nicht unterscheiden. Der Temperaturbereich des Mundraums, ungefähr −10 °C bis 50 °C, lässt sich daher auch komplett mit verschiedenen Kräutern und Gewürzen abdecken.

Der Aufbau der Schmerzrezeptoren ist hochkomplex: Pfefferschärfe, Chilischärfe oder kühlende Minze werden jeweils von verschiedenen Rezeptoren wahrgenommen. Erst vor wenigen Jahren wurde nachgewiesen, dass das Prickeln und die leichte Taubheit auf der Zunge vom HYDROXY-α-SANSHOOL in Szechuanpfeffer und Parakresse speziell auf die Reizung eines zweiporigen Kaliumrezeptors zurückzuführen ist. Auch das spürbare Prickeln von Mineralwasser und Champagner ist eine Reizung des Trigeminusnervs. Bei Kohlensäure wurde Kohlendioxid verkapselt, das beim Auflösen freigesetzt wird und auf der Zunge einen prickelnden Effekt auslöst. Etwas Brausepulver in Cremes, Schokoladenmousse oder Kartoffelpüree lassen altbekannte Gerichte durch das trigeminale Prickeln in neuem Glanz erscheinen.

Wie sehr sich die Sinne durch entsprechende Kombinationen beeinflussen lassen, zeigt ein kleines Experiment: Eine Tasse heiße Schokolade, die über Pfefferminze mit etwas Menthol versetzt wird, bringt die Schmerzrezeptoren in Verwirrung: Einerseits ist es heiß, andererseits vermittelt die Reize des Trigeminusnervs dem Gehirn wegen Menthol: kalt. Diese widersprüchlichen Informationen können von uns nicht ohne weiteres zugeordnet werden. Anders als beim bekannten heißen Pfefferminztee kann das Gehirn in diesem Fall nicht auf Erinnerungen zurückgreifen.

Diese mitunter schmerzhaften Reizungen des Trigeminusnervs sind eine wichtige Komponente des Würzens, sie umfassen, was man mit „brennend", „scharf", „kühlend", „beißend", „stechend" oder „brenzlig" beschreiben würde. Die körperlichen Reaktionen sind bekannt: tränende Augen, vermehrter Speichelfluss, wärmendes oder kühlendes Gefühl, Niesreiz. Damit kann man in der Küche hervorragend spielen – allerdings sehr vorsichtig. Ein noch rauchendes Stück Zimt oder Süßholz, das unter einer Glasglocke einen Ziegenkäse oder etwas gegarten Fisch räuchert, weckt nicht nur die Vorfreude auf das Raucharoma, sondern kitzelt beim Abheben des Glases die Nase und reizt ganz leicht die Augen. Es werden Stimmungen ausgelöst, die – falls nicht übertrieben wird – den Genuss noch steigern, wie z.B. beim hörbar prickelnden Champagner.

ADSTRINGENZ

Adstringenz ist ein Gefühl im Mund, für das ebenfalls die Trigeminusnervenenden verantwortlich sind. Beim Genuss von Schokolade mit extrem hohem Kakaoanteil und starker Röstung, beim Trinken eines gerbstoffreichen Rotweins, eines Matchas (grüner Tee) oder beim Kauen von Walnüssen weiß man sofort, was das Wort bedeutet: dieses zusammenziehende Gefühl auf der Zunge, das manchmal als „trocken",„rau" oder „pelzig" bezeichnet wird. Der physikalische Grund für das adstringierende Gefühl ist die Wirkung der Gerbstoffe auf die Proteine, die im Speichel für dessen Viskosität und „Schleimigkeit", also seine physikalische Struktur, verantwortlich sind. Solange die Proteine als Einzelmoleküle fein verteilt sind, nimmt man Speichel als angenehme, die Schleim-

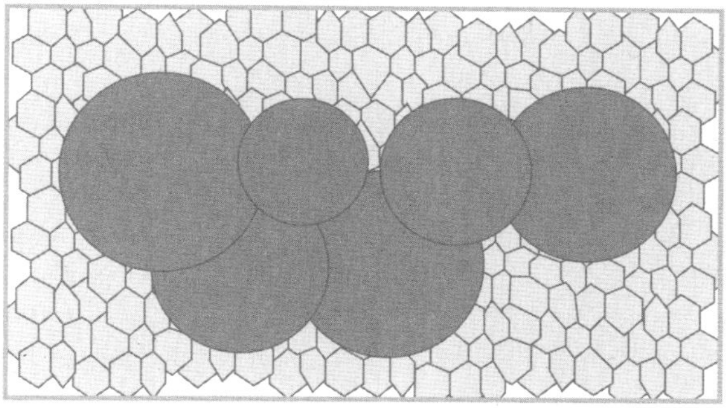

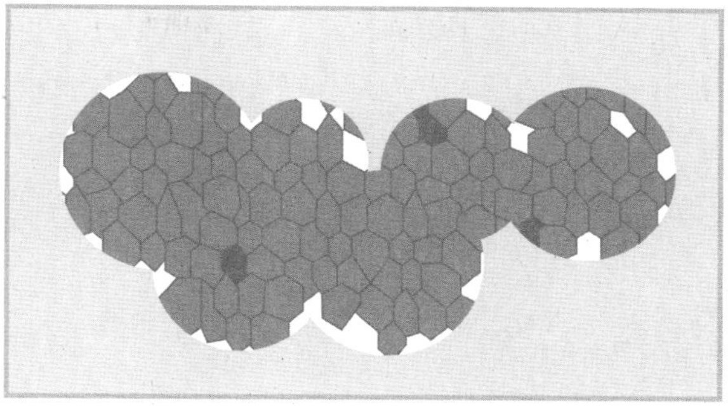

Schematische Darstellung eines Lebensmittels, das links aus einer festen, knusprigen Hülle, einer porös-schaumigen Füllung und flüssigen Tröpfchen in der Mitte besteht. Rechts sind die inneren Bestandteile vertauscht: Unter der erneut festen, knusprigen Hülle liegt hier eine Flüssigkeit, die eine porös-schaumige Masse umgibt. Die Texturerlebnisse sind aufgrund der unterschiedlichen Anordnungen der einzelnen Strukturelemente vollkommen verschieden.

Wohlschmeckendes, cremiges Speiseeis vereint alle drei Aggregatzustände: feste Eiskristalle, flüssige Fettphasen und durch eine Eismaschine (einen Paco-Jet) jede Menge untergehobene Luft als Gas. Erst das Zusammenwirken dieser drei Phasen lässt das Eis so schmackhaft werden. Dabei wurde das Aroma noch gar nicht angesprochen: Erdbeer-, Vanille-, Banane-, Schokoladen- oder herzhaftes Steinpilzeis? Ungeachtet dessen lässt uns allein schon das ausgewogene Zusammenspiel der Phasen jedes Eis als wohltuend empfinden.

häute benetzende Flüssigkeit wahr. Kommen jedoch Gerbstoffe ins Spiel, sorgen sie dafür, dass sich viele Proteine zu größeren Ansammlungen verbinden, was zu einem deutlich anderen Fließverhalten führt: Die Benetzung und Reibung verändern sich, was wir mittels des Trigeminusnervs deutlich spüren können.

DIE TEXTUR VON LEBENSMITTELN

Der Begriff „Textur" wird oft verwendet, wenn man Form und Aggregatzustand einer Speise beschreibt, also etwa knusprig, hart oder flüssig. Aber Textur ist mehr: Der Begriff umfasst alle Effekte, die von der physikalischen Struktur der Lebensmittel bestimmt sind. Diese ist klar über physikalische Parameter wie etwa Härte, Wassergehalt und Cremigkeit definiert. Im Gehirn werden diese physikalischen Eigenschaften in eine letztlich individuelle Empfindung umgesetzt. Wird etwa ein als „knackig" beschriebenes Lebensmittel gegessen, bedeutet das Folgendes: Aus einer knackigen, also harten Hülle können zunächst kaum Aromen entweichen. Auf der Zunge wird so eine unelastische Speise als kantig, rau und wenig anschmiegsam wahrgenommen. Sie ist kompakt und lässt sich als Ganzes im Mundraum bewegen. Speichel durchdringt kaum die Schale, das Lebensmittel schmeckt also zunächst nach nichts. Erst wenn man daraufbeißt, knackt und kracht es, und die Duftnoten und Geschmacksstoffe werden auf einen Schlag freigegeben. Dieser Vorgang lässt sich auf andere Formen und Oberflächen – rund oder kantig, weich, glatt oder rau, klebrig, schaumig oder mehlig – und auf die Aggregatzustände fest, flüssig oder gasförmig übertragen. Dabei darf man natürlich nicht vergessen, dass viele Lebensmittel und Speisen nicht nur aus einer, sondern aus verschiedenen Komponenten bestehen, die alle unterschiedliche Eigenschaften haben.

Die Textur einer Speise hat also Einfluss auf ihren Geschmack, ihr Aroma und das Gefühl, das sie im Mund erzeugt. Ein einfaches Beispiel demonstriert dies: Die unterschiedliche Wirkung, die ein und dasselbe Lebensmittel in zweifacher textureller Gestalt erzielt, ist uns vom Besuch auf dem Jahrmarkt bekannt – bei Zuckerwatte. Kaum jemand würde auf die Idee kommen, drei Würfel Zucker in den Mund zu nehmen und davon zu schwärmen. Wird der Zucker hingegen zu einer Watte verarbeitet, kann er ein kleines Vergnügen für Jung und Alt werden. Ein anderes Beispiel wäre das klassische Alltagsdessert Panna cotta: Leckt man an ihr lediglich mit der Zunge, wirkt die Speise sehr langweilig, denn die in ihr eingefangenen Aromen und Geschmacksauslöser gelan-

TEXTUR UND PASTA

Zähflüssige Saucen, deren feste Inhaltsstoffe sehr klein sind, können von glatter Pasta sehr gut aufgenommen und zum Mund geführt werden, sofern die Oberfläche der Pasta ein gutes Haften ermöglicht. Dagegen erfordern Saucen mit größeren Bestandteilen wie zum Beispiel Hackfleisch besser strukturierte Pasta, etwa Spiralnudeln. Zwischen den Windungen hat das Hackfleisch Platz, wird eingespannt und kann so zusammen mit einer ausgewogenen Menge von Sauce zum Mund geführt werden. Erst die wohlabgestimmten und ausbalancierten Texturen von Nudeln und Sauce garantieren das perfekte Pastaerlebnis.

Wie gut Saucen haften bleiben, hängt nicht zuletzt auch von den Trocknungszeiten und dem Restwassergehalt ab. Hobby-Pastahersteller machen sich daher bereits lange vor der Mahlzeit Gedanken über die Textur ihrer Nudeln.

Hinter den Begriffen Textur, Food-Design oder Food-Structuring verbirgt sich nicht unbedingt etwas Abenteuerliches oder gar Künstliches – sie beschreiben vielmehr kleine und große Kniffe, mit denen Geschmackserlebnisse allein über die „Materialauswahl" optimiert werden können.

gen nicht in ausreichendem Maße auf die Zunge und in den Mundraum, um wahrgenommen zu werden. Erst wenn das Dessert gekaut wird, werden Geschmack und Duft freigegeben. Wie schnell und effektiv diese „Explosion" erfolgt, ist wiederum eine Frage der Rissbildung und der „mechanischen" Eigenschaften – der Textur – des Puddings.

Nicht nur der Geschmack, sondern auch die Textur von Lebensmitteln wird im kulinarischen Gedächtnis gespeichert. Trotz seines Fleischaromas käme etwa selbst mit verbundenen Augen niemand auf die Idee, Fleischextrakt für echtes Fleisch zu halten, weil er eben flüssig ist. Angebratenes und dadurch mit Röstaromen versetztes Tofu, beträufelt mit Fleisch-Extrakt oder → umami-Paste kommt nahe heran – wenn nicht die Faserstruktur von echtem Fleisch fehlen würde.

GESCHMACKSMODULATION: MUNDFÜLLE – KOKUMI

Wie die Bezeichnung für den herzhaften, auf Protein deutenden Geschmack – „umami" – stammt auch der Begriff „kokumi" aus dem Japanischen. Er lässt sich am besten mit „Mundfülle" übersetzen. Dabei bedeutet „Mundfülle" nicht unbedingt das cremig-fettige Gefühl einer süßlichen *Panna cotta*. Eine große Mundfülle wird beispielsweise ebenso durch eine sehr lange gekochte Hühnerbrühe oder einen anderen Fleischfond erzeugt. Auch eine einfache *Pasta bolognese* oder ein mexikanischer Bohneneintopf besitzen eine große Mundfülle.

Der kokumi-Eindruck ist kein Texturmerkmal, sondern – wieder einmal – eine „molekulare Angelegenheit". Der gemeinsame Nenner dieser Gerichte ist die sehr lange Kochzeit. Dabei findet ein Prozess statt, der in der Fachsprache Hydrolyse genannt wird: Die in allen Lebensmitteln vorkommenden Proteinketten zerfallen langsam in immer kleinere Teile. Bruchstücke, die aus zwei oder drei Aminosäuren und einer Glutaminsäure bestehen, werden γ-Glutamylpeptide genannt. Diese Bruchstücke sind unter anderem für den kokumi-Effekt verantwortlich. Anders als die Geschmacksreize werden sie nicht über Rezeptorproteine wahrgenommen – wie der kokumi-Eindruck jedoch sensorisch genau wahrgenommen wird, ist bisher nicht bekannt. Man weiß nur, dass es sich bei den kurzen Peptidstücken stets um Kombinationen von Aminosäuren mit jeweils unterschiedlicher Löslichkeit handelt: Fett und Wasser. Die Proteinbruchstücke schmecken selbst nicht, wirken aber als Modulatoren und stimulieren den Gesamteindruck aller Sinnesreize und deren Intensität, die beim Essen angesprochen werden: Textur, Geschmack, Duft und Empfinden (→ Abrunden: kokumi, Seite 48).

Das Zerlegen der Proteine in diese „kokumisierenden" Glutamylpeptide kann sowohl durch Fermentation als auch durch Enzyme, pH-Wert-Änderungen oder, wie in den bereits genannten Beispielen, durch Hitze vonstatten gehen. Bei der Herstellung von Sojasauce etwa werden zum Zerlegen der Proteine enzymatische Fermentationsprozesse eingesetzt. Auch die lange Reifung von Käse lässt neben vielen anderen Reaktionen solche Proteinbruchstücke entstehen, die für die große Mundfülle reifer Käse sorgen. Unter diesem Aspekt erscheint es geradezu logisch, dass fast jedes Pastagericht mit Tomaten kombiniert und anschließend mit reifem Parmesan bestreut wird: Das verleiht dem eher „langweiligen" Geschmack der Pasta eine Tiefe und Mundfülle à la „umami"

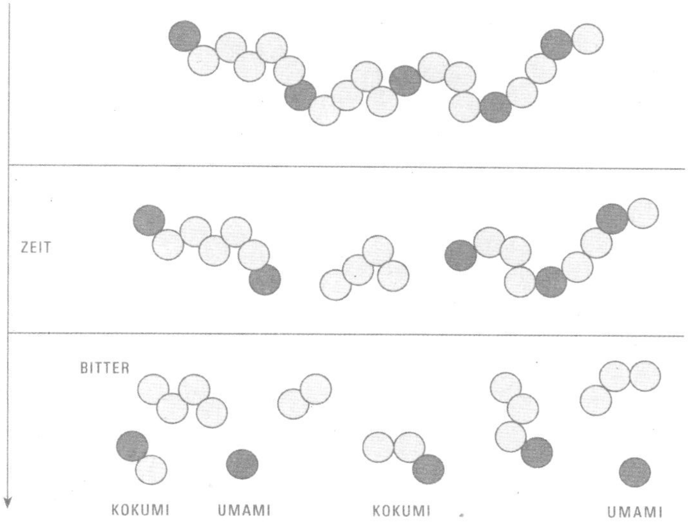

Der gemeinsame Nenner von umami-Geschmack und kokumi-Effekt: Sind zwei oder drei Aminosäuren (hell) noch mit der Glutaminsäure (dunkel) verbunden, wird kokumi-Mundfülle ausgelöst. Freie Glutaminsäure wird dagegen Glutamat genannt – und erzeugt den herzhaften umami-Geschmack.

und „kokumi". Selbst in grünem Matcha-Tee wurden Proteinteile gefunden, die nicht nur den kokumi-Eindruck, sondern auch bitteren und umami-Geschmack verstärken.

Die Beschreibung solcher Abläufe klingt nach Chemie und Lebensmitteltechnologie, die Vorgänge selbst gehören jedoch zu den Standardtechniken, die Köche oder Käsemeister seit Langem täglich einsetzen, um eine deutliche Geschmacksintensivierung und Mundfülle zu erzielen. Das zeigt erneut: Erforscht und benannt werden diese Prozesse nur langsam, vieles ist erst seit wenigen Jahrzehnten geklärt. Intuitiv und traditionell gewachsen werden solche Würztechniken hingegen schon seit Jahrtausenden angewandt – auch wenn weder die alten Römer noch mittelalterliche Käser das Wort „kokumi" kannten. Genießen konnte der Mensch schon immer, aber man könnte sagen, dass Physik, Chemie, Psychophysik und Neurobiologie den kulinarischen Effekt eines Happens erklären.

GERUCHSSINN UND AROMEN

All die verschiedenen Reize, die beim Essen mit der Zunge beziehungsweise über die Trigeminusnervenendigungen im Mundraum wahrgenommen werden – der Geschmack der Speise, ihre Schärfe, Temperatur, Textur und die Mundfülle – machen immer noch erst einen geringen Teil des Genusses aus. Es fehlt noch ein zentraler Aspekt: der Duft des Gerichts – sein Aroma. Vor dem ersten Bissen schon prüft die Nase: Riecht die Speise angenehm? Ungewöhnlich? Welche Erinnerungen, Assoziationen und Emotionen weckt der Duft? Wird die Speise anschließend gekaut, ermöglicht das retronasale Riechen die Verbindung von Grundgeschmack und Aromen. Erst dann wird das Essen in seiner gesamten Komplexität sinnlich erfasst.

DUFT, GERUCHSSINN UND IHRE FUNKTION

Beim Würzen und Kräutern in der Küche sollte man sich im Klaren darüber sein, dass wir mit „Sex and Crime" aromatisieren: Die meisten Moleküle, die für schätzenswerte Düfte verantwortlich

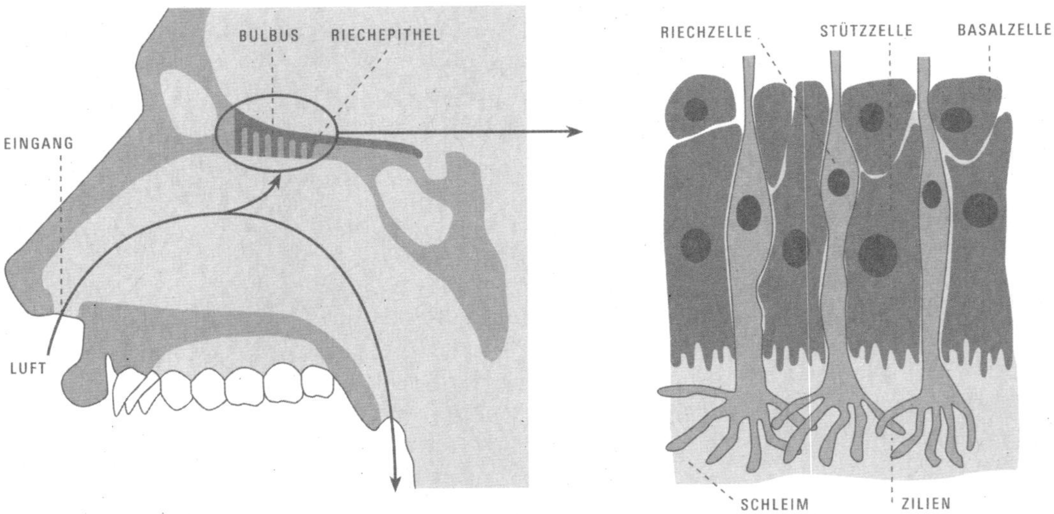

Duftstoffe strömen über die Luft in die Nase und treffen auf den Riechkolben, den Bulbus und das Riechepithel. Dieses Gebilde besteht aus vielen Riechzellen, die in Zilien enden. Letztere sind von Schleim (einer protein-reichen Flüssigkeit) umgeben, der in der Lage ist, Duftstoffe zu lösen.

sind, dienen den Pflanzen entweder als Sexuallockstoff zur Fortpflanzung oder als Waffe gegen Fressfeinde, seien es die Blütendüfte der Rose oder Geranie oder die beißenden Aromaten des Thymians. Das vielleicht eindrucksvollste Beispiel ist der Trüffel. Was den schwarzen Trüffel so einmalig macht, ist Androst, der Sexuallockstoff des Ebers. Der Aromastoff, der das Fleisch nichtkastrierter Eber abstoßend, Trüffelgerichte hingegen betörend riechen lässt, spielt auch in der Parfümerie eine wichtige Rolle: Kein gutes Männerparfüm kommt ohne Androst aus. Ein Mythos ist hingegen, dass sich Trüffelschweine auf ihrer Suche an Androst orientieren – sie erschnüffeln das schwefelig riechende DIMETHYLSULFID.

Die biologische Funktion des menschlichen Geruchssinns ähnelt der des Schmeckens. Auch Gerüche weisen uns einerseits auf wertvolle Stoffe hin, etwa wenn der Duft eines Gerichts uns nicht nur sprichwörtlich das Wasser im Mund zusammenlaufen lässt, und warnen uns andererseits vor Gefahren. Faulige oder fäkalartige Gerüche kann der Mensch schon bei äußerst geringer Konzentration wahrnehmen, denn diese deuten auf Gifte hin.

Allerdings spielen hier Menge und Zusammensetzung eine entscheidende Rolle, wie ein Beispiel aus der Parfümherstellung verdeutlicht: Das Aroma SKATOL, das bei der Verdauung von Aminosäuren entsteht, stinkt für sich allein kräftig nach Kot. Fehlen winzigste Spuren dieses Stinkstoffs aber in einem Parfüm, so ist es nur eine halbe Sache. SKATOL ist auch in Rohmilchprodukten enthalten und ruft zusammen mit der 4-ETHYLOCTANSÄURE den „Stallgeruch" von Rohmilchkäsen hervor. Obwohl SKATOL nicht direkt beim Riechen am Flakon oder im Käse wahrgenommen wird, gehört es unbedingt in das harmonische Zusammenspiel von vielen weiteren Duftstoffen. Ein winziger Hauch eines Krauts oder Gewürzes ergibt neue Aromen, obwohl die Einzelkomponente nicht mehr wahrnehmbar ist. So wundert es nicht, dass Schokolade, Kaffee oder Rostbraten schweißige Duftnoten enthalten.

In der Küche lassen sich ähnlich wie in der Parfümerie Düfte und Duftkompositionen gezielt einsetzen, um Assoziationen und Emotionen zu wecken oder andere Gerüche zu überdecken. Immer jedoch haben sie das Ziel, wohltuend auf die Umgebung zu wirken.

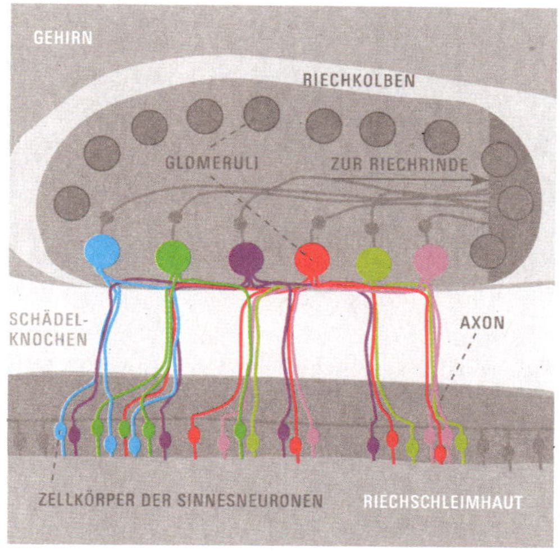

Die Verschaltung der Riechzellen mit den Glomeruli des Gehirns. Dabei wird deutlich, dass jede Riechzelle des gleichen Typus (angedeutet durch die gleiche Farbe) in dem dafür typischen Glomeruli endet. Somit ist das Riechen kombinatorisch, es werden Muster erkannt.

RIECHEN MIT DER NASE

Was genau passiert beim Riechen, wenn bestimmte Moleküle in uns Emotionen auslösen, wie es bei Kräutern und Gewürzen wohlbekannt ist? Die Vorgänge sind im Prinzip mit denen beim Schmecken zu vergleichen: Ein als Duftmolekül erkanntes Teilchen kann nur an einem einzelnen, speziell für seine Wahrnehmung bestimmten Detektor andocken, woraufhin ein Signal an das Gehirn geleitet wird, in dem die Sinneswahrnehmung als Duft interpretiert wird.

Im Detail ist es ein wenig komplizierter, allein aufgrund der ungeheuren Vielzahl an Düften. Es wird angenommen, dass die Duftstoffe, nachdem sie mit der Luft in die Nase gesogen wurden, zunächst auf der mit einem Wasserfilm (Mucus) überzogenen Riechschleimhaut von wasserlöslichen, globulären Proteinen eingefangen werden. Diese Proteine transportieren die Duftstoffe dann zu den Riechzellen. An ihrer Spitze sitzen die Zilien: Sie haben eine entscheidende Funktion, denn an ihnen befinden sich wie bei den Geschmacksknospen die entsprechenden Rezeptoren. Die Gestalt und Funktion von Riechrezeptorproteinen wurde erst 1991 von Linda B. Buck und Richard Axel in einer wissenschaftlichen Veröffentlichung aufgeklärt. 2004 erhielten die beiden dafür den Nobelpreis für Medizin/Physiologie. Sie stellten fest, dass das Auslösen eines Geruchs durch Andocken eines Duftstoffes an eine bestimmte Stelle des Rezeptorproteins erfolgt. Dabei werden kleinste atomare beziehungsweise

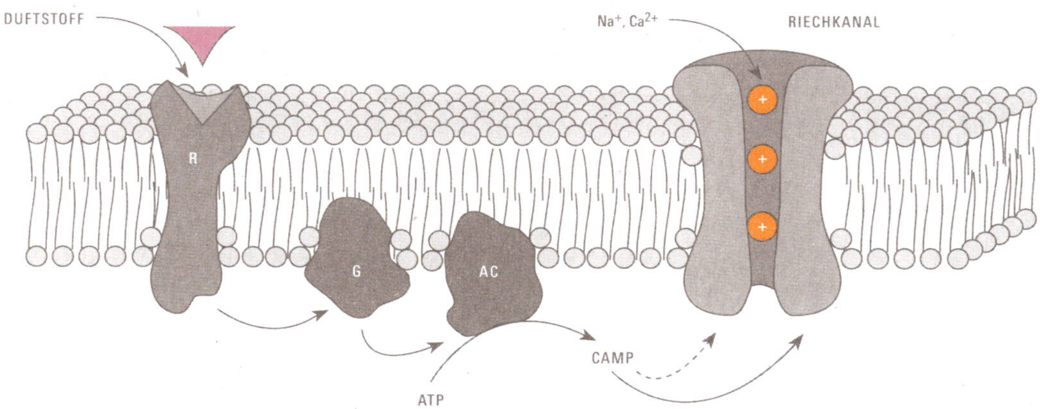

Hat der Duftstoff angedockt, wird auf der „Unterseite" der Membran einen Ionenfluss von Natrium und Calcium ausgelöst. Dem Gehirn wird ein Duft signalisiert.

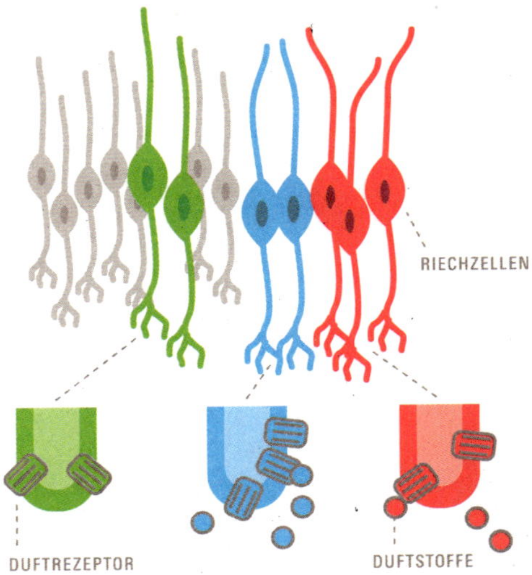

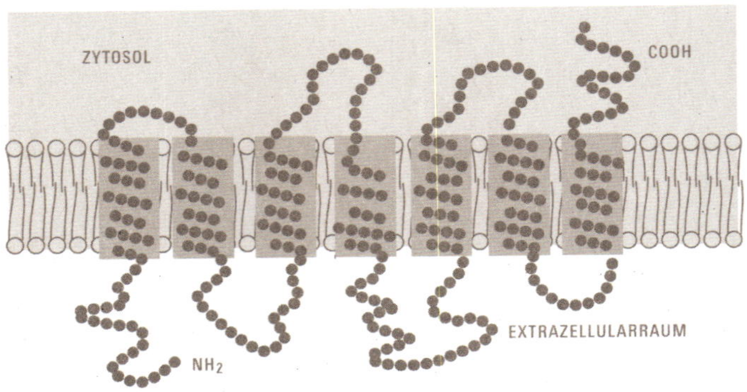

molekulare Kräfte verändert, was die Riechkanäle aktiviert. Riechen kann damit letztendlich auf quantenmechanische Prozesse zurückgeführt werden. Diese Signale sind sehr schwach, daher müssen molekularbiologische, physiologische Verstärkungsmechanismen in Gang gebracht werden (siehe Bild Seite 19). Dennoch ist bisher nicht endgültig geklärt, wie Riechen auf molekularer Ebene wirklich vonstatten geht. Der Ansatz des Schlüssel-Schloss-Prinzips liegt nahe, nimmt aber nur auf die starre Form der Moleküle Bezug. Eine andere Theorie geht weiter auf Struktur und Dynamik der Moleküle ein. Denn diese sind bei den kulinarisch üblichen Temperaturen nicht starr, sondern schwingen in einer ganz bestimmten Weise. Die entscheidende und noch nicht gelöste Frage ist daher, ob Rezeptorproteine die duftauslösenden Moleküle anhand ihrer starren Form erkennen oder ob auch die charakteristischen Schwingungen registriert werden. Der Duft eines

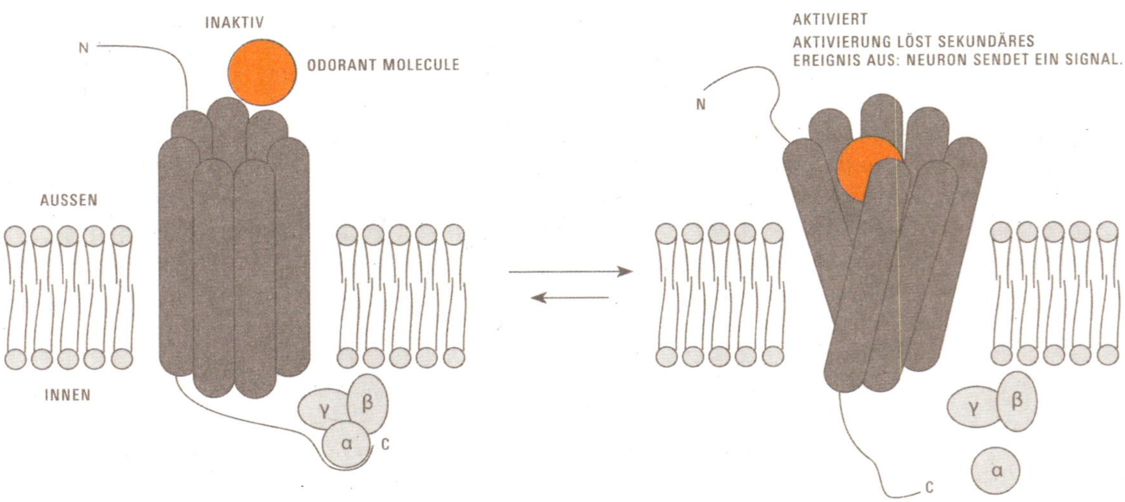

Ein Geruch wird dadurch ausgelöst, dass ein Duftstoff an eine bestimmte Stelle des Rezeptorproteins andockt, wobei kleinste molekulare Kräfte verändert werden. Als Folge verändert das Membranprotein seine Gestalt, was innerhalb der Membran wiederum „Verstärkungsprozesse" auslöst und die Riechkanäle aktiviert.

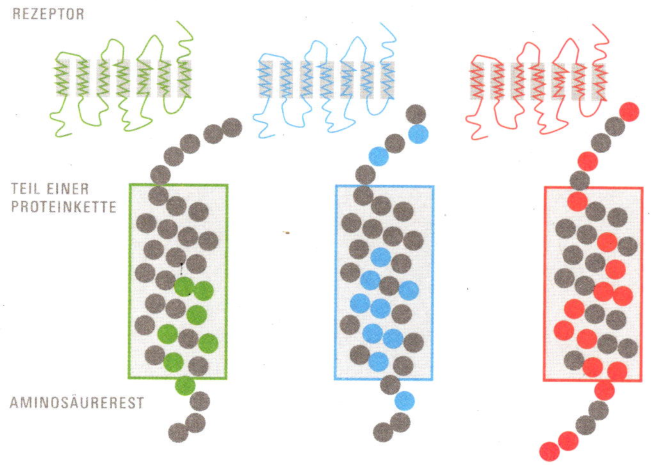

Hierarchie des Riechens: Jedes Duftmolekül dockt an Rezeptoren an. Ein jeweiliger Rezeptor ist auf ein bestimmtes Moleküle spezialisiert.

Mittagessens ist also eine wirklich hochkomplexe Angelegenheit, die tief in den Grenzbereich zwischen Physiologie, molekularen Wechselwirkungen und Quantenmechanik hineinreicht.

Wichtig für unsere Zwecke ist, vereinfacht festzuhalten: Dockt ein Duftstoff an dem für ihn bestimmten Rezeptorprotein an, werden entsprechende Nervenreize ausgelöst. Liegt keine passende Form vor, ist ein Andocken nicht möglich. Die chemische und molekulare Struktur der Duftstoffe steht also in engem Zusammenhang mit ihrem Geruch. Das ist grundlegend für die Einteilung der Düfte in sieben charakteristische Duftgruppen, wie sie weiter unten vorgestellt wird.

RIECHEN IM GEHIRN

Die Nase detektiert zwar die Reize der Duftstoffe, die Signale müssen aber im Gehirn umgesetzt werden. Dazu werden die Signale verstärkt und über Nervenleitungen von den Riechzellen in das Gehirn gesendet: Dort wird der Duft zunächst mit den anderen Sinneseindrücken verbunden. Dieser Eindruck wird dann weiterverknüpft mit dem Bereich für Emotionen und demjenigen für Hormone.

Ähnlich wie beim Geschmack hat der Mensch ein „Geruchsgedächtnis", das heißt, er kann bekannte Gerüche einordnen und assoziiert sie gegebenenfalls sogar mit einer schönen Erinnerung – oder mit Gefahr. Allerdings existieren hier nicht nur fünf plus eine Geschmacksrichtung, sondern Tausende verschiedener Düfte. Daher spielt bei der Dufterkennung auch das Sprachzentrum eine wichtige Rolle: Kann ein Duft nicht benannt werden, wird er zwar genauso wahrgenommen, aber viel ungenauer „abgespeichert" und wahrscheinlich nicht wiedererkannt oder mit einem ähnlichen Duft verwechselt. Ein Problem stellt dabei das begrenzte Vokabular dar, das kaum ausreicht, um all die Eindrücke treffend zu umschreiben. Mögen die poetischen Anflüge in Weinführern und Parfümbeschreibungen auch oft belächelt werden, einige Gerüche lassen sich einfach am besten als „grün", „warm" oder „schwer" charakterisieren (→ Kleine Geruchsschule, Seite 494). Bisweilen fehlen auch schlicht Analogien, auf die zurückgegriffen werden kann: Der Duft frisch geriebener Muskatnuss ist tatsächlich am genauesten beschreibbar mit: „frisch geriebene Muskatnuss".

FUNKTIONELLE GRUPPEN

In der Chemie werden Moleküle gewöhnlich nicht nach Ähnlichkeiten bei ihrer Flüchtigkeit und nach ähnlichen Duftcharakteristika unterteilt, sondern gemäß ihrer funktionellen Gruppe. Für die Küchenanwendung ist das unpraktikabel, das System soll aber einmal vorgestellt werden. Die jeweilige Gruppe lässt sich oft an der Endung erkennen: Moleküle, die auf -ol enden, sind Alkohole, Ketone enden auf -on, Schwefelverbindungen auf -thiol. Diese Einteilung ist aber zu verschieden, als dass sie parallel zum Aromagruppen-System bestehen könnte.

SIEBEN PLUS EINE CHARAKTERISTISCHE MOLEKÜLGRUPPEN

Alle Duft- und Geschmackseffekte werden von einer Vielzahl mehr oder minder kleiner Moleküle bewirkt, wobei der Begriff „Vielzahl" ernst zu nehmen ist. Tatsächlich gibt es zigtausend verschiedene Duftmoleküle, in der Fachsprache Liganden genannt, von denen wir als Menschen gar nicht alle wahrnehmen können. Man denke allein an die Gerüche, die beispielsweise in einem Weinkeller vorkommen oder in der Metro von Paris, in der es wiederum ganz anders riecht als in der Londoner Underground oder in der U-Bahn von Frankfurt am Main.

Viele der hier vorkommenden Verbindungen sind in höheren Dosen gesundheitsschädlich (Cumarin), sind ein Nervengift (α-Thujon) oder werden als toxisch eingestuft (Safrol). Allerdings ist die Konzentration dieser Stoffe in den Kräutern und Gewürzen sehr niedrig und die beim Würzen üblicherweise verwendeten Mengen derart gering, dass gesundheitliche Schäden unwahrscheinlich sind.

Doch zurück zur Küche: Jeder Koch, jede Köchin weiß, dass sich mit Kräutern und Gewürzen eine ganze Reihe von Charakteristiken des Gerichts steuern lassen. Wenn in älteren Kochbüchern etwa von „Aromaten" die Rede ist, wussten die Zeitgenossen sofort, was damit gemeint war: Mindestens Rosmarin und Thymian, die sich mit ihren charakteristischen Gerüchen bestens eignen, Speisen in verschiedener Weise zu „aromatisieren". Oder gleich ein ganzes Bouquet garni. Was aber, wenn es einmal darüber hinausgehen soll?

Systematisches Würzen und Abschmecken scheint der Herangehensweise vieler Menschen zu widerstreben, die Kochen vor allem als emotionalen, intuitiv geleiteten Vorgang und als Entspannung sehen. Dennoch erweist sich eine genauere Kenntnis der Duftstoffe in vielen Fällen als nützlich – nicht zuletzt, weil die in diesem Buch erstellten Gruppen versuchen, genau dieser Intuition noch immer genügend Raum zu lassen. Gleichzeitig eröffnen sich über die Prinzipien des Food-Pairings und des Food-Completings (→ Seite 60) ganz neue und außergewöhnliche Kombinationen, wie sie bisher, je nach Kulturkreis, kaum eingesetzt werden. Tatsächlich erlaubt das Zusammenwirken kleiner Moleküle große Effekte auf den Tellern.

Die große Zahl der kleinen Moleküle, die in unterschiedlichen Kräutern und Gewürzen in mannigfaltigen Kombinationen vorliegen, erscheint auf den ersten Blick vollkommen unübersichtlich. Sie lässt sich aber aus Sicht der Chemie – mit kulinarischem Bezug – sinnvoll in sieben plus eine Gruppe einordnen. Jede dieser Gruppen von Duftstoffen zeichnet sich einerseits durch ähnliche chemische Strukturen und andererseits durch einigermaßen klar abgrenzbare olfaktorische Eigenschaften aus, das heißt, man kann aufgrund der Gruppenzugehörigkeit schon erahnen, wie ein Aromastoff beziehungsweise ein Gewürz, das diesen enthält, wohl duften wird. Beim Würzen kann man sich also am Farbleitsystem dieser Gruppen orientieren.

Sieben Gruppen beinhalten Duftstoffe – sie werden hier thematisiert. Die achte Gruppe beinhaltet nichtflüchtige Stoffe, die nicht duften, sondern für einen Schärfereiz oder einen anderen trigeminalen Effekt verantwortlich sind (→ Trigeminusreiz, Seite 13, Seite 50). Als Eselsbrücke dient die Nummer der Gruppe: Je höher sie ist, desto weniger flüchtig ist ein Duft, desto „schwerer", „tiefer würzig" riecht er und desto hitzebeständiger ist er. Ein Überblick über alle Aromagruppen findet sich auf Seite 32, hier werden sie im Detail vorgestellt.

GRUPPE 1: ALIPHATISCHE KOHLENWASSERSTOFFE – WACHSIG, GRÜN, PILZIG

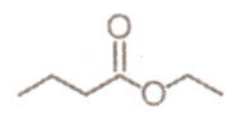

(Z)-HEX-3-ENAL **grün, grasig, wachsig, grüner Apfel**
ETHYLBUTANOAT **fruchtig, saftig, ananasartig, ein Hauch Cognac**

Aliphatische Kohlenwasserstoffe bestimmen eine ganze Reihe von Grundaromen bei Lebensmitteln, Kräutern und Gewürzen. Meist handelt es sich um kurzkettige Fettsäuren und deren Abbauprodukte wie Aldehyde, Ester oder Alkohole. Außerdem hier eingeordnet sind längerkettige Aldehyde sowie eine ganze Reihe von Duftstoffen, die komplexer aufgebaut sind als die linearen Kohlenwasserstoffe. Die Duftstoffe dieser Gruppe sind leicht flüchtig oder wenig stabil. Daher gehören sie zu den „Kopfnoten" der Lebensmittel und Gewürze. Will man die Aromen dieser Gruppe nutzen, sollte man die Lebensmittel frisch verwenden, nicht erhitzen und zügig verspeisen.

Duftende Moleküle dieser Gruppe kommen in sehr unterschiedlichen Lebensmitteln vor. So findet sich zum Beispiel das HEXANAL in grünen Äpfeln, in Tomaten sowie in Olivenöl in unterschiedlichen Konzentrationen. Darüber hinaus ist es in Bananen, Trauben, Ananas oder in (grünen) Tees vorhanden und ebenfalls in den Blütenblättern vieler Blumen. Kein Wunder also, dass sich hieraus Ansätze zum →Food-Pairing ergeben.

GRUPPE 2: SCHWEFELVERBINDUNGEN – SCHWEFELIG, STECHEND

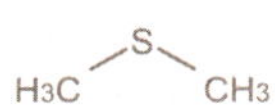

DIMETHYLSULFID **schwefelig, zwiebelartig, kohlartig**
METHIONAL **knoblauchartig, gekochter Kohl, käseartig**

Schwefelverbindungen bestimmen den Geruch von Zwiebelgewächsen, etwa Lauch, Schnittlauch, Zwiebeln oder den von Knoblauch. Schweflige Gerüche kommen in Senf, Zwiebeln, Knoblauch, Meerrettich oder Kressen vor. Diese typischen Aromen sind mitunter trigeminal in der Nase stechend und im Mund stark schmerzhaft kalt.

Schwefelige Geruchsstoffe wie DIMETHYLSULFID oder METHIONAL sind nicht nur auf Lauchgewächse beschränkt. Sie kommen in verschiedenen Kohlsorten, wie Blumenkohl und Rosenkohl, aber auch in Spargel, Mais oder Zucchini vor. Der Aromastoff 4-METHOXY-2-METHYL-2-BUTANETHIOL etwa ist nicht nur in vielen Weinen, sondern auch in Olivenöl für deren Fruchtnote mitverantwortlich.

GRUPPE 3: ACYCLISCHE TERPENE – ZITRUSARTIG, FRUCHTIG, BLUMIG

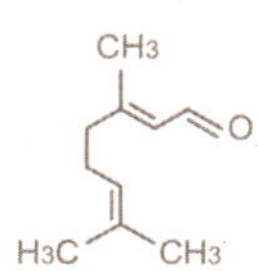

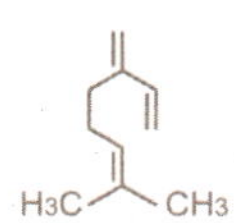

GERANIAL **süßlich, floral, fruchtig, rosenartig, Zitruschschale, leicht wachsig**
MYRCEN **süßlich-würzig, balsamisch, pfefferig, terpentinartig**

Die Gruppe der acyclischen Terpene bestimmt den Großteil der leicht flüchtigen, blumigen Aromastoffe in Kräutern und Gewürzen. Moleküle dieser Familie zeichnen sich durch Düfte nach Blumen, Rosen und Zitrusfrüchten aus und tragen in unterschiedlichsten Konzentrationen zu einem blumigen, zitrusartigen Gesamteindruck bei. So kommen GERANIAL und NERAL, deren Gemisch oft CITRAL genannt wird, nicht nur in Zitrusfrüchten vor, sondern bestimmen auch einen Teil des Wacholderdufts. Dieses Wissen kann man beim Würzen nutzen. Zum einen lässt sich eine wohlschmeckende Zitronenkonfitüre mit Wacholder ausgezeichnet verfeinern, zum anderen setzt Wacholder als Beigabe beim Räuchern von Speck oder Schinken gegen die tiefen Raucharomen einen erstaunlich frischen Akzent. Aus diesen altbekannten Beispielen lassen sich zwei allgemeingültige „Würzregeln" ableiten: Bei der Konfitüre werden gleichartige Aromen gepaart, beim geräucherten Speck werden Kontraste gesetzt. Die Paarung von Zutaten mit ähnlichen Duftstoffen nennt man →„Food-Pairing" – ergänzen sich hingegen die Aromenspektren wie bei Räucherspeck und Wacholder, spricht man vom „contrasting" oder →„Food-Completing". Beide Ansätze tragen dazu bei, ein Gericht zu einem intensiven Erlebnis werden zu lassen.

Ein wohlschmeckendes Beispiel dafür ist etwa in Butter und etwas Gemüsefond geschmorter Lauch, dem systematisch Ocimen mittels einiger Lavendelblüten zugeführt wird. Der blumige Hauch des Lavendels hebt das dominant schweflige Aroma des Lauchs, der so „gewürzt" ausgezeichnet allein oder zu Fischgerichten mundet.

Die Einsatzmöglichkeiten der Moleküle aus dieser Gruppe sind vielseitig, solange man den richtigen Würz-Zeitpunkt beachtet. Wegen der hohen Flüchtigkeit verliert sich ihre Wirkung, wenn sie gekocht werden: In blumig wirkenden Kräutersorten, etwa Basilikum oder Lavendel, spielt das nach Zitrus und gleichzeitig nach Kiefernharz riechende OCIMEN eine wesentliche Rolle, ebenso in Thymianblüten. Werden sie kurz vor dem Fertigstellen von Saucen darin untergehoben – rein chemisch betrachtet stellt so eine Öl-in-Wasser-Emulsion ein perfektes Lösungsmittel für wasser- und fettlösliche Moleküle dar –, werden sie mit den blumig duftenden acyclischen Monoterpenen des OCIMEN exzellent aufgehellt, ohne den mediterranen, kräuterigen Charakter zu stören.

Auch bei den acyclischen Monoterpenen verändern kleine Modifikationen der chemischen Struktur den Geruch. Der Monoterpenalkohol GERANIOL riecht blumig, das Aldehyd GERANIAL zitronenartig – nur, weil sich eine funktionelle Endgruppe ändert (→ Seite 22).

GRUPPE 4: CYCLISCHE TERPENE – BALSAMISCH, KAMPFERARTIG

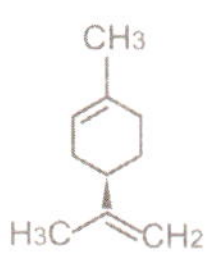

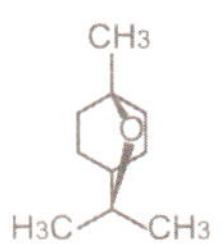

(R)-(+)-LIMONEN **frische Zitrone, orangenartig**
1,8-CINEOL **Eukalyptus, herbal, kampferartig**

Monocyclische Terpene wie das zitrusartige LIMONEN werden noch zu den Kopfnoten gezählt, sind also recht flüchtig und sollten, wenn überhaupt, nur kurz mitgekocht werden. Sie tragen vor allem zum Duft minzartiger Kräuter bei, spielen aber auch im Aromenspektrum von Kümmel, Fenchel oder Eukalyptus eine große Rolle.

Höher- oder bicyclische Terpene, etwa 1,8-CINEOL oder PINEN, sind dagegen bereits etwas beständiger, sie sind in ihrem Duft „schwerer" und machen die Herznoten eines Gewürzes aus. Höhercyclische Terpene sorgen für warme, holzige, balsamische, kampferartige oder leicht harzige Töne. Häufig finden sie sich sowohl in Kräutern als auch in Gewürzen und sind daher Aromen-„Bindeglieder" zwischen beiden. Diese Erkenntnis hilft etwa bei Fragen, welche Kräuter und Gewürze sich optimal ergänzen oder wie das eine oder andere sogar ersetzt werden kann. THUJON etwa riecht eher mentholig und ist vor allem aus Wermut bekannt, findet sich aber gleichfalls in den ätherischen Ölen von Thymian, Rosmarin, Beifuß und Salbei. 3-CAREN ist in den Gewürzen Schwarzer Pfeffer, Wacholder, Kubebenpfeffer und in Tannennadeln vorhanden. Die Gewürze Koriander und Muskat enthalten BORNEOL, das auch in den Kräutern Salbei und Rosmarin vorkommt.

GRUPPE 5: SESQUITERPENE – DUNKEL, SCHWER-FLORAL

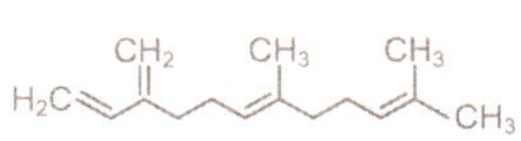

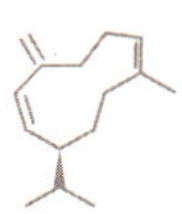

FARNESEN **zitrusartig, bergamotteartig, kräuterig, tief florale Lavendelnoten, Myrrhe**
GERMACREN **sehr holzig, würzig**

Sesquiterpene sind von ihrer Struktur her noch komplexer und damit noch weniger flüchtig. Zu ihnen zählen etwa CADINEN und CARYOPHYLLEN. Bei den Gerüchen herrschen dunkle, warme Töne vor, wie sie in der Küche etwa mit Gewürznelken und Pfeffer oder mit den wärmebeständigen Kräutern Rosmarin und Oregano assoziiert werden können. Weiterhin gehören hierher die acyclischen Sesquiterpenverbindungen NEROLIDOL oder FARNESOL, die den starken, tiefen und beständigen Duft von Orangenblütenwasser und Maiglöckchen definieren, sowie auch das veilchenartig duftende β-IONON. Diese Komponenten bestimmen die Herznote des Aromenspektrums, mitunter sogar die Basisnote: Sie duften nachhaltig auch im heißen Essen. Daher werden zum Beispiel in Gerichten der arabischen Küche mit Orangenblüten- oder Rosenwasser lang anhaltende, tiefe und schwere, florale Düfte erzielt, die durch Monoterpene oder gar durch aliphatische Kohlenwasserstoffe – vor allem wegen deren stärkerer Flüchtigkeit – nicht erreicht werden können.

GRUPPE 6: AROMATISCHE VERBINDUNGEN – TIEF UND AROMATISCH

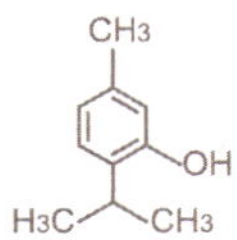

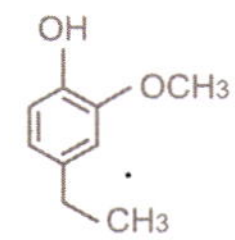

THYMOL stark thymianartig, sehr aromatisch, phenolisch-medizinal (Hustensaft), Kampfernote
4-ETHYLGUAJACOL rauchig, sojasaucig, süßlich-würzig, ein Hauch Schinken

Die Duftstoffe dieser Gruppe heißen Aromaten. Dieser Begriff hat zunächst wenig mit dem alltäglichen Begriff „aromatisch" zu tun. In diesem Buch wird der Begriff „aromatisch" stets im Zusammenhang mit Molekülen mit einer bestimmten chemischen Struktur, dem Benzolring, verwendet. Die Intensität der Gerüche aus dieser Gruppe ist noch stärker, sie werden als „schwer", „tief", „rauchig", „aromatisch", „nussig" oder „bitter" beschrieben – wobei besonders „bitter" im übertragenen Sinne zu verstehen ist, denn „bitter" ist eine Geschmacksrichtung, eine Wahrnehmung der Zunge, die mit Aromen zunächst einmal nichts zu tun hat.

Paradebeispiel für eine duftintensive aromatische Verbindung ist das BENZALDEHYD, das den typischen Geruch von Bittermandeln erzeugt. Auch das VANILLIN der Vanille gehört zu den Aromaten, ebenso wie ANISALDEHYD und ANETHOL, die in Anis vorkommen. Diese Auflistung zeigt, wie breit das Spektrum der Aromaten ist. Die aromatische Carbonsäure „Benzoesäure" kennen wir aus der Lebensmittelindustrie, da sie beziehungsweise ihre Salze als „Konservierungsstoffe" zugelassen sind. Sie kommt in Wildkräutern und Beeren, zum Beispiel Preiselbeeren und Heidelbeeren, aber auch in Pflaumen vor und hemmt dort auf natürliche Weise das Wachstum von Bakterien und Pilzen. Ihr Aroma kennt man vielleicht aus der Kirche: Es bestimmt den Duft des Weihrauchs.

GRUPPE 7: PHENOLE, PHENOLDERIVATE, PHENYLPROPANOIDE – ZIMT, MUSKAT UND CO.

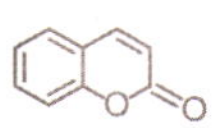

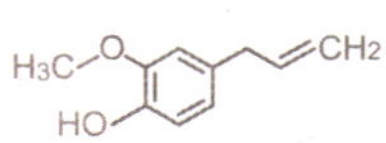

CUMARIN süßlich, heuartig, welker Waldmeister oder Gräser, typisch Tonkabohne
EUGENOL süßlich würzig gewürznelkenartig, holzig

Phenylderivate riechen noch intensiver und meist „öliger" als die Aromaten. Sie definieren fast immer Basisnoten. Kulinarisch am bekanntesten dürften ZIMTALDEHYD und ZIMTSÄURE sein, die Hauptaromenträger des Zimts. Am nützlichsten hingegen ist EUGENOL und sein vielfaches Vorkommen: Nicht nur im ätherischen Öl der Gewürznelken ist es aromabestimmend, es sorgt ebenso in Piment, Zimt, Muskatnuss und deren Blüte Macis für die warmen, eher schweren Düfte. Der Aromastoff befindet sich außerdem in einer ganzen Reihe von Kräutern, etwa in Lorbeerblättern oder verschiedenen Basilikumarten. Selbst in Obst wie Bananen oder Kirschen ist er enthalten. Im Sinne des → Food-Pairings lassen sich daraus variantenreiche Kombinationen ableiten. In gleicher Weise kommt der Aromastoff ESTRAGOL sowohl in Kräutern wie Estragon, Kerbel, Zitronengras und Basilikum als auch in Gewürzen wie Anis, Fenchel, Piment und Muskatnuss vor und schlägt damit mögliche Kräuter-Gewürz-Brücken – etwa in der Kombination von Pastis oder Sternanis mit Basilikum. Auf der Basis von Zitrusfrüchten lassen sich damit ausgefallene Winterdesserts oder Gemüse-Frucht-Salate mit Kräuternoten kreieren. Ein weiteres Beispiel ist 2-PHENYLETHANOL. Der Aromastoff kommt in vielen essbaren Blüten wie Rosen, Geranien und Nelken vor, duftet honigsüß rosenartig und löst auf der Zunge einen stechenden Reiz aus. MYRISTICIN wiederum findet sich in Muskatnuss, Dillfrüchten, Petersilie und Liebstöckel. Seine intensiven erdig-muskatartigen Noten lassen sich sehr gut beim „sous-vide"-Garen bei Temperaturen unter 90 °C erhalten, selbst bei Garzeiten von 20 bis 30 Minuten. Eine Dillnote unter die fruchtige Ananas gemischt ergibt neue kulinarische Zusammenhänge, besonders wenn sie zum Beispiel mit weißem Rum serviert wird: Der Alkohol sorgt als Lösungsmittel dafür, dass die Aromen noch besser in der Speise gehalten werden und somit noch deutlicher retronasal wahrgenommen werden.

GRUPPE 8: HETEROCYCLISCHE VERBINDUNGEN, KOHLENWASSERSTOFFE UND AMIDE – RÖSTAROMEN, NICHT NUR AUS DER PFANNE

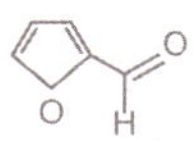

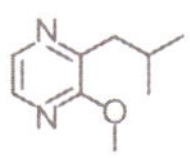

FURFURAL stark duftend, gebackenes Brot, holzig, mandelartig, leicht süßlich
2-ISOBUTYL-3-METHOXYPYRAZIN sehr erdig, grüne Paprika, grünes Gemüse

Die letzte Gruppe der Duftstoffe besteht vor allem aus Röstaromen. Diese können schon von vornherein in einem Kraut oder Gewürz vorkommen oder bei praktisch jedem Erhitzungsprozess über die Maillard-Reaktion entstehen (→ Würzpraxis Rösten, Seite 51).

Ein Beispiel für die von vornherein in Gewürzen enthaltenen Röstaromen ist das nach Karamell und nach Brotkruste duftende FURFURAL. Es trägt etwa zu den dunklen Noten von Gewürznelken bei. Der Aromastoff CUMARIN riecht nach Heu und gibt welkem Waldmeister, aber auch Tonkabohnen ihren charakteristischen Geruch. Der Abkömmling des CUMARIN, das UMBELLIFERON, kommt in Liebstöckel vor. Das Kraut weist einen für Pflanzen untypisch hohen Anteil an heterocyclischen Verbindungen auf: Zu diesen gehört auch das SOTOLON, das in hohen Konzentrationen curryartig riecht und ebenfalls in Bockshornklee und Ahornsirup vorhanden ist.

Bei der Maillard-Reaktion entstehen während des Erhitzens neben Bräunungs- auch Röststoffe in Speisen, die vorher gar keine Aromen aus dieser Gruppe aufwiesen. Einer der bekanntesten Vertreter ist das MALTOL, das beim Karamellisieren von Zucker entsteht: Normalerweise riecht Zucker gar nicht und schmeckt rein „süß". Nach dem Karamellisieren weist er jedoch eine süßliche, malzige Karamellnote auf.

Röstnoten entstehen auch beim Flambieren von Lebensmitteln – bestens bekannt von der *Crème brûlée*. Gedämpfte Fische oder Gemüse können mit Röstnoten gewürzt werden, wenn sie mit einem Gourmetbrenner punktuell abgeflämmt werden. Dies erzeugt nur winzig kleine Punkte dunkler Stellen, die ein wenig an groben schwarzen Pfeffer erinnern und deutliche, aber kaum aufdringliche Röstnoten hineintragen. Die Moleküle dieser Gruppe definieren die Basisnoten: lang anhaltende Noten, die selbst nach Tagen noch zu riechen sind.

RÖSTNOTEN ALS STECKRÜBEN-„GEWÜRZ"

Einen Teil der Steckrüben in einer Grillpfanne anrösten, den Rest in Gemüsefond und Fett garen. Zusammenmischen und pürieren. Die Röstnoten ergeben einen ausgezeichneten Kontrast zur Süße der Steckrübe.

GRUPPE 9: TRIGEMINALREIZ, NICHTFLÜCHTIGE VERBINDUNGEN

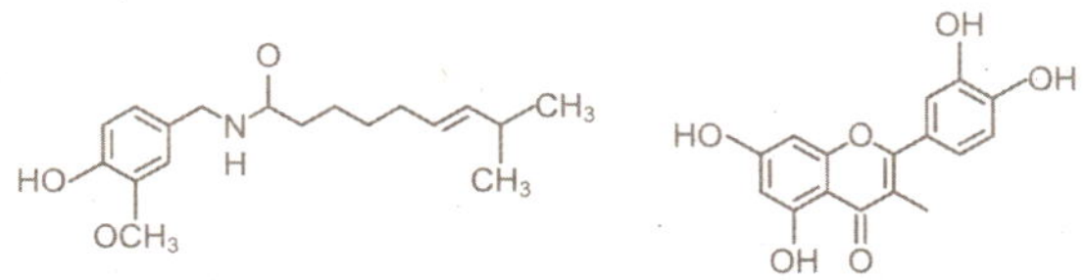

CAPSAICIN trigeminal scharf
QUERCETIN bitter, adstringierend

Die Vertreter dieser letzten Gruppe sind für einen mehr oder minder starken trigeminalen Reiz verantwortlich. Dazu gibt es zwei Möglichkeiten: Zum einen ist das der rein orale Effekt, der sich im Mund bemerkbar macht. Das CAPSAICIN in Chilis sorgt etwa für brennende Schärfe, Gallussäure, Tannine oder z.B. QUERCETIN verursachen einen adstringierenden, also „zusammenziehenden“ Effekt im Mund, wenn man Walnüsse isst. Des Weiteren wird diese Farbe „aktiviert“, wenn flüchtige Moleküle (und damit Aromen) aus einer der anderen Gruppen in dem betreffenden Gewürz einen spürbaren Trigeminalreiz auslösen. Dieser kann etwa stechend in der Nase, aber auch schmerzend kalt im Mund sein wie beim ALLICIN im Knoblauch, oder auch kühlend wie es etwa das MENTHOL in der Minze auslöst. Übernehmen die Moleküle solche Funktionen, sind sie mit einem kleinen „T“ versehen.

FLÜCHTIGKEIT UND LÖSLICHKEIT

Alle Düfte sind mehr oder weniger flüchtig. Nur weil sie aus den Pflanzen austreten und in die Luft schweben, können sie überhaupt in die Nase gelangen und dort gerochen werden. Schwefelige und blumige Aromen sind sehr leichtflüchtig: Eine angeschnittene Knoblauchzehe etwa duftet sofort und sehr intensiv, ist aber schon nach kurzer Zeit „ausgeraucht“. Tiefe, erdige, warme Noten – etwa Gewürznelken – duften weniger stark, dafür länger anhaltend. Trotzdem: Irgendwann haben sich alle Aromen verflüchtigt und zurück bleibt eine leere Hülle.

Damit Düfte beim Kochen, Braten oder Backen im Gericht verbleiben und nicht in die Umgebung verdampfen, muss man den Molekülen ein gutes Lösungsmittel anbieten – wobei „gut“ in diesem Fall nicht nur die Löslichkeit meint, sondern auch, dass das Mittel außerdem wohlschmeckend und verträglich ist. Für den Gebrauch in der Küche qualifizieren sich daher nur Wasser, Fett und Ethanol, der hier der Einfachheit halber Alkohol genannt wird. Der Fachbegriff „Lösungsmittel“ umschreibt die Fähigkeit des „Festhaltens“: Die Moleküle der Flüssigkeiten bilden eine Schale um jedes einzelne Duftmolekül und trennen sie dadurch voneinander – daher der Begriff „lösen“. Auch an der Oberfläche trennt sie ein dünner Film aus Flüssigkeit von der Luft, sodass sie nicht so leicht davonschweben können. Im Mund werden sie dann retronasal wahrgenommen.

Chemisch betrachtet hängt Flüchtigkeit von drei Faktoren ab: Temperatur, Molekülgröße und Lösungsmittel. Je höher die Temperatur, desto höher ist die Molekülgeschwindigkeit und damit die kinetische Energie. Der Zusammenhang zwischen Hitze, Geschwindigkeit und Energie wird „thermische Energie“ genannt. Übersteigt diese Energie eine bestimmte Schwelle, dampfen Aromen ab. Lösungsmittel können das zwar verzögern, ab sehr hohen Temperaturen aber nicht mehr verhindern. Der Zusammenhang zwischen Flüchtigkeit

FAUSTREGELN FÜR DIE FLÜCHTIGKEIT

Je höher die Temperatur, desto schneller verflüchtigen sich Aromen. Kompliziert aufgebaute sind weniger flüchtig als einfache. Das passende Lösungsmittel reduziert die Flüchtigkeit. Öle und Alkohole lösen Aromen oft besser als Wasser und sind dann weniger flüchtig.

VARIATION DURCH FLÜCHTIGKEIT

Die Schärfe des Pfeffers wird durch das nichtflüchtige Piperin bestimmt. Die feinen Aromen des frisch gemahlenen oder zerstoßenen Pfeffers, von würzig über harzig bis terpentinartig, verflüchtigen sich in den ersten Minuten nach dem Zerstoßen oder unter Hitze. Wird der Pfeffer gleich zu Beginn des Kochprozesses zugefügt, hebt man seine reine Schärfe hervor. Um dagegen die feinen Aromen zu betonen, muss man direkt vor dem Servieren noch einmal frisch gemörserten Pfeffer zugeben.

und Molekülgröße, also dem „Molekulargewicht" der Stoffe, ist chemisch nicht ganz eindeutig, weil die Vielfalt der Aromastoffe zu groß ist. Doch lässt sich feststellen, dass Moleküle, deren Anzahl an Kohlenstoffatomen unter 16 bis 20 liegt, flüchtig sind. Vereinfacht gesagt: Kompliziert aufgebaute Moleküle sind schwerer und daher weniger flüchtig. Das Lösungsmittel selbst ist ein weiterer wesentlicher Punkt. Öle und Fette lösen die meisten Aromen weit besser als Wasser. Die zähfließende Konsistenz von Öl ermöglicht es, Aromen auch bei höheren Temperaturen noch im Gericht zu halten.
Aus diesen chemischen Betrachtungen ergibt sich ein praktischer Tipp: Wegen der Flüchtigkeit vieler Aromen ist es besser, immer ganze Gewürze zu lagern. Die ätherischen Öle sind in feinen, winzigen, nur 100–500 nanometer großen Ölkörperchen in den Vakuolen der Zellen eingeschlossen. Beim Mahlen oder Zerschneiden werden diese Zellen zerstört, die Ölkörperchen platzen und die Aromen werden frei. In gemahlenen Gewürzen ist die Oberfläche der Körner um ein Vielfaches größer. Daher ist lang gelagerter Pfeffer am Ende nur noch scharf – der dafür verantwortliche Stoff Piperin ist nicht flüchtig –, während seine harzigen, holzigen und zitrusartigen Noten längst entwichen sind.

LÖSLICHKEIT

Alle Aromen lösen sich in einem oder mehreren dieser drei Stoffe: Alkohol, Fett (ebenso Butter, Öl, Saucen oder etwa fette Joghurts) und Wasser.

LÖSLICHKEIT – UNLÖSLICHKEIT

Ein Teelöffel Salzwasser ist alles andere als köstlich. Aber obwohl sich Salz nicht in Öl löst: Ein Teelöffel Olivenöl mit ungelösten Kristallen von Fleur de Sel ist eine kulinarische Offenbarung.

DIE LÖSUNGSMITTEL: WASSER, ALKOHOL, FETT

Die Wahl des Lösungsmittels hat unmittelbare Auswirkungen auf die Kochpraxis: Hohe Temperaturen oder lange Lagerung begünstigen das Abdampfen, daher ist es von Vorteil, eine ausreichende Menge an gutem Lösungsmittel während des Garens oder Lagerns zur Verfügung zu stellen. Wie gegensätzlich diese sind, lässt sich schon daran erkennen, dass sich Fett und Wasser selbst nicht mischen. Der Grund dafür liegt in ihren molekularen Eigenschaften. Wassermoleküle sind polar: Auf der Sauerstoffseite sind sie leicht negativ und auf der Wasserstoffseite leicht positiv geladen. Dadurch können sie hervorragend polare, also elektrisch geladene Stoffe lösen. Organische, also unpolare Aromastoffe lösen sich nur schlecht in Wasser, hier sind Fett oder Alkohol viel besser geeignet. Polare Stoffe hingegen, etwa Wasser, lösen sich nicht in Öl. Schwach polare, kleine Moleküle können sich aber in Alkohol lösen, Alkohol ist daher ein „Mittler" zwischen Fett- und Wasserlöslichkeit.

WASSER beziehungsweise seine Moleküle wirken ein wenig wie elektrische Ladungen: Ein positives und ein negatives Teilchen ziehen sich gegenseitig an. Polare Stoffe wie Salze, Zucker und Säuren integrieren sich perfekt in die Wechselwirkung zwischen plus und minus. Es ist allerdings nicht so, dass sich organische, unpolare Aromen überhaupt nicht in Wasser lösen würden, sonst gäbe es kein Rosenblütenwasser oder gar Flüssigrauch auf wässriger Basis. Auch dabei hilft die Polarität der Wassermoleküle: Sie orientieren sich immer so zueinander, dass einer positiv geladenen Wasserstoffseite ein negativ geladenes Sauerstoffteil zugewandt ist. Daher können unpolare Aromenverbindungen von einem „Wasserkäfig" umschlossen und so im Wasser gehalten werden. Diese Käfigbildung funktioniert umso besser, je kleiner die Aromen sind. Dabei ist der Käfig jedoch kein permanentes Gebilde. Da die Wassermoleküle ständig in Bewegung sind und häufig ausgetauscht werden, sind sie durchlässig. Ein wichtiges Kriterium ist außerdem die Konzentration. Sobald sich zu viele der unlöslichen Stoffe im Wasser befinden, schließen sich diese zu größeren Tropfen zusammen. Werden die Tropfen zu groß, beginnen sie je nach ihrem spezifischen Gewicht zu sinken oder zu steigen. Moleküle, die in der Nähe der Wasseroberfläche sind, verflüchtigen sich

Ein „Käfig" aus Wassermolekülen kann die Verbindung zwar im Wasser festhalten, an der Oberfläche jedoch wird er aufgebrochen. Das Molekül ist jetzt dem „besseren" Lösungsmittel Luft ausgesetzt. Es wird flüchtig und steht nun der Nase und dem Riechen zur Verfügung.

zudem, denn die gasförmige Luft ist für diese unpolaren Stoffe ein weit besseres Lösungsmittel als das polare Wasser. Die Einbindung unpolarer Aromen in Wasser ist also sehr instabil. Man kann es den chemischen Strukturformen ein wenig „ansehen", ob ein Stoff wasserlöslich ist oder nicht. So deutet beispielsweise das Auftreten von OH-Gruppen auf eine gewisse Wasserlöslichkeit hin, sofern der unpolare Teil des Moleküls nicht zu groß ist. Als Faustregel kann man festhalten: Abgesehen von Salzen, Zucker und Säuren sind Aromen in wässriger Umgebung meist weit flüchtiger als in Fett oder Alkohol gelöst.

ALKOHOL ist das beste Lösungsmittel für kleine, wasserunlösliche Moleküle – zum Beispiel Aromaten der Gruppe 5 wie THYMOL oder Phenylverbindungen der Gruppe 6 wie CUMARIN – und schwach polare Moleküle, also aliphatische Kohlenwasserstoffe aus der Gruppe 1. Dazu löst er alle Aromen, die selbst Alkohole sind. Diese sind daran erkennbar, dass sie auf „-ol" enden, etwa HEXANOL. Die Moleküle des Lösungsmittels können die Aromastoffe ohne Wenn und Aber umschließen. Das gilt selbst für „Alkohole", die gar keinen Alkohol mehr in sich haben, wie zum Beispiel Essig. An der Grenzfläche zur Luft bildet sich ein Film von Alkoholmolekülen, die den Aromastoff festhalten. Auch in der Dampfphase in der Luft verbleiben die Moleküle noch in einer „alkoholisierten" Umgebung. Die Flüchtigkeit ist deutlich reduziert.

FETTE, also alle fetthaltigen Lebensmittel wie Öl, Butter, Schmalz und so weiter, lösen viele Aromen, deshalb werden sie gern „Geschmacksträger" genannt. Die Physik, die hinter diesem Allerweltsbegriff steht, ist nichts weiter als die gute Löslichkeit von Aromen und eine weitere praktische Eigenschaft: Weil die Moleküle, aus denen Fett aufgebaut ist (Triacylglyceride), sehr groß und schwer sind, können sie beim Kochen kaum verdampfen. Fette sind insofern gute Lösungsmittel, als es keinerlei zusätzlicher Anstrengung bedarf, damit Aromen ins Lösungsmittel übergehen. Oft reicht bereits Nichtstun. In der Parfümherstellung ist die Methode der „Enfleurage" gebräuchlich: Blütenblätter werden zwischen Platten mit neutralem, festen Fett gelegt. Nach einiger Zeit befinden sich die fettlöslichen Aromen darin und können von dort durch Auswaschen mit Alkohol gewonnen werden. Der Vorteil dieser Methode liegt, trotz des Zeitaufwands, auf der Hand: Erwärmen ist nicht notwendig, die Aromaverbindungen bleiben daher von jeder chemischen Umwandlung und somit von Geruchsveränderungen verschont (→ Würzpraxis Enfleurage, Seite 56).

WAHRNEHMUNGSSCHWELLE, GERUCHSADAPTION UND AROMAWERT

Wie intensiv die verschiedenen Duftkomponenten gerochen werden können, hängt von vielen Ursachen ab. So sind zum einen die Wahrnehmungsschwellen der Aromastoffe ganz unterschiedlich. Jeder Stoff weist eine bestimmte Konzentrationsschwelle auf, eine Anzahl an Molekülen in einem bestimmten Luftvolumen, ab der er wahrgenommen werden kann. Ist diese sehr niedrig, genügen bereits wenige Moleküle, um den charakteristischen Duft zu riechen. Die Schwelle ist nicht einfach vorherzusagen, es gibt allerdings ein paar grundsätzliche Gemeinsamkeiten. Auch hier gilt: Je größer die Moleküle sind, also je höher deren Molekulargewicht, desto tiefer liegt die Geruchsschwelle. Dies ist physiologisch sinnvoll: Da diese Moleküle weniger flüchtig sind, müssen sie auch in geringeren Konzentrationen wahrnehmbar sein. Gerüche können schließlich vor Gefahren „warnen". Allerdings gibt es viele Ausnahmen von diesem vermeintlich klaren Sachverhalt.

Neben der Wahrnehmungsschwelle existiert als weiteres Phänomen die Geruchsadaption. Die Funktion der Riechkanäle ist so ausgelegt, dass immer nur die zeitliche Veränderung eines Geruchsstroms als „Duft" wahrgenommen wird. Bleibt der Strom über längere Zeit konstant, wird er nicht mehr wahrgenommen. Wir „gewöhnen" uns daran, adaptieren ihn – sehr gefährlich beim Nachlegen eines Parfüms. Nach erneutem Einsprühen nehmen andere, die den Duft nicht adaptiert haben, den Geruch noch deutlicher wahr. Auch kulinarisch spielt die Geruchsadaption eine große Rolle: Kein Weinkenner und Sommelier hält die Nase zu lange tief ins Glas. Die Adaption verhindert schnell die Wahrnehmung feiner, flüchtiger Noten, die den Wein so reizvoll gestalten.

Ein dritter und entscheidender Parameter für Duftwirkung ist der „Odor Activity Value" (OAV). Er misst das Verhältnis zwischen der Konzentration eines Aromastoffs in einem Gewürz und dessen Geruchsschwelle in diesem. Kommt etwa ein Aroma in nur geringer Konzentration vor, besitzt aber eine sehr niedrige Wahrnehmungsschwelle, wird es dennoch gerochen. Bei hohen Wahrnehmungsschwellen hingegen ist eine höhere Konzentration vonnöten, damit das Aroma überhaupt wahrgenommen werden kann – so reichhaltig es im Gewürz auch enthalten sein mag. So sind etwa die Blattgrünaromen HEXENAL, HEXANAL und HEXENOL in frischen Tomaten sehr präsent. Im Basilikum sind diese Gründuftstoffe ebenfalls enthalten, aber kaum wahrnehmbar. Dort dominieren vor allem das acyclische Terpen LINALOOL, das bicyclische Terpen 1,8-CINEOL und das Phenylpropanoid ESTRAGOL – die Blattgrünaromen runden den Geruch nur ab. Duftwahrnehmung und OAV sind stark von der Umgebung abhängig, in die der Duftstoff eingebettet ist. In einem schlechten Lösungsmittel ist der gleiche Stoff mit gleicher Wahrnehmungsschwelle leichter flüchtig und hat so eine höhere Riechaktivität. Im passenden Lösungsmittel wird er dagegen festgehalten, ist also kaum riechaktiv.

SCHLÜSSELAROMEN

Sticht eine Aromaverbindung aus einem Lebensmittel, Kraut oder Gewürz mit einem besonders hohen Aromawert hervor, wird diese als Schlüsselaroma bezeichnet. Ist ein Schlüsselaroma vorhanden, bestimmt es einen Großteil des Eindrucks des Lebensmittels, Krauts oder Gewürzes. Ein sehr prägnantes Schlüsselaroma ist beispielsweise Cumarin in Tonkabohne und Waldmeister, deren Duft es allein bestimmt. In Datteln kommt das Molekül ebenfalls vor, ist dort allerdings nicht aromabestimmend. Viele Aromen kann man bereits künstlich herstellen, und beigefügte Schlüsselaromen suggerieren, dass das entsprechende Gewürz tatsächlich in der Speise ist. Das kann aber nie den vollen Duftumfang eines Gewürzes ersetzen. Deutlich wird dies, wenn Convenience-Lebensmittel etwa als Erdbeerjoghurt ausgewiesen werden. Der Duft nach Erdbeeren lässt sich zwar erahnen, allerdings kann mit dem Zusatz einiger weniger Aromamoleküle kaum das ganze Spektrum von Erdbeeren nachgeahmt werden – ganz zu schweigen von unterschiedlichen Sorten. Genauso wenig hat VANILLIN, das Schlüsselaroma der Vanille, als Einzelzutat mit dem breiten, tiefen Duft von Vanilleschoten gemein.

DIE AUSWAHL DER INHALTSSTOFFE IM KAPITEL KRÄUTER, GEWÜRZE & MEHR

Kräuter und Gewürze tragen eine Vielzahl von Aromastoffen in ihren Zellen, die ihren ganzen Charakter bestimmen. Beileibe nicht alle dieser „Chemikalien" sind aufgelistet – dies würde den Rahmen dieses Handbuchs sprengen. Die Auswahl der gelisteten Stoffe erfolgte nach einer ganzen Reihe von Kriterien. Zum einen war natürlich – wenn vorhanden – die duftbestimmende Komponente, das Schlüsselaroma, entscheidend. Der Duft der Mehrzahl der Kräuter und Gewürze wird allerdings durch ein ganzes Spektrum an Aromastoffen bestimmt die aufgeführt sind. Wichtig sind demzufolge das Lösungsmittel – Wasser, Alkohol oder Fett –, die Flüchtigkeit der Aromastoffe, ihre Geruchsschwelle und die damit verbundene „Geruchsaktivität". Des Weiteren wurde stets das am deutlichsten wahrgenommene Aroma der jeweilig vertretenen Molekülgruppe aufgeführt. Ebenso wurde so weit wie möglich und soweit überhaupt bekannt die Veränderung der Aromen während des Kochens berücksichtigt. Durch diese Kriterien ergibt sich eine deutliche Charakteristik für jedes einzelne Kraut und Gewürz, die in den kurzen, gewürzspezifischen Rezepten nochmals herausgearbeitet wird. Die daraus gewonnenen Erkenntnisse lassen sich direkt auf die eigene Würz- und Kochpraxis übertragen und erlauben ein anderes Würzen, abseits der gewohnten Pfade.

WÜRZPRAXIS

Wie können wir abwechslungsreicher und gezielter würzen und abschmecken, so dass ganz bewusst gewollte Assoziationen entstehen? Gibt es dabei so etwas wie eine einheitliche Harmonielehre?
Zumindest ist eine gute Kenntnis von Gewürzen, Kräutern, Schlüsselaromen und etwas Chemie sehr hilfreich – sie kann sogar essenziell sein. Nachdem im ersten Kapitel gezeigt wurde, inwiefern sich Geschmacksrichtungen und Duftgruppen unterscheiden und einteilen lassen, geht es nun direkt um die Würzpraxis am eigenen Herd. Wie können wir gezielt die Grundgeschmacksrichtungen beeinflussen, trigeminale Reize wie zum Beispiel Schärfe gekonnt einsetzen und schließlich das Ganze mit Hilfe von Düften systematisch verfeinern? Die Möglichkeiten scheinen fast unbegrenzt, wenn man einige ebenso einfache wie effektive Prinzipien beherzigt. Lassen wir Tradition und Experiment in unseren Kochtöpfen zusammenfinden!

WÜRZEN MIT REIZEN: GESCHMACK, SCHMERZ UND DUFT

Beim Würzen muss unterschieden werden, ob der Geruchssinn angesprochen werden soll oder ob man das Geschmackserlebnis beeinflussen will. Beides sind verschiedene Dinge. Obwohl im Alltag meist pauschal vom „Geschmack" der Speisen und Zutaten die Rede ist, bezeichnet dieses Wort eigentlich nur die Grundgeschmacksrichtungen: süß, sauer, salzig, bitter und umami – unklar ist noch, ob auch fettig dazuzählt (→ Die Grundgeschmacksrichtungen, Seite 10). Sie können auf der Zunge wahrgenommen werden – und nur dort: Zucker oder Salz duften nach nichts. Gerüche wiederum existieren in sehr großer Zahl, können aber nicht geschmeckt werden: Ein Essen mit zugehaltener Nase wirkt fade (→ Geruchssinn und Aromen, Seite 18). Schließlich existiert noch eine dritte Empfindung beim Essen: Der Schmerzreiz, der im Mund als „Schärfe" oder „Kühle" wahrgenommen wird (→ Seite 13, 50).

In jedem dieser drei Bereiche gibt es einige Grundregeln sowie jede Menge Tricks, die in der Sterneküche oft angewandt werden, aber auch zu Hause zu erstaunlichen Ergebnissen führen – und zwar meist auf recht einfachem Weg. In diesem Kapitel wird ganz konkret gezeigt, mit welchen Zutaten, Mitteln und Techniken man etwa süßt, salzt, säuert, bittert – oder wie aufdringliche Geschmacksnoten oder Geschmacksspitzen maskiert werden können, damit ein ausgewogener Gesamteindruck entsteht. Außerdem wird der richtige Einsatz trigeminaler „Schmerz"-Reize vorgeführt. Hinter diesem abschreckenden Begriff verbergen sich nämlich wichtige sinnliche Komponenten eines kulinarischen Erlebnisses, angefangen vom leichten Brennen, das Petersilie auslöst, bis hin zum pelzigen Zungengefühl, das man vom Genuss eines guten Rotweins kennt. Die dafür verantwortlichen Moleküle gehören nach der Einteilung dieses Buchs zur achten Gruppe, die im Lexikon an der Farbe Petrol zu erkennen ist. Als kleine Einführung in den Gebrauch des Aromenlexikons ist besonders der Abschnitt zur Duft-Würzpraxis zu verstehen, der das Grundprinzip des „richtigen" Kombinierens erläutert: das Food-Pairing und das Food-Completing.

ABSCHMECKEN IN DEN GRUNDGESCHMACKSRICHTUNGEN

Die wenigsten Speisen vereinen in sich alle fünf beziehungsweise sechs Grundgeschmacksrichtungen, sind also gleichzeitig süß, sauer, salzig, bitter, umami – sowie fett. Doch empfinden wir Speisen, die mehrere dieser Reize auslösen, oft als ausgewogener, als wenn nur eine der Geschmacksrichtungen angesprochen wird. Die zu starke Betonung nur einer Richtung führt meist zum gegenteiligen Effekt, etwa einer versalzenen Suppe. Die Prinzipien des Würzens lauten hier: Ausgewogenheit und Hervorhebung.

Wie sich einzelne Geschmacksrichtungen gezielt steuern und beeinflussen lassen und was kleine Unterschiede dabei bereits ausmachen können, wird im Folgenden näher erklärt. Die Grundgeschmacksrichtungen süß und umami werden als sehr angenehm empfunden: Ihr Genuss muss nicht erst erlernt werden (→ Geschmackssinn und Grundgeschmack, Seite 8) und sie brauchen auch nicht maskiert oder abgemildert zu werden. Bei den anderen Geschmacksrichtungen gibt es dagegen zum Teil Tricks, um eine in diese Richtung überwürzte Speise noch zu retten.

ABSCHMECKEN: SÜSS

Das bekannteste Geschmacksmittel für die Grundgeschmacksqualität „süß" ist Zucker. Neben kristallinem Haushaltszucker, Saccharose, gibt es eine ganze Reihe anderer bekannter Zucker: Fruchtzucker (Fructose) kommt häufig in Früchten und Gemüse vor, Traubenzucker – Glucose oder auch Dextrose genannt – ist die „Grundform" des Zuckers. Aus diesem Zucker sind alle Stärken aufgebaut, die sich etwa in Kartoffeln und Weizen finden. Glucose spielt im Stoffwechsel eine zentrale Rolle und dient als Energielieferant für sehr viele zellbiologische Prozesse. Milchzucker oder Lactose ist den meisten ebenfalls vertraut: Er gibt Milch ihre leichte Süße.

Die Zucker unterscheiden sich in ihrer chemischen Struktur und haben demzufolge eine unterschiedliche Süßwirkung (→ Süßkraft, Seite 371). Auch ihre Wasserlöslichkeit unterscheidet sie voneinander. Daher lassen sich mit den verschiedenen Zuckern nicht nur jeweils eigene, charakteristische Süßwirkungen hervorrufen, sondern auch vollkommen unterschiedliche physikalische Eigenschaften bei einer Speise erzeugen. Wird etwa ein Kuchenteig mit anderen Zuckern oder Süßstoffen statt mit dem im Rezept angegebenen Haushaltszucker zubereitet, verändern sich sein Knet- und Backverhalten sowie der Trieb. Zucker in Rezepten auszutauschen ist daher nicht nur eine Frage des Süßens, sondern auch der Wasserbindung.

SÜSSEN

ERYTHRIT (meso-1,2,3,4-Butantetrol) ist ein süß schmeckender Zuckeralkohol mit einer Süßkraft, die dem Zucker vergleichbar ist. Er ist sehr verträglich, verursacht keinen Karies und hat keinen Brennwert. Er karamellisiert nicht und bildet ähnlich dem Manitol beim Abkühlen kein Glas, sondern knusprige Kristalle.

INULIN ist ein Vielfachfruchtzucker. Unter Speisen gemischt, gibt er ein gutes, „fettähnliches" Mundgefühl, daher wird er in einigen Diätprodukten oft als Fettersatz verwendet.

ISOMALT erzeugt wie viele andere Zuckeraustauschstoffe keine Karies. In der Patisserie spielt er eine ganz besondere Rolle: Er lässt sich bestens in warmem Zustand verarbeiten und karamellisiert erst ab ca. 270–280 °C. – ideal, wenn keine Karamellnote erwünscht ist. Sein Lösungsverhalten im Mund ist leicht „klirrend" und erzeugt eine leichte „Kühle". Er wird für die Herstellung von Lollis und Bonbons verwendet. Außerdem kann er in Speisen unerwünschte Bitternoten maskieren.

LÄUTERZUCKER besteht nur aus Zucker und Wasser, im Verhältnis von 3:2. Ein paar Tropfen Läuterzucker in einer stark reduzierten Bratensauce wirken Wunder: Die oft wahrnehmbaren Bitterstoffe lassen sich so in den Hintergrund drängen, „maskieren". Wird der Zucker-Wasser-Lösung während des Kochens etwas Säure zugegeben, bildet sich Invertzucker (→Zucker).

MALTODEXTRIN ist weniger süß als Zucker und wird aufgrund seiner Eigenschaften oft dazu verwendet, Süßspeisen Stabilität zu verleihen. Aufgrund seiner chemischen Struktur bindet es wasserunlösliche und stark flüchtige Aromen.

MANNITOL kommt in Bäumen, Pilzen, Algen und Feigen als natürlicher Zucker vor. Er bildet nach dem Abkühlen immer „knusprige" Zuckerkristalle. Weil er nur 50 Prozent der Süßkraft von Haushaltszucker besitzt, lassen sich mit ihm krachende, kaum süße Überzüge über Lollis oder Desserts zubereiten.

SORBITOL oder Sorbit kommt in praktisch allen Steinfrüchten vor: Aprikosen, Birnen, Datteln, Pfirsichen und Zwetschgen. Er ist in der Lage, große Mengen Wasser zu binden und weist nur etwa die Hälfte der Süßkraft des Haushaltszuckers auf. Dadurch gelingt der Spagat, Ganaches, Cremes oder Pralinenfüllungen schön geschmeidig und cremig zu halten, ohne diese zu übersüßen.

STEVIA, der Süßstoff aus der gleichnamigen Pflanze, ist als Zuckerersatz in Küche und Patisserie nur bedingt geeignet: Wegen der hohen Süßkraft darf das Kraut nur sparsam eingesetzt werden –

und in dieser Menge gibt ihr Wasserbindungsvermögen Teigen, Cremes oder Schäumen nur wenig Stabilität. Zudem schmecken andere Aromabestandteile der Pflanze bitter, was zusätzlich maskiert werden muss.

TREHALOSE karamellisiert erst bei Temperaturen um 290 °C. In sehr stark konzentrierten Trehaloselösungen mit einem Siedepunkt von 120–130 °C lassen sich Gemüse oder Klöße garen: Der Effekt ist eine leichte Süße ohne das eventuell störende Aroma eines Bratöls. Wie Läuterzucker und Isomalt eignet er sich auch gut zum Maskieren unerwünschter Bitternoten in Speisen.

XYLITOL hat eine dem Haushaltszucker vergleichbare Süßkraft, ist aber nicht kariesauslösend. Daher wird er manchen Süßigkeiten, Bonbons oder Lutschern beigefügt.

KARAMELLISIEREN spielt beim Einsatz von Zucker in der Küche eine besondere Rolle. Farbe und Geschmack des Zuckers verändern sich durch die Hitzeeinwirkung. Chemische Reaktionen sorgen für weniger Süße und mehr Bitterstoffe, eine nussige Süße entsteht. Bei zu dunklen Farben schmeckt Karamell schnell bitter, daher ist Vorsicht angesagt.

SÜSSEN MIT LEBENSMITTELN Frische, reife Bananen haben beispielsweise eine ganz erstaunliche Süßkraft, weshalb sie püriert in Desserts Zucker praktisch ersetzen können. Der am häufigsten verwendete „Zuckerersatz" ist wohl Honig. Er besteht aus Glucose, Fructose sowie weiteren verschiedenen Zuckern. Honig lebt von seiner Süße, trägt aber immer leichte Aromen der Blüten, von denen er gesammelt wurde, etwa Rosmarin-, Thymian- oder Lindenblüten. Werden Speisen und Desserts mit Honig gesüßt beziehungsweise abgeschmeckt, schlagen diese feinen Unterschiede nur wenig zu Buche. Süßen lässt sich auch mit Trockenfrüchten ausgezeichnet, etwa Aprikosen oder Rosinen. Ebenso eignen sich viele Liköre zum Süßen (→ Süße Liköre), zum Beispiel Curaçao, Grand Marnier oder Eierlikör. Sie geben allerdings jeweils eigene Aromen mit, die in das Gericht einbezogen werden müssen.

ABSCHMECKEN: SAUER

Säuern, also das Absenken des pH-Werts eines Lebensmittels, wird schon sehr lange eingesetzt, um zu konservieren. In einer sauren Umgebung können sich Bakterien und viele Pilze nicht vermehren. Essige und in Essig eingelegte Lebensmittel verderben daher nicht oder nur sehr spät. Joghurt zum Beispiel ist haltbare Sauermilch. Beim Abschmecken reichen schon kaum merkliche Säurespuren, um eine Speise frischer, ansprechender oder runder zu gestalten. Was wären zum Beispiel *Schwäbische Linsen* ohne einen kleinen Schuss Weinessig, was wäre ein indisches Curry ohne eine Spur Tamarinde oder Amchorpulver? Auch wenn die Säure selbst gar nicht direkt wahrnehmbar ist, wirkt sie im Gesamtbild als natürlicher „Geschmacksverstärker". Ein Spritzer Zitronensaft, Essig, Balsamico oder ein Schuss Wein liefert immer einen nicht unerheblichen Beitrag zum Geschmack, sogar wenn die Konzentration der zugegeben Säure eher gering ist. Selbst in der Chocolaterie und in Desserts lassen sich Essige einsetzen. Es gibt zahlreiche Pralinenhersteller, die mit Fruchtessigen experimentieren. Und ein feiner, alter Balsamico hat noch keinem Dessert, zum Beispiel Eiscreme, geschadet. Aber die diversen Essige – vom → Aceto Balsamico Tradizionale ganz zu schweigen – tragen so viel zusätzliches Eigenaroma in die Speisen hinein, dass sie bei den flüssigen Würzen ausführlich besprochen werden (→ Seite 459).

SÄUERN

ÄPFELSÄURE kommt in vielen Obstsorten vor, wie sich am Duft leicht erkennen lässt: in Äpfeln, Quitten, Weintrauben, auch Stachelbeeren. Über die Früchte lässt sich leicht mit ÄPFELSÄURE abschmecken: Ein paar klein geschnittene Äpfel oder ein Stück mitgeschmorte Quitte sorgen neben fruchtigen Aromen für ein feines Säurespiel. Auch im Wein spielt ÄPFELSÄURE eine Rolle:

DIE PH-WERTE EINIGER LEBENSMITTEL

Salzsäure 3,5%	0,0
Salzsäure 0,35%	1,0
Magensäure	1,0
Zitronensaft	2,0
Essigessenz	2,0
Essig	3,0
Coca	3,0
Wein	4,0
Sauermilch	4,5
Bier	5,0
Hautoberfläche	5,5
Mineralwasser	6,0
reines Wasser	7,0
Blut	7,4
Sauberes Seewasser	8,3
Darm	8,3
Waschmittellösung	10,0
Natronlauge 3%:	14,0

PFLANZE / OXALSÄUREGEHALT IN MG PRO 100 G (RICHTWERTE)

Rote Bete	180
Bambussprossen	250
Sauerklee	400
Spinat	450
Kakaopulver	450
Rhabarber	460
Mangold	650
Sauerampfer	1000

Die Werte in dieser Tabelle geben lediglich die Richtwerte wieder, sie schwanken natürlich je nach Bodenchemie, Witterung, Ausbau und Sonneneinstrahlung.

In manchen Weißweinen, besonders in sehr trockenen Weinen und in eher schlechteren Jahrgängen, ist ihr mostiger Geruch wahrzunehmen. Apfelessig enthält **ÄPFELSÄURE** (neben Essigsäure) und riecht mostig wie Apfelwein und Cidre.

ESSIGSÄURE ist in Vinaigrettes allgegenwärtig und gibt Salaten, Gemüse oder auch Fleisch seine Geschmackskomponente mit auf den kulinarischen Weg. Häufig werden flüssige Vinaigrettes als zu sauer empfunden, weshalb mehr Öl einemulgiert wird. Ist diese Mischung (Emulsion) ausreichend stabil, erreicht man geschmeidige Vinaigrettes. Aber auch etwas Gelatine (als Pulver) in den Essig, Wasser oder Fond gegeben, erhöht die Viskosität der Vinaigrette. Das Öl kann dann in größeren Tropfen direkt auf den Teller zugegeben werden, sodass sich beide Komponenten erst im Mund und auf der Zunge vermischen.

OXALSÄURE, das bedeutet Rhabarber, Sauerklee oder Sauerampfer. Diese Säure kann man nicht nur schmecken, sondern auch „fühlen": Sie entmineralisiert den Zahnschmelz, die Zähne werden „stumpf". Der französische Klassiker ***Saumon à l'oseille*** der Brüder Troisgros spielt ganz gezielt mit dieser Säure im Sauerampfer, ebenso wie viele Rhabarbergerichte. Andererseits macht **OXALSÄURE** sauer, ohne den starken Beigeruch eines Essigs zu entwickeln. Die subtile, aber dennoch spürbare Säure lässt sich gut mit feinen Meeresfrüchten wie Jakobsmuscheln kombinieren.

WEINSÄURE findet sich reichlich in → Tamarinde – in Weinen spielt sie nur eine untergeordnete Rolle. Tamarinde gibt, in Wasser eingelegt oder als Paste verarbeitet, vielen indischen Gerichten eine deutliche Säurenote. Industriell wird der Stoff bei der Herstellung und Verarbeitung von Speiseeis, Obst, Limonaden und Erfrischungsgetränken, Gelee, Weingummis, Konditorwaren und bei der erlaubten Säuerung säurearmer Weine verwendet. Salze der Weinsäure fallen übrigens als Depot in Weinen aus. Diese herrlichen Kristalle werden heute leider als störend betrachtet und Winzer versuchen, ihre Entstehung zu vermeiden. Schade, zumindest für Küchenphysiker ist dieses Kristallspiel immer ein Grund zur Freude.

ZITRONENSÄURE kommt nicht nur in allen Zitrusfrüchten (Zitronen, Limetten, Yuzu, Orangen), sondern auch in Äpfeln, Birnen, Sauerkirschen sowie in Himbeeren, Brombeeren, Johannisbeeren, in Weintrauben und in Wein reichlich vor. Eine gebratene Gänsebrust, deren Pfanne mit Sauerkirschen abgeschwenkt wurde, ist also mit Zitronensäure gesäuert.

FÜR SELBST HERGESTELLTE ESSIGE benötigt man schwach alkoholische Flüssigkeiten mit etwa 4–6 Volumenprozent Alkohol: Wein, Apfelwein, verdünnte Brände oder Schnäpse. Deren Alkohol kann mittels Essigsäurebakterien zu Essigsäure fermentiert werden. Wegen des notwendigen Sauerstoffs läuft die Umwandlung von Alkohol zur Essigsäure besser in offenen, bauchigen Gefäßen, die nur halb gefüllt sind, etwa Gärkolben. Bei vollständiger Umsetzung wird aller Alkohol zu Essig vergoren, Essig enthält also nie Alkohol. Häufig findet man in hausgemachten Essigen oder Essigen aus einer Manufaktur einen etwas schlammigen Bodensatz. Hier handelt es sich

um „Essigmutter", der wieder Wein zugefügt werden kann. Die Fermentation von Alkohol zu Essig geschieht dann rascher und gezielter.
ESSIGE AROMATISIEREN funktioniert über die Alkohollöslichkeit vieler Aromen. Mittels guter und neutraler Branntweinessige lässt sich manches individuelle Schätzlein zubereiten, etwa Fruchtessige mit Fruchtmark. Dazu werden Früchte je nach Gusto (Himbeeren, Erdbeeren oder schwarze Johannisbeeren) mit Brantweinessig gemixt. Dann lässt man sie aromatisieren und filtert eventuell das Fruchtfleisch oder die Kerne heraus. Ein Schuss Weinessig in ein fast aufgebrauchtes Honigglas lässt eine süßsaure Würze für Salate, Saucen und Marinaden entstehen. Köstlich ist auch ein Essig aus Gemüsepaprika. Dazu werden diese gegrillt, bis deutliche Röstnoten entstehen. Danach schlägt man sie mit Essig – am besten Wein- oder Sherryessig – mit einem Stabmixer auf und lässt die Aromen einwirken. Grillaromen sind zwar wasserunlöslich, durch das Pürieren entstehen aus den Kleinstteilchen aber jede Menge „Andockstellen" für diese Aromen. Daneben existieren viele weitere Essigvarianten, die aus den verschiedensten Grundzutaten gewonnen wurden (→ Essige, ab Seite 459).

Gestampfte, nicht zu fein zerdrückte Kartoffeln lassen sich wunderbar mit einem Esslöffel sehr klein gehacktem rohen Sauerkraut säuern. Dazu noch mit rohen, für ca. 10 Minuten gesalzenen Zwiebeln (Salz-Osmose) abgeschmeckt, passt diese feine, ungewöhnliche Säure in den gekochten Kartoffeln ausgezeichnet zu gebratenem Fisch.

SÄUERN MIT SAUREN LEBENSMITTELN funktioniert ausgezeichnet, man ist nicht nur auf Essig oder Zitronensaft angewiesen: Sauerkraut, Saure Rüben, milchsauer vergorenes Gemüse, Essiggurken, → Granatapfelkerne oder → Limettensaft säuern ebenfalls. Joghurt dient als ideales Säurungsmittel, wenn gleichzeitig Milcharomen, Milchsäure und käsige Aromenbestandteile gefragt sind. Die arabisch-persische Küche setzt auf diese Weise zum Beispiel gerne einen sauren Akzent, auch in der indischen Küche werden Currys mit Joghurt verdickt – das reduziert gleichzeitig die Aggressivität der Chilischärfe. Eine andere Variante nutzt den Würzsud von Essiggurken: Abgeseiht kann dieser als Grundlage für Vinaigrettes und Würzflüssigkeiten dienen. Mit Agar-Agar geliert, lässt sich dieses eigens hergestellte „Essiggurkenimitat" klein gewürfelt unter Rohkostsalate mischen oder auf Kanapees legen. Selbst beim → Räuchern entstehen eine ganze Reihe „organischer Säuren", zum Beispiel Essigsäure. Das lässt sich leicht nachvollziehen: Rauch wirkt trigeminal beißend in Nase und Augen.
SÄURE ERSETZT DEN HERD – zumindest teilweise: Ein weiterer Vorteil von Säure ist ihr Vermögen, Lebensmittel zu garen. Dabei greift die Säure in die Struktur der Proteine ein und verändert manche davon fast so, als würden die Speisen Hitze ausgesetzt. Ein kleines Experiment gefällig? Beträufelt man rohes Eiklar mit Essig, wird es an dieser Stelle sofort weiß. Auch beim roten, rohen Lachs lässt sich das ausprobieren – am besten gleich mit einer Ceviche. Diese Zubereitung für rohen, in sauren Marinaden „gegarten" Fisch basiert auf genau derselben Grundlage wie das Eiklar-Experiment. Das Resultat hängt aber vom Lebensmittel ab: Gut abgehangenes Fleisch mit einer bereits stark gelockerten Struktur lässt sich leicht „garen", ebenso Fisch. Gewöhnliches Fleisch hingegen muss gehackt werden und viele Gemüse lassen sich nur unter leichter Erwärmung marinieren: Den harten Pflanzenzellen aus Cellulose, Pektin und anderen Zellmaterialien ist durch Säureeinwirkung nur begrenzt beizukommen.
SÄURE ZU MASKIEREN gelingt nur schwerlich. Möglich ist das Verdünnen mit Wasser oder die Zugabe einer Prise Zucker – wenn es das Gericht erlaubt. Manche Säuren, etwa die OXALSÄURE von Spinat und Rhabarber, lassen sich allerdings durch die Zugabe von etwas Zitronensaft bändigen. Dessen Säuren verhindern das Freisetzen einiger Protonen der OXALSÄURE, was ihre Wirkung abschwächt.

ABSCHMECKEN: SALZIG

Unser Würzmittel Nummer eins riecht nach nichts und schmeckt eigentlich nur salzig. Aber es steigert den Eigengeschmack der Speisen. Außerdem gibt es einige Salze, in denen dann doch „mehr" steckt (→ Salz). Reines Koch- oder Speisesalz, NaCl, besteht lediglich aus Natrium- und Chloridionen, die in einem Kristall regelmäßig zusammengefügt sind. Bei Kontakt mit Wasser löst sich der Kristall auf und zerfällt in seine ionischen, also elektrisch geladenen Bestandteile: das einfach positiv geladene Natriumion und das einfach negativ geladene Chloridion. Die Geschmacksempfindung „salzig" wird erst durch dieses Lösen ermöglicht, da die Rezeptoren der Zunge die elektrischen Ladungen der Ionen wahrnehmen (→ Wie funktionieren Rezeptoren?, Seite 12).

SALZEN

Obwohl salzen der vielleicht einfachste Würzvorgang überhaupt ist, gibt es auch hierbei sowohl feine Unterschiede als auch einige Tricks für mehr Geschmack. Weltweit werden die verschiedensten „Sorten" von Salz abgebaut (→ Salze der Welt, Seite 295).

KRISTALLFORM UND TEXTUR sind entscheidend für die Salzempfindung. Wird nachgesalzen, sind nicht nur die Ionen entscheidend, sondern auch die Art und Geschwindigkeit, in der sich das Salz zusammen mit dem Lebensmittel im Mund unter Speicheleinfluss auflöst. So können die gleichen Stücke eines Steaks je nach Form und Größe der Salzkörner deutlich unterschiedliche Geschmacksnuancen entwickeln. Feine Salze dominieren über das Fleisch, grobes Salz wirkt milder und Salzflocken entsprechend fein – selbst wenn alle aus reinstem Natriumchlorid bestehen und keine weiteren Mineralien eingelagert sind. Kleine Kristalle haben im Vergleich zum Volumen große Oberflächen, sie lösen sich schneller als große Kristalle. Perfekte Kristalle – wie häufig bei Salzflocken – sind sehr dünn, lösen sich aber dennoch verhältnismäßig langsam. Sie wirken beim Zerbeißen zusätzlich „knusprig", ohne ein Zuviel an Salzgeschmack hervorzurufen.

SALZ IM KOCHWASSER erhöht die Siedetemperatur je nach Salzkonzentration, weil die Salzionen wegen ihrer Ladung die (dipolaren) Wassermoleküle besser festhalten. Messbare Effekte für eine Verkürzung der Gardauer, wie immer wieder spekuliert wird, hat dies allerdings nicht – zumindest bei physiologisch erträglichen Salzkonzentrationen. Sobald das Wasser kocht und Flüssigkeit verdampft, nimmt die Salzkonzentration zu. Deshalb kann man ein Gericht auch versalzen, wenn man das Salz zu früh dazugibt. Profis salzen vorsichtig und schmecken zum Schluss noch einmal ab: Nachsalzen kann man immer, ein versalzenes Gericht ist nicht mehr zu retten.

WEGEN SEINER OSMOTISCHEN WIRKUNG „zieht" Salz Wasser aus allen Lebensmittel. Damit wird vielen Mikroorganismen ihre Lebensgrundlage entzogen, was die Verderblichkeit dieser Lebensmittel verringert. Gepökeltes Fleisch und Fisch lassen sich auf diese Weise lange konservieren.

NITRITPÖKELSALZ verleiht Fleisch und Wurst eine rote Farbe. Es enthält Stickstoffverbindungen, deren Stickoxid sich mit dem Eisen-Ion der Hämgruppe des Muskelfarbstoffs Myoglobin verbindet. Myoglobin kann daher nicht oxidieren: Das Fleisch wird nicht grau.

NATRIUMREDUZIERTE DIÄTSALZE enthalten Kalium und Glutamat. Damit lässt sich dezenter salzen als mit Salz, und über das Glutamat erhält man zusätzlich umami-Würzkomponenten.

„SALZEN" LÄSST SICH AUCH MIT ANDEREN LEBENSMITTELN. In der mediterranen Küche ist das „Salzen" mit Sardellen sehr beliebt. Diese in Salzlaken konservierten Minifische lassen sich leicht zu Pasten verarbeiten, die neben dem salzigen Geschmack auch herzhafte Anklänge beisteuern und gleichzeitig Meeresnoten im Aroma liefern. Salzig-fischige Noten werden ebenso durch Poutargue (Bottarga) beigefügt, dem gepressten und getrockneten Rogen der Großkopfmeeräsche. Auch Räucherspeck oder Salzfleisch eignen sich zum feinen und wohldosierten

„Salzen". Werden salzhaltige → Algen zu Speisen gegeben, wird der salzige Geschmack „frei Haus" mitgeliefert. Dazu gehört auch Queller (Salicorn). Ebenso lassen sich viele Wildkräuter der Salzwiesen an der Nordsee zum „Salzen" verwenden.

VERSALZENE SUPPEN LASSEN SICH RETTEN – bei richtigen Missgeschicken ist aber alles zu spät. In übersalzene Cremesuppen gibt man eine fein geriebene Kartoffel. Bei Suppen oder Brühen hilft, das Eiweiß von einem bis drei Eiern mitzukochen. Nachdem das Eiweiß geronnen ist, wird es abgeschöpft und nicht weiterverwendet: Es hat das Salz aufgesogen.

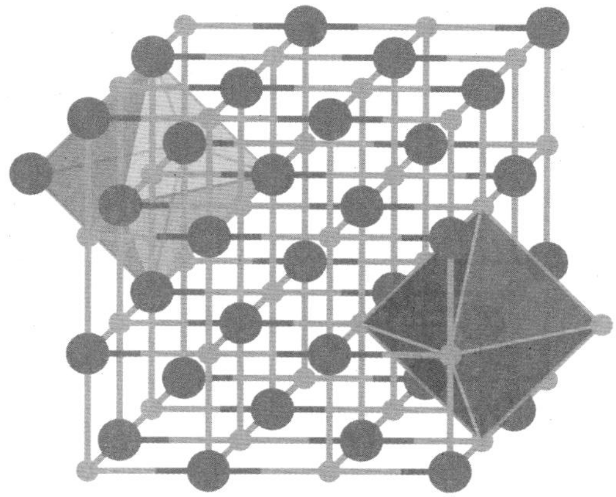

Struktur eines Salzkristalls

ABSCHMECKEN: BITTER

Eine Präferenz für Bitteres ist nicht angeboren (→ Geschmack und Funktion, Seite 10). Ganz im Gegenteil: Der Geschmacksreiz signalisiert weder wertvolle Energie (süß) noch Mineralstoffe (salzig), sondern: Achtung, giftig! Gefahr! Sofort ausspucken! Deswegen mögen Kinder keinen Rosenkohl, kein Bier, keinen Kaffee: Der Genuss dieses Geschmacks muss erst „erlernt" werden. In der westlichen Kultur gibt es kaum bittere Würzungen, die bewusst zu Tisch eingesetzt werden.

Zu starke Bitternoten können den Genuss eines ganzen Gerichts zerstören – ganz ohne Bitternoten bliebe allerdings der Genuss auf der Strecke. Bitternoten lassen sich kaum dominant einsetzen, es sei denn separat zum Aperitif – in Form vom Drinks bei Zubereitungen mit Kräutern sowie bei Chartreuse, Kräuterlikören oder gar gekräuterten Artischockenschnäpsen (→ Alkohole, bittere, Seite 470) – in Softdrinks wie Tonic Water oder bei einem bitteren Pils. Auch bei → Kaffee, Tee oder bei dunkler Schokolade beziehungsweise → Kakao treten Bitterstoffe in den Vordergrund. Olivenöl, Chicorée oder Radicchio würde ohne den Bittergeschmack etwas fehlen. Die Köpfe (Innereien) von Meeresfrüchten wie Garnelen lassen sich aufgrund ihrer Bitterstoffe exzellent als Pürees zum dezenten Abschmecken oder als Tellerelemente nützen. Manchmal wird jedoch der Braten ungewollt bitter oder das Brokkolipüree fast ungenießbar. Die Grenze zwischen „gut" oder „zu bitter" findet man nur, wenn man die Kunst beherrscht, eine Balance mit den anderen Geschmacksrichtungen hinzubekommen.

Die Bitterkeit eines Stoffes wird mit dem sogenannten Bitterwert gemessen. Dieser standardisierte Wert gibt an, welche Gewichtskonzentration des Stoffes einen Liter Wasser erkennbar bitter schmecken lässt. 1 g Chininchlorid lässt bereits 200 l Wasser bitter schmecken. 1 g Absinthin des →Wermutkrauts macht sogar 3000 l Wasser bitter. Das zeigt, wie wenig dieses Stoffes in entsprechenden Alkoholika wie Absinth enthalten sein darf, damit dieser überhaupt genießbar ist. Das Amarogentin der Enzianwurzel ist noch einmal 20 Mal bitterer (siehe Tabelle).

BITTERN

ARTISCHOCKEN(-BLÄTTER) haben eine dezente Bitterkeit, die besonders in Vorspeisen und Aperitifs beliebt ist. Der geschmacksbestimmende Bitterstoff ist das Cynaropicrin. Man beachte den darin versteckten Begriff „Cynar": So heißt ein in Italien beliebter leichter Bitterlikör, dessen Hauptbestandteil Artischocken sind.

BITTERSALZE wie Calciumchlorid und Magnesiumchlorid wirken bei nicht ausgewogener Dosierung eher plump und isoliert. Bei sogenannten Diätsalzen, die man einsetzt, wenn aus medizinischen Gründen für bestimmte Personen Natriumchlorid nicht konsumierbar ist, werden deshalb oft Mischungen aus Kaliumchlorid, Calciumchlorid und Glutamat angeboten. Dabei wird die

Wechselwirkung der Geschmacksrezeptoren für salzig, bitter und umami-Geschmack sichtbar: Je mehr verschiedene Rezeptoren angesprochen werden, desto „breiter" ist die Wirkung, der reduzierte Kochsalz-Eindruck vermindert sich dadurch.

BOCKSHORNKLEESAMEN sind ein idealer Bittergeber. Sie werden dazu mit kochendem Wasser übergossen und nach dem Abkühlen abgeseiht. Das bittere Wasser kann noch als Würzfond im Kartoffelpüree oder im Bohnenpüree verwendet werden. Gibt man einen Teelöffel eingeweichter Früchte in frischen Ziegen- oder Kuhkäse und lässt diesen mindestens einen Tag lang aromatisieren, geben die nussigen Bitternoten dem Frischkäse ein ganz besonderes Aroma. So öffnet sich der Käse plötzlich reifen alten Weißweinen, oxidierten Juraweinen oder weißen jungen Sherries. Bitternoten in bester Mariage!

CHICORÉE UND RADICCHIO sind beliebte Bitterwürzer: Roh unter Salate gemischt, ergänzen ihre bitteren Noten sehr angenehm etwa eine säuerlich-süße Salatvinaigrette. Ihr Bitterstoff Lactucin ist auch in Kopfsalaten enthalten. Pürees von Kopfsalaten oder gebratene Kopfsalatherzen weisen daher eine ähnliche Bitterkeit auf. Roher Radicchio, unter ein cremiges Kartoffelpüree gemischt, wird sehr gut von den grün-bitteren Noten eines fruchtigen Olivenöls ergänzt.

GRÜNER TEE UND MATCHA erhalten ihre Bitterkeit über Koffein und Catechine. Die Polyphenole und Bitterstoffe lösen sich besser bei hoher Temperatur, weshalb zu heiß aufgebrühter grüner Tee sehr bitter wirkt. Oft wird daher eine Brühtemperatur von nur 75 °C empfohlen. Aber auch bei diesen Temperaturen lösen sich desto mehr Bitterstoffe, je länger der Tee zieht. Sud aus grünem Tee eignet sich zum Pochieren von Geflügel oder Fisch. Die Bittertöne ergeben hier eine zarte Würzung des hellen Fleischs. Auch Meeresfrüchte- oder Gemüserisotti mit grünem Tee angegossen sind wunderbar. Matchateepulver fügt Vinaigrettes aus Balsamico Bitterkomponenten bei: Die süß-sauer-bittere Mischung würzt alle Gemüse, aber auch Huhn, Fisch oder Schwein.

KOFFEIN UND THEIN ist derselbe Stoff: In Kaffee und (schwarzem wie grünem) Tee regt er nicht nur an, er schmeckt auch bitter. Die Bittertöne in → Kaffee wirken eher dezent, da dieser eine ganze Reihe weiterer Röststoffe und Aromen einbringt. Die Aminosäurenderivate Theobromin und Theophyllin bestimmen ebenfalls den bitteren Geschmack von Kaffee und Tees.

LAKRITZ („BÄRENDRECK") spielt mit der Kombination bitter-süß. Das Glycyrrhizin aus dem → Süßholz hat eine circa fünfzigmal höhere Süßkraft als Saccharose, aber auch einen leichten Bitterton. Dieser wird durch die Zugabe von Bittersalzen verstärkt. Gleichzeitig wird oft außerdem Ammoniumchlorid (Salmiak) dazugegeben, das den Lakritzschnecken und Süßigkeiten seine typische Note verleiht.

ROSMARIN UND SALBEI geben an Speisen nicht nur ihre Aromen ab, sondern auch Bitternoten. Der Bitterstoff dieser Kräuter ist das Carnosol. Aus den Stängeln des Rosmarins löst er sich durch langes Mitkochen, aus Salbei durch kurzes Anbraten. Langes Ziehen der Blätter im Wasser lässt Salbeitee dagegen oft zu bitter geraten.

TONIC WATER erhält seine angenehme Bitterkeit von Chinin, das aus der Rinde des Chinabaums gewonnen wird. Ein Schuss Tonic Water in einem frischen Rohkostsalat, zusammen mit etwas Olivenöl, verleiht ihm eine fruchtige Bitterkeit, die ein Menü schmackhaft einleiten kann.

ZITRUSFRÜCHTE wie → Orangen und → Zitronen tragen Bitterstoffe in der weißen Membran zwischen Schale und Fruchtfleisch. Meist verwendet man diese Membran nicht. Kocht man die Schalen mit diesen weißen, faserigen Teilen mit, lassen sich jedoch deren Bitternoten neben den ätherischen Bestandteilen der Orangen- beziehungsweise Zitronenschale gezielt in die Gerichte hineintragen.

WEITERE MÖGLICHKEITEN FÜR BITTERTÖNE liefern bittere Alkohole, zum Beispiel → Angostura, → Bier und → Campari, aber auch → Olivenöl. Weil sie statt reiner Bitternoten auch viele ihrer typischen Aromen in die Speisen hineintragen, werden sie als flüssige Würzen im hinteren Teil des Buches ausführlicher besprochen.

MASKIEREN UNERWÜNSCHTER BITTERNOTEN: Stark reduzierte Saucen aus dunklem Bratenfond wirken neben ihrer Herzhaftigkeit (→ Grundgeschmacksrichtungen, umami, Seite 10) häufig etwas bitter. Natürlich können diese Töne durch weniger starkes Anrösten vermieden werden, aber auch die sukzessive Beigabe von Kräutern wie → Rosmarin hilft, das Ausbilden und Einschwemmen von Bitterstoffen zu vermeiden. Man gibt es erst zum Schluss dazu, lässt es nicht mitkochen und lässt vor allem seine bitteren Stängel draußen, dann dominieren die Terpene. Alternativ funktionieren florale Noten – oder einfach etwas in die Speise gegebener Zucker beziehungsweise Trehalose.

Viele Kräuter und Gewürze maskieren ihre Bitterstoffe sogar selbst, wie beispielsweise → Safran. Das bitter wirkende PICROCROCIN spaltet sich bei der Trocknung der Safranfäden in das erdige SAFRANAL und süße Glucose. Auf der Duftebene unterstützen beerige, zitrusartige und warm-kampferigen Aromen diesen maskierenden Effekt. Eine andere Möglichkeit der Maskierung ist Läuterzucker: Eine sehr kleine Menge in die Speisen gegeben wirkt Wunder – maximal ein halber Teelöffel sollte genügen. Weitere einfache und effektive Bittermaskierer sind die Zucker Trehalose und Isomalt (→ Abschmecken: süß, Seite 36). Sie haben darüber hinaus den Vorteil, dass sie viel weniger süß sind als Haushalts- und Läuterzucker.

BITTERSTOFFE MIT DAZUGEHÖRIGEN BITTERWERTEN

Bitterstoff	Bitterwert	Bemerkungen
Chininhydrochlorid aus Chinarinde	200 000	Alkaloid
Absinthin im Wermut	3 000 000	Bitterstoff
Quassin im Bitterholzbaum	13 000 000	Bitterstoff
Amarogentin in Enzian-Arten	58 000 000	Bitterstoff
Denatoniumbenzoat	>100 000 000	bitterste bekannte Substanz

BITTERWERTE EINIGER LEBENSMITTEL

Weißbier	ca. 15
Pils	20–25
Dunkle Biere	ca. 30
Kaffee	100–500
Löwenzahn	ca. 800

ABSCHMECKEN: UMAMI

Als der japanische Chemiker Ikeda Kikunae 1908 den Geschmack „umami" isolierte – japanisch für „fleischig", „herzhaft", „wohlschmeckend" –, war er einem uralten Küchengeheimnis chemisch auf die Spur gekommen. Tatsächlich würzten schon die Römer und Griechen ihre Speisen mit einer fermentierten Sauce aus Salz und Fisch: Garum (→ Geschichte des Würzens, Seite 68). Umami-Geschmack wird durch freie Glutaminsäure erzeugt. Bekannter ist deren Salz, das Glutamat, auch „Geschmacksverstärker" genannt. Dieser Begriff ist sowohl aus physiologischer als auch aus küchenpraktischer Sicht irreführend. Der Geschmack wird nicht – wie bis vor einiger Zeit angenommen – „verstärkt", sondern es werden speziell für den umami-Geschmack zuständige Rezeptoren zusätzlich angeregt. Letztlich wird der Geschmack also um eine Empfindung erweitert.

Glutaminsäure ist eine protogene Aminosäure, die auch in uns vorkommt: Durchschnittlich 2 kg proteingebundenes und etwa 10 g freies Glutamat nehmen in einem 70 kg schweren, gesunden Menschen biochemische Aufgaben bei der Zellkommunikation wahr – auch im Gehirn. Glutaminsäure ist in praktisch jedem Protein zu unterschiedlichen Anteilen gebunden. Beim Kochen werden viele dieser Proteine zerhackt, in der Fachsprache: hydrolysiert. Dabei bilden sich Proteinbruchstücke und freie Glutaminsäure. Das lange Kochen eines Gulaschs, eines Schmorbratens oder eines Fleischfonds dient also nicht nur dem Zartmachen des Bratens. Reduzierte Fonds und Saucen sind folglich die reinsten „Glutamatbomben", auch wenn dies die Verächter von Glutamat vermutlich nicht wahrhaben wollen. Die eigene Erfahrung zeigt: Je länger der Fond gekocht wird, desto tiefer und herzhafter wird sein Geschmack, erst recht beim Reduzieren und beim Konzentrieren der Sauce.

„SAUCENPULVER" SELBST GEMACHT

Etwas Maltodextrin – daran werden die flüchtigen Aromen gut gebunden – unter einen dicklichen Fleischfond heben, etwas im Ofen auf 80 °C erhitzte Kartoffelstärke für erhöhte Rieselfähigkeit zugeben und den Brei bei 40–45 °C trocknen. Das entstandene Pulver nochmals kurz aufmixen und etwa über gekochte und in Butter geschwenkte Kartoffeln oder Kürbis geben. Das ergibt eine kleine geschmackliche Sensation – und ist ein einfaches, lehrreiches Küchengeschmacksexperiment.

IST GLUTAMAT GEFÄHRLICH?

Mit dem Begriff Glutamat und Glutaminsäure werden allerlei Geschichten und Horrormeldungen verbunden. Es gibt allerdings bis heute keine seriöse wissenschaftliche Studie, die einen direkten Zusammenhang zwischen dem Genuss von Glutamat und gesundheitlichen Beeinträchtigungen festgestellt hat. Es gibt Menschen, die empfindlich auf Glutamat reagieren können, und natürlich ist Glutamat ab einer gewissen Menge nicht gesundheitsförderlich – aber das trifft auf normales Kochsalz genauso wie auf jedes andere Gewürz zu. Übrigens: In wunderbar schmeckenden, selbst hergestellten, lange geschmorten und anschließend geklärten Fleischfonds ist nicht nur viel Glutaminsäure vorhanden – sondern auch kein Gramm Fleisch mehr (→ Hydrolyse). Im Grunde genommen wäre diese Saucengrundlage einer ähnlichen Kritik zu unterziehen wie Saucenpulver.

Fermentation mit Enzymen oder Bakterien kann ebenfalls eine Hydrolyse bewerkstelligen. Das prominenteste Beispiel sind die → Sojasaucen aus der asiatischen Küche. Bei ihrer Herstellung muss der Proteinspaltprozess so geführt werden, dass zwar keine bitter schmeckenden Proteinbruchstücke entstehen, aber viel Glutamin freigesetzt wird. Darüber hinaus soll je nach Art ein malziges, fruchtiges bis alkoholisches Aromenspiel entstehen. Eine hohe Handwerkskunst – tatsächlich haben viele Sojasaucen aus dem Supermarkt mit den besten Sojasaucen Japans nichts gemein. Bei der enzymatischen Fermentation von Weizen- und anderen Getreideproteinen wiederum – angewendet etwa in der Herstellung der → Maggi-Würze – entsteht zwar auch viel freie Glutaminsäure, darüber hinaus werden hier aber ganz andere Aromen frei, die nur noch entfernt an die Sojasauce erinnern.

Das Brechen der Eiweißketten kann durch die Beigabe von Säure effektiver werden. So ist die Schmorbeigabe Wein oder Essig eine schmackhafte Methode, um den Spaltungsprozess der Proteinketten zu verstärken. Der Côtes du Rhône in einer provenzalischen Daube oder der Riesling im elsässischen Coq au riesling wird also zu Beginn des Schmorprozesses nicht wegen des ohnehin zum Großteil verdampfenden Alkohols zugegeben, sondern wegen der Säure – die über Umwege auch den Geschmack umami verstärkt.

UMAMISIEREN

Zum Abschmecken mit „umami" gibt es zwei Methoden. Man kann das reine Pulver verwenden – so kann man selbst genau kontrollieren, wie viel man dazugeben möchte – oder Zutaten benutzen, die auf natürliche Weise viel freie Glutaminsäure besitzen. In unserer europäischen Kultur spielt das direkte Würzen mit Glutamatpulver keine Rolle, wird von vielen Verbrauchern sogar als kritisch angesehen – aber die Idee der „Geschmacksverstärkung", genauer: des Hinzufügens der Geschmackskomponente umami, besteht nichtsdestotrotz: → Parmesan über Pastagerichte gestreut wirkt genauso wie gebratene und mitgekochte → Zwiebeln, wie mitgeschmorte → Morcheln und → Steinpilze oder wie → getrocknete Tomaten. Diese „Geschmacksverstärker aus der Natur" fügen Speisen zusätzlich auch viele ihrer eigenen typischen Aromen bei, weswegen sie ausführlicher im Lexikonteil des Buches besprochen werden.

GLUTAMAT, meist Natriumglutamat, kann als Pulver ganz trivial über einen garenden Topf gestreut werden – fertig. Weil sich der Stoff in Wasser löst, ist die Anwendung so einfach wie salzen. Sein Vorteil ist der reine umami-Geschmack, ohne „störende" zusätzliche Aromen: Manchmal macht das den kleinen Unterschied aus, etwa wenn es um geschmorte Früchte im Dessert geht, die einen Hauch umami-Geschmack ohne Sojasauce- oder gar Maggiaromen bekommen sollen. In komplexen Desserttellern kann dies manchmal eine Hilfe sein, um Fruchtsäuren abzuschwächen, ohne gleichzeitig mit zusätzlichem Zucker arbeiten zu müssen. Die Glutamatdosen hierfür sind allerdings extrem gering zu halten. Der bereits bestehende Eindruck darf nicht durch zu viel umami-Geschmack überdeckt werden – das würde den bekannten unangenehmen Geschmack „künstlich" wirkender Saucen erzeugen.

GUANYLAT oder Guanosinmonophosphat ist chemisch sehr nah mit Inosinat verwandt und hat eine ähnliche Wirkung und Funktion. Beide haben eine etwa zehnmal höhere Wirkung als die Glutaminsäure, wenn sie zusammen mit dieser verwendet werden. Auch wenn die Namen schrecklich klingen: Diese beiden Moleküle sind ebenso verträglich und natürlich wie die freie Glutaminsäure.

INOSINAT oder Inosinmonophosphat ist eine Würzflüssigkeit, die einen sehr angenehm fleischigen, herzhaften Geschmack aufweist. Dieses Molekül war auch Bestandteil des „Fleischextrakts" von Justus von Liebig, dem Chemiker, dem es schon 1847 gelungen war, Würzmittel mit fleischig-herzhaftem Grundgeschmack aus Lebensmitteln zu extrahieren (→ Geschichte des Würzens, Seite 83).

GESCHWÄRZTE ZWIEBELN in Consommés, Fonds und Schmorgerichten liefern nicht nur Bräunungs- und Röststoffe über die Maillard-Reaktion (→ Würzpraxis Rösten, Seite 53), sondern auch nicht zu vernachlässigende Mengen freier Glutaminsäure. Wie bei lange gekochten Fonds zerfallen ihre Proteine und setzen dabei Glutamat frei. Bei der Bräunungsreaktion entsteht allerdings

SELBST HERGESTELLTE UMAMI-WÜRZPASTE

Getrocknete Tomaten werden mit Olivenöl püriert. Geröstete Nüsse oder Pinienkerne sorgen für Röstaromen, dazu gibt man noch etwas sehr reifen und sehr harten Ziegenkäse. Sie kann in Saucen eingerührt oder auf Rohkostteller getupft werden, was gerade rohem Gemüse ganz neue Nuancen verleiht.

UMAMI-GEHALT IN VERSCHIEDENEN LEBENSMITTELN

LEBENSMITTEL	FREIE GLUTAMINSÄURE (MG/100 G)	GEBUNDENE GLUTAMINSÄURE(MG/100 G)
Parmesankäse	1200	9800
Bohnen	200	5600
Tomaten	140	2400
Mais	130	1800
Kartoffeln	100	270
Spinat	40	290
Hühnerfleisch	45	3300
Karotten	35	200
Rindfleisch	35	2800
Makrelen	35	2400
Schweinefleisch	25	2300
Eier	25	1600
Zwiebeln	20	210
Lammfleisch	20	2700
Lachs	20	2200
Kabeljau	10	2100

auch der Schadstoff Acrylamid. Die Mengen sind zwar zu vernachlässigen, wer aber darauf verzichten möchte, lässt die geschwärzte Zwiebel einfach weg. Man verzichtet damit allerdings gleichzeitig auf deren „umamisierende“ sowie farbgebende Wirkung.

TOMATENCOULIS stellt man her, indem man frische, sehr reife Tomaten im Mixer, ohne Rücksicht auf Kerne oder Schalen, püriert. Den Brei durch ein Sieb passieren, sodass eine schaumige Tomatenflüssigkeit übrig bleibt, die so lange unter Rühren gekocht wird, bis aller Schaum verschwunden ist und sich im Topf ein intensives Tomatenaroma entwickelt. Den Coulis dann in sterile Gläser füllen und bis zu seiner Verwendung im Keller lagern. Das längere Kochen zerstört die Tomate kaum, im Gegenteil: Der „Radikalenfänger“ Lycopin ist aus gekochten Tomaten weitaus besser verfügbar als aus rohen, kann also leichter vom Körper aufgenommen werden.

FETTSÄUREN

PROZENTUALER ANTEIL DER FETTSÄURE AM FETT BZW. ÖL

	C 10:0 (Caprinsäure)	C 12:0 (Laurinsäure)	C 14:0 (Myristicinsäure)	C 16:0 (Palmitinsäure)	C 18:0 (Stearinsäure)	C 18:1 (Ölsäure, Petroselinsäure Eliandinsäure Vaccensäure)	C 18:2 (Linolsäure)	C 18:3 (alpha-Linolensäure, gamma-Linolensäure, Punicinsäure)
FETTE TIERISCHEN URSPRUNGS								
Butterfett	3	3	11	27	12	29	2	1
Rindertalg	0	0	3	24	19	43	3	1
Schweineschmalz	0	0	2	26	14	44	10	0
Gänseschmalz	0	0	0	3	8	55	10	0
FETTE PFLANZLICHEN URSPRUNGS								
Erdnussöl	0	0	0	11	2	48	32	0
Kakaobutter	0	0	0	26	34	35	5	0
Leinöl	0	0	0	3	7	21	16	53
Palmöl	0	0	1	45	4	40	10	0
Palmkernöl	4	48	16	8	3	15	2	0
Olivenöl	0	0	0	13	3	71	10	1
Rapsöl	0	0	0	4	2	62	22	10
Sonnenblumenöl	0	0	0	7	5	19	68	5
Sojaöl	0	0	0	11	4	24	54	7
Walnussöl	0	0	0	11	5	28	51	5

VERWENDUNG VON FETT

Fett wurde von der Ernährungswissenschaft lange – wie man heute weiß: zu Unrecht – verteufelt, denn zum Kochen und Abschmecken ist es unersetzlich. Sogar die gesättigten Fettsäuren sind keinesfalls schädlich. Im Gegenteil, sie erfüllen eine ganze Reihe biologischer Aufgaben, zum Beispiel in den Zellmembranen. Was wäre eine schmackhafte Sauce ohne Butter, ein mediterranes Gericht ohne reichlich Olivenöl oder ein südindisches Curry ohne schmackhaftes Kokosfett (→ Fette, Seite 476)? Und wem schmeckt nicht das köstlichste aller Fette: Schokolade – also Kakaobutter (→ Kakao)? Nicht zuletzt ist Fett ein gutes Lösungsmittel für eine ganze Reihe von Aromasubstanzen (→ Flüchtigkeit und Löslichkeit, Seite 28). Aus molekularer Sicht sind Fettsäuren unterschiedlich lange Kohlenwasserstoffketten, die in unterschiedlicher Sättigung vorliegen. Eine der häufigsten Fettsäuren ist die Stearinsäure.

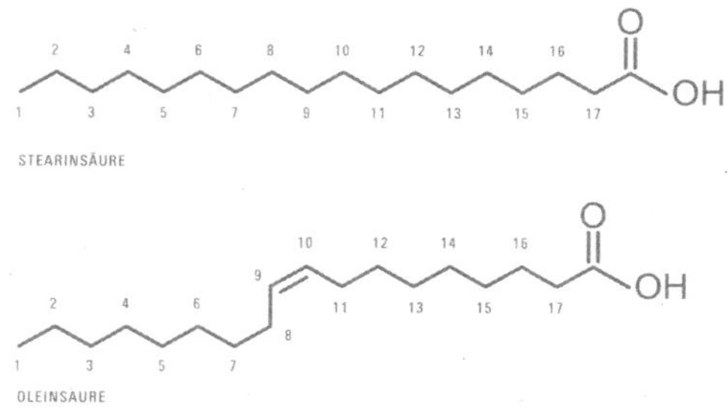

Stearinsäure (C 18:0, oben), Oleinsäure (C 18:1, unten). Da der „Knick" (die CIS-Doppelbindung) an der neunten Stelle erfolgt, wird der Code der Oleinsäure erweitert auf C 18:1,9.

GESÄTTIGTE UND UNGESÄTTIGTE FETTSÄUREN

Die Nomenklatur der Fettsäuren erklärt ihren Aufbau. Die abgebildete Stearinsäure besteht aus 18 Kohlenstoffatomen (Formelzeichen C), die in dieser Darstellung an der linken Spitze und an jedem „Eck" sitzen – außer am rechten Ende (OH). In der Chemie wird diese Beschriftung meist weggelassen. Keines der 18 Kohlenstoffatome ist ungesättigt: Das würde durch einen „Knick" und doppelte Striche zwischen zwei Kohlenstoffatomen (Doppelbindung) in der Kette dargestellt werden. Deswegen wird Stearinsäure mit C 18:0 bezeichnet.

Für eine einfach ungesättigte Fettsäure wie die Oleinsäure lautet der Code C 18:1. Nomen est omen: Die ungesättigten Enden einer Fettsäure streben nach Sättigung, sofern die Fette angebrochen und nicht gekühlt sind. Dieser Prozess wird Oxidation genannt: Durch die neuerfolgte Sättigung brechen die Fettsäuren auseinander und bilden Moleküle, die für den ranzigen Geruch verantwortlich sind. Je höher die Temperatur und je mehr ungesättigte Fettsäuren im Spiel sind, desto schneller geht dieser Prozess vonstatten. Im Falle der Brat- oder Frittierfette ist das kulinarisch alles andere als angenehm. Die gleichen Duftstoffe jedoch – zum Beispiel Buttersäure und Propansäure –, die isoliert und vermehrt auftretend schweißig, säuerlich, unangenehm riechen, tragen zu einem positiven Geruchsbild bei reifem Käse bei, da sie hier dezent vorkommen und in ein breites Aromenspektrum eingebettet sind (→ Aromen beim Fettabbau, Seite 52).

Fette mit vielen gesättigten Fettsäuren wie Rindertalg, Lamm- oder Kokosfett werden dagegen kaum ranzig. Zum Braten oder gar Frittieren sollte man daher möglichst gesättigte Fette und Öle verwenden. Sind sie zusätzlich gefiltert, also raffiniert, enthalten sie auch weniger Feststoffe, die ihren Rauchpunkt herabsetzen würden: Ideal sind etwa Erdnussöl, Palmkernöl, Sojaöl oder Sonnenblumenkernöl, Butter eignet sich mit ihrem Rauchpunkt von knapp 180 °C ebenfalls zum Braten. Ungefilterte, unraffinierte und kaltgepresste Öle haben wegen der darin enthaltenen Feststoffe einen niedrigen Rauchpunkt, das bedeutet immer „Verbrennung" – bei kalten Anwendungen aber auch deutlich mehr Aroma.

KULINARISCHE ANWENDUNGEN

Die kulinarischen Anwendungen des Fetts sind grenzenlos, sobald man die „Angst" davor verliert und die kulinarische Fantasie schweifen lässt.

Der Gesamteindruck einer Speise setzt sich aus einer Reihe von Faktoren zusammen. Der kokumi-Effekt stimuliert die Wahrnehmung dieser Eindrücke, bildlich dargestellt „verbreitert" er den Geschmackseindruck.

KOKUMISIEREN OHNE LANGE GARZEITEN

Bohnensaucen helfen, die langen Kochzeiten abzukürzen: Schwarze-Bohnen-Paste, Schwarze-Bohnen-Sauce, Rote-Bohnen-Paste oder Gelbe-Bohnen-Sauce sind bei den kurzen Zubereitungszeiten im Wok die besten Garanten für eine breitere Kokumibasis. Besitzer eines Dampfdruckkochtopfs oder Schnellkochtopfs sind hier klar im Vorteil. Durch den hohen Druck im hermetisch verschlossenen Topf und die dadurch erhöhte Gartemperatur zersetzen sich die Proteine rascher und effektiver. Da das System geschlossen ist, dampfen auch kaum Aromen in die Umgebung ab.

ROQUEFORT-WÜRZSPRAY

100 g Roquefort in ca. 200 ml Sojamilch aufkochen und vollkommen auflösen. Danach abkühlen lassen und die stark aromatisierte Sojamilch abschöpfen. Das zurückbleibende milde Käseprotein im Topf für andere Zwecke aufheben: Es lässt sich kalt würfeln und zum Beispiel unter Salate heben. Die Blauschimmeltrümmer ebenfalls aufbewahren und zerkrümelt zum Würzen von Fisch oder Fleisch verwenden. Die „Roquefortmilch" durch einen Teefilter oder Haarsieb geben, um auch kleinste Partikel herauszubekommen, damit der Zerstäuber nicht verstopft. Diese Milch dann in einen Zerstäuber füllen und Gerichte der Wahl damit besprühen. Der Hauch eines Blauschimmelkäses wird jedes Schweinefilet, jedes Hühnerbrüstchen, jeden Seeteufel auf eine ganz andere Art würzen, als das mit vielen andern Gewürzen oder Kräutern möglich ist.

DER AB- UND UMBAU VON FETTEN UND FETTSÄUREN während des Kochens lässt Aromen entstehen. Das Fleisch verschiedener Tierarten unterscheidet sich in der Fettsäurenzusammensetzung, daher sind auch die Düfte nach dem Fettsäurenumbau verschieden. Für die Küchenpraxis bedeutet dies: Immer die entsprechende Brühe oder den richtigen Fond parat haben, dann hat man zu jedem Gericht die passende Sauce schnell zubereitet. Bei reifenden Käsen werden ebenfalls Aromen umgebaut (→ Aromen beim Fettabbau, Seite 52, → Abschmecken: umami, Seite 44, → Parmesan, Parmigiano).

TIERISCHE FETTE AUS FONDS ODER BRÜHEN bilden sich nach dem Abseihen und Abkühlen im Kühlschrank. Dieses Fett ist zum Wegwerfen viel zu schade, denn damit lassen sich Gemüsegerichte besser betonen, wenn es darin gedünstet oder abgeschmeckt wird – schließlich sind in den Fetten noch einige Aromen ihrer Vorgeschichte gelöst, die sich durchaus nützen lassen.

GARFLÜSSIGKEIT AUS MONTIERTER BUTTER eignet sich für Fische und Meeresfrüchte wie Jakobsmuscheln, aber auch für kleine Zwiebeln oder Gemüse. Dazu werden erwärmte Butter und Wasser – oder der passende Fond – im Verhältnis 1:1 ausgeschlagen und das Gargut darin gekocht beziehungsweise gezogen. Die verbleibende Butter kann für spätere Zubereitungen verwendet werden, sofern die darin gelösten Aromen passen.

ÖLMONTIERTE SAUCEN sind eine Alternative zu Butter. Dazu wird der reduzierte Braten- oder Fischfond von Herd gezogen und Olivenöl in feinem Strahl zugegeben und mit dem Schneebesen oder einem Mixstab eingerührt, bis eine sämige Konsistenz erreicht wird. Olivenöl und Brataroma ergänzen sich hervorragend.

FETTE LASSEN SICH IMMER MISCHEN. So kann man herbe Olivenölschokoladensaucen herstellen, etwa für kurzgebratenes Wild, oder schmelzende Cremes aus weißer Schokolade mit Kürbiskernöl als Beigabe zu Desserts. Olivenöl, Macadamiaöl und Kürbiskernöl können mit geschmolzener reiner Kakaobutter – sie ist weitgehend geschmacksneutral – angerührt werden, dann sind diese Öle „schnittfest" oder „streichbar" und können als schmackhafte „Butter" mit Brot vor einem Menü gereicht werden.

ABRUNDEN: KOKUMI

„Kokumi" stammt aus dem Japanischen und umfasst die Eigenschaften „Mundfülle" und „Rundheit" (→ Seite 16). Dabei ist der gesamte erste Eindruck einer Speise entscheidend, der sofort nach dem ersten Zungenkontakt entsteht: Welche Geschmacksrichtungen und welche Reize treten in jeweils welcher Intensität auf? Welche Konsistenzen lassen sich sofort erspüren? Wie der kokumi-Effekt wahrgenommen wird, ist noch nicht erforscht, man weiß nur, dass er durch Proteinbruchstücke ausgelöst wird, die aus einem Verbund von zwei oder drei Aminosäuren und einer Glutaminsäure bestehen.

RAUCHPUNKT VON FETTEN

FETT / ÖL	RAUCHPUNKT IN °C
Senföl	240
Erdnussöl (raffiniert, gehärtet)	230
Palmkernfett	220
Sojaöl	210
Sonnenblumenöl (raffiniert)	210–220
Raffiniertes Olivenöl	200–210
Butterschmalz (Ghee)	200–205
Kokosfett	185–205
Sesamöl nativ	175
Butter	175
Erdnussöl (kaltgepresst)	170
Walnussöl	160
Distelöl	150
Rapsöl (kaltgepresst)	130–180
Olivenöl (kaltgepresst	130–175
Schweineschmalz (je nach Wasser/Proteingehalt)	130–210
Weizenkeimöl	120
Sonnenblumenöl (kaltgepresst)	110

Diese Bruchstücke, γ-Glutamylpeptide, entstehen bei längerem Kochen (→ Geschmacksmodulation, Seite 16 f.). Sie sind selbst ohne Geschmack, stimulieren aber den Gesamteindruck, kokumi „verbreitert“ gewissermaßen den Geschmack. Da Proteinbruchstücke aber nur während langen Kochens entstehen, lässt sich eine „Mundfülle“ nachträglich nicht mehr „korrigieren“. Die einzelnen Glutaminsäure-Stücke tragen hingegen zum umami-Geschmack bei (→ Abschmecken: umami, Seite 43). Auch deswegen wird die Bolognese sehr lang geköchelt, Tomaten und Fleisch ergeben eine hohe Konzentration dieser Peptide. Die Sauce wird rund und süffig. Auch das *Chili con carne* mit Bohnen und Fleisch hat diese Eigenschaften.

KOKUMISIEREN

SELBST HERGESTELLTE KOKUMIWÜRZE erhält, wer eingeweichte weiße Bohnen mit Rindfleisch im Verhältnis 1:1 ohne Salz und Gewürze lange zusammen in möglichst kalkarmem Wasser kocht, bis alles sehr weich ist. Nach dem Pürieren wird die Paste durch ein feines Sieb gestrichen. Die dickliche Paste ist Verdickungsmittel, umami-Gewürz und Geschmacksmodulator in einem und hilft, ein Gericht abzurunden. Vegetarier ersetzen das Rindfleisch durch Käse, sofern tierische Produkte gegessen werden. Im Schnellkochtopf funktioniert dieser Prozess rascher und effektiver.

REIZEN DES TRIGEMINUSNERVS

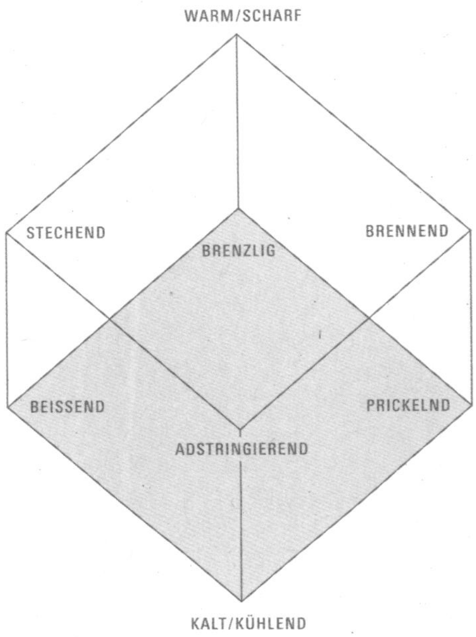

Die Trigeminusempfindung eines Gerichts lässt sich innerhalb eines dreidimensionalen Raumes verorten. Je mittiger der Reiz, desto ausgewogener ist er – je stärker die Tendenz zu einer Ecke hin, desto prägnanter ist diese eine Empfindung.

Der Trigeminusnerv übermittelt groben Druck, Schmerz, Temperatur und Jucken – nicht nur im Mund, sondern am ganzen Körper. Wahrgenommen werden diese Reize als „heiß", „kalt", „ätzend", „beißend", „brennend", „prickelnd" und „adstringierend" (→ Trigeminus, Seite 13). Die gezielte Stimulation des Trigeminusnervs will allerdings geübt sein: In einem überchilisierten Curry wird man feine Nuancen nur noch schwer erkennen.

Den Umfang der Reize des Trigeminusnervs kann man sich als würfelförmigen Raum vorstellen, an dessen Ecken die einzelnen Empfindungen liegen (siehe Abbildung). Wird eine Empfindung zu sehr hervorgehoben, treten die anderen in den Hintergrund. Raffinierter ist es, mit der Würzung die Mitte einer Kantenlänge oder sogar die Mitte des gesamten Raumes anzustreben.

HEISS-KALT – SCHARF-KÜHLEND

PFEFFER darf in kaum einem Essen fehlen, deswegen ist die trigeminale Reizung „scharf" ohnehin omnipräsent. Aber auch Chili, Ingwer oder frischer Knoblauch liefern diese Empfindung. Das **CAPSAICIN** in → Chili ist dabei noch um ein Vielfaches schärfer als das **PIPERIN** des Pfeffers (→ Schärfegrade, Seite 135). Wird der Reiz zu stark, artet der Genuss in Schmerz aus – die Grenze ist allerdings individuell beziehungsweise eine Sache der Gewöhnung.

PFEFFERMINZE, Pfefferminzbonbons oder Spearmint-Kaugummi hinterlassen eine angenehme Kühle auf der Zunge und im gesamten Mundraum. Die Trigeminusrezeptoren reagieren auf das Molekül **MENTHOL**, als träfen sie auf Eis. Minze ist das „kühlste" Küchenkraut, bereits das **1,8-CINEOL** in Eukalyptus wirkt viel schwächer.

„ECHTE" UND „FALSCHE" TEMPERATURKONTRASTE werden von vielen Köchen gerne als interessanter Reiz gezielt eingesetzt. So finden sich auf Tellerarrangements häufig kalte und warme Elemente, etwa ein intensiv schmeckendes Gemüseeis neben einem warmen Fisch- oder Fleischgericht. Aber es muss nicht unbedingt „echte" Temperatur sein: So wie Minze als kühlend empfunden wird, vermitteln die Schmerzrezeptoren bei Pfeffer und Chili den Eindruck: „heiß". Daher kann man zum Beispiel kalten Desserts durch etwas Chili Wärme vermitteln. Ein wenig grob zerstoßener Pfeffer im Schokomousse wirkt nicht scharf, sondern unterstreicht den Charakter in Richtung „heißer Schokolade". Etwas → Langer Pfeffer in einem kühlen, fruchtigen Obstsalat gibt diesem einen überraschenden „heißen" Kick – der sich im übrigen steigern lässt, wenn noch ein Teelöffel Olivenöl untergehoben wird, um einen Hauch „bitter" hineinzugeben.

BRENNEND, BEISSEND, PRICKELND

DER BRENNENDE EFFEKT in Ingwer, ausgelöst durch das **GINGEROL**, unterscheidet sich in der Empfindung deutlich von Pfefferschärfe. Mit einem Teelöffel frischem → Ingwer wird ein Obstsalat ordentlich aufgepeppt. Ebenso unterstützt etwas frischer Ingwer die Säure der Vinaigrette und verstärkt den Genuss durch zusätzliche Trigeminusreizung. Auch **MYRISTICIN** hat einen „brennenden" Effekt, es findet sich nicht nur in Muskatnuss, sondern auch in Pastinaken und den Blattgewürzen

Petersilie und Liebstöckel. Reichlich Petersilie in einem Salat – oder einfach Petersilie mit Öl, Salz und ein paar Tropfen Zitronensaft als Tellerelement – liefert ein kräuteriges Aroma und ein leicht brennendes Gefühl im Mundraum. In verschiedenen Lakritzprodukten erzeugt Salmiak beziehungsweise Ammoniumchlorid ein brennendes Gefühl. Daher kann mit klein geschnittenen Lakritzrollen oder Konfekt entsprechend gewürzt werden. Den Versuch ist es wert, man sollte allerdings immer sparsam dosieren. Hier offenbaren sich ganz neue kulinarische Zusammenhänge – auf molekularer Basis.

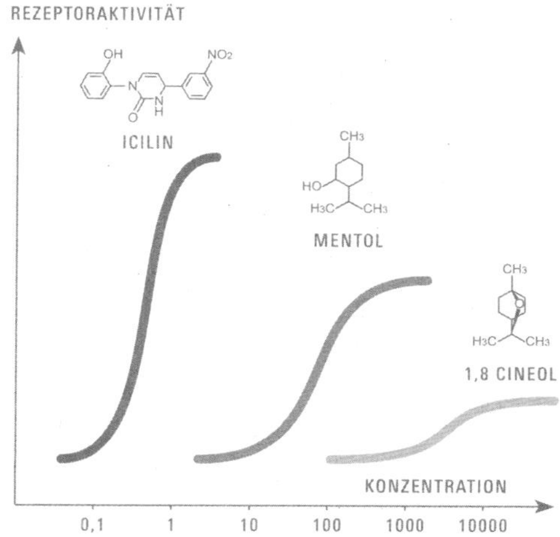

Die kühlende Wirkung des synthetisch für Pharmazwecke hergestellten Icilins, eines schmerzlindernden Wirkstoffs, übersteigt diejenige des Menthols (Minze) um ein Vielfaches, während das eukalyptusartig duftende 1,8-Cineol (unter anderem in Basilikum, Eukalyptus, Kardamom und Lorbeer) weit schwächer ist und erst bei hohen Konzentrationen wirkt.
(Nach Hanns Hatt, www.cphys.ruhr-uni-bochum.de)

ALS BRENNEND UND „BEISSEND“ können hochprozentiger Alkohol und Tabakrauch empfunden werden. Beides ist küchentechnisch nicht relevant, aber mit Tabak kann gewürzt werden: Dazu werden seine Aromen und Inhaltsstoffe über Wasser oder Öl extrahiert und so den Speisen zugefügt. Eine derart aromatisierte dunkle Schokolade hat tatsächlich ihren Reiz. Allerdings ist Vorsicht bei der Dosierung geboten, denn Nikotin ist bekanntermaßen nicht gesund, ein Zuviel wirkt toxisch. Das Gericht „schmeckt“ außerdem schon bei einer leichten Überdosierung nicht mehr. Ärzte werden es nicht empfehlen, aber für manche ist hin und wieder etwas Pfeifentabak im Schokodessert – genossen mit einem Gläschen bestem Rum, Whisky, Cognac oder Calvados – ein wahrhafter Genuss: Hier werden als „beißend“ empfundene Komponenten unterschiedlichster Aromatik zusammengeführt. Auch bringt etwas Tabakextrakt in Begleitung mit Fisch oder hellem Fleisch ganz besondere Noten. Von Sahnesaucen zu Poularden, die leicht mit Tabak und Morcheln geschwängert sind, ganz zu schweigen. Die Effekte lassen sich auch kombinieren: Eiszubereitungen mit geräuchertem Joghurt-Ziegenkäse ergeben sowohl einen gefühlten warm-kalt-Kontrast als auch einen ganz neuen Eindruck von Rauch.

EIN DEUTLICHES PRICKELN sowie eine leichte Taubheit der Zunge werden etwa von HYDROXY-α-SANSHOOL in → Szechuanpfeffer und → Parakresse ausgelöst. Die chinesische Provinz Szechuan, aus der diese Pflanze stammt, hat für ihre besondere Schärfequalität einen speziellen Begriff eingeführt (má), um sie von der Schärfe etwa einer Chili (là) abzugrenzen. Die Kombination der beiden Qualitäten (má là) führt zu ganz besonderen und in Europa wenig bekannten „Geschmacks“-Erlebnissen, die sich durch ihr breites Empfindungsspektrum auszeichnen, das über gewöhnliche Schärfe hinausgeht.

ADSTRINGENZ

Ein Lebensmittel wirkt adstringierend, wenn es Mund und Zunge „zusammenzieht“. Manchmal wird das adstringierende Gefühl irrtümlicherweise als „bitter“ beschrieben, da sich beide Effekte oft überlagern.

GALLUSSÄURE kommt in grünem Tee vor, im Schwarztee ist sie weit weniger vorhanden. Auch in Rhabarber ist der Stoff enthalten. Mit Sorten, die arm an OXALSÄURE (→Abschmecken: sauer) sind, beispielsweise jungem Erdbeerrhabarber, lassen sich dezent adstringierende Effekte herausarbeiten, indem man etwa einige kleine Würfel süffigen Sahnesaucen oder Saucen auf Innereienbasis zugibt. Selbst einfache Dessertelemente wie Milchreis bekommen dadurch eine ganz besondere Note.

QUERCETIN kommt in sehr vielen Früchten (Äpfel, Brombeeren, Heidelbeeren, Johannisbeeren Kirschen, Zitrusfrüchte) und Gemüse (Brokkoli, Grünkohl, Grüne Bohnen) vor, außerdem in vielen Gewürzen und Kräutern (Kapern, Liebstöckel, Sanddorn, Schnittlauch, Zwiebel) und sogar in Weinen.
GEHACKTE WALNUSS erzielt ebenfalls adstringierende Effekte. Gleichzeitig erhält man einen Textureffekt durch das knackende Mundgefühl. Zum Beispiel lässt sich gekochtes Rotkraut kurz vor dem Servieren mit ein paar Walnüssen veredeln. Der begleitende Gänsebraten kann diese Adstringenz ebenso vertragen.

DÜFTE ERZEUGEN UND KOMBINIEREN

Wenn eine Zutat duftet, liegt das an kleinen Molekülen, die die Pflanzenzellen verlassen und in die Luft schweben. Deswegen riechen zerstoßene oder geschnittene Gewürze intensiver: Bei ihnen sind viele Zellwände zerstört worden. Einige Düfte sind sehr flüchtig und duften sofort sehr stark, verschwinden jedoch bald. Andere, weniger flüchtige Noten riechen dezenter, aber länger anhaltend. Sie kommen zur Geltung, sobald sich die intensiveren Düfte verflüchtigt haben (→ Geruchssinn und Aromen, Seite 18). Um Düfte etwas in ihrer Flüchtigkeit zu bremsen, können sie in geeigneten Lösungsmitteln „festgehalten" werden. Alle Aromen lösen sich in Alkohol, Fett oder Wasser – oder in mehreren dieser drei Stoffe (→ Lösungsmittel, Seite 29). Aus diesem Grund lassen sich auch Essige beziehungsweise Butter oder Käse (Fett) aromatisieren.

ENTSTEHUNG VON AROMEN: REIFUNGSPROZESSE

Viele Aromen und Düfte sind nicht von vornherein in Gewürzen oder Lebensmitteln enthalten, sondern entstehen erst durch Lagerprozesse: Das bekannteste Beispiel ist wohl der typisch heuartige → Waldmeisterduft, der erst beim Welken der Pflanze freigegeben werden kann. Oft sind an dieser Steigerung des Genusses eine ganze Reihe von Stoffen beteiligt, die im Lebensmittel mit der Zeit zu anderen Molekülen mit anderen Dufteigenschaften „umgebaut" werden. Dies ist angewandte Biotechnologie in Reinstform.
BEI DER FLEISCHREIFUNG werden die enthaltenen Fettsäuren durch enzymatische Prozesse zu völlig neuen Aromen umgebaut. Jede Fleischsorte weist ein anderes Spektrum an Fetten auf,

AROMEN BEIM FETTABBAU

SEKUNDÄRPRODUKTE DES FETTABBAUS	CHEMISCHE KLASSE	VORLÄUFERVERBINDUNG	AROMAEINDRUCK
Nonanal	Gesättigtes Aldehyd	Ölsäure	Frisches Gras
Propansäure	Karbonsäure	Verschiedene Fettsäuren	Ranziges Fett, Käse
(E)-2-Heptenal	Einfach ungesättigtes Aldehyd	Linolsäure	Mandeln
1-Octen-3-ol	Ungesättigter alkohol	Arachidonsäure und Linolsäure	Frische Champignons
(E,E)-2,4-Decadienal	mehrfach ungesättigtes Aldehyd	Linolsäure	fettig, geröstet
2-Pentylfuran	Alkylfuran	Verschiedene ungesättigte Fettsäuren	Butter

darauf lässt sich der unterschiedliche und sehr charakteristische Geruch etwa von Rind, Schwein, Schaf oder verschiedenen Geflügelarten zurückführen. In den Gerüchen der jeweiligen Brühen und Fonds sind diese Unterschiede noch immer wahrzunehmen: Hühnerbrühe riecht deutlich verschieden von einer Rinder-, Lamm- oder einer Brühe auf Schweinefleischbasis. Die chemischen Prozesse, bei denen aus den Fettsäuren Aromen gebildet werden, benötigen Zeit, daher müssen zum Beispiel Fleischbrühen und Fonds eine gewisse Zeit garen, bis sie ihr volles und tiefes Aroma entwickelt haben. Solche chemischen Prozesse sind auch der Grund, weshalb nach Tagen im Kühlschrank wieder aufgewärmte Schmorgerichte häufig „besser" werden. Wegen des fortschreitenden Fettabbaus und der damit verbundenen weiteren Aromenbildung werden Geruch und Geschmack intensiver. Außerdem ziehen die Aromen des Schmorfonds nach und nach in das Fleisch und würzen es zusätzlich (→ Verwendung von Fett, Seite 47).

AUCH DURCH PILZE lassen sich Aromen „herstellen" – die Fermentierung durch Hefe ist ein Beispiel. Jeder Käseliebhaber profitiert davon: Edelschimmel wird den Käselaiben zugefügt, woraus köstliche Camemberts oder Edelschimmelkäse entstehen. Durch das Einreiben mit Salzlake lassen sich die besten duftenden Rotschmierkäse herstellen, die Affineure zu bieten haben.

AROMEN AUS DEM FEUER: RÖSTEN UND RÄUCHERN

Rösten und Räuchern sind uralte Verfahren, um Speisen zu würzen. Die Aromen wirken als unterschwellige Würzung, die kaum durch herkömmliche Gewürze oder Kräuter nachzuahmen ist.

RÖSTEN

DIE MAILLARD-REAKTION ist beim Grillen und Rösten stets beteiligt. Bei dieser sogenannten nichtenzymatischen Bräunungsreaktion bilden sich unter großer, offener Hitze von mehr als 100 °C aus den Proteinbestandteilen der Aminosäuren und Zucker röstig-karamellig, nussig und brotrindenartig duftende Aromen, die Pyrazine. Das Aroma von Lebensmitteln wie gebratenem Fleisch, Brotkrusten, Kakao, Kaffee und gerösteten Nüssen lässt sich so beeinflussen. Wenn Zucker (Glukose) unter hohen Temperaturen auf die Aminosäure Asparaginsäure trifft, entstehen allerdings auch Schadstoffe wie Acrylamid. Das betrifft vor allem stärkehaltige Produkte wie Brot und Kartoffeln.

Der Vorteil der Pyrazine ist ihre niedrige → Wahrnehmungsschwelle. Man muss daher gar nicht immer das ganze Gericht auf den Grill oder in die Pfanne legen: Für einen deutlichen Würzeffekt ohne Dominanz genügen bereits ein paar „Röstpunkte" auf einem ansonsten pochierten oder bei Niedrigtemperatur gegarten Fleisch, die mit einem Gourmetbrenner aufgetragen werden.

EIN RÖSTIGES WÜRZÖL lässt sich relativ einfach herstellen, weil Pyrazine und andere Röstprodukte fettlöslich sind. Dazu werden zum Beispiel 100 g Sonnenblumenkerne sehr dunkel angeröstet und mit 300 ml Sonnenblumenöl grob püriert. Nach einigen Tagen Marinierzeit (Mazeration) lässt sich das Püree abseihen und das gewonnene Öl filtern. Das Öl hat jetzt einen starken Röstcharakter.

FÜR RÖSTSCHMALZ werden Zwiebeln und Knoblauch mit reichlich Gänse oder Schweineschmalz kräftig angeröstet und danach in der Pfanne abgekühlt. Nach zwei, drei Tagen Marinierzeit wird es leicht erwärmt und abgefiltert. Wenn das Schmalz wieder abgekühlt und fest geworden ist, kann es als Röstfett zum Abschmecken von Saucen verwendet oder schlicht mit Salz auf Brot zum Aperitif genossen werden.

KAFFEE UND KAKAO bringen in ihrem Aromenspektrum auch Pyrazine mit. Speisen können daher gänzlich ohne Feuer mit Röststoffen gewürzt werden, wenn man gemahlene Kaffee-, Kakaobohnen oder Kakaoschalen (grué de cacao) dazugibt.

GÄNGIGE ZUBEREITUNGSARTEN – WIRKUNG AUF GESCHMACK UND AROMA

Ob man scharf anbrät, unter Verschluss bei Niedrigtemperatur dämpft oder kalt mariniert: Die Zubereitungsart hat entscheidenden Einfluss auf die jeweils verwendeten Gewürze.

METHODE: Die Speisen haben keinen direkten Wasserkontakt, die Hitze wird durch Dampf übertragen. Wasserlösliche Vitamine werden kaum ausgeschwemmt. Kombidämpfer funktionieren auch bei höheren und niedrigeren Temperaturen. Die Methode eignet sich für alle Lebensmittel.

WIRKUNG: **Gemüse:** Nur langsame Freisetzung der ätherischen Öle aus den Pflanzenzellen. **Tierische Lebensmittel:** Der Eigengeschmack bleibt erhalten. Es bilden sich keine Röststoffe.

GEWÜRZE: **Stark aromatische Kräuter und Gewürze:** Thymian, Liebstöckel, Ajowan. **Stark harzige Kräuter und Gewürze:** Schafsgarbe, Pfeffer, Rosa Beeren, Zitrusschalen. **Trigeminal-scharfe Gewürze:** Pfeffer. **Säure:** Zitronensaft, Orangensaft, Verjus, feine Essige. **Umami:** Sojasauce, Fischsauce, Glutamat, Tomaten, Zwiebel.

DÄMPFEN UM 100°C

METHODE: Das Gargut wird teilweise mit Sud oder einem Fond bedeckt. **Fleisch:** Zubereitung ohne vorheriges Anbraten (Sauerbraten). **Fisch, Wurzelgemüse und Hülsenfrüchte:** Wasserlösliche Stoffe gehen in Sud bzw. Fond über. Er muss stark gewürzt und evtl. gesäuert sein: Wein, Essig, Zitronensaft.

WIRKUNG: **Zersetzug von Fetten, Phospholipiden und Aminosäuren:** Bildung von „Kocharomen", aber keine Röststoffe. **Zersetzung von Proteinen:** Bildung von umami-Geschmack und kokumi-Effekt (bei langen Kochzeiten).

GEWÜRZE: **Zitrusartige Noten:** Zitronenverbene, Curryblätter, Liebstöckel, Selleriewurzel, Petersilienwurzel. **Harzige Noten:** Pfeffer, Wacholder. **Grundgeschmack:** Salz

SIEDEN 80–98°C

METHODE: Beim Vakuumgaren wird das Fleisch in einem luftdicht verschlossenen Plastikbeutel in einem Wasserbad bei relativ niedrigen Temperaturen gegart. Die Garzeit beträgt meist mehrere Stunden, die Temperatur muss exakt eingehalten werden.

WIRKUNG: Der Eigengeschmack wird stark betont. Gleichzeitig kann das Gargut schon durch dezent zugegebene Kräuter und Gewürze intensiv gewürzt werden, da die Aromen nicht entweichen können. **Wichtig:** Nicht vorher salzen.

GEWÜRZE: In aller Regel nur zaghaft würzen, um den Eigengeschmack und die besondere, bei dieser Methode erhalten gebliebene Textur in den Vordergrund zu stellen. **Sauce:** Als kleine intensive Tupfer auf den Teller geben.

SOUS VIDE 45–85°C

METHODE: Kochen durch Säure, Zucker und Salz (Osmose). **Fisch (Ceviche):** Säure über Limette, Zitrone, Fruchtessige. **Fleisch (Carpaccio):** Säure über Essig, Zitrone. **Alle Lebensmittel:** Pökeln mit Salz, Zucker oder einer Mischung von beiden.

WIRKUNG: **Säure:** Denaturierung der säureempfindlichen Proteine. **Zucker und Salz:** Saft- und Wasserentzug. **Marinieren, Einlegen:** Während des langen Prozesses bilden sich neue Aromen aus Fettoxidation unter Einwirken von Säuren.

GEWÜRZE: **Ceviche:** Frische Kräuter wie Koriander, Borretsch, Zitronenverbene, Fenchelkraut, Dill Melisse, Minze, Olivenöl. **Carpaccio:** Grüne Noten durch Olivenöl, Oliven. Nussige Aromen aus Kernöl, Nüssen. Süß-saure Noten durch Trockenfrüchte, Berberitze, Pfefferarten. **Gezuckertes Obst:** Zimt

MARINIEREN / EINLEGEN 0–40°C

METHODE: Eignet sich für kohlenhydratreiche Lebensmittel, etwa Gratins, Pizza, Süßwaren, Backwaren, Kuchen.

WIRKUNG: Es bilden sich immer Röst- und Backaromen. Ihre genaue Zusammensetzung wird durch das zu Backende bestimmt.

GEWÜRZE: Röst- und Backaromen sind die Hauptgewürze, daher nur noch dezent nachwürzen. **Überbackener Käse:** Eher würzige Röstnoten. **Süßgebäck:** Eher karamellartige Noten.

160–220°C BACKEN / ÜBERBACKEN / GRATINIEREN

METHODE: Entstehung starker Hitze. Die Methode eignet sich für fetthaltige Lebensmittel, aber auch für Gemüse (etwa Paprika, Zucchini, Zwiebeln, Knoblauch, Lauch)

WIRKUNG: Eine rasche Bräunung tritt auf, in den gebräunten Bereichen verändert sich das Lebensmittel stark. Durch die Umwandlung von Aminosäuren und Zuckerstoffen werden stark duftender Röststoffe ausgebildet.

GEWÜRZE: **Fleisch:** Die Bräunungsstoffe sind das Hauptgewürz. **Ergänzung in Richtung terpentig-kräuterig:** Pfeffer, Rosmarin. **Grundgeschmack salzig:** Grobes Salz. **Grundgeschmack umami:** Sojasauce, Tomate.

120–180°C RÖSTEN

METHODE: Eignet sich für bindegewebereiches Fleisch und für Gemüse mit hohem Pektingehalt (etwa Karotten). Die Methode ist meist verbunden mit vorherigem Anbraten, Marinieren oder beidem.

WIRKUNG: **Anbraten:** Röststoffe gehen in den Fond bzw. die Sauce über. **Längeres Schmoren:** Starker umami-Geschmack, hohe Mundfülle. **Mariniertes Fleisch:** Neue Duftstoffe durch Fettabbau und -oxidation. **Gemüse:** Eher karamellartige Noten wegen des höheren Kohlenhydrat- und Pektinanteils.

GEWÜRZE: Hitzebeständig, ohne zu viele Bitterstoffe. **Für Fleisch:** Thymian, Lorbeer, Pfeffersorten, Wacholder, Kardamom, Ingwer, Weinbeeren. **Für Gemüse (unter 20 Min.):** Rosmarin, Sojasauce. **Grundgeschmack umami:** Mitgeschmorte Pilze, Zwiebel, Tomaten Tomatensauce, Sojasace nur verhalten.

80–120°C SCHMOREN

METHODE: Kein Kochen, nur garziehen im Würzsud (Niedertemperatur). Die wesentlich kürzere Garzeit im Vergleich zum „Sieden" ist erwünscht: Das Fleisch bleibt rosa, der Fisch bleibt glasig. Die Methode eignet sich nur für zartes Muskelfleisch wie Filet oder für Fisch.

WIRKUNG: Kaum Bildung von Kocharomen, keine Bildung von Röststoffen. Der Sud fügt dem Gargut seine Aromen hinzu.

GEWÜRZE: **Aromatische Kräuter:** Liebstöckel, Lorbeer, Wurzelgemüse. **Abschmecken:** Floral duftende Kräuter, Blüten.

70–80°C POCHIEREN

METHODE: **Kalträuchern (20–30 °C):** Alle Lebensmittel (auch Gemüse, Käse). **Heißräuchern (60–70°C):** Fisch, Fleisch, hitzebeständiges Gemüse.

WIRKUNG: **Aroma:** Auftragen Duftstoffe durch chemische Reaktion mit dem Lebensmittel, Farbveränderung, Maillard-Reaktion. **Konservierung:** Durch das Räuchern.

GEWÜRZE: Die entstehenden Raucharomen sind das Hauptgewürz. **Varianten:** Fisch auf gewässertem Zedernholzbrettchen. Fleisch, Fisch über Spänen aus Buchenholz. Barbecue-Smoker oder Kugelgrills unterstützen die Aromatisierung.

20–70°C RÄUCHERN

AROMEN AUS RAUCH

AROMAVERBINDUNG	GERUCHSATTRIBUTE	AROMENGRUPPE
Aromastoffe aus Cellulose und Hemicellulose (Zellstoffe, aus Zuckern aufgebaut)		
Ethanal	stechend, säuerlich, fruchtig	Aliphatischer Kohlenwasserstoff
Ameisensäure	stechend, säuerlich, beißend	Aliphatischer Kohlenwasserstoff
Formaldehyd	stechend, beißend	Aliphatischer Kohlenwasserstoff
Maltol	karamellartig, süßlich	Heterocyclischer Kohlenwasserstoff
Furan	röstig, aromatisch	Heterocyclischer Kohlenwasserstoff
gamma-Butyrolactone	nussig, erdig	Heterocyclischer Kohlenwasserstoff
Aromastoffe aus Lignin (Holzstoff, aus Aromaten aufgebaut)		
Kresole	teerartig, aromatisch, rauchig	Aromat
Vanillin	vanilleartig, süßlich	Aromat
Guajacol	röstig, rauchig, kaffeeartig	Aromat
Syringol	würzig, holzartig, rauchig	Aromat
4-Methylguajacol	erdig, torfartig	Aromat
Isoeugenol	würzig, nelkenartig	Phenylpropanoid
Naphtalin	teerartig, aromatisch	Polycyclischer Aromatischer Kohlenwasserstoff
Benzo(a)antracen	teerartig, ölig, hohe kanzerogene Aktivität	Polycyclischer Aromatischer Kohlenwasserstoff

RÄUCHERN

DIE ZUSAMMENSETZUNG DES HOLZES bestimmt zu einem großen Teil das Raucharoma. Zur groben Orientierung lässt sich der Cellulose- und Ligningehalt einer Holzsorte heranziehen: Aus Cellulose entwickeln sich eher stechende, brennende, säuerliche Düfte, die beim klassischen Räuchern, also etwa zur Konservierung, zum Einsatz kommen. Aus dem Holzstoff Lignin dagegen entwickeln sich wohlriechende Düfte, die zum Aromatisieren mit Rauch verwendet werden können: VANILLIN, GUAJACOL mit seinen kaffeeartigen Röstnoten und SYRINGOL mit typisch holzig-würzigen Rauchnoten. Andere Stoffe, die aus Lignin entstehen, sind EUGENOL und ISOEUGENOL, die auch den Duft der Gewürznelke prägen. Generell besitzen Nadelhölzer höhere Anteile an Lignin, Laubhölzer höhere Anteile an Cellulose.

DIE TEMPERATUR DES BRANDES ist ebenfalls aromabestimmend. Lässt man holzartige Gewürze lediglich verglimmen – Zimtstangen, Süßholz oder getrocknete Stängel von Rosmarin unter einer Glasglocke oder mittels Räucherpfeifen –, gelangen dadurch besonders zu Beginn des Räucherprozesses die ursprünglichen Duftstoffe der Gewürze auf das Gericht und nicht die mit „Rauch" assoziierten Noten. So lässt sich zum Beispiel einem Ziegenkäse eine nur leicht rauchige, aber deutlich nach Zimt oder Süßholz duftende Note aufprägen.

FÜR RÄUCHERN IM BACKOFEN wird etwas Räucherholz zu Mehl zermahlen – eventuell mit Wacholder, Anis oder Fenchel, Tee oder Reis angereichert – und in einer schweren Pfanne auf einer heißen Herdplatte zum Glimmen gebracht. Das zu räuchernde Lebensmittel wird im kalten Backofen auf ein Gitter gesetzt. Sobald das Holz in der Pfanne glimmt, wird die rauchende Pfanne in den Backofen gestellt. Sofort die Tür verschließen! Da der Rauch sehr beißend ist, sollte dies nur in gut gelüfteten Küchen durchgeführt werden. Einfache Alternativen für den Hausgebrauch sind Tischräucheröfen aus Anglerfachgeschäften oder moderne Kugelgrills.

FLÜSSIGRAUCH aus dem Handel wurde von seinen kanzerogenen Stoffen befreit, außerdem ist die Konzentration der fettlöslichen Raucharomen in der wässrigen Umgebung sehr gering. Ein paar Tropfen davon, kurz vor dem Servieren beigefügt, geben Saucen einen rauchigen Touch. Auch dezent in Marinierflüssigkeiten gemischt liefert Flüssigrauch exzellente Aromen, besonders wenn zum Beispiel Fisch oder Gemüse damit sous-vide gegart werden.

HOLZKOHLEÖL kann man selbst herstellen: In einem Feuer wird Holz verbrannt. Ist es schwarz, sind die meisten der beißenden und stechenden Säuren entwichen. Jetzt wird die Glut mit Öl gelöscht – Vorsicht, Brandgefahr! Nur wenig Holz und viel Öl verwenden. Diese furchterregende Brühe lässt man für etwa einen Tag stehen, damit sich die Aromen im Öl lösen können, danach kann abgeseiht und gefiltert werden. Holzkohleöl hat einen deutlichen Grillgeschmack und kann über sous-vide oder gedämpfte Gerichte gegeben werden, um ihnen ein „Grillaroma" zu verleihen. Interessant sind auch Rohkostsalate mit ein wenig Holzkohleöl.

RÄUCHERSALZ aus dem Gewürzfachhandel besteht aus groben Salzkristallen, die für einige Tage im Heißrauch aromatisiert wurden. Nach und nach haben sich die Raucharomen und der Teer auf den Oberflächen der Kristalle niedergeschlagen. Mit Rauchsalz lassen sich dezente Raucharomen auf fertige Gerichte bringen. Lange mitkochen sollte man es nicht, da seine flüchtigen Aromen schnell verschwinden.

RÄUCHERSPECK oder andere Rauchwaren sind ein klassisches Mittel, um Speisen Raucharoma zu verleihen, beispielsweise durch simples Mitkochen. Beim Einpacken von Räucherspeckstücken in Butter wird nach und nach die Butter mit Rauchduft aromatisiert, sodass man nach einer Woche „Enfleurage" leicht geräucherte Butter servieren kann. Das Einwickeln von Wachtel- oder Hähnchenbrust, Schweine- oder Rinderfilet in dünne Scheiben von Räucherspeck schützt dieses Gargut nicht nur vor dem Austrocknen, sondern aromatisiert seine Oberfläche leicht mit Rauchduft. Bei den heutigen Methoden des Niedrigtemperaturgarens im Vakuumbeutel spielt der Aspekt des Austrocknens keine Rolle mehr, dafür gibt die stundenlange Garzeit bei niedrigen Temperaturen den Aromen aus dem Speck mehr Zeit, um in die Speisen zu gelangen.

AROMEN AUS DER FLASCHE: AROMENSPRAYS UND ANDERE TECHNIKEN

Während Röst- und Rauchnoten lange zu riechen sind, verflüchtigen sich schwefelige, blumige oder balsamisch-holzige Aromen nur allzu schnell (→ Sieben plus eine charakteristische Molekülgruppe, Seite 23). Die Verwendung von Aromensprays oder Hydrolysaten eröffnet deshalb ganz neue Möglichkeiten beim Würzen, weil die leicht flüchtigen Aromen von Gewürzen oder Kräutern sehr effektiv genutzt werden können: Wird das Aromenspray, etwa eine Komposition aus Zitronenthymian und dessen Blüten, erst zu Tisch auf einen heißen, gedämpften oder sous-vide zubereiteten Fisch gegeben, dann sind die flüchtigen Blütenaromen tatsächlich viel intensiver wahrnehmbar als beim Aufstreuen der Blüten selbst.

AROMENSPRAYS lassen sich mit geringem Aufwand selbst erstellen. Man kann ätherische Öle verschiedener Kräuter oder Gewürze im Fachhandel erwerben und winzige Tropfen, entnommen mit einer Pipette oder einer Spritze aus der Apotheke, mit etwas Wasser mischen. Kräftig geschüttelt und in einen Zerstäuber gefüllt, kann der Duft direkt auf die Speisen gesprüht werden. Alter-

FOOD-PAIRING UND FOOD-COMPLETING

Lebensmittel, beliebig herausgegriffen, lassen sich auf zwei Arten würzen – ohne dass die angegebenen Möglichkeiten vollständig wären. Ihre dominanten Aromen sind gemäß des Farbschemas gekennzeichnet. Die Zutaten mit Überlapp weisen Aromen aus derselben Gruppe auf und wirken harmonisch als „Food-Pairing". Kreise ohne Überlapp haben keine (oder keine dominanten) Duftbeiträge aus der entsprechende Aromengruppe. Damit wirken diese Lebensmittel ergänzend, als Spannung erzeugendes „Food-Completing". Schmackhafte Arrangements nutzen beide Gedanken.

Rote Bete
Zedernholz
Salbei
Zwiebel
Knoblauch
Käse
Pilze
Butter, Olivenöl
Nüsse
Champignons
Lavendel
Zitronengras
Tonkabohne
Geröstetes
KARTOFFEL
Muskat
Gewürznelke
Zitrusschalen
Mandeln
Kümmel
Rosmarin
Thymian/Ajowan
Vanille
Rauch/
Geräuchertes
ARTISCHOCKE
Orangenblüten
Salbei
Safran
Majoran
Anis
Zimt
Zitrone
Dill
Gewürznelke
Angelika
Nigella
Bittermandeln
Mandeln
Vanille
Basilikum
Estragon
Zitronenverbene
Butter
Pilze
Käse
Rauke
Nüsse
ROTES FLEISCH
Wacholder
Lorbeer, Wermut
Minze, Perilla
Majoran, Rosmarin
Pfeffer
Liebstöckel
Sellerie
Zwiebel, Lauch
Nigella
Anis, Sesam
Kümmel, Galgant
Rösten,
geröstete Produkte
Beifuß
Ysop

nativ lassen sich auch Kräuter in Öl pürieren. Wird das Öl anschließend mit möglichst reinem Alkohol vermengt, dabei erneut kräftig geschüttelt und der Alkohol anschließend über einen Scheidetrichter abgetrennt – auch den gibt es im (Labor-)Fachhandel –, haben sich darin sehr viele Kräuteraromen gelöst. Dieser stark aromatisierte Alkohol kann dann wieder mit Wasser zu einem Gemisch aufgegossen werden, das sich als Aromenspray verwenden lässt.

DAS VERFAHREN DER ENFLEURAGE funktioniert ähnlich und wird in der Parfümerie schon lange angewandt: Kräuter, Gewürze oder Blüten werden für längere Zeit zwischen feste Fette gegeben, die später ebenfalls mit Alkohol wieder ausgewaschen werden, um so die darin gelösten Aromen zu gewinnen.

WEITERE METHODEN sind die Wasserdampfdestillation oder der Einsatz von Spezialgeräten wie dem Rotationsverdampfer. Besonders diese Methode ist aber nur für Fortgeschrittene geeignet: Man kann hierbei Aromastoffe in solch hohen Konzentrationen erzeugen, dass sie gesundheitsschädlich sein könnten. Das Extrakt mal zu „probieren" ist bei diesen Methoden leider der falsche Weg.

AROMATISIEREN MIT ULTRASCHALL UND UNTER DRUCK

Aromaextraktion ist auch mit Ultraschall oder einem einfachen Sahnesiphon möglich. Dazu wird das Lösungsmittel – je nach Anwendung Öl, Alkohol oder möglichst kalkarmes Wasser, das aber leicht gezuckert oder gesalzen sein darf – mit ganzen Kräutern versetzt und mit einem Ultraschallstab beschallt. Alternativ in einen Plastikbeutel geben, vakuumieren und im Reinigungsultraschallbad beschallen. Durch den Ultraschall entstehen starke wellenförmige Druckunterschiede im Wasser. Dabei bilden sich „Kavitäten", Bläschen, die rasch platzen und die Pflanzenzellen zum Bersten bringen. Die ätherischen Öle ergießen sich dadurch in das Lösungsmittel. Das Resultat ist eine stark aromatisierte Flüssigkeit, die zum Würzen verwendet werden kann.

Es geht auch einfacher, wenngleich nicht so wirkungsvoll: möglichst kalkarmes Wasser oder Öl in einen Sahnesiphon füllen. Kräuter oder Gewürze dazugeben und mit zwei Patronen begasen. Der Druck im Sahnesiphon lässt ebenfalls die Zellen platzen: Das ätherische Öl tritt heraus. Danach den Druck vorsichtig ablassen und die aromatisierte Flüssigkeit abseien. Voilà, vive la physique!

DAS PRINZIP DES DUFTWÜRZENS – FOOD-PAIRING UND FOOD-COMPLETING

Wie im ersten Kapitel erläutert, gibt es im Unterschied zu den fünf plus einer Geschmacksrichtung eine unüberschaubar große Anzahl von Duftstoffen, die sich aufgrund ihrer Molekülstruktur sinnvoll in sieben Gruppen einteilen lassen (→ Sieben plus eine charakteristische Molekülgruppe, Seite 23, → Das Farbschema: So funktioniert's, Seite 32). Gehört ein Duftstoff zu einer bestimmten Gruppe, kann man bereits erahnen, wie er ungefähr riechen wird. Dieses Wissen erleichtert die „richtige" Kombination von Gewürzen nach den Prinzipien des Food-Pairings und des Food-Completings.

FOOD-PAIRING

Das sogenannte Food-Pairing, oft fälschlicherweise auch als Flavour-Pairing bezeichnet, geht von der naheliegenden Idee aus, „Gleiches mit Gleichem" zu paaren, sodass es zwischen den Lebensmitteln und Kräutern überlappende Bereiche gibt: dasselbe Molekül in zwei Zutaten oder zwei

Düfte, die zumindest der gleichen Gruppe zugeteilt sind. Der gemeinsame Nenner wird verstärkt, die Zutaten harmonieren miteinander.

Bezogen auf das Farbschema dieses Buches bedeutet das: Wenn bei zwei verschiedenen Gewürzen im Lexikonteil (→ ab Seite 91) jeweils die gleiche Farbe „aktiv" ist, dann steckt in beiden ein sehr ähnlicher Duft – vielleicht sogar das gleiche Molekül. In der Kombination wird das typische Aroma dieser Gruppe verstärkt.

FOOD-COMPLETING

Reines Paaren nach gleichen Inhaltsstoffen kann allerdings nicht der einzige Weg sein, denn die Erfahrung zeigt, wie schnell man damit an Grenzen stößt. Daher ist es immer eine Alternative, Gewürze mit Duftstoffen aus jeweils anderen Gruppen zu wählen. Hier ergänzen sich die Aromen der Zutaten gegenseitig und füllen gewissermaßen die im jeweiligen Gegenüber vorhandene „Duftlücke" auf. Da dies nicht zwangsläufig eine völlig entgegengesetzte Duftrichtung sein muss, spricht man weniger von Kontrast als von Ergänzung, eben von Food-Completing.

Bezogen auf das Farbschema im Buch bedeutet das: Wenn zwischen zwei Gewürzen wenig bis gar keine farbliche Übereinstimmung herrscht, wird das Duftspektrum durch die Kombination der beiden Gewürze erweitert.

FOOD-PAIRING

Schnittfester kalter Milchreis mit Kokosmilch, Kokosaromen zubereitet und mit einer Bananen-, Mango- oder Papaya-Creme serviert: Hier bestehen genügend Überschneidungen von Aromen aus den Gruppen 1 und 3.

FOOD-COMPLETING

Eine Scheibe Milchreis wird vor dem Servieren in der Pfanne kurz gegrillt, dadurch entstehen Röststoffe (Gruppe 8). Diese waren in der angerichteten Speise bisher nicht enthalten. Alternativ kann ein Teil der Zutaten mit Süßholz oder Zimt geräuchert werden, was teerige Raucharomen und weniger süßliche Karamellnoten beisteuert. Der dritte Weg wären dezenter Liebstöckel oder etwas Kubebenpfeffer: In ihnen befinden sich bereits von Natur aus nach Curry und Karamell duftende Noten aus der Gruppe 8. Beide Techniken heben die Gerichte auf unvergleichliche und unterschiedliche Weise.

MÖGLICHKEITEN UND GRENZEN

Dieser Ansatz könnte schnell zu dem voreiligen Schluss führen, dass dann alles mit allem kombiniert werden kann: Funktioniert die Kombination zweier oder mehr Zutaten nicht über das Prinzip des Food-Pairing, kommt eben dasjenige des Food-Completings ins Spiel. So einfach ist es aber nicht. Es gibt gewisse Grenzen. Für das Food-Pairing lassen sie sich relativ konkret benennen: Wird die Überlappung zu sehr übertrieben, ist die Gefahr einer einseitigen Überwürzung gegeben. Beim Food-Completing wird es schwieriger. Natürlich sind persönliche Vorlieben entscheidend – was manche als reizvolle Kombination empfinden, geht anderen schon zu weit. Auf dem Papier sind „unmögliche" Aromenkombinationen immer nur Theorie, denn ein Großteil steht und fällt mit den jeweils verwendeten Mengen. Oft wird in der Theorie auch vergessen, den Geschmack der zu kombinierenden Speisen einzurechnen. Ein zunächst unmöglich erscheinendes Paar kann zum Beispiel über einen Vermittler zusammengebracht werden. Anis und Knoblauch etwa sind eine perfekte Kombination, wenn sie Rotbarben als Vermittler bekommen. Ein weiteres Beispiel ist die abwegig erscheinende Kombination von Blauschimmelkäse und Zimt: Nimmt man dazu als Vermittler eine Creme aus gekochten Pflaumen und Portwein, so ist der Zimt zu dem Blauschimmelkäse vollkommen unproblematisch.

Entscheidend sind auch die jeweiligen Dosierungen, da die Geruchsaktivitäten der Duftstoffe stark von Textur, Lösungsmittel und Temperatur abhängen. Ein Zuviel eines komplementären Gewürzes kann daher rasch eine Disharmonie erzeugen. Erst wenn alle Genussparameter der Komponenten, wie Geruchsaktivität, Temperatur und Textur, auf einem Teller stimmig sind, kann man von einem perfekten Flavour-Pairing sprechen.

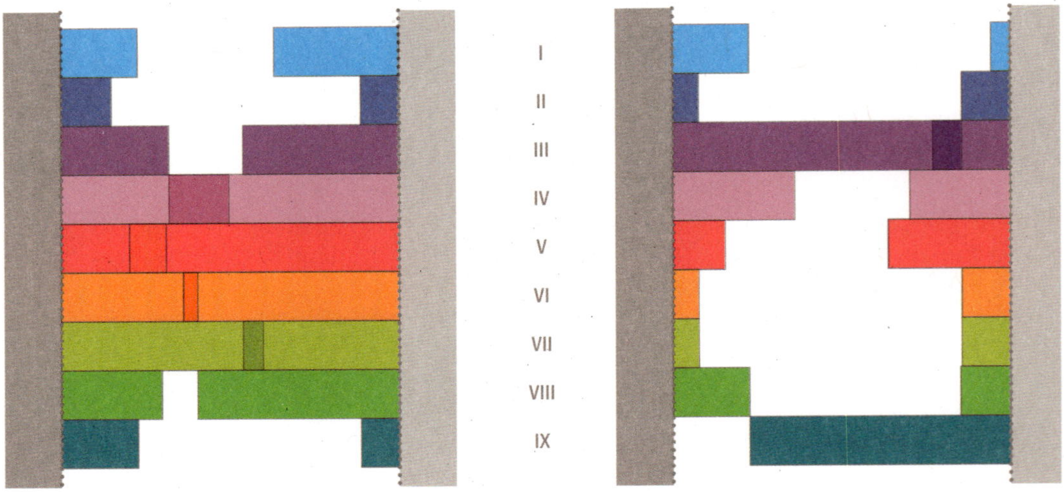

Durch das hypothetische Food-Pairing wird hier ein großer Überlapp in den Gruppen 4 (minzartig-würzig), 5 (kampferig-holzig) und 6 (harzig-aromatisch) erreicht. Durch das Food-Completing erzielt man zwar eine Überlappung in der Gruppe 3 (blumig), setzt aber einen vollkommenen Kontrast in der Gruppe 8 (etwa ein Schärfereiz).

DIE KUNST DES WÜRZENS

Diese wenigen Beispiele zeigen: Die Einteilung der Gerüche in verschiedene Gruppen hat durchaus würzpraktische Relevanz. Über sie lässt sich das Prinzip Food-Pairing und Food-Completing visualisieren und einfach umsetzen – ob man sich die Namen der verantwortlichen Moleküle nun merken möchte oder nicht. Wie detailliert dabei die Verzahnung sein kann, wird im Schaubild Seite 56 angedeutet: So harmoniert der schwefelig riechende Kohl etwa bestens mit Gewürzen und Gerichten, in denen ähnlich duftende Aromen dominant sind. Ergänzt wird er hingegen von Zutaten, deren Duft von Aromen aus anderen Gruppen dominiert werden. Der lexikalische Teil des Buches behandelt ab Seite 91 alle Kräuter und Gewürze, die für mehr „Geschmack" im Essen sorgen – und damit auch die Vielzahl von Aromen, die sich hinter den acht farbigen Aromagruppen verstecken. Wird darüber hinaus noch der jeweilige Grundgeschmack oder trigeminale Reiz der zu paarenden Lebensmittel berücksichtigt, werden neue, mitunter wilde Kombinationen erst richtig spannend.

EINE KLEINE GESCHICHTE DES WÜRZENS

„Wo keinerlei Besorgnisse bestehen, sich das Leben angenehm zu gestalten, wo die Vermögensverhältnisse für die Zukunft gesichert sind, mit einem Wort, wo man nicht auf das Geld zu sehen braucht, hat die Kochkunst das beste Feld zu ihrer Entwicklung, weil sie den wichtigsten Faktor bei einem der angenehmsten Vergnügen, die den Menschen gegeben sind, bildet", schrieb Auguste Escoffier, einer der berühmtesten Köche und Kochtheoretiker aller Zeiten, um 1900. Sein Landsmann Jean Anthèlme Brillat-Savarin, einer der berühmtesten schreibenden Gourmets, erklärte in seiner „Physiologie des Geschmacks": „Die Tiere fressen, der Mensch isst, der Mensch von Geist versteht die Kunst zu essen."

VON TIEREN UND MENSCHEN

Viele Tiere sind dem Menschen weitaus überlegen darin, Geschmack und Gerüche wahrzunehmen. Mithilfe dieser Sinne erkennen sie so essenzielle Dinge wie Nahrung, Familienzugehörigkeit oder potenzielle Partner. Allerdings machte erst der „Homo sapiens" daraus ein kulinarisches Spiel – und ein soziales.

Bei der Wahl der Nahrungsmittel und Gewürze spielten nicht nur Geschmack und Aroma eine Rolle, sondern auch deren Seltenheitswert, ihr Preis und nicht zuletzt kulinarische Moden. Wer was aß und wie würzte, wurde durch die Jahrtausende zum Distinktionsmerkmal, das aussagte, wie „kultiviert" jemand war und welcher Klasse er angehörte. Dabei ziehen sich zwei Tendenzen wie ein roter Faden durch die Geschichte der europäischen Küche: Zum einen wurde von der Antike bis in das 19. Jahrhundert in gehobenen Kreisen eher geprasst denn feinfühlig abgeschmeckt, da Gewürze ein teures Statussymbol waren, das man allzu gerne zur Schau stellte. Zum anderen forderten Gourmets immer wieder, sparsam zu würzen und den Eigengeschmack der Zutaten zu betonen. Das zurückhaltende Würzen statt der notorisch überwürzten antiken und mittelalterlichen „Angeberküche" setzte sich als Hochküche schließlich in Frankreich durch und eroberte von dort aus die Welt. Gleichzeitig entdeckte die bürgerliche Alltagsküche langsam die exotischen Gewürze für sich, die besonders im Laufe des 19. und 20. Jahrhunderts deutlich günstiger wurden und leichter erhältlich waren. In den letzten Jahrzehnten hat sich mit der Globalisierung der weltweite Austausch an Gewürzen und Zutaten beschleunigt. Heute steht uns fast alles jederzeit zur Verfügung und fremde, exotische Gewürze laden ebenso zum Experimentieren ein wie wiederentdeckte heimische Kräuter und Traditionen.

ESSEN UND WÜRZEN IN DER VORGESCHICHTE

Es könnte durchaus sein, dass unsere Vorliebe für Fettes, Süßes und für den herzhaften umami-Geschmack genetisch bedingt ist, denn diese Stoffe musste der Körper in der Urzeit sofort erkennen und als „genießbar" und „dringend notwendig" einstufen (→ Geschmack und seine Funktion, Seite 10). Das Fett gewann man in der Steinzeit aus Markknochen und aus Fischen, den Zucker aus Früchten, Beeren, Honig, Ahornsirup und anderen Pflanzenextrakten. Der umami-Geschmack ermöglichte das Erkennen von proteinreichen Pflanzen und Fleisch.

Die ersten Menschen lebten als Nomaden, sie kultivierten noch keine Pflanzen, geschweige denn Würzkräuter. Die „Entdeckung", Zähmung und Verwendung des Feuers hatte nicht nur geschmackliche Auswirkungen, sie war auch für die Entwicklung der menschlichen Intelligenz wichtig: Die Hitze garte das Fleisch vor, wodurch der steinzeitliche Mensch weniger Energie für die Verdauung aufwenden musste. So blieb mehr Energie für Denkleistungen und letztlich für die Entwicklung des Gehirns übrig. Die ältesten von Menschen angelegten Feuerstellen wurden in Südafrika gefunden, sie sind etwa eine Million Jahre alt. In ihnen fanden Forscher Knochen- und Pflanzenreste – es wurde also tatsächlich an ihnen gekocht. Etwas genauer lassen sich die „ersten Zutaten der Welt" in Feuerstellen bestimmen, die im Norden des heutigen Israels gefunden wurden und die immerhin fast 800 000 Jahre alt sind: Archäologen identifizierten das Holz wilder Olivenbäume und wilder Weinbeeren. Ob die dazugehörigen Früchte tatsächlich gegessen wurden, lässt sich leider nicht mehr feststellen, es ist aber anzunehmen.

Die Nahrung der Jäger und Sammler bestand bis vor etwa 11 000 Jahren neben Fleisch und Fisch aus gesammelten Samen, Früchten, Wurzeln und Knollen – was man eben so fand. Einige Würzzutaten sind bekannt: Oliven, Haselnüsse, Pistazien und Feigen, in Meeresnähe wurden außerdem Algen verwendet, wenn auch eher als Nahrung denn als Gewürz. Etwa in dieser Zeit wurden im heutigen Nahen Osten die ersten Menschen sesshaft, mit entscheidenden Auswirkungen auf die Essgewohnheiten. Sie begannen mit dem Anbau von Weizen und Gerste und mit der Züchtung von Pflanzen. Die Viehzucht entwickelte sich und damit die Milchwirtschaft. Milchkonsum war nicht unproblematisch: Wie viele andere Säugetiere verliert der Mensch nach dem Abstillen die Fähigkeit, Milch zu verdauen. Regelmäßiger Konsum senkte jedoch die Laktoseintoleranz: Nordwesteuropäer und viele andere Völker mit intensiver Milchwirtschaft vertragen Milch ein Leben lang: Diese Fähigkeit hat sich genetisch entwickelt und wird weitervererbt.

Womit würzten die Menschen in vorgeschichtlichen Zeiten? Auf diese Frage kann die Wissenschaft der Archäobotanik Antwort geben. Sie untersucht winzige Überreste von Gewürzen, die bei Ausgrabungen gefunden werden. Einzelfunde deuten auf Wildsammlungen hin, größere Mengen auf einen gezielten Anbau. Kümmel konnte seit 5 000 v. Chr. als Gewürz nachgewiesen werden und könnte sogar noch früher verwendet worden sein, denn seine verdauungsfördernde Funktion wird den Menschen auch damals nicht entgangen sein. Oliven, Datteln und Granatäpfel wurden im Orient seit dem 3. Jahrtausend v. Chr. zu Kulturformen gezüchtet. Lokal wild wachsende Gewürze und Kräuter – etwa Sesam und Bockshornklee – konnten nachgewiesen werden, ebenso Koriander, Kreuzkümmel, Kresse und Nigella. In Amerika wurde die Chilischote schon in prähistorischer Zeit angebaut und als Würze etwa für Gerichte mit Mais und Kürbis genutzt. Die Verwendung von Salz ist archäologisch nur schwer zu belegen – Wasser wäscht alle Spuren hinweg –, die Produktion aber sehr wohl: In Mitteleuropa wurde vermutlich schon seit dem 4. Jahrtausend v. Chr. Salz gewonnen, mit Sicherheit aber seit 2 000 v. Chr. Leider sind aus prähistorischer Zeit keine Rezepte überliefert: Zutaten sind zwar bekannt, aber nicht deren Kombination.

ANTIKE HOCHKULTUREN – GASTROSOPHIE UND FEINE ZUTATEN

Besser wird die Quellenlage, wenn wir uns den ersten Hochkulturen und der Antike nähern. Im Zweistromland Mesopotamiens entstand die erste Hochkultur in der Geschichte der Menschheit. Die Sumerer verwendeten Lorbeer – zumindest bekränzten sie damit siegreiche Faustkämpfer – und kannten die berauschende und betäubende Wirkung des Mohns. Von den nachfolgenden Babyloniern weiß man, dass sie recht üppig tafelten – selbst die ärmeren Schichten. Frühe schriftliche Zeugnisse zu Gewürzen stammen von Keilschrifttafeln, die auf ungefähr 1 700 v. Chr. datiert werden. Sie erwähnen Trüffeln und andere Pilze, verschiedene Möhrenarten und Hülsenfrüchte, dazu kommen Senf, Pistazien, Granatäpfel, Salz, Essig, Kümmel, Koriander, Wacholderbeeren und Minze. Teilweise sind die babylonischen Bezeichnungen und Beschreibungen jedoch mehrdeutig, also weiß man nicht immer genau, welches Kraut und welches Gewürz gemeint waren. Kulinarisch aktiv waren die Babylonier in jeden Fall: Milch, Butter und Schmalz, Öle aus Oliven und Sesam, 18 Käsesorten und 300 (!) Brotsorten kannten sie.

Erfunden haben das Brotbacken allerdings die Niltalbewohner. Bei den Ägyptern war das Brot die entscheidende Ernährungsgrundlage – es diente sogar als Währung. Aber auch Gewürze

GEWÜRZE AUS DEM ALTEN ÄGYPTEN BIS ZUR GRIECHISCH-RÖMISCHEN ZEIT

Seit prädynastischer Zeit (4000–3032 v. Chr.):

Erdmandel
Wacholder

Seit dem Mittleren Reich (2100 bis 1781 v. Chr.):

Zwiebel
Schwarzkümmel
Olive
Pinienkerne

Seit dem Neuen Reich (1550–1070 v. Chr.):

Knoblauch
Mandel
Dill
Sellerie
Saflor / Färberdistel
Koriander
Kreuzkümmel
Schwarzer Pfeffer
Granatapfel
Sesam
Ajowan
Bockshornklee

Seit griechisch-römischer Zeit (4. Jh. v. Chr.):

Senf
Kapern
Haselnuss
Fenchel
Walnuss
Myrte
Tamarinde

und wertvolle Zutaten müssen einen hohen Stellenwert besessen haben: Man gab sie Verstorbenen mit auf ihre letzte Reise. Im Grab einer ägyptischen Adligen fand man als Proviant der Toten: Gerstenbrei, eine Wachtel, zwei Nierchen, Taubenragout, einen Fisch ohne Kopf, zwei Rinderkoteletts, dreieckige Weizenbrötchen und als Dessert einen Brei aus Feigen und Kirschen. In Krügen befand sich eine Art Käse sowie Wein und Bier. Andere Gräber enthielten Muskatnüsse und im berühmten Grab von Tutanchamun fand man Bockshornkleesamen. Unklar ist allerdings die Verwendung: Von Zimt etwa weiß man, dass er nur zu rituellen Zwecken eingesetzt wurde – dienten Muskat und Bockshornklee auch als Kultobjekt oder würzte man mit ihnen? Nicht einmal das Ursprungsland der ägyptischen Gewürze ist gesichert: Seit dem 3. Jahrtausend v. Chr. bezogen die Ägypter zum Beispiel Weihrauch und Myrrhe aus „Punt" – wobei nur vermutet werden kann, dass damit das heutige Somalia oder generell die Gegend rund um das Rote Meer gemeint war. Eine kleine Sensation ist in Jordanien entdeckt worden: Ein ganzes Tongefäß, randvoll mit einem Gemisch aus Bockshornkleesamen, Kreuzkümmel und Traubenkernen – datiert auf das 9. Jahrhundert v. Chr. Falls es sich dabei nicht um Medizin gehandelt hat, wäre das die älteste belegte Gewürzmischung der Welt.

Früheste schriftliche Zeugnisse zu Gewürzen, die sich relativ genau deuten lassen, stammen von 1 200 v. Chr., aus der griechischen Stadt Mykene: Auf Steintafeln werden dort unter anderem Koriander, Kreuzkümmel, Fenchel, Sesam, Selleriesamen und Minze erwähnt. Allerdings lässt sich heute nicht mehr bestimmen, ob sie zum Kochen, für Parfüms, als Medizin oder als Konservierungsmittel verwendet wurden – alle Verwendungen wären möglich gewesen.

In der Klassischen Zeit ab 500 v. Chr. bevorzugten die Griechen einen scharfen und essigsauren Geschmack. Als Quelle für Kulinarik und Würzgewohnheiten ist die „Deipnosophistae" (Das Gelehrtenmahl) von Athenaios aus Naucratis sehr wichtig: Obwohl er viele Jahrhunderte später lebte, beinhaltet sein Werk zahlreiche Zitate aus früheren kulinarischen Werken. Ihm zufolge beruhte die klassische griechische Küche auf Korn, Wein und Öl – dazu kamen gedünstetes Fleisch, Gemüse, Kräuter, Gewürze und Honig. Essig kannte man ebenfalls – etwa in einer sauren Sauce mit scharfen Senfkörnern –, vielleicht eine Frühform unseres Senfs. Zu den häufigsten Gewürzen zählten Mohn, Sesam und Leinsamen, auch verschiedene Käse, Rosinen und andere Trockenfrüchte. Als Fette dienten neben Öl auch Talg oder Schmalz. Des Weiteren kannte man Oliven, Basilikum, Bärlauch, Kerbel und Petersilie. Melisse ist etymologisch griechisch: Im Wortstamm „meli" steckt das griechische Wort für „Honig". Die antiken Imker pflanzten dieses Kraut für ihre Bienen. Korianderkraut hingegen erinnerte die Griechen olfaktorisch an die Wanze: „koris". Langer Pfeffer war beliebt, den Schwarzen Pfeffer brachte Alexander der Große im 4. Jahrhundert v. Chr. von seinen Feldzügen in Indien mit in die Heimat. Auf dem gleichen Weg gelangte auch die Gewürznelke in den Mittelmeerraum. Sie sollte wie der echte Schwarze Pfeffer für viele Jahrhunderte ein sehr teures Luxusgut bleiben.

Ein Sizilianer, Archestratos von Gela, forderte bereits im 4. Jahrhundert v. Chr. in seinem einflussreichen Lehrgedicht „Hedypa-theia" (Leben im Luxus), nur allerbeste Zutaten zu verwenden, so frisch und saisonal wie möglich. Diese erstklassigen Zutaten solle man schlicht zubereiten, um ihren Eigengeschmack zu betonen. Archestratos warnte davor, alles mit Käse und Essig zu begießen – offenbar eine Vorliebe seiner Zeitgenossen – und empfahl, stattdessen nur mit Salz und Öl zu würzen, eventuell mit Kreuzkümmel. Vor allem mochte er die im Altertum äußerst beliebte Alleswürze Silphion (Silphium) nicht. Das Kraut hat vermutlich fenchelähnlich geschmeckt und starb im 1. Jahrhundert aus – aufgrund von Übererntung. Heute weiß man nur noch anhand von Abbildungen auf antiken Münzen, wie das Kraut ausgesehen haben muss. Verwendet wurde, ähnlich wie bei Asant, das aus den angeritzten Stängeln ausfließende Harz. Die letzten Stängel Silphion, so berichtet Plinius der Ältere, wurden Kaiser Nero geschickt.

Die Römer waren sehr an gutem Essen und Trinken interessiert und lernten von allen Völkern, die sie unterwarfen oder kolonisierten. Die Legionäre brachten die Gewürze mit in die Heimat: etwa den Silphion-Ersatz Asant aus dem Nahen Osten oder den Bockshornklee aus Kleinasien. Das ausgedehnte römische Handelsnetz zog sich bis nach Indien: In spätrömischer Zeit wurde zum Beispiel Pfeffer auf dem direkten Seeweg, ohne Zwischenhändler importiert. Dadurch war er preislich keineswegs mehr ein Luxusartikel – was sich im Mittelalter wieder ändern sollte, als arabische Händler das Monopol innehatten. Gleichzeitig exportierten die Römer ihre eigenen Kenntnisse in die entlegensten Teile ihres Reiches und führten viele Kräuter- und Obstbaumsorten im nördlicheren Europa ein, zum Beispiel Dill, das dann zum nordeuropäischen Kraut schlechthin wurde.

Diese mehr oder weniger leicht verfügbare Vielfalt führte dazu, dass neureiche Römer ihre Gerichte gerne überwürzten, was den Spott mancher Zeitgenossen herausforderte: „Sie geben ein Pfund Silphium dazu und hauen obendrauf eine Ladung Senfkörner. Das Zeug ist dann so scharf, dass ihnen selbst die Augen tropfen, noch ehe sie's kleingehackt haben." Das schrieb der Komödiendichter Titus Maccius Plautus in seinem Theaterstück „Pseudolus". Aus heutiger Sicht könnte man das auch anders sehen und die „Geschmacksexplosion", den Gewürzreichtum und die betonte Exotik hervorheben. Bei diesen römischen Gelagen kam es immer auf die opulente Wirkung an. Das fand seinen Niederschlag in den berüchtigten Flamingozungen des Apicius, eines römischen Feinschmeckers, der vermutlich im 1. Jahrhundert nach Christus gelebt hat. Nach ihm wurde das einzige überlieferte Kochbuch aus römischer Zeit benannt: „De re coquinaria" (Über die Kochkunst) datiert zwar aus dem 4. Jahrhundert, soll aber viele seiner Rezepte beinhalten. Von Apicius stammt beispielsweise die Idee, Schweine mit getrockneten Feigen („ficus") zu mästen und ihnen kurz vor dem Schlachten „mulsum" – ein Gemisch aus Wein und Honig im Verhältnis von 4:1 – zu trinken zu geben, um eine besonders wohlschmeckende Leber zu erhalten. Die Wortschöpfung dafür – „ficatum" – hat sich

Angepflanzt oder importiert wurden: Bohnenkraut, Borretsch, Dill, Fenchel, Kerbel, Knoblauch, Koriander, Kümmel, Liebstöckel, Majoran, Melisse, Petersilie, Sellerie und Thymian sowie Mandeln, Kirschen, Pfirsiche, Quitten und Mispeln.

Die berüchtigtsten Delikatessen des Apicius, viele kommen in der gleichnamigen Rezeptsammlung vor: Flamingozunge (wird bei Plinius erwähnt), Gebärmutter einer Jungsau, Hoden von Ziegenböcken, Euter und Schweinezitzen, Papagei, Pfau, gefüllte Haselmäuse.

BEISPIELE VON REZEPTEN AUS DEM APICIUS:

Gemüsezwiebeln: „1. Gemüsezwiebeln serviere mit Öl, Liquamen und Essig, mit ein wenig daraufgestreutem Kümmel {vermutlich ist Kreuzkümmel gemeint}. 2. Auf andere Art: Zerstampfe die Gemüsezwiebeln, worauf du sie in Wasser kochst, dann schmore sie in Öl. Die Sauce mache folgendermaßen: Thymian, Poleiminze, Pfeffer, Oregano, Honig, ein wenig Essig und, wenn es gefällt, auch ein wenig Liquamen {Garum / Fischsoße}. Streue Pfeffer darauf und serviere."

Gesottene Fische: „Stoße Pfeffer, Liebstöckel, Selleriesamen, gieße Essig, Liquamen und Eidotter dazu, gieße es zusammengemischt darüber und trage auf."

Eher bedenklich ist sein Umgang mit den kostbaren **Trüffeln:** „Schäle die Trüffel, koche sie, bestreue sie mit Salz und stecke sie auf ein Stäbchen. Grille sie an und gib in einen Topf Öl, Liquamen, Caroenum {eingekochter Most}, Wein, Pfeffer und Honig. Wenn es aufgekocht ist, binde mit Stärkemehl. Garniere die Trüffel und serviere."

Die Gastmahle im alten Römischen Reich waren keineswegs so dekadent wie sie oftmals dargestellt wurden. Dieser Irrglaube beruht nicht zuletzt darauf, dass viele literarische Quellen zu diesem Thema satirischer Natur sind.
Das Abendessen (convivum, „zusammen leben") war die Hauptmahlzeit. Es entsprach dem griechischen Symposion, dem gemeinsamen, geselligen Essen und Trinken, bei dem privates wie geschäftliches besprochen werden konnte. Anders als die Griechen tranken die Römer Wein nur zum Essen. Sie verwendeten keine Gabeln, nur Löffel, ansonsten aß man mit den Händen. Rund um das Mittelmeer hat sich die Tradition des Convivums über viele Jahrhunderte erhalten.

als „fegato" (italienisch), „fígado" (portugiesisch) oder „foie" (französisch) für Leber in allen romanischen Sprachen erhalten.

Zu den bei Apicius erwähnten Gewürzen und Kräutern zählen Pfeffer, Kümmel, Kreuzkümmel, Anis, Silphion, Asant, Selleriesamen, Fenchel, Dill, Rucola, getrocknete Myrtenbeeren, Lorbeer, Zwiebeln, Schalotten, Lauch, Koriander, Kresse, Majoran, Oregano, Bohnenkraut, Ingwer, Thymian, Liebstöckel, Raute, Safran, Petersilie, Gewürznelke, Sumach, verschiedene Minzesorten – darunter auch recht streng riechende wie Katzenminze oder Frauenminze, die heute nicht mehr kulinarisch genutzt werden – und einige uns heute unbekannte Gewürze wie „Nardenspitzen", „Bartnuss" oder „Addena". Seltsamerweise verwendet Apicius das typisch mediterrane Rosmarin nicht – auch nicht zu Lamm. Tatsächlich war Rosmarin als Gewürz bei den Griechen und Römern nicht bekannt, lediglich der griechische Arzt Dioskurides erwähnt es im 1. Jahrhundert als Heilpflanze. Basilikum war den späten Römern ebenfalls nicht vertraut, obwohl es in der griechischen Küche sehr beliebt war. Auch Rohrzucker war zu Apicius' Lebzeiten noch nicht in Gebrauch: Erst ab dem 7. Jahrhundert extrahierten die Perser den Saft des Rohrzuckers in Tongefäße, an dessen Boden er zum charakteristischen Zuckerhut auskristallisierte. In dieser Form sollte er von der Spätantike an das gesamte Mittelalter über ein seltenes, sehr teures Importgut aus dem persischen Raum sein. Zu Apicius' Zeiten diente hingegen Honig oder Sirup aus Wein, Most oder Fruchtsäften zum Süßen. Das ergab allerdings einen vielschichtigeren, weniger „reinen" Geschmack als Zucker.

An flüssigen Würzen kommt die typisch römische Sauce „Garum" (auch „Liquamen" genannt) oft bei Apicius vor. Für ihre Herstellung wurde gepökelter Fisch verwendet, der enzymatisch fermentiert wurde – also keineswegs „vergammelt" war. Das altrömische „Garum" muss deshalb einen ähnlichen → umami-Geschmack (Seite 10, 43) gehabt haben wie heutige asiatische Fischsaucen. Auch den Geschmack süßer Saucen schätzten die Römer sehr. Die Saucen bestanden aus Gewürzen und Kräutern sowie aus verschiedenen Flüssigkeiten und einem Verdickungsmittel: zum Beispiel den eingekochten Traubensirupen „Defritum" und „Caroenum" sowie „Passum", eine Weinessenz aus in bestem Wein eingelegten und dann ausgepressten Rosinen. Als Würzpaste war in der römischen Küche „Moretum" sehr beliebt, eine Art antikes Pesto: Es bestand aus geriebenem Käse, Olivenöl, Selleriegrün, Weinraute, Koriander und Knoblauch. Die Zutaten wurde im Mörser („mortarium") zerstoßen – daher der Name. Damit wurde vor allem Schweinefleisch gewürzt, das die Römer dem Rindfleisch vorzogen, oder es wurde einfach zu Brot gereicht.

Insgesamt dürfte die antike römische Küche also salzig-umami nach „Garum", lauchig nach Silphion beziehungsweise Asant und pfeffrig-scharf respektive süßlich geschmeckt und gerochen haben. Ihr Geheimnis bestand darin, selbst bei ungewöhnlichen Kombinationen wie süß-pfeffrig oder süß-sauer ein ausgeglichenes Verhältnis zwischen den Geschmacksrichtungen zu finden und gleichzeitig immer wieder neue Gewürze und ihre Aromen zu integrieren. Bis heute bildet die römische Küche die Basis der mediterranen und europäischen Kochkultur.

ESSGEWOHNHEITEN IM MITTELALTER: HAUPTSACHE VIEL

Während der ersten fünfhundert Jahre nach dem Untergang des römischen Imperiums, als das Mittelalter vermutlich wirklich „finster" war, geriet in Europa auch ein Großteil der römischen Kochtradition und des römisch-antiken Verständnisses für Kultur und feine Küche in Vergessenheit. Stattdessen herrschten Trink- und Essensexzesse: Hauptsache viel, war das Motto zwischen den mittelalterlichen Metropolen Madrid, Rom, Paris, London, Aachen und Krakau. Die Gerichte der Oberschicht ähnelten sich damals in ganz Europa, mit nur wenigen regionalen Ausformungen. Die gehobene mittelalterliche Küche war grenzübergreifend eine „Angeberküche": Man hackte die Zutaten klein und machte aus ihnen Pasten, aus denen man wiederum grandiose Gebilde formte. Farben waren deshalb sehr wichtig. Zeitgenössische Kochbücher enthalten mehr Informationen über solche Gestaltungsmöglichkeiten als über den Geschmack und das Aroma der Zutaten: Petersilie färbt grün, Safran gelb, Kirschen rot, Veilchen blau. Suppen wurden manchmal geteilt in zwei verschiedenen Farben serviert. Manche „Gewürze" wurden ausschließlich als Färbemittel verwendet – etwa Kurkuma, den die Mauren nach Europa brachten.

Eine wichtige Quelle für die Verwendung von Kräutern in dieser Zeit ist die Verordnung „Capitulare de Villis et curtis Imperialibus", die Karl der Große 812 verfügte. Auf jedem Krongut und Reichshof sollte ein Garten mit genau festgelegten Kräutern und Pflanzen angelegt werden. Die Verordnung ging wohl auf römische Quellen zurück. Es handelte sich um Nutzpflanzen für Menschen und Tiere, die nähren, würzen, heilen, konservieren oder auch Ungeziefer vertreiben sollten – oft mehreres gleichzeitig. In erster Linie waren sie für die Versorgung des kaiserlichen Hofstaates gedacht, wurden aber stilprägend für viele spätere Kloster- und Bauerngärten. Im Spätmittelalter legten sich reiche Bürger Gemüse- und Kräutergärten vor den Stadttoren an. Manche Kräuter wurden wild gesammelt – zum Beispiel Bärlauch oder Brunnenkresse –, andere stammten aus dem Mittelmeerraum und wurden als Samen oder Stecklinge nach Nord- und Mitteleuropa transportiert. Allerdings wurden nicht alle Pflanzen überall angebaut, sondern nur dort, wo sie auch klimatisch gedeihen konnten.

Das Hochmittelalter war die Zeit der Kreuzzüge. Durch sie gelangten exotische Gewürze wie Ingwer, Zimt, Paradieskörner, Pfeffer, Nelken, Muskatblüte und Muskatnuss nach Zentraleuropa ebenso das Luxusgut Zucker. Wurde im antiken Rom noch Honig bevorzugt, den man immerhin auch selbst herstellen konnte, nutzte nun, wer es sich leisten konnte, zumindest bei Süßspeisen und zum

Zu den Kräutern und Gewürzen in der „Capitulare de Villis" gehörten Estragon, Kümmel, Kreuzkümmel, Bergkümmel, Bärlauch, Nigella, Poleiminze und andere Minzen, Rosmarin, Anis, Ammei, Kresse, Garten-Salbei, Weinraute, Eberraute, Schnittlauch, Koriander, Bohnenkraut, Liebstöckel, Fenchel, Weißer Senf, Knoblauch, Kerbel, Petersilie und Dill.

Poudre fine (nach „Le Menagier de Paris", Frankreich 15. Jh.)
4 TL Ingwer (Pulver)
1 TL Gewürznelken
1 TL Zimt (Pulver)
1 TL Rohrzucker
(Mengenangaben sind Schätzungen)
Alles im Mörser frisch zerreiben.

Powder douce:
Oft synonym verwendet für Poudre fine.
Variante A:
1 TL Gewürznelken
1 TL Ingwerpulver
2 TL Currykraut
2 TL Zucker
2 TL Paradieskörner
3 TL Zimt
Variante B:
2 TL Zimt
1 TL Muskatnuss
½ –1 TL Gewürznelken
1 TL Zucker
evtl. 1 TL Ingwerpulver
Alles im Mörser zerstoßen.

Powder forte (Venedig, 15. Jh.):
1 TL Gewürznelken
1 TL frisch geriebene Muskatnuss
1 TL Muskatblüte
1 TL Schwarzer Pfeffer
1 TL Paradieskörner
3 TL Langer Pfeffer
Alles im Mörser frisch zerreiben.

DER WEG DER GEWÜRZE IN EUROPA

Diese Karte zeigt, welchen Weg einige Kräuter und Gewürze hinter sich haben und wie sie von Europa in die Welt – oder aus der Welt nach Europa gebracht wurden.

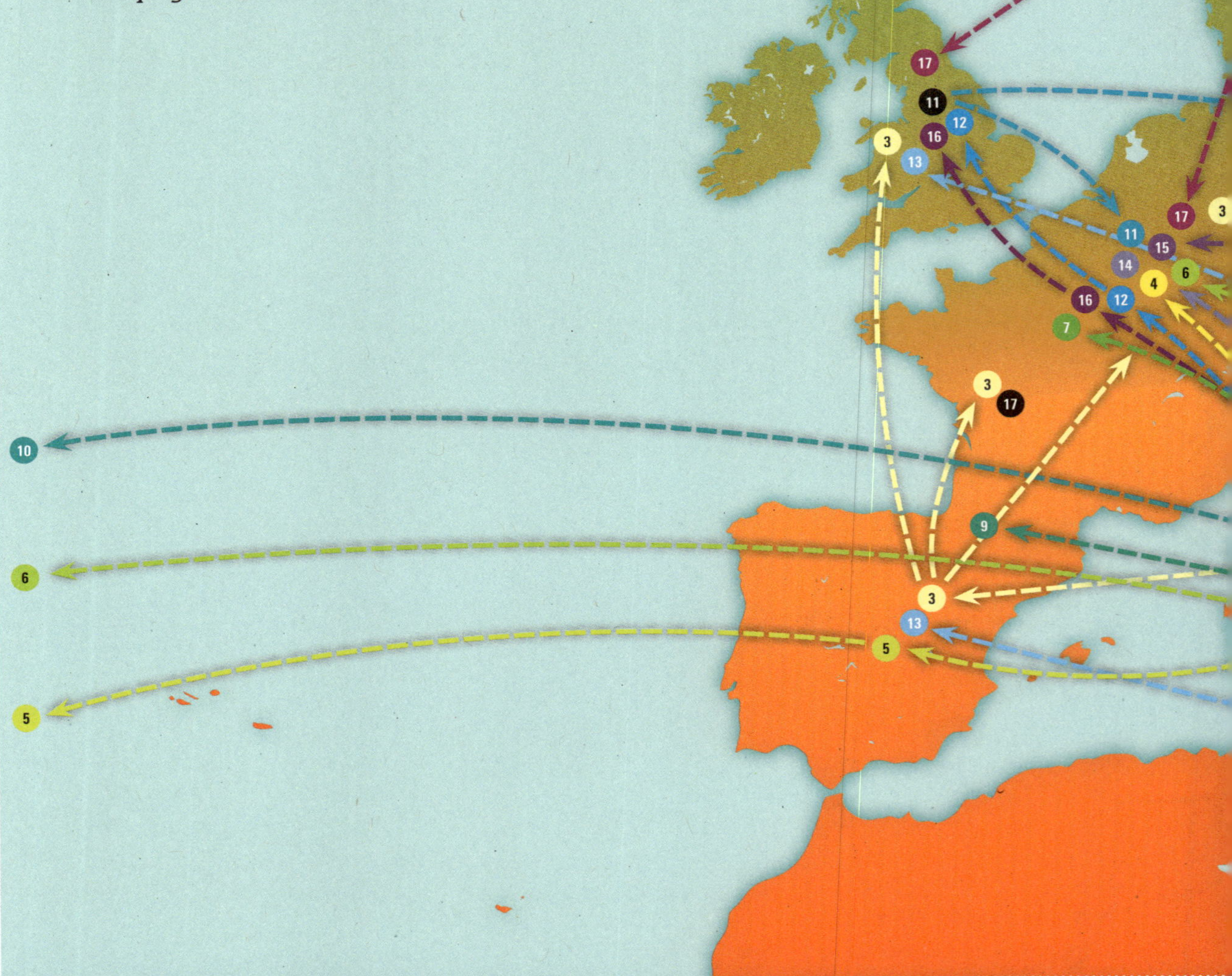

1 **Ajowan:** Östlicher Mittelmeerraum. Nach: Indien, Pakistan, Afghanistan, Persien (4. Jh. v. Chr., Alexander der Große).

2 **Bockshornklee:** Türkei, Anatolien. Nach: Indien (1000 v. Chr.), Jemen, Ägypten, Rom (Antike).

3 **Borretsch:** Balkan. Nach: Spanien (Mittelalter, Mauren). Von dort: Frankreich, Mitteleuropa, England, Osteuropa (Mittelalter).

4 **Dill:** Mittelmeerraum. Nach: Mitteleuropa (1., 2. Jh., Ausdehnung des römischen Reichs).

5 **Koriander:** Griechenland. Nach: Rom, Indien (4. Jh. v. Chr., Alexander), Spanien (Antike). Von Indien: China, Thailand, Vietnam. Von Spanien: Mexiko (16. Jh., Kolumbus).

6 **Kreuzkümmel:** Ägypten. Nach: Indien (4. Jh. v. Chr., Alexander). Europa (Spätantike, Rom). Amerika (16., 17. Jh., Entdeckungsfahrten).

7 **Majoran:** Zypern. Nach: Griechenland, Rom (Antike). Von dort: Europa (Mittelalter, Kräuterpflanzungen in Klöstergärten).

8 **Mohn:** Mittelmeerraum. Nach: Byzanz / Istanbul (Mittelalter). Von dort: Ukraine, Österreich (Neuzeit, Osmanisches Reich).

9 Oliven: Kreta. Nach: Ägypten (3000 v. Chr.), Griechenland, Rom (Antike). Von dort: Spanien, Frankreich, Nordafrika, Türkei (Antike, Rom).

10 Oregano: Türkei. Nach: Griechenland (Altertum), Rom (Antike). Von Italien nach: USA (19. Jh., Auswanderer).

11 Pfefferminze: England. Im 17. Jh. als Kreuzung entdeckt. Nach: Europa, Indien, Südostasien.

12 Rosmarin: Mittelmeerraum, Italien. Nach: Mittel-, Westeuropa, England (Mittelalter, Kräuterpflanzungen in Klöstergärten).

13 Safran: Kreta: nach Griechenland, Rom (Antike). Von Italien: Spanien (Ausbreitung Roms), England, Österreich (14., 15., Jh., venezianische Händler).

14 Salbei: Ägypten. Nach: Griechenland, Rom (Antike). Mitteleuropa, Frankreich (Mittelalter, Kräuterpflanzungen in Klöstergärten).

15 Schnittlauch: Vermutlich Zentralasien. Nach: Europa (Antike).

16 Thymian: Mesopotamien, Ägypten (Altertum). Nach: Griechenland, Rom (Antike). Mitteleuropa, England (Mittelalter, Klöstergärtnereien).

17 Wacholder: Skandinavien: Nach: England, Frankreich, Deutschland, Österreich (15. Jh.).

Rezept aus der Hochzeit der islamisch-arabischen Küche: Lamm gefüllt mit in Sesamöl gebratenen Fleischscheiben, Hühnerfleisch und kleinen Vögeln und Pistazien, gewürzt mit Pfeffer, Ingwer, Zimt, Kreuzkümmel, Kardamom und anderem. Das gebratene Lamm zwischen zwei Teigschichten fertigbacken, alles mit Rosenwasser übergießen. Dazu kleine gebackene Teignäpfe mit Fleisch, Zucker und Süßigkeiten servieren.

Einkochen von Früchten die reine Süße des Zuckers. Eine andere gefragte Würze war Schärfe. Einmal bekannt, wurde Ingwer deshalb das neue Hauptgewürz in Frankreich: Im Vergleich zu Pfeffer war es ein viel günstigerer Scharfmacher. Eine weitere beliebte Schärfevariante im Mittelalter war Senf, Dijon etablierte sich als Senfmetropole. Im alten China war Senf schon seit etwa 1000 v. Chr. bekannt, auch die Römer kannten ihn und hinterließen das erste Rezept für Senf – dann war er jedoch in Vergessenheit geraten und wurde erst durch die Mauren wieder eingeführt.

Der Islam, der im 6. Jahrhundert entstanden war, hatte das mittelalterliche Europa erreicht: Zu Beginn des 8. Jahrhunderts war fast die gesamte Iberische Halbinsel erobert und sollte für viele Jahrhunderte einigermaßen stabil von den Mauren beherrscht werden. Der Hof von Córdoba war dabei der Mittelpunkt einer kulturellen Blüte der westlichen islamischen Welt, die unter anderem auch die Kulinarik stark beeinflusste – durch eine islamische Küche, die in dieser Vielfalt heute nicht mehr existiert. Viele der Einflüsse sind einem gewissen Ziryab zu verdanken, einem Musiker aus Bagdad, der in Mode, Tischsitten und Kulinarik bewandert war. Er lebte in der ersten Hälfte des 9. Jahrhunderts unter der Regentschaft Abd ar-Rahmans II. in Córdoba. Dort legte er etwa die Menüfolge fest, die man noch heute kennt: Suppe, Fisch/Geflügel/Fleisch, Dessert, Pistazien/Mandeln. „From soup to nuts", sagt man noch heute im Englischen. Ziryab war es, der Senf wieder in Europa einführte, auch Safran – im Arabischen bedeutet das Wort „gelb". In der Antike bekannt, waren diese Zutaten im Laufe der Zeit in Vergessenheit geraten. Von Paella über Gazpacho bis hin zu Albóndigas, den spanischen Fleischbällchen, sind zahlreiche spanische Gerichte islamischen Ursprungs. Die Sitte, Speisen zu säuern oder zu bittern, stammt gleichfalls aus dem arabischen Raum. Das 1226 in Bagdad erschienene Kochbuch „Kitab al-tabikh" von Muhammad bin Hasan al-Baghdadi behandelt im gesamten ersten Kapitel viele saure Gerichte. Die Zutaten dafür waren auch in Europa vorhanden: In den südlichen Ländern wuchsen Früchte wie Zitronen, Bitterorangen und Granatäpfel, weiter im Norden verwendete man Wein, Weinessig, Verjus, Bieressig oder herbe Früchte wie Johannisbeeren, Stachelbeeren, Holzapfel und Sauerampfer.

Kontakt mit Asien fand fast ausschließlich über arabische Vermittlung statt. Marco Polos Aufzeichnungen seiner Reise zwischen 1271 und 1295 beschreiben zwar die Esskultur Chinas aus erster Hand – er erzählt etwa von der damaligen Hauptstadt Hangzhou und ihrem Hafen, in dem paketweise kostbare Gewürze aus aller Welt verladen wurden, und erwähnt Fischsuppen sowie eine süße Sojasuppe –, aber sein Bericht wurde von den meisten Zeitgenossen als arg übertrieben bis vollkommen erlogen angesehen, weshalb die Auseinandersetzung mit der chinesischen beziehungsweise asiatischen Kultur im mittelalterlichen Europa sehr begrenzt blieb.

Neben den Importen aus fernen Ländern waren auch einheimische Gewürze und Kräuter gefragt. Häufig wurde etwa der aus dem Mittelmeerraum stammende Anis verwendet, für das Gebiet des Niederrheins konnte archäologisch der Feldanbau von Dill, Sellerie, Kümmel, Fenchel und Bohnenkraut als Gewürzpflanzen nachgewiesen werden. Der Salzabbau ging durch bessere Bergbautechniken ebenfalls voran und machte die Alleswürze langsam erschwinglicher. Viele Städte tragen das wertvolle Gewürz noch heute im Namen: Salzgitter und Salzwedel, Salzburg in Österreich oder Salins-les-Bains in Frankreich.

Im 14. Jahrhundert verdrängten Paradieskörner aus Afrika in Frankreich den teuren Schwarzen Pfeffer. Ihre Verwendung ging im 16. Jahrhundert wieder zurück, als Pfeffer nach der Entdeckung des Seewegs nach Indien und der Aufweichung des Pfeffermonopols der Araber und Venezianer günstiger wurde.

Ein Rezept aus dem berühmten „Le Viandier“: „Ganz klein gewürfeltes Hammelfleisch zusammen mit halb so viel Zwiebeln, die mit Butter angeschwitzt, dann mit Essigsud abgelöscht und mit Ingwer, Pfeffer und Salz bei schwacher Hitze eine halbe Stunde köchelten, noch eine Viertelstunde ebenfalls schwach kochen lassen. Mit geröstetem Brot servieren.“

Man würzte im Mittelalter kräftig und mit Leidenschaft. Exotische Gewürze waren lange Zeit ein Markenzeichen der adeligen Küche, denn sie zeugten vom Reichtum ihrer Besitzer. Arabische und venezianische Zwischenhändler konnten den Ursprung vieler Exoten lange Zeit geheim halten und dadurch die Preise diktieren. Wie begehrt diese für das Mittelalter neuen Gewürze waren, lässt sich auch an den damals sehr beliebten Gewürzmischungen sehen: Eine davon war poudre fine, in England blanche powder genannt. Sie bestand aus variierenden Zutaten, aber hauptsächlich aus Ingwerpulver, Zimt und Gewürznelken. Davon gab es süße und scharfe Varianten: Powder douce und Powder forte.

Gegen Ende des Mittelalters entstand eine neue Klasse: das Bürgertum. Durch Gewerbe und Handel gelangten viele nichtadelige Stadtbewohner zu Wohlstand, und Gewürze wurden nun auch zu ihrem Statussymbol. Man konnte es sich leisten, sie zu verwenden – und wollte das auch zeigen. „Le Viandier“, das einflussreichste Kochbuch dieser Zeit, prägte nicht nur die adelige Küche, sondern auch die des gehobenen Bürgertums. In ihm werden folgende Gewürze erwähnt: Ingwer, Zimt, Gewürznelken, Paradieskörner, Langer Pfeffer, Lavendel, Pfeffer, Cassia-Zimt, Safran, Muskatnuss, Lorbeerblatt, Zyperngras, Wilder Majoran, Kreuzkümmel, Zucker, Mandeln, Knoblauch, Zwiebeln, Frühlingszwiebeln und Schalotten. Als Flüssigwürze werden eingesetzt: Weißwein, Verjus, Essig, fette Brühe, Kuhmilch, Mandelmilch und Wasser.

In seinem Bemühen, sich vom gemeinen Volk abzuheben, kaprizierte sich der Adel wiederum auf ausgefallene Zutaten wie Hummer, Trüffel, Kaviar oder gestopfte Gänseleber als Zeichen von Rang und Status. Gleichzeitig erließ Gesetze gegen „übertriebenen Luxus“, mit deren Hilfe die Art und Menge der Lebensmittel geregelt wurden, die den anderen Bevölkerungsschichten zur Verfügung stehen sollten. Das war die Zeit, in der das Kochbuch des Bartolomeo Sacchi, genannt Platina, erschien: „De honesta voluptate“ suchte einen Mittelweg zwischen hochmittelalterlicher Völlerei und religiösem Fasten. Er knüpfte an den „Apicius“ an und bezog sich auf die antiken Vorbilder. Damit war Platina schon ein typisches Kind der Renaissance.

RENAISSANCE: AUF DEM WEG ZUR HAUTE CUISINE

In der frühen Neuzeit erkannte man in Europa erstmals, dass für die Gesundheit eines Menschen eine gute Ernährung wichtig sein müsse. Die Verbindung von Kulinarik und diätischen Überlegungen, die – ohne Einfluss auf Europa – schon seit Tausenden Jahren gelebte Praxis in China war, entwickelte sich nun auch in der westlichen Welt. Basis war die Viersäftelehre des antiken Arztes Galen. Sowohl die Persönlichkeit eines Menschen als auch verschiedene Lebensmittel wurden in die Vier-Säfte-Lehre eingeordnet und mit Blick auf ein ausgleichendes Verhältnis aufeinander abgestimmt: Feurige Choleriker sollten zum Beispiel nicht zu stark würzen, Phlegmatiker dafür umso mehr, denn die Lehre ordnete die meisten Gewürze als „heiß“ und „trocken“ ein. Obst und Gemüse wurden als zu „kalt“ und „feucht“ angesehen, Fleisch und Fisch galten als gesünder oder bekömmlicher – ihre eventuellen „Unverträglichkeiten“ konnten über die Zubereitungsart und andere Lebensmittel und Gewürze „korrigiert“ werden. Diese Korrektur war sogar eine der Hauptaufgaben damaliger Köche. Fisch galt etwa als „kalt“ und „feucht“, weshalb er im Ofen

DER WEG DER GEWÜRZE WELTWEIT

Manche Gewürze haben einen langen Weg hinter sich, einige wurden um die halbe Welt getragen. In vielen Gewürzen steckt eine ganze Menge Geschichte.

1 **Basilikum:** Indien.
Nach: Südostasien, Ägypten, Europa (Antike, Mittelalter).

2 **Brunnenkresse:** Nordostafrika.
Nach: Europa (Mittelalter, arabische Händler).

3 **Chili:** Mexiko, Karibik.
Nach: Europa (16. Jh.). Von dort: Afrika, Asien (16. Jh.).

4 **Estragon:** Russland.
Nach: Frankreich (Mittelalter).

5 **Gartenkresse:** Persien.
Nach: Europa (Mittelalter, arabische Händler).

6 **Gewürznelken:** Molukken.
Nach: Asien (1. Jt. v. Chr.). Griechenland (4. Jh. v. Chr., Alexander). Niederlande (17. Jh., V.O.C.). Île Bourbon (18. Jh., Pierre Poivre).

7 **Ingwer:** Südchina. Nach: Südostasien. Von dort: Madagaskar, Indien, Afrika, Griechenland, Rom (Antike, Alexander). Von dort: Europa (Rom, arabische Händler). Von dort: Amerika (16. Jh., Seefahrt). Von dort: Australien (19., 20. Jh.).

8 **Kapuzinerkresse:** Ecuador, Peru.
Nach: Europa (16. Jh., Entdeckungsfahrten).

9 **Kardamom:** Sri Lanka.
Nach: Babylon, Ägypten, Rom (8. Jh. v. Chr., Handel).

10 **Knoblauch:** Kasachstan. Nach: Persien, China, Ägypten (Altertum). Von dort: Rom. Von dort: Mitteleuropa, Balkan (Antike, Ausdehnung Roms).

11 **Langer Pfeffer:** Nordindien.
Nach: Griechenland (4. Jh. v. Chr., Alexander). Europa (20. Jh., wiederentdeckt).

12 **Muskat:** Banda. Nach: Indien (4. Jh. v. Chr.). Von dort: China (1. Jh., Handel). Nach: Europa (17. Jh., Portugal, V.O.C.), Mauritius, Karibik (18. Jh., Poivre, BEIC).

13 Piment: Jamaika. Nach: Europa (15. Jh., Kolumbus).

14 Pfeffer: Malabarküste. Nach: Java. Von dort: Malaysia, Borneo, Sumatra, Sri Lanka, Singapur, Vietnam, Thailand. Nach: Griechenland, Rom (4. Jh. v. Chr., Alexander). Venedig (Mittelalter, venezianische und arabische Händler).

15 Rosa Beeren: Brasilien. Nach: USA, Europa (20. Jh.)

16 Sesam: China. Nach: Ägypten, Griechenland, Rom (Antike). Von dort: Osmanisches Reich (Mittelalter).

17 Sternanis: Vietnam. Nach: China (15. Jh.). Von dort: Europa (arabische Händler).

18 Vanille: Mittelamerika, Antillen. Nach: Spanien (15. Jh., Kolumbus), Frankreich. Von dort: Île Bourbon (19. Jh., Schmuggel). Nach: Seychellen, Indonesien, Madagaskar (19. Jh., Kolonisten).

19 Zitrone: Himalaya. Nach: Alexanderreich (4. Jh. v. Chr.). Von dort: Spanien (Mittelalter, Mauren).

20 Zitronenmelisse: Kaukasus. Nach: Mittelmeerraum, Mitteleuropa (Mittelalter).

21 Zwiebel: Sibirien. Nach: China, Japan. Von dort: Persien, Ägypten (1. Jt. v. Chr., Handel). Von dort: Griechenland (4. Jh. v. Chr., Alexander), Mitteleuropa (1. Jh., Rom).

KLASSISCHE HANDELSWEGE

A Landhandelsroute (Antike bis Mittelalter) Indien, Indus, Afghanistan, Persien, Kleinasien, Alexandria (Antike), Konstantinopel (Mittelalter)

B Seehandelsroute (Antike bis Mittelalter) Singapur, rund um Afrika, Lissabon, Venedig

C Seehandelsroute (Mittelalter bis Frühe Neuzeit) Singapur, rund um Afrika bis Lissabon, London, Rotterdam, Hamburg, Venedig

Ein Rezept aus dem „Platina" für „Lombardische Suppe": „Nimm Rüben oder Spinat, schneide sie klein und wasche sie. Gib das Gemüse dann mit frischer Butter und Wasser in einen Topf und füge gleich einen Zweig wohlriechenden Krautes bei. Ist das Gemüse gekocht, so gieße das Ganze in ein irdenes Gefäß, gib geriebenen Parmesan- oder Fettkäse hinzu und würze mit Pfeffer, Zimt, Nägelein [Nelken], Safran und Traubensaft und füge auch genügend rohe Eier bei. Wird die Suppe zu dünn, so gib geriebenes Brot hinzu, wird sie zu dick, so füge frische Butter bei." Das „wohlriechende" Kraut kann alles Mögliche gewesen sein, je nach Verfügbarkeit: Thymian, Basilikum oder auch Petersilie oder Kerbel.

„getrocknet" und „erhitzt" und mit den trockenen, heißen Wacholderbeeren serviert werden sollte. Rindfleisch dagegen war von sich aus „trocken" und „heiß" und sollte deswegen in Wasser gekocht werden und mit „kalten" und „feuchten" Lebensmitteln wie Salat serviert werden. Noch heute gelten Steak und Salat als ideale Kombination – obwohl vermutlich wenige Steakhausbesucher jemals vom antiken Arzt Galen gehört haben dürften. Das hellere Schweinefleisch wiederum ist „kühler" und „feuchter" als Rindfleisch. Deshalb braucht man es nicht zu kochen, sondern kann es am offenen Feuer rösten. Mögen viele der Einteilungen aus heutiger Sicht auch fragwürdig erscheinen, so war diese Art zu kochen doch bereits recht ausgefeilt. Den Status einer Kunstform wie in China erreichten Kochen und Ernährungslehre im Europa der Renaissance jedoch nicht – auch blieben europäische Köche, anders als in China, wo sie zu Politikern aufsteigen konnten, schlecht bezahlte Handlanger und gehörten standesmäßig zum Gesinde. Küchen waren oft in Nebengebäuden untergebracht, weil sie als schmutzig galten.

Das erste Kochbuch der Renaissance thematisiert diese neue Herangehensweise an die Ernährung. Bartolomeo Sacchi, genannt Platina, veröffentlichte 1474 eine Sammlung von Rezepten, die auf der Grundlage der Vier-Säfte-Lehre beruhte und mit moralischen und diätischen Tipps antiker Experten versehen war: „De honesta voluptate et valetudine" (Von der ehrlichen, ziemlichen, auch erlaubten Wollust des Leibs) avancierte zu einem wahren Verkaufsschlager und wurde in viele Sprachen übersetzt, ins Deutsche 1542. Es war die erste mittelalterliche Philosophie des Essens. Wer es sich leisten konnte, kochte mit seinem „Platina". In den Rezepten wird nach wie vor reichlich gewürzt – zum Beispiel mit Safran, Pfeffer, Zimt und Nelken. Ebenfalls erwähnt werden Rosinen, Dörrpflaumen und Trauben, woran man den bleibenden Einfluss der arabisch-persisch-islamischen Küche erkennt. Zwischen süß und herzhaft wurde noch nicht immer unterschieden. Stattdessen wurde fast alles gezuckert – ein Indiz dafür, dass sicherlich nur begüterte Haushalte diese Rezepte nachkochen konnten, denn Zucker war nach wie vor sehr teuer.

Mit dem Übergang zur Frühen Neuzeit dehnte sich das europäische Einflussgebiet schlagartig aus. Auf der Suche nach der Westroute Richtung Indien hatte Kolumbus 1492 Amerika entdeckt – er und nachfolgende spanische Entdecker brachten von dort neue Speisen und Gewürze mit nach Europa. Kartoffeln oder Tomaten stießen nicht sofort auf große Gegenliebe, lediglich die neuen Heißgetränke Kaffee, Tee und Kakao konnten sich schnell durchsetzen. Sie hatten den Vorteil, dass sie zunächst als medizinische Getränke eingeführt wurden. Der Chili hingegen fand keinen Anklang: Die Europäer blieben beim erschwinglich gewordenen Pfeffer und kultivierten Chili lediglich als Zierpflanze. Allerdings brachten die europäischen Kolonialisten ihn nach Afrika und Asien, wo er schnell als preisgünstiger Scharfmacher akzeptiert und zum wesentlichen Bestandteil der regionalen Küchen wurde. Eine wichtige Rolle spielte dabei der portugiesische Handelsstützpunkt in Goa: Über Indien fanden die Chilipflanzen ihren Weg nach China. Im 16. Jahrhundert eröffneten die Portugiesen schließlich erste Handelsposten in China selbst. Tomaten, Mais, Erdnüsse und Kartoffeln reisten so buchstäblich um die halbe Welt und wurden zum Teil vollkommen von den jeweiligen Länderküchen assimiliert: Heutzutage sind Erdnüsse und Chilis eng mit der traditionellen asiatischen Küche verbunden.

Die Osmanen wiederum verbreiteten den Gebrauch des Chilis in Osteuropa und Westasien. Sie brachten ihn letztlich auch nach Ungarn und auf den Balkan, wo er im Laufe der Zeit zum milden Paprika umgezüchtet wurde. Ein anderes Mitbringsel von Kolumbus wurde in Europa dage-

VIERSÄFTELEHRE

SAFT	TEMPERAMENT	ELEMENT	SÄFTEQUALITÄT	GESCHMACK	LEBENSALTER
Blut	Sanguiniker	Luft	warm, feucht	süß, aromatisch	Kind
Gelbe Galle	Choleriker	Feuer	warm, trocken	bitter, brennend	Jugendlicher
Schwarze Galle	Melancholiker	Erde	kalt, trocken	scharf, beißend	Erwachsener
Schleim	Phlegmatiker	Wasser	kalt, feucht	salzig	Kleinkind / Greis

Die „Viersäftelehre" nach dem spätantiken Arzt Galen (Galenos von Pergamon). Die vier Körpersäfte (Gelbe und Schwarze Galle, Blut, Schleim) wurden mit vier Temperamenten, den vier Elementen und weiteren Bereichen in Verbindung gesetzt. Bei einem gesunden Menschen befinden sich die Säfte im Gleichgewicht. Die Aufgabe eines Arztes war, ein Ungleichgewicht der Säfte zu korrigieren – auch und vor allem durch die Ernährung. Platina griff die Idee auf und verband sie mit kulinarischen Überlegungen.

gen schnell als Universalgewürz populär: Piment, das in Großbritannien bis heute den bezeichnenden Namen „Allspice" trägt. Mit ihm wurde zum Beispiel gern die neue Schokolade aromatisiert – oder mit der ebenfalls neuen, in gehobenen Kreisen sehr beliebten Vanille.

Der Portugiese Vasco da Gama entdeckte 1498 den Seeweg nach Indien und kehrte voll beladen mit Pfeffer und Zimt von der Malagaküste zurück. Nur zwanzig Jahre nach der Entdeckung Amerikas stießen portugiesische Seefahrer auch auf die von arabischen Händlern lange geheim gehaltenen „Gewürzinseln", die Molukken. Die heute zu Indonesien gehörende Inselgruppe befindet sich zwischen den Inseln Sulawesi und Neuguinea. Nun konnten zunächst die Portugiesen die Preise für Gewürznelken und Muskat diktieren, sie blieben jedoch nicht lange ungestört: In den folgenden Jahrhunderten entbrannten um die Vorherrschaft in der Region blutige Gewürzkriege zwischen Portugal, Spanien und den Niederlanden. Hauptleidtragender war dabei immer die indigene Bevölkerung, die ausgerottet oder zwangsumgesiedelt wurde. Statt über den Landweg wurden Gewürze nun ohne Zwischenhändler übers Meer transportiert, was sie wesentlich günstiger machte. Echter Schwarzer Pfeffer, Zimt und Kardamom wurden in Massen aus Indien direkt eingeführt, Paradieskörner aus Afrika. Ingwer, Langer Pfeffer, Paradieskörner und Kubebenpfeffer gerieten als nun nicht mehr benötigte „Ersatz-Pfeffer" in Vergessenheit.

Gewürze wurden jetzt nicht mehr ausschließlich über Apotheken verkauft, sondern über einen neuen Berufsstand, den Gewürzkrämer. Für den Nürnberger Raum wurde ein erster feldmäßiger Anbau von Gewürz- und Heilpflanzen außerhalb der Kloster- und Privatgärten ab dem 17. Jahrhundert nachgewiesen: Fenchel und Majoran, später Anis und Koriander wurden dort in großen Mengen angepflanzt. Zucker war nun ebenfalls leichter verfügbar: Zum einen produzierten die Plantagen in der Neuen Welt immer mehr davon, und zum anderen wurde 1747 ein Verfahren entwickelt, mit dessen Hilfe Zucker auch aus den heimischen Zuckerrüben gewonnen werden konnte. Der europäische Zuckerkonsum explodierte infolgedessen regelrecht und führte erstmals zu einer Unterscheidung zwischen „süßen" und „herzhaften" Gerichten: Man süßte jetzt weniger umfassend, aber intensiver. Etwa zu dieser Zeit, Mitte des 18. Jahrhunderts, wurde auch die Mayonnaise erfunden – benannt nach der menorquinischen Stadt Mahón.

Obwohl er kein Rezept dafür hinterlassen hat, gilt La Varenne als der Erfinder von Duxelles: Einer Füllung aus gehackten Champignons, Schalotten und Zwiebeln, die in Butter gedünstet werden. Sie dienen wiederum als Grundlage für die mit Weißwein aufgekochte Duxellessauce. Von La Varenne stammt auch das Rezept zu Boeuf à la mode (gespickter und in Cognac eingelegter Rinderschmorbraten) sowie Rezepte für luftigen Blätterteig.

DRITTE SERIE, BEI DURCHSCHNITTLICHEM EINKOMMEN VON 30 000 FR.

Ein siebenpfündiger Kapaun, gefüllt mit Trüffeln von Périgord bis zur völligen Kugelgestalt.

Eine ungeheure Straßburger Gänseleberpastete, wie die Vision eines Festungsturmes.

Ein großer Rheinkarpfen à la Chambord, schön und reich serviert.

Getrüffelte Wachteln mit Ochsenmark, auf Toast aux basilie.

Ein gespickter Flußhecht, farciert, in Krebssauce nach allen Regeln der Kunst.

Ein Fasan auf seiner Höhe, als Toupet gespickt, auf einer Bratröste serviert à la Sainte-Alliance.

Hundert Spargel von 5 Zentimeter Durchmesser, Primeurs, in Fleischbrühensauce.

Eine Pyramide von mit Vanille gefüllten Baisers. (Letzteres nur für Damen und Herren mit Abbé-Beinen.)

Reaktion: „Ah, Monseigneur! Was für ein Juwel von Koch! Solche Finessen findet man nur bei Ihnen!"

Viele Gewürze waren im Laufe der Renaissance so günstig geworden, dass sie für die Oberschicht – adelig oder nicht – kein Statussymbol mehr darstellten. Allein Muskatnüsse wurden durch das Monopol der Niederländer noch im 17. Jahrhundert regelrecht mit Gold aufgewogen. Erst um 1770 gelang es Pierre Poivre, Samen und Stecklinge von Gewürznelke und Muskatnuss von den Gewürzinseln zu schmuggeln und erfolgreich auf den französischen Inseln Mauritius und La Réunion anzupflanzen.

La Réunion, früher Île Bourbon, sollte im 19. Jahrhundert noch für ein anderes Gewürz bekannt werden: die Vanille. Die dorthin geschmuggelten Stecklinge bildeten zunächst keine Schoten. Nachdem der belgische Botaniker Charles Morren das Geheimnis der Bestäubung entdeckt und der Plantagensklave Edmond Albius im Jahr 1841 eine Methode für die künstliche Bestäubung entwickelt hatte, war ein weiteres Monopol gefallen: Die Insel Île Bourbon löste Mexiko als größten Vanilleexporteur ab.

Auf der Suche nach neuen Raffinessen, die exklusiv der Oberschicht vorbehalten waren, entstand in Europa erstmals seit der Antike ein gebildeter Diskurs über das Kochen. Man setzte sich von der „arabischen" Küche des Mittelalters ab, womit man alles bezeichnete, was stark gewürzt war. Bereits Mitte des 17. Jahrhunderts entwickelten sich erste Ansätze einer neuen europäischen Küche, die vor allem den Eigengeschmack der Lebensmittel betonte und sich beim Würzen erstmals zurückhielt: die klassische „Haute Cuisine", wie sie später genannt werden sollte. Die französische Küche mit ihrem Vorkämpfer François-Pierre de La Varenne (1618–1678) wurde stilprägend in ganz Europa, sie galt als Synonym für guten Geschmack. Das sollte sich auch in den kommenden Jahrhunderten nicht ändern.

DIE REGENTSCHAFT DER FRANZÖSISCHEN HOCHKÜCHE

Trotz La Varennes Forderungen nach Zurückhaltung beim Würzen setzte sich die Haute Cuisine in den gehobenen Kreisen zunächst nur langsam durch. Die „Unsitte" des Überwürzens und das Auftischen riesiger Mengen war noch immer weit verbreitet, man wollte bei seinen Gästen Eindruck schinden wie früher die Aristokratie. Inzwischen wirkten jedoch – ganz wie im alten Rom und in China – „Intellektuelle" dieser Tendenz entgegen. Von Jean Anthèlme Brillat-Savarin (1755–1826) erschien 1826 posthum die „Physiologie du goût ou méditations de gastronomie transcendante" (Physiologie des Geschmacks oder Betrachtungen über das höhere Tafelvergnügen, 1865). Darin schreibt er: „Ich meinerseits bin vollständig überzeugt, dass ohne Teilnahme des Geruchs keine vollständige Geschmacksempfindung stattfinden kann [...] Verhindert man den Geruch, so lähmt man den Geschmack." Eine ebenso simple wie bahnbrechende Beobachtung:

Wie man heute weiß, hatte er ganz richtig vermutet (→ Ein Fest für die Sinne, Seite 6). Köstlich und vermutlich durchaus repräsentativ, wenn auch in satirisch-kritischer Zuspitzung, sind Brillat-Savarins Menübeschreibungen, etwa für ein reiches Haus (→ siehe links).

Endgültig räumte mit dieser Art der opulenten, auf Showeffekte setzenden Küche Ende des 19. Jahrhunderts Auguste Escoffier auf, der „Koch der Könige und König der Köche". Er vereinfachte die komplizierte französische Küche und machte sie bekömmlicher. Dabei nahm er auch neue internationale Einflüsse auf, zum Beispiel das aus umgezüchteten Chilischoten erzeugte milde Paprikapulver aus Ungarn in seinem berühmten „Paprikahuhn". Escoffier war auch Küchen-Praktiker: Er erfand die „Posten" und rationalisierte so die Arbeit in großen Hotelküchen. Diese zwar nicht mehr überladene, aber immer noch sehr prächtige „Grande Cuisine" ging einher mit der Belle Époque in Europa und den USA. Mit dem Beginn des Ersten Weltkriegs sollte auch sie enden, denn abgesehen von der generell knappen Versorgungslage konnte sie sich kaum noch jemand leisten.

ESCOFFIERS POSTEN

Escoffier revolutionierte die Küche auch organisatorisch, indem er Spezialisten jeweils ein bestimmtes Aufgabengebiet zuwies: Küchenchef war der „gros bonnet", erkennbar an seiner übergroßen Chefmütze. Der „chef saucier" war für die (damals) so entscheidenden Jus und Fonds der Saucen zuständig, der „entremettier" für Suppen, Gemüse und Nachspeisen, der „rotisseur" für das Fleisch, der „garde-manger" für Beilagen und kalte Speisen und schließlich der „patissier" für alle Nachspeisen und Süßes. Solche Aufteilungen sind noch heute in großen Restaurantküchen üblich.

Zwischen den Weltkriegen und nach 1945 waren die Menüs der internationalen, französisch geprägten „Cuisine Bourgeoise" simpler geworden: Aus Beilagen wurden eigenständige Gerichte, die Zubereitung und Würzung wurde insgesamt schlichter. Doch auch die Blütezeit dieser neuen „bürgerlichen Küche" sollte nicht ewig währen, sie verlor sich wie schon die „Haute Cuisine" des 19. Jahrhunderts in Dogmatismus, Starre und Langeweile. Darauf reagierte eine neue Generation von Köchen und Gourmetkritikern und erfand in den 1970er-Jahren die „Nouvelle Cuisine". Ihre Vertreter forderten kürzere Garzeiten, ausschließlich marktfrische Zutaten und den Einsatz der neuesten Technik – inklusive Mikrowelle, Mixer und automatischer Garöfen. Doch auch die „klassische" Nouvelle Cuisine à la Paul Bocuse wurde letztlich ein Opfer ihres eigenen Erfolgs, weil sie unzählige Nachahmer fand, die nur noch schwache Kopien ablieferten. Ihr Verdienst bleibt, den Fokus wirkungsvoll auf gesunde und frische Zutaten gelegt zu haben, sie hat neue Gewürze wie Rosa Beeren bekannt gemacht und den Weg für neue, ungewöhnliche Gewürzkombinationen wie Pfeffer zu Erdbeeren geebnet.

PFIRSICH MELBA

Escoffiers vielleicht populärste Kreation: Ein halber geschälter Pfirsich wird in Läuterzucker 15 Minuten sanft gekocht. Dann in eine Sektschale – Escoffier bestand auf einer aus Silber – auf Vanilleeis setzen, mit Himbeerpüree überziehen und mit Schlagsahne dekorieren. Dazu Waffeln servieren. Man kann auch noch Mandelsplitter darüber geben.

BÜRGERLICHE HAUSMANNSKOST IM 19. UND 20. JAHRHUNDERT

Auch wenn sich die französische Haute Cuisine in gehobenen Kreisen durchsetzte, änderte das wenig an der Ernährung der breiten Masse in Europa. Hier bestimmten noch bis zur Mitte des 19. Jahrhunderts regelmäßig auftretende Hungersnöte und bedrohliche Lebensmittelteuerungen den Küchenzettel. Die Mehrheit lebte von Getreide, Fleischgerichte waren den wohlhabenderen Schichten vorbehalten. Man verzehrte im 19. Jahrhundert viel weniger Obst und Gemüse als heute, vor allem fast nie frisch. Ihren Nährwert entdeckte man erst im 20. Jahrhundert, als man über Vitamine forschte. Einige neuartige Lebensmittel fanden jedoch langsam Zugang zu breiten

AROMEN DER WELT

Man kann die Weltkarte grob in Aromenregionen einteilen – je nach Verwendung bestimmter Grundzutaten wie Olivenöl, Sojasauce, Fischsauce, Knoblauch, Kokos oder Tomaten. Darüber hinaus lassen sich Gewürze und Kräuter definieren, die in bestimmten Regionen traditionell verwendet werden: z.B. der Kümmel in Mitteleuropa/Deutschland, das Basilikum in Italien/mediterraner Raum. Natürlich wird – mittlerweile – auch in Deutschland zum Beispiel mit Basilikum gewürzt – aber erst seit einigen Jahrzehnten.

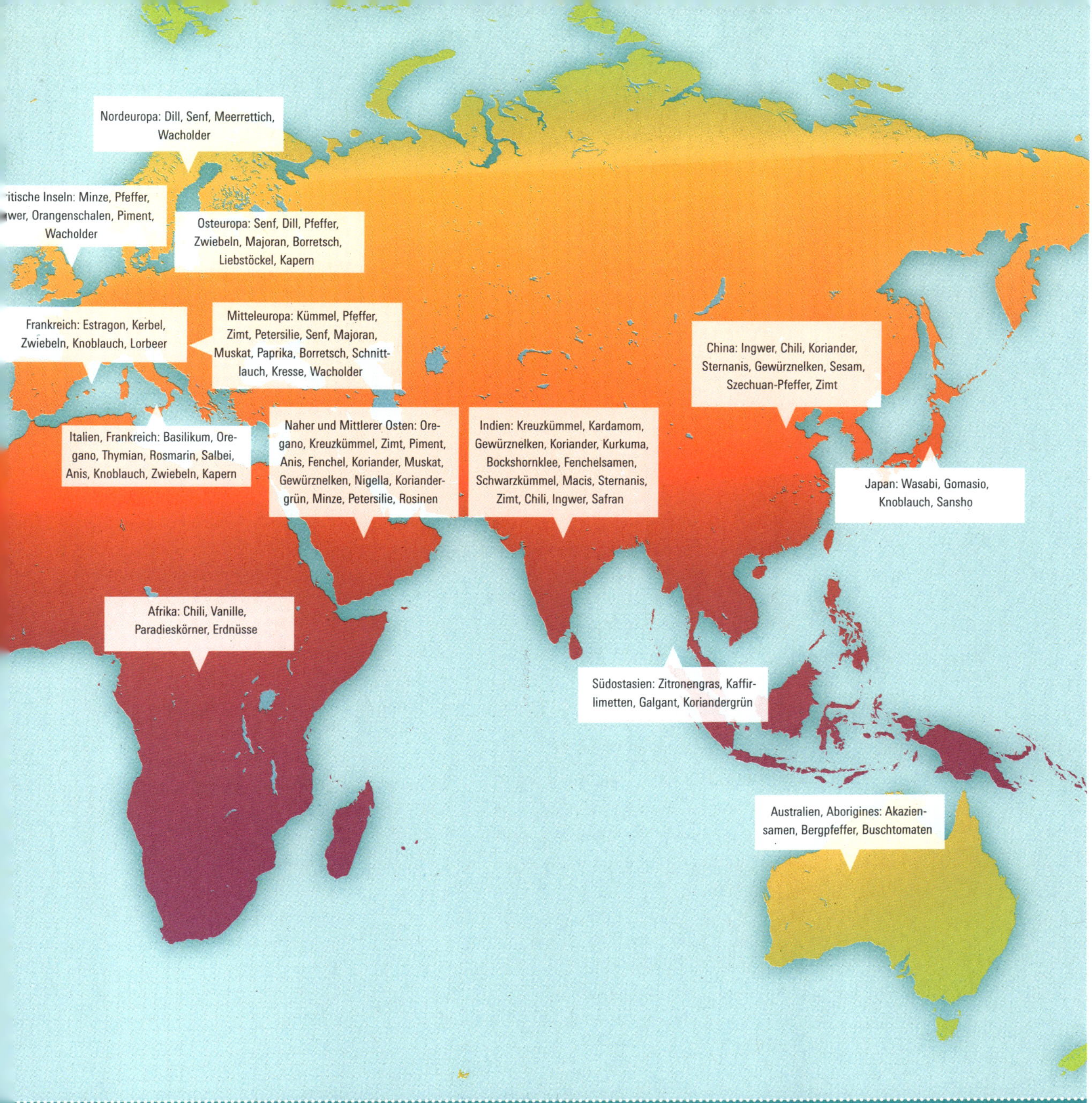
Nordeuropa: Dill, Senf, Meerrettich, Wacholder
itische Inseln: Minze, Pfeffer, wer, Orangenschalen, Piment, Wacholder
Osteuropa: Senf, Dill, Pfeffer, Zwiebeln, Majoran, Borretsch, Liebstöckel, Kapern
Frankreich: Estragon, Kerbel, Zwiebeln, Knoblauch, Lorbeer
Mitteleuropa: Kümmel, Pfeffer, Zimt, Petersilie, Senf, Majoran, Muskat, Paprika, Borretsch, Schnittlauch, Kresse, Wacholder
China: Ingwer, Chili, Koriander, Sternanis, Gewürznelken, Sesam, Szechuan-Pfeffer, Zimt
Italien, Frankreich: Basilikum, Oregano, Thymian, Rosmarin, Salbei, Anis, Knoblauch, Zwiebeln, Kapern
Naher und Mittlerer Osten: Oregano, Kreuzkümmel, Zimt, Piment, Anis, Fenchel, Koriander, Muskat, Gewürznelken, Nigella, Koriandergrün, Minze, Petersilie, Rosinen
Indien: Kreuzkümmel, Kardamom, Gewürznelken, Koriander, Kurkuma, Bockshornklee, Fenchelsamen, Schwarzkümmel, Macis, Sternanis, Zimt, Chili, Ingwer, Safran
Japan: Wasabi, Gomasio, Knoblauch, Sansho
Afrika: Chili, Vanille, Paradieskörner, Erdnüsse
Südostasien: Zitronengras, Kaffirlimetten, Galgant, Koriandergrün
Australien, Aborigines: Akaziensamen, Bergpfeffer, Buschtomaten

CHILI
PFEFFER
PIMENT
INGWER
KNOBLAUCH

Bevölkerungsschichten, etwa der Kaffee, wenn auch stark verdünnt. Gewürze spielten in dieser Zeit keine große Rolle, man nahm, was verfügbar und günstig war: Pfeffer, Salz und das eine oder andere Kraut wie Petersilie oder Dill, wenn es auf dem Markt angeboten wurde oder im eigenen Garten wuchs. Der Zugang war entscheidend: So wurde zum Beispiel in Hamburg, wo viele Importgewürze einfach zu bekommen waren, vielfältiger gewürzt als beispielsweise in Freiburg im Breisgau, das fernab des Welthandelsverkehrs lag.

Damals wie heute hing, was die Verwendung von Gewürzen betraf, natürlich auch viel von persönlichen Vorlieben oder der eigenen Weltanschauung ab. Bei Henriette Davidis, die mit ihrem „Praktischen Kochbuch für die gewöhnliche und feinere Küche" die populärste deutsche Kochbuchautorin der zweiten Hälfte des 19. Jahrhunderts war, kommen auffällig wenige Gewürze vor. Immer wieder warnt sie davor, zu viel zu würzen. Im Zweifelsfall solle man das erwähnte Gewürz eher weglassen: „Das Übermaß an Zucker, Butter und Gewürzen macht die Speisen nicht wohlschmeckend, wohl aber benimmt es denselben das Feine und verdirbt manche gute Schüssel", schreibt sie. Vor Pfeffer warnt Davidis ausdrücklich, da er der Gesundheit nicht zuträglich sei. Geschmack und Aroma sollten ihre Gerichte eher durch die Zutaten selbst bekommen – und immer wieder durch Butter, Sahne, Eidotter, Zwiebeln und Speck. Gerade in ihrem Anspruch auf Sparsamkeit und Verzicht wird deutlich, wie bekannt einstmals seltene, wertvolle Gewürze bereits in der Küche bürgerlicher deutscher Haushalte gewesen sein mussten. Ganz selbstverständlich nennt sie Muskatnuss, Nelken, Piment, Lorbeer und Essig, bei Süßspeisen häufig echte Vanille und Zimt. Ab und zu verwendet sie Schwarzen und Weißen Pfeffer, Kümmel, Zitronenschale und Zitronensaft, Kapern, Sardellen und Wacholder. Saucen werden mit Senf, Meerrettich, Kresse, Petersilie und Dill gewürzt, selten benutzt sie Estragon, Majoran und Knoblauch. Bis auf ein „Kräuterpulver zu Ragouts", das aus Estragon, Basilikum, Rosmarin und Salbei besteht, ist nie von Rosmarin und Salbei die Rede, von Thymian nur bei den Pasteten. Die hin und wieder verwendete „englische Soja" dürfte Worcestershiresauce gewesen sein, die seit 1837 erzeugt wurde. Man darf annehmen, dass vieles für die meisten Hausfrauen doch noch sehr exotische und keinesfalls günstige Zutaten waren, die es nicht alle Tage gab. Im großen Stil fanden exotische Gewürze erst zu Beginn des 20. Jahrhunderts Einzug in die deutschen Küchen.

Das österreichische Gegenstück zu Davidis „Praktischem Kochbuch" war das ebenfalls sehr einflussreiche Kochbuch der Grazerin Katharina Prato: „Die süddeutsche Küche", erschienen 1858. Muskatnuss beziehungsweise Muskatblüte sind, wie bei Davidis, auch bei Prato Standardgewürze. Hier werden aber nicht nur mehr Gewürze genannt, sie spielen auch eine größere Rolle. Dem Thema wird sogar ein eigenes, wenn auch kurzes Kapitel gewidmet. Prato würzt mit Gewürznelken und Safran, sie empfiehlt immerhin, statt Zwiebeln die feineren Schalotten zu verwenden. An frischen Kräutern für Saucen nennt sie Petersilie, Kerbel, Bertram (Estragon), Kresse, Sauerampfer, Schnittlauch, Bohnenkraut und Pimpinelle. Aus der englischen Küche hat sie für ihr Ragout eine Art Currymischung mit Kurkuma, Koriander, Ingwer, Paprika, Kardamom, Paradieskörnern und Kümmel übernommen. Zucker und seine unterschiedlichen Aggregatzustände beim Erhitzen werden in einem eigenen Kapitel vorgestellt – hier kommt die österreichisch-mitteleuropäische Hingabe für Süßspeisen voll zum Tragen. Sie erwähnt auch Limonen und Pomeranzen, Rosenzucker und Vanilleschoten, außerdem Pinienkerne, Rosinen, Pistazien und allerlei Nüsse. Sogar Citronat und Arancini kommen vor. Süßspeisen und süße Saucen werden von Prato häufig mit den verschiedensten Fruchtsäften aromatisiert. Wichtig als Würze sind auch ihre „feinen Kräuter", eine Mischung aus Schalotten, Champignons und Petersilie, in Butter gedünstet. Außerdem erwähnt sie immer wieder einen Fleischextrakt – damit sind die ersten Brühwürfel gemeint.

Schon um 1800 hatten französische Chemiker erstmals durch Eindampfen von Fleischbrühe zu Mus „Bouillontafeln" hergestellt. Sie dienten als Schiffsproviant und als Nahrung für Kranke und Genesende. 1847 entwickelte der deutsche Chemiker Justus Liebig die Fleischbrühe weiter und stellte bald in Zusammenarbeit mit dem Unternehmer Georg Christian Gilbert „Liebigs Fleisch-Extract" her: Massenweise erzeugt in Uruguay, wo es billiges Rindfleisch gab, fand diese günstige Alleswürze weltweit Eingang in die bürgerliche Küche. Der Schweizer Julius Maggi produzierte Ende des 19. Jahrhunderts seine Maggi-Würze und Suppenwürfel. Seine Würze stellte vergleichbar mit der damals schon populären englischen Worcester-shiresauce eine „Allzweckwaffe" in der Küche dar, die einen umami-Geschmack erzeugt: Das Essen schmeckt „würzig, herzhaft, nach Fleisch", auch wenn kein teures Fleisch drin ist. „Entdeckt" und benannt wurde die Geschmacksrichtung „umami" allerdings erst 1908, vom japanischen Chemiker Ikeda Kikunae.

Die Chemie hatte also im 19. Jahrhundert begonnen, sich mit unserer Ernährung und unseren Lebensmitteln zu beschäftigen. Vitamine, Nährwerte und ihre Bedeutung für den Menschen wurden entdeckt und erforscht und die neuen Erkenntnisse prompt in der Lebensmittelindustrie aufgegriffen: Der Bielefelder Apotheker Dr. August Oetker entwickelte und verkaufte den chemisch modifizierten Malzextrakt „Backin" als Backpulver – und revolutionierte damit die Küche deutscher Hausfrauen. Zum Kuchenbacken brauchten sie keine heikle Hefe mehr und sie kamen mit kleineren Öfen aus. Das entsprach den überwiegend engen Küchen in den städtischen Ballungsräumen. In Dresden stellte Dr. Naumann seit 1872 „Gewürzextracte" her, indem er Gewürze in Spiritus und Wasser einlegte – hier wurde die Alkohollöslichkeit vieler ätherischer Öle erstmals bewusst genutzt. So konnte er aus Pfeffer, Piment, Zimt, Ingwer, Nelkenwurz, Vanille, Paprika, Muskatnuss, Safran oder Zitronenschalen lange haltbare flüssige Gewürzextrakte oder auch Gewürzsalze herstellen. Um 1900 verkaufte er 57 einfache Gewürzextrakte, 50 Gewürzextrakt-Kompositionen und zehn verschiedene Gewürzsalze. Ein zeitgenössisches Kochbuch für die bürgerliche Küche von Emma Allenstein (1884) verwendet diese Gewürzextrakte als Alternative zu Naturgewürzen. Auch in die Gastronomie fanden diese Extrakte Eingang.

Gegen Ende des 19. und im frühen 20. Jahrhundert stieg der Verbrauch an Gewürzen in den bürgerlichen Haushalten der größeren Städte. Seltene und teure Kolonialgewürze wie Vanille, Zimt, Muskat wurden vom Luxusartikel zu eher alltäglichen Würzmitteln. Die Scharfmacher-Variationen Paprikapulver und Cayennepfeffer begannen, dem Schwarzen und Weißen Pfeffer Konkurrenz zu machen. Paprikapulver wurde auch dem immer populäreren englischen Curry beigemischt. Gleichzeitig stieg die Neugier des städtischen Publikums auf noch exotischere Gewürze. Auf der Pariser Weltausstellung 1900 boten viele orientalische und asiatische Restaurants in Europa bislang unbekannte Spezialitäten und Würzungen an wie Szechuanpfeffer, Fischsauce, Galgant, verschiedene Chilisorten oder Kreuzkümmel, Sesam und Bockshornkleesamen. Der Großteil der Bevölkerung – vor allem im ländlichen Bereich – ließ sich allerdings erst in den 1920er Jahren für die vielen neuen Gewürze begeistern. Dazu trug letztlich auch bei, dass bedeutende Gewürzhändler wie McCormick, Daamhouver oder Noel's Gewürze erstmals nicht mehr lose, sondern in Gläsern und Tütchen verkauften – was für den Konsumenten viel bequemer war.

Nach dem Zweiten Weltkrieg herrschte zunächst Schmalhans in den Küchen: Es gab in den späten 1940er-Jahren fast alles als „Ersatz", als künstliches Aroma, auch Nahrungsmittel und Würzzutaten wie Butter, Zucker oder Rum. Insgesamt werden in frühen Nachkriegsrezepten – ob Ost oder West – wieder die üblichen Verdächtigen verwendet: Senf, Majoran, Muskat, Pfeffer, Salz, Petersilie, Dill, Schnittlauch, Butter oder Margarine.

Das änderte sich, als mit den Wirtschaftswunderjahren, den Urlaubsreisen und der Ankunft von „Gastarbeitern" zumindest in Westdeutschland ausländische und exotische Geschmacks-

KRÄUTER UND GEWÜRZE IM EIGENEN GARTEN

HEIMISCHE KRÄUTER

ANGELIKA / ENGELWURZ
Garten ja ganze Pflanze, junge Blätter im Frühjahr, Blüte im Juli/August Samen: Herbst kann bis zwei Meter hoch werden

BEIFUSS
Garten oder Topf ja Rispen mit geschlossenen Blüten; Juli/August ganze Pflanze, Frühherbst Samen im Frühjahr, Wurzelteilung im Herbst

BORRETSCH
Garten und Topf nein Blätter und Blüten, ganzer Sommer Stecklinge, selbstaussäend kann zur Plage werden

BRUNNENKRESSE
Garten, Balkonkasten nein Triebspitzen, ab September Samen: spätes Frühjahr, Setzlinge: August gut in fließendem Wasser

DILL
Garten, Balkon nein Blattspitzen, immer Aussäen ab März, immer wieder nachsäen pflegeleicht

EBERRAUTE
Garten, Topf ja Triebspitzen und Blätter, Sommer, Herbst Wurzelteilung oder Stecklinge

KAPUZINERKRESSE
Garten, Balkon, Blumenkästen nein Blüten und Blätter, Sommer/Herbst Samen pflegeleicht

KERBEL
Garten, Töpfe, Balkonkästen ja Blätter, durchgehend ab April, nicht blühen lassen Samen, März bis August

KRESSE (GARTENKRESSE)
Garten, Balkon, Fensterbank nein Ganze Pflanze, immer Samen pflegeleicht

KÜMMEL
Garten, Topf, Balkon ja Samen, im zweiten Jahr Samen, Herbst oder Frühjahr

EXOTEN

BOCKSHORNKLEE
Garten, Topf nein Schoten mit Samen, Blätter, ernten, wenn sich Schoten gelb färben Samen, Frühjahr Blüte in trockenen Sommern

CHILI
Topf im Haus nein Schote, durchgehend, sobald sie reif sind reife Schote einpflanzen pflegeleicht

CURRYKRAUT
Balkon, Garten bedingt Blätter, Sommer/Herbst Vermehrung über das Ziehen von Stecklingen anspruchslos

ERDNÜSSE
Treibhaus, WInterganrten, auch im Haus möglich nein getrocknete Nuss, Herbst Unbehandelte Erdnuss Genügsam

INGWER
Treibhaus bedingt Wurzel, Herbst Frische Wurzel, Supermarkt Etwas anspruchsvoller weil jahreszeitlich unterschiedliche Pflege nötig

KORIANDER
Garten, Balkon ja Früchte im Spätherbst, Blätter, Stängel schon eher Früchte, nach den Eisheiligen aussäen lohnt sich: frische Blätter

KREUZKÜMMEL (CUMIN)
Garten nein getrocknete Früchte, nach 3–4 Monaten Sonne Samen (Gärtnerei), ab Februar innen, Setzlinge nach Eisheiligen

PAPRIKA
Garten, Balkon, Töpfe und Kübel nein Schoten, wenn rot, ab August ganze Pflanze, Frühherbst Samen, Setzlinge kein Frost!

PFEFFER
Wintergarten (hohe Luftfeuchtigkeit), Treibhaus nein Körner, zweimal im Jahr Setzlinge (Gärtnerei) anspruchsvoll

PISTAZIE
Treibhaus, Wintergarten, Zimmer ja, bei über 10 °C Steinfrüchte, alle zwei Jahre frische Samen (Spezialversand) pflegeleicht

SAFRAN
Garten, Töpfe im Haus nein Blütennarben, Herbst Rhizome (Wurzeln) gedeiht dort, wo Wein wächst, sehr geringe Ausbeute

SCHWARZKÜMMEL
Garten, Töpfe nein Samen in Kapseln, Juli bis September Samen

VANILLE
Treibhaus, Wärmehaus nein unreife Kapseln, nach drei Jahren Stecklinge (botanischer Garten, Orchideenzucht) kompliziert

ZITRONENVERBENE
Garten, Kübel milde Winter Blätter, ganzjährig Jungpflanze hübsche Zierpflanze

LIEBSTÖCKEL
Garten, Balkon ❄ ja ✂ Samen, Blätter ab April, vor der Blüte zurückschneiden Samen ab März ✦ Treiben im Frühjahr als erste aus

MEERETTICH
Garten ❄ ja ✂ Wurzeln, Spätherbst Vermehrung durch Wurzelstücke (Steckling)

MELISSE
Garten, Balkon, Fensterbank ❄ bedingt ✂ Blätter, Frühjahr bis Herbst, von unten kurz vor der Blüte Setzlinge ✦ Anspruchslos

MINZE (PFEFFERMINZE)
Garten, Balkon, Topf im Haus ❄ ja ✂ Blätter, oft zurückschneiden, vor der Blüte ernten, morgens Samen, Setzlinge ✦ Verwildert schnell

PETERSILIE
Garten, evtl. auch Topf ❄ ja ✂ Blätter, Samen (Tee), Wurzeln, jederzeit Samen, ab März

PORTULAK
Garten, Balkon, Töpfe ❄ nein ✂ kleine Blätter (große schmecken bitter), ganzer Sommer Samen, Setzlinge (Gärtnerei)

RAUKE (RUCOLA)
Garten, Balkon ❄ nein ✂ Blätter, Juni bis zum ersten Frost Samen ✦ wächst schnell

SAUERAMPFER
Garten, Balkon, tiefe Töpfe im Haus ❄ ja ✂ Blätter, April bis Herbst, Blüten abschneiden, Herzblätter lassen Samen, Wurzelteilung

SCHNITTLAUCH
Garten, Balkon, sonnige Fensterbank ❄ ja ✂ Halme, ganzjährig Samen, Wurzelteilung ✦ anspruchslos

SÜSSHOLZ
Garten ❄ ja ✂ Nebenwurzeln, im dritten Jahr Wurzelteilung

WEINRAUTE
Garten ❄ ja ✂ Blätter, Sommer, samentragende Stängel wegschneiden Samen ✦ anspruchslos

WERMUT
Garten, Balkon, Töpfe im Haus ❄ ja ✂ Blätter, Sommer Samen, Wurzelteilung, Jungpflanzen

YSOP
Garten, Balkon, tiefe Töpfe ❄ bedingt ✂ Blätter, vor und während der Blüte Jungpflanzen

Standort
❄ Winterhart
✂ Was wird wann geerntet
Was wird wann gesät
✦ Besonderheiten

MEDITERRANE KRÄUTER

ANIS
Garten, tiefer Topf im Haus ❄ nein ✂ Samen aus den Dolden, Frühherbst Samen oder Jungpflanze (Gärtnerei)

BASILIKUM (ALLE SORTEN)
Garten, Balkon, Fensterbank, Wintergarten ❄ nein ✂ Blätter, Frühjahr bis Herbst Samen oder Jungpflanze ✦ pflegeleicht

BOHNENKRAUT
Garten, Fensterbank ❄ nur Bergbohnenkraut ✂ Blüten, Blätter, während der Blüte Samen (spätes Frühjahr), Jungpflanze ✦ pflegeleicht

ESTRAGON
Garten, Topf, auch im Haus ❄ Französischer bedingt ✂ Blätter, Sommer/Herbst Wurzelteilung, Jungpflanze (Gärtnerei)

FENCHEL
Garten, Topf, auch im Haus ❄ je nach Sorte ✂ Samen, Oktober Wurzelteilung, Samen ✦ reifen nur in langen warmen Sommern

LAVENDEL
Garten, Töpfe im Haus ❄ ja ✂ Triebspitzen und Blüten, ab dem zweiten Jahr im Sommer Jungpflanzen (Gärtnerei) ✦ pflegeleicht

LORBEER
Garten, Kübelpflanze im Haus ❄ nein ✂ Blätter, Frühjahr und Herbst Samen, abgeschnittene, in Erde gesteckte Zweige ✦ kein Frost!

MAJORAN
Garten, Fensterbank ❄ je nach Sorte ✂ Blätter, Blütenknospen zurückschneiden, morgens Samen, Jungpflanze (Gärtnerei) ✦ pflegeleicht

MYRTE
Balkon, Fensterbank ❄ nein ✂ Blätter, ganzjährig Samen (Gärtnerei, frisch geerntet)

OREGANO
Garten, Balkon, Topf im Haus ❄ ja ✂ Blätter, junge Triebe, Frühjahr bis Herbst Wurzelteilung, Jungpflanzen ✦ anspruchslos

ROSMARIN
Garten, Töpfe, Balkon ❄ bedingt ✂ junge Triebspitzen, ganzes Jahr junge Pflanzen ✦ frostempfindlich

SALBEI
Garten, Balkon, Fensterbank ❄ ja ✂ Triebe, Blätter, Blüten ausbrechen (Blattbildung), im zweiten Jahr volles Aroma Jungpflanzen, Wurzelteilung

THYMIAN
Garten, Balkon, Fensterbank ❄ nein ✂ Blätter, Triebe, zu Beginn der Blüte am intensivsten, ganzjährig Jungpflanzen ✦ anspruchslos

vorlieben langsam populär wurden: Basilikum und Oregano kamen aus Italien, Ketchup, Steaksaucen, Raucharomen eines Barbecues und Chili aus den USA, die reichliche Verwendung von Knoblauch aus der griechischen oder jugoslawischen Küche, Kreuzkümmel, Minze und der üppige Einsatz von frischer Petersilie gelangte über die türkische und arabische Küche nach Deutschland. Durch die Einführung der geschlossenen Kühlkette und Neuerungen wie dem privaten Kühlschrank konnten erstmals auch frische Kräuter mitten in Ballungszentren angeboten werden. In den 1970er- und 1980er-Jahren entdeckten die Europäer die Geheimnisse der asiatischen Küchen: frischen Ingwer, Soja- und Fischsaucen. Die indische Küche mit Nigella, Bockshornklee, Koriander, Curryblättern, Kardamom war in Großbritannien schon lange bekannt – aber lange Zeit nur dort. Die chinesische und japanische Küche lernten die Europäer über US-amerikanische Vermittlung kennen: In New York, Chicago oder San Francisco waren „Chop Suey" und Sushi bereits früher populär. Wenn es hingegen in der DDR international sein sollte, durfte der Blick nur nach Osten, Südosten und Kuba gehen. So hatte die scharfe und knoblauchlastige Balkanküche etwa auch in der DDR ihre Freunde – nicht heimische Gewürze waren allerdings fast ausschließlich in sogenannten Delikatläden erhältlich.

KOCHMODEN UND WÜRZVIELFALT IM FRÜHEN 21. JAHRHUNDERT

Die letzten 20 Jahre standen und stehen im Zeichen der Funktionalisierung von Essen – und einer Internationalisierung von Moden und Geschmäckern. Die Globalisierung hat deutliche Spuren hinterlassen: Noch nie waren so viele ausländische Spezialitäten verfügbar. Heute stehen im Sommer frische Kräutertöpfe in großer Auswahl in fast jedem Supermarkt, in den Gewürzregalen findet man alles von Algenschnipseln über Vanilleschoten verschiedener Provenienzen bis hin zu unterschiedlichen Sojasaucen und die Gemüsetheke bietet frische Chilis mehrerer Sorten, Ingwerwurzeln und Datteln in bester Qualität. In Großstädten öffnen immer mehr Geschäfte mit landestypischen Spezialitäten – von Mexiko über Marokko bis Thailand und Südafrika.

Den explosionsartigen Anstieg an exotischen Gewürzen in unserer Nachbarschaft haben wir in erster Linie den Migranten weltweit zu verdanken: Die haben ihre Gewürze, Zutaten und Kochtechniken in die neue Heimat mitgenommen – und genug Nachfrage generiert, um Lebensmittelläden mit ihren eigenen Spezialitäten entstehen zu lassen. In diesen asiatischen, arabischen, persischen, türkischen, griechischen, polnischen oder russischen Geschäften – und umgekehrt in deutschen und österreichischen Geschäften in Buenos Aires oder Melbourne – kauft neben den ethnischen Minderheiten auch immer häufiger die alteingesessene Bevölkerung ein, die diese Speisen auf ihren Urlaubsreisen kennen- und schätzen gelernt, etwas darüber gelesen oder im Fernsehen oder Kino gesehen hat. Diese Internationalisierung hat zu verschiedenen Kochmoden geführt. So ist zum einen seit den 1980er-Jahren die „Ethnic Cuisine" en vogue: Man sucht nach Authentizität, nach dem Ursprünglichen, nach der echten mexikanischen oder chinesischen Küche mit all ihren geheimnisvollen Zutaten und Gewürzen und lässt sich nicht mit an westliche Geschmäcker angepassten Erfindungen wie ***Chop suey*** oder ***Tex-Mex*** abspeisen. Einige Ethno-Koch- und Würzmoden haben sich weltweit verbreitet: Aus dem ursprünglichen Fingerfood ***Sushi*** ist im japanischen Viertel von San Francisco eine zunächst sündhaft teure exotische Speise für abenteuerlustige urbane Amerikaner entstanden – die dann als Modewelle nach Europa herübergeschwappt ist. Mittlerweile haben junge Amerikaner und Europäer ohne japanische Wurzeln *Sushi* und *Maki* weiterentwickelt – und sind über Umwege wieder zum *Sushi* als preisgünstigem Fast Food zurückgekehrt. Eine andere kulinarische Mode ist die Cross-Over- beziehungsweise Fusionsküche, die sehr unterschiedliche Ethnoküchen zu kombinieren sucht: entweder in der Menüabfolge oder sogar auf ein und demselben Teller. In der Fusionsküche darf Obst mit Gemüse kombiniert werden, Fisch mit Fleisch, Süßes mit Salzigem, asiatische Gewürze mit europäischen.

Zu den ikonischen Gerichten des „noma" zählt ein schlichter Blumentopf, in dem Radieschen stecken. Die Blumenerde erweist sich dann aber als eine sehr schmackhafte Malz-Haselnuss-Mischung, unter der eine wasabigrüne Sprossencreme als Dip steckt. Also sind die Dinge auch bei Redzepi nicht immer das, als was sie scheinen.

Bei den Kochstilen der Hochküche lassen sich gegenwärtig zwei gegenläufige Trends beobachten: Auf der einen Seite gibt es die atemberaubenden Experimente und Ergebnisse der molekulartechnisch inspirierten Avantgardeküche, die längst jenseits des „elBulli" in Top-Küchen rund um den Globus weiterinterpretiert werden. Auf der anderen Seite wenden sich immer mehr Esser und Top-Köche einer wiederentdeckten bodenständigen Regionalküche zu – die oft überraschend „exotisch" sein kann. Der einflussreichste Koch der letzten Jahre war wohl der Katalane Ferran Adrià mit seinem Restaurant „elBulli" an der Costa Brava. Hier entwickelte er seit Mitte der 1990er-Jahre seine Avantgardeküche. Adrià formte Olivenöl zu Bonbons, erschuf Mozzarellakügelchen, die im Mund zerplatzen, und überzog Marshmallows mit einer Kruste aus Salz und Pinienkernen. Für Kritiker war das pure Effekthascherei – für Fans der Gipfel zeitgenössischer Kochkunst. Unbestritten war es jedoch die Eröffnung neuer Geschmacksdimensionen. Diese Küchenexperimente lieferten erst die Grundlage für die „neue Regionalküche", die René Redzepi sehr erfolgreich im Restaurant „noma" in Kopenhagen betreibt. Davor leistete er hervorragende Arbeit im el Bulli. Bei Redzepi gibt es zum Beispiel kein Olivenöl, weil in Dänemark keine Olivenbäume wachsen. Stattdessen serviert er Nordseelangusten auf Kieselsteinen, experimentiert mit heimischen Moosen und Flechten, Tang oder Wurzeln und verwendet ausschließlich heimische Produkte: Statt Rosmarin wird mit Tannennadeln oder Fichtensprossen gewürzt, die dann ähnliche Aromen wie Zitrone und Bergamotte mitbringen. Strandgras ersetzt Koriander; Meerrettich, Wacholder, Rosenblätter, Kresse, Heu, Blüten, Fruchtsäfte und Fruchtessige sind als Würze natürlich auch erlaubt.

In der heutigen Zeit lassen sich zwei gegenläufige Trends ausmachen. Auf der einen Seite werden viele Schlüsselaromen in unserem Essen künstlich hergestellt: etwa Vanillin im „Vanille"-Joghurt oder Aromen in günstigem Trüffelöl. Chemisch ist das künstliche mit dem natürlichen Molekül jeweils identisch, sodass die Speisen vordergründig den charakteristischen Duft aufweisen. Die Dufttiefe solcher Zutaten, ausgelöst durch das Zusammenspiel vieler verschiedener Hintergrundaromen, können sie jedoch nicht ersetzen. In wenigen Jahren könnten die Lebensmittelindustrie und die Gentechnik allerdings technisch dazu in der Lage sein, nicht nur komplexe Duftnoten exakt nachzubilden, sondern auch „neue" Gewürze und Lebensmittel herzustellen. Zwiebeln ohne Tränenreiz und rötlicher Reis (Golden Rice), der den Farbstoff der Karotte enthält, sind schon heute möglich – und umstritten. Deshalb werden auf der anderen Seite vermutlich immer häufiger kritische Konsumenten möglichst naturnahe, regional produzierte Nahrungsmittel nachfragen. Nicht in jedem Fall müssen neue technologische Lösungen aber „böse" sein: Die Herstellung des Grünen Pfeffers aus gewöhnlichen Pfefferkörnern ist beispielsweise eine „Erfindung" des 20. Jahrhunderts.

In Restaurants und in Privatküchen werden gleichzeitig immer häufiger ausgefallene Pfeffersorten oder alte, fast vergessene Gewürze und Kräuter wiederentdeckt. Inzwischen sind Exoten wie Perilla, Currykraut, Habanero-Chilis oder verschiedene Thymian-, Minze- und asiatische

DIE GRUNDAUSSTATTUNG

Für einen Koch gibt es nichts Ärgerlicheres als am Herd zu stehen und eine kreative Würzidee zu haben – und dann fehlt die richtige Zutat, ohne Möglichkeit, sie auf die Schnelle zu kaufen. Deshalb haben wir zusammengestellt, was in keiner kreativen Küche fehlen sollte. Bevorraten ist nicht besonders schwer: Einige Zutaten sind recht haltbar, andere kann man selbst anbauen.

FETTE & ÖLE

Butter
Butterschmalz
Chiliöl
Erdnussöl / Sonnenblumenöl / Rapsöl
Kokosnussmilch
Olivenöl (ein einfaches und ein gutes)
Schmalz
Trüffelöl

GEWÜRZE & KRÄUTER

Basilikum (Topf)
Dill (Topf)
Kresse (frisch)
Minze (getrocknet & Topf)
Rosmarin (Topf)
Salbei (frisch & getrocknet)
Schnittlauch (Topf)
Thymian (im Topf)
Zitronenmelisse (Topf)

Anis
Bohnenkraut (getrocknet)
Estragon (getrocknet)
Kardamom (ganze Kapseln)
Kerbel (getrocknet)
Korianderkraut (tiefgefroren)
Koriandersamen
Kreuzkümmel

Kümmel
Kurkuma
Liebstöckel (getrocknet)
Lorbeer
Majoran (getrocknet)
Muskatnüsse
Nelken
Oregano (getrocknet)
Paprika (edelsüß, scharf und geräuchert)
Petersilie (tiefgefroren)

Pfeffer (schwarz, wild, grün und rot)
Safran
Salz (Meersalz, fein und grob, Fleur de Sel
Sternanis
Szechuanpfeffer
Wacholder

Vanille (ganz und Vanillezucker)
Zimt (ganz und gemahlen)
Zucker (braunen Rohrzucker und weiß)

MISCHUNGEN, PASTEN & SAUCEN

Fischsauce
Sambal Manis & Oelek
Sardellenpaste
Ketchup
Senf (süß, grob und scharf)
Sojasauce (dunkel & hell)
Tabasco

Barbecuemischung
Cajunmischung
Kräuter der Provence
Ras el-Hanout
Fünf-Gewürze-Mischung (chinesisch)
Harissa

ESSIGE & ALKOHOLE

Aceto balsamico tradizionale
oder ein guter gemischter
Branntweinessig
Obstessig
Rotweinessig
Weißweinessig

Bier
Likör (Grand Manier
oder Cointreau)
Rum
Sherry (trocken)
Wein (rot & weiß)
Wermut (Noilly Prat)
Whisk(e)y

GETROCKNETE, EINGELEGTE UND FRISCHE ZUTATEN

Algen (getrocknet)
Brühwürfel (bio) oder Fond im Glas
Chilischoten (frisch & getrocknet)
Honig
Ingwer (frisch im Ganzen)
Kaffee
Kakao (ungesüßt)
Kapern
Knoblauch
Nüsse (Cashew, Walnuss)
Oliven (grün und schwarz)
Parmesan
Pinienkerne
Schokolade (mind. 70 %)
Steinpilze (getrocknet)
Tomaten (halbgetrocknet) in Öl

Basilikumsorten längst als Samen oder kleine Pflänzchen für den eigenen Anbau erhältlich. Auch das Sammeln von Wildkräutern erfreut sich wachsender Beliebtheit – oft weniger aus kulinarischen denn aus gesundheitlichen Gründen. Einige medizinische Überlegungen der alten Griechen und Chinesen rücken ebenso wie das mittelalterliche Kräuterwissen wieder stärker in den Fokus, und die Wissenschaft erforscht neue Wege, um bioaktive „Sekundäre Pflanzenstoffe" in Lebensmitteln, also auch in Gewürzen, zu nutzen.

Die Welt des Dufts und des Geschmacks ist so vielfältig wie nie zuvor, zu Hause und im Restaurant: Fast alles ist fast überall verfüg- und machbar. Jung und Alt besucht Kochschulen, beschenkt sich mit Kochbüchern immer exotischerer Küchen. Man lädt Freunde zu sich nach Hause ein, um mit ihnen gemeinsam „indisch" oder „mexikanisch" zu kochen. Vermutlich hat die Menschheitsgeschichte noch nie so viele kompetente und experimentierfreudige Hobbyköche wie heute gekannt. Das führt zurück zu dem philosophierenden Gourmet Brillat-Savarin: Kenntnisse – und ihre Anwendung bei der Auswahl der Lebensmittel – erhöhen den Genuss. Selberkochen hebt die Lebensfreude und ist gesünder als jede Form von Convenience Food – und die eigens angemischte Gewürzmischung ist fast immer besser als die gekaufte aus dem Supermarkt.

KRÄUTER, GEWÜRZE & MEHR

Auf den folgenden Seiten finden Sie in alphabetischer Ordnung 126 Kräuter, Gewürze und andere Würzmittel aus aller Welt. Mit dabei sind Zutaten wie Algen, Trockenfrüchte, Harze, Nüsse, Pilze, Kaffee, Kakao – schlicht alles, mit dem Sie Würze, Geschmack und Aroma in Ihr Essen bekommen. Zu allen Einträgen gibt es einige ausgewählte Kombinationsvorschläge und ein kleines Rezept – meist für zwei Personen –, mit dessen Hilfe Sie den jeweiligen Nuancen jedes einzelnen Gewürzes nachspüren können. Einzig diejenigen Zutaten, die hierzulande nicht erhältlich sind oder bei denen die Inhaltsstoffe noch nicht chemisch identifiziert wurden, sind hier nicht aufgenommen worden. Das schließt einige ausgefallene, aber hochinteressante Exoten aus, aber sicherlich werden Sie auch so von vielen Dingen lesen, die Sie schon immer einmal kosten wollten.

DAS FARBSCHEMA: SO FUNKTIONIERT'S

Durch das gesamte Buch zieht sich ein Farbschema: Es teilt alle Duftstoffe in acht farblich gekennzeichnete Gruppen ein – die neute Gruppe beinhaltet nichtduftende Stoffe, die trigeminal reizen, also scharf oder adstringierend wirken.
Diese Farbgruppen kommen in der Randspalte neben jedem Gewürz zum Einsatz: So machen sie es möglich, „Gewürzchemie" ohne die genaue Kenntnis chemischer Details anzuwenden und verschiedenste Zutaten miteinander zu kombinieren. Harmonien und Spannungen zwischen Gewürzen können auf einen Blick erkannt werden: Ähnliche Farben deuten auf eine Verstärkung des Dufts hin, unterschiedliche Farben auf eine Ergänzung des Aromenspektrums um neue Noten. Selbst wenn das Gewürz unbekannt ist, weiß man anhand der Farben genau, wozu es passt und wie man es zu verwenden hat.
Da alle Aromen einer Farbgruppe zudem ähnlich flüchtig sind, lässt sich in der zweiten Grafik (siehe links, unten) leicht die optimale Verarbeitungstemperatur für ein bestimmtes Aroma ablesen.

MYRCEN *süßlich-würzig, balsamisch, pfeffrig, terpentinartig* ◊ *Alkohol, Fett* **LINALOOL** *blumig, zitrusartig, frisch* ◊ *Alkohol, Fett* **GERANIOL** *blumig, floral* ◊ *Alkohol, Fett* **1,8-CINEOL**ᵀ

Im Beispielgewürz Rosmarin sind die Farben für zitrusartig-fruchtig-blumige, balsamisch-kampferige, schwer-florale und würzige Duftnoten aktiv sowie die für einen herb-bitteren Geschmack. Wer es genauer wissen möchte, kann sich darunter die einzeln aufgeschlüsselten Duftnoten jedes Aromas und dessen Löslichkeit ansehen. Das kleine hochgestellte „T" zeigt zudem an, ob das Aroma in diesem Gewürz auch einen trigeminalen Reiz auslöst.

GESCHMACK

Rosmarin schmeckt etwas bitter und duftet angenehm nach Pinien und Fichten. Der harzige Ton verstärkt sich getrocknet noch.

Dieses Schema zeigt an, welche der fünf Geschmacksrichtungen in dem Gewürz schwach – heller Grünton – oder stark – dunkler Grünton – aktiv sind. Ist ein Grundgeschmack nicht aktiv, bleibt die Fläche weiß. Zudem gibt es eine kurze Geschmacksbeschreibung zu dem jeweiligen Gewürz.

HARMONIE

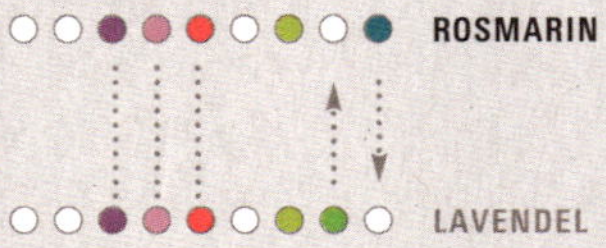

Im Abschnitt „Harmonie" zeigen gleiche Farben an, dass sich das typische Aroma dieser Gruppe in Kombination weiter verstärken würde. Sind Farben im jeweils anderen Gewürz nicht enthalten, findet in der Kombination der Gewürze eine gegenseitige Erweiterung um die jeweiligen Aromen statt.

AROMENENTFALTUNG

A *Dominant floral-herbal, „grüner" Eindruck* **B** *Würzig, balsamisch-herbal* **C** *Würzig-aromatisch* **D** *Starker Bittergeschmack*

Dieser Abschnitt zeigt den optimalen Temperaturbereich für den Einsatz einer Zutat auf einen Blick. Darf ein Kraut oder Gewürz mitgekocht werden oder sollte es eher zum Schluss untergehoben werden? Entstehen unter starker Hitze neue Röstaromen oder bleibt nur ein bitterer Geschmack zurück? Einzelne Temperaturbereiche zeigen mitunter verschiedene Charakteristika für ein und dasselbe Gewürz.
Die Aromen des niedrigeren Temperaturbereiches sind nicht wiederzuerlangen, wenn man den durch gestrichelte Linien begrenzten Temperaturbereich verlassen hat.

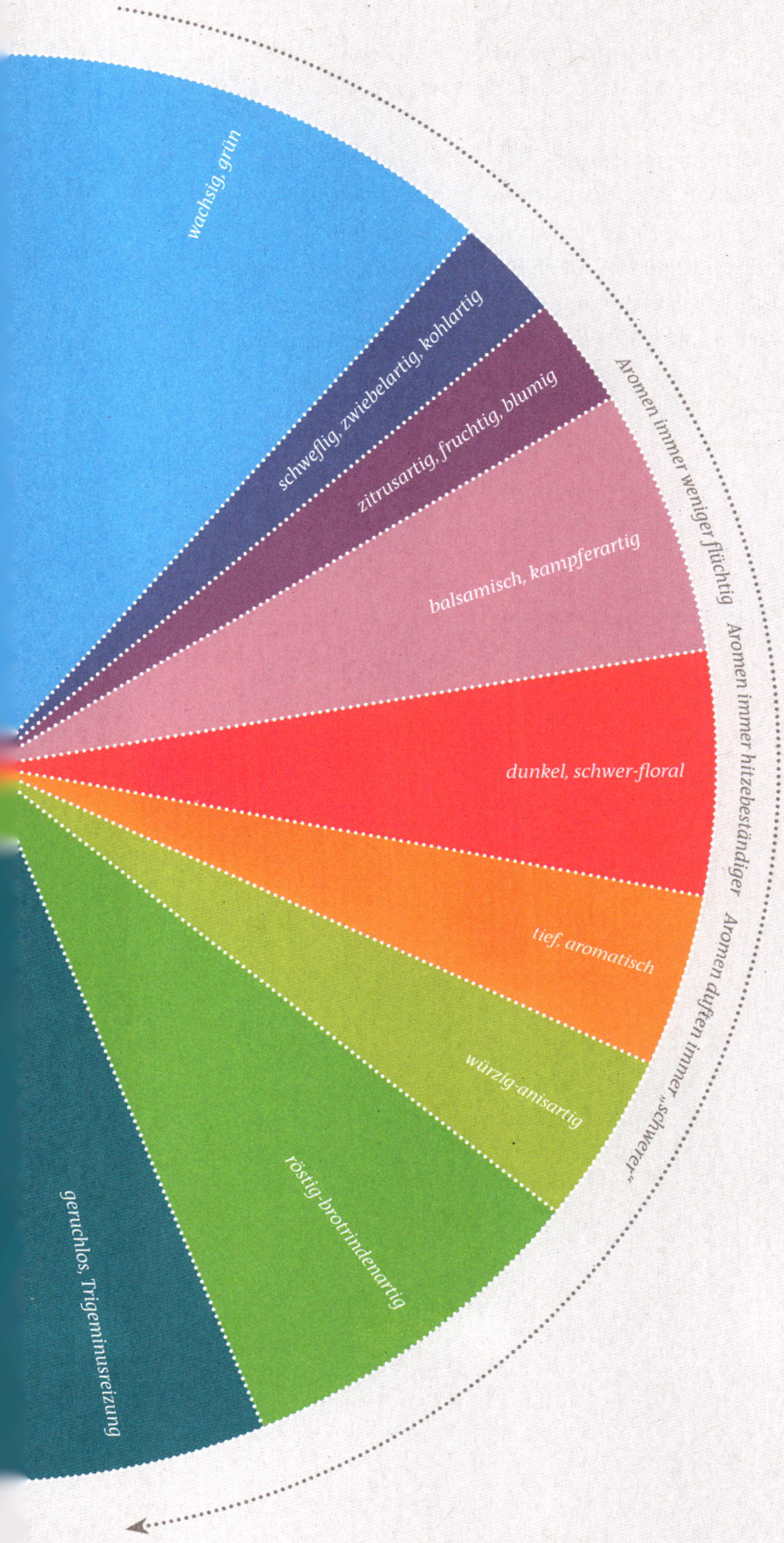

GRUPPE 1: ALIPHATISCHE KOHLENWASSERSTOFFE

(Z)-Hex-3-enal: *grün, grasig, wachsig, grüner Apfel* ***1-Octen-3-ol:*** *Champignon, erdig, pilzig*

GRUPPE 2: SCHWEFELVERBINDUNGEN

Dimethylsulfid: *schwefelig, zwiebelartig, kohlartig* ***Methional:*** *knoblauchartig, gekochter Kohl, käseartig*

GRUPPE 3: ACYCLISCHE TERPENE

Citronellol: *floral, lederartig, wachsig, Rosenknospen, leicht zitrusartig* ***Geraniol:*** *süßlich, floral, fruchtig, rosenartig*

GRUPPE 4: CYCLISCHE TERPENE

(R)-(+)-Limonen: *frische Zitrone, orangenartig* ***1,8-Cineol:*** *Eukalyptus, herbal, kampferartig*

GRUPPE 5: SESQUITERPENE

Farnesen: *zitrusartig, bergamotteartig, kräuterig, tief florale Lavendelnoten, Myrrhe* ***Caryophyllen:*** *süßlich, holzig, würzig, getrocknete Nelken* ***(E)-Germacren:*** *sehr holzig, würzig*

GRUPPE 6: AROMATEN

Thymol: *stark thymianartig, sehr aromatisch, phenolisch-medizinal* ***Benzaldehyd:*** *aromatisch mandelartig, duftend* ***4-Ethylguajacol:*** *rauchig, sojasaucig, süßlich-würzig, ein Hauch Schinken*

GRUPPE 7: PHENYLPROPANOIDE

Anethol: *süßlich anisartig, würzig, süßholzartig* ***Eugenol:*** *süßlich, würzig, gewürznelkenartig, holzig* ***Cumarin:*** *süßlich, heuartig, welker Waldmeister*

GRUPPE 8: HETEROCYCLISCHE VERBINDUNGEN

Furfural: *stark duftend, wie gebackenes Brot holzig, mandelartig, leicht süßlich* ***2-Isobutyl-3-Methoxypyrazin:*** *sehr erdig, grüne Paprika, grünes Gemüse*

GRUPPE 9: NICHTFLÜCHTIGE VERBINDUNGEN: TRIGEMINALE REIZE

Capsaicin: *scharf* ***Quercetin:*** *adstringierend*

Trachyspermum ammi

AJOWAN

Der Doldenblütler stammt ursprünglich aus dem östlichen Mittelmeergebiet und ist besonders in der indischen Küche beliebt. Die gestreifte Ajowanfrüchte ähneln Selleriesamen oder Kreuzkümmel und werden in gleicher Weise verwendet. Die Pflanze selbst ähnelt Petersilie und wird heute in Pakistan, Indien, Afghanistan, Iran, Ägypten und Äthiopien angebaut.

P-CYMOL *holzig, terpentinartig, zitrus* ◊ *Alkohol, Fett* THYMOL *thymianartig* ◊ *Alkohol, Fett, Wasser (schlecht)*

GESCHMACK

SÜSS SAUER SALZIG **BITTER** UMAMI

Das Aroma erinnert an Thymian, die Früchte sind aromatisch brennend, bitter und beim Kauen wird die Zunge taub.

HARMONIE

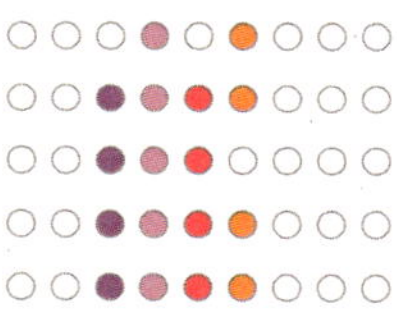

AROMENENTFALTUNG

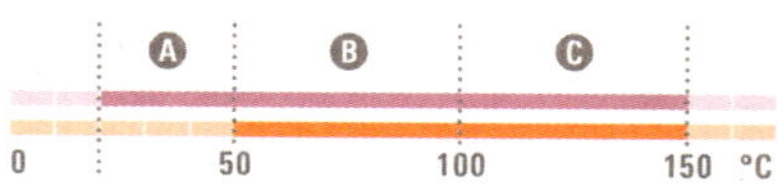

A *Frischer kräuteriger Duft* **B** *Optimale Aromenentfaltung beim Kochen* **C** *Thymianartige aromatische Röstnoten*

PASST GUT ZU

Hülsenfrüchten, Kartoffeln, Maniokwurzeln, Kokosfett, Kokosmilch

LÄNDERKÜCHE

Indien: *Pakoras (frittiertes Gemüse), Dals (Hülsenfruchtgerichte), Pilaws (Reisgerichte)*

Das Schlüsselaroma des Gewürzes ist durch das aromatisch-kräuterig duftende THYMOL bestimmt. Dieses ist Bestandteil vieler ätherischer Öle und findet sich zum Beispiel ebenso in Thymian, Bohnenkraut und Oregano. Ajowan enthält außerdem genau wie Thymian das holzig-harzige, zitronige P-CYMOL – deswegen kann es dieses Kraut ersetzen – und umgekehrt.

Die Früchte können trocken angeröstet oder direkt verwendet werden. Bei der direkten Würzung werden die Früchte in einem Mörser zerstoßen und dem Gericht erst am Schluss der Garzeit zugefügt. Auf diese Weise bleibt das bestechende, aber flüchtige Aroma am besten erhalten. Röstet man das Gewürz hingegen trocken an, kommen eher die schwer aromatischen Düfte zusammen mit den sich bildenden Röstnoten zur Geltung. Öle lassen sich mit Ajowan hervorragend aromatisieren, da die enthaltenen Aromen fettlöslich sind.

APFELPÜREE MIT OLIVENÖL UND AJOWAN

- Säuerliche Äpfel (etwa Boskop)
- Zitronensaft
- Olivenöl (30 ml auf 100 g Äpfel)
- 1 TL Ajowanfrüchte
- Salz

Äpfel schälen, in Stücke schneiden und mit etwas Zitronensaft beträufeln. In wenig Wasser weich dämpfen. Olivenöl erwärmen und gemörserte Ajowanfrüchte hineingeben. Die Äpfel mit einem Pürierstab zerkleinern und das aromatisierte Olivenöl gut einrühren. Leicht salzen und eventuell die Cremigkeit weiter mit Olivenöl korrigieren. Zu gebratener Blutwurst anrichten.

Da sich das dominante Thymol in vielen Kräutern findet, können mit Ajowan Würzkombinationen hergestellt werden, in denen Ajowan eine Brücke zwischen Kräuter- und Gewürzdüften schlägt. Ajowan wird gerne mit Kokosfett kombiniert, das als Lösungsmittel für die Aromen dient, und mit Kokosmilch, deren holzig-vanillige, molketypische Noten es durch seine aromatisch-kräuterigen ergänzt. Mit Curryblättern und Ajowan lassen sich aromatische Saucen entwickeln, die gut zu Fisch, Hülsenfrüchten und vegetarischen Kompositionen passen. Bei gebratenem Fisch harmonieren die entstehenden Röstnoten ausgezeichnet mit der stark aromatischen Sauce (→ Würzpraxis: Rösten, Seite 53). In der indischen Küche wird Ajowan sehr häufig verwendet, wegen seines intensiven Aromas jedoch selten als Hauptgewürz. *Dals* (Hülsenfruchtgerichten) wird es auch deshalb gerne zugegeben, weil ihm eine verdauungsfördernde Wirkung nachgesagt wird. Die Fettlöslichkeit seiner Aromen macht es geeignet für die indische *Tadka*, eine Zubereitungsart, bei der Gewürze in einer Pfanne kurz in heißem Öl erhitzt werden. Die Aromen verflüchtigen sich auf diese Weise nicht, da das Lösungsmittel Fett sie festhält – eine Technik, die auch in unserem Rezept zur Anwendung kommt. Ersetzen kann man Ajowan durch Kreuzkümmel und Nigella, wenngleich deren aromatisierende Wirkung selbst im Verbund schwächer ist.

GEWÜRZMISCHUNGEN

Chat Masala, Berbere, Panch Phoron

EINKAUF, LAGERUNG

Ajowan ist in orientalischen Lebensmittelgeschäften erhältlich. Luftdicht, dunkel und kühl gelagert, sind die ganzen Früchte lange haltbar.

Hizikia fusiformis (HIJIKI)

ALGEN

Wenn man Speisen einen Hauch Meeresduft hinzufügen möchte, sind Algen das ideale Mittel. Die Pflanzen aus dem Meer waren in Europas und Nordamerikas Küchen lange weitgehend unbekannt, erfreuen sich aber zunehmender Beliebtheit. In Japan werden sie schon seit 10 000 Jahren gegessen. Auch die Inuit, die Bretonen und die Iren schätzen Algen als gesunde und wohlschmeckende Zutat in Suppen, Salaten – oder getrocknet als Gewürz.

Charakteristisch für die meisten Algen ist ihr typisches frisches Meeres-Aroma, das sich dem hohen Anteil an enthaltenen Jodiden verdankt. Daneben kann man in den verschiedenen Algenarten beispielsweise auch pilzartige, zitronige, nussige, blumige oder schwefelige Düfte finden. Insbesondere Braunalgen wie Kombu zeichnen sich neben ihrem hohen Jodgehalt durch ein vielschichtiges Aromenspiel aus. Zu einigen Sorten existieren bis heute nur sehr wenige oder gar keine Untersuchungen über die genauen Aromabestandteile. Dann hilft nur die eigene Nase.

Algen erhält man im Handel meist in getrockneter Form, sie lassen sich je nach Art direkt, eingeweicht, roh oder gekocht verwenden. Dass Algen durch Kochen stets ein wenig „gelatinig", glitschig werden, lässt sich nicht vermeiden, denn beim Kochen löst sich aus den Pflanzenzellen der Zellstoff (Agar und Carrageen). Chemisch macht man sich diese Prozesse zunutze, um Hydrokolloide (pflanzliche Gelier- und Bindemittel) wie Agar, Carrageene und Alginate aus den verschiedenen Algenarten zu gewinnen. Man sollte sie daher nicht zu lange kochen.

Algen passen nicht nur zu klassischen maritimen Gerichten mit Fisch oder Meeresfrüchten, sondern lassen sich aufgrund ihres großen Aromenspektrums auch gut mit zahlreichen Gewürzen und Zutaten kombinieren.

JODGEHALT

Durchschnittlicher Gehalt an Jod (gebunden in Iodiden) in mg pro 100 g Algen. Die Jodgehalte schwanken stark nach Jahreszeiten und Ernteort.

Nori	*5 mg/100 g*
Dulse	*5–10 mg/100 g*
Wakame	*10–20 mg/100 g*
Meeressalat	*20–30 mg/100 g*
Hijiki	*30–50 mg/100 g*
Arame	*50–90 mg/100 g*
Kombu	*100–500 mg/100 g*

Saccharina japonica (KOMBU YAMADASHI GETROCKNET)

Palmaria palmata (DULSE, GETROCKNET)

Vorsicht: Die Deutsche Gesellschaft für Ernährung (DGE) empfiehlt für Erwachsene eine Jodmenge von 180–200μ/Tag. Algen enthalten jedoch teilweise ein Vielfaches der empfohlenen Jodmenge und sollten deswegen nicht im Übermaß verzehrt werden.

AO-NORI

Ao-nori sind eine Art von →Nori-Algen, deren Aromastruktur der des →Meeressalats ähnelt. Ao-Nori-Algen werden getrocknet und zerkleinert über viele Gerichte gestreut. Sie sind ein traditioneller Bestandteil des japanischen ***Shichimi Togarashi***, einer scharfen Gewürzmischung, in die außerdem Chili, Sesamsamen, Mandarinenschale, Mohnsamen, Hanfsamen und Sansho (Szechuanpfeffer) gehören.

ARAME

Arame-Algen werden hauptsächlich im südwestlichen Teil Japans aus dem Ozean geerntet. Die Blätter werden getrocknet und meist in Streifen geschnitten, bevor sie in den Handel kommen. Man braucht sie nur wenige Minuten einzuweichen. Arame-Algen schmecken leicht süßlich und haben eine feste Textur. Ihr mildes Aroma – anders als die meisten anderen Algen erinnern sie nicht an Meer – erlaubt einen sehr vielfältigen Einsatz in Suppen, als Beigabe zu Salaten und Vinaigrettes, in Mischungen mit anderen Algen oder als gedünstete Beilage zu Fisch. Sie schmecken auch kurz angebraten oder gemeinsam mit Reis gekocht.

DULSE

Dulse, auch Lappentang genannt, ist ein Vertreter der Rotalgen und wächst im Nordatlantik und im nördlichen Pazifik. In der Bretagne, in Irland und auf Island wird Dulse seit Jahrhunderten gegessen. Die Grundstruktur ihres Aromenspektrums ähnelt derjenigen anderer Algen, wobei es kleine, aber feine Unterschiede gibt. Zu dem typisch frischen, jodigen Meeresduft kommt bei Dulse eine blumige ebenso wie eine benzinartige Note hinzu, ergänzt um einen leicht dumpf-fauligen und einen chloroformartigen Geruch. Der aus Nüssen bekannte Stoff NONANAL steuert fettige, wachsige Aromen bei. Nachweisen lassen sich weiterhin grüne und würzig-holzige Aromen sowie erdige, verbrannte, mitunter whiskyartige Noten und ein leicht stechender, aromatischer Duft.

DULSE

IODETHAN *blumig-würzig, teeartig* ◊ *Alkohol, Wasser* IODPENTAN *meeresartig, benzinartig* ◊ *Alkohol, Fett, Wasser (schlecht)* 2-FLUORPROP-1-EN *leicht faulig* ◊ *Alkohol, Wasser* TRIBROMMETHAN *chloroformartig* ◊ *Alkohol, Wasser (schlecht)* TRICHLORMETHAN[T] *chloroform* ◊ *Alkohol, Wasser (schlecht)* HEXANAL *fruchtig, fettig, grün* ◊ *Alkohol, Fett, warmes Wasser* (E)-HEX-2-ENAL *fruchtig-röstig* ◊ *Alkohol, Fett* 3-METHYLBUTANAL *holzig, nussig* ◊ *Alkohol, Fett* NONANAL *blumig-wachsig, fettig* ◊ *Alkohol, Fett* 3-METHYLBUTANOL *pilzig, metallisch, leicht orangig* ◊ *Alkohol, Fett* ETHYLIDEN-1-METHYLCYCLOPENTEN *erdig* ◊ *Alkohol, Fett* CHLORBENZOL *mandelartig, aromatisch* ◊ *Alkohol, Fett, Wasser (schlecht)*

Bei uns kommt Dulse fast nur getrocknet in den Handel. Die Blätter können nach kurzem Einweichen roh verzehrt werden, ihre Textur ist in diesem Fall eher zart. In ihren Herkunftsländern werden die Algen von manchen sogar frisch gegessen, direkt aus dem Meer geerntet – dann sind sie recht ledrig und sehr salzig. Getrocknete Dulse wird auch in Pulverform als Gewürz eingesetzt. Ihr Jodgehalt ist wie bei allen Rotalgen relativ gering.

SHIITAKE-CHAMPIGNON-PFANNE MIT DULSE

- 300 g frische Shiitake
- 300 g frische Champignons
- 1 Schalotte
- 50 ml Sojaöl
- 100 ml Sake
- 100 g Dulse, sehr fein geschnitten
- Parmesanspäne nach Belieben

Die Pilze falls erforderlich putzen und in Blätter, also sehr dünne Scheiben scheiden. Die Schalotte würfeln und in Sojaöl andünsten, bis die Stücke leicht Farbe annehmen. Mit Sake ablöschen und diesen nahezu einkochen. Die Pilze zufügen und in der Pfanne schwenken, bis sie ihr Wasser abgeben. Fein geschnittene Dulse zufügen und weiter dünsten, bis Pilze und Dulse weich sind. Eventuell noch Sake zugeben, um die Pfanne feucht zu halten. Auf dem Teller anrichten und mit Parmesanspänen würzen. Eventuell mit wenig Salz abschmecken – es wird vermutlich nicht nötig sein. Als vegetarisches Gericht oder als Beilage zu Fisch oder zu Huhn, Kalb oder Schwein servieren.

Die Algen lassen sich als Snack, Suppeneinlage oder in Salaten verwenden. In Island brät man sie in Butter, wobei sich nur die holzigen und fettig-wachsigen Aromen im Fett lösen. Diese ergänzen sich gut mit ähnlichen Aromen, die in Käse enthalten sind, sodass man die Algen im Ofen mit Käse backen kann. Auch zu Pasta schmeckt Dulse: Wegen gemeinsamer Aromen passen dazu in feine Streifen geschnittene Möhren, Frühlingszwiebeln und Olivenöl, kombiniert mit Zucker zum Abmildern. Die Algen können auch mit Meeressalat und schwarzen Oliven kombiniert werden, was allein schon optisch reizvoll ist: gelb, orange, braunrot, grün und schwarz.

HIJIKI (BEERENTANG)

Diese Braunalgenart kann derart einen hohen Gehalt des toxischen, anorganischen Arsens enthalten, dass sich selbst bei einer Verzehrmenge von nur 10 g/Tag gesundheitliche Schäden nicht mehr ausschließen lassen. In Kanada, Großbritannien, Hongkong und Neuseeland steht Hijiki deshalb auf dem Index der nicht für den Konsum empfohlenen Lebensmittel. Auch wir raten vom Verzehr ab. Die Alge duftet sehr intensiv nach Meer – nicht nach Fisch – und schmeckt leicht süßlich. Ihre schwarze Farbe rührt daher, dass sie getrocknet und gedämpft in den Handel kommen. Man muss sie in Wasser quellen lassen, wobei sie etwa das fünffache Volumen einnehmen,

GESCHMACK

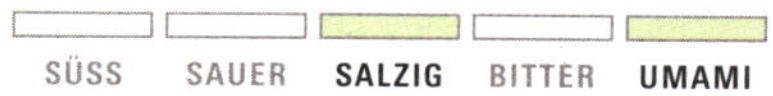

Dulse duftet neben dem typischen Meeresgeruch leicht nussig (Haselnuss). Mit den getrockneten Algen kann man eine Vielzahl von Gerichten würzen.

HARMONIE

AROMENENTFALTUNG

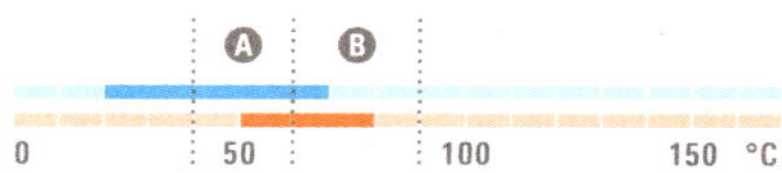

A *Frischer, grüner, pilzartig-chloriger Duft*
B *Aromatische, ölig-nussige Note*

PASST GUT ZU

Gemüse, Käse, Suppen, Fleisch, Fisch, Nudeln, frischen Pilzen

LÄNDERKÜCHE

Irland, Island: *Snack*

EINKAUF

Dulse bekommt man bei uns fast nur in getrockneter Form, manchmal aus Frankreich frisch.

KOMBU

1-OCTEN-3-OL *muffig, pilzartig, schimmelig, erdig* ◊ *Alkohol, Fett* 1-IODOCTAN *meeresartig, iodig* 1-IODPROPAN *meeresartig, stechend* 2-IODPROPAN *meeresartig, iodig* 1-IODPENTAN *meeresartig, benzinartig* ◊ *(alle vier) Alkohol, Fett, Wasser (schlecht)* (E)-2-HEPTENAL *fettig-grün, beißend,*

mandelartig ◊ *Alkohol, Fett* (E)-2-OCTENAL *würzig, sojasaucenartig* ◊ *Alkohol, Wasser (schlecht)* (E)-2-DECENAL *zitrusartig, wachsartig* ◊ *Alkohol* (E)-2-NONEN-1-OL *wachsig, grün, Melone* ◊ *Alkohol, Wasser (schlecht)* CUBENOL *würzig, grünteeartig* ◊ *Alkohol, Fett, Wasser (schlecht)*

GESCHMACK

SÜSS SAUER SALZIG **BITTER** **UMAMI**

Kombu *duftet nach Meer und Pilzen und ist sehr jodhaltig.*

HARMONIE

KOMBU

PILZE, GETROCKNET

AROMENENTFALTUNG

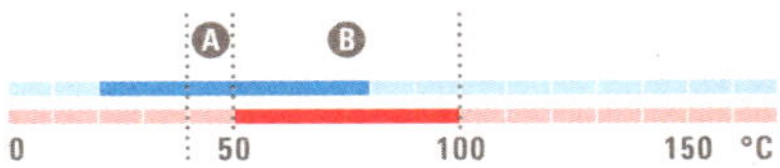

A *Intensive Meeresnote, leicht süßlich*
B *Würzig-herzhafte Meeresnote*

PASST GUT ZU

Pilzen, Käse, Fisch, Reis, Fleisch

LÄNDERKÜCHE

Japan: *Dashi, Kombu-Rollen (getrockneter Hering, mit Kombu umwickelt und gekocht), Tsukudani (Gemüsebeilage aus in Sojasauce gekochtem Kombu)*

GEWÜRZMISCHUNGEN

Salz mit Kombuflocken

QUALITÄTEN, EINKAUF, LAGERUNG

90 Prozent des japanischen Kombu werden kultiviert, besonders guter stammt aus den kalten Meeresgewässern vor der Küste von Hokkaido. Bei uns bekommt man die Alge in Asialäden oder Biosupermärkten – getrocknet oder als Flocken (Oboro kombu). Dann ist sie mindestens ein Jahr haltbar.

dann haben sie eine angenehm bissfeste Konsistenz. Am besten schmecken Hijiki-Algen sautiert oder ausgebacken als Tempura.

KOMBU

Kombu ist eine Sammelbezeichnung für verschiedene Braunalgen, die sehr jodhaltig sind und ein reiches Aromenspektrum aufweisen. Auf Englisch heißen sie Kelp. Kombu-Algen haben ein typisches frisches, jodiges Meeresaroma, ergänzt durch stechend meeresartige und leicht benzinartige Düfte. In getrocknetem Kombu werden die Meeresnoten durch nussig-mandelartige, stechende Aromen sowie durch blumige, wachsige Noten unterstrichen. Weiterhin finden sich ein würziger, an Sojasauce erinnernder Duft und einige schweiß- sowie zitrusartige Aromen. Der pilzartige Geruch der Algen entstammt unter anderem der Verbindung 1-OCTEN-3-OL, das auch in Pilzen vorkommt. Nachweisen lassen sich außerdem wachsige, grüne und melonenartige Noten sowie ein würziges, grünteeartiges Aroma.

Kombu wird roh, gekocht, gebraten, gedünstet oder getrocknet verwendet. Getrocknete Kombu-Algen muss man vor dem Gebrauch einweichen. Durch mehrmaliges Einweichen, Waschen und Wegschütten des Wassers kann ihr Jodgehalt leicht reduziert werden. Wenn man sie frisch oder eingeweicht anbrät, erhält man zusätzlich ein paar Röstaromen, der dominante Geruch wird aber immer durch das Jod erzeugt.

KOMBUWÜRZPÜREE

- 50 g getrocknete Kombu-Algen
- 500 ml Rinderfond
- 1 TL Sojasauce
- Kartoffelstärke

Kombu-Algen im Rinderfond einweichen und im Thermomix (selbstheizendes Rührgerät) weichkochen. Danach bei hoher Geschwindigkeit fein pürieren. Durch ein Sieb streichen und bei schwacher Hitze auf die Hälfte einkochen. Mit Sojasauce abschmecken, dann mit etwas Kartoffelstärke abbinden. Das Püree sollte aus Spritztüllen einen guten Stand haben. Zu gegrilltem Rindfleisch oder gekochtem Ochsenschwanz kleine Tupfen als Kontrast auf den Teller geben.

In der Suppe kann ein Streifen Kombu ähnlich wie ein Lorbeerblatt mitgekocht werden. Man lässt ihn aber in der Speise und kann ihn mitessen. Alternativ verwendet man Kombu in Pulverform, das sich komplett auflöst. Aufgrund des deutlich wahrnehmbaren Anteils an pilzartigen Aromen in Kombu-Algen lassen sich ungewöhnliche Gerichte mit Pilzen kreieren. Wegen der wachsig-fettigen Noten ergeben sich außerdem spannende Kombinationen mit Käse, der von ähnlichen Aromen geprägt ist. Zu Fisch passen die Algen nicht allein assoziativ wegen ihrer maritimen Herkunft: Fisch-, aber auch Fleischaromen sind ebenfalls durch leicht fettige Noten geprägt. Im Rezept wird daher Kombu mit Rind kombiniert. In Japan stellt

KOMBU KISAMU

Ulva lactuca (MEERESSALAT HARICOT DE MER)

man aus Kombu aufgrund seines hohen Anteils an freier und im Protein gebundener Glutaminsäure Fonds und Brühen (→ Dashi) her, mit denen wiederum eine Vielzahl an Gerichten gewürzt werden (→ Abschmecken: umami, 43). In Essig eingelegter Tororo Kombu dient als hellgrüne Suppeneinlage in ***Miso-Suppe*** oder zur Ummantelung von Reishäppchen (***Sushi***). Süßsauer eingelegter Kombu wird auch als Snack zu grünem Tee gereicht. Aus Kombu-Pulver wird in Japan das Getränk Kombucha hergestellt – nicht zu verwechseln mit einem Tee auf Basis von fermentierter Hefe aus Russland, der ebenfalls Kombucha heißt.

MEERESSALAT

Ulva lactuca zeichnet sich durch einen aromatischen, chloroformartigen Duft aus. Des Weiteren spielen ein stechender, ölig-aromatischer Meeresgeruch, eine jodig-phenolische, erdige Würze sowie mostig-metallische Noten in das Aroma des Meeressalat hinein.

Meeressalat wird durch Kochen milder – kocht man ihn allerdings zu lange, wird er wie alle Algen glitschig. Frisch oder eingeweicht lässt er sich zum Marinieren von Fisch oder als Umhüllung beim Dünsten verwenden. Die Alge dient aber auch als Zutat in Salaten, Suppen oder Gebäck.

NORI

Die aus dem Handel bekannten Nori-Algenblätter werden aus zerkleinerten Algen gepresst und anschließend geröstet. Neben dem typischen Meeres-

BROMHUHN AUF SPINAT

- 100 g frischer Meeressalat
- 100 g Butter
- 2 Hähnchenbrüste
- 500 g geputzter junger Spinat
- Salz, Meersalz
- Kubebenpfeffer
- Eventuell etwas getrockneter Rogen der Meeräsche (Pourtague)

Meeressalat in 20 g Butter und Wasser weich dünsten, dann klein schneiden. Hühnerbrüste parieren, aufschneiden und mit dem Meeressalat füllen. Mit einem Zahnstocher verschließen und für etwa 20–30 Minuten dämpfen. In der Zwischenzeit Spinat in der restlichen Butter (eventuell in der Mikrowelle) zusammenfallen lassen, salzen und auf dem Teller anrichten. Die gedämpften Hühnerbrüste schräg aufschneiden und auf dem Spinat servieren. Mit frisch gemörsertem Kubebenpfeffer, grobem Meersalz und klein gewürfelter Poutargue bestreuen.

MEERESSALAT

TRIBROMMETHAN *chloroformartig* ◊ *Alkohol, Wasser (schlecht)* 2-BROMPHENOL, 4-BROMPHENOL *erdölartig, phenolisch meerartig* ◊ *Alkohol, Fett, Wasser (schlecht)* 2,4-DIBROMPHENOL *phenolisch-iodig* ◊ *Alkohol, Wasser (schlecht)* 2,6-DIBROMPHENOL *iodig, phenolisch, erdig* ◊ *Alkohol, Wasser (schlecht)*

GESCHMACK

SÜSS SAUER SALZIG BITTER UMAMI

Meeressalat *riecht deutlich nach Meer, mit einem speziellen, erdigen, küstenartigen Aroma. Gleichzeitig erinnert er tatsächlich an Salat.*

HARMONIE

MEERESSALAT

KUBEBENPFEFFER

AROMENENTFALTUNG

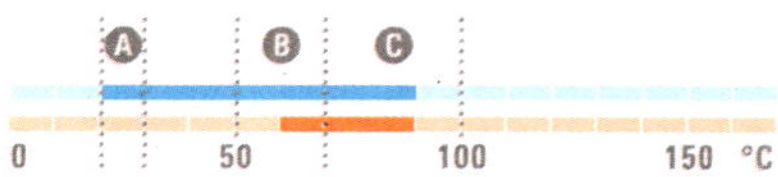

A *Grün, küstenartig (kalt als Salat)* B *Frische Algennote* C *Aromatisch, „erdölartig"*

PASST GUT ZU

Gemüse, Fleisch, Fisch, Suppen

EINKAUF, LAGERUNG

Meeressalat wird in Spanien geerntet und kommt als Salzkonserve frisch in den Handel. Er ist nur wenige Wochen haltbar.

Porphyra tenera (NORI)

Undaria pinnatifida (WAKAME)

NORI

TRIDECANAL *wachsig, zitrusartig* ◊ *Alkohol, Fett* PENTADECANAL *wachsig* ◊ *Alkohol, Fett* PHYTOL *leicht blumig, jasminartig* ◊ *Alkohol, Fett* CUBENOL *würzig, grünteeartig, stumpf* ◊ *Alkohol, Fett, Wasser (schlecht)* BENZOTHIAZOL *schweflig-aromatisch, gummiartig* ◊ *Alkohol, Fett*

GESCHMACK

SÜSS · SAUER · SALZIG · **BITTER** · **UMAMI**

Nori weisen neben dem typischen Meeresgeruch blumige, würzige Noten sowie ein leichtes Zitrusaroma auf.

HARMONIE

NORI

BERGAMOTTE

(GRÜNER) PFEFFER

ZITRUSFRÜCHTE

AROMENENTFALTUNG

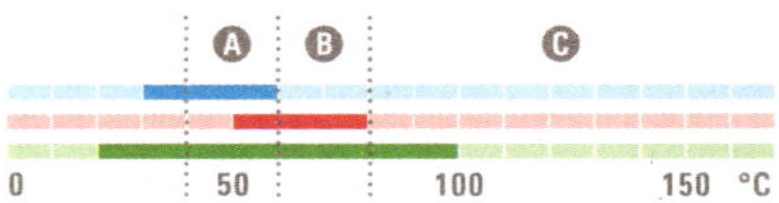

A *Frisch, zitrusartig, blumig* B *Grünteenoten, zitronig* C *Aromatisch-schweflig*

PASST GUT ZU

Reis, Suppen, Salaten, Gemüse

LÄNDERKÜCHE

Japan: Sushi, Maki, Onigiri

GEWÜRZMISCHUNGEN

Japanisches Furikake, Algensalz

EINKAUF, LAGERUNG

Nori gibt es ungeröstet und geröstet (Yaki Nori). Gewürzt, in schmalen Streifen heißen sie Ajitsuke Nori. Sehr trocken lagern.

geruch weisen sie ein leicht zitrusartiges, wachsiges Aroma auf. Hinzu kommen ein blumiger Duft nach Jasmin sowie würzig-grünteeartige Noten. Bei Nori-Algen lassen sich allerdings auch unangenehme, aromatisch-schwefelige Duftkomponenten wahrnehmen. Obwohl sehr unterschwellig, dürfte das der Grund dafür sein, dass manche Menschen diese Algen partout nicht leiden können. Beim Erwärmen werden diese Noten noch etwas verstärkt. Kalt, als *Sushi*-Mantel, bleiben sie dagegen eher im Hintergrund.

Man verarbeitet die getrockneten Algen so, wie sie sind, also weder gewässert noch gekocht. Die dünnen Blätter werden vor allem zum Einwickeln von *Maki* verwendet, einer *Sushi*-Variante. Man kann zerkleinerte Nori-Algen aber auch zum Würzen über fertige Speisen geben.

NORI-MATCHA LACHSFORELLE

- Nori-Algenschnipsel
- Grobes Meersalz
- Lachsforellenfilet (aus heimischer Zucht)
- Matchapulver (Grünteepulver)
- Nori-Algenblätter
- Schnittlauch

Nori-Algenschnipsel mit grobem Meersalz vermengen, eventuell im Mörser etwas zerstoßen, dadurch erhält man selbstgemachtes grobes Algensalz. Die Lachsforellenfilets in 8 cm lange Stücke schneiden, mit etwas Matchapulver bestreuen, leicht salzen und in die Nori-Algenblätter einhüllen. Alles mit dem Algensalz würzen, die Rolle vorsichtig mit einem Schnittlauch zubinden und bei sanfter Hitze 10–15 Minuten dämpfen.

Hierzulande schon länger bekannt sind Nori-Algen als wichtige *Sushi*-Zutat. Die Blätter halten die Rollen einige Zeit lang trocken und in Form. Mit den gewürzten „Ajitsuke Nori“ umwickelt man die Reisbällchen *Onigiri*. Wegen der leichten Zitrusnote, der die säuerliche Dominanz fehlt, passen zerkrümelte Blätter außerdem als Gewürz zu Fisch- und Gemüsesuppen, Nudelgerichten oder Salaten. Spezielle Nori-Algen mit Yuzu-Aroma heben die Zitrustöne noch weiter hervor..

WAKAME-KÄSESCHEIBEN

100 ml Wasser	
3 g Agar-Agar	
3 g Sojalecithin (Reformhaus)	
200 g Hartkäse, nicht zu fest (etwa jüngerer Gruyère)	
100 ml Reiswein	
100 g eingeweichte Wakame	

Wasser im Thermomix (selbstheizendes Rührgerät) aufkochen und Agar-Agar darin auflösen. Die Hitze dabei auf 60 °C herunterfahren und das Sojalecithin dazugeben. Käse würfeln und in das Wasser zugeben, dabei ständig rühren. Reiswein und klein geschnittene, eingeweichte Wakame nach und nach zugeben, bis sich eine homogene Käsemasse bildet. In Formen ausgießen und sofort abkühlen. Über Nacht im Kühlschrank fest werden lassen. Danach in Scheiben schneiden und je nach Belieben kalt oder kurz und heftig in der Pfanne angebraten genießen.

WAKAME

Wakame ist eine federartig wachsende Tangart, die wie Kombu kaltes Meerwasser bevorzugt. Sie wird vor allem vor der nordjapanischen Küste von Hokkaido geerntet und in der Sonne getrocknet. Aber auch in der Bretagne wird seit den 1980er-Jahren Wakame angebaut und vermarktet – unter dem Namen *Fougère des mers*. Das Geruchsspektrum von Wakame ist dem der Kombu-Algen sehr ähnlich: Die dominanten Aromen sind jodhaltige aliphatische Kohlenwasserstoffe. Allerdings sind die im Hintergrund wahrnehmbaren würzigen, grünteeartigen Düfte sowie blumige, veilchenartige Noten stärker ausgeprägt. Daher rührt die eher „süße" Anmutung von Wakame.

In Europa kommen die Algen vorwiegend getrocknet in den Handel, seit Neuestem auch eingelegt. Getrocknet muss man sie immer einweichen. Vorsicht: Das Volumen vergrößert sich um das Siebenfache! Nach dem Quellen sind sie angenehm weich und können roh verzehrt oder als kurz mitgekochte Suppenbeilage verwendet werden. Gekocht werden sie milder, weil jodhaltige Verbindungen ins Kochwasser austreten. Das jodhaltige Einweichwasser kann ebenfalls zum Kochen verwendet werden. Will man hingegen den Jodgehalt der Alge reduzieren, empfiehlt sich mehrmaliges Waschen und Wegschütten des Wassers.

Wakame-Algen können, ähnlich wie Kombu, mit Pilzen oder Käse kombiniert werden, da auch bei ihnen pilzartige und fettig-schwefelige Aromen vorherrschen. Sie passen außerdem gut zu Gurkensalaten, die mit Sojasauce und Reisessig aromatisiert werden. Besonders beliebt sind Wakame in der japanischen *Miso*-Suppe. Eine in Korea ähnlich traditionelle Suppe, *Miyeok guk*, besteht hauptsächlich aus Wakame und einer Fleisch- oder Fischbrühe, gewürzt mit Sojasauce, Knoblauch und Sesamöl. Die schwefeligen Aromen des Knoblauchs harmonieren mit denen der Algen, während die Röstaromen des Sesamöls deren süßliche Noten ergänzt. Ein in Korea wie Japan bekannter Salat aus Wakame wird ebenfalls mit Sesam gewürzt, um die süßen Komponenten zu unterstützen.

WAKAME

1-IODOCTAN *meeresartig, iodig* 1-IODPROPAN *meerartig, stechend ◊ (alle) Alkohol, Fett, Wasser (schlecht)* (E)-2-OCTENAL *würzig, sojasaucenartig ◊ Alkohol, Wasser (schlecht)* (E)-2-DECENAL *zitrusartig, wachsartig ◊ Alkohol* 1-OCTEN-3-OL *muffig, pilzartig, schimmelig ◊ Alkohol, Fett* β-IONON *veilchenartig, rosenartig ◊ Alkohol, Fett* CUBENOL *würzig, grünteeartig ◊ Alkohol, Fett, Wasser (schlecht)*

GESCHMACK

SÜSS SAUER **SALZIG** BITTER **UMAMI**

Wakame schmeckt leicht süßlich und duftet wie Kombu deutlich nach Meer und Pilzen.

HARMONIE

WAKAME
PILZE, GETROCKNETE
SESAM

AROMENENTFALTUNG

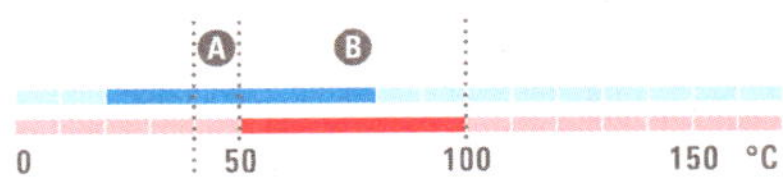

A *Rohe Algennote* **B** *Mild-herzhafte, süßlich-veilchenartige Meeresnote*

PASST GUT ZU

Reis, Suppen, Miso, Käse, Fleisch, Fisch, Meeresfrüchten, Gurken

LÄNDERKÜCHE

Japan: *Tsukudani (Gemüsebeilage), Miso-Suppe, Goma wakame (Salat),* ***Korea:*** *Miyeok guk (Suppe), Salat*

EINKAUF, QUALITÄTEN, LAGERUNG

Es gibt sie in großen Blattstücken oder auch feingehobelt in Fachhandel und Asiashops. Der untere Teil heißt getrocknet Mekabu.

Mangifera indica

AMCHOOR

„Am-choor“, die Hindi-Bezeichnung für „Mango-Pulver“, wird aus unreif geernteten, getrockneten und zerriebenen Früchten erzeugt. Im Vergleich zu den eher süßen reifen Mangos ist das Pulver viel saurer und lässt sich daher hervorragend als „trockene“ Säure einsetzen: etwa in Pickles, Currys oder Dals.

ETHYLACETAT *fruchtig, süß-säuerlich, klebstoffartig* ◊ *Fett, Wasser (schlecht)* ETHYLBUTANOAT (ETHYLBUTYRAT) *fruchtig-ananasartig, orangig* ◊ *Alkohol, Wasser (schlecht)* γ-BUTYROLACTON *cremig, wachsig, butterig* ◊ *Alkohol, Wasser*

GESCHMACK

SÜSS · **SAUER** · SALZIG · **BITTER** · UMAMI

Amchoor wird vor allem in der nordindischen Küche als tropisch-fruchtiges Säuerungsmittel eingesetzt.

HARMONIE

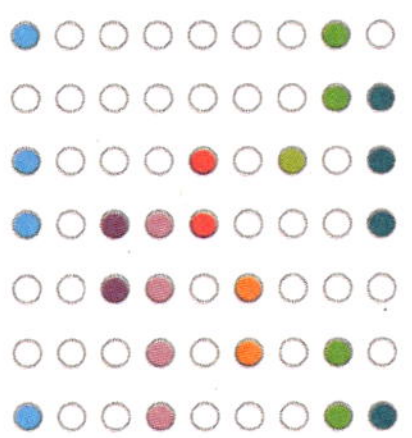

AROMENENTFALTUNG

A *Fruchtig, butterig* **B** *Dominant sauer*

PASST GUT ZU

Vielen Gemüsesorten, Hülsenfrüchten, Kartoffeln, Okra, Fleisch, Fisch, Gebäck

Die Duftchemie von Amchoor ist durch fruchtige Aromen geprägt: ETHYLACETAT duftet süß-säuerlich nach Fruchtdrops, ETHYLBUTANOAT nach Ananas und Orangen. Begleitet wird dieses Hauptaroma von einem milchig-cremigen, fast schon sahnigen Hintergrundduft. Neben seinem süß-säuerlichen Geschmack erzeugt das Gewürz zusätzlich ein adstringierendes Gefühl auf der Zunge.

Kocht man Amchoor mit – zum Beispiel in Currys –, dient es in erster Linie als Säuerungsmittel, da sich während der langen Kochzeit die übrigen Aromen verflüchtigen. Wird das Curry allerdings mit reichlich Ghee (geklärte Butter) oder Öl gekocht, lösen sich zumindest die fruchtdropsartigen Aromen im Fett. Wenn das gesamte Aromenspektrum erhalten bleiben soll, ist es ratsam, einen Teil des Gewürzes erst kurz vor dem Servieren beizufügen. Man kann es in Wasser vorquellen lassen, dann löst es sich besser und wird schneller weich. Ganze getrocknete, unreife Mangos lassen sich in ähnlicher Weise als Säuerungsmittel mitkochen. Sie sollten jedoch vor dem Servieren entfernt werden.

SCHNELLES MANGOCHUTNEY

- 2 EL Amchoor
- 1 EL Muscovadozucker
- Salz
- ca. 100 ml handwarmes Wasser

Amchoor und Muscovadozucker vermengen und eine Prise Salz zugeben. Das Salz untermischen und mit dem warmen Wasser zu einer dicklichen, cremeartigen Paste verrühren. Abkühlen lassen und die Sauerkomponente als Dip zu Fleisch- oder Fischgerichten servieren.

Mit Amchoor kann man Speisen ein tropisches Mangoaroma hinzufügen. In Marinaden für Fleisch wird es nicht nur wegen seiner säuerlichen Geschmackskomponente eingesetzt, sondern auch als „Weichmacher“: Über enzymatische Prozesse bricht es die Kollagenfasern des Fleischs auf. Fisch passt ebenso perfekt: Wie Zitrone oder andere Zitrusfrüchte erfrischen und ergänzen die Noten des Mangopulvers den leicht fettigen und röstigen Geschmack gebratener Fische. Amchoor verträgt sich gut mit Gewürzen und Kräutern, die sich neben seinem Aroma behaupten können, wie etwa Chili, Ingwer und Nelken, oder die ihm interessante Aspekte hinzufügen –

beispielsweise über minzige Kühle. In der nordindischen Küche verwendet man Amchoor, ähnlich wie Tamarinde in Südindien, um Gemüseeintöpfe, Suppen, Kartoffelgerichte, *Dals* (Hülsenfruchtgerichte), *Pakoras* (frittiertes Gemüse) oder *Samosa*-Füllungen (Teigtaschen) zu säuern. Auch in verschiedenen Tandoori-Würzmischungen für Gegrilltes kommt das Pulver häufig vor. Ganze getrocknete, unreife Mangostücke werden manchmal fruchtigen indischen Pickles zugefügt. Amchoor gehört als Hauptbestandteil in die frisch-säuerlich-scharfe Gewürzmischung *Chat Masala*, die man über *Dals* und gekochtes Gemüse streut oder an Obstsalate und Joghurt-Dips für Rohkost gibt. Amchoor mit Salz vermischt liefert ein „Säuresalz", mit Zucker hingegen einen Säuerungszucker. Beide können auch kalt zum Abschmecken verwendet werden.

Man kann Amchoor durch Zitrone oder andere Zitrusfrüchte ersetzen: Ein Teelöffel des Pulvers entspricht im Säuregehalt ungefähr drei Teelöffeln Zitronensaft.

LÄNDERKÜCHE

Indien: *Fleisch aus dem Tandoor-Ofen (Marinade)* ***Speziell Nordindien:*** *Dals (Linsen), Currys, Samosas (Teigtaschen), Pakoras (frittiertes Gemüse)*

GEWÜRZMISCHUNGEN

Indisches Chat Masala, indisches Tandoori-Masala und Tandoori-Marinade

EINKAUF, LAGERUNG

Amchoor (auch: Amchur) gibt es in indischen Lebensmittelläden oder im Gewürzfachhandel. Luftdicht verschlossen, hält es etwa ein Jahr. Auf Märkten findet man mitunter getrocknete, kandierte Stücke von reifen Mangos – sie haben nichts mit Amchoor zu tun.

Angelica archangelica

ANGELIKA

Angelika oder Engelwurz ist eines der wenigen Küchenkräuter, das ursprünglich aus dem Norden kam. Dort werden Stängel und Blätter auch als Gemüse gegessen. Außerhalb Skandinaviens würzen die jungen gehackten Blätter Salate, Suppen sowie Quark- und Käsezubereitungen. Wurzeln und Samen der bitter-süß schmeckenden Pflanze kommen in diverse bekannte Kräuterliköre wie Bénédictine oder Chartreuse und in Wermut.

Im ätherischen Öl lassen sich besonders das würzig-minzige β-PHELLANDREN sowie das eher nach Piniennadeln duftende α-PINEN hervorheben, das auch in Myrte, Fichtennadeln, Dill und Koriander vorkommt. Für den oft als moschusartig empfundenen Duft sind Moleküle verantwortlich, die sonst eher im Geruch von Tieren zu finden sind. Über sie können die Angelikasamen als eines von wenigen Gewürzen den Speisen sogar „tierische" Düfte zufügen. Die dezenten Muskat-Noten und die leichte Bitterkeit sind kaum wahrzunehmen, tragen aber zum Gesamteindruck bei.

Frisch werden vor allem die jungen Blätter als Gewürz verwendet. Hier sind die flüchtigen, würzig-minzigen und balsamartigen Aromen noch erhalten. Blätter, junge Stängel und Blattstiele werden in Skandinavien gekocht und als Gemüse gegessen. Beim Kochen verflüchtigen sich die minzigen und warm-harzigen Aromen, wodurch die schweren, moschusähnlichen Noten deutlicher hervortreten. In getrockneten Blättern ist vor allem

β-PHELLANDREN *würzig-minzig, Terpentin* ◊ *Fett* α-PINEN *warm-harzig, Piniennadeln* ◊ *Alkohol, Fett* CAMPHEN *wachsartig, kampferartig, warm* ◊ *Alkohol, Fett* β-BISABOLEN *Balsam, warm-harzig, tierisch-holzig* ◊ *Alkohol, Fett* BISABOLOL *weich, floral, sandelholzartig* ◊ *Alkohol* β-CARYOPHYLLEN *holzig-terpentinartig* ◊ *Fett* ANGELICIN *bitter* ◊ *Alkohol, Fett* 15-PENTADECANOLOLID *moschusartig* ◊ *Fett* XANTHOTOXIN *prickelnd,* ◊ *Alkohol, heißes Wasser*

GESCHMACK

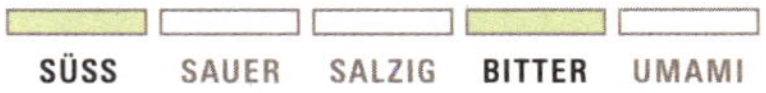

Zerreibt man Blätter und Stiele, verströmen sie einen süßen, moschusartigen Duft. Der Geschmack der Pflanze ist etwas bitter und ebenfalls süß, ihr Aroma erinnert ein wenig an Anis, Pastinake oder Sellerie.

HARMONIE

AROMENENTFALTUNG

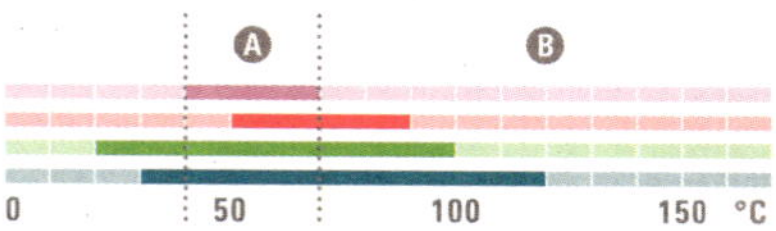

A *Balsamisch, sandelholzig, warm, kampferig* **B** *Eher terpentinartig, prickelnd, verstärkter Moschusduft*

PASST GUT ZU

Früchten, Nüssen, Fisch und Meeresfrüchten, säuerlichen Früchten (etwa Rhabarber)

LÄNDERKÜCHE

Deutschland: *kandiert als Dekoration für Torten und Desserts* ***Skandinavien:*** *gekocht als Gemüse*

EINKAUF, ANBAU

Getrocknete Angelika bekommt man in der Apotheke, frische gibt es so gut wie nirgends zu kaufen. Man muss die bis zu zwei Meter hohe Pflanze selbst anbauen. Stecklinge oder Samen gibt es in Gärtnereien. Vorsicht: Nicht wild sammeln, denn es besteht Verwechslungsgefahr mit dem sehr giftigen Wasserschierling.

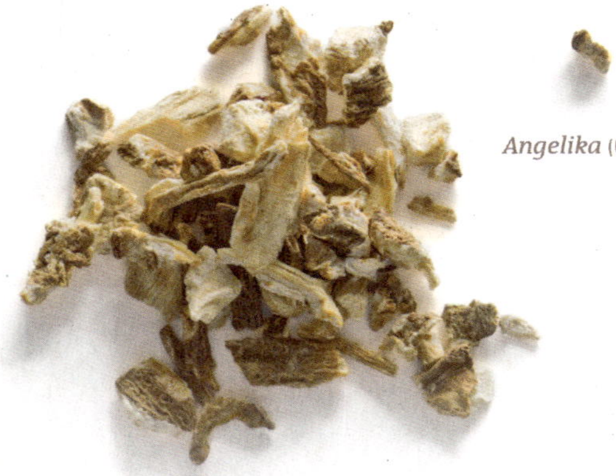

Angelika (GETROCKNET)

ENGELWURZ IN REINKULTUR

- Ganze Engelwurz (Blätter, Stiele, Wurzel)
- Butter
- Salz und Pfeffer
- Avocadoöl
- Zitronensaft
- Geröstete Pinienkerne

Die Stiele von den Wurzeln schneiden, die jungen Triebe und Blätter aufbewahren und in Eiswasser legen. Die Wurzeln säubern – sie erinnern an Pastinaken. Die Wurzeln in heißer Butter schwenken, salzen und pfeffern. Gleichzeitig die Stiele in Avocadoöl kräftig, aber kurz anbraten, mit Zitronensaft beträufeln und die Pinienkerne darüberstreuen. Wurzeln und Stiele auf Tellern anrichten, die Wurzeln mit den abgetupften frischen Trieben und Blättern bestreuen.

die Bitterkeit betont. Da viele der in Angelika enthaltenen Aromen in Alkohol löslich sind, dienen Früchte und Wurzeln auch als Gewürz in verschiedenen Kräuterlikören.

Mit frischer Angelika können Marinaden für Fisch und Meeresfrüchte hergestellt werden. Diese Speisen harmonieren mit den warm-harzigen, sandelholzartigen Aromen. Der süßlich-moschusartige Duft des Krauts ergänzt wiederum sehr gut Kompotte aus säuerlichen Früchten wie Rhabarber, Pflaumen oder Stachelbeeren. Hier kommen auch die leicht bitteren Grundnoten in Angelika zum Tragen, die die Dominanz der Süße und Säure abschwächen, indem zusätzlich die Bitterrezeptoren auf der Zunge angesprochen werden: Das Ergebnis ist ein angenehm voller, süß-saurer Geschmack. Zu Obstkuchen und Desserts passt das Gewürz ebenfalls: Wegen des süßlich-moschusartigen Dufts kann man am Zucker sparen. Außerdem lassen sich Sahne beziehungsweise Milch gut mit Angelika aromatisieren, weil sich die meisten ihrer Aromen in Fett lösen. Die jungen Stängel können kandiert und zur Dekoration von Torten und Desserts verwendet werden. Die getrockneten, eher bitteren Blätter eignen sich vor allem für die Zubereitung wohlschmeckender Kräutertees.

Pimpinella anisum

ANIS

Ein Schluck Ouzo oder Pastis – und man weiß sofort, wie Anis schmeckt. Der mit Kümmel und Kreuzkümmel, Dill, Koriander und Fenchel verwandte Doldenblütler war schon in der Antike beliebt. Die heutige europäische Küche verwendet Anis vor allem zum Würzen von süßen Speisen: Kuchen, Gebäck, Fruchtspeisen wie Obstsalate, Apfel- und Birnenkompott. Auch Brot wird in vielen Ländern rund um den Globus mit Anis aromatisiert.

ANETHOL, das Schlüsselaroma in Anis, duftet süßlich-aromatisch. Es findet sich auch in Sternanis und Fenchelfrüchten. In Lakritz (→ Süßholz), Erdbeeren und Himbeeren ist Anethol ebenfalls enthalten, es ist dort allerdings nicht dominant. Etwas dezenter wirken blumig-frische sowie nelkenartige Düfte mit, unterstützt von süßlich-blütenartigen bis würzigen, erdigen und vanilligen Aromen.

Frisch gemahlene Anissamen beinhalten das ganze Spektrum von Aromen. Trocken geröstet, intensiviert sich vor allem ihr Hauptaroma Anethol, da die leichter flüchtigen, blumig-süßlichen Aromastoffe entweichen. Bei längerer Hitzeeinwirkung bilden sich Röstnoten, die „dunkleren" Düfte werden verstärkt.

Anis ist ein wahrer Tausendsassa in der Würztechnik: Frisch gemahlen, entfaltet es seine Wirkung nicht nur im klassischen Backbereich – bei süßen Plätzchen wie bei herzhaftem Brot –, sondern passt auch ausgezeichnet zu hellem Fleisch und Fisch sowie Meeresfrüchten. Anis wird zum Beizen zu Lachs und dunklem Fleisch verwendet, da dessen fettige, schwefelige Noten durch das typische Anisaroma ergänzt werden. Auch geröstete Leber oder Leberpastete sollte man einmal mit Anis würzen: Die in diesem Fleisch zu findende leichte Süße fügt sich bestens mit Anis zusammen. Ein Geschmackserlebnis der besonderen Art erzielt man, wenn man erhitzte Bitterschokolade mit leicht gerösteten Anissamen zu dünnen Plättchen ausgießt und diese zu einem kräftigen Espresso genießt. Bei Schokolade und Kaffee dominieren nichtflüchtige Bitterstoffe – etwa Kaffeesäure – und schwerere Röstaromen. Der Anis setzt hier Kontraste durch seine blumige Süße, bringt durch die Hitze aber auch eigene Röstaromen mit.

Das nur in Alkohol lösliche Anethol ist dafür verantwortlich, dass alkoholische Getränke wie ***Rakı***, ***Ouzo*** oder ***Absinth*** trüb werden, sobald sie mit Wasser verdünnt werden. 45 Volumenprozent reichen aus, damit jedes Anetholmolekül einzeln im Glas schwimmt, jeweils umgeben von einer Hülle aus Alkoholmolekülen. Gibt man Wasser hinzu, sinkt der prozentuale Anteil des Alkohols am Gesamtvolumen, einzelne Anetholmoleküle können sich jetzt zu größeren Tröpfchen zusammenlagern. An diesen wird das Licht gestreut: Die Flüssigkeit trübt sich und der Aperitif erhält sein klassisch milchiges Aussehen.

LINALOOL *blumig, zitrusartig, frisch ◊ Alkohol, Fett* β-CARYOPHYLLEN *holzig-terpentinartig ◊ Alkohol, Fett* ANETHOL *anisartig ◊ Alkohol* ANISALDEHYD *blumig-mimosenartig, süß ◊ Alkohol, Fett* ANISKETON *anis-fenchelartig ◊ Alkohol* ANISALKOHOL *blumig- süßlich ◊ Alkohol, Fett* ANISSÄURE *anisartig-erdig ◊ Alkohol, warmes Wasser* ESTRAGOL *süßlich, kerbel- und basilikumartig, leicht minzig ◊ Alkohol, Fett* EUGENOL[T] *nelkenartig, süßlich, würzig ◊ Alkohol, Fett*

GESCHMACK

SÜSS SAUER SALZIG **BITTER** UMAMI

Anis duftet süßlich-aromatisch nach Lakritz und Fenchel. Es lässt sich gut mit anderen Gewürzen kombinieren.

HARMONIE

- **ANIS**
- BASILIKUM
- ESTRAGON
- FENCHELSAMEN
- KERBEL
- MUSKATNUSS
- PIMENT
- PINIENKERNE
- STERNANIS
- ZITRONENGRAS

LACHSCONFIT MIT ANIS

- Erdnussöl zum Confieren
- 4 Lachsfilets guter Qualität (à ca. 200 g)
- ½ TL Anis
- 1 Nori-Algenblatt
- 1 TL Fleur de Sel

Reichlich Erdnussöl in einer Pfanne auf etwa 50 °C erhitzen. Die Lachsfilets enthäuten und in das warme Erdnussöl geben. Die Filets sollten komplett mit Öl bedeckt sein. Die Filets 30 Minuten bei schwacher Hitze garen, die Temperatur darf 50 °C nicht übersteigen. Den Anis in einer trockenen Pfanne leicht rösten, dann mit dem Mörser zerstoßen, das Algenblatt in kleine Stücke schneiden. Anis und Fleur de Sel damit vermischen. Den confierten (bei niedriger Temperatur im Öl erwärmten) Lachs aus dem Öl heben, mit Küchenpapier abtupfen und mit der Würzmischung bestreuen.

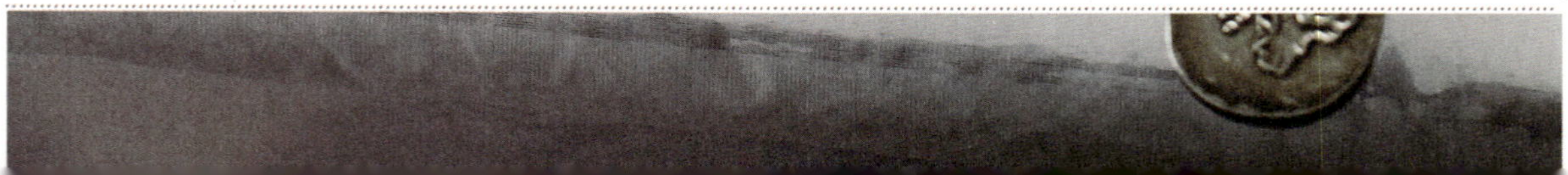

EXTRA: FENCHEL, ANIS UND STERNANIS

Fenchel und Sternanis gehen mit Anis eine harmonische Kombination ein: Durch das in allen drei Gewürzen vorkommende Anethol verstärken und intensivieren sie sich gegenseitig. Ebenso gut können sie einander aber auch ersetzen. Wenn in manchen indischen oder fernöstlichen Rezepten von Anis die Rede ist, sind meistens die botanisch verwandten und ähnlich schmeckenden Fenchelfrüchte gemeint. Im Vergleich zu Fenchelfrüchten mutet Anis etwas weicher an, man könnte auch sagen: edler. Der beste Ersatz für Anis ist Sternanis: Obwohl botanisch nicht verwandt, ist der aromatische Unterschied marginal. In Gerichten erweist sich Sternanis außerdem häufig als praktischer, da sich das Gewürz wegen seiner Größe leichter aus Speisen entfernen lässt. In der Spirituosenherstellung wird Sternanis vor allem deswegen dem Anis vorgezogen, weil er günstiger ist. Diese Liköre – ob mit Anis oder Sternanis aromatisiert – eignen sich ebenfalls für die warme Küche (→ Süße Liköre). Die Beigabe von Anis lässt sich etwa bei dichten Fischsuppen durch einen Schuss Pastis ersetzen. Etwas altmodisch anmutend, aber immer noch wirkungsvoll sind mit Pastis flambierte Gerichte, egal ob süß oder herzhaft.

AROMENENTFALTUNG

A *Blumig, aromatisch, anisartig*
B *Optimale aromatische Anisnote*
C *Leicht bitter mit dunklen Röstnoten*

PASST GUT ZU

Schnäpsen, Likören, Orangen, Erdbeeren, Himbeeren, Mandeln, Schokolade, Honig, Gebäck (süß, salzig), hellem Fleisch, Leber, Fisch

LÄNDERKÜCHE

Deutschland: *Anisgebäck, Lebkuchen* ***Skandinavien:*** *Schweinefleischeintopf* ***Frankreich:*** *Fischsuppe, Anisette, Anis-de-Flavigny-Bonbons* ***Italien:*** *Sambuco* ***Griechenland:*** *Ouzo* ***Türkei:*** *Rakı* ***Südostasien:*** *Arrak*

EINKAUF, LAGERUNG

Man sollte immer ganze Samen kaufen, besser helle als dunkle. Luftdicht verschlossen, halten sie zwei Jahre.

Bixa orellana

ANNATTO

Annatto sieht gemahlen dem Paprikapulver recht ähnlich. Es wird aus den Samen des immergrünen Annatto- oder Orleansbaumes hergestellt, der in der Karibik und im tropischen Südamerika wächst. Schon die Maya verwendeten es als Würz- und Färbemittel – unter anderem zu rituellen Zwecken und als Kriegsbemalung. Verschiedene Regionalküchen zwischen Mexiko und Vietnam nutzen auch heute noch sein angenehmes Aroma.

Der Duft der ziegelroten, sehr harten Samen wird von dem nach Pinien duftenden α- und β-PINEN, dem erdigen α-CARYOPHYLLEN und von leicht süßlichen Aromaten bestimmt. ISHWARAN fügt eine blumige, pfeffrige Note hinzu. Der Geschmack der Annattosamen ist von bitteren Untertönen geprägt. Bekannter als für ihr Aroma sind sie jedoch für ihre leuchtende, rötlich-gelbe Farbe. Von den beiden für die Farbe verantwortlichen Stoffen ist CIS-BIXIN nur in

α-, β-PINEN *pinienartig, warm* ◊ *Alkohol, Fett* α-CARYOPHYLLEN *würzig-holzig* ◊ *Fett* ISHWARAN *blumig, pfeffrig* ◊ *Fett* γ-ELEMEN *fruchtig-trocken* ◊ *Fett* SPATHULENOL *erdig-*

würzig, bitter ◊ *Alkohol, Fett (schwach)* P-XYLOL *süßlich-aromatisch* ◊ *Fett* TOLUOL *aromatisch* ◊ *Fett*

GESCHMACK

Die ziegelroten Samen duften leicht blumig, zart-erdig, ein wenig pfeffrig-muskatartig. Hauptfunktion ist das Färben von Speisen.

HARMONIE

AROMENENTFALTUNG

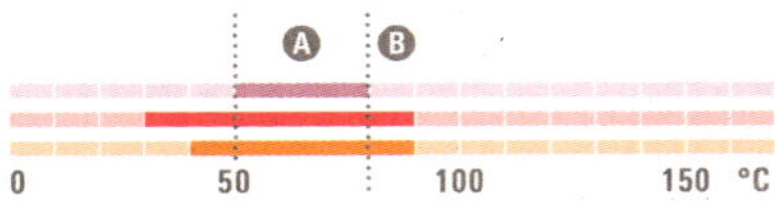

A *Erdige, holzig-aromatische Noten*
B *Intensive Farbe*

PASST GUT ZU

Gemüse (Süßkartoffeln, Kürbis, Okra), Fisch, Schwein, Rind, Huhn

LÄNDERKÜCHE

Jamaika: *Stockfisch mit Okra* **Karibik:** *Arroz con habichuelas* **Philippinen:** *Pipián (Fleischeintopf)* **China:** *gegrilltes Schweinefleisch* **Mexiko:** *Pollo Pibil* **Europa:** *Mimolette, Fol Epi, Mamirolle, Gouda, Edamer, Cheddar, Leicester, Red Cheshire*

EINKAUF, QUALITÄTEN, LAGERUNG

Asialäden bieten Samen oder Pulver an, das leuchtend ziegelrot aussehen sollte. Die ganzen Samen halten drei Jahre.

Fett, NORBIXIN dagegen nur in Wasser löslich, sodass mit Annatto sowohl fett- als auch wasserhaltige Lebensmittel unkompliziert gefärbt werden können, etwa Käse oder Risotto.

ROTES KARTOFFELPÜREE

300 g Kartoffeln
100–150 ml klarer Gemüsefond
Salz
1 TL Annattosamen, gemörsert
150 g Butter

Kartoffeln waschen, schälen, in Stücke schneiden und in der Gemüsebrühe weichkochen, dabei salzen und die Annattosamen dazugeben. Die Kartoffeln vom Herd nehmen, stampfen und die Butter nach und nach unterheben, bis das Püree eine samtige Konsistenz erhält. Bei schwacher Hitze warmhalten, vor dem Servieren durchrühren. Gemüsebrühe (Wasser) und Butter (Fett) sind beides gute Lösungsmittel, dadurch werden die Speisen schön gefärbt.

Um den Farbstoff freizusetzen, werden die Samen in kochendem Wasser etwa eine Stunde eingeweicht, im Verhältnis von einem halben Teelöffel auf einen Liter Wasser. Alternativ brät man die Samen in etwas Öl, um dieses rotorange zu färben und leicht zu aromatisieren. Abgekühlt und gefiltert, ist es lange haltbar. Will man die harten Samen mahlen, benutzt man am besten eine elektrische Gewürz- oder Kaffeemühle.

Annatto wird zwar hauptsächlich eingesetzt, um Gerichten eine gelbe bis hellrote Farbe zu verleihen, man kann in der Küche jedoch auch seine zarte Duft- und Geschmacksnote nutzen. Als Gewürz passt es unter anderem zu Süßkartoffeln, die häufig blumige, fast veilchenartige Noten enthalten. Fleisch, das vor dem Grillen mit Annattoöl bestrichen wird, ist nicht nur schön gefärbt, sondern nimmt auch dessen dezentes Aroma an. In Europa sind die Samen als Gewürz eher unbekannt, werden aber vereinzelt zum Färben von Käsen wie Gouda, Fol Epi oder Cheddar verwendet. In Mexiko wird *Achiote*, ein aus den Samen hergestelltes Konzentrat, in *Moles* mitgekocht, einer Art Sauce oder Eintopf. In Mittel- und Südamerika gehört Annatto in Gewürzmischungen wie → *Achiote-Saucen* und → *Recado Rojo*, mit denen man Ragouts würzt und färbt, speziell in Venezuela sind die roten Samen Bestandteil der Mischung *Alio criollo*.

Prunus armeniaca
(VORN GESCHWEFELT, HINTEN UNGESCHWEFELT)

APRIKOSEN, GETROCKNET

Aprikosen wurden schon vor rund 4000 Jahren in China kultiviert. Von dort gelangten sie vermutlich nach Persien, wo sie als „Eier der Sonne" bezeichnet wurden. Die Römer verbreiteten sie im Mittelmeerraum und nannten sie „armenische Pflaume". Bis ins 18. Jahrhundert hinein hielten Botaniker die Aprikose für eine Frühform des Pfirsichs. In Asien und im Orient schätzt man getrocknete Aprikosen nicht nur als gesundes, vitaminreiches Nahrungsmittel, sondern auch als Würzzutat.

Das reichhaltige, komplexe Aroma getrockneter Aprikosen beruht auf dem Zusammenspiel verschiedenster Moleküle. Ein Teil des Aromas entstammt einer Mischung aus dem nach Zitrusfrüchten und Blumen duftenden GERANIAL und dem süßlich-zitrusblütenartigen, balsamischen MYRCEN. Die säuerlichen Zitrusnoten in getrockneten Aprikosen werden außerdem durch das Aroma LIMONEN unterstützt. Hinzu kommen tiefe, kampferartige und grüne, blätterartige Noten. Der Duft nach Veilchen und Rosen wird durch β-IONON definiert – das übrigens ein Abbauprodukt des Farbstoffs Beta-Carotin ist. Darüber hinaus finden sich im Aroma weiche, milchige bis cremige, pfirsichartige Noten ebenso wie mandelige Töne und ein kräuteriger bis terpentinartiger Duft.

Um mit getrockneten Aprikosen zu kochen, werden die Früchte im Ganzen je nach Trocknungsgrad 20 bis 40 Minuten in lauwarmem Wasser eingeweicht. Dabei bleiben alle Aromen erhalten, da die längerkettigen Pflanzenzucker als „Aromenbinder" wirken. Das Einweichwasser kann ebenfalls zum Würzen verwendet werden. Anschließend werden die Aprikosen mit den restlichen Zutaten in Wasser gekocht. Alternativ hackt man die getrockneten Früchte klein und schmort sie. In diesem Fall braucht man sie vorher nicht einzuweichen. Mitgeschmort, verlieren sie zwar ein wenig ihre frischen Noten, die sich bei Hitze schnell verflüchtigen, andererseits entstehen dadurch mehr Ionone, die für blumige Aromen verantwortlich sind. Diese sowie auch die milchig-cremigen, pfirsichartigen Noten lösen sich gut in dem Fett. Je kürzer die Schmorzeit, desto eher bleiben auch die fruchtig-zitronigen Aromen erhalten. Kurz in Butter geschmorte frische Aprikosen sind eine Delikatesse.

Gedörrte Aprikosen sind Bestandteil vieler orientalischer Speisen, weil sie etwa Reisgerichten eine fruchtige, süße und gleichzeitig saure Note verleihen – ähnlich wie Sultaninen bzw. Rosinen. Sie passen zu vielen orientalischen Kräutern und Gewürzen: zu Korianderkraut und Kardamom, dessen erfrischend-zitrusartige Aromen sie unterstützen, ebenso wie zu würzig-holzigen, süß-scharfen Gewürzen wie Koriandersamen oder Kurkuma. Beliebt ist die Kombination mit geschmortem Lamm, dessen herzhaften umami-Geschmack die Aprikose durch die Geschmacksrichtungen süß und

(E)-HEX-2-ENAL *grünlich, fruchtig, mandelig, blätterartig* ◊ *Alkohol, Fett* GERANIAL *zitronenartig, blumig* ◊ *Alkohol, Fett* MYRCEN *süßlich-würzig, balsamisch, pfeffrig, terpentinartig* ◊ *Alkohol, Fett* LIMONEN *orangenartig, terpentin-zitronenartig* ◊ *Alkohol, Fett* P-CYMOL *holzig, terpentinartig, zitrus* ◊ *Alkohol, Fett* β-IONON *veilchenartig, rosenartig* ◊ *Alkohol, Fett* BENZALDEHYD *bittermandelig, marzipanig* ◊ *Alkohol, Fett, Wasser* γ-, δ-DODECALACTON *butterig, cremig, pfirsichartig* ◊ *Alkohol, Fett*

GESCHMACK

SÜSS SAUER SALZIG BITTER UMAMI

Getrocknete Aprikosen schmecken wie frische, aber noch intensiver fruchtig und süßlich-sauer. Sie werden eingeweicht oder klein gehackt traditionell als Würzzutat für orientalische Schmorgerichte eingesetzt.

HARMONIE

APRIKOSEN, GETROCKNET
KARDAMOM
KORIANDER
KREUZKÜMMEL
KURKUMA
PFEFFER
SAFRAN
VANILLE

AROMENENTFALTUNG

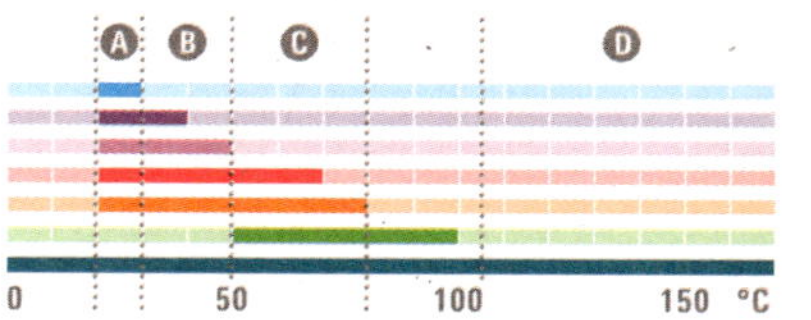

Zucker und Säuren stets vorhanden **A** *Volles Aroma frischer Früchte* **B** *Blumig, veilchenartig* **C** *Aromatische Noten* **D** *Kompottartig, leicht karamellartig (Marmelade)*

PASST GUT ZU

Lamm, Rind, Schmorgerichten, Suppen, Süßspeisen

LÄNDERKÜCHE

Persien: *Reisgerichte* ***Indien:*** *Currys mit Lamm* ***Deutschland:*** *Kuchen, Snack*

EINKAUF, LAGERUNG

Getrocknete Aprikosen bekommt man im Supermarkt oder in orientalischen/asiatischen Lebensmittelläden. Dort gibt es auch Aprikosenpaste. Ungeschwefelte Früchte sind nicht mehr orange, sondern bräunlich. Getrocknet sind sie ein Jahr haltbar.

FRISCHE UND GETROCKNETE APRIKOSEN MIT QUELLER

- 10 frische, reife Aprikosen
- 2–3 getrocknete Aprikosen
- 50 g frischer Queller (Salicorn)
- 1 EL Zucker
- 2 x 50 g Butter

Die frischen Aprikosen halbieren und entsteinen, die getrockneten einweichen, sehr klein hacken. Die Queller säubern und nicht zu klein hacken. Zucker in einer schweren Pfanne leicht mit 50 g Butter karamellisieren, die frischen Aprikosen darin auf der Schnittfläche abschwenken und anschließend wieder herausnehmen. In einer zweiten Pfanne die restliche Butter zerlassen und den Queller darin etwa zwei Minuten schwenken. Danach vom Herd ziehen und die getrockneten Aprikosen hineingeben, durchrühren. Die Mischung aus Queller und getrockneten Aprikosen in die Steinvertiefung der frischen Aprikosen füllen. Als Zwischengang oder Vorspeise reichen.

sauer komplementiert. Gleichzeitig werden die Röstnoten des Fleisches durch die kampferartigen und mandeligen Aromen der getrockneten Früchte ergänzt. Perfekt abgerundet wird diese Kombination durch Safran, der das Aroma um eine zartbittere, erdige, leicht beerige Pfefferminznote erweitert. Aus Aprikosen und getrockneten Tomaten, die ebenfalls süßsäuerlich-fruchtig sind und viel umami-Geschmack liefern, lässt sich ein fruchtiges Pesto für Pasta oder als Brotaufstrich herstellen. Auch zu Süßem passen getrocknete Aprikosen: So kann man etwa in vielen Kuchenrezepten Rosinen durch Aprikosen austauschen.

ASANT

In der Antike fand man Asant in der afghanischen Steppe und handelte es als Ersatz für die sehr beliebte mediterrane Gewürzpflanze Silphion, die schon im 1. Jahrhundert ausgestorben war – vermutlich aufgrund von Übererntung. Asant, auch Teufelsdreck genannt, blieb bis ins Mittelalter in Europa populär, wird heute jedoch nur noch in der indischen Küche verwendet.

Ferula assa-foetida (PULVER)

2-BUTYL-1-PROPENYL-DISULFID *schwefelig-harzig* 💧 *Wasser* **OCIMEN** *zitrus-kiefernartig, warm* 💧 *Alkohol, Fett* **α-, β-PINEN** *Piniennadeln, pinienholzig, kampferig* 💧 *Alkohol,*

Die wenig schmeichelhafte Bezeichnung Stinkasant verrät es bereits – die Pflanze stinkt tatsächlich. Ihr erdiges Aroma erinnert an Knoblauch und ein wenig auch an Moschus. Verantwortlich dafür sind Schwefelverbindungen wie 2-BUTYL-1-PROPENYL-DISULFID, die bei dem ungekochten Gewürz dominant sind. Diese Verbindungen verlieren ihren durchdringenden Duft jedoch beim Erhitzen, und dann wird das Aroma vom pinienartigen PINEN und dem minzig-terpentinartig duftenden PHELLANDREN bestimmt, die beide ebenfalls in Kümmel, Fenchel, Myrte und Dill enthalten sind.

Das Gewürz Asant ist der zu Harz getrocknete Milchsaft aus den angeritzten Stängeln und Wurzeln der Pflanze. Er wird in heißem Fett erhitzt, bis der beißende Geruch verschwindet und sich eine milde Zwiebelnote entwickelt, die als „geschmacksverstärkend" empfunden wird (→ Abschmecken: umami, Seite 43). Dann lässt sich Asant – wie im Rezept – auch allein verwenden. Bei Asantpulver, das nicht mehr ganz so streng riecht und einfacher zu dosieren ist, kann auf vorheriges Erhitzen verzichtet werden.

In der indischen Küche wird das zu Pulver zerriebene Harz typischerweise mit Bockshornklee, schwarzen Senfsamen oder Curryblättern kombiniert, die alle ebenfalls erdige, schwefelige Noten beisteuern. Diese Duftbereiche harmonieren gut mit den fettigen Aromen von Fisch. Asant ist in Indien ein beliebtes Gewürz in Kartoffelcurrys, gekochten Linsen *(Dal)* und Linsensuppen, denn er verleiht ihnen den Duft und Geschmack gerösteter Zwiebeln. Echte Zwiebeln sind aus religiösen Gründen bei Hindus verpönt: Sie gelten als aphrodisisch und damit als unrein.

GEBRATENER BLUMENKOHL MIT ASANT

- 100 g Butterschmalz
- 1 TL Asant
- 1 Blumenkohl (in kleine Röschen zerteilt)
- Salz
- 2 EL auf den Punkt gegarte rote Linsen

Butterschmalz in einem Wok oder einer tiefen Pfanne erhitzen und Asant einrühren, dann sofort die Blumenkohlröschen hineingeben und kurz, aber kräftig anbraten. Leicht salzen und die gegarten Linsen einrühren.

GESCHICHTE UND GESCHICHTEN

Andere Kulturen wussten Asant wegen gänzlich verschiedener Qualitäten zu schätzen: In Europa und im Nahen wie Fernen Osten wurde das Gewürz früher als Arzneimittel eingesetzt. Es sollte gegen verschiedene Angst- und Nervenstörungen, darunter Hysterie und Hypochondrie, helfen. Bei Magen-, Leber- und Gallenleiden wurde es verschrieben – und ebenso bei Impotenz und mangelndem sexuellen Antrieb.

Fett α-PHELLANDREN *würzig-minzig, terpentin* ◊ *Fett* FARNESIFEROLE *erdig-muffig, bitter* ◊ *Alkohol, Fett*

GESCHMACK

Asant erinnert ein wenig an Knoblauch, ist beißend scharf und leicht bitter. Der Geruch verliert sich beim Erhitzen.

HARMONIE

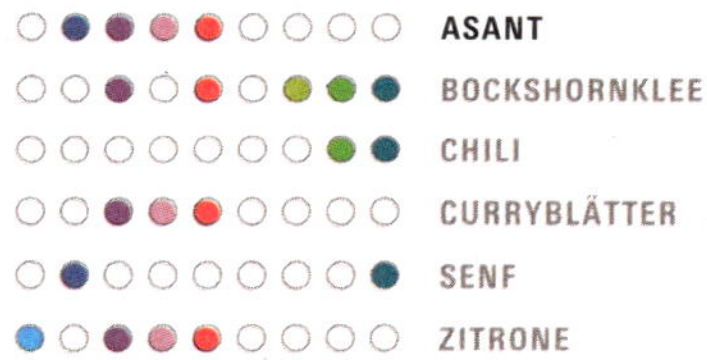

AROMENENTFALTUNG

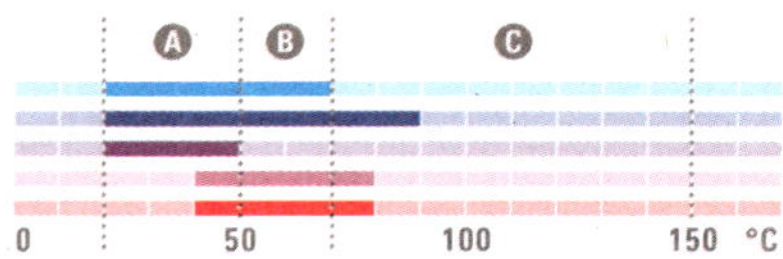

A *Deutliche Schwefelnote* B *Leicht blumig*
C *Milde, Schwefel nicht mehr im Vordergrund (Hauptverwendung)*

PASST GUT ZU

Fisch, gegrilltem oder gebratenem Fleisch, Hülsenfrüchten, vielen Gemüsesorten, Pilzen

LÄNDERKÜCHE

Indien: *Sambar (tamilische Gemüse-Linsensuppe), südindische Gemüsecurrys, Chats (salatartige Snacks)* ***Pakistan:*** *Chats*

GEWÜRZMISCHUNGEN

Indisches Chat Masala und Sambarpulver

EINKAUF

Er wird meist als Pulver gehandelt, selten als Harzblock. Rieselhilfe färbt es beigegrau.

Allium ursinum

BÄRLAUCH

Im Frühling duftet es im Wald nach Knoblauch – schuld ist der Bärlauch. Dank seines feinen Knoblaucharomas kann man aus ihm wunderbar Pesto, Suppen oder Aufstriche herstellen. Bärlauch wurde schon in der Antike verwendet, geriet dann in Vergessenheit und ist mit dem Aufschwung der bodenständigen Regionalküchen wieder sehr populär geworden.

(Z)-3-HEXEN-1-OL *grün, blätterartig, apfelig* 💧 *Alkohol, Wasser (schlecht)* ALLICIN[T] *schwefelig, reizend, Knoblauch* 💧 *Alkohol, Wasser* DIMETHYLDISULFID *schwefelig-lauchig, leicht reizend* 💧 *Alkohol, Fett* DIPROPYLTRISULFID *schweflig, grün, zwiebelartig, trigeminal-brennend* 💧 *Wasser (schlecht)*

GESCHMACK

SÜSS **SAUER** SALZIG **BITTER** UMAMI

Der frische, grasige Duft von Bärlauch kurz vor der Blüte liegt zwischen Knoblauch und Schnittlauch. Am besten verwendet man ihn frisch oder nur ganz kurz erhitzt.

HARMONIE

BÄRLAUCH
BASILIKUM
OREGANO
PETERSILIE
SCHNITTLAUCH

AROMENENTFALTUNG

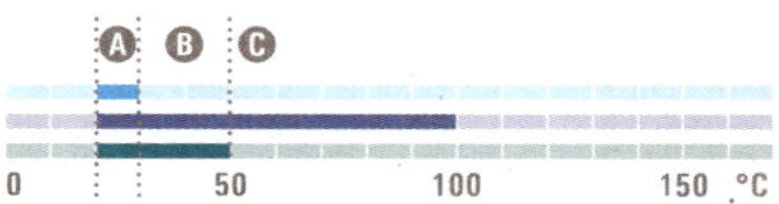

A *Frisch, stechend* **B** *Mildes Aroma* **C** *Stumpf, bitter*

Geruch und Chemie von Bärlauch sind eng verwandt mit derjenigen von Knoblauch. In beiden Fällen dominieren die zwiebel- und lauchartigen Düfte der Schwefelverbindung ALLICIN. Allerdings tragen bei frischem Bärlauch ähnlich wie bei Schnittlauch auch grüne Blattaromen ihren Teil zum Gesamteindruck bei, welche bei Knoblauchzehen fehlen. Daher ist der Charakter des Geruchs letztlich doch ein anderer. Der schwefelige Duft entsteht erst, wenn die Zellwände der Pflanze verletzt werden, sie also zerschnitten oder zerdrückt wird. Dabei wird Alliin enzymatisch zu Allicin umgebaut: das Aroma wird schwefeliger, aber weniger tränenreizend. Derselbe Prozess findet ebenso bei Lauch und Knoblauch statt und steht dort aufgrund des höheren Anteils von Alliin noch deutlicher im Vordergrund als bei dem milden Bärlauch.

BÄRLAUCHMAKIS

Sehr frischer roher Fisch, vorzugsweise Makrele, die Filets von Haut und Gräten befreit

Große intakte Bärlauchblätter

Sushireis (nach Angabe zubereitet)

Salz

Bärlauchessig (oder Knoblauchessig)

Fischfilets in kleine Stücke schneiden und diese in je zwei frische Bärlauchblätter einrollen. Mit Sushireis umhüllen, noch einmal Bärlauch um den Reis legen und zu Maki rollen. Eventuell leicht salzen und vor dem Essen kurz und dezent in Bärlauchessig tunken.

Um das typische grüne Aroma der Blätter zu erhalten, das leicht flüchtig ist, sollte Bärlauch frisch oder erst kurz vor dem Servieren unter warme Gerichte gegeben werden. Eine Ausnahme sind mit Bärlauch gefüllte Ravioli: Sie schließen das Aroma beim Kochen in dem Teig ein. Auf der anderen Seite kann man durch kurzes Blanchieren das Knoblaucharoma auch bewusst abmildern. Allerdings oxidieren die schwefeligen Aromen wie beim Knoblauch unter Hitze sehr rasch, sodass Bärlauch dann schnell seine Charakteristik verliert. Ältere Blätter werden faserig und duften deshalb nicht mehr so gut. Man kann sie jedoch bündeln, in mediterranen Gemüsegerichten oder Nudelsaucen kurz mitkochen und wieder entfernen. Ver-

wendet man getrockneten Bärlauch, so muss man viel großzügiger dosieren, denn sein Aroma ist nicht mehr sehr ausgeprägt. Am besten lässt sich das frische Bärlaucharoma in Öl konservieren. Dazu püriert man ein Bund frischen Bärlauch mit 200 ml neutralem Öl (Traubenkern- oder Sonnenblumenöl) und lässt es für etwa 1 Stunde ziehen. Das grüne Öl löst die Aromen und verhindert eine allzu rasche Oxidation durch den Sauerstoffabschluss. Anschließend wird es durch ein sehr feines Sieb oder einen Teefilter abgeseiht.

Mit Bärlauch verfeinert man Gemüse- und Kartoffelgerichte und gibt Salaten eine raffinierte und erfrischende Knoblauchnote: einfach kleingeschnittene Blätter untermischen, fertig. Eine sehr simple, aber schmackhafte Pastasauce ergibt fein gehackter Bärlauch, den man kurz in Olivenöl erwärmt und mit Salz und Pfeffer abschmeckt. Bärlauchpesto besteht häufig aus Olivenöl, Parmesan und Walnüssen, deren nussig-wachsige Töne die grünen Aromen des Bärlauchs ergänzen (→ Pesto). In einem Risotto harmoniert er gut mit Spargel oder Morcheln. Auch Brotaufstriche aus Quark oder Ziegenfrischkäse kann man mit Bärlauch wunderbar würzen – weitere Zutaten wie Knoblauch oder Schnittlauch erübrigen sich, weil deren Aromakomponenten bereits der Bärlauch mitbringt. Andersherum lässt sich Bärlauch aufgrund seiner frischen, schnittlauchartigen Noten nicht durch Knoblauch ersetzen.

PASST GUT ZU

Pasta, Reis, Quark, saure Sahne, Blattsalaten, Eiern, Fisch, hellem Fleisch

LÄNDERKÜCHE

Österreich/Süddeutschland: *Bärlauch-Ravioli, Bärlauch-Erdäpfel-Nockerln, Aufstrich, Semmelknödel mit Bärlauch*

QUALITÄTEN, EINKAUF, ANBAU

Man bekommt Bärlauch zur Saison im Supermarkt, kann ihn aber im Frühling bei einem Waldspaziergang auch selbst sammeln. Am besten schmecken die Blätter kurz vor der Blüte. Bärlauch lässt sich gut einfrieren. Vorsicht: Es besteht Verwechslungsgefahr mit den giftigen Maiglöckchen und Herbstzeitlosen. Beide weisen ähnliche Blattformen auf, riechen allerdings nicht nach Knoblauch. Wer sichergehen möchte, sollte Bärlauch an einem halbschattigen Platz im eigenen Garten aussäen.

Ocimum basilicum genovese gigante (GENOVESER BASILIKUM)

BASILIKUM

Bis vor Kurzem wurde Basilikum einzig mit der mediterranen Küche assoziiert: Pesto alla genovese oder Insalata caprese haben sein herrlich frisches Aroma in Mitteleuropa populär gemacht. Seit der Ausbreitung der asiatischen, insbesondere der thailändischen Küche weiß man aber: Basilikum wird dort ebenfalls verwendet – zu scharfen Gerichten! Es gibt zahlreiche unterschiedliche Sorten, die etwa nach Zimt, Lakritze oder Limonen duften können. Das indische Basilikum (Tulsi) gilt sogar als heilig.

Die Zusammensetzung des ätherischen Öls der einzelnen Basilikumsorten ist sehr unterschiedlich. Drei Grundkomponenten sind allerdings den meisten Sorten gemein – sie machen das charakteristische Aroma dieses Blattgewürzes aus: Der blumigen, eukalyptusartigen Frische durch LINALOOL beziehungsweise 1,8-CINEOL wird vom ESTRAGOL eine aromatisch-anisartige Süße entgegengesetzt. Diese ausgeprägte Spannung gibt dem Basilikum seinen besonderen Reiz. Als drittes Aroma kommt noch ein grüner, grasiger Blattgeruch hinzu. Im Geschmack ist Basilikum leicht bitter und weist gleich-

(Z)-HEX-3-ENAL *grün-grasig* ◊ *Alkohol, Wasser* 1-OCTEN-3-OL *muffig, pilzartig, schimmelig* ◊ *Alkohol, Fett* LINALOOL *blumig, zitrusartig, frisch* ◊ *Alkohol, Fett* GERANIAL *zitronenartig, blumig* ◊ *Alkohol, Fett* NERAL *zitronenartig* ◊ *Alkohol, Fett* 1,8-CINE-

OL[T] *Eukalyptus, kampferartig, kühlend* 💧 *Alkohol, Fett* 1,4-CINEOL *würzig* 💧 *Alkohol, Fett* α-, β-PINEN *warm-harzig, kampferig* 💧 *Alkohol, Fett* ESTRAGOL *kerbel- und basilikumartig* 💧 *Alkohol, Fett* EUGENOLMETHYETHER *anisartig, nelkig* 💧 *Fett* ZIMTSÄUREESTER *fruchtig-bitter, balsamartig* ***In einigen Sorten zusätzlich:*** OCIMEN *zitrus-, kiefernartig* 💧 *Alkohol, Fett* TRANS-α-BERGAMOTTEN *holzig, leicht teeartig* 💧 *Alkohol, Fett*

GESCHMACK

SÜSS SAUER SALZIG **BITTER** UMAMI

Das klassische Basilikum (Genovese) schmeckt angenehm fruchtig-scharf mit süßen Tönen. Andere Sorten können schärfer, zitroniger oder süßer schmecken.

HARMONIE

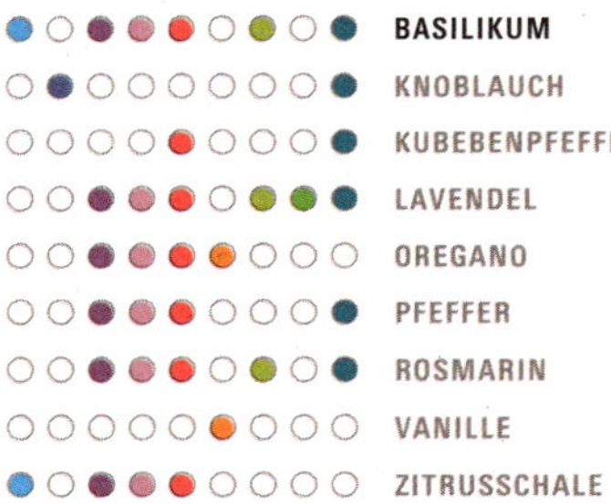

AROMENENTFALTUNG

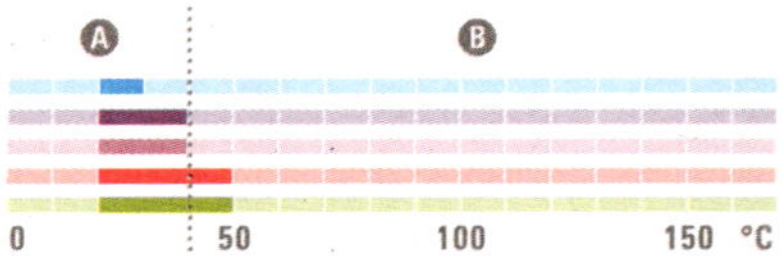

A *Frisches, blumiges Aroma* **B** *Stumpf, kräuterteeartig*

PASST GUT ZU

Tomaten, mildem Käse, Auberginen, Zucchini, Joghurt, Sahne, Kokosmilch, Pilzen, Hülsenfrüchten, hellem Fleisch (Schwein, Huhn), Essig, Öl

FEVES MIT BASILIKUM

1 kg Dicke Bohnen (Saubohnen)
Hochwertiges Olivenöl
Salz
Einige Zitronenzesten
Kubebenpfeffer
1 Bund Basilikum

Die Bohnen aus der pelzigen Schale geben und die Kerne in kochendem Wasser blanchieren. Abschrecken und die dicke weiße Haut entfernen. Olivenöl leicht erwärmen und die grünen zarten Bohnenkerne hinzufügen. Leicht salzen und mit den Zitronenzesten und einem Hauch Kubebenpfeffer abschmecken. Vom Herd ziehen, abkühlen lassen und das fein gehackte Basilikum unterheben.

zeitig eine leichte Süße sowie eine dezente Schärfe auf. Zu diesen gemeinsamen Komponenten gesellen sich je nach Sorte verschiedene Düfte, die – bedingt durch Botanik, Anbaugebiet, Genetik oder Klima – in jeweils unterschiedlicher Konzentration auftreten können und das Aromenspektrum erweitern – beispielsweise durch eine Verstärkung der kampferartigen Würze, eine Betonung des Estragols oder zitronige Aromen. Im Zimtbasilikum finden sich anisartig-nelkige bis fruchtig-bittere, balsamartige Noten, im Zitronenbasilikum sind die Zitrustöne besonders ausgeprägt.

Frisches Basilikum gebietet einen vorsichtigen Umgang: Aufgrund seiner weichen Blattstruktur entstehen schnell Risse oder Quetschungen an der Pflanze, durch die leicht die flüchtigen blumig-frischen, zitrus-kiefernartigen und kampferigen Aromen entweichen können. Exzessives Waschen oder langes Mitkochen verursacht ebenfalls einen erheblichen Aromenverlust. Viele Gerichte mit frischem Basilikum sind daher kalt oder werden nur ganz kurz erhitzt. Die Blätter und auch die zarteren Stiele können als Ganzes, grob zerrupft oder gehackt über die Speisen gestreut werden. Beträufelt man sie mit Olivenöl, lösen sich die Aromen darin und bleiben länger erhalten. Gerät frisches Basilikum in Kontakt mit Essig oder sauren Speisen (Tomatensugo), färbt es sich dunkel, sein Aroma bleibt allerdings bestehen. Getrocknetes Basilikum kann in puncto Geschmack und Duft zwar nicht mit frischen Blättern mithalten, verleiht Speisen aber ein dezentes Aroma und kann zum Schluss der Garzeit mitgekocht werden. Eine Ausnahme bildet das robustere indische Heilige Basilikum (*Tulsi*), das man kurz mitkochen muss, damit sich sein würziges Aroma voll entfaltet.

Basilikum sollte nicht mit zu vielen Kräutern oder kräftigen Gewürzen gleichzeitig kombiniert werden: Sie würden das feine Aromaspiel überdecken. Einige Varianten sind geradezu ein Muss: Für die Kombination mit Tomaten, Olivenöl, Mozzarella, Balsamico und schwarzem Pfeffer, die *Caprese*, scheint Basilikum in Italien „erfunden" worden zu sein. Bei diesem Gericht werden alle Komponenten der einzelnen Zutaten durch ähnliche Aromen im Basilikum verstärkt – von der Süße der Tomaten und des Mozzarellas über die Bitterkeit des Olivenöls und das Säuerliche des Balsamicoessigs bis hin zur Schärfe des Pfeffers. Bei einem herzhaften Kräutersalat

GEKRÄUTERTES SCHOKOLADENSÜPPCHEN

- 200 ml Sojamilch
- 70 g Zucker
- 20 Basilikum- und je 10 Minz- und Zitronenmelisseblättchen
- 200 g Zartbitter-Schokolade (mind. 70 % Kakao)
- Etwas Weinraute
- 250 g frische Erdbeeren
- 2–3 EL Erdbeerlikör, Pistazienöl

Sojamilch und Zucker zusammen langsam auf etwa 80 °C erwärmen, dann von der Platte ziehen und auf 40 bis 50 °C abkühlen lassen. Die Basilikum-, Minz- und Zitronenmelisseblättchen darin 20 Minuten zugedeckt ziehen lassen. Danach abseihen und die Sojamilch auf etwa 40 °C erwärmen. Die Schokolade reiben und darin auflösen. Die Masse mit dem Stabmixer schaumig aufschlagen und in kleine Gläschen füllen.

Die Weinraute nicht zu fein hacken. Die Erdbeeren waschen, trocken tupfen, von Blütenansätzen befreien, vierteln und mit Erdbeerlikör überziehen, dann die Weinraute unterheben und auf Tellern anrichten. Das Pistazienöl darüberträufeln und das Schokoladensüppchen dazu servieren.

DARK OPAL

THAI-BASILIKUM

LANDESKÜCHE

Italien: *Pizza margherita, Insalata caprese, Tomatensugo, Pesto alla genovese* **Frankreich:** *Pistou, provenzalische Basilikumsuppe* **Thailand:** *Tom yam (Suppe), Gaeng (Currys)*

EINKAUF, QUALITÄT, LAGERUNG

Basilikum Genovese bekommt man frisch in jedem Supermarkt, manchmal auch andere Sorten als Topfkräuter. Die asiatischen Sorten gibt es in Asiashops – dort sollte man immer den mit Wurzeln nehmen: Sein Aroma ist intensiver und er hält länger. Ausgefallene Sorten kauft man in der Gärtnerei, zumindest als Samen. Das intensivste Aroma haben die Blätter zur Blütezeit und die abgeblühten Blütenkelche. Getrocknet verliert Basilikum an Aroma und wird leicht kratzig, ist als Gewürz aber immer noch interessant.

aus Basilikum, Kerbel, Petersilie, Zitronenmelisse und Minze unterstützen sich ähnliche Aromen gegenseitig. Im *Pesto alla genovese* gleicht die angenehm fruchtige Schärfe frischer Basilikumblätter das schwefelige Knoblaucharoma aus. Fast alle Basilikumaromen lösen sich in Alkohol und auch in Fett – daher bleibt im öligen Pesto oder in Sahnesaucen das gesamte Duftspektrum erhalten. Für ein raffiniertes Geflügelgewürz stellt man eine Kräuterbutter mit gehacktem Basilikum, Knoblauch und geriebener Zitronenschale her, vermischt sie mit Semmelbröseln und schiebt die Mischung vor dem Braten unter die Haut des Hähnchens. Das Butterfett hält dabei die leicht flüchtigen Aromen des Basilikums fest, der Knoblauch sorgt für einen schwefeligen Kontrast. Zitronenbasilikum eignet sich vor allem als Garnitur zum Fisch und wird immer roh verzehrt. In der thailändischen und der vietnamesischen Küche verwendet man das eher süße (Thai-)Basilikum als Dekoration zu Salaten, cremigen Suppen und Currys auf Kokosnussbasis. Anders als in Europa werden in Asien die süßlichen Aromen häufig durch die Schärfe von Chilis ergänzt. In umgekehrter Form findet man diese Kombination von süß und scharf auch in der italienischen Küche, und zwar im Dessertbereich: Eine gute *Panna cotta* mit reichlich Basilikum, kurz vor dem Gelieren eingemixt, ist durch ihre frische, fruchtig-scharfe Note ein wunderbarer Kontrast zu süßen Sommerfrüchten. Aus dem gleichen Grund kann man Basilikum auch unter frische Erdbeeren oder Honigmelonen mischen.

BEIFUSS

Neben der deutschen verwendet dieses bittere Kraut weltweit auch die japanische und osteuropäische Küche. Früher war es sehr beliebt und würzte wie heute Petersilie alle möglichen Speisen. Die jungen Blätter wurden auch als Salat gegessen. Hierzulande kennt man es vor allem als klassische Zutat zur Weihnachtsgans – daher auch der Name „Gänsekraut".

Artemisia vulgaris

LAVANDULOL *blumig-zitrusartig* 💧 *Alkohol, Fett* LINALOOL *blumig, zitrusartig, frisch*

Der Duft von Beifuß ist durch LAVENDULOL – in manchen Sorten auch durch LINALOOL – bestimmt, deren blumiges, frisches Aroma durch die harzige Terpentinnote des TERPEN-4-OL unterstrichen wird. Weiterhin finden sich kampferartige und mentholartig-kühlende Noten. Der Nebenduft ist holzig, fast

AROMATISIERTES GÄNSESCHMALZ

500 g Flomen einer Gans oder Ente (oder Schweineschmalz)

1 Strauß Beifuß

Den Flomen im Ofen bei nicht mehr als 70 °C auslassen. Sobald ein Großteil des Fetts geschmolzen ist, den Beifuß zugeben. Etwa 2–3 Stunden langsam bei schwacher Hitze die Aromen extrahieren. Das heiße, flüssige Fett durch ein Sieb geben und das aromatisierte Fett kühl aufbewahren. Mit Salz und einigen frisch aufgestreuten Beifußblättchen auf frischem Bauernbrot genießen.

schon rauchig. Als Korbblütengewächs ist die Pflanze eng mit Wermut und Estragon verwandt, die ebenso wie Beifuß THUJON enthalten. Ähnlich wie Wermut weist Beifuß insbesondere zur Blütezeit viele Bitterstoffe auf. Der unterschiedliche Duft und Geschmack verschiedener Beifußsorten aus der Provence, aus Italien, England, Polen oder Indien rührt von der unterschiedlichen Konzentration der Aromakomponenten her.

Zum Würzen nimmt man nur die oberen Blättchen der Pflanze. Man sollte sie vor der Blüte ernten, weil sie sonst zu viele Bitterstoffe enthalten. Erst wenn die Blättchen zerkleinert und erhitzt werden, lösen sich die Aromen aus den Pflanzenzellen. Sie werden deshalb immer mitgekocht – am besten in einem Säckchen, sodass man sie vor dem Servieren wieder entfernen kann. Gänse- und Schweineschmalz lassen sich gut mit Beifuß aromatisieren, denn die frisch-kräuterigen, holzigen und kampferartig-mentholartigen Aromen sind fettlöslich.

Beifuß harmoniert nur mit wenigen Gewürzen, weil seine Bitterstoffe die anderen Aromen überdecken würden. Pfeffer und Knoblauch vertragen ihn jedoch: Sie sind kräftig genug, um sich nicht dominieren zu lassen. Fette Speisen wie Gans, Ente, Schwein, Lamm, Aal und Hering ebenso wie Kohl- und Pilzgerichte werden durch die magensaftanregenden Bitterstoffe bekömmlicher. Man kann die Weihnachtsgans mit Beifußzweigen stopfen oder der Füllung über grob gemahlene Blätter ein Beifußaroma geben. Die

Beifuß (GETROCKNET)

Alkohol, Fett TERPEN-4-OL *harzig, pinienartig* *Alkohol, Fett* BORNEOL *holzig-kampferig* *Alkohol, Fett* 1,8-CINEOL[T] *Eukalyptus, kampferartig, kühlend* *Alkohol, Fett* KAMPFER *scharf, bitter, mentholig, eukalyptusartig* *Alkohol, Fett* CAMPHEN *wachsartig, kampferig* *Alkohol, Fett* THUJON *mentholartig* *Alkohol, Fett* α-CADINOL *leicht holzig* *Alkohol, Fett, Wasser* CADINEN *trockenes Holz* *Alkohol, Fett* VULGARIN *bitter* *Alkohol, Wasser*

GESCHMACK

Beifuß riecht aromatisch-streng und schmeckt bitter-würzig – leicht pfeffrig, leicht süß mit einem Hauch von Minze.

HARMONIE

AROMENENTFALTUNG

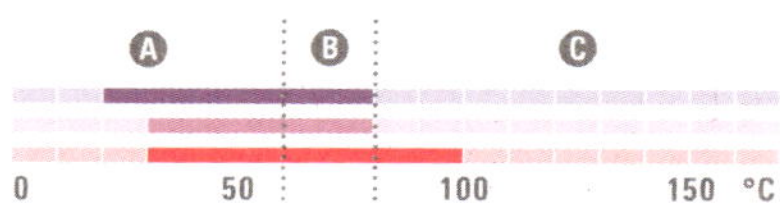

A *Blumig-kräuterig* **B** *Kräuterig warme Kampfernoten* **C** *Eher kräuterig-terpentinartige bis bittere Dominanz*

PASST GUT ZU

Aal, Karpfen, Gans, Ente, Schweinebraten, Hammel, Hülsenfrüchten, Zwiebeln

LÄNDERKÜCHE

Deutschland: Gänsebraten, Entenbraten, Aal, Karpfen Russland: Karpfen Japan: Mochi (Reiskuchen) Italien: Aperol (Spirituose)

EINKAUF, QUALITÄTEN, LAGERUNG

Beifuß wächst bei uns an fast jedem Wegesrand, wird aber auch in Gärtnereien angeboten. Im Dezember bekommt man getrocknete Bündel im Supermarkt. Frisch ist das Kraut nur wenige Tage im Kühlschrank haltbar, getrocknet hält es sich bis zu 3 Jahre.

alte ostpreußische wie noch heute die osteuropäische Küche verwendet das Kraut gerne zum Karpfen. In Japan kennt man eine verwandte Art unter dem Namen Yomogi: Das Gewürz kommt in die beliebten *Mochi* (Reiskuchen). Auch *Soba*, die japanischen Buchweizennudeln, werden gelegentlich mit Yomogi gewürzt.

GESCHICHTE UND GESCHICHTEN

Der Name der Pflanze wird auf einen Bericht des römischen Geschichtsschreibers Plinius zurückgeführt, dem zufolge sich die römischen Legionäre das Kraut bei langen Märschen um die Füße wickelten, weil sie davon ausgingen, dass es vor Ermüdung schützte. Im Mittelalter galt Beifuß als hilfreich sowohl für als auch gegen Hexerei. Besonders in der Johannisnacht entwickelte die Pflanze angeblich ganz besondere Kräfte: Grub man die Wurzeln aus, sollten sich daneben kleine Kohlestücke (Thorellensteine oder Narrenkohlen) finden lassen. Diese schützten, als Amulett getragen, im Volksglauben vor Fieber und Epilepsie ebenso wie vor Blitzschlag, Pest und Verbrennungen.

BERBERITZEN, GETROCKNET

Die echte Berberitze wird nicht ohne Grund auch Sauerdorn oder Essigbeere genannt, denn die dunkelroten, vitaminreichen Beeren des dornigen Strauchgewächses sind ziemlich sauer. In Frankreich macht man aus den frischen Beeren Marmelade, bei uns findet man sie getrocknet in Müslizubereitungen. In orientalischen Ländern wird mit ihnen ähnlich wie mit vielen anderen süß-säuerlichen Trockenfrüchten gekocht.

Berberis vulgaris

ÄPFELSÄURE *fruchtig, apfelartig* *Wasser*

GESCHMACK

SÜSS SAUER SALZIG BITTER UMAMI

Getrocknete Berberitzen sind säuerlich-prickelnd mit erdigen, bitteren Noten

Die kleinen, länglichen roten Früchte sind sowohl frisch als auch getrocknet säuerlich-fruchtig, prickelnd und ein wenig herb. Während ÄPFELSÄURE für die fruchtige Säure verantwortlich ist, steuern Alkaloide wie BERBERIN die herbe Note bei. Berberin wirkt zudem auch als leuchtend gelbes Färbemittel. Ergänzt wird das Aroma der Beere durch erdige und zusätzliche bittere Noten.

Da die Aromen der Berberitze allesamt schwer flüchtig sind, sind in den getrockneten Beeren noch alle Komponenten erhalten. Aus demselben Grund lassen sie sich gut in der warmen Küche einsetzen und in Gerichten mitkochen. Erwärmt man sie allerdings zu lange, werden sie schwarz und zu bitter. Dank ihres hohen Anteils an Äpfelsäure können die Früchte – vor allem gekocht oder konfitiert – auch als Säuerungsmittel eingesetzt werden (→ Abschmecken: sauer, Seite 37).

BERBERITZENSAUCE

- Eine Handvoll getrocknete Berberitzen
- Reichlich Butter
- ½ TL Langer Pfeffer
- 1 Prise Zimt
- 1 Prise Piment
- Salz

Berberitzen 15 Minuten wässern, abtrocknen. Dann in reichlich Butter kurz schwenken – also warm werden lassen, aber nicht länger braten. Mit Langem Pfeffer, Zimt und Piment würzen. Mit Salz abschmecken und als süß-saure Sauce zu kurzgebratenem Wild oder Entenbrust reichen.

Berberitzen harmonieren wie viele andere Trockenfrüchte mit süßlich-deftigen Wildgerichten, denen sie eine säuerliche, erdige Komponente hinzufügen. Auch Pistazien und Orangenschalen passen zu den Beeren – alle drei sind über säuerlich-fruchtige Aromen verbunden. Die iranische Küche, die häufig mit süß-sauren Aromen in salziger Umgebung spielt, setzt Berberitzen gern in Fisch- und Fleischgerichten ein, insbesondere aber in Reisgerichten wie *Zereshk polou* (Berberitzenreis). Dafür werden die getrockneten Beeren circa 15 Minuten gewässert und danach kurz in Butter erwärmt – in Wasser und Fett lösen sich alle Aromen der Berberitze. Anschließend werden sie mit Salz, Zucker und Safran – bisweilen auch zusätzlich mit karamellisiertem Honig, Rosenwasser oder Zimt – gewürzt und über den gekochten Reis gegeben. Die Beerenfrüchte aromatisieren ihn süß-säuerlich und erzielen zudem einen schönen Farbeffekt. In Korea kombiniert man Berberitzenreis mit Huhn in Orangensauce, wobei sich die fruchtig-säuerlichen Noten mit den fettigen Aromen des Fleischs ergänzen. Da sich die bitteren Komponenten der Berberitze in Alkohol und die süßen in Wasser lösen, kann man aus den Beeren, ob frisch oder getrocknet, einen Likör ansetzen – oder zum Beispiel zusammen mit Kirschsaft und Rotwein eine fruchtig-säuerliche, ganz leicht bittere Sauce kreieren, die hervorragend zu Eis schmeckt. Auch in diverse Desserts auf Quarkbasis passen die Beeren. Ein Tipp für Diabetiker: In Backwaren oder Apfelstrudel kann man die zuckerreichen Rosinen durch Berberitzen ersetzen. Sie besitzen einen geringeren Zuckergehalt, nicht jedoch weniger Kalorien.

HARMONIE

AROMENENTFALTUNG

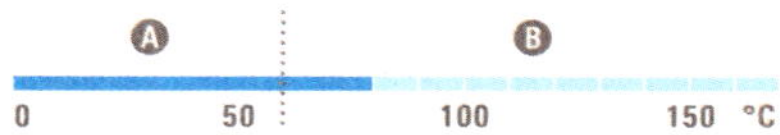

A *Dominant sauer* **B** *Bitter und adstringierend*

PASST GUT ZU

Reis, Huhn, Wild, dunklem Geflügel, Quark, Eis

LANDESKÜCHE

Iran: *Zereshk polou (Berberitzenreis)*
Deutschland: *Berberitzenlikör*

EINKAUF, LAGERUNG

Getrocknete Berberitzen bekommt man auf Märkten, in Reformhäusern oder orientalischen Lebensmittelläden. Selbst sammeln sollte man sie wegen der Verwechslungsgefahr mit ähnlich aussehenden giftigen Sorten besser nicht. Verschlossen sind sie ungekühlt etwa drei Monate haltbar.

Citrus bergamia (ÖL)

BERGAMOTTE

Die Früchte des Bergamottenbaums sehen aus wie Limetten und sind botanisch vermutlich eine Kreuzung aus Zitronatzitronen und Bitterorangen. Sie werden ausschließlich an der Küste Kalabriens angebaut, also an der „Stiefelspitze" Italiens. Ihr stark duftendes ätherisches Öl ist vor allem als Aroma der Teesorte „Earl Grey" bekannt.

LINALYLACETAT *frisch-süßlich, bergamotteartig* ◊ *Alkohol* LINALOOL *blumig, zitrusartig, frisch* ◊ *Alkohol, Fett* NERAL *zitronenartig* ◊ *Alkohol, Fett* GERANIAL *zitronenartig, blumig* ◊ *Alkohol, Fett* NEROL *frisch, rosig, zitrusartig* ◊ *Alkohol, Fett Wasser* LIMONEN *orangenartig, terpentin-zitronenartig* ◊ *Alkohol, Fett* α-TERPINEOL *zitrusartig, fliederartig, etwas terpentinartig* ◊ *Fett, Wasser* TERPEN-4-OL *harzig, pinienartig* ◊ *Alkohol, Fett* 1,8-CINEOL[T] *Eukalyptus, kampferartig, kühlend* ◊ *Alkohol, Fett* β-PINEN *pinienartig, kampferig* ◊ *Alkohol, Fett* β-BISABOLEN *balsamisch, warm-harzig, tierisch-holzig* ◊ *Alkohol, Fett* TRANS-α-BERGAMOTEN *holzig, leicht teeartig* ◊ *Alkohol, Fett* BERGAPTEN *fruchtig-bitter* ◊ *Alkohol, Fett* BERGAPTOL *fruchtig-bitter, säuerlich* ◊ *Alkohol, Fett* 5,7-DIMETHOXYCUMARIN *bitter, zitrusgrasig* ◊ *Alkohol, Fett*

GESCHMACK

SÜSS SAUER SALZIG BITTER UMAMI

Bergamotte duftet zitrusartig, blumig, gleichzeitig harzig-holzig-balsamisch. Das frische Fruchtfleisch ist sehr sauer.

HARMONIE

BERGAMOTTE
CHILI
KAFFIRLIMETTENBLÄTTER
KARDAMOM
KURKUMA
THYMIAN

Das ätherische Öl der Bergamotte hat einen charakteristischen, frisch-süßlich Duft mit einem Anklang an Jasmin. Zuständig dafür sind die Aromen LINALYLACETAT und LINALOOL. Hinzu kommen blumige, zitronige und rosenartige Noten, die durch das nach Orangen, Zitronen und Terpentin duftende LIMONEN unterstützt werden. Weiterhin finden sich harzige und balsamische bis hin zu holzig-würzigen Aromen. Der Geschmack der Bergamotte ist von einer säuerlichen Bitterkeit geprägt.

Die Früchte dienen in erste Linie als Lieferanten für das begehrte Bergamotteöl, das aus der Schale gepresst wird. Das frische Fruchtfleisch der Bergamotte ist sehr sauer und bitter, für kulinarische Zwecke muss es sparsam eingesetzt werden. Sowohl Fruchtfleisch als auch Schale können getrocknet werden, dabei verstärkt sich der bittere, holzig-kampferartige Ton. Getrocknet kann man das Fruchtfleisch auch mitkochen.

Bergamotte, beziehungsweise meist der Schalenabrieb der Bergamottezitrone, gibt vielen Speisen den Hauch einer Parfümnote. Die Kombination ihrer von blumig über balsamisch-harzig bis ins sehr Würzige, balsamisch-holzige reichenden Duftstoffe machen sie zur perfekten Ergänzung für den aromatisch dominanten Thymian, den süßlich-würzigen Zimt und die erdig duftende Kurkuma. In geringerer Dosis unterstützt sie den terpentinreichen, blumigen Kardamom und Rosa Beeren. Bergamotteöl wird zur Aromatisierung von Bonbons (etwa *Bergamotte de Nancy*) und insbesondere der Schwarzteesorte *Earl Grey* eingesetzt. Diese kann man wie im Rezept wie-

BERGZIEGAMOTTE

- 2 EL Earl Grey
- 200 ml Wasser
- 1 EL Zucker
- ½ TL Agar-Agar (Reformhaus)
- 200 g sehr frischer Ziegenkäse
- Salz
- ½ TL Kurkuma
- 1 TL gemörserte Rosa Beeren

Earl Grey mit heißem Wasser aufgießen, zuckern und 10 Minuten ziehen lassen, abseihen und abkühlen lassen. Agar-Agar einrühren und nochmals aufkochen. Etwa 2–3 Millimeter hoch in eine rechteckige Form gießen und gelieren lassen. Nach dem Gelieren in 4 mal 10 cm lange Platten schneiden. Ziegenkäse mit den Gewürzen vermengen, Rollen formen und mit den Gelplatten einschlagen. Im Ofen oder unter Wärmelampen leicht erwärmen und mit Kräutersalat (Zusammensetzung nach Saison) als leichte Vorspeise servieren.

derum dazu verwenden, Speisen das typische Bergamottearoma zu verleihen. Da die meisten der in Bergamotten enthaltenen Aromen in Alkohol löslich sind, lassen sich auch Spirituosen mit ihnen aromatisieren: In Deutschland gibt es einen Bergamottenlikör, in England wird das Aroma aus den zerkleinerten Früchten manchen Ginsorten beigefügt. Auch zu Schokolade passt das ätherische Öl sehr gut. Gelegentlich werden die Schale und das Fruchtfleisch getrocknet in asiatischen Reisgerichten oder Currys mitgekocht. Mit dem frisch gepressten Saft kann man Eistee würzen – ähnlich wie bei anderen Zitrusfrüchten ergibt sich ein fruchtiges Aroma, das jedoch von einer harzig-holzigen, bitteren Note begleitet wird.

EXTRA: PARFÜM

Zum ersten Mal wurde das ätherische Öl bereits Ende des 17. Jahrhunderts in der Parfümproduktion eingesetzt. Auch heute kommt es dort noch zur Anwendung (in viel größerem Umfang als in der Küche): Vor allem Kölnisch Wasser enthält es, aber auch andere, fruchtbetonte Parfüms. Für 1 Liter Öl muss die Schale von 200 kg Früchten ausgepresst werden.

ROSMARIN

ZIMT

AROMENENTFALTUNG

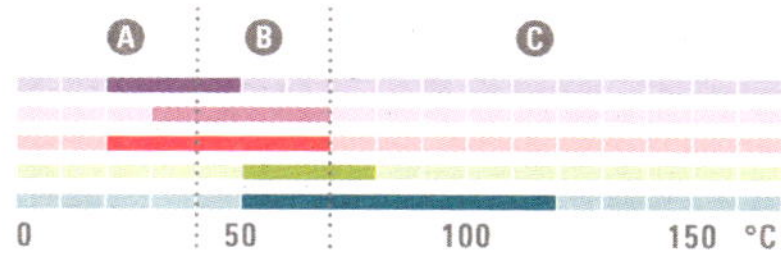

A *Frisches Bergamotte-Aroma* **B** *Fruchtig bitter* **C** *Herb-bitterer Geschmack*

PASST GUT ZU

Tee, Eintöpfen, Curry, Schokolade, Frischkäse

LÄNDERKÜCHE

England: *Earl Grey Tea, Gin* ***Frankreich:*** *Bergamotte de Nancy (Bonbons)* ***Deutschland:*** *Bergamottenlikör* ***Türkei:*** *Marmelade* ***Indien:*** *Curry*

EINKAUF

Frische Früchte bekommt man im Handel kaum. Die Bäumchen gibt es in Gärtnereien, naturreines Öl in Reformhäusern.

Laserpitium siler

BERGKÜMMEL

Die in Mittel- und Südeuropa wild wachsende Pflanze ist mit unserem Kümmel verwandt. Obwohl der Doldenblütler schon im Mittelalter als Heil- und Würzkraut bekannt war, fand er nicht den Weg in die meisten Kochtraditionen. Heute wird das Gewürz fast ausschließlich in der türkischen Küche verwendet.

Bergkümmel duftet ähnlich wie Kreuzkümmel, ein wenig auch nach Koriander, hat aber zusätzlich eine scharf-bittere Beinote. Sein dominierendes Aroma ist zitrus- und terpentinartig: Es wird durch LIMONEN bestimmt, das auch in Pomeranze, Zitrone, Kümmel, Dill oder Pfefferminze vorkommt. Weitere Aromakomponenten duften minzig-würzig und erinnern an Zimt.

Bevor man die Früchte in einem Mörser zerstößt, können sie in der Pfanne trocken angeröstet werden. Dabei wird ein Teil der flüchtigen frischen, zitrusartigen Aromen freigesetzt. Gleichzeitig bilden sich Röstaromen, die für eine weitere Intensivierung des Aromas sorgen. Bergkümmel kann aber auch ungeröstet und im Ganzen verwendet werden. Wird er dann nicht allzu stark erhitzt, bleiben auch die flüchtigen Noten erhalten.

LIMONEN *orangenartig, terpentin-zitronenartig* 💧 *Alkohol, Fett* PERILLALDEHYD *minzig, zimtig, würzig* 💧 *Alkohol, Fett* PERILLAALKOHOL *grünlich terpentinartig-fettig* 💧 *Alkohol, Fett, Wasser*

GESCHMACK

SÜSS SAUER SALZIG **BITTER** UMAMI

Bergkümmel duftet ähnlich wie Kreuzkümmel, ein wenig auch wie Koriander mit einer scharf-bitteren Beinote.

HARMONIE

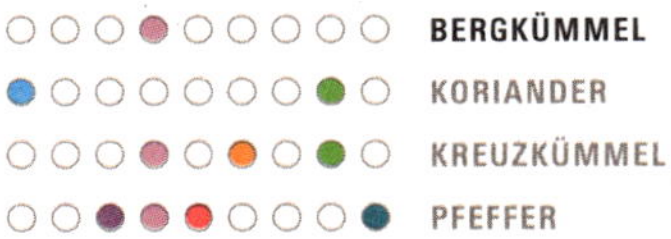

AROMENENTFALTUNG

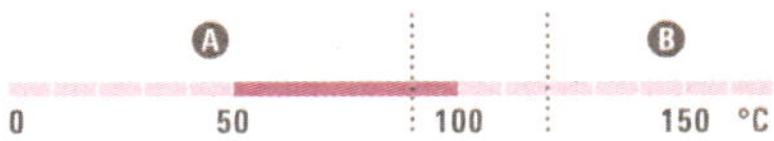

A *Frische, süßlich-minzige Aromen*
B *Beifügen von Röstnöten*

PASST GUT ZU

Deftigen Eintöpfen, Tomaten, Kohl, Milchprodukten (Joghurt, Käse).

EINKAUF, LAGERUNG

Man bekommt ihn im gut sortierten Gewürzefachhandel und in türkischen Lebensmittelgeschäften. Die ganzen Früchte halten sich dunkel gelagert und luftdicht verschlossen mehrere Jahre.

SCHNELLES FLADENBROT MIT BERGKÜMMEL

- 300 g Mehl
- 150 ml Wasser
- Salz
- Etwas Backpulver (Natron)
- Bergkümmel

Mehl, Wasser, Salz, Natron und einen Teil des Bergkümmels rasch zu einem Brotteig verkneten und etwa 30 Minuten ruhen lassen. Danach zu flachen Fladenbroten auswalzen und trocken in einer gusseisernen Pfanne auf beiden Seiten ausbacken. Kurz vor dem Wenden die Oberfläche mit den restlichen Bergkümmelfrüchten bestreuen, sodass diese leicht mitgeröstet werden.

Generell sollte man Bergkümmel sparsam dosieren, da er das Gericht andernfalls zu bitter macht. Er ist der ideale Partner für Pfeffer und Koriander: Alle drei enthalten orangenartige, terpentin-zitronenartige Noten. Gleichzeitig bringt Bergkümmel noch minzig-würzige Aromen ein, die Koriander und Pfeffer weitgehend fehlen. Kreuzkümmel hingegen ergänzt er deutlich. Bergkümmel würzt Tomaten- oder Kohlgerichte ebenso wie deftige Eintöpfe. Zu eher fettigen Speisen passt er nicht nur deshalb, weil sich seine Aromen in Fett optimal lösen und auf die Gerichte übertragen, sondern auch, weil man ihm eine verdauungsanregende Wirkung nachsagt. Ein paar ungeröstete Früchte sorgen selbst in einer ***Mousse au chocolat*** für geniale terpentinartig-zitronige Momente beim Essen.

GESCHICHTE UND GESCHICHTEN

Manche Autoren vermuten im Bergkümmel die antike Gewürzpflanze Silphion, die nach herrschender Meinung schon im 1. Jahrhundert ausgestorben ist. Im Mittelalter wurde der Bergkümmel als Heil- und Würzkraut, aber auch als günstiger Pfefferersatz geschätzt und wird auch in der berühmten „Capitulare de villis" Karls des Großen gelistet.

BITTERMANDEL

Prunus amygdalus amara

Bittermandeln sind die Kerne in den Steinen der Bittermandelbaumfrüchte. Roh sind sie aufgrund der in ihnen enthaltenen Blausäure hochgiftig. Dieses Gift verliert sich aber beim Erhitzen und macht den Genuss von mit Bittermandeln aromatisierten gekochten oder gebackenen Speisen ungefährlich. Bittermandelöl wird sogar chemisch entgiftet.

BLAUSÄURE[T] *stechend, bittermandelig, schmerzend kalt* 💧 *Wasser* **BENZALDE-**

Bittermandeln enthalten **AMYGDALIN**. Wird der darin enthaltene Zucker abgespalten, reagiert der Rest zu **BLAUSÄURE** und dem für die Mandeln charakteristischen marzipanartigen **BENZALDEHYD**. Diese Zerfallsstoffe geben auch Apfelkernen ihren typischen süß-bitteren Geschmack, wobei dort der Blausäureanteil weitaus geringer ist. Blausäure ist äußerst giftig, aber zugleich sehr flüchtig und hitzeempfindlich. Dadurch verbleibt in einer mit Bittermandeln zubereiteten, gut erhitzten Speise, wenn überhaupt, nur eine ungefährliche Menge an Blausäure. Allerdings sollte man rohe Bittermandeln zur Sicherheit für Kinder unerreichbar aufbewahren.

Der Anbau von Bittermandeln auf Plantagen dient der Gewinnung des Öls, das auch als Bittermandelessenz bezeichnet wird. Es wird durch chemische Bearbeitung und Destillation von Blausäureverbindungen befreit und kann unbedenklich verwendet werden. Rohe Bittermandeln müssen vor der Verarbeitung unbedingt erhitzt werden. Dazu kann man sie ohne Zugabe von Fett anrösten und dann in dünne „Blättchen" schneiden. Alternativ kann man die mit Bittermandeln gewürzte Speise intensiv durchkochen. Süßmandeln (→ Mandeln) sind durch jahrhundertelange Zucht frei von Amygdalin und können daher roh bedenkenlos genossen werden.

Bittermandel beziehungsweise Bittermandelessenz wird überwiegend in Desserts und Plätzchen eingesetzt. Der süße Geschmack der Desserts wird dabei um bittere Noten erweitert. Auch das aus Süßmandeln hergestellte Marzipan und Persipan, eine Art Marzipan mit Anteilen von Pfirsich- und Aprikosenkernen, werden mit Bittermandeln aromatisiert. Daneben ergeben sich interessante Verwendungsmöglichkeiten in der nichtsüßen Küche. So harmonisieren abgekochte Bittermandeln wunderbar mit den bitteren Noten von Olivenöl. Aus dem gleichen Grund bieten sich Kombinationen mit Kaffee und bitterer Schokolade an. Wegen der Alkohollöslichkeit der Aromen werden auch Liköre mit Bittermandeln aromatisiert. Ersetzt werden können Bittermandeln durch die Kerne in den Steinen von Aprikosen, Marillen oder Pfirsichen, die ebenfalls in geringeren Mengen Blausäure enthalten. Durch das Mitkochen einiger der aufgebrochenen Kerne lassen sich Konfitüren aus diesen Früchten erheblich verfeinern (siehe Rezept). Als weiterer Bittermandel-Ersatz eignen sich Tonkabohnen, allerdings nur bedingt: Ihr heuartig duftendes Cumarin steuert weit weniger Bitternoten bei.

APRIKOSENCHUTNEY

- 5 „Bittermandeln" aus Aprikosensteinen
- 100 ml Olivenöl
- 50 g Zucker
- 500 g Aprikosen
- Etwas Salz

Aprikosensteine knacken, die „Bittermandeln" herausnehmen und grob hacken. Olivenöl auf 80 °C erwärmen, die gehackten Bittermandeln hineingeben und kurz köcheln lassen. Über mehrere Tage aromatisieren lassen. Aprikosen pürieren, mit Zucker versetzen und sehr vorsichtig dicklich einkochen. Das aromatisierte Öl filtern und auf 100 g Aprikosenmasse etwa 80 ml des Olivenöls unterheben. Salzen und zu gegrilltem Gemüse servieren.

HYD *bittermandelig, marzipanig* ◊ *Alkohol, Fett, Wasser*

GESCHMACK

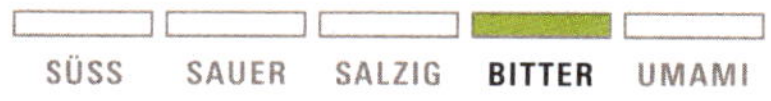

Bittermandeln haben ein süßlich-marzipanartiges Aroma und entwickeln im Mund einen ausgeprägten Bittergeschmack.

HARMONIE

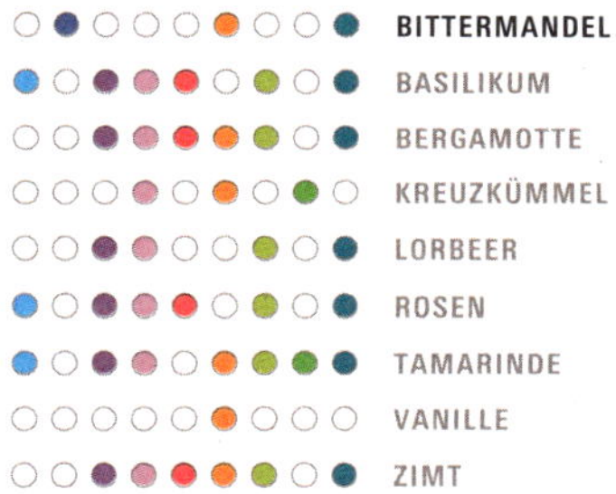

AROMENENTFALTUNG

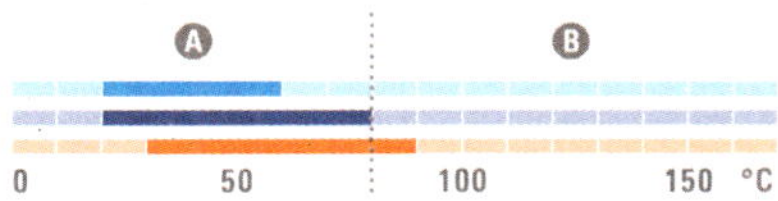

A *Wachsig, fettig, nussartig*
B *Bitter, stechend*

PASST GUT ZU

Süßspeisen, Plätzchen, Olivenöl, Kaffee

LÄNDERKÜCHE

Deutschland: *Stollen, Marzipan*

EINKAUF, LAGERUNG

Im Handel findet man meist nur kleine Packungseinheiten (50 g) mit dem Warnhinweis: „Nur zum Kochen und Backen verwenden. Für Kinder unzugänglich aufbewahren. Nicht zum Rohverzehr geeignet." Bittermandelaroma oder -essenz kann hingegen nicht zu Vergiftungen führen.

BOCKSHORNKLEE

Die Römer nannten ihn „Griechisches Heu", weil er als Viehfutter eingesetzt wurde. Die Fruchthülsen des Krauts sehen aus wie die Hörner eines Ziegenbocks. Bockshornklee gehört in viele orientalische und fernöstliche Gerichte. Geschmacklich verwandt ist er mit dem Schabzigerklee, der den gleichnamigen Schweizer Käse aromatisiert und in Südtirol das Brot würzt.

Trigonella foenum-graecum

LINALOOL *blumig, zitrusartig, frisch* ◊ *Alkohol, Fett* CADINEN *trockenes Holz* ◊ *Alkohol, Fett* α-CADINOL *leicht holzig* ◊ *Alkohol, Fett, Wasser* γ-EUDESMOL *süßlich holzig* ◊ *Alkohol, Fett* α-BISABOLOL *weich, floral, sandelholzartig* ◊ *Alkohol, Fett* EUGENOL[T] *nelkenartig* ◊ *Alkohol, Fett* SOTOLON *ahornsirupartig, karamellig, leicht verbrannt* ◊ *Alkohol, Fett* FURANEOL *süßlich, braunröstig, candyartig* ◊ *Alkohol*

GESCHMACK

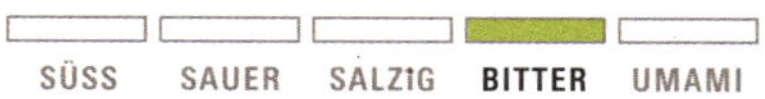

Bockshornklee duftet nach Heu, erdig, fast röstartig. Rösten verstärkt das Aroma.

HARMONIE

AROMENENTFALTUNG

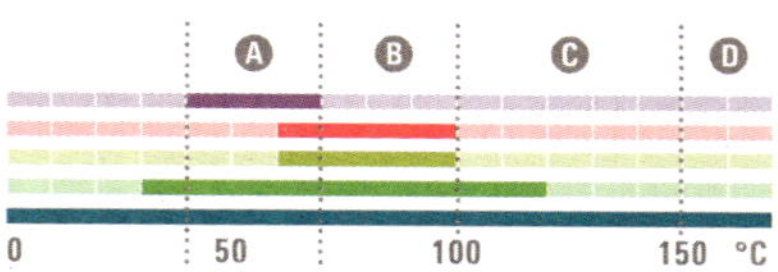

Die Geruchschemie der Samen beziehungsweise botanisch korrekt: der Früchte des Bockshornklees wird durch das Molekül SOTOLON bestimmt, das einen sehr charakteristischen, ahornsirupartig-karamellartigen Duft besitzt, der selbst kalten Speisen röst- bis heuartige, curryartige Noten verleihen kann. Über das Sotolon erinnert das Aroma der Früchte an Liebstöckel, das den Aromastoff ebenfalls enthält – nebst weiteren Molekülen, die ein ähnliches Geruchsmuster auslösen. Der erdige, röstige Geruch des Bockshornklees wird durch eher fruchtige Noten unterstützt und durch blumig-maiglöckchenartige sowie nelkenartige Düfte ergänzt. In den Blättern der Pflanze ist er zusätzlich mit flüchtigen kräuterigen, holzig-grünen bis floralen Düften unterlegt. SAPONINE sorgen für einen bitteren Geschmack.

OBATZDA MIT BOCKSHORNKLEESAMEN

1 EL Bockshornkleesamen

200 g reifer Camembert

Bockshornkleesamen mit kochendem Wasser überbrühen und abkühlen lassen, damit die Samen weich werden und einen Teil ihrer Bitternoten verlieren. Den Camembert zerdrücken, die abgetupften Bockshornkleesamen daruntermischen und 24 Stunden im Kühlschrank ziehen lassen.

Als Gewürz werden die harten, eckigen, hellbraunen Früchte verwendet, seltener die getrockneten Blätter, in der kalten Küche auch die Bockshornkleesprossen. Vor dem Mahlen sollte man die Früchte kurz trocken rösten: Dadurch verflüchtigen sich die blumigen Noten, gleichzeitig wird die Bitterkeit der Früchte durch neu entstehende, nussige Röstaromen überdeckt. Der Geruch wird dadurch noch intensiver. Röstet man sie jedoch zu lange, entstehen neue Bitterstoffe, die alles dominieren. Man kann die harten Früchte auch über Nacht einweichen, dann lassen sie sich besser für Currypulver zerreiben. Eine andere Möglichkeit, ihren deutlichen Bittergeschmack abzumindern, ist, sie mit heißem Wasser zu überbrühen und sie darin etwa 15 Minuten quellen zu lassen. Die Bockshornkleesamen können längere Zeit mitgekocht werden, da der Anteil an flüchtigen Aromen relativ gering ist. Viele Aromen, darunter auch Sotolon, sind zudem schwach in warmem Wasser löslich, sodass die Aromen langsam an die Speisen dringen können. Die Blätter können frisch oder getrocknet verwendet werden. Ähnlich wie bei den Früchten verflüchtigen sich die blumigen und nelkenartigen Aromen beim Erhitzen oder Trocknen, zurück bleibt ein würziger Duft und ein bitterer Geschmack.

In kleinen Mengen nehmen die karamellartigen Aromen des Sotolons dominanten Gewürzen wie Chili oder Kreuzkümmel die mitunter aufdringliche Spitze und erweitern deren Schärfe durch ihre Süße. Bockshornklee ist daher ein wichtiger Bestandteil von Gewürzmischungen wie Currys oder *Panch Phoron*. Frische Bockshornkleeblätter mit ihren blumig-kräuterigen Noten werden gern mit Spinat kombiniert, dessen bittere, adstringierende Oxalsäure dadurch weniger stark erscheint. Auch zu Kartoffeln oder Yamswurzeln passen sie gut, weil sich deren leicht süße Stärke – zusammen mit den beim Braten entstehenden Röstaromen – gut mit Sotolon ergänzt. Da dieses Molekül einen karamellig-röstigen Duft verströmt, können süß-säuerliche Lebensmittel wie Avocado, Tomaten oder Käse über Bockshornkleesprossen Röstaromen erhalten, ohne dass man sie selbst garen müsste. Das ist besonders dann von Vorteil, wenn die Lebensmittel unter Hitze ihre Form oder viele ihrer flüchtigen Aromen verlieren würden.

A *Heuartige Bitternoten* **B** *Feine, leicht süßliche Bitternoten, curryartig* **C** *Würzige Bitternoten* **D** *Angenehm nussige Bitternoten durch Rösten*

PASST GUT ZU

Spinat, Wurzelgemüse (Kartoffeln, Yams), Linsen, Fisch, Lamm, Reis, Tomaten.

LÄNDERKÜCHE

Indien: *Methi Naan (Brot), Shuktas (bengalische Gemüseeintöpfe), Pickles, Chutneys* ***Iran:*** *Ghormeh Sabji (Grüner Eintopf), Kräuteromelette* ***Jemen:*** *Hilbeh (Sauce)* ***Türkei:*** *Pastirma (gewürztes Rinderdörrfleisch)*

GEWÜRZMISCHUNGEN

Tamilisches Sambar podi, bengalisches Panch Phoron, äthiopisches Berbere

ANBAU, LAGERUNG, QUALITÄT

Bockshornkleesprossen gibt es in Asialäden und im Gewürzefachhandel. Aus ihnen kann man die Pflanze in einer Schale selbst ziehen. Ganze Früchte sind luftdicht, kühl und trocken gelagert lange haltbar, gemahlene verlieren rasch ihr Aroma. Getrocknete Blätter sollten grün und nicht gelblich sein.

Satureja montana

BOHNENKRAUT

Als mediterraner Lippenblütler ist das Bohnenkraut botanisch verwandt mit Rosmarin, Lavendel, Thymian und Salbei. Man könnte Bohnenkraut als den strengen Bruder des Thymians bezeichnen. Es würzt nicht nur Bohnen, sondern allgemein Hülsenfrüchte und passt auch gut zu Kartoffeln, Kohl und Wurzelgemüse.

Der Geruch des Bohnenkrauts erinnert entfernt an Thymian: Sowohl das nach Pizza und Oregano duftende CARVACROL als auch das für Thymian charakteristische THYMOL sind in beiden Pflanzen enthalten. Allerdings steht hier – im Unterschied zum Thymian – das CARVACROL im Vordergrund. Wesentlich für den Duft ist aber ebenso das kräuterig-zitronige, fast schon terpentinartige α-TERPINEN, das nicht nur in Zitrusfrüchten vorkommt: es findet sich eben-

LINALOOL *blumig, zitrusartig, frisch* ◊ *Alkohol, Fett* α-TERPINEN *herbal, zitrusartig* ◊ *Alkohol, Fett* LIMONEN *orangenartig, terpentin-zitronenartig* ◊ *Alkohol, Fett* P-CYMOL *holzig, terpentinartig, zitrusartig* ◊ *Alkohol, Fett* α-, β-PINEN *warm-harzig, pinienartig, kampferig* ◊ *Alkohol, Fett* KAMPFER *scharf, bitter, mentholig, eukalyptusartig* ◊ *Alkohol, Fett* BORNEOL *holzig-kampferig* ◊ *Alkohol, Fett* α-CARYOPHYLLEN *würzig-holzig* ◊ *Fett* CARVACROL *pizzaartig, oreganoartig* ◊ *Alkohol, Fett* THYMOL *fruchtig-thymianartig* ◊ *Alkohol, Fett, Wasser (schlecht)*

GESCHMACK

SÜSS SAUER SALZIG **BITTER** UMAMI

Bohnenkraut ist süßlich, harzig, rauchig-aromatisch und pfeffrig-scharf, mit bitteren Untertönen.

HARMONIE

BOHNENKRAUT
BASILIKUM
KREUZKÜMMEL
LAVENDEL
LORBEER
MAJORAN
MINZE
OREGANO
PETERSILIE

falls in den Kräutern Bergamotte, Majoran und Thymian sowie in den Gewürzen Ajowan, Kreuzkümmel, Koriander, Kümmel und Muskatnuss. Über die gemeinsamen Aromen bildet das Bohnenkraut eine „Schnittstelle" zu all diesen Gewürzen. Unterstrichen wird sein Geruch außerdem durch zitrusartige und mild-kampferartige Aromen, ergänzt um würzige Noten und einen leicht blumigen Duft. Es schmeckt leicht bitter und ist mitunter pfeffrig-scharf.

Vom Bohnenkraut können sowohl die Blätter und die blühenden Zweigspitzen als auch die nicht verholzten Stiele verwendet werden. Wird es frisch über das Gemüse oder den Gemüsesalat gestreut, bleiben sein ausgeprägter Geschmack und seine Schärfe erhalten – mitgekocht verschwinden die für manche etwas unangenehmen Geschmacksspitzen. In den getrockneten Blättern hat sich das blumig-frische Aroma verflüchtigt, was das Kraut kräftiger und eher bitter-würzig erscheinen lässt. Hat man Bohnenkraut nur getrocknet zur Hand, sollte man es deswegen erst am Ende der Kochzeit zugeben, sonst dominieren die Bitterstoffe. Da sich alle Aromastoffe der Pflanze in Alkohol und Fett lösen, lassen sich sowohl Essige als auch Öle mit ihnen aromatisieren.

Ganz klassisch passt Bohnenkraut natürlich zu grünen Bohnen. Am besten gart man die Bohnen bissfest, schreckt sie kurz ab und schwenkt sie in etwas brauner Butter und frischem Bohnenkraut. Über das Lösungsmittel Fett bleiben fast alle Aromen des Krauts erhalten: Das kulinarische Ergebnis ist herrlich sommerlich. Bohnenkraut passt gleichfalls zu allen anderen Hülsenfrüchten wie Erbsen oder Linsen, denen es eine frisch-herbe Note verleiht. Darüber hinaus machen seine Bitterstoffe diese Speisen leichter bekömmlich. Aus den gleichen Gründen passt Bohnenkraut auch ausgezeichnet zu Kohl.

LAMMFRIKADELLEN MIT ZUCCHINIMUS

- 500 g frisches Lammhackfleisch (oder aus der Keule selbst gewolft)
- 50 g Schafsjoghurt
- Salz
- 2 Bund frisches Bohnenkraut
- Öl zum Braten
- 1 Zwiebel
- 100 ml Olivenöl
- 500 g Zucchini

Für die Frikadellen: Lammhackfleisch, Joghurt und Salz 10–15 Minuten zu einem glatten Fleischteig kneten. Die Bohnenkrautblättchen von den Stängeln zupfen, waschen, gut trocken schütteln und die Hälfte davon gründlich unter den Fleischteig kneten. Das Öl in einer Pfanne auf 130 °C erhitzen und die Frikadellen vorsichtig auf beiden Seiten darin anbraten. Dann fertig ziehen lassen, sodass sie innen schön saftig bleiben. Dadurch, dass die äußeren Schichten einer höheren Temperatur als der Kern ausgesetzt sind, würzt man die Frikadellen mit allen Temperaturfacetten des Bohnenkrauts.

Für das Zucchinimus: Die Zwiebel schälen, würfeln und in einem Teil des Olivenöls glasig dünsten. Die Zucchini waschen, grob reiben und dazugeben. So lange dünsten, bis sie weich ist. Pürieren und dabei das restliche Olivenöl unterrühren. Die Zucchini mit dem restlichen Bohnenkraut kräftig abschmecken. Das Mus zu den Frikadellen servieren.

ROSMARIN

THYMIAN

AROMENENTFALTUNG

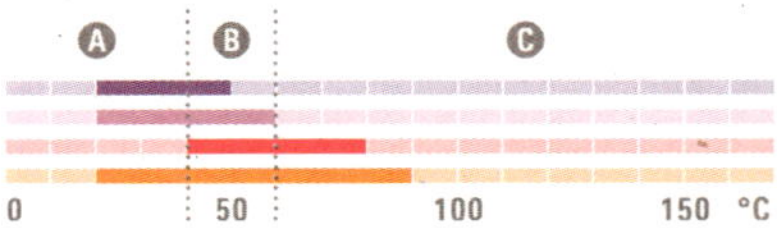

A *Frisch, kräuterig, leicht blumig*
B *Kräuterig, warm, kampferig* **C** *Eher holzig, beginnende Bitternoten*

PASST GUT ZU

Hülsenfrüchten, Kohl, Kartoffeln, Zucchini, Lamm, Schwein, Geflügel, fettem Fisch, eingelegten Gurken, Käse, Brot

LÄNDERKÜCHE

Deutschland: *Grüne Bohnen, Gänsebraten, Gewürzgurken* ***USA:*** *Truthahn* ***Bulgarien:*** *Krautrouladen, Suppen, Gjuwetsch* ***Frankreich:*** *Ratatouille*

GEWÜRZMISCHUNGEN

Fines Herbes, Herbes de Provence, Geflügelgewürz, Brotgewürz, Zatar-Mischungen

EINKAUF, LAGERUNG

Es ist den ganzen Sommer über im Supermarkt erhältlich. Kurz vor der Blüte im Juli ist das Aroma am stärksten. Frisch hält es sich im Kühlschrank bis zu einer Woche, lässt sich auch problemlos einfrieren. Getrocknet ist es noch immer aromatisch und hält sich dunkel und trocken gelagert recht lange.

Wegen der vielen übereinstimmenden Aromastoffe harmoniert Bohnenkraut gut mit den anderen kräftigen Lippenblütlern vom Mittelmeer: Basilikum, Kreuzkümmel, Lavendel, Lorbeer, Majoran, Minze, Oregano, Petersilie, Rosmarin und natürlich Thymian. Genau wie diese passt das Kraut zu Schwein, Lamm oder auch Geflügel, zu Zucchini und Kartoffeln sowie zu Suppen und deftigen Eintöpfen. Auch mit Fisch kann man es kombinieren – etwa Karpfen, Makrele, Aal oder Sardine. Wegen des bitteren Krautgeschmacks und der frischen, kräftigen Aromen sind hier wiederum besonders die fetteren Sorten geeignet. Die gemeinsame leichte Bitterkeit lässt Bohnenkraut – wie die anderen Lippenblütler – auch sehr gut mit Rotwein und Knoblauch harmonieren. Dies führt zurück zu deftigen Fleisch- und Gemüseeintöpfen: Das bulgarische Nationalgericht ***Zelevi sarmi*** (Krautrouladen) wird mit Bohnenkraut, Paprika, Zwiebeln, Dill und Petersilie gewürzt. Überhaupt setzt man in Bulgarien das Kraut als Universalgewürz ein, etwa für Suppen und Gemüseschmorgerichte wie ***Gjuwetsch***. In Nordfrankreich und England verwendet man Bohnenkraut für Käse, in Südfrankreich gibt man es zusammen mit Knoblauch und der Mischung Kräuter der Provence in die ***Ratatouille***. In den USA würzt man traditionell den Truthahn zu Thanksgiving mit Bohnenkraut – und auch in Deutschland kommt Bohnenkraut manchmal an den Gänsebraten.

Kulinarisch sind mehrere Sorten wichtig: Das einjährige Sommerbohnenkraut (Satureja hortensis) duftet feiner und kräuteriger als das herber riechende mehrjährige Winter- beziehungsweise Bergbohnenkraut (Satureja montana). Mit dieser Variante sollte man vorsichtiger dosieren. Regionale Sorten, die man auch bei uns ab und zu findet, sind das zitrusartig duftende Bergbohnenkraut aus Kroatien und Slowenien sowie das Iranische Bohnenkraut.

GESCHICHTE UND GESCHICHTEN

Bohnenkraut war schon bei den alten Römern bekannt und beliebt, die ihm eine aphrodisische Wirkung zuschrieben. Dieser Glaube hielt sich bis ins Mittelalter. Während es damals als Heilkraut für die eheliche Pflichterfüllung eingesetzt wurde, dient es heute anderen Zwecken: Es wird oft zusammen mit grünen Bohnen gepflanzt, weil es Blattläuse von den Buschbohnen vertreibt.

Borago officinalis

BORRETSCH

Borretsch wird auch als „Gurkenkraut“ bezeichnet und daher gelegentlich mit Dill verwechselt, der auch unter diesem Namen bekannt ist. Das „echte“ Gurkenkraut Borretsch kommt vor allem in Salatdressings und Salsas. Die hübschen blauen Blüten kann man ebenfalls essen.

Borretsch duftet deutlich nach Gurken. Kein Wunder: Sein Hauptaromastoff (2E,6Z)-NONA-2,6-DIEN-1-AL findet sich als dominantes Aroma in Gurken, es wird auch „Gurkenaldehyd“ genannt. Die Blüten des Borretsch duften ähnlich gurkig, sind aber etwas süßer im Geschmack als die Blätter. Deren leicht bitterer Grundton wird durch nichtflüchtige ALKALOIDE bestimmt. Bei der Verdauung dieser Alkaloide werden in der Leber Stoffwechselprodukte gebildet, die als toxisch gelten. Deshalb sollte Borretsch nicht regelmäßig und in großen Mengen verzehrt werden.

In der Küche verwendet man die kleingehackten Blätter und die Blüten, nicht die Stängel. Zum Salat oder in die Suppe wird er immer frisch gegeben. Möchte man das Kraut doch mitkochen, dann nur ganz kurz, da sich sein Aroma sonst verflüchtigt. Die frischen blauen Blüten schmecken ebenfalls. Streut man sie über den Salat, muss man sie nach dem Essig dazugeben, weil sie sich sonst verfärben.

WASSERMELONE MIT BORRETSCH

- ½ Wassermelone
- Feines Salz
- 100 ml Sherryessig
- 50 g Zucker
- 1 Bund Borretsch

Wassermelone schälen und in mundgerechte Stücke schneiden. Mit etwas Sherryessig bepinseln, leicht salzen und kalt stellen. Zucker in einem schweren Topf schmelzen und leicht karamellisieren. Mit dem Sherryessig ablöschen und reduzieren, bis ein zähflüssiger Sirup entsteht. Vom Feuer ziehen, abkühlen lassen und die Wassermelonenwürfel unterheben. Kalt stellen. Eine halbe Stunde vor dem Servieren gehackten Borretsch unterheben, nochmals 20 Minuten ziehen lassen. Mit leicht geräuchertem Ziegenfrischkäse und etwas getoastetem Bauernbrot servieren.

Die frischen Blätter sind in ihrem milden Duftspektrum sehr „einseitig“, dadurch fügt sich Borretsch zum Beispiel zur schwefligen Kresse, deren Aromen ähnlich flüchtig sind wie sein gurkenartiger Duft. Die Kombination mit Liebstöckel ist dagegen der absolute Kontrast: Dessen röstig-würzige, stark aromatische Noten liegen im Aromaspektrum sehr vom Gurkenduft entfernt. Zusammen hebt diese Kontrastierung sowohl Gemüse- als auch Obstsalate – unbedingt ausprobieren! Auch die Kombination mit Dill lebt von diesem Kontrast. Wer mehr auf ein → „Food-Pairing“ aus ist, kombiniert

(2E,6Z)-NONA-2,6-DIEN-1-AL *gurkenartig, leicht wachsig* ◊ *Alkohol, Fett* (2E,6Z)-NONA-2,6-DIEN-1-OL *fettig-nussig, gurkenartig grün* ◊ *Alkohol, Fett*

GESCHMACK

Borretsch schmeckt leicht bitter. Er duftet deutlich nach Gurken und erinnert auch an das Aroma von Wassermelonen.

HARMONIE

AROMENENTFALTUNG

A *Frische Gurkennote* **B** *Eher wachsig-fettes Aroma*

PASST GUT ZU

fettreichem Fisch, Aal, Kartoffelsalat, Quark, Joghurt, Sahne, sommerlichen Longdrinks (vor allem auf Wodkabasis)

LÄNDERKÜCHE
Deutschland: *Frankfurter Grüne Sauce*

EINKAUF, LAGERUNG, ANBAU
Borretsch wird nur gelegentlich auf Märkten gehandelt. In feuchte Tücher gewickelt, hält er sich ein paar Tage im Kühlschrank. Die rasch verwelkenden Blüten kann man für Drinks in Eiswürfel einfrieren. Man kann Borretsch recht einfach im eigenen Garten anpflanzen. Aber Vorsicht: Er sät sich selbst aus und kann ziemlich wuchern.

Borretsch mit Gurke. Auch Wassermelonen und Borretsch ergänzen sich erstaunlich gut. Sowohl das Schlüsselaroma als auch die weiteren Noten der Melone sind der Struktur des Gurkenaldehyds sehr ähnlich, sodass sich in frischen, sommerlichen Salaten Wassermelonen, Gurken und Borretsch hervorragend zusammenführen lassen. Zusammen mit Joghurt oder saurer Sahne ist das Kraut die ideale Würze für ein Gurkensalatdressing. Die grünen Aromen in Olivenöl fügen sich ebenfalls in das Aromenspektrum des Krautes ein. Ganz traditionell gehört das Borretsch zusammen mit Kerbel, Kresse, Petersilie, Pimpinelle, Sauerampfer und Schnittlauch in die Frankfurter Grüne Sauce. Da der Duft in Borretsch alkohol- und wasserlöslich ist, lässt sich das Kraut auch gut für Getränke verwenden – etwa zur Herstellung eines Borretschwodkas.

Urtica

BRENNNESSEL

Das säuerlich schmeckende Wildkraut, dessen junge Schösslinge und Blätter viel Vitamin C und Eisen enthalten, ist kulinarisch vielseitig einsetzbar: klein geschnitten als Würzkraut in Suppen oder Gemüsegerichten, aber auch in Salaten oder Reisgerichten.

VANILLINSÄURE *leicht vanillig* ◊ *Alkohol, Fett* HYDROXYBENZOESÄURE *schwach aromatisch* ◊ *Alkohol* ELLAGSÄURE *leicht adstringierend* ◊ *Wasser (schlecht)*

GESCHMACK

SÜSS **SAUER** SALZIG **BITTER** UMAMI

Die jungen Blätter und Stängel schmecken bitter-kräuterig, säuerlich – ähnlich Spinat.

HARMONIE

BRENNNESSEL
KOMBU-ALGEN
BITTERMANDEL
PARMESAN
PFEFFER
ROSMARIN

Der kräuterige Duft wilder Brennnesseln erinnert mitunter an Spinat, hat aber ein anderes Aromaspektrum. Dazu gehören VANILLINSÄURE und andere Säuren, die nur schwach aromatisch duften und sich eher durch ein leicht bitteres bis säuerliches Geschmacksbild auszeichnen. Die Blätter und Stängel der Brennnessel tragen Härchen, die Nesselgiftstoffe (Methan- oder Ameisensäure) enthalten und bei Berührung auf der Haut juckende Quaddeln verursachen. Wenn man sie beim Anfassen von unten nach oben streicht, brennen sie weniger bis fast gar nicht.

Verwendet werden nur die jungen Blätter, die älteren enthalten zu viele Gerbstoffe und schmecken dadurch bitterer. Obwohl die Aromen nicht besonders flüchtig sind, werden Brennnesseln frisch oder erst am Ende der Garzeit hinzugegeben: So bleiben die Vitamine besser erhalten. Damit sie nicht mehr an den Händen brennen, müssen die Blätter gehackt, mit Öl beziehungsweise Essig begossen, kurz überbrüht oder mit einem Nudelholz gequetscht werden: die winzigen Brennhaare brechen dann ab. Getrocknet sind sie weniger aromatisch, aber noch immer bitter und adstringierend.

Weil vor allem die Vanillinsäure fettlöslich ist, kann man mit klein gehackten frischen Brennnesseln zum Beispiel Frischkäse würzen. Dieses Gemisch eignet sich hervorragend für eine etwas andere Raviolifüllung. Auch ein Risotto mit Brennnesseln schmeckt erstaunlich gut (siehe Rezept).

RISOTTO MIT BRENNNESSEL

- 2 Karotten
- 2 EL Olivenöl
- 2 Zwiebeln, gehackt
- 2 Tassen Rundkornreis (Arborio)
- ½ Tasse Weißwein
- 4 Tassen Wasser oder Gemüsebrühe
- Saft von ½ Zitrone
- 1 große Handvoll Brennnesseln, fein geschnitten
- Pfeffer, Salz
- 4 EL Parmesankäse, gerieben

Karotten klein schneiden. Mit Olivenöl in einer Pfanne andünsten, Zwiebeln und Reis dazugeben und mit andünsten. Mit Wein ablöschen, mit etwas heißem Wasser oder Gemüsebrühe aufgießen. Ständig umrühren und immer wieder kleine Mengen Flüssigkeit nachgießen. Nach etwa 10 Minuten Zitronensaft zugeben und zugedeckt weitere 10 Minuten köcheln lassen. Bei Bedarf noch etwas Flüssigkeit zugeben. Zum Schluss die Brennnesseln unterrühren, mit Pfeffer und Salz würzen und mit Parmesan bestreuen.

Die Blätter vertragen starke Begleiter, die der herben Bitterkeit ihre eigene Schärfe oder süßlich-aromatische Noten entgegensetzen können. Für eine Suppe aus dem schmackhaften „Unkraut" werden zwei Drittel der Blätter mitgekocht, zum Schluss wird mit einem Drittel feingehackter Blätter gewürzt. Die getrockneten Blätter eignen sich hervorragend für Tee.

AROMENENTFALTUNG

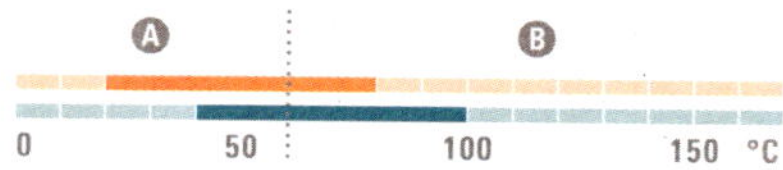

A *Frisch, leicht aromatisch, leicht säuerlich*
B *Herb, adstringierend*

PASST GUT ZU

Salaten, Suppen, Gemüse, Risotto, Ravioli, Käse

LÄNDERKÜCHE

Deutschland: *Brennnesselsuppe, Salate, Tee* ***Italien:*** *Ravioli, Risotto* ***Niederlande:*** *Brennnesselkäse*

EINKAUF, LAGERUNG

Manchmal bekommt man frische Brennnesseln auf Märkten. Man kann sie auch im eigenen Garten ziehen oder wild sammeln. Frisch geschnitten, lässt sich Brennnessel im Kühlschrank nur wenige Tage aufbewahren. Getrocknet ist sie weniger aromatisch. Trocken, dunkel und luftdicht lagern.

Anacardium occidentale

CASHEW

In Indien nennt man sie etwas unappetitlich „Elefantenlaus". Davon sollte man sich nicht abschrecken lassen, denn Cashews sind nicht nur überdurchschnittlich gesund, sondern auch besonders wohlschmeckend. Die Cashewnuss ist eigentlich der Samen des Kaschuapfels, der wiederum kein Apfel ist, sondern eine „Scheinfrucht": der verdickte Fruchtstiel des Kaschubaumes. An ihm hängt unten und außen die Cashewnuss – durchaus eine botanische Besonderheit.

Das Schlüsselaroma der Cashewnuss kommt erst durch ein Heißdampfverfahren direkt nach der Ernte zustande, mit dessen Hilfe die Nüsse von toxischen Stoffen befreit werden. Es wird durch den typischen, leicht holzig-süßlichen Duft der 2-METHYLBUTANSÄURE bestimmt. ETHYLBUTANOAT steuert ananasartige-fruchtige Noten bei. Weiterhin finden sich fruchtig-wachsige und

2-METHYLBUTANSÄURE *holzig-süßlich* ◊ *Alkohol, Wasser (schlecht)* ETHYLBUTANOAT *ananasartig-fruchtig, orangig* ◊ *Alkohol*

ETHYL-3-METHYLBUTANOAT *fruchtig* ◊ *Alkohol* HEXANAL *fruchtig, fettig, grün* ◊ *Alkohol, Fett, warmes Wasser* (E)-2-HEXANAL *fruchtig-grün* ◊ *Alkohol, Wasser (schlecht)* 2-BUTOXYETHANOL *leicht ätherisch* ◊ *Alkohol, Wasser (schlecht)* 3-METHYLBUTANOL *erdig, verbrannt, whiskyartig* ◊ *Alkohol, Fett* 2-METHYL-3-FURANTHIOL *würzig, warm, tropisch* ◊ *Alkohol, Fett*

GESCHMACK

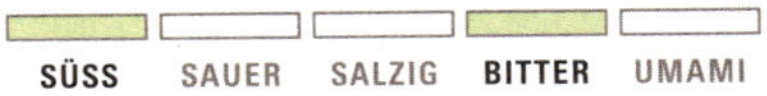

Cashewnüsse sind mandelig-süßlich mit einer tropisch anmutenden, fruchtigen Note. Sie werden im Ganzen oder gemahlen mitgekocht.

HARMONIE

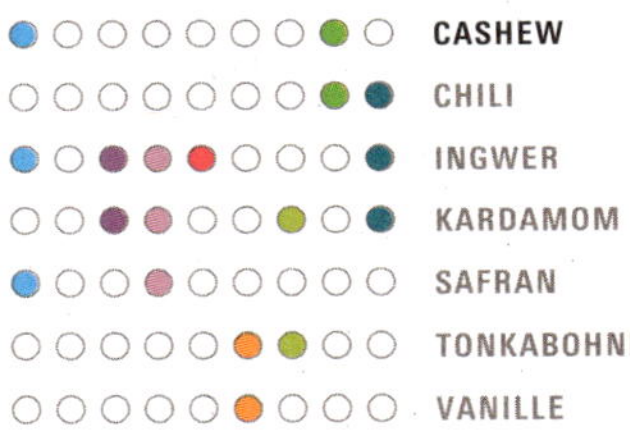

AROMENENTFALTUNG

A *Wachsig, fruchtig* B *Whiskyartig, holzig* C *Warme Röstnoten*

PASST GUT ZU

Huhn, Gemüse, Hackfleisch, Desserts

LÄNDERKÜCHE

Brasilien: *Cajuína (Kaschusaft)* ***Panama:*** *Dulce de marañón (Dessert mit Cashew)* ***Indien:*** *Feni (Schnaps), Kormas (Currys auf Joghurt-Nuss-Saucen-Basis)*

grasig-grüne Noten sowie ätherisch-alkoholische Düfte, ergänzt durch würzig-warme, man könnte auch sagen tropische Aromen. Das Fettsäurenspektrum ist definiert durch etwa 10 Prozent Palmitinsäure (C 16:0), etwa 8 Prozent Stearinsäure (C 18:0), etwa 60 Prozent Ölsäure (C 18:1), etwa 18 Prozent Linolsäure (C 18:2) und etwa 0,5 Prozent Alpha-Linolensäure (C 18:3). Der höchste Anteil liegt damit bei der einfach ungesättigten Ölsäure, wie sie auch im Olivenöl vorkommt. All diese Fettsäuren sind wenig oxidationsanfällig, weshalb Cashews länger als viele andere Nüsse haltbar sind. Im Vergleich zu Erdnüssen oder Walnüssen erscheinen Cashews milder, weicher, auch fruchtiger. Sie enthalten überdurchschnittlich viel von der essentiellen Aminosäure Tryptophan, die der Körper zum Aufbau des Neurotransmitters Serotonin braucht. Der wiederum gilt als „Stimmungsaufheller".

Cashewnüsse werden häufig geröstet. Durch den Bräunungsprozess wird das Röstaroma mit seinem würzigen, warmen Duft betont. Sie können aber auch ungeröstet verwendet werden: In indischen *Kormas* dienen sie so zum Beispiel als Verdickungsmittel.

CASHEWTRIFLE MIT APRIKOSEN UND SAFRAN

- 10 Butterkekse
- 10 Aprikosen
- Zitronensaft
- 2 EL Zucker
- Safran
- 100 ml Schlagsahne
- 1 EL Zucker für die Sahne
- Bourbonvanille
- 1 Handvoll leicht geröstete Cashew-Bruchstücke

Butterkekse brechen und in zwei Gläser füllen. Die Aprikosen waschen, entsteinen, zusammen mit dem Zitronensaft pürieren und mit Zucker und etwas Safran abschmecken. Auf den Keksbruch geben. Die Sahne steif schlagen, dabei mit Zucker und Vanille abschmecken und auf die Gläser geben. „On top" mit dem gerösteten Cashewbruch „würzen".

Die Cashewnuss ist mit ihrem relativ hohen Fettanteil ein guter Partner für Chili: Sie mildert dessen Schärfe ab, ohne seine Erdigkeit einzuschränken. Im Gegenteil, die würzig-warme, tropische Note der Cashew unterstützt diese Ausprägung in Chilis ganz hervorragend. Zusammen mit Tonkabohne ergibt sich eine spannende Ergänzung im Sinne des →Food-Completings: Sie ergänzt ihre heuartig-süßlichen Noten, was zusammen mit der Textur der Cashew so manches Dessert verfeinert. In der warmen Küche werden sie aufgrund ihres zarten, fruchtigen Aromas in eher milde gewürzten und in fruchtbetonten Gerichten eingesetzt. In fernöstlichen Wokgerichten werden sie gerne mit Huhn oder Gemüse kombiniert. Mit Hackfleisch und Cashews kann man Gemüse füllen – ähnlich wie mit

Pinienkernen. Bei diesen Kombinationen spielt auch das Mundgefühl eine große Rolle, die Variation zwischen weichen und knackigen Elementen während des Kauens. In Backwaren, Süßwaren und Desserts kommen Cashews ebenfalls vor (siehe Rezept). In unseren Breiten unbekannt, weil sehr leicht verderblich und deshalb ungeeignet für den Transport, sind die angenehm süß-sauer schmeckenden Kaschuäpfel. Sie werden in Guatemala und Mosambik zu Wein vergoren, in Indien wird aus ihnen Schnaps gebrannt und in Brasilien ein sehr beliebter Fruchtsaft hergestellt, der leider ebenso nicht exportiert wird. In einigen Bioläden bekommt man die Früchte bei uns in getrockneter Form. Sie erinnern im Geschmack an getrocknete Äpfel, man kann sie wie anderes Trockenobst als süßsauren Snack essen.

EINKAUF, LAGERUNG

Cashews sind eine der meistverkauften Nussarten weltweit, auch wenn sie relativ teuer sind. Man bekommt sie ungesalzen, gesalzen, mit Schokolade überzogen oder kandiert als süßen Snack. Cashews sind zwischen mehreren Wochen und einigen Monaten haltbar. Bisweilen gibt es sie auch als Mus (Butter) zu kaufen. In Bioläden findet man inzwischen manchmal getrocknete Kaschuäpfel.

Agaricus campestris
ZUCHTCHAMPIGNON

CHAMPIGNON

Der einfachste und immer verfügbare Speisepilz ist der Champignon. Im Sommer und Herbst findet man ihn als wilden Wiesenchampignon (Egerling) oder das ganze Jahr über als Zuchtchampion in weißen oder braunen, großen oder kleinen Varianten. Sie dienen nicht nur als Beilage für viele Gerichte, sondern sind – als natürlicher „Geschmacksverstärker" mit umami-Geschmack und wegen ihres Aromas – auch ein hervorragendes Gewürz.

Der Geruch frischer Champignons wird oft mit feuchter Boden, Mandeln, leicht schimmelig bis muffig, mit einem Hauch Kork beschrieben. Für diese Duftnoten ist der Aromastoff (R)-1-OCTEN-3-OL verantwortlich. Die typischen Pilzaromen entstehen erst während des Kochens: Werden die Champignons erhitzt, oxidiert der Aromastoff zu 1-OCTEN-3-ON, dessen Geruch eindeutig pilzig ist. Des Weiteren wirken im Champignonaroma streng erdige, fast leicht verbrannt riechende Noten und ein nussig-feuchter, erdig-holziger Duft mit.

Wie fast alle Pilze sollte man Champignons nicht waschen, sondern mit einem Tuch abreiben. Andernfalls nehmen sie über ihre poröse Struktur Wasser auf und verlieren deutlich an Aroma. Ihre Verwendung in Pilzgerichten ist bekannt – sie lassen sich aber auch, getrocknet und zu Pulver zermahlen, als „Champigongewürz" pur oder in einer Gewürzmischung verwenden. Dazu werden geputzte Champignons – es reichen auch die abgeschnittenen Stiele – geviertelt und auf Backpapier oder einer Backmatte im Ofen bei Heißluft bei 45 °C mindestens 5–6 Stunden getrocknet. Als Alternative bietet sich ein Dörrautomat an. Anschließend pulverisiert man sie in einem Mörser oder im Thermomix. Die Pilze können angebraten oder blanchiert auch gut in Öl oder Essig eingelegt werden.

Wie viele andere Pilze können Champignons frisch wie getrocknet als natürlicher „Geschmacksverstärker" in Speisen eingesetzt werden (→ Abschmecken: umami, Seite 43). Ein beliebtes Gericht sind etwa gebratene

(R)-1-OCTEN-3-OL *muffig, pilzartig, schimmelig* ◊ *Alkohol, Fett* 1-OCTEN-3-ON *pilzig, metallisch, leicht orangig* ◊ *Alkohol, Fett* 3-METHYLBUTANAL *holzig, nussig* ◊ *Alkohol, Fett*

GESCHMACK

SÜSS SAUER SALZIG **BITTER** **UMAMI**

Je nach Sorte erinnern Champignons an Anis, Mandeln oder riechen erdig – getrocknet als Würzpulver steuern sie eine angenehme umami-Note bei.

HARMONIE

CHAMPIGNON
ESTRAGON
KNOBLAUCH
PETERSILIE
PFEFFER

AROMENENTFALTUNG

A *Eher rohes Pilzaroma* **C** *Erdig, leicht muffig* **B** *Typischer Champignonduft, herzhaft*

PASST GUT ZU

Fleisch, Fisch, Käse, Eiern, Pasta, Suppen

LÄNDERKÜCHE

Deutschland: *Champignoncremesuppe, Omelettes* ***Italien:*** *Pastasaucen, Risotto* ***Frankreich:*** *Bœuf Stroganoff (Ragout)*

EINKAUF, QUALITÄTEN, LAGERUNG

Die angebotenen Champignons sind fast immer Zuchtpilze. Neben den weißen gibt es auch braune und gelbbraune Sorten. Manchmal bekommt man auch die wilden Sorten Wiesenchampignon, Waldchampignon und den seltenen Anis-Champignon. Die gekauften frischen Pilze sollte man aus der Plastikfolie entfernen, damit sie kein Wasser ziehen. Diejenigen aus Dosen oder Gläsern haben kaum noch Aroma. Das Pilzpulver wird in Schraubgläsern verschlossen aufbewahrt. Vor Feuchtigkeit schützen. Mittlerweile bieten manche Blumengeschäfte Pilzkulturen für den Hausgebrauch an, sodass man immer frisch ernten kann.

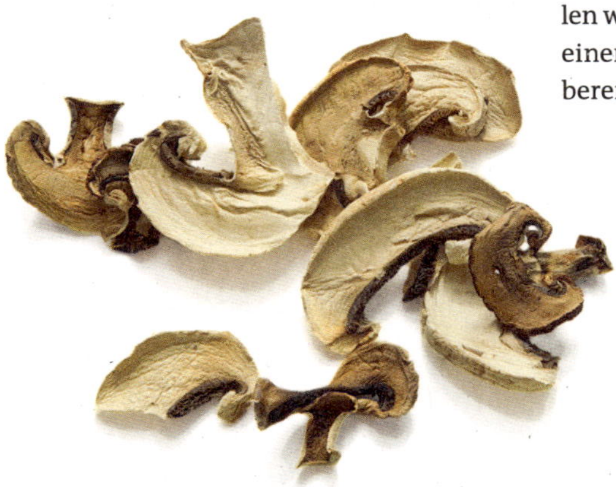

CHAMPIGNONOMELETTE

- 500 g Champignons
- Olivenöl
- 2 Eier
- 1 Msp. Backpulver
- 1 TL Champignonpulver
- Salz, Pfeffer

Die Champignons abbürsten und in feine Blätter schneiden. Olivenöl in einer Pfanne erwärmen und die Pilze darin anbraten, bis alles Wasser verdampft ist. Die Eier mit Backpulver, Champignonpulver und Salz aufschlagen und über die Champignons gießen. Stocken lassen und heiß servieren. Vor dem Servieren nochmals mit frisch gemörsertem grobem Pfeffer nachwürzen.

Champignons und Zwiebeln, mit viel frischer Petersilie. Während in der Pfanne auf natürliche Weise Glutaminsäure entsteht und für einen herzhaften umami-Geschmack sorgt, ergänzt das frische Kraut die Komposition um schwer-würzige sowie grasige Töne. Alternativ können dazu auch mediterrane Kräuter wie Thymian, Majoran, Salbei, Estragon oder Oregano verwendet werden. Das Champignonpulver lässt sich gut in Saucen und Suppen einsetzen, denen es eine pilzige umami-Note verleiht. Die pilzigen Aromen lassen sich dabei je nach Vorliebe durch schweflig-scharfe Noten erweitern, die sich etwa in frischem Knoblauch, Kresse, Bärlauch und Schnittlauch finden. Mit oder ohne diese Kräuter gibt das Pilzpulver auch Omelettes und Risotti eine herzhafte Note. Selbst Gewürzmischungen gibt Pilzpulver herzhafte Noten und seinen typischen muffig-pilzartigen Duft, der in Tomatensaucen und Bratensaucen Anwendung findet. Etwas Pilzpulver mit Schwefelsalz zum Beispiel, über pochierte oder weich gekochte Eier gestreut, lässt das Herz höher schlagen.

GESCHICHTE UND GESCHICHTEN

Champignons werden seit der Mitte des 17. Jahrhunderts gezüchtet, als Pariser Gärtner entdeckten, dass sich der Feld- und Wiesenchampignon, der am Hofe Ludwigs XIV. als exklusive Delikatesse galt, in dunklen Gewölben und Kellern anbauen ließ. Erst zu Beginn des 20. Jahrhunderts entstand jedoch eine nennenswerte Champignonzucht. Immer mehr Produktionsbetriebe ließen die beliebten Pilze in abgedunkelten und klimatisierten Spezialhallen wachsen, in denen rund ums Jahr geerntet werden konnte. So wurde aus einem luxuriösen Edelpilz ein erschwinglicher und unkompliziert zuzubereitender Pilz für alle.

Capsium (THAI)

CHILI

Wenn's mal richtig scharf sein darf, greift man auch in Europa immer öfter zu Chilis – allzu lange standen diese Scharfmacher hierzulande im Schatten des Pfeffers. Meisterhaft würzt die mexikanische Küche mit diversen Chilisorten, die abgesehen von ihrem Schärfegrad auch im Aroma ganz unterschiedlich sind. In Mexiko wie in den USA gibt es sogar Chili-Fangemeinden und Chili-Feste.

Der Scharfmacher in Chili ist das CAPSAICIN. Der Stoff regt keine Geschmacksrezeptoren an, sondern signalisiert den Enden des Trigeminusnervs im Mundraum die Reize „warm" und „Schmerz": Dieser Reiz wird als „scharf" interpretiert. Der Schärfegrad der Chilis wird in Scoville-Graden angegeben (→ Reizen des Trigeminusnervs, Seite 50). Hat man seinen Gaumen an die atemberaubende Schärfe der meisten Sorten gewöhnt, entdeckt man ihren Aromareichtum: Das Aroma frischer Chilis liegt meist im erdig-fruchtigen Bereich, wofür vor allem 2-ISOBUTYL-3-METHOXYPYRAZIN verantwortlich ist. Je nach Sorte lassen sich innerhalb dieses Bereichs unterschiedlichste Duftnuancen wahrnehmen. Deshalb – und nicht nur wegen ihrer Schärfe – können viele von Chilis nicht genug bekommen.

Chilis gibt es frisch, getrocknet oder eingelegt, wobei jede dieser Varianten ihren eigenen Reiz hat. Zur groben Orientierung gilt die Faustregel: Je kleiner die Schote, desto schärfer – und die gelben Sorten sind milder als die roten oder grünen. Das Capsaicin steckt in den Kernen und vor allem in den Trennwänden. Je mehr man davon in der Küche wegschneidet, desto „milder" werden sie. Es ist ratsam, beim Verarbeiten Küchenhandschuhe zu tragen, denn das Capsaicin reizt auch die Schmerzrezeptoren an den Händen – und Augen. Frische Chilis verlieren ihren fruchtig-erdigen Duft beim Kochen, da dieses Aroma stark flüchtig ist. Deshalb werden sie in Salaten, Salsas und kalten Saucen, in denen es auf ihr zusätzliches Aroma ankommt, meist roh und fein gehackt eingesetzt und den gekochten Gerichten erst am Schluss zugegeben. Legt man frische Chilis in Honig ein, maskiert man ihre Schärfe ein wenig, wodurch ihr erdig-fruchtiges Grundaroma mehr in den Vordergrund treten kann. Röstet man hingegen Chilis ohne Fett in der Pfanne, intensiviert sich die Schärfe: Die Aromen verflüchtigen sich, das Wasser verdampft – und die Konzentration des Capsaicins wird somit erhöht. Sie dürfen jedoch nicht zu lange erhitzt und gebräunt werden, da sie durch zu viele neu gebildete Röststoffe einen bitteren Beigeschmack erhalten. Auch beim Trocknen der Früchte entweichen Wasser und Aromen, daher sind getrocknete Chilis schärfer als frische. Werden die getrockneten Chilis geräuchert, bekommen sie Rauch- und Röstaromen. Getrocknete Chilis kann man vor der Verwendung einweichen und in Streifen schneiden, sonst können sie eine ungewollt knusprige Textur in Speisen einbringen. Oder man legt sie in Öl ein, um ein wunderbar aromatisches Chiliöl zu

2-ISOBUTYL-3-METHOXYPYRAZIN *erdig, grünpfeffrig* ○ *Alkohol, Fett* CAPSAICIN *scharf* ○ *Alkohol, Fett*

GESCHMACK

SÜSS SAUER SALZIG **BITTER** UMAMI

Chilisorten unterscheiden sich in Schärfegrad und Aroma – beim Trocknen oder Erhitzen bleibt nur die reine, neutrale Schärfe.

HARMONIE

CHILI
AMCHOOR
ASANT
CRANBERRY
GALGANT
OREGANO
PARAKRESSE
PAPRIKA
VANILLE
YUZU

AROMENENTFALTUNG

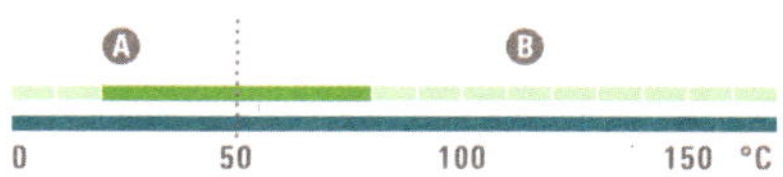

A *Erdige Aromen, Schärfe* **B** *Schärfe wird mehr betont, Schärfe wird (durch höhere Temperatur) noch dominanter*

C

PEPERONI GRÜN

PEPERONI ROT

PASST GUT ZU

Eintöpfen, Suppen, Gemüse- und Fleischgerichten, Fisch und Meeresfrüchten, Saucen, Früchten oder Käse, Schokolade

LÄNDERKÜCHEN

Mexiko: *Moles* **USA:** *Chili con carne* **Italien:** *Spaghetti aglio, olio e peperoncino, Penne all'arrabbiata* **Thailand:** *rotes, grünes oder gelbes Curry* **Frankreich:** *Bouillabaisse mit Rouille* **Tunesien:** *Harissa* **Südindien/Sri Lanka:** *Currys* **Indonesien:** *Gerichte der Padang-Küche* **China:** *Feuertöpfe (huo guo)* **Korea:** *Kimchi (Kohlpickles)*

GEWÜRZMISCHUNGEN

Indische Masalas, amerikanische BBQ-Mischung, äthiopische Harissa-Paste, marokkanisches Ras el-Hanout, japanisches Shichimi togarashi, mexikanische Achiote-Sauce, Moles, Mojos, Salsas, karibische Würzpasten, indonesische Sambals, thailändische Currypasten, jemenitisches Zhug

EINKAUF, QUALITÄTEN, LAGERUNG

Viele frische Sorten gibt es im Asiashop und in türkischen Lebensmittelläden, getrocknete Sorten auch in mexikanischen Delikatessläden oder im Versand. Supermärkte bieten oft gemischte abgepackte Chilis an. Oder man züchtet sie als Balkon- oder Zimmerpflanze selbst. Frisch sind sie im Kühlschrank einige Wochen haltbar, sie verlieren ein wenig an Aroma, aber nicht an Schärfe. Zum Einfrieren eignen sie sich nicht. Man kann sie aber trocknen, dann lassen sie sich jahrelang aufbewahren. Es gibt grob auch zerstoße Chiliflocken zum Streuen oder gemahlenes Chilipulver, das aber auch andere Würzmittel enthalten kann.

bekommen. Große dickfleischige, getrocknete Chilis mit dünner Haut (Ancho oder Mulato) kann man mit Fleisch, Reis oder Gemüse füllen und im Ofen backen. Mildere Sorten werden gerne in Essig oder *„en escabeche"*, in einer sauren Marinade, eingelegt und als Pickles genossen. Chilipulver ist zwar einfacher zu dosieren, das Aroma verfliegt allerdings viel schneller als bei getrockneten ganzen Schoten.

SCHOKOLADE KALT-HEISS

100 g Dunkle Schokolade

30 ml Sonnenblumenöl

½ TL Chilipulver

Schokolade bei 45 °C schmelzen, mit möglichst geschmacksneutralem Sonnenblumenöl vermengen und sehr fein gemahlenes Chilipulver einrühren. Alles gut verrühren. In kleinen Portionen erstarren lassen und im Eisfach auf –18 °C abkühlen lassen. Beim Genießen der eisgekühlten Schokolade entsteht durch das Chilipulver ein sehr angenehmes kalt–warm/scharfes Mundgefühl.

Als Küchenzutat können Chilis nicht ersetzt werden. Kaum ein Pfeffer oder anderer Scharfmacher weist dieselben Schärfequalitäten auf. Selbst scharfe Paprikasorten wie etwa Rosenpaprika oder ***Piment d'espelette*** liefern, sofern sie als Pulver verwendet werden, stets eine süßliche Komponente mit, die nicht in jedem Fall erwünscht ist. Der Vorteil des Capsaicins ist seine Neutralität: Wenn Chilis erhitzt werden und sich ihre je nach Sorte vorhandenen fruchtigen Aromen verflüchtigt haben, liefern sie reine Schärfe. Die Schoten fügen sich daher problemlos in die meisten Speisen ein: wohldosiert überdecken sie keine Aromen, ergänzen aber einen neuen Sinnesreiz. Obwohl Chili botanisch nicht mit Vanille verwandt ist, besteht chemisch eine Verbindung zwischen Capsaicin und Vanillin. Aus dieser Art Verwandtschaft und dank der Fettlöslichkeit des Capsaicins ergeben sich aufregende Kombinationsmöglichkeiten: Schon die Azteken tranken ***Xocóatl***, eine Mischung aus Wasser, Kakao, Vanille und Chilipulver. Noch heute gibt es in Mexiko die berühmte scharfe Schokoladensauce (→ ***Mole poblano***), und neuerdings greifen auch hiesige Chocolatiers diese Kombination auf.

SCHÄRFEGRADE

Scharf ist nicht gleich scharf. Es gibt auch milde bis wenig scharfe Chilis, zudem hängt die Empfindung von der eigenen Capsaicintoleranz ab. Beinahe jedes Jahr werden neue Züchtungen gemeldet, bei denen noch höhere Scoville-Grade gemessen werden. Der Wert von Pfefferspray liegt übrigens bei 2–5 Millionen Scoville, reines Capsaicin misst 15–16 Millionen. Die Skala greift nicht für Pfeffer: Er reizt andere Rezeptoren des Trigeminusnervs – streng genommen erzeugt Piperin eine „andere" Schärfe als Capsaicin.

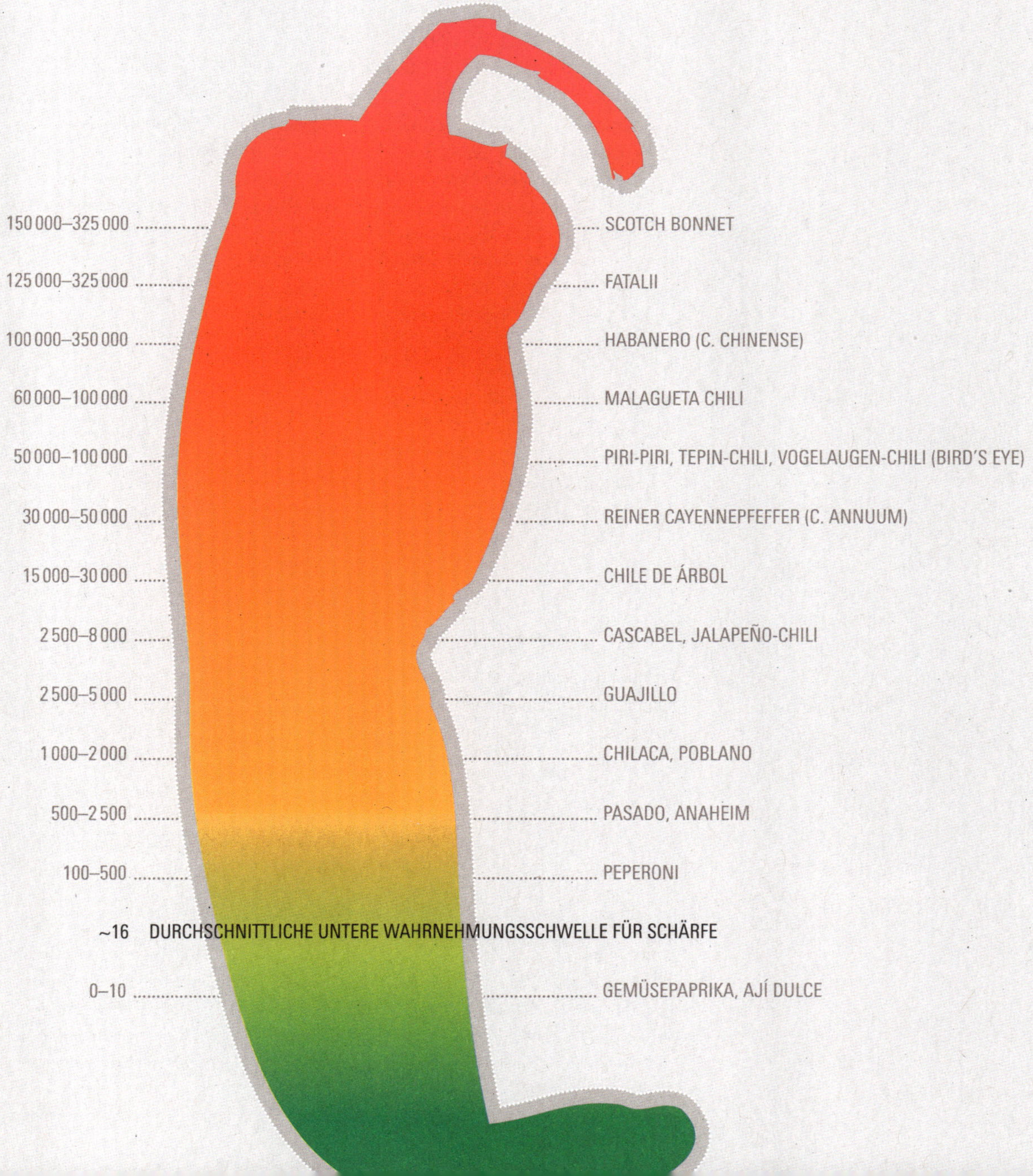

DIE WICHTIGSTEN SORTEN

AJÍ AMARILLO: *Gelbe Hochland-Sorte, in Peru frisch und getrocknet (als* ***Cusqueño****) weit verbreitet. Scharf mit Rosinenaroma.*

AJÍ DULCE: *Süß, mild und moschusartig. Die Sorte wird in Mittelamerika, Kolumbien und Venezuela viel verwendet, vor allem zu Bohnen.*

ANAHEIM, PEPERONI, NEW MEXICO: *So heißen die etwas größeren, bis zu zehn Zentimeter langen Früchte, die man häufig in einheimischen und türkischen Lebensmittelgeschäften sieht (grün und rot). Die grünen sind sehr mild, die roten etwas schärfer.*

BHUT JOLOKIA, NAGA-JOLOKIA: *Die nordindische Sorte hat die Habanero-Variante* ***Red Savina*** *2006 als schärfste Chili der Welt verdrängt – doch auch sie wurde bereits von der* ***Trinidad Scorpion*** *überholt. Die Früchte werden durch Einlegen oder Räuchern haltbar gemacht.*

CASCABEL, „RASSEL"-CHILIS, KIRSCHPAPRIKA: *Die Früchte sind rund, mittelscharf, haben ein nussartiges Aroma mit Tabaktönen und die Samen rasseln beim Schütteln. Sie eignen sich für mexikanische Suppen, Tomatensaucen, Salsas und Eintöpfe. In Ungarn heißen sie* ***Kirschpaprika*** *und werden oft eingelegt.*

CAYENNE: *Sie sehen aus wie dicke Finger, sind immer rot und scharf. Cayenne ist Bestandteil des gemahlenen* ***Cayenne-Pfeffers****, der aber noch aus vielen weiteren Chilisorten besteht.*

CHILACA: *Die Sorte ist schlank, tiefrot und glänzend mit Längsfurchen, ziemlich groß und bis zu 22 cm lang. Ihr Aroma erinnert an Lakritze, sie sind nicht besonders scharf.*

GESCHICHTE UND GESCHICHTEN

Wenn man als Mitteleuropäer in Läden für südamerikanische Spezialitäten vor den Großpackungen an roten und grünen Chilis steht, kann man nicht begreifen, wie man diese Mengen innerhalb einer überschaubaren Lebensspanne ohne gesundheitliche Schäden verzehren kann. Das dachten wohl auch die Europäer, als Kolumbus und andere Seefahrer ihnen Chilis aus der Neuen Welt mitbrachten: Sie blieben im 16. und 17. Jahrhundert bei ihrem sündhaft teuren Pfeffer, während sich die Afrikaner und Asiaten zu wahren Chilifans entwickelten. Über den Umweg Indien und Balkan erreichte der Chili dank der Türken dann doch noch Europa. Mittels Züchtung entstanden vor allem in Ungarn immer mildere Sorten: Ende des 19. Jahrhunderts schließlich der gänzlich schärfefreie Gemüsepaprika (→ Paprika).

Immer beliebter wird bei uns der eigene Anbau von Chilis — auf dem Balkon, der Terrasse oder selbst in der Wohnung. Die Büsche sehen hübsch aus und es macht Spaß, dem Farbenspiel der reifenden Früchte zuzusehen: von hellgrün über dunkelgrün bis zu gelb, orange, rot, manchmal auch dunkelbraun, und zwar das ganze Jahr über. Im Zimmer muss man nur mit einer Feder bei der Bestäubung nachhelfen. Und viel gießen.

EXTRA: CHILI-KULT

Chilis können süchtig machen: Als Reaktion auf die Schärfe werden körpereigene Stimmungsaufheller, Endorphine, freisetzt. Daraus hat sich vor allem in den USA ein regelrechter Kult um die scharfe Schote entwickelt: „Chiliheads" bauen ihre eigenen Pflanzen an und rühren sich ihre eigenen, höllisch scharfen Saucen zusammen. Ihnen geht es in erster Linie um die Schärfe – und wer am meisten davon verträgt.

In traditionellen Chili-Anbaugebieten finden regelmäßig Volksfeste rund um die Chilipflanze statt. Die kalabrische Stadt Diamante feiert jährlich das „Peperoncino Festival", in Hatch (New Mexico) wird die Ernte mit dem „Chile Festival" gefeiert und aus Frankreich ist die „Fête du Piment" der Ortschaft Espelette bekannt.

EXTRA: WENN ES BRENNT

Auch wenn das Capsaicin nicht wasserlöslich ist: Wasser trinken ist trotzdem zu empfehlen, weil die gereizten Schleimhäute viel Flüssigkeit brauchen. Im indischen Restaurant sollte man am besten das Joghurtgetränk Lassi bestellen: Joghurt und andere Milchprodukte löschen den schlimmsten Brand, da Milchproteine Bindungsstellen für das Capsaicin haben. Zugleich löst deren Fett die Schärfe.

DIE WICHTIGSTEN ARTEN

Chilis sind reich an Vitamin C, regen wie viele Gewürze den Appetit an und haben nach der ersten Schärfe auf den Körper eine kühlende Wirkung, da sie schweißtreibend sind. Das macht sie gerade in heißen Ländern so beliebt. Botanisch unterscheidet man drei wichtige Arten: Capsicum annuum, C.

MEXIKANISCHE EIER (4 PERSONEN)

- 100 g gewürfelte Zwiebel
- 4 Knoblauchzehen, fein gewürfelt
- 2 frische rote Chilischoten
- 50 ml Olivenöl
- 400 g gewürfelte Tomaten (cœur de boeuf)
- 200 ml Tomatencoulis (selbst gemacht)
- Salz, Pfeffer, 20 g mittelscharfer Senf
- Frisch geriebene Zitronenschale (unbehandelt)
- 4 Eier

Eine halbe Chilischote in sehr feine Ringe (Fäden) schneiden und im Ofen oder Dehydrator bei 40—45 °C trocknen. Die Zwiebel in dem Olivenöl anschwitzen, bis die Würfel ihr Wasser verloren haben und zu bräunen beginnen. Knoblauch unterrühren, 2 Minuten weiterdünsten. Tomatenwürfel sowie die restlichen roten Chilis dazugeben — je nach gewünschtem Schärfegrad entweder die geschlossenen Schoten, die aufgeschlitzten und entkernten Schoten oder die ganze Chili mit Kernen und klein gewürfelt, um die Schärfe voll zu extrahieren. Weiterdünsten, bis die Chilis ihre Aromen freigeben. Dann mit dem Tomatencoulis ablöschen und etwa 15 Minuten köcheln lassen. Zum Schluss mit Salz, Pfeffer, Senf und der geriebenen Zitronenschale abschmecken und sehr heiß in vier vorgewärmte runde Gratinförmchen geben. Über jedes Förmchen ein Ei schlagen (wie ein Spiegelei) und durch die Wärme von unten garen lassen. Das Eigelb zur Dekoration mit einigen Chilifäden bestreuen.

BHUT JOLOKIA

NAGA JOLOKIA

GUAJILLO

GUAJILLO (GETROCKNET)

Geröstet und geschält gibt man sie in Mexiko in Gemüsegerichte, zu Käse und in Saucen. Sie sind auch eingelegt erhältlich, die getrocknete Version heißt **Pasilla***.*

CHILE DE ÁRBOL: *Sie sind leuchtend rot, schmal, spitz und geschwungen. Anders als andere Sorten behalten sie ihre Farbe nach dem Trocknen und werden daher häufig getrocknet angeboten. Die Sorte ist ziemlich scharf, aromatisch ähnelt sie* **Cayenne***.*

CHILE GÜERO, XCATIC: *Von eher blassem Grün bis hin zu gelber Farbe, vergleichsweise groß, dabei leicht gedrungen. Ihr Aroma ist mild-scharf und ausgeprägt blumig.*

CHIPOTLE: *So wird die geräucherte, getrocknete* **Jalapeño** *genannt. Sie ist runzlig und ledrig im Aussehen, mit rauchigem und schokoladigem Aroma, ziemlich scharf.*

FATALII: *Eine afrikanische Sorte, die mit der* **Habanero** *verwandt ist. Sie duftet zitrusartig. Auffällig ist die ausgeprägte Spitze der Früchte. Fatalii lassen sich gut trocknen, weil sie dünnwandig sind.*

GUAJILLO: *Ursprünglich peruanisch, sind sie heute in Mexiko sehr beliebt. Sie haben getrocknet eine glatte Haut, sind kastanienfarbig mit Brauntönen. Ihr Aroma ähnelt dem von grünem Tee, sie sind säuerlich, bitter und scharf. Die Chilis kommen in vielen* →**Salsas** *vor, für Enchiladas werden sie eingeweicht. Guajillos geben einem Gericht auch Farbe.*

GUINDILLA: *Sie ist spanischen Ursprungs, es gibt sie getrocknet und geräuchert. Guindilla ist mittelscharf mit süßem Aroma, weshalb sie sich für Fischgerichte eignet. Sie wird im Ganzen mitgekocht und vor dem Servieren entfernt.*

frutescens und C. chinense. Die meisten Sorten und auch der Gemüsepaprika gehören Capsicum annuum an: Charakteristisch ist, dass die Früchte meist einzeln nach unten hängen. Bei C. frutescens können pro Verzweigungspunkt ein bis zwei, selten vier Früchte nach oben stehen. Zu dieser Sorte zählen Tabasco und Vogelaugenchilis. Zur schärfsten Sorte, C. chinense, zählen Habanero, Scotch Bonnet und Bhut Jolokia. Neben diesen drei Arten existieren noch die kälteresistenten C. pubescens und C. baccatum aus dem peruanischen Hochland.

In den Andenländern nennt man Chili Ají. Andere weltweit gebräuchliche Namen und Synonyme sind: Peperoni, Pfefferoni, Pfefferschote, Roter/Spanischer Pfeffer, chillies, chile, piment, piment fort, piment rouge und peperoncino.

PASILLA (CHILACA, GETROCKNET)

CAYENNE

MULATO

CASCABEL (GETROCKNET)

CHIPOTLE MORA

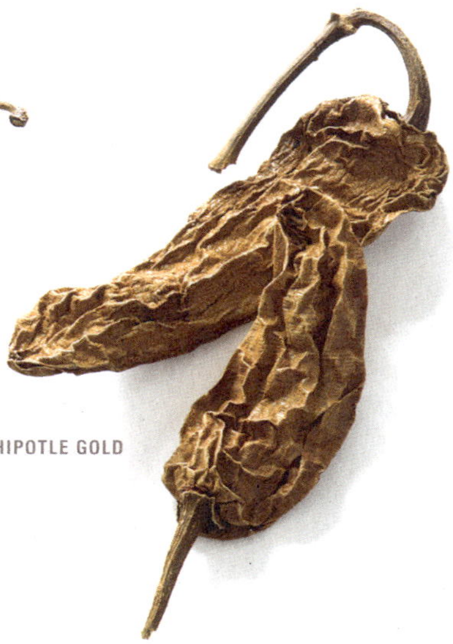

CHIPOTLE GOLD

HABANERO: *Diese Sorte von der Halbinsel Yucatán galt lange als die schärfste der Welt – besonders die Zuchtsorte Red Savina. Meist sind sie gelb oder orange, sehen aus wie stark gefaltete Minipaprikas und werden deshalb auch* **Lampionchilis** *genannt. Es gibt auch rote Habaneros, die stammen aus der Karibik. Habaneros eignen sich besonders gut, um ein sehr scharfes, aber auch tropisch-fruchtiges* **Chiliöl** *herzustellen. Man kocht sie oft kurz im Ganzen mit und nimmt sie dann wieder heraus. „Der Habanero geht durch den Topf", sagt man in Mexiko.*

JALAPEÑO, MORITA: *Die grünen Chilis werden noch unreif geerntet. Sie können sehr scharf sein und haben ein dickes, saftiges Fruchtfleisch. Werden sie reif und rot geerntet und dann getrocknet, nennt man sie* **Morita***: Sie sind weniger scharf und dafür süßer. Eingelegt heißen sie „en escabeche" und sind in Dosen zu kaufen.*

KASCHMIR-CHILI, LAL MIRCH: *Die Sorte wird nicht nur in Kaschmir, sondern auch in anderen Teilen Indiens angebaut und heißt dort Lal Mirch. Die Chilis sind tiefrot und schmecken süß und mild-scharf.*

MALAGUETA: *Sie sind blass, grünlich, dünnfleischig und winzig. Die Sorte stammt aus Bahia in Brasilien und ist in der afrobrasilianischen Küche und als Würzsauce sehr beliebt. In Portugal heißen auch kleine in Essig eingegelegte Chilis Malagueta.*

MULATO: *Ähnlich wie* **Ancho** *eine getrocknete* **Poblano***, aber rauchiger im Aroma. Die Sorte ist für →***Moles** *(scharfe mexikanische Saucen) geeignet.*

NYORA, ÑORA: *Eine spanische Sorte, dunkelrot mit glatter Haut. Getrocknet und geräuchert für Reisgerichte und Eintöpfe* *geeignet, auch für eher milde Saucen und →**Salsas**. Sie haben ein erdiges Aroma.*

PASADO: *Die mittelscharfen Pasados erinnern im Aroma an Apfel, Sellerie und Zitrone. Sie eignen sich für mexikanische Suppen und Eintöpfe.*

PASILLA: *Die getrocknete Version von **Chilaca**. Sie sind eher mild und schmecken nach Beeren. Zu Meeresfrüchten und →**Moles** passen sie gut.*

PEPERONCINO: *In der Form schlank, grün, runzlig und oft gekrümmt. Im Aroma süßlich-scharf – sie sind als Pickles auch bei uns sehr beliebt.*

PEQUIN, PIQUIN: *In Mexiko und Texas verbreitete kultivierte Urform der **Tepin-Chilis** (Spanisch „pequeno" heißt „klein"). Da die erbsenförmigen, nur einen Zentimeter großen, scharfen Früchte auch gern von Vögeln gefressen werden, wird diese Chilisorte in den USA auch **Bird Pepper** genannt.*

PERI PERI, PIRI PIRI: *So nennen die Portugiesen die kleinen Chilis. Sie werden in den ehemaligen portugiesischen Kolonien angebaut und sind in ganz Afrika als **Jindungo-Chili** sehr beliebt.*

POBLANO, ANCHO: *Sie sind bis zu zehn Zentimeter groß und werden noch grün geerntet. Getrocknet heißen sie Ancho und haben eine runzlige Haut. Sie schmecken und duften süß, fruchtig und mild nach Pflaumen und Tabak und werden an die berühmten →**Moles** gegeben. Man kann sie auch füllen. Als Ersatz lässt sich die türkische Sorte **Dolmalik** verwenden.*

RAWIT: *Indonesische, sehr scharfe Chilisorte, die in ganz Asien ähnlich wie die **Vogelaugen-Chili** verbreitet ist.*

HABANERO (GETROCKNET)

HABANERO

SCOTCH BONNET

RAWIT

TABASCO (GETROCKNET)

JALAPEÑO

JALAPEÑO (GETROCKNET)

PEQUIN

ANCHO

THAI (GETROCKNET)

SCOTCH BONNET: *Eine karibische Zuchtform. Der Name, zu deutsch „Schottenmütze", spielt auf die Form der Früchte an. Sie sind fast so scharf wie die* ***Habaneros*** *mit aprikosenartigen, fruchtigen Aromen. Passen gut zu tropischen Früchten und werden in karibischen Gerichten verwendet.*

SERRANO: *Sie sehen etwas gedrungener als die* ***Jalapeños*** *aus. Rote und grüne Sorten variieren stark in der Schärfe, sie können sehr scharf sein! Es gibt sie auch in gelbgrün.*

TABASCO: *Die etwa vier Zentimeter langen, spitz-ovalen Früchte wachsen aufrecht am Strauch. Sie sind brennend scharf. Vermischt mit Salz und Essig, sind sie namensgebend für die* →***Tabasco-Sauce****.*

THAI-CHILI: *Die dünnen, etwa vier Zentimeter langen Schoten haben eine sehr charakteristische Chili-Form. Sie können sehr scharf sein und in dieser Eigenschaft gut andere scharfe Sorten ersetzen. In scharfen asiatischen Gerichten sind sie ein Muss.*

VOGELAUGEN-CHILI: *Eine kleine, äußerst scharfe Chilisorte aus Thailand mit langem Stängel. Es gibt sie in Rot, Grün oder Orange. Sie ist Teil der Chili-Sauce süß-sauer.*

VOGELAUGEN-CHILI

CRANBERRYS, GETROCKNET

Die aus Nordamerika stammende Cranberry, auch Kulturpreiselbeere oder Moosbeere genannt, gehört zur den Heidekrautgewächsen. Die auffällig rote Beere schmeckt herb-säuerlich, deutlich anders und saurer als die verwandte europäische Preiselbeere. Beliebt ist sie vor allem in ihrer Ursprungsgegend, wo sie in süßen wie herzhaften Gerichten eingesetzt wird. Bei uns wird sie wegen ihres hohen Vitamingehalts und der markanten Säure immer populärer.

Vaccinium macrocarpon

BUTANAL *fruchtig-stechend ◊ Alkohol* 1-OCTEN-3-OL *muffig, pilzartig, schimmelartig ◊ Alkohol, Fett* α-TERPINEOL *zitrusartig, fliederartig, etwas terpentinartig ◊ Fett, Wasser* LIMONEN *orangenartig, terpentinzitronenartig ◊ Alkohol, Fett* P-CYMOL *holzig, terpentinartig, zitrus ◊ Alkohol, Fett* 1,8-CINEOL[T] *Eukalyptus, kampferartig, kühlend ◊ Alkohol, Fett* ETHYLBENZOAT *mild-aromatisch, süßlich ◊ Alkohol, Fett* QUERCETIN *adstringierend ◊ Alkohol, (Essig-)Säure, Fett*

GESCHMACK

SÜSS SAUER SALZIG BITTER UMAMI

Die tiefroten Beeren duften zitrusartig und etwas nach Flieder. Sie schmecken intensiv süß-säuerlich und sind leicht adstringierend.

HARMONIE

CRANBERRY
CHILI
GEWÜRZNELKE
INGWER
KARDAMOM
KNOBLAUCH
KORIANDERKRAUT
LIMETTE
NÜSSE
STERNANIS
VANILLE
ZWIEBEL

Die Chemie von Cranberrys ist kompliziert: Die Beere beinhaltet über 100 flüchtige Aromen, deren genaue Komposition von Sorte und Anbaugebiet abhängt. Einige grundlegende Bestandteile sind jedoch immer enthalten: Im Vordergrund steht das nach Zitrus und Flieder duftende α-TERPINEOL. Dazu trägt P-CYMOL, das auch ein wichtiger Aromastoff im Bohnenkraut ist, seinen holzigen, zitrus- und terpentinartigen Geruch hinein. Weitere in allen Sorten vorkommende Aromen sind der mild-aromatische, süßliche Duft, ein leicht kampfer- und eukalyptusartiger Ton sowie mandelige Noten. Zitrus-orangenartige und fruchtig-stechende Düfte vervollständigen das Aromenspektrum der Cranberry. Bemerkenswert ist außerdem das Auftreten des 1-OCTEN-3-OL, das die Fruchtnoten mit einem Hauch Pilzaroma unterlegt. Die Beeren schmecken nicht nur süß-säuerlich, sondern sind auch leicht bitter und adstringierend. Das ist unter anderem QUERCETIN zuzuschreiben, das ebenso in Meerrettich, Pfeffer oder Wein zu finden ist. Die ausgesprochen rote Farbe kommt durch die sekundären Pflanzenstoffe LUTEIN und ZEAXANTHIN zustande, deren positive Wirkung auf den Körper erwiesen ist.

Frische Beeren schmecken aufdringlich sauer, deshalb sollte man sie besser weiterverarbeiten: Beim Kochen oder Trocknen wird die Säure abgebaut. Getrocknete Cranberrys kann man roh verzehren oder mitkochen, ohne sie vorher wässern zu müssen. Will man in Rezepten allerdings frische Cranberrys durch getrocknete ersetzen, sollte man diese einige Stunden in Wasser, Apfel- oder Cranberrysaft einweichen. 50 g getrocknete Früchte entsprechen dabei der doppelten Menge an frischen.

Mit Cranberrys lässt sich grundsätzlich Säure und ein wenig Fruchtigkeit in Suppen, Eintöpfe oder Pastasaucen bringen. Eine herb-süße Cranberrysauce ist Ausgangsbasis für verschiedenste Variationen (siehe Rezept) und gehört in Nordamerika zu jedem Thanksgiving-Truthahn – ähnlich der europäischen Preiselbeere, die Wildgerichte als fruchtig-süß-saure Marmelade begleitet. Mit der Sauce als Basis lassen sich auch herzhafte bis scharfe Chutneys oder Ketchups herstellen. Die Schärfe wird dabei um die Empfindungen sauer, bitter und adstringierend erweitert. In ihrer süßsauer-fruchtigen Grundform kann man sie zu Desserts, Sorbets oder Eis servieren: Ein Mix aus Erdbeeren, Vanille und Limettensaft bekommt mit ein paar Cranberrys zusätzlich fruchtige Frische. Tomatensalaten geben sie einen sauerfruchtigen Kick. In Backwaren ersetzen die getrockneten Beeren immer häu-

KLASSISCHE CRANBERRYSAUCE

- 125 g getrocknete Cranberrys
- 300 ml Cranberry-Nektar (oder Orangensaft)
- 1–2 EL Zucker (oder Honig)
- abgeriebene Schale von 1 Bio-Orange
- Salz
- A) 3 Nelken, Muskatnuss, frischer Ingwer
  B) frische Chilischote, Ananasstückchen, Koriander
  C) Kardamom, Sternanis, frische Vanilleschote

Cranberrys mit Nektar, Zucker oder Honig und Orangenschale 10 Minuten köcheln lassen. Ab und zu umrühren. Abschmecken und abkühlen lassen. Leicht salzen. Man kann die Sauce vielfältig variieren:
Würzig 3 Nelken mitkochen lassen, am Ende Muskatnuss und frischen Ingwer darüberreiben.
Scharf-tropisch Gehackte frische Chilischote, Ananasstückchen (oder getrocknete, ungesüßte Ananas) mitkochen, am Ende frischen gehackten Koriander dazugeben.
Exotisch-orientalisch Mit Kardamom, Sternanis und frischer Vanilleschote kochen.

figer die weniger charakteristisch schmeckenden Rosinen. Auch in Müslimischungen tauchen sie inzwischen auf – hier spielt vor allem ihr hoher Vitamingehalt eine Rolle. Mit Cranberrysaft kann man Eistee und alle möglichen Erfrischungsgetränke säuern und färben. Er dient auch als Basis für den herb-süßen Cocktail *Cosmopolitan*.

GESCHICHTE UND GESCHICHTEN

Cranberrys werden in den USA und Kanada großflächig angebaut und mit einem speziellen Verfahren geerntet: Die Felder werden geflutet, die Beeren durch Verstrudelungen des Wassers vom Strauch geschüttelt. Luftkammern in den Beeren lassen diese an der Oberfläche schwimmen, sodass man sie einfach zusammenrechen und einsammeln kann. Dank der Luftkammern kann nach der Ernte der „Hüpftest“ gemacht werden: Wenn die Beeren hüpfen, ist das ein Qualitätsmerkmal für ihre Frische. Weiche, nicht springende Früchte werden zu Saft verarbeitet.

AROMENENTFALTUNG

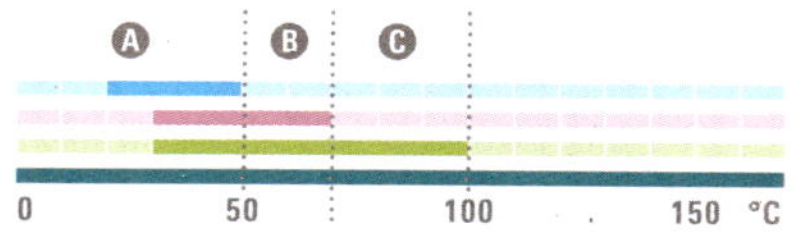

A *Fruchtig-süß-säuerlich* **B** *Zitrusartig aromatisch* **C** *Kampferartig bis bitter, leicht adstringierend*

PASST GUT ZU

Saucen zu Geflügel, Obstsalaten, Backwaren, Suppen, Eintöpfen

LÄNDERKÜCHE

USA & Kanada: *Thanksgiving-Truthahn, Eistee, Cosmopolitan (Cocktail), Muffins, Chutneys, Obstsalate, Desserts* ***England:*** *Truthahn, Chutneys* ***Deutschland:*** *Müsli, Backwaren*

EINKAUF, LAGERUNG

Frische Beeren werden bei uns selten angeboten. In einem Plastikbeutel kann man sie bis zu drei Monate im Gemüsefach des Kühlschranks lagern. Getrocknet bekommt man Cranberrys ungesüßt oder gesüßt auf Märkten und im Bioladen. Luftdicht verschlossen sind sie ein halbes Jahr haltbar.

CRANBERRYS (FRISCH)

Bergera koenigii

CURRYBLÄTTER

Die meisten Europäer sind beim ersten Einkauf wohl überrascht: Curryblätter duften gar nicht nach dem, was hierzulande oft mit „Curryduft" assoziiert wird, sondern nach Mandarine – und sind auch nicht scharf. In den meisten indischen Currymischungen sind sie ebenfalls nicht enthalten. Die frischen Blätter kommen in Indien als Extrazutat in viele Speisen, als „Saucenblätter", wie Lorbeer.

GERANIOL *blumig, floral* ◊ *Alkohol, Fett* **NEROL** *frisch, rosenartig, zitrus* ◊ *Alkohol, Fett, Wasser* **OCIMEN** *zitrus-kiefernartig, grün* ◊ *Alkohol, Fett* **TERPINEN-4-OL** *blumig-würzig* ◊ *Alkohol, Fett* **α-, β-PINEN** *warm-harzig, pinienartig-kampferig* ◊ *Alkohol, Fett* **LIMONEN** *orangenartig, terpentin-zitronenartig* ◊ *Alkohol, Fett* **γ-TERPINEN** *herbal, zitrusartig* ◊ *Alkohol, Fett* **P-CYMOL** *holzig, terpentinartig, zitrus* ◊ *Alkohol, Fett* **3-CAREN** *süßlich-terpentinartig, leicht zitrusartig* ◊ *Alkohol, Fett* **α-, β-CARYOPHYLLEN** *würzig-holzig-terpentinartig* ◊ *Fett* **α-CADINOL** *leicht holzig* ◊ *Alkohol, Fett, Wasser* **β-SELINEN** *erdig-gemüsig* ◊ *Fett*

GESCHMACK

SÜSS SAUER SALZIG **BITTER** UMAMI

Die leicht zerdrückten Blätter duften kräftig würzig, mit Nuss- und Zitrustönen. Sie schmecken leicht bitter.

HARMONIE

CURRYBLÄTTER
ASANT
CHILI
BOCKSHORNKLEE
GEWÜRZNELKE
KARDAMOM
KORIANDER
KREUZKÜMMEL
SENF

Je nach Jahreszeit und Anbaugebiet hat die Pflanze eine sehr unterschiedliche Aromenzusammensetzung, wobei der gemeinsame Nenner im holzig-blumigen bis warm-kampferigen Gesamteindruck liegt. Die blumigen, frisch bis würzig duftenden Aromen GERANIOL, TERPINEN-4-OL und NEROL stehen bei den frischen Curryblättern im Vordergrund. Darüber hinaus finden sich in ihnen frisch-kräuterige, zitrus- und balsamartige sowie kiefernartige Noten.

Da die blumigen, zitrusartigen, leichten Düfte sich beim Trocknen der feinen Blätter verflüchtigen, fehlt getrockneten Curryblättern ein Großteil ihres ursprünglichen Aromenspektrums. Stattdessen dominiert ein kräftiger, eher bitterer Geschmack. Getrocknet kommen sie lange in Schmorgerichten mitgeköchelt am besten zur Geltung. Wegen der Flüchtigkeit ihrer Aromen kommen Curryblätter so gut wie nie in Gewürzmischungen vor, sondern werden fast ausschließlich frisch verwendet. Dann werden sie nur Minuten bis Sekunden vor Schluss der Garzeit zu den Speisen gegeben und mitgegessen. Vor der Zugabe werden die frischen Blätter wie Basilikum leicht zerdrückt, so duften sie intensiver. In Südindien werden die frischen Blätter auch in einer *Tadka* zubereitet, das heißt, kurz in sehr heißem Fett gebraten, um die fettlöslichen flüchtigen Aromen im Öl zu binden. Curryblätter dürfen allerdings erst ganz zum Schluss hinein: Brät man sie zu lange, verflüchtigen sich ihre Aromen bei der starken Hitze dennoch.

LINSENPÜREE MIT INDISCHEM KÄSE UND FRISCHEN CURRYBLÄTTERN

- 100 g gelbe Linsen
- Gemüsebrühe
- Madras-Currypulver
- 100 g Ghee (Butterschmalz)
- Paneer (gepresster Käse) aus 1 l Vollmilch und 500 ml Naturjoghurt (je säuerlicher, desto besser)
- 10 frische Curryblätter

Aus den Linsen, der Gemüsebrühe und dem Madras-Currypulver ein feines Linsenpüree kochen. Ghee in einer nicht haftenden Pfanne erhitzen und den Paneer zusammen mit den Curryblättern anbraten. Auf das Linsenpüree setzen und mit einem kühlen belgischen Himbeerbier genießen. Himbeere passt zu den blumigen Aromen der Curryblätter.

Curryblätter haben weltweit ausschließlich in der indischen Küche Tradition. Eine der wenigen Gewürzmischungen, in die sie gehören, ist →Madras-Curry: Zuvor geröstete Gewürze – unter anderem Kreuzkümmel, Koriander, Senfsamen, Bockshornklee, Kardamom, Kurkuma – werden im Mörser zermahlen, am Schluss kommen die frischen Blätter hinzu. Soll die Bitterkeit betont werden, können sie ebenfalls in der heißen Pfanne angeröstet werden. Traditionell werden sie frisch mit Kartoffeln und Gemüse kombiniert. Die blumigen, mitunter fast blütenhaften Noten passen dazu hervorragend. In den Koch- oder Bratnoten von Fleisch sind sie eher nicht erwünscht – außerdem wird in vielen hinduistischen Regionen Indiens auf Fleisch verzichtet. In der südindischen, tamilischen Küche werden Curryblätter kurz mit Asant, Senfsamen und Chili in heißem Fett angebraten, um so die Aromen freizusetzen. Die Mischung wird mit Fisch oder Meeresfrüchten kombiniert, weil ihre leicht lauchigen Aromen in Kombination mit der reinen Schärfe erhitzter Chilis gut zu deren zarten Noten passt.

EXTRA: WAS IST EIGENTLICH „CURRY"?

Das Wort hat seinen Ursprung in „kari", dem tamilischen Wort für Sauce. Davon leitet sich die indische Bezeichnung für Eintöpfe ab, welche die „kari patta" (Saucenblätter) als Zutat enthalten. Die Briten formten den Begriff zu „Curry" um, andere Länder übernahmen die Bezeichnung. Allerdings nannten die Briten auch →***Masalas***, die typischen Gewürzmischungen für diese Eintöpfe, ***curry powder***. Daher die deutsche Bezeichnung →***Currypulver***, dessen Duft viele mit „Curry" assoziieren, und die ***Currywurst***, die gar nichts mehr mit indischer Küche zu tun hat.

ZIMT

ZWIEBEL

AROMENENTFALTUNG

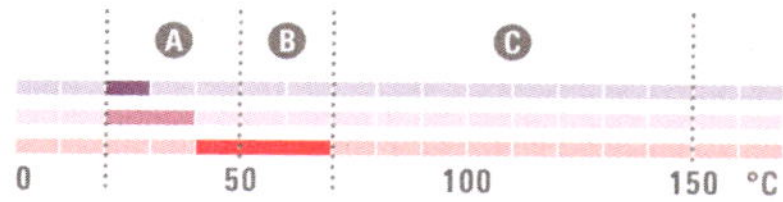

A *Frischer, pinienartiger Duft* **B** *Würzig-harzig, leicht holzig* **C** *Bitternoten betont*

PASST GUT ZU

Jedem Gemüse, Hülsenfrüchten, Fisch, Meeresfrüchten, Lamm, Kokosmilch

LÄNDERKÜCHE

Indien: *Samosa , Korma, Dal,* ***Sri Lanka:*** *verschiedenste Currygerichte*

GEWÜRZMISCHUNGEN

Indisches Madras-Curry

EINKAUF, LAGERUNG

Frische Curryblätter gibt es in indischen Lebensmittelgeschäften. Sie halten sich im Kühlschrank mindestens eine Woche. Getrocknet verlieren die Blätter viel Aroma.

Helichrysum italicum

CURRYKRAUT

Das mediterrane Currykraut ist nicht mit den indischen Curryblättern verwandt, weder biologisch noch aromatisch. Die Blätter des Strauchs, der auch als „Italienische Strohblume" bekannt ist, erinnern in ihrer Form an Rosmarin, sind aber silbrig-hellgrün – und duften (im Unterschied zu Curryblättern) tatsächlich nach „Curry".

Currykraut hat mit den Curryblättern fast nichts gemein. Die wenigen gemeinsamen Aromen, die sich nachweisen lassen, spielen in diesem Kraut eine sehr untergeordnete Rolle. Die blumige Frische und der leicht an Orangen und Rosen erinnernde Geruch des Currykrauts wird durch das Aroma NERYLACETAT bestimmt, die warm-harzige Pinien-Note durch das α-PINEN.

NERYLACETAT *rosen-orangenartig* *💧 Alkohol, Fett* LINALOOL *blumig, zitrusartig, frisch* *💧 Alkohol, Fett* α-PINEN *warm-harzig,*

Piniennadeln ◊ Alkohol, Fett NEROLIDOL *floral, grün, wachsig ◊ Alkohol, Fett* α-CARYOPHYLLEN *würzig-holzig ◊ Fett* γ-CURCUMEN *nadelholzig, erdig ◊ Alkohol, Fett* β-SELINEN *erdig-gemüsig ◊ Fett*

GESCHMACK

Currykraut duftet süßlich-aromatisch und erinnert sowohl an „Curry" als auch an mediterrane Kräuter wie Rosmarin oder Salbei.

HARMONIE

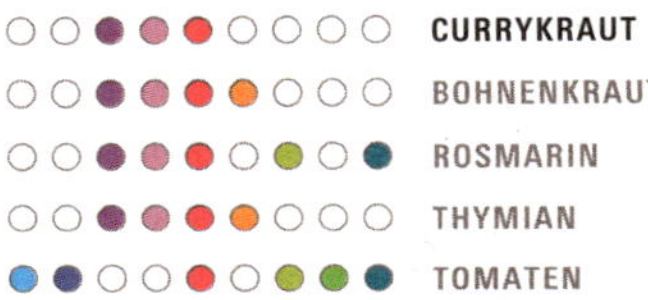

AROMENENTFALTUNG

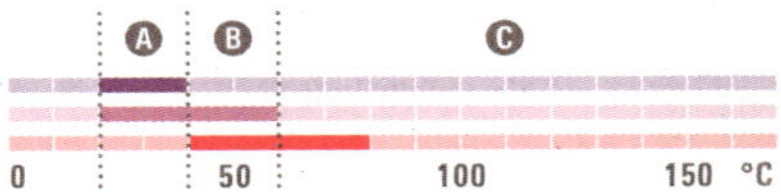

A *Florale Aromen* **B** *Pinienartig, tannenartig* **C** *Erdig, gemüseartig*

PASST GUT ZU

Fleisch, Gemüse (Tomaten, Auberginen, Zucchini), Suppen, Süßem

EINKAUF, ANBAU

Man bekommt Currykraut in Töpfen im Supermarkt oder in Gärtnereien. Es eignet sich gut als Topfpflanze für Balkon und Garten. Beim Trocknen verlieren die Blätter zu viel an Aroma, lassen sich jedoch gut einfrieren.

GEBRATENE ANANAS MIT CURRYKRAUT

- 1 reife Ananas
- 5 Zweige Currykraut
- Butter
- 1 EL frisch gehacktes Currykraut

Die Ananas schälen und in 3 cm große Würfel schneiden. Das Currykraut waschen und drei der fünf Zweige grob hacken.

Butter in eine nicht haftende Pfanne geben. Die Ananaswürfel von allen Seiten in der aufschäumenden Butter braten, dabei die Butter mit den zwei ganzen Zweigen des Currykrauts aromatisieren. Die gebratenen Ananaswürfel kurz vor dem Servieren mit dem gehackten Currykraut bestreuen.

Zusammen stellen sie die beiden Hauptaromen dar. Der blumig-frische Duft nach Maiglöckchen stammt vom LINALOOL, das Aroma NEROLIDOL trägt Rosen- und Apfelnoten hinein. Hinzu kommen Zitrustöne, ein kampferartiger und terpentinartiger Duft sowie erdige, nach Wald und Heu duftende Noten, deren Anteil vom Anbaugebiet stark beeinflusst wird. Die Kombination aus zitrusartigen und terpentinartig-holzigen Aromen findet sich in ähnlicher Weise im Salbei, an dessen Duft Currykraut auch erinnert. In Kombination wären die beiden Gewürze zu dominant, sie würden alle anderen Aromen überdecken.

Currykraut wird frisch verwendet, da es getrocknet viel von seinem Aroma einbüßt. Es darf nicht zu lange in einer Speise ziehen, denn sonst lösen sich die enthaltenen Gerbstoffe Kaffeesäure und Rosmarinsäure und das Gericht wird zu bitter. Deshalb werden die ganzen Zweige nur kurz mitgegart und anschließend wieder entfernt. Man kann das Currykraut aber auch wie Rosmarin klein hacken und gegen Schluss der Garzeit mitkochen und mitessen. Alle Aromen im Currykraut sind fettlöslich, daher kann man mit ihm auch Butter aromatisieren (siehe Rezept). Die Blütenknospen sind intensiver im Aroma, schmecken aber auch bitterer.

Currykraut passt trotz seines Namens nicht zu allen indischen und asiatischen Gerichten – zumindest nicht als Ersatz für ein echtes →*Masala*. Sein Aroma kann europäischen Speisen jedoch einen exotischen Hauch geben. Es ist breit einsetzbar und würzt alle eher deftigen Speisen mit Gemüse und Fleisch. Empfehlenswert ist die Kombination mit reifen Tomaten: Geschmacklich gleicht deren Süße die Bitternoten des Currykrauts aus. Die grünen Düfte frischer Tomaten werden durch die blumigen bis terpentinartigen Noten des Currykrauts ergänzt, die holzig-veilchenartigen bis süßlich-fruchtig-erdbeerartigen Noten durch dessen kampferartige, harzige Düfte. Wegen seines leicht süßlichen, blumigen Dufts passt Currykraut auch zu süßen Speisen.

Phoenix dactylifera (GETROCKNET)

DATTELN

Datteln sind die Beerenfrüchte der Dattelpalme. Der Ursprung dieser Pflanze ist nicht geklärt, in Kulturform kommt sie seit mindestens 3000 Jahren im persischen Raum vor. Es gibt zahlreiche Sorten, die zu unterschiedlichen Zeiten reifen und je eigene Anforderungen an Klima und Boden stellen. In den Randtropen vom Maghreb bis China ist ihre Frucht nicht nur eine beliebte Würzzutat, sondern aufgrund des hohen Gehalts an Zucker, vielen Mineralien und Vitamin B sogar ein Grundnahrungsmittel.

Die vielschichtige Aromachemie der Datteln ist durch das fruchtig-blumig-duftende GERANIOL geprägt und mit zitrusartigen Noten des LIMONEN unterlegt. Weiterhin finden sich fruchtig-nussige, karamellige Aromen und ein leicht stechender, fruchtiger, etwas fettiger und grüner Duft. Hinzu kommen weiterhin eine aromatisch-süßliche Duftkomponente und fruchtig-süßliche bis säuerliche Aromen, die etwa von Bananen oder Aprikosen bekannt sind. Im Unterton beinhaltet der Duft der Dattel zudem eine honigartig-säuerliche Komponente. Reife Datteln schmecken sehr süß. Sie enthalten viel Invertzucker, aber auch relativ viel SORBITOL (→ Abschmecken: süß, Seite 36). Das Sorbitol, ein Zuckeralkohol, bindet reichlich Wasser, dadurch erhalten Datteln ihre zuckrige, weiche Textur.

Wer die Schale nicht mag, kann diese bei frischen wie getrockneten Datteln entfernen, sie kann aber auch mitgegessen werden. Datteln können roh verzehrt oder etwa in Alkohol eingelegt werden, sie lassen sich füllen, zu einer Paste verarbeiten oder in Schmorgerichten mitgaren. Je nach gewünschter Konsistenz kocht man sie länger oder kürzer mit. Wegen des hohen Zuckergehalts, der wie bei getrockneten Aprikosen als „Aromenbinder" fungiert, treten beim Trocknen nach der Ernte kaum Aromenverluste auf. Auch während des Mitkochens werden die Aromen langsam abgegeben, wobei allerdings bei zu starker Hitze und zu langem Kochen die Süße dominiert, während die Duftkomponenten in den Hintergrund treten.

Wenn man Datteln seitlich aufschneidet und ihren Kern entfernt, kann man sie auf vielfältige Weise füllen: mit ganzen Pistazien, mit flüssiger Schokolade oder Nougat, mit kandierten Früchten oder gehackten Mandeln. Dabei verstärken sich das fruchtig-fettig-grüne Aroma und der süße Geschmack dieser Zutaten gegenseitig. Ein herrlich harmonisches, süßlich-nussiges Konfekt ergeben auch Datteln, die im Mixer oder per Hand zusammen mit Feigen, Rosinen und Nüssen zerkleinert und anschließend in Kokosflocken gewälzt werden. Aufgrund der ebenfalls in Datteln enthaltenen honigartigen Noten, die einen Kontrast zur Süße setzen, funktionieren aber auch herzhafte Umhüllungen, etwa mit Speck, wobei die Datteln anschließend gegrillt werden, oder Füllungen mit Käse wie im Rezept. Man kann gehackte Datteln auch mit Frischkäse oder Blauschimmelkäse (Roquefort) würzen, mit Kräutern, →*Ras el-Hanout* oder mit Currymischungen. Die

2,3-PENTANDION *karamellig, leicht butterig, nussig* ◊ *Alkohol, Fett* N-PENTANOLE *fruchtig, süßlich-säuerlich, bananig, aprikosig* ◊ *Alkohol, Fett* 2-METHYLBUTANAL *kakaoartig, nussig* ◊ *Alkohol, Fett* HEXANAL *fruchtig, fettig, grün* ◊ *Alkohol, Fett, warmes Wasser* GERANIOL *blumig, rosenartig* ◊ *Alkohol* LIMONEN *orangenartig, terpentin-zitronenartig* ◊ *Alkohol, Fett* P-CYMOL *holzig, terpentinartig, zitrus* ◊ *Alkohol, Fett* M-XYLOL *aromatisch, süßlich* ◊ *Alkohol, Fett* ZIMTSÄURE(-DERIVATE) *honigartig, säuerlich* ◊ *Alkohol, Fett, Wasser*

GESCHMACK

SÜSS SAUER SALZIG BITTER UMAMI

Datteln schmecken sehr süß und liefern eine Vielzahl zusätzlicher Aromen, etwa Zimt- und Holztöne, viel Karamell, blumige und fruchtige Noten.

HARMONIE

DATTELN
INGWER
LIMETTE
MINZE
NÜSSE
ORANGENBLÜTENWASSER
SAFRAN
SUMACH
ZIMT

AROMENENTFALTUNG

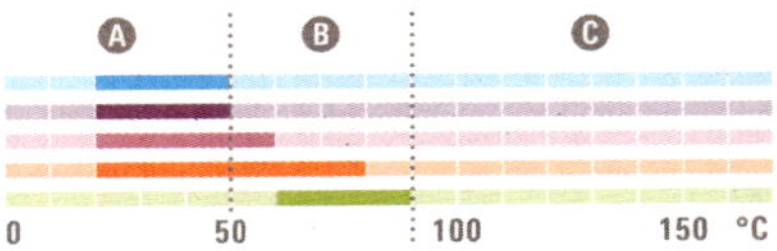

A *Blumig, fruchtig* B *Aromatisch-süß bis würzig* C *Dominante Süße*

PASST GUT ZU

Marzipan, Schokolade, Brot, Fleisch, Meeresfrüchten, Fisch, Gemüse (Kürbis, Kartoffeln), Reis, Obst

LÄNDERKÜCHE

Arabische Länder, Iran: *Marmelade, Obstsalate, Konfekt, Eintöpfe, Schmorgerichte* ***Marokko:*** *Couscous, Tajine (Schmorgericht), Tintenfisch* ***Deutschland:*** *Früchtebrot* ***England:*** *Kuchen*

QUALITÄTEN, LAGERUNG

Unreif ist das Fruchtfleisch der frischen Dattel hell und knackig. Je reifer die Dattel wird, desto weicher ist es. Frische Früchte kann man einige Wochen im Kühlschrank aufbewahren oder einfrieren. Man erhält sie jedoch bei uns fast nur getrocknet, auch dann sind sie noch weich bis halbweich. Getrocknete Datteln halten wegen ihres hohen Zuckergehalts bei Zimmertemperatur fast unbegrenzt, sie trocknen höchstens weiter aus und kristallisieren, das heißt, sie werden noch süßer.

Wichtige Sorten sind die große, rote, saftige Medjoul, die schwarze Black (mit Kirschtönen), die helle, sehr süße Barhi (Bardhi) und die ebenfalls hellbraune Deglet Nour, die an Lebkuchen und Nougat erinnert.

ROQUEFORTDATTEL

30 g Butter (leicht angewärmt)
100 g Roquefort
12 weiche Datteln

Butter mit Roquefort verkneten. Datteln entsteinen und das Innere der Datteln mit der Roquefortmischung füllen. In eine ofenfeste Form setzen und unter dem sehr heißen Salamander (Grill) maximal 1 Minute angrillen. Als kleinen Käsegang mit einem Sauternes-Wein genießen.

Schärfe dieser Mischungen erweitert dabei das charakteristische Aromenspiel der Datteln um eine trigeminale Komponente (→ Reizen des Trigeminusnervs, Seite 50). Wegen ihrer zitrusartig-nussigen Aromen kann man auch Fisch – zum Beispiel Dorade – mit Datteln füllen. Dazu passen als weitere Gewürze Ingwer, Nüsse und Pfeffer, die die nussig-süßlichen bis holzartigen Noten unterstützen und um Schärfe erweitern. Aus fleischigen, weichen Datteln lässt sich zusammen mit Knoblauch, Limettenschale und -saft, Kurkuma, Sumach und Zimt eine herzhafte Paste herstellen, die ein wahrhaft umfassendes Aromenspektrum aufweist: schwefelig-fruchtig-erdig, süß und sauer im Geschmack. So eine Paste harmoniert gut mit gegrilltem Tintenfisch (Sepien): Die durch das Grillen entstandenen Röstnoten werden durch die Süße und die fruchtig-säuerlichen Aromen aufgehellt, während sich gleichzeitig die würzig-erdigen Töne gut mit dem Grillaroma ergänzen. Frische Obstsalate bekommen mit den getrockneten Früchten eine orientalische Note. Zusammen mit Orangen, Minze, Sumach, Orangenblütenwasser, Zimt, Mandeln und Olivenöl passt so ein Salat hervorragend zu Pikantem.

GESCHICHTE UND GESCHICHTEN

Dattelpalmen brauchen viel Sonne, aber auch reichlich Wasser, ihr Anbau erfolgt daher in Palmengärten mit Zugang zum Grundwasser. Sie werden bis zu 100 Jahre alt und können auch so lange wirtschaftlich genutzt werden – die Pflanzung eines Palmengartens ist also eine Investition für mehrere Generationen. Geerntet wird neben den Früchten auch ein Saft (*Lakmi*), der abgezapft und zu Palmwein vergoren wird. Die Blätter werden als Baumaterial genutzt. Hauptanbauländer sind heute Ägypten, Iran, Saudi-Arabien und die Vereinten Arabischen Emirate. 1963 wurden bei Ausgrabungen in der antiken jüdischen Festung Masada am Toten Meer rund 2000 Jahre alte Dattelkerne gefunden. 2005 kamen Wissenschaftler auf die Idee, sie keimen zu lassen. Tatsächlich gelang das bei einem der Samen – aus ihm wurde eine mehrere Meter hohe Palme, die man passenderweise Methusalem nannte. Sie unterscheidet sich äußerlich nicht wesentlich von einer „modernen" Dattelpalme.

Anethum graveolens

DILL

Ursprünglich von den Römern auf ihren Feldzügen exportiert, gilt Dill heute als das Kraut des Nordens und des Fisches: Die feinen Spitzen dieses Doldenblütengewächses kommen in Skandinavien und im Baltikum in zahlreiche Fischgerichte. Aber auch in manchen Mittelmeerländern wie beispielsweise in der Türkei wird Dill gerne verwendet, besonders zu Joghurt.

Die grünen Dillspitzen zeichnen sich durch einen unverwechselbaren frischen Duft aus. Verantwortlich für diesen ist in erster Linie der flüchtige Aromastoff CARVON, der in Dill in zwei Varianten vorkommt: eine Variante riecht eher nach Kümmel, die andere eher nach Minze. Zusammen definieren sie den typischen Dillgeruch. An der Vielschichtigkeit des Dufts wirken weitere Komponenten mit: das würzig-minzige α-PHELLANDREN, das aromatisch-zitrusartige P-CYMOL sowie LIMONEN mit seinen orangenartigen, zitronigen Noten. Unterstützt werden diese noch durch eine ganze Reihe weiterer, zum Beispiel thymianartiger Aromen, die je nach Sorte und klimatischen Bedingungen stark schwanken. Ebenfalls im Duft finden sich eine frische, zitrusartige Note und ein terpentinartiger Unterton, zudem fenchelartig und kräuterig riechende Beinoten. Der Geschmack des Krauts ist leicht süß. Die bräunlichen Dillfrüchte duften ebenfalls, doch fehlen dort die kräuterigen Aromen.

Meist werden die frischen Dillspitzen verwendet, wobei die jungen Stängel ebenfalls schmecken – sie sind nur etwas härter. Um das typische Aroma zu erhalten, werden die Spitzen nicht mitgekocht, sondern wie Petersilie erst zum Schluss dazugegeben oder direkt über das Essen gestreut. Die leicht flüchtigen Aromen aus den filigranen Dillspitzen entweichen, sobald Hitze die Pflanzenzellwände zerstört. Die Zellstruktur der Dillfrüchte ist widerstandsfähiger und bleibt auch beim Trocknen erhalten. In Speisen geben die getrockneten Früchte ihre Aromen langsam ab, sodass man sie gut in lange kochenden Schmorgerichten oder in der Marinade für eingelegte Gurken einsetzen kann. Die schärfere indische Dillvariante (Sowa) brät man in heißem Fett an, um ihre Schärfe zu mildern und die Aromen ins Fett übergehen zu lassen.

In Europa kombiniert man Dill häufig mit Schnittlauch oder Zwiebeln, die von lauch- und schwefelartigen Aromen dominiert werden und so einen Kontrast zur süßlichen Frische setzen. Die Verbindung mit Petersilie bietet sich ebenso an, denn deren erdig duftendes Apiol ergänzt sich gut mit der Frische des chemisch verwandten Dillapiol. Mit Estragon harmoniert Dill ebenfalls, da in beiden Kräutern nicht nur fenchelartige Düfte stecken, die sich gegenseitig unterstützen, sondern darüber hinaus auch ähnliche frische Zitrusnoten sowie würzig-minzige Aromen. Traditionell werden frische Dillspitzen, aber auch die zerstoßenen Samen, mit Fisch kombiniert, dessen fettige Aromen durch die frischen Dillnoten ausgeglichen und

(Z)-3-HEXEN-1-OL *grün, blätterartig, apfelig* ◊ *Alkohol, Wasser* MYRCEN *süßlich, leicht harzig-holzig* ◊ *Alkohol, Fett* CARVON *kümmelartig, minzig* ◊ *Alkohol, Fett* P-CYMOL *holzig, terpentinartig, zitrus* ◊ *Alkohol, Fett* α-, β-PHELLANDREN *würzig-minzig, terpentinartig* ◊ *Alkohol, Fett* LIMONEN *orangenartig, terpentin-zitronenartig* ◊ *Alkohol, Fett* DILLAPIOL *dillartig, frisch* ◊ *Alkohol, Fett* ANETHOFURAN *dillartig, kräuterig* ◊ *Alkohol, Fett*

GESCHMACK

SÜSS SAUER SALZIG **BITTER** UMAMI

Dill erinnert an Kümmel, Anis und Fenchel, schmeckt süßlich und passt gut zu Fisch und in Sahne- und Mayonnaisesaucen.

HARMONIE

- DILL
- ESTRAGON
- MEERRETTICH
- PETERSILIE
- PIMENT
- SCHNITTLAUCH
- SENF
- ZWIEBELN

AROMENENTFALTUNG

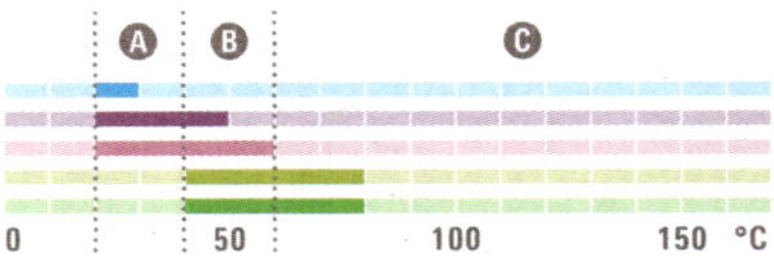

A *Charakteristischer frischer Duft*
B *Warmen Aromen betont, weniger frisch*
C *Eher stumpf, aber aromatisch*

PASST GUT ZU

Fisch, Sahne, neuen Kartoffeln, gekochtem Rindfleisch, Kohl, Gurken, Eierspeisen, Roter Bete, Obst, dunkler Schokolade

LÄNDERKÜCHE

Deutschland: *Gurkensalat, milchsauer eingelegte Gurken, Heringssalat, Krabbensalat, Aalsuppe* ***Frankreich:*** *Sauce à l'aneth für gekochte Rindfleischgerichte* ***Russland:*** *Eingelegtes Gemüse, Borschtsch* ***Skandinavien:*** *Eingelegter Hering, Fischsalat, Gravad Lax, Fischsuppe, Kartoffelchips, Brot* ***Türkei:*** *Cacik (kalter Joghurtdip/-sauce)* ***Griechenland:*** *Zaziki (Tsatsiki)* ***Iran:*** *Baghla (Bohnengericht)* ***Indien:*** *Hülsenfrüchte (mit Sowa)*

GEWÜRZMISCHUNGEN

Getrocknete Dillfrüchte in indischen Currymischungen, indische Masalas

EINKAUF, LAGERUNG

Frische Dillspitzen halten sich nicht länger als 2–3 Tage im Kühlschrank. Die getrockneten ganzen Früchte (im Handel oft als „Dillsamen") lassen sich bis zu zwei Jahre lagern. Aus ihnen kann man die Pflanze auch selbst im Garten ziehen. Die Samen der Sorte Sowa gibt es in indischen Lebensmittelläden.

ERDBEEREN MIT DILL

- 500 g frische aromatische Erdbeeren (etwa die walderdbeerartigen Mara de bois)
- 50 g Zucker
- 50 ml Macadamiaöl (oder Sonnenblumenöl)
- 3 EL frische Dillspitzen

Die Erdbeeren waschen, gut trocken tupfen und in einer Schüssel mit Zucker bestreuen. 5 Minuten stehen lassen und das Macadamiaöl unterziehen. Mit reichlich Dillspitzen bestreuen, vermengen und zum Beispiel zu Spargel servieren.

ergänzt werden. In Skandinavien wie in Deutschland werden auch Meeresfrüchte, vor allem Krabben, oft von Dillspitzen begleitet – meist in Verbindung mit Sahne- oder Mayonnaisesaucen, welche die fettlöslichen Aromen des Dills gut aufnehmen. In Schweden wird der mit dem Kraut gebeizte Lachs (***Gravad Lax***) mit einer speziellen Senf-Dill-Sauce gereicht: ***Hovmästarsås***, auch ***Gravadlaxsås*** genannt. In Frankreich gibt es eine Dillsahnesauce (***sauce à l'aneth***) zu gekochtem Rindfleisch und Rinderzunge. Während des Kochens von Fleisch entstehen aus den Aminosäuren der Proteine eine ganze Reihe von Duft- und Geschmacksstoffen, die – etwa auch bei Rinder- oder Schinkenbrühe – ausgezeichnet mit den frischen Aromen des Dills harmonieren. Dazu sollten die frischen Spitzen jedoch wie immer erst beim Servieren zugefügt werden. Die Kombination von Dill und Gurken ist äußerst beliebt, und das nicht ohne Grund: Der Geruch der Gurke wird in erster Linie durch das Gurkenaldehyd bestimmt. Dill unterstützt diesen Duft und ergänzt ihn um eine ganze Reihe kontrastreicher Duftstoffe, so wie es von der Natur bei Borretsch direkt vorgemacht wird, der sehr stark nach Gurken duftet. Essig, der dritte im Bunde bei Gurkensalat, passt auch deswegen so gut, weil Dill – ähnlich wie Zitronenschale, Kerbel oder Estragon – mit seinen milden Duftnoten ein interessantes Gegengewicht zu der geschmacklichen Säure darstellt. Diese Kombination lässt sich mit Wassermelonen variieren, deren Duft ebenfalls durch Gurkenaldehyd geprägt ist. Weil die Dillspitzen einen leicht süßlichen Geschmack haben, passen sie nicht zuletzt außerordentlich gut zu Obst: neben den schon erwähnten Wassermelonen eignen sich beispielsweise Erdbeeren (siehe Rezept) oder Bananen. Die Kombination mit dunkler Schokolade ist ebenfalls einen Versuch wert.

Artemisia abrotanum

EBERRAUTE

Die fast vergessene mediterrane Pflanze wuchs früher in vielen Bauerngärten. Es gibt zwei Hauptsorten, Kampfereberraute und Zitroneneberraute, die deutlich verschieden duften. Je nach Vorliebe kann man mit beiden Schweinebraten und Kalbfleisch würzen – und Drinks aromatisieren.

Das Hauptaroma der Eberraute definiert sich über den eukalyptus- und kampferartigen Duft des 1,8-CINEOL und die mentholige, an Wermut erinnernde Frische des THUJON. Sortenabhängig dominiert entweder der eine oder der andere Duft. Die anderen Aromastoffe in der Eberraute unterstreichen diese herb-kräuterige Note und fügen würzig-terpentinartige Töne hinzu. Zusammen mit seinen chemisch verwandten Molekülen ist DAVANOL für den charakteristischen Cola-Geruch verantwortlich. Das Kraut hat einen leicht bitteren Geschmack und ruft ein prickelnd-adstringierendes Gefühl auf der Zunge hervor.

Die ganze Pflanze enthält ätherische Öle, aber da die Stiele bitter und sehr hart sind, verwendet man zum Würzen nur die Blätter und die noch nicht aufgeblühten Knospen. Zerreibt man die Blätter, entweicht der charakteristische Duft und man erkennt, um welche der Sorten es sich handelt. Blätter und Knospen werden immer mitgekocht, das betont den typischen Geruch – am besten in einem Säckchen, um sie nach dem Garen entfernen zu können. Man sollte sparsam dosieren, weil sonst das Gericht zu bitter wird. Durch kurze Hitze kann der bittere Geschmack abgemildert werden, ähnlich dem kurzen Überbrühen bei Bockshornklee. Dann verbleibt nur das adstringierend wirkende Quercetin, das etwa auch in Pfeffer vorkommt.

EISTEE MIT COLA-GESCHMACK

Eine Handvoll Kampfereberraute (Blattspitzen)	Frische Blätter mit heißem Wasser aufgießen und 10 Minuten ziehen lassen. Mit Zucker oder Honig süßen, abkühlen lassen und einige Stunden in den Kühlschrank stellen. Mit Eiswürfeln servieren.
¾ l mineralarmes Wasser	
Zucker, Honig nach Belieben	

Die Eberraute passt durch ihren eigenwilligen, bitteren Geschmack gut zu Pfeffer, Zwiebeln und Knoblauch. Ihr kampferartig-mentholiger und harziger Duft ergänzt in Salaten gut den eher eintönig gurkenartig-wachsig duftenden Borretsch. Zusammen mit Anis erreicht man eine recht absinthartige Duftkomposition – noch mehr in diese Richtung geht die Kombination mit Salbei. Spannend ist die Zusammenführung von Eberraute und Minze: Dabei werden die minzigen Noten weiter verstärkt, das Menthol fügt aber einen deutlich stärkeren kühlenden Effekt hinzu. Die Zitroneneberraute harmoniert darüber hinaus gut mit allen Gewürzen und Kräutern mit

HEX-2-ENAL *grünlich, blätterartig ◊ Alkohol, Fett* (2E,6Z)-NONA-2,6-DIEN-1-AL *gurkenartig, leicht wachsig ◊ Alkohol, Fett* OCIMEN *zitrus-kiefernartig ◊ Alkohol, Fett* 1,8-CINEOL[T] *Eukalyptus, kampferartig, kühlend ◊ Alkohol, Fett* THUJON *mentholartig ◊ Alkohol, Fett* α-FENCHEN *fenchelartig ◊ Alkohol* SABINEN *frisch-holzig, neutral-kräuterig ◊ Alkohol, Fett* α-PHELLANDREN *würzig-minzig ◊ Fett* 3-THUJANON *wermutartig ◊ Fett* KAMPFER *scharf-bitter-mentholig-eukalyptusartig ◊ Alkohol, Fett* BORNEOL *holzig-kampferig ◊ Alkohol, Fett* α-, β-CARYOPHYLLEN *würzig-holzig, terpentinartig ◊ Fett* DAVANOL *bitter ◊ Alkohol, Fett* ISOFRAXIDIN *bitter ◊ Alkohol, Fett* QUERCITIN *adstringierend ◊ Alkohol, Fett*

GESCHMACK

SÜSS SAUER SALZIG **BITTER** UMAMI

Eberraute duftet harzig-balsamisch mit Kampfer- oder Zitronennoten. Der Geschmack ist deutlich herb-bitter.

HARMONIE

EBERRAUTE
ANIS
BORRETSCH
MINZE
PFEFFER
ROSMARIN
SALBEI
THYMIAN
ZITRONENMELISSE

E

AROMENENTFALTUNG

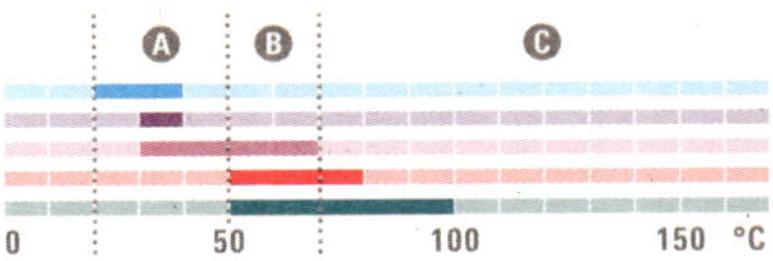

A *Frischer, typischer Duft* **B** *Kräuterigbitter* **C** *Stärkeres wermutartiges Aroma*

PASST GUT ZU

Braten, Quark, Saucen, Salat

LÄNDERKÜCHE

Deutschland: *Gänsebraten, Schweinebraten, Eistee*

EINKAUF

Frische Eberraute findet man in Gärtnereien. Getrocknet gibt es die Pflanze manchmal in Apotheken zu kaufen.

Zitronenaroma, wie etwa Zitronenthymian, oder mit Zitronenschale. Auch zu Kräutern mit Gurkenaroma, etwa Borretsch, passt ihre Frische. Wegen der würzigen Frische lässt sich Eberraute außerdem – ähnlich wie Wermut, Beifuß und Estragon – gut mit Minze kombinieren, die für ihre kühlende Wirkung bekannt ist. Süße, anisartige Gewürze werden über die bittere, prickelnde Würzigkeit der Eberraute um neue Eindrücke ergänzt. Man kann mit dem Kraut Gänse-, Enten- und andere Braten stopfen oder einreiben. Die Küche des Alpenlandes, wo die Eberraute noch heute in manchem Bauerngarten geerntet wird, setzt das Kraut auch bei Kalbsbraten oder in Pasteten ein. Bei all diesen Gerichten nutzt man nicht nur gezielt die Aromenvielfalt der Eberraute, sondern ebenso die Wirkung der enthaltenen Bitterstoffe, welche die schweren Speisen durch die Anregung der Magensäure bekömmlicher machen. Aus der Kampfereberraute lässt sich – wie in unserem Rezept – ein ungewöhnlicher Eistee zubereiten, der tatsächlich etwas nach Cola schmeckt. In einer sommerlichen Bowle macht sich dagegen vor allem die Zitroneneberraute gut.

ERDNUSS

Arachis hypogaea

Nachdem spanische Eroberer die ersten Erdnüsse aus der Neuen Welt mitgebracht hatten, verbreiteten sich diese im Laufe der nächsten Jahrhunderte über alle Kontinente. Heute wird vor allem in der afrikanischen und der asiatischen Küche viel mit den schmackhaften Früchten gekocht. Bei uns werden Erdnüsse meist geröstet angeboten, da sie frisch eine Reihe von Bitterstoffen enthalten, die bisweilen als unangenehm empfunden werden.

HEXANAL *fruchtig, fettig, grün* ◊ *Alkohol, Fett* OCTANAL *blumig, rosenartig* ◊ *Alkohol, Fett* NONANAL *blumig-wachsig, fettig* ◊ *Alkohol, Fett* DYMETHYLPYRAZIN *nussig-röstig* ◊ *Alkohol, Fett* 2-ETHYL-3,5-DIMETHYLPYRAZIN *nussig, Röstkaffee, Schokolade* ◊ *Alkohol, Fett*

Erdnüsse sind mit den Hülsenfrüchten verwandt und eigentlich keine „Nüsse". Die Früchte des Erdnussstrauchs hängen an Zweigen, die sich in die Erde bohren, da die Früchte bei der Reife kein Licht vertragen. Unter einer brüchigen, leicht zu öffnenden Schale sitzen in der Regel zwei Fruchtkerne, die „Erdnüsse". Sie sind wie alle Hülsenfrüchte reich an Eiweiß. Zusätzlich macht sie ihr Fettgehalt mit knapp 50 Prozent nach der Sojabohne zur weltweit zweitwichtigsten Ölsaat. Frisch, also grün, schmecken Erdnüsse mehligbitter. Erst durch Rösten bilden sich die für den typischen Erdnussgeruch verantwortlichen Aromen. Aus den oxidierten Fetten und Fettsäuren entstehen das grasig-grün-fruchtige HEXANAL, das OCTANAL mit seinem lackartigen, leichten Rosenduft und NONANAL, das blumig-rosig-zitrusartig riecht. Dazu kommen erdige bis nussig-röstige sowie nussige, ein wenig muffige

ERDNUSSZUCKER

5 EL Isomalt (Zuckerstoff)

Eine Handvoll geröstete Erdnüsse

Isomalt im Ofen schmelzen und erkalten lassen. Die Platte in Stücke brechen und in einer Küchenmaschine zerkleinern. Die Erdnüsse nochmals anrösten, erkalten lassen, in kleine Stücke mahlen und mit dem Isomalt vermischen. Dünn auf Backmatten geben und den Erdnusszucker im Ofen bei 180 °C schmelzen. Die Chips für Salate oder Fischgerichte als süßlich-nussig-röstiges Knusperelement verwenden.

Aromen. Alle diese Moleküle sind alkohol- und fettlöslich. Das Fettsäurenspektrum der Erdnüsse und des → Erdnussöls besteht aus circa 11 Prozent Palmitinsäure (C 16:0), 46 Prozent Ölsäure (C 18:1), 31 Prozent Linolsäure (C18:2) und 1 Prozent Linolensäure (C 18:3). Aufgrund bestimmter weiterer Fettsäuren, Arachin-, Behen- und Lignocerinsäure, weist das Öl bei niedrigen Temperaturen eine Trübung auf: Ab 10 °C wird das Erdnussöl zähflüssig, ab etwa 3 °C fest.

Damit frische Erdnüsse ihre mehlige Bitterkeit verlieren, werden sie einige Stunden in gesalzenem Wasser gekocht. Die charakteristischen Aromen bilden sich jedoch durch das Rösten der Nüsse. Sind sie geröstet, sollte man sie erst beim Servieren dazugegeben – sonst verlieren sie ihre Knackigkeit. Raffiniertes Erdnussöl schmeckt fast neutral und kann hoch erhitzt werden, es lässt sich daher sehr gut zum Kochen, Braten und Frittieren verwenden. Der Rauchpunkt des kaltgepressten, dunklen Öls liegt deutlich niedriger, sodass es zum Hocherhitzen nicht geeignet ist. Gekochten Speisen verleiht es dafür ein leichtes Erdnussaroma.

Aufgrund ihres Aromenspektrums bieten sich geröstete Erdnüsse sowohl für salzige als auch für süße oder kandierte Speisen an: Das blumig-fruchtig bis nussig-röstig duftende Aroma wirkt in den jeweiligen Gerichten stets sowohl unterstützend als auch ergänzend. Rund um den Globus wird Fleisch in einer Erdnusssauce geschmort – außer in Europa. In der westafrikanischen und der südostasiatischen Küche sind Erdnüsse eine wichtige Zutat, ja ein Grundnahrungsmittel. Die westafrikanische Küche nutzt das Mehl aus gerösteten Erdnüssen, um Suppen und Eintöpfe sämig zu werden zu lassen. Außerdem kommen sie in Saucen und Gemüsegerichte, in Gebäck, kleine knusprige Snacks oder Beignets und Bouletten, die in Fett ausgebacken werden. In Malaysia und Indonesien ist Erdnusspaste eine Grundzutat für Satay-Saucen und für ein Gemüsedressing namens *gado-gado*. In Vietnam und Thailand dient die Nuss eher als Garnierung. Aus den Nüssen wird die in den USA, aber auch in Afrika beliebte Erdnussbutter hergestellt, die nicht nur als Backzutat eingesetzt, sondern auch als Brotaufstrich zusammen mit Marmelade genossen wird. Deren Süße unterstützt das nussig-sahnige Aroma der Nüsse. Das Gleiche passiert auch in

GESCHMACK

Erdnüsse duften eindeutig nussig, mit sahnigen Noten, aber mild und unaufdringlich. Die Röstaromen tendieren ins Fruchtige, mit Anklängen von grünen Äpfeln. Ihr Aroma ist lang anhaltend.

HARMONIE

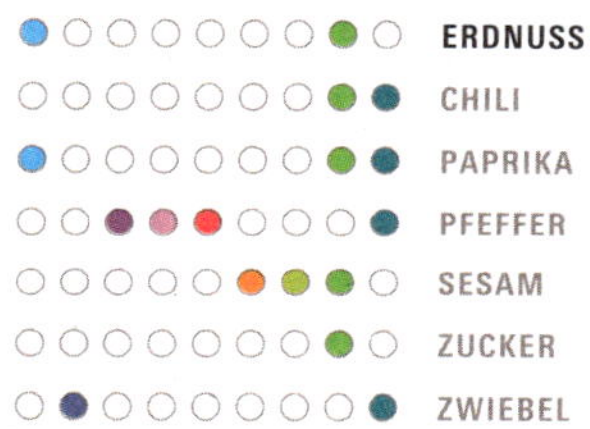

AROMENENTFALTUNG

A *(Frisch, ungeröstet) wachsig, fettig*

B *Deutlich nussige Röststoffe*

PASST GUT ZU

Marmelade, anderen Nüssen, allen Fleischsorten, besonders Huhn, Fisch, Gemüse, Bananen, Schokolade

LÄNDERKÜCHE

Westafrika: *Erdnusspaste, Erdnussbutter, Eintöpfe mit Gemüse und/oder Fleisch, Suppen* ***Indonesien/Malaysia:*** *Satay/Saté-Spieße (Fleischspieße mit Erdnusssauce), Gado-gado/Lotek (Gemüsesalat mit Erdnussdressing)* ***USA:*** *Erdnussbutter als Brotaufstrich, peanut butter fudge (Bonbon)* ***Deutschland:*** *Studentenfutter, Erdnussflips*

EINKAUF, LAGERUNG

In Asialäden heißen geschälte Erdnüsse oft „Katjang". Mittlerweile kann man bei uns auch Erdnusspflanzen für den eigenen Anbau bekommen. Ungeröstete Erdnüsse sind

ERDNUSSPOULARDE MIT GRÜNER-SPARGEL-OSEILLE

- 1 rote Zwiebel, 2 Knoblauchzehen
- 6 Stangen grüner Spargel
- Olivenöl zum Braten
- 1 Rosmarinzweig
- Salz
- 1 Poulardenbrust
- 30 g Butter, 20 g ungesüßte Erdnussbutter
- 1 Bund Sauerampfer

Für die Oseille: Zwiebel und Knoblauch schälen, die Zwiebel vierteln und den Knoblauch halbieren. Den Spargel im unteren Drittel schälen und in 3 cm lange Stücke schneiden. Eine Pfanne mit Olivenöl benetzen, Zwiebel, Knoblauch und Rosmarinzweig hineingeben, bei schwacher Hitze anbraten. Die Spargelstücke ohne die Spitzen zufügen, durchschwenken und salzen. Nach etwa 5 Minuten die Spargelspitzen dazugeben, nochmals etwa 3 Minuten braten. Beiseitestellen und warm halten. Den Sauerampfer waschen und in ½ cm breite Streifen schneiden.

Die Poulardenbrust parieren und in gleich große Stücke schneiden. Butter und Erdnussbutter in einer Pfanne erwärmen, mischen und aufschäumen lassen. Die Poulardenbruststücke darin schwenken, salzen, von der Platte nehmen und 2 Minuten weiter durchschwenken, dabei warm halten. Kurz vor dem Servieren noch einmal schwenken und den Sauerampfer zum Spargel geben. Die restliche Erdnussbutter aus der Pfanne mit einem Pinsel auf die Poularde auftragen.

Kombination mit Schokolade, Zucker oder Honig: die perfekte Süßigkeit. Erdnüsse lassen sich auch hervorragend mit scharfen Gewürzen wie Chili oder verschiedenen Pfeffersorten kombinieren: Wegen des Fettreichtums der Nuss werden die jeweiligen Scharfmacher Capsaicin beziehungsweise Piperin gut gelöst, was deren Intensität ein wenig abmildert. Gleichzeitig wirkt das Nussaroma als kontrastreiches Element zur Erdigkeit der Chilis und der Harzigkeit vieler Pfefferarten – die schwerer flüchtigen Röstnoten in gerösteten Erdnüssen verstärken diesen Effekt noch. Das →Erdnussöl wird in der Küche nicht nur gerne zum Erhitzen von Speisen verwendet, es ist auch für die Zubereitung von Remouladen oder Mayonnaisen besser geeignet als viele andere Nussöle, denn sein schwaches Aroma lässt eher die übrigen Zutaten zur Geltung kommen.

GESCHICHTE UND GESCHICHTEN

Die häufig anzutreffende Allergie auf Erdnüsse ist auf das darin enthaltene globuläre Protein (Vicilin) zurückzuführen, das seine molekulare Gestalt auch beim Rösten nicht verändert. Während bei anderen Lebensmitteln die Proteine beim Erhitzen denaturiert werden, also ihre Gestalt ändern und danach nicht mehr als Allergen wirken, ist die Formstabilität des Vicilins der Grund dafür, dass selbst erhitzte und geröstete Erdnüsse Allergien auslösen können.

deutlich kürzer haltbar als geröstete. Raffiniertes Erdnussöl ist über ein Jahr haltbar und in jedem Supermarkt zu haben. Das unraffinierte, dunkle Öl wird seltener angeboten und hält sich nur etwa ein Jahr. Es sollte dunkel und kühl, aber nicht unbedingt im Kühlschrank gelagert werden, wo es trüb und dickflüssig wird.

Artemisia dracunculus

ESTRAGON

Der wilde Estragon stammt vermutlich aus Sibirien, dort wächst die Sorte Russischer Estragon noch heute. Im Mittelalter wurde er als Heilkraut eingesetzt und „Drachenkraut“ oder „Schlangenkraut“ genannt. Erst die französische Küche entdeckte seine kulinarischen Möglichkeiten: Noch heute gehört er zu den klassischen Zutaten für Sauce béarnaise, Sauce Tartare oder „Estragonhuhn“. Sehr beliebt ist das Kraut auch in der georgischen Küche.

β-OCIMEN *zitrus-kiefernartig ◊ Alkohol, Fett* NEROL *frisch, rosig, zitrus ◊ Alkohol, Wasser* α-LIMONEN *orangenartig, terpentin-zitronenartig ◊ Alkohol, Fett* γ-TERPINEOL *koniferenartig ◊ Fett, Wasser* SABINEN *frisch-holzig, neutralkräuterig ◊ Alkohol, Fett* ANETHOL *anisartig ◊ Alkohol* ESTRAGOL *süßlich, kerbel- und basilikumartig, leicht minzig ◊ Alkohol, Fett* EUGENOL[T] *nelkenartig ◊ Alkohol, Fett* METHYLEUGENOL *anisartig, nelkig ◊ Fett* ELEMICIN *harzig-würzig ◊ Alkohol, Fett*

GESCHMACK

SÜSS SAUER SALZIG **BITTER** UMAMI

Estragon duftet süßlich-herb und erinnert an Süßholz, Fenchel, Anis und Pfeffer. Im Abgang ist er leicht bitter.

HARMONIE

ESTRAGON
ANIS
BASILIKUM
DILL
FENCHEL
KERBEL
LORBEER
MUSKATNUSS
PETERSILIE
SCHNITTLAUCH
SENF

Estragon kann je nach Sorte vollkommen unterschiedlich duften. Der Duft des Deutschen Estragons, oft auch als Französischer Estragon bezeichnet, lebt vor allem von den chemisch verwandten Aromen ESTRAGOL und ANETHOL. Kleine Unterschiede in der Chemie bewirken jedoch große Unterschiede in der Nase: So riecht Estragol aromatisch-würzig nach Basilikum und Kerbel mit leicht minziger Note. Anethol dagegen duftet weniger kräuterig und liefert das Hauptaroma in Fenchel und Anis. Weil in Estragon beide Aromen vorkommen, ist das Kraut eine aromatische „Schnittstelle“ zu den anisartigen Gewürzen. Ebenfalls in Estragon enthalten sind zitrus- und kiefernartige Düfte, leicht süßliche sowie samtige, rosenartige Noten. Zusammen mit terpentinartigen Untertönen kann die gesamte Wahrnehmung als „kieferig“ interpretiert werden. Je nach Anbaugebiet wird dieser Eindruck durch frisch-holzige, kräuterige Noten und nelkenartige, würzig-eukalyptusartige Aromenmischungen ergänzt, die sich unter verschiedenen klimatischen Bedingungen unterschiedlich ausbilden. Im russischen Estragon findet sich ein hoher Anteil an frisch-holzig-kräuterigen und harzig-würzigen Aromen. Wegen seines vorherrschend herben, bitteren Geschmacks ist er aber kulinarisch keinesfalls mit dem echten Deutschen Estragon zu vergleichen. Der „mexikanische Estragon“ ist zwar botanisch etwas anderes – eine Tagetes-Art –, er duftet aber wie Estragon, mit einer stärkeren Anisnote. Französischer Estragon schmeckt etwas süßer und gefälliger als deutscher, beide Sorten haben einen leicht bitteren (Nach-)Geschmack. Der Duft des getrockneten Krauts erinnert auch ein wenig an Zimt. Das liegt daran, dass unter Wasserverlust seine Zellen aufbrechen und die flüchtigen, frischen Aromen aus den weichen Blattstrukturen austreten lassen. Dadurch werden Estragol, Anethol und die harzig-würzigen Aromen stärker betont. Der Korbblütler ist botanisch verwandt mit Beifuß und Wermut – Letzteres spürt man an dem „Liköraroma“ mit deutlichen Anklängen von Anis und Lakritz (Süßholz).

Am besten verwendet man die jungen Blätter und Triebe frisch beziehungsweise frisch aufgetaut. Getrocknet ist Estragon jedoch immer noch aromatisch. Man sollte eher vorsichtig dosieren und das Kraut besser nicht zu lange mitkochen, da sonst die harzig-würzigen Aromen in den Speisen zu intensiv werden.

Estragon wirkt aufgrund seines Aromenspektrums für sich allein, erweitert aber bei sparsamer Dosierung die Aromenspektren anderer Kräu-

ESTRAGONBUTTER

- Butter
- Etwas Zitronensaft
- Salz
- 1 Bund Estragon

Butter zimmerwarm stellen. Estragon fein hacken, mit der Butter vermischen. Mit Zitronensaft und Salz abschmecken. Kühl stellen und eine Rolle formen. Estragonbutter kann zum Beispiel die Sauce Bérnaise auf dem Steak oder Fischfilet ersetzen. Zu bissfest gegartem Spargel ist Estragonbutter, garniert mit frischen Estragonblättern, eine kleine Sensation. Sie kann auch gut eingefroren werden.

ter um zitrus-kiefernartige, würzig-minzige Töne. Seine frischen Noten passen etwa zu den Aromen Dillapiol und Apiol, die in Dill beziehungsweise Petersilie vorkommen. Gleichzeitig mildert Estragon deren erdige und blätterartige Noten. Die Kräutermischung → ***Fines Herbes*** – Estragon mit Schnittlauch, Petersilie und Kerbel – ergibt sich durch überlappende beziehungsweise einander ergänzende Aromen daraus wie von selbst. Kräuterremoulade, Kräuterbutter und einige Saucen brauchen Estragon, wie das Kraut umgekehrt ihr Fett als Lösungsmittel benötigt. So ist es etwa entscheidend daran beteiligt, dass aus einer Sauce Hollandaise die würzige Sauce béarnaise wird. Auch Alkohol löst die Aromastoffe – auf diesem Wissen beruhen die Rezepte des georgischen Lammgerichts ***Chakapuli*** sowie auch des französischen Estragonhuhns, bei dem das Fleisch mit dem Kraut in einer Weinsauce gekocht wird. Estragon harmoniert gut mit allem Säuerlichen – deswegen gehört es beispielsweise zu Sauerbraten oder zu eingelegten Gurken. Estragonsenf, in dem die Geschmacksrichtung „sauer" mit der Trigeminusreizung „scharf" kombiniert wird, ist in Frankreich und Österreich eine beliebte Sorte. Dünstet man Fisch auf ganzen Estragonzweigen, werden unter anderen die Zitrusnoten freigesetzt, welche die fettigen Aromen des Fischs gut ergänzen. Erst am Schluss über die Speisen gestreut, würzt das süßlich-herbe Aroma des Estragons auch milde Suppen und Eiergerichte und macht zum Beispiel aus einem einfachen Spiegelei eine Delikatesse. Bei Tomatensalat lässt sich Basilikum durch Estragon ersetzen, weil beide Kräuter einen sehr ähnlichen herb-süßlich-pfeffrigen Duft besitzen. Aus demselben Grund funktioniert Estragon ebenfalls als Ersatz für das thailändische Horapha-Basilikum oder die mexikanischen Pfefferblätter.

GESCHICHTE UND GESCHICHTEN

Der irische Schriftsteller Samuel Beckett nannte einen der beiden Protagonisten in seinem berühmten Theaterstück „Warten auf Godot" Estragon. Er ist ein launischer Träumer, der immer wieder alles vergisst – nicht zuletzt, weswegen er und sein Begleiter Wladimir eigentlich dort stehen und warten.

AROMENENTFALTUNG

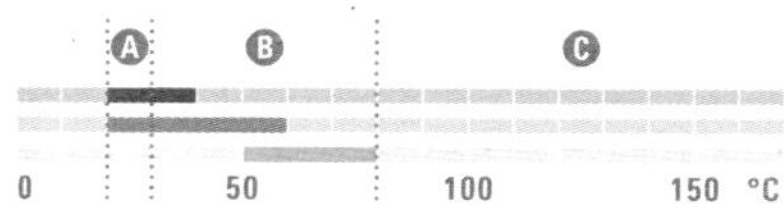

A *Frisch, blumig, zitrusartig*
B *Kräuterig-harzig* **C** *(Gekocht) weiche, leicht nelkenartig-holzige Noten*

PASST GUT ZU

Geflügel, Kaninchen, Wild, Leber, Herz, Fisch, Meeresfrüchten, Eierspeisen, Pilzen, Artischocken, Tomaten, Butter, Essig

LÄNDERKÜCHE

Deutschland: *Sauerbraten, Frankfurter Grüne Sauce, Remoulade, eingelegte Gurken* ***Frankreich:*** *Estragonhuhn, Sauce béarnaise, Sauce Tartare, Sauce Ravigote* ***Österreich:*** *Estragonsenf* ***Georgien:*** *Chakapuli (Lamm in Weißwein), in Estragon gewickelte Eiviertel zu Fladenbrot, grüner Softdrink aus Estragon*

GEWÜRZMISCHUNGEN

Fines Herbes, Bouquet garni

EINKAUF, QUALITÄTEN, LAGERUNG

Weil sie frostresistent ist, wird in Gärtnereien oft die Sorte Russischer Estragon verkauft. Das echte Estragonaroma liefert jedoch nur der Deutsche beziehungsweise Französische Estragon. Frisch bekommt man ihn hierzulande manchmal im Supermarkt. Junge Blätter und Triebspitzen schmecken am besten, sie können auch eingefroren werden. Ältere Blätter dagegen sind zu hart zum Verzehr. Getrocknet ist er nicht ganz so gut, aber immer noch aromatisch.

E

Foeniculum vulgare (FRÜCHTE)

FENCHEL (SAMEN)

Viele kennen ihn eher als Gemüse denn als Gewürz. Doch Fenchelsamen – oder botanisch korrekt: Fenchelfrüchte – sind unter anderem ein hervorragendes Fischgewürz. Auch das Kraut des Fenchels lässt sich in der Küche einsetzen, zum Beispiel für Vinaigrettes. Der Doldenblütler ist botanisch mit Kümmel, Dill und Anis verwandt – das riecht und schmeckt man sofort.

MYRCEN *süßlich, balsamisch* ◊ *Alkohol, Fett* LIMONEN *orangenartig, terpentin-zitronenartig* ◊ *Alkohol, Fett* FENCHON *bitter, kampferartig* ◊ *Alkohol* α-PHELLANDREN *würzigminzg* ◊ *Fett* P-CYMOL *holzig, terpentinartig, zitrus* ◊ *Alkohol, Fett* CARVON *kümmelartig* ◊ *Alkohol, Fett* ANISALDEHYD *blumig-mimosenartig, süß* ◊ *Alkohol, Fett* ANETHOL *anisartig* ◊ *Alkohol* ESTRAGOL *süßlich, kerbel- und basilikumartig, leicht minzig* ◊ *Alkohol Fett* DILLAPIOL *dillartig, frisch* ◊ *Alkohol, Fett*

GESCHMACK

SÜSS · SAUER · SALZIG · **BITTER** · UMAMI

Fenchelfrüchte schmecken leicht süß mit einem bitter-süßen Nachgeschmack. Ihr Aroma erinnert an Anis und Kümmel sowie ein wenig an Honig und Pfeffer.

HARMONIE

- FENCHEL
- ANIS
- BOCKSHORNKLEE
- KERBEL
- KÜMMEL
- LAVENDEL
- MUSKAT
- OREGANO
- PETERSILIE
- THYMIAN
- ZITRONENSCHALE

Fenchelfrüchte sind im Aroma etwas kräftiger als Anis und vielschichtiger, aromatischer, tiefer als der bei uns gebräuchlichere Kümmel. Der Fenchelduft wird von mehreren Aromen bestimmt. Dazu gehören das nach Anis duftende ANETHOL, weiterhin LIMONEN, das in seinen beiden Varianten orangenartige und terpentinartig-zitronige Düfte hineinträgt, das bittere, kampferig duftende FENCHON und schließlich ESTRAGOL mit seinen aromatisch-würzig-anisartigen Noten. Die Untertöne werden durch eine komplexe Aromenmischung bestimmt, in der sich anisartige, warm-harzig-kampferartige, wachsig-kampferartige, süßlich-balsamische und aromatische Noten finden. Dadurch, dass ihr Anteil im Vergleich zu den Hauptaromen eher gering ist, wirken diese Moleküle im Verbund, die einzelnen Komponenten sind kaum zu riechen oder zu schmecken. Trotzdem sind es gerade diese Untertöne, die dem Fenchel seinen würzigen, je nach Zusammensetzung manchmal harzigen bis sogar kiefernartigen Beigeruch geben. Das Verhältnis zwischen den Aromen wird letztendlich auch durch die Umwelteinflüsse bestimmt, denen die Pflanze während ihres Wachstums ausgesetzt ist. Der Unterschied von Süß- und Bitterfenchel lässt sich am Anteil der bitteren Aromaverbindung Fenchon festmachen: Je höher er ist, desto bitterer und weniger süß schmeckt die Pflanze. Im Süßfenchel steht dagegen das anisartig duftende Anethol im Vordergrund. Im Handel wird meist der Süßfenchel angeboten, Bitterfenchel wächst wild und wird nur in der Toskana kommerziell verwertet.

Will man das volle Aroma des Fenchelkrauts erhalten, sollten nur junge Fencheltriebe frisch verwendet werden. Für die Früchte gelten andere Regeln: Röstet man sie trocken in der Pfanne, entweichen die leicht flüchtigen Aromen, sodass die Hauptnoten besser zur Geltung kommen. Anschließend kann man sie im Mörser zu einem Pulver zerstoßen. Kocht man ganze Früchte mit, nimmt man in Kauf, dass man beim Essen immer wieder auf sie beißt. Ähnlich wie bei Kümmel kann das einerseits mitunter zu intensiv schmecken, andererseits aber ein beabsichtigter Effekt sein.

Aufgrund der beschriebenen Vielschichtigkeit des Fenchelaromas lassen sich die verschiedensten Speisen mit Fenchel würzen – je nachdem, welche seiner Noten besonders hervorgehoben wird. Eine ideale Kombination für Fenchel wäre zum Beispiel ein Risotto mit Tomaten und Thymian: Reife Tomaten liefern die Grundgeschmacksrichtungen sauer, süß und umami-Geschmack, Thymian aromatische Düfte, Fenchel ergänzt daher mit seinen

FENCHELLAMMRÜCKEN

- 400 g Lammrücken
- 1 TL ganze Fenchelfrüchte
- Etwas Kreuzkümmel
- Etwas Bockshornklee
- Salz

Den Lammrücken parieren und in 5 cm x 2 cm große Quader schneiden. Die Gewürze auf einer Seite andrücken und die Lammrückenstücke im Dämpfer bei 60 °C für 8–10 Minuten garen. Herausnehmen und auf der nicht gewürzten Seite in der sehr heißen Grillpfanne kurz grillen. Salzen und als kleinen Fleischgang zum Beispiel mit geschmortem Fenchelgemüse servieren.

süßen und bitteren Aromenverbindungen das Würzspektrum. Über die zitrusartigen Noten verträgt sich Fenchel bestens mit Zitronenschale und setzt einen schönen Kontrast zu jedem fettreichen Fisch. Legt man getrocknete Fenchelstängel auf die Kohle und grillt darüber Fisch, steigen nicht nur die Zitrusnoten, sondern auch die sich bildenden Röstaromen mit dem Rauch auf und ziehen in den Fisch ein. Einen ähnlichen Effekt erzielt man, wenn man gegrillten Fisch auf getrocknetem Fenchelkraut flambiert. Die Früchte harmonieren besonders gut mit Muskatnuss, denn darin sind ebenfalls viele der würzig-aromatisch-kampferigen Aromen enthalten, die im Fenchel als flüchtige Untertöne den Duft prägen. In der Verbindung mit Kümmel verstärken sich die warm-würzigen Noten gegenseitig. Sogar süße Marmeladen aus Birnen, Quitten oder Äpfeln vertragen einige Fenchelfrüchte. Sparsam dosiert, passen sie – vergleichbar mit Anis – auch zu Kuchen und Gebäck. In der deutschen und mitteleuropäischen Küche wird, wie schon im alten Griechenland und Rom, Roggenbrot gern mit Fenchelfrüchten gewürzt. Ihre süßen Noten ergänzen sich gut mit dem kräftigen, erdigen Duft des Roggens. In Italien, besonders in der Toskana, wird traditionell viel mit Fenchel gekocht. Hier kommt die bittere Variante zum Einsatz: Zusammen mit Rosmarin, Salbei und Knoblauch würzt er zum Beispiel Schweinebraten, in Verbindung mit Zitrone gegrillten Fisch sowie Ragouts und Sugos. In die berühmte toskanische Fenchelsalami *Finocchiona* gehören ebenfalls die Samen des wilden Bitterfenchels. Außerdem werden in der Toskana auch die getrockneten Pollen der Fenchelblüten genutzt, die bei Tisch über die Speisen gestreut werden. In den Pollen kommen die duftenden Untertöne besonders konzentriert vor, sodass das gelbe Pulver, auch Engelsgewürz genannt, neben dem typischen Fenchelduft noch ein harziges, kiefernähnliches Aroma liefert. Die indische Küche setzt Fenchel gemeinsam mit Anis oder als Anis-Ersatz ein – besonders für Geflügel, meist allerdings in Kombination mit anderen Gewürzen. Die ganzen Fenchel-

AROMENENTFALTUNG

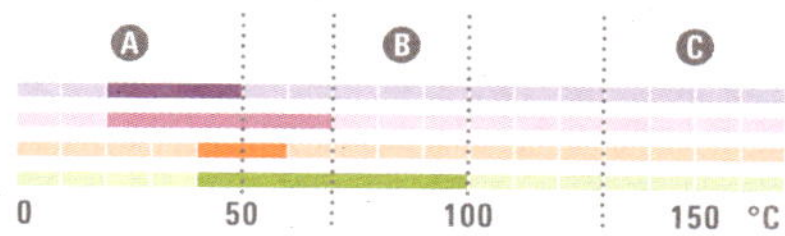

A *Frische kräuterige Note* **B** *Fruchtige Fenchelnote, Anklänge von Zitrus* **C** *Intensivierung kümmelartiger Töne und Röstnoten*

PASST GUT ZU

Schweinebraten, Gemüse, Ragouts, Brot, Meeresfrüchten, Fisch, Suppen, gebratener Leber

LÄNDERKÜCHE

Italien: *Finocchiona (Fenchelsalami), Schweinebraten, Porchetta (Spanferkel), Fisch* ***Frankreich:*** *gegrillter und gebackener Fisch, Vinaigrette* ***Deutschland:*** *Brot, Sauerkonserven, Sauerkraut, Suppen* ***USA:*** *Chowder (Fischsuppe), gegrillter Fisch* ***Griechenland:*** *Gewürzbrot* ***China:*** *Gemüse und Fisch*

GEWÜRZMISCHUNGEN

Indisches Garam Masala, chinesisches Fünf-Gewürze-Pulver, bengalisches Panch Phoron, französische Herbes de Provence, Fenchelbutter, Brotgewürz

FENCHELGRÜN

EINKAUF, QUALITÄTEN, LAGERUNG

Je kräftiger die helle, gelbgrüne Farbe der Früchte, desto besser ist die Qualität. Man bekommt Fenchel auch geschrotet oder gemahlen, dann verliert er jedoch schnell sein Aroma. Bitterfenchel hat kleinere und schwarzbraune Früchte.

früchte werden dort nach dem Essen gekaut: Sie sollen die Verdauung anregen und für einen frischen Atem sorgen.

GESCHICHTE UND GESCHICHTEN

Der üppig wachsende Wilde Fenchel war bei den Orten Marathon (griech. „maratho", Fenchel) und Funchal, der Hauptstadt Madeiras, namensgebend.

GALGANT

Er stammt aus der Familie der Ingwergewächse und schmeckt frisch ähnlich scharf wie Ingwer, allerdings mit einem warmen, harzigen Ton und einer deutlich pfeffrigen Note. Getrocknet duftet er zimtartig. Galgant wird fast ausschließlich in der Küche des Fernen Ostens verwendet, besonders beliebt ist er in Thailand – daher auch der Name „Thai-Ingwer".

Alpinia officinarum (PULVER)

1,8-CINEOL[T] *Eukalyptus, kampferartig, kühlend 💧 Alkohol, Fett* **α-, β-PINEN** *warm-harzig, Piniennadeln, kampferig 💧 Alkohol, Fett* **KAMPFER** *scharf-bitter-mentholig-eukalyptusartig 💧 Alkohol, Fett* **TRANS-α-BERGAMOTTEN** *holzig 💧 Alkohol, Fett* **FARNESEN** *zitrusartig, kräuterig 💧 Alkohol, Fett* **β-CARYOPHYLLEN** *holzig-terpentinartig 💧 Fett* **ZIMTSÄUREETHYLESTER** *weinig, zimtartig 💧 Alkohol* **EUGENOL**[T] *nelkenartig 💧 Alkohol, Fett* **GINGEROL** *scharf, warm 💧 Fett, Wasser* **SHOGAOL** *warm, scharf 💧 Fett, Wasser*

GESCHMACK

SÜSS **SAUER** SALZIG **BITTER** UMAMI

Limettenartig und fruchtig wie Ingwer, wird er danach pfeffrig-scharf bis schließlich angenehm herb. Frisch ist er milder als Ingwer, das Pulver ist herber, schärfer.

Galgant ist ein Wurzelgewürz (Rhizom) mit einem sehr breiten Aromenspektrum – dominante Schlüsselaromen gibt es nicht. Die Unterschiede der Sorten Kleiner Galgant und Großer Galgant werden lediglich durch verschiedene Mengenverhältnisse der Aromenverbindungen definiert, wobei die Übergänge fließend sind. In Galgant finden sich das eukalyptusartig-kampferartig duftende 1,8-CINEOL, das holzig-kampferige α-PINEN, das scharf-bitter-mentholig-eukalyptusartige Aroma KAMPFER sowie das nach Gewürznelken duftende EUGENOL. Außerdem enthält das Rhizom den auch in Zimt und Rotwein auftretenden Aromastoff ZIMTSÄUREETHYLESTER, der eher beim Trocknen zum Vorschein kommt und den zimtartigen Duft erklärt. Des Weiteren treten in getrocknetem Galgant holzig-würzige, säuerlich-schwere und balsamartige Aromen besonders hervor.

LIMETTENSAFT MIT GERIEBENEM GALGANT

- 100 ml Limettensaft
- 400 ml Wasser
- 1 Stängel Zitronengras
- 1 TL geriebenen Galgant

Limettensaft mit Wasser verdünnen, leicht erhitzen und mit Zitronengras etwa 1 Stunde warm ziehen lassen. Abkühlen und geriebenen Galgant zufügen. Über Nacht kühl ziehen lassen, abfiltern und mit gestoßenem Eis servieren – etwa mit einem Schuss Wodka.

Frischen Galgant kann man reiben und etwa in Gewürzpasten einsetzen, denen er ein frisch-würziges Aroma verleiht. Schmorgerichten mit langer Garzeit fügt man dünn geschnittene Scheiben hinzu, aus denen das

Aroma langsamer freigesetzt wird. Um einen allzu aufdringlichen Geschmack beim Draufbeißen zu vermeiden, werden diese am Schluss wieder entfernt. Getrocknete, eingeweichte Galgantscheiben verleihen Suppen, Saucen, Fonds und Schmorgerichten eine feinherbe Pfeffernote und eine leicht bittere Würzigkeit.

In Thailand wird das fruchtig-scharfe Gewürz gerne mit Zutaten wie Ingwer, Zitronengras oder Kaffirlimettenblättern und deren blumig-frischen Aromen kombiniert, zum Beispiel in der klaren Suppe *Tom Yam*. Ein Klassiker der thailändischen Küche ist auch die kokosmilchgebundene Hühnersuppe *Tom Kha Gai*, wobei „kha" Galgant bedeutet. Die fettlöslichen Aromen der Wurzel bleiben in der Kokosmilch erhalten. In Indonesien und Malaysia gehört das frische Rhizom in die *Bumbu*-Würzpasten. Roh dienen diese zum Marinieren von Fleisch, angebraten als Saucengrundlage. Ein Klassiker der balinesischen Küche ist gefüllte Ente, die in Bananenblätter gewickelt und gebacken wird: Die Füllung enthält neben Ingwer auch Galgant. Die chinesische Küche hingegen setzt es ausschließlich getrocknet ein, vor allem zum Würzen von Brühen. Auch wenn Galgant traditionell nur in der fernöstlichen Küche verhaftet ist, lässt es sich gut in die heimische integrieren. Das weniger fruchtige Pulver verleiht besonders Wild und Grillfleisch sowie herzhaften Festtagsbraten seine Schärfe.

GALGANTRHIZOM, FRISCH

HARMONIE

AROMENENTFALTUNG

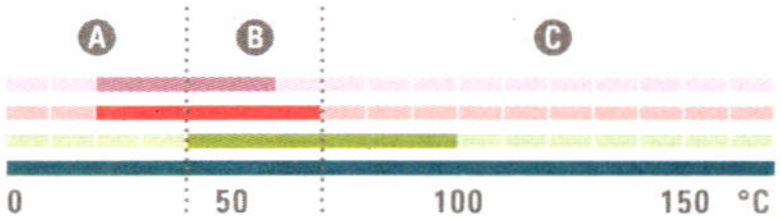

A *(Frisch:) mitunter zitronige Frische* **B** *Balsamische, würzige Noten* **C** *Aromatische Schärfe im Vordergrund*

PASST GUT ZU

Suppen, Ente, Gans, Huhn, Fisch und Meeresfrüchten, Tomaten

LÄNDERKÜCHE

Thailand: *Tom Yam, Tom Kha Gai (Suppen), Currys* ***Bali:*** *Bebek betulu (gefüllte Ente)*

GEWÜRZMISCHUNGEN

Thailändische Gewürzpasten, marokkanisches Ras el-Hanout, chinesische Fünf-Gewürze-Mischung (optionale Zutat)

EINKAUF

In Asialäden gibt es getrockneten Galgant als Pulver, auch Laospulver genannt, in Scheiben oder frisch (Thai-Ingwer, Laos-Wurzel). Die Schale ist heller als bei Ingwer und hat charakteristische Streifen.

GEWÜRZNELKE

Die getrockneten Blütenknospen eines Baumes aus der Familie der Myrtengewächse haben nichts mit unseren Gartennelken zu tun. Sie werden seit der Antike in der Heilkunde und in der Küche eingesetzt. Viele Jahrhunderte lang galten sie als fast unbezahlbarer Luxus.

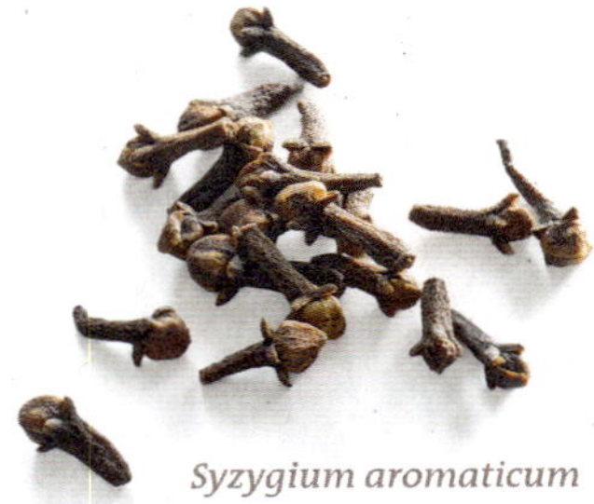

Syzygium aromaticum

HEPTAN-2-ON *fruchtig-käsig, blauschimmelig ◊ Alkohol, Fett* OCTAN-2-ON *erdig-frisch, grün ◊ Alkohol, Fett* α-, β- CARYOPHYLLEN *würzig-holzig, terpentinartig ◊ Fett* EUGENOL[T] *nelkenartig ◊ Alkohol, Fett* ACETYLEUGENOL *nelkenartig, würzig ◊ Alkohol, Fett*

GESCHMACK

SÜSS SAUER SALZIG **BITTER** UMAMI

Gewürznelken geben Speisen ein warm-süßliches, charakteristisches Aroma. Pur werden sie als feurig-scharf empfunden, brennen leicht auf der Zunge und hinterlassen am Gaumen ein Gefühl von Betäubung.

HARMONIE

GEWÜRZNELKE
BASILIKUM
GRANATAPFELSAMEN
LANGER PFEFFER
LORBEER
MUSKAT
OREGANO
PIMENT
ROSMARIN
ZIMT

Die dominierenden Aromaverbindungen in Gewürznelken sind EUGENOL und das chemisch eng verwandte ACETYLEUGENOL, wobei der charakteristische Nelkenduft in erster Linie vom Eugenol herrührt. In schwächerer Konzentration und nicht dominierend kommt dieser Aromastoff auch in Piment, Muskatnuss, Lorbeer und Basilikum vor und selbst in Bananen und Kirschen trägt er dezent zum Duft bei. Acetyleugenol duftet nicht so stark nelkentypisch wie Eugenol, steuert aber eine süßlich-balsamisch-würzige, fast blumige Note bei. Außerdem enthalten sind die mit starken Terpentinnoten unterlegten, würzig-holzigen α- und β-CARYOPHYLLEN, die ebenfalls in Kräutern wie Basilikum, Lorbeer, Rosmarin und Oregano zu finden sind. In frisch geernteten Gewürznelken sind zudem unterschwellig, das heißt nicht direkt wahrnehmbar, fruchtig-käsige und erdig-frisch-grüne Noten vorhanden. Diese Duftnoten verflüchtigen sich während des Trocknens fast vollständig. Im Geschmack sind Gewürznelken leicht bitter, mitunter beißend.

Gekochten und geschmorten Gerichten werden Gewürznelken am besten ganz oder grob gemörsert zugefügt, damit sich die Bruchstücke zum Fertigstellen der Saucen leicht entfernen lassen. Wenn zu Beginn des Schmorprozesses der Sud abgeschäumt wird, ist die Gefahr groß, die oben schwimmenden Nelken mit herauszuheben, die dann nichts mehr zum Geschmack beitragen. Deshalb gibt man dem Braten während des Schmorens oft mit Gewürznelken gespickte Zwiebeln bei, die sich auch am Schluss besser entfernen lassen. Nelken fügen sich in viele Gewürzmischungen gut ein. Sie sollten allerdings sparsam eingesetzt werden: Eugenol hat eine betäubende Wirkung auf Nerven, daher werden die Geschmacksempfindungen für einige Zeit reduziert.

GEBRATENE BANANEN MIT NELKEN

- 4 Bananen
- Butter
- 1 TL Gewürznelken (gemörsert)
- 2 TL Zucker
- 100 ml Sahne

Die nicht zu weichen Bananen schälen und längs halbieren. Butter in einer nichthaftenden Pfanne zerlassen, im Mörser zerstoßene Nelken hineingeben und die Bananenhälften darin bei schwacher Hitze leicht anbraten. Herausnehmen, anrichten und warm halten. Zucker in der Nelkenbutter leicht karamellisieren, mit Sahne ablöschen, leicht reduzieren. Über die gebratenen Bananen gießen – und mit einer Gewürztraminer Spätlese als Dessert genießen.

Gewürznelken lassen sich sehr gut mit Zimt, Piment, Langem Pfeffer und Muskat sowie mit Lorbeer und Basilikum kombinieren, da in all diesen Gewürzen und Kräutern ebenfalls das Aroma Eugenol vorkommt. Zu Nieren etwa passt eine Sauce mit Sherry, Lorbeer und Gewürznelken ausgezeichnet. Die weich-stechenden, süßlichen Noten des Sherrys ergänzen sich mit dem darin gelösten Nelkenduft bestens. Auch mit Granatapfelsamen harmonieren Gewürznelken gut: Ihre süßlich duftenden Bestandteile mildern deren süß-säuerlichen, häufig adstringierenden Geschmack. In der europäischen Küche sind Gewürznelken eine wichtige Zutat in Gebäck, Lebkuchen, Süßspeisen, Eingelegtem und Likören. Die Brücke von Süßem zu Pikantem – Ragouts (*Coq au vin*), Rotkohl, Wurst, Schweinefleisch und Wild – schlagen dabei Lebkuchen, die mitunter als Grundlage für dunkle Saucen dienen. Gewürznelken geben Grundfonds und Saucen eine zurückhaltende, erdige Hintergrundnote. Auch in der englischen Worcestersauce wird ihr Aroma verwendet. Eine kulinarische Neuheit stellt der Gewürznelkenessig dar: Mit ihm kann man Marinaden, Saucen oder Gemüsegerichte wie Grünkohl, Wirsing oder Rotkohl bereichern.

GESCHICHTE UND GESCHICHTEN

Die tropische Pflanze stammt von den Molukken, die heute zu Indonesien gehören. Der immergrüne Baum aus der Familie der Myrtengewächse kann bis zu zwanzig Meter hoch werden. Die Gewürznelken sind seine etwa einen Zentimeter langen Blütenknospen. Die noch geschlossenen Knospen werden meist von Hand gepflückt und in der Sonne oder am Feuer langsam über mehrere Tage getrocknet, bis sie ihre rötlich braune Farbe erhalten. Der Name „Nelke" leitet sich vom mittelhochdeutschen Wort „negellin" ab, was so viel wie „Nägelein" bedeutet und auf die Form des Gewürzes verweist. Daher galten sie im christlichen Mittelalter auch als Symbol für den an das Kreuz genagelten Gottessohn.

Lange waren Gewürznelken schier unerschwinglich. Die Araber, die das einträgliche Handelsmonopol bis zum späten Mittelalter innehatten, versuchten ihre Herkunft geheim zu halten. Dann jedoch entdeckten und eroberten die Portugiesen im 16. Jahrhundert die „Gewürzinseln" und stritten sich bald mit den Spaniern um die Vormacht. Lachender Dritter waren die Holländer, die dort im 17. Jahrhundert ein striktes Handelsmonopol errichteten, indem sie alle Gewürznelkenplantagen abholzten – bis auf die der südlicher gelegenen Insel Ambon, von der noch heute die besten Gewürznelken kommen. Mittels Verknappung und Kontrolle hielten sie den Preis weiter hoch. Erst 1769 gelang es dem französischen Abenteurer und Naturforscher Pierre Poivre, im staatlichen Auftrag Stecklinge nach Mauritius zu schmuggeln, wo man die Gewürznelke in der Folge kultivierte – genauso wie später in Französisch-Guyana, in Sansibar und auf Madagaskar, wo sie noch heute angebaut wird. Damit wurde das Gewürz endlich erschwinglich und fand seinen Weg in die bürgerlichen Küchen Europas.

AROMENENTFALTUNG

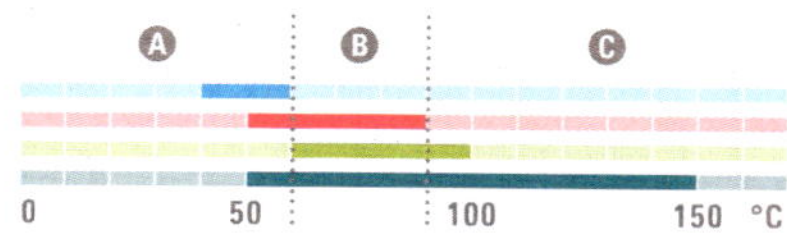

A *Wachsige, dezent betäubende Würzigkeit* **B** *Fein-würzig, holzartig* **C** *Herbe, würzige, adstringierende, bittere Noten*

PASST GUT ZU

Dunklen Saucen, Geschmortem, Wild, Nieren, Wurst, Gemüsegerichten (Grünkohl, Wirsing, Rotkohl), Kompotten, Backwaren

LÄNDERKÜCHE

Deutschland: *Lebkuchen, Bratapfel, Apfelkompott, Rotkohl, Kräuterliköre* ***Frankreich:*** *Coq au vin* ***England:*** *Worcester-Sauce* ***Indien:*** *Geschmorte Fleischgerichte*

GEWÜRZMISCHUNGEN

Französisches Quatre-épices, indisches Garam Masala, chinesisches Fünf-Gewürze-Pulver, arabisches Baharat, Glühweinmischungen

QUALITÄTEN, LAGERUNG

Gute Qualität erkennt man daran, dass die Nelken mit dem Kopf nach oben auf dem Wasser schwimmen oder untergehen. Schwimmen sie flach, enthalten sie zu wenig ätherisches Öl. Gut und frisch sind sie auch, wenn sie ätherisches Öl absondern, sobald man mit dem Fingernagel den Stiel unten einritzt. Außerdem sollten sie frei von losen Blütenstielen und Früchten sein. Die Knospen sollten ganz sein, das heißt, auch der obere, rundliche Teil muss vorhanden sein. Die beste Qualität, siputih, kommt aus Indonesien. Im Ganzen und luftdicht verpackt gelagert, halten sie mehrere Jahre.

Punica granatum

GRANATAPFEL, ANARDANA

Granatäpfel sind die Früchte eines subtropischen Baums. In den hellroten Früchten mit der harten Schale sitzen die leuchtend roten Samen mit ihrem saftigen, süßsauren bis süßen Mark. Der ausgepresste Saft schmeckt süß-prickelnd – nur wenn die weißen Scheidewände und die Samenkerne mitgepresst werden, kann er ziemlich herb werden. Die getrockneten Samen heißen Anardana: Sie riechen etwas herb, schmecken süßsauer und werden in der nordindischen Küche verwendet.

ETHYL-2-METHYLBUTYRAT *ananasartig, röstig* ◊ *Alkohol, Fett* HEXANAL *fruchtig, fettig, grün* ◊ *Alkohol, Fett, warmes Wasser* (Z)-HEX-3-ENAL *grün-grasig* ◊ *Alkohol, Wasser* ETHYLHEXANOAT *fruchtig, würzig* ◊ *Alkohol, Fett* OCTANAL *blumig-rosenartig* ◊ *Alkohol, Fett* 1-OCTEN-3-ON *pilzig, metallisch, leicht orangig* ◊ *Alkohol, Fett* METHIONAL *zwiebel-fleischartig, kartoffelig* ◊ *Alkohol* 1,8-CINEOL[T] *Eukalyptus, kampferartig, kühlend* ◊ *Alkohol, Fett* α-, β-PINEN *pinienartig, kampferig* ◊ *Alkohol, Fett* LIMONEN *orangenartig, terpentin-zitrusartig* ◊ *Alkohol, Fett* β-DAMASCENON *rosenartig, fruchtig, floral* ◊ *Alkohol, Fett* EUGENOL[T] *nelkenartig* ◊ *Alkohol, Fett* 2-PHENYL-ETHANOL *honig-süßlich, rosenartig, stechend* ◊ *Alkohol, Fett, Wasser* PHENYLACETALDEHYD *grün-floral, honig-würzig, hyazinthig* ◊ *Alkohol, Fett* 3-ISOPROPYL-2-METHOXYPYRAZIN *erdig, paprikaartig* ◊ *Fett* 2-ISOBUTYL-3-METHOXYPYRAZIN *erdig, grünpfeffrig* ◊ *Alkohol, Fett* ELLAGSÄURE *leicht adstringierend* ◊ *Wasser (schlecht)*

GESCHMACK

SÜSS SAUER SALZIG BITTER UMAMI

Die Samen und der saftige Mantel schmecken süßsauer bis süßlich, je nach Sorte. Sie eignen sich frisch oder getrocknet zum Würzen von süßen wie herzhaften Gerichten.

Die dominanten Aromen des frischen Fruchtfleisches von Granatapfelsamen sind süß-säuerlich-fruchtig. Daran sind ETHYL-2-METHYLBUTYRAT und ETHYL-3-METHYLBUTYRAT mit ihren ananasartigen Düften beteiligt. Für grüne, grasige, fruchtige Aromen ist unter anderem der Duftstoff HEXANAL verantwortlich, OCTANAL steuert eine Orangennote bei. Des Weiteren finden sich im Fruchtfleisch aber auch für Früchte eher ungewöhnliche Aromen, die pilzig-erdig und eukalyptusartig duften. Durch das Eugenol lassen sich Gewürznelken erahnen, hinzu kommen Rosen-, Wein- und Wachsnoten. Sogar erdige und fleischartige, an gekochte Kartoffeln erinnernde Töne lassen sich ebenso nachweisen wie paprikaartige Noten. Der süß-sauer-bittere Geschmack wird durch eine Mischung aus gebundenen Zuckern (Glucosiden) und ELLAGSÄURE geprägt. Granatäpfel enthalten sehr viele bioaktive Substanzen.

Will man die frischen Granatapfelsamen verwenden, muss man die Schale mehrfach einritzen und die Frucht sternförmig aufbrechen. Dann kann man die Samen ohne die bitteren Häutchen, die die Kammern voneinander trennen, mit einem Löffel herauslösen – am besten über einer Schale, in der man die Samen auffängt. Vorsicht, sie färben! Wichtig bei der Verwendung von ganzen frischen Granatapfelsamen ist ihre knackige, knusprige Textur, deshalb streut man sie erst zum Schluss über die Speisen. Den Saft gewinnt man durch Auspressen der Samen. Zum Trocknen werden die Samen zwei Wochen in die Sonne gelegt. Die getrockneten Samen, Anardana, sind von der Textur her mit Korinthen zu vergleichen: fest, schrumpelig und klebrig. Nach dem Trocknungsprozess schmecken sie fruchtig-herb und säuerlich. Man kann sie mitkochen oder in Wasser einweichen beziehungsweise leicht zerdrückt direkt über die fertigen Speisen geben.

Granatäpfel kann man immer dann einsetzen, wenn auch Waldbeeren oder andere süßsaure Früchte passen würden. Obstsalaten spendieren sie generell Farbe und Säure, wegen ihres orangenartigen Aromas passen sie besonders gut zu einem Orangensalat. In der auf süßsaure Aromen spezialisierten Küche des Nahen und Mittleren Ostens werden frische, saftige Samenkörner nicht nur über Salate, sondern auch über Vorspeisen wie

ANARDANA

SAURE NIEREN

- 1 Kalbsniere mit Nierenfett
- Salz, Pfeffer
- 1 gehackte Zwiebel
- 1 gehackte Knoblauchzehe
- Sherry, Rotwein
- 200 ml Kalbsfond
- Butter
- Handvoll Granatapfelsamen

Die Niere im Ganzen anbraten (am besten im Nierenfett), aber nicht zu lange, sie muss innen unbedingt rosa bleiben. Herausnehmen, salzen und pfeffern. Die Zwiebel in der gleichen Pfanne anschwitzen, Knoblauch beifügen und mit Sherry und Rotwein ablöschen. Immer wieder Kalbsfond angießen und reduzieren, bis eine leichte Bindung eingetreten ist. Die Granatapfelsamen zugeben und mit Butter abbinden. Die Niere aufschneiden und auf Tellern anrichten. Mit der Sauce überziehen.

Hummus oder Tahinapaste gestreut: Sie geben den Gerichten ein süßsaures Aroma und setzen einen interessanten Farbeffekt. Diese Pasten würzen wiederum herzhafte Saucen für Geflügel und Wildgerichte oder Reisfüllungen für Gemüse – kombiniert werden sie häufig mit Nüssen, vor allem Walnüssen. Aufgrund ihrer leichten Adstringenz und ihrer fruchtigen Säure passen sie sehr gut zu süßlich anmutenden Gewürzen wie Kardamom, Zimt oder den würzig-warmen Gewürznelken – Kombinationen, wie sie in orientalischen Gerichten zu finden sind. Die gleichen Eigenschaften der Samen nehmen Bockshornkleefrüchten die Bitternoten und kontrastieren die Röstnoten der Schokolade. Deswegen lassen sich auch Desserts mit den frischen Samen verzieren, was nicht nur optisch eine Versuchung ist: ***Mousse au chocolat*** mit frischen Granatapfelsamen ergeben ein süß-säuerlich-fruchtiges Paar. Mit dem Saft der Samen beträufelt man in Georgien Fleisch- und Fischsaucen, denn seine Säure sorgt über enzymatische Prozesse für zartes Fleisch (→ Amchoor). Das fruchtig-herbe Aroma der Anardana ist besonders in der nordindischen Küche beliebt. Sie werden ähnlich wie Amchoor als Säuerungsmittel in vielen Speisen eingesetzt, beispielsweise in Currys, Gemüseeintöpfen und Hülsenfruchtgerichten (*Dals*).

GESCHICHTE UND GESCHICHTEN

Der Granatapfel hat in der Mythologie für reichlich Ärger gesorgt: Er soll die verbotene Frucht gewesen sein, von der Eva im Paradies gekostet hat – man fragt sich nur, wie sie ihn mit bloßen Händen öffnen konnte. Der trojanische Königssohn Paris überreichte ihn Aphrodite als Zeichen ihrer Schönheit – und löste damit indirekt den Trojanischen Krieg aus, denn die schöne Helena, die ihm im Gegenzug versprochen wurde, raubte er einfach dem Griechenkönig Menelaos, woraufhin der so Betrogene Troja den Krieg erklärte. Der Granatapfel soll sogar namensgebend für die Granate gewesen sein, weil die widerspenstige Frucht beim gewaltsamen Öffnen wie eine Granate platzen kann und ihre Samen verschießt.

HARMONIE

AROMENENTFALTUNG

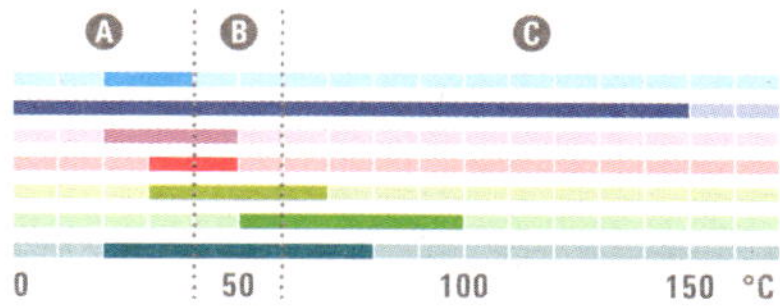

A *Frisch, säuerlich-fruchtig* **B** *Rosennoten, holzige Anteile* **C** *Aromatischer, erdiger*

PASST GUT ZU

Huhn, Wild, Wildgeflügel, Eintöpfen, Salat, Kichererbsen, Gemüse, Brot, Hülsenfrüchten, Quark, Eis, Pudding, Obst

LÄNDERKÜCHE

Syrien: *Muhammara (Dip aus Chilis und Walnüssen)* ***Iran:*** *Fesenjan/Faisinjan (Ente oder Fasan)* ***Nordindien:*** *Currys, Chutneys, Brotfüllungen, geschmortes Gemüse, Dals (Linsengerichte)* ***Ägypten:*** *Granatsorbet* ***Türkei:*** *Kisir (Salat aus Hartweizengrieß), Pilaw (Reisgericht), Hummus (Kichererbsen-Sesam-Mus)* ***Armenien/Israel:*** *Wein* ***USA:*** *Tequila Sunrise (Longdrink)*

EINKAUF, LAGERUNG

Granatäpfel gibt es immer öfter in Supermärkten und zur Erntezeit zwischen September und Dezember auf gut sortierten Märkten. Man kann die Früchte einige Wochen ohne Aromaverlust bei Raumtemperatur lagern. Auch reife Früchte bleiben relativ hart.

ROSÉ-GRÜTZE MIT GRANATAPFEL UND ROTEN FRÜCHTEN DER SAISON

FÜR DAS HALBFESTE GEL VOM AROMATISIERTEN ROSÉ

500 ml fruchtiger Rosé, am besten aus der Provence

3 EL Zucker

5 Gewürznelken

5 Kardamomkapseln

0,3 g Iota-Carrageenan, alternativ 0,2 g Agar-Agar und 1 g Johannisbrotkernmehl (aus dem Bioladen oder Reformhaus)

FÜR DIE FRISCHEN FRÜCHTE

3 Kirschen, 3 Erdbeeren, 3 Himbeeren, 3 Heidelbeeren, 3 Brombeeren, Kerne von ¼ Granatapfel

FÜR DIE DEKORATION UND AROMENAKZENTE

Salbeiblüten, Thymianblüten, Holunderblüten oder was der Garten an Essbarem gerade hergibt und was mit den Früchten kontrastiert.

Den Rosé zusammen mit Zucker, Gewürznelken und Kardamom aufkochen. 2 Minuten kochen und danach mit geschlossenem Deckel 30 Minuten ziehen (aromatisieren) lassen. Anschließend abseihen und erkalten lassen. Das Iota-Carageenan oder die alternativen Gelier- und Bindemittel einrühren und kurz aufkochen. In 2 tiefe Teller füllen und eindicken lassen. Das Iota-Carrageenan ergibt schöne weiche, schmelzende Gele. Die Mischung aus Agar-Agar und Johannisbrotkernmehl sorgt für ein nicht ganz so perfektes Ergebnis, ist aber eine gute Alternative. Im letzteren Fall soll der Wein nicht zu einem festen Gel gelieren, daher ist eine vorsichtige Beigabe der Bindemittel ratsam.

Während des Abkühlens die Kirschen waschen, entsteinen und halbieren. Zusammen mit den vorbereiteten Beeren auf dem soeben eindickenden Gel platzieren und die Granatapfelsamen dazwischenlegen. Etwa 30 Minuten kühl stellen. Vor dem Servieren mit den essbaren Blüten dekorieren.

Corylus maxima
(LAMBERTSHASEL)

HASELNUSS

Der Haselstrauch mit seinen gesunden und nährstoffreichen Nüssen wurde von den Menschen vermutlich schon seit der Mittelsteinzeit genutzt und kultiviert. In den arabischen Ländern und in Iran werden gemahlene Haselnüsse neben anderen Nüssen verwendet, um Soßen sämig zu machen. Bei uns sind Haselnüsse eine beliebte Backzutat und wesentlicher Bestandteil von dunklem Nougat. Das aus ihnen gewonnene Öl hat ein intensives Aroma und einen hohen Anteil an ungesättigten Fettsäuren.

Vor und nach dem Rösten: PENTAN-2-ON *fruchtig, acetonartig* ◊ *Alkohol, Wasser (schlecht)* PENTAN-2-OL *fruchtig* ◊ *Alkohol, Wasser (schlecht)* HEXANAL *fruchtig, fettig, grün* ◊ *Alkohol, Fett, warmes Wasser* FILBERTON *haselnussartig* ◊ *Alkohol, Fett* ***Nach dem Rösten dominant:*** (E)-HEX-2-ENAL *grünlich, blätterartig* ◊ *Alkohol, Fett* 5-METHYL-(E)-2-HEPTEN-4-ON *frisch, nussig-röstig* ◊ *Alkohol, Fett* BUTANSÄURE-2-PROPENYLESTER *nussig-röstig* ◊ *Alkohol, Fett* 1,2,4-TRIMETHYLBENZEN *aromatisch* ◊ *Alkohol, Fett* BENZALDEHYD *bittermandelig, marzipanig* ◊ *Alkohol, Fett, Wasser* 2,5-DIMETHYLPYRAZIN *Kakao, schokoladig* ◊ *Alkohol, Fett*

GESCHMACK

SÜSS SAUER SALZIG **BITTER** UMAMI

Das Aroma ist kräftig-nussig mit leicht bitteren Tönen. Beim Rösten bilden sich weitere Aromen, die den typischen Duftcharakter noch verstärken.

HARMONIE

- HASELNUSS
- CHILI
- KAKAO
- PAPRIKA
- ZUCKER

Die Steinfrüchte des Haselstrauchs sind von einer harten Schale umgeben. Der Kern beziehungsweise der Stein ist die wohlschmeckende Haselnuss, die in allen Formen, ungeröstet oder geröstet beziehungsweise gekocht, gegessen werden kann. Das Fettsäurenspektrum der Haselnüsse und des Öls, aus dem sie zu rund 60 Prozent bestehen, umfasst circa 5 Prozent Palmitinsäure (C 16:0), 0,3 Prozent Palmitoleinsäure (C 16:1), 2 Prozent Stearinsäure (C 18:0) , 76 Prozent Ölsäure (C 18:1), 16 Prozent Linolsäure (C 18:2) und 0,1 Prozent Linolensäure (C 18:3). Auffallend ist hierbei der extrem hohe Gehalt an Ölsäure, einer einfach ungesättigten Fettsäure. Vor allem ihretwegen gelten Haselnüsse, die auch viele Mineralien und Vitamine enthalten, als „gesund". Für das Aroma der Nüsse ist in erster Linie der Duftstoff FILBERTON verantwortlich: Er verleiht den Haselnüssen ihren frischen, fruchtigen und nussigen Duft mit „Röstaromen", die selbst in den ungerösteten Nüssen deutlich wahrnehmbar sind. Dazu spielen für den Geruch noch cremig-fettig duftende Aromen eine gewisse Rolle, die etwa bei → Kokosnüssen weitaus dominanter sind. Beim Rösten verändert sich das Haselnussaroma kaum, es wird lediglich durch die Vielzahl der unter Hitze neu gebildeten Aromen verstärkt. Wie bei vielen Pilzen (→ Champignons) werden auch die enthaltenen pilzig-muffig-schimmlig duftenden Aromen beim Erhitzen zu pilzig-metallisch riechenden Verbindungen umgebaut, was unterschwellig zu den Noten gerösteter Haselnüsse beiträgt.

Vom Haselstrauch wird vorwiegend die Frucht genutzt, vereinzelt auch die Blätter. Um geknackte Haselnüsse von ihrer manchmal leicht bitter schmeckenden Haut zu befreien, legt man sie bei 200 °C für zehn Minuten in den Backofen. Dann platzt die Haut ab und lässt sich leicht abreiben. Außerdem werden die Nüsse auf diese Weise gleich geröstet. Man kann die Nüsse aber auch blanchieren, wie im Rezept. Das Öl der Haselnuss ist ein wohlschmeckender Aromazusatz für viele Gemüsegerichte oder Salate, sollte aber sparsam eingesetzt werden, denn es ist schnell zu dominant. Wenn das Aroma zu sehr dominiert, kann man Haselnussöl – ähnlich wie Walnussöl – mit geschmacksneutralem Öl strecken. Die Blätter des Haselstrauches werden für Tee verwendet.

Wie die meisten Nüsse harmoniert die Haselnuss sowohl mit süßen als auch mit salzigen Zutaten. Klassisch ist die Kombination mit Schokolade,

HASELNUSS-CHILI-FILBERTON

200 ml Wasser
1 Chilischote
1 TL Zucker
100 g Haselnussscheibchen

Wasser mit Chili und Zucker aufkochen, sodass die Chilischote etwas Schärfe abgibt. Chili entfernen und die Haselnussscheiben in dem Wasser 10 Minuten blanchieren. Anschließend abseihen, die Nüsse abtropfen lassen und im Ofen unter schwacher Hitze auf einem Backblech trocknen. Danach in einer schweren Pfanne (oder kurz unter dem sehr heißen Grill) anrösten. Trocken lagern und als leicht scharfes, geröstetes Gewürz bei Tisch über Fischgerichte oder helle Gemüsegerichte streuen. Nicht mitkochen!

da beim Rösten der Kakaobohne sehr ähnliche Röststoffe entstehen. Nuss-Nougat-Creme, Tafelschokolade mit ganzen Haselnüssen, Haselnusskrokant, Pralinen, das französische Baiserschichtendessert *Dacquoise* – die Liste ließe sich endlos fortführen. Im dunklen Nougat sind Haselnüsse die Hauptzutat: Die Kerne werden circa 20 Minuten geröstet, abgekühlt und in einer Mühle zerrieben. Die Rohmasse erinnert an Marzipan. Mit Puderzucker, Kakaobutter, Sojafett, Schokoladenkuvertüre, Vanille (Vanillin) und Milchpulver wird daraus eine je nach Verhältnis zwischen Nüssen, Zucker und Schokolade harte oder weiche Masse hergestellt. Das Fett fungiert dabei als Lösungsmittel für einen Teil der nussig-röstigen Haselnussaromen. Von Nougat ist es nicht mehr weit zu Chilis: Sie erweitern die Mischung um fruchtige Schärfe und rauchige Aromen. Haselnüsse funktionieren auch in herzhaften Kombinationen gut, etwa mit Ziegenkäse und Frischkäse, die ebenfalls wachsig-nussige Aromen enthalten. In der arabischen Küche werden Suppen mit Haselnussmehl gewürzt und eingedickt. Gehackt geben sie grünen Salaten, Pürees und Suppen einen knackigen Biss. Gebratene Leber kann mit gehackten und gerösteten Haselnüssen gewürzt werden – wegen der gemeinsamen Röstaromen und der leichten Süße der Leber.

Traditionell wird in süßen Cremes und Füllungen dem kräftigen Aroma der Haselnuss der Vorzug gegenüber der milderen Mandel gegeben, zum Beispiel in der berühmten Linzertorte. Da die Nüsse allerdings ein erhebliches Allergiepotenzial aufweisen, werden sie aus gesundheitlichen Gründen neuerdings dennoch häufiger durch Mandeln oder Walnüsse beziehungsweise deren Granulat ersetzt.

GESCHICHTE UND GESCHICHTEN

Der Haselstrauch spielt im Volks- und Aberglauben seit alters eine große Rolle. Hildegard von Bingen mochte sie nicht, weil die Nuss für sie ein „Sinnbild der Wollust“ war – daran glaubten auch schon die Kelten. Bis heute sprechen einige Menschen dem Holz des Strauchs energetische Kräfte zu: Wünschelruten werden etwa oft aus Haselnussholz hergestellt.

AROMENENTFALTUNG

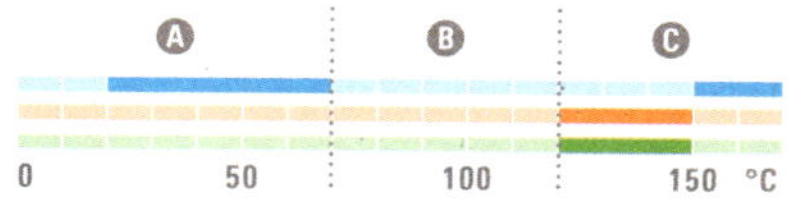

A *Frisches Haselnussaroma* **B** *Leicht holzig, balsamisch* **C** *Deutliche aromatische Röstaromen, potenzierte Haselnussnoten*

PASST GUT ZU

Schokolade, Frischkäse, grünen Blattsalaten, Gemüse, vielen süßen Desserts, Eiweiß (Baiser)

LÄNDERKÜCHE

Deutschland/Schweiz: *Müsli, Schokolade, Lebkuchen, Studentenfutter, Torten* ***Österreich:*** *Linzertorte* ***Italien:*** *Nougat, Speiseeis* ***Frankreich:*** *Dacquoise (Dessert mit Baiser und einer Nussfüllung)* ***Arabischer Raum/Iran:*** *Saucen, Baklava (süße Blätterteigbackwaren)* ***Türkei:*** *Baklava*

QUALITÄTEN, EINKAUF, LAGERUNG

Es werden zwei Arten Haselnüsse unterschieden, aber selten auf den Verpackungen kenntlich gemacht: die rundlichen Zellernüsse und die länglichen, etwas süßeren Lambertsnüsse, die vorwiegend in den südlichen Anbauländern wachsen. Wichtige Anbaugebiete sind die Mittelmeerländer und die USA, Hauptlieferant ist die Türkei. Haselnüsse im Netz sind in Folie eingeschweißten vorzuziehen, weil die leicht schimmeln können. Frisch sind Haselnüsse, wenn sie beim Schütteln nicht in der Schale klappern. Sie lassen sich bis zu einem Jahr lagern. Geschält, aber noch mit Haut einige Monate, vollkommen geschält nur einige Wochen.

H

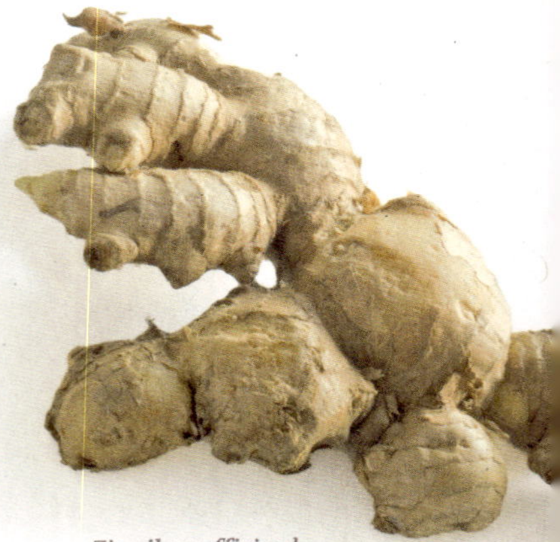

Zingiber officinale
(RHIZOM)

INGWER

Schon die Griechen und Römer schätzten ihn und im Mittelalter war er neben dem Pfeffer auch bei uns ein beliebter, weil günstiger Scharfmacher. Die Briten halten ihm bis heute die Treue, bei den anderen Europäern geriet er – außer gemahlen in der französischen Gewürzmischung Quatre Épices oder in Lebkuchen – in Vergessenheit, bis man ihn im Zuge des internationalen Erfolgs der asiatischen Küche wiederentdeckte. Zum Glück! Frisch gehackt, verströmt er ein herrliches Aroma.

DECANAL *leicht zitrusartig, wachsig* ◊ *Alkohol, Fett* NERAL *zitronenartig* ◊ *Alkohol, Fett* GERANIAL *zitronenartig, blumig* ◊ *Alkohol, Fett* β-PHELLANDREN *würzig-minzig, terpentinartig* ◊ *Fett* 1,8-CINEOL[T] *Eukalyptus, kampferartig, kühlend* ◊ *Alkohol, Fett* LIMONEN *orangenartig, terpentin-zitronenartig* ◊ *Alkohol, Fett* ZINGIBEREN *zitrus-ingwerartig, metallisch* ◊ *Alkohol, Fett* β-BISABOLEN *balsamisch, warm-harzig, tierisch-holzig* ◊ *Alkohol, Fett* FARNESEN *zitronig, kräuterig* ◊ *Alkohol, Fett* SHOAGOL *scharf, warm* ◊ *Fett, Wasser* GINGEROL *scharf, warmbrennend* ◊ *Fett, Wasser*

GESCHMACK

SÜSS **SAUER** SALZIG **BITTER** UMAMI

Frischer Ingwer riecht erfrischend, erinnert an Zitrusfrüchte und Eukalyptus. Er ist brennend scharf und wärmt von innen.

HARMONIE

INGWER
BASILIKUM
GEWÜRZNELKE
KARDAMOM
KNOBLAUCH
KORIANDER
KREUZKÜMMEL
KUBEBENPFEFFER
OREGANO

Frischer Ingwer duftet unvergleichlich würzig-frisch, mit deutlichen Eukalyptus- und Zitrusnoten. Der komplexe Duft wird durch alle Komponenten gleichermaßen bestimmt, ohne dass die Grundnoten einzeln wahrgenommen werden können. Dazu gehören zunächst das leicht stechend-aromatisch riechende ZINGIBEREN sowie CURCUMIN mit seinen heuartigen Aromen. ß-PHELLANDREN bringt eine minzige Frische in den Duft, ß-BISABOLEN sorgt für eine leicht stechende, trigeminale Schärfe. Für die apfelig-grünen und dennoch stechenden Ingweraromen ist FARNESEN verantwortlich. Citral schließlich, ein Gemisch aus den Aromen NERAL und GERANIAL, gibt Ingwer zusammen mit LIMONEN seine frischen, zitrusartigen Duftkomponenten mit auf den Weg. Für die Schärfe im Ingwer sind GINGEROL und SHOGAOL verantwortlich. Sie sind nicht flüchtig und reizen erst direkt auf der Zunge die Enden des Trigeminusnervs, wodurch das Signal „Schmerz" ausgelöst wird. Das wird als „scharf" wahrgenommen.

INGWERKAROTTEN MIT ORANGENGLASUR

- 60 g Butter
- Zucker
- 12 kleine Karotten (Fingermöhren)
- 1 EL gehackter frischer Ingwer
- 100 ml Orangensaft
- Salz

Butter in einer nichthaftenden Pfanne schmelzen, Zucker dazugeben und gesäuberte ganze Möhren, noch mit grünem Stilansatz, darin sanft garen. Immer wieder mit Butter übergießen. Einen Teil des Ingwers zugeben. Nach und nach den Orangensaft dazugeben und immer wieder verdampfen lassen. Gegen Ende der Garzeit, etwa nach 20 Minuten, den restlichen Ingwer zugeben und noch maximal 5 Minuten weitergaren. Mit Salz abschmecken.

Frischer Ingwer wird geschält, dann gerieben, klein gehackt oder in Scheiben geschnitten. Die Schale ist geschmacksneutral und ungiftig, nur einfach etwas zäh. Wenn man Ingwer in größeren Stücken oder Scheiben mitkocht oder -brät, um ihn anschließend wieder zu entfernen, braucht man ihn daher nicht zu schälen. Will man das typische Aroma betonen, sollte er nicht zu lange mitgekocht werden, da sonst die frische Schärfe

des Gingerols verschwindet: Aufgrund der Hitze wird das Molekül aufgebrochen und reagiert zu dem milderen Shogaol, zudem verflüchtigen sich viele der frischen Aromen. Ingwerpulver reicht deswegen vom Aroma her nicht an frischen Ingwer heran: Eine große Anzahl der flüchtigen Aromen ist bereits entwichen.

Ingwer passt zu vielen Gewürzen. Die traditionelle Kombination mit Basilikum funktioniert, weil Ingwer das zitronig-blumige Aroma der Blätter unterstreicht. Deshalb sind Blumenkohlröschen, kurz abgeschwenkt mit Butter, geraspeltem Ingwer und Knoblauch, besonders dann ein Genuss, wenn vor dem Servieren etwas frisches Basilikum darübergestreut wird. In Kombination mit Zitrusfrüchten und Zitronengras unterstreicht Ingwer die Zitrusdüfte und fügt Schärfe hinzu. Diese ergänzt sich wiederum sehr gut mit der des Capsaicins in Chili. Außerdem passt er zu frischem Knoblauch, dem er etwas von seinem schwefligen Charakter nimmt. In der indischen Küche wird das Rhizom häufig schon zu Beginn des Schmorprozesses zugegeben, weil es nicht auf die Schärfe ankommt, sondern auf seine Symbiose mit Knoblauch und Chili – sie bildet die Basisnote vieler indischer Gerichte. Die Hitze nimmt Ingwer die Schärfe und mindert gleichzeitig den schwefligen Charakter von Knoblauch; allein die Chilischärfe übersteht diese Temperaturen. Ähnliche Vorgänge nutzt man in der chinesischen Küche beim Duftbraten oder beim Pfannenrühren im Wok: Man hackt Ingwer klein und brät ihn circa 30 Sekunden mit etwas Öl bei großer Hitze und ständigem Rühren. Zusammen mit Knoblauch wird diese fein dosierbare Hintergrundschärfe gern zu Fleisch- und Gemüseschmorgerichten verwendet. In der indisch-asiatischen Küche ist außerdem die Kombination mit Koriandergrün beliebt. In diesem Fall wird das zitrusartige, wachsige Aroma des Krauts durch die Aromen des Ingwers und seine Schärfe ergänzt. Allerdings muss man mit dem Ingwer dabei vorsichtig sein, da die feinen Aromen des Korianders schnell überdeckt werden. Fein geschnitten passt Ingwer gemeinsam mit Karotten, Sojabohnensprossen und Pilzen zu klaren Suppen. Auch zu Obstsalaten, flambierten Erdbeeren und zu Kompott aus Birnen, Äpfeln oder Zwetschgen passt Ingwer dank seiner frischen Zitrusnoten. Man verwendet ihn für Chutneys oder Mixed Pickles, in Scheiben geschnit-

INGWER (JUNG)

INGWER (KANDIERT)

ZIMT

ZITRUSSCHALEN

AROMENENTFALTUNG

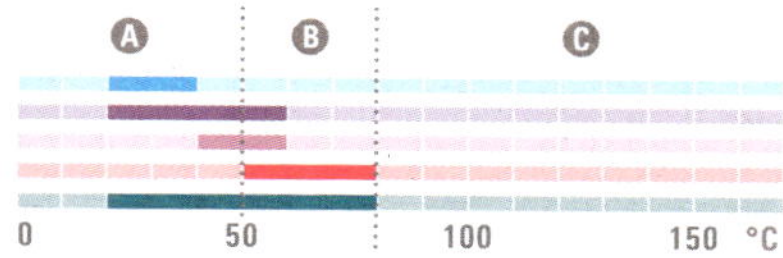

A *Frisch, zitrusartig, blumig* **B** *Eher holzig-frische, leicht kampferartige Note* **C** *Zunehmend abgemilderte Schärfe*

PASST GUT ZU

Fisch und Meeresfrüchten, allen Sorten Fleisch, Gemüse (besonders Kürbis, Karotten, Süßkartoffeln, Brokkoli), Nudeln, Plätzchen, Chutneys, Eingelegtem, Obst (Äpfeln, Birnen, Zitrusfrüchten), Frucht- und Obstsalat

LÄNDERKÜCHE

Großbritannien: *Ginger Ale, Ginger Beer, Gingerbread (Kekse), Marmelade, Ingwerkonfekt* ***Deutschland:*** *Lebkuchen, Printen, Karottensuppe* ***Afghanistan:*** *Chalau (Reisfleisch), Qorma (Schmortöpfe)* ***Indien:*** *Ginger Pickles, Tadkas, Tandoori-Gerichte* ***China:*** *Wokgerichte, Brühen, Jiaozi (Teigtaschen)* ***Indonesien:*** *Nasi Goreng* ***Japan:*** *süßsauer mariniert zu Sushi und Meeresfrüchten* ***Korea:*** *Kimchi (sauer eingelegter Kohl)* ***Arabische Länder:*** *Tajines, Couscous (als Pulver)*

GEWÜRZMISCHUNGEN

Getrocknet: *Fisch-, Geflügel-, Lebkuchengewürz, französisches Quatre-Épices, äthiopisches Berbere, indische Curry- und Masala-Mischungen und Tandoori, chinesische Fünf-Gewürze-Mischung (optional), Ras el-Hanout* ***Frisch:*** *jamaikanische Jerk-Paste*

BIER-RIND AUS DEM WOK

- 400 g bestes Rindfleisch
- 250 ml dunkles belgisches Bier mit hoher Stammwürze (z. B. Grimbergen oder Leffe)
- 1–2 EL neutrales, hoch erhitzbares Öl zum Braten (z. B. Erdnussöl)
- je 100 g Gemüsezwiebel und Möhren
- 30 g frischer Ingwer
- Salz, frisch gemahlener schwarzer Pfeffer

Das Rindfleisch parieren und in Streifen schneiden. Etwa 1 Stunde mit dem Bier marinieren. Das Öl im Wok erhitzen, das Rindfleisch mit Küchenpapier trocken tupfen, portionsweise im Wok anbraten, herausnehmen und warm halten. Gemüsezwiebel, Möhren und Ingwer schälen und in Julienne schneiden. Im Wok scharf anbraten. Zuletzt die Biermarinade zugeben und das Gemüse darin karamellisieren, ohne dass es zu sehr Farbe nimmt (von der Bierfarbe abgesehen). Die Rindfleischstreifen nochmals kurz mitschwenken. Salzen und pfeffern.

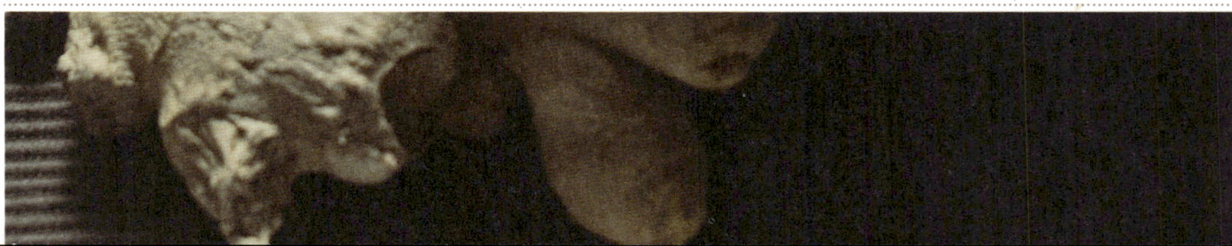

ten für Marinaden und kandiert für Kuchen und Plätzchen. Süßsauer eingelegt (Japanisch: Gari), ist Ingwer eher mild – auch hier baut sich das Gingerol zu Shogaol um. Man reicht ihn zu Sushi, da sich Shogaol in den Ölen der rohen Fische gut löst und damit die Geschmackspapillen immer wieder erfrischt.

QUALITÄTEN, EINKAUF, LAGERUNG
Jamaika-Ingwer gilt als der beste: hellgelb, aromatisch-scharf, besonders zitronenartig. Zum Würzen die frischen Rhizome kaufen, eine glatte und silbrig schimmernde Haut ist ein Indiz für Frische. Die eingelegten japanischen Sorten bekommt man in Asialäden. Kandierten oder in Sirup eingelegten Ingwer findet man auch bei britischen Delikatessen. Frischer Ingwer hält im Kühlschrank einige Wochen.

Coffea arabica (oben)
Coffea canephora (unten)

KAFFEE

Kaffee als Gewürz? Aber natürlich! Abgesehen vom köstlichen aufgebrühten Getränk lassen sich durch Kaffeepulver eine ganze Reihe von Aromenverbindungen in Gerichte bringen, wie es mit anderen Gewürzen kaum möglich ist: Röststoffe, erdige Töne und tiefe Würznoten, die im herzhaften Duftwahrnehmungsbereich liegen.

Das Aromenspektrum des Kaffees ist sehr vielschichtig. Zum einen hängt die Bildung der beim Würzen hauptsächlich genutzten Röstaromen von der Kaffeesorte ab: der mildere Arabica oder der kräftigere Robusta. Zum anderen unterscheidet sich die Wahrnehmung der Röstaromen zwischen frisch gemahlenem und aufgebrühtem Kaffee deutlich. Dies hat nicht zuletzt mit der eher verhaltenen Wasserlöslichkeit der Aromenverbindungen zu tun. Während des Röstens werden in den Kaffeebohnen Säuren reduziert und das Aroma kann sich entwickeln. Ein wesentlicher Anteil des typischen Kaffeedufts kommt durch das röstig-nussige 2-FURFURYLTHIOL zustande. Erdige, grünpfeffrige Noten, wie sie vom Paprika, gerösteten Paprikaschoten und Chili bekannt sind, werden durch 2-ISOBUTYL-3-METHOXYPYRAZIN eingetragen. Andere Duftstoffe verstärken diesen Eindruck noch. Gleichzeitig lassen sich karamellartige, süßliche Röstaromen ausmachen. Auch das vanilleartig duftende Vanillin spielt eine große Rolle. Daneben sind würzige, nelkenartige sowie rauchige, sojasaucenartige, süßliche Aromen wichtig. Im Kaffee finden sich sogar Stoffe, deren Geruch als scharf-ammoniakartiger Röstduft beschrieben wird, ebenso kartoffelige bis schweißige und eher schwefelig bis faulige Aromen. Schließlich beinhaltet gerösteter Kaffee auch butterige Noten und blumige, süßlich-honigartige Töne.

2,3-PENTANDION *karamellig, leicht butterig, nussig* ◊ *Alkohol, Fett* 2,3-BUTANDION *butterig, fettig* ◊ *Alkohol, Fett* 3-MERCAPTO-3-METHYLBUTYLFORMIAT *katzenurinartig* ◊ *Alkohol* METHIONAL *zwiebel-fleischartig, kartoffelig* ◊ *Alkohol* METHANTHIOL *faulig, kohlartig* ◊ *Alkohol, Wasser* 3-METHYL-2-BUTEN-1-THIOL *schwefelig, faulig* ◊ *Alkohol, Fett* β-DAMASCENON *rosenartig, fruchtig, floral* ◊ *Alkohol, Fett* VANILLIN *vanillig* ◊ *Alkohol, Fett, Wasser* 4-VINYLGUAJACOL *würzig-rauchig, nelkenartig* ◊ *Alkohol, Wasser (schlecht)* ETHYLGUAJACOL *rauchig, sojasaucenartig, süßlich* ◊ *Alkohol, Fett* 2-FURFURYLTHIOL *röstig-nussig, kaffeeartig* ◊ *Alkohol, Fett* 2-ISOBUTYL-3-METHOXYPYRAZIN *erdig, grünpfeffrig* ◊ *Alkohol, Fett* 5-ETHYL-4-HY-

DROXY-2-METHYL-3(2H)-FURANON *würzig, röstig* *◊ Alkohol, Fett* **FURANEOL** *süßlich, braunröstig, candyartig ◊ Alkohol* **SOTOLON** *ahornsirupartig, karamellig ◊ Alkohol, Fett* **2,3-DIETHYL-5-METHYLPYRAZIN** *röstig-erdig ◊ Alkohol, Fett* **KOFFEIN** *adstringierend ◊ Alkohol, Wasser (beide schlecht), Fett*

GESCHMACK

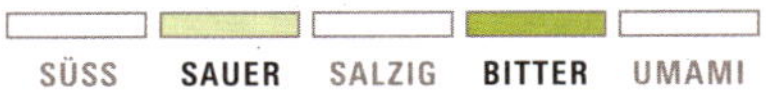

Geröstete Kaffeebohnen können gemahlen oder auch aufgebrüht ideal als Gewürz eingesetzt werden, das Speisen ein vielschichtiges Röstaroma verleiht.

HARMONIE

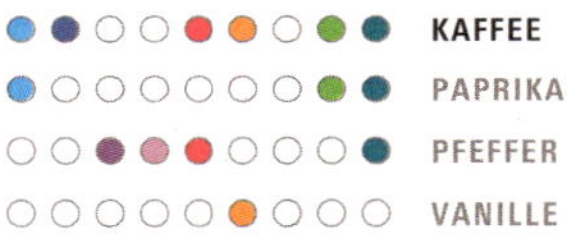

AROMENENTFALTUNG

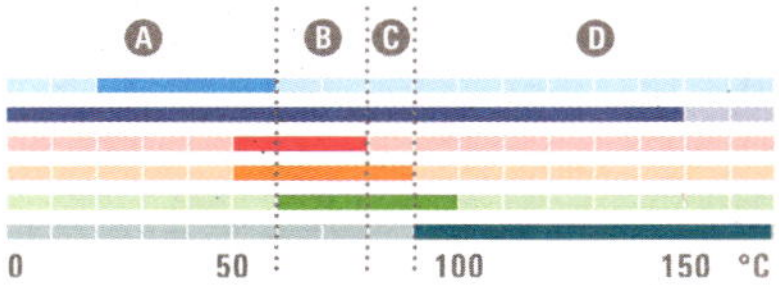

A *Leichte, mitunter blumige Röstnoten*
B *Rauchig, wenig bitter, schokoladig*
C *Betonung der typischen Kaffeeröstnoten* **D** *Bitternoten, Säure, Adstringenz*

PASST GUT ZU

Süßspeisen, Eis, helles Fleisch, gedünsteter Fisch und Gemüse, Weinbrand, Liköre

LÄNDERKÜCHE

Italien: *Tiramisu*

QUALITÄTEN, LAGERUNG

Es gibt zwei Hauptsorten von Kaffeebohnen: *Arabica und Robusta. Arabica macht etwa 70 Prozent der Welternte aus, er duftet geröstet intensiv und sehr aromareich. Die*

KAFFEELAUCH

- 8 Lauchstangen (alle ca. 2 cm Durchmesser)
- 250 g Butter
- Salz
- 1 TL grob gemörserte Kaffeebohnen (Arabica)

Die Lauchstangen waschen und in etwa 4 cm lange Rollen schneiden. Butter in einem Topf schmelzen, die Lauchstücke hineingeben, salzen. Dabei sollen die Lauchstücke komplett von Butter bedeckt sein, notfalls noch mehr Butter zugeben. Die Lauchstangen in der heißen Butter (etwa 90 °C) langsam garziehen. Nach etwa 10 Minuten den gemörserten Kaffee einstreuen und den Lauch weiter garen, bis er weich ist. Alles durch ein Sieb abgießen, dabei aber die Lauch-Kaffee-Butter nicht wegschütten, sondern für andere Gerichte aufbewahren – sie steckt noch voller Aroma. Den Kaffeelauch als vegetarisches Gericht mit etwas Fladenbrot reichen. Er passt aber auch zu gedämpftem Fisch oder pochierten Hähnchenbrüsten.

Man kann Kaffee selbstverständlich in flüssiger Form als Würze einsetzen, zum Beispiel in Desserts. Häufiger wird man beim Würzen allerdings zu Kaffee in Pulverform greifen. Wenn man mit Kaffee würzt, fügt man einer Speise vornehmlich Röstaromen und Aromaten zu, die normalerweise erst durch Rösten, also Braten, erzeugt werden. Allerdings ist die Bildung dieser Stoffe dann immer durch das Lebensmittel bestimmt: etwa die Aminosäuren des Fischs oder Fleischs. Viele Gewürze können ebenfalls nachgeröstet werden, wodurch sich aber nicht selten ihr Aromaspektrum verändert, da die flüchtigen Düfte verschwinden. Mit Kaffee werden die Röstnoten über ein separates Gewürz eingetragen. Je nach Sorte können diese sehr unterschiedlich sein, wobei ihre Duftausprägung nicht mehr gesteuert werden kann. Wohldosiert erhalten die mit Kaffee gewürzten Gerichte keinen „Kaffeekränzchencharakter", sondern angenehm würzige und raffinierte Noten. Weil die Röstnoten schon bestehen, würde jedoch ein zu langes Mitziehen nur die Bitterkeit betonen. Speisen können daher direkt am Tisch mit dem Pulver bestrichen werden. Da sich die meisten seiner Aromen in Fett lösen, lässt sich Kaffee auch mit warmem Öl aufgießen, etwa 1 gehäufter TL auf 100 ml Öl. Das Kaffeeöl wird zu Tisch als individuelle Würze kalt oder warm verwendet oder zum Einpinseln der warmen Speisen vor dem Servieren.

Die Idee, Desserts mit Kaffee aufzuwerten, liegt nahe: Der süße Geschmack verbindet sich gut mit den duftenden Vanilletönen, gleichzeitig verleiht der Kaffee durch seine würzig-bitteren Noten Süßem mehr Tiefe. Aber er funktioniert auch in herzhaften Gerichten: Vermischt man etwas Kaffeepulver mit Pfeffer und Paprika, macht man sich den erdigen, grünpfeffrigen Duft zunutze, der in allen drei Zutaten vorkommt. Salz fügt eine weitere Geschmackskomponente hinzu. Die Mischung auf gedämpften Fisch oder weißes Fleisch gestrichen – etwa Hähnchen oder Pute –, sorgt dafür, dass man diese Speisen unter ganz neuen Aspekten erlebt: Während durch die schonende Zubereitung das Aroma der Speisen erhalten bleibt, fügt ihnen die Kaffeemischung trotzdem röstige Aromen hinzu. Allerdings sollte man nur gedämpften Fisch würzen, da sich die unterschiedlichen Röstaromen von Kaffee und gebratenem Fisch gegenseitig überdecken würden. Gedünstetes Gemüse lässt sich mit den Duftstoffen des Kaffees ebenfalls raffiniert aromatisieren (siehe Rezept). Kaffeeöl passt beispielsweise zu Fisch oder hellem Fleisch, auch hier gedämpft oder im Sous-vide-Verfahren gegart (→ Gängige Zubereitungsarten, Seite 54). Kalt schmeckt es zu Salaten mit Rohkost – etwa Radieschen oder Gartengurken – oder zu Melonen oder Erdbeeren, kurz: immer dann, wenn fruchtig-helle Düfte durch einen Hauch Röstaromen gefällig ergänzt werden sollen.

Robusta-Bohne ist weniger anspruchsvoll, sie enthält fast doppelt so viel Koffein wie Arabica und ist herber, weniger aromaintensiv. Ungemahlen halten sich Kaffeebohnen mindestens ein Jahr, gemahlen und vakuumdicht verpackt ebenfalls. Geöffnet sollte man das Pulver rasch verbrauchen. Im Kühlschrank hält sich das Aroma länger. ***Edle regionale Kaffeesorten:*** *Dazu zählen etwa der Blue-Mountain-Kaffee aus Jamaika, Kona-Kai-Kaffee aus Hawaii, kenianischer Peaberry, Harrar Longberry aus Äthiopien, Libana Supreme aus Kolumbien oder der extrem teure Kopi Luwak aus Indonesien, dessen Bohnen von Katzen gefressen und in deren Darm fermentiert werden.*

Citrus hystrix

K

KAFFIRLIMETTENBLÄTTER

Diese intensiv nach Zitrusfrüchten duftenden Blätter werden in der thailändischen, indonesischen und kambodschanischen Küche seit Jahrhunderten eingesetzt. Die Kaffirlimette selbst hat eine zerfurchte, leuchtend grüne, warzige Schale, die man ebenfalls kulinarisch verwendet.

Das Hauptaroma des ätherischen Öls der Blätter besteht zu etwa 80 Prozent aus dem eher zitronenartig duftenden CITRONELLAL und zu zehn Prozent aus CITRONELLOL mit rosig-blumigen Noten. Darüber hinaus finden sich Spuren des frischen, an Rosen und Zitrusfrüchte erinnernden Duftstoffs NEROL und des nach Orangen, Terpentin und Zitronen duftenden LIMONENS. Beide Aromen sind in vielen Kräutern und Gewürzen enthalten. Das Verhältnis der beiden Duftrichtungen zueinander bestimmt die Intensität des Geruchs der Blätter. In Zitronengras sind etwa beide Komponenten vorhanden, allerdings in einem anderem Verhältnis, sodass die Düfte beider Pflanzen vollkommen unterschiedlich ausfallen: Das Aroma der Kaffirlimettenblätter ist wegen des geringen Anteils am rosig-blumig duftenden Citronellol bereits „leichter" als das von Zitrusfrüchten. Noch leichter im Duft sind lediglich Zitronengras und die fast nur Citronellal beinhaltende Zitronenmelisse.

Um ihr volles Aroma zu nutzen, sollte man die Blätter vor dem Mitkochen zu einer Chiffonade zerschneiden: Durch die Zellverletzungen werden die Aromen freigesetzt. Damit man die Blätter mitessen kann, sollte man vor dem Kochen außerdem den harten Mittelstrang entfernen. Sie können bis zu 15 Minuten mitgekocht werden – alles, was darüber hinausgeht, würde ihrem Aroma nicht guttun. Die Schale der Früchte duftet ähn-

CITRONELLAL *fruchtig-zitronig* ◊ *Alkohol, Fett* **CITRONELLOL** *rosenartig-blumig, leicht bitter* ◊ *Alkohol* **GERANIOL** *blumig, floral* ◊ *Alkohol, Fett* **NEROL** *frisch, rosenartig, zitrusartig* ◊ *Alkohol, Fett, Wasser* **LIMONEN** *orangenartig, terpentin-zitronenartig* ◊ *Alkohol, Fett* **β-CARYOPHYLLEN** *holzig-terpentinartig* ◊ *Alkohol, Fett*

GESCHMACK

SÜSS SAUER SALZIG **BITTER** UMAMI

Kaffirlimettenblätter duften anders als die meisten Zitrusfrüchte: leichter, feiner, sogar cremig, mit einer leichten Bitternote.

lich wie die Blätter. Am besten reibt man sie mit einem Messer ab, nicht mit einer Reibe, denn sie wird leicht matschig. Vorsicht: Das Weiße sollte nicht mit abgeschabt werden, es schmeckt wie bei allen Zitrusfrüchten bitter. Kaffirlimettenschale wird frisch über die Speisen gestreut.

Kaffirlimettenblätter passen zu fruchtigen Hühner- und Fischcurrys, besonders auf Kokosmilchbasis. Deren Fett dient als Lösungsmittel für die Aromen und die sauren, etwas cremigen, zitrusartigen Noten harmonieren gleichzeitig mit den süßlich-cremig duftenden Lactonen der Kokosmilch. Genauso bekommen asiatische Suppen, vor allem mit Huhn, durch einige Kaffirlimettenblätter eine aufregend frische Note. Der zitrusartige Duft kontrastiert hervorragend mit frischem Korianderkraut – dessen Aroma eher durch leicht zitrusartig-wachsige und grasige Noten bestimmt ist – und ergänzt beziehungsweise verstärkt die zitrusartigen, würzig-frischen Töne in Korianderfrüchten, Ingwer und Galgant. Die geriebene Schale der Früchte gibt wie Orangen- oder Zitronenschale auch Süßspeisen den letzten Pfiff, insbesondere wenn sie mit Vanille zubereitet werden, da Vanillin das bitterblumige Würzspektrum um süßliche Düfte erweitert. Limetten und Limettenblätter schmecken ähnlich, aber doch anders. Auch botanisch sind sie nicht sehr nah mit den Kaffirlimetten verwandt. Sie können sich gegenseitig nicht ersetzen, wohl aber ergänzen.

HARMONIE

KAFFIRLIMETTENBLÄTTER
(THAI-)BASILIKUM
GEWÜRZNELKE
INGWER
KUBEBENPFEFFER
LAVENDEL
ROSENWASSER
VANILLE
WACHOLDER

AROMENENTFALTUNG

A *Blumig-zitronige Frische* **B** *Würziger balsamischer Duft*

PASST GUT ZU

Hühner- und Fischcurrys, Suppen, Salat

LÄNDERKÜCHE

Südostasien: *Tom Yam, Kokosmilchcurrys Thai-Currypaste, indonesisches Sambal*

EINKAUF

Frisch gibt es sie im Asialaden.

Theobroma cacao

KAKAO

Ähnlich wie Kaffee kann man aus gemahlenen Kakaobohnen nicht nur ein köstliches Getränk herstellen. Weil beim Erhitzen der fermentierten Bohnen eine ganze Reihe von Röstaromen entstehen, lässt sich das Pulver bestens als Gewürz verwenden. Kakao passt über die Assoziation mit Schokolade ganz hervorragend zu Wildgerichten, Innereien und dunklen Saucen.

2-METHYLBUTANAL *kakaoartig, nussig* ◊ *Alkohol, Fett* 3-METHYLBUTANAL *erdig, verbrannt, whiskyartig* ◊ *Alkohol, Fett, Wasser (schlecht)* 3-METHYLBUTANSÄURE *stechend*

Durch den Röstprozess ist das Kakaoaroma – wie das von Schokolade oder Kaffee – sehr komplex: Es gibt kein dominantes Schlüsselaroma, stattdessen wird der Duft erst durch das Zusammenwirken einer Vielzahl von Komponenten erzeugt. Wichtige Aromen sind der für Kaffee charakteristische, nussig duftende Aromastoff 2-METHYLBUTANAL und das holzig-nussige 3-METHYLBUTANAL, ferner die schweißig riechende 3-METHYLBUTANSÄURE sowie PHENYLACETAL-

KAISERGRANAT MIT KAFFIRLIMETTENBLÄTTERN

- 4 frische Kaisergranate (Langustenschwänze) oder Riesengarnelen (nicht tiefgekühlt)
- Olivenöl zum Braten
- 50 ml Noilly Prat (trockener Wermut)
- 200 ml Fischfond
- 1 Avocado und 100 ml Avocadoöl
- 1 EL fein gehackte Schalotten
- Frisch gemahlener schwarzer Pfeffer
- Salz, Kubebenpfeffer
- 1 EL fein gehackte Kaffirlimettenblätter

Die Kaisergranate oder Riesengarnelen auslösen und putzen, dabei die Schalen aufbewahren. Für den Krustentierfond die Schalen klein hacken, in Olivenöl kräftig anrösten und mit Noilly Prat und Fischfond ablöschen. 30 Minuten köcheln lassen und anschließend 100 ml abmessen. Auf 50 ml reduzieren, abkühlen lassen und mit dem Stabmixer mit 100 ml Avocadoöl emulgieren.

Die Kaisergranate oder Riesengarnelen in Olivenöl sehr kurz anbraten, die Schalotten damit zusammen anschwitzen. Pfeffern, salzen und leicht abkühlen lassen. In Stücke schneiden und mit der Avocadoöl-Krustentier-Emulsion überziehen. Mit Salz und Kubebenpfeffer abschmecken und die Kaffirlimettenblätter unterheben. Lauwarm in kleinen Schalen als Vorspeise servieren, zum Beispiel mit gegrillten Avocadoscheiben.

säuerlich-käsig fruchtig ◊ *Alkohol, Wasser* **ESSIGSÄURE** *säuerlich-stechend* ◊ *Wasser* **PHENYLACETALDEHYD** *grün-floral, honig-würzig, Hyazinth* ◊ *Alkohol, Fett* **3-HYDROXY-4,5-DIMETHYL-2(5H)-FURANON** *karamellartig* ◊ *Fett* **4-HYDROXY-2,5-DIMETHYL-3(2H)-FURANON** *röstig, fruchtig* ◊ *Fett* **2,3-DIETHYL-5-METHYLPYRAZIN** *röstig, erdig* ◊ *Alkohol, Fett* **CATECHIN** *adstringierend* ◊ *Alkohol, Fett, Wasser* **KOFFEIN** *adstringierend* ◊ *Alkohol, Wasser*

GESCHMACK

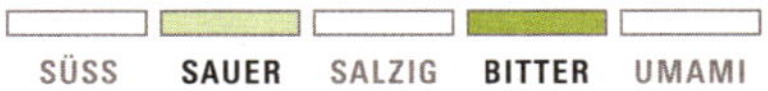

Kakao duftet nussig, röstig, schokoladig-bittersüß. Die Schalen der Bohne (Grué de Cacao) sind herb-bitter und adstringierend.

HARMONIE

AROMENENTFALTUNG

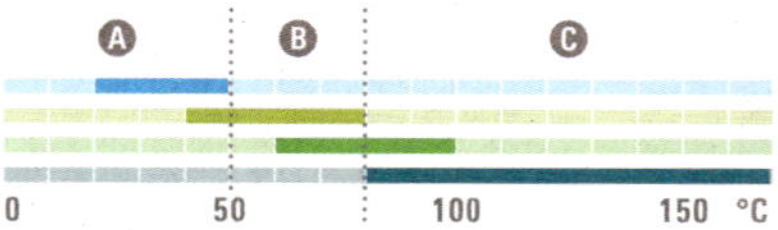

A *Tiefe Schokoladennote, floral-säuerlich* **B** *Würzig-rauchige Kakaonoten* **C** *Betonung der Bitterkeit und Adstringenz*

KAKAOPORT NEBST REHFILET

- 150 ml Wildfond
- 150 ml Portwein
- 1 g Agar-Agar
- Salz, Pfeffer
- 1 EL rohe Kürbisraspel (Hokkaido)
- 2 EL Grué de Cacao
- Medaillons vom Rehfilet
- Kakaopulver (entölt)
- Fleur de Sel

Den Wildfond mit dem Portwein auf die Hälfte reduzieren, Agar-Agar klumpenfrei einrühren, salzen, leicht pfeffern und in einer Eiswürfelform aus Silikon gelieren lassen. Nach dem Erkalten herausnehmen. Feine Kürbisraspel (Parmesanreibe, Microplan) mit Grué de Cacao vermengen. Die Gelwürfel auf 60 °C erwärmen. Die Medaillons auf einer Seite mit etwas Kürbis-Grué-Mischung „panieren" (leicht andrücken) und auf dieser Seite scharf anbraten, wenden, kurz auf der freien Seite anbraten und etwa 10 Minuten ruhen lassen. Die Gelwürfel rundherum mit Kakaopulver bestäuben und neben den Medaillons auf Tellern anrichten, mit Fleur de Sel bestreuen. Salzen. Die restliche Kürbis-Grué-Mischung dekorativ auf den Tellern verteilen und beim Essen die Fleischstücke darin ab und zu stippen. Als weitere Beilage kann zum Beispiel gekochtes Rotkraut gereicht werden, zubereitet mit etwas Zimt.

DEHYD mit seinen warm-floral-honigartigen Noten. Dazu tragen weitere Aromen vor allem würzige bis erdig-würzige und erdig-röstige Töne hinein, die auch beim Kaffee auftreten. Das typische Aroma kommt durch die Fermentation nach der Ernte zustande, bei der sich die Proteine aufspalten. Diese Proteinbruchstücke werden dann beim Rösten der Kakaobohnen der sogenannten →Maillard-Reaktion unterworfen, bei der wieder neue kakao- und schokoladentypische Geschmacksstoffe entstehen. So bilden sich bittere, aber auch adstringierende Stoffe wie zum Beispiel Theobromin und CATECHIN. Die Essigsäure ergänzt dieses Empfindungsspektrum um die Grundgeschmacksrichtung sauer. KOFFEIN ist im Kakao hingegen in so geringen Dosen enthalten (bis zu 0,4 Prozent), dass man ihm, genauso wie der Schokolade, keinerlei anregende Wirkung zusprechen kann. Allerdings enthält Kakao Vorstufen des Stimmungsaufhellers Serotonin: Aus diesem Grund wird immer wieder behauptet, Kakao oder Schokolade machten glücklich.

Kakao kann in verschiedenen Formen als Gewürz eingesetzt werden: als Kakaopulver, entöltes Kakaopulver oder auch in Form der gemahlenen Schale der Kakaobohne (Grué de Cacao). Damit seine Bitterstoffe nicht zu sehr betont werden, wird er immer erst kurz vor dem Essen über die Speisen gestreut. Je nach Fettgehalt des Kakaopulvers befinden sich unterschiedliche Mengen flüchtiger Aromen im Kakao: Während die fetthaltigen Pulver ein schokoladentypisches Aroma aufweisen, sind entölte Kakaopulver röstiger mit weniger fettigen Duftmerkmalen. Das Kakaopulver sollte in jedem Fall ungezuckert sein – mit fertigem „Trinkschokolade"-Pulver kann man

KAKAOPULVER

nicht würzen. Gemahlene Kakaoschalen sind nicht nur von ihrer Textur her sehr interessant. Die etwa 1–2 mm großen Stücke geben beim Zerbeißen ihre röstigen Aromen und herbe bis adstringierend wirkende Stoffe frei.

Kakao harmoniert mit einer Vielzahl anderer Würzzutaten: mit Nüssen und Kaffee wegen der gemeinsamen Röstaromen, mit Zimt über seine süßlichen Noten und mit Muskatnuss über süßlich-würzige Aromen.. Früchte wie Himbeeren oder Orangen ergänzen die holzig-nussigen Aromen des Kakaos. Gleichzeitig passt dessen leicht säuerlich-herber Geschmack zu der Säure der Früchte. Man kann kurzgebratenes Fleisch in Kakaopulver wälzen, vor allem Wild, das selbst ein kräftiges Aroma hat. Auch Saucen auf Rotwein- oder Portweinbasis lassen sich mit Kakao abschmecken. Leber ist gleich auf doppelte Weise ein idealer Partner: Gebraten, befinden sich in ihr eine große Zahl Röstaromen, die sich mit jenen des Kakaos überschneiden. Außerdem ist in ihr Zucker enthalten und ihre leichte Süße passt ebenfalls zum Kakao. Einem ***Chili con carne*** fügt Kakao beziehungsweise Schokolade noch einmal völlig neue Aroma- und Geschmackskomponenten hinzu. Und was wäre schließlich ein klassischer Cappuccino ohne den Hauch des bitter-röstigen Kakaopulvers auf dem Milchschaum?

GESCHICHTE UND GESCHICHTEN

Den hohen natürlichen Gehalt an Kakaofett in Kakaopulver zu reduzieren, es also zu entölen, gelang zuerst dem Holländer C. J. van Houten 1882 mit einer speziellen Kakaopresse. Damit legte er die Grundlage für das heutige Instant-Kakaopulver. Die Azteken, bei denen die spanischen Eroberer den Kakao zuerst kennenlernten, stellten ihr Getränk *Xocóatl* aus Wasser und fermentierten, getrockneten, gerösteten und ausgewalzten Bohnen her, die sie mit Vanille und Chili – also ohne Milch und ohne Zucker! – zu einem bitterscharfen, schäumenden Getränk vermischten. Neueste archäologische Funde deuten sogar darauf hin, dass sie auch das Fruchtfleisch um die Samen (Bohnen) der Kakaofrüchte verwendet haben. Dieser *Xocóatl* hatte den Spaniern zunächst überhaupt nicht geschmeckt. Erst als man in Europa dort entdeckte, dass gezuckerter und erhitzter Kakao seine Bitterkeit verliert, machte er Karriere – wurde aber noch lange kräftig mit Pfeffer, Nelken, Muskat und Zimt gewürzt und auch Mandeln, Pistazien, Anis, Orangensaft oder Rosenwasser wurden zugesetzt. In Mexiko ist Schokolade noch heute eine der Hauptzutaten in den herzhaft-würzigen →Moles.

KAKAO-BROTAUFSTRICH

- 250 g Schlagsahne
- 1 EL Kakao

Schlagsahne mit Kakao (1 EL auf 250 g Sahne) so lange aufschlagen, bis sich die Butter von der Flüssigkeit trennt. Die Butter in einem Tuch abtropfen lassen und kühl stellen.

PASST GUT ZU

Milch, Süßspeisen, Früchten, dunklen Saucen, Kaffee, Wild und Innereien, Leber, kurzgebratenem Fleisch, Aufläufen mit Hackfleisch, Bohnen

LÄNDERKÜCHE

Schweiz (und nicht nur dort): *Schokolade*
Italien: *Cappuccino* ***Mexiko:*** *Gerichte mit Moles* ***USA:*** *Chili con carne*

GEWÜRZMISCHUNGEN

Mexikanische Mole poblano, Mole negro, Mole coloradito

QUALITÄTEN, EINKAUF, LAGERUNG

Zu den wichtigsten (Edel-)Kakaosorten zählen der sehr aromareiche Criollo aus Lateinamerika, der Arriba speziell aus Ecuador und der aus Brasilien stammende, aber in Afrika angebaute Forastero. Letzterer ist ertragreich, jedoch deutlich weniger intensiv im Aroma, dafür sehr bitter. Der Kakaoanbau wird aus ökologischen (Monokulturen in Südamerika) und ethischen Gründen (Kinderarbeit, schlechte Bezahlung in Westafrika) seit Jahren kritisiert. Man sollte beim Einkauf von Kakao und Schokolade auf das Fairtrade-Siegel achten. Kakao sollte kühl und trocken gelagert werden, aber nicht im Kühlschrank, dort ist es zu feucht. Pulverförmige Trinkschokolade enthält Zucker und zugesetzte Aromen und ist nicht das Gleiche wie Kakao.

KAPERN

Die zunächst ungenießbaren Knospen des Kapernbusches müssen einige Tage gären und werden dann in essigsaure Salzlake oder Salz eingelegt. Je kleiner sie sind, desto teurer werden sie gehandelt. Wesentlich größer sind die Früchte der Pflanze: Kapernbeeren, auch Kapernäpfel. Sie schmecken wie Kapern, allerdings intensiver, und werden vor allem als Antipasti gegessen.

Capparis spinosa (KNOSPEN) „NONPAREILLES" (RECHTS), „CAPUCINES" (LINKS)

ISOPROPYLSENFÖL *erdig, Paprika* ◊ *Fett* OCTANSÄURE *seifig, säuerlich, milchfettig* ◊ *Alkohol* METHYLSENFÖL[T] *scharfstechend, schmerzend kalt* ◊ *Alkohol,Wasser* PHENYLALKOHOL *honigsüßlich, rosenartig, stechend* ◊ *Alkohol, Fett, Wasser* THYMOL *thymianartig* ◊ *Alkohol, Fett* 4-VINYLGUAJACOL *würzig-rauchig, nelkenartig* ◊ *Alkohol, Wasser (schlecht)* FURFURAL *brotig-holzig-karamellig* ◊ *Alkohol, Fett*

GESCHMACK

SÜSS **SAUER** SALZIG **BITTER** UMAMI

Kapern sind je nach Einlegeart säuerlich-würzig mit einem unverwechselbaren Aroma. Sie harmonieren mit Oliven und Kalbfleisch.

HARMONIE

AROMENENTFALTUNG

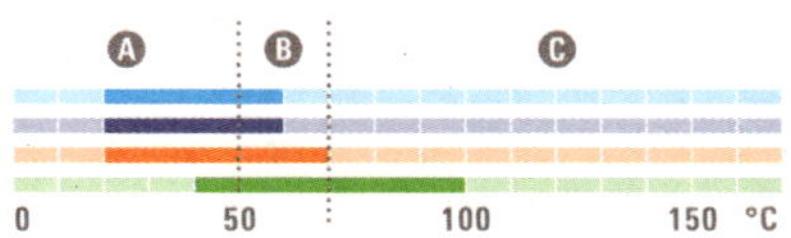

A *Schwefelig* **B** *Feine aromatische Untertöne* **C** *Tiefe „gekochte", rauchige Noten*

Die Duftchemie der Kapern ist im Wesentlichen durch Senföle bestimmt, die aus Zwiebeln und Lauch bekannt sind (→ Zwiebel). Dazu zählen das nach Meerrettich riechende, scharf schmeckende METHYLSENFÖL, das leicht an Kresse erinnernde, lauchige ISOPROPYLSENFÖL sowie das nach Senf duftende SEC.-BUTYLSENFÖL. Erst beim Zerkleinern der Kapern oder wenn sie in eine Lake aus Wasser, Salz oder Essig eingelegt werden, findet eine enzymatische Reaktion statt, die das für Kapern typische Aroma und ihre zwiebelige Schärfe freisetzt.

Die eingelegten Kapernknopsen werden abgespült und können im Ganzen oder klein gehackt verwendet werden. Man sollte Kapern roh einsetzen oder nur kurz mitgaren, denn manche der Senföle sind flüchtig und verdampfen beim längeren Kochen, die Kapern würden außerdem matschig und schnell bitter werden. Je nach Verarbeitung schmecken sie von sauer über salzig bis pikant. Die in Salz eingelegten Kapern schmecken am unverfälschtesten und nicht so essigsauer, sie werden von Kennern bevorzugt. Die selten angebotenen in Öl eingelegten Kapern sind mild, weniger salzig, kaum sauer und sehr intensiv im Aroma.

Kapern sind ein wichtiger Bestandteil vieler Saucen wie Ravigote, Tapenade, Remoulade und Tartarsauce sowie der traditionellen englischen Kapernsauce zu Hammel. In der hellen Sauce für *Königsberger Klopse* liefern sie dezente Säure und leichte Bitterkeit als Geschmackskomponenten, ihr

THUNFISCHRAVIGOTE MIT KAPERNHAUBE

- 50 ml Sojamilch
- Kapern, aufgefangene Abtropfflüssigkeit
- ½ TL Iota-Carageenan (kaltlösliches Bindemittel, im Fachhandel)
- Traubenkernöl
- Eine klein gehackte Schalotte
- Salz, Pfeffer
- Frisches Thunfischfilet (Nuss) oder Schwertfischfilet

Sojamilch mit der Kapernflüssigkeit und dem Iota-Carageenan mixen. Dabei so viel Traubenkernöl einträufeln, bis eine glatte Mayonnaise entsteht. Die gehackte Schalotte unterheben, eventuell salzen und pfeffern. Die Kapern sehr fein hacken und beiseitestellen. Den Thunfisch nur leicht in einer heißen Pfanne anbraten (er soll innen noch roh sein). Herausnehmen und die Oberseite dünn mit der Mayonnaise bestreichen. Die gehackten Kapern daraufgeben, leicht anpressen und auf vorgewärmten Tellern servieren. Die restliche Kapernmayonnaise als Dip mit etwas Rohgemüse (Karotten, Paprika) dazu reichen.

KAPERNÄPFEL

senfiger Charakter rundet die Sauce ab. Der säuerlich-bittere Geschmack der Kapern wird gut durch Zitronen, Oliven, Sardellen und Tomaten ergänzt, die ebenfalls diese Geschmackskombination in sich tragen, wobei Tomaten dabei gleichzeitig noch eine süße Komponente hinzufügen. Das macht Kapern in der italienischen Küche so beliebt: Gemeinsam finden sich die Zutaten zum Beispiel in *Vitello tonnato*, in vielen Sugos oder auf Pizzen. Die französische Küche kennt eine Olivencreme (*Tapenade*) mit Kapern auf Basis der gleichen Aromen-Harmonie, auch das Rinderragout *Bœuf broufado* beruht auf dieser Kombination. Rohes Rinderhack mit Eigelb, sauren Gurken, Zwiebeln und Kapern ist ein Küchenklassiker, von dem es viele Varianten gibt. In den letzten Jahren sehr populär geworden sind die sauer eingelegten Kapernbeeren aus Spanien. Sie sind die Früchte des Strauches und werden entweder wie Kapern verwendet oder für sich als Antipasto oder Tapa genossen. Sie haben ein intensiveres Aroma als Kapern und können aufgrund ihrer dickeren Schale auch mitgekocht werden. Aber Vorsicht: Sie dominieren leicht. Man erkennt sie an ihrer Größe und ihrem charakteristischen Stiel. Auch die Kapernblätter kommen in einigen Küchen vor: Eingelegt in Salz und Essig, gelten sie auf den griechischen Inseln Santorin und Rhodos sowie auf Zypern als kulinarische Spezialität.

PASST GUT ZU

Rohem Rindfleisch, Kalbfleisch, Fisch, Huhn, Pizza, Mayonnaisesaucen, Remoulade, Salaten, Artischocken, Essiggurken

LÄNDERKÜCHE

Deutschland, Schweiz: *Königsberger Klopse, Sauce tartar, Hühnerfrikassee* ***Italien:*** *Vitello tonnato, Sugo alla puttanesca, Pizza* ***Frankreich:*** *Tapenade (Olivenpaste), Sauce Ravigote, Bœuf broufado*

QUALITÄTEN, LAGERUNG

In Frankreich unterscheidet man die Qualität der Kapern nach ihrer Größe: Die kleinsten, teuersten und mildesten sind die Nonpareilles (die „Unvergleichlichen“). Die höchsten Qualitäten – beispielsweise aus Sizilien oder von den Äolischen Inseln – werden in Salz eingelegt. Es gibt auch Kapern in Öl, vor allem aus Italien. Angebrochene Gläser eingelegter Kapern mit Öl oder Wasser auffüllen, nicht mit Essig. So können die Kapern nicht schimmeln und sind im Kühlschrank über ein Jahr haltbar.

Amomum subulatum
(SCHWARZER KARDAMOM)

Elettaria cardamomum
(GRÜNER KARDAMOM)

KARDAMOM

Der mit Ingwer und Kurkuma verwandte Kardamom zählt neben Safran und Vanille zu den kostbarsten Gewürzen der Welt. Er wirkt belebend wie Koffein, wird in arabischen Ländern gerne zum Aromatisieren von Kaffee eingesetzt und spielt in der indischen Küche eine bedeutende Rolle. In Europa wird er – außer in Skandinavien, wohin ihn einst die Wikinger brachten – fast ausschließlich in der süßen Weihnachtsbäckerei eingesetzt. Man unterscheidet zwischen dem Grünen und dem Schwarzen Kardamom.

Je nach Art und Anbaugebiet enthalten die Samen des Grünen Kardamoms bis zu 10 Prozent ätherisches Öl, dessen Aroma maßgeblich vom blumigen, ein wenig nach Flieder mit Beimengungen von Nadelhölzern duftenden α-TERPINEOL bestimmt ist. Weiterhin wirken balsamische sowie frische zitrusartige Töne und ein leicht minziger bis „schimmliger“ Duft am komplexen Aroma des Kardamoms mit, ebenso wie das nach Eukalyptus und Kampfer

MYRCEN *süßlich-würzig, balsamisch, pfeffrig, terpentinartig* ◊ *Alkohol, Fett* NEROL *frisch, rosenartig, zitrus* ◊ *Alkohol, Fett, Wasser* α-TERPINEOL *zitrusartig, flieder-*

LIPPENBLÜTLER

Familie einjähriger bis mehrjähriger Pflanzen, die als Halbsträucher, manchmal auch als Baum vorkommen. Sie sind in allen Klimazonen vertreten. Ihr hohler, vierkantiger Stängel und die Blätter enthalten ätherische Öle.
Aromagebende Inhaltsstoffe: Ätherische Öle (Kampfer, Thujon, Carnosol, Carnosolsäure und viele mehr).
Mitglieder: Basilikum, Bohnenkraut, Lavendel, Majoran, Minze, Mönchspfeffer, Salbei, Oregano, Patschuli, Perilla, Rosmarin, Thymian, Ysop, Zitronenmelisse.

KORBBLÜTLER

Weltweit in allen Klimazonen vertretene Familie. Sie gehört in Europa zu den artenreichsten und umfasst Halbsträucher, Sträucher sowie einige Bäume.
Aromagebende Inhaltsstoffe: Ätherische Öle, die sich in Drüsenschuppen befinden.
Mitglieder: Artischocke, Beifuß, Chicorée, Currykraut, Eberraute, Endivie (Frisée), Estragon, Kamille, Löwenzahn, Ringelblume, Sonnenblume, Stevia, Parakresse, Wermut.

ALLIUM

Gattung der Zwiebel- und Lauchgewächse aus der Familie der Amaryllisgewächse, verbreitet von Tibet bis in den Mittelmeerraum. Man nutzt entweder den grünen Trieb (Schnittlauch) oder die unterirdische Zwiebel.
Aromagebende Inhaltsstoffe: Allicin (gebildet aus Alliin).
Mitglieder: Bärlauch, Knoblauch, Schalotte, Schnittlauch, Zwiebel.

DOLDENBLÜTLER

Familie meist krautiger Pflanzen mit mehrfach geteilten Blättern und Doppeldolden als Blütenstand. Sie gedeihen in gemäßigten nördlichen Zonen, viele dienen als Gewürzpflanzen, manche sind aber auch sehr giftig (Wasserschierling, Gefleckter Schierling). Die Samen, botanisch korrekt: „Früchte", sind trockene, zweiteilige, gerippte Spaltfrüchte.
Aromagebende Inhaltsstoffe: Ätherische Öle (Terpene, Phenylpropanoide), großes Spektrum an Cumarinverbindungen, Sequiterpenlactone.
Mitglieder: Ajowan, Angelika, Anis, Asant, Bergkümmel, Dill, Fenchel, Koriander, Kreuzkümmel, Kümmel, Liebstöckel, Petersilie, Sellerie.

HÜLSENFRÜCHTLER

Eine sehr artenreiche Familie mit ein- bis zweijährigen, ausdauernden, krautigen Pflanzen, Bäumen und Sträuchern, oft kletternd. Sie bilden typische Hülsenfrüchte oder Schoten, etwa Erbsen, Linsen oder Bohnen.
Aromagebende Inhaltsstoffe: Lektine, Alkaloide, Saponine, Flavonole.
Mitglieder: Bockshornklee, Erdnuss, Kichererbse, Sojabohne, Süßholz, Tamarinde, Tonkabohne.

RAUTENGEWÄCHSE

Familie von Bäumen, Sträuchern, selten krautigen Pflanzen. Es kommen sowohl immergrüne als auch laubabwerfende Pflanzen vor.
Aromagebende Inhaltsstoffe: Ätherische Öle.
Mitglieder: Angosturabaum, Currybaum, Szechuanpfeffer, Weinraute, alle Zitruspflanzen (Bergamotte, Orange, Limette, Zitrone, Yuzu).

ROSENGEWÄCHSE

Weltweit verbreitete Familie krautiger Pflanzen, Sträucher oder Bäume mit meist auffälligen Blüten.
Aromagebende Inhaltstsoffe: Gerbstoffe, Triterpene, cyanogene Glykoside, Apfel- und Zitronensäure.
Mitglieder: Mispel, Moltebeere, Obstsorten (Apfel, Birne, Brombeere, Himbeere, Erdbeere), Rosen, Schlehdorn, Steinobst (Kirsche, Zwetschge, Pflaume, Mandel, Aprikose).

RÖTEGEWÄCHSE

Familie von Bäumen, Sträuchern, auch krautartigen Pflanzen. Sie ist weltweit verbreitet bis zur Antarktis, vor allem in den Subtropen und Tropen.
Aromagebende Inhaltsstoffe: Calciumoxalat-Kristalle, oft Alkaloide, meist Flavonole (Kaempferol, Quercetin), Arbutin und Ursolsäure, manchmal Saponine.
Mitglieder: Chinarindenbäume (Chinin-Lieferant), Kaffeebohne, Waldmeister.

SUMACHGEWÄCHSE

Vorwiegend in den Tropen und Subtropen vorkommende Familie, teilweise auch in gemäßigten Zonen. Sie umfasst Bäume, Sträucher und krautige Pflanzen, die essbare (Stein-)Früchte und Samen liefern.
Aromagebende Inhaltsstoffe: Ätherische Öle.
Mitglieder: Cashew, Mango, Pistazien, Gewürzsumach, Rosa Beeren, Mastix.

PFEFFERGEWÄCHSE

Die Familie umfasst fünf Gattungen mit insgesamt etwa 3 600 Arten. Die kulinarisch wichtigste ist Pfeffer (piper), die allein 1 000 Arten umfasst. Vertreter der Familie wachsen in den Tropen und Subtropen als kleine Bäume und schlingende Sträucher (Lianen). Sie bilden ährige Blütenstände aus, die wiederum Beeren oder Steinfrüchte bilden, die nur einen Samen enthalten: das Pfefferkorn.
Aromagebende Inhaltsstoffe: ätherische Öle, meist Alkaloide.
Mitglieder: Kampotpfeffer, Kubebenpfeffer, Langer Pfeffer, Pfeffer (Schwarz, Weiß, Rot, Grün), Voatsiperifery, Tasmanischer Pfeffer

NACHTSCHATTENGEWÄCHSE

Weltweit verbreitete Familie, besonders artenreich in Südamerika. Sie umfasst ein- bis mehrjährige, meist krautige, seltener verholzende Pflanzen. Die Früchte sind Beeren oder Kapselfrüchte. Die Etymologie sowohl der deutschen als auch der lateinischen Bezeichnung der Familie „Solanaceae“ ist nicht geklärt.
Aromagebende Inhaltsstoffe: Alkaloide, Steroide, Cumarin (Doldenblütler), Ätherische Öle, Kaempferol, Quercitin, Flavonole, Capsaicin.
Mitglieder: Aubergine, Chili, Kartoffel, Paprika, Stechapfel, Tabak, Tamarillo, Tollkirsche, Tomate.

INGWERGEWÄCHSE

Familie tropischer, immergrüner, ausdauernder Pflanzen, die fleischige Rhizome und kapselartige Früchte bilden, manchmal auch beerenartige Früchte mit Samen.
Aromagebende Inhaltsstoffe: Ätherische Öle.
Mitglieder: Galgant, Ingwer, Kardamom (schwarz, grün), Kurkuma, Paradieskörner, Zitwerwurzel

MYRTENGEWÄCHSE

Familie meist immergrüner Bäume und Sträucher, vor allem in Australien, Südostasien, tropisches Amerika. Sie bilden Kapsel oder Steinfrüchte, Nüsse oder Beeren.
Aromagebende Inhaltsstoffe: Ätherische Öle.
Mitglieder: Eukalyptus, Gewürznelke, Guave, Myrte, Piment.

LORBEERGEWÄCHSE

Zu dieser Familie gehören etwa 50 Gattungen mit bis zu 2 500 Arten, vor allem in den Tropen. Sie bilden Bäume und Sträucher.
Aromagebende Inhaltsstoffe: Ätherische Öle.
Mitglieder: Avocado, Cassia-Zimt, Kampferbaum, Lorbeer, Sassafras, Zimt.

KREUZBLÜTENGEWÄCHSE

Weltweit verbreitete Familie – von der Dauerfrostzone bis zu den Tropen. Meist ein- oder zweijährige, ausdauernde krautige Pflanzen, die Schoten ausbilden. Sie sind als wichtige Nutzpflanzen, aber auch als Gewürzpflanzen bedeutend. Typisch ist der kohlartige Geruch und oft schwefelig-stechende Noten.
Aromagebende Inhaltsstoffe: Myrosinase spaltet Senfölglykoside, dadurch entstehen Senföle.
Mitglieder: Brunnenkresse, Gartenkresse, Kohl, Meerrettich, Raps, Rüben, Rucola, Senf, Wasabi.

BOTANISCHE FAMILIEN

Aus Verwandtschaften lassen sich gewisse Zusammengehörigkeiten beim Würzen ableiten. Wer hätte vermutet, dass Kardamom und Ingwer botanisch verwandt sind? Dieses Schaubild bietet eine Übersicht über die botanischen Familien der verschiedenen Kräuter und Gewürze. Lediglich Pflanzen, von denen nur ein einzelner Vertreter behandelt wird, die hier also keine nahen botanischen Verwandten haben – etwa Berberitze, Brennnessel , Granatapfel, Kapern, Oliven oder Sternanis –, sind nicht aufgeführt.

artig, etwas terpentinartig ◊ *Fett, Wasser* MENTHON *schwach-minzig* ◊ *Alkohol, Fett, Wasser* 1,8-CINEOL[T] *Eukalyptus, kühlend* ◊ *Alkohol, Fett* LIMONEN *terpentin-zitronenartig* ◊ *Alkohol, Fett* α-PINEN *warmharzig kampferig* ◊ *Alkohol, Fett* SABINEN *frisch-holzig, neutralkräuterig* ◊ *Alkohol, Fett* EUGENOL[T] *nelkenartig* ◊ *Alkohol, Fett*

GESCHMACK

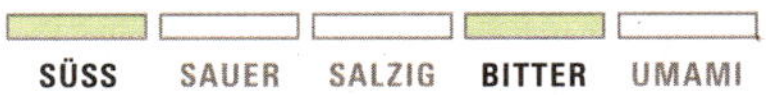

Sein Duft hat etwas Balsamisches, Wärmendes wie heißer Kakao und dunkle Schokolade. Gekaute Körner sind fruchtig-frisch, zitronenartig, blumig, mit kampferartiger Schärfe und Eukalyptustönen.

HARMONIE

AROMENENTFALTUNG

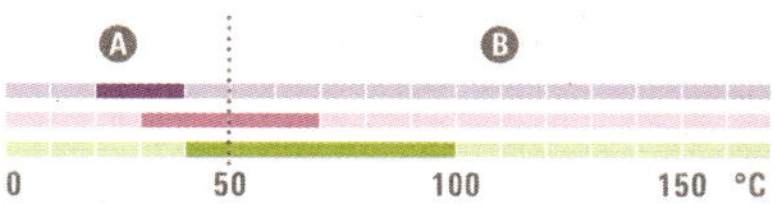

A *Frische, blumig-würzige Note* **B** *Würzig-aromatische Holzaromen*

PASST GUT ZU

Äpfeln, Birnen, Orangen, Hülsenfrüchten, Süßkartoffeln und anderem Wurzelgemüse,

STECKRÜBENPÜREE

- 200 g Steckrüben (geschält und in Scheiben geschnitten)
- 50 g Butter
- ½ TL Grüner Kardamom (frisch gemörsert, ca. 6–7 Kapseln)
- 3 Paranüsse, gehackt
- 100 ml Hühnerbrühe
- Salz

Die Hälfte der Steckrübenscheiben in Butter, Kardamom, den kleingehackten Paranüssen und Hühnerbrühe erhitzen. Die andere Hälfte der Steckrübenscheiben in einer Grillpfanne kräftig angrillen, in Würfel schneiden und zu den köchelnden Steckrüben geben. Weich kochen. Mit dem Pürierstab sehr fein pürieren. Mit Salz abschmecken und zum Beispiel zu Fischgerichten servieren.

duftende 1,8-CINEOL. Das Aroma des Schwarzen Kardamoms aus Nepal weist zum einen eine höhere Konzentration an 1,8-Cineol auf und zum anderen einen herb-erdigen Duft mit starker Räuchernote. Dieser entsteht dadurch, dass Schwarzer Kardamom traditionell über offenem Feuer angeröstet wird. Dabei bilden sich neue Röstaromen, während gleichzeitig ein Teil der blumigen, frischen Duftstoffe verdampft, wie etwa LIMONEN und MYRCEN. Schwarzer Kardamom wirkt daher stets intensiver, bitterer und weniger „frisch" als grüner.

Um das pure Aroma des Grünen Kardamoms zu erhalten, verwendet man ausschließlich die Samen, nicht die Kapseln. Um das Aroma zu verstärken, kann man diese kurz trocken rösten: Unter Hitze entfaltet das Gewürz seinen ganzen Duftreichtum, da die ätherischen Öle aus den harten Samen besser freigesetzt werden. Wer eher leichte Kardamom-Noten in seinem Gericht bevorzugt, lässt die ganzen Kapseln in einem Säckchen oder Teefilter einige Minuten mitziehen und entfernt sie anschließend. Dabei wird nur ein Teil der Aromen extrahiert. In manchen Gegenden Indiens liebt man es, auf die weichen gekochten Kapselhüllen zu beißen, was aber nur für die Textur des Essens eine Bedeutung hat, weniger für den Würzeffekt. Für indische *Pilaws* (Reisgerichte) und *Kormas* (Nuss-Joghurt-Saucen) werden deshalb die ganzen, leicht zerdrückten Kapseln mitgekocht. Die aufgebrochenen Kapseln geben die Aromen während des Kochens wohldosiert frei. Um beim Schwarzen Kardamom einen zu tiefen und bitteren Röstcharakter zu vermeiden, werden nur die Samen verwendet, da die direkt dem Feuer ausgesetzten Schalen den größten Teil der Röstaromen tragen.

Das reiche Aromenspektrum, vor allem die „kräuterigen" Komponenten, machen aus Kardamom ein Allroundgewürz, das Fisch, Fleisch und Wurst genauso abrundet wie Gemüsepürees. Über seine blumig-warm-würzigen Noten lässt sich das Gewürz, ähnlich wie Zimt oder Gewürznelken, sowohl in salzigen als auch in süßen Gerichten ausgezeichnet einsetzen. Häufig wird mit ihm stark Geröstetes gewürzt: Sein Duft erweitert beispielsweise die Röstaromen von Kakao, Schokolade und Kaffee um einen würzig-warmen Kontrast. Zusätzlich mildert Kardamom den Bittergeschmack gerösteter Speisen durch seinen frischen, mentholigen, aber würzigen Duft, zum Beispiel in arabischem Kaffee, in schwarzem Tee (Chai) – oder bei gegrillten Steckrüben wie im Rezept. Das Vorhandensein des Duftstoffs α-TERPINEOL, der in Gewürzen wie Anis und Wacholder vorkommt, aber auch in Kräutern wie Lorbeer, Majoran und Salbei, eröffnet viele Paarungsmöglichkeiten und macht Kardamom zum Vermittler zwischen Kräutern und Gewürzen. Kümmel, Fenchel, Nelken, Zimt hingegen harmonieren, weil sie aromatische und süßlich-würzige Aromen ergänzen, die im Kardamom wenig vorkommen. In arabischen beziehungsweise orientalischen Ländern, etwa im Maghreb oder in Iran, wird Kaffee gern mit Kardamom aromatisiert: Dazu werden mehrere geöffnete Kapseln vor dem Aufgießen in die Kannentülle gelegt und der Kaffee darüber ausgegossen oder der Kardamom wird gleich zusammen mit den Kaffeebohnen gemahlen. In Äthiopien und Eritrea wird Kaffee ebenfalls mit Kardamom aromatisiert, und zwar zusammen mit Zimt und Nelken. In der indischen Küche spielt Kardamom eine große Rolle. Nicht nur der Gewürztee ***Chai Masala*** wird mit seinem Aroma versetzt, er ist auch in zahlreichen Gewürzmischungen für Currys enthalten. In den mitunter vielkomponentigen Mischungen hat Kardamom immer einen ausgleichenden, verbindenden Charakter. Der Schwarze Kardamom ist mit Nelken, Zimt und schwarzem Pfeffer die Hauptzutat im → Garam Masala. Indischen → Tandoori-Gerichten gibt er Tiefe, gleichzeitig regen seine Bitterstoffe die Verdauung an. Auf ein Kilogramm Fleisch oder Gemüse kommen in etwa die Samen von drei Kapseln Schwarzem Kardamom. In der Küche Skandinaviens würzt man Wurst und Pasteten sowie Marinaden für eingelegten Hering mit Kardamom, weil es fetthaltigen Speisen einen frischen Ton verleiht. Die übrigen traditionellen Küchen Europas beschränken sich auf seine Verwendung in süßer Weihnachtsbäckerei. Bekannt ist er als Begleiter von Bratäpfeln und pochierten Birnen – flambierte Mangos sind die exotische Variante davon. Auch herzhafte Gerichte laden zum Experimentieren ein: Hackfleisch mit Kardamom, Zimt und Piment bekommt eine betörend exotisch-arabische Note.

Gerichten mit Joghurtsauce, Schmorgerichten, Huhn, Fisch mit festem Fleisch, Kaffee

LÄNDERKÜCHE

Indien: *Chai Masala (Gewürztee), Pilaw (Reisgericht), Dal (Hülsenfruchtgericht), Kheer (Pudding), Hühnergerichte mit Joghurtsauce, Biryani (Reisgericht), Tandoori (mit schwarzem Kardamom)* ***Sri Lanka:*** *Scharfe Fleischcurrys* ***Deutschland:*** *Lebkuchen, Spekulatius, Bratapfel, Glühwein* ***England:*** *Ginger Bread* ***Skandinavien:*** *Pfefferkuchen, Würste und Pasteten, eingelegter Hering, Aquavit (Spirituose), Punsch* ***Dänemark:*** *Plundergebäck* ***Russland:*** *Gewürzkuchen, Gebäck, Brot* ***Arabischer Raum:*** *Kaffee, Majbus (Reisspeise), Kabsah (Reisgericht)* ***Iran:*** *Polo (Reis), Kaffee*

GEWÜRZMISCHUNGEN

Äthiopisches Berbere und Kaffeegewürz, indisches Garam Masala, marokkanisches Ras el-Hanout, arabisches Baharat, jemenitisches Zhug, Lebkuchengewürz, Spekulatius-, Stollen-, Glühwein-, Geflügelgewürz

EINKAUF, QUALITÄTEN, LAGERUNG

Kardamom gibt es beim Gewürzhändler und im Supermarkt. Die Kapseln sollten geschlossen und grün sein, weiße Kapseln sind ausgeblichen und haben viel weniger Aroma – genauso wie gemahlener Kardamom. Je klebriger die Samen, desto frischer. Der grüne Kerala-Kardamom gilt als der beste. Die kleinere indische Sorte duftet intensiver als die größere aus Sri Lanka. Aus Nepal kommt der Schwarze Kardamom, der immer bereits geröstet ist.

Anthriscus cerefolium

KERBEL

Der Doldenblütler erinnert auf den ersten Blick an seine botanischen Verwandten Petersilie und Koriander, seine gefiederten Blätter sind jedoch feingliedriger und heller. Das süßlich und warm-würzig duftende Kraut wurde schon in der Antike geschätzt. In Deutschland wird es seit dem Mittelalter angebaut und ist auch als „französische Petersilie" bekannt. Besonders beliebt ist es in Frankreich und in den Niederlanden.

UNDECAN *wachsig, benzinartig* ◊ *Alkohol, Fett* ESTRAGOL *süßlich, kerbel- und basilikumartig, leicht minzig* ◊ *Alkohol, Fett* METHYLEUGENOL *würzig-süßlich, zimtig, nelkenartig* ◊ *Fett* 1-ALLYL-2,4DIMETHOXY-BENZEN *Eukalyptus* ◊ *Alkohol, Fett*

GESCHMACK

SÜSS SAUER SALZIG **BITTER** UMAMI

Kerbel duftet süßlich-warm und ist gleichzeitig sehr würzig. Er kann nur frisch oder frisch aufgetaut verwendet werden.

HARMONIE

KERBEL
DILL
ESTRAGON
PETERSILIE
SCHNITTLAUCH
ZWIEBELN

AROMENENTFALTUNG

A *Süßlich-warme, optimale Kerbelnote*
B *Signifikanter Aromenverlust*

Die Chemie des Kerbels ist relativ einfach. Für den Duft sind zwei Aromastoffe verantwortlich: Das eine davon ist das wachsige, fast ein wenig fettige, leicht benzinartig riechende UNDECAN, das andere, klar aromenbestimmende und dominierende ist das ESTRAGOL. Es rückt den Kerbel deutlich in die Nähe des Estragons – tatsächlich wirken Kerbelblätter beim Zerreiben und Essen wie „milder Estragon". Der Aromastoff Estragol ist würzig und weist dazu eine leicht minzige Note auf, er kommt dominant auch in Basilikum und Fenchel vor. Er findet sich aber auch in vielen anderen Gewürzen, etwa in Anis, Basilikum, Muskatnuss und Piment. Im Hintergrund des Kerbeldufts ist schließlich eine würzig-süßliche, zimtige, nelkenartig-warme Note wahrnehmbar. Der Geschmack des Krauts ist leicht bitter.

Da die Aromen, die den Kerbelduft bestimmen, sehr flüchtig sind und beim Trocknen aus der empfindlichen, dünnblättrigen Struktur der Pflanze entweichen, kann das Kraut nicht ohne starke Dufteinbußen getrocknet werden. Es sollte daher, wie Petersilie, frisch und gehackt erst am Schluss der Garzeit zu den Speisen gegeben werden. Auch die Stiele können genutzt werden, sie würzen ebenso gut wie das Kraut. Man kann Kerbel durchaus großzügig dosieren. Die filigranen Blätter werden auch gerne zur Dekoration verwendet.

Kerbel und Estragon sind über den Aromastoff Estragol eng miteinander verbunden. Da er in beiden Kräutern dominant ist, können sie einander ersetzen. Die Kräuter lassen sich auch kombinieren, was allerdings keinen Mehrwert ergibt, da sich ihre Aromenspektren zu sehr ähneln. Einen größeren kulinarischen Gewinn hat man, wenn dem Duo noch die erdigere Petersilie und der zwiebelig-schwefelige Schnittlauch beigegeben werden: Gemeinsam bilden diese vier Kräuter die französische Gewürzmischung →***Fines herbes***. Zusammen mit Petersilie, Schnittlauch, Borretsch, Pimpernelle, Kresse und Sauerampfer ist Kerbel weiterhin klassischer Bestandteil der ***Frankfurter Grünen Sauce***. Dabei muss man jedoch hinzufügen, dass die Komposition der Frankfurter Grünen Sauce jahreszeitlich unterschiedlich ist. Ihr ursprünglicher, eigentlicher Zweck ist einfach, ein möglichst breites Aromenspektrum von blumigen bis hin zu erdigen Noten zu erzielen. So entsteht die Allzwecksauce, die von Fleisch über Fisch bis zu Gemüse zu vielen Lebensmitteln passt. Mit den kräftigeren mediterranen Kräutern wie Rosmarin oder Thymian versteht sich der zarte Kerbel eher nicht, weil er

KERBELCREME

- ½ TL Johannisbrotkernmehl
- ½ TL Xanthan (pflanzliches Verdickungsmittel, Naturkostladen)
- 100 ml Sahne (oder Milch)
- 2 Bund Kerbel
- 50 ml Olivenöl
- 200 g Joghurt
- Salz

Johannisbrotkernmehl und Xanthan in Sahne oder Milch einrühren und leicht erwärmen, bis sich die beiden Verdickungsmittel lösen. Kerbel, Olivenöl und Joghurt zusammen mit einem Stabmixer sehr fein mixen und die angedickte Milch unterheben, sodass die Creme leicht angezogen ist, und salzen. Zu Gemüse, gekochtem Fleisch oder Fisch als Dip reichen.

von deren thymianartigen beziehungsweise kampferig-terpentinartigen Aromen überdeckt würde. Dementsprechend passt Kerbel auch besser zu Fisch und hellem Fleisch als zu Wild – zum Beispiel in einer Kräuterbutter oder in Saucen auf Sahne- oder Butterbasis. Für Salate bietet sich eine Kräutervinaigrette mit Kerbel an, da sich fast alle seine Aromen in Fett und Alkohol lösen. Warmer Kartoffelsalat oder Rote-Bete-Salat sind köstlich mit Kerbel: Seine basilikumartig-fenchelige Würze gleichen deren erdige Noten bestens aus. Für Suppen ist er geradezu klassisch: in Kerbelsuppe mit Kartoffeln und Schalotten oder in der ***Gründonnerstagssuppe*** mit verschiedensten anderen frischen Kräutern. Eierspeisen wie Omelette oder Rührei, aber auch Kräuterquark, Frischkäse oder Spargel bekommen mit Kerbel eine frische Anis- und Fenchelnote.

PASST GUT ZU

Eiern, Fisch, hellem Fleisch, Sahne- und Buttersaucen, Kartoffeln, Salat, Roter Bete, Bohnen, Meeresfrüchten, Spargel, Quark

GEWÜRZMISCHUNGEN

Französische Fines herbes, Bouquet garni

LÄNDERKÜCHE

Deutschland: *Frankfurter Grüne Sauce, Gründonnerstagssuppe* ***Österreich:*** *Kärntner Kasnudeln* ***Niederlande/Belgien:*** *Kerbelsuppe* ***Frankreich:*** *Saucen zu Fisch und Fleisch, Kräuterbutter*

EINKAUF, ANBAU

Kerbel gibt es im Frühling in Gärtnereien und Supermärkten frisch in Gewürztöpfen, er lässt sich aber auch leicht selbst aus Samen ziehen.

Allium sativum (GETROCKNET)

KNOBLAUCH

Für viele geht ohne Knoblauch fast nichts in der Küche. Andere mögen den Geschmack, hassen aber seinen Geruch – und wieder andere meiden ihn wie die Pest. Das müssen keine Vampire sein: Weder die alten Griechen noch die römischen Patrizier mochten ihn. Auch heutige Mittel- und Nordeuropäer sind zurückhaltend in der Verwendung. In Österreich heißt er etwas abschätzig „Vanille des einfachen Mannes“. Es gibt ihn weiß und rot, frisch und getrocknet. Gesund ist er auch noch.

Sein durchdringendes Aroma verdankt der Knoblauch, wie alle Zwiebelgewächse, einer ganzen Reihe von Schwefelverbindungen. Am wichtigsten ist das ALLICIN, dessen Aroma als schwefelig und typisch „knoblauchartig“ beschrieben wird. Es entsteht erst beim Hacken oder Quetschen der Zehe,

ALLICIN^T *schwefelig, Knoblauch* 💧 *Alkohol, Wasser* ALIIN *knoblauchartig, lauchartig*

Alkohol, Wasser **AJOEN** *Knoblauch*
Alkohol, Fett

GESCHMACK

Knoblauch riecht würzig-streng, ist frisch beißend scharf und trotzdem leicht süßlich. Die Schärfe und Strenge verlieren sich beim Erhitzen. Je nach Zubereitungsart kann man das Knoblaucharoma dosieren.

HARMONIE

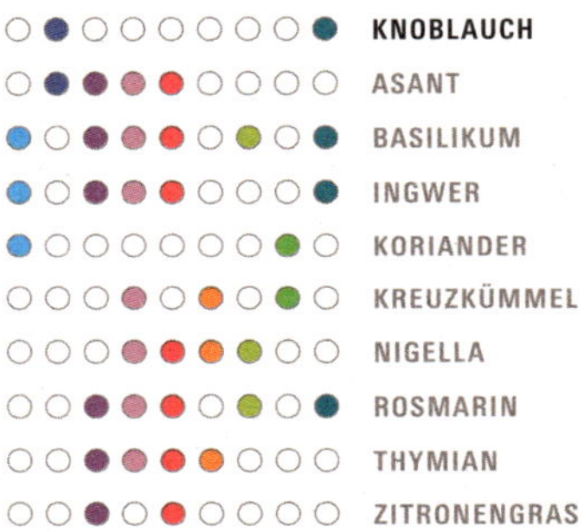

AROMENENTFALTUNG

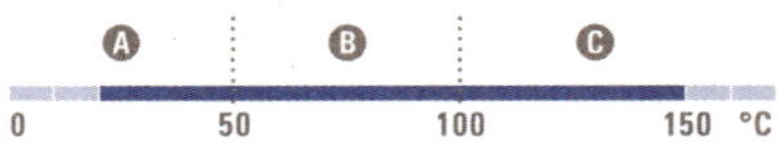

A *Stechend-scharfer Knoblauchduft*
B *Abschwächung der stechenden Note*
C *Zunahme der Bitterkeit, Röstnoten*

PASST GUT ZU

fast allem, etwa Fisch, Fleisch, Joghurt, Suppen, außer übermäßig süßen Speisen.

LÄNDERKÜCHE

Spanien: *Gambas alijio, Lammkoteletts, Pan con tomates* **Italien:** *Spaghetti alio, olio e peperoncini, Pesto* **Griechenland:** *Tsatsiki, Skordalia (pürierte Vorspeise aus Kartoffeln)* **Österreich:** *Vanille-Rostbraten* **Frankreich:** *Aioli, Rouille, Weinbergschnecken Elsässer Art* **Rumänien:** *Mujdei (dünnflüssige Knoblauchsauce)* **USA:** *Chili*

und zwar aus der Aminosäure ALLIIN, die in den intakten Zellen gespeichert ist und beim Zerkleinern zu Allicin reagiert. Auch Allicin ist nicht stabil und reagiert weiter zu einem Stoff namens Diallyldisulfid, der zwar intensiv schwefelig duftet, aber weniger stechend wirkt. Aufgrund der leichten Flüchtigkeit dieser und anderer Schwefelverbindungen verliert frischer Knoblauch nach kurzer Zeit seinen typischen Duftcharakter.

PAN CON TOMATES

- 1 Scheibe gut getoastetes Bauernbrot (Sauerteig) oder Weißbrot
- 2 nicht mehr ganz junge, halbierte Knoblauchzehen
- 1 Reife Tomate, halbiert
- Olivenöl

Das Brot mit der Knoblauchzehe gut einreiben, darüber die Tomate streichen und mit Olivenöl beträufeln. Zusammen mit einem Glas fruchtigen, trockenen, eiskalten Rosé als Aperitif genießen – oder sich daran satt essen.

Wenn man Knoblauchzehen presst oder hackt – ob geschält oder ungeschält –, kann man das Aroma dosieren: Drückt man sie nur leicht, ist es milder, als wenn man sie zerkleinert. Auch beim Rösten gibt es verschiedene Grade: Leichtes Rösten mit Schale verleiht ihm wunderbare Röstaromen, zu intensive Hitze macht ihn bitter. Vorsicht: Gehackten, gekochten oder gebratenen Knoblauch sollte man nicht zu lange aufbewahren, sonst stehen die Schwefelaromen stark im Vordergrund, er wirkt unangenehm schal. Die Konservierung der Frische des Knoblauchs gelingt nur durch eine gute Lagerung der intakten Knollen. Auch eingelegter Knoblauch hat wenig bis kein Aroma mehr. Um damit einen Würzeffekt zu erzielen, muss reichlich dosiert werden – mit trotzdem ungenügendem Ergebnis.

Knoblauch ist Universalgewürz und Alleskönner – zumindest für Knoblauchliebhaber. Da sein Duft von leicht flüchtigen Schwefelnoten dominiert wird, kann er sich vielen Gewürzen anpassen. Wichtig ist aber auch sein Wirken im trigeminalen Bereich: In der Kombination mit Ingwer etwa wirken ähnliche Schärfereize mit den unterschiedlichsten Aromen zusammen, was dieses Paar sehr spannend macht. Über den schwefelig-lauchartigen Duftbereich passt Knoblauch auch zu vielen Lebensmitteln (→ Food-Pairing und Food-Completing, Seite 58). Besonders wichtig ist er in der mediterranen und asiatischen Küche. Frisch aromatisiert er Salate, Marinaden und Würzpasten. Manchmal reicht es bereits, eine Schüssel mit einer halbierten frischen Zehe auszureiben, um ein leichtes Knoblaucharoma an den Salat zu bringen. Oder man reibt die Haut eines ganzen Fisches – am besten mediterrane, festfleischige Sorten wie Goldbrasse – mit Knoblauch ab. Sehr intensiv schmecken geröstete Weißbrotscheiben, wenn man sie warm mit Knoblauch einreibt. Danach noch mit einer halben Tomate bestreichen, mit gutem Olivenöl beträufeln und schon hat man das herrliche *Pan con tomates*, eine katalanische Spezialität (siehe Rezept). Wenn man ganze Zehen in Butter oder Öl vorsichtig anbrät, aromatisieren sie diese mit einem nussigen Aroma. Danach kann man sie wieder entfernen – oder im Ganzen mitessen: So gebratener, mitgekochter oder blanchierter Knoblauch verliert an Schärfe, da das Allicin oxidiert. Legt man ihn ein oder kocht die Zehen in Milch, hat dies denselben Effekt. Besonders mild-aromatisch wird Knoblauch, wenn man eine ganze geschälte Knolle grillt oder im Ofen bäckt. Da während des Grillens kaum Feuchtigkeit entweicht, schmort der Knoblauch im eigenen Saft. Zwar wird die Schärfe abgemildert, aber die Aromen verflüchtigen sich nicht so leicht. Ist der Knoblauch weich geworden, kann man ihn zerdrückt als Paste zu Fisch und Fleisch reichen. Man darf Knoblauch nicht zu lange braten, da er sonst bitter wird. Nur in der thailändischen Küche werden Knoblauchzehen geröstet, bis sie fast schwarz sind – die schwarze Haut wird aber vor dem Essen abgezogen. In der indischen Küche wird Fleisch gerne vor dem Grillen mit einer Mischung aus Joghurt, Limettensaft, Knoblauch und Ingwer mariniert (Tandoori). Eine ungewöhnliche tamilische Spezialität sind Knoblauchcurrys, bei denen ganze Zehen in einer mit schwarzem Senf gewürzten Kokosnusssauce geschmort werden. Getrocknet ist Knoblauch Bestandteil vieler Supermarktgewürzmischungen – mit entsprechend reduziertem Aroma. Milder ist Schnittknoblauch, eine Kreuzung aus Schnittlauch und Knoblauch: Er ist grün wie Schnittlauch, aber abgeflacht. Man kann ihn über Frischkäse oder Suppen streuen. Mitkochen sollte man ihn auf keinen Fall, weil er dann wie gewöhnlicher Schnittlauch sein Aroma verliert.

EXTRA: KNOBLAUCHGERUCH

Es kursieren viele Geschichten und Mythen über Abhilfe gegen störendes Knoblaucharoma. Ob sich zum Beispiel beim Schneiden wahrnehmbare Knoblaucharomen an den Händen anlagern, hängt mit der Beschaffenheit der Haut, ihres Wasser- beziehungsweise Fettgehalts, ihrer Schweißzusammensetzung und der Temperatur zusammen – und mit der eigenen Nase und ihrer Empfindlichkeit. Gegen Knoblauchgeruch aus Mund und Poren hilft nichts – entgegen allen Ratschlägen. Knoblauch ist eben Knoblauch: Die Schwefelaromen wandern über das Blut durch den ganzen Körper. Die Chemie lässt sich nicht einfach austricksen.

GESCHICHTE UND GESCHICHTEN

Wie viele stark duftende Pflanzen sollte Knoblauch im Volksglauben gegen Dämonen und böse Geister helfen, insbesondere gegen Vampire. Die alten Römer glaubten ähnlich wie auch heute viele asiatische Völker an seine aphrodisische Wirkung. Möglicherweise aus den gleichen Gründen galt er sowohl bei den alten Römern als auch heute bei den indischen Brahmanen als unrein. Manche Gärtner wollen noch eine andere Verwendung entdeckt haben: Wird er unter Rosen gepflanzt, duften die Rosenblüten angeblich stärker, außerdem soll die Knolle vor Schädlingen schützen.

con carne, Grillsteaks ***Arabischer Raum:*** *Hummus, Baba Ganuj (gewürzte Auberginenplatte), Yabraq (Gericht mit gefüllten Weinblättern)* ***Indien:*** *nordindische Currys, Tandoori-Gerichte* ***Korea:*** *Kimchi (eingelegter Kohl)* ***Kuba, Mexiko:*** *Mojo-Saucen*

GEWÜRZMISCHUNGEN

Chili-con-carne-Mischung, Knoblauchsalz, Pizzagewürz, Wildgewürz, Fischgewürz, Barbecuegewürz, Knoblauchbutter, viele indische Masalas, indonesische Bumbu-Paste, thailändische Currypasten, indonesische Sambals, thailändisches Nam prik

QUALITÄTEN, LAGERUNG

Gourmets bevorzugen den rosafarbenen, aromatischeren Knoblauch. Junger Knoblauch kann im Frühjahr im Ganzen als Gemüse gegessen werden. Dunkel und trocken gelagert, hält er mehrere Wochen. „Chinesischer Knoblauch" oder „Solo-Knoblauch" ist kleiner, besteht nur aus einer Zwiebel und schmeckt milder. Schwarzer, fermentierter Knoblauch ist eine Spezialität aus Südosasien. Er wirkt leicht süßlich, sein erdiger Duft erinnert an Karamell, Balsamico, Trockenpflaumen, Süßholz und Tamarinde, seine Konsistenz ist weich, fast cremig. Frischer Knoblauch wird bei Temperaturen um 50 °C bei hoher Luftfeuchtigkeit 30–50 Tage spontan vergoren, er wird dabei schwarz und erhält sein besonderes Aroma.

KNOBLAUCH (FRISCH)

K

Cocos nucifera

KOKOSNUSS

Tropische Kokospalmen tragen über das Jahr etwa 50 bis 120 der bis zu zweieinhalb Kilogramm schweren Steinfrüchte. Junge Kokosnüsse enthalten bis zu einem Liter leicht süßliches, frisches Kokoswasser – nicht zu verwechseln mit der fettreichen Kokosmilch. Kokosmilch und Kokosfett (Kokosöl) werden fast auf der ganzen Welt kulinarisch genutzt und sind insbesondere in der südindischen (Kerala) und indonesischen Küche eine unabdingbare Zutat.

NONAN-2-ON *frucht-süßlich-erdig* ◊ *Alkohol, Fett, Wasser (schlecht)* DECANSÄURE *fettig, ranzig* ◊ *Alkohol, Wasser (schlecht)* LIMONEN *terpentin-zitronenartig* ◊ *Alkohol, Fett* δ-OCTALACTON *kokonussartig, cremig, karamellig* ◊ *Alkohol, Fett* γ-OCTALACTON *kokosnussartig, süßlich, fettig* ◊ *Alkohol, Fett*

GESCHMACK

SÜSS SAUER SALZIG BITTER UMAMI

Das Kokosnussaroma ist cremig-süßlich und fettig. Sowohl die Kokosmilch als auch das Kokosfett sind kulinarisch bedeutend.

HARMONIE

KOKOSNUSS
CHILI
BOCKSHORNKLEE
GEWÜRZNELKE
INGWER
KREUZKÜMMEL
KURKUMA
ZIMT
ZITRONENGRAS
ZWIEBELN

Für das typische Aroma der Kokosnuss sind in erster Linie das cremig-karamellige δ-OCTALACTON und das süßlich-fettige γ-OCTALACTON verantwortlich. Dazu kommen noch der fruchtig-süßlich-erdig duftende Aromastoff NONAN-2-ON und das an Terpentin und Zitronen erinnernde LIMONEN. Alle sind alkohol- und fettlöslich. Zum typischen Kokosnussgeruch tragen außerdem freie Fettsäuren bei. Ihr Spektrum ist definiert durch circa 10 Prozent Caprylsäure (C 8:0), 10 Prozent Caprinsäure (C 10:0), 50 Prozent Laurinsäure (C 12:0), 15 Prozent Myristinsäure (C 14:0), 10 Prozent Palmitinsäure (C 16:0) und 5 Prozent Ölsäure (C 18:1). Hervorzuheben ist hier der hohe Anteil an kurzkettigen, gesättigten Fettsäuren.

Kulinarisch genutzt wird vor allem die sogenannte Kokosmilch, die aus dem frischen, pürierten Fruchtfleisch hergestellt wird. Aufgrund des hohen Fettanteils – etwa 15 bis 25 Prozent – kann Kokosmilch nur schlecht homogenisiert werden. Deshalb trennt sich das Wasser wieder vom Fleisch und muss vor der Verwendung erneut verrührt werden. Durch ihren Fettreichtum gibt Kokosmilch dünnflüssigen Gerichten Sämigkeit. Weil sie wie normale Milch erhitzt werden kann, lassen sich aus ihr auch Puddings und süße Cremes herstellen. Eine noch fettreichere, zusätzlich mit Kokosfett angereicherte Variante ist die ungesüßte Kokosnusscreme *creamed coconut*. Kokosöl beziehungsweise → Kokosfett werden wie Kokosmehl aus der Kopra, dem getrockneten Fruchtfleisch, gewonnen. Da der Schmelzpunkt von Kokosfett im Bereich von etwa 30 bis 35 Grad Celsius liegt, lässt es sich in Schokoladenkuvertüren hervorragend verwenden. Es verändert kaum das Schmelzverhalten der Schokolade und verleiht ihr beim Abkühlen einen schönen Glanz. Das geraspelte Fleisch der Kokosnuss wird in Indien sowohl geröstet als auch ungeröstet als Andickungsmittel oder für eine nussige Würze verwendet. Beim Rösten bleiben die meisten der eher schweren Düfte erhalten, wobei die nussartigen Aromen betont werden. Der Stamm und die Blütenpollen der Kokospalme sondern einen Saft ab, aus dem man Palmhonig und Palm- beziehungsweise Kokoszucker erzeugt. Der Zucker schmeckt weniger süß als Haushaltszucker – mit einem leicht karamelligem bis malzigem Aroma – und kommt bei uns sehr selten in den Handel.

Kokosmilch, Kokoscreme und das geraspelte, frische oder getrocknete Kokosfleisch harmonieren hervorragend mit stark gewürzten und scharfen Speisen, was man in der südindischen Küche (Kerala) besonders schätzt. Das

KOKOSSPARGEL

400 g weißer Spargel (geschält, in 2 cm lange Stücke geschnitten)

20 g Butter

1 Prise Zucker

1 Prise Salz

80 g aromatisches Kokosfett

50 g Kokosmehl

Spargel mit wenig Wasser, Butter, Zucker und Salz in einer Pfanne halbgar dünsten. Dann die Hitze erhöhen und das Kokosfett einrühren. Das Kokosmehl hinzugeben und zusammen mit dem Fett anziehen lassen und leicht bräunen, bis der Spargel an manchen Stellen „streuselartig" überzogen ist. Dazu einen weißen Bordeaux mit hohem Anteil der Sémilliontraube genießen.

Süß-Nussige und Karamellige der Kokosnuss stellt in den scharfen Kerala-Gerichten einen interessanten Kontrast dar, das Geschmackserlebnis wird deutlich runder. Das scharfe Capsaicin der Chilis wird zum einen durch die Süße der Nüsse etwas abgemildert und zum anderen im Kokosfett gelöst und in seiner Wirkung gedämpft. Die Eigenschaften eines gutes Lösungsmittels für Aromen und Scharfstoffe zeigt das Kokosfett bei vielen Gewürzen und Kräutern, die eine gewisse „Schärfe" mit sich bringen. Die klassischen Zutaten für die berühmte thailändische Suppe *Tom Kha Gai* – Kokosnussmilch, Chilis, Thai-Basilikum, Galgant beziehungsweise Ingwer, Zitronengras und Zwiebeln – machen es vor: Die Chili- und Ingwerschärfe wird gemildert und auch die anderen Zutaten profitieren von der abrundenden Wirkung der süßlichen, karamelligen Kokosnussaromen. Die Schwefelnoten der Zwiebel werden ebenso abgefangen wie die blumigen bis harzigen Töne von Zitronengras und Basilikum. Die Kombination mit Kurkuma und Ingwer funktioniert ebenfalls gut, weil die Kokosnuss die leichte Bitterkeit des Kurkumas beziehungsweise erneut die Schärfe des Ingwers über ihre cremig-süßlich-karamelligen Noten sowohl ausgleichen als auch ergänzen kann. Geraspelte Kokosflocken streut man beinahe überall in Asien über Obstsalate oder den beliebten Reispudding, der sonst nach fast nichts schmecken würde, zusätzlich verleihen sie den Speisen Textur. In Europa kennt man Kokosstreusel zwar auf Keksen und Schokoladendesserts, in der Verbindung mit herzhaften Speisen ist Kokosnuss jedoch hierzulande (noch) nicht sehr verbreitet.

EXTRA: KOKOSNÜSSE ÖFFNEN

Eine der drei Keimporen mit einem Schraubenzieher durchbohren und das Kokoswasser abfließen lassen. Auf ein Handtuch legen, damit die Nuss nicht wegrutscht, dann mit einem Hammer vorsichtig auf das untere Drittel schlagen, knapp über den Poren. Die Frucht dabei langsam drehen, bis die Schale aufplatzt. Fleisch aus der Schale lösen, die braune Haut mit einem Sparschäler entfernen.

AROMENENTFALTUNG

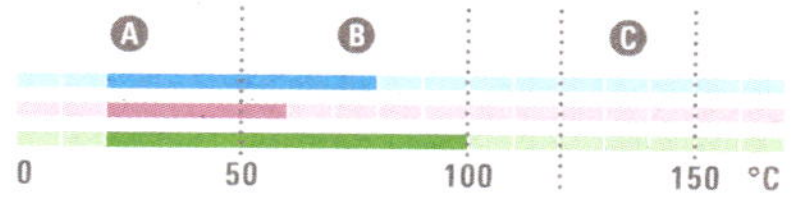

A *Volles Kokosaroma* **B** *abgeschwächter Duft* **C** *Cremige Röstnoten*

PASST GUT ZU

Backwaren, Obst, Gemüse, Huhn, Meeresfrüchten, Fisch, Schokolade, allen scharfen Gerichten

LÄNDERKÜCHE

Südindien (Kerala): *Currys, Obstsalate* ***China:*** *Reispudding* ***Thailand, Laos:*** *Tom Kha Gai (Hühnersuppe)* ***Indonesien:*** *Rendang (Varianten mit Kokosmilch)* ***Brasilien:*** *Batida de Coco (Likör)* ***Puerto Rico:*** *Piña Colada (Cocktail)* ***Deutschland:*** *Kokoskekse, Makronen*

GEWÜRZMISCHUNGEN

Südindisches Bisi-bele-Pulver

QUALITÄTEN, EINKAUF

Wenn die möglichst schwere Nuss innen gluckert, ist sie noch relativ frisch und jung. Ältere Nüsse mit wenig Wasser schmecken schnell seifig. Eine gute Alternative ist die abgepackte „creamed coconut", aus Naturkost- oder Asialäden. Kokosnussmilch in Dosen oder Tetrapacks gibt es in jedem Supermarkt. Der in Europa verkauften Kokosmilch werden aber manchmal Emulgatoren oder Verdickungsmittel zugesetzt. Getrocknete Kokosnussstücke gibt es in Asialäden, sie sind jedoch oft gesüßt und daher nicht zum Kochen geeignet. Kokosmehl kann man in Reformhäusern oder Bioläden kaufen, *→Kokosfett* *gibt es in jedem Supermarkt.*

KORIANDERKRAUT

Die Korianderpflanze liefert zwei in Anwendung und Aroma völlig unterschiedliche Gewürze: Samen und Kraut. Am Kraut spalten sich die Geister: Vor allem in der vietnamesischen, thailändischen und lateinamerikanischen Küche wird es sehr geschätzt und würzt fast alles, während andere, zumeist Europäer, regelrecht allergisch auf den typischen Duft reagieren. Dennoch ist es auch bei uns in den letzten Jahren sehr populär geworden.

Coriandrum sativum

(E)-2-TRIDEC-1-ENAL *zitrusartig, grüner Pfeffer* ◇ *Alkohol, Wasser* DECANAL *leicht zitrusartig, wachsig* ◇ *Alkohol, Fett* (E)-2-DODECENAL *zitrusartig, fettig* ◇ *Alkohol, Fett* (Z)-HEX-3-ENAL *grün-grasig* ◇ *Alkohol, Wasser* UMBELLIFERON *schwach süß, heuartig* ◇ *Alkohol, Fett* CORIANDRIN *schwach grasig-heuartig* ◇ *Alkohol, Fett*

GESCHMACK

SÜSS SAUER SALZIG **BITTER** UMAMI

Die Blätter des Korianderkrauts riechen erfrischend zitronenartig und wachsig. Sie werden frisch über die Speisen gestreut und niemals mitgekocht.

HARMONIE

KORIANDER (KRAUT)
BASILIKUM
LIEBSTÖCKEL
ZITRUSFRÜCHTE

AROMENENTFALTUNG

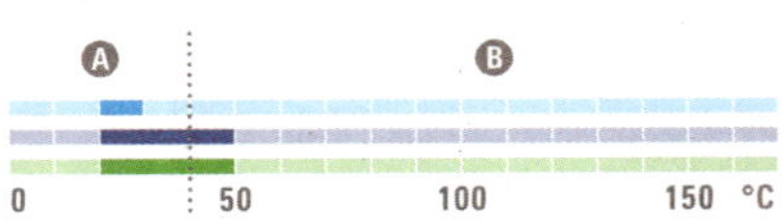

A *Typisches Koriandergrün, zitrusartig, wachsig* B *Deutlicher Aromenverlust*

PASST GUT ZU

Kartoffeln, Gemüsegerichte, Tajines, Currys, Tomatensalat, Obst- und Fruchtsalate mit

Ein eindeutiges Schlüsselaroma gibt es trotz des charakteristischen Geruchs nicht. In Korianderkraut finden sich unter anderem das leicht süßlich-wachsige und nach Orangenschale duftende DECANAL, das etwa auch in Zitrusfrüchten und Buchweizen vorkommt, sowie außerdem das zitronig und nach grünem Pfeffer duftende (E)-2-TRIDEC-1-ENAL. Auch Öle mit ihren Fettsäuren, etwa Ölsäure (C 18: 1,9) und Petroselinsäure (C 18: 1,6), tragen zum Geruch des Korianderkrauts bei. Des Weiteren enthalten die Blätter einen süßlich-heuartigen, an Moschus erinnernden Duft sowie grasig-heuartige Noten. Die aromatische Verwandtschaft zu anderen Kräuterpflanzen, etwa Basilikum, kommt durch den grün-grasigen Duft zustande. Während des Trocknens nimmt die Konzentration der flüchtigen, wachsig-orangenartigen und grün-grasigen Duftstoffe stark ab und das Kraut verliert viel Aroma. Zurück bleiben heuartige Noten und eine leichte Bitterkeit.

MELONENSALAT MIT KORIANDERGRÜN

- 1 reife, süße Honigmelone (Charentais)
- Fruchtiges Olivenöl
- Schale von ½ unbh. Zitrone
- 1 EL rauchiger Whisky (Islay)
- 1 Handvoll gewiegter Koriander

Honigmelone schälen, würfeln und mit Olivenöl leicht überziehen. Den Abrieb der Zitronenschale unterheben, mit Whisky abschmecken und kühl stellen. Kurz vor dem Servieren Korianderkraut unterheben.

Wegen der Flüchtigkeit seiner Aromen wird Korianderkraut nur frisch verwendet. Wie bei Petersilie werden grob gehackte, frische Blätter unter Salate gemischt oder auf Suppen und Eintöpfe gestreut. Ganze Blätter dienen auch als Garnierung. Keinesfalls darf es mitgekocht werden: Auch dabei würden sich seine typischen Noten verflüchtigen. Da fast alle Aromen in Fett löslich sind, lässt sich Koriandergrün aber ein paar Tage in Öl als Pesto konservieren.

GEFÜLLTE RUNDE ZUCCHINI

- 4 dickere, runde Zucchini (möglichst gleich groß)
- 80 g Basmatireis
- 50 g Butterschmalz oder Ghee (geklärte Butter)
- 1 TL Ras el-Hanout (→ S. 398 f.)
- Salz
- 50 g frischer Knoblauch
- 1 EL Limettensaft
- 1 EL Fleur d'oranger
- Frisches Koriandergrün

Die Zucchini waschen, einen „Deckel" von den Zucchini schneiden und die Früchte aushöhlen, den „Deckel" nicht wegwerfen. Größere Kerne aussortieren und das Fruchtfleisch mit dem Messer klein hacken. Den trockenen Basmatireis in einem Topf in Butterschmalz oder Ghee anbraten, das Zucchinifruchtfleisch zugeben und weiterdünsten. Ausreichend Wasser angießen und den Reis quellen lassen. Die Reisfüllung sollte gut gequollen, aber noch körnig sein und es sollte kein Wasser mehr vorhanden sein. Mit Ras el-Hanout und Salz abschmecken und frischen Knoblauch dazupressen. Mit Limettensaft und Fleur d'oranger abschmecken. Die Zucchini mit dem Reis füllen, die Deckel aufsetzen und entweder im Ofen, im Kombidämpfer oder in einer hohen Pfanne mit einer Öl-Wasser-Emulsion sanft dämpfen, bis die Zucchini gar sind. Mit frischem Koriandergrün garnieren.

Aprikosen, Pfirsichen, Nektarinen oder Erdbeeren

LÄNDERKÜCHE

Thailand, Vietnam: *Currys, Suppen, Salate* ***Arabische Länder:*** *Würzsauce (Koriander, Minze, Basilikum, Zitronen- und Limettensaft, Chili und Petersilie); Couscous* ***Lateinamerika, Mexiko:*** *Cevice, (kalte) Dips, Salsa de Jitomate, Guacamole* ***Puerto Rico:*** *Nationalgewürz Culentro* ***Indien:*** *Dal*

EINKAUF, LAGERUNG

Man bekommt es frisch in fast jedem Asialaden, immer öfter auch im Supermarkt, kann es aber auch zu Hause im Topf ziehen. Korianderkraut lässt sich sehr gut in Öl für ein paar Tage konservieren, etwa als Pesto.

Koriander passt besonders gut zu Liebstöckel, mit dem es seinen süßlich-heuartigen Duft teilt, und zum ebenfalls etwas süßlichen Thai-Basilikum (Horapha). Mit Petersilie verbindet es der grasig-grüne und zitrusartige Duft. Vietnam und Thailand duften regelrecht nach frischem Koriander: Frische Kräuter wie Minze, Basilikum und eben Koriander werden hier häufiger verwendet als getrocknete Gewürze. In der Karibik würzt man mit dem in Mittelamerika heimischen Langen Koriander, in Puerto Rico ist er sogar das Nationalgewürz. Er sieht völlig anders aus, ist aber botanisch verwandt und riecht fast genauso. Langer Koriander lässt sich – anders als der „echte" – kurz erhitzen, ohne sein Aroma zu verlieren.

GESCHICHTE UND GESCHICHTEN

Die alten Griechen erinnerte der Duft frischen Korianders an Wanzen, deshalb benannten sie das Kraut nach „koris", der Wanze. Nichteuropäer mögen fast alle Koriander, Europäer eher nicht. Es kann sein, dass das genetisch bedingt ist. Man kann sich aber auch als genetisch „vorbelasteter" Europäer an den Duft des Krauts gewöhnen und ihn lieben lernen. Sonst wäre die vom Korianderkraut geprägte Thai-Küche bei uns wohl nicht so erfolgreich.

KORIANDERSAMEN

Die getrockneten Koriandersamen – botanisch korrekt -früchte – werden in Europa als Backzutat eingesetzt, im Orient würzen sie als unerlässliches Standardgewürz fast alles und finden sich in zahlreichen Gewürzmischungen. Neben den Koriandersamen gibt es noch die frischen Korianderblätter, die zwar in Europa nicht so beliebt sind, aber in vielen Teilen der Welt gerne und häufig in Gerichten landen – vergleichbar unserer Petersilie.

Coriandrum sativum

LINALOOL *blumig, zitrusartig, frisch* ◊ *Alkohol, Fett* GERANYLACETAT *blumig, rosenartig* ◊ *Alkohol, Fett* α-PINEN *warm-harzig, Piniennadeln* ◊ *Alkohol, Fett* LIMONEN *orangenartig* ◊ *Alkohol, Fett* P-CYMOL *holzig, terpentinartig, zitrus* ◊ *Alkohol, Fett* CARVACROL *würzig, pizzaartig, oreganoartig* ◊ *Alkohol, Fett*

GESCHMACK

SÜSS SAUER SALZIG **BITTER** UMAMI

Der Duft gemahlener Koriandersamen wird vor allem von dem blumig-frisch duftenden LINALOOL und dem blumigen, etwas nach Rose und Lavendel riechenden GERANYLACETAT verursacht. Linalool ist Bestandteil zahlreicher Kräuter wie Basilikum, Bohnenkraut, Majoran, Thymian oder Oregano. Es ist aber auch in vielen Gewürzen enthalten, zum Beispiel in Muskat, Ingwer, schwarzem Pfeffer, Safran oder Zimt. In Weinsorten, vor allem im Muskateller, bestimmen Linalool und Geranylacetat die „blumige Nase". Die blumigen, rosenartigen Töne ähneln den blumig-floralen GERANIOL-Noten in Muskat, Lorbeer- sowie Rosenblättern, in Geranien kommt dieser Duft ebenso vor. Darüber hinaus finden sich in den Koriandersamen eine harzig-zitrusartige Frische, süßlich-florale Düfte und harzig-terpentinartige bis kampferartige Noten.

Koriandersamen können im Ganzen oder geröstet und anschließend gemahlen mitgekocht werden. Trocken in der Pfanne erhitzt, bekommen sie

KORIANDERSCHWEIN AUS DEM WOK

500 g Schweinefleisch (Oberschale)

4 EL Koriandersamen

Salz

Fleisch würfeln. Koriandersamen im Mörser zerstoßen und die Schweinefleischwürfel damit kräftig würzen. Dabei etwas Koriander zum Nachwürzen aufbewahren. Die Schweinefleischwürfel im Wok kräftig anrösten und kurz vor Ende des Bratens noch einmal mit Koriander und Salz nachwürzen. Zu frischem Salat als leichtes Abendessen servieren.

durch das Hinzufügen von Röstaromen eine nussige Note, anschließend kocht man sie häufig im Ganzen mit. Dabei werden alle Aromen in der Wasser-Öl-Mischung gelöst. Angeröstet und im Mörser zerstoßen bilden sie die Basis für viele Currys und → *Masalas*. Da sie sehr mild sind, kann man mit Koriandersamen großzügig würzen.

Wegen ihrer blumigen Frische sind die Körner sehr gute Vermittler zwischen einer großen Zahl von Gewürzen: Sie nehmen Mischungen von Gewürzen die Spitze und runden sie ab – daher auch ihr Einsatz in → *Masalas*. Aufgrund ihrer Duftzusammensetzung stellen Koriandersamen aber auch eines der wenigen Gewürze dar, die gut mit Kräutern harmonieren und dadurch „Brücken“ für Gewürz-Kräuter-Kombinationen in einer Speise schlagen können. Da sich die blumig-frischen beziehungsweise die zitrusartigen Noten der Samen mit denen vieler Blattgewürze überlappen, sollte man etwa statt Oregano-, Thymian- oder Majorankartoffeln unbedingt einmal Korianderkartoffeln probieren – zu Fisch mit Butter oder Olivenöl ergibt das eine harmonische und stimmige Beilage. Auch klare Fleischbrühe verträgt ein paar der im Ganzen mitgekochten Samen. Für einen Koriander-Zitronenlikör reibt man die Schale von drei unbehandelten Zitronen ab, gießt diese mit 500 ml Wodka auf und gibt 1 TL gemahlenen Koriander sowie 50 g Zucker dazu. Die Mischung lässt man 14 Tage ziehen und filtert sie anschließend ab. Sie wird zum Abschmecken von Fruchtdessert oder Fruchteis verwendet – oder einfach getrunken.

EXTRA: GEWÜRZMISCHUNGEN

Da Koriander in der Lage ist, verschiedenste Kräuter und Gewürze über sein Aromenspektrum miteinander zu verbinden, sind die Samen rund um den Globus sehr oft ein Bestandteil von Gewürzmischungen. Zu ihnen zählen etwa indische → *Masalas*, das nordafrikanische → *Harissa*, das tunesische → *Tabil*, marokkanisches → *Ras el-Hanout*, das arabische → *Dukka*, das georgische → *Khmeli-Suneli*, iranisches → *Advieh*, → *Baharat* aus dem Orient, das indische → *Dhana-Jeera* sowie varianten des europäischen → *Brotgewürzes*.

Koriandersamen duften süß-würzig und holzig bis pfeffrig-blumig. Durch Rösten bildet sich ein nussiges Aroma.

HARMONIE

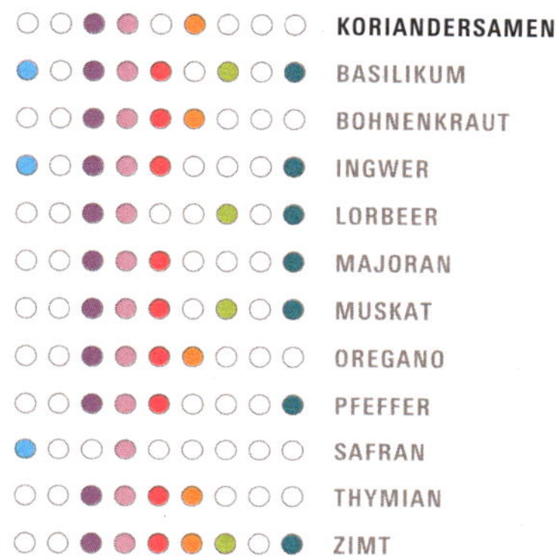

AROMENENTFALTUNG

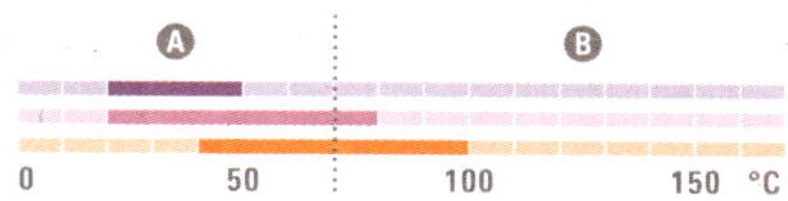

A *Frisch, blumig* **B** *Zusätzlich aromatische Noten*

PASST GUT ZU

Gemüse (Kartoffeln, Karotten, Linsen, Blumenkohl, Sellerie), Pilzen (Champignons), klaren Fleischbrühen, Früchten, Eis

LÄNDERKÜCHE

Indien: *Currys* ***Orient:*** *Gemüsegerichte, Eintöpfe und Wurst* ***Mexiko:*** *Salsas (in Kombination mit Kreuzkümmel)* ***Zypern:*** *grüne Oliven* ***Mittel- und Nordeuropa:*** *süßsaure Pickles, Chutneys, Lebkuchen, Obstkompott, Vinschgauer Brot*

EINKAUF, QUALITÄTEN

Am besten kauft man die ganzen Samen. Der indische Koriander mit seinen ovalen Samen schmeckt süßer als der bei uns übliche marokkanische, der an kugeligen Samen zu erkennen ist.

KRESSE

Als „Kresse“ werden Gartenkresse, Brunnenkresse und Kapuzinerkresse bezeichnet. Gartenkresse wächst in flachen Schalen auf jedem Fensterbrett, die eigentlich fließende Gewässer liebende Brunnenkresse kann man in Schalen ziehen, in denen etwas Wasser steht. Kapuzinerkresse rankt in vielen Gärten und trägt bunte Blüten, die man auch essen kann. Allen gemeinsam ist ein leicht scharfer Duft, der an Senf oder Rettich erinnert.

Lepidium sativum (GARTENKRESSE)

ALLICIN[T] *schwefelig, Knoblauch* ◊ *Alkohol, Wasser* ISOTHIOCYANAT[T] *stechend-scharf, tränenreizend* ◊ *Fett, Wasser* PHENYLISOTHIOCYANAT *stechend, scharf* ◊ *Alkohol, Fett* PHENYLTHIOCYANAT *scharf* ◊ *Fett* PHENYLACETONITRIL *aromatisch, stechend* ◊ *Alkohol, Fett*

GESCHMACK

SÜSS SAUER SALZIG **BITTER** UMAMI

Kresse duftet frisch-pikant nach Senf, aber die Schärfe klingt schnell ab.

HARMONIE

KRESSE
INGWER
FENCHEL
PETERSILIE
SAUERAMPFER

AROMENENTFALTUNG

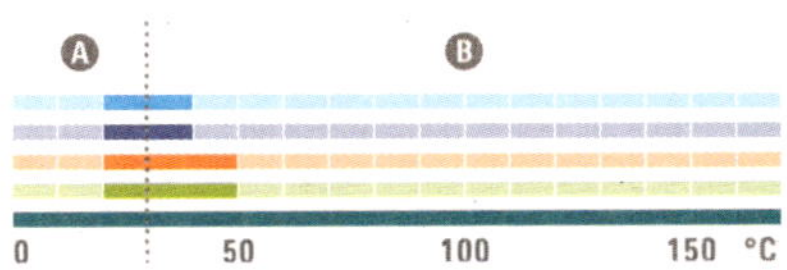

A *Volles Kressearoma* **B** *Starker Verlust an Duft und trigeminalen Reizen*

PASST GUT ZU

Quark, Lachs, Kartoffeln, Huhn, Gurke, Fisch, Meeresfrüchten, Suppen

Das Aroma von Kresse wird durch Schwefelverbindungen bestimmt, ähnliche wie in Meerrettich, Senf, Rauke (Rucola) oder Pfeffer. In der frischen Pflanze sind diese meist mit Zucker verbunden und werden Glucosinolate genannt. Wie beim Knoblauch werden beim Schneiden, also beim Zerstören der Zellwände, enzymatische Prozesse ausgelöst, die den Zucker abtrennen. Erst dann bildet sich der kressetypische intensive Geruch und scharfe Geschmack. Dominant sind die aromatisch-scharfen Stoffe PHENYLACETONITRIL, PHENYLISOTHIOCYANAT und PHENYLTHIOCYANAT, die sich bei Wasserkontakt abbauen. Gleichzeitig findet sich in Kresse ALLICIN, das auch in Lauch, Zwiebeln und Knoblauch enthalten ist – und vergleichbare Tränen- oder Trigeminusreizungen hervorruft. Gartenkresse und Brunnenkresse ähneln sich im Aroma wie auch in ihrer Verwendung, wobei die Brunnenkresse wegen ihrer leichten Hitzebeständigkeit oft vorgezogen wird. Kapuzinerkresse ist botanisch nicht mit der Brunnenkresse verwandt, duftet aber ähnlich. Ihre großen bunten Blüten sind ebenfalls essbar und außerdem sehr dekorativ. Das nur wild wachsende Barbarakraut wird als „Winterkresse“ bezeichnet. Es erinnert vom Aroma her an Kresse, hat aber botanisch gleichfalls nichts mit dem Kraut zu tun.

Kresse wird aufgrund der Flüchtigkeit vieler Aromen immer frisch gezupft und roh verwendet. Eine Ausnahme bildet die Brunnenkresse: Ihre kräftigere Blattstruktur erlaubt ein kurzes Blanchieren, ohne dass sich der Duft sofort verflüchtigt.

Die frische, schnell abklingende Schärfe der Kresse eignet sich eher zum Würzen zarter Gerichte wie Eierspeisen oder Lachs. Kräuterbutter oder

BRUNNENKRESSE-AUFSTRICH

- 250 g Quark
- 3–4 EL Sauerrahm
- 1 kleine Zwiebel
- Salz, Pfeffer
- 1 Handvoll Brunnenkresse

Den Quark in einer Schüssel mit dem Sauerrahm glatt rühren. Die Zwiebel sehr fein hacken und dazugeben. Mit Salz und Pfeffer abschmecken. Zuletzt die gehackte Brunnenkresse einrühren. Schmeckt prima auf Bauernbrot oder zu Salzstangen.

Kräutersaucen wie die ***Frankfurter Grüne Sauce*** bekommen durch Kresse einen pfeffrig-aromatischen Duft. Sie passt zu Salat, Frischkäse und zu Quark mit Kartoffeln oder wird einfach so übers Butterbrot gestreut. Warme Speisen, zum Beispiel Rührei oder Omelette, werden bei Tisch mit gehackten Blättern bestreut. Speziell Brunnenkresse lässt sich zudem in Suppen einsetzen, weil sie ihr Aroma bei kurzem Erhitzen noch behält. Beispiele sind etwa die französische ***Potage au cresson***, eine heiß oder kalt servierte Kartoffelsuppe mit Brunnenkresse. Die Italiener würzen ihre Minestrone gelegentlich mit Brunnenkresse, und in China kommt sie zum Beispiel in die ***Eierstich***- und ***Wantan-Suppe***. Wegen der größeren Blätter kann Brunnenkresse auch für sich als Salat gegessen werden – mit Cocktailtomaten, eventuell Zwiebeln und einem Öl-Balsamico-Dressing: Die Zwiebeln liefern ähnlich schwefelige Aromen wie Kresse, die Tomaten Süße und umami-Geschmack und das Öl fungiert als Lösungsmittel für viele der Aromen. In Asien werden Ingwer und Kresse aufgrund ihrer verschiedenen Schärfen gerne kombiniert.

LÄNDERKÜCHE

Deutschland: *Brotaufstrich, Kräuterbutter, Frankfurter Grüne Sauce* ***Frankreich:*** *Potage au cresson* ***Italien:*** *Minestrone* ***China:*** *Eierstichsuppe, Wantan-Suppe*

EINKAUF, LAGERUNG, ANBAU

In jedem Supermarkt gibt es die kleinen Pappschachteln mit Gartenkressekeimlingen. Man kann sie auch aus Samen ziehen, ein feuchtes Küchenpapier als Grundlage genügt. Brunnenkresse wird manchmal frisch angeboten. In ein feuchtes Tuch gewickelt oder in einer Plastiktüte hält sie sich im Kühlschrank etwa eine Woche. Auch sie lässt sich aber in einer Schale mit Wasser selbst ziehen. Die asiatischen Kressearten kann man durch unsere europäischen ersetzen und diese wiederum durch Rauke.

Cuminum cyminum

KREUZKÜMMEL

Die orientalische Küche riecht und schmeckt nach Kreuzkümmel: kräftig, schwer, würzig-süß, leicht bitter und angenehm scharf. In Europa wurde er im Mittelalter als Heilkraut kultiviert, fand jedoch keinen Eingang in die traditionellen Küchen. Eine Ausnahme bilden die Niederlande und Flandern mit dem Kreuzkümmelkäse.

Das aromabestimmende Molekül im Kreuzkümmel ist das CUMINALDEHYD. Es ist verantwortlich für den typischen, kräftigen, würzig-süßen Duft und wird als leicht bitter und scharf empfunden. Das fettlösliche Aroma kommt auch in Eukalyptus, Myrrhe und Cassia-Zimt vor. Es ist chemisch mit BENZALDEHYD verwandt, das sowohl in Kreuzkümmel als auch in Bittermandeln für die nussig-bittere Note sorgt.

Kreuzkümmel wird meist gemahlen eingesetzt, man sollte jedoch ein paar Früchte ganz lassen, um während des Essens immer wieder das volle Aroma des Gewürzes zu erleben. Werden die Samen – botanisch korrekt Früchte – vor dem Mahlen geröstet, bekommen sie durch die entstehenden Röstaromen einen nussigen, milden Duft. Die Aromen in Kreuzkümmel sind fettlöslich, was in der indischen Tadka-Technik genutzt wird, bei der die Samen in heißem Öl angebraten werden. Auf ähnliche Art lässt sich ein Würzöl herstellen: Nach dem Rösten werden die Früchte im Mörser zersto-

CUMINALDEHYD *cumin-mandelartig* 💧 *Alkohol, Fett* PERILLAALDEHYD *minzig, zimtig, würzig* 💧 *Alkohol, Fett* LIMONEN *terpentin-zitronenartig* 💧 *Alkohol, Fett* P-CYMOL *holzig, terpentinartig, zitrus* 💧 *Alkohol, Fett* P-MENTHA-1,3-DIEN-7-AL *blumig* 💧 *Alkohol, Fett* BENZALDEHYD *bittermandelig, marzipanig* 💧 *Alkohol, Fett, Wasser* PYRAZIN *röstig, Schokolade, geröstete Nüsse* 💧 *Fett*

GESCHMACK

SÜSS SAUER SALZIG **BITTER** UMAMI

Kreuzkümmel duftet kräftig würzig-süß, ist leicht bitter und scharf.

HARMONIE

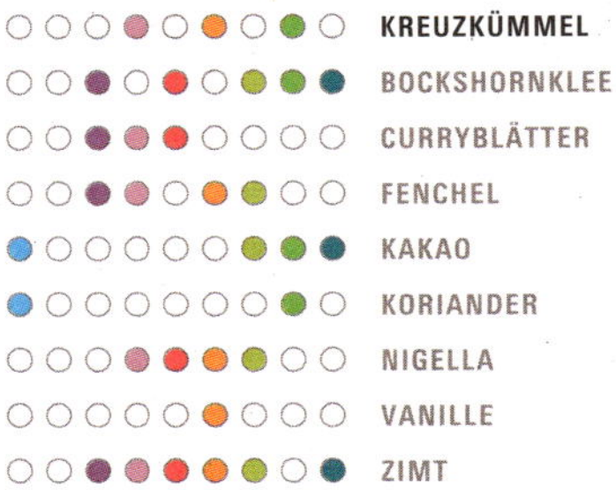

AROMENENTFALTUNG

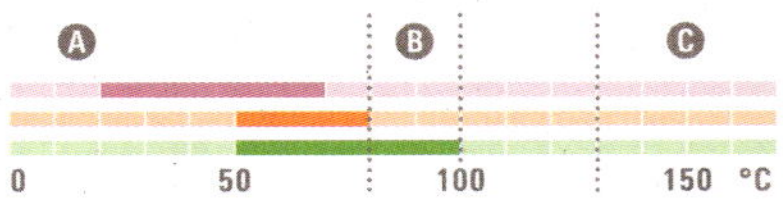

A *Frischer, typischer Duft* **B** *Aromatische Noten* **C** *Zusätzliche Röstnoten*

PASST GUT ZU

Dunkler und weißer Schokolade, Kohl, Lamm, Hülsenfrüchten, Huhn, Fisch, Linse-, Kartoffel- oder Erbsensuppe, Couscous, Joghurt (Lassi)

LÄNDERKÜCHE

Naher Osten: *Falafel* ***Mexiko:*** *Gerichte mit Mole* ***USA:*** *Chili con carne* ***Nordafrika:*** *Tajine (marokkanische Lammgerichte), Couscous, Merguez-Würste* ***Indien:*** *Dals, Currys, Tandoori-Gerichte, Kormas* ***Türkei/Bulgarien:*** *Sucuk oder Pastirma (Grillspezialitäten)* ***Niederlande/Flandern:*** *Kreuzkümmelkäse* ***Frankreich/Elsass:*** *Munsterkäse mit Kreuzkümmel*

GEWÜRZMISCHUNGEN

Indische Masalas, bengalisches Panch Phoron, ägyptisches Dukka, arabisches Baharat, karibisches Colombo Powder, äthiopisches Mitmita, nordafrikanisches Harissa, mexikanische Moles und Mojos, thailändische Currypasten, jemenitisches Zhug

KREUZKÜMMEL MIT WEISSKOHL

- 1 TL Kreuzkümmel
- 30 g Butterschmalz oder geklärte Butter
- 400 g Weißkohl (Streifen)
- Salz
- 30 g Butter

Kreuzkümmel in einer schweren Pfanne leicht anrösten, bis einige der Samen „poppen". 30 g Butterschmalz oder geklärte Butter dazugeben und die Kohlstreifen darin rasch anbraten, so dass sie noch Biss haben. Dabei salzen. Vom Feuer ziehen und 30 g Butter unterheben. Sofort servieren.

ßen und mit 80 °C heißem Öl übergossen. Dieses wird eine Woche kühl gelagert und dann gefiltert.

Viele der Röstaromen, die beim Anbraten von Kreuzkümmel entstehen, werden auch beim Erhitzen von Koriandersamen und Bockshornklee gebildet. Zudem mildert Kreuzkümmel die Schärfe von Koriandersamen etwas. Die Harmonie zwischen diesen Gewürzen wird in der indischen Küche vielfach genutzt, sei es in gerösteten Gemüsegerichten, wie etwa Blumenkohl im Wok, oder auch bei der indischen Tadka- oder Chaunk-Technik. Bei dieser Zubereitungsart, in der Kreuzkümmel zusammen mit zahlreichen anderen Gewürzen kurz in heißem Öl oder Ghee (Butterschmalz) angebraten wird, werden ihre Aromen freigesetzt und im Öl gelöst. Entweder gibt man dieses aromatisierte Öl zum Gericht oder man gart die weiteren Zutaten darin – wie in unserem Weißkohlrezept. Das wohlriechende Fett verteilt die darin gelösten Aromen und Röststoffe sehr gut im Essen. Aufgrund des breiten Spektrums der fettlöslichen Aromen lassen sich auch ungewöhnliche Kombinationen probieren, etwa Kreuzkümmel mit dunkler oder weißer Schokolade. Das würzig-süße Aroma und die leicht bittere Schärfe des Kreuzkümmels erweitern den Duft- beziehungsweise Geschmackshorizont von Kakaobutter, Zucker und Vanille. Neben dem gewöhnlichen (weißen) Kreuzkümmel, bei uns auch Mutterkümmel genannt, gibt es den selteneren Schwarzen Kreuzkümmel (Kashmir-Kreuzkümmel): Er hat ein feineres, süßeres Aroma als die hellen Samen und wächst wild in Iran und der Kashmir-Region. Man zieht ihn dort dem gewöhnlichen weißen Kreuzkümmel für *kormas* vor, mogulische Fleisch-Schmorgerichte. Er wird allerdings nicht geröstet, sondern erst nach dem Anbraten dazugegeben.

EXTRA: KÜMMEL UND KREUZKÜMMEL

Abgesehen von den Niederlanden und Flandern, wo traditionell Kreuzkümmelkäse hergestellt wird, ist Kreuzkümmel in Europa ein eher ungebräuchliches Gewürz. Lange wurde er deshalb auch „Welscher Kümmel" genannt. Umgekehrt wird der Kümmel in Ländern, in denen der Kreuzkümmel gebräuchlicher ist, oft als „Deutscher Kreuzkümmel" bezeichnet. Das trägt

Bunium persicum
(SCHWARZER KREUZKÜMMEL)

zu den notorischen Verwechslungen zwischen den beiden Gewürzen bei. Kreuzkümmel und Kümmel sind zwar botanisch verwandt und die Früchte sehen sich ähnlich – aber die Aromastoffe sind völlig unterschiedlich: Während beim Kreuzkümmel Cuminaldehyd dominiert, wird der Duft beim Kümmel von den kümmelartig-minzigen bis pfefferminzartigen Aromen Carvon und Carveol bestimmt. Botanisch ebenfalls verwandt ist der türkische Bergkümmel, der Kreuzkümmel deutlich um seine eigenen Noten ergänzt: Bei ihm sind das terpentin-zitrusartige Limonen und das grünlich-fettige Perillaaldehyd aromagebend.

QUALITÄTEN, EINKAUF, LAGERUNG
Sowohl Kreuzkümmel als auch den selteneren Schwarzen Kreuzkümmel gibt es in mexikanischen, nordafrikanischen, persischen, indischen und asiatischen Lebensmittelläden. Nicht verwechseln mit Nigella, also Schwarzkümmel. Die ganzen Früchte halten luftdicht verschlossen und dunkel bis zu drei Jahre. Gemahlen verliert Kreuzkümmel schnell an Aroma.

KUBEBENPFEFFER

Piper cubeba

Die Schlingpflanze aus Indonesien gehört zu den klassischen wilden Pfeffersorten. Im 16. und 17. Jahrhundert waren die Früchte in Europa ein beliebter Pfefferersatz, dann gerieten sie in Vergessenheit, weil Schwarzer Pfeffer günstig wurde. Heute wird Kubebenpfeffer wiederentdeckt, denn bei aller Pfeffrigkeit hat er doch ein ganz anderes Aroma: harzig-erdig mit einem Hauch Eukalyptus und Kampfer. Aufgrund dieser Duftvielfalt kann er sehr gut mit anderen Gewürzen kombiniert werden.

Kubebenpfeffer besitzt im Vergleich zu Schwarzem Pfeffer weniger als die Hälfte an PIPERIN. Dieser Stoff löst einen Schmerz- beziehungsweise „warm“-Reiz an den Endigungen des Trigeminusnervs aus, der als „scharf“ empfunden wird. Im Unterschied zu Pfeffer überwiegen die ätherischen Öle und flüchtigen Düfte. Während CUBEBIN für würzige Schärfe sorgt, steuert CADINEN leichte, holzige Noten bei. Zusammen mit den Aromastoffen α- und β-CUBEBEN machen diese Moleküle im Verbund den oft als „gewürznelkenartig“ beschriebenen Geruch des Kubebenpfeffers aus. Es finden sich aber auch warm-harzige, ein wenig holzig duftende Noten, dazu balsamische, würzig-holzige sowie grün-apfelige Töne mit einem Hauch Zitrus. Ebenso kommen frisch-kräuterige Düfte vor, terpentinartig-holzige, leicht süßliche Noten und frisch-erdige bis kampferartige Gerüche. Diese Aufzählung zeigt, wie komplex das Aromenspiel von Kubebenpfeffer ist. Cubebin und Cubeben sind außerdem für einen bitteren Geschmack verantwortlich.

Beim Zerstoßen im Mörser verströmen die Früchte ein harziges, erdiges und sehr intensives Aroma. Wird der Kubebenpfeffer vor dem Zerstoßen trocken angeröstet, verflüchtigen sich die terpentinartig-holzigen bis kamp-

α-, β-CUBEBEN *kräuterig, wachsig, zitrusartig, apfelig-rettichartig* ◊ *Alkohol, Fett* β-BISABOLEN *balsamisch, warm-harzig, tierisch-holzig* ◊ *Alkohol, Fett* TRANS-NEROLIDOL *floral, grün, wachsig* ◊ *Alkohol, Fett* CADINEN *trockenes Holz* ◊ *Alkohol, Fett* CUBEBOL[T] *kühlend, frisch* ◊ *Fett, Wasser* COPAEN *holzig, harzig* ◊ *Alkohol, Fett* PIPERIN *schmerzhaft heiß, scharf* ◊ *Alkohol, Fett* CUBEBIN *scharf, bitzelnd* ◊ *Fett*

GESCHMACK

SÜSS SAUER SALZIG **BITTER** UMAMI

KUBEBENPFEFFER-APFEL-BLUTWURST-TARTE

- 1 EL ganze Kubebenpfefferkörner
- 1 frische feine Blutwurst (ohne Grieben, ca. 500 g)
- 275 g guter Blätterteig (selbst gemacht oder vom handwerklich arbeitenden Bäcker)
- Ca. 80 g weiche Butter plus 30 g kalte Butter
- 1 EL sehr fein gehackter frischer Ingwer
- Salz
- 2 säuerliche Äpfel (Boskop oder Granny Smith)
- Zitronensaft zum Beträufeln
- 1 TL Zucker

Den Ofen auf 100 °C vorheizen. Den Kubebenpfeffer in einer heißen Pfanne ohne Fett kurz anrösten und abkühlen lassen. Die Blutwurst auf einem Backblech im heißen Ofen 20–30 Minuten stocken lassen, herausnehmen und etwas abkühlen lassen. Währenddessen den Ofen auf 180 °C aufheizen. Den Blätterteig ausrollen, großzügig mit der weichen Butter bestreichen, den fein gehackten Ingwer daraufstreuen, leicht salzen. 8 Minuten im heißen Ofen auf einem Blech mit Backpapier vorbacken, dann den Ofen auf 200 °C aufheizen.
In der Zwischenzeit die Äpfel waschen, schälen, in feine Spalten schneiden und mit Zitronensaft beträufeln. Die gestockte Blutwurst vorsichtig in Scheiben schneiden und abwechselnd mit den Apfelspalten dachziegelartig auf den Blätterteig schichten. Den Blätterteig am Rand etwas einschlagen. Kubebenpfeffer mit dem Zucker im Mörser zerreiben und großzügig über die Blutwurst-Apfel-Schicht streuen. Aus der kalten Butter Flöckchen schneiden, auf der Blutwurst-Apfel-Schicht verteilen und 15–20 Minuten in den heißen Ofen schieben. Vor dem Servieren noch einmal sehr kurz unter dem Salamander oder dem stark erhitzten Grill gratinieren. Dazu passt eine Flasche leicht gekühlter Brouilly.

KUBEBENPFEFFERWODKA

10 Kubebenpfefferfrüchte

½ l Wodka (40 %)

Kubebenpfefferfrüchte trocken anrösten und abkühlen lassen. Im Mörser zerstoßen, mit Wodka aufgießen und mindestens eine Woche extrahieren lassen. Filtern und als warm-holzig-harzigen „Verdauungsschnaps" genießen.

ferigen Aromen, sodass der Duft weniger stechend wirkt. Die ganzen Körner werden zum Beispiel in Schmorgerichten eingesetzt: Sie geben ihre Aromen langsam ab, zudem werden die durchweg fettlöslichen Moleküle in den Öltröpfchen der Schmorflüssigkeit gebunden.

Kubebenpfeffer harmoniert über seine Duftvielfalt sehr gut mit vielen anderen Gewürzen – etwa mit Ingwer und Zitronengras oder mit Gewürznelken und Wacholder, die ebenfalls würzige, holzige, terpentinartige Noten aufweisen. Deshalb lassen sich Wildragouts, in die Wacholder und Nelken gehören, hervorragend mit Kubebenpfeffer würzen. Das Gewürz eignet sich weiterhin als Aromen- und Geschmackskontrast in vielen Süßspeisen. Ein wenig feingemörserter Kubebenpfeffer in einer luftigen *Mousse au chocolat* – die Schokolade muss einen hohen Kakaoanteil haben –, und der Dessertklassiker gelangt zu neuen Höhen. Der Kubebenpfeffer fügt den Röstaromen der Schokolade jene holzige Frische und harzige Schärfe hinzu, die sich sonst kaum erreichen lässt. Zudem sind Piperin und die fettlöslichen Aromen des Kubebenpfeffers in der Kakaobutter besonders gut aufgehoben. Noch ein Dessert-Tipp: Für Kubebenkrokant wird → Isomalt unter dem Grill geschmolzen und nach dem Erkalten im Mixer pulverisiert. Das so gewonnene Pulver mit gemörsertem Kubebenpfeffer vermischen und auf einer Backmatte dünn in Kreisen ausstreuen. Schmelzen lassen und nach dem Erkalten als Zuckerplättchen zu Desserts reichen. Isomalt hat den Vorteil, dass er – anders als herkömmlicher Zucker – beim Erhitzen nicht bräunt und keinen Karamellgeschmack bildet.

GESCHICHTE UND GESCHICHTEN

Im 17. Jahrhundert verbot der portugiesische König Johann IV. den Verkauf von Kubebenpfeffer, um den gewinnbringenderen Schwarzen Pfeffer zu propagieren. Das führte zu einem rapiden Zurückgang des Kubebenpfefferverbrauchs in Europa. Bis zum 19. Jahrhundert wurde er nur noch für medizinische Zwecke genutzt, im 20. Jahrhundert verschwand er dann völlig aus Europa und Nordamerika. Erst vor wenigen Jahren wurde der Kubebenpfeffer von Feinschmeckern als Alternative zum Schwarzen Pfeffer oder zu anderen Gewürzen wie Piment oder Gewürznelken wiederentdeckt.

Er duftet intensiv harzig-erdig, mit sehr dezenter blumiger Note. Scharf-prickelnd, aber weniger scharf als Schwarzer Pfeffer.

HARMONIE

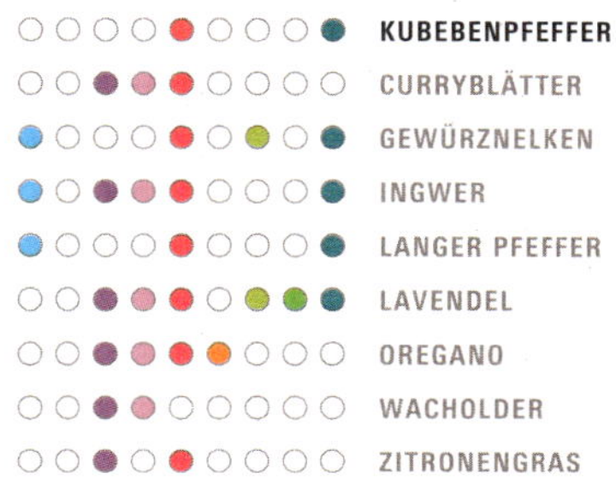

AROMENENTFALTUNG

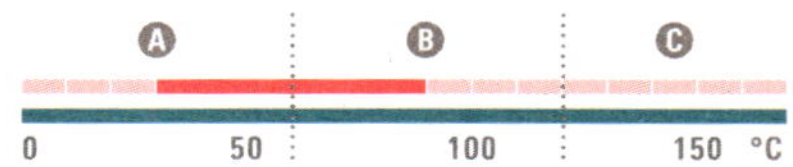

A *Frische Schärfe, betäubend* **B** *Volles Aroma, wärmend balsamisch* **C** *Leichte Milderung, weniger trigeminal reizend*

PASST GUT ZU

Dunklen Saucen, Geschmortem, Wild, Nieren, Wurst, Grünkohl, Wirsing, Rotkohl, Desserts, Backwaren

LÄNDERKÜCHE

Europa: *gepfefferte Leber* ***Indonesien:*** *Currys* ***Nordafrika:*** *Lamm- oder Hammeltajines*

GEWÜRZMISCHUNGEN

Marokkanisches Ras el-Hanout

EINKAUF, LAGERUNG

Kubebenpfeffer gibt es im gut sortierten Fachhandel. Ganze Früchte halten sich 1 bis 2 Jahre. Typisch ist der Stiel an den Früchten – wie bei allen wilden Pfeffersorten. Kubebenpfeffer wird bisweilen mit Benin-Pfeffer verwechselt, auch mit Ashanti-Pfeffer aus Zentralafrika. Dieser duftet ähnlich, wirkt aber frischer und weniger bitter.

KÜMMEL

Nichts in der nord- und mitteleuropäischen Küche ist älter als der Kümmel. Wahrscheinlich fand er hier schon in der Jungsteinzeit vor rund 5 000 Jahren Verwendung. Die Römer aßen mit Kümmel gewürztes Brot, im Mittelalter würzte man mit ihm Liebestränke, weil er gut gegen Wankelmütigkeit sein sollte. Heute wird er traditionell unter schwer verdauliche, fette Speisen gemischt.

Carum carvi

MYRCEN *süßlich, balsamisch* ◊ *Alkohol, Fett* S-CARVON *kümmelartig* ◊ *Alkohol, Fett* LIMONEN *terpentin-zitronenartig* ◊ *Alkohol, Fett* CARVEOL *pfefferminzartig* ◊ *Alkohol, Fett, Wasser* P-CYMOL *holzig, terpentinartig, zitrus* ◊ *Alkohol, Fett* PERILLAALKOHOL *grünlich terpentinartig-fettig* ◊ *Alkohol, Fett, Wasser*

GESCHMACK

SÜSS SAUER SALZIG **BITTER** UMAMI

Kümmel duftet warm-süß, etwas pfeffrig und erinnert an Anis und Fenchel mit einem Hauch Eukalyptus bis Zitrusschale. Der Nachgeschmack ist kräftig-würzig.

HARMONIE

- KÜMMEL
- BOHNENKRAUT
- DILL
- FENCHEL
- KNOBLAUCH
- KORIANDER
- NIGELLA
- WACHOLDER
- ZITRUSSCHALE
- ZWIEBELN

Das ätherische Öl des Kümmels besteht bis zu 80 Prozent aus dem fettlöslichen Aromastoff S-CARVON, das für den typischen Kümmelduft verantwortlich ist. Dazu kommen LIMONEN mit seiner zitrusartigen Frische sowie Fettsäuren, Gerbstoffe und Vitamin C. Der eher stechend-kühlende, ein wenig pfefferminzige Geruch des Kümmels stammt von dem Molekül CARVEOL, das im Pfefferminzaroma eine wesentliche Rolle spielt. Des Weiteren finden sich im Kümmel kampferartige Noten und ein süßlich- aromatischer Duft und süßer Geschmack, die sich kaum bemerkbar machen, aber für die Kombination mit Kräutern wichtig sind.

KÜMMEL-KARTOFFELN VOM BLECH

- Öl für das Blech
- Reichlich Kümmel (im Ganzen)
- Halbierte, ungeschälte, gewaschene Kartoffeln

Auf ein eingefettetes Backblech reichlich ganzen Kümmel streuen, mit halbierten Kartoffeln belegen (Anschnittsfläche nach unten) und bei 220 °C backen, bis die Kartoffeln innen weich und außen knusprig sind. Das schmeckt sogar Kümmelmuffeln! Man kann diese Methode mit vielen anderen Gewürzen und getrockneten Kräutern probieren: Majoran, Thymian, Rosmarin, Kreuzkümmel, Nigella ...

Kümmel kann im Ganzen mitgekocht werden. Wenn man nicht auf die Früchte beißen möchte, kann man diese vor dem Kochen im Mörser zerstoßen. Will man den Kümmelgeschmack jedoch intensivieren, sollte man zehn Minuten vor Ende der Garzeit einige ganze Früchte dazugeben. Ohne diese Zugabe wirkt der Kümmel nach dem Kochen schwächer, da seine flüchtigen Bestandteile, vor allem das pfefferminzige Carveol, zum Teil entweichen konnten. Auch beim Anrösten verändert sich das Aromenspektrum: Es entstehen Röstnoten, während sich die pfefferminzigen Düfte verflüchtigen. Beim Anbraten in Öl hingegen werden alle Aromen des Kümmels im Fett gelöst.

Das Zusammenwirken der Aromen Carvon und Carveol gibt dem Kümmel sein Alleinstellungsmerkmal: Er verträgt sich nur mit wenigen anderen Gewürzen und wird daher eher als Einzelgänger verwendet. Zu den Gewürzen, die zu ihm passen, zählen unter anderem Wacholder, Koriander,

Knoblauch, Zwiebeln oder Fenchel. Sie bringen genügend Eigenaroma mit, um sich nicht sofort dominieren zu lassen. Auch über gleiche Inhaltsstoffe ergeben sich einige Kombinationen: So lassen sich durch den sowohl in Kümmel als auch in Bohnenkraut enthaltenen aromatischen, süßlichen Duft diese Zutaten gut gemeinsam verwenden – zum Beispiel mit grünen Gartenbohnen. Das kümmelartige Carvon wiederum kommt ebenso in Dill, Nigella (Schwarzkümmel) und sogar in Mandarinenschalen vor. Wird das Aroma durch leichtes Anrösten abgemildert, ergeben sich hieraus wiederum kulinarisch ansprechende Würzkombinationen, etwa über gemeinsame Röstnoten. Die traditionelle Küche schätzt neben seinem Aroma vor allem auch die Wirkung der anregenden Bitterstoffe. Etwas spöttisch könnte man sagen: Je fetter und deftiger ein mitteleuropäisches Gericht ist – zum Beispiel der polnische Sauerkrautauflauf Bigos –, umso größer ist die Wahrscheinlichkeit, dass Kümmel drin ist. Und sollte er einmal doch fehlen, so lässt sich dieser „Fehler" nach dem Essen noch korrigieren: mit einem skandinavischen Kümmelschnaps (***Akvavit***).

GESCHICHTE UND GESCHICHTEN

Schon die Ägypter glaubten, dass Kümmel sie vor allem Bösen beschützen könnte. Die mittelalterlichen europäischen Hexen fürchteten angeblich Kümmel wie die Vampire den Knoblauch. In Thüringen, der damaligen deutschen Kümmelhochburg, sollen sie gerufen haben: „Kümmelbrot – unser Tod!" Man glaubte auch, dass einige Kümmeltröpfchen oder ein Gefäß mit gekochtem Kümmel unter dem Bett dazu beitrugen, bei unruhigen Kindern die Dämonen zu vertreiben, die ihnen den Schlaf raubten. Heute weiß man, dass Kümmel verdauungsanregend wirkt.

Der Ausdruck „Kümmeltürke" bezeichnete im ausgehenden 18. Jahrhundert Studenten, die aus der Umgebung der Universität Halle stammten, eben aus der sogenannten „Kümmeltürkei". „Türkei" hießen damals trostlose Landstriche – ähnlich wie „Wallachei" –, und in der Gegend um Halle wurde viel Kümmel angebaut. Erst viel später wurde daraus ein Schimpfwort für Ausländer. Heute hat sich das zum Teil positiv gewandelt: Wer „wie ein Kümmeltürke schuftet", der gilt als sehr fleißig.

Wild wächst der Kümmel beinahe in ganz Europa, angebaut wird er in Deutschland, den Niederlanden, in Osteuropa, Ägypten und in Nordamerika. Der mitteleuropäische Kümmel – auch Wiesen-Kümmel, Echter Kümmel – wird immer wieder mit dem orientalischen Kreuzkümmel verwechselt. Beide sehen sich sehr ähnlich, duften aber ganz unterschiedlich.

AROMENENTFALTUNG

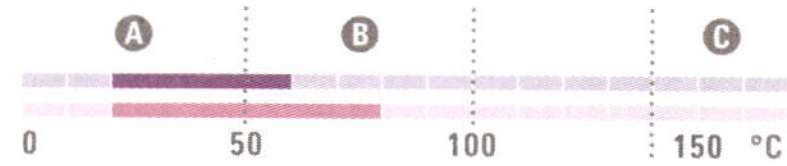

A *Feiner, mitunter zitrusartiger Kümmelduft* **B** *Milder, balsamisch-holzige Noten* **C** *Aromatisch-pfeffrige Röstnoten*

PASST GUT ZU

Kohlgerichten, herzhaften Schmorgerichten, Bratkartoffeln, Brot, kräftigen Fischsorten, Apfelsüßspeisen

LÄNDERKÜCHE

Deutschland: *Sauerkraut, bayrischer Krautsalat, süddeutsche Gewürzbrote, Harzer Käse, Köm (Kümmelschnaps)* ***Österreich:*** *Kümmelbraten* ***Polen:*** *Bigos (Krauttopf)* ***Ungarn:*** *Gulasch* ***Großbritannien:*** *Irish Stew, Gin, englischer Kümmelkuchen* ***Skandinavien:*** *Kümmelsteak, Akvavit*

GEWÜRZMISCHUNGEN

Nordafrikanische Harissa-Sauce, tunesisches Tabil

QUALITÄTEN, LAGERUNG

Die besten Qualitäten kommen aus Finnland und Holland. Die Samen lassen sich luftdicht verschlossen und dunkel jahrelang lagern. Wenn man Kümmel im Garten zieht, kann man die Blätter und Wurzeln als Suppengrün verwenden. Vorsicht beim Wildsammeln: Große Verwechslungsgefahr mit anderen giftigen Doldenblütlern!

KÜRBISKERNE

Kürbiskerne, vor allem jene aus dem steirischen Ölkürbis, sind eine Delikatesse: geröstet oder ungeröstet, gesalzen oder nicht. Meist kommen sie als Knabberware zum Einsatz, sie lassen sich aber in der Küche auch als herrliches Gewürz anwenden. Aus den Kernen wird ein tiefgrünes, herbnussiges und sehr gesundes Öl gewonnen, das die steirische Küche nicht nur farblich prägt.

Cucurbita pepo var. styriaca (KERNE, GESCHÄLT)

PENTANAL *fruchtig, holzig, leicht stechend* ○ *Alkohol, Fett* HEXANAL *fruchtig, fettig, grün* ○ *Alkohol, Fett, warmes Wasser* (E)-2-HEXANAL *fruchtig-röstig* ○ *Alkohol, Fett* 3-METHYLBUTANAL *holzig, nussig* ○ *Alkohol, Fett* 2-METHYLPYRAZIN *nussig, Kakao, röstig, grünlich* ○ *Alkohol Fett* 2-ACETYLPYRROL *mostig, nussig, brotartig* ○ *Fett* 2-ETHYL-5-METHYLPYRAZIN *kaffeeartig, nussig* ○ *Fett* ETHYLPYRAZIN *erdnussig, butterig, holzig* ○ *Fett*

GESCHMACK

SÜSS SAUER SALZIG BITTER UMAMI

Kürbiskerne sind etwas säuerlich, herb, nussig und buttrig. Im dickflüssigen, dunkelgrünen Öl kommen noch deutliche Röstnoten hinzu.

HARMONIE

KÜRBISKERNE
KAKAO
VANILLE
ZIMT

AROMENENTFALTUNG

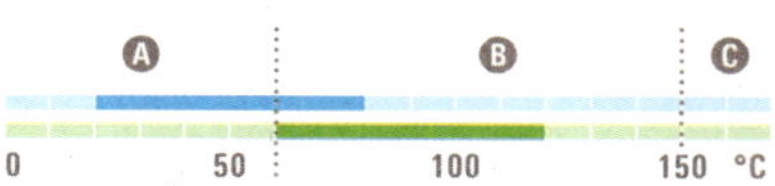

A *Feine wachsige, fettige Noten* **B** *Röstnoten stärker im Vordergrund* **C** *Zusätzliche Röstnoten, beginnende Bitterkeit*

Das Aromenspektrum der Kürbiskerne ist sehr komplex: PENTANAL steuert holzige, leicht stechende Noten bei, HEXANAL grasig-grünfruchtige Aromen – unterstützt von den fruchtig-grünen Tönen des (E)-2-HEXANAL. Die nussig-holzigen Noten liefert der Aromastoff 3-METHYLBUTANAL. Das Kürbiskernöl ist durch einen hohen Anteil an ungesättigten und längerkettigen Fettsäuren bestimmt. Im Öl befinden sich unter anderem circa 4 Prozent Palmitinsäure (C 16:0), 0,2 Prozent Palmitoleinsäure (C 16:1), 2 Prozent Stearinsäure (C 18:0), 12 Prozent Ölsäure (C 18:1), 12 Prozent Linolsäure (C 18:2), 0,2 Prozent Linolensäure (C 18:3) und 0,2 Prozent Arachinsäure (C 20:0). Steirisches Kürbiskernöl ist dunkelgrün und enthält aufgrund der Röstung der Kerne vor der Weiterverarbeitung stets tiefe Röstnoten.

„FISCHPANADE" – NICHT PANIERT

50 g steirische Kürbiskerne

1 Blatt Norialgen (aus dem Asialaden)

10 g Semmelbrösel

Grobes Meersalz

Kürbiskerne in einer trockenen Pfanne anrösten und abkühlen lassen. Nori-Algenblatt zerrupfen. Kürbiskerne mit dem Nori-Blatt und den Semmelbröseln in einem Blitzhacker grob zerkleinern und mit dem groben Meersalz mischen. In Streifen als Würzpulver auf Teller geben und zu gekochten, gedämpften oder sous-vide gegarten Fischen reichen. Die Fischstücke (oder helles Fleisch) werden in das nussig-jodige Pulver gestippt und erhalten so einen würzigen „Panade-Effekt".

Klassischerweise werden die Kerne der Ölkürbisse verwendet. Man kann jedoch auch die Kerne anderer Kürbisarten essen, wenn man sie trocknen lässt und anschließend schält. Die geschälten Kerne können ungeröstet oder geröstet eingesetzt werden, wobei sich in letzterem Fall ihr Aroma deutlich steigert. Duft und Konzentration vieler Aromastoffe lassen sich über die Dauer der Hitzezugabe genau steuern. Dabei entstehen nussige, kakaoartig-röstige, grünliche Noten und nussig-lakritzartige sowie erdnussartig-butterige, holzige Düfte. Das Öl hingegen ist sehr hitzeempfindlich. Es wird nur in der kalten Küche verwendet oder um warme Speisen vor dem

Servieren zu aromatisieren. Wenn man sein typisches, durchdringendes Aroma etwas abmildern möchte – zum Beispiel in Salaten –, streckt man es mit einem geschmacksneutralen Öl.

Die Einsatzmöglichkeiten der Kerne und vor allem des Öls werden in der steirischen Küche voll ausgekostet: In die Panade gestreut, verleihen die Kerne einem Schnitzel, Huhn oder Gemüse einen nussig-herben Charakter. Man kann sie auch karamellisieren, um sie als süßen Snack zu essen. Die dabei entstandenen Röstaromen passen bestens zu denen im Kakao beziehungsweise in der Schokolade. In der Kombination mit Zimt hingegen werden vollkommen neue Duftnoten eingetragen. Kürbiskernöl verleiht Kartoffelsalat nicht nur eine hellgrüne Farbe, sondern außerdem einen nussigen Duft. Wegen dieses zusätzlichen Aromas ist ebenso saures, kaltes Rindfleisch oder Sülze mit Kürbiskernöl eine beliebte Spezialität. Gemüsesuppen lassen sich mit einigen Tropfen Kürbiskernöl wunderbar aromatisieren – natürlich kann man für die Textur auch zusätzlich ein paar Kerne darüberstreuen. Selbst Eis mit Kürbiskernöl oder ein Kürbisparfait ist eine Delikatesse.

GESCHICHTE UND GESCHICHTEN

Das Kürbiskernöl, das wie kein anderes Produkt die kulinarische Landkarte der Steiermark prägt, steht dort noch gar nicht so lange auf dem Speiseplan. Jahrhundertelang wurden die steirischen Kürbisse an Schweine verfüttert. Selbst später verspottete man das Öl außerhalb der Steiermark lange Zeit als „Wagenschmiere". Bis weit ins 20. Jahrhundert hinein wurde es eher im Arzneimittelschrank denn im Küchenschrank aufbewahrt: Man setzte es bei Prostata- und Blasenleiden ein.

PASST GUT ZU

Gemüse, Rohkost, Gemüsesuppen (Kerne und Öl), Rind, saurem Rindfleisch, gekochtem Tafelspitz (Öl)

LÄNDERKÜCHE

Österreich (Steiermark): *Käferbohnensalat, saures Rindfleisch, steirisches Schnitzel (mit Kürbiskernpanade)*

QUALITÄTEN, EINKAUF, LAGERUNG

Man kann die Kerne gesalzen oder ungesalzen, geröstet oder ungeröstet bekommen. Es gibt sie auch mit Schokolade oder Wasabi überzogen. Man sollte sie wie alle fettreichen Nüsse und Ölsaaten nicht zu lange aufbewahren, weil sie sonst ranzig werden. Echtes, ungestrecktes Kürbiskernöl erkennt man daran, dass ein Tropfen auf dem Teller nicht zerläuft. Flecken des grünen Öls lassen sich nicht auswaschen, aber sie verschwinden, wenn man die verschmutzten Textilien ein paar Stunden in die Sonne legt.

Curcuma longa (PULVER)

KURKUMA

Das Pulver aus dem Wurzelstock der Kurkumapflanze, die zur Familie der Ingwergewächse gehört, ist die Basis für viele Currymischungen. In der indischen und nordafrikanischen Küche wird es aber auch als Einzelgewürz eingesetzt. Das Rhizom färbt Speisen intensiv gelb und wird deshalb oft als günstiger Safranersatz verwendet. Bekannt ist es ebenfalls unter den Namen Turmerik, Gelbwurz oder indischer Safran.

Geschmack und Aroma des Kurkumas werden durch dessen ätherisches Öl bestimmt. Das Molekül AR-TUMERON definiert seinen erdigen Geruch, ZINGIBEREN den ingwerartigen Duft. Der recht hohe Anteil an leichter flüchtigen, eukalyptusartigen, kampferigen Noten ist der Grund dafür, dass Kurkuma beim Trocknen, Pulverisieren und langen Lagern schnell sein frisches Aroma verliert. Nur die erdigen Aromen bleiben zurück. Verantwortlich für

MYRCEN *süßlich-würzig, balsamisch, pfeffrig, terpentinartig ◊ Alkohol, Fett* 1,8-CINEOL[T] *Eukalyptus, kampferartig, kühlend ◊ Alkohol, Fett* α-, β-PHELLANDREN *würzigmin-*

KURKUMA-EIS

- 50 g Ingwer
- 1 kleine Chilischote
- 100 g Sahne
- 50 g Zucker
- 100 g Glukosesirup (vom Bäcker oder Konditor)
- 50 g Butterschmalz oder Ghee (geklärte Butter)
- 1 Msp. Bourbon-Vanillepulver
- 1 gehäufter TL gemahlener Kurkuma
- 150 g Naturjoghurt
- Salz

Den Ingwer schälen und grob hacken, die Chilischote entkernen. Die Sahne in einem kleinen Topf erhitzen (maximal 50 °C bis 60 °C, nicht kochen lassen), Zucker, Glukosesirup, Ingwer, Butterschmalz oder Ghee, Chilischote und Vanillepulver hineingeben und etwa 30 Minuten auf der warmen, aber nicht heißen Herdplatte ziehen lassen. Dabei den Kurkuma einrühren. Durch ein feines Sieb gießen. Die aromatisierte Sahne mit dem Joghurt vermengen, nach Geschmack salzen, mit dem Stabmixer gründlich mixen und für einige Stunden im Tiefkühlfach gefrieren. Dabei alle 20 Minuten umrühren, damit sich keine großen Eiskristalle bilden.

Zum Beispiel nach scharfen Currygerichten oder als süß-herbe, leuchtend gelbe Dessertkomponente servieren.

zig, terpentinartig ◊ *Fett* BORNEOL *holzig-kampferig* ◊ *Alkohol, Fett* P-CYMOL *holzig, terpentinartig, zitrus* ◊ *Alkohol, Fett* AR-TURMERON *erdig, bitter* ◊ *Fett* ZINGIBEREN *zitrus-ingwerartig, metallisch* ◊ *Fett* β-CARYOPHYLLEN *holzig-terpentinartig* ◊ *Alkohol, Fett* NEROLIDOL *floral, grün, wachsig* ◊ *Alkohol, Fett*

GESCHMACK

SÜSS **SAUER** SALZIG **BITTER** UMAMI

Frischer Kurkuma erinnert an Ingwer und Zitrone und duftet angenehm erdig. Das Pulver ist holzig, erdig, leicht bitter und scharf, man denkt sofort an Curry. Der lang anhaltende Nachgeschmack ist säuerlich.

HARMONIE

KURKUMA
BOCKSHORNKLEE
CHILI
CURRYBLÄTTER
FENCHEL
GALGANT
GEWÜRZNELKE
KAFFIRLIMETTENBLÄTTER
KARDAMOM
KNOBLAUCH

die Schärfe ist CURCUMIN, verwandt mit den Scharfmachern in Chilis und Ingwer. Es liefert auch einen Beitrag zur gelben Farbe: Bei neutralen und sauren pH-Werten (unter 7) färbt es gelblich, in basischer Umgebung hingegen wird es schnell rötlich-braun, etwa im Gebäck in Kombination mit Backpulver oder Natron. Wie alle natürlichen Farbstoffe kann Curcumin auch synthetisch hergestellt werden. In der EU ist er als Lebensmittelzusatzstoff E 100 zugelassen.

Frischer Kurkuma, besonders beliebt in Südostasien, wird wie Ingwer verwendet, also geschält und feingehackt. Weil in ihm noch alle flüchtigen Duftnoten erhalten sind, ist er wesentlich milder als das Pulver – die Form, in der das Gewürz hauptsächlich zum Einsatz kommt. Kurkumapulver sollte man nicht zu stark dosieren, sonst wird das Gericht schnell muffig-modrig. Frühes Zusetzen und langes Mitkochen erhöht zwar die Farbwirkung, allerdings geht sie deutlich ins Braune. Zudem verflüchtigen sich dabei viele ätherische Öle und der Geschmack wird milder. Bei Fettzugabe wird die Färbewirkung ebenfalls verbessert, da sich Curcumin gut in Fetten und Ölen löst. Bei der indischen Tadka-Zubereitungsart, bei der Gewürze in heißem Öl angebraten werden, sollte man Kurkuma erst gegen Ende zugeben, da andernfalls die Röstkomponenten dominieren und der Farbeffekt abgeschwächt wird: Unter der Hitze zersetzen sich die hierfür verantwortlichen Moleküle, die Farbe wird wieder bräunlich.

Kurkuma sorgt in vielen Currymischungen nicht nur für die charakteristische Färbung, sondern verbindet mit seinem würzig-erdigen Aroma und leicht scharfen Reizen viele Gewürze und wirkt ausgleichend auf Kontraste. Deswegen kommt er auch frisch gerieben in Gewürzpasten mit Chili, Zitronengras, frischem Galgant, Knoblauch, Schalotten und Tamarinde. Alle haben eine würzige Frische, viel Schärfe oder sogar beides gemeinsam. Diesen Effekt kann man sich bei eigenen Gerichten zunutze machen: Wenn man dem Teig für selbstgemachte Pasta eine Prise Kurkuma zusetzt, wird

KREUZKÜMMEL

ZITRONENGRAS

AROMENENTFALTUNG

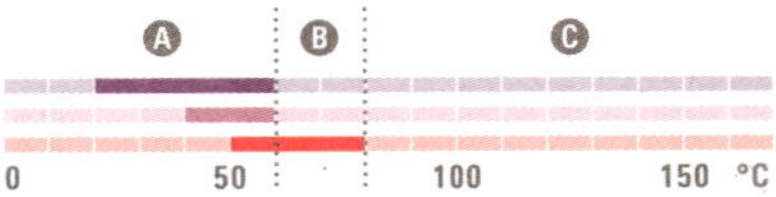

A *Frisch, würzig-harzig* **B** *Bitter, leicht scharf* **C** *Betont bitter, weniger würzig*

PASST GUT ZU

Hülsenfrüchten, Kartoffeln, Gemüse (Auberginen, Bohnen, Blumenkohl), Nudelteig, Eierspeisen (Omelette, Rührei), Suppen (Hühner-, Reis-, Blumen-), Aufstrichen (Eiaufstrich), Senf, Chutneys, Relishes, Reis

LÄNDERKÜCHE

Indien: *Dals (Hülsenfruchtgerichte), Kartoffelcurrys, Pullao (Reis), Samosa* ***Afghanistan:*** *Shorba (Suppen), Eierspeisen* ***Iran:*** *Ghorme sabzi (Grüner Eintopf), Khoresht Gheimeh (Eintopf)* ***Ostafrika:*** *Gemüseeintöpfe, Hülsenfrüchte* ***Malaysia:*** *Laksa (Nudelsuppe)* ***Vietnam:*** *Ca ri (Currys)* ***Bali:*** *Nasi kuning (Reisgericht)* ***Marokko:*** *Harira (Suppe), Tajine (Schmorgericht)*

GEWÜRZMISCHUNGEN

Karibisches Colombo Powder, jemenitisches Hawayij, indische Masalas und Chutneys, thailändische Currypasten, Worcestersauce

QUALITÄTEN, EINKAUF, LAGERUNG

Nur kleine Vorräte kaufen, da sowohl das Pulver als auch die ganze Wurzel schnell „ausrauchen" und an Farbe und Aroma verlieren. Frischer Kurkuma hält sich mehrere Wochen im Kühlschrank und kann wie Ingwer eingefroren werden. Der indische, leider selten exportierte Kurkuma aus Alappuzha und Madras gilt als besonders hochwertig.

KURKUMAWURZEL

diese dottergelb. Oder man gibt einen Teelöffel Kurkuma in das kochende Nudelwasser. Auch Blumenkohl kann man mit Kurkuma beim Blanchieren etwas Farbe geben – was die indische Küche häufig anwendet. Wegen seines erdigen, würzig-scharfen und zugleich eukalyptusartigen Aromenspektrums passt Kurkuma sehr gut zu Fischgerichten und Fischcurrys. Er kann farblich den seltenen und teuren Safran ersetzen, erreicht aber nie dessen unvergleichliches Aroma. Der sogenannte weiße Kurkuma, Zitwer, ist eine verwandte Pflanze. Ihr Wurzelstock schmeckt wesentlich bitterer, weshalb er selten als Gewürz eingesetzt wird, aber manchmal frisch gerieben in einigen thailändischen Currypasten vorkommt. Ansonsten wird er vor allem als sehr würziges Gemüse verzehrt.

GESCHICHTE UND GESCHICHTEN

Rund 80 Prozent der Welternte an Kurkuma verbleiben in Indien. Die Verwendung der Wurzel reicht dort 4000 Jahre zurück, bis zur vedischen Kultur, in der Kurkuma nicht nur das wichtigste Gewürz war, sondern sogar als heilig galt.

Noch heute wird Kurkuma in vielen Hindu-Ritualen gebraucht, wobei seine gelbe Farbe die Sonne symbolisiert. Die Kleidung buddhistischer Mönche ist traditionell mit Kurkuma gefärbt. In der ayurvedischen Küche wird er als energiespendend und reinigend geschätzt und zahlreiche vegetarische indische Gerichte sind mit Kurkuma gewürzt.

Das Wort selbst ist arabischen Ursprungs. Die arabischen Ärzte setzten es als Heilpflanze ein und über die Mauren gelangte es nach Europa. In der mittelalterlichen europäischen Küche spielte Kurkuma kulinarisch keine Rolle, es wurde aber auch dort als Medizin und Farbstoff genutzt.

Piper longum

LANGER PFEFFER

Er sieht ein bisschen aus wie Haselkätzchen, gehört aber zur Familie der Piperaceae, also der Pfeffergewächse. Er ist schärfer als Schwarzer Pfeffer und schmeckt etwas süßlich und säuerlich. Langer Pfeffer war in der Antike und noch im Mittelalter beliebter als der Schwarze, geriet dann jedoch in Vergessenheit. Heute erlebt er unter Feinschmeckern eine regelrechte Renaissance.

Die Aromenstruktur von Langem Pfeffer unterscheidet sich deutlich von der des Schwarzen Pfeffers. Vor allem seine süßlichen, würzig-balsamischen Duftkomponenten sind in anderen Pfeffersorten nur in geringerer Konzentration vorhanden oder fehlen völlig. Seine Schärfe wird durch den hohen Anteil an PIPERIN bestimmt. Das süßliche, an Ingwer und Süßholz erinnernde Aroma erklärt sich durch das ätherische Öl ZINGIBEREN, das auch im Ingwer zu finden ist. Nelkenartige Noten unterstützen diese Duftrichtung noch. β-BISABOLEN, das ebenfalls im ätherischen Öl des Kubebenpfeffers, in der Zitronenschale und in Oregano vorkommt, verleiht ihm seine wärmende Frische. Wachsige Noten ergänzen das Duftspektrum.

Langer Pfeffer wird gemörsert verwendet. Seine Schärfe entfaltet sich am besten beim Erhitzen, da dann sein hoher Piperinanteil freigesetzt wird und die übrigen Aromen sich schon teilweise verflüchtigt haben. Umgekehrt kommen in kalten Speisen seine warmen und süßlichen Aromen zur Geltung, während die Schärfe von diesen etwas verdeckt wird.

FRUCHTSALAT MIT LANGEM PFEFFER

- 1–2 frische Langpfefferfrüchte
- ½ cm frischer Ingwer
- 250 g Früchte der Saison
- 1 TL Zitronensaft
- ½ TL Kardamom (gemahlen)
- 1 EL Grand Marnier

Den Pfeffer grob mörsern, Ingwer sehr fein schneiden. Früchte in mundgerechte Würfel schneiden und mit etwas Zitronensaft beträufeln, um das Braunwerden zu verhindern. Ingwer, Kardamom und Langen Pfeffer unter die Früchte heben und gut mischen. Falls gewünscht mit etwas Grand Marnier benetzen.

Weil Langer Pfeffer zugleich scharf, warm und leicht süßlich wirkt, lässt er sich vielfältig kombinieren. Wildgerichte, auch Gänse- oder Entenfleisch kann man hervorragend mit ihm abschmecken. In langsam mit Wein oder Port geschmortem Rotkohl macht er sich gut, ebenfalls in Currys – vor allem auf Kokosmilchbasis, da seine Aromen fettlöslich sind. Langer Pfeffer würzt durch seine süßliche Schärfe auch Gerichte, in denen karamellisierter Zucker verwendet wird: Im Ofen gebratener Schweinekamm mit einer Glasur aus Honig, Gerstenmalz, Salz und gemörsertem Langen Pfeffer

N-DECAN *wachsig* ◊ *Alkohol, Fett* ZINGIBEREN *zitrus-ingwerartig, metallisch* ◊ *Fett* β-BISABOLEN *balsamisch, warm-harzig, tierisch-holzig* ◊ *Alkohol, Fett* β-CARYOPHYLLEN *holzig-terpentinartig* ◊ *Alkohol, Fett* PIPERIN *schmerzhaft heiß scharf* ◊ *Alkohol, Fett*

GESCHMACK

Langer Pfeffer wird sowohl als scharf als auch als süßlich-säuerlich empfunden und erinnert an Ingwer und Süßholz. Das macht ihn vielseitig einsetzbar.

HARMONIE

AROMENENTFALTUNG

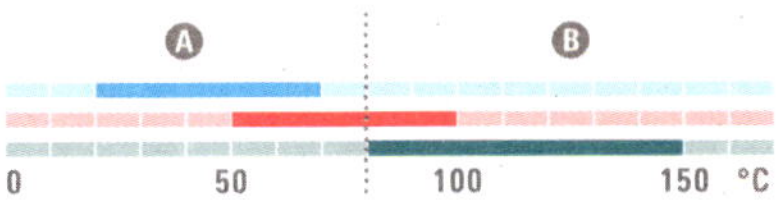

A *Harzig-holzig, leicht scharf* **B** *Betonte Schärfe*

PASST GUT ZU
Wild, dunklem Geflügel, Rotkohl, warmen und kalten Früchten, Currys auf Kokosmilchbasis

LÄNDERKÜCHE
Deutschland: *Wildhasenpfeffer, Wildragouts, Entenragouts* ***Asien:*** *Gerichte auf Kokosmilchbasis*

EINKAUF, LAGERUNG
Man bekommt ihn in Asialäden und im Gewürzefachhandel, er ist teurer als Schwarzer Pfeffer. In Indien wird er Pippali genannt. Ganze Früchte lassen sich zwei Jahre lagern.

schmeckt sensationell. Man kann ihn wegen seiner leicht süßlich-duftenden Aromen sogar bei Früchten und Desserts einsetzen: Gegrillte Ananas mit Langem Pfeffer ist eine kleine Köstlichkeit. Die frische Ananas einfach kurz in der Grillpfanne angrillen und mit Langem Pfeffer aromatisieren. Während man in Rezepten Schwarzen Pfeffer problemlos durch den aromareichen Langen Pfeffer austauschen kann, lässt sich dieser eventuell durch Weißen Pfeffer und etwas Muskatblüte ersetzen, nicht jedoch durch den „einfacheren" Schwarzen.

LAVENDEL

Wer bei Lavendel zuerst an den Kleiderschrank denkt, liegt nicht falsch: Den blumig-süßen Duft der Lavendelkissen empfinden viele als angenehm frisch, wenn auch ein wenig altmodisch. Weniger altmodisch ist es, sein Essen mit den Blüten und Blättern des Lavendels zu würzen. Sie sehen nicht nur schön aus, sondern duften würzig-süß mit einem Hauch von Zitrone und Minze. Ihr leicht bitterer Geschmack erinnert an Rosmarin und macht sich nicht nur gut in Süßspeisen, sondern auch zu Lamm oder Leber.

Lavandula angustifolia

LINALYNACETAT *frisch-süßlich, bergamotteartig* ◊ *Alkohol* LINALOOL *blumig, zitrusartig, frisch* ◊ *Alkohol, Fett* MYRCEN *süßlich-würzig, balsamisch, pfeffrig, terpentinartig* ◊ *Alkohol, Fett* LAVENDULYLACETAT *frisch-herbal, rosenartig* ◊ *Alkohol, Fett* β-OCIMEN *zitrus-kieferartig* ◊ *Alkohol, Fett* α-TERPINEOL *zitrusartig, fliederartig, etwas terpentinartig* ◊ *Fett, Wasser* 1,8-CINEOL[T] *Eukalyptus, kampferig* ◊ *Alkohol, Fett* CAMPHEN *nadelholzartig, minzig-würzig, kampferig* ◊ *Alkohol, Fett* 3-CAREN *süßlich-terpentinartig, leicht zitrusartig* ◊ *Alkohol, Fett* β-CARYOPHYLLEN *holzig-*

Wenn vom Lavendel als Würzkraut gesprochen wird, ist immer der „Echte Lavendel" gemeint. Es gibt noch zahlreiche andere Sorten, die jedoch alle weniger aromatisch oder zu parfümiert-süßlich sind. Die aromagebenden Substanzen des Echten Lavendel sind das süßliche LINALYNACETAT mit seinem Duft nach Bergamotte sowie sein chemischer Verwandter LINALOOL, das einen floral-blumigen Geruch mit einer Maiglöckchennote beisteuert. Dazu kommen das süßliche, limettenartig-florale MYRCEN und β-OCIMEN mit seinen Zitrus- und Bergamottedüften. Diese Aromen sind leicht flüchtig, aber in Fett und Alkohol löslich. Außerdem finden sich blumig-würzige sowie zitrusartige, leicht an (Zitronen-)Thymian erinnernde Aromen, kampferige sowie heuartig-grasige Noten und süßliche, sandelholz- bis koniferenartige Düfte. Der Geschmack ist leicht bitter.

Gewürzt wird mit den Blättern und den Blüten. Die Blätter haben eine größere Würzkraft, schmecken aber auch bitterer. Weil sie ziemlich hart sind, muss man sie wie Rosmarin klein hacken. Beim Kochen entweichen die blumigen Aromen mit dem Wasserdampf, zurück bleiben die eher gra-

LAVENDELLAUCH

- 6 Stangen Lauch
- 100 g gesalzene Butter
- Salz und Pfeffer (bei Bedarf)
- Lavendelblüten
- Syrah (französische Weinsorte)
- Zucker

Den Lauch in 5 cm lange Stücke schneiden, in der gesalzenen Butter bei niedriger Hitze garen, erst gegen Ende leicht anbräunen. Eventuell pfeffern, nachsalzen und zuckern. Die Lavendelblüten unterheben, noch leicht nachziehen lassen und als leichtes Gemüsegericht mit einem Glas Syrah genießen.

sig-bitter duftenden und schmeckenden Aromastoffe. Damit von diesen nicht zu viel austritt, sollte man die Blätter nicht zu lange und nicht zu heiß mitkochen lassen – auch nicht im Tee. Die Blüten entwickeln häufig ein fast parfümartiges, seifiges Aroma, das sich beim Kochen verstärkt. Auch sie sollte man in jedem Fall sparsam dosieren. Getrockneter Lavendel duftet zwar weniger blumig, wird aber meist als intensiver empfunden, da auch beim Trocknen die weniger flüchtigen, grasig-bitteren Aromen betont werden. Wenn man von getrocknetem Lavendel die Blüten abstreift, um sie als Gewürz oder im Tee zu verwenden, lohnt es sich, die Stängel aufzubewahren: Wie mit vielen verholzten Kräutern und Gewürzen kann man mit Lavendel beim Grillen vor allem Lammfleisch sehr schön räuchern.

Lavendel passt zu vielen mediterranen Kräutern und gehört in die Mischung *Herbes de Provence* – zusammen mit Thymian, Rosmarin, Bohnenkraut, Majoran, Estragon und Kerbel. Diese Kräuter duften intensiv genug, um sich vom Lavendel nicht dominieren zu lassen. Auch mit Knoblauch und Basilikum versteht er sich gut: Dem schwefelig-lauchigen Knoblauch stellt er seine würzige Frische gegenüber, bei Basilikum überlappen sich das florale, blumig-frisch duftende Linalool und die kampferartigen Noten, während der Lavendelduft gleichzeitig durch den zart-pfeffrigen Basilikumduft des Estragols ergänzt wird. Gleiches gilt für Kerbel, in dem sich ebenfalls Estragol findet. Lavendel harmoniert sehr gut mit kräftigen Schimmelkäsen wie Roquefort, Stilton oder Gorgonzola, deren fettig-wachsige Noten durch das typische Lavendelaroma ausgeglichen werden. Gemeinsam mit Fenchelfrüchten und abgeriebenen Orangen- oder Zitronenschalen kann man mit ihm Fisch und Fischsuppen würzen. Dabei werden die zitrusartigen Komponenten um die floralen Noten des Lavendels erweitert. Auch zu Kartoffeln passt das Kraut gut. Ähnlich wie bei Rosmarinkartoffeln wird die Beilage mit Lavendel um kampferige, blumig-frische und süßlich-balsamische Aromen ergänzt. Allerdings werden hier mehr blumig-florale Noten beigesteuert, so dass das Gericht zwar an die bekannten und beliebten Rosmarinkartoffeln erinnert, aber mit ganz ungewohnten Nuancen aufwartet. Fleisch mit kräftigem Eigenaroma, etwa Lamm und Hammel, verträgt immer eine gute Prise Lavendel. Pastasaucen und Reis bekommen mit ihm einen reizvollen, blu-

terpentinartig 💧 *Alkohol, Fett* **BISABOLOL** *weich, floral, sandelholzartig* **CUMARIN** *heuartig, süßlich, tonkabohnenartig* 💧 *Alkohol, Fett, Wasser* **DIHYDROCOUMARIN** *tonkabohnenartig* 💧 *Alkohol, Fett* **UMBELLIFERON** *süß, heuartig* 💧 *Alkohol, Fett*

GESCHMACK

Lavendel erinnert an Vanille, Rosmarin, Kampfer und Bergamotte. Die Blüten wie auch die bitteren Blätter würzen.

HARMONIE

AROMENENTFALTUNG

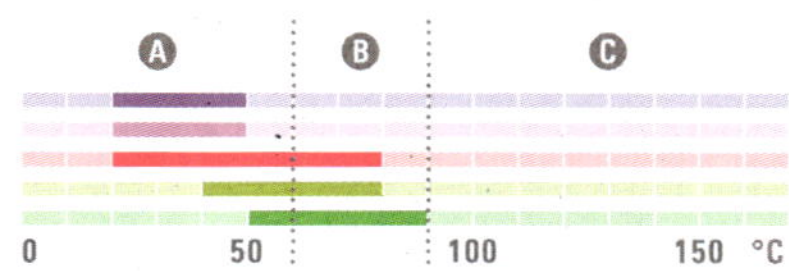

A *Frischer Duft* **B** *Hervorheben kräuteriger Noten* **C** *Bitterkeit betont*

PASST GUT ZU

Blaubeeren, Erdbeeren, Kirschen, roten und schwarzen Johannisbeeren, Pflaumen, Zwetschgen, Pfirsiche, Aprikosen, Rhabarber, Käse, Honig, Honigmelonen (Charentais), Fisch, Fleisch (Lamm, Kaninchen), Innereien

LÄNDERKÜCHE

Frankreich: *Ratatouille, Schmorgerichte, Fischsuppe, Desserts, Lavendelhonig*
Orient: *Lavendeltee*

GEWÜRZMISCHUNGEN
Französische Herbes de Provence, marokkanisches Ras el-Hanout

LAGERUNG, QUALITÄT
Frischen Lavendel kann man gut portionsweise einfrieren. Man trocknet ihn am besten, indem man ihn bundweise mit den Blüten nach unten aufhängt. Werden die Blüten luftdicht aufbewahrt, halten sie sehr lange. Am besten schmecken die Blüten, kurz bevor sie sich voll entwickelt haben.

mig-frischen Kick. Weil das Kraut schon von sich aus einige heuartige Noten mitbringt, passt es außerdem gut zu Gegrilltem. Aufgrund gleichzeitiger süßer Aromakomponenten setzt es aber auch in Desserts wichtige Akzente: Marmeladen lassen sich mit Lavendel aromatisieren, indem man ihn beim Kochen kurz vor dem Abfüllen in Gläser dazugibt. Beliebt ist weiterhin Lavendelschokolade oder Lavendel in einer Mousse. In Frankreich gibt es sortenreinen Lavendelhonig. Zumindest aromatisieren kann man einen Honig aber auch selbst. Dazu vermischt man die Blüten mit flüssigem Honig, lässt sie einige Wochen in der Sonne stehen und anschließend über Nacht durch ein feines Sieb abtropfen. Der Honig schmeckt pur auf Brötchen – oder erneut zu Käse. Die Blüten im Sieb kann man mit kochender Milch übergießen und noch einmal für Desserts verwenden. Mit Lavendelblüten und -blättern, die in Sahne, Milch, Sirup oder Wein gezogen sind, lassen sich Sorbets und andere Desserts aromatisieren. Cremige, fettreiche Zutaten sind ideal, weil die feinen Aromen fettlöslich sind. Frische Blüten können auch mit Kristallzucker zu feinem Puder zermahlen werden. Der Zucker absorbiert die ätherischen Öle aus den aufgebrochenen Blüten, wodurch man einen wunderbaren Lavendelzucker erhält. Auch Lavendeltee aus den Blüten ist ein Dufterlebnis: Sein etwas ölig wirkendes Fließverhalten sorgt für ein samtiges Mundgefühl während des Trinkens.

LIEBSTÖCKEL

Ein bisschen scheiden sich an seinem Aroma die Geister, vermutlich liegt es am „Maggigeschmack“: Je nach Sozialisation hat man dazu eine andere Einstellung. Dabei ist das „Maggikraut“ gar nicht in der berühmten Tischwürze enthalten. Liebstöckel wird fast ausschließlich in der mitteleuropäischen und in den europäisch geprägten Küchen der USA verwendet. Wegen seines deftigen Selleriegeschmacks kommt er hauptsächlich in Suppen und Eintöpfe – kann aber noch mehr.

Levisticum officinale

β-PHELLANDREN *würzig-minzig, terpentin* 💧 *Fett* α-TERPINEOL *zitrusartig, fliederartig, etwas terpentinartig* 💧 *Fett, Wasser* TERPINYLACETAT *herbal, bergamotteartig* 💧 *Alkohol, Fett* β-SELINEN *erdig-gemüsig, herbal* 💧 *Fett* CADINEN *trockenes Holz* 💧 *Alkohol, Fett* GERMACREN *holzig, würzig* 💧 *Alkohol, Fett* CARVACROL *würzig, pizzaartig, oreganoartig* 💧 *Alkohol, Fett* BERGAPTEN

Frischer Liebstöckel duftet nach Moschus, Anis, Zitrone und Hefe. Er ist würzig-säuerlich, ganz leicht brennend, sehr krautig und erinnert an Sellerie und Petersilie. Allerdings ist er weniger fruchtig und ein bisschen herb im Abgang. Getrocknet wirkt Liebstöckel milder, lieblicher, fast ein wenig süß und erinnert noch mehr an Petersilie. Liebstöckel ist ein ganz besonderes Kraut, da es wie kein zweites von vornherein eine hohe Anzahl und Dichte an röstigen Duftnoten aufweist, die sonst nur beim Bräunen oder Kochen entstehen, wie zum Beispiel SOTOLON. Der Aromastoff, der auch im Bockshornklee vorkommt, ist schon bei sehr geringen Konzentrationen wahrnehmbar: Dann riecht es nach Karamellnoten, wie sie beim Erhitzen von Zucker entstehen – in höheren Dosen erinnert sein Duft an „Curry“. Interessant ist auch das Auftreten von Sotolon in reifen Port-, Madeira- und Juraweinen. Eine weitere aromagebende Komponente ist das Z-LIGUSTILID, das für sich stark aromatisch, beißend, gar stechend riecht und in geringen Konzentrationen und im Verbund mit den anderen Duftstoffen einen entscheidenden Beitrag zum Liebstöckelaroma liefert. Es findet sich ebenso in Sellerie, Pastinaken und Petersilienwurzeln. Des Weiteren kommen 3-BUTYLPHTHALID und SEDANOLID hinzu, die gleichfalls erdig-würzig, stark wurzelartig und streng duften. Außerdem enthält Liebstöckel einen heuähnlichen Geruch und die für Kräuter typischen, terpentinartig-holzigen Aromen. Ein kampferig-würziger Duft nach Pizza und eine Gewürznelkennote runden das deftige Aromenspektrum ab.

MAGGI-SCHOKO-TRUNK

- 500 ml Milch (oder Sojamilch)
- 150 g Dunkle Schokolade (mindestens 60 Prozent Kakaoanteil)
- 2–3 EL frische Liebstöckelblätter

Milch beziehungsweise Sojamilch vorsichtig erhitzen, Schokolade darin auflösen und gut verrühren. Liebstöckel hineingeben und in zwei bis drei Stößen mit dem Stabmixer durchmixen. Durchsieben, um die gehackten Blätter zu entfernen. Halbwarm oder kalt trinken.

Liebstöckelkraut lässt sich sowohl frisch als auch getrocknet verwenden. Man sollte vorsichtig dosieren, denn sein intensives Aroma kann schnell alles überdecken. Frisch werden meist nur die Blätter genutzt, nicht die Stiele. Für die Herstellung einer Brühe nimmt man jedoch ganze Liebstöckelzweige, die man anschließend wieder entfernt. Das Kraut darf lange mitkochen, denn seine Aromen bleiben größtenteils erhalten. Auch beim Trocknen verflüchtigen sich seine karamelligen, aromatischen, stark würzigen Hauptaromen kaum, wobei die heuartigen Düfte allerdings dominieren. Insgesamt ist er weniger brennend und lieblicher. Man kann ebenso mit den Samen würzen, die getrocknet noch aromatischer sind als die Blätter und ein bisschen nach Nelken duften. Wenn man sie mit heißem Wasser überbrüht und anschließend etwa 15 Minuten einweichen lässt, mildert sich ihr Bittergeschmack. Die geschälten Wurzeln kann man ebenfalls als Würze mitkochen und anschließend entfernen.

Liebstöckel braucht in der Küche eher kräftige Mitspieler, sonst würde sein Duft dominieren. Zwiebeln, Knoblauch, Petersilie, Koriander und die klassischen mediterranen Kräuter bieten sich an. Ansonsten wird Liebstöckel von seinen Befürwortern wegen seiner Aromentiefe als eine Art Universalgewürz verwendet. Sie würzen mit dem Kraut deftige Gemüsesuppen mit Kartoffeln, Erbsen oder Bohnen, Kräutersaucen, Salatmarinaden, Fleischragouts genauso wie gedünsteten und gebratenen Fisch. Bei Wurzelgemüse, vor allem bei Karotten, Pastinaken oder Sellerie, kommen die in allen Zutaten vorhandenen Aromen Sotolon und Z-Ligustilid zum Tragen. Karotten-

fruchtig, bitter 💧 *Alkohol, Fett* **EUGENOL**[T] *nelkenartig* 💧 *Alkohol, Fett* **CUMARIN** *heuartig, getr. Waldmeister* 💧 *Alkohol, Fett, Wasser* **SOTOLON** *ahornsirupartig, Karamell* 💧 *Alkohol, Fett* **3-BUTYLPHTHALID** *röstig-sellerieartig* 💧 *Fett* **SEDANOLID** *bitter, würzig* 💧 *Alkohol, Fett* **HYDROXYDIMETHYLFURANON** *bitter* 💧 *Alkohol, Fett* **Z-LIGUSTILID** *stark aromatisch, stechend, bitter* 💧 *Alkohol, Fett* **XANTHOTOXIN** *prickelnd* 💧 *Alkohol, heißes Wasser*

GESCHMACK

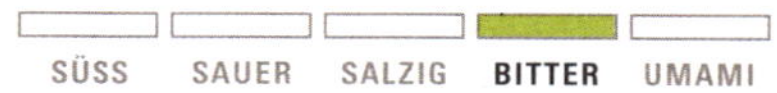

Frischer Liebstöckel duftet erdig, fast wie Suppenpulver, nach Anis, Zitrone und Hefe. Er ist ein bisschen herb im Abgang. Getrocknet ist das Kraut milder, beinahe ein wenig süß und erinnert noch mehr an Petersilie.

HARMONIE

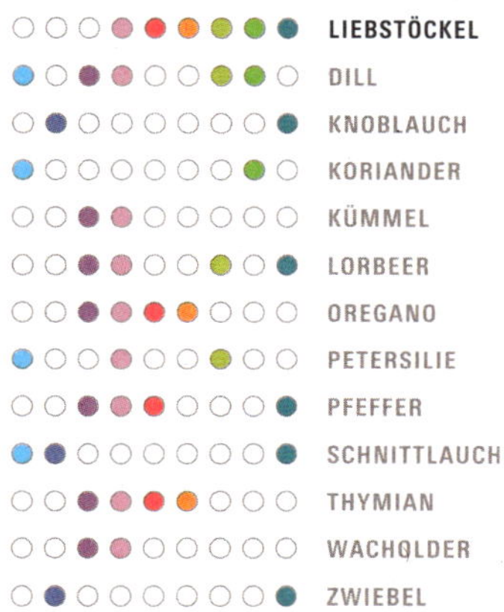

AROMENENTFALTUNG

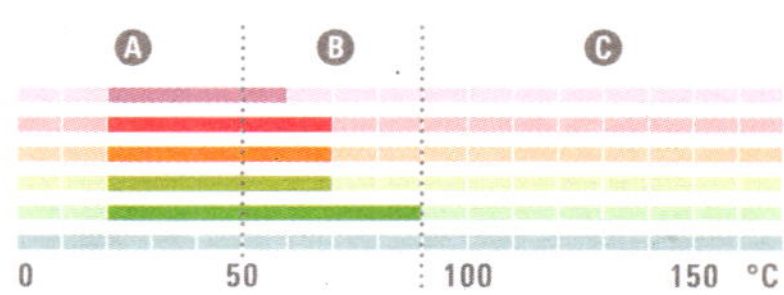

A *Frischer, kräuterig-erdiger Duft* **B** *„Suppenkraut"-Aroma* **C** *Leichte Bitternoten*

PASST GUT ZU
Suppen, Eintöpfen mit Wurzelgemüse, Salaten, sauer Eingelegtem und Kräuteressig, Fleisch, Hülsenfrüchten, Eierspeisen, Quark, Frischkäse

LÄNDERKÜCHE
***Deutschland/Österreich:** Suppen, Eintöpfe* ***Bulgarien:** Fischsuppen* ***Rumänien:** Hülsenfrüchte, Kartoffeln, Sauerkrautsuppe*

EINKAUF, LAGERUNG
Frischen Liebstöckel bekommt man im Sommer auf Wochenmärkten und als Topfpflanze im Supermarkt. Feucht eingewickelt, halten sich die Blätter einige Tage im Kühlschrank, getrocknet und luftdicht verschlossen sogar bis zu zwei Jahre.

salat mit Liebstöckel sollte man deshalb unbedingt einmal probieren. Omelettes bekommen durch Liebstöckel einen frisch-kräuteriges, würziges Aroma, während das Kraut gleichzeitig ihre Röstnoten unterstreicht. Auch in Füllungen für Braten und Geflügel kommt deshalb manchmal Liebstöckel vor. Marinaden für sauer eingelegtes Gemüse verleiht er eine karamellige, stark aromatische Würze. Die Samen des Liebstöckels können als Zutat in selbst gebackenem Brot dienen: Die bei der Herstellung entstehenden Röstaromen harmonieren dabei mit den im Kraut bereits enthaltenen. Da viele seiner Aromen fettlöslich sind, passt er außerdem gut zu Frischkäse als Brotaufstrich – und mit den Blättern lässt sich Schokolade würzen.

GESCHICHTE UND GESCHICHTEN

Natürlich ranken sich auch um dieses Küchenkraut viele Legenden – darauf weist bereits sein sprechender Name hin. In Kärnten nennt man das Kraut noch etwas deutlicher „Luststock", „Lebensstock" heißt es im Harz. Damit wird auf die angeblich aphrodisische Wirkung des Krauts angespielt. In früheren Zeiten wurde zum Beispiel schon jungen Mädchen geraten, ihr Badewasser mit Liebstöckel zu parfümieren, um später unwiderstehlich auf Männer zu wirken. Möglicherweise ist der Name aber auch nur über die Jahrhunderte aus der lateinischen Bezeichnung „levisticum" abgeleitet und umgedeutet worden. Die Pflanze sollte weiterhin gegen böse Geister und Dämonen helfen, besonders zu Mariä Himmelfahrt am 15. August.

Citrus aurantifolia

LIMETTE

Caipirinha, Mojito, Daiquiri, Cuba Libre – nicht zuletzt dank dieser tropischen Cocktails sind die Zitrusfrüchte bei uns so bekannt und beliebt. Dabei kann die kleine, je nach Reife dunkelgrüne bis gelbliche Limette noch mehr: In der thailändischen und lateinamerikanischen Küche ist sie als würzig-fruchtiges Säuerungsmittel beliebt, in arabischen Ländern wird sie auch getrocknet und in Pulverform in der herzhaften Küche eingesetzt.

HEXANAL *fruchtig, fettig, grün ◊ Alkohol, Fett, warmes Wasser* DECANAL *leicht zitrusartig, wachsig ◊ Alkohol, Fett* NONANAL *blumig-wachsig, fettig ◊ Alkohol, Fett* GERANIAL *zitronenartig, blumig ◊ Alkohol, Fett* NERAL *zitronenartig ◊ Alkohol, Fett* LINALOOL *blu-*

Limetten sind in vielerlei Hinsicht Zitronen sehr ähnlich, auch das Aromaspektrum ist vergleichbar. Wichtig sind hier wie dort die Aromen GERANIAL und NERAL, die zusammen einen Duft nach Zitrusfrüchten und Rosenblüten erzeugen. Die Zitrusnote wird durch das nach Orangen duftende LIMONEN weiter unterstützt. Aber es gibt auch Unterschiede: Limetten duften deutlich grüner, was an einem höheren Anteil der grünen Blattstoffe liegt, vor allem an HEXANAL. LIMETTIN unterstützt den typischen Limettenduft nicht nur mit einer starken Zitrusnote, sondern ebenso mit deutlichen grünlich-heuartigen Tönen.

LIMETTENESPUMA

80 g Zucker	Zucker, Gellan und Xanthan mit kaltem Wasser vermengen, aufkochen, vom Feuer ziehen und den Limettensaft zufügen. Abkühlen und gelieren lassen. Das Gel mit dem Schneebesen vollkommen brechen, gut durchrühren und in einen Sahnespender geben. Zweimal begasen und als Espuma (Schaum) zu Obstdesserts reichen, etwa in Gläsern, zu Trifles oder anderen Verrines (süße Häppchen im Glas).
½ TL Gellan (pflanzliches Geliermittel)	
¼ TL Xanthan (Bindemittel, Feinkostversand)	
200 ml Wasser	
150 ml Limettensaft (ohne Fruchtfleisch)	

In der Schale steckt zudem das kampferige FENCHON, das aus Fenchel bekannt ist. Der saure Geschmack wird durch ZITRONENSÄURE verursacht.

Von Limetten wird eher der Saft als die dünne Schale genutzt. Wenn man sie längs und nicht quer wie Zitronen aufschneidet, ist die Saftausbeute größer. Der Saft wird zu Gerichten erst am Schluss dazugegeben, damit die Säure frisch bleibt und sich nicht an Reaktionen während des Kochens beteiligt. Eine Spezialität aus den Ländern am Persischen Golf sind gekochte und dann getrocknete Limetten, Loomi- oder Oman-Limetten genannt. Sie duften strenger, die zitronigen und grünen Aromen haben sich verflüchtigt. Ihre Schale verfärbt sich gelb und wird hart, das fermentierte Fruchtfleisch wird fast schwarz – daher auch der missverständliche deutsche Name „Schwarze Zitronen". Man zerbricht sie oder verwendet sie im Ganzen mit mehrfach eingestochener Schale. In einigen südamerikanischen Ländern legt man rohen Fisch für 15 Minuten bis zu mehreren Stunden in Limettensaft oder Zitronensaft ein: Die Säure baut das Eiweiß um und „gart" den Fisch – gleichzeitig verleiht ihm die Limette ein frisch-fruchtiges Aroma. Außerdem trägt die Säure eine zusätzliche Grundgeschmacksrichtung ein, gibt dem Fischgericht Leichtigkeit und einen frischen Säurekick. Diese Methode nennt man „Ceviche", sie ist mittlerweile auch außerhalb Südamerikas recht populär, zum Beispiel in den USA. Möchte man geraspelte Schale mit herbem Limettenduft, greift man eher zu Kaffirlimetten, weil deren Schale wesentlich dicker und einfacher zu handhaben ist. Auch wenn es nichts mit Zitronat oder Orangeat Vergleichbares aus Limetten gibt, aromatisieren Limettenschalen jedoch manchmal Backwaren und Desserts.

Geviertelte oder geachtelte Limetten, leicht zerquetscht, gehören mit Schale in jeden *Caipirinha*: Ihre würzige, grasige Säure harmoniert perfekt mit braunem Zucker und Rum, mit dunklem noch besser als mit dem klassischen hellen – beziehungsweise der brasilianischen Variante *Cachaça*. Weil man die ganze Frucht im Glas lässt, nutzt man hier auch die bitteren und kampferartigen Noten aus der Schale, die alle nicht nur fett-, sondern auch alkohollöslich sind. Andere bekannte Cocktails und Longdrinks auf Rum-

mig, zitrusartig, frisch ◊ *Alkohol, Fett* NERYLACETAT *rosen-orangenartig* ◊ *Alkohol, Fett* GERANYLACETAT *blumig, rosig* ◊ *Alkohol, Fett* α-, β-PHELLANDREN *würzig-minzig, terpentin* ◊ *Fett* γ-TERPINEN *terpentinartig, ölig-herbal* ◊ *Alkohol, Fett* α-TERPINEOL *zitrusartig, fliederartig, etwas terpentinartig* ◊ *Alkohol, Fett* β-PINEN *pinienholzig-kampferig* ◊ *Alkohol, Fett* FENCHON *bitter, kampferartig* ◊ *Alkohol* NEROLIDOL *floral, grün, wachsig* ◊ *Alkohol, Fett* LIMONEN *terpentin-zitronenartig* ◊ *Alkohol, Fett* β-CARYOPHYLLEN *holzig-terpentinartig* ◊ *Alkohol, Fett* α-SELINEN *bitter, holzig* ◊ *Alkohol, Fett* 5,7-DIMETHOXYCUMARIN (LIMETTIN) *bitter, zitrusgrasig* ◊ *Alkohol, Fett*

GESCHMACK

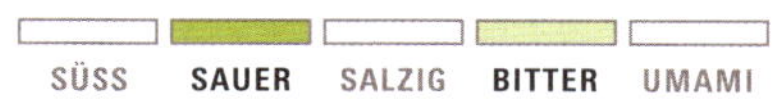

Limetten duften würzig, grasig, auch etwas süßlich nach Trockenobst und schmecken sauer. Ihr Saft und (weniger gut) ihre Schale lassen sich als Säuerungsmittel einsetzen.

HARMONIE

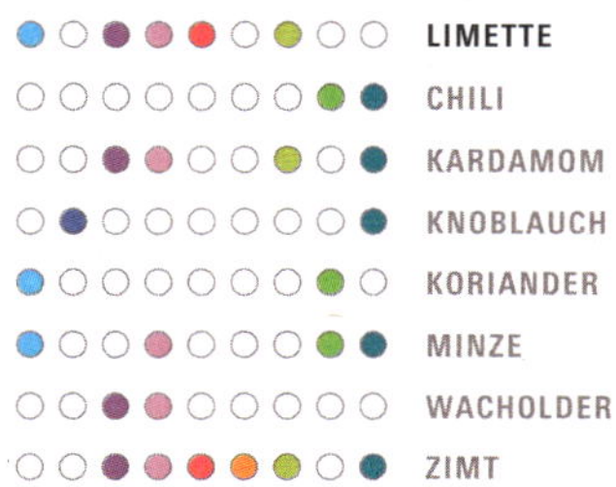

AROMENENTFALTUNG

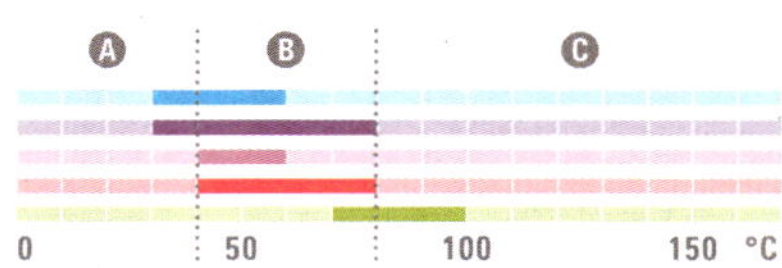

A *Frisch, blumig, wachsig* **B** *Eher harzige Noten im Vordergrund* **C** *Betonung der Bitternoten*

PASST GUT ZU

Rum, Salaten, Fisch, Fleisch, Eintöpfen, Gemüse, Reis, Hülsenfrüchten, Fruchtsalaten

LÄNDERKÜCHE

Brasilien: *Capirinha (Drink)* ***Thailand:*** *Suppen wie Tom Kha Gai (Hühnersuppe mit Kokos), Currys, Salate* ***Vietnam:*** *Suppen, Currys, Salate* ***Kuba:*** *Longdrinks und Cocktails wie Cuba Libre, Mojito, Daiquiri* ***Großbritannien:*** *Gimlet (Cocktail)* ***Mexiko:*** *Guacamole (Dip), Margarita (Cocktail)* ***Iran:*** *Gheimeh (Lammeintopf)* ***Golfstaaten:*** *Majboo (Reisgericht, meist mit Huhn)* ***Südamerika:*** *Ceviche (marinierter Fisch)*

GEWÜRZMISCHUNGEN / SAUCEN

Thailändisches Nuoc Cham, jemenitisches Zhug

QUALITÄTEN, LAGERUNG

Immer unbehandelte Früchte kaufen. Die Schale sollte hellgrün sein – gelbliche sind schon reif und damit weniger sauer und bitterer. Gekühlt halten sie ca. zwei Wochen.

basis enthalten ebenfalls Limetten, allerdings fast immer nur den Saft: ***Mojito*** (mit Minze), ***Daiquiri***, ***Cuba Libre***, ***Margarita*** oder ***Gimlet***. Ebenfalls klassisch ist die mexikanische ***Guacamole***, ein Dip aus reifen, grob gehackten Avocados, Tomaten, Knoblauch, frischem Koriander, Chili und Limettensaft. Hier ergänzen sich die grün-würzigen Aromen der Avocados, Tomaten und Limetten perfekt, für das Zusammenspiel von Schärfe, Säure und leichter Süße ist ebenfalls gesorgt. In Thailand und Vietnam säuert man mit Limettensaft Currys und Suppen. Die würzig-salzige Fischsauce und der frischsaure Limettensaft sind die Basis vieler Salate. Wegen seiner fruchtbetonten Noten und des süßlich-sauren Kontrasts passt der Saft sehr gut zu Früchten wie Erdbeeren und eignet sich als Dressing zu Fruchtsalaten, wobei er im Unterschied zu Zitronensaft auch fruchtig-würzige Noten hinzufügt. Die Loomis vom Persischen Golf werden in ***Majboos*** (Reisgerichte), in Gerichten mit Hülsenfrüchten oder in ***Gheimeh*** (persische Lammeintöpfe) mitgekocht. Beim Essen presst man den Saft aus den nun weich gewordenen Früchten aus. In den arabischen Golfstaaten gibt es darüber hinaus ein Limettenpulver, das über die vorhandenen zitrusartigen und leicht süßlichen Aromen gut mit anderen in diesen Küchen beliebten Gewürzen harmoniert: Kardamom, Ingwer, Koriander oder Nelken.

LORBEER

Sie zierten die Häupter griechischer Olympioniken und römischer Kaiser – und würzen heute zahlreiche Gerichte der mediterranen und der indischen Küche. Echter Lorbeer lässt sich auch hierzulande auf Balkonen und Terrassen gut als Kübelpflanze ziehen, so kann man die Blätter selbst frisch ernten und ein paar Tage trocknen lassen – dann schmecken sie am besten.

Laurus nobilis

LINALOOL *blumig, zitrusartig, frisch* ◊ *Alkohol, Fett* GERANIOL *blumig, rosenartig* ◊ *Alkohol, Wasser (schlecht)* 1,8-CINEOL[T] *Eukalyptus, kampferartig, kühlend* ◊ *Alkohol, Fett* α-, β-PHELLANDEN *würzig-minzig, terpentin* ◊ *Fett* METHYLEUGENOL *anisartig,*

Lorbeer schmeckt säuerlich, etwas süß und bitter und duftet ein wenig nach Muskat und Kampfer – für ein Blattkraut eine eigentümliche Duftzusammenstellung. Aromabestimmend in den Lorbeerblättern ist die Kombination aus dem leicht flüchtigen LINALOOL und dem weniger flüchtigen METHYLEUGENOL. Zusammen definieren sie sein kontrastreiches Aroma: blumig-frisch bis würzig-nelkenartig. Beide Duftstoffe sind in vielen Kräutern und Gewürzen anzutreffen, wie etwa in Basilikum oder Muskatnuss. Eine weitere gewichtige Komponente ist das Molekül 1,8-CINEOL, das Lorbeerblättern eine eukalyptusartig-kampferige Note verleiht. Vor allem im frisch geernteten Lorbeer finden sich zudem flüchtige blumige Düfte sowie eine grünliche, blätterige Note. Bei getrockneten und älteren Lorbeerblättern spielt diese hingegen kaum noch eine Rolle. Der leichte terpentinartige Beitrag in Lorbeer entstammt α- und β-PHELLANDEN. Es macht Lorbeer mit Kräutern und Gewürzen wie Kümmel, Fenchel, Piment, Rosa Beeren oder Asant kompatibel. In den tieferen Noten des Blätteraromas finden sich gewürznelkenartig-würzige, herbale bis etwas kampferige sowie honigartig-säuerliche Noten und ein süß-säuerlicher Geschmack.

KEBAB MIT LORBEERBLÄTTERN

- 400 g Lamm- oder Rindfleisch
- 1 bunte Paprika
- 1 rote Zwiebel
- 8 Lorbeerblätter, gewässert

Fleisch in mundgerechte, nicht zu kleine Stücke schneiden, ebenso die Paprika und die Zwiebel. Auf Holz- oder Metallspieße zwischen die Fleisch-, Paprika- und Zwiebelstücke ein feuchtes Lorbeerblatt stecken (pro Spieß zwei). Feucht sollten sie sein, damit sie beim Grillen nicht verbrennen. Grillen oder braten. Man isst den Lorbeer nicht mit.

Ganz überwiegend werden die getrockneten Blätter verwendet. Sie schmecken besser als die frischen, nicht mehr ganz so bitter, da während des Trocknens vor allem der nichtflüchtige Zucker im Blatt verbleibt. Die ledrigen Blätter geben ihr Aroma langsam ab, deshalb kann man sie von Beginn an in Brühen oder Ragouts mitkochen. Aus dem gleichen Grund passt Lorbeer auch gut in Pickles und Marinaden. Röstet man die getrockneten Blätter sehr kurz trocken an, entfaltet sich ihr Aroma noch besser: Die Pflanzenzellen platzen auf und geben die ätherische Öle schneller frei.

Lorbeer gehört in viele klassische Saucen wie die Béchamelsauce, in Brühen, dunkle Bratensaucen und viele Ragouts. Das Aroma 1,8-Cineol wirkt leicht kühlend (→ Reizen des Trigeminusnervs, Seite 50), wodurch es Duftnoten, die während des Schmorens und Röstens entstehen, eine unaufdringliche Frische gibt, die durch die floralen Anklänge noch unterstützt wird. Lorbeer harmoniert gut mit mediterranen Kräutern wie Rosmarin, Thymian, Oregano oder Salbei, deswegen findet er sich in jedem Kräutersträußchen. Den Zusammenhalt der einzelnen Kräuter mit ihren individuellen charakteristischen Aromen gewährleistet ein Überlappen der leicht terpentinartigen und kampferigen Noten. Aus der Mittelmeerküche ist Lorbeer wegen dieser Harmonie kaum wegzudenken. Durch seinen nach dem Trocknen verbleibenden süßlichen Grundton passt er gut zu den ebenfalls süßlichen Tomaten und würzt beispielsweise Sugos auf Tomatenbasis hervorragend. Außerdem eignet sich getrockneter Lorbeer gut für säurebetonte Gerichte wie Sauerkraut oder *Mixed pickles*: Sein leichtes blütig-harziges Aroma fügt der Geschmackswahrnehmung „sauer" eine süße Komponente

nelkig 💧 *Fett* ACETYLEUGENOL *nelkenartig* 💧 *Alkohol, Fett* ZIMTSÄURE *honigartig-säuerlich* 💧 *Alkohol, Fett, Wasser*

GESCHMACK

Lorbeer ist ein aromatischer „Passepartout". Die Blätter geben vielen Schmorgerichten ein kräftiges, würziges, warmes Aroma.

HARMONIE

AROMENENTFALTUNG

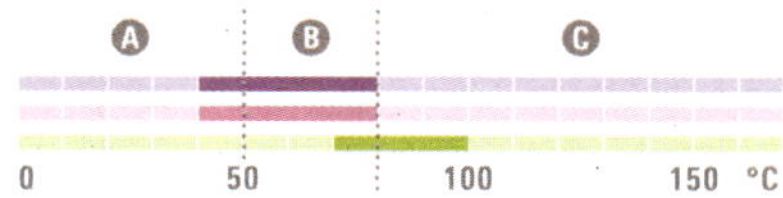

A *Eher blumige Noten (etwa beim Einlegen)* **B** *Kampferartige Frische* **C** *Eher harziger, anisartiger Duft*

PASST GUT ZU

Fleisch, Ragouts, Suppen, Eintöpfen, Marinaden, Bohnen, Linsen, Tomaten

LÄNDERKÜCHE

Frankreich: *Béchamelsauce, Rinderschmorbraten* **Italien:** *Ragù bolognese, Ossobuco* **Indien:** *Pilaws (Reisgerichte)* **Türkei:** *geschmorte Lammgerichte* **Marokko:** *Lamm- und Huhntajines*

GEWÜRZMISCHUNGEN
Französisches Bouquet garni, Wildgewürz

QUALITÄTEN, LAGERUNG
Getrocknete Blätter sollten ganz, blassgrün und nicht gelblich oder bräunlich sein. Trocken und dunkel gelagert, sind sie über ein Jahr haltbar. Frische Blätter kann man in einem Gefrierbeutel einige Wochen im Kühlschrank lagern.

hinzu. In der Marinade für sauer eingelegtes Gemüse schwimmt denn auch oft ein Lorbeerblatt. Wegen seines würzig-warmen Beitrags passt das Kraut zu Beizen für Sauerbraten und Wild genauso wie zu deftigen Kartoffelgerichten. Man kann eine größere Menge Lorbeer gleich in das kochende Wasser für Salzkartoffeln geben. Mit den trockenen Blättern, Zitrone, Knoblauch und Fenchel lässt sich Fisch füllen, den man braten oder grillen möchte. Die aus dem Lorbeer unter milder Hitze im Innern des Fischs entweichenden blumigen und kampferigen Aromen setzen einen milden Kontrast zu den starken Röstaromen auf der Außenhaut des Fischs. Sogar Desserts mit Früchten kann man mit Lorbeer würzen: Pfirsich oder Honigmelone, gekocht mit frischem, also leicht bitterem Lorbeer, sind außergewöhnliche Köstlichkeiten. Auch geschmorte Birnen in leicht gezuckertem Weißwein-Lorbeer-Sud sind ein „must". Wie bei säuerlichen Gerichten unterstützt die Fruchtsäure hier die Präsenz der Lorbeeraromen, sodass eine bitter-süß-säuerliche Geschmackskombination entsteht.

GESCHICHTE UND GESCHICHTEN

Die alten Sumerer wie die antiken Griechen schmückten ihre siegreichen Sportler mit einem Lorbeerkranz, römische Feldherren und Kaiser übernahmen dieses Ruhmeszeichen. Im angelsächsischen Raum existiert bis heute der Titel des „Poet Laureate", des lorbeerbekränzten Dichters.

MACADAMIANUSS

Die Macadamianuss, auch Buschnuss oder Kindal Kindal genannt, ist eine Steinfrucht. In den Früchten der australischen Silberbaumgewächse befindet sich der hellgelbe, kugelförmige Kern, der von einer glatten, hellbraunen, recht mühsam zu knackenden Schale umgeben ist. Heute wird die Nuss auch außerhalb Australiens auf Plantagen kultiviert, vor allem auf Hawaii.

Macadamia ternifólia

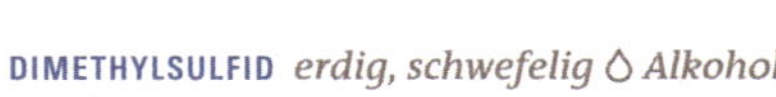

DIMETHYLSULFID *erdig, schwefelig* ◊ *Alkohol, Fett, Wasser* 2,6-DIHYDROXYBENZOESÄURE *erdig, milchartig* ◊ *Alkohol, heißes Wasser* 4'-HYDROXYACETOPHENON *phenolisch, tabak-, orangenartig* ◊ *Alkohol, Fett, Wasser* (E)-3,5-DIMETHOXY-4-HYDROXYZIMTSÄURE *mandelig* ◊ *Alkohol*

Die Macadamianuss riecht ungeröstet ein wenig nach Tabak und Orangen sowie etwas erdig, aber nicht aufdringlich. Die kleinen runden Samenkerne werden nach dem Ernten bis auf etwa 2 Prozent Wassergehalt getrocknet. Sie haben dann einen neutralfettig-nussigen Geruch, der in erster Linie durch DIMETHYLSULFID bestimmt ist. Diese schwefelige Note fehlt Nüssen, weshalb auch geröstete Macadamia anders riechen als Erdnüsse, Pekannüsse oder Paranüsse. Zwar steht die Schwefelnote nicht stechend im Vordergrund, sie definiert aber dennoch die olfaktorische Grundstruktur der Macadamia. Des Weiteren wird das Aroma der Macadamianüsse durch eine ganze Reihe von ähnlichen Aromen in kleinen Konzentrationen bestimmt: Dazu gehören erdig-milchartige, dezent tabakartige sowie leicht erdige, mandelige Noten. Das Öl der Macadamianuss zeichnet sich durch einen sehr hohen

Anteil an ungesättigten Fettsäuren aus. Sein Fettsäurenspektrum ist definiert durch circa 8 Prozent Palmitinsäure (C 16:0), 22 Prozent Palmitoleinsäure (C 16:1), 2 Prozent Stearinsäure (C 18:0), 56 Prozent Ölsäure (C 18:1), 3 Prozent Linolsäure (C 18:2), 2 Prozent Gadoleinsäure (C 20:1) und 1 Prozent Lignocerinsäure (C 24:0). Macadamiaöl ist bei Zimmertemperatur – und damit Serviertemperatur – sehr dünnflüssig.

Die „Nüsse" können roh oder geröstet verwendet werden. Ungeröstet haben sie aufgrund ihres sehr hohen Fettanteils einen schönen Biss, sodass sie sich gut als Texturelement in Salaten oder heißen Gemüsegerichten einsetzen lassen. Durch trockenes Anrösten entstehen dagegen eine ganze Reihe von Röstnoten (→ Würzpraxis: Rösten, Seite 53), wodurch die Nüsse erheblich an Aroma gewinnen. Das → Macadamiaöl ist ein gutes Lösungsmittel für Aromastoffe, sollte jedoch immer erst an die fertigen Speisen gegeben werden: Bei langem Erhitzen verflüchtigen sich seine eigenen feinen Aromen, die kurzkettigen ungesättigten Fettsäuren oxidieren.

ROTKRAUT MIT MACADAMIA

- 1 Zwiebel
- 20 g Gänseschmalz
- 1 Prise Zucker
- 1 Prise Salz
- 400 g Rotkraut
- 100 ml Geflügelfond
- 100 ml Portwein
- 100 ml Rotwein
- Zimt
- 15 ungeröstete Macadamianüsse

Fein gehackte Zwiebel in Gänseschmalz anschwitzen, mit Zucker und Salz leicht karamellisieren lassen. Fein geschnittenes Rotkraut unterheben und mit dem Geflügelfond ablöschen. Nach und nach mit den Weinen benetzen und langsam kochen, dabei mit Zimt würzen, bis das Rotkraut weich sowie Fond und Wein aufgebraucht sind. Zum Schluss die halbierten ungerösteten Macadamianüsse unterheben, nicht mehr kochen und sofort servieren. Die Macadamianüsse sind sowohl mildes Gewürz als auch Texturelement in dem Rotkrautgericht – etwa zu Braten, Wild oder auch nur so.

Macadamia lassen sich in der Küche überall dort einsetzen, wo man auch Haselnüsse oder Mandeln verwenden würde. Allerdings übertreffen sie diese durch ihr feines Aroma deutlich, besonders weil ihnen alles Bittere fehlt. Da das typisch schwefelige Aroma der Nüsse zum Beispiel auch beim Kochen von Getreide (Graupen) entsteht, erinnern diese etwas an Macadamia. Auch in gekochtem Kohl kommt das schwefelige Dimethylsulfid in höheren Konzentrationen vor und im Trüffelaroma liefert es ebenfalls einen erheblichen Beitrag – was die Harmonie der beiden Zutaten erklärt. Das nussige, ausgesprochen feine und leider recht teure Öl aromatisiert neben Salaten auch zarten Fisch. Ist der nur leicht gedämpft und kaum gewürzt, ist Macadamiaöl ein Genuss, wertvoll und wunderbar: Im Gegensatz

GESCHMACK

Macadamianüsse riechen ausgesprochen fruchtig, buttrig. Ihnen fehlt jede bittere Note. Dafür schmecken sie leicht süßlich. Ihr Mundgefühl ist zartschmelzend.

HARMONIE

AROMENENTFALTUNG

A *Leicht fettig, aromatisch, schwefelig, gekocht* **B** *Aromatisch-mandelartig* **C** *Ansprechend aromatisch, nussige Röstaromen*

PASST GUT ZU

Salaten, Fisch (Lachs, Seeteufel, Loup de Mer), Lamm, Brot, Desserts, Schokolade, das Öl auch zu Säften, Frischkäse, Eis

LÄNDERKÜCHE

Australien: *Macadamia-Früchtebrot, Macadamia-Mousse*

EINKAUF, LAGERUNG

Macadamianüsse gehören aufgrund des schwierigen Anbaus, der komplizierten Weiterverarbeitung und der gestiegenen Nachfrage zu den teuersten Nüssen der Welt. Deshalb werden sie oft auch als „Königinnen der Nüsse" bezeichnet. Auch ihr Öl ist eine gesuchte Rarität. Sie kommen fast immer geschält in den Handel, da ihre extrem harte Schale nur mit Spezialwerkzeugen zu knacken ist. Sie werden schnell

JUNGES GEMÜSE MIT FRISCHKÄSE UND LAUGEN-MACADAMIANÜSSEN

FÜR DEN MAJORANFRISCHKÄSE

- 500 ml sehr saurer Naturjoghurt (vom Bauern; ersatzweise Naturjoghurt 1–2 Wochen über das Mindesthaltbarkeitsdatum im Kühlschrank stehen lassen. Gute Joghurtbakterien haben einen pH-Wert von etwa 4 und halten sich sogar noch länger.)
- ½ Bund Majoran
- 1 l frische Vollmilch
- Salz

FÜR DAS MOLKEN-GEL

- Aufgefangene Molke
- 1 g Agar-Agar auf 100 ml Molke

FÜR DIE LAUGEN-MACADAMIANÜSSE

- 10 Macadamianüsse
- ½ TL Natron

FÜR DIE ERSTE BEILAGE

- 10 Kirschtomaten
- 3 EL Zuckersirup (100 ml Wasser mit 100 g Zucker aufkochen und davon 3 EL abmessen)
- 1 Zweig Thymian

FÜR DIE ZWEITE BEILAGE

- 500 g dicke Bohnen in der Hülse
- 300 g grüne Erbsen in der Hülse
- 200 g junge Möhren
- 2 junge Knoblauchzehen
- 1–2 Frühlingszwiebeln
- 1 EL Butter
- 1 EL Olivenöl
- Salz
- Frisch gemahlener Schwarzer Pfeffer
- 1 EL Majoranblättchen

FÜR DIE GARNITUR

- Geschlossene Majoranknospen

Für den Majoranfrischkäse: Die Majoranblättchen von den Stängeln streifen, waschen und gut trocken schütteln. Den Joghurt damit mixen. Die Milch auf 60 °C erwärmen und die Temperatur halten, leicht salzen, den Joghurt dazugeben und langsam stocken lassen. Dabei immer wieder vorsichtig umrühren, sodass sich die Käsebruchstücke verbinden können. Nach 15–30 Minuten, je nach Säuregrad des Joghurts, bildet sich großflockiger Käsebruch. Die Masse durch ein Sieb geben und die Molke auffangen. Den Käsebruch zu einem Laib formen, dabei immer wieder vorsichtig kneten, sodass sich ein „Käse-Gel" bildet. Einige Stunden kühl stellen.

Für das Molken-Gel: Die aufgefangene aromatisierte Molke abmessen und mit der entsprechenden Menge Agar-Agar aufkochen. In eine Form gießen, in der die Molke etwa 1 cm hoch steht, und fest werden lassen.

Für die Laugen-Macadamianüsse: Die Macadamianüsse mit einem scharfen Messer vierteln. 100 ml Wasser und das Natron in einem Topf mischen, aufkochen und die Nüsse darin 5–10 Minuten bei schwacher Hitze ziehen lassen. Den Ofen auf 120 °C vorheizen und die Nüsse trocken tupfen. Im Ofen leicht bräunen.

Für die erste Beilage: Kirschtomaten von den Rispen nehmen, am Rispenansatz mit einer Nadel einstechen und zusammen mit dem Zuckersirup und dem Thymian in einen Vakuumbeutel geben. Vakuumieren und bei 60 °C im Wasserbad sous-vide etwa 2 Stunden aromatisieren und süßen. Wer kein Wasserbad hat, setzt einen großen Topf mit Wasser auf, erwärmt es auf 50 °C und gibt die vakuumierten Tomaten hinein. Die Temperatur darf 60 °C nicht übersteigen. Eine andere Methode ist es, die Tomaten mit dem Thymian und dem Zuckersirup in einen passenden Topf zu geben, sodass alles vom Zuckersirup bedeckt ist, den Topf auf 60 °C zu erwärmen und den Topfinhalt 2 Stunden im vorgeheizten Backofen bei 80 °C zu „tempern".

Für die zweite Beilage: Die dicken Bohnen von den Hülsen befreien, blanchieren und anschließend die harten, hellen Schalen entfernen. Die Erbsen aus der Schale nehmen und beiseitestellen. Die Möhren putzen und in Scheiben schneiden. Das Möhrengrün aufbewahren. Den Knoblauch schälen und halbieren. Die Frühlingszwiebeln waschen und samt Grün in Röllchen schneiden. Butter und Olivenöl zusammen erwärmen, den Knoblauch darin glasig dünsten, die Möhren einschwenken, ebenso die Erbsen und anschließend die Bohnen. Salzen, pfeffern und mit Majoran kräftig abschmecken. Von der Platte nehmen und die Frühlingszwiebelröllchen unterheben. Warm halten.

Anrichten: Das Molken-Gel in Würfel schneiden und in einer antihaftbeschichteten Pfanne oder unter der Wärmelampe leicht erwärmen (Agar-Agar bleibt bei Hitze von bis zu 70 °C fest). Die Tomaten abtupfen, mit dem übrigen Gemüse auf Tellern anrichten. Die Molken-Gelwürfel danebensetzen, den Frischkäse in Scheiben schneiden und danebenlegen. Den Frischkäse mit den Nüssen und den Majoranknospen bestreuen.

ranzig und nehmen leicht das Aroma von anderen Nahrungsmitteln an, deshalb sollte man sie immer luftdicht verschlossen lagern.

zu beispielsweise Olivenöl werden die feinen, unverwechselbaren Aromen etwa von Lotte (Seeteufel) oder Loup de Mer von dem Öl nicht überdeckt. Ebenso passt es zu Frischkäse, der selbst aromatisch zurückhaltend ist, zu milden Suppen oder frischen Gemüse- oder Obstsäften. Sogar Süßspeisen vertragen einen Schuss Macadamiaöl.

GESCHICHTE UND GESCHICHTEN

Die Nuss ist nach Dr. John Macadam benannt, einem Freund der beiden Botaniker Walter Hill und Ferdinand von Mueller. Gemeinsam „entdeckten" sie die Nuss 1857 im australischen Küsten-Regenwald – den Aborigines war sie schon lange als Kindal Kindal bekannt.

Origanum majorana

MAJORAN

Etwas überspitzt ließe sich sagen: Der Majoran ist der winterliche Bruder des Oregano. Sein Aroma erinnert sofort an die Weihnachtsgans, an deftige Bratkartoffeln mit Speck und Kartoffelsuppe oder an Wurst – deshalb heißt er auch „Wurstkraut". Frisch duftet er vielschichtiger, feiner und blumiger als Oregano.

LINALOOL *blumig, zitrusartig, frisch* 💧 *Alkohol, Fett* TERPEN-4-OL *harzig, pinienartig* 💧 *Alkohol, Fett* CIS-SABINENHYDRAT *kräuterig* 💧 *Alkohol, Fett* α-TERPINEN *zitronig* 💧 *Alkohol, Fett* α-TERPINEOL *zitrusartig, fliederartig, etwas terpentinartig* 💧 *Fett, Wasser* 1,8-CINEOL[T] *Eukalyptus, kühlend* 💧 *Alkohol, Fett* SABINEN *frisch-holzig, neutralkräuterig* 💧 *Alkohol, Fett* P-CYMOL *holzig, terpentinartig, zitrus* 💧 *Alkohol, Fett* SPATHULENOL *erdig-würzig, bitter* 💧 *Alkohol, Fett* β-CARYOPHYLLEN *holzig-terpentinartig* 💧 *Alkohol, Fett*

GESCHMACK

SÜSS SAUER SALZIG **BITTER** UMAMI

Frisch duftet er feiner, blumiger als Oregano. Er ist leicht scharf, ein wenig bitter-herb und säuerlich. Getrocknet wird er etwas süßlich und weniger säuerlich.

Das typische kräuterige Majoranaroma wird einem hohen Anteil von TERPEN-4-OL und dem Vorkommen des CIS-SABINENHYDRAT zugeschrieben. Sein intensiver, organisch-erdiger Duft ist Ergebnis des Zusammenwirkens mehrerer flüchtiger Aromastoffe mit zitronigen und etwas harzigen, leicht fliederartigen Noten. Dieser Duftverband unterstreicht den stark kräuterigen, leicht terpentinartig-blumigen, süßlich-holzig-aromatischen Geruch des Majorans. Seine Frische wiederum wird durch das leicht eukalyptusartig-kampferig riechende 1,8-CINEOL eingetragen, das auch in Minze, Basilikum oder Salbei zu finden ist. Hinzu kommen im Duftspektrum des jungen, frischen Krauts leicht flüchtige zitrus-kiefernartige und blumige, rosenartige Noten sowie ein dezent an Wacholder erinnernder Duft. Es gibt im Orient eine Sorte (Majorana syrica), die wie eine Mischung aus Thymian und Oregano duftet und von der der kultivierte Gartenmajoran abstammt.

Vom Majoran werden meist die getrockneten Blätter genutzt, aber er lässt sich auch frisch verwenden. Beim Trocknen verblasst die flüchtige blumige Note des Krauts, es ist jedoch immer noch sehr würzig und aromatisch. Es reicht vollauf, getrockneten Majoran wenige Minuten vor Ende der Garzeit in die Speisen zu geben: Dann entfaltet er sein herrlich mildwürziges, süßliches Aroma am besten. Außerdem kann er so zum Beispiel bei Bratkartoffeln nicht verbrennen. Frische Blätter sollte man ebenfalls immer erst zum Schluss hinzufügen, um das in ihnen noch enthaltene zartblumige Aroma nicht durch die Hitze zu zerstören. Zerreibt man die Blätter

CHAMPIGNONPFANNE MIT MAJORAN

- 1 Bund Majoran
- 500 g Champignons (oder frische Waldpilze)
- 80 g Butter
- Pfeffer, Salz
- 80 g feine Leberwurst (vorzugsweise Gans oder Ente)

Majoran säubern und die Blätter abzupfen. Die Pilze lediglich säubern, nicht waschen. Butter erhitzen und die Pilze in schäumender Butter garen, bis das Wasser fast verdampft ist. Pfeffern, salzen und die Pfanne vom Herd ziehen. Die Leberwurst unterheben und die Pilze damit abbinden. Kräftig mit Majoran würzen und mit leicht getoastetem Bauernbrot und einem frischen Pils genießen.

vorher ein wenig, werden die Duftstoffe besser freigesetzt. Die Blüten sind ebenso sehr aromatisch.

Majoran wird traditionell gerne zu Gans, Bratkartoffeln mit Speck und durchwachsenem Schweine- und Rindfleisch eingesetzt, weil seine Bitter- und Gerbstoffe die Funktionen der Leber und Galle unterstützen. Das hilft dem Fettstoffwechsel und somit dem Körper, fettreiche Speisen zu verdauen. Bei Kohlgerichten hat Majoran denselben Effekt. Wegen seiner leichten Süße passt das Küchenkraut gut zu Leber und überhaupt allen Innereien, denn diese weisen ebenfalls einen leicht süßlichen Geschmack auf. Eine kräftige Leberwurst ohne Zugabe des würzigen, aromatischen Majorans wäre kaum denkbar. Aus dem gleichen Grund passt das Kraut auch zu deftigem Hackbraten, zu Frikadellen, Pasteten oder Bratwürsten. Seine erdigen Aromakomponenten vertragen sich außerdem mit den Schwefelverbindungen der Zwiebeln und des Knoblauchs sowie überhaupt mit allen kohlenhydratreichen Lebensmitteln wie Kartoffeln, Bohnen, Linsen, Erbsen oder Brot. Gemeinsam mit Paprika würzt er Gulasch, wobei sein erdig-würziges Aroma unterstützt und gleichzeitig um eine süße bis mittelscharfe Komponente erweitert wird. Ebenso gut harmoniert Majoran mit Lorbeer und Wacholder, da sich hier sowohl die harzigen, holzigen als auch die kräuterigen Aromen überlappen. Das macht die beliebte Kombination von Wacholder und Majoran für Wildgerichte interessant. Majoran und Oregano werden im Allgemeinen nicht kombiniert, obwohl sich dies aus chemischer Sicht nicht verbietet – in einigen Fällen empfiehlt es sich sogar. Dabei verstärkt sich der blumig-frische Charakter beider Kräuter gegenseitig und Oregano liefert dazu seine stark aromatischen Noten. In Kombination mit Olivenöl – etwa in Pizzateig – ergibt sich ein typisch „italienisches“ Aroma. Frischer Majoran ergänzt mit seinem zart-blumigen Duft sehr gut die erdigen Noten von Pilzen. Außerdem würzt er auch hervorragend sommerliche Salate.

GESCHICHTE UND GESCHICHTEN

Schon im alten Ägypten würzte man mit Majoran. Die Griechen legten Brautleuten Majorangirlanden um den Hals als Zeichen für Glückseligkeit, in römischen Kochbüchern wird er als Fisch- und Saucenzutat empfohlen.

HARMONIE

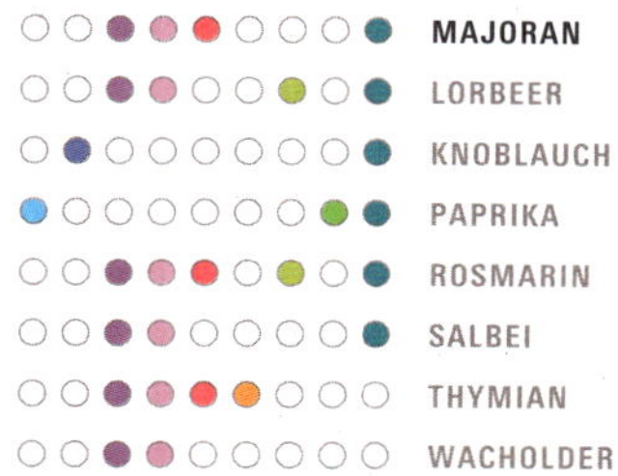

AROMENENTFALTUNG

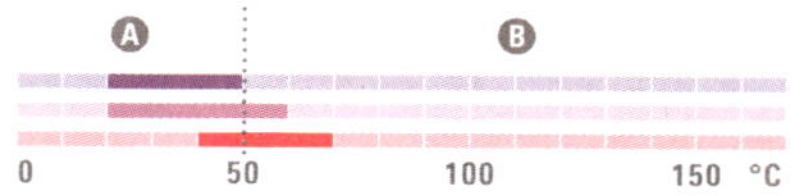

A *Frisch, herbal* **B** *Erdig-herbale Aromen*

PASST GUT ZU

Fettem Fleisch und fettem Fisch, Speck, Wurst, Geflügel, Gulasch, Kartoffeln, Bohnen, Erbsen, Linsen, Brot, Eintöpfen, Kartoffel- und Linsensuppen, Salat, Kräuterquark

LÄNDERKÜCHE

Österreich: *Majoranfleisch (mit Rahm gebundenes Rindfleischragout), Blunzn (Blutwurst), Gulasch* **Deutschland:** *Bratwürste, Kartoffelsuppe, Bohnengerichte, Bratkartoffeln, Leber, Hamburger Aalsuppe, Gänse- und Entenbraten, Leberwurst* **Syrien/Orient:** *gegrillter Hammel (mit Majorana syriaca)* **Levante:** *mit Majorana syriaca bestreute Brotfladen*

GEWÜRZMISCHUNGEN

Wurstmischungen, jordanisches Zatar, orientalisches Dukkah, französische Fines Herbes, französisches Bouquet garni

QUALITÄTEN, EINKAUF

Getrocknet gibt es ihn fast überall, frisch meist nur aus eigener Ernte. Nicht verwechseln mit „Wildem Majoran“ oder levantinischem Zathar (Majorana syriaca – nicht die Gewürzmischung gleichen Namens).

Prunus dulcis

MANDEL

Der Mandelbaum ist eine uralte, mythenumrankte Kulturpflanze. Die hier besprochene Süßmandel ist dabei die ungefährliche Form der Bittermandel. Sie dient vor allem in der Bäckerei und Süßwarenherstellung als Standardgranulat, um nussige Aromen und entsprechenden „Biss" zu erzeugen. Mit dem milden und raren Mandelöl lassen sich eine Vielzahl von Speisen aromatisieren.

1-DODECANOL *fettig, kokosartig* ◇ *Alkohol, Fett* BENZALDEHYD *bittermandelig, marzipanig* ◇ *Alkohol, Fett, Wasser* EUGENOL[T] *nelkenartig* ◇ *Alkohol, Fett* 2-ETHYL-3,6-DIMETHYLPYRAZIN *schokoladenartig, röstig* ◇ *Fett*

GESCHMACK

SÜSS SAUER SALZIG BITTER UMAMI

Mandeln sind süß, lieblich, angenehm mildnussig. Frisch sind sie keinesfalls bitter. Das Öl erinnert im Duft stark an Marzipan.

HARMONIE

- MANDEL
- BITTERMANDEL
- HASELNUSS
- KREUZKÜMMEL
- MUSKAT
- ROSMARIN
- VANILLE
- ZIMT

AROMENENTFALTUNG

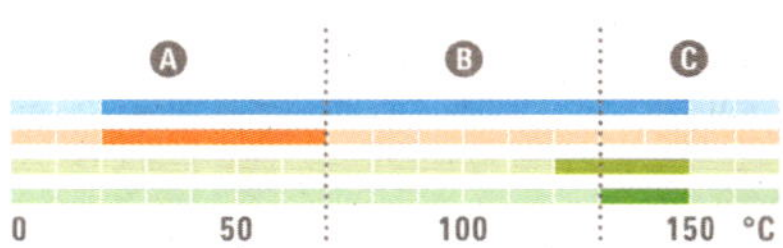

A *Fettig-aromatisch* **B** *Aromatisch, bittersüß* **C** *Röstnoten, karamellig bis schokoladig, leicht bitter*

Der Duft der Mandeln wird in erster Linie durch das mandelige, marzipanartige Aroma BENZALDEHYD verursacht. Im Gegensatz zu Bittermandeln kommt hier jedoch kein Amygladin vor, so dass sich keine giftige Blausäure bilden kann. Süßmandeln schmecken ihrem Namen entsprechend süß. Das Fettsäurenspektrum der Mandel und des Mandelöls ist durch circa 7 Prozent Palmitinsäure (C 16:0), 0,5 Prozent Palmitoleinsäure (C 16:1), 1 Prozent Stearinsäure (C 18:0), 66 Prozent Ölsäure (C 18:1), 22 Prozent Linolsäure (C18:2) und 0,5 Prozent Linolensäure (C 18:3) gegeben. Mandelöl folgt damit eher einer herkömmlichen Fettsäurenverteilung, die ein ausgeprägtes Maximum bei der Ölsäurenkonzentration aufweist.

Mandeln können roh gegessen werden, dann sind noch alle Fettsäuren und Vitamine vorhanden. Beim Rösten verändert sich ihr Aroma und eine ganze Reihe von Aromenverbindungen werden betont, die ebenso bei anderen Nüssen eine Rolle spielen: etwa nussig-karamellige oder grasigblumige bis erdig-röstig duftende Abbauprodukte der Fettsäuren. Möchte man Mandeln von ihrer dunklen Haut befreien, blanchiert man sie kurz in kochendem Wasser und schreckt sie ab. Jetzt lässt sich die Haut mühelos lösen. Anschließend kann man sie hacken, stifteln, in dünne Scheibchen hobeln, fein mahlen oder sie zusammen mit Mandelöl zu einer Paste verarbeiten. Das Mandelöl wird aus leicht gerösteten Mandeln extrahiert.

Geröstete Mandeln kommen in indische ***Biryanis***, um den Reisgerichten eine süßlich-nussige Note zu geben. Auch in orientalisch-arabischen Gerichten sind Mandeln ganz, geraspelt oder gestiftelt regelmäßig Bestandteil von herzhaften Reisgerichten und Füllungen – nicht zuletzt aus Gründen der Textur, des Bisses. Fein gemahlen können sie wiederum Flüssigkeiten andicken. Ein Klassiker der deutschen Küche ist Forelle mit Mandeln, genannt ***Forelle Müllerinart***: Hier werden Mandelscheibchen in Butter knusprig geröstet. Die Aromen lösen sich im Fett und aromatisieren die heiße Butter. Gleichzeitig bilden sich Röststoffe, die ebenfalls ins Fett übergehen. Die Butter kann nach dem Anbraten mit auf den Teller gegeben oder – nach dem Ablöschen mit Wein und gefiltert – als aromatisch dichte Sauce gereicht werden. In Salate passen Mandelsplitter, weil sie ihnen Biss geben. Ansonsten werden Mandeln in allen Formen eher in Süßspeisen eingesetzt: Marzipan wird aus blanchierten und geschälten Mandeln hergestellt – und meist mit → Bittermandeln aromatisiert. Überhaupt können viele Mandel-

PFANNENGEBRANNTE MANDELN

- 50 g Zucker
- 50 g Isomalt (Zuckerersatzstoff)
- 200 g geschälte Mandeln
- 1 TL Kreuzkümmel, gemörsert

Zucker und Isomalt in einer schweren Pfanne erhitzen und schmelzen, nicht karamellisieren. Die Hitze zurücknehmen, die Mandeln hineingeben und unter ständigem Rühren langsam karamellisieren. Ist die gewünschte Bräunung eingetreten (etwa nach 15–20 Minuten), den Kreuzkümmel zufügen und unter weiterem Rühren das Karamellisieren abschließen. Die Mandeln erkalten lassen und zum Aperitif genießen. Einen Teil davon im Blitzhacker mahlen und als Gewürz für gebratenes Lammfleisch verwenden. Die gemahlenen gebrannten Mandeln sollte man allerdings nicht zu lange aufbewahren.

gerichte mit einem Hauch Bittermandelöl verfeinert werden, um den Mandelgeschmack zu betonen. Auch in Nougat und Touron sind oft Mandeln enthalten (→ Haselnuss). In Süditalien, besonders in Sizilien, wie auch in Spanien ist Mandelmilch ein beliebtes Getränk: Es wird aus Mandeln oder Mandelpaste und Wasser hergestellt und je nach Belieben mit Vanille, Zimt und Orangenblütenwasser gewürzt.

PASST GUT ZU

Fisch, Krustentieren, hellem Fleisch, Gemüse (Spargel), Suppen, Süßspeisen, Torten

LÄNDERKÜCHE

Deutschland: *Forelle Müllerinart, Lübecker Marzipan, gebrannte Mandeln, Mandelcreme, Bienenstich, Mandelhörnchen* ***Italien:*** *Nougat, Cantuccini, Amaretti, Focaccia di mandorla (Mandeltorte), Mandelmilch* ***Spanien:*** *Touron (Süßspeise), Mandelmilch* ***Indien:*** *Biryani (Reisgericht)* ***Marokko:*** *Tajines, Couscous* ***Arabischer Raum:*** *Hackfleischbällchen*

QUALITÄTEN, LAGERUNG

Ungeknackt halten Mandeln über ein Jahr, geknackt in der dünnen Schale bis zu sechs Monate, geschält nur drei. Weiterverarbeitet, verkürzt sich die Haltbarkeit auf wenige Wochen. Besondere Qualitäten kommen aus Spanien („Marcona", „Valencia"), in Italien ist die „Avola" berühmt, in der Provence die „Ai". Ein weiteres wichtiges Anbaugebiet ist Kalifornien („Nonpareil-Mandel").

M

Castanea sativa

MARONEN

Maronen oder Esskastanien werden auch das „Brot des Südens" genannt, weil sie sehr sättigend sind. Ihr Duft lässt sich kaum durch andere Lebensmittel oder Nüsse nachstellen. Auf Korsika wird ein spezielles, köstliches Bier gebraut, das „Pietra": Es enthält neben Hopfen auch Maronen. Mit der Rosskastanie ist die Edelkastanie botanisch nicht verwandt.

Man erkennt die Früchte der Edelkastanie an ihrer im Sommer hellen, im Herbst dunklen Schale mit dünnen, haarigen Stacheln, die ein bis drei glänzende, dunkelbraune Nüsse umgibt. Der Maronenduft ist nicht typisch „nussig", da auch holzige und süßlich-aromatische Düfte eine große Rolle spielen. Das mandelig-bittere, marzipanartige BENZALDEHYD der (Bitter-)Mandeln findet sich ebenso bereits in der ungerösteten Marone wie brotig-karamellig duftende und süßlich schmeckende Aromen. Schwach-butterige Töne, die zum Beispiel auch in schweren Weinen vorkommen, sowie blumige Noten ergänzen diesen Duft. Im Vergleich zu anderen Nüssen ist der

4-METHYL-2-PENTANON *süßlich-würzig* ◊ *Alkohol, Wasser* **P-CYMOL** *holzig, terpentinartig, zitrus* ◊ *Alkohol, Fett* **BENZALDEHYD** *bittermandelig, marzipanig* ◊ *Alkohol, Fett, Wasser* **STYROL** *süßlich* ◊ *Alkohol, Fett, Wasser (schlecht)* **α-BUTYROLACTON** *kara-*

mell, butterig ◊ Alkohol, Wasser **FURFURAL** *brotig-holzig-karamell ◊ Alkohol, Fett*

GESCHMACK

Maronen (Esskastanien) sind weniger „nussig" als andere Nüsse, dafür aber süßer. Dazu bieten sie Aromen, die ins Butterig-Karamellige gehen. Sie werden geröstet verwendet oder roh als Füllung und Beilage – auch in Form eines Pürees.

HARMONIE

AROMENENTFALTUNG

A *Mild-süßlich* **B** *Nussig bis mandelartig-süßlich (bei höheren Temperaturen)*

PASST GUT ZU

Geflügel, Wild, Suppen, Süßspeisen, Torten

LÄNDERKÜCHE

Deutschland: *Kastanieneis, Kastaniencreme* ***Schweiz/Italien/Korsika:*** *Backwaren aus Kastanienmehl, Crêpes* ***Italien (Piemont):*** *Gnocchi aus Kastanienmehl, Marmeladencreme aus Maronen und Honig* ***Korsika:*** *Pietra (Bier mit Maronen)* ***Frankreich:*** *Marrons glacés, Crème de marrons*

EINKAUF, LAGERUNG

Frische Maronen werden von etwa Oktober bis Februar angeboten, man kann sie aber auch tiefgekühlt und geschält kaufen. Während sie eingefroren zwölf Monate halten,

FRITTIERTES WILD

- 1 Ei
- 100 g Maronenmehl
- 50 g Semmelbrösel
- Pfeffer, Salz, Zimt
- Fertig gekochte oder geschmorte Wildstücke aus Schulter, Keule oder Hals (gulaschgroße Stücke)
- Öl zum Frittieren

Ei in einen Teller schlagen. Maronenmehl mit Semmelbrösel, Pfeffer, Salz und Zimt in einem zweiten Teller vermischen. Die gekochten Wildstücke mehrmals durch das Ei und die Mischung ziehen, so dass diese dick paniert sind. In Öl ausbacken und abkühlen lassen.

Fettanteil bei Maronen geringer. Das Fettsäurenspektrum ist durch circa 12 Prozent Palmitinsäure (C 16:0), 0,5 Prozent Palmitoleinsäure (C 16:1), 26 Prozent Ölsäure (C 18:1), 58 Prozent Linolsäure (C 18:2) und 5 Prozent Linolensäure (C 18:3) gegeben. Der Anteil an mehrfach ungesättigten Fettsäuren ist also relativ hoch. Röstet oder brät man Maronen an, verstärken sich die mandelig-marzipanigen Noten und es entstehen deutliche Röstaromen.

Aufgrund ihres hohen Zucker- und Stärkeanteils sind Maronen leicht verderblich. Deswegen werden sie zunächst gewässert, was eine Milchsäuregärung eintreten lässt, die sie haltbarer macht. Erst dann werden sie getrocknet. Zum Rösten ritzt man zunächst die Schale kreuzweise auf der runden Seite ein, dann kommen die Maronen für etwa zehn Minuten in den 200 °C heißen Backofen. Damit sie nicht austrocknen, wird ein Topf mit Wasser in den Ofen dazugestellt: So werden sie nicht brüchig – und werden während des Backens bedampft.

Wenn man sie vor dem Rösten ein paar Minuten kocht, lässt sich später die Schale leichter lösen. Will man Maronen braten, müssen sie zuvor von der äußeren Schale befreit werden. Mit dem Aroma geschieht beim Braten fast das Gleiche wie beim Rösten – nur dass sich zusätzlich Fett an der Maillard-Reaktion (→ Würzpraxis Rösten, Seite 53) beteiligt. Für ein Püree dämpft man geschälte Maronen, bis sie zerfallen, püriert sie anschließend und süßt bei Bedarf. Das Püree kann eingefroren werden. Kastanienmehl ist sehr stärkereich, darum nahrhaft, es ist aber aufgrund des fehlenden Prolamins und Glutamins nur zusammen mit anderen Mehlen backfähig.

In südlichen Ländern bereitet man aus dem Mehl traditionell Kastanienbrot und Kastanienkuchen zu, ebenso Gnocchi und Pasta. Mit dem ungesüßten Püree kann man herzhafte Speisen wie Suppen, Terrinen oder Aufläufe würzen. Selbst zu Eis, Parfaits und Desserts passt es – etwa zusammen mit Vanille, die weitere süßlich-aromatische Töne beisteuert. Es kann auch als Füllung in Torten oder, für eine herzhaftere Anwendung, als Brotaufstrich dienen: Immer fügt es seine nussig-buttrigen Aromen bei, dazu eventuell – je nachdem ob die Maronen angeröstet wurden oder nicht – rös-

MARONEN (GESCHÄLT, GEGART)

tige Noten. Ebenso traditionell verwendet man Esskastanien im Ganzen als Füllung und Beilage für herbstliche Gerichte: Gänsebraten, Puten- und Entenbraten, Wildgeflügel und allgemein Wild. Deren süßlich-bitterer Geschmack dient als ideale Ergänzung. Maronen harmonieren auch gut mit Dörrobst, das ebenfalls gerne zu herbstlichen Gerichten eingesetzt wird. Wegen ihrer Süße können ganze geschälte Maroni mit Zucker kandiert genossen (*Marrons glacés*) oder für Desserts weiterverwendet werden.

sollte man die frischen sofort essen, denn die sind selbst im Kühlschrank nur einige Tage haltbar. Auch das Püree ist fertig erhältlich. Als „Marroni" bezeichnet man in Italien und im schweizerischen Kanton Tessin besonders große Esskastanien.

Mastiha

MASTIX

Das Harz wird aus dem Mastix-Pistazienbaum gewonnen, der im Mittelmeerraum wächst. Hauptlieferant ist die griechische Insel Chios. Mastix duftet erfrischend nach Nadelhölzern und schmeckt leicht bitter. Gemahlen würzt er in Griechenland und der Türkei Süßspeisen, Gebäck, Brot und Schnaps. Früher diente das Harz im gesamten Orient als Kaugummi.

Das tränenförmige, gelbliche, leicht durchsichtige getrocknete Harz enthält etwa 2 Prozent ätherische Öle und etwa 90 Prozent Harzsäuren und Harze. Während die Aromen des ätherischen Öls in ihrem Zusammenspiel Mastix intensiv blumig duften lassen, definiert der überwiegende Anteil der Inhaltsstoffe den harzigen, etwas bitteren Geruch und Geschmack. Das ätherische Öl wird vor allem durch das frische, süßlich-balsamische MYRCEN, das nach Zitrus und Orangen duftende LIMONEN sowie durch die Aromen α-PINEN und α-CARYOPHYLLEN bestimmt, die holzige, warme und würzige Noten beisteuern. Für das harzig-frische, würzige Aroma und den leicht bitteren Geschmack der Harzsäuren ist unter anderem OLEANOLSÄURE verantwortlich, die etwa auch aus Gewürznelken bekannt ist.

Das Harz ist bei Zimmertemperatur sehr zäh, fast hart. Will man es verwenden, muss es im Mörser zerstoßen oder im Ganzen erhitzt werden, sodass sich einzelne Teile abschneiden lassen. Die Temperatur im Mundraum erweicht es bereits ausreichend, daher seine frühere Verwendung als Kaugummi.

Wegen seines blumigen Aromas passt gemahlener Mastix gut zu Süßspeisen. Die bekannteste Süßigkeit ist *Loukoumia/Lokum*, das hierzulande „Turkish Delight" heißt. Manchmal wird *Lokum* fälschlich als *Türkischer Honig* bezeichnet, das ist jedoch weißer Nougat und hat mit Mastix nichts zu tun. *Lokum* sind durchsichtige, sehr süße Geleewürfel, die aus einem gewürzten Zuckersirup hergestellt werden. Gewürzt wird der Sirup je nach

MYRCEN *süßlich-würzig, balsamisch, pfeffrig, terpentinartig ◇ Alkohol, Fett* α-, β-PINEN *warm-harzig, pinienartig-kampferig ◇ Alkohol, Fett* ABIETINSÄURE *harzig ◇ Fett* TIRUCALLOL *harzig ◇ Alkohol, Fett* MASTICADIENONSÄURE *harzig, bitter ◇ Fett* ISOMASTICADIENONSÄURE *harzig, bitter ◇ Fett* α-CARYOPHYLLEN *würzig-holzig ◇ Fett*

GESCHMACK

SÜSS SAUER SALZIG BITTER UMAMI

Mastix duftet und schmeckt harzig, würzig und leicht bitter. Es erinnert an eine Kombination aus Lavendel und Rosmarin und erzeugt ein ganz spezielles Mundgefühl.

HARMONIE

AROMENENTFALTUNG

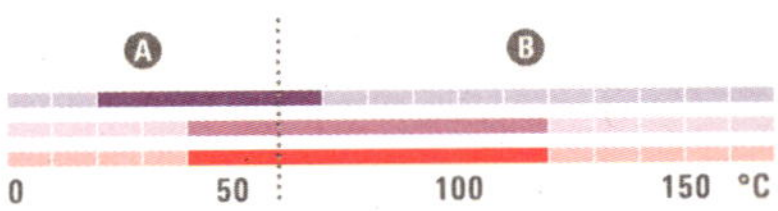

A *Milde harzige Töne* **B** *Anhaltende, leicht bittere Harznoten*

PASST GUT ZU

Gebäck, Eis, Frischkäse, Pistazien, Milchdesserts, Orangen- und Rosenblütenwasser

LÄNDERKÜCHE

Türkei: *Lokum, Fleischgerichte, Mastixsuppe, Rakı (Schnaps), Damla Sakızı (Kaugummi)* ***Griechenland:*** *Tsoureki (griechisches Osterbrot), Ouzo, Mastika (Spirituosen)* ***Zypern:*** *Flaounes (mit Käse gefüllte Brioches)*

EINKAUF, QUALITÄTEN

Mastix ist sehr teuer und wird manchmal in griechischen Feinkostläden angeboten. Man bekommt es auch in Apotheken oder über den Versandhandel. Es gibt drei unterschiedliche Qualitäten: Mastix electa (hellgelb, gilt als beste Qualität), Mastix naturell (bräunlich) und Mastix Bombay (sehr dunkel). In Griechenland hat sich in den letzten Jahren ein Netzwerk von Mastiha-Shops etabliert, die Produkte mit und rund um Mastix anbieten, inzwischen auch online.

CONDITUM (ANTIKER MARTINI)

- 5 Datteln
- 1,5 l trockener Weißwein oder Rotwein
- 200 g Honig
- 10 schwarze Pfefferkörner
- 4 getrocknete Lorbeerblätter
- 3 g Safran
- 3 g Mastix

Datteln entkernen, das Dattelfleisch in 200 ml des Weines einweichen und die Kerne trocken, also ohne Fett in einer Pfanne anrösten. Dattelkerne in einen halben Liter Wein geben, mit dem eingeweichten Dattelfleisch und dem Honig aufkochen und abschäumen. Die Gewürze zugeben und noch einmal aufkochen, erneut abschäumen. Wenn der aufgekochte Wein abgekühlt ist, den restlichen Wein hinzugeben und ein bis zwei Tage ziehen lassen. Vor dem Servieren den Gewürzwein durch ein feines Sieb filtern. Der Conditum ist kühl gelagert mehrere Monate haltbar.

Variante mit Mastix, Orangen, Zitronen, Aprikosen, Rosenwasser und Nüssen. Die zitrusartigen Aromen des Harzes unterstützen dabei diejenigen der anderen Zutaten, während seine harzig-würzigen und etwas bitteren Komponenten einen angenehm leichten Kontrast setzen. Schnäpse werden oft mit Mastix verfeinert, da viele der Mastix-Aromen alkohollöslich sind: Der türkische Rakı, der griechische Ouzo und vor allem der Mastika, den es auch in Bulgarien gibt, nutzen sein Aroma als Ergänzung zum süßlichen Anis beziehungsweise Sternanis. Wer Mastix einmal „warm" probieren möchte, weicht es unter Temperaturerhöhung auf, schneidet kleine Drops ab und gibt sie unter ein Topinamburpüree. Die erdige Topinambur und der harzige Mastix ergänzen sich hervorragend. Über zum Teil gleiche Aromastoffe – aber in unterschiedlicher Zusammensetzung und Konzentration – erinnert Mastix an die Kombination aus Lavendel und Rosmarin. Deshalb kann eine Mischung aus zwei Teilen Lavendel und einem Teil Rosmarin zur Not als Mastix-Ersatz dienen. Allerdings kann dessen wachsige Konsistenz, die für ein sehr spezielles Mundgefühl sorgt, damit nicht nachgeahmt werden.

MEERRETTICH (GERIEBEN)

Eutrema japonica (WASABI, PASTE)

Armoracia rusticana

MEERRETTICH, KREN, WASABI

Meerrettich enthält doppelt so viel Vitamin C wie Zitronen und ist so scharf, dass er einem Tränen in die Augen treibt und den Kopf befreit. Frisch gerieben, avanciert er zu einem intensiv-würzigen Begleiter zu gekochten, geräucherten oder gepökelten fettreichen Fischen. In Österreich und Franken heißt er Kren. In Japan und Korea wird der grüne Wasabi verwendet: Botanisch nur entfernt verwandt, ähnelt er dem Meerrettich sehr in Duft und Schärfereiz.

Meerrettich entwickelt seinen typischen Charakter erst beim Verletzen der Pflanzenzellen, also beim Zerschneiden. Dabei werden Enzyme freigesetzt, die das enthaltene Senfölglycosid SINIGRIN in Zucker und einen Stoff namens ALLYLISOTHIOCYANAT spalten. Dieser ist für den scharfen, stechenden, tränenreizenden Geruch verantwortlich, der Zucker für die leicht süßliche Komponente des Meerrettichs. In der Wurzel finden sich noch weitere stechende, schwefelhaltige Komponenten, unter anderem das 2-Phenylethylisothiocyanat. Sein Fehlen im japanischen Meerrettich Wasabi erklärt den feinen Unterschied zwischen den Sorten. Zudem ist frischer Wasabi deutlich schärfer. Unter den nichtflüchtigen Bestandteilen spielt das QUERCETIN eine große Rolle: Es gibt dem Meerrettich seinen herben, leicht bitteren Unterton im Geschmack.

Meerrettich wird fast ausschließlich roh verwendet, denn beim Erhitzen verflüchtigen sich die für seine Schärfe und seinen stechenden Duft verantwortlichen Aromen. Zwar können auch die milden Blätter etwa unter Salate gemischt werden, in erster Linie wird jedoch die zuerst geschälte, dann geriebene Wurzel verwendet. Gerieben verliert Meerrettich schnell seine Schärfe, da sich die entsprechenden Moleküle an der Luft rasch chemisch umwandeln. Frisch zur Erntezeit im Herbst ist er am schärfsten. Mit Butter oder Eigelb kann man seine Schärfe mildern, da das Fett die Aromen löst. Will man die flüchtige Schärfe hingegen konservieren, empfiehlt sich der Zusatz von Essig oder Zitronensaft: Ihr niedriger pH-Wert verzögert die Oxidation, die Schärfe bleibt länger erhalten. Dabei nimmt man allerdings eine Säurekomponente im Geschmack in Kauf.

MEERRETTICHWURZELSCHNAPS

1 Meerrettichwurzel

0,7 l Wodka 40 %

Meerrettichwurzel säubern und in kleine Würfel schneiden. Mit Wodka übergießen und 4 Wochen kühl und dunkel ziehen lassen. Danach filtern und als wärmenden Wurzelschnaps genießen. Der Schnaps lässt sich mit Wasser verdünnen, danach mit Agar-Agar gelieren und in Würfel schneiden. Die Meerrettichwürfel dann über gekochtes Rindfleisch geben.

ALLYLISOTHIOCYANAT[T] *schmerzend kalt*
Fett, Wasser SINIGRIN *schwefelig-scharf*
Wasser QUERCETIN *adstringierend*
Alkohol, Fett

GESCHMACK

SÜSS SAUER SALZIG BITTER UMAMI

Angeschnitten riecht Meerrettich sehr intensiv, erinnert an Senf und ist feurig-scharf. Wasabi ist grünlich und sehr ähnlich in Aroma und tränenreizender Schärfe.

HARMONIE

MEERRETTICH
APRIKOSEN (GETROCKNET)
DILL
SENF
SELLERIE

AROMENENTFALTUNG

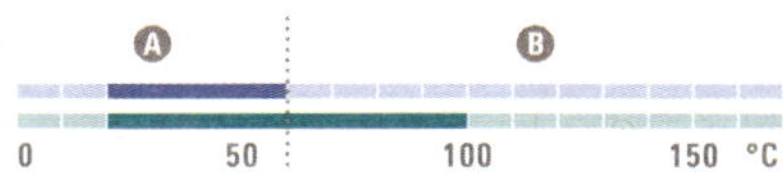

A *Frisch, brennend scharf* **B** *Nachlassende trigeminale Reizung*

PASST GUT ZU

Gekochtem, gepökeltem und geräuchertem Fleisch, Roastbeef, fettem Fisch, Kartoffelsalat, Roter Bete, Karotten, Wirsing

M

LÄNDERKÜCHE

Deutschland: *Eisbein, Lachs, Karpfen, Rinderzunge, Würste* ***Österreich:*** *Tafelspitz, gekochter und geräucherter Schinken, Apfelkren* ***Norwegen:*** *Pepperotsaus (Sauce)* ***Osteuropa:*** *Gefilte fish, Khreyn* ***Japan:*** *Sushi, maki, Sashimi (mit Wasabi)*

QUALITÄTEN, EINKAUF, LAGERUNG

Meerrettich: *Man bekommt ihn frisch von Oktober bis März. Das weiße Fleisch sollte frei von grauen Streifen sein. Zum Aufbewahren die frische Wurzel reinigen und in Papier eingeschlagen in das Gemüsefach des Kühlschranks legen. Man kann sie auch gerieben einfrieren. Außerhalb der Saison kann man auf geriebenen Meerrettich im Glas zurückgreifen.*

Wasabi: *Sein Fleisch hat von Natur aus eine grüne Farbe. Anders als der anspruchslose europäische Meerrettich gedeiht er am besten in langsam fließenden Gewässern, Anbau und Ernte sind weitgehend Handarbeit. Pflanzen aus Teich- oder Feldanbau gelten als minderwertige Qualität. Achtung: Echter Wasabi ist sehr teuer, deshalb wird oft gefärbter Meerrettich als Wasabipaste oder -pulver ausgegeben.*

Der japanische Wasabi wird gerieben, getrocknet und zu einem grünen Pulver verarbeitet. Sorgfältig getrocknet, etwa bei sehr niedriger Temperatur oder gefriergetrocknet, bleibt die Schärfe erhalten. Wasser fungiert als Lösungsmittel: Erst in Kontakt damit – oder mit Speichel – wird die trigeminale Reizung ausgelöst. Mit der aus Pulver und Wasser zubereiteten Paste sowie mit Sojasauce würzt man ***Sushi*** oder ***Maki***. Die Wasabipaste wird bei ***Sushi*** auch dünn zwischen die Fischfilets und den Sushireis aufgetragen.

Meerrettich wird häufig zu fetten Speisen eingesetzt – zum Beispiel Lachs, ***Eisbein*** oder ***Tafelspitz*** –, da er eine verdauungsanregende Wirkung haben soll. Die leicht schwefelige Note der frisch geriebenen Wurzel lässt ihn zum idealen Begleiter von geräuchertem oder gepökelten Fleisch, Schinken und Würsten oder Räucherfisch werden. Die Norweger reichen zu Fisch die Sauce ***Pepperotsaus*** aus Zucker, Essig und Meerrettich, wobei der Essig neben seiner Säurekomponente dafür sorgt, dass die Schärfe länger erhalten bleibt. Auch die jiddische Küche Osteuropas kennt eine süßsaure Meerrettichsauce mit Essig und Zucker, oft mit Roter Bete gefärbt: ***Khreyn***. Hier wird die Verwandtschaft zur österreichischen Bezeichnung „Kren" deutlich. Sie wird zum ***Gefilten fish*** gereicht. Typisch österreichisch ist Semmelkren, eine mit zerkleinerten Brötchen angedickte Sauce aus Fleischbrühe und Schlagsahne. Der geriebene Meerrettich kommt in die noch warme Brühe, was ihm die Schärfe nimmt. Die eher milde, würzige Sauce kann man mit Fleisch- oder Fischgerichten kombinieren. Da sich die Schwefelverbindungen in Meerrettich und Senf ähneln, ergibt sich aus diesen beiden – zusammen mit Aprikosen für die fruchtige Säure und Süße – eine schöne Schinkenglasur. Meerrettich mit Butter und Senf verknetet passt wiederum zu Maiskolben und Karotten.

Aus Wasabi wird mit Sojasauce, → ***Dashi***, Mirin, Olivenöl, Sesam und weiteren Zutaten die ***Wasabi-Joyu-Sauce*** hergestellt. Mit schärfemildernder Kräuterbutter schmeckt Wasabi auch zu einem europäischen Rinderbraten.

MINZE

Aufgrund einer Vielzahl von Kreuzungen existieren zahlreiche verschiedene Arten von Minze, wobei die kulinarisch wichtigste in Europa die Grüne Minze ist. Das Kraut gilt als typisch britisch – auch die bekannte Pfefferminze, eine natürliche Kreuzung aus der Grünen Minze und der Wasserminze, wurde zuerst in Großbritannien entdeckt. Doch in der südostasiatischen und der orientalischen Küche kommen ebenfalls häufig Minzen vor, besonders die Grüne und die ähnlich milde Krause Minze.

Mentha

JASMON *süßlich, floral, jasminartig, kräuterig* ◊ *Wasser* MENTHOL^T *minzig, kühlend*

Das Kraut wirkt frisch und kühlend. Verantwortlich dafür sind vor allem die Aromen MENTHOL, MENTHYLACETAT und MENTHON. Alle drei sind schwach in Wasser und Alkohol löslich, Menthol und Menthon dazu ebenfalls in Fett. Der hohe Anteil des Menthols spielt eine besondere Rolle, denn dieses Molekül

FISCHFILET AUF GRÜNER KARTOFFELEMULSION

- 300 g mehligkochende Kartoffeln
- 200 ml Gemüsebrühe (aus Gemüse der Saison, z. B. Lauch, Sellerie, Möhren, Wurzelgemüse, Kohlstrünken usw. gekocht)
- 100 g Crème fraîche
- Salz
- 1 Bund glatte Petersilie, 1 Bund Pfefferminze
- Neutrales Öl (etwa Traubenkernöl)
- 2 Filets aus weißfleischigem Fisch (je nach Fangsaison)
- Grüner Pfeffer (getrocknet), grobes Meersalz

Die Kartoffeln waschen, schälen, in Stücke schneiden und in der Gemüsebrühe weich garen. Dann zerdrücken und mit der Crème fraîche vermischen. Die Konsistenz sollte dickflüssig sein, daher eventuell mit etwas Gemüsebrühe korrigieren, anschließend salzen. Die Kräuter waschen und sehr trocken tupfen, nicht zu fein hacken und mit etwas Öl vermengen. Den Fisch glasig dämpfen. Die Kartoffelemulsion auf den Tellern als Spiegel ausstreichen. Den gedämpften Fisch seitlich darauflegen, den grünen Pfeffer im Mörser zerkleinern und mit dem groben Salz auf den Fisch streuen. Die Kräuter-Öl-Mischung mithilfe eines Teelöffels auf der Kartoffelemulsion auftragen.

Je nach Menüfolge für zwei bis drei Personen.

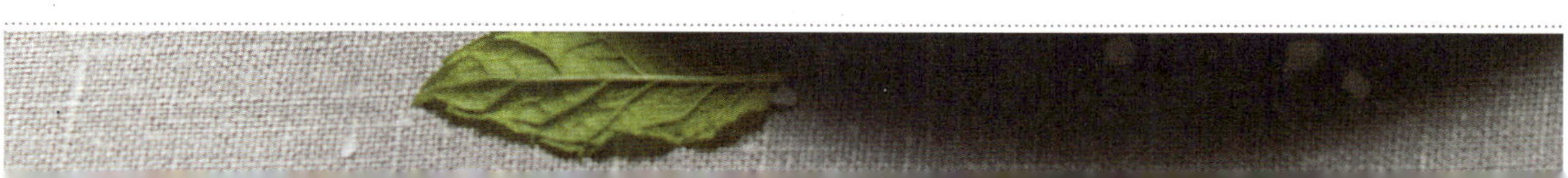

GRÜNE MINZE (SPEARMINT)

💧 Alkohol, Fett, Wasser NEOMENTHOL minzig, kühlend 💧 Alkohol, Fett, Wasser PIPERITON scharf, minzig 💧 Alkohol, Wasser MENTHON schwach-minzig 💧 Alkohol, Fett, Wasser MENTHYLACETAT minzig 💧 Alkohol, Wasser PULEGON schwach pfefferminzig, kampferig 💧 Alkohol, Fett MENTHOFURAN erdig-minzig 💧 Alkohol, Fett

GESCHMACK

SÜSS SAUER SALZIG BITTER UMAMI

Minze schmeckt gleichzeitig süß und scharf, wirkt aber kühlend. Verantwortlich dafür ist das Menthol – je nach Sorte mit unterschiedlichen Akzenten. Minze weist stets einen zitronigen, fruchtigen Unterton auf

WASSERMINZE

PFEFFERMINZE

HARMONIE

MINZE
BASILIKUM
BOCKSHORNKLEE
CHILI
DILL
INGWER
KREUZKÜMMEL
MAJORAN
OREGANO
PETERSILIE

ROSSMINZE

AROMENENTFALTUNG

A *Typisch florale grüne Minznoten* B *Leichte Bitternoten, mehr „pfeffrig"*

PASST GUT ZU

Frisch: *Auberginen, Karotten, Erbsen, Kartoffeln, Tomaten, Zucchini, fast allen Fleischsorten, Fisch.* ***Getrocknet:*** *Joghurt, Hackfleisch*

reizt die Schmerzrezeptoren der Zunge, was den kühlenden Effekt der Minze erzeugt. Diese Reizung tritt selbst bei heißen Getränken wie Pfefferminztee auf. Allerdings tragen noch eine ganze Reihe weiterer Aromaverbindungen zum leichten, frischen Duftspektrum der Minze bei, etwa pfefferminzartige Noten mit einem Hauch Kampfer, ein minzig-scharfer Duft sowie erdig-minzige Töne mit einem dezenten Anklang an Röstnoten. Bei verschiedenen Kreuzungen der Minze spielen zusätzlich Aromenverbindungen aus anderen Pflanzen eine Rolle. Die Bitterkomponenten im Geschmack lassen sich wie bei vielen Kräutern auf die nichtflüchtigen Gerbstoffe Kaffee- und Rosmarinsäure zurückführen.

COOLER SHAKER

- Ein Bund frische Grüne Minze
- 2 TL grüner Earl Grey
- ½ l Wasser
- 100 ml Wodka
- 1 Spritzer Limettensaft, 1 Zitrone
- 50 ml Zuckersirup
- 2 EL gecrushtes Eis
- 50 ml farbloser Minzlikör

Minze waschen und zusammen mit Earl Grey in kochendem Wasser brühen, 10 Minuten ziehen lassen, anschließend abfiltern. Kalt mit Wodka, Limettensaft, Zuckersirup, zerstoßenem Eis und Minzlikör in einen Shaker geben, durch ein feines Sieb abgießen und in gekühlte Wermutgläser füllen. Mit Eis und Zitrone als sommerlichen Aperitif servieren.

Am besten verarbeitet man Minze frisch, dann kommt ihr herrliches Aroma voll zur Geltung. Getrocknet wird sie rund um das östliche Mittelmeer sowie im arabischen und persischen Raum verwendet. Beim Trocknen verflüchtigt sich ein kleiner Teil des Menthols, allerdings leidet das Gesamtaroma darunter nur wenig, da der Minzcharakter durch viele der weniger flüchtigen, scharf bis erdig-minzigen Noten aufrechterhalten wird. Die getrocknete Minze schwitzt man mit Öl oder Butter an, wobei die freiwerdenden Aromen im Fett gelöst werden. Damit kann man Bohnen- oder Linsensuppen, Lamm- oder Gemüseeintöpfe aromatisieren.

Minze kommt nicht nur in England zum Einsatz: In der französischen Küche etwa kann in einer → ***Sauce béarnaise*** Estragon durch Minze ersetzt werden, dann erhält man eine → ***Sauce paloise***. In die berühmte englische Minzsauce gehören Grüne Minze, manchmal auch Pfefferminze, und dazu Essig, Zucker, Pfeffer und Salz. Mit ihr werden Lamm- und Hammelgerichte gewürzt, man kann sie aber auch zu gegrillten Lammkoteletts oder Steaks reichen. Die Zutaten lassen das breite Aromenspektrum der Sauce erahnen: Sowohl mehrere Geschmacksreize als auch verschiedene Aromen und Reize wie „scharf“ und „kühl“ sind in ihr enthalten. In Griechenland und in der Türkei kommt die Dionysos-Minze in kalte Joghurtsaucen, die Lamm und Gemüse würzen. Auch hier ist der Kontrast der frischen, kühlen Süße zu den Röstaromen entscheidend. Scharfen Gewürzen geben die mentholreichen Minzen ebenso eine kühlende Gegennote. Deshalb wird in südamerikanischen Gerichten gerne Minze mit Chili, Petersilie und Oregano kombiniert. Diese Heiß-kalt-Kombination funktioniert ganz ähnlich in Getränken: Für den berühmten marokkanischen ***Thé à la menthe*** (Tee) wird eine spezielle hellgrüne, leicht gekräuselte Sorte verwendet. Man kann ihn jedoch genauso gut mit Grüner Minze zubereiten – eventuell angereichert mit etwas Pfefferminze. Bei den Drinks ***Pimm's*** oder ***Mint Julep*** steht die kühlende Minze in einem als angenehm empfundenen Gegensatz zu dem

LÄNDERKÜCHE

England: *Minzsauce* ***Frankreich:*** *Sauce paloise, Menthe à l'eau (Erfrischungsgetränk), Perroquet (Aperitif)* ***Österreich:*** *Kärntner Kasnudeln* ***Levante:*** *Schawarma (Fleisch vom Drehspieß), Tabouleh (Petersilien-Salat)* ***Marokko:*** *Thé à la menthe* ***Griechenland:*** *Keftedes (Hackfleischbällchen)* ***Türkei:*** *Cacik (Gurkensalat mit Joghurt)* ***Iran:*** *Polo (Reis), kalte Gurkensuppe* ***Indien:*** *Biryani (Reis)* ***Thailand, Vietnam:*** *Currys, Salate, Suppen* ***Mexiko:*** *Fleischbällchen* ***Kuba:*** *Mojito (Drink)*

EINKAUF, LAGERUNG, ANBAU

Frische Minze gibt es auf Wochenmärkten oder aus eigener Ernte. Sie hält sich im Wasserglas oder im Kühlschrank etwa zwei Tage, kann auch problemlos eingefroren werden: am besten gehackt mit Wasser und etwas Öl vermischt. Weil Minzen im Garten oft auswuchern, sollten sie in Kübeln gezogen werden. Am intensivsten ist ihr Aroma kurz vor der Blüte. Getrocknete Minze duftet weniger und ist vor allem weniger süßlich, aber noch immer minzig-frisch.

WICHTIGE ARTEN:

DIONYSOS-MINZE: *Diese auch Griechische Minze genannte Sorte hat ein frisches, klares Aroma. Sie verträgt sich gut mit Knoblauch und ist deswegen besonders im mediterranen Raum populär.*

GRÜNE MINZE (SPEARMINT): *Die englische Pflanze mit ihren runderen Blättern enthält fast kein Menthol. Sie duftet sehr frisch nach Minze und ein wenig nach Kümmel. Die milde Sorte ist ein bedeutendes Küchenkraut.*

KRAUSE MINZE: *Mit ihr wird gerne in Südostasien gewürzt. Sie ist milder als die Pfefferminze und weist zusätzlich ein leicht kümmelartiges Aroma auf. Ihre Blätter sind gekräuselt.*

*„Brennen" des Alkohols. Die Mojito-Minze soll besonders gut zum berühmten kubanischen Drink **Mojito** passen – aber der schmeckt auch mit anderen Minzearten. In Marseille ist der **Perroquet** ein beliebter Aperitif: Pastis mit Wasser und etwas Minzsirup. Eine erfrischende Limonade ist das französische **Menthe à l'eau**: Wasser mit einem Schuss giftgrünem Minzsirup. Wegen der kühlenden Wirkung des Menthols passt das Kraut natürlich hervorragend zu Eis, Eisparfait und Schokoladensüßigkeiten wie **After Eight**. Die belebende Note tut auch Obstsalaten und dem levantinischen Petersiliensalat **Tabouleh** gut. In Tomatensalate passt die Basilikum-Minze: Ihr Aroma ist namensgebend und zeigt nebenbei sofort, wie gut Basilikum und Minze harmonieren. In Kärnten gibt es sogar eine nach Kümmel schmeckende Minzesorte, die in **Kärntner Kasnudeln** verwendet wird. Grundsätzlich gilt: Bei der Vielzahl an Minzen sind der Experimentierfreude keine Grenzen gesetzt. Einfach auf dem Markt oder im Gartenmarkt durchschnuppern und durchkosten.*

PFEFFERMINZE: *Diese spitzblättrige Sorte enthält sehr viel Menthol. Wegen des Tees ist sie sehr bekannt. Kulinarisch spielt sie jedoch keine große Rolle und wird eher in der Lebensmittelindustrie eingesetzt.*
POLEIMINZE: *In der Antike war sie beliebt, wird aber heute aufgrund des leberschädigenden Wirkstoffs Pulemon nicht mehr verzehrt. Ihr Aroma ist eher streng.*
ROSSMINZE: *Ihre Blätter sind süß-aromatisch und duften ein wenig nach Terpentin.*
WASSERMINZE: *Wie Rossminze wächst diese eher milde Sorte in Deutschland wild.*
WEITERE ARTEN: *Neben diesen gibt es eine schier unüberschaubare Anzahl weiterer Minzearten. Botaniker haben bis zu 600 Arten gezählt, wobei die Zuordnung jedoch umstritten ist: Manches heißt zwar Minze, ist botanisch aber etwas anderes.*

MOHN

Wer einmal einen Germknödel gegessen hat – gefüllt mit Zwetschgenmus, übergossen mit Butter und bestreut mit Mohn –, der weiß, warum Mohn in der mitteleuropäischen und speziell der österreichischen Küche so beliebt ist. Keine Sorge, niemand wird unter Drogen gesetzt: Obwohl aus der gleichen Pflanze Opium gewonnen wird, ist der Anteil an Morphin und Kodein in Mohn und Mohngebäck äußerst gering bis nicht mehr nachweisbar. Werden Mohnsamen in heißem Wasser gewaschen, verlieren sich auch diese Reste.

Papaver somniferum
(BLAUMOHN)

PENTAN-1-OL *fuselartig* ◊ *Alkohol, Wasser (schlecht)* HEXANAL *fruchtig, fettig, grün* ◊ *Alkohol, Fett, warmes Wasser* HEXAN-1-OL *blätterig, fruchtig, grüngrasig* ◊ *Alkohol, Fett, Wasser* HEXANSÄURE *schweißig-stechend* ◊ *Alkohol, Fett* 2-PENTYLFURAN *fruchtig-würzig, erdig-bohnig* ◊ *Fett*

Die Samen stecken in den Mohnkapseln. Rohe, ganze Mohnsamen riechen nach nichts, da die Aromen fest von der Schale eingeschlossen. Auf der Zunge ist ein buttriger, leicht süßer Geschmack wahrnehmbar, aber erst nach dem Zerbeißen – oder während des Mahlens, Zerreibens oder beim leichten Erhitzen – werden die Aromen freigesetzt. Der typische Mohngeruch wird durch das würzig-röstig duftende Molekül 2-PENTYLFURAN erzeugt. Die hierzulande bekannteren blaugrauen Samen duften dabei kräftiger und mandelartiger als die weißen Samen der indischen Sorte. Die ätherischen Öle von Mohn enthalten viele ungesättigte Fettsäuren: Ölsäure (C 18:1), Linolsäure (C 18:2) und die dreifach ungesättigte Fettsäure Linolensäure (C 18:3).

GRAUE MOHNSAMEN

HÄHNCHENBRÜSTE MIT MOHNPANADE

- 2 Hähnchenbrüste ohne Haut
- 1 EL Mehl
- 2 leicht aufgeschlagene Eiweiß
- 6 EL blaue Mohnsamen
- Salz
- 3 EL Butter
- 100 ml halbtrockener Weißwein
- 200 ml Hühnerfond
- 50 ml Sahne
- Weißer Pfeffer

Hähnchenbrüste auf einer Seite in etwas Mehl, aufgeschlagenem Eiweiß und blauen Mohnsamen (mit etwas Salz vermischt) panieren und in Butter braten, dann auf der unpanierten Seite weiterbraten. Im vorgeheizten Ofen (80 °C) ruhen lassen. Bratpfanne mit halbtrockenem Weißwein ablöschen, Hühnerfond angießen und reduzieren. Sahne angießen und dezent mit Weißem Pfeffer und Salz würzen. Durch ein feines Sieb geben, eventuell weiter reduzieren. Die Hühnerbrüste aufschneiden und auf die Sauce in vorgewärmte Teller geben.

Da die Linolensäure sehr rasch oxidieren kann, muss Mohnöl schnell aufgebraucht werden und darf nicht erhitzt werden.

Verwendet werden die Samen des Mohns, wobei sich deren typisches Aroma wie beschrieben erst beim Zermahlen oder Erhitzen zeigt. Die würzig-röstige Basis des Mohngeruchs wird beim Backen und Anrösten noch verstärkt. Werden die Samen jedoch zu lange geröstet oder in einer Mohnmühle zu lange und zu heiß gemahlen, werden sie bitter. Um eine Mohnpaste für Füllungen zu erhalten, übergießt man die Samen vor dem Mahlen mit kochend heißem Wasser und lässt sie 2 bis 3 Stunden einweichen. Dann wird die Flüssigkeit durch ein feines Tuch abgegossen und die Samen werden zu einer Paste zermahlen. Da Mohnöl leicht oxidiert, kommt es, anders als die Samen, nur für den Einsatz in der kalten Küche infrage, höchstens zum Unterheben unter warme Speisen unmittelbar vor dem Servieren.

Mohn ist vor allem in Kombination mit Süßspeisen bekannt. Während seine fettigen Noten ebenfalls in diese Richtung gehen, ergänzen die Samen gleichzeitig tiefe nussige Noten. In der Kombination mit Vanille oder etwa Zimt ergänzen sich die schwer-würzigen, wachsigen Mohndüfte mit den aromatisch-süßlichen Noten dieser Gewürze. In der Türkei gehören geröstete Mohnsamen mit Sirup ins *Halva* und andere Desserts. Die nussig-buttrigen Aromen der ebenfalls enthaltenen Nüsse oder Mandeln ergänzen sich dabei mit denen des Mohns. Die Küche des indischen Subkontinents kombiniert geröstete und gemahlene helle Samen mit Mandeln und weiteren individuell zusammengestellten Gewürzen für *Kormas* und Currys. Auch hier harmonieren verschiedene nussige und röstige Aromen miteinander. Die Mohnsamen werden dort außerdem dazu verwendet, Saucen eine sämige Konsistenz zu geben. In der japanischen Küche streut man geröstete Mohnsamen bei Tisch über Suppen oder Nudelgerichte: So lassen

GESCHMACK

Mohn schmeckt süß, wirkt fettig und duftet würzig-röstig. Das leicht verderbliche Mohnöl hat ein zart-fruchtiges Aroma.

HARMONIE

AROMENENTFALTUNG

A *Eher wachsig, leicht fettig* **B** *röstiger Mohnduft*

PASST GUT ZU

Currys, Milch, Sahne, grünem Gemüse (Bohnen, Zucchini), hellen Kohlsorten (Kohlrabi, Weißkohl, Blumenkohl), Auberginen, Kartoffeln, Mais, Süßspeisen, Gebäck

LÄNDERKÜCHE

Deutschland, Österreich, Schweiz: *Mohnbrötchen, Mohnschnecke* **Österreich:** *Germ-, Hefeknödel mit Mohn, Mohnstrudel, Mohnnudeln* **Südost- und Mitteleuropa:** *Mohnkuchen* **Türkei:** *Halva (Süßigkeit)* **Indien:** *Kormas (Saucen mit Mandeln und Joghurt) und Currys, bengalische Suktas (bittere Gemüseeintöpfe)*

M

WEISSE MOHNSAMEN

GEWÜRZMISCHUNGEN
Japanisches Shichimi togarashi (Sieben-Gewürze-Mischung)

EINKAUF, QUALITÄTEN, LAGERUNG
Die graublauen Samen gibt es in fast jedem Supermarkt (auch als fertige Backmasse) oder in osteuropäischen Lebensmittelgeschäften. Holländischer Blaumohn gilt als der qualitativ beste. Mohnsamen werden wegen des hohen Ölgehalts schnell ranzig, deshalb immer nur kleine Mengen kaufen. Man kann Mohnsamen und Mohnpaste aber auch einfrieren. Mohnöl ist eine Spezialität aus Österreich und dort durchaus verbreitet. Das Waldviertel ist berühmt für seine Mohn(öl)produkte. Den weißen Mohn findet man in Asialäden.

sich ungebratenen Speisen nachträglich Röstaromen hinzufügen. Das typische Röstaroma erklärt auch den beliebten Einsatz von Mohn auf Brötchen: Sein Duft fügt sich in die Röststoffe der Brötchenkruste bestens ein. Mit dem fruchtigen Mohnöl würzt man Salate und gibt ihnen dabei ein Aroma, das zarter als das von Haselnuss- oder Walnussöl ist. Da das Öl aus den gerösteten Samen hergestellt wird, bereichert es frische, kalte und damit ungeröstete Speisen durch seinen warmen röstigen Duft.

GESCHICHTE UND GESCHICHTEN

Der weiße Milchsaft aus der unreifen Mohnkapsel wird in getrockneter und schwarzoxidierter Form als „Opium" bezeichnet. Er besteht zu 20 bis 30 Prozent aus Alkaloiden, darunter Morphium und Codein. Schon die Sumerer kannten seine berauschende Wirkung. In der Antike verabreichte man Patienten aus Mohnkapseln gewonnene Pillen oder abgekochte Brühen wegen ihrer schmerzlindernden und einschläfernden Wirkung. Im 8. Jahrhundert entdeckten arabische Ärzte die stark betäubende Wirkung des Milchsaftes. Damit wurde die Behandlung von Schmerzen revolutioniert, aber gleichzeitig verbreitete sich nun die Droge Opium und das „Opiumessen" über ganz Asien und schließlich Europa. Um größere Handelsgewinne zu erzielen, erzwangen die Briten im Ersten Opiumkrieg die Öffnung der chinesischen Märkte für die Droge. In der westlichen Medizin war bis ins 19. Jahrhundert hinein die Opiumtinktur Laudanum legal in Gebrauch.

MORCHEL

Morcheln gehören zu den geschmacksreichsten Pilzen, deshalb kommen sie in der Spitzengastronomie häufig zum Einsatz. Der eiförmige, fast regelmäßig geriffelte Hut ist auch optisch eine „Schau". Botanisch gehören sie wie Trüffeln zu den Schlauchpilzen. Für die Kulinarik am bedeutendsten sind die kleineren Spitzmorcheln und die Speisemorcheln, die sich von Duft und Geschmack her kaum voneinander unterscheiden. Getrocknet stehen die Pilze das ganze Jahr zur Verfügung und sind noch intensiver.

Morchella esculenta

(R)-1-OCTEN-3-OL *muffig, pilzartig, schimmelig ◊ Alkohol, Fett* 1-OCTEN-3-ON *pilzig, metallisch, leicht orangig ◊ Alkohol, Fett* OCTAN-3-OL *nussig, feucht, erdig holzig ◊ Al-*

Das Aroma der Morcheln ist sehr komplex. Wie viele andere Pilze enthalten sie das Molekül (R)-1-OCTEN-3-OL, das während des Kochens zu 1-OCTEN-3-ON oxidiert und für einen Großteil des Pilzgeruchs verantwortlich ist. Daneben finden sich der Aromastoff 3-OCTANOL, der den nussig-feuchten und erdig-holzigen Duft beisteuert, sowie 2-OCTANON mit seinen frisch-erdig-grünen Noten. Weiterhin enthalten sind fruchtig-käsige Töne sowie der Hauch eines

WARMER MORCHELFRISCHKÄSE

- 12 größere frische Morcheln
- 100 g Butter
- Salz
- 150 g Ziegenfrischkäse
- Etwas Kerbel (nach Geschmack)

Die Butter in einer Pfanne zerlassen. Die gesäuberten, vom Stiel befreiten, aber möglichst nicht gewaschenen Morcheln darin vorsichtig andünsten, sodass sie weich sind, aber nicht zerfallen. Leicht salzen. Herausnehmen und abkühlen lassen. Die „Morchelbutter" durch ein Sieb geben und mit dem Ziegenfrischkäse vermengen. Dabei etwas Kerbel zugeben (falls gewünscht). Die Morcheln damit füllen und vorsichtig wieder unter dem Grill erwärmen. Halbwarm als kleine Vorspeise genießen. Die Morchelhülle und die eingerührte Morchelbutter wirken quasi als „Gewürz" für den Frischkäse.

eher stechenden Aromas, das sich aber beim Kochen sowie beim Trocknen vollkommen verflüchtigt. Ein zusätzliches Plus im Duft der Morchel sind ihre aromatisch-würzigen, fast thymianartigen Noten. Sie stammen von THYMOL, das stark am Hauptaroma von Thymian beteiligt ist. Die kräuterige Note der Morchel wird noch durch P-CYMOL unterstrichen. Beide Aromen bleiben beim Trocknen weitgehend erhalten, weshalb getrocknete Morcheln intensiver nach ihnen duften. Morcheln schmecken leicht säuerlich und verstärken diese Grundgeschmacksrichtung in Speisen. Dafür ist ein Gemisch von ÄPFEL-, ESSIG- und ZITRONENSÄURE verantwortlich. Ein weiteres Highlight der Morchel ist ihr deutlicher →umami-Geschmack. Die Pilze haben daher ein großes Potenzial als natürliche „Geschmacksverstärker". Verantwortlich ist dafür der hohe Anteil an Asparaginsäure und freier Glutaminsäure, besser bekannt als →Glutamat: Diese Aminosäuren werden sehr stark von Rezeptoren für den herzhaften umami-Geschmack wahrgenommen.

Die Pilze werden immer mitgekocht. Frisch enthalten sie ein leichtes Gift (Helvellasäure), das beim Waschen zu einem großen Teil und beim Kochen vollständig verschwindet. Wichtig bei der Zubereitung der frischen Morcheln ist die Säuberung: Zuerst ausklopfen, dann eventuell halbieren und mit einem Pinsel oder einer kleinen Bürste unter fließendem Wasser abspülen – danach in der Salatschleuder vorsichtig trocken schleudern. Puristen raten wie bei allen Pilzen von dem Kontakt mit Wasser beim Säubern ab, da es viele der Aromen herausspülen würde. Nicht zuletzt ist aber der Verschmutzungsgrad der Pilze entscheidend, der bei Morcheln wegen der Löcher meistens höher ist. Die Hüte lässt man aus optischen Gründen ganz oder halbiert sie lediglich. Stiele können im Ganzen verarbeitet oder für die köstliche Morchelrahmsauce klein gehackt werden. Wenn Morcheln getrocknet werden, verdampft vorwiegend Wasser, die Aromen bleiben aufgrund der schwammartigen Pilzstruktur und der aromenbindenden Zell-

kohol, Fett OCTAN-2-ON *erdig-frisch-grün* ◊ *Alkohol, Fett* HEPTAN-2-ON *fruchtig-käsig, Blauschimmel* ◊ *Alkohol, Fett, Wasser (schlecht)* HEXAN-2-ON *scharf-stechend* ◊ *Alkohol, Fett* ÄPFELSÄURE *fruchtig, apfelartig* ◊ *Wasser* P-CYMOL *holzig, terpentinartig, zitrus* ◊ *Alkohol, Fett* THYMOL *thymianartig* ◊ *Alkohol, Fett, Wasser (schlecht)*

GESCHMACK

Morcheln duften nussig-feucht, holzig, frisch-erdig-grün, würzig bis thymianartig. Getrocknet sind sie aromatischer und dienen als natürliche „Geschmacksverstärker".

HARMONIE

AROMENENTFALTUNG

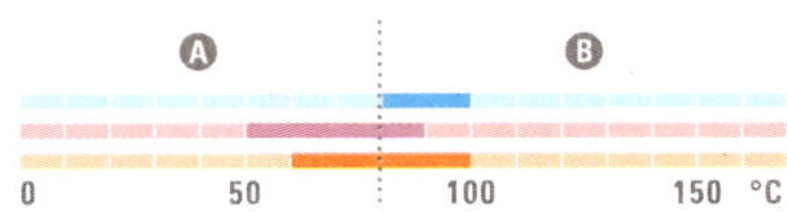

A *Roher Pilzduft* **B** *Typischer Morchelduft und -geschmack*

PASST GUT ZU

Rind-, Kalb- und Schweinefleisch, Geflügel, Wild, Fisch, Krustentiere, Gemüse, insbesondere Spargel oder Karotten, Pasteten, Terrinen, Suppen, Nudeln

LÄNDERKÜCHE

Deutschland: *Wildgerichte, Rinderfilet mit Spargel und Morcheln* ***Österreich:*** *Rostbraten mit Morcheln, Maibock (einjähriges Reh) mit Morcheln* ***Frankreich:*** *Poulet aux morilles (Morchelhuhn), Velouté aux morilles (gebundene Morchelsuppe), Morilles à la crème (Morcheln in Sahnesauce)*

QUALITÄTEN, EINKAUF, LAGERUNG

Morcheln haben zwischen April und Mai Saison. Sie wachsen in feuchten Auwäldern, an Bachufern und bei Holzlagern. Vorsicht: Es besteht Verwechslungsgefahr mit der giftigen Frühjahrs-Lorchel! In Deutschland dürfen Morcheln nicht kommerziell gesammelt werden, sie zählen zu den geschützten Arten. Deshalb gibt es im Handel meist Importware aus der Türkei, Pakistan, Italien oder dem Elsass – frisch, getrocknet, auch tiefgefroren. Je dunkler und kurzstängeliger die Pilze, desto teurer. Frische Morcheln müssen schnell verarbeitet werden, denn sie sind kaum lagerfähig. Getrocknete Morcheln sind dafür verschlossen lange haltbar. Nicht verwechseln: Mu-err, oft „chinesische Morcheln", sind etwas völlig anderes.

stoffe erhalten. Die Glutaminsäure ist generell nichtflüchtig, weshalb sie in getrockneten Pilzen noch intensiver zur Geltung kommt. Getrocknete Pilze werden vor dem Kochen etwa 15 Minuten in ein wenig Wasser eingeweicht. Wegen des Sands und der Erde sollte man es zwar filtern, kann es beim Kochen aber noch verwenden, beispielsweise für Reis.

Dank der freien Glutaminsäure sorgt bereits eine kleine Menge in Saucen mitgekochter, getrockneter Morcheln für eine erhebliche Verstärkung des herzhaften umami-Geschmacks, ohne dass ein direktes Morchelaroma wahrgenommen wird. Als natürliche „Geschmacksverstärker" sind die Pilze selbst in diesen geringen Mengen ziemlich universell einsetzbar. Über ihre fruchtigen und würzigen Aromen setzen sie schöne Kontraste zu süßlichem Gemüse wie Karotten oder zu Trockenobst (Aprikosen, Pflaumen). Mit Muskatnuss und Zimt harmonieren sie über ihre würzigen Töne. Auch saure Noten können durch die Zugabe von Morcheln erzeugt oder verstärkt werden. Über das Thymol passen Morcheln von Natur aus gut zu Thymian und den Kräutern und Gewürzen, die mit Thymian harmonieren, etwa Rosmarin, Oregano, Majoran, Muskatnuss, Salbei oder Bohnenkraut, deren starkes Aroma durch die der Pilze noch unterstützt wird. Morcheln schmecken hervorragend pur, allein mit Schalotten gebraten und als Vorspeise zubereitet, oder etwa in Kombination mit klein geschnittenem grünem Spargel: Dessen Erdigkeit und leichter Hauch von Schwefel wird durch die pilzigen Aromen ausgezeichnet ergänzt. Die klassische Morchelsauce kombiniert die Pilze mit Schalotten, Weißwein, Sahne und Kalbsfond. Als Weinbegleiter zu Gerichten mit Morcheln sind reife Weiß- und Rotweine, zum Beispiel aus dem Anbaugebiet Jura, zu empfehlen.

MUSKATNUSS, MACIS

Neben Pfeffer und Zimt war Muskat im 17. Jahrhundert das teuerste Gewürz Europas. Man sagte ihm aphrodisische Wirkungen nach, er sollte sogar gegen die Pest helfen. Um Muskatnüsse wurden blutige Kolonialkriege geführt und sie wurden zum Statussymbol reicher Leute. Heute ist Muskat eines der am besten in die europäische Küche integrierten orientalischen Gewürze. Als Macis wird der Samenmantel bezeichnet, der die Muskatnuss umgibt.

Myristica fragrans

GERANIOL *blumig, floral ◊ Alkohol, Fett* SABINEN *frisch-holzig, neutralkräuterig ◊ Alkohol, Fett* BORNEOL *holzig-kampferig ◊ Al-*

Der Duft der Muskatnuss lebt von einem breiten Spektrum an Aromen, die in den ätherischen Ölen enthalten sind. Ein einzelnes aromabestimmendes Molekül gibt es nicht. Vor allem das würzige und warme MYRISTICIN, das nach Anis duftende SAFROL und der Aromastoff ELEMICIN mit seinen harzig-würzigen Noten tragen zum charakteristischen Muskatduft bei – aber erst viele weitere Aromen machen ihn zu dem, was er ist. Dazu gehören harzige Töne aus α-PINEN, orangenartige aus dem Molekül LIMONEN – bekannt aus Kümmel, Koriander, Zitrusschalen oder Dill – und kampferige Noten vom BORNEOL. Des Weiteren finden sich α-TERPINEOL mit seinem Duft nach Zitrus und Flieder, das frisch-holzig riechende SABINEN – es kommt auch in Kubebenpfeffer, Kardamom und Wacholder vor – sowie die würzig-nelkigen Aromen EUGENOL und ISOEUGENOL. Die Schärfereizung der Muskatnuss wird auf das nichtflüchtige, aus Ingwer und Kurkuma bekannte GINGEROL zurückgeführt. Aus diesem Spektrum ergibt sich ein ausgesprochen vielseitig einsetzbares Gewürz, das als Mittler zwischen anderen Gewürzen dienen kann. Aus Muskatnuss und Macis gewinnt man auch das ätherische Muskatnussöl beziehungsweise Muskatnussblütenöl. Beide werden zum Aromatisieren von Kräuter- und Fruchtlikör, Tabakwaren, Seife, Zahnpasta und Herrenparfüms verwendet.

OFENSPINAT MIT MUSKATNUSS

- 500 g Spinat (geputzt)
- Muskatnuss (gerieben)
- Salz
- Butterflocken
- Frisches Fladenbrot

Backofen auf 220 °C vorheizen. Möglichst jungen Spinat – er hat weniger Oxalsäure – waschen und in der Salatschleuder gründlich trocken schleudern. Spinat in einen großen ofenfesten Topf geben und kräftig mit frisch geriebener Muskatnuss und etwas Salz würzen. Großzügig mit Butterflocken belegen und in den Backofen geben. Nach einer Minute den Ofen ausschalten und nach ca. 8–10 Minuten den Spinat herausnehmen. Er hat kaum Wasser verloren. Durchrühren und sofort mit frischem Fladenbrot servieren.

Das Gewürz verliert durch Erhitzen etwas an Aroma, weshalb es meist erst kurz vor dem Servieren über die Speisen gerieben wird. Der Aromenverlust unter Hitze ist allerdings nicht so gravierend wie etwa bei feinen Blattgewürzen. Weil Muskat sehr dominant schmeckt, empfiehlt es sich, das Gewürz sparsam zu dosieren. Das Aroma der Muskatnussblüte ist sehr ähnlich, aber etwas feiner, zitroniger. Macis kann ebenfalls zerstoßen über das fertige Gericht gegeben werden oder im Ganzen in einem Säckchen mitgekocht werden.

Im Aromenspektrum der Muskatnuss kommen sehr viele Verbindungen vor, die auch in Kräutern dominant sind. Daher kann eine leichte Dosis Muskatnuss oft als „Brücke“ zwischen Kräutern und Gewürzen eingesetzt werden. Dies zeigt sich zum Beispiel in der Harmonie mit Kohl und Blattgemüsen. Muskatnuss fügt sich zwar sehr gut in viele Gewürzmischungen ein, kann aber genauso gut als einzelnes Gewürz in Gemüsespeisen dienen. Spinat, Kartoffelgerichten und Wintergemüse gibt es eine besondere Note: Im Spinat mildert Muskat die Wahrnehmung der säuerlich-bitteren Oxalsäure, im Rosenkohl die der schwefeligen Kohlnoten, Pastinaken nimmt es die

kohol, Fett α-PINEN *warm-harzig, Piniennadeln* ◊ *Alkohol, Fett* LIMONEN *orangenartig, terpentin-zitronenartig* ◊ *Alkohol, Fett* α-TERPINEOL *zitrusartig, fliederartig, etwas terpentinartig* ◊ *Fett, Wasser* β-CUBEBEN *zitrusartig, apfelig-rettichartig* ◊ *Alkohol, Fett* MYRISTICIN *würzig, warm, balsamisch* ◊ *Fett* SAFROL *süßlich, warm, anisartig, holzig* ◊ *Alkohol, Fett* ELEMICIN *harzig-würzig* ◊ *Alkohol, Fett* EUGENOL[T] *nelkenartig* ◊ *Alkohol, Fett* ISOEUGENOL *würzig* ◊ *Alkohol, Fett* GINGEROL *scharf, warm* ◊ *Fett, Wasser*

GESCHMACK

Die Nuss duftet gerieben ein wenig nach Eukalyptus, sehr würzig, holzig und fruchtig. Manche empfinden sie auch als süßlich. Macis duftet stärker als Muskatnuss, blumiger, zitroniger, ist etwas feiner im Aroma.

HARMONIE

AROMENENTFALTUNG

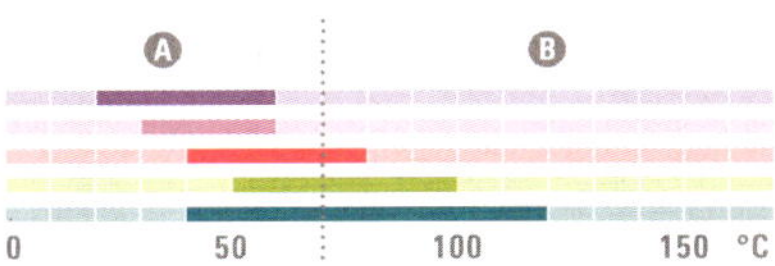

A *Frisch, leicht zitrusartig* **B** *Sehr aromatisch und würzig, pfeffrige Schärfe*

MACIS (MUSKATBLÜTE)

PASST GUT ZU

Kartoffelpüree, Gemüse, Suppen, Sauce Béchamel, Spinat, Wintergemüse, Kohl, Käse, Süßspeisen (Muskatblüte)

LÄNDERKÜCHE

Deutschland: *Kartoffelgerichte, Blumenkohl, Rahmspinat, Pilzgerichte, Käsefondue, Glühwein, Süßspeisen, Weißwurst (Macis)* **Niederlande:** *Ei-, Kartoffel- und Käsegerichte, Kohlgerichte, püriertes Gemüse, Fleischeintöpfe und Obstpuddings* **Italien:** *Ragù bolognese, Béchamelsauce (z. B. Lasagne)* **Griechenland:** *Moussaka (Auberginenauflauf)* **Frankreich:** *Gerichte mit Blumenkohl oder Rosenkohl, Quiche* **Indien:** *mogulische Gerichte (Korma)*

GEWÜRZMISCHUNGEN

Indisches Tandoori, arabisches Baharat, marokkanisches Ras el-Hanout, französisches Quatre-épices

QUALITÄTEN, EINKAUF, LAGERUNG

Muskatnüsse sind die Samen der Früchte des Muskatnussbaums. Diese Früchte sehen aus wie kleine Pfirsiche oder Aprikosen. Unter dem Fruchtfleisch liegt der rote Samenmantel (Macis, Muskatblüte), der den Samen (Muskatnuss) umgibt. Macis und Samen werden nach der Ernte getrocknet. Muskatnüsse werden nach Gewicht qualifiziert: Man zählt die Anzahl der Nüsse pro Pfund: Die geringste Klasse sind die 160er, die beste die 65er. Macis bekommt man meist gerieben, aber man sollte auch hier, wie bei den Nüssen, nach ganzen Stücken greifen. So sind Muskatnuss und Macis viel länger haltbar.

Erdigkeit. Allen verleiht es jeweils eine warme, kampferige und leicht harzige Note. Muskatnuss setzt einen deutlichen Kontrast zu der Süße in Kartoffeln und Milch, ausgelöst durch die enthaltene Stärke beziehungsweise Laktose. Klassisch ist das Kartoffelpüree oder -gratin mit Milch, Butter und Muskatnuss. Auch helle Saucen, vor allem *Béchamel*, werden fast immer mit Muskat verfeinert – zum Beispiel in der *Lasagne al forno* oder im griechischen *Moussaka*. Die Fettlöslichkeit der Aromen spielt eine große Rolle. Ihretwegen lassen sich auch Käsegerichte oder Parmesan durch das Gewürz harmonisch abrunden. Einen würzig-fruchtigen Kontrapunkt ergeben Muskatnuss beziehungsweise Muskatblüte in Süßspeisen und süßem Gebäck. Zu den beliebtesten Süßspeisen mit Muskat gehören Honig- und Früchtekuchen sowie Obstsalate. Eine Faustregel der europäischen Küche besagt, dass alles, was salzig ist, mit Muskatnuss, alles Süße mit Macis verfeinert werden kann.

GESCHICHTE UND GESCHICHTEN

In der griechisch-römischen Antike waren die Muskatnüsse wahrscheinlich unbekannt, in ägyptischen Mumiengräbern hat man sie jedoch gefunden. Unklar ist, ob sie als Gewürz oder nur zu kultischen Zwecken verwendet wurden. In Europa wurden Muskatnüsse erst ab dem 11. Jahrhundert bekannt. Arabische Händler brachten sie von den Molukken mit, machten aber um ihren Ursprung ein großes Geheimnis. Deshalb waren sie damals eher selten und entsprechend teuer. Ab dem 17. Jahrhundert stiegen sie zu einem regelrechten Statussymbol auf: Man trug sie als Amulett um den Hals oder zusammen mit einer Muskatreibe in einem Lederbeutelchen am Gürtel. Wer etwas auf sich hielt, würzte damit bei Tisch Wein oder Bier.

Muskatnuss kann giftig sein: Je nach genetischer Veranlagung wird das Myristicin bei manchen Menschen zu mescalin- und amphetaminähnlichen Substanzen abgebaut: Eine bis drei Nüsse können Rauschzustände auslösen sowie Vergiftungserscheinungen mit Bauch- und Kopfschmerzen, Erbrechen, Herzrasen, Schwindel bis hin zu Todesangst und Delirium.

EXKURS: KOLONIALE GRÄUEL AUF DEN BANDA-INSELN

Für das Handelsmonopol auf Muskatnüsse ließ der Generalgouverneur der Vereenigde Oostindische Compagnie (VOC) im 17. Jahrhundert alle Bestände auf den indonesischen Inseln abholzen – bis auf diejenigen der abgelegenen Banda-Inseln. Dort zwang er die ansässigen Bauern, ausschließlich und zu Festpreisen an die VOC zu verkaufen. Nach einem, trotz englischer Hilfe gescheiterten Aufstand rottete die VOC die verbliebenen rund 15000 Bandanesen fast vollständig aus und verkaufte die Überlebenden in die Sklaverei. Die Muskatpflanzungen wurden durch neu angesiedelte Araber und Chinesen bewirtschaftet. Drei Jahre darauf, 1623, wurden in der „Blutnacht von Ambon" nahezu alle in Indonesien ansässigen Engländer durch die VOC gefangen genommen und hingerichtet – damit war das blutige Muskatmonopol endgültig besiegelt.

Myrtus communis

MYRTE

Für viele wird es überraschend sein, dass man mit der Myrte nicht nur Bräute bekränzt, sondern tatsächlich Speisen würzt. Das Kraut ist auf den Mittelmeerinseln Kreta, Korsika und Sardinien und in einigen arabischen Ländern ein wichtiges Gewürz für deftige Fleischragouts und gegrillten Fisch.

Dominant im Myrteduft sind das kampferige, eukalyptusartige Aroma 1,8-CINEOL sowie α-PINEN mit seinen warm-harzigen und ebenfalls kampferartigen Noten. Diese Ausrichtung wird von weiteren Aromen unterstützt, darunter MYRTENOL und CAMPHEN. Hinzu kommen frische, blumige, fast parfümartige Noten. Nichtflüchtige Bitter- und Gerbstoffe sorgen für den bitteren Geschmack und die adstringierende Wirkung.

Von der Myrte werden die Zweige, Blätter, Blüten und Beeren verwendet. Aufgrund der ledrigen, harten Struktur der Blätter verflüchtigen sich beim Trocknen nur wenige Aromen. Aus demselben Grund können sie auch mitgekocht werden. Wegen spürbarer Bitternoten sollte man sie allerdings sparsam verwenden und immer erst 15 Minuten vor Ende der Garzeit hinzugeben. Ganze Zweige kann man ebenfalls kurz mitkochen und dann wieder entfernen. Die Beeren und Blüten enthalten weniger von den bitteren Gerbstoffen, weshalb man sie zerstoßen als Gewürz einsetzen kann: Hier stehen eher die Duftnoten im Vordergrund.

GERÄUCHERTER MYRTEKÄSE

- Ein getrockneter Myrtezweig
- 4 kleine Ziegenfrischkäse
- Frische Myrteblüten
- Olivenöl

Den getrockneten Myrtezweig anzünden, etwas brennen lassen, rauchend mit dem Ziegenfrischkäse unter ein großes Einmachglas geben und so den Ziegenkäse ein paar Minuten räuchern. Die Blüten mit etwas Olivenöl beträufeln und zerstoßen. Die geräucherten Ziegenkäse damit belegen. Mit einem harzig oxidierten Vin de Jura genießen.

Die ledrigen Blätter kommen ähnlich wie Lorbeer an diverse Ragouts mit Schwein, Wildschwein, Reh, Hase oder Tauben. Wie beim Lorbeer fügt sich die kampferige, eukalyptusartige Note gut zu dem süßlichen Fleisch. Der Wildcharakter wird durch die harzigen Noten des Myrtenol besonders betont. Vor allen aufgrund der starken Präsenz des eukalyptusartigen, kampferigen Aromas 1,8-Cineol harmoniert Myrte mit mediterranen Kräutern wie Bohnenkraut, Thymian, Rosmarin oder Fenchel, in denen diese Duftausprägungen ebenfalls enthalten sind. Seine eukalyptusartige Frische passt auch zu Fisch, ob gedünstet oder gegrillt. Auf den mediterranen Inseln grillt man mit Myrtenholz, ähnlich wie in der Karibik mit Pimentholz (→ Piment). Die bis zu fünf Meter hohen Myrtensträucher wachsen überall

NEROL *frisch, rosenartig, zitrus* 💧 *Alkohol, Fett, Wasser* GERANIOL *blumig, rosenartig* 💧 *Alkohol, Wasser (schlecht)* 1,8-CINEOL[T] *Eukalyptus, kampferig, kühlend* 💧 *Alkohol, Fett* α-PINEN *warm-harzig, kampferig* 💧 *Alkohol, Fett* MYRTENOL *würzig-holzig, harzig, minzig, medizinal* 💧 *Alkohol, Wasser* MYRTENAL *würzig, zimtig, kampferig, tonkabohnenartig* 💧 *Fett* MYRTENYLACETAT *herbal, zitrusartig, süßlich* 💧 *Fett* CAMPHEN *wachsig, kampferig* 💧 *Alkohol, Fett* LIMONEN *orangenartig* 💧 *Alkohol, Fett* α-, β-CARYOPHYLLEN *würzig-holzig, terpentinartig* 💧 *Alkohol, Fett* CUBENOL *würzig, grünteeartig, stumpf* 💧 *Alkohol, Fett, Wasser (schlecht)* CORILAGIN *adstringierend* 💧 *Alkohol, Wasser*

GESCHMACK

SÜSS SAUER SALZIG **BITTER** UMAMI

Die Pflanze ist holzig-würzig, frisch und blumig. Die säuerlich-bitteren Blätter haben eine leichte Orangennote, die Beeren sind süß und erinnern an Piment und Rosmarin.

HARMONIE

- MYRTE
- BOHNENKRAUT
- FENCHEL
- LORBEER
- OREGANO
- ROSMARIN
- THYMIAN
- WACHOLDER

AROMENENTFALTUNG

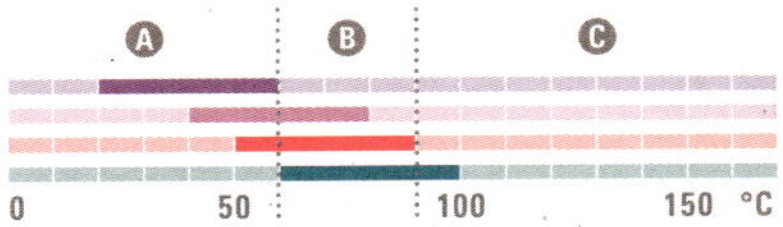

A *Blumig-zitrusartig* **B** *Harzige Noten betont* **C** *Bittere Anklänge hervorgehoben*

PASST GUT ZU

Fleischragouts, gegrilltem, Fisch

LÄNDERKÜCHE

Sardinien und Korsika: *Myrte-Likör, Ragouts*
Provence: *Konfitüre, Bouillabaisse*

EINKAUF

Man bekommt Myrte in Gartenmärkten.

in den Macchien des Mittelmeerraums. Das Grillgut wird dabei vom entstehenden Rauch aromatisiert. Um einen ähnlichen Effekt zu erzielen, kann man Braten oder Grillgut mit Myrtenzweigen umwickeln. Mit den weniger bitteren Blüten würzt man Salate oder man verwendet sie zur Dekoration.

GESCHICHTE UND GESCHICHTEN

Seit der Antike ist die Myrte ein Symbol für die über den Tod hinausreichende ewige Liebe. In der griechisch-römischen Mythologie ist sie Aphrodite beziehungsweise Venus geweiht. Seit dem 16. Jahrhundert war es in Deutschland Hochzeitstradition, dass die Braut einen Kranz aus Myrtenzweigen trug, der Bräutigam steckte sich einen Myrtenzweig ans Revers.

NIGELLA

Kleopatra badete in Nigellaöl und auch Nofretete pflegte ihren Teint mit dem Öl des Schwarzkümmels. Im Buch Jesaja des Alten Testaments wird er erwähnt und der Prophet Mohammed nannte ihn ein Heilmittel gegen jede Krankheit außer den Tod. In der jüdischen Küche würzt man Schwarzbrot mit ihm, in der Türkei streut man die an Sesam erinnernden Körner über Fladenbrot.

Nigella sativa

P-CYMOL *holzig, terpentinartig, zitrus* ◊ *Alkohol, Fett* α-THUJEN *holzig-grünlich* ◊ *Alkohol, Fett* LIMONEN *terpentin-zitronenartig* ◊ *Alkohol, Fett* THYMOQUINON *aromatisch-holzig* ◊ *Alkohol, Fett* THYMOHYDROQUINON *aromatisch-säuerlich* ◊ *Alkohol, Fett, Wasser* 2(1H)-NAPHTHALENON *sehr aromatisch, verbranntes Holz, fast moschusartig* ◊ *Fett* TRANS-ANETHOL *anisartig* ◊ *Alkohol, Fett*

GESCHMACK

SÜSS SAUER SALZIG **BITTER** UMAMI

Nigella besitzt kein eindeutiges Schlüsselaroma. Seine Geschmacks- und Geruchssensation entsteht durch die Kombination mehrerer Moleküle, die sich in ihrem Aufbau ähneln und für das aromatische, holzige Aroma verantwortlich sind: P-CYMOL, TRANS-ANETHOL und THYMOQUINON. Dazu kommen Spuren weiterer Duftstoffe. Bei längerer Lagerung verändern sich die Moleküle zum Teil, daher wird das Aroma schwächer. Die Chemie zeigt eine Verwandtschaft von Thymoquinon mit Cuminaldehyd (→ Kreuzkümmel). Das erklärt bereits auf molekularer Ebene die beliebte Kombination mit Kreuzkümmel.

Am besten entfaltet Nigella sein Aroma, wenn die Samen wie Kreuzkümmel im Mörser zerstoßen werden. Wenn das Gewürz zuvor noch in einer Pfanne ohne Fett kurz geröstet wird, entstehen Röstaromen, was seinen Duft und Reiz zum Beispiel auf Fladenbroten ausmacht. Dann wird Nigella richtig nussig, erdig und ein bisschen pfeffrig. Deswegen wurde im Mittelalter Schwarzkümmel – wie so vieles – als (aus chemischer Sicht unzureichender) Pfefferersatz verwendet.

Mit Nigella wurde im Orient schon immer Fladenbrot gewürzt: Einfach vor dem Backen über den geformten Teig gestreut, geben die schwarzen Samen dem Brot eine charakteristische, leicht bittere Note. Darüber hinaus ergänzen sich die Röstaromen der Samen mit denen der Brotrinde. Auch Käse und Quark kann man mit den bitteren Samen den letzten Pfiff geben. Kaut man einige Nigellasamen, wird man über warm-harzig-kampferige Töne und leichte Zitrusnoten entfernt an das Aroma von Majoran oder Oregano erinnert. Mit Blick auf die sich unter Hitze bildenden nussig-erdigen Aromen sollte man einmal versuchen, Bratkartoffeln mit Schwarzkümmel zu würzen: Die Kombination ist köstlich. Zu orientalischen Kartoffel- oder Gemüseomelettes passen die schwarzen Körner ebenfalls. Vor dem Aufbrühen ins Kaffeepulver gestreut, erweitern sie das röstige Kaffeearoma um aromatische Noten und lassen ihn intensiver erscheinen. Minze, Fenchel oder Ingwer ergänzen das angeröstete Gewürz um ihre frisch-kräuterigen, mitunter kühlenden und scharfen Noten, was einen interessanten Kontrast ergibt. Die bereits erwähnte Harmonie zwischen Nigella und Kreuzkümmel macht sich die bengalische Gewürzmischung →*Panch Phoron* zunutze. Wegen seiner milden Würze und seines breiten Aromaspektrums lässt sich Schwarzkümmel sogar in süßen Gerichten verwenden. So setzt er etwa eingeschlossen in Drops oder Lollis aus leicht karamellisiertem Zucker wunderbare Geschmacks- und Aromenkontraste.

GURKENSALAT MIT NIGELLA

- 1 Salatgurke, Salz
- 3–4 Zweige Minze
- 1 TL Nigellasamen
- 250 g griechischer Joghurt (10 % Fett)

Die Salatgurke fein würfeln und salzen. Die Minze fein hacken und zusammen mit den Nigellasamen und Joghurt zu den Gurken geben. 15 bis 20 Minuten ziehen lassen, dann servieren.

EXTRA: FALSCHE FREUNDE

Ähnlich wie bei Kreuzkümmel gibt es bei Schwarzkümmel beziehungsweise Nigella einige Namensverwirrungen. Nicht nur, dass „Schwarzer Kümmel" eine besondere Qualität des Kreuzkümmels bezeichnet. Aufgrund ihres Aussehens werden die schwarzen, dreieckigen Nigellasamen in der Türkei auch als „Schwarzer Sesam" bezeichnet und bei uns als „Zwiebelsamen" verkauft – obwohl sie weder mit dem Aroma von Zwiebeln noch botanisch etwas mit Sesam zu tun haben. Auch mit Kümmel sollte Nigella weder aromatisch noch optisch in einen Topf geworfen werden.

Die aromatisch-holzig duftenden Samen erinnern im Abgang an Sesam. Beim Anrösten wird der nussige Duft verstärkt.

HARMONIE

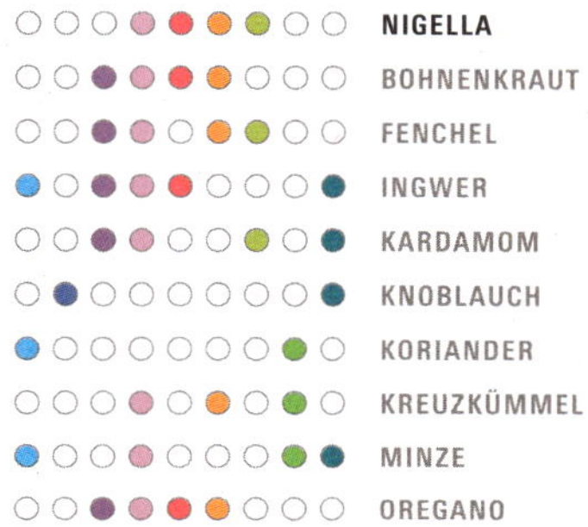

AROMENENTFALTUNG

A *Holzartig, anisartig-würzig* **B** *Sehr aromatisch* **C** *Aromatische Brotkruste-Noten*

PASST GUT ZU

Brot, Gemüsegerichten (Kürbis und Aubergine), Hülsenfrüchten, Blatt- und Wurzelgemüsen, Bratkartoffeln, Käse, Quark, Joghurt

LÄNDERKÜCHE

Indien: *Gemüsecurrys, Pickles, Dal, Salate* ***Iran:*** *eingelegte Früchte und Gemüse* ***Türkei:*** *Fladenbrot* ***Osteuropa (jüdisch):*** *Schwarzbrot*

GEWÜRZMISCHUNGEN

Bengalisches Panch Phoron, äthiopisches Berbere

EINKAUF, LAGERUNG

Man bekommt ihn gemahlen oder als ganze Samen in türkischen und asiatischen Lebensmittelgeschäften. Ganze Samen werden nicht so schnell ranzig wie gemahlene.

OLIVENTATAR MIT ROHEM SEETEUFEL

400 g sehr dünne, sehr frische Seeteufelscheiben (gehäutet)

100 ml Zitronensaft, 100 ml Olivenöl

200 g grüne Oliven (möglichst neutral eingelegt)

Fenchelgrün zum Garnieren

Frisch grob gemahlener Schwarzer Pfeffer, Fleur de Sel

Den Seeteufel zuerst 20 Minuten in Zitronensaft, dann 20 Minuten in Olivenöl marinieren. Währenddessen die Oliven entsteinen und im Blitzhacker nicht zu fein zerkleinern. Das Oliventatar mithilfe von Dessertringen auf kalten Tellern anrichten. Die Seeteufelscheiben abtupfen und eine Lage darauflegen. Das Fenchelgrün grob hacken und den Seeteufel damit garnieren. Nur mit etwas Schwarzem Pfeffer und Fleur de Sel würzen.

Olea europaea
(SCHWARZE OLIVEN)

OLIVEN

Der Olivenbaum ist eine der ältesten Kulturpflanzen der Menschheit. Bereits vor 10 000 Jahren wurden Oliven gesammelt, wohl seit dem 3. Jahrtausend v. Chr. werden sie kultiviert. Das aus den Früchten gepresste Olivenöl erlaubte erstmals, tierisches Fett durch pflanzliches zu ersetzen. Heute gibt es allein rund um das Mittelmeer circa 1 000 verschiedene Sorten. Es gibt sie in Grün und Schwarz, auch in Violett oder Braun, in Öl oder Salzlake eingelegt und gefüllt. Man kann sie solo als Tapa essen oder mit ihnen Speisen verfeinern. Ihr säuerlich-bitterer, manchmal auch etwas süßlich-herber Geschmack setzt vielseitige Akzente in der mediterranen Küche.

Grüne Oliven werden unreif geerntet, braunrote und violette sind reifer, schwarze sind die ausgereiften Früchte, die am intensivsten schmecken, aber auch mehr Öl und damit mehr Kalorien enthalten. Geschmack und Aroma hängen sehr von der Sorte und der jeweiligen Region ab – und wie die Früchte verarbeitet, also eingelegt wurden. Alle Oliven sind frisch geerntet sehr bitter und ungenießbar. Je nach Sorte ist die Bitterstoffkonzentration unterschiedlich ausgeprägt, allgemein nimmt sie mit höherem Reifegrad ab. Der Bittergeschmack entstammt Glycosiden: Das sind Bitterstoffe – etwa KAFFEESÄURE oder OLEUROPEIN –, die an Glucose gebunden sind, also Zucker. Erst durch den Abbau dieser Bitterstoffe werden Oliven zum Genuss. Dafür gibt es grundsätzlich zwei Möglichkeiten: Die bekannteste ist die Milchsäuregärung. Hierfür werden frische Oliven zunächst zwei bis drei Tage gewässert und danach vollständig mit Salzlake bedeckt. Sie können dazu auch aufgebrochen (cassée) und mit Fenchelkraut milchsauer vergoren werden. Die einsetzende Milchsäuregärung spaltet die Glycoside nach und nach, so werden die Oliven genießbar und durch die Säuerung haltbar. Alternativ können die erntefrischen Oliven für etwa zehn Stunden mit einer ein- bis zweiprozentigen Natronlauge versetzt werden, wobei vor allem das Oleuropein abgebaut wird. Danach erfolgt, ähnlich wie in der Milchsäuregärung, die Säuerung und somit die Konservierung. Der bekannte Geruch der Oliven wird erst durch diese Gärung gebildet. Verantwortlich für den typischen Duft grüner Oliven ist der Aromastoff HEXAN-1-OL. Bei reifen, schwarzen Oliven steht dieses grünlich und unreif duftende Aroma nicht mehr im Vordergrund, dann dominiert das fruchtige, reif-süßliche HEXYLACETAT das Duftspektrum. Auch die Bitternoten sind in reiferen Oliven abgemildert. In den Blättern des Olivenbaums befinden sich sogenannte Iridoide, die ebenfalls als Glycoside an Zucker gebunden sind. In Tees werden sie – ähnlich wie Baldrian oder Spitzwegerich – als Bitterstoffe geschätzt.

Man kann Oliven als säuerliche Schmorhilfe von Beginn an zugeben, die entstehende Sauce ist köstlich. Will man aber den reinen Olivengeschmack und -geruch erhalten, werden die Oliven erst wenige Minuten vor dem Servieren zugefügt, denn ihre typischen Aromastoffe sind sehr

HEXAN-1-OL *blätterig, fruchtig, grüngrasig* *◊ Alkohol, Fett, Wasser* HEXYLACETAT *fruchtig, reif, süßlich ◊ Alkohol, Fett, Wasser (schlecht* OLEOCANTHAL *reizend ◊ Alkohol, Wasser*

GESCHMACK

SÜSS SAUER SALZIG BITTER UMAMI

Oliven duften und schmecken fruchtig-herb, je nach Sorte können auch lieblichere Töne dazukommen. Schwarze Oliven sind weniger bitter und saftiger, aber aufgrund des höheren Ölanteils auch kalorienreicher als die grünen.

HARMONIE

OLIVEN
FENCHEL
KNOBLAUCH
KORIANDERSAMEN
OREGANO
ROSMARIN
THYMIAN
WERMUT
ZITRONE

AROMENENTFALTUNG

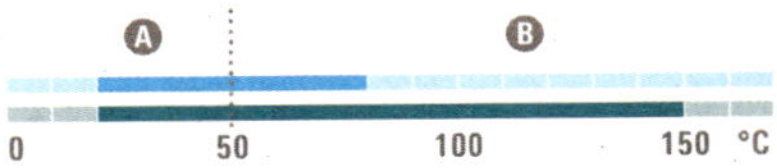

A *Säuerliches Olivenaroma, leichte Bitterkeit* **B** *Dezente Bitternoten*

PASST GUT ZU

Weißbrot, Pasta, Pizza, Tomaten, Gemüse, Huhn, Wermut/Martini

LÄNDERKÜCHE

Frankreich: *Tapenade (Olivenpaste), Olivenbrot* ***Italien:*** *Pizza, Sugo für Pasta vor allem aus Süditalien, Caponata (Gemüsegericht)* ***Türkei:*** *Olivenpaste* ***Marokko:*** *Tajines (Schmorgerichte), Poulet aux olives*

QUALITÄTEN, LAGERUNG

In Öl eingelegt sind Oliven sehr lange haltbar, mit Salzlake bedeckt einige Monate. Grüne Oliven verfärben sich oft bräunlich, sobald sie Sauerstoff oder Licht ausgesetzt sind. Wegen der Farberhaltung ist daher stets auf eine vollständige Bedeckung der Oliven mit Salzlake zu achten, auch Lichtschutz ist zwingend notwendig. Manchmal werden grüne Oliven mit Zusatzstoffen wie E 579 oder E 585 schwarz gefärbt. Die Substanzen sind zwar natürliche Farbstoffe, sie müssen aber auf der Verpackung kenntlich gemacht werden.

GRÜNE OLIVEN

flüchtig. Gehackte und mit Olivenöl übergossene Oliven duften und schmecken noch intensiver: Durch das Hacken wird ihre Oberfläche vergrößert und das Öl fügt die zusätzliche Geschmackskomponente „fett" hinzu.

Roh – und oft gefüllt – werden Oliven als Tapa gegessen und passen wunderbar zum Aperitif. Klassisch ist die obligate Olive in trockenen Martinis: Ihre Bitterkeit ergänzt sich harmonisch mit der des Wermuts. Pürierte grüne und schwarze Oliven werden als Brotaufstrich verwendet, halbierte Oliven in Weißbrot, das mit Olivenöl gebacken wurde, machen das Brot nicht nur schmackhaft, sondern auch saftig. Reife, schwarze Oliven lassen sich püriert mit Sardellen, Kapern, Knoblauch und Senf zu einer ***Tapenade*** verfeinern, die man zu gekochten Eiern, rohem Gemüse oder Pasta reicht. In der Mittelmeerküche werden Oliven häufig mit Geflügel kombiniert – wie im ***Poulet aux olives*** – und steuern hier einen herb-sauren Geschmack bei. Ein geradezu ideales Paar sind Tomaten und Oliven: Beide haben süßsaure Aromen, die Oliven ergänzen darüber hinaus einen bitteren Ton. Daher passen Oliven als Belag auf die Pizza, in Salate oder Tomatensugos. Die ***Caponata*** ist ein klassisches sizilianisches Gemüsegericht, dessen Grundbestandteile Sellerie, Tomaten, Auberginen, Zwiebeln, Rosinen, Pinienkerne und sehr viele grüne Oliven sind. Die Oliven sorgen dabei für den herb-säuerlichen, leicht bitteren Aromenanteil in diesem ansonsten eher süßsauren Gericht.

VERSCHIEDENE OLIVENSORTEN

Spanische Oliven werden oft gefüllt angeboten, mit Anchovis, Mandeln, scharfer Paprika oder Harissa-Paste: So schmecken sie als gewürzte Tapas noch besser. Die bekanntesten spanischen Tafeloliven-Sorten sind die eher herbe, aber auch nussige ***Manzanilla*** und die etwas süßere, größere ***Gordal***. Die kleine, säurearme ***Arbequina*** wird auf mineralischen Böden angebaut, was man auch schmeckt.

Aus Frankreich kommen ebenfalls mehrere Sorten: Die ***Picholines*** als Tafeloliven werden überwiegend grün geerntet, reif und schwarz verwendet man sie für die Ölproduktion. Die besonders fleischigen und frischen ***Lucques*** stammen aus dem Languedoc-Roussillon. Berühmt für ihre Finesse und ihre leichte Schärfe sind die fleischigen schwarzen ***Béreguettes*** aus der Provence, aus denen auch ein sehr edles Öl gepresst wird. Aus einem AOC-Gebiet rund um die Stadt Nyons in der südlichen Rhône-Alpes-Region stammen die schwarzen ***Nyons-Oliven***, die erst sehr spät– nach dem ersten Raureif – geerntet werden und daher besonders aromareich sind.

In Italien werden überwiegend schwarze Tafeloliven produziert: Die ***Liguria*** schmeckt leicht säuerlich und ist nussig-mandelig, die ***Ponentine*** mild, nussig mit festem Fleisch, die ebenfalls schwarze, eher salzige ***Gaeta*** manchmal runzelig und weich und die ***Lugano*** noch salziger.

Weitere Anbaugebiete finden sich etwa in Griechenland, wo die ***Kalamata*** angebaut wird. Sie ist besonders groß und fleischig und wird am Baum gelassen, bis sie dunkelviolett ist. Ihr Duft ist aromatisch-lieblich. Auch in

GEFÜLLTE OLIVEN

Kalifornien werden Oliven angebaut: Die bekannteste ist die knackige *Sevillano*. Sie wird mit geplatzter Haut eingelegt, damit die Bitterstoffe schneller entzogen werden, das macht sie besonders mild. Aus Marokko kommen viele unterschiedliche Oliven, darunter auch sehr aromatische, zum Teil purpurrote, die noch unreif gepflückt und vor dem Einlegen leicht zerdrückt werden. Die Türkei liefert vor allem schwarze, sehr ölreiche, saftige Tafelolivensorten, die oft in Salz eingelegt und sehr wohlschmeckend sind.

Citrus sinensis

ORANGE, BITTERORANGE

Orangen sind eine Kreuzung aus Mandarinen und Pampelmusen und stammen vermutlich ursprünglich aus China. Mit ihrem süßsauren Saft kann man nicht nur den Durst löschen, sondern auch Saucen aromatisieren. Kulinarisch noch wichtiger ist allerdings die geriebene Schale der Zitrusfrucht. Sie würzt fast alles: Fisch, Fleisch, Espresso, Desserts, Schokolade und Backwaren. Bitterorangen, auch Sevilla-Orangen oder Pomeranzen genannt, sind saurer und bitterer. Aus ihnen wird Marmelade, Orangeat und Likör hergestellt – mit denen man wiederum vieles würzen kann.

Die Chemie der Süßorangen und ihrer Schale gleicht in einigen Punkten der Aromazusammensetzung der Zitrone. Charakteristisch sind in beiden Fällen die Aromen GERANIAL und NERAL, die für blumig-rosenartige Fruchtblütenaromen sorgen. Außerdem finden sich in beiden Früchten fruchtig-zitronige, frische, grüne bis fettig-wachsige Noten. Allein typisch für das Orangenaroma und den Unterschied zu anderen Zitrusfrüchten sind jedoch die charakteristisch duftenden, süßlich-wachsigen Aromen α- und β-SINENSAL sowie die fast alkoholisch stechenden Noten besonders in reifen Orangen. Hinzu kommen über das WEINLACTON buttrige, leicht süßliche, an Kokos und Holz anmutende Töne. Zur Duftcharakteristik frisch gepressten Orangensafts tragen fruchtige Ananas- und „Orangen"-Noten erheblich bei. Der bittere Geschmack wird wie bei allen Zitrusfrüchten durch Hesperidin ausgelöst. Anders als bei der Zitrone oder Limette wird die Säure im Saft der Süßorange durch den hohen Zuckergehalt ausgeglichen. Bitterorangen schmecken dagegen nicht nur bitter, sondern auch recht sauer. Orangenblütenwasser, das aus Bitterorangenblüten destilliert wird, duftet blumig, fruchtig-grün, zitrusartig und muss vorsichtig dosiert werden, weil der darin enthaltene Duftstoff Indol in größeren Mengen sehr unangenehm riecht. Gerade das prädestiniert Orangenblütenextrakte aber als Grundlage für Parfüms (→ Geruchssinn und Funktion, Seite 18).

Frisch abgeschält oder gerieben, duften Süßorangenschalen wunderbar vielfältig, Nachgeschmack und Duft sind fruchtig, süßsauer, herb und lang anhaltend. Getrocknet verstärkt sich dieser Eindruck noch. Man trock-

ACETALDEHYD[T] *stechend, frisch* 💧 *Wasser* ETHYL-METHYLBUTANOAT *orangig* 💧 *Alkohol, Wasser (schlecht)* DECANAL *leicht zitrusartig, wachsig* 💧 *Alkohol, Fett* DODECANAL *frisch, zitrusartig, fettig* 💧 *Alkohol, Fett* NONANAL *blumig-wachsig, fettig* 💧 *Alkohol, Fett* GERANIAL *zitronenartig, blumig* 💧 *Alkohol, Fett* NERAL *zitronenartig* 💧 *Alkohol, Fett* MYRCEN *süßlich, balsamisch* 💧 *Alkohol, Fett* LIMONEN *orangenartig, terpentin-zitronenartig* 💧 *Alkohol, Fett* β-PHELLANDREN *minzig, terpentinartig* 💧 *Alkohol, Fett* α-TERPINOLEN *floral, leicht holzig* 💧 *Alkohol, Fett* α-, β-SINENSAL *frisch, süßlich, orangig, wachsig* 💧 *Alkohol* NOOTKATON *bitterorangig* 💧 *Alkohol, Fett* WEINLACTON *süßlich, kokosartig, würzig, holzig* 💧 *Alkohol* INDOL *unangenehm* 💧 *Alkohol, Wasser*

GESCHMACK

Süßorangen: *Sie schmecken süßsauer. Frisch gerieben sind die Schalen wunderbar fruchtig, mit lang anhaltendem Aroma, getrocknet sehr aromatisch, süßsauer-fruchtig und gleichzeitig bitter.*
Bitterorangen: *Sowohl der Saft als auch die dicke Schale sind deutlich bitterer.*
Orangenblütenwasser: *Duftet süßlich-floral.*

HARMONIE

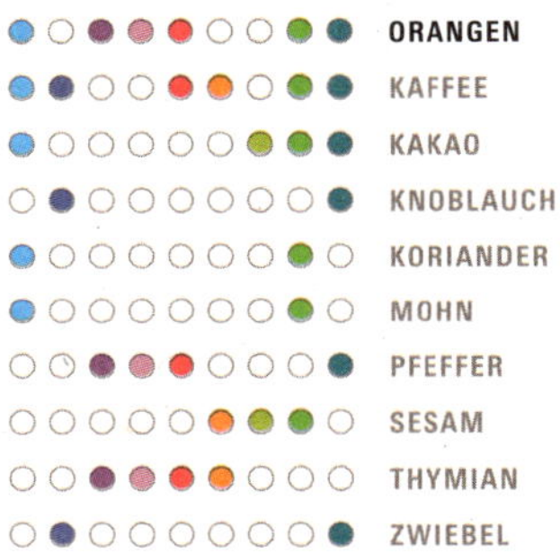

AROMENENTFALTUNG

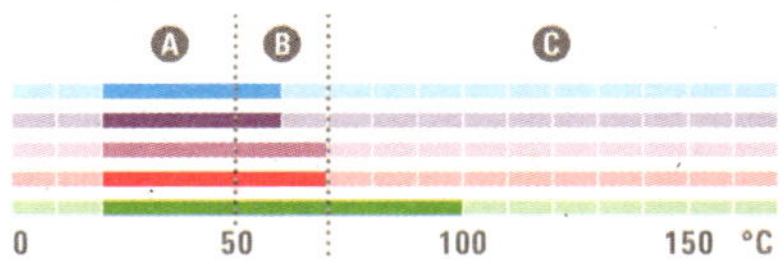

A *Floral-wachsig-zitrusartig* **B** *Plastikartig-holzartig* **C** *Bitterkeit sticht hervor*

PASST GUT ZU

Ente, dunklem Fleisch in Schmorgerichten, Salaten, Tomaten, Schokolade, Obst, Kuchen, Süßspeisen, Eis, Nüssen

LÄNDERKÜCHE

Frankreich: *Caneton à la bigarade (Ente mit Pomeranzensauce), provenzalisches Daube (Schmorgericht mit Fleisch), Mousse au chocolat mit Orangenschalen, Liköre* ***Deutschland:*** *Mandelsulz (Süßspeise mit Orangenblütenwasser), Punsch, Tee, Ente, Stollen,*

ORANGENBAISERS MIT ORANGENSCHOKOLADE

- 1 EL Eiklarpulver (Albumin)
- 3 EL Orangensaft
- 100 g Puderzucker
- 200 g dunkle Schokolade (mind. 70 Prozent Kakaoanteil)
- Abrieb einer unbeh. Orange
- 1 Glas Grand Marnier (Orangenlikör)

Das Albumin mit Orangensaft zu einem festen Schnee schlagen, dabei den Puderzucker nach und nach einrieseln lassen. Das funktioniert nur mit trockenem Albumin, nicht mit Eiweiß. Meringuen (Baisers) spritzen und im Ofen bei 90 °C trocknen, bis sie fest sind. Herausnehmen und abkühlen lassen.
Die Schokolade bei 40 °C im Wasserbad schmelzen, auf 32 °C abkühlen lassen und die Orangenbaisers auf einer Seite eintauchen. Sofort mit dem Orangenschalenabrieb bestreuen, damit dieser auf der noch flüssigen Schokolade anhaftet. Auskühlen lassen und als Betthupferl oder Dessertelement mit einem Glas Grand Marnier genießen.

net die Schalen am besten selbst, weil man sie in dieser Qualität nur selten kaufen kann: Orangen mit einem Zestenreißer oder Messer hauchdünn schälen, dabei nur das Gelbe, nicht das sehr bittere Weiße der Schalen verwenden. Bei unter 60 °C im Ofen trocknen, bis die Schalen sich brechen lassen, sich aber noch nicht dunkel verfärbt haben. Die Schalen kann man jetzt im Ganzen zum Aromatisieren von heißen Getränken verwenden oder im Mörser klein stückeln. Lässt man Süßorangen nachreifen, werden sie durch enzymatische Prozesse bitterer. Von Bitterorangen wird Schale und Fruchtfleisch für Marmelade und Orangeat genutzt: Das Pektin in der schwammigen weißen Schicht unter der Außenhaut dient als Verdickungsmittel und erzeugt die charakteristische geleeartige Konsistenz der Marmelade.

Das fruchtig-süß-bittere Aroma sowohl der Bitter- als auch der Süßorangen harmoniert immer gut mit den bitteren Aromen von dunkler Schokolade. Auch dunkle Saucen vertragen die fruchtig-bitteren Aromen frischer oder getrockneter Orangenschalen, zum Beispiel bei Schmorgerichten mit Lamm oder Ente: Deren Fett und die bitteren Röststoffe werden von den Noten der Orangenschalen bestens ergänzt. Getrocknete oder frisch geriebene Süßorangenschalen verleihen Vinaigrettes, Tomatensuppen oder Fruchtsalaten eine fruchtige, süß-bittere Note. Eine Prise zerriebene Orangenschale frischt auch Espresso auf. Getrocknete Orangenschale und mehr noch die Schale von Tangerinen – eine Rückkreuzung aus Mandarinen und Bitterorangen – sind als süßes und gleichzeitig herbes Würzmittel wichtig für die chinesische Küche. Sie ist dort eine Zutat in der sogenannten *Mastersauce* oder in Schmorgerichten. Mahlt man getrocknete Süßorangenschale in der Kaffeemühle fein, kann man sie zusammen mit Sesam trocken rösten: Damit gibt man Crème-fraîche-Dressings ein nussig-fruchtig-frisches, leicht herbes Aroma. Die Mischung eignet sich ebenso gut für Pfannkuchen und deren leichtes Nussaroma sowie für Obstsalate. Die Kom-

SCHALE, GETROCKNET

bination mit Sesam findet sich auch in der japanischen Fünf-Gewürze-Mischung → *Shichimi togarashi*, dort zusammen mit Nori-Algen, Mohn- und Hanfsamen. Orangenpfeffer wird aus getrockneten Süßorangenschalenstücken und schwarzen Pfefferkörnern hergestellt, die man gemeinsam in einer Pfeffermühle über frische Tomaten, Salate oder Suppen mahlt. So bekommt man im Handumdrehen eine wunderbare Kombination: süß-sauer-scharf-fruchtig. Den Pfeffer kann man auch durch Koriander ersetzen – das Ergebnis duftet fruchtig und warm-holzig. Orangenblütenwasser wird ähnlich wie Rosenwasser in der arabischen Küche eingesetzt: Es würzt Süßspeisen oder Reis mit einem zartbitteren Blütenduft. Ein damit verwandtes altes europäisches Gericht ist Mandelpudding, auch Mandelsulz oder *Blanc manger* genannt. Im Libanon wird mit heißem Wasser aufgegossenes Orangenblütenwasser als Getränk gereicht. Aus dem gelben Teil der Schale der Bitterorangen wird Orangeat gewonnen. Durch das Kandieren wird der bittere Geschmack mit Zucker etwas maskiert, trägt aber noch einen leichten Kontrast bei. Orangeat würzt in der europäischen Backküche Stollen, Lebkuchen und Früchtebrot. In die britische Cumberlandsauce kommt geriebene Bitterorangenschale, die mexikanische, fruchtig-scharfe Gewürzpaste → *Recado rojo*, mit der man Geflügel und Schweinefleisch mariniert, wird aus Bitterorangensaft hergestellt. Da die meisten Aromastoffe der Bitterorangen sich gut in Alkohol lösen, liegt es nahe, das ebenfalls zu nutzen: Der *Angostura* enthält ihre Schale und weltbekannte Liköre wie *Cointreau*, *Curaçao* oder *Grand Marnier* (→ Süße Liköre) werden aus Bitterorangenschalen erzeugt.

Früchtebrot, Lebkuchen ***England:*** *Cumberlandsauce, Marmelade, Earl Grey, Lady Grey* ***Italien:*** *Campari, Süßspeisen, Sorbets* ***Schweiz:*** *Orangenschokolade* ***Libanon:*** *weißer Kaffee* ***Curaçao:*** *Curaçao of Curaçao (der „originale“ Orangenlikör aus nur dort wachsenden Bitterorangen)* ***Trinidad und Tobago:*** *Angostura*

GEWÜRZMISCHUNGEN

Japanisches Shichimi togarashi, Orangenpfeffer, mexikanisches Recado rojo

QUALITÄTEN, EINKAUF, LAGERUNG

Süßorangen: *Blondorangen (Jaffa, Valencia), Navelorangen und Blutorangen mit rötlichem Fruchtfleisch (Moro, Tarocco).* ***Bitterorangen:*** *Frisch bekommt man sie selten, z. B. in arabischen Lebensmittelläden.* ***Getrocknete Orangen- und Tangerinenschalen:*** *Man findet sie in Asialäden. Gut verschlossen sind sie sehr lange haltbar.*

Origanum vulgare

OREGANO

Der duftende Traum vom Mittelmeer, von Pizza, Tomaten und Souvlaki heißt Oregano. In den Küchen nördlich der Alpen ist das Kraut noch gar nicht so lange heimisch. Früher kannte man es als „wilden Majoran“ oder Dost, mit dem es tatsächlich eng verwandt ist. Heute ist Oregano in getrockneter Form auch wegen der Erfolgsgeschichte der Pizza kaum aus unseren Küchen wegzudenken.

Auch wenn Oregano ein wenig an Majoran erinnert, weisen die Kräuter doch fundamentale Unterschiede in der Aromenchemie auf. Seine leicht flüchtigen Düfte sind von blumig-frischen und zitrus-kiefernartigen Noten geprägt sowie von kräuterig-erdigen bis balsamisch-harzigen Düften. Die Verwandtschaft zu Majoran und Thymian ergibt sich vor allem über die in allen drei Kräutern enthaltenen kräuterigen, terpentin- bis zitruartigen Aro-

LINALOOL *blumig, zitrusartig, frisch* ◊ *Alkohol, Fett* OCIMEN *zitrus-kiefernartig* ◊ *Alkohol, Fett* MYRCEN *süßlich-würzig, balsamisch, pfeffrig, terpentinartig* ◊ *Alkohol,*

Fett P-CYMOL *holzig, terpentinartig, zitrus* ◊ *Alkohol, Fett* α-, β-PINEN *warm-harzig, piniennadelartig* ◊ *Alkohol, Fett* TERPINEN *zitronig, mentholig, kiefernartig* ◊ *Alkohol, Fett* LIMONEN *orangenartig, terpentin-zitronenartig* ◊ *Alkohol, Fett* TERPEN-4-OL *harzig, pinienartig* ◊ *Alkohol, Fett* α-, β-CARYOPHYLLEN *würzig-holzig-terpentinartig* ◊ *Fett* β-BISABOLEN *weich, floral, Sandelholz* CARVACROL *pizzaartig, oreganoartig* ◊ *Alkohol, Fett* THYMOL *thymianartig* ◊ *Alkohol, Fett, Wasser (schlecht)*

GESCHMACK

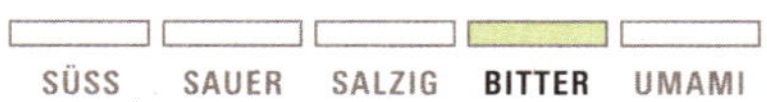

Oregano duftet würzig, rauchig-pfeffrig, etwas bitter-scharf mit deutlich süßer Komponente.

HARMONIE

AROMENENTFALTUNG

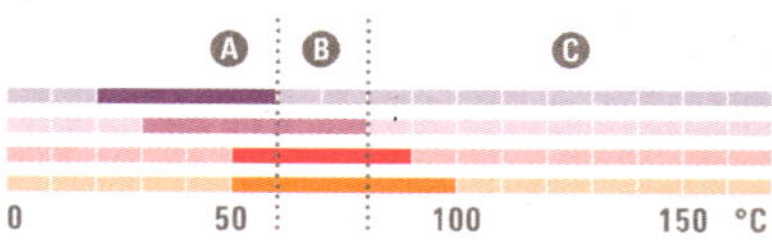

A *Florale Noten* **B** *Floral-holzig* **C** *Herb-aromatische Noten, an Thymian erinnernd*

men P-CYMOL, TERPINEN und TERPEN-4-OL. Das eigentliche Plus des Oregano liegt jedoch in den weniger flüchtigen Verbindungen. Das pizzaartig riechende CARVACROL und das thymianartig duftende THYMOL verleihen dem Aroma mehr Tiefe und eine höhere Hitzebeständigkeit als Majoran. Oregano wird als leicht säuerlich und bitter empfunden, dazu herb-pfeffrig, mit einer deutlich süßen Note.

OREGANO-PIZZABROT

- 300 g Weizenmehl
- Wasser
- ½ Würfel frische Hefe
- 100 g Hartweizengrieß
- 100 ml Olivenöl
- Salz
- 1 Bund frischer Oregano (gezupft)

Aus einem Teil des Weizenmehls, etwas Wasser und der Hefe einen Vorteig herstellen und gehen lassen. Mit dem übrigen Mehl und Grieß, dem Olivenöl und Wasser einen elastischen Teig herstellen. Dabei salzen und den Oregano einarbeiten. 3 Stunden gehen lassen. Auswallen und zu einem Teigfladen formen. Nochmals gehen lassen. Bei extremer Hitze (250 °C) in den Ofen geben und etwa 15–20 Minuten backen. Dabei rechtzeitig die Hitze herunterschalten, so dass das Pizzabrot zwar bräunt, aber nicht verbrennt. Am besten eignet sich hierfür ein Kombibackofen mit Dampfzufuhr. Das noch warme Brot mit Olivenöl beträufeln – und zu Antipasti genießen.

Frischen Oregano sollte man beim Kochen erst am Ende dazugeben, so bleiben die blumig-fruchtigen, zitronigen Aromen noch im Kraut erhalten. Werden die getrockneten, gerebelten Blätter verwendet, so sind diese Aromen kaum mehr vorhanden. Erst unter Hitze geben die Blätter jetzt ihr erdiges Aroma frei – getrockneter Oregano kann und sollte daher mitgekocht werden. Wenn man ihn vorher mit etwas Olivenöl anfeuchtet, entwickelt er sein Aroma wegen der Fettlöslichkeit der Duftstoffe noch besser.

Das wirklich umfassende Aromenspiel macht das Kraut vielseitig einsetzbar: Fruchtige Säuren werden durch die zitrusartig-blumigen Aromen in frischem Oregano verfeinert, bittere Röstaromen abgemildert und süßliche Schärfe wird intensiviert. So ergänzt er das durch fruchtige Süße dominierte Aroma der Tomaten und nimmt deren Säure die Spitze – ein italienisches Sugo auf Tomatenbasis ist ohne ihn fast undenkbar. Auch Tomatensuppe oder Tomatensalate brauchen Oregano – frisch oder getrocknet. Das fruchtig-bittere Aroma von Olivenöl, Oliven oder sonnengetrockneten Tomaten wird durch die sowohl säuerlichen als auch bitteren Geschmacksstoffe des Oregano wunderbar betont und begleitet. Er gehört in viele Gemüsegerichte, beispielsweise zu Zucchini oder Auberginen. Auch scharfe Speisen lassen sich mit dem leicht pfeffrigen Geschmack des Oregano verfeinern. Das macht ihn in der mexikanischen Küche beliebt, wo er gerne mit Chili, Kreuzkümmel, Knoblauch und Zwiebeln kombiniert wird. Zu viel Chili allerdings lässt seine Charakteristik völlig verblassen, da seine feinen Aromen wegen der brennenden Schärfe nicht mehr wahrgenommen werden können. Fisch und Meeresfrüchte bekommen mit etwas Oregano eine herrlich würzige, sommerliche Note. Das Kraut passt wegen seines Überlappens im Bereich der kräuterigen, terpentin- bis zitrusartigen Aromastoffe und wegen seiner nach Pizza und Thymian duftenden Aromen bestens zu vielen mediterranen Kräutern wie Rosmarin, Thymian, Salbei oder Lavendel. Auch Majoran und Oregano können kombiniert werden, wenn es auch ungewöhnlich erscheint: Der blumig-frische Charakter wird in beiden Kräutern verstärkt und Oregano liefert dazu seine Pizza- und Thymiannoten. Bei erdigen Pilzgerichten oder Pizzabrot mit viel Olivenöl erweist sich dieses Kräuterpaar daher als „Geschmacksverstärker" (eigentlich „Duftverstärker") auf Italienisch. Auch in Griechenland ist Oregano eines der zentralen Küchenkräuter. Zum Inbegriff der griechischen Küche gehören mit Oregano mariniertes Fleisch für *Souvlaki*-Fleischspieße, Gyros und in Oregano und Olivenöl eingelegter Feta. Selbst der Name des Krauts ist griechischen Ursprungs: „oros ganos" bedeutet „Freude oder Schmuck des Berges".

PASST GUT ZU

Tomaten, Auberginen, Zucchini, Gemüsepaprika, Bohnen, Lamm- und Schweinefleisch

LÄNDERKÜCHE

Italien: *Tomatensugo, Tomatensuppe, Bohnensuppe, Pizza* ***Griechenland:*** *Moussaka, Souvlaki, eingelegter Feta, Bauernsalat, Hackfleischgerichte* ***Frankreich:*** *Ratatouille* ***Türkei:*** *Döner Kebab* ***Mexiko/USA:*** *Tacofüllungen, Burritos, Bohnengerichte, Chili con carne* ***Spanien, Lateinamerika:*** *Fleischragouts, Braten, überbackenes Gemüse*

GEWÜRZMISCHUNGEN

Französische Herbes de Provence, Mischung für Chili con carne

EINKAUF, QUALITÄTEN

Oregano aus der Mittelmeer-Region duftet am intensivsten. Die Sorte Griechischer Oregano ist besonders pfeffrig im Vergleich zum Italienischen, der von Kreta milder, kleinblättriger.

Capsicum annuum (PULVER)

PAPRIKA

Gemüsepaprika eignet sich nicht zum Würzen – Gewürzpaprika dafür um so mehr. Unter „Paprika" werden hier die süßen bis mittelscharfen Sorten behandelt, die in erster Linie pulverisiert verwendet werden: vom milden Delikatesspaprika über den relativ scharfen Rosenpaprika bis hin zum französischen Piment d'espelette. Beliebt ist das Gewürz aber nicht nur wegen seines herrlich erdigen Aromas, sondern auch wegen seiner Farbe.

Botanisch sind Paprika das Gleiche wie die meisten Chilisorten: Capsicum annuum. Aus den milden bis mittelscharfen Gewürzpaprika wird das Pulver hergestellt. Wegen des im Vergleich zu Chili deutlich geringeren Gehalts an Capsaicin dominieren statt der Schärfe andere Aromen. Die typisch grün-erdigen, leicht süßlichen Paprikaaromen werden durch 3-ISOPROPYL-2-METHOXYPYRAZIN ausgelöst. Ebenfalls aromabestimmend sind Fettsäuren wie die fettig und wachsig riechende Palmitinsäure (C 16:0), Stearinsäure (C 18:0), Lignocerinsäure (C 24:0) und die Cerotinsäure (C 26:0). Diese Aromen finden sich auch in Sauvignon Blanc und Kaffee, sie geben dem Paprika fei-

HEXADECANSÄURE *fettigwachsig* 💧 *Fett* 3-ISOPROPYL-2-METHOXYPYRAZIN *grüner Paprika, erdig-süßlich* 💧 *Fett* CAPSAICIN *scharf* 💧 *Alkohol, Fett*

GESCHMACK

Paprikapulver schmeckt erdig, würzig, je nach Sorte mild bis scharf und hat anders als Chili immer einen süßlichen Beigeschmack. Bei einigen spanischen Sorten kommt noch ein ausgeprägtes Röstaroma hinzu.

HARMONIE

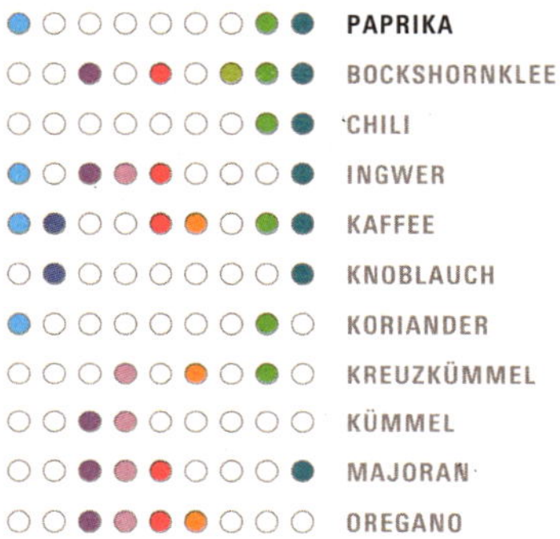

AROMENENTFALTUNG

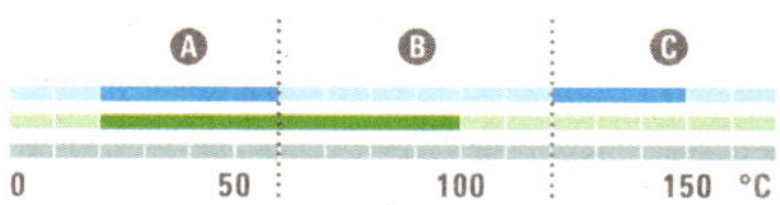

A *Erdig-wachsig* **B** *Erdig-süßlich* **C** *Erdige Röstnoten verstärkt, neue grüne, wachsige Aromen*

PASST GUT ZU

Zwiebeln, allen Fleischsorten, Kartoffeln, Reis, Eiern, Meeresfrüchten, Fisch, Wild, Gemüse

LÄNDERKÜCHE

Ungarn: *Gulasch, Pörkölt, Paprikasch, Letscho, Salami* **Balkan:** *Brathuhn, Cevapcici, Ajvar* **Österreich:** *Liptauer, Obatzter, Zigeunerschnitzel* **Polen:** *Bigos* **Frankreich:** *Fischsuppe, Ratatouille* **Spanien:** *Gazpacho, Sofrito für Schmorgerichte, Romesco-Sauce, Chorizo (Rohwurst)* **Türkei:** *Cig Köfte*

PAPRIKAPOLENTA

- 1 rote Paprikaschote
- 100 g Polenta
- Hühnerbrühe
- 1 EL edelsüßes Paprikapulver
- Salz

Die Paprikaschote im Ofen unter großer Hitze von allen Seiten rösten, sodass sich die Haut abziehen lässt und das rote Fruchtfleisch püriert werden kann. Polenta etwa 30 Minuten mit Wasser und Hühnerbrühe unter ständigem Rühren kochen, gegen Ende der Kochzeit das Paprikapulver einrühren, salzen und anschließend das fein pürierte Paprikafleisch unterheben. Unter schwacher Hitze solange rühren, bis die Polenta bindet und zu Nocken geformt werden kann. Passt zu gegrilltem Lamm.

nere Würzmöglichkeiten als Chilis. Die Farben der Schoten werden durch Farbstoffe bestimmt: CAPSANTHIN und CAPSORUBIN färben rot, das auch aus Ingwer und Kurkuma bekannte CURCUMIN färbt gelb. Grüne, violette oder auberginefarbene Paprika sind unreife Früchte. Bei ihnen dominiert das Chlorophyll, die Farbe des Blattgrüns.

Als Gewürz wird das Pulver aus getrockneten Gewürzpaprikas verwendet. Meist gelangen sie frisch zur Mühle, seltener vorgetrocknet. Hier wird das Fruchtfleisch von den Scheidewänden, den Samen und der Plazenta getrennt. Je nach gewünschtem Schärfegrad werden Samen und Scheidewände in Teilen mitvermahlen und -vermischt: So entstehen das milde Delikatess-Paprika, das pikante Edelsüß-Paprika und das scharfe Rosenpaprika. Je mehr Kerne im Pulver enthalten sind, desto schärfer ist es und desto heller ist seine Färbung. Da die Farbstoffe fettlöslich sind, kann Paprikagewürz lange mitgekocht werden, wenn es in den Speisen vor allem um Färbung und Schärfe geht. Will man jedoch die zusätzlichen Paprika-Aromen betonen, darf das Pulver nur kurz mitgekocht werden. In heißem Fett sollte man es ebenfalls nur kurz anrösten, da sich sonst Bitterstoffe bilden.

Das süße bis mild-scharfe Paprika-Aroma kann sehr gut mit der Schärfe von Chili oder Ingwer kombiniert werden. Über die enthaltenen Röstnoten harmoniert Paprika ausgezeichnet mit gerösteten Bockshornklee- und Kreuzkümmelsamen. In Spanien ist er Bestandteil des *Sofrito*, einer Mischung aus Zwiebeln, Petersilie, Knoblauch und Lorbeer, die in Olivenöl erhitzt und gepfeffert und gesalzen werden. Das Öl dient dabei nicht zuletzt als exzellentes Lösungsmittel für viele der Aromen. Der *Sofrito* ist die Basis für viele Schmorgerichte. Die *Romesco-Sauce* enthält viel Paprika, ebenso die *Gazpacho*-Suppe: In beiden Gerichten mildert seine leichte Süße die Säure der Tomaten. Die türkische Küche setzt ebenfalls häufig Paprika ein. Pul biber – die Flocken, die dort über Fleischgerichte gestreut werden – bestehen aus scharfem Paprika und das dunkelbraune Paprikapulver Isot wird gerne zum Würzen der *Cig Köfte* verwendet, einer Mischung aus Bulgur (Weizen) und rohem Fleisch. In Ungarn gilt Paprika als Nationalgewürz, dem berühmten *Szegediner Gulasch* verleiht es Farbe und Schärfe. Ein ausgefallenes Gewürz ist *Paprika-Asche*. Dazu schneidet man etwas Gewürzpaprika in sehr kleine Würfel (bunoise) und lässt sie in einer Grillpfanne ohne Fett langsam, aber tief bräunen, sodass sich paprikatypische Röstaromen bilden. Die „Asche“ wird leicht mit Rosenpaprika bestäubt, dann kann man die dunkelbraunen, fast trockenen Schnipsel als Gewürz für gedämpfte oder pochierte Fische verwenden. Wegen seiner fettlöslichen Farbstoffe lässt sich rotes Paprikapulver gut zum Färben von Rohwürsten und anderen fetthaltigen Speisen einsetzen – in Indien ist das sogar seine Hauptfunktion. Delikatess-Paprika und Paprika edelsüß sind tiefrot und eignen sich dafür besonders gut, der rotbraune Rosenpaprika färbt weniger intensiv.

GESCHICHTE UND GESCHICHTEN

So wie die Mexikaner Chilis lieben und kultivieren, sind die Ungarn Paprika und dem Pulver, das man aus ihnen macht, verfallen. Besonders in der Gegend um Szeged und Kalocsa wurden und werden die Pflanzen großflächig angebaut. Vermutlich ist auch das Mahlen der getrockneten Schoten eine ungarische Erfindung – mit Sicherheit aber die Paprikamühle.

Die Spanier brachten die Pflanze aus Amerika nach Europa. Über die Ausdehnung des Osmanischen Reichs gelangte sie im 16. Jahrhundert nach Ungarn, wo sie bald als günstiger Pfefferersatz geschätzt wurde. Andere Züchtungen konzentrierten sich darauf, die Pflanze zum Gemüse umzuzüchten, das gar keine Schärfe mehr enthielt. Ab 1879 etablierte der stilprägende Koch Escoffier das „ungarische Gewürz“ über Gerichte wie ***Poulet au paprika*** (Paprikahuhn) in der Haute Cuisine. Paprika hat sogar dafür gesorgt, dass ein Ungar 1937 den Nobelpreis bekam: Dr. Albert Szent-Györgyi entdeckte seinen hohen Vitamin-C-Gehalt und dessen chemischen Aufbau.

GEWÜRZMISCHUNGEN

Marokkanisches Chermoula, lateinamerikanische Adobos, Gulasch-, Brathuhn-, Cevapcici-, Schaschlikgewürz, Gyrosbasis, Bigosgewürzmischung, Liptauergewürz

QUALITÄTEN, LAGERUNG

Gewürzpaprikapulver ist meist ein Gemisch aus verschiedenen Paprikasorten. Luftdicht verschlossen und dunkel ist es ohne Aromaverlust etwa ein Jahr haltbar. Paprikapulver verfärbt sich unter Licht bräunlich. Intensive Rottöne gelten daher als Qualitätsmerkmal, obwohl Rosenpaprika per se etwas brauner als Delikatess-Paprika ist. Bei der Qualitätsprüfung werden die Farbwerte mittels Photometer gemessen und in ASTA angegeben (American Spice Trade Association). Mit Herkunftssiegel geschützte Sorten sind der spanische „Pimentón de La Vera“ und der französisch-baskische „Piment d'espelette“. Wichtige ungarische Sorten sind Szegedi, Napfény, Bibor, Mihálytelki und Kalocsai. Eine Besonderheit ist Grünes Paprikapulver, gewonnen aus grünen Schoten in einem speziellen Verfahren. Es schmeckt unvergleichlich frisch. Die besten Qualitäten davon stammen aus Südspanien.

Aframomum melegueta

PARADIESKÖRNER

Malagettapfeffer, Meleguetapfeffer, Guineapfeffer, Alligator-Pfeffer – das Gewürz hat viele Namen. Im Mittelalter sehr beliebt als preisgünstiger Pfefferersatz, gerieten die westafrikanischen Paradieskörner später in Vergessenheit und werden erst jetzt wiederentdeckt. Sie haben ein pikant-scharfes, angenehm würziges Aroma, sind aber nicht pfeffrig oder brennend. Wo es so gut riecht, dachte man im Mittelalter, kann das Paradies nicht weit sein.

Das würzig-holzige bis terpentinartige Aroma der Paradieskörner wird hauptsächlich durch α- und β-CARYOPHYLLEN bestimmt. Diese beiden Aromenverbindungen kommen auch in den Kräutern Basilikum, Rosmarin und Oregano vor. Darüber hinaus finden sie sich in den Gewürzen Zimt, Küm-

LINALOOL *blumig, zitrusartig, frisch* ◊ *Alkohol, Fett* α-, β-CARYOPHYLLEN *würzig-holzig-*

terpentinartig ⨀ *Fett* **ZINGIBEREN** *zitrus-ingwerartig, metallisch* ⨀ *Fett* **α-, β-CARYOPHYLLEN** *würzig-holzig, terpentinartig* ⨀ *Alkohol, Fett* **GINGEROL** *scharf, warm* ⨀ *Fett, Wasser* **SHOGAOL** *scharf warm* ⨀ *Fett, Wasser*

GESCHMACK

Paradieskörner duften pikant-würzig und hinterlassen einen scharfen, aber nicht brennenden Reiz.

HARMONIE

AROMENENTFALTUNG

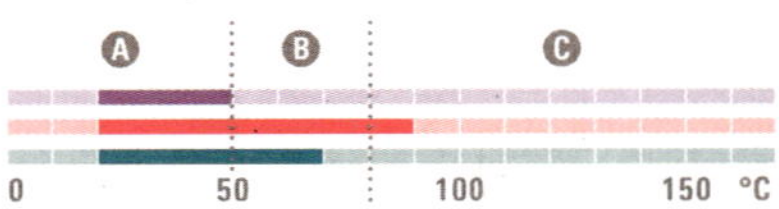

A *Floraler Duft, ingwerartige Schärfe*
B *Holzige Noten, dezente Schärfe* **C** *Nachlassende Schärfe, würzig-holzige Noten*

PASST GUT ZU

Wurstbrät, Lebkuchen, Likören, Schmorgerichten mit Fleisch, Fisch und Gemüse

LÄNDERKÜCHE

Deutschland: *Geflügelragouts, Winterkürbis, Glühwein* ***Skandinavien:*** *Aquavit* ***Nordafrika:*** *geschmorte Maniokwurzel*

GEWÜRZMISCHUNGEN

Marokkanisches Ras el-Hanout, tunesisches Gâlat Daqqa, Glühweinmischung

KAROTTENSALAT MIT HANDKÄS' UND PARADIESKÖRNERN

- 200 g Karotten
- 1 EL Saft einer Bergamottezitrone
- 1 TL Weißweinessig
- 1 TL Honig
- Salz
- 150 g Handkäse (Harzerkäse) ohne Kümmel, fein gewürfelt
- 1 EL Pistazienöl
- 1 TL Paradieskörner

Die Karotten schälen und im Blitzhacker grob zerkleinern. Bergamottezitronensaft mit Weißweinessig und Honig vermischen, über die Karotten geben, salzen und 10 Minuten ziehen lassen. Den gewürfelten Handkäse unterheben und mit Pistazienöl und gemörserten Paradieskörnern abschmecken. Als kleine Vorspeise servieren.

mel, Gewürznelken und Pfeffer. Die Schärfe wird dem **GINGEROL** zugeschrieben, das auch Geschmack und Empfinden bei Ingwer bestimmt.

Verwendet werden ausschließlich die Samen. Mit der Schärfe der Paradieskörner verhält es sich wie bei Ingwer: Nach zu langem Kochen oder Lagern reagiert das Gingerol zu dem als weniger scharf empfundenen Stoff Shogaol. Um die Schärfe zu erhalten, sollte man ganze Körner daher besser nicht allzu lange mitkochen. Gemahlen gibt man die Samen erst gegen Ende der Garzeit in die Speisen, wobei durchaus großzügig dosiert werden kann.

Wegen ihres kräuterähnlichen Aromenspektrums können Paradieskörner das Würzen mit Kräutern teilweise ersetzen oder als „Brücke" zwischen Kräutern und Gewürzen dienen. So lassen sich etwa Wildkräutersalate gut mit Paradieskörnern abschmecken. In Pesto oder anderen Kräutercremes sorgen sie für einen aromapotenzierenden Effekt: Ihr holzig-terpentinartiges Aroma löst sich im Fett und verstärkt die ähnlichen Aromen der in der Creme enthaltenen Kräuter. Ihre gleichzeitige Nähe zu Zimt, Ingwer und Gewürznelken lassen sie, wie in unserem Rezept, auch in säuerlich-fruchtiger Umgebung gut zur Geltung kommen. Paradieskörner ergänzen diese Gerichte dabei um eine zusätzliche scharfe Geschmackskomponente. Auch Rotkohl, geschmort mit Portwein und Dörrobst, bekommt mit Paradieskörnern ein würziges Aroma und einen scharfen Geschmack. Malziges ***Glühbier*** als Alternative zu Glühwein, oder Biersaucen in Schmorgerichten lassen sich mit Paradieskörnern hervorragend aufwerten.

GESCHICHTE UND GESCHICHTEN

Noch zu Beginn des 15. Jahrhundert war Kap Bojador im Nordwesten Afrikas der südlichste Punkt portugiesischer Erkundungsreisen. Lange galt er als unüberwindbar, dann aber wurde ein Großteil der westafrikanischen Küste in relativ kurzer Zeit erkundet. Um trotz klammer Geldmittel die Expansion Portugals weiter voranzutreiben, garantierte König Alfons V. dem Händler

JAKOBSMUSCHELN AUF PIKANTER APFELNAGE

- 200 ml Krustentierfond
- 200 ml ungesüßter Apfelsaft
- Salz
- 6 Paradieskörner (Guineapfeffer)
- Apfelpektin oder frisch püriertes Apfelfruchtfleisch nach Bedarf
- Fleur de Sel
- 4 Jakobsmuscheln
- Butter zum Braten
- Zimtbasilikumblättchen zum Garnieren

Den Fond mit Apfelsaft, Salz und Paradieskörnern aufkochen und auf die Hälfte reduzieren. Filtern, dabei die Paradieskörner aufbewahren, und den Fond mit Salz abschmecken. Erwärmen und bei Bedarf mit etwas Apfelpektin oder püriertem Apfelfruchtfleisch andicken. Die herausgefilterten Paradieskörner grob mörsern und mit Fleur de Sel vermengen. Jakobsmuscheln kurz in schäumender Butter auf beiden Seiten an-, aber keinesfalls durchbraten. Die Apfelnage als Spiegel auf einen Teller geben, die Jakobsmuscheln daraufsetzen und mit der Paradieskörner-Salz-Mischung bestreuen. Die Zimtbasilikumblättchen in feine Streifen schneiden und die Muscheln damit garnieren.

EINKAUF, LAGERUNG

Paradieskörner gibt es als ganze Körner oder gemahlen im Fachhandel. Ungemahlen und luftdicht verschlossen sind sie mehrere Jahre haltbar.

Fernão Gomes zwischen 1469 und 1474 das Monopol auf den gesamten Afrikahandel, also auch den mit Paradieskörnern. Im Gegenzug hatte er den Auftrag, jährlich 500–600 Kilometer neue westafrikanische Küste zu erkunden – auf eigene Kosten.

Acmella oleracea

PARAKRESSE

Ein interessanter Exot, den man mittlerweile auch in manchen Gärtnereien findet: Die Parakresse aus dem Amazonasgebiet Brasiliens hat nichts mit unserer Kresse zu tun. Beißt man auf ihre Blätter oder Blüten, entwickelt sich ein prickelndes Gefühl, als hätte man Brausepulver im Mund. Diese prickelnde Schärfe findet man sonst nur beim Szechuanpfeffer.

MYRCEN *süßlich-würzig, balsamisch, pfeffrig, terpentinartig ◊ Alkohol, Fett* OCIMEN *zitrus-kiefernartig ◊ Alkohol, Fett* LIMONEN *orangenartig, terpentin-zitronenartig ◊ Alkohol, Fett* β-CARYOPHYLLEN *holzig-terpentinartig ◊ Fett* GERMACREN *holzig, würzig ◊ Alkohol, Fett* SPILANTHOL *fruchtig, süß, scharf ◊ Alkohol, Wasser* γ-CADINEN *trockenes Holz ◊ Alkohol, Fett* THYMOL *thymianartig ◊ Alkohol, Fett, Wasser (schlecht)* HYDROXY-α-SANSHOOL *adstringierend, Taubheit ◊ Alkohol*

GESCHMACK

SÜSS SAUER SALZIG **BITTER** UMAMI

Parakresse entwickelt im Mund eine prickelnde, leicht säuerliche Schärfe, vergleichbar mit Szechuanpfeffer.

HARMONIE

PARAKRESSE
CHILI
KNOBLAUCH
PFEFFER

Die Blüten und Blätter schmecken scharf, prickelnd und lösen ein Taubheitsgefühl auf der Zunge aus. Die Schärfe der Parakresse stammt von nichtflüchtigen Säuren. Verantwortlich für das taube Gefühl ist, ähnlich wie beim Szechuanpfeffer, der Stoff HYDROXY-α-SANSHOOL. Die Blüten enthalten darüber hinaus einen fruchtig-zitronigen, kiefernartigen Duft, dazu kommen würzige, holzige Töne. Auch die in Thymian dominante Aromaverbindung THYMOL spielt in dem Duftspektrum der Blüten eine maßgebliche Rolle. Durch die Trigeminusreize wird der Duft allerdings immer von dem scharfen Geschmack überdeckt und dominiert.

FRISCHKÄSEBÄLLCHEN MIT PARAKRESSEBLÜTEN

- Frischkäse (nicht zu trocken, nicht zu feucht, damit sich daraus kleine Bällchen rollen lassen)
- Salz
- Parakresseblüten
- Lavendelblüten (bei Bedarf)

Den Frischkäse leicht salzen und kleine Bällchen daraus rollen. In jedes Bällchen eine Blüte geben und wieder verschließen. Zum Aperitif oder im Käsegang eines Menüs genießen. Ein spannender Aromenkontrast ergibt sich, wenn auf jedes Bällchen noch eine Lavendelblüte gesetzt wird.

Die Blüten, vor allem aber die etwas milderen Blätter werden roh gegessen, ihr Schärfereiz bleibt aber auch bei kurzer Hitzeeinwirkung bestehen. Länger mitgekocht, werden sie ein mildes Würzgemüse. Schärfe und Prickeln werden von unterschiedlichen Rezeptorproteinen des Trigeminusnervs im Mundraum wahrgenommen (→ Seite 13, 50 f.), dadurch wird das Schärfeempfinden im Gesamteindruck erweitert und etwas abgemildert.

Aus diesem Grund würzt man scharfe bis sehr scharfe Gerichte mit Parakresse. Traditionell findet Parakresse in den Küchen der brasilianischen Provinz Pará, aus der auch die Paranüsse stammen, und vereinzelt in der asiatischen Küche Verwendung. Das „Nationalgericht" Amazoniens ist *Tacacá*, eine dicke Fisch- oder Garnelensuppe, die mit Chili, Knoblauch und Jambú, also Parakresse gewürzt wird. In der chinesischen Küche, vor allem in der Provinz Szechuan, wird die má-Schärfe der Parakresse – öfter jedoch die des Szechuanpfeffers – mit der bekannten là-Schärfe der Chilis kombiniert. Auch zu Speisen, die zu den oft sehr scharfen indonesischen → Sambals passen, wird beim Servieren manchmal Parakresse als Beilage gereicht. Insbesondere die auffällig gelben Blüten, die noch schärfer und prickelnder wirken als die Blätter, lassen sich auch mit Süßem kombinieren. Die besondere, prickelnde Schärfe führt zu überraschenden Effekten in Desserts.

AROMENENTFALTUNG

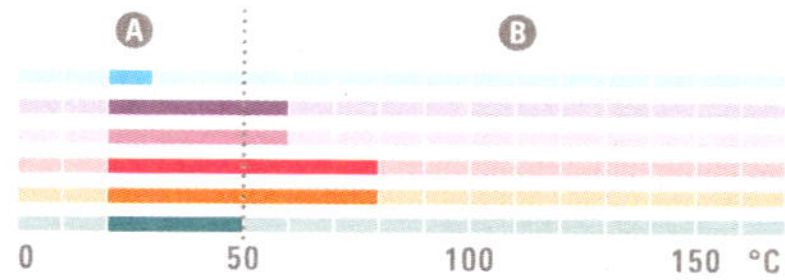

A *Sehr würzig, kräuterig, prickelnd beim Zerbeißen* **B** *Leicht bitter, weniger prickelnd, leicht thymianartig*

PASST GUT ZU

Fisch, Meeresfrüchten, Eintöpfen, Suppen, Salaten, Frischkäse

LÄNDERKÜCHE

Brasilien: *Tacacá (Fischsuppe), Pato no Tucupí (Entenbraten)*

EINKAUF, ANBAU

Man bekommt die Pflanze oder die Samen in Gärtnereien. Sie ist sehr einfach zu ziehen. Die auffällig gelben Blütenköpfe gibt es auch im Fachhandel („Szechuan Button").

Bertholletia excelsa (NUSS)

PARANUSS

Paranüsse werden meist roh gegessen. Sie haben eine knackige Textur und einen eher neutralen, milden, buttrigen, etwas an Macadamianüsse erinnernden Geschmack. Sie stammen aus den kopfgroßen Kapselfrüchten des riesigen brasilianischen Paranussbaums. Sind sie reif, fallen die Früchte herunter. In ihrem Inneren sitzen, angeordnet wie Orangenstücke, ölig-saftige Samenkerne, die von einer harten Schale umgeben sind. Die Kerne werden getrocknet, erst dabei entwickelt sich ihr Aroma.

Das leicht nussige Aroma der Paranuss wird vor allem durch den Aromastoff METHYLBENZOFURAN bestimmt, der sowohl alkohol- als auch fettlöslich ist. Für den leicht fettigen Geruch und Geschmack, der etwas an Leinöl erinnert, sind die enthaltenen Fettsäuren verantwortlich. Das Fettsäurenspektrum der Paranuss ist durch circa 14 Prozent Palmitinsäure (C 16:0), 0,5 Prozent Palmitoleinsäure (C 16:1), 9 Prozent Stearinsäure (C 18:0), 40 Prozent Ölsäure (C 18:1) und 30 Prozent Linolsäure (C 18:2) gegeben.

Die Schale der Paranüsse ist sehr schwer zu knacken, auch deshalb sind Paranüsse immer noch Exoten in der europäischen Küche. Wegen ihrer

Ungeröstet: HEXANAL *fruchtig, fettig, grün* ◊ *Alkohol, Fett, warmes Wasser* BUTANAL *fruchtig-stechend* ◊ *Alkohol, Wasser (schlecht)* DODECAN *fettig, malzig-wachsig* ◊ *Alkohol, Fett* PENTANAL *fruchtig, holzig, leicht stechend* ◊ *Alkohol, Fett* BENZALDEHYD *bittermandelig, marzipanig* ◊ *Alkohol, Fett,*

Wasser **METHYLBENZOFURAN** *leicht nussig* ◊ *Alkohol, Fett* ***Geröstet:*** **ETHANDIAL** *leicht sauer* ◊ *Wasser* **2-OXOPROPANAL** *süß-sauerrumartig, karamellig* ◊ *Wasser* **ACETALALDEHYD** *stechend. fruchtig* ◊ *Wasser* **(E)-HEXAN-2-AL** *grün, wachsig, leicht bananenartig* ◊ *Alkohol, Fett* **FURFURAL** *brotig-holzig-karamellig* ◊ *Alkohol, Fett*

GESCHMACK

Paranüsse haben ein nussig-fettiges Aroma. Durch Rösten erweitert es sich um karamellige Düfte und Röstnoten.

HARMONIE

AROMENENTFALTUNG

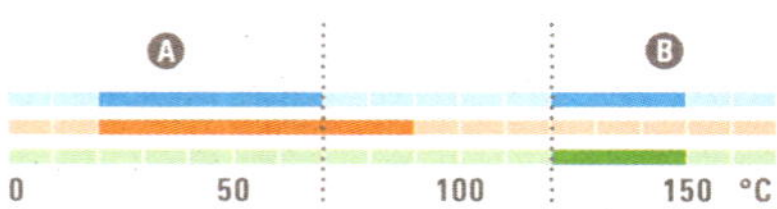

A *Wachsig, nussig-aromatisch* **B** *Dominante Röstnoten zwischen Karamell und Kaffee*

PASST GUT ZU

Gemüse, Fisch und Fleisch

LÄNDERKÜCHE

Europa/USA: *Müsli, Nussmischungen (Studentenfutter)* ***Brasilien:*** *Paranusssuppe*

EINKAUF, LAGERUNG

Paranüsse gibt es in jedem Supermarkt. Sie werden schnell ranzig. Im Kühlschrank halten die Nüsse aber einige Wochen.

herb-wachsig-fettig bis grünen Aromen lassen sich die Nüsse hervorragend mit den wachsigen Aromen des Korianderkrauts kombinieren. Dünne, frisch gehobelte Knoblauchscheiben mit ebenso dünnen Paranussraspeln zeigen, wie sich schweflig-grüne und herb-wachsig Aromen aufgrund ähnlicher Odoraktiviät (→ Wahrnehmungsschwelle, Geruchsadaption und Aromawert, Seite 30) potenzieren. Obwohl man sie auch kochen, rösten und braten kann – was ihr typisches Aroma durch die Entstehung ähnlich duftender Stoffe noch verstärkt –, werden die Nüsse sowohl in ihrer brasilianischen Heimat als auch bei uns fast immer roh gegessen. Die brasilianische Küche kennt auch ein aus den Nüssen erzeugtes Mehl und ein Speiseöl. Aus ungerösteten pürierten Paranüssen lässt sich in Kombination mit Knoblauch und Koriandersamen, Olivenöl und Essig, Salz und Pfeffer eine wohlschmeckende Sauce zubereiten. Dabei sorgen die Nüsse nicht nur für eine sämige Konsistenz, sondern wirken durch ihr zartnussiges Aroma neben der säuerlichen Frische und der Schärfe des Pfeffers als ausgleichende, verbindende Komponente. Die Sauce passt gut zu gebratenem Thunfisch oder Steaks.

LAUCHPÜREE MIT PARANÜSSEN

- 4 Stangen Lauch
- 30 g Butter
- 200 ml Gemüsebrühe
- Salz, Pfeffer
- 5 Paranüsse

Lauch putzen, in Stücke schneiden und in der Butter dünsten. Nach und nach die Gemüsebrühe angießen. Salzen und pfeffern. Die Paranüsse grob hacken und zusammen mit dem Lauch zu einen sehr glatten Püree verarbeiten. Auf Teller ausstreichen und zu Fisch oder hellem Fleisch reichen, alternativ zu Blutwurst. Mit Salzkartoffeln ergibt das Lauchpüree auch ein leichtes vegetarisches Gericht.

GESCHICHTE UND GESCHICHTEN

Als Mitte des 16. Jahrhunderts portugiesische Seefahrer in den Regenwäldern des Amazonasgebiets auf riesige Bäume aus rotem Holz stießen, erinnerten sie diese an Sappanbäume, die sie aus Ostindien kannten. Aus dem ostindischen Sappanbaum gewannen sie einen roten Farbstoff: „brasil". Deshalb nannten sie das neu entdeckte Land in Südamerika „terra de brasil". Die Nüsse dieses Baums wurden später wiederum nach dem brasilianischen Bundesstaat Pará benannt. Paranüsse sind in Brasilien ein wichtiges Nahrungsmittel, sechs Paranüsse entsprechen ungefähr dem Nährwert eines 200 g schweren Steaks, denn sie enthalten überdurchschnittlich viele Mineralien: vor allem Selen – aber auch natürliche Radionuklide aus dem Boden. Laut Bundesamt für Strahlenschutz ist der durchschnittliche deutsche Verbrauch von 0,1 g/Tag/Person gesundheitlich vollkommen unbedenklich.

Parmesan

PARMESAN, PARMIGIANO

Von allen Käsesorten wird der Parmesan (italienisch: Parmigiano – „der aus Parma") am häufigsten als Würzkäse eingesetzt. Wie getrocknete Tomaten oder Sardellen dient er als natürlicher „Geschmacksverstärker", mit dem sich im Handumdrehen ein herzhafter umami-Geschmack erzeugen lässt. Außerdem dient Parmesan als Geschmacksmodulator und erzeugt eine angenehme Mundfülle.

Im Aroma des Parmesankäses stehen fruchtige bis seifige Noten im Vordergrund: Verantwortlich dafür sind die Aromen ETHYLBUTANOAT, ETHYLHEXANOAT und ETHYLOCTANOAT, die sich während der Reifung aus den Fettsäuren der Milch bilden. Sie nehmen dem Käse bei längerer Reifung die Bitterkeit. Hinzu kommen stechende, säuerlich-käsige Gerüche sowie schweißig-säuerliche Komponenten und ein mitunter leicht seifiger, wachsiger Geruch. Gleichzeitig finden sich im Aromenspektrum auch nach Kakao duftende, röstige Noten, ein intensives Aroma, das fast an Blauschimmelkäse erinnert, und Anklänge an Kokos und Milch. Intensivere Noten des Parmesans werden durch das nussig-röstige, schokoladige 2,6-DIMETHYLPYRAZIN ausgelöst, das aus gerösteten Nüssen bekannt ist. Das Aroma wird durch weitere nussig-röstige, nach Kaffee duftende Backaromen unterstützt sowie durch grün-florale, würzige Töne.

Parmesan sollte grundsätzlich immer frisch gerieben oder gehobelt verwendet werden: In Spänen oder als Pulver verliert er schnell sein Aroma. Um ihn stückweise zu schneiden, gibt es spezielle Parmesanmesser oder -hobel. Sie zerstören nicht die spezielle, körnige Struktur durch Schnitte, sondern brechen eher Teile ab oder heraus.

PARMESANSCHAUM

400 g Parmesan	Parmesan im Stück in Wasser kochen, das Wasser mit dem Käse über Nacht stehen lassen. Das Fett anderntags abschöpfen. Darin kann man zum Beispiel Gemüse dünsten. 100 g Parmesanwasser mit 1 g Lecithin versetzen und mit dem Stabmixer aufschäumen. Den Schaum auf kurzgebratenes Fleisch setzen.
1 l Wasser	
1 g Lecithin (Fachhandel)	

Klassisch passt Parmesan zu einer Vielzahl italienischer Gerichte: Praktisch keine Pasta und kein Risotto kommt ohne ihn aus, er würzt Salate, Suppen, Gemüse- und Nudelaufläufe und gehört in fast jedes Pesto. *Bresaola* (getrocknetes Rindfleisch) und andere kräftige Fleisch- und Wurstsorten wie Salami passen zu gehobeltem Parmesan hauptsächlich deshalb, weil ihr Aroma stark genug ist, um sich neben dem reifen Käseduft und -geschmack

ETHYLBUTANOAT *fruchtig-ananasartig, orangig ◊ Alkohol, Wasser (schlecht)* ETHYLHEXANOAT *fruchtig, würzig ◊ Alkohol, Fett* ETHYLOCTANOAT *frucht, apfelig, Weinbrand, seifig ◊ Alkohol, Fett* BUTANSÄURE *säuerlich, unangenehm, ranzig ◊ Alkohol, Wasser* 3-METHYLBUTANSÄURE *stechend säuerlich-käsig, fruchtig ◊ Alkohol, Wasser* HEXANSÄURE *schweißig-stechend ◊ Alkohol, Fett* OCTANSÄURE *seifig, säuerlich, milchfettig ◊ Alkohol* METHYLBUTANAL *muffig, moderig, Kakao, Kaffee ◊ Wasser (schlecht)* HEPTAN-2-ON *fruchtig-käsig, Blauschimmel ◊ Alkohol, Fett, Wasser (schlecht)* PHENYLACETALDEHYD *grün-floral, honig-würzig, Hyazinth ◊ Alkohol, Fett* γ-DECALACTON *kokosnussartig ◊ Alkohol, Fett* 2,6-DIMETHYLPYRAZIN *nussig-röstig ◊ Alkohol, Fett* 2,3-DIMETHYLPYRAZIN *nussig, Backaroma ◊ Alkohol, Fett* 5-ETHYL-2-METHYL-PYRIDIN *nussig-röstig ◊ Alkohol, Fett* 2-FURANMETHANOL *brotartig, röstig ◊ Alkohol*

GESCHMACK

SÜSS SAUER SALZIG BITTER UMAMI

Parmesan duftet fruchtig-seifig und etwas nussig-würzig. Entscheidend ist aber sein umami-Geschmack. Außerdem verleiht er Speisen „Mundfülle" (kokumi).

HARMONIE

AROMENENTFALTUNG

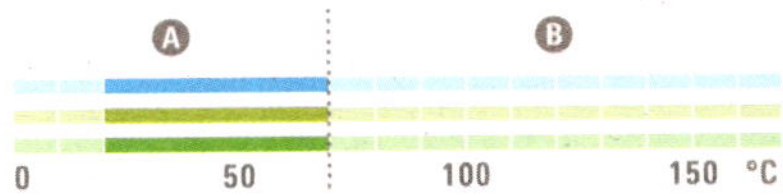

A *Typisches Parmesanaroma* **B** *Fast vollständiger Aromenverlust, kaum Charakter*

PASST GUT ZU

Pasta, Reis, Gemüse, Fleisch, Fisch, Trüffel, Nüsse, Trockenfrüchten, Brot

LÄNDERKÜCHE

Italien: *Minestrone, Risotto, Pasta, Antipasti, Pesto, Bresaola, Gemüseaufläufe*

QUALITÄTEN, LAGERUNG

Parmesan („Parmigiano-Reggiano") ist eine seit 1955 herkunftsgeschützte Spezialität aus der italienischen Provinz Parma in der Region Emilia Romagna. Kenner behaupten, Parmesan aus dem Herbst sei der beste. Der Reifegrad des Käses entscheidet über seinen Preis: jüngere sind weicher und günstiger. Die Reifeklassen sind: 12 Monate (nuovo), 24 Monate (vecchio), 36 Monate (stravecchio), 48 Monate (stravecchione), 72 Monate (extra stravecchione).
Ältere Parmesankäse lassen sich länger lagern, am besten im Kühlschrank in ein feuchtes Tuch oder trockenes Backpapier gewickelt, nicht in Frischhaltefolie: Er darf nicht schwitzen, sonst beginnt er schnell zu schimmeln. Anders als die meisten Käse kann man ihn auch gut einfrieren.

zu behaupten. Während in diesem Fall der herzhafte → umami-Geschmack des Parmesans nicht so wichtig ist, spielt er in anderen Gerichten eine zentrale Rolle, vor allem bei wenig „herzhaften" Zutaten wie Salat, Gemüse oder Pasta. Nicht fehlen darf er deshalb etwa in der ***Minestrone*** oder im bitterscharfen Rucolasalat, wo die „geschmacksverstärkenden Effekte" und das Mundgefühl im Vordergrund stehen. Ein Klassiker ist in Brühe gekochte Pasta, die man in einem ausgehöhlten Leib Parmesan wälzt und anschließend mit Trüffeln bestreut. Meeresfrüchte würzt Parmesan ebenfalls sehr gut – hier kommt es auf die Dosierung an. Sofern er sparsam dosiert wird, wirkt ein wenig Parmesan hier als würziges umami-Gewürz. Außerdem fügen sich seine fruchtig-seifigen Käsearomen perfekt zu den typischen Meeresfrüchtearomen aus der gleichen Aromagruppe. Ein Gericht mit Fisch, Olivenöl und Tomaten, bestreut mit Parmesan und gehackter Petersilie, ist sensationell, genauso wie temperierte Austern mit Apfel-Parmesanschaum. Wie solch ein Schaum herzustellen ist, zeigt unser Rezept. Parmesan passt sogar zum Früchtedessert: Zum einen stellt die Süße der Früchte grundsätzlich eine gute Ergänzung zu fettig-käsigen Aromen dar, und zum anderen gibt es eine Brücke durch die in Parmesan enthaltenen fruchtigen Aromen. Parmesankäse lässt sich teilweise durch andere Käsesorten ersetzen: Ähnlich schmeckt Grana Padano, ein Käse aus der benachbarten Region. Pecorino ist ein Hartkäse aus Schafsrohmilch, den man ähnlich wie Parmigiano einsetzen kann; er hat ein etwas strengeres, nussigeres Aroma. Auch der Schweizer Käse Sbrinz ist mit dem Parmesan zu vergleichen.

EXTRA: UMAMI UND KOKUMI

Die Besonderheit von Parmesan und anderen → reifen Hartkäsen ist – neben ihrem reichhaltigen Aroma – ihr zentraler Beitrag zu der Grundgeschmacksrichtung „umami". Parmesan enthält fast doppelt so viel proteingebundene Glutaminsäure wie jedes andere Lebensmittel. Durch die Reifungsprozesse wird sehr viel Glutaminsäure freigesetzt, welche die Rezeptoren für umami-Geschmack reizt. Daher kann mit Parmesan als Gewürz ein herzhafter Geschmack erzielt werden. Des Weiteren bilden sich Proteinbruchstücke aus verschiedenen Aminosäuren, die für eine „Geschmacksmodulation" sorgen: den kokumi-Effekt. Wie „umami" stammt auch dieser Begriff aus dem Japanischen und beschreibt eine große „Mundfülle". Lebensmittel mit hoher kokumi-Wirkung lassen den Geschmack im ganzen Mundraum breiter wirken. Weitere Beispiele dafür sind etwa fermentierte Schwarze Bohnen oder lange mit Fleisch gekochte mexikanische Bohneneintöpfe (→ Abrunden: kokumi, Seite 48).

Carya illinoinensis (NUSS)

PEKANNUSS

Die glatte, dünne Schale der nordamerikanischen Pekannuss lässt sich ohne Nussknacker öffnen. Ihr Innenleben ähnelt dem der Walnuss – sie gehören botanisch beide zur Familie der Walnussgewächse. Deshalb kann die Pekannuss vergleichbar mit der Walnuss auf vielfältige Weise in Süßspeisen und zu Fleischgerichten genossen werden. In Europa ist sie eher als Bestandteil von Müslizubereitungen und Backwaren bekannt.

Neben dominanten nussigen Grundaromen weisen Pekannuss und Pekannussöl einen leicht fruchtig-blumigen Duft auf. Ausgelöst wird er durch das blumig-frische LINALOOL, das frisch und fliederartig duftende α-TERPINEOL, den Aromastoff BORNEOL mit seinen holzig-kampferigen Noten sowie durch das nach Eukalyptus und Kampfer riechende 1,8-CINEOL. Dazu finden sich eher würzig-terpentinartige und würzig-wacholderige Noten sowie nach Sandelholz duftende Untertöne. Samtige, kokosartige Aromen kommen ebenfalls in der Nuss vor. Das Fettsäurenspektrum der Pekannuss ist definiert durch circa 6 Prozent Palmitinsäure (C 16:0), 2 Prozent Stearinsäure (C 18:0), 67 Prozent Ölsäure (C 18:1), 22 Prozent Linolsäure (C 18:2) und 1 Prozent Linolensäure (C 18:3). Somit ist die Fettsäurenzusammensetzung der von Olivenöl sehr ähnlich. Pekannüsse schmecken und duften milder, etwas süßer, aber auch erdiger als Walnüsse. Es gibt allerdings an die 500 verschiedene Sorten, die sich auch aromatisch deutlich unterscheiden: Einige sind eher buttrig, andere deutlich süßer.

Man verwendet die Nüsse roh, ungeröstet oder geröstet, im Ganzen oder gerieben. Beim Rösten verflüchtigen sich teilweise die blumig-frischen und zitrus- bis fliederartigen Noten, während gleichzeitig Röstaromen ent-

BROWNIES MIT PEKANNÜSSEN UND ORANGE

- 50 g Butter
- 50 g Schokolade (mit einem Kakaoanteil von mind. 70 %)
- 1 Ei
- 50 g feiner Zucker
- 30 g Mehl
- 1 Prise Salz
- 40 g ungesalzene Pekannüsse, grob gehackt
- Schale von 1 unbeh. Orange

Ofen auf 200 °C vorheizen. Butter und Schokolade im Wasserbad schmelzen, danach etwas abkühlen lassen. Das Ei trennen, das Eiklar und den Zucker in einer Schüssel schaumig schlagen. Schokolade und Butter einrühren. Mehl, Salz, Pekannüsse und fein geraspelte Orangenschale mit einem Spachtel einrühren. Das Gemisch in eine rechteckige, mit Backpapier ausgelegte Backform geben und etwa 30 Minuten backen. Innen sollte es noch leicht feucht bleiben. Abkühlen lassen und in Vierecke schneiden. Man kann die Brownies mit ungesüßter und leicht geschlagener Sahne servieren oder eine Kugel Vanilleeis dazu reichen.

HEXANAL *fruchtig, fettig, grün* ◊ *Alkohol, Fett, warmes Wasser* LINALOOL *blumig, zitrusartig, frisch* ◊ *Alkohol, Fett* α-TERPINEOL *zitrusartig, fliederartig, etwas terpentinartig* ◊ *Fett, Wasser* BORNEOL *holzig-kampferig* ◊ *Alkohol, Fett* 1,8-CINEOL[T] *Eukalyptus, kampferig, kühlend* ◊ *Alkohol, Fet* SANTALEN *sandelholzartig* ◊ *Alkohol, Fett* α-, β-CARYOPHYLLEN *würzig-holzig-terpentinartig* ◊ *Fett* β-BISABOLEN *balsamisch, warm-harzig, holzig* ◊ *Alkohol, Fett* γ-NONALACTON, γ-DODECALACTONE *Kokos* ◊ *Fett (beide)*

GESCHMACK

SÜSS SAUER SALZIG BITTER UMAMI

Pekannüsse schmecken etwas milder und süßer als Walnüsse, ohne deren adstringierende Wirkung auf der Zunge.

HARMONIE

AROMENENTFALTUNG

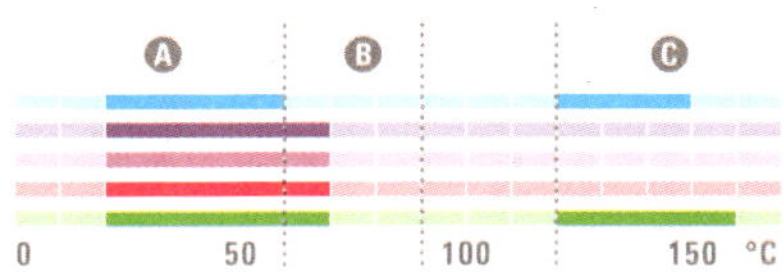

A *Leicht floral, nussig-wachsig* **B** *Samtig-cremig* **C** *Nussig-karamellig, weich-röstig*

PASST GUT ZU
Geflügel und anderen Fleischsorten, Gemüse, Süßspeisen, Eis, Salate, Käse, Quark, Schokolade

LÄNDERKÜCHE
USA: Pecan Pie, Sandies (Kekse), Brownies
Deutschland: Müslimischungen

QUALITÄTEN, LAGERUNG
„Burkett", „Western Sly", „Sly" und „Mahan" sind wichtige Sorten der Pekannuss. Die Burkett ist klein, fast kugelrund und buttrig, die größere, eher längliche Mahan aromatisch und sehr süß. Wie viele Nüsse können Pekannüsse geschält schnell ranzig werden. Im Kühlschrank halten sie aber bis zu sechs Monate, ungeschält mindestens ein Jahr. Pekannussöl sollte man ebenfalls im Kühlschrank aufbewahren.

stehen, die für nussige, erdige Noten sorgen. Aus den Nüssen wird ein hochwertiges Speiseöl gepresst, das angenehm mild-nussig ist und anders als Olivenöl nicht im Kühlschrank ausflockt.

Die Früchte des Hickorybaums aus dem Süden der USA wurden seit Urzeiten von den Indianern als Nahrungsmittel geschätzt. Allgemein sind in der nordamerikanischen Küche Pekannüsse viel beliebter als Walnüsse. In den USA sind sie oft in Torten- und Kuchenfüllungen enthalten. Dabei harmonieren sowohl die mild-nussigen Aromen und die leichte Süße mit den übrigen Zutaten als auch die sich bildenden Röstaromen beim Backen. Dieses Aromenspektrum macht auch ihre Kombination mit Kakao beziehungsweise Schokolade so interessant. Die berühmteste Spezialität ist der ***Pecan Pie***: Auf einen süßen Mürbeteig wird eine Masse aus gehackten Nüssen, Butter, Honig und Eiern gestrichen und gebacken. Wie Walnüsse passen sie aber auch zu herzhaften Gerichten, insbesondere zu reiferen Käsesorten: Dort liefern die Nüsse über die blumigen Noten einen angenehmen Kontrast. Gehackt oder gehobelt können sie für Textur und leichte nussige Süße über Salate gestreut werden, über fruchtig-fettig-grünes Aroma bieten sich aber auch Anknüpfungspunkte etwa an Oliven an. Mit dem selten angebotenen Öl lassen sich Speisen aromatisieren (→ Walnussöl).

Perilla frutescens

PERILLA

Perilla wird auch Schwarznessel oder auf Japanisch Shiso genannt. Das Kraut mit den auffällig rot-violetten oder grünen gezackten Blättern stammt aus Asien und wird dort in der Küche eingesetzt. Es kann aber auch in unseren Gärten problemlos kultiviert werden. Perilla duftet intensiv zitronig, würzig-säuerlich und ein wenig nach Apfel.

(E)-DODEC-2-ENOL *fettartig ◊ Alkohol, Fett* LINALOOL *blumig, zitrusartig, frisch ◊ Alkohol, Fett* PERILLALDEHYD *frischgrün, minzig ◊ Alkohol, Fett* LIMONEN *orangenartig, terpentin-zitronenartig ◊ Alkohol, Fett* PERILLAACETAT *würzig, kräuterig ◊ Alkohol, Fett* TERPINEN-4-OL *blumig-würzig ◊ Alkohol, Fett* α-CARYOLPHYLLEN *würzig-holzig ◊ Fett* APIOL *petersilienartig ◊ Alkohol, Fett* PERILLAKETON *würzig, kräuterig ◊ Alkohol, Fett*

Es gibt mehrere Sorten des Blattgewürzes, von denen allerdings nicht alle als Würzkraut relevant sind. Bei der normalerweise erhältlichen Sorte sind vor allem das zimtig-minzig duftende PERILLALDEHYD und das zitronig-frische LIMONEN aromagebend, mitunter auch weitere, würzig und reichhaltig kräuterig riechende sowie blumig-würzige Aromen. Eine größere Rolle spielen weiterhin grün-erdige, würzig-holzige und fettig riechende Noten. Der Geschmack von Perilla ist herb bis bitter, unter anderem ausgelöst durch den Farbstoff LUTEOLIN und den Gerbstoff CATECHIN, der auch in Kakao oder Tee zu finden ist.

Von Perilla können sowohl die Blätter als auch die Blütenkelche und Samen verwendet werden. Mitgegart werden darf Perilla nur kurz, weil seine Aromen hitzeempfindlich sind. Den Samen fehlt ein Teil der grün-erdigen Noten, sonst ähnelt ihr Aroma dem der Blätter. Oft wird außerdem die Färbewirkung des Krauts genutzt: Die dafür verantwortlichen Stoffe lösen sich

SPARGEL MIT PERILLA

600 g Weißer Spargel (nicht zu dick)

Etwas Zucker

Salz

Butter

5 Perillablätter (grün oder rot)

Spargel schälen und in etwa 3 cm lange Stücke schneiden. Zucker mit Salz in einem Topf mit der Butter erhitzen und die Spargel bis auf die Spitzen zugeben. Bissfest garen, leicht nachsalzen. Die Perillablätter in feine Streifen schneiden und kurz vor dem Servieren unterheben. Als kleine Vorspeise servieren.

in Wasser und Alkohol. Aus den Samen wird ein fettes, seltenes Speiseöl erzeugt, das viel von der mehrfach ungesättigten Alpha-Linolensäure enthält und im Aroma an Sesamöl erinnert.

Mit grüner Perilla kann man Fisch oder Huhn würzen: Sie fügt den Röstaromen der Speisen ihre würzige Frische hinzu – ähnlich wie Zitrusfrüchte und ihre Verwandten. Daher verträgt sie sich auch gut mit Limetten und Zitronengras. In einer *Salsa verde* kann man sie anstelle von Basilikum einsetzen. Auch Reis lässt sich mit Perilla wunderbar aromatisieren – mit Roter Perilla sogar färben. Als Gewürzkraut wird Perilla vor allem in Ostasien eingesetzt – zu Kurzgebratenem im Wok, als Einwickelblatt oder als Färbemittel. In Vietnam kommt das zitronig-frische, würzige Kraut in Wokgerichte, Teigrollen oder Suppen. In der japanischen Küche nutzt man darüber hinaus die färbende Wirkung der violetten Blätter – zum Beispiel für den rosarot eingelegten Ingwer *Beni-shôga*. Man verwendet sie auch frittiert als Tempura oder streut sie über Nudeln. In Korea wird *Kimchi* (Kohl) zur Färbung mit roten Perillablättern salzig-scharf eingelegt. Die Perillablätter selbst werden kombiniert mit Chili eingelegt, die sie um eine leicht brennende Empfindung ergänzen. Perillaldehyd hat zwar einen minzartigen Charakter, erzeugt aber nicht die Kühle, die vom Menthol der Minzen bekannt ist. Daher kann Perilla eingesetzt werden, wenn die Kühle nicht erwünscht ist oder nicht benötigt wird. So eignet sich das Kraut etwa für Obstsalate, die ohnehin kühl serviert werden, und Joghurt mit Perilla und gecrushtem Eis liefert einen exzellenten Lassi zu herzhaften Gerichten. Aber auch die Kombination mit der kühlenden Minze funktioniert sehr gut. Die Perillasamen nutzt man als Streugewürz ähnlich wie Sesamsamen und streut sie über frische Speisen, deren Eigenaroma nicht so dominant ist, dass es deren zartes Aroma überdecken würde. In koreanischen Kochbüchern heißen die Samen deshalb auch „wilder Sesam", obwohl sie nichts mit Sesam zu tun haben.

GESCHMACK

Die Blätter sind angenehm würzig, leicht scharf und erinnern an Sauerampfer und Minze. Auch ein bisschen Apfel spielt hinein.

HARMONIE

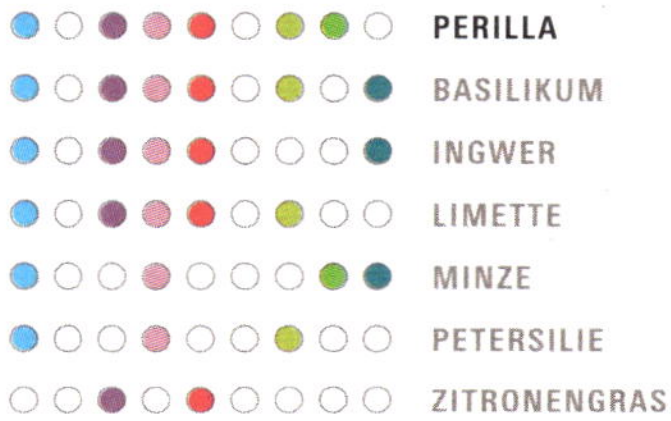

AROMENENTFALTUNG

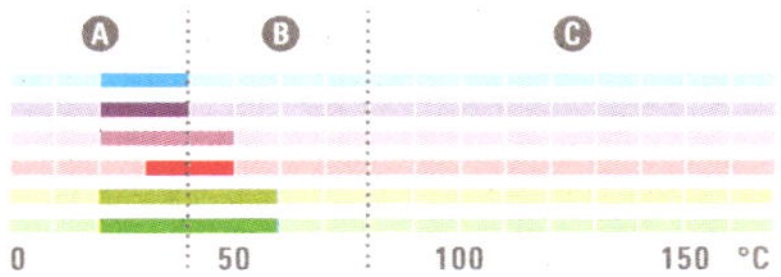

A *Frisch, fast zitral-herbal* **B** *Aromatisch-würzig* **C** *Aromaverlust; bei kurzem Frittieren Betonung der Bitterstoffe*

PASST GUT ZU

Kurzgebratenem, Rind, Huhn, Fisch, Salaten

P

LÄNDERKÜCHE

Japan: *Umeboshi (eingelegte Pflaumen), Tempura, Beni-shoga (eingelegter Ingwer)* ***Vietnam:*** *kurzgebratenes Rindfleisch, Teigrollen* ***Korea:*** *Kimchi*

EINKAUF, ANBAU

Als Topfpflanze gibt es sie in Gärtnereien, die eingelegten, getrockneten oder frischen Blätter in Asialäden.

Petroselinum latifolium (GLATT)

PETERSILIE

Sie ist neben Pfeffer und Salz das wichtigste Gewürz der europäischen Küche. Petersilie war schon in der Antike bekannt und wurde von Karl dem Großen im Mittelalter wiederentdeckt, allerdings eher als Heilpflanze. Beliebt ist das Kraut heute noch – nicht nur, weil es viele Vitamine und Mineralien enthält. Es gehört in zahlreiche klassische Saucen und passt zu vielen Speisen.

(Z)-HEX-3-ENAL *grün-grasig* *Alkohol, Wasser* LIMONEN *orangenartig, terpentin-zitronenartig* *Alkohol, Fett* 1,3,8-P-MENTHATRIEN *grasig-würzig* *Alkohol, Fett* MYRISTICIN *würzig, warm, balsamisch* *Fett* APIOL *petersilienartig* *Alkohol, Fett*

GESCHMACK

SÜSS SAUER SALZIG **BITTER** UMAMI

Petersilie schmeckt und duftet herrlich frisch und pfeffrig, ein bisschen nach Anis und Zitrone. Die glatte ist würziger als die krause Sorte. Bei beiden kann man sowohl die Blätter als auch die Stiele verwenden.

HARMONIE

PETERSILIE
DILL
KNOBLAUCH
KORIANDERKRAUT
KRESSE
KREUZKÜMMEL
LIEBSTÖCKEL
MINZE
MUSKATNUSS
ZITRUSSCHALEN

Petersilie ist trotz ihrer Alltäglichkeit ein ganz besonderes Kraut, dessen Duftchemie durch das aus der Muskatnuss bekannte MYRISTICIN dominiert wird. Dadurch erhält Petersilie ihre würzige, muskatartige Note. Die gleichzeitige Leichtigkeit im Duft lässt sich auf das Vorhandensein des orangenartigen, terpentinartig-zitronig duftenden LIMONEN zurückführen. Große Bedeutung hat auch der grün-erdige Aromastoff APIOL. Weitere Bestandteile sind grasig-würzige Noten sowie ein grün-grasiger Duft, der allerdings nicht aromabestimmend ist. Glatte Petersilie wirkt würziger als krause, da sie in der Regel etwa viermal mehr des ätherischen Öls aufweist. Krause Petersilie ist erst durch Züchtung entstanden, um das Kraut von der giftigen, ähnlich aussehenden Hundspetersilie zu unterscheiden.

Sowohl Blätter als auch Stiele würzen, wobei die Stiele manchmal etwas hart sind. Das Küchenkraut sollte frisch verwendet werden, denn beim Trocknen oder langen Lagern verflüchtigt sich das zitrus- und terpentinartige Aroma und die Petersilie wird „muffig". Auch während des Erhitzens verändert sich das Aromaspektrum stark, da sich die frischen Noten verflüchtigen. Will man jedoch eher die verbleibenden würzig-warmen bis grün-erdigen Aromen betonen, kann man ganze Petersilienzweige mitziehen lassen und nach dem Kochen entfernen. Aufgrund ihrer Struktur kann man krause Petersilie gut anrösten oder frittieren – und als Beilage reichen. Die Petersilienwurzel besitzt ein ähnliches Aromenspektrum wie die Blätter. Hinzu kommen allerdings erdig-gemüsige bis erdig-aromatisch-stechende Noten, wie sie von Pastinaken oder Sellerieknollen bekannt sind. In den Wurzeln überstehen die Aromen auch etwas längere Garzeiten.

PETERSILIENÖL

- 1 Bund Petersilie
- Topf kochendes Salzwasser
- 200 ml Avocadoöl

Petersilie waschen, in kochendem Salzwasser nicht länger als 10 Sekunden blanchieren und vollständig trocken tupfen. Petersilie mit Avocadoöl pürieren und auf 50 °C erwärmen. Über Nacht ziehen lassen und anderntags mit einem Teefilter filtrieren. Mit dem aromatisierten Öl lassen sich Gemüse- und Fischgerichte verfeinern. Das Öl ist sehr grün: Grund dafür ist der hohe Anteil des Pigments Chlorophyll.

PETERSILIENFOLIE

- 1 g Agar oder 2 g Gelatine
- 200 ml Wasser
- Salz, etwas Pfeffer
- 1 Bund krause Petersilie

Die Gelatine kalt einweichen, beziehungsweise Agar in das Wasser geben, dann aufkochen, salzen, pfeffern. Die Petersilie darin blanchieren und sofort mit dem Stabmixer sehr fein pürieren. Noch heiß durch ein Sieb geben, dabei das Petersilienwasser auffangen. Die ausgedrückte Gelatine darin auflösen und das Petersilienwasser auf Backmatten etwa 1 mm hoch ausstreichen. Gelieren lassen. Danach in passende Platten schneiden und auf gegarte Fischfilets legen oder mit Kräuterkäse als Füllung zu „Makis" rollen.

Das Aromenspektrum der Petersilie ist sehr ausgewogen. Deshalb harmoniert sie mit vielen anderen Kräutern und Gewürzen, die sie durch ihren hohen Anteil an würzig-warmen und grün-erdigen Aromen besser zur Geltung bringen, gleichzeitig fügt das Limonen den Speisen eine zitrusartige Frische hinzu. Bemerkenswert ist ihr muskatartiges Aroma, das die interessante Kombination mit Muskatnuss ermöglicht. In unterschiedlichen Zusammensetzungen findet sich die Petersilie in den verschiedenen Länderküchen oft in einer „grünen Sauce" wieder. Die berühmte ***Frankfurter Grüne Sauce*** besteht aus sieben Kräutern: Neben Petersilie sind das Borretsch, Kerbel, Kresse, Pimpinelle, Sauerampfer und Schnittlauch, manchmal auch Dill. Die Kräuter werden mit hartgekochtem Eigelb und Sahne vermengt, die ihre fettlöslichen Aromen gut löst. Eine nordhessische Abwandlung ist die ***Kasseler Grüne Sauce***, in der meist Dill und Zitronenmelisse statt Kerbel und Kresse enthalten sind. Beide Saucen reicht man vor allem zu gekochten Kartoffeln, deren erdiger Duft von den Kräutern sowohl unterstützt als auch durch frische Noten ergänzt wird. In Frankreich ist neben der ***Persillade*** (Petersilie mit Knoblauch) die ***Sauce verte*** beliebt, eine Mayonnaise mit Kerbel, Estragon, Brunnenkresse und Pimpinelle, häufig auch Knoblauch. In Norditalien reicht man zum Schmorgericht ***Ossobuco*** eine spezielle Petersiliensauce mit Knoblauch und Zitronenschalen: ***die Gremolata***. Auf den Kanaren haben ***Papas arrugadas*** mit ***Mojo verde*** und anderen Mojos den Status eines Nationalgerichts. Die ***Mojo verde*** besteht aus Petersilie, Korianderkraut und Kreuzkümmel. Im Baskenland kennt man eine ***Salsa verde*** aus Petersilie und Erbsen, die zum Fisch gereicht wird. In die mexikanische ***Salsa verde*** kommen zusätzlich Tomatillos, Chilis, Korianderkraut und Zitrone. In Iran wird für den grünen Eintopf ***Ghorme sabzi*** Petersilie mit Bockshornklee und Minze kombiniert. Bekannt ist das Kraut in der orientalischen Küche aber vor allem durch ***Tabouleh***, den libanesischen Petersiliensalat. 3 Tomaten und 1 rote Zwiebel , 2 Bund Petersilie und 1 Handvoll Minze klein schneiden beziehungsweise hacken und mit gekochtem Bulgur, Olivenöl und Zitronensaft vermischen. Abgeschmeckt wird mit Pfeffer und Meersalz.

AROMENENTFALTUNG

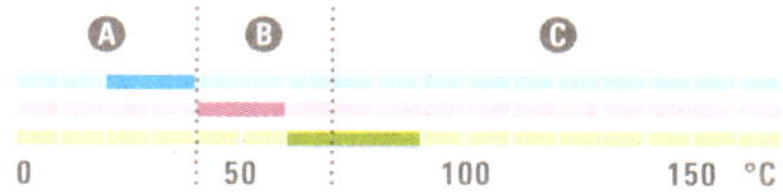

A *Frisch, herbal* **B** *Würzig, muskatartig*
C *Würzig, erdig*

PASST GUT ZU

Saucen, Salaten, Marinaden, vielen Gemüsesorten, Kartoffeln, Fisch, Fleisch, Eierspeisen

LÄNDERKÜCHE

Deutschland: *Frankfurter Grüne Sauce, Kasseler Grüne Sauce* ***Italien:*** *Pesto, Ossobuco (Schmorgericht) mit Gremolata, Salsa verde, Spaghetti aglio, olio e peperoncini* ***Frankreich:*** *Sauce verte, Persillade* ***Kanaren:*** *Mojo verde* ***Mexiko/Lateinamerika:*** *Salsa verde* ***Levante:*** *Tabouleh (Petersiliensalat)* ***Iran:*** *Ghorme sabzi (Eintopfgericht)*

GEWÜRZMISCHUNGEN

Französisches Bouquet garni, französisches Fines herbes

EINKAUF, LAGERUNG

Petersilie ist rund ums Jahr frisch erhältlich, wächst auch auf dem Balkon, im Garten und im Topf auf dem Fensterbrett. Frisch geschnittene Petersilie hält in Plastik oder in ein feuchtes Tuch gewickelt im Kühlschrank einige Tage. Oder man stellt ein Sträußchen in ein Glas mit Wasser. Getrocknete Petersilie ist kein Ersatz, aber man kann das frische Kraut gut tiefkühlen.

Piper nigrum
SCHWARZ, WEISS

PFEFFER

Er gilt als König aller Gewürze. Alexander der Große brachte ihn aus Indien erstmals nach Europa. Schon im römischen Kochbuch des Apicius kommt er in fast jedem Rezept vor. Im Mittelalter wurden viele Ersatzpfeffer populär, denn echten Pfeffer konnte man damals mit Gold aufwiegen. Er diente sogar als Zahlungsmittel – und war letztlich einer der Auslöser für die Entdeckung Amerikas.

Pfeffer ist in der mitteleuropäischen Küche das Synonym für „scharf". Diese Empfindung ist keine Geschmacksqualität, sondern eine Reizung der Trigeminusnervenendigungen im Mundraum. Sie geben an das Gehirn das Signal für „Schmerz" beziehungsweise „heiß" weiter, das in diesem Zusammenhang als „scharf" wahrgenommen wird. Die Scharfmacher in Pfeffer sind PIPERIN und dessen chemischen Verwandte. Sie sind vorwiegend fett- und alkohollöslich. Allerdings enthält Pfeffer darüber hinaus eine ganze Reihe flüchtiger Aromastoffe, die für seinen typischen Geruch verantwortlich sind. Die wichtigsten davon sind das würzig-holzig riechende β-CARYOPHYLLEN, das süßlich-terpentinartige 3-CAREN und die beiden Varianten α- und β-PINEN mit ihren warm-harzigen, kampferigen bis pinienartigen Tönen. Außerdem kommen in Pfeffer blumig-frische Noten und ein terpentinartig-zitronenartiger Duft vor. Die leicht adstringierende Wirkung kann auf den Aromastoff QUERCETIN zurückgeführt werden, der sich sowohl in Meerrettich als auch zum Beispiel in Wein findet.

Gemahlener Pfeffer verliert wegen der großen Oberfläche des Mehls schnell sein Aroma. Daher sollte man besser ganze Körner kaufen. Weil Schärfe und flüchtige Aromen durch die harte Schale nur langsam entweichen können, kann man die ganzen Körner ruhig die ganze Zeit über mitkochen lassen. Wer auf Pfefferkörner im Gericht, aber nicht auf die Schärfe verzichten will, sollte die Körner direkt vor dem Servieren grob im Mörser zerstoßen oder in der Pfeffermühle mahlen und sofort über die Speisen

MYRCEN *süßlich, balsamisch* ◊ *Alkohol, Fett* **LIMONEN** *orangenartig, terpentin-zitronenartig* ◊ *Alkohol, Fett* **3-CAREN** *süßlich-terpentinartig, leicht zitrusartig* ◊ *Alkohol, Fett* **SABINEN** *frisch-holzig, neutralkräuterig* ◊ *Alkohol, Fett* **α-, β-PINEN** *Pinennadeln, Pinienholz, kampferig* ◊ *Alkohol, Fett* **β-BISABOLEN** *balsamisch, warm-harzig, tierisch-holzig* ◊ *Alkohol, Fett* **β-CARYOPHYLLEN** *holzig-terpentinartig* ◊ *Fett* **PIPERIN** *schmerzhaft heiß, scharf* ◊ *Alkohol, Fett* **QUERCETIN** *, adstringierend* ◊ *Alkohol, Fett*

GESCHMACK

SÜSS SAUER SALZIG **BITTER** UMAMI

Pfeffer zeichnet sich neben seiner Schärfe durch erdig-harzige, frische Noten aus. Spannend wird es, wenn man unterschiedliche Sorten bewusst einsetzt.

P

PFEFFERROULADEN

- 2 EL Grüner Pfeffer (getrocknet)
- 4 dünne Rinderrouladen
- 4 sehr dünne Scheiben Räucherschinken (möglichst so groß wie die Roulade)
- Öl zum Braten, kräftiger Rinderfond
- 5 ganze Schwarze Pfefferfrüchte, 2 Lorbeerblätter

Den Grünen Pfeffer im Mörser nicht zu fein zerkleinern. Die Rinderrouladen auf der Innenseite gut damit belegen, darauf je eine Scheibe Räucherschinken geben. Nicht salzen, das erledigt der Schinken. Die Rouladen rollen und mit Holzstäbchen oder Küchengarn fixieren. In etwas Öl anbraten und in wenig Rinderfond zusammen mit den ganzen Schwarzen Pfefferfrüchten und den Lorbeerblättern gar ziehen lassen. Die gegarten Rouladen mit dem stark reduzierten und abgeschmeckten Schmorfond überziehen und zum Beispiel mit grünen Bohnen anrichten. Ein sehr schlichtes Gericht mit großem Pfefferaroma.

HARMONIE

AROMENENTFALTUNG

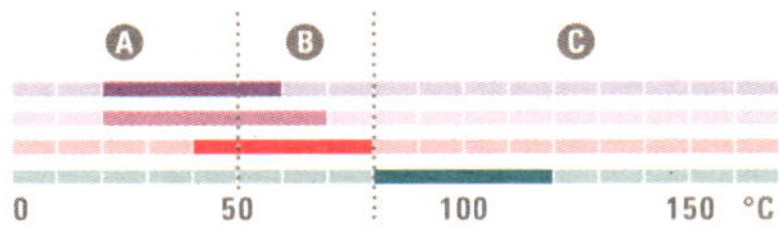

A *Frische zitrus-pinienartige Pfeffernoten, leichte Schärfe* **B** *Betonung der balsamischen, kampferigen Note* **C** *Deutliche trigeminale Schärfe*

PASST GUT ZU

Gebratenem, Geschmortem, Gegrilltem (Fleisch, Fisch), hellen Saucen
Schwarzer Pfeffer: *Klaren Suppen und Brühen, Eierspeisen, Käse, Gemüse, Marinaden*
Weißer Pfeffer: *Hellem Fleisch und Fisch (aus optischen Gründen)*
Grüner Pfeffer: *Früchte und süße Pfeffersauce*

LÄNDERKÜCHE

Deutschland/Europa: *Westfälischer Pfefferpotthast, Pfeffersteak, Hasenpfeffer, Schweinepfeffer* ***Italien:*** *Pastagerichte, Salate* ***USA:*** *Steaks* ***China:*** *Sauer-scharf-Suppe* ***Indien:*** *Currys, Pfefferwassersuppe* ***Thailand:*** *Currys mit Kokosmilch (Grüner Pfeffer)*

geben. So kommen auch die frischen, zitrusartigen Noten besser zur Geltung, die sich bei hohen Temperaturen verflüchtigen und dadurch der Schärfe Raum geben. Möchte man beide Ausprägungen, lässt man einige Körner mitkochen und würzt später mit frisch gemahlenem Pfeffer nach. Eine Besonderheit stellt Grüner Pfeffer dar: Wegen seines hohen Anteils an flüchtigen Aromen wird er auch im Ganzen besser erst gegen Ende der Kochzeit zugegeben, die Körner bleiben dann im Gericht.

UNTERSCHIEDE UND ANWENDUNG

Ein großer Vorteil der Schärfe ist, dass sie die Aromen der anderen Gewürze unterstützt und nicht überdeckt, da sie vorwiegend die Heiß-kalt-Rezeptoren reizt. Pfeffer kann daher fast jedem Gericht zugegeben werden. Besonders gut passt er zu intensiven Schmor-, Brat- und Grillaromen, die er zusätzlich durch seinen würzig-holzigen, terpentinartigen und frischen Duft unterstützt. Nur mit Paprika und Chili harmoniert Pfeffer eher nicht, da sich in diesem Fall die Schärfen gegenseitig potenzieren würden.

Schwarzer, Weißer, Roter und Grüner Pfeffer wird aus derselben Pflanze, Piper nigrum, gewonnen, die Varianten ergeben sich aus den verschiedenen Reifestadien beziehungsweise der Weiterverarbeitung der Körner. Das geht so weit, dass sie sich sowohl im Schärfegrad als auch im Aroma von-

TELLICHERRY SCHWARZ

TASMANISCHER PFEFFER

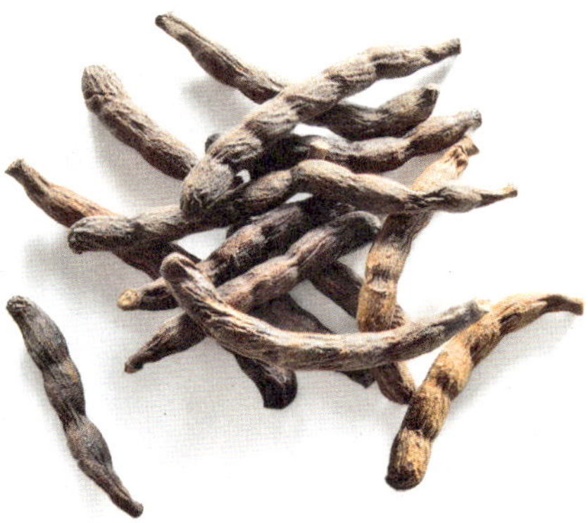

MOHRENPFEFFER

VOATSIPERIFERY

einander unterscheiden (→ Aromaprofile von Pfeffer, Seite 271). So klein diese Unterschiede erscheinen mögen, so groß ist ihre Wirkung beim Würzen.

SCHWARZEN PFEFFER erhält man, wenn die unreifen, grünen Früchte an der Luft getrocknet und schließlich schwarz und hart werden. Bei der Lufttrocknung verliert der Pfeffer einen Teil seines frischen, fruchtigen, manchmal zitrusartigen Aromas und einen Teil seiner balsamischen, kampferigen Wärme. Dadurch wird die Schärfe umso mehr betont. Die italienische Küche hat vorgemacht, wie gut sich frisch gemahlener Schwarzer Pfeffer mit einem fruchtig-seifig-nussig duftenden Parmesan, süßlichem Balsamicoessig und fruchtig-herbem Olivenöl ergänzen.

WEISSER PFEFFER besteht aus vollkommen gereiften, roten Früchten, die gewässert und geschält, vom Fruchtfleisch befreit und dann getrocknet werden. Weißer Pfeffer ist schärfer als Schwarzer, denn im Kern dominiert das Piperin. Aus dem gleichen Grund ist er weniger aromatisch: Er besitzt durch das Trocknen und Schälen weniger des ätherischen Öls im Vergleich zum Schwarzen Pfeffer und schmeckt streng-kühl, eindeutig scharf mit einem manchmal etwas süßlichen Nachklang. Ist er schlecht verarbeitet, riecht er schnell muffig. Weißer Pfeffer wird eingesetzt, wenn es wirklich um die Schärfe geht, weniger um die weiteren Aromen – oder aus optischen Gründen in hellen Speisen.

GEWÜRZMISCHUNGEN

Bunte Pfeffermischungen (Schwarzer und Weißer Pfeffer sowie Rosa Beeren), Steakpfeffer, französische Mignonette-Mischung aus Schwarzem und Weißem Pfeffer, französisches Quatre-épices, indisches Garam Masala, syrisches Baharat, marokkanisches Ras el-Hanout, äthiopisches Berbere

QUALITÄTEN, EINKAUF, LAGERUNG

Immer die ganzen Früchte kaufen, die dunkel und trocken gelagert bis zu drei Jahre ihr Aroma behalten. Grünen Pfeffer bekommt man sauer eingelegt und trocken. Eingelegt verliert er, wenn das Glas einmal geöffnet ist, auch im Kühlschrank nach einigen Wochen sein Aroma. Ist Weißer Pfeffer verdächtig günstig, könnte es sich in Wahrheit um ausgeblichenen oder gefärbten Schwarzen Pfeffer handeln – dann riecht er oft muffig.

BESONDERE SORTEN

INDISCHER BERGLANDPFEFFER: *Der schwarze Pfeffer wird im indischen Westghat-Gebirge inmitten von Tee- und Kaffeeplantagen geerntet. Er ist blumig, fruchtig mit angenehmer Schärfe.*

KAMPOT-PFEFFER: *Die Sorte aus Kambodscha gibt es in allen vier Farben. Sie wird traditionell in Handarbeit erzeugt.*

INDONESISCHER MUNTOK: *Wegen der reinen, frischen Schärfe gilt er neben dem Sarawak als der beste weiße Pfeffer der Welt.*

PENJA-PFEFFER: *Diese Sorte aus Kamerun gibt es in weiß, grün oder schwarz. Ihr Aroma ist sehr fruchtig, intensiv und warm.*

SARAWAK-PFEFFER: *Die besonders helle Sorte (Sarawak Cream Label) ist für ihr fruchtiges, mildes Aroma berühmt.*

PERIYAR: *Aus Kerala, Südindien. Die schwarze Sorte enthält doppelt so viel ätherisches Öl wie herkömmlicher Pfeffer.*

SCHWARZER TELLICHERRY: *Die sehr späte Ernte dieser „Spätlese-Sorte" macht ihr Aroma noch wärmer, würziger.*

VOATSIPERIFERY: *Piper borbonense stammt aus dem Regenwald Madagaskars und hat ein wunderbar reiches, erdiges wie blumiges Aroma.*

PFEFFERERSATZ

Viele „Pfeffer"-Sorten sind mit dem „Echten Pfeffer" nicht verwandt. Früher wurden sie als günstiger Ersatz für das teure Gewürz verwendet, gerieten in der Neuzeit jedoch in Vergessenheit, weil der echte Pfeffer erschwinglich geworden war. Oft haben sie ein sehr interessantes Aroma, weshalb sie heutzutage in der Gourmetküche wiederentdeckt werden. ***Mönchspfeffer*** *erinnert eher optisch als von seinem Aroma her an Pfeffer. Er ist scharf und etwas bitter, ihm fehlen aber die typischen, vielseitigen Aromen. Als heute wiederentdecktes Einzelgewürz schmeckt er in Eintöpfen, zu gegrilltem Fleisch und Wild. Seine Beliebtheit im Mittelalter und sein Name sind darauf zurückzuführen, dass er bei Mönchen als „Anti-Aphrodisiakum" galt, er wurde auch „keusches Lamm" genannt. Den* ***Tasmanischen Pfeffer*** *erkennt man am kleinen Stiel an jedem Korn, ähnlich wie beim Kubebenpfeffer. Die tasmanische Sorte ist ebenfalls kein „echter" Pfeffer. Sie verliert ihre Schärfe beim Mitkochen oder Mitbraten.*
*Des Weiteren wurden – und werden heute wieder – Sorten wie →***Paradieskörner***, →***Langer Pfeffer***, →***Kubebenpfeffer***, →***Szechuanpfeffer***, →***Rosa Beeren*** *und →***Piment*** *verwendet. Sie alle sind kein Ersatz für Piper nigrum, sondern sehr interessante andere „Scharfmacher".*

ROTER PFEFFER ist selten und teurer als die anderen. Als Roter Pfeffer wird die meist aus Kerala stammende, ungeschälte, vollreife, dunkelrotbraune Pfefferbeere bezeichnet. Um ihre Farbe und ihr Fruchtfleisch zu erhalten, werden die Beeren oft in einer Lake eingelegt oder in einem speziellen Verfahren getrocknet. Das Aroma der getrockneten Beeren ist unwiderstehlich – und besser als das der in Lake eingelegten Früchte: Es besticht durch seine ausgeprägt harzigen, kampferigen Piniennoten und auch die blumige, fast zitronale Frische ist deutlich zu vernehmen. Roter Pfeffer kommt besonders gut zur Geltung, wenn er sein Aromenspiel ohne zusätzliche andere Gewürze voll entfalten kann, zum Beispiel wenn Steaks kurz vor dem Servieren nur mit zerstoßenem Roten Pfeffer bestreut werden statt mit der üblichen Steakpfeffer-Mischung. Roter Pfeffer ist nicht zu verwechseln mit →Rosa Beeren. Die werden eher aus optischen Gründen – und weil sie günstiger als echter Roter Pfeffer sind – in vielen „bunten" Pfeffermischungen eingesetzt.

GRÜNER PFEFFER, beziehungsweise seine Herstellung, ist eine Erfindung des 20. Jahrhunderts. Dazu müssen die unreifen grünen Pfefferbeeren gekocht und gefriergetrocknet oder sofort in Lake eingelegt werden. So behalten sie nicht nur ihre Farbe, sondern auch ihren frischen Geruch. Grüner Pfeffer duftet frisch und etwas krautig. Er gehört in die ***Grüne Pfeffersauce*** und passt wegen seiner milden Schärfe gut zu exotischen, süßen Früchten wie Ananas oder Mango oder zu anderen Früchten – etwa zu frischen Erdbeeren. Ausgezeichnet harmoniert er mit dunkler Schokolade und karamellisiertem Zucker: Während der Zucker einen angenehmen Kontrast zur Schärfe liefert, wird das Piperin im Fett der Schokolade gelöst, was seine Schärfe abmildert. Gewürze, die eine frische Schärfe aufweisen, etwa Ingwer, Fenchelsamen oder Zitronengras, vertragen sich ebenfalls gut mit Grünem Pfeffer. Deshalb kommt er auch in Thai-Currys vor.

TEURE PFEFFERPREISE UND DIE ERFORSCHUNG DER WELT

Pfeffer war schon immer beliebt, kam aber seit der Antike von weit her: von der Malabarküste Indiens. Das machte ihn ziemlich teuer. Deshalb versuchten die Spanier im 15. Jahrhundert, das Handelsmonopol der Venezianer und Araber zu brechen, und beauftragten Christoph Kolumbus, einen neuen Seeweg nach Indien zu entdecken. Der stieß 1492 allerdings statt auf Indien auf Amerika, wo die Spanier fortan nach Gold und dem sagenumwobenen El Dorado suchten. Den Pfefferhandel überließen sie den Portugiesen: Der Seefahrer Vasco da Gama hatte 1498 über die östliche Seeroute das echte Indien erreicht (→ Geschichte des Würzens, Seite 77). Heute gibt es keine Handelsmonopole mehr, aber edle, von Hand geerntete Pfeffersorten und solche, die wild und in lichter Höhe im Regenwald wachsen, sind noch immer teuer.

EINE PFLANZE – DREI AROMAPROFILE

Die Unterschiede zwischen den Pfeffersorten werden im Sensoriklabor untersucht. Testpersonen tragen den von ihnen empfundenen Geruch in spezielle Grafiken ein, die Achsenbeschriftung wird zuvor festgelegt. Die Aromaprofile setzen sich aus den Mittelwerten der Einträge zusammen: Objektiv sind die Unterschiede gar nicht so dramatisch.

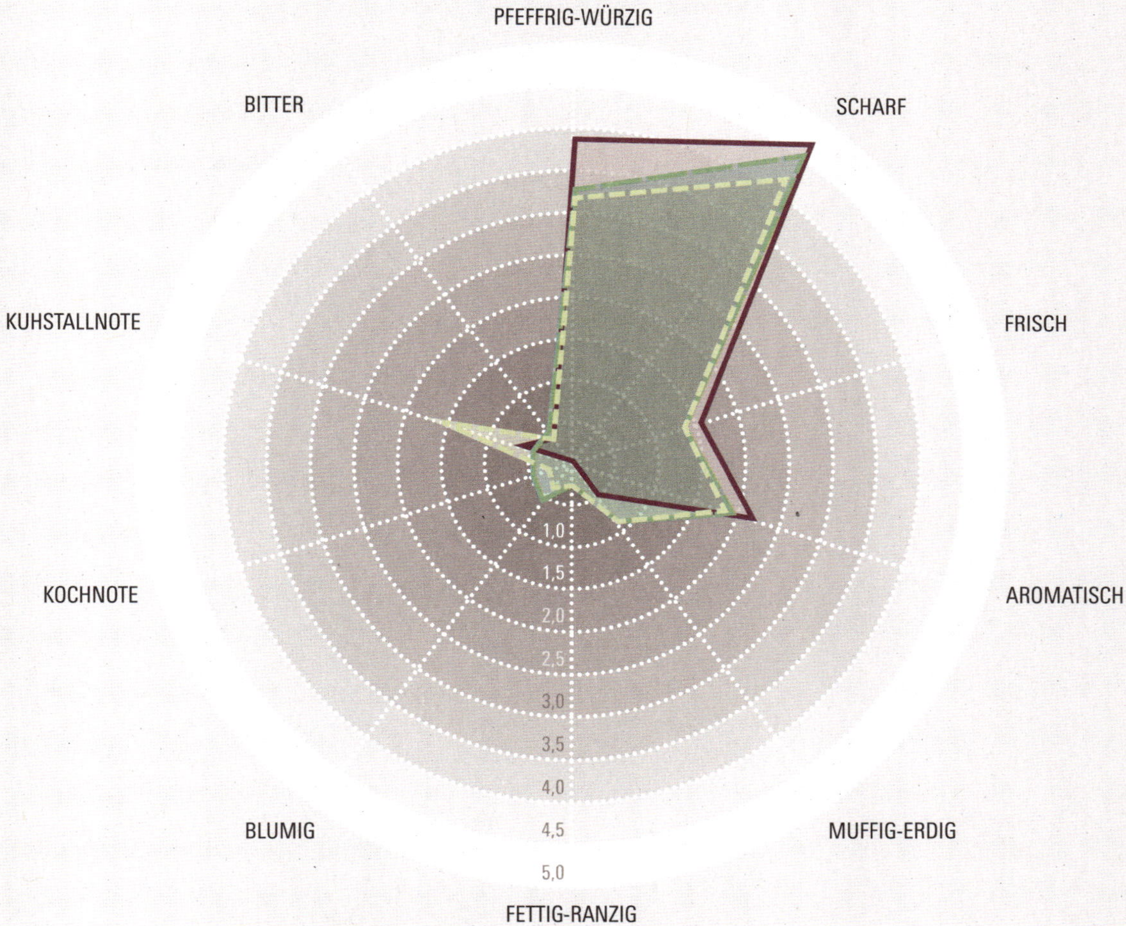

Blum, Carsten, Analytik und Sensorik von Gewürzextrakten und Gewürzölen. Dissertation Universität Hamburg, 1999.

Cantharellus cibarius

PFIFFERLING

In Österreich nennt man die Pilze Eierschwammerl, andere deutschsprachige Namen sind Reherl, Schweinsfüßerl, Marillenschwamm, Gelbchen oder Kragenknöpferl. Pfifferlinge gelten als reichhaltige Quelle für Vitamin D. Das Besondere an ihnen ist ihr „pfeffriger" Duft, der bei reiferen Exemplaren auftritt und der sich auch in den getrockneten Pilzen erhält. Dann kann man aus ihnen ein würziges Pilzpulver zubereiten.

(R)-1-OCTEN-3-OL *muffig, pilzartig, schimmelig ◊ Alkohol, Fett* 1-OCTEN-3-ON *pilzig, metallisch, leicht orangig ◊ Alkohol, Fett* OCTAN-3-OL *nussig, feucht, erdig-holzig ◊ Alkohol, Fett* 1,8-CINEOL[T] *Eukalyptus, kühlend ◊ Alkohol, Fett* MENTHOL[T] *minzig, kühlend ◊ Alkohol, Fett, Wasser* α-PINEN *warm-harzig, kampferig ◊ Alkohol, Fett*

GESCHMACK

SÜSS SAUER SALZIG **BITTER** **UMAMI**

Pfifferlinge eignen sich sehr gut zum Trocknen, etwa für ein Pilzpulver. Ihr pfeffriger Duft bleibt dabei erhalten.

HARMONIE

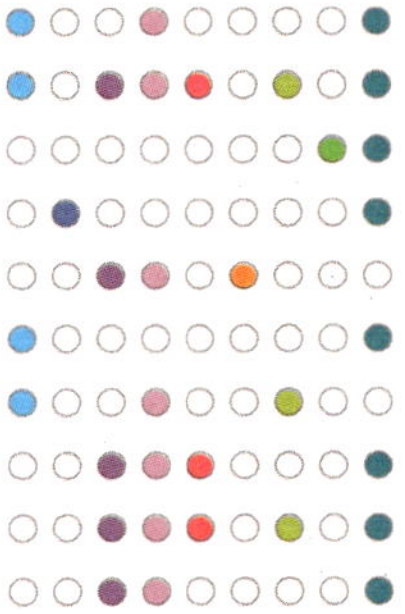

AROMENENTFALTUNG

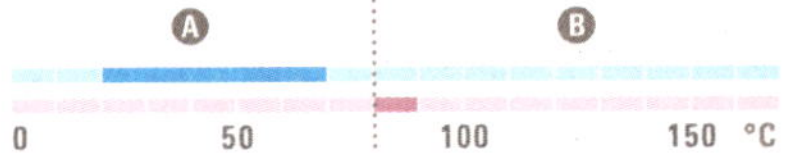

A *Pfeffriges Aroma* **B** *Herbal-würzige Noten*

Der Duft frischer junger Pfifferlinge wirkt fruchtig, butterig, mitunter sogar pfirsichartig. Mit zunehmender Reife kommt eine gewisse Pfeffrigkeit dazu. Das Hauptaroma ist wie bei allen Pilzen das muffig, pilzig und schimmelig duftende (R)-1-OCTEN-3-OL, das während des Kochens zu 1-OCTEN-3-ON mit seinem leicht metallischen typischen Pilzgeruch oxidiert. Auch nussig-feuchte und erdig-holzige Noten sowie holzig-kampferartige Töne tragen zum Aroma bei. Die „Pfefferigkeit" in den reifen Pilzen ist das Resultat einer Mischung aus dem eukalyptusartig-kampferigen 1,8-CINEOL, das sich etwa auch in Basilikum, Kardamom, Salbei und Piment findet, sowie dem als kühlend empfundenen, minzigen Aroma des MENTHOLS.

Um ihr Aroma zu erhalten, sollte man die Pfifferlinge nicht waschen, sondern trocken abreiben oder abbürsten und eventuell mit einem Messer schadhafte Stellen entfernen. Aufgrund ihres festen Fleisches sind sie selten von Würmern und anderen Schädlingen befallen. Sollten sie sehr sandig sein, können sie mit Mehl bestäubt und kurz in Wasser geschwenkt werden: Das Mehl bindet die Erde. Unbedingt sofort danach trocken tupfen, damit sich die Pilze nicht mit Wasser vollsaugen. Bekannt ist die Verwendung als Speisepilz, geschmort, gebraten oder in Gerichten mitgekocht. Sie können aber auch getrocknet und dadurch haltbar gemacht werden: Dazu werden sie in kleine Stücke geschnitten – das soll verhindern, dass Restfeuchte während der späteren Lagerung im Glas zu einer Schimmelbildung führt – und bei 60–80 °C circa drei Stunden im Ofen getrocknet.

CREMIGES EIGELB MIT PFIFFERLINGSPFEFFER

- 4 Eier
- 10 getrocknete Grüne Pfefferfrüchte
- 10 g getrocknete Pfifferlinge
- Eine Prise grobes Meersalz

Eigelb vorsichtig vom Eiweiß trennen, die einzelnen Eigelbe über Nacht einfrieren, sie werden dann nach dem Auftauen sehr cremig. Herausnehmen, kurz unter dem Grill erwärmen, aber keinesfalls stocken lassen. Aus Pfeffer und getrockneten Pfifferlingen durch Zerstoßen (oder im Blitzhacker) ein „grobes" Gewürz herstellen. Salz untermischen und die cremigen, halbwarmen Dotter damit würzen. Alternativ das Pfifferlingsgewürz für wachsweiche Eier verwenden.

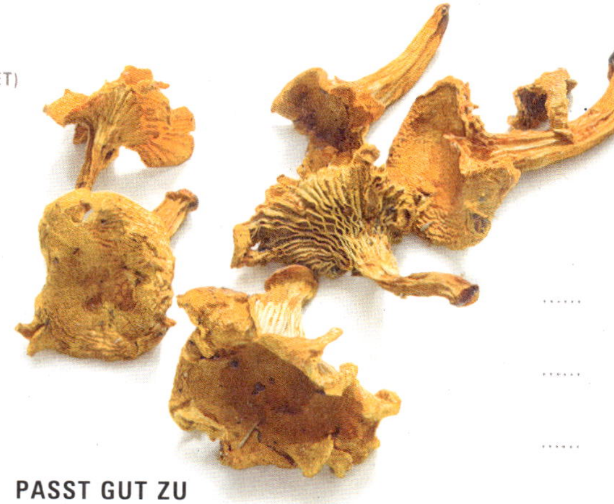

Derart getrocknete Pilze eignen sich zerstoßen oder gemahlen hervorragend zur Herstellung eines Pilzpulvers (siehe Rezept), denn anders als beim Kochen bleiben die pfeffrigen, minzigen Noten hierbei erhalten.

Mit dem Pilzpulver würzt man Suppen, Saucen, feine Aufstriche und Füllungen. Über sein pfeffriges Aroma verträgt es sich hervorragend mit Pfeffer. Man kann das Pulver auch in den Brotteig geben, dort setzt es einen frischen Kontrast zu den beim Backen entstehenden Röstaromen. Dazu passen Kräuter und Gewürze wie Knoblauch, Schnittlauch oder Zwiebeln, deren lauchartige Schwefelnoten gut den pfeffrigen Duft ergänzen. Petersilie, Rosmarin, Salbei oder Basilikum harmonieren mit den Pilzen ebenfalls – nicht zuletzt wegen der gemeinsamen holzigen Kampfernoten. Pfifferlinge eignen sich gut zum Einlegen in Öl. Dafür empfiehlt sich die wunderbare Kombination mit saurem Weißweinessig, scharfen Chilis, blumig-harzigen Koriandersamen und frischem, blumig-kampferigem Rosmarin. Nach der Mahlzeit kann man das übrig gebliebene, intensiv nach Pfifferlingen duftende Öl zum Aromatisieren von Salaten oder anderen Speisen verwenden.

PASST GUT ZU

Fleisch, Fisch, Shrimps, Garnelen, Nudeln, Brot, Semmelknödeln, Linsen, Eierspeisen

LÄNDERKÜCHE

Deutschland: *Pfifferlingsauce zum Steak* ***Österreich:*** *Eierschwammerl mit Semmelknödeln* ***Italien:*** *Bandnudeln (Tagliatelle) mit Pfifferlingsauce*

QUALITÄTEN, EINKAUF, LAGERUNG

Frische Pilze kann man einige Tage luftig abgedeckt stehen lassen. Dabei trocknen sie etwas, was ihnen nur guttut. Im Kühlschrank fangen sie dagegen eher an zu schimmeln. Gut getrocknet sind sie lange haltbar.

Pimenta dioica

PIMENT

In Großbritannien gilt Piment als Gewürz für alle Fälle und heißt deshalb „Allspice". Das kommt nicht von ungefähr: Piment duftet nach Gewürznelken und Pfeffer, man erkennt auch Zimt und Muskatnuss. Im Mittelalter das Standardgewürz, hat Piment seine Bedeutung in der europäischen Alltagsküche heute eingebüßt. Schade, denn es ist ein sehr sinnliches und feuriges Gewürz. Auf jamaikanischen Grillfesten liegt sein Aroma in der Luft.

Weil es ähnlich wie die Gewürzmischung →*Quatre-épices* riecht – bestehend aus Pfeffer, Ingwer, Muskat und Gewürznelken –, wurde es früher in Frankreich auch so genannt. Heute hat sich die Bezeichnung „Piment de la Jamaïque" eingebürgert. Die Duftkomposition erklärt den harmonischen „Allspice"-Geruch: Piment hat mit allen Vertretern von Quatre-épices etwas gemein (→ Das Spiel mit den Aromen, Seite 384). Die Hauptaromakomponenten des Piments sind das ein wenig nach Nelken duftende EUGENOL und das METHYLEUGENOL mit seinem Duft nach Nelken und Anis. Je nach Reife und Herkunft unterscheiden sich die Hauptkomponenten in ihrer anteiligen Konzentration. Beide Aromen sind auch in Muskat, Lorbeer und Basili-

MYRCEN *süßlich-würzig, balsamisch, pfeffrig, terpentinartig* ♢ *Alkohol, Fett* 1,8-CINEOL[T] *Eukalyptus, kampferartig, kühlend* ♢ *Alkohol, Fett* α-, β-PHELLANDREN *würzig-minzig, terpentin* ♢ *Fett* 3-CAREN *süßlich-terpentinartig, leicht zitrusartig* ♢ *Alkohol, Fett* EUGENOL[T] *nelkenartig* ♢ *Alkohol, Fett* METHYL-EUGENOL *würzig-süßlich, zimtig, nelkenartig-warm* ♢ *Fett* QUERCETIN *adstringierend* ♢ *Alkohol, Fett*

GESCHMACK

Piment erinnert an Pfeffer, Gewürznelken, Zimt und Muskatnuss und kann aufgrund seines breiten Aromenspektrums als Universalgewürz eingesetzt werden.

HARMONIE

AROMENENTFALTUNG

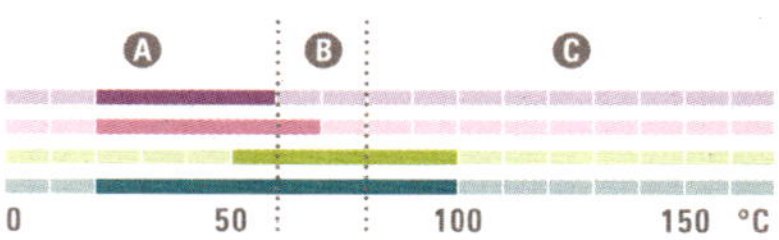

A *Allspice-Charakter* **B** *Warme balsamische Noten* **C** *Eher nelkig, zimtig*

PASST GUT ZU

Schmorgerichten (Rind, Stier), Wild, Leber, Grapefruit, Pflaumen, Schwarzen Johannisbeeren, Äpfeln

LÄNDERKÜCHE

Jamaika: *Jamaika dram (Nationalgetränk aus Rum), Grillfleisch (Jerk)* ***Mexiko:*** *Moles (Saucen)* ***Frankreich:*** *Bénédictine, Chartreuse (Kräuterliköre), Honigbrot* ***England:*** *Plumpudding, Chutneys, Mixed Pickles*

CONFITIERTE ORANGENSCHALE MIT PIMENT

- 500 g unbehandelte Orangen
- 100 g Zucker
- 100 ml Wasser
- 50 ml Orangenlikör (Grand Marnier, Cointreau)
- 5 Pimentfrüchte

Die Schalen der Orangen gut waschen und sehr fein schneiden. Aus Zucker und Wasser einen Sirup herstellen, die Orangenschalen darin garen, bis sie weich und durchsichtig sind. Orangenlikör und Pimentfrüchte einrühren. Vom Herd ziehen und erkalten lassen. Als Condiment, also Würzsauce zu Desserts, gebratenen Entenbrüsten, Wildgerichten oder sehr gereiftem Käse servieren.

kum vorhanden, Eugenol findet sich ebenfalls in Gewürznelken und Zimt. Daneben wirken kampferartige und süßlich-balsamische Noten sowie terpentinartige Töne im Duftspektrum mit, die zum Beispiel ebenso in Kümmel, Fenchel, Dill und Ingwer enthalten sind. Die Bitternoten werden dem auch in Pfeffer oder Meerrettich vorkommenden QUERCETIN zugeschrieben.

In Schmorgerichten sollten die ganzen Früchte von Beginn an zugesetzt werden: Wegen der Schale tritt das Aroma aus den ganzen Körnern nicht so schnell aus und wird nach und nach an die fetthaltigen Bestandteile abgegeben. Frisch gemahlen, kann Piment ebenfalls eingesetzt werden. Wenn man die zerstoßenen Körner erst am Schluss der Schmorzeit dazugibt, erreicht man die typischen Noten für ein *Jamaika-Jerk* – andernfalls verflüchtigen sich die Aromastoffe.

Anhand der Vielzahl von Aromakomponenten wird deutlich, wie sehr sich Piment als Universalgenie im Gewürzschrank eignet. Er kann mit allen Gewürzen kombiniert werden, die sich in seinem Spektrum befinden, mit denen er also ein oder sogar mehrere Aromastoffe teilt. Besonders gut macht er sich in fernöstlichen und karibischen Schmorgerichten mit rotem Fleisch, etwa Rind beziehungsweise Stier: Die Körner bereichern das Gericht mit ihrem warm-würzigen, anisartig-süßlichen Aroma. Auch zu Wild- und Lebergerichten passt Piment aufgrund der gemeinsamen süßlichen Noten, ebenso wie im *Pain d'épice* (Honigbrot) und Speisen, in denen das Gewürz mit Grapefruit, Pflaumen, Schwarzen Johannisbeeren und Äpfeln kombiniert wird. Die harzig-kampferartigen Beiträge des Piments setzen obendrein einen schönen Kontrast.

EXTRA: GRILLEN AUF JAMAIKANISCH

Zu einem Grillfest in der Karibik gehört die Würzpaste *Jerk* – und der Geruch nach Piment. Die fermentierte →Jerkpaste besteht neben Piment aus Knoblauch, Zwiebeln, Ingwer, Zimt, den extrascharfen Chilis der Sorte Scotch Bonnet und weiteren variierenden Zutaten. Damit wird das Grillgut bestrichen, traditionell Schweinefleisch oder Huhn, heute auch Rind, Fisch und Meeresfrüchte, Würste und sogar Tofu. Idealerweise ist auch die Grillkohle aus Pimentholz – oder man streut zumindest Zweige, Blätter und Beeren des Pimentbaums über die Holzkohle, um das Grillgut so zu räuchern. Als Grill werden in Jamaika oft alte, der Länge nach halbierte Ölfässer verwendet, auf die der Rost gelegt wird.

GESCHICHTE UND GESCHICHTEN

Auch hier irrte Kolumbus: Als er auf seiner ersten Fahrt in Richtung Westen glaubte, den Seeweg nach Indien entdeckt zu haben, hielt er die dort als Gewürz verwendeten schwarzen Körner für Pfeffer. Er nannte sie entsprechend „pimienta", Spanisch für Pfeffer. Schon die Ureinwohner der karibischen Inseln wussten ihre konservierenden Eigenschaften zu schätzen. Das übernahmen die Seefahrer und bereiteten damit Fisch und Fleisch für lange Reisen vor. In der skandinavischen Fischindustrie werden die schwarzen Beeren dafür heute noch in großen Mengen verwendet.

Pimentplantagen in Mittel- und Südamerika und in der Karibik sind erfüllt von einem würzigen Duft, den alle Teile des immergrünen Baumes verströmen – Rinde, Blätter, weiße Blüten und später die Beeren. Diese werden geerntet, wenn sie schon voll ausgebildet, aber noch unreif grün sind. Während des Trocknens in der Sonne verfärben sie sich. Das angenehm scharfe Aroma steckt hauptsächlich in den Schalen.

Deutschland: *Spekulatius, Lebkuchen, Glühwein, Matjes, Sauerbraten* ***Skandinavien:*** *eingelegter Hering, Matjes*

GEWÜRZMISCHUNGEN

Jamaikanische Jerk-Pasten, syrisches Baharat, Ketchup, viele industriell gefertigte Gewürzsaucen

QUALITÄTEN, LAGERUNG

Jamaikanischer Piment ist der beste, aber in Europa wird man ohnehin kaum einen anderen finden. Ganze Beeren halten mindestens ein Jahr, gemahlen verliert Piment schnell sein Aroma.

Pinus pinea (KERNE)

PINIENKERNE

Die Kerne stammen aus den Zapfen einer speziell am Mittelmeer vorkommenden Pinienart. Die Ernte ist eher spärlich und nur alle drei Jahre möglich – was auch den relativ hohen Preis von Pinienkernen erklärt.

Ein Großteil des Aromenspektrums der ungerösteten Nüsse ist auf die Zersetzung von Fettsäuren zurückzuführen. Es überwiegt der wachsige, fettige Duft von N-HEXADECANSÄURE mit leichten harzigen, mitunter terpentinartigen Anklängen. Bei ungerösteten Kernen kann man ein tannenartiges, harziges Aroma ausmachen – und eine interessante, leicht säuerliche Unternote. Geröstete Pinienkerne haben ein nussiges, süßliches, mildes Aroma.

Die Kerne werden immer geschält. Sie können ungeröstet oder geröstet verwendet werden: Frisch dominieren eher die wachsigen, fettigen und leicht harzigen Aromen. Trocken angeröstet verlieren sich diese Aromen und es entstehen typische Röstaromen. Leicht geröstet, aber keinesfalls gebräunt, kommt ihr balsamisch-pinienartiges Aroma am besten zum Ausdruck. Das Öl der Nüsse hat einen hohen Anteil an Linolsäure und Ölsäure.

N-HEXADECANSÄURE *fettig-wachsig* ◊ *Fett* α-PINEN *warm-harzig, kampferig* ◊ *Alkohol, Fett* 3-CAREN *süßlich-terpentinartig* ◊ *Alkohol, Fett*

GESCHMACK

SÜSS SAUER SALZIG **BITTER** UMAMI

Pinienkerne haben ungeröstet eine leicht harzig-tannenartige Note, geröstet duften sie nussig und mild, mit süßlichen Noten.

PESTO ALLA GENOVESE

- 1–2 Bund großblättriges Basilikum genovese
- 40 g Pinienkerne, 1 Knoblauchzehe
- 3 EL gutes Olivenöl
- 30 g Parmesan
- Frisch gemahlener Schwarzer Pfeffer, Salz

Das Basilikum waschen und die Blättchen abzupfen. Die Pinienkerne nach Belieben kurz trocken anrösten (je nach Vorliebe, es muss aber nicht sein). Die Knoblauchzehe schälen und grob hacken. Alles zusammen mit dem Mörser fein reiben (nicht im Blitzhacker hacken, denn die Hitzeeinwirkung würde das empfindliche Aroma beeinflussen), dabei nach und nach das Olivenöl dazugeben. Den Parmesan reiben, unterheben und mit Pfeffer und Salz abschmecken.
Man kann das Pesto auch in größeren Mengen zubereiten und gut mit Öl bedeckt bis zu zwei Wochen lang im Kühlschrank aufbewahren.

In der kalten und warmen Küche kommen Pinienkerne vielfältig zum Einsatz. Gerieben als Füllung oder in Saucen, im Ganzen als knackige, mildnussige Zutat ähnlich wie Mandeln. Ungeröstet sind sie ein klassischer Bestandteil im Pesto: Nicht nur weil in Ligurien, aus dem das originale ***Pesto alla genovese*** stammt, viele Pinien wachsen, sondern auch weil sie milder und weniger bitter als viele andere Nüsse, zum Beispiel Walnüsse, sind. Pinienkerne fügen sich im ***Pesto*** sehr gut ein, weil ihr Aroma viele Anknüpfungspunkte hat: sowohl an die grasig-grünlichen Noten des Olivenöls als auch an die blumig-frischen, fenchel- bis pinienartigen Noten des Basilikums. In Reisgerichten des Nahen und Mittleren Ostens sind die rohen Kerne eine beliebte Zutat, sie können dort Mandeln ersetzen. Man gibt sie im arabischen Raum in Fleischbällchen – wegen der knackigen Textur als ganze Kerne. Ihre harzigen Noten ergänzen sich dabei sehr gut mit den Aromen des enthaltenen Pfeffers, außerdem kommt das Fett der Pinienkerne dem scharfen Pfefferaroma Piperin als Lösungsmittel sehr entgegen. In tunesische, stark gesüßte Pfefferminztees gehören einige Kerne als kleine Knabberei und aromatische Ergänzung. Bei gebratener ***Forelle Müllerinart*** können sie die gerösteten Mandeln ersetzen – zum Beispiel gerieben als Mus in der Füllung. Ihre Röstaromen harmonieren dabei mit denen des gebratenen Fischs. Aus den Kernen wird in Frankreich in kleine Mengen ein köstlich duftendes Öls erzeugt, das etwa in Kombination mit Spinat oder in einer Dipsauce für Artischocken als hervorragendes, wenn auch recht teures Aromaöl dient.

Neben der Mittelmeerart gibt es auch Kerne von der Korea-Pinie. Man erkennt sie an ihrer dreieckigen Form mit dunkler Spitze. Sie sind zwar meist günstiger, als Ersatz eignen sie sich aber nur bedingt, da ihr Aroma weniger intensiv als das der Kerne der Mittelmeerpinien ist.

HARMONIE

AROMENENTFALTUNG

A *Pinienartig-nussig* **B** *Neue Röstnoten*

PASST GUT ZU

Spinat, Artischocken, Tomaten, Reis, Hackfleisch, Blattsalaten, Früchten

LÄNDERKÜCHE

Italien: *Pesto alla genovese, Torta della nonna (Kuchen)* ***Mittlerer Osten:*** *Reisgerichte* ***Tunesien:*** *Pfefferminztee mit Pinienkernen*

EINKAUF, LAGERUNG

Man kauft sie frisch. Im Kühlschrank halten sie sich mehrere Wochen, ungekühlt werden sie wegen ihres hohen Gehalts an Ölsäure und Linolsäure schnell ranzig.

Pistacia vera

PISTAZIE

Pistazien stammen ursprünglich aus Persien. Schon in der Antike waren sie im ganzen Orient verbreitet. Bis heute ist Iran der führende Pistazienproduzent weltweit. Auch das hellgrüne Öl kannte man schon damals. Sein nussig-frisches Aroma macht es zu einer Köstlichkeit.

Der Duft ungerösteter Pistazien wird durch das warm-harzig-terpentinartige α-PINEN verursacht sowie durch Untertöne des orangenartig duftenden LIMONENS. Süßlich-balsamische Noten unterstreichen das Aroma der rohen Pistazie ebenso wie holzig-pfeffrige, minzige Töne. Pistazien sind reich an ungesättigten Fettsäuren: Das Fettsäurenspektrum der Pistazie ist

HEX-2-ENAL *grünlich, fruchtig-röstig* ◊ *Alkohol, Fett* NON-2-ENAL *leicht schweißig* ◊ *Alkohol, Fett* METHYL-2-HEXANAL *warm-kakaoar-*

tig ◊ Alkohol, Fett **MYRCEN** *süßlich-würzig, balsamisch, pfeffrig, terpentinartig* ◊ Alkohol, Fett **α-PINEN** *warm-harzig, kampferig* ◊ Alkohol, Fett **LIMONEN** *orangenartig, terpentin-zitronenartig* ◊ Alkohol, Fett **α-PHELLANDREN** *würzig-minzig, minzig* ◊ Fett **GERMACREN** *holzig, würzig* ◊ Alkohol, Fett **PYRAZIN** *röstig, karamellig* ◊ Fett **FURFURAL** *brotig-holzig-karamellig* ◊ Alkohol, Fett **METHYLFURFURAL** *karamellig, würzig* ◊ Fett **2,5- DIMETHYLPYRAZIN** *kakaoartig* ◊ Fett **PENTYLFURAN** *würzig-röstig* ◊ Fett **FURFURYLALKOHOL** *verbrannt, bitter* ◊ Alkohol, Fett **5-METHYL-2-FURFURAL** *karamellig-süßlich-würzig* ◊ Alkohol, Fett

GESCHMACK

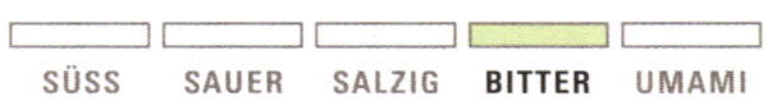

Roh besteht ihr Aroma aus der Mischung von fruchtigen und nussigen Tönen, etwas Süße, etwas Säure, mit leicht herbem Abgang. Geröstet, entstehen je nach Intensität fruchtig-röstige, bis karamellige Noten.

HARMONIE

AROMENENTFALTUNG

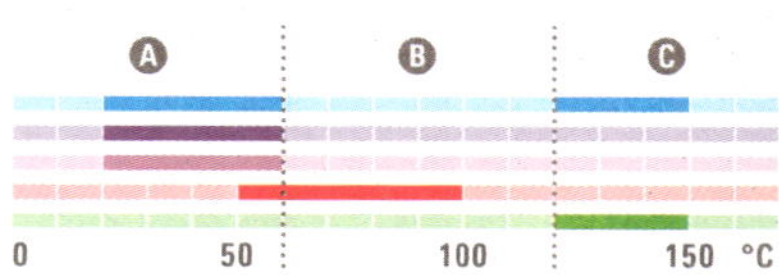

A *Frisch, blumig-nussig, fettig (ungeröstet)* **B** *Leicht balsamisch-harzig* **C** *Bildung von Röstaromen*

HÜHNERBRUST MIT PISTAZIENKRUSTE

- 2 Hühnerbrüste ohne Haut
- Salz
- Gemahlener Kreuzkümmel
- Geschlagenes Eiklar
- Pistaziengranulat (ungeröstet)
- Neutrales Erdnussöl zum Ausbacken

Hühnerbrüste parieren und in ca. 2 cm lange Streifen schneiden. Salzen und mit Kreuzkümmel würzen. Mehrmals abwechselnd durch Eischnee und Pistazien drücken, so dass eine dickere Pistazienschicht kleben bleibt. In heißem Fett in der Pfanne ausbacken.

definiert durch circa 9 Prozent Palmitinsäure (C 16:0), 0,5 Prozent Palmitoleinsäure (C 16:1), 2 Prozent Stearinsäure (C 18:0), 70 Prozent Ölsäure (C 18:1), 17 Prozent Linolsäure (C 18:2) und 0,5 Prozent Linolensäure (C 18:3). Das Pistazienöl wird aus den gerösteten und geschälten Nüssen erzeugt.

Im Orient und in Südeuropa isst man Pistazien meistens roh, also weder geröstet noch gesalzen. Beim Rösten bildet sich aus den enthaltenen Fettsäuren ein ganzes Spektrum neuer Aromen: fruchtig-röstige, leicht schweißig riechende bis warm-kakaoartige, ebenso Röstaromen, die karamellig-holzige und würzig-röstige Noten bis hin zu einem mohnartigen Duft aufweisen. Die genaue Ausprägung des Aromas hängt von der Röstdauer ab: Bei sehr schwachem Rösten werden vor allem die süßlich-balsamischen Noten betont, was nur zu einer leichten Änderung des blumigen Ausgangsdufts führt. Nach längerer Hitzeeinwirkung dominieren alle Röstaromen deutlich. Zu langes und starkes Rösten führt zu einer vermehrten Bildung eines verbrannt riechenden Dufts und bitteren Geschmacks.

Pistazien geben Speisen Farbe, Aroma und Biss. Um die kulinarischen Qualitäten der Nuss herauszuarbeiten, muss man sie als Hauptzutat einsetzen: Darauf versteht sich die orientalische, insbesondere die iranische Küche bestens, in der es auf das Zusammenspiel von süß, salzig und sauer ankommt. Die Pistazie mit ihrem weiten Aromenspektrum ist prädestiniert dafür. Ungesalzene Pistazien ergänzen etwa die orientalische Süßspeise *Baklava* um nussige Aromen und einen fettigen Geschmack. Ergänzende Röstaromen liefert der dazu genossene Mokka. Die Kombination mit dem süßlich duftenden Sternanis funktioniert ähnlich. Über orangig-zirusartige, holzige und würzig duftende Noten harmonieren die Pistazien aber auch mit Kräutern wie etwa Thymian. In Kombination mit Zucker, Sahne und Vanille kann man aus den gerösteten, gesalzenen Nüssen eine grüne Sauce für Desserts herstellen: Die süßlichen, balsamischen Töne ergänzen und unterstützen den süßen Grundgeschmack, das Fett der Sahne dient als Lösungsmittel für die Aromen. Aber auch herzhafte Speisen eignen sich gut: Wenn man Fleisch mit gehackten, möglichst ungerösteten Pistazien paniert – wie im Rezept –, nutzt man das wunderbar vielseitige Nussaroma

PISTAZIENÖL

und röstet die Kerne beim Braten. Die dabei entstehenden, süßlichen bis röstigen Aromen der Pistazien unterstützen und ergänzen die Aromen des Fleischs. Wegen des optischen Effekts streut man im Orient gehackte Pistazien gerne über helle Gerichte, etwa Milchspeisen oder Reis.

Mit ein paar Tropfen Pistazienöl kann man Fisch und helles Fleisch wie Kalb oder Geflügel würzen, denn die überdecken nicht das zarte Aroma des Öls. Leber harmoniert gut mit Pistazienöl, da auch sie immer etwas süßlich schmeckt. Man kann es auch gut über warmes Gemüse wie zum Beispiel Zucchini oder Avocado geben – hier kommen gemeinsame nussig-fettige Aromen zum Tragen – oder Auberginen damit beträufeln. Weil das feine Öl keine Säure verträgt, sollten bei der Verwendung in Obstsalaten immer säurearme Sorten gewählt werden: etwa Banane, Mango oder Ananas.

EXTRA: REGIONALE ANBAUGEBIETE

Die besten iranischen Pistazien kommen aus den Gebieten von Yazd, Kerman und Damghan, wo die Nuss auf salzigen Böden angepflanzt wird. Griechische Pistazien aus der Region Almyros unterscheiden sich von den üblichen iranischen und kalifornischen (Kerman): Ihre Schale ist heller, fast weiß, die Kerne grünlich-rot und ihr Geschmack süßer. Die berühmten türkischen Antep-Pistazien kommen aus Gaziantep, im Südosten des Landes. Die Region von Aleppo in Syrien ist ebenfalls bekannt für ihre Pistazien.

PASST GUT ZU

Süßspeisen, Schokolade, Wurst, Fleisch

LÄNDERKÜCHE

***Iran:** Baklava, Adschil (Nussmischung zum Knabbern, oft mit Trockenfrüchten), süße und herzhafte Reisgerichte* ***Türkei:** Baklava, Halva, Türkischer Honig (Süßspeisen)* ***Italien:** Mortadella, Biscotti (Gebäck), Eis* ***USA:** Watergate Salad (süß mit Pistazienpudding/Pistaziencreme, Dosenfrüchten und Sahne)* ***Österreich:** Mozartkugeln (mit Pistazienmarzipan)*

QUALITÄTEN, EINKAUF, LAGERUNG

Ungesalzene, ungeröstete Pistazien gibt es in orientalischen Lebensmittelgeschäften. Sie sind nur wenige Wochen haltbar. Je reifer eine Pistazie, desto größer wird ihr Kern und desto heller, grüngelber färbt er sich.

Portulaca oleracea

PORTULAK

Hierzulande ist die hübsche einjährige Pflanze mit ihren fleischigen Blättern und knallgelben Blüten ein in Vergessenheit geratener Küchenexot – oder wird gar als Unkraut angesehen. Im südlichen Europa und im Orient wird sie dagegen seit Jahrhunderten gegessen. Ihr Duft ist bescheiden, aber Blätter und Stängel schmecken erfrischend bitter-erdig und leicht adstringierend. Sie würzen gemischte Salate und passen gut zu Suppen und Eintöpfen.

In dem Kraut stehen die Geschmacksstoffe eher im Vordergrund. Der grasige Duft und der bitter-säuerliche Geschmack des Portulaks wird durch BERGAPTEN bestimmt, das sich auch in der Bergamotte findet, sowie durch das leicht nach Heu duftende UMBELLIFERON. Auch bitter-erdig schmeckende und metallische Aromen spielen in Portulak eine Rolle. Kaum entscheidend sind hingegen die flüchtigen Aromen der Pflanze: Sie duften sehr schwach blumig-frisch mit einem Hauch von Jasmin. Darüber hinaus enthält Portulak viele Vitamine und ungesättigte Fettsäuren, darunter auch Omega-3-Fette, und Spurenelemente.

(Z)-3-HEXENAL *grün, fettig, grasig* ◊ *Alkohol, Fett* LINALOOL *blumig, zitrusartig, frisch* ◊ *Alkohol, Fett* PHYTOL *leicht blumig, jasminartig* ◊ *Alkohol, Fett* BERGAPTEN *fruchtig, bitter* ◊ *Alkohol, Fett Wasser* UMBELLIFERON *süß, heuartig* ◊ *Alkohol, Fett*

GESCHMACK

SÜSS SAUER SALZIG BITTER UMAMI

Die Blätter und Stängel schmecken würzig-nussig-bitter mit einer adstringierenden Wirkung. Sie duften frisch-zitronig, ihre Textur ist knackig und saftig.

HARMONIE

PORTULAK
BORRETSCH
CHILI
KERBEL
KRESSE
RAUKE
SAUERAMPFER

AROMENENTFALTUNG

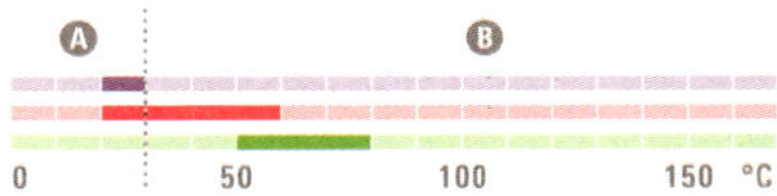

A *Blumig-bittere, würzige Noten* B *Herb, leicht adstringierend*

PASST GUT ZU

Dicken Bohnen, Eiern, Joghurt, Gurken, Tomaten, Kopfsalat, Zitrone

LÄNDERKÜCHE

Libanon: *Fattousch-Salat (Tomaten-Brot-Salat)* ***Türkei:*** *Lammragout* ***Mexiko:*** *Salsas mit Chipotle-Chilis*

EINKAUF, LAGERUNG

Man bekommt Portulak manchmal als Gemüse oder Salat auf Märkten. Selbst im Kühlschrank hält er sich nur wenige Tage. Alternativ sät man ihn selbst in Beeten oder Töpfen aus, die Samen gibt es in Gärtnereien. Schon nach wenigen Wochen kann man ernten. Nach der Blüte schmeckt er bitter.

Zum Verzehr eignen sich sowohl die Blätter als auch die jungen Stängel. Portulak wird frisch in Salaten verwendet, kann in Ragouts aber auch kurz mitgekocht werden, denn die Geschmacksstoffe sind nicht sehr flüchtig. Ebenso kann man sie kurz frittieren. Beim Mitkochen wird neben ihrem Aroma auch die Tatsache genutzt, dass die fleischigen Blätter beim Kochen eine Art Schleim absondern, der Flüssigkeiten bindet und dadurch Saucen Konsistenz gibt. Selbst die Blüten des vermeintlichen Unkrauts sind essbar und sehr dekorativ in Salaten.

PORTULAK-NOCKERLN

- 500 g Portulak
- 150 g Ricotta
- 50 g Gouda oder Edamer, gerieben
- 1 Ei
- 1 Eigelb
- Salz, Pfeffer
- Muskatnuss
- 150 g Weizenvollkornmehl
- 4 Esslöffel Butter
- Parmesan

Portulak waschen, fein hacken und mit Ricotta, geriebenem Käse, Ei und Eigelb, Salz, Pfeffer und geriebener Muskatnuss vermischen. Das Mehl nach und nach unterheben, am Schluss soll ein geschmeidiger Teig entstehen. Wasser aufkochen, salzen. Aus dem Teig mit einem nassen Teelöffel kleine Nockerln abstechen und ins Wasser geben. Nicht alle auf einmal, sonst hört das Wasser auf zu sieden. Steigen die Nockerln an die Oberfläche, sind sie gar. Mit einer Schaumkelle herausnehmen. Feuerfeste Form mit Butter ausfetten. Nockerln hineingeben, darin schwenken, bis sie von allen Seiten gebuttert sind. Mit frisch geriebenem Parmesan überstreuen und für etwa 8 Minuten in den auf 220 °C vorgeheizten Backofen schieben.

Weil in Portulak vor allem die Geschmacksstoffe von Bedeutung sind, nutzen die Kombinationen mit anderen Kräutern meist die verschiedenen Empfindungen im Mundraum aus. In der mexikanischen Küche wird Portulak gerne mit den getrockneten, rauchig-scharfen Chipotle-Chilis und Tomatillos kombiniert. Während die getrockneten Chilis ihre trigeminale Schärfe und ihr für *Chipotle* typisch rauchiges Aroma hinzufügen, ergänzen die Tomatillos ihre fruchtige Süße. Zu Spinat mit Olivenöl und Zitronen passt Portulak, weil er die zitrusartig-bitteren Aromen des Gerichts verstärkt. Aus einem ähnlichen Grund kann Portulak auch mit Kerbel und Borretsch kombiniert werden. In der türkischen Küche wird Lammragout mit Bohnen traditionell mit ganzen Portulakbündeln gewürzt. Zu gegrilltem Fleisch wird das gehackte Kraut im ganzen Orient in einem Joghurtdip mit Knoblauch serviert. Fast alle Aromen lösen sich in Fett oder Wasser, deshalb bekommt auch Kräuterquark mit Portulak eine eigene, zitronig-pikante, bittere Note.

Eruca sativa

RAUKE

Bis ins 18. Jahrhundert war sie in ganz Europa verbreitet, dann geriet sie in Vergessenheit. Über den Umweg Italien ist die gute alte Rauke inzwischen unter dem Namen Rucola in unsere Küchen zurückgekehrt – hauptsächlich als Salat, aber auch als Gewürzzutat auf Pizzen oder zu Bresaola. Die bei uns als Rucola verkauften Blätter stammen allerdings von der Wilden Rauke. Die hat schmalere Blätter als ihre kultivierte Schwester, die Garten-Senfrauke, und schmeckt etwas schärfer. Da die Unterschiede jedoch kaum ins Gewicht fallen, werden hier Rauke und Rucola synonym verwendet.

Der Duft der Rauke wird hauptsächlich durch Senföle und deren Abkömmlinge bestimmt. Dazu zählt etwa der scharf-stechende Aromastoff namens 4-METHYLTHIOBUTYLISOTHIOCYANAT, der sich auch in Meerrettich, Wasabi und Kresse findet. Hinzu kommen frisch-fruchtig-blätterige, säuerliche Töne sowie grüne, säuerlich nach unreifen Äpfeln und Grapefruit duftende Noten und ein leicht bitterer Geschmack. Auch die kleinen weißen Blüten sind essbar und duften schwach nach Grapefruit. In den Samen der Rauke befinden sich die gleichen scharf-stechenden Noten, die dort noch durch ähnliche Aromen ergänzt werden. Das Öl der Samen besteht aus einer Mischung aus circa 25 Prozent Ölsäure (C 18:1), 10 Prozent Linolsäure (C 18:2), 6 Prozent Linolensäure (C 18:3), 12 Prozent Arachinsäure (C 20:0) und 37 Prozent Erukasäure (C 22:1). Auffallend ist dabei der relativ hohe Anteil der langkettigen, einfach ungesättigten Fettsäure Erukasäure.

Je älter die Rauke ist, desto pfeffriger und bitterer schmeckt sie. Sobald sich Blüten entwickeln, lässt die Schärfe in den Blättern aber nach. Man verwendet sie meist frisch, inklusive der Samen, so kommen ihre frische Schärfe und die knackige Textur zur Geltung. Nur die Stiele werden weggelassen: Sie enthalten viel Nitrat, das der Körper zum schädlichen Nitrit abbaut. Wenn man sie erhitzt, reagieren einige der Schwefelverbindungen: Dadurch verliert das Kraut weiter an Schärfe und wirkt zudem weniger typisch stechend. Am besten ist es daher, Rucola gar nicht mitzukochen.

Frisch und im Ganzen passt Rauke in jeden Blatt- oder Tomatensalat. Es fügt den typischen grünen, fruchtigen, mitunter gurkigen Aromen von etwa Basilikum oder Borretsch seine bitter-scharfe Note bei. Falls man die nicht bewusst betonen möchte, sollte man deshalb nicht zu dazugeben. Im Salat funktioniert sie am besten mit einem Nussöl, welches ihr brokkoliartiges, als leicht nussig empfundenes Aroma unterstreicht. So ein Salat verträgt zudem reichlich grob gehobelten Parmesan: Dessen fruchtig-seifiger Duft ergänzt die Bitterkeit, dazu bringt er umami-Geschmack und das Gefühl von „Mundfülle“ ein (→ kokumi, Seite 16, 48). Zusammen mit reichlich Parmesan und etwas Olivenöl streut man Rauke über *Bresaola* (italienisches luftgetrocknetes Rindfleisch). Hier harmonieren insbesondere die bitteren Noten von Fleisch, Olivenöl und Rauke. Das Kraut ergänzt sich gut mit

(Z)-3-HEXEN-1-OL *grün, blätterartig, apfelig* ◊ *Alkohol, Wasser* (Z)-3-HEXENYL-2-METHYLBUTANOAT *fruchtig, unreife Äpfel, Grapefruit* ◊ *Alkohol, Fett* 4-METHYLTHIOBUTYLISOTHIOCYANAT[T] *schmerzend kalt* ◊ *Alkohol, Wasser* 5-METHYLTHIOPENTANNITRIL *brokkoliartig-kohlartig* ◊ *Alkohol, Fett* 1-BUTEN-4-ISOTHIO- CYANAT[T] *schmerzend kalt* ◊ *Alkohol, Fett*

GESCHMACK

SÜSS SAUER SALZIG **BITTER** UMAMI

Rauke wird als säuerlich-scharf und leicht nussig empfunden, sie erinnert an Kresse, ein bisschen auch an Senf. Die Wilde Rauke mit den schmalen, gezackten Blättern ist noch etwas schärfer und wird bei uns als Rucola angeboten.

HARMONIE

- RAUKE, RUCOLA
- BASILIKUM
- BORRETSCH
- DILL
- KNOBLAUCH
- KRESSE
- LIEBSTÖCKEL
- PARMESAN
- PETERSILIE
- SCHNITTLAUCH
- ZWIEBEL

R

AROMENENTFALTUNG

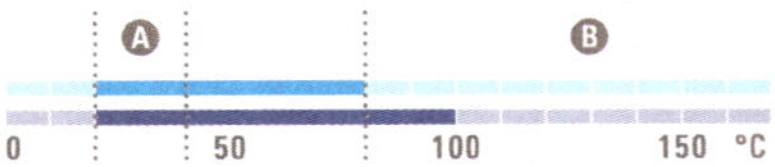

A *grünlich, blattartig, schwefelig-stechend, würzig* B *wenig stechend, feine bitter-würzige Aromen*

PASST GUT ZU

Blattsalat, Rohem Schinken, Kartoffeln, Tomaten, Käse, insbesondere Parmesan

LÄNDERKÜCHE

Italien: *Bresaola (luftgetrocknetes Rindfleisch) mit Rucola, Salat mit Parmesan, Risotto, Pesto, Pizza* ***Frankreich:*** *gemischte Blattsalate (provenzalischer Mesclun)* ***Deutschland:*** *Blattsalate*

EINKAUF, LAGERUNG

Wilde Rauke gibt es in jedem Supermarkt. Auf Märkten findet man auch die rundblättrige Gartensenfrauke. Freilandware ist mit weniger Nitrat belastet als Rauke aus dem Treibhaus. Die Pflanze lässt sich problemlos selbst aus Samen ziehen. Man kann die Blätter nur wenige Tage im Kühlschrank lagern und weder trocknen noch einfrieren.

PIZZA RUCOLA

- Hefe
- 100 g Weizenmehl
- 100 g Hartweizengrieß (fein)
- 150–200 ml Wasser
- Reichlich Olivenöl
- Salz
- Etwas dicke Tomatensauce
- 3 Bund Rucola
- Zwei Handvoll sehr dünne Parmesanscheiben

Pizzateig herstellen: zerbröckelte Hefe mit etwas Mehl und handwarmem Wasser befeuchten und „starten". Mehl und Hartweizengrieß mit Wasser und 100 ml Olivenöl vermengen, die Hefe einarbeiten, leicht salzen und zu einem glatten, elastischen Teig verarbeiten. Etwa 3 Stunden mit einem feuchten Tuch bedeckt ruhen lassen. Danach zu Pizzafladen ausrollen, mit Tomatensauce bestreichen, bei möglichst hoher Hitze backen. Nach dem Herausnehmen reichlich mit knackfrischer Rauke belegen, großzügig Olivenöl darübergießen und mit den Parmesanscheiben „salzen".

→*Aceto Balsamico*, da dessen hoher Anteil am karamellig-süßlichen Aromastoff Maltol die Bitterkeit der Rauke etwas zurücknimmt. In einer Vinaigrette können die bitteren Noten bei Bedarf auch mit etwas Honig gedämpft werden. In Streifen geschnitten und mit Butter vermengt, passen die Blätter gut zu Meeresfrüchten und Kräutersaucen oder Pestos: Wie der Essig in Vinaigrettes dient hier das Fett als Lösungsmittel für die Aromen und hält sie in der Sauce. Ältere, pfeffrig duftende und allzu bittere Raukeblätter eignen sich zwar weniger für Salate, können aber als würziges „Bett" für hartgekochte Eier oder gegrillte Paprika in Antipasti dienen. Feingehackt mit Käse und Pilzen bilden die Raukeblätter eine würzige Füllung, die über ähnlich nussige und leicht schwefelige Aromen harmoniert.

ROSA BEEREN

Die Früchte des brasilianischen Pfefferbaumes, auch Rosa Pfeffer genannt, kommen in vielen bunten Pfeffermischungen vor, haben jedoch weder botanisch noch geschmacklich etwas mit Pfeffer zu tun. Als Einzelgewürz wurden Rosa Beeren erst in den 1970er Jahren von der Nouvelle Cuisine entdeckt, allerdings eher aus optischen Gründen. Ihr warmes, reiches, süßlich-bitteres Aroma macht sie zu einem interessanten Gewürz, das es noch zu entdecken gilt.

Schinus terebinthifolius

3-CAREN *zitrusartig, terpentinartig* ◊ *Alkohol, Fett* α-PINEN *warm-harzig, kampferig*

Die Früchte sind ein typisches Beispiel dafür, dass das Gesamtaroma oft nicht durch eine einzelne Schlüsselverbindung geprägt wird, sondern erst durch das Zusammenspiel eines ganzen Sammelsuriums an Duftstoffen. Die allesamt fettlöslichen Aromen sind in der Reihenfolge ihrer Konzentration das süßlich-terpentinartige 3-CAREN, das warm-harzig, kampferig duftende α-PINEN, LIMONEN mit seinen terpentinartig-zitronigen Noten und das holzig-terpentinartige, zitronig riechende P-CYMOL. Auch würzig-bittere minzige Noten tragen zum Gesamtaroma bei. Nicht zuletzt über die Verbindungen α-und β-CUBEBEN mit ihrem frischen, kräuterig-wachsigen Duft lässt sich eine Verwandtschaft mit Kubebenpfeffer erkennen. Rosa Beeren schmecken leicht bitter, durch große Mengen Zuckerverbindungen aber auch süß. Sie erinnern etwas an Wacholderbeeren und werden ähnlich verwendet.

Die Beeren werden meist ganz oder nur sehr grob zerstoßen den Speisen zugegeben, damit sie ihre Aromen möglichst erst im Mund beim Zerbeißen, also beim Aufplatzen verströmen. Zu langes Kochen oder Erhitzen lässt ihre flüchtigen Noten entweichen. Frisch zerstoßen – und ruhig großzügig dosiert – können sie auch zum Garnieren über das Gericht gestreut werden.

PFIRSICHKONFITÜRE MIT ROSA BEEREN

- 500 g entsteinte Pfirsiche
- 1 EL Zitronensaft
- 400 g Zucker
- 1 EL Rosa Beeren

Pfirsiche mit dem Saft einer Zitrone beträufeln und Zucker unterheben. Über Nacht ziehen lassen. Anderntags aufkochen, etwa 15 Minuten kochen, dann abkühlen lassen. Leicht mit dem Mixstab pürieren. Die Konsistenz prüfen, nochmals aufkochen, vom Feuer ziehen und Rosa Beeren unterrühren. In sterilisierte Gläser abfüllen und mindestens zwei Wochen kühl stellen.

Rosa Beeren sind einerseits aus optischen Gründen in vielen „Bunter Pfeffer“-Mischungen enthalten – sie suggerieren, dass der weitaus teurere Rote Pfeffer enthalten ist. Die Mischung wird durch sie breiter, wirkt scharf-bitter-süß, Rosa Beeren haben es jedoch schwer, sich gegenüber echtem Pfeffer zu behaupten: Damit sich ihr Aroma durchsetzen kann, muss ihr Anteil größer sein als in den handelsüblichen Mischungen. Sie harmonieren gut mit einigen asiatischen Gewürzen wie Galgant, Kaffirlimettenblättern und Zitronengras: Zusammen erhöhen sie in Speisen den Anteil des Limonens, das einen Zitronenduft mit harzigen Noten liefert, jedoch ohne geschmackliche Säure. Als Einzelgewürz werden Rosa Beeren in Privatküchen gerade erst entdeckt: Wegen der Fettlöslichkeit ihrer wenig dominanten Aromen eignen sie sich für Pasteten und Sahnesaucen. Deswegen passen sie auch zu Speisen mit zarten Eigenaromen. Aber selbst schwereren Speisen wie Geflügel- und Wildgerichten fügen die frisch darübergestreuten ganzen Beeren immer noch eine leichte Süße bei. Die fettlöslichen würzig-bitteren, süßen Aromen ergeben sowohl mit bitterer dunkler als auch mit der süßlicheren weißer Schokolade spannende Anwendungsmöglichkeiten – etwa fein gerieben oder als ganze Beeren im Schokoladenkuchen.

Alkohol, Fett LIMONEN *orangenartig, terpentin-zitronenartig* *Alkohol, Fett* P-CYMOL *holzig, terpentinartig, zitrus* *Alkohol, Fett* α-, β-PHELLANDREN *würzig-minzig, terpentinartig* *Fett* CIS-SABINOL *würzig-bitter* *Alkohol, Fett* α-, β-CUBEBEN *kräuterig, wachsig, zitrusartig, rettichartig* *Alkohol, Fett* AMYRIN *bitter* *Alkohol, Fett*

GESCHMACK

SÜSS SAUER SALZIG BITTER UMAMI

Ihr Aroma ist sehr vielfältig: Sie duften nach Wacholder, Baumharz und Hölzern und schmecken süßlich und leicht bitter.

HARMONIE

- ROSA BEEREN
- FENCHEL
- GALGANT
- KAFFIRLIMETTENBLÄTTER
- KERBEL
- KUBEBENPFEFFER
- PFEFFER
- WACHOLDER
- ZITRONENGRAS

AROMENENTFALTUNG

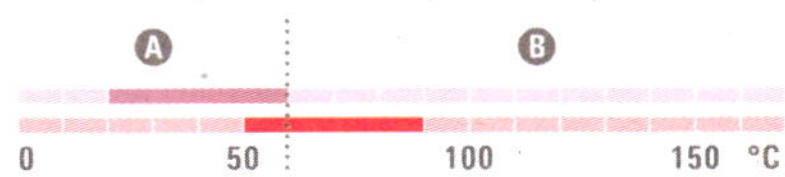

A *Floral-herbale Noten* **B** *Würzig-holzig, leicht bitter*

PASST GUT ZU

Fisch, Schalentieren, Geflügel, Wild, Spargel, Sahnesaucen, Salaten, Schokolade

GEWÜRZMISCHUNGEN

Bunte Pfeffermischung, Cinq Poivres

QUALITÄTEN, EINKAUF, LAGERUNG

Getrockneten Beeren haben das beste Aroma. Die Beeren müssen dunkel, luftdicht und sehr trocken aufbewahrt werden.

Rosa damascena

ROSE, ROSENWASSER

Rosenwasser, auch Rosenessenz oder Rosen-Attar genannt, und das sehr floral duftende ätherische Rosenöl sind Bestandteil jeder gehobenen Küche, besonders im Bereich der Süßigkeiten und Desserts. Traditionell sind die Aromen vor allem in der orientalischen und indischen Küche beliebt – dort auch zu herzhaften Speisen.

NONANAL *blumig-wachsig, fettig ◊ Alkohol, Fett* GERANIOL *blumig, floral ◊ Alkohol, Fett* NEROL *frisch, rosig, zitrus ◊ Alkohol, Fett, Wasser* NERAL *zitronenartig ◊ Alkohol, Fett* GERANIAL *zitronenartig, blumig ◊ Alkohol, Fett* CITRONELLOL *rosig-blumig, leicht bitter ◊ Alkohol* RHODINOL *rosenartig, blütenartig, süßlich ◊ Alkohol, Wasser* LINALOOL *blumig, zitrusartig, frisch ◊ Alkohol, Fett* GERANYLACETAT *blumig, rosenartig ◊ Alkohol, Fett* α-, β-PINEN *Piniennadeln, pinienholzig, kampferig ◊ Alkohol, Fett* α-TERPINEN *herbal, zitrusartig ◊ Alkohol, Fett* CAMPHEN *wachsig, kampferig ◊ Alkohol, Fett* P-CYMOL *holzig, terpentinartig, zitrus ◊ Alkohol, Fett* CARVON *minzig, floral, kümmelartig ◊ Alkohol, Fett* ROSENOXID *rosenartig, litchiartig, gewürztraminerartig ◊ Alkohol* β-CARYOPHYLLEN *holzig-terpentinartig ◊ Fett* FARNESOL *maiglöckchen-, jasminblütenartig ◊ Alkohol* α-, β-DAMASCENON *Rose, fruchtig, floral ◊ Alkohol, Fett* β-IONON *veilchenartig, rosenartig ◊ Alkohol, Fett* EUGENOL[T] *nelkenartig ◊ Alkohol, Fett* METHYLEUGENOL *anisartig, nelkenartig ◊ Fett* 2-PHENYLETHANOL *honigsüßlich, rosenartig, stechend ◊ Alkohol, Fett, Wasser*

GESCHMACK

SÜSS SAUER SALZIG **BITTER** UMAMI

Sie duften sehr stark nach Rosen – mit deutlicher Zitrusnote und einem balsamisch-holzigen und sogar minzigen Unterton.

Der Duft der Rosenblüten wird vordergründig durch die Verbindungen GERANIOL und NEROL bestimmt. Sie steuern sowohl charakteristische „Rosen"-Noten als auch einen Hauch Zitrusaroma bei. Rosenduft ist allerdings komplexer als der von Zitrusfrüchten, in dem Nerol ebenfalls vorkommt. Der Rosenduft wird durch das blumig duftende CITRONELLOL, das süßliche RHODINOL sowie durch LINALOOL mit seiner blumigen Frische unterstützt. Darüber hinaus finden sich eher würzige bis balsamische, aromatische Töne mit einem Anklang terpentinartiger Kräuternoten, dazu würzig-minzige Düfte im Hintergrund. Hervorzuheben ist weiterhin das ROSENOXID, das zum Beispiel für den blumigen, an Rosen erinnernden Duft der Gewürztraminer-Traube verantwortlich ist. Dieser Blütencharakter wird durch an Maiglöckchen- und Jasminblüten erinnernde Noten noch verstärkt. Selbst nach Gewürznelke und Zimt duftende Aromen finden sich im Rosenöl. Wesentlich sind auch fruchtig-florale Aromen, besonders etwa in der stark duftenden Sorte Rosa damascena. Blumig-wachsige Noten sind ebenfalls in Rosen enthalten. Zusammen ergibt diese Vielzahl der Aromen den bekannten, betörenden Rosenduft.

Der Rosenduft aromatisiert die Speisen über die frischen Blütenblätter oder durch Rosenwasser. Es fällt als Nebenprodukt bei der Destillation von Rosenöl an, welches in sehr teuren Parfüms verwendet wird. Rosenwasser ist durch sehr leicht flüchtige Aromenverbindungen bestimmt, daher ist der Umgang mit ihm nicht einfach. Will man das volle Aroma erhalten und genießen, darf es nur am Schluss des Kochprozesses oder an kalte Speisen gegeben werden. Sofern die Speisen ölhaltig sind, ist die Flüchtigkeit etwas reduziert, da die Aromen im Fett gebunden werden. Wegen dieser Eigenschaft kann das Aroma der Rosenblätter auch durch „Enfleurage" gewonnen werden (→ Das Verfahren der Enfleurage, Seite 56). Dazu werden die Rosenblätter mit einer dünnen Fettschicht umhüllt und längere Zeit gelagert. Währenddessen lösen sich im Fett die Aromen, die anschließend durch „Auswaschen" mit Alkohol wieder aus dem Fett herausgeholt werden. Rosenblätter können vorsichtig getrocknet werden, dann kann man sie zermahlen und mit ihnen würzen. Getrocknet duften sie aber längst nicht mehr so stark.

In der orientalischen Küche würzt Rosenwasser traditionell viele Speisen, sowohl herzhafte als auch vor allem süße. Desserts erweitert es um Rosen- und Zitrusaromen. So kann etwa türkischer Honig mit Rosenaroma

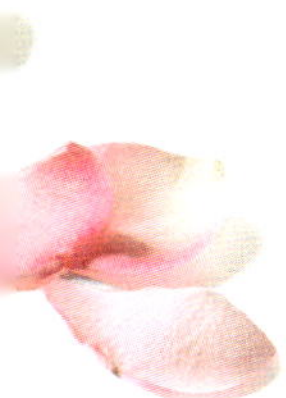

GETROCKNET

HARMONIE

AROMENENTFALTUNG

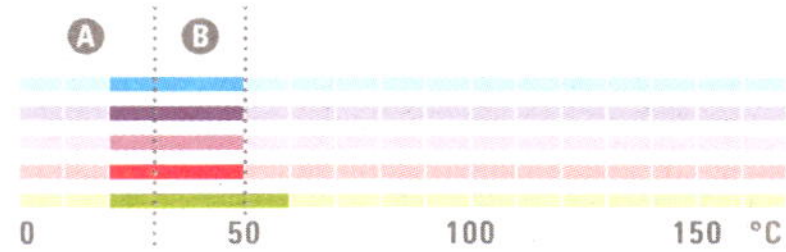

A *Volles florales, vielschichtiges Rosenaroma* **B** *Leichte, aromatische Noten dazu*

PASST GUT ZU

Süßspeisen, Marzipan, Joghurt, Fleisch, Früchten (Quitten, Aprikosen, Äpfeln, Erdbeeren)

LÄNDERKÜCHE

Indien: *Lassi (Joghurtgetränk), Kormas (Eintöpfe), Gulab Jamun (Dessert), Kheer (Reispudding)* ***Türkei:*** *Türkischer Honig (Lokum), Rosensorbet* ***Bulgarien:*** *Marmelade* ***Iran:*** *Eis, herzhafte Reisgerichte* ***Maghreb:*** *Huhn mit Rosen und Jasmin* ***Tunesien:*** *Eintöpfe, gebratenes Fleisch, Couscous* ***Deutschland:*** *Marzipan*

GEWÜRZMISCHUNGEN

Iranisches Advieh, marokkanisches Ras el-Hanout, tunesisches Baharat

EINKAUF, QUALITÄTEN, LAGERUNG

Rosenwasser gibt es im Fachhandel und in einigen Supermärkten. Echtes Rosenöl ist teuer daher wird häufig günstigeres „naturidentisches Rosenöl“ angeboten, das teilsynthetische Duftstoffe enthält. Günstiges Rosenwasser ist oft nur eine Lösung dieses Öls in Wasser. Getrocknete Rosenblüten sind verschlossen mindestens ein Jahr haltbar.

ELASTISCHE ROSENBLÄTTER

- 100 ml mineralarmes Wasser
- 50 g Zucker
- 1 gestr. TL Agar-Agar (natürliches Geliermittel, Naturkostladen)
- Ein paar Tropfen Rote-Bete-Saft
- 100 ml Rosengrappa (aus dem Asialaden)
- 50 ml Rosenwasser

Mineralwasser aufkochen und Zucker und Agar-Agar darin lösen, mit Rote-Bete-Saft leicht „färben“, Rosengrappa unterziehen und weiter abkühlen lassen. Vor dem Gelieren Rosenwasser unterziehen und auf Silikonbackmatten auslaufen lassen, sodass eine Schicht mit etwa 1–2 mm Höhe entsteht. Nach dem Abkühlen und Gelieren in „Blätter“ schneiden und zu Desserts reichen.

versetzt sein. In Kombination mit Früchten oder Trockenfrüchten unterstützt es deren Süße und ergänzt gleichzeitig zitrusartige Noten. Die getrockneten Blüten können kandiert oder in Eigelb, Marzipan, Zitronensaft, Zimt und Zucker getunkt und ausgebacken werden. Dabei nutzt man wieder die Fettlöslichkeit der Aromen: Eigelb besitzt Fett und Emulgatoren, die kleine Aromentröpfchen „einfangen“. Marzipan ist ebenfalls sehr fetthaltig und der Zucker erhöht die Viskosität, also die Zähflüssigkeit: Auch das vermindert die Flüchtigkeit der Aromen. Auf diese Weise kandierte Blütenblätter dekorieren Torten und Süßspeisen. Im Maghreb kombiniert man Rosen mit Jasmin, dadurch wird der Blütenduft noch verstärkt. Mit der Mischung werden herzhafte Speisen gewürzt. Das Rosenaroma wird in dieser Gegend auch in einigen Gewürzmischungen genutzt: Das marokkanische →Ras el-Hanout kann häufig getrocknete Rosenblüten enthalten, ebenso die tunesische Mischung →Baharat, mit der man gebratenes Fleisch und Eintöpfe würzt. Auch die iranische Gewürzmischung →Advieh für Reis enthält neben Zimt und Kreuzkümmelsamen oder Kardamom getrocknete Rosenblütenblätter als floral-würzige Ergänzung. Eine orientalische Rarität ist Rosenessig: Er würzt Salate – mit einem ähnlichen Effekt, als würde man Blütenblätter über den Salat streuen. Weil die Düfte im Essig gelöst sind, hält sich das Aroma in der Flasche länger. Den Essig kann man leicht selbst herstellen, indem man frische Rosenblätter etwa in Apfelessig einlegt.

Rosmarinus officinalis

ROSMARIN

Der Duft des Rosmarins erweckt sofort mediterrane Assoziationen – weil er am Mittelmeer fast überall wild wächst und in Italien oder in der Provence auch schon mal als Busch im Vorgarten steht. Er gehört zur berühmten Mischung „Kräuter der Provence". Sein Aroma ist sehr stark und unverwechselbar.

MYRCEN *süßlich-würzig, balsamisch, pfeffrig, terpentinartig* ◊ *Alkohol, Fett* LINALOOL *blumig, zitrusartig, frisch* ◊ *Alkohol, Fett* GERANIOL *blumig, floral* ◊ *Alkohol, Fett* LIMONEN *orangenartig, terpentin-zitronenartig* ◊ *Alkohol, Fett* 1,8-CINEOL[T] *Eukalyptus, kampferig* ◊ *Alkohol, Fett* BORNEOL *holzig-kampferig, kühlend* ◊ *Alkohol, Fett* KAMPFER *scharf-bitter-mentholig-eukalyptusartig* ◊ *Alkohol, Fett* α-, β-PINEN *Piniennadeln, pinienholzig, kampferig* ◊ *Alkohol, Fett* VERBENON *minzig, kampferig, leicht sellerieartig* ◊ *Alkohol, Fett* β-CARYOPHYLLEN *holzig-terpentinartig* ◊ *Fett* ROSMANOL *schwach aromatisch* ◊ *Wasser* EUGENOL[T] *nelkenartig* ◊ *Alkohol, Fett*

GESCHMACK

SÜSS SAUER SALZIG **BITTER** UMAMI

Rosmarin schmeckt etwas bitter und duftet angenehm nach Pinien und Fichten. Der harzige Ton verstärkt sich getrocknet noch.

HARMONIE

ROSMARIN
BOHNENKRAUT
KNOBLAUCH
LAVENDEL
LORBEER
MAJORAN
MINZE
OREGANO

Rosmarin enthält ein extrem breites Spektrum von Aromen, was ihn zu einem Allrounder in der Würzung macht. Eine dominante Verbindung gibt es nicht. Seine flüchtigen Duftstoffe setzen sich vor allem aus dem süßlich-balsamisch riechenden MYRCEN, dem blumig-frischen LINALOOL und dem nach Rosen duftenden GERANIOL zusammen. Dazu kommen LIMONEN mit seinen orangenartig und terpentin-zitronenartigen Noten sowie das nach Eukalyptus und Kampfer duftende 1,8-CINEOL. Des Weiteren finden sich eine harzig-holzige Note und ein tiefes, nelkenartiges Aroma. Für den bitteren Geschmack ist neben KAFFEE- und ROSMARIN- auch CARNOSOLSÄURE verantwortlich, die ebenso in Salbei oder Ysop vorkommt. Das beinahe geruch- und geschmacklose ROSMANOL oder „Rosmarinextrakt" zählt zu den natürlichen Konservierungsstoffen und hat eine starke antioxidative Wirkung.

ROSMARIN-SCHOKOPLÄTZCHEN

- 250 g dunkle Schokolade (70 % Kakaoanteil)
- 1 EL Puderzucker
- 2 EL frisch gehackte Rosmarinblätter
- Grob gemahlene Paranüsse

Die dunkle Schokolade im Wasserbad schmelzen und den Zucker unterrühren. Sofort die Rosmarinblätter unterheben und gut verteilen. Aus dem Wasserbad nehmen und nach Belieben Paranüsse unterheben. Auf Backpapier ausstreichen und abkühlen lassen. Anschließend kühlen und in Stücke brechen. Zum Espresso ein Genuss!

Man kann die Blätter oder ganze frische Zweige mitkochen oder mitbraten und anschließend entfernen. Die meisten Aromen lösen sich dabei im Fett. Rosmarin kann mitgegessen werden, wegen seiner Zähigkeit sollte er vor dem Kochen aber klein geschnitten oder im Mörser grob zerstoßen werden. Dann muss er rasch verbraucht werden, denn die leicht flüchtigen süßlich-blumigen, terpentinartigen Aromen werden jetzt schnell freigesetzt. Wird er zu lange mitgekocht oder -geschmort, treten die bitteren Gerbstoffe in den Vordergrund, die sehr dominant sein können. Falls das jedoch ein gewollter Effekt ist, empfiehlt es sich, Olivenöl zu verwenden: Die Gerbstoffe des Rosmarin lösen sich darin, gleichzeitig steuert das Öl seine eigene Bitterkeit bei. Getrocknet schmeckt Rosmarin weniger frisch und blumig, dafür noch intensiver, herber: Er sollte dann sparsam dosiert werden, um das Gericht nicht zu überwürzen. Traditionell wird mit Rosmarin auch geräuchert, was man beim Grillen nutzen kann: Ein paar unter das Grillgut gelegte Zweige verströmen ein wunderbares Räucheraroma, das deutliche Rosmarinnoten zeigt. Ähnliche Effekte erzielt man, wenn man das Grillgut auf ältere, verholzte Zweige spießt. Das Aroma lässt sich gut in Öl extrahieren, wenn zerkleinerte Rosmarinblätter darin eingelegt und für eine Stunde auf 50 °C erwärmt werden.

Rosmarin ergänzt sich gut mit anderen mediterranen Kräutern und Gewürzen wie Thymian, Majoran, Oregano, Salbei, Lorbeer oder Lavendel – zusammen werden sie in „Kräuter der Provence"-Gewürzmischungen angeboten. Ihre Aromen sind alle intensiv genug, um sich von Rosmarin nicht dominieren zu lassen. Das Kraut passt wegen der sich gegenseitig unterstützenden Bitternoten zu fast allem, was man in Olivenöl braten kann, besonders zu Lamm und dessen kräftigem Eigenaroma. Italienische *Grissini* und *Focaccia*-Brot schmecken wunderbar mit ein wenig Rosmarin, denn diese Backwaren werden ebenfalls mit Olivenöl zubereitet. Über seine terpentin- und zitrusartigen Noten harmoniert er erstaunlich gut mit Zitrusfrüchten, aber auch mit den säuerlichen Tönen in getrockneten Aprikosen. Kräftige Fischsorten wie Goldbrasse schmecken köstlich, wenn sie mit einem Zweig Rosmarin im Bauch gebraten oder gegrillt und vor dem Servieren mit Zitrone beträufelt werden. Auch in dunklen Saucen auf Rotweinbasis macht sich ein ganzer Zweig gut – hier ergänzen sich die Tannine, also die Gerbstoffe. Das Kraut passt sogar zu süßen Speisen. Es erweitert Desserts um seine blumigen, terpentinartigen Noten und den leicht bitteren Geschmack. In einer Rosmarinschokolade wie im Rezept werden die Aromen im Fett gelöst und die leichte Bitterkeit beider Zutaten verstärkt sich gegenseitig. Auch als Ergänzung zu einer süßen Limonade sollte man es unbedingt einmal probieren.

GESCHICHTE UND GESCHICHTEN

Rosmarin war schon in der Antike als Heil- und Gewürzkraut bekannt. Die alten Griechen weihten ihn der Jagdgöttin Artemis und der Liebesgöttin Aphrodite. Er wurde als Räucherwerk verbrannt und den Toten mitgegeben. Vor allem galt er als Symbol der Treue und Verlässlichkeit, weil man glaubte, dass er das Gedächtnis stärkt. Er war auch fester Bestandteil in Brautkränzen und -sträußen – eine Sitte, die sich bis zur frühen Neuzeit in Europa hielt, bevor Rosmarin dann von der Myrte abgelöst wurde. Nach katholischem Glauben waren die Blüten des „Marienkrauts" ursprünglich weiß. Erst als die Jungfrau Maria ihren blauen Umhang auf einen Rosmarinstrauch zum Trocknen hängte, wurden sie meerblau.

Den starken Duft des Rosmarins nutzte man schon im Mittelalter für frühe Formen der Aromatherapie: Man verbrannte ihn zur Luftreinigung in Krankenzimmern, in Pestzeiten trug man ein Säckchen mit Rosmarin um den Hals. Auch in der Parfümindustrie kam Rosmarinöl früh zum Einsatz und Kölnisch Wasser soll es nach wie vor enthalten.

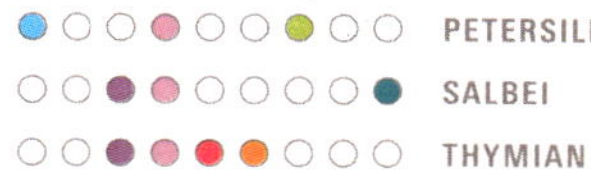

AROMENENTFALTUNG

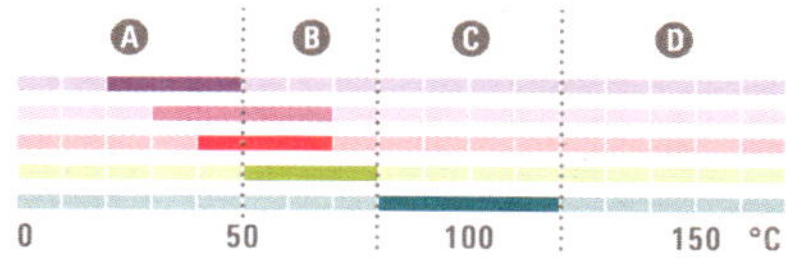

A *Dominant floral-herbal, „grüner" Eindruck* **B** *Würzig, balsamisch-herbal* **C** *Würzig-aromatisch* **D** *Starker Bittergeschmack*

PASST GUT ZU

Auberginen, Zucchini, Kürbis, Kohl, Tomaten, Bohnen, Hülsenfrüchten, Zwiebeln, Kartoffeln, Lamm, Kalb, Kaninchen, Geflügel, Schwein, Wild, Rotwein, Parmesan, Nüssen, Aprikosen, Äpfeln

LÄNDERKÜCHE

Italien: *Lammkoteletts, Braten (mit Kräuterkruste oder auf Rotweinbasis), Tomatensaucen und -suppen, gebratene und gegrillte ganze Fische, Grissini, Focaccia*
Frankreich: *Wild, Käse*

GEWÜRZMISCHUNGEN

Französische Kräuter der Provence, französisches Bouquet garni

EINKAUF, LAGERUNG, ANBAU

Man bekommt mittlerweile in den meisten Supermärkten im Frühjahr und Sommer abgepackte frische Zweige, die sich durchaus eine Woche im Kühlschrank halten – oder einfrieren lassen. Rosmarin wächst auch im Topf auf dem Balkon oder Fensterbrett. Getrocknet sollte er wie alle Gewürze dunkel, kühl und luftdicht gelagert werden, denn er tendiert dazu, sein Aroma schnell zu verlieren.

GERÄUCHERTER ZIEGENKÄSE MIT ROSMARINSPARGEL UND MELONENSALAT

FÜR DEN ROSMARIN-GERÄUCHERTEN ZIEGENKÄSE

1 Ziegenfrischkäse
(in Form, kein krümeliger Hüttenkäse)

1 EL Buchenholzmehl zum Räuchern

2 Zweige sehr trockener Rosmarin

FÜR DEN ROSMARINSPARGEL

200 g grüner Spargel

Zucker, Salz, 100 g Butter

2 EL frische Rosmarinnadeln

FÜR DEN MELONENSALAT

1 kleine Charentais-Melone

2 EL Olivenöl, grobes Meersalz

2 EL frische Liebstöckelblättchen

AUSSERDEM

Wilder Pfeffer (z. B. Mönchspfeffer, Langer Pfeffer oder Kubebenpfeffer)

Für den Ziegenkäse: Den Ziegenkäse – wenn nötig – gut abtropfen lassen, mit Küchenpapier trocken tupfen, auf den Backrost setzen und in die oberste Einschubleiste des Backofens schieben. Den Dunstabzug auf stärkste Stufe stellen. Den Rosmarin zerkleinern und zusammen mit dem Buchenholzmehl in einer schweren gusseisernen Pfanne auf der Herdplatte zum Glimmen bringen. Die rauchende Grillpfanne sofort auf den Boden des Backofens stellen. Die Ofentür schließen und so den Ziegenkäse 20 Minuten kalt räuchern.

Für den Rosmarinspargel: Den Spargel im unteren Drittel schälen und in 2 cm lange Stücke schneiden. Zucker und Salz mit der Butter in einer Pfanne aufschäumen und den Spargel darin ca. 8 Minuten bissfest garen. Den Rosmarin zufügen und bei sehr schwacher Hitze mit geschlossenem Deckel noch 3–5 Minuten ziehen lassen (aromatisieren).

Für den Melonensalat: Die Melone in Spalten schneiden, schälen, entkernen und das Fruchtfleisch in mundgerechte Stücke schneiden. Mit dem Olivenöl vermengen und mit grobem Meersalz und Liebstöckel abschmecken.

Zum Anrichten: Den geräucherten Ziegenkäse in Achtel teilen und mit lauwarmem Spargel und Melonensalat auf längliche Teller verteilen. Etwas Rosmarinbutter auf den Spargel geben. Mit grob gemörsertem wildem Pfeffer bestreuen und als Vorspeise oder Käsegang servieren.

SAFRAN

Safran ist mit unseren Frühlingsboten, den Krokussen, verwandt. Aber nicht das macht ihn zum teuersten Gewürz der Welt, sondern die geringe Ernteausbeute: Für 500 g Safrangewürz – verwendet werden die Stempelfäden der Blüte – braucht man je nach Fadengröße zwischen 100 000 und 200 000 Safranblüten. Sie alle müssen mit Hand geerntet und weiterverarbeitet werden.

Crocus sativus (FÄDEN, GETROCKNET)

NONANAL *blumig-wachsig, fettig* ♢ *Alkohol, Fett* SAFRANAL *erdig, tabakartig, kräuterartig, würzig* ♢ *Fett* 2-HYDROXY-4,4,6-TRIMETHYL 2,5-CYCLOHEXADIEN-1-ON *safranartig* ♢ *Fett* ISOPHORON *beerig, pfefferminzig, leicht zitrusartig* ♢ *Alkohol, Wasser (schlecht)*

GESCHMACK

SÜSS SAUER SALZIG **BITTER** UMAMI

Safran duftet süßlich, erdig-moschusartig, nach Rosen und Honig. Man findet Holzaromen und eine dezente, erdige Bitternote.

HARMONIE

SAFRAN
LANGER PFEFFER
SÜSSHOLZ
ZIMT
ZITRUSSCHALEN

AROMENENTFALTUNG

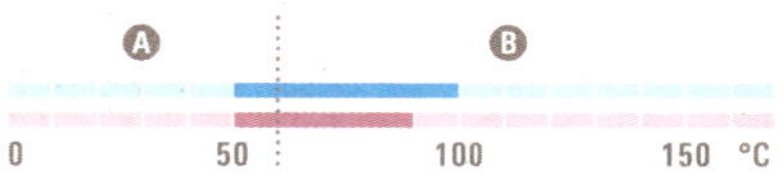

A *Typisch erdig-roher Safrangeruch* **B** *Entfaltung von Aromen und Farbe*

PASST GUT ZU

Risotto, Paella, Meeresfrüchten, Zitrusfrüchten, Biscotti, Hefegebäck, Kuchen

Safran zeichnet sich durch zwei Eigenschaften aus: seine extrem gelbe Farbe, die durch das Molekül CROCIN hervorgerufen wird, und sein bitterer Geschmack, für den PICOCROCIN verantwortlich ist. Crocin gehört zu den Pflanzenfarbstoffen der Carotinoide – wie auch das Beta-Carotin in Karotten und das Lycopin in Tomaten. Im Unterschied zu diesen ist es aber wasserlöslich, kann Speisen also gelb färben. Der Geruch von Safran ist auf das komplexe Zusammenspiel von über 60 Duftstoffen zurückzuführen. Typisch ist ein heuartiger Duft, dem SAFRANAL seine erdigen, leicht an Moschus erinnernden Noten hinzufügt. In den frischen Fäden ist dieser Aromastoff an Zucker gebunden und duftet nicht. Erst wenn die Fäden nach der Ernte über Holzglut vorsichtig getrocknet werden, spaltet sich die Verbindung Picocrocin in Zucker und das Safranal: Dann entwickeln die Fäden ihr unvergleichlich zartbitteres Aroma. Des Weiteren finden sich in Safran warm-harzige, würzige bis kampferige Töne sowie beerige, pfefferminzige, leicht zitrusartige Noten.

Für die Anwendung in der Küche zerreibt man die ganzen Fäden vorsichtig zwischen den Fingern oder zerstößt sie im Mörser. Safran sollte nicht von Anfang an mitgekocht werden, weil sich sonst seine charakteristischen Aromen verflüchtigen und lediglich die wasserlösliche Farbe übrig bleibt. Daher ist es am besten, einen Teil des zerkleinerten Safrans in lauwarmem Wasser, Zitronensaft oder Brühe aufzulösen und erst am Schluss dazuzugeben. Man sollte sparsam würzen, weil das Gericht sonst schnell bitter und dumpf wirken kann.

Safran lässt sich wegen seiner außergewöhnlichen Aromenchemie nicht ohne Weiteres mit anderen Gewürzen kombinieren, ohne dass sein einzigartiges Aroma überdeckt würde. Aufgrund des Zuckeranteils in den Aromen passt Safran zu süßlich wirkenden Gewürzen wie Zimt, Süßholz oder Langem Pfeffer. Deshalb gehört Safran auch in italienische ***Biscotti*** oder zu schwedischen ***Lussekatter*** (Lucia-Krapfen) in der Vorweihnachtszeit. Wer es nur auf die Farbwirkung abgesehen hat, kann diese durch den wesentlich günstigeren Kurkuma erzielen. Safran verbindet sich ideal mit den fleischig-nussigen Aromen von Krustazeen, etwa Garnelen oder Krebsen. Sein spezieller Geruch und bitterer Geschmack ergänzt auch die ***Marseillaiser Bouillabaisse,*** in der Krebstiere enthalten sind. In süßbitteren Zitrusfrüchten kann Safran kleine Geschmackswunder bewirken. In Iran werden Safranfäden oft mit etwas Zucker im Mörser zerstoßen und den Gerichten zugefügt: Zum

PAIN-PERDU MIT SAFRANORANGEN

2 unbeh. Orangen	
ca. 100 g Butter	
1 EL Zucker	
ca. ½ TL Safranfäden (nach Bedarf)	
500 g Honigbrot	
Grand Marnier nach Belieben	

Orangen gut waschen, mit Schale in 5 mm dicke Scheiben schneiden und vorsichtig in heiße Butter mit etwas Zucker geben, dabei die Orangenscheiben mit den zerdrückten Safranfäden bestreuen. Einmal wenden und auch diese Seite mit Safranfäden bestreuen. Weiterdünsten, bis die Schalen weich sind, und herausnehmen. Honigbrot in der safranisierten Butter kurz anbraten, abtropfen lassen, mit den safranisierten Orangenscheiben belegen und mit Grand Marnier beträufeln.

einen sind die Zuckerkristalle eine Mörserhilfe, zum andern ergänzen sie den leicht bitteren Geschmack durch die Grundgeschmacksqualität „süß".

GESCHICHTE UND GESCHICHTEN

Die Griechen färbten mit Safran ihre Kleider goldgelb – als Zeichen absoluter Noblesse. Mit dem Untergang des römischen Imperiums geriet der Safran in Europa in Vergessenheit – erst die Mauren machten ihn als Gewürz im 8. Jahrhundert auf der Iberischen Halbinsel wieder bekannt: „Zafraan" bedeutet auf Arabisch „gelb".

Zu viel Safran ist toxisch: Mehr als 1,5 Gramm sind pro Tag nicht empfehlenswert, 5–10 Gramm Safran führen zu schweren Vergiftungen, etwa 20 Gramm gelten als tödliche Dosis.

LÄNDERKÜCHE

Spanien/Katalonien: *Paella, Zarzuela catalana, Fabada asturiana (Bohneneintopf)* ***Italien:*** *Risotto milanese, Malloreddus alla campidanese (sardische Gnocchi mit Wurst)* ***Frankreich:*** *Bouillabaisse, Rouille (Sauce), Chartreuse, Bénédictine (Likör)* ***England:*** *Safrankuchen* ***Schweden:*** *Lussekatter (Hefegebäck)* ***Indien:*** *Pilaw, Biryani* ***Arabischer Raum:*** *Pilaw* ***Israel:*** *Sabbat-Brot* ***Iran:*** *Safranreis*

QUALITÄTEN, EINKAUF, LAGERUNG

Grundsätzlich gibt es Safran in zwei Qualitätsstufen. ***Elegierter Safran, Safranspitzen:*** *Spitzenqualität, die nur aus den Safranfäden besteht. Man nennt sie in Spanien „coupé", in Iran „sargol", in der Kaschmir-Region „mogra cream".* ***Natureller Safran:*** *Er darf bis zu 10 Prozent der gelben Griffelanteile aus der Blüte und Blütenstaub enthalten. Je dunkler der Safran ist, desto besser ist seine Qualität. Hellrote bis gelbe Färbungen deuten auf Verfälschungen hin. Erstaunlich günstiger Safran ist so gut wie immer gefälscht: Beliebt sind gelbes Kurkumapulver oder Saflor-Fäden. Das Gewürz wird in luftdicht verschlossenen kleinen Dosen angeboten, darin ist er mindestens ein Jahr haltbar.*

Salvia officinalis

SALBEI

Salbei war und ist ein sehr beliebtes Heilkraut – von der mittelalterlichen Heilkunde bis zum Ayurveda. Auch in der Küche, vor allem der mediterranen, leistet Salbei vielfältige Dienste: Sein bitteres, kräftiges, aber auch frisch-säuerliches Aroma passt hervorragend zu Kalbfleisch. Klassiker der italienischen Küche wie Ossobuco oder Saltimbocca wären ohne ihn undenkbar.

Salbei duftet nach Minze und Eukalyptus und schmeckt bitter, kräftig, pfeffrig. Er erinnert sofort an Thymian und Rosmarin, mit denen er gut zusammenpasst. Seine Blumigkeit entstammt dem LINALOOL, seine kampferige bis mentholige Kräuterigkeit dem Zusammenspiel von 1,8-CINEOL, KAMPFER und

LINALOOL *blumig, zitrusartig, frisch ◊ Alkohol, Fett* KAMPFER *Kampferartig ◊ Alkohol,*

Fett 1,8-CINEOL[T] *Eukalyptus, kampferig, kühlend ♢ Alkohol, Fett* THUJON *mentholig ♢ Alkohol, Fett* TERPEN-4-OL *harzig, pinienartig ♢ Alkohol, Fett* BORNEOL *holzig-kampferig ♢ Alkohol, Fett* LIMONEN *orangenartig, terpentin-zitronenartig ♢ Alkohol, Fett* α-PINEN *warm-harzig, kampferig ♢ Alkohol, Fett*

GESCHMACK

Echter Salbei riecht würzig, minzig, eukalyptusartig und ist pfeffrig, bitter und adstringierend im Abgang. Getrocknet ist sein Aroma weniger frisch, aber noch intensiver herb-würzig.

HARMONIE

AROMENENTFALTUNG

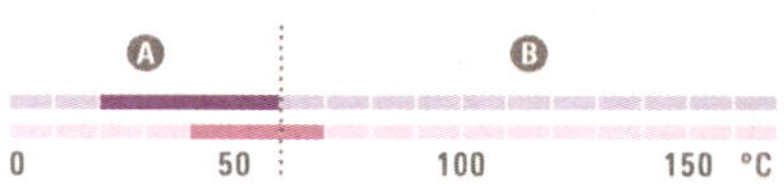

A *Feine Salbeinoten* **B** *Zunehmend bitter*

PASST GUT ZU

Fettreichen Speisen (Schweinefleisch, Aal), Kalb, Geflügel, Federwild (Fasan), Äpfeln (Desserts), Käse, Tomaten, Zwiebeln, Bohnen

KRISTALLISIERTE SALBEIBLÄTTER

2 EL Zucker
1 Eiweiß
Salbeiblätter

Zucker und Eiweiß schaumig rühren, die Salbeiblätter durchziehen und im Ofen bei 80 °C trocknen lassen, bis sich ein „Kristallüberzug" gebildet hat. Für säuerlich-fruchtige Desserts verwenden.

THUJON. Hinzu kommen helle, zitronig-blumige Töne und nach Tannenharz duftende Aromen. Für seinen bitteren Geschmack sowie seine mitunter adstringierende Wirkung sind unter anderen URSOLSÄURE sowie verschiedene Glycoside verantwortlich. Je nach Sorte beziehungsweise Anbaugebiet werden die Aromastoffe unterschiedlich eingelagert. Vor allem der Anteil des mentholartig duftenden Thujons unterliegt starken regionalen Schwankungen. Die klassischen Sorten sind der Echte Salbei/Gartensalbei (Salvia officinalis), der würzig duftende Muskatellersalbei und Spanischer Salbei (Subspezies lavandulifolia). Letzterer enthält kaum Gerbstoffe und Thujon, stattdessen vor allem das kühlend-kampferige, eukalyptusartige 1,8-Cineol und den scharf-bitteren, ebenfalls nach Eukalyptus duftenden Aromastoff Kampfer. Griechischer Salbei – optisch an seinen dreilappigen Blättern zu erkennen – riecht noch stärker nach Eukalyptus und kaum mentholig. Daneben gibt es viele buntblättrige Sorten, die aber ärmer in Aroma und Geschmack sind. Insgesamt sind bis zu 1000 Salbeisorten weltweit bekannt – darunter mittelamerikanische, die sehr intensiv nach Melonen, Ananas oder Johannisbeeren duften. 1,8-Cineol gilt als stimmungsaufhellend und konzentrationsfördernd. Thujon wirkt in hohen Konzentrationen giftig, kann aber in küchenüblichen Mengen keinen Schaden anrichten. Man sollte allerdings nicht mehr als 2–3 Tassen Salbeitee täglich trinken, während einer Schwangerschaft und in der Stillzeit besser gar nicht.

Die Blätter der Salbeipflanze können sowohl frisch als auch getrocknet verwendet werden: Frische, junge, hellgrüne Blätter sind weniger scharf als die großen, älteren. Beim Trocknen verflüchtigt sich ein Teil der frischen eukalyptusartigen Töne und der bittere Nachgeschmack wird dominanter – getrockneten Salbei sollte man also vorsichtiger dosieren. In fettiger Umgebung vertragen die Aromen Hitze gut, etwa in der Salbeibutter. Man kann ihn dann auch längere Zeit mitgaren. Schmorflüssigkeit beinhaltet immer viele Kleinstteilchen und Fetttröpfchen: So werden die Salbeiaromen gelöst und verbleiben in der Flüssigkeit, seine Bitterstoffe reagieren chemisch und verlieren ihren bitteren Geschmack. Zum Räuchern eignen sich Salbeizweige, wenn man sie über die Grillkohle legt und bei geschlossenem Deckel grillt.

Der kräftige, schnell dominante Salbei braucht potente Mitspieler in der Küche: Grundsätzlich passen die anderen kräftigen mediterranen Kräuter wie Rosmarin, Thymian, Bohnenkraut, Lorbeer, Majoran und Oregano gut, mit denen er sein holzig-kampferiges Aroma und zum Teil sogar den leicht bitteren Geschmack gemein hat. Diese Harmonie erklärt seine

Beliebtheit und die variantenreiche Anwendung in der italienischen Küche. Zwiebeln, Knoblauch und Ingwer bringen ebenfalls genügend Eigenaroma mit, um sich mit Salbei zu vertragen. Die Verbindung von Salbei und Beifuß ist zwar möglich, doch in diesem Fall verstärken sich schnell die beiderseitig vorhandenen Aromen zu sehr. Abgesehen davon ist Salbei ein hervorragender Einzelgänger – höchstens begleitet von etwas Pfeffer. Frisch gezupft würzt er Salate und mildes Fleisch wie Kalb oder Huhn und belebt deren Aroma. *Saltimbocca* ist ein Klassiker der römischen Küche: gebratene Kalbsschnitzel mit luftgetrocknetem Schinken, einem großen Salbeiblatt und mit Wein abgelöscht. Auch *Ossobuco*, die Mailänder Kalbshaxe, braucht Salbei, genauso wie *Involtini*: Kalbsröllchen mit unterschiedlichen Füllungen. Perfekt ist außerdem die Kombination mit kräftigen Käsesorten wie Parmesan oder Gorgonzola – hier spielen dann zwei sehr aromen- und geschmacksreiche Partner zusammen. In Butter gebratene Blätter würzen Pasta, Gnocchi oder Polenta mit Gorgonzola. In der mittel- und osteuropäischen wie in der britischen Küche werden fettreiche Speisen wie Ente, Gans oder Schweinebraten gerne mit Salbei gespickt – nicht zuletzt wegen der verdauungsfördernden, bitteren Gerbstoffe in der Pflanze. Für Süßspeisen oder etwa zum Aromatisieren von Drinks – so gut wie alle Aromen in Salbei sind alkohollöslich – eignen sich die fruchtbetonten, süßlichen Sorten aus dem tropischen Mittelamerika. Getrocknet kann man aus ihm einen wohlschmeckenden, unverwechselbar würzig-herben Tee zubereiten. Er hat eine dezente Süße und ist im Abgang sehr weich und samtig.

LÄNDERKÜCHE

Deutschland: *gebratene Kalbsleber, Schweinswürste, Aalsuppe* ***Mitteleuropa & Großbritannien:*** *Schweinebraten, Pilzgerichte* ***Italien:*** *Saltimbocca, Ossobuco, Involtini* ***Griechenland:*** *Fleischragouts*

MISCHUNGEN

Französisches Bouquet garni

QUALITÄTEN, LAGERUNG, ANBAU

Die besten Sorten wachsen an der dalmatinischen Küste. Mittlerweile findet man auch bei uns immer mehr die fruchtigen Sorten aus Mittelamerika. Man kann Salbei gut trocknen – doch frisch ist er noch besser. In ein feuchtes Tuch gewickelt hält er nur wenige Tage im Kühlschrank. Möchte man auch im Winter ganze frische Blätter verwenden, kann man sie zwischen geöltes Pergamentpapier einzeln gelegt tiefkühlen. In Kübeln lässt sich Salbei einfach selbst ziehen.

SPEISESALZ

SALZ

Unser Würzmittel Nummer eins schmeckt nur salzig. Aber es gibt unterschiedliche Sorten, die doch mehr als rein salzig schmecken. Die einen schwören auf Meersalz, die anderen bevorzugen unraffiniertes Steinsalz – und das berühmte Fleur de Sel ist sowieso das Lieblingssalz aller Gourmets. Davon gibt es mittlerweile sogar einen „First Flush".

Salz trägt weder flüchtige Aromen noch zusätzliche Geschmackskomponenten in sich. Koch- oder Speisesalz besteht aus Natrium- und Chloridionen, die in einem Kristall regelmäßig zusammengefügt sind. Die feinen Unterschiede einzelner Salzsorten erklären sich aus den jeweiligen Einlagerungen. Oft sind – etwa beim Meersalz – andere Ionen, Mineralstoffe oder Spurenlemente in das Natriumchloridgitter als „Kristallfehler" eingebunden. Andere Salze sind von Natur aus zum Beispiel mit Algenresten vermischt. Diese Bestandteile stimulieren ebenfalls die Rezeptoren und wirken aromabestimmend. Dass selbst sehr geringe Unterschiede eine große Rolle spielen können, lässt sich an unterschiedlich „schmeckenden" Mineral-

GESCHMACK

SÜSS SAUER **SALZIG** BITTER UMAMI

Salz riecht nach nichts. Es definiert die reine Grundgeschmacksrichtung „salzig".

AROMENENTFALTUNG

Bei den in der Küche üblichen Temperaturen verändert sich Salz nicht.

GEWÜRZMISCHUNGEN
Japanisches Gomashio, ägyptisches Duqqa, indisches Tandoori-Masala, amerikanische Cajun-Mischung, äthiopisches Mitmita, arabisches Zatar, mittel-, südamerikanische und karibische Würzpasten (Achiote, Recado, Jerk u. v. m.), englische Minzsauce, asiatische Fisch- und Sojasaucen und Chilipasten (Nam Pa, Trassi, Shoyu, Sambals u. v. m.), Saucen auf Mayonnaisebasis, italienisches Pesto, Kräutersalz, Selleriesalz

LÄNDERKÜCHE
***Deutschland:** Heringe, Salzgurken, Sauerkraut, Pökelfleisch **Frankreich:** Petit salé aux lentilles (Linsengericht mit gepökelten Fleischstücken wie Schweinebauch, Speck, Schweinenacken) **Osteuropa:** Salzgurken **Portugal:** Bacalhau (Stockfisch) **Italien/ Spanien:** Anchovifilets, Kapern, Fisch in Salzkruste **Skandinavien:** Gravad lax (in Salz eingelegter Lachs) **Marokko:** eingesalzene Zitronen*

QUALITÄTEN, LAGERUNG
Salz muss immer trocken gelagert werden. Manche weniger bearbeitete Salze sind von Natur aus etwas feuchter, was kein Merkmal für mindere Qualität ist, eher im Gegenteil. Für grobe Salze gibt es Salzmühlen. Es existieren unzählige aromatisierte Salzmischungen, die man gut selbst herstellen kann.

DIE WICHTIGSTEN SALZSORTEN
FLEUR DE SEL, FLOR DE SAL:
Viele Feinschmecker würzen Salate und feine Speisen mit der „Blume des Salzes". Es wird nur direkt am Tisch und sehr dezidiert eingesetzt – nicht etwa im (Nudel-)Wasser, in dem die besondere Textur der Kristalle nicht zur Geltung kommen würde. Bei der natürlichen Verdunstung des Meerwassers in den Salzgärten bezeichnet Fleur de Sel die oberste Kruste mit besonders großen,

wassersorten sehr gut erkennen (→ Der „Geschmack" des stillen Wassers, Seite 13). Außerdem enthalten durch Sonne und Wind getrocknete Salze eine Restwassermenge, was das Meersalz und insbesondere das Fleur de Sel feuchter als Salinensalze macht. Deshalb eignen sich diese nichtrieselfähigen Salze hervorragend zur Zubereitung einer Salzkruste – auch ohne Zugabe von Eiweiß oder Mehl.

SCHMALZSALZBROTE

Frisches Bauernbrot (Sauerteigführung)

Gänse- oder Schweineschmalz

Verschiedene Salze unterschiedlicher Herkunft, etwa schwarzes Hawaiisalz, Fleur de Sel, Räuchersalz und weitere

Brotscheiben kräftig mit Gänseschmalz bestreichen. Verschiedene Salze daraufstreuen und verkosten, am besten mit Bier, das löscht den Durst und fügt Salz- und Fettgeschmack Bitternoten hinzu.

Salz ist wasserlöslich: Der Kristall löst sich bei Zungenkontakt auf und zerfällt in seine Bestandteile, positiv geladene Natrium- und negativ geladene Chloridionen. Die Rezeptoren auf der Zunge werden nur aktiviert, wenn sowohl die Bestandteile als auch ihre Ladung stimmen: Natriumchlorid erfüllt daher die minimalen Anforderungen, wenn es lediglich auf die Grundgeschmacksrichtung „salzig" ankommt. Für verschiedene Salzwahrnehmungen sind Kristallgröße und -form entscheidend. Perfekte Kristalle wie häufig bei Salzflocken sind sehr dünn, lösen sich aber dennoch verhältnismäßig langsam und wirken beim Zerbeißen zusätzlich „knusprig", ohne ein Zuviel an Salzgeschmack hervorzurufen. Fleur de Sel oder etwa Maldon-Seasalt sollte man aufgrund ihres knusprigen Mehrwerts daher erst bei Tisch dazugeben (→ Abschmecken: salzig, Seite 40).

Wenn es in Maßen eingesetzt wird, passt Salz zu allen Speisen und allen Gewürzen, da es zusätzlich zu deren Geschmacks- und Aromenkomposition die Grundgeschmacksrichtung „salzig" anregt. Selbst in süße Speisen gehört etwas Salz. Eine sehr wohlschmeckende Anwendung ist Fisch in Salzkruste: Der ganze Fisch kommt in einen Teig aus grobem Meersalz, Eischnee, etwas Mehl und Speisestärke und wird so im Ofen gebacken. Ist er gar, wird er aus der Salzkruste herausgebrochen, weiteres Würzen ist überflüssig.

WAS TUN, WENN DIE SUPPE VERSALZEN IST?

In einer leicht versalzenen Suppe kann man je nach Menge das Eiweiß von ein bis drei Eiern mitkochen lassen. Nach der Gerinnung schöpft man das fest gewordene Eiweiß ab: Es hat das Salz aufgesogen. Bei Cremesuppen gibt man einfach eine fein geriebene Kartoffel dazu. Aber wenn die Suppe wirklich richtig versalzen ist, hilft nichts mehr.

SALZE DER WELT

Einige ausgewählte Länder, die Gourmetsalze herstellen.

1 Murray River Salz aus der Flussmündung
2 Steinsalz aus dem Salzsee Salar de Uyuni
3 Cisne Churrasco von der Küstenregion um die Rio de la Plata-Flussmündung
4 Meersalz aus Yancheng
5 Meersalz von der Insel Læsø
6 Steinsalz aus den Alpen
7 Salzschichten in Mittel- und Norddeutschland
8 Fleur de Sel, Sel Gris, Meersalz aus der Camargue
9 Fleur de Sel, Sel Gris, Meersalz aus der Bretagne
10 Maldon Sea Salt aus der Maldon Bay
11 Halen Mon von der Insel Anglesey
12 Pyramidensalz von der Küste von Gujarat
13 Kala Namak aus dem Himalaya
14 Himalayasalz aus dem pakistanisches Mittelgebirge
15 Tibet Salz aus dem Himalaya
16 Blaues Salz aus der Salzwüste Dascht-e Kavir
17 Meersalz von der Küste vor Bari
18 Meersalz von der Insel Aguni
19 Steinsalz aus dem Atlas-Gebirge
20 Marassalz/Inka Sonnensalz aus Maras in den Anden
21 Flor de Sal von der Algarve-Küste
22 Meersalz aus dem See Lac Retba
23 Meersalz, Flor de Sal aus dem Ebro-Delta
24 Meersalz, Flor de Sal von den Kanaren
25 Silver Crystal Kalahari aus der Kalahari-Wüste
26 Meeressalz aus der St. Helena Bay
27 Hickory Salz von der Südostküste
28 Red Alaea, Black Lava von Hawaii
29 Pyramidensalz von Zypern

Salz in Lebensmitteln (Werte nach Test der Stiftung Warentest, 4/2012) Die meisten Menschen in den Industrieländern nehmen zu viel Salz zu sich – und gehen deshalb ein größeres Risiko ein, einen Herzinfarkt oder Schlaganfall zu erleiden. Die Deutsche Gesellschaft für Ernährung (DGE) empfiehlt einem Erwachsenen 6 g Salz pro Tag. Das ist ein gestrichener Teelöffel. Das meiste Salz streuen wir aber gar nicht selbst über unser Essen – sondern nehmen es mit der Nahrung auf, vor allem in vorproduzierten Lebensmitteln. Den Salzgehalt eines Produkts kann man am angegebenen Natriumgehalt hochrechnen, den man mal 2,5 nimmt. Ab 2016 muss der exakte Salzgehalt angegeben werden. Ein Tipp: Wer kräftig würzt, braucht weniger zu salzen.

1,5 g – 1 Cheeseburger
1,7 g – ½ Lachsbrötchen
1,1 g – 1 Aufbackbrötchen
5 g – 1 Tiefkühlpizza mit Salami
1,4 g – 1 Portion Rahmspinat
8 g – 125 g Matjesfilet
0,8 g – 1 Scheibe Rohschinken
0,4 g – 1 Scheibe Toast oder 1 Scheibe Kochschinken
4,2 g – Portion Kartoffelsalat und 2 Wiener

S

unregelmäßig geformten Kristallen, die vorsichtig abgehoben wird. In diesem Salz vermeint man wirklich die würzige Meerluft erahnen zu können. Es ist verhältnismäßig arm an Natriumchlorid und deshalb milder als gewöhnliches Salz. Dadurch bietet es anderen Aromen genügend Raum zur Entfaltung. Es gibt sogar noch eine Steigerung: Fleur de Sel „First Flush". Es wird früh im Jahr geerntet und ist angeblich besonders zart und aromatisch. Unterschiedliche Salzgärten der Länder Frankreich, Spanien, Portugal und Griechenland liefern unterschiedliche Nuancen. ***Typische Anwendungen:*** *Es passt hervorragend zu feinem Fisch, zu Gemüse, direkt über Nudeln und zu Salaten.*

HALEN MON: *Ein Meersalz aus Wales. Durch das Räuchern über uraltem walisischen Eichenholz kann es zusätzlich braune Farbe und leicht süßliche Barbecue-Aromen erhalten.* ***Typische Anwendungen:*** *Immer wenn ein Raucharoma gefragt ist, kann es nachträglich mit Räuchersalz beigefügt werden. Es ersetzt aber nicht das Räuchern.*

HAWAIIAN RED ALAEA: *Das rotbraune Meersalz von der hawaiianischen Insel Molokai. Für seine Herstellung wird gefiltertes Pazifikwasser in der Sonne getrocknet und mit der vulkanischen Tonerde Alaea vermischt. Es ist etwas würzig.* ***Typische Anwendungen:*** *Nur zu Tisch und am besten auf kalten Speisen wie zum Beispiel Meeresfrüchte oder Gemüse. Dann kommen die feinen Nuancen eher zum Ausdruck.*

SCHWARZES HAWAIISALZ BLACK LAVA: *Dieses Salz wird genauso wie das Hawaiian Red Alea hergestellt, allerdings mit hochreiner Aktivkohle gefärbt. Es ist tatsächlich schwarz wie Pfeffer.* ***Typische Anwendungen:*** *Es wird wie Red Alaea, Fleur de Sel oder Maldonsalz verwendet. Seine Farbe ist allerdings mehr ein optischer Gag.*

KALA NAMAK

HALEN MON

HAWAIIAN RED ALAEA

AMERIKANISCHES HICKORYSALZ

ZUSATZSTOFFE IN SALZ

Speisesalz ist gereinigtes Salz. Etwa 80 Prozent des abgebauten Salzes kommt in der Industrie zur Anwendung: Für Farbstoffe, als Reinigungsmittel, für die Papierherstellung oder bei der Wasserenthärtung braucht man nur reines Natriumchlorid – der Überschuss kommt in den Handel. Letztlich landen nur drei Prozent des deutschen Abbaus in unseren Kochtöpfen. Es wird mit verschiedenen, geschmacklich unrelevanten Zusätzen aufbereitet: Kalzium- und Magnesiumcarbonat machen es rieselfähiger, Fluorid, Jod und Folsäure werden teilweise aus gesundheitlichen Gründen hinzugefügt. Wer solche Zusätze vermeiden möchte, kann gröberes Salz aus der Mühle verwenden.

MALDONSALZ

SCHWARZES HAWAIISALZ BLACK LAVA

MEERSALZ MARISOL, PORTUGAL

LUISENHALL

AMERIKANISCHES HICKORYSALZ: *Wie das walisische Halen Mon ist auch diese Sorte ein Räuchersalz. In den USA werden allerdings keine Eichenhölzer, sondern Hickorybäume verwendet. Sein Aroma ist sehr fein, es erinnert ein bisschen an Schinken.* ***Typische Anwendungen:*** *Hickorysalz passt zu gebratenen Steaks oder gegrilltem Gemüse.*

KALA NAMAK, SCHWARZES SALZ: *Diese rosa-graue Sorte stammt aus Indien und Pakistan. Grob zerstoßen wirkt es extrem schweflig-salzig mit einem Hauch nach gekochtem Eigelb, was zu einem vollkommen anderen Salzerlebnis führt. Fein zermahlen hat es ein ungewöhnliches, schwefeliges Raucharoma.* ***Typische Anwendungen:*** *Tatsächlich sind mit Kala Namak gesalzene Eier in allen Formen extrem schmackhaft. Man sollte es nur gegen Ende zugeben, denn die Schwefelaromen sind leichter flüchtig, wenn sich das Salz einmal aufgelöst hat. Zu Aioli und anderen knoblauchdominierten Cremes oder Mayonnaisen passt es sehr gut. Es ist ein Bestandteil des →Chat Masala. Auch in Fruchtdesserts macht sich das dunkle Salz ganz hervorragend.*

LUISENHALL: *Luisenhall in Göttingen ist die einzige Saline der Welt, die noch mit dem traditionellen Pfannensiedeverfahren arbeitet. Die Natursole wird aus 450 Metern Tiefe emporgepumpt und in riesigen Pfannen bei 70 °C gesiedet. Es ist ein sehr feines, mildes Salz und wirkt auf der Zunge kaum beißend.* ***Typische Anwendungen:*** *Es wirkt sehr gut in Marinaden, die eine klare Geschmacksrichtung haben, etwa mit Limetten in Ceviches oder in feinen Vinaigrettes.*

MALDONSALZ: *Ein begehrtes Salz von der südenglischen Nordseeküste. Das naturbelassene Meersalz bildet charakteristische, pyramidenförmige Kristalle, es ist hauchzart und mild. Ein ähnliches Pyramidensalz gibt es auch aus dem Indischen Ozean – es wird in Indien oder Australien produziert.* ***Typische Anwendungen:*** *Dieses Gourmetsalz lebt von seiner Textur und seinen Lösungseigenschaften. Es wird ausschließlich direkt über Speisen gegeben, auf denen es sich nicht sofort auflöst, etwa gebratenes Fleisch oder gegrilltes Gemüse. Die Kristalle sollten nicht zerrieben werden: Sie lösen sich sehr langsam im Mund auf, zunächst ohne salzig zu wirken. Beim Zerbeißen wirken die dünnen Kristalle knusprig, bevor sie ihren dezenten Salzgeschmack freigeben.*

MEERSALZ: *In sogenannten Salzgärten – an der Küste angelegten Wasserbecken, zum Beispiel in Frankreich, Italien, Afrika, Portugal, Spanien oder China – wird dieses Salz durch die natürliche Verdunstung des Meerwassers gewonnen. Es ist nicht so fein wie Fleur de Sel, aber sehr gut. Nur selten kommt ungewaschenes Meersalz aus den kleineren Salinen in den Handel. Selbst gewaschen enthält Meersalz aber Mineralien und Spurenelemente, die man wahrnehmen kann: Sie wirken mitunter als „Modulatoren", die das Geschmacksempfinden leicht verändern können.* ***Typische Anwendungen:*** *Grobes,* *nicht selten noch feuchtes Meersalz ist gut geeignet für die Fischküche und das nachträgliche Salzen mit ganzen Kristallkörnern, etwa auf gedämpftem Fisch oder auf Jakobsmuscheln. Auch für das Garen in Salzkrusten eignet sich dieses Salz. In der mediterranen Küche ist es das Standardsalz.*

FLEUR DE SEL

SEL GRIS

SEL GRIS: *Unterhalb der Fleur-de-Sel-Schicht wird in den Verdunstungsbecken Sel gris, das „graue Salz“, abgeschöpft. Es ist in der Feinschmeckerküche ebenfalls sehr beliebt. In den Salzkristallen sind Schwebestoffe eingeschlossen, Algen und Sedimentteilchen. Sie verleihen Sel gris seine graue Farbe und sind für den höheren Anteil an Mineralstoffen und Spurenelementen verantwortlich. Sel gris besitzt eine hohe Restfeuchte und muss in einer rostbeständigen Salzmühle oder im Mörser zerkleinert werden.* ***Typische Anwendungen:*** *Auf Meeresfrüchten, rohen Fischen, Tatar oder gebratenem Fleisch macht sich das graue Salz sehr gut. Es löst sich sehr fein im Mund auf und wirkt mehr als nur rein salzig.*

PALM ISLAND/BLACK ISLAND

SIEDESALZ

SIEDESALZ, SALINENSALZ: *Dieses Salz wird aus Salzschichten im Gestein mit Wasser ausgespült. Diese Salzlösung wird dann eingedampft, daher heißt es auch Kochsalz. Das Salz wirkt feiner, weniger beißend als Speisesalz.* ***Typische Anwendungen:*** *Für das Grundsalzen. Auch für dezente Salznoten im Dessert.*

SPEISESALZ, TAFELSALZ: *Es wird aus Stein- oder Meersalz gewonnen und ist raffiniertes, weißes, rieselfähiges Salz, das auch mit gesundheitsfördernden Zusätzen wie Jod oder Fluor sowie Folsäure (B-Vitamin) angeboten wird.* ***Typische Anwendungen:*** *Schlichtes Salzen, bei dem es nur auf die Grundgeschmacksqualität „salzig“ ankommt: Nudelwasser, Brotteig, Grundsalzen von Saucen oder Fleisch.*

STEINSALZ, ALPEN

STEINSALZ: *Unbehandelt – dann ist es von eher grauer Farbe – ist es besonders reich an Mineralien und Spurenelementen. Es wird in verschiedenen Feinheitsstufen angeboten.* ***Typische Anwendungen:*** *Ähnlich wie Meersalz eignet es sich in seiner trockenen Form für Salz- oder Gewürzmühlen und für Salzmischungen aller Art.*

AUSTRALIAN MURRAY RIVER

TIBET-SALZ

HIMALAYASALZ

SILVER CRYSTAL KALAHARI

INKA-SONNENSALZ

SALZ-EXOTEN

AUSTRALIAN MURRAY RIVER: *Diese pfirsichfarbenen Salzkristalle stammen aus dem Süden Australiens. Der größte Fluss des Landes durchfließt auf seinem Weg zum Meer Gegenden mit natürlichen Salzvorkommen und nimmt dieses auf. Im Murray-Darling Bassin wird das Salz in großen Verdunstungsbecken gewonnen. Es enthält auch Algenpigmente, die dem Salz ein besonderes Aroma verleihen.*

HIMALAYASALZ: *Das Gegenstück zu unserem unbehandelten Steinsalz, nur eben nicht aus den Alpen – auch nicht aus dem Himalaya –, sondern aus dem pakistanischen Mittelgebirge. Aufgrund des Eisenoxids hat es einen zarten Roséton. Das Salz wird gemahlen oder in großen Stücken als „Diamanten" angeboten. Seine angebliche Heilwirkung ist absoluter Nonsens.*

INKA-SONNENSALZ: *Es wird auch Anden- oder Marassalz genannt und stammt aus Peru. Auf terrassierten Becken in über 3000 Metern Höhe ernten peruanische Salzbauern seit 1000 Jahren dieses Salz, das dem Fleur de Sel ähnelt.*

SILVER CRYSTAL KALAHARI: *Ein grobkörniges, weißes Salz aus Südafrika. Es wird aus einem ausgetrockneten Salzsee am Rand der Kalahari-Wüste gewonnen.*

TIBET-SALZ: *Diese Sorte wird auch mongolisches Salz genannt und kommt aus dem Qinghai-Salzsee in 3200 Metern Höhe in Tibet. Sie ist leicht erdig im Aroma. Tibet-Salz ist selten, daher teuer – und vielleicht auch deshalb bei manchen Gourmets beliebt.*

S

PAPAS ARRUGADAS

1 kg kleine, vorwiegend festkochende Kartoffeln (idealerweise die dunkelschaligen von den Kanarischen Inseln, es gehen aber auch andere kleine Sorten wie Bamberger Hörnchen)

Meersalz (3 EL auf 1 l Wasser)

Die ungeschälten Kartoffeln gründlich waschen und in einem Topf mit kaltem Salzwasser aufsetzen, sie dürfen nicht ganz vom Wasser bedeckt sein. Langsam aufkochen und 10–15 Minuten zugedeckt kochen lassen, dann weitere 10–15 Minuten mit offenem Deckel kochen lassen. Ab und zu durchschütteln. Auf der Kartoffelschale sollte sich eine leichte Salzkruste bilden. Zum Schluss abgießen und das restliche Kochwasser noch 1 Minute verdunsten lassen. Noch einmal kräftig durchschütteln. Die Schalen der Kartoffeln sollen schrumpelig werden. Dazu Mojo verde oder rosso reichen.

Rumex acetosa

SAUERAMPFER

Sauerampfer hat in Europa eine lange Tradition und ist besonders in Frankreich beliebt. Gartensauerampfer ist die kultivierte Form des wild vorkommenden Großen Ampfers. Angebaut als Gemüse- und Küchenkraut wird auch der Römische Ampfer, wegen der Form seiner Blätter auch Schildampfer genannt. Diese Sorte duftet fein nach Zitrone.

Sauerampfer hat keine ausgeprägten Kräuteraromen, lediglich einen leicht grünen, kräuterigen Duft durch das Aroma (Z)-HEX-3-ENAL. Der eigentliche Charakter des Sauerampfers wird durch die OXALSÄURE bestimmt. Neben ihrem sauren Geschmack hat sie eine gewisse Bitterkeit sowie eine adstringierende und mineralisierende Wirkung, die sich als „stumpfe Zähne" bemerkbar macht. Oxalsäure kommt auch in Spinat und Rhabarber vor (→ Abschmecken: bitter, Seite 41).

SAUERAMPFER-GEL UND SAUERAMPFER-COULIS

200 g Sauerampfer

2 x 100 ml Gemüsefond

1 g Agar-Agar (oder Gellan) (Feinkostversand)

Salz, Pfeffer

Sauerampfer und 100 ml Gemüsebrühe mit einem Pürierstab sehr fein pürieren. Beiseitestellen. Agar-Agar oder Gellan in die restliche kalte Gemüsebrühe mit dem Schneebesen einrühren, aufkochen, leicht abkühlen lassen und rasch mit dem Sauerampferpüree vermischen. Salzen, pfeffern und gelieren lassen.
Version 1: Das Gel in kleine Würfel schneiden und zum Beispiel unter Salate heben oder auf gegrillten Fisch, pochierte Eier oder Gemüse geben. Da Agar-Agar- und Gellan-Gele bis 70 °C temperaturstabil sind, können die Würfel auch in warme Saucen oder Suppen gegeben werden. Der Geschmack intensiviert sich durch die hohe Temperatur.
Version 2: Das feste Gel wieder mit dem Schneebesen brechen, sehr fein schlagen und durch ein feines Sieb streichen, sodass ein „Coulis" entsteht. Das Coulis zum Beispiel neben Lachs sous-vide bei 49 °C gegart ausstreichen und mit fein geschnittenen frischen Sauerampferstreifen garnieren. Das wäre eine einfache Hommage an Bernard Loiseaus Klassiker „Saumon à l'oseille".

Verwendet werden die Blätter, entweder frisch oder gekocht. Man kann sie etwa in Butter unter wenig Hitze zusammenfallen lassen und anschließend pürieren: Damit lassen sich Suppen oder Kräutersaucen wür-

(Z)-HEX-3-ENAL *grün-grasig* ◊ *Alkohol, Wasser* OXALSÄURE *demineralisierend, stumpf* ◊ *Wasser*

GESCHMACK

Sauerampfer duftet kaum, schmeckt aber erfrischend säuerlich, scharf und etwas bitter. Seine Textur erinnert an Spinat.

HARMONIE

AROMENENTFALTUNG

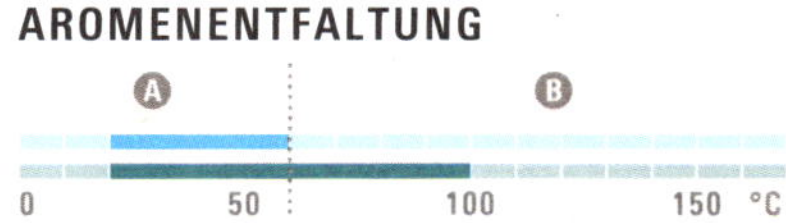

A *Frische grüne Säure* **B** *Deutlich milder in Aroma und Säure*

PASST GUT ZU

Fisch, Tomaten, Mangold, Spinat, Kartoffeln, Sahne, Quark, Eiern, Omelette, Kalb- und Schweinefleisch

LÄNDERKÜCHE

Deutschland: *Frankfurter Grüne Sauce* ***Italien:*** *Salsa verde (mit Brunnenkresse und Zwiebeln)* ***Frankreich:*** *Sauerampfersuppe mit Kartoffeln, Saumon à l'oseille* ***Ukraine:*** *grüner Borschtsch* ***Litauen:*** *sahnige Sauerampfersuppe mit geräucherter Wurst* ***Polen:*** *Sauerampfersuppe mit Mehlschwitze*

EINKAUF, LAGERUNG, ANBAU

Sauerampfer wächst bei uns im Frühjahr auf Wiesen und Lichtungen, dort, wo es feucht, schattig und die Erde nährstoffreich ist. Man bekommt ihn frisch auf Märkten. Alternativ kann man ihn einfach aus Samen ziehen. Frisch hält Sauerampfer nur ein paar Tage im Kühlschrank. Man kann ihn nicht trocknen, aber einfrieren – dazu entfernt man die Stiele, dämpft ihn kurz an und friert ihn mit dem Wasser ein.

zen, vor allem solche auf Sahnebasis. Zum „Sauer marinieren" umwickelt man Fisch oder Filets mit frischen Sauerampferblättern und dämpft sie nach einer gewissen Marinierzeit in den Blättern. Ein Teil der grünen, kräuterigen Aromen dringt nach innen zu den Fischen. Die Säure wird erst beim Dämpfen freigegeben und ist damit dezenter. Man kann aus den Blättern auch eine dekorative Chiffonade herstellen, die als Suppeneinlage dient. Die Oxalsäure im Sauerampfer verfärbt Eisentöpfe und nicht rostfreie Messer. Deshalb darf man Sauerampfer nie in gusseisernen oder in Aluminiumtöpfen kochen – er schmeckt schnell unangenehm metallisch.

Sauerampfer harmoniert gut mit anderen Frühlingskräutern wie Kerbel oder Brunnenkresse, die seine säuerliche Bitterkeit um ihre Schärfe ergänzen. Mit Dill und Schnittlauch teilt er ähnlich grün-grasige Noten und findet sich zusammen mit diesen sowie mit Borretsch, Kerbel, Kresse, Petersilie und Pimpinelle in der berühmten ***Frankfurter Grünen Sauce***. Sauerampfer fügt dabei vorwiegend Säure hinzu, arbeitet also mehr auf der Geschmacks- als auf der Aromenebene. Auch zu Fischgerichten passt seine frische Säuerlichkeit: Lachs mit Sauerampfersauce – das Kraut wird in Butter gedünstet, mit Brühe abgelöscht und mit Sahne cremig gerührt – ist ein französischer Küchenklassiker. Pestos bekommen mit Sauerampfer einen säuerlichen Kick – Anknüpfungspunkt ist der grün-grasige Basilikumduft.

SCHNITTLAUCH

Schnittlauch ist in Europa seit dem Mittelalter ein beliebtes Gewürz – es wurde allerdings lange ausschließlich in der bäuerlichen Küche verwendet. Er enthält viel Vitamin A und C, verfügt über ein frisches, mildes Zwiebelaroma und schmeckt leicht scharf. Eine chinesische Variante entwickelt abgeflachte Röhren und riecht mehr nach Knoblauch – deshalb wird sie auch Schnittknoblauch genannt.

Allium schoenoprasum

(Z)-HEX-2-ENAL *grasig* ◊ *Alkohol, Wasser* DIPROPYLDISULFID *schwefelig, knoblauchartig* ◊ *Alkohol, Fett* PENTANTHIOL *schwefelig, lauchig* ◊ *Fett, Wasser* METHYLPENTYL-DISULFID- *schwefelig, stechend* ◊ *Alkohol* ALLICIN[T] *schwefelig, Knoblauch* ◊ *Alkohol, Wasser*

Schnittlauch gehört zur Familie der Lauchgewächse und ist mit dem Knoblauch und der Zwiebel verwandt. Dies lässt sich schon chemisch erkennen: Auch im Schnittlauch wird das Aroma durch Schwefelverbindungen wie Alliin definiert, das beim Verletzen der Pflanzenzellen enzymatisch zum typisch schwefelig-knoblauchartigen ALLICIN umgewandelt wird. Im Unterschied zu Zwiebeln und Knoblauch spielen seine flüchtigen Aromaverbindungen aber eine größere Rolle. Dazu gehören unter anderem DIPROPYLDISULFID, METHYLPENTYLDISULFID und PENTANTHIOL, die allesamt lauchig-schwefelig bis schwefelig-stechend riechen. Daneben finden sich in Schnittlauch auch grüne und erdige und erdige Duftnoten.

Vom Schnittlauch werden die Stiele und Blüten verwendet. Er sollte immer frisch sein. Beim Versuch, Schnittlauch zu trocknen oder einzufrieren, verflüchtigen sich die Aromen, das Kraut verliert seinen typischen frisch-grünen Lauchgeruch und seine Konsistenz. Auch kochen darf man es nicht: Es wird schnell braun und unansehnlich und verliert viele seiner flüchtigen Aromen. Klein geschnitten wird es über fertige Speisen, Saucen, Salate oder Brotaufstriche gestreut. Das Aroma des Schnittlauchs lässt sich aber in Öl konservieren: Dazu püriert man einen Bund frischen Schnittlauch mit 200 ml neutralem Öl – etwa Traubenkern- oder Sonnenblumenkernöl – und lässt alles für ungefähr eine Stunde ziehen, bevor man das nun grüne Öl durch ein sehr feines Sieb abseiht. Das Öl löst die Aromen und verhindert durch Sauerstoffabschluss eine allzu rasche Oxidation. Auch die violetten, selten weißen Blüten sind essbar und eignen sich als Garnitur.

ZIEGENTORTE MIT SCHNITTLAUCH

- 1 Bund Schnittlauch
- 1 Ziegenfrischkäse (nicht zu feucht)
- Kala Namak (indisches Salz)

Den Schnittlauch in kleine Röllchen schneiden. Den zylinderförmigen Ziegenfrischkäse waagerecht ein bis zweimal (hängt von dessen Höhe ab) durchschneiden und die Schnittflächen dick mit Schnittlauchröllchen belegen. Den Käse wieder zusammensetzen, in Frischhaltefolie einwickeln und 24 Stunden kühl stellen. Vor dem Servieren mit ein paar Granulaten des Kala Namak bestreuen. Als kleinen Käsegang in einem Menü servieren. Die schwefeligen Noten des Kala Namak ergänzen sich hervorragend mit den im Käse abgemilderten Schwefelnoten des Schnittlauchs.

Die leicht erdige Note des Schnittlauchs harmoniert mit allen kohlenhydratreichen Lebensmitteln wie Kartoffeln, Linsen, dicken Bohnen und Wurzelgemüsen, deren Aroma ebenso durch erdige Noten bestimmt ist. Zusammen mit Borretsch, Kerbel, Kresse, Petersilie, Sauerampfer und Pimpinelle gehört Schnittlauch in die *Frankfurter Grüne Sauce* und findet sich in fast jedem Kräuterquark. Sein zartes Aroma passt zu Spargel und Fisch, traditionell besonders zu Matjes, eingelegtem Hering und, in Kombination mit Dill und Estragon, zu gedämpftem Fisch. Die lauchigen, im Vergleich zu Zwiebel oder Knoblauch weniger stechenden Schwefelverbindungen des Schnittlauchs lassen dem Fisch und hellem Fleisch ausreichend Spielraum für ihre zarten Eigenaromen. Zusammen mit Joghurt ergibt er eine frische Soße zu gegrilltem Fisch. Dabei sind die Sahne und die milchig-säuerlichen Noten des Joghurts hervorragende Partner für die frischen, schwefeligen Schnittlaucharomen. Außerdem spielen im Duftspektrum von Sauermilch-

GESCHMACK

Schnittlauch ist das zarteste Gewürz aus der Familie der Lauchgewächse. Frisch geschnitten, verströmt er ein grasiges, schwefelig-lauchiges Aroma. Außerdem ist er reich an Vitaminen.

HARMONIE

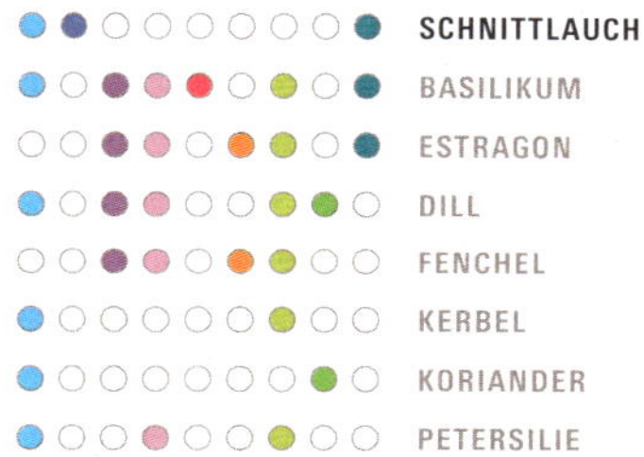

AROMENENTFALTUNG

A *Frischer schwefelig-lauchiger Duft*
B *Rascher Aromenverlust*

PASST GUT ZU

Suppen, Saucen, gekochtem wie kaltem Rindfleisch, Spargel, Wurzelgemüse, Kartoffeln, gedämpftem und eingelegtem Fisch (Matjes, Lachs)

LÄNDERKÜCHE

Deutschland: *Kräuterquark, kalter Braten, Eierspeisen, Frankfurter Grüne Sauce* ***Österreich:*** *Schnittlauchbrot, Brotaufstriche, Erdäpfelsalat, Semmelknödel* ***Skandinavien:*** *Pellkartoffeln, eingelegter Hering oder Matjes* ***Frankreich:*** *Omelette, Suppen* ***China:*** *Dim sum (kleine gedämpfte oder frittierte Gerichte)*

GEWÜRZMISCHUNGEN

Französische Fines Herbes

EINKAUF, LAGERUNG

Frischer Schnittlauch fühlt sich prall an und ist grasgrün. In Plastik gewickelt hält er einige Tage im Kühlschrank. Man kann ihn auch selbst auf der Fensterbank ziehen: reichlich gießen und nicht blühen lassen, das verschlechtert die Qualität der Stiele.

produkten ebenfalls schwefelige Aromen eine große Rolle, die sich bestens mit den im Schnittlauch enthaltenen paaren. In der österreichischen Küche, die das Kraut erst in die bürgerliche und gehobene Küche eingeführt hat, wird es gerne mit Kürbiskernöl kombiniert, das fruchtige Noten und tiefe Röstaromen ergänzt. In Asien wird aus den Blüten des chinesischen Schnittlauchs zusammen mit Salz eine Tischwürze hergestellt.

Apium graveolens (FRÜCHTE)

SELLERIE (SAMEN)

Er gehört wie Anis oder Fenchel zur Familie der Doldenblütler. Viele kennen eher die Knollen oder das frische Stangengemüse. Seine Früchte sind jedoch ein uraltes, seit der Antike sehr beliebtes Gewürz: herrlich frisch, reich an Bitterstoffen und ein wenig scharf. Er lohnt, wiederentdeckt zu werden.

MYRCEN *süßlich, balsamisch* ◊ *Alkohol, Fett* LIMONEN *orangenartig, terpentin-zitronenartig* ◊ *Alkohol, Fett* α-PINEN *warm-harzig, Piniennadeln* ◊ *Alkohol, Fett* P-CYMOL *holzig, terpentinartig, zitrus* ◊ *Alkohol, Fett* γ-TERPINEN *herbal, terpentinartig, Alkohol, Fett* α-CARYOPHYLLEN *würzig-holzig* ◊ *Fett* β-SELINEN *erdig-gemüsig, herbal* ◊ *Fett* APIOL *petersilienartig* ◊ *Fett* SEDANENOLID *sehr herbal, erdig* ◊ *Fett* PHTHALID *heuartig, cumarin-tonkaartig, leicht süßlich* ◊ *Alkohol, Fett* 3-BUTYLPHTHALID *röstig-sellerieartig* ◊ *Fett*

GESCHMACK

SÜSS SAUER SALZIG BITTER UMAMI

Selleriesamen haben ein sehr erdiges und würziges Aroma, ähnlich wie Knollen- oder Stangensellerie – nur schärfer und bitterer.

HARMONIE

SELLERIE
DILL
GEWÜRZNELKE
LIEBSTÖCKEL
KORIANDERSAMEN

Der Echte Sellerie wird dreifach unterschieden: Schnittsellerie liefert sowohl krause Blätter als auch bitter-aromatische Früchte, die dem Kümmel äußerlich sehr ähneln. Vom Bleichsellerie (Stangensellerie, Staudensellerie) verwendet man die langen Stiele als Salat oder Gemüse. Vom Knollensellerie schließlich werden die Rüben verwendet. Für den typischen Selleriegeruch der ganzen Pflanze sind PHTHALID und dessen chemische Verwandte verantwortlich. Die Aromen der Früchte werden vor allem durch das orangen- und terpentinartige LIMONEN, das erdig-gemüsig riechende β-SELINEN und durch α-CAROPHYLLEN bestimmt, dessen würzig-holziger Duft auch in Gewürznelken und Basilikum vorkommt. Das Schlüsselaroma sowohl in den Blättern als auch in der Wurzel ist das röstige, charakteristisch duftende 3-BUTYLPHTHALID.

Wenn man die Früchte erst am Schluss dazugibt, betont man deren typische Noten. Gibt man sie dagegen von Anfang an dazu, werden die Aromen abgemildert, in die Speise „eingebettet" und sie treten nicht mehr so deutlich hervor. Vor dem Kochen sollte man die Früchte leicht zerdrücken: So werden die ätherischen Öle freigesetzt, das Aroma entfaltet sich. Werden sie dagegen im Ganzen mitgekocht, kann man beim Essen auf die Früchte beißen, was eine kleine Sellerieexplosion im Mund zur Folge hat. Man sollte Selleriefrüchte immer nur sparsam dosieren, da sonst das Essen leicht bitter werden kann.

Weil Sellerie zu einem großen Teil sehr erdig-röstig und würzig duftet, fügt es sich bestens mit Liebstöckel zusammen, dessen prägende Noten sehr ähnlich duften. Die Verstärkung des würzig-erdigen Dufts kommt Suppen und Fonds sehr zugute. In jedem Fleischfond sind auch die verstärkten, kräftig-würzigen Aromen willkommen, die Sellerie in Kombination mit Gewürznelken bietet. Mit den würzigen Selleriefrüchten lässt sich aber auch so manches Gemüse verfeinern. Man streut sie über gekochte Möhren, gegrillte Tomaten oder gibt sie in eine Kürbissuppe. Sie passen auch zu Sala-

KATERFRÜHSTÜCK

1 Glas Tomatensaft

Zerstoßenes Eis

1 Prise Selleriefrüchte (zerdrückt)

Zutaten vermischen und in kleinen Schlucken trinken. Soll gegen Kater helfen – und schmeckt noch dazu. Übrigens gehören auch in eine echte Bloody Mary einige Selleriesamen.

ten – etwa dem amerikanischen Weißkohlsalat *Coleslaw* – oder zu Eier- und Fischgerichten: Stets wird das Aroma der Speisen durch den erdigen, würzig-röstigen Duft der Früchte ergänzt. Sellerie kontrastiert etwa bestens die würzig-kräuterig-frischen Aromen von Dill wie auch den leicht zitrusartig-wachsigen Duft von Korianderkraut. In Brotteig oder auf Käsecrackern unterstützen sie die Röstaromen. Als Einzelgewürz passen die Früchte in Gemüsecurrys oder werden zerstoßen als Tischwürze gereicht. Selleriefrüchte der verwandten nordindischen Art ***Radhuni*** kommen in die bengalische Fünf-Gewürze-Mischung → ***Panch Phoron***. Aus den erdig duftenden Sellerieblättern lässt sich ein eigenwilliges Pesto herstellen. Die Blätter kurz blanchieren, gut abtupfen und zusammen mit Sonnenblumenöl, sehr trockenem, herzhaftem Ziegenkäse sowie gerösteten Haselnüssen pürieren. Es kann zu Fischgerichten als Würzpaste serviert werden, eignet sich aber auch als Beigabe zu Vinaigrettes für Gemüse- und Blattsalate. Die frischen Blätter lassen sich für ein erdig würziges Aroma auch unter Salate heben.

AROMENENTFALTUNG

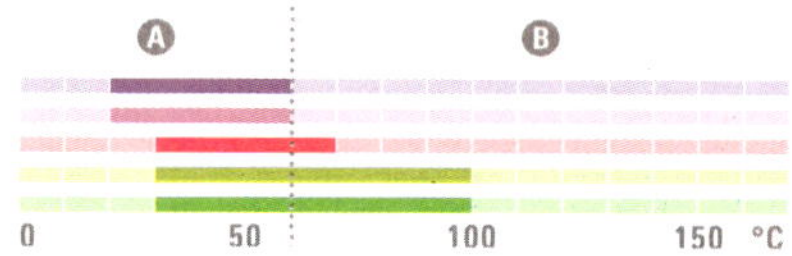

A *Erdig-zitroniges Aroma* **B** *Betonung der sellerietypischen erdigen Wurzelnoten*

PASST GUT ZU

Fleisch, Fisch, Tomaten, Weißkohl, Suppen

LÄNDERKÜCHE

Deutschland: *Suppen, Brühen* ***Italien:*** *Salate, Ragù bolognese* ***USA (Süden):*** *Gumbos, Barbecue-Saucen, Coleslaw (Salat)*

GEWÜRZMISCHUNGEN

Französisches Bouquet garni, bengalisches Panch Phoron, amerikanisches BBQ-Gewürz

EINKAUF, LAGERUNG

Früchte und Pulver findet man im Gewürzhandel. Kühl, dunkel und luftdicht lagern.

Sinapis alba (WEISSER SENF)

SENF

Es riecht nach nichts. Doch wenn man auf ein Senfkorn beißt und einen Moment im Mund behält, entwickelt es seine typische Schärfe und seinen Aromenreichtum. Bekannt sind die Körner und daraus bereitete Pasten seit der Antike. Im Mittelalter war er als Scharfmacher sehr beliebt, weil vergleichsweise günstig. Französische, britische und deutsche Senfmanufakturen haben ihn über Jahrhunderte verfeinert – und tun das noch immer.

S

Es gibt drei Senfsorten: Weißen Senf (sinapis alba), Schwarzen Senf (brassica nigra) und den Braunen Sarepta-Senf (brassica juncea, indischer Braunsenf). Aromagebend im Weißen Senf ist SINALBIN, im Schwarzen und Braunen Senf ist es SINIGRIN. Diese Senfölglycoside geben auch Meerrettich, Wasabi, Rucola

ALLYLISOTHIOCYANAT[T] *schmerzend kalt*
Fett, Wasser SINALBIN *schwefelig, scharf*

Fett, Wasser **SINIGRIN** *schwefelig-scharf*
Wasser

GESCHMACK

Weiße Senfkörner *sind süßlich scharf – wie Honig mit der Schärfe von Meerrettich.* ***Schwarzer Senf*** *ist noch schärfer,* ***Brauner Senf*** *etwas weniger scharf, dafür leicht bitter. Sie riechen nach nichts, erst wenn man sie aufbricht und mit Wasser in Verbindung bringt, entfalten sie ihre Aromen.*

HARMONIE

AROMENENTFALTUNG

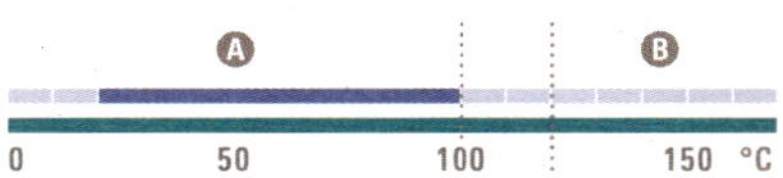

A *Stechendes Aroma* **B** *Freisetzung der Aromen aus der Saat beim Anbraten.*

PASST GUT ZU

Schwarze und braune Senfsamen: *Rote Bete, Kartoffeln, Karotten* ***Weiße Senfsamen:*** *eingelegtem Gemüse, Fleisch-, Geflügel- und Fischmarinaden.* ***Senfpasten:*** *Saucen und Vinaigrettes, Käse (besonders Mostarda)*

und Kresse sowie Rettich, Rosenkohl und Broccoli ihr Aroma. Beim Mahlen oder Kauen der Körner, auch bei Kontakt mit Wasser, werden die Zellwände zerstört beziehungsweise aufgeweicht. Dadurch trifft ein zuvor separat in der Zelle eingelagertes Enzym auf die Glycoside und spaltet sie in Zucker (Glucose), Schwefelsäure und die für den scharfen und stechenden Geruch ebenso wie für den Tränenreiz verantwortlichen Isothiocyanate.

Grundsätzlich gilt: Wenn man Senfkörner stark oder über einen längeren Zeitraum erhitzt, verblasst die Schärfe, da die Senföle unter Hitze weiter oxidieren. Gibt man die Körner also schon von Anfang an dazu oder reibt das Fleisch vor dem Braten mit Senf ein, darf man ruhig etwas reichlicher dosieren. Will man die Schärfe des Senfs erhalten, sollte man ihn dagegen eher zum Schluss der Garzeit zusetzen. Industriell hergestellten Senfpasten aus den zermahlenen Körnern wird neben Wasser noch Essig und Salz zugesetzt: Sie erhalten die Schärfe auch über eine längere Lagerzeit hinweg.

SENFDROPS

50 g Isomalt (Feinkostversand)

1 EL Senfkörner unterschiedlicher Farben

Isomalt schmelzen und leicht abkühlen lassen, er muss aber noch flüssig sein. Senfkörner auf Backpapier verteilen und darauf Isomalt „tröpfeln", sodass die Senfkörner vom Zucker umschlossen werden. Die entstehenden Drops sollten nicht größer als 5 Millimeter sein und nur 2–3 Körner pro Drop enthalten. Die Drops zum Beispiel auf Karottengemüse oder Kartoffelsalat streuen.

Senf ist ein Universalgewürz. Er bringt Schärfe ins Essen, die sich ähnlich wie Pfeffer gut mit vielen anderen Gewürzen kombinieren lässt, da die Schärfe andere Rezeptoren anspricht als Duftreize. Der beim Zerstoßen der Körner entstehende Zucker verleiht dem Senf seine Anpassungsfähigkeit in Richtung „süß", der den Pasten zugesetzte Essig in Richtung „sauer". Dieser Mix ergänzt etwa die tiefen Röstaromen von gegrilltem Gemüse und Fleisch durch scharf-stechende, säuerliche und süßliche Komponenten. Um es würziger zu machen, kann Fleisch schon vor dem Braten oder Schmoren mit – reichlich – Senfpaste oder Senfpulver bestrichen werden. Schwarzer und Brauner Senf spielt vor allem in der (süd)indischen Küche eine große Rolle. Die Körner werden trocken geröstet und gemahlen oder mit Fett stark erhitzt. Bei dieser sogenannten Tadka-Technik lösen sich die Aromen im Fett. Dabei bildet sich ein kräftiges, rauchig-brenzliges Aroma und der Senf verliert seine Schärfe. Dann werden sie für Saucen, →***Madras Currys*** und →***Vindaloo Curry*** weiterverwendet – zusammen mit getrockneten Chilis, Schwarzem Pfeffer, Ingwer, Koriander, Kreuzkümmel, frischen Curryblättern und Kurkuma. Auch in den Marinaden der gleichnamigen südwestindischen Spezialität *Vindaloo* kommen trocken geröstete und gemahlene Senfsamen vor.

Senf wirkt daneben auch als schwacher Emulgator in Vinaigrettes und Mayonnaisen, er hält die Bestandteile zusammen: Zum einen weisen Senfkörner einen hohen Anteil an Proteinen auf, die unter Säureeinfluss emulgierend wirken. Zum anderen helfen die winzigen Schalenreste der Senfkörner, Emulsionen zu stabilisieren, denn die kleine Feststoffteilchen im Mikrometerbereich halten Wasser und Öl zusammen, obwohl sie sich eigentlich nicht mischen. Bei Vinaigrettes sollte man den Senf immer zuerst mit dem Essig verrühren und dann das Öl hinzugeben, sonst flockt er schnell aus, da er sich nicht mit Öl mischt.

REGIONAL UNTERSCHIEDLICHE SENFPASTEN

Lange war Senf das Schärfste, was man als Gewürz bekommen konnte. Die Römer waren die Ersten, die aus weißem Senf eine Paste herstellten, indem sie gequollene Senfsamen im Mörser zerrieben und mit anderen Zutaten wie Mandeln oder Pinienkernen verfeinerten. Das dazu verwendete vinum mustum (junger Wein, Most) gab dem Produkt und der Pflanze in vielen Sprachen den Namen. Vom Mittelalter an bis heute wird Senfpaste in Manufakturen gefertigt – und es entstanden die vielen regionalen Spezialitäten und Varianten.

In FRANKREICH konnte sich im 13. Jahrhundert Dijon als Senfmetropole etablieren. *Dijon-Senf* wird aus schwarzen Senfkörnern hergestellt. Sie werden von ihrer dunklen Schale befreit, was sie schärfer macht. Anschließend werden sie mit → Verjus vermischt. Dijon-Senf passt zu gebratenem Fleisch und anderen kräftig schmeckenden Speisen. Der mildere französische Bordeaux-Senf wird aus weißen Senfkörnern erzeugt, sieht aber dunkler aus: Die Samenschalen wurden nicht entfernt und er ist gröber gemahlen. Er wird mit Zucker süßsauer abgeschmeckt und bekommt sein Aroma durch den Zusatz von Kräutern, besonders Estragon. Mit ihm stellt man in erster Linie Senfsaucen her (→ Mayonnaise, Seite 438). Eine weitere, in der gehobenen Gastronomie beliebte französische Sorte ist Moutarde de Meaux. Der recht körnige, eher scharfe Senf wird aus geschroteten und ganzen Samen hergestellt. Die ganz gebliebenen Samen platzen beim Kauen auf und verleihen ihm ein lebhaftes Aroma und Textur. Beliebt ist auch Savora, der nicht scharf, sondern säuerlich-süß ist.

In DEUTSCHLAND und in NORD- UND OSTEUROPA basiert die Senfindustrie eher auf dem Weißen Senf. Der süße, bayrische Senftyp wird aus grob gemahlenen Körnern und Honig hergestellt und passt aufgrund seines süßsauren und leicht scharfen Spektrums ähnlich wie der Bordeaux-Senf nicht nur zu Weißwürsten. Da Pasten aus Weißem Senf ohne weitere Würzung oft etwas fad schmecken, werden sie mit Schwarzem Senf nachgewürzt: So entsteht Delikatess-Senf oder Scharfer Senf.

In ENGLAND wird Senf überwiegend nach dem Colman-Verfahren hergestellt, bei dem die schwarzen Senfsamen von der Schale getrennt und

Brassica juncea (BRAUNER SENF)

LÄNDERKÜCHE

Deutschland: *Sauerbraten, Kohlgerichte, Grillfleisch, Eisbein, Grillhaxe, Leberkäse, eingelegtes Gemüse; Bratwurst* ***England:*** *Roastbeef* ***Italien:*** *Käsegerichte* ***Skandinavien:*** *Gravad Lax* ***Indien:*** *Vindaloo-Gerichte, Currys, Raita (Joghurt-Salate)* ***Frankreich:*** *Saucen auf Mayonnaisebasis* ***USA:*** *Barbecue-Saucen*

GEWÜRZMISCHUNGEN

Indisches Madras Curry, Vindaloo Curry, Sambar-Pulver, bengalisches Panch Phoron, amerikanische Cajun-Mischung, Colombo Powder

EINKAUF, LAGERUNG

Schwarzer Senf wird immer mehr durch Braunen Senf ersetzt, weil der leichter anzubauen ist – auch wenn nicht immer „Brauner Senf" auf der Verpackung steht. Immer beliebter wird Senf aus kleinen Manufakturen: In diesen Sorten kann man feine aromatische Nuancen entdecken. Es gibt unzählige Varianten – je nach Region.
Die ganzen Samen halten luftdicht, trocken und kühl mehrere Jahre. Geöffnete Senfpaste lagert man im Kühlschrank, warm aufbewahrt, verliert sie sehr schnell an Schärfe. Senföl darf in der EU mittlerweile verkauft werden – wenn der Erukasäureanteil unter 5 Prozent liegt.

Brassica nigra (SCHWARZER SENF)

fein zermahlen werden. Traditionell wird er als Pulver verkauft, das man zehn Minuten vor dem Verzehr mit Wasser anrührt. Die so erzeugte Senfpaste schmeckt beißend scharf, ohne die sonst üblichen sauren Geschmacksnoten, und passt perfekt zum englischen Sonntagsbraten Roastbeef. Es gibt auch fertige Senfpasten, die überwiegend aus Schwarzem beziehungsweise Braunem Senf hergestellt werden. Statt Branntweinessig wird in ihnen der mildere Malzessig verwendet. Es kann auch Whisky, Bier oder Minze zugesetzt sein.

Die **AMERIKANER** setzen ausschließlich auf Weißen Senf. Deshalb schmecken ihre Senfpasten zum Hotdog eher mild. Zur Farbvertiefung kann, wie bei vielen anderen Senfpasten auch, Kurkuma zugesetzt sein.

Die **ITALIENER** sind für ihren süßen Feigensenf bekannt. Außerdem kandieren sie verschiedenste Früchte und legen sie als Mostarda in Senf ein. Diese Mostarda wie der Feigensenf passen besonders gut zu Käse, dessen fruchtige Aromen sie mit ihrer Süße unterstützen.

Eine **BASKISCHE** Spezialität ist die Moutarde au piment d'espelette, eine grobkörnige, helle Senfpaste, die mit dem berühmten baskischen → Paprika gewürzt wird.

SENF SELBER MACHEN: WASABISENF

- 5 g grüner Pfeffer
- 100 ml Cidreessig
- 1 g Wasabipulver (Asialaden)
- 50 ml Birnenessig
- 10 g schwarze Senfkörner (Asialaden)
- 50 g milder gelber Senf

Die Pfeffersamen mörsern und mit etwas von dem Cidreessig bedecken. Wasabipulver mit den Essigen verrühren, den grünen Pfeffer daruntermischen und über Nacht quellen lassen. Die schwarze Senfsaat trocken anrösten, abkühlen lassen, mörsern und unter den gelben Senf mischen. Alle Zutaten vermischen, in einem Schraubglas verschließen und im Kühlschrank vor dem Verwenden 14 Tage reifen lassen.

SENFÖL

Vor allem in der bengalischen Küche wird sehr würziges Senföl verwendet – sein pfeffriges Aroma trägt viel zum typischen Geschmack der dortigen traditionellen Küchen bei. Üblicherweise wird empfohlen, Senföl bis zum Rauchpunkt zu erhitzen. Der Grund dafür ist die im Senföl vorkommende Erukasäure, die ernährungsphysiologisch umstritten ist: Sie steht im Verdacht, zu Herzmuskelveränderungen zu führen. Beim Erhitzen wird diese Fettsäure weitgehend abgebaut. Neuerdings werden für Senföl Züchtungen verwendet, die arm am Erukasäure sind. Ihr Fehlen wirkt sich nicht auf das Aroma des Senföls aus.

Sesamum indicum (UNGESCHÄLT)

SESAM

„Sesam, öffne dich!" sagt Ali Baba im Märchen und verschafft sich so Zutritt zu einer Höhle mit vielen Schätzen. Warum ausgerechnet „Sesam"? Weil die reife Fruchtkapsel ähnliche Kostbarkeiten birgt wie die Räuberhöhle: je nach Sorte schwarzbraune, rötliche, graue oder karamellfarbene Samen. Sie können über Brot gestreut oder trocken angeröstet werden und bestehen zu mehr als 50 Prozent aus einem wertvollen, wohlschmeckenden Öl.

Sesam entfaltet sein Potenzial erst durch Anrösten. Dabei entstehen Stoffe wie das reisartig-nussig und nach Brot riechende 2-ACETYL-1-PYRROLIN, aber auch das röstig-nussig duftende 2-FURYLMETHANTHIOL sowie der Stoff PHENYLETHYLTHIOL, der verbrannt bis gummiartig riecht. Diese Röstaromen spielen nicht nur hier, sondern in vielen gerösteten Lebensmitteln eine große Rolle, etwa in Kaffee oder Nüssen. Des Weiteren bildet sich das röstig-karamellige PYRAZIN, das auch im Fleisch beim Anbraten entsteht. Je nach Rösttemperatur variiert die genaue Duftausprägung dieser Substanzen. Deshalb ist gerösteter Samen mal herb-süß-karamellig, mal kräftig und leicht bitter wie Mokka. Sesamöl enthält einen hohen Anteil an dem neutral-nussig duftenden Aroma SESAMOL. Dieser Bestandteil ist stark antioxidativ, was es lange haltbar und zu einem effektiven Radikalenfänger macht. Wird es Frittierfetten zugesetzt, sind diese auch bei hohen Temperaturen haltbarer: Sesamol verhindert die Polymerisation, also die Quervernetzung und damit das Zähflüssigwerden des Frittierfettes.

Sesamsamen können sowohl ungeröstet als auch geröstet verwendet werden. Ungeröstet ist ihr Aroma zart und nussig, die dunklen Samen sind etwas erdig. Die beim Anrösten entstehenden Aromen verstärken den Geschmack von Sesam. Die Röstaromen liefern willkommene tief-würzige Noten für viele Speisen, die dadurch selbst nicht geröstet werden müssen. Wegen des süßlichen Röstaromas lässt sich aus Sesamsamen in Verbindung mit Karamell auch Krokant herstellen. Des Weiteren wird aus den Samen sowohl raffiniertes als auch kaltgepresstes →Sesamöl produziert.

Ungerösteter Sesam passt gut zu aromatisch ähnlich wirkendem, frischem Ziegenkäse. In die hellen Samen gedrückt, kann man diesen als kleinen Käsegang genießen. Meist werden die Samen jedoch angeröstet. Dann passen die Aromen wunderbar zu Brot und in Panaden, die ebenfalls Röstaromen enthalten. Die gerösteten Samen können auch an gedämpfte oder sous-vide zubereitete Lebensmittel gegeben werden, denn sie fügen den schonend zubereiteten Speisen Röstaromen hinzu (→ Gängige Zubereitungsarten, Seite 54). Zermahlen zu einer Paste, nennt man die ungerösteten Sesamsamen im Orient *Tahini*, *Tahine* oder *Tahina*. Sie gehört zum Beispiel in *Hummus*, eine Paste aus pürierten Kichererbsen, die mit Zitronensaft, Olivenöl, Knoblauch, Petersilie, Kreuzkümmel und eben Tahini abgeschmeckt wird. Die zart nussigen Aromen werden dabei durch frische

GUAJACOL *aromatisch-rauchig* ◊ *Alkohol, Fett* PHENYLETHYLTHIOL *verbrannt, gummiartig* ◊ *Alkohol, Fett* SESAMOL *neutral-nussig* ◊ *Fett* 2-ACETYL-1-PYRROLIN *nussig, brotig, basmatireisartig* ◊ *Alkohol, Fett* 2-FURYLMETHANTHIOL *röstig-nussig, kaffeeartig* ◊ *Alkohol, Fett* PYRAZIN *röstig, karamellig* ◊ *Fett*

GESCHMACK

Ungeröstet ist das Aroma der Sesamsamen zart nussig, die dunklen duften etwas erdig. Geröstet werden sie zur echten Delikatesse.

HARMONIE

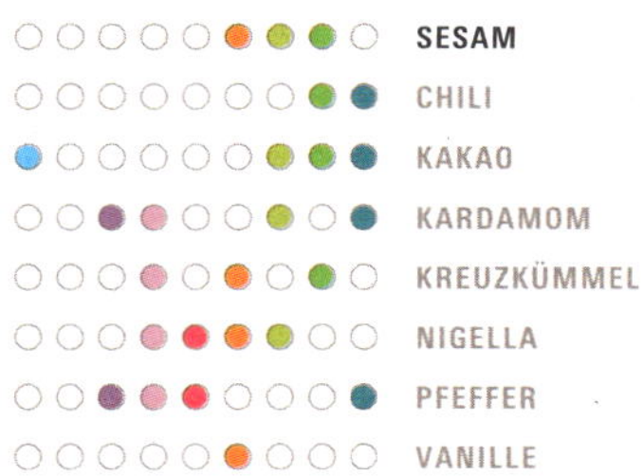

AROMENENTFALTUNG

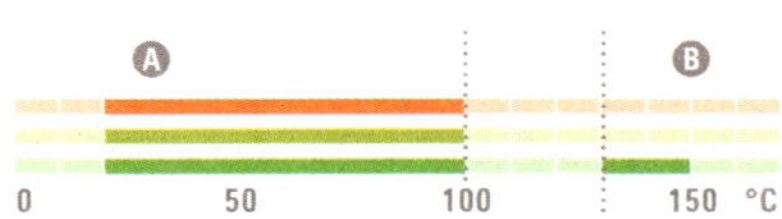

A *Feine nussig-rauchige Sesamnoten* B *Zufügen von erdigen, kaffeeartigen Röstnoten*

S

SCHWARZE SESAMSAMEN
WEISSE SESAMSAMEN

PASST GUT ZU

Gedämpfte und bei niedrigen Temperaturen gegarte Gerichte, Auberginen, Blattgemüse, Blattsalate, Fisch, Honig, Hülsenfrüchte, Nudeln, Reis, Zitrone, Zucchini

LÄNDERKÜCHE

Deutschland: *Sesambrötchen* ***Indien:*** *Til Laddoos (mit Kardamom gewürzte Sesamkugeln)* ***Türkei:*** *Simit, Halva* ***Vorderer Orient:*** *Tahine, Hummus, Schawarma* ***Japan:*** *Inside-out-Sushi/Maki* ***Mexiko:*** *Mole poblano* ***China:*** *Zhi ma jiang (Paste aus gerösteten Sesamsamen)*

GEWÜRZMISCHUNGEN

Jordanisches Zatar, ägyptisches Dukka, japanisches Shichimi Togarashi, japanisches Gomashio, mexikanische Moles

EINKAUF, LAGERUNG

Helle Samen bekommt man im Supermarkt und in Reformhäusern. Schwarze Sesamsamen findet man in türkischen und arabischen Lebensmittelgeschäften. Manchmal bekommt man auch geröstete weiße Sesamsamen, die dann etwas dunkler sind. Ganze Samen luftdicht aufbewahren, sie halten sich etwa zwei Jahre. Schwarzer Sesam wird optisch oft mit Nigella verwechselt, schmeckt aber völlig anders.
Helles Sesamöl und Tahini gibt es in Reformhäusern, asiatische Lebensmittelläden bieten auch das dunklere Würzöl an. Aufgrund seiner natürlichen Oxidantien, also antioxidativer Bestandteile, ist das Öl lange haltbar.

HÄHNCHENFRIKADELLEN MIT ZWEIERLEI SESAM

- 4 Hähnchenbrüste
- Salz
- Zitronensaft
- 2 EL Sesamöl
- 4 EL Sesam
- Butter

Die Haut von den Hähnchenbrüsten abziehen und das Fleisch in einem Fleischwolf hacken. Mit Salz und Zitronensaft würzen, das Hackfleisch gut kneten. Dabei etwas Sesamöl einarbeiten und kleine flache Frikadellen formen. Eine Seite der Frikadellen in Sesamkörner drücken, sodass diese Seite gut mit Sesam bedeckt ist. Die Frikadellen in Butter vorsichtig zuerst auf der sesamisierten, dann auf der anderen Seite anbraten.

Säuerlichkeit und fruchtig-herbe Bitterkeit auf der Geschmacksebene sowie durch schwefelige, frisch-würzige Duftnoten ergänzt. Zusammen mit Knoblauch und Joghurt kann Tahini als Dip zu *Schawarma* gereicht werden (gegrilltes Fleisch). In der chinesischen Küche wird vor allem die knusprige Beschaffenheit der Sesamsamen geschätzt. Typische Rezepte mit Sesam sind etwa Garnelenbällchen, kandierte Äpfel oder im Teig frittierte Bananen, die in Sesamsamen gewälzt werden. Von geradezu zentraler Bedeutung ist das Gewürz in der zurückhaltend würzenden japanischen Küche: Die Würzmischung →*Gomashio* besteht etwa nur aus angeröstetem Sesam und grobem, im Mörser zerstoßenem Salz und wird als beliebte Tischwürze direkt über die warmen Speisen gegeben. Zusammen mit Chili, Orangenschalen, Nori-Algenflocken, Szechuanpfeffer, Hanf- und Mohnsamen gehört sowohl weißer als auch schwarzer Sesam in das scharfe →*Shichimi togarashi*, das Nudelsuppen und Eintöpfe würzt. Maki und Sushi werden gerne in hellem oder dunklem Sesam gewälzt (Inside-Out) – auch sehr beliebt in den USA und Europa. Dem rohen Fisch werden so dezente Röstaromen hinzugefügt, ohne dass er selbst gebraten wird. Die mexikanische Küche verwendet ebenfalls die gerösteten Samen: Zusammen mit getrockneten Chilis werden sie zu würzigen Saucen wie *Pipian* verarbeitet, in denen man Fleisch oder Geflügel schmort. Die berühmte →*Mole poblano* enthält auch gerösteten Sesam.

GESCHICHTE UND GESCHICHTEN

Sesam, eines der ältesten bekannten Gewürze, stammt aus Indien – und nicht aus Afrika, wie man lange Zeit annahm. Über das Industal wurde er wahrscheinlich durch die Gegenden des heutigen Pakistans, Irans und Armeniens bis in den Vorderen Orient gebracht, da er bereits den antiken Ägyptern, Griechen und Römern bekannt war. Heute beläuft sich die weltweite jährliche Produktionsmenge auf knapp drei Millionen Tonnen. Fast alles davon ist Eigenbedarf: Nur Nigeria und Sudan exportieren die Samen.

SHIITAKE

SHIITAKE

Der Pasania (Japanisch: shii) ist ein asiatischer Laubbaum, vergleichbar mit unserer Kastanie. Der Pilz (take) wächst bevorzugt auf ihrem toten Holz, aber auch auf dem anderer Laubbäume, in Zucht sogar auf Substrat. Sie werden in Japan und China schon seit über 1000 Jahren kultiviert – seit Kurzem auch in den USA oder Russland. Man würzt mit ihnen vor allem Schmorgerichte oder Suppen. In Japan wird seit vielen Jahren erfolgreich zu den gesundheitlichen Vorteilen des Pilzes geforscht.

Shiitake unterscheiden sich von anderen Pilzen dadurch, dass ihre Hauptaromen nicht wie üblich von den „leichten", pilzig-erdigen Düften dominiert werden, sondern aus eher „schweren", röstigeren Noten bestehen. Diese Besonderheit verleiht Shiitake ein einmaliges Aroma und begründet seine Sonderstellung unter den Pilzen. Duftentscheidend ist dabei die Schwefelverbindung LENTHIONIN, die erdig-pilzig bis typisch nach Shiitake riecht und von weiteren, ähnlich duftenden Aromen noch unterstützt wird. Darüber hinaus kommt das ein wenig an Kohl und auch an leicht faulige Noten erinnernde Aroma METHANTHIOL in Shiitake vor, aber auch diejenigen Aromen, die sich bei einer Vielzahl von anderen Pilzgewächsen finden: etwa das krautig, würzig-butterige OCTAN-3-ON, das metallisch-pilzige 1-OCTEN-3-ON oder das feucht-nussige OCTAN-3-OL.

Für den Erhalt der Aromen sollte man Shiitake beim Säubern nicht zu intensiv abspülen, ein kurzes Abbrausen schadet aber nicht. Als Würzzutat wird ein Pilzpulver aus den getrockneten Pilzen verwendet. Der Trocknungsprozess betont die aromatischen, an Rauch erinnernden Noten und den umami-Geschmack der Pilze, weil er die Aminosäuren aufbricht und Glutaminsäure freisetzt (→ Abschmecken: umami, Seite 43). Außerdem wird das in den frischen Pilzen reichlich enthaltene Provitamin Ergosterin während

SHIITAKESCHWAMMERLSCHAUM

- 300 g Shiitake (getrocknet)
- Butter
- Salz
- 100 ml Hühnerfond
- 100 ml Sahne
- 6 g Gelatine (eingeweicht, ausgedrückt)
- Schüssel mit Eiswasser

Die Shiitake in Butter andünsten, leicht salzen und die Hühnerbrühe angießen. Sobald die Pilze weich sind, diese Masse sehr fein pürieren, eventuell durch ein Sieb streichen. Die Sahne einrühren, noch einmal aufkochen, gegebenenfalls nochmals salzen. Die Gelatine einrühren und auflösen. Sofort in einem Eiswasserbad zu einem gelierenden Schaum aufschlagen. Kalt stellen. Als kaltes Element zu gebratenem Huhn oder Kalb servieren.

OCTAN-3-ON *krautig, würzig, erdig, butterig* ◊ *Alkohol, Fett* 1-OCTEN-3-ON *pilzig, metallisch, leicht orangig* ◊ *Alkohol, Fett* OCTAN-3-OL *nussig, feucht, erdig-holzig* ◊ *Alkohol, Fett* METHANTHIOL *faulig, kohlartig* ◊ *Alkohol, Wasser* LENTHIONIN *erdig-pilzig, shiitakepilzig* ◊ *Alkohol, Fett* HEXATHIONAN *erdig-pilzig, bitter* ◊ *Fett*

GESCHMACK

SÜSS SAUER SALZIG **BITTER** **UMAMI**

Frisch riechen Shiitake erdig, würzig, lauchig bis knoblauchartig. Getrocknet haben sie einen starken umami-Geschmack, was sie zu „Geschmacksverstärkern" macht.

HARMONIE

SHIITAKE
ALGEN
INGWER
KNOBLAUCH
SESAM
ZITRUSFRÜCHTE
ZWIEBEL

AROMENENTFALTUNG

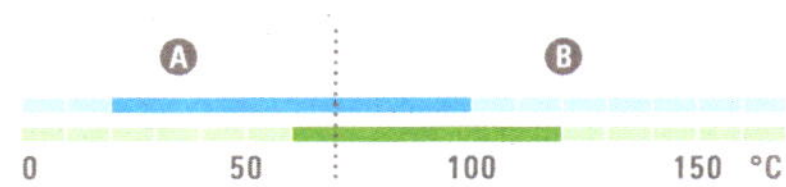

A *Erdig-schwefliger Rohpilzduft* B *Champignonartige Aromen, erdig, leicht bitter*

S

HÜFTSTEAK MIT KNOCHENMARKPRALINEN UND ZWEI VERSCHIEDENEN PÜREES (FÜR ZWEI PERSONEN)

FÜR DAS PÜREE AUS KOHLRABIGRÜN

Grün und Stängel von 1–2 jungen Kohlrabi

50 g Butter

1 TL brauner Zucker

20 g Knochenmark

100 ml Rinderbrühe

1 EL Invertzuckersirup

1 Msp. Bourbon-Vanille

1 TL Shiitakepulver (oder 3 getrocknete Shiitakepilze, gemörsert)

Salz

FÜR DAS SELLERIEPÜREE

300 g Knollensellerie, geschält und klein geschnitten

10 g Butter

1 Prise Salz, 1 Prise Zucker

1 Prise Glutamat (ersatzweise Rinderfond oder Sojasauce, allerdings bleibt das Püree dann nicht cremig weiß)

100 g Rohmilchsahne, alternativ fette Sahne

FÜR DAS HÜFTSTEAK

1 Rinderhüftsteak (150–180 g)

10 Lorbeerblätter

FÜR DIE MARKKNOCHENPRALINE UND DEN CHIP

2 gerade Markknochen vom Rind, sodass das Mark herausgedrückt werden kann

200–300 ml Rinderbrühe

2 EL Semmelbrösel

1 EL Shiitakepulver

Salz, 1 EL schwarzer Sesam

Öl

AUSSERDEM

Grobes Salz, Dill, Schnittlauchblüten, Schnittlauchröllchen und Bärlauchöl zum Garnieren

Für das Püree aus Kohlrabigrün: Grün und Stängel klein schneiden. Butter und Zucker im Thermomix auf der Stufe „varoma" leicht karamellisieren. Die Stängel 5 Minuten darin dünsten, dann die Blätter zugeben. Nach und nach Knochenmark und Brühe zugeben und bei 100 °C 20 Minuten dünsten. Invertzuckersirup und Vanille zugeben, 15 Minuten dünsten. Sehr fein pürieren und das Shiitakepulver zugeben. 10–15 Minuten bei 80 °C dünsten, dabei langsam rühren. Ohne Thermomix Butter und Zucker in einer Pfanne karamellisieren, nach und nach Kohlrabistiele und -blätter zugeben, weich dünsten und pürieren.

Für das Selleriepüree: Den Sellerie mit Butter im Thermomix dünsten, mit Salz, Zucker und Glutamat würzen und bei 100 °C weich dünsten. Nach und nach die Sahne unterziehen und etwa 1 Stunde bei 80 °C sehr weich dünsten, pürieren, mit Salz und Glutamat abschmecken. Es sollte nur nach Knollensellerie duften und satt schmecken. Ohne Thermomix das Gemüse in der Pfanne oder im Topf weich dünsten und pürieren.

Für das Hüftsteak: Das Steak zusammen mit den Lorbeerblättern vakuumieren und bei 53 °C 1,5 Stunden Sous-vide garen. Danach die Lorbeerblätter entfernen, das Fleisch mit Küchenpapier abtupfen und in einer sehr heißen antihaftbeschichteten Grillpfanne kurz, aber kräftig nachgrillen. Kurz ruhen lassen.

Für die Markknochenpraline und den Chip: Das Knochenmark aus den Rinderknochen drücken und etwa 8 Stunden wässern. Dann in der Rinderbrühe bei 60 °C etwa 15 Minuten ziehen lassen, herausnehmen und abkühlen lassen. Semmelbrösel, Shiitakepulver, Salz und Sesam mischen. Den Ofen auf 130 °C vorheizen. Das Knochenmark portionieren und in der Mischung wälzen. Im Ofen etwa 15 Minuten erwärmen, sodass die „Panade" mit Fett durchzogen ist. Dann 2–3 Minuten unter dem sehr heißen Grill gratinieren. Die übrig gebliebene Panade mit etwas Wasser und Öl vermengen und in einer antihaftbeschichteten Pfanne bei schwacher Hitze knusprig trocknen, bis ein „Chip" entsteht.

Zum Anrichten: Die beiden Pürees auf Teller ausstreichen. Knochenmarkpralinen und Chip dazulegen. Das Fleisch aufschneiden, anrichten und mit grobem Salz bestreuen. Schnittlauchblüten und Dill dazulegen, Schnittlauchröllchen darüberstreuen. Mit Bärlauchöl akzentuieren.

S

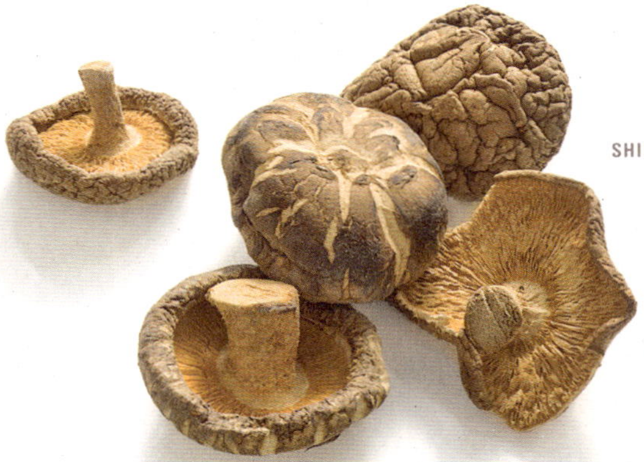

SHIITAKE GETROCKET

PASST GUT ZU

Gemüse, Pilzen, Meeresfrüchten, Saucen, Schmorgerichten mit oder ohne Fleisch

LÄNDERKÜCHE

Japan: *Misosuppe, Dashi (Brühe)* ***China:*** *Luóhàn zhai (Buddhas Fastenspeise, vegetarisches Gericht)* ***Russland:*** *sauer eingelegte Shiitake*

QUALITÄTEN, EINKAUF, LAGERUNG

Die beste Qualität in Japan heißt Donko, ihr Hut ist kaum geöffnet. Shiitake mit weit geöffnetem Hut heißen Koshin. Gezüchtete Pilze unterscheiden sich aromatisch kaum von wild wachsenden. Meist bekommt man sie bei uns bereits getrocknet, die Qualität in Naturkostläden ist auch hierzulande gut. Luftdicht verschlossen sind die getrockneten Pilze mindestens ein Jahr haltbar.

des Trocknens zu Vitamin D umgebaut. Für die Herstellung des Pulvers müssen die Pilze im Dehydrator bei 40 bis 50 °C über 12 Stunden trocknen und im Thermomix oder Foodblender in kurzen Impulsen mit hoher Geschwindigkeit pulverisiert werden. Das Pulver kann sowohl zu Beginn des Kochprozesses beigefügt werden – so wirkt sein Aroma pilziger – oder gegen Ende: Dann erscheint seine Würzung eher nussig. Man kann ganze getrocknete Pilze aber auch in etwas lauwarmem Wasser einweichen. Danach lassen sie sich wie frische zubereiten, müssen lediglich etwas länger gekocht beziehungsweise gebraten werden. Das Einweichwasser wird ebenfalls als Würze verwendet.

Shiitake werden als würzende Zutat einer Vielzahl an Gerichten der asiatischen Küche beigegeben und mitgeschmort – sowohl frisch als auch getrocknet oder als Pulver. In Japan dienen getrocknete und gemahlene Shiitake als Grundzutat für ***Dashi*** (Suppenbrühen). Berühmt ist das Gericht ***Buddhas Fastenspeise*** oder ***Buddha's Delight***, ein variantenreiches vegetarisches Gericht, das ursprünglich von buddhistischen Mönchen stammt. Neben frischem und getrocknetem Shiitake kann der Eintopf mit Sojasauce, Erdnuss- oder Sesamöl, Knoblauch, Ingwer, Salz und Zucker gewürzt sein. Obwohl Shiitake – wie in den ***Dashi*** – vorrangig auf der Geschmacksebene arbeiten und die Speise um ihren vollen, herzhaften umami-Geschmack erweitern, ergeben sich über die pilzigen Aromen der frischen Pilze auch Anknüpfungspunkte für schwefelig-lauchige Gewürze.

SONNENBLUMENKERNE

Sonnenblumenkerne dienen meist als Ölsaat für ein so gut wie neutrales, aber vielseitig einsetzbares Speiseöl. Gegessen werden die Körner eher aus gesundheitlichen Gründen, da Sonnenblumenkerne im Vergleich zu anderen Nüssen reich an Eiweißen, also Proteinen sind.

Helianthus annuus (KERNE, GESCHÄLT)

PROPAN *gasartig ◊ Alkohol, Fett* PENTAN *benzinartig ◊ Alkohol, Fett* HEXANAL *grünlich ◊ Alkohol, Fett, warmes Wasser* α-PINEN *warm-harzig, Piniennadeln ◊ Alkohol, Fett* (Z)-VERBENOL *pinienartig, terpentinar-*

Der Duft der Sonnenblumenkerne wird vor allem von dem flüchtigen, warm-harzig-terpentinartig duftenden α-PINEN verursacht, der sich etwa auch in Angelika, Rosmarin und Wermut findet. Des Weiteren kommt im Untergrund des Dufts, also nicht direkt wahrnehmbar, über den Stoff Z-VERBENOL ein leicht pinienartiger Geruch mit einem Hauch Terpentin hinzu. Höher konzentriert ist dieser Duftstoff in vielen Kräutern enthalten, etwa in Rosmarin oder Zitronenverbene. Außerdem finden sich weich-holzig duftende Noten im Aroma der Sonnenblumenkerne. Das Fettsäurenspektrum ist durch circa 5 Prozent Palmitinsäure (C 16:0), 3 Prozent Stearinsäure (C 18:0), 20 Prozent Ölsäure (C 18:1), 65 Prozent Linolsäure (C 18:2) und 0,5 Prozent Alpha-Linolensäure (C 18:3) gegeben. Rund 90 Prozent des Öls bestehen also aus ungesättigten Fettsäuren, wobei Linolsäure dominiert, die zur Gruppe der Omega-6-Fettsäuren zählt.

KERNSCHMELZE

6 EL Sonnenblumenkerne

100 g Bitterschokolade, mindestens 70 % Kakaoanteil

Etwas Hagelzucker

Sonnenblumenkerne trocken anrösten. Schokolade im Wasserbad bei 38 °C schmelzen und jeweils mit 1 TL Sonnenblumenkernen zu einem Kugelhaufen verkleben. Es entstehen 8 bis 10 solche Kugeln. Leicht mit Hagelzucker bestreuen und vollständig im Kühlschrank abkühlen lassen. Zum Espresso, Whisky oder Cognac als Schokoknabberspaß-Kontrast servieren.

Die Kerne müssen geschält werden und sind dann sowohl geröstet als auch ungeröstet genießbar. Beim Rösten der Kerne bilden sich die bei Nüssen und fettreichen Samen üblichen würzigen Röststoffe sowie nussige Aromen. Aus den Kernen wird das universal einsetzbare Sonnenblumenkernöl hergestellt. Sein Aroma ist weitgehend neutral. Das Öl ist hoch erhitzbar, bleibt aber wegen der enthaltenen Ölsäure auch bei Temperaturen unter 0 °C flüssig. Daher kann es auch zur Konsistenzregulierung in Fettzubereitungen wie etwa Schokocremes verwendet werden.

Da alle Aromen in den Kernen fettlöslich sind, lässt sich aus Sonnenblumenkernen die besonders köstliche „Sonnenblumenbutter" erzeugen. Dazu werden Sonnenblumenkerne geröstet, mit Butter lange gegart und anschließend fein püriert. In frischen Obstsalaten machen mit etwas →Isomalt überzogene, ungeröstete oder geröstete Kerne eine hervorragende Figur. Das Isomalt sorgt dabei nicht nur für eine knusprige Textur, sondern liefert mit seiner zurückhaltenden Süßkraft – nur etwa die Hälfte von Haushaltszucker – auch einen geschmacklichen Kontrast zu den nussigen Aromen. Geröstet erinnern die an gebrannte Mandeln. Auf Brotrinden und im Brot komplementieren sich die Röststoffe von Getreide und Sonnenblumenkernen bestens – aber auch die Röstnoten in Kaffee und Kakao passen dazu. In der Kombination mit Zitronenverbene werden die Röstnoten dagegen durch die frischen, zitronigen, aber säurefreien Aromen des Krauts ergänzt. Sonnenblumenöl ist ein Universalspeiseöl. Die Verbindung mit dunkler Schokolade ergibt in cremigen *Ganaches* feine Geschmacksnuancen.

tig ◊ *Alkohol, Fett* **β-GURJUNEN** *balsamig, weich holzig* ◊ *Alkohol, Fett*

GESCHMACK

Sonnenblumenkerne haben ein leicht harziges Aroma mit warmen Holztönen. Geröstet kommen nussige Aromen hinzu. Das Öl ist so gut wie geschmacksneutral.

HARMONIE

AROMENENTFALTUNG

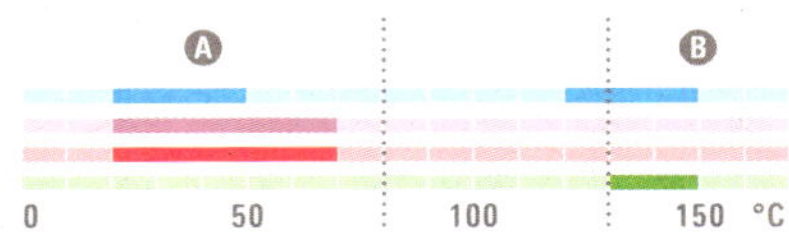

A *Wachsiges, grünes, leicht harziges Aroma* **B** *Bildung von Röstnoten*

PASST GUT ZU

Dunkler Schokolade, Salaten, Getreide (Brot)

LÄNDERKÜCHE

Deutschland: *Vollkornbrot, Müsli, Salate* ***Russland:*** *Semitschki (ungeschälte, gesalzene Kerne als Snack)* ***Türkei:*** *Çekirdek (ungeschälte, gesalzene Kerne als Snack)*

EINKAUF, LAGERUNG

Die Kerne bekommt man geschält und ungeschält, ungeschält sind sie haltbarer. Trotzdem sollte man sie im Kühlschrank aufbewahren, weil sie schnell ranzig werden. Es gibt unterschiedliche Arten von Sonnenblumen, nicht alle eignen sich für die Erzeugung von Öl oder Kernen – besonders nicht die in Gärten häufig anzutreffenden Ziersonnenblumen.

Boletus edulis (GETROCKNET)

STEINPILZ

Der Steinpilz ist einer der edelsten Speisepilze und eignet sich getrocknet hervorragend als Gewürz. Steinpilz oder Herrenpilz heißen verschiedene Unterarten mit Bindungen an unterschiedliche Wirtsbäume, die alle ein eindeutiges Steinpilzaroma besitzen. Viele halten den schweren, gegen Trockenheit resistenten Sommersteinpilz für den besten.

(R)-1-OCTEN-3-OL *muffig, pilzartig, schimmelig* ◊ *Alkohol, Fett* 1-OCTEN-3-ON *pilzig, metallisch, leicht orangig* ◊ *Alkohol, Fett* ÄPFELSÄURE *fruchtig, apfelartig* ◊ *Wasser*

GESCHMACK

SÜSS SAUER SALZIG **BITTER** **UMAMI**

Steinpilze haben ein besonders intensives Aroma. Getrocknet eignen sie sich wegen der hohen Konzentration an freier Glutaminsäure (umami-Geschmack) als natürliche „Geschmacksverstärker".

HARMONIE

STEINPILZ
KNOBLAUCH
OLIVEN, -ÖL
PETERSILIE
STERNANIS
ZWIEBELN

AROMENENTFALTUNG

A B
0 50 100 150 °C

A *Butterig-erdiges, leicht säuerlich-bitteres Pilzaroma* **B** *Tiefer umami-Geschmack mit leicht säuerlichen Bittertönen*

PASST GUT ZU

Pasta, Fleisch, Kartoffeln, Risotto

Wie bei anderen Pilzen wird das Aroma des Steinpilzes durch das muffig, pilzig, schimmelig riechende (R)-1-OCTEN-3-OL geprägt. Während des Kochens oxidiert der Stoff zu 1-OCTEN-3-ON, das dann für den typischen Pilzgeruch verantwortlich ist. Der Anteil am Ausgangsaromastoff ist im Vergleich zum Champignon deutlich erhöht, daher wirkt das Steinpilzaroma viel intensiver. Für den starken umami-Geschmack der Steinpilze ist der sehr hohe Anteil an freier Glutaminsäure verantwortlich (→ Abschmecken: umami, Seite 43). Des Weiteren enthalten Steinpilze eine ganze Reihe organischer Säuren wie Äpfel- und Chinasäure, die sich etwa auch in Sternanis und vielen Früchten befindet. Durch sie wird die Geschmacksrichtung „sauer" in Speisen betont, Chinasäure wirkt zudem auf die Bitterrezeptoren. Daraus ergibt sich im Steinpilz ein komplexes Geschmacksspektrum zwischen umami, sauer und bitter.

AUBERGINENCREME MIT STEINPILZGEWÜRZ

- 5 kleine Auberginen
- 5 frische Knoblauchzehen
- Pfeffer, Salz
- Steinpilzpulver (getrocknete Steinpilze, gemörsert)
- Olivenöl

Ganze Auberginen und Knoblauch in der Schale in Salzwasser weichkochen. Beide schälen und mit dem Stabmixer zu einer glatten Creme pürieren. Pfeffern, salzen und großzügig mit Steinpilzpulver würzen. Konsistenz mit Olivenöl gegebenenfalls korrigieren, auf Teller ausstreichen und zum Beispiel zu gebratenem roten Fleisch servieren.

Steinpilze wirken sowohl frisch als auch getrocknet als erhebliche natürliche „Geschmacksverstärker", da die für den herzhaften →umami-Geschmack verantwortlichen Stoffe nicht flüchtig sind. Steinpilze eignen sich deshalb besonders gut zum Trocknen: Man schneidet sie in etwa 3 mm dicke Scheiben, legt sie locker auf Papier oder ein Tuch und trocknet sie an einem luftigen Ort unter häufigem Wenden. Man kann sie auch bei 40 °C im Ofen trocknen, bis sie hart sind. Aus den getrockneten Pilzen kann man im Blitzhacker, Thermomix oder im Mörser ein Würzpulver herstellen. Der hohe Anteil typisch pilziger Aromen lässt sich über ihre Fettlöslichkeit nutzen: Wenige Steinpilze etwa in Olivenöl eingelegt aromatisieren dieses deutlich.

STEINPILZCHARLOTTE

- 5 große und 50 g kleine Steinpilze
- Zitronensaft zum Beträufeln
- Butter zum Braten und für die Formen
- 50 g thailändischer Duftreis
- 100 ml Gemüsebrühe (z. B. 1 TL Umamipulver mit 100 ml Wasser gemischt)
- 100 g Geflügelleber
- Salz, frisch gemahlener schwarzer Pfeffer
- Krause Petersilie

Die Steinpilze putzen und die großen Exemplare vorsichtig in gleichmäßig dünne Scheiben schneiden. Die kleinen Steinpilze sowie die Abschnitte der großen Pilze hacken, mit dem Zitronensaft beträufeln und beiseitestellen. Die Steinpilzscheiben in einer antihaftbeschichteten Pfanne mit etwas Butter anbraten, bis sie weich und biegbar sind. Den Reis in der Gemüsebrühe bissfest kochen. Die Leber grob hacken, mit Salz und Pfeffer mit einem Stabmixer pürieren und unter den leicht abgekühlten Reis heben, sodass eine Reisfarce entsteht. Die gehackten Steinpilze ebenfalls darunterheben. Dann die Petersilie waschen, trocken schütteln, hacken und unterheben.

Den Ofen auf 180 °C vorheizen. Kleine Charlotteformen ausbuttern und an Boden und Rand mit den Steinpilzscheiben auslegen, sodass die Steinpilze etwas über den Rand überstehen. Sie sollen später umgeklappt werden, damit die Förmchen weitgehend verschlossen werden können. Die Farce einfüllen und die Förmchen mit den überstehenden Steinpilzen verschließen. Im Ofen etwa 20 Minuten garen. Auf Teller stürzen und mit einem guten Schluck tanninreichen älteren Rotweins genießen.

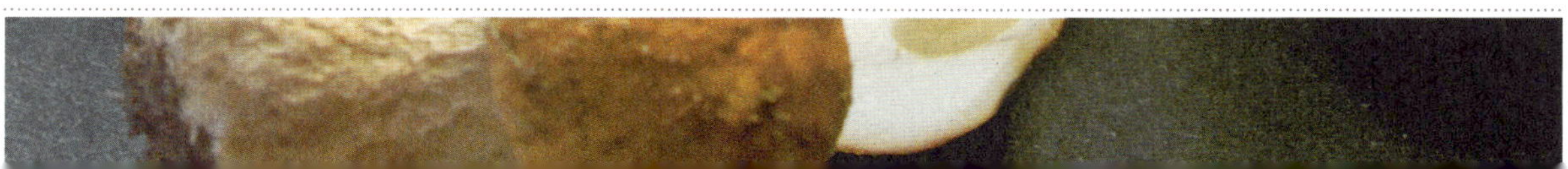

STEINPILZ

LÄNDERKÜCHE

Deutschland/Österreich: *Kartoffelcremesuppe mit getrockneten Steinpilzen, Schweinemedaillons mit Steinpilzen* ***Italien:*** *Pappardelle con porcini (Bandnudelgericht), Risotto con porcini* ***Frankreich:*** *Lièvre aux cèpes (Hase mit Steinpilzen), Charlotte aux cèpes (Terrine)*

QUALITÄTEN, EINKAUF, LAGERUNG

Die am häufigsten vorkommenden Unterarten sind der Herrenpilz, der Sommersteinpilz und der Kiefernsteinpilz. Frisch sind Steinpilze im Kühlschrank einige Tage haltbar. Getrocknet, in luftdicht verschlossenen Gläsern und dunkel aufbewahrt, halten sie sich mindestens ein halbes Jahr.

Wie bei Morcheln fügt bereits eine kleine Menge an mitgekochten Steinpilzen den Saucen umami-Geschmack hinzu, ohne dass dabei Pilzaromen wahrgenommen werden. Steinpilze harmonieren wie alle Pilze besonders gut mit Petersilie, deren erdige Aromen sich mit den typisch pilzigen Noten sehr gut ergänzen. Auch Zwiebeln und Knoblauch fügen sich mit ihren schwefelig-lauchigen Noten gut in das Duftspektrum der Pilze ein. Frische oder getrocknete Steinpilze mit Knoblauch in Olivenöl gebraten, ergeben herrliche Sugos zu Bandnudeln oder Spaghetti. Das Würzpulver aus Steinpilzen lässt sich vielseitig einsetzen: Suppen, Saucen und Füllungen verleiht es sein feines Steinpilzaroma und kann einen überraschenden Akzent in Richtung „herzhaft“ setzen.

STERNANIS

Anisi stellati fructus (GETROCKNET)

Das Gewürz sieht einfach gut aus – und wird deshalb auch aus optischen Gründen eingesetzt. Die achtzackigen Sterne sind die Früchte einer immergrünen Magnolienart in China. Man könnte ihn den chinesischen Anis nennen: Er riecht ähnlich, ist botanisch jedoch etwas völlig anderes. Während bei uns eher Anis gebräuchlich ist, kennt man in China fast nur Sternanis.

1,8-CINEOL[T] *Eukalyptus, kampferig, kühlend* ◊ *Alkohol, Fett* 1,4-CINEOL *würzig* ◊ *Alkohol, Fett* LIMONEN *terpentin-zitronenartig* ◊ *Alkohol, Fett* CARVON *kümmelartig* ◊ *Alkohol, Fett* ANISALDEHYD *blumig-mimosenartig, süß* ◊ *Alkohol, Fett* ANETHOL *anisartig* ◊ *Alkohol* ESTRAGOL *süßlich, kerbel- und basilikumartig, leicht minzig* ◊ *Alkohol, Fett*

GESCHMACK

SÜSS SAUER SALZIG **BITTER** UMAMI

Wie bei Anis wird auch in Sternanis der typische süßlich-anisartige Geruch durch das ANETHOL bestimmt. Das 1,8-CINEOL ist für den leichten Eukalyptusgeruch des Sternanis verantwortlich. Genaue Laboranalysen können das Sternanis- vom Anisaroma unterscheiden, rein geruchlich sind die in Sternanis zusätzlich vorhandenen, würzigen Noten von 1,4-CINEOL allerdings kaum bis nicht wahrnehmbar.

Das Aroma steckt nur in den holzigen Fruchtwänden, nicht in den Samen. Man kann sie entweder ganz mitkochen – und rechtzeitig wieder herausnehmen – oder sie vorher im Mörser oder Mixer zermahlen. Das typische Sternanisaroma ist nicht besonders flüchtig und löst sich besser in Alkohol als in Fett. Weil Sternanis aufgrund der harten Beschaffenheit der Schale seine Aromen langsam und intensiv abgibt, kann er im Gegensatz zum feineren Anis die gesamte Garzeit über mitgeschmort werden.
In der chinesischen Küche ist Sternanis neben Zimt mitbestimmend für den als süßlich empfundenen Duft des → Fünf-Gewürze-Pulvers. Rotgeschmor-

ten Hühner-, Enten- und Schweinefleischgerichten verleiht die Mischung aus Sternanis, Fenchelsamen, Gewürznelke, Szechuanpfeffer und Zimt eine süßlich-würzige Schärfe. Die rotbraune Färbung rührt daher, dass das Fleisch in einer dunklen Gewürzbrühe mit Sojasauce geschmort wird – die zum Gericht noch ihren herzhaften umami-Geschmack beiträgt. Der süßliche Duft erklärt auch die beliebte Verwendung von Sternanis in Desserts und Konfitüren. In der europäischen Küche wird Sternanis nur gelegentlich verwendet, obwohl er sehr gut geeignet ist, um die Süße von Kürbis, Lauch und Wurzelgemüse zu intensivieren. Er würzt Fisch und Meeresfrüchte; Ente oder Huhn bekommen einen orientalischen Touch, wenn man vor dem Braten einen Sternanis und eine Zwiebel in die Bauchhöhle steckt. Sternanis kann durch Anis ersetzt werden, aber beide haben durchaus unterschiedliche Funktionen: Bei einem lange geschmorten *Canard à l'orange* zum Beispiel würde der feine Anissamen seine Aromen schneller abgeben und so nicht die Intensität von Sternanis erreichen. Umgekehrt wird in „Anis"-Schnäpsen der Anis gerne durch den günstigeren Sternanis ersetzt.

ROTBARBENFILET MIT MARSEILLAISER SABAYON

- 4 Rotbarbenfilets
- 2 Eigelb
- Zitronensaft
- Salz, 1 Msp. Zucker
- 70 ml Pastis (Anisschnaps)
- 130 ml Wasser
- 1 Handvoll Schwarze Oliven
- 1 TL Rosa Beeren

Rotbarbenfilets auf der Haut braten. Eigelb mit Zitronensaft, Salz und Zucker verquirlen. Im Wasserbad mit 200 ml verdünntem Pastis (70 ml Pastis, 130 ml Wasser) schaumig aufschlagen, bis das Eigelb bindet. Vorsicht: Gerinnungsgefahr.

Neben gebratenen Rotbarbenfilets mit kleinen Würfeln schwarzer Oliven und grob gemörserten Rosa Beeren servieren.

GESCHICHTE UND GESCHICHTEN

Die aus China stammende Magnolienart des Sternanis wächst mittlerweile auch in Indien, Japan, auf den Philippinen und auf Jamaika in Plantagen. Die Pflanze trägt bis zu hundert Jahre lang Früchte. Diese werden noch vor der Reife gepflückt und an der Sonne getrocknet. Dadurch werden die Fruchtblätter hart und dunkel und entwickeln die aromatischen Substanzen.

Sternanis hat ein süßlich-kräftiges Aroma mit einem deutlichen trigeminalen Effekt: Er ist voller, feuriger, schwerer als Anis. Im Nachgeschmack ist er frisch und angenehm.

HARMONIE

AROMENENTFALTUNG

A *Fast zitrusartiges Anisaroma* **B** *Aromatisch, an Pastis und Ouzo erinnernd*

PASST GUT ZU

Feigen, tropischen Früchten, Kürbis, Lauch, Ochsenschwanz, Schwein, Wurzelgemüse, Hühnerbrühe, Fisch und Meeresfrüchten im Sud, Obstkompotten

LÄNDERKÜCHE

China: *Rotgeschmortes, Pekingente, marmorierte Tee-Eier* ***Vietnam:*** *Pho (Nudelsuppe)* ***Mittel- und Nordeuropa:*** *Weihnachtsgebäck, Lebkuchen, Glühwein* ***Süd- und Westeuropa:*** *Anisliköre und -schnäpse*

GEWÜRZMISCHUNGEN

Chinesisches Fünf-Gewürze-Pulver

EINKAUF, LAGERUNG

Sternanis im Ganzen bekommt man im Asiashop. Ganz oder in Stücken ist er lange haltbar.

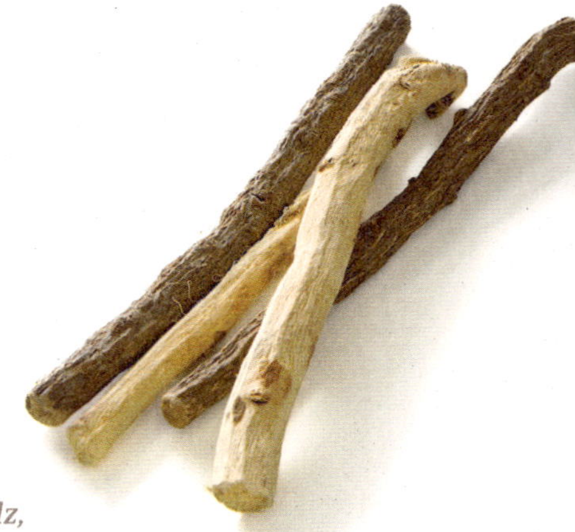

Glycyrrhiza glabra

SÜSSHOLZ

Süßholz raspeln meint sprichwörtlich, jemandem Komplimente machen. Wahrscheinlich rührt die Redewendung aus Zeiten, als Zucker rar war und man sich freute, wenn man mit Süßholz einen süßen Ersatz bekam. Süßholz, auch als Lakritze oder Réglisse bekannt, ist aber nicht nur süß, sondern auch leicht bitter und duftet nach Anis.

2-PROPANON *stechend, trigeminal* ◇ *Alkohol, Wasser* PROPIONSÄURE *schweißig* ◇ *Alkohol, Wasser* ANETHOL *anisartig* ◇ *Alkohol* 2-ACETYLPYRROL *mostig, erdig* ◇ *Fett* Z-ACETYLFURAN *balsamisch, kakao-kaffeeartig* ◇ *Fett* FURFURYLALKOHOL *verbrannt, bitter, karamellig, schokolade-kaffeeartig* ◇ *Alkohol, Fett*

GESCHMACK

Süßholz schmeckt sowohl süß als auch bitter. Diese ungewöhnliche Kombination gibt ihm einen ganz besonderen Stellenwert in der Küche.

HARMONIE

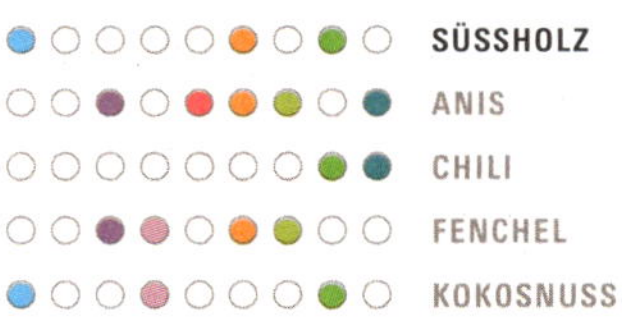

AROMENENTFALTUNG

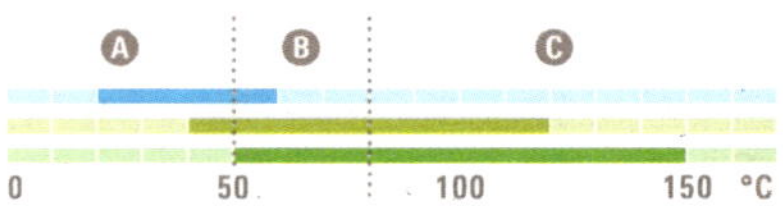

A *Leicht stechendes, süßliches Aroma* **B** *Sehr aromatisch, anisartige Töne* **C** *Eher karamellig-schokoladige Noten*

Der typische Geschmack des Süßholzes steckt in GLYCYRRHIZINSÄURE. Wenn sie sich spaltet, wird einerseits der Zuckerabkömmling Glycyrrhizin frei, der die rund 50-fache Süßkraft des normalen Haushaltszuckers besitzt. Auf der anderen Seite entstehen Kalium- und Kalziumsalz und somit bittere Töne. Diese Kombination aus Süße und Bitterkeit sind das Alleinstellungsmerkmal von Süßholz in der Küche. Das anisartige Aroma wird durch das flüchtige ANETHOL bestimmt, bekannt aus Anis, Fenchel und Sternanis. Im Hintergrund kommen darüber hinaus stark aromatische, röstige Noten hinzu.

HÄHNCHEN MIT SÜSSHOLZLACK

- 4 EL Akazienhonig
- ½ TL Zitronensaft
- 1 TL Süßholzpulver
- 4 Hähnchenbrüste
- Pfeffer, Salz
- 2 TL Sojasauce

Akazienhonig, Zitronensaft, Sojasauce und Süßholzpulver zu einem Lack mischen. Hähnchenbrüste auf beiden Seiten kurz in einer Pfanne anbraten, herausnehmen und mit dem Lack bepinseln. Leicht pfeffern und salzen. Im Backofen bei hoher Hitze fertig garen, währenddessen immer wieder mit einem Silikonpinsel lackieren, bis der Honig leicht „karamellisiert".

Von der Süßholzpflanze werden die holzigen Wurzeln verwendet, die geraspelt über die Speisen gegeben werden. Ganze Hölzer können gut mitgekocht werden, da die Aromen wenig bis nicht flüchtig sind. Aufgrund der Wasserlöslichkeit der Süßstoffe und der Alkohollöslichkeit des Anisaromas eignet sich Süßholz sehr gut zum Aromatisieren alkoholischer Getränke.

Aus dem gemeinsamen Aromastoff Anethol erklärt sich die beliebte Kombination mit Anis, Fenchel und Sternanis. Wegen ihrer Süße passt die Wurzel selbstverständlich in Desserts. Geraspeltes Süßholz würzt auch Gerichte mit Kokosnuss und Chili, denen es herb-süßliche Komponenten entgegensetzt. Sojasauce schmeckt mit ein bisschen Süßholz ebenfalls noch besser, da ihr umami-Geschmack dadurch um zwei Grundgeschmacksqualitäten erweitert wird. Außerdem verstärken die Röstnoten in Süßholz deutlich die karamelligen Aromen der Sojasauce. Sensationell ist Süßholz über gedämpften oder bei Niedrigtemperatur gegarten Lachs geraspelt. Die Bittertöne kommen dem fettreichen Fisch sehr entgegen.

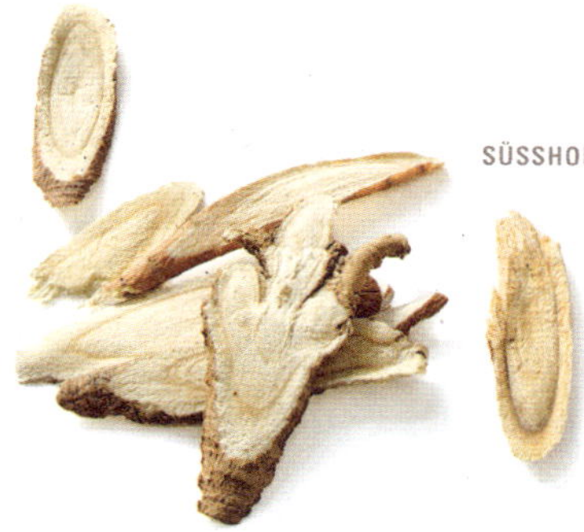

SÜSSHOLZ (GEHOBELT UND GEMAHLEN)

SÜSSHOLZRASPEL AUF FETTBASIS

- 100 g Olivenöl
- 200 g Kakaobutter
- 100 g dunkle Schokolade (70 % Kakaogehalt)
- 1 EL feines gemahlenes Kakaoschalenpulver
- 1 TL Süßholzpulver

Alle Fette bei 38–40 °C schmelzen und mit dem Olivenöl unter ständigem Rühren vermengen. Dabei das Süßholzpulver und Kakaoschalenpulver einarbeiten. Die Schoko-Olivenöl-„Legierung" abkühlen lassen und tiefkühlen. Danach mit einer Parmesanreibe, einer Vierkantreibe oder am besten einer Microplanreibe einen feinen „Schoko-Oliven-Süßholzraspelschnee" über halbwarme Fischgerichte oder schokobasierte Desserts reiben.

GESCHICHTE UND GESCHICHTEN

In Europa spielt Süßholz in der Süßwarenindustrie eine große Rolle. Die Wurzeln werden zermahlen, mit Wasser extrahiert man aus ihnen den dunklen, hocharomatischen Saft: Aus ihm wird Lakritze hergestellt, zum Beispiel für Lakritzkonfekt, vielfach ohne weiteren Zuckerzusatz. Lakritz soll eine schleimlösende Wirkung haben, deshalb wird es auch gerne bei Erkältungskrankheiten gelutscht. Lakritzprodukte wirken blutdrucksteigernd und sollten daher von Risikopersonen nur in Maßen verzehrt werden. Salziges Lakritz, besonders beliebt in den Niederlanden, enthält oft noch Salmiak. In Asien und in der Türkei kaut man gerne auf ganzen Süßholzstangen herum: Erst schmecken sie bitter, dann süß.

PASST GUT ZU

Süßen Speisen, dunkle Biersorten, Saucen, Brühen, Meeresfrüchten, Lachs, Makrele

LÄNDERKÜCHE

China: *Rotgeschmortes (chinesische Eintöpfe), Master-Saucen* **Europa:** *süße Lakritzbonbons* **England:** *Pontefract-Cakes, dunkles Bier* **Niederlande:** *salzige Lakritze* **Finnland:** *Salmiakki koskenkorva (Süßholzschnaps)* **Marokko:** *Schnecken- und Tintenfischgerichte* **Islamische Länder:** *aromatisierter Tee während des Ramadan*

GEWÜRZMISCHUNGEN

Chinesische Fünf-Gewürze-Mischung, marokkanisches Ras el-Hanout

EINKAUF, LAGERUNG

Getrocknetes Süßholz erhält man im Feinkosthandel, in Apotheken oder über den Versandhandel. Trocken hält es praktisch unbegrenzt. Das grau-grüne, ziemlich starke Süßholzpulver sollte luftdicht verschlossen gelagert werden.

Rhus coriaria (PULVER)

SUMACH

Sumach ist das getrocknete, grob gemahlene Fruchtfleisch der Steinfrüchte des Gewürzsumach, auch Gelbholz oder Färberbaum genannt. Es schmeckt vor allem sauer und ist in der orientalischen Küche als Tischgewürz für Lahmacun, Kebabs, Reisgerichte, Geflügel oder Fisch sehr beliebt.

Sumach ist beispielhaft für ein Gewürz, dessen verschiedene Reize sich nicht nur chemisch, sondern auch beim Verkosten klar trennen lassen: sauer im Geschmack, adstringierend in der Trigeminusreizung und fruchtig-herb im Geruch. Der saure Grundgeschmack entsteht durch verschiedene Fruchtsäuren wie ZITRONEN-, ÄPFEL-, WEIN- und sogar BERNSTEINSÄURE,

NONANAL *blumig-wachsig, fettig* ◊ *Alkohol, Fett* (E,E)-2,4-DECADIENAL *wachsig, nussig* ◊ *Alkohol, Fett* ÄPFELSÄURE *fruchtig, apfelartig* α-TERPINEOL *zitrusartig, fliederartig, etwas terpentinartig* ♢ *Fett, Wasser* CEMBREN *harzig, holzig* ♢ *Alkohol, Fett* β-CARYOPHYLLEN *holzig-terpentinartig* ♢ *Alkohol, Fett* CARVACROL *pizzaartig, oreganoartig* ♢ *Alkohol, Fett* CORILAGIN *adstringierend* ♢ *Alkohol, Wasser*

GESCHMACK

Sumach wirkt angenehm säuerlich, adstringierend und fruchtig-herb. Das Pulver ist in der orientalischen Küche ein beliebtes Säuerungsmittel und dient auch als Tischwürze.

HARMONIE

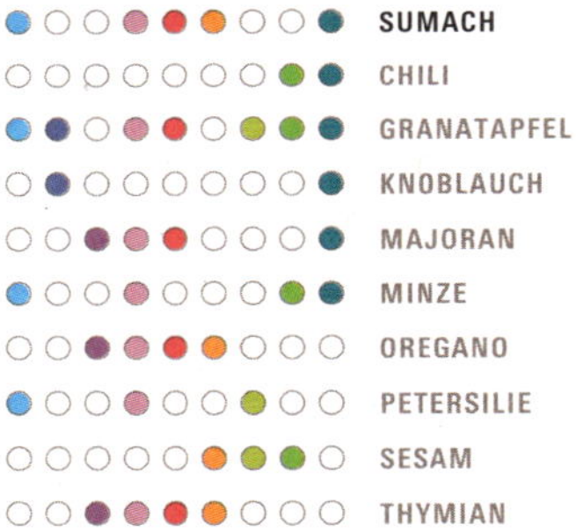

AROMENENTFALTUNG

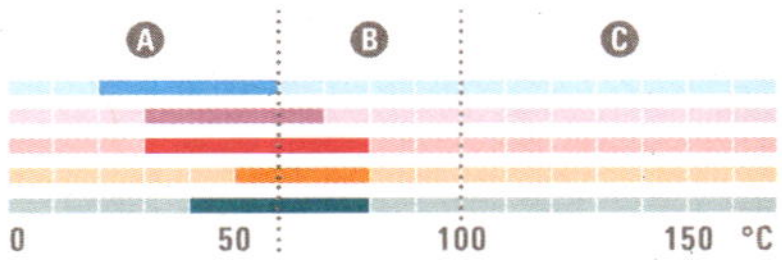

A *Wachsig-frisch, leicht säuerlich* **B** *Holzig-balsamisch* **C** *Nachlassende Säuerlichkeit*

PASST GUT ZU

Kebab, Aubergine, Joghurt, Fisch, Meeresfrüchten, Fladenbrot, Huhn, Lamm

die alle auch in Tamarinde vorkommen. In Limette, Berberitze und Steinpilzen finden sich zumindest einige der Stoffe. Die bittere und mitunter adstringierende Komponente wird durch CORILAGIN ausgelöst. Das Aroma der Früchte setzt sich aus einem wachsigen, leicht fettigen Geruch und blumig-wachsigen bis wachsig-nussigen Aromen zusammen. Hinzu kommen würzig-holzige Töne von β-CARYOPHYLLEN, harzige sowie pinienartige Düfte und zitrus- bis fliederartige, etwas terpentinartige Noten. Ebenfalls finden sich in Sumach pizzaartige Aromen und weitere wachsige Töne. Diese seltene Kombination macht Erlebnisse möglich, die an säurebetonte und tanninhaltige Weine oder Granatapfelkerne erinnern.

ROHE ZWIEBELN MIT SUMACH

- 2 Zwiebeln (gelb oder rot)
- 1–2 EL Sumachpulver
- 1 Handvoll glatte Petersilie
- Eventuell 1 Prise Salz und Olivenöl (nach Geschmack)

Zwiebeln schälen und in sehr dünne Ringe schneiden. Mit Sumach und gehackter Petersilie bestreuen. Man kann sie so als Beilage zu gegrilltem Fleisch oder als Vorspeise reichen. Wer möchte, kann sie noch mit Salz würzen und mit Olivenöl verfeinern.

Streut man Sumachpulver über fertige Gerichte, nutzt man auch seine Duftnoten – wird dagegen Grillgut damit eingerieben, erhält es vor allem eine angenehme Säuerlichkeit und Farbe. Das Aroma verflüchtigt sich weitestgehend beim Erhitzen, zurück bleibt eine dezente Säuerlichkeit. In Marinaden kann Sumach deshalb Zitrone oder Essig ersetzen: Dazu mischt man das Gewürz im Verhältnis von 1:4 mit Wasser, lässt das Gemisch 20 Minuten ruhen und drückt es anschließend durch ein Sieb. Die rötliche Marinade hält sich einige Tage im Kühlschrank. Mit ihr kann man ausgezeichnet Geflügel marinieren. Die Farbe kann gezielt genutzt werden, ist beim Würzen jedoch eher ein Nebeneffekt.

Weil der Geschmack des Sumachpulvers stärker als sein Duft ist, fügt es Speisen eher adstringierende Säuerlichkeit denn neue Duftnoten hinzu. Neutralen Joghurtsaucen vermag Sumach jedoch neben seinen geschmacklichen Aspekten auch eine schöne Farbe und ein feines Aroma zu verleihen – zumal viele seiner Aromen fettlöslich sind. Sein Aroma dient auch als „Brücke" zu Kräutern, weil es zwar schwach ausgeprägt, aber sehr kräutertypisch ist: Sein pizzaartiger Duft findet sich zum Beispiel ebenso in Thymian, Bohnenkraut und Oregano, die blumig-terpentinartigen Noten kommen in Lorbeer, Rosmarin, Majoran, Salbei oder Wacholder vor. In türkischen und iranischen Imbissen steht häufig ein Schälchen Sumachpulver am Tresen, oft mit Salz vermischt: eine einfache, aber intensive Tischwürze. Als säuerlich-adstringierende Komponente passt das Pulver zu Fladen, Kebab, Teigtaschen, über fertigen Reis gestreut oder zu Geflügel. Man kann etwa, wie im Rezept, rohe

Zwiebelringe mit Sumachpulver und Petersilie würzen und zu Fladenbrot als Vorspeise reichen. Auch als Beilage zu gegrilltem Fisch eignet sich das säuerliche Pulver statt der üblichen Zitrone. Ein wenig Sumach ins Hackfleisch gemengt, ergibt eine interessante, säuerliche, orientalische Note.

LÄNDERKÜCHE
Syrien: *Fisch* ***Libanon:*** *Fattoush* ***Irak/Türkei:*** *Gemüse, Salate* ***Iran:*** *Kebab, Chelo*

GEWÜRZMISCHUNGEN
Arabisches Zatar, iranisches Advieh

QUALITÄTEN, LAGERUNG
Für reinen Sumach wird nur das Fruchtfleisch verwendet, beim billigeren sind Kerne mitgemahlen. Kühl und dunkel lagern.

Zanthoxylum piperitum

SZECHUANPFEFFER

Trotz solcher Bezeichnungen wie Sichuanpfeffer, Blütenpfeffer, Chinesischer Pfeffer oder Bergpfeffer hat er botanisch nichts mit Pfeffer zu tun, sondern ist mit den Zitrusfrüchten verwandt. Das ganz besondere Prickeln, das er hervorruft, kann direkt süchtig machen. Prägend ist er für die zentralchinesische Küche, kommt aber auch in anderen asiatischen Ländern zum Einsatz. Man verwendet die Schale der getrockneten Früchte der Stachelesche (Gelbholzbaum), von der es in den jeweiligen asiatischen Ländern diverse Arten gibt, die unterschiedlich duften und schmecken.

Szechuanpfeffer ist – nicht nur aus chemischer Sicht – eines der komplexesten Gewürze überhaupt: Beißt man auf eine Beere, spürt man für einen kurzen Moment blumige Aromen, dann setzt eine pfeffrige Schärfe ein, es beginnt am Gaumen zu kitzeln und ein zitrusartiges Aroma macht sich bemerkbar. Zuletzt bleibt ein Dauerprickeln auf der Zunge mit einem leichten Taubheitsgefühl. Die charakteristische prickelnde Schärfe wird durch den Aromastoff HYDROXY-α-SANSHOOL ausgelöst. Er reizt die Nervenendigungen des Trigeminusnervs ebenso wie die Stoffe in Chili oder Pfeffer – mit dem Unterschied allerdings, dass diese ein brennendes, kein prickelndes Gefühl auslösen (→ Reizen des Trigeminusnervs, Seite 50). Wie dieser Stoff im Szechuanpfeffer genau funktioniert, ist erst seit wenigen Jahren erforscht. Die duftbestimmenden Substanzen schwanken je nach Herkunft beachtlich. Das komplexe Spektrum wird durch das blumig-rosenartig duftende GERANIOL und das blumig-frische LINALOOL bestimmt, durch die eukalyptusartig-kampferigen Noten von 1,8-CINEOL sowie durch das fruchtige, zitronige CITRONELLAL. Viele dieser Aromen findet man auch in Zitrusfrüchten. Bei einigen Arten sind zusätzlich die süßlich-balsamischem Noten von MYRCEN vorhanden, dazu orangenartig-terpentinartige Töne sowie kampferige und zitrus-kiefernartige Gerüche.

MYRCEN *süßlich-würzig, balsamisch, pfeffrig, terpentinartig ◊ Alkohol, Fett* **CITRONELLAL** *fruchtig-zitronig ◊ Alkohol, Fett* **GERANIOL** *blumig, floral ◊ Alkohol, Fett* **LINALOOL** *blumig, zitrusartig, frisch ◊ Alkohol, Fett* **OCIMEN** *zitrus-kiefernartig ◊ Alkohol, Fett* **LINALYLACETAT** *frisch-süßlich, bergamotteartig ◊ Alkohol* **1,8-CINEOL**[T] *Eukalyptus, kampferartig, kühlend ◊ Alkohol, Fett* **LIMONEN** *orangenartig, terpentin-zitronenartig ◊ Alkohol, Fett* **HYDROXY-α-SANSHOOL** *adstringierend, Taubheit ◊ Alkohol*

GESCHMACK
SÜSS SAUER SALZIG **BITTER** UMAMI

Szechuanpfeffer ist etwas ganz Besonderes: blumig-zitronig, pfeffrig, mit einer anhaltend prickelnden Schärfe.

HARMONIE

AROMENENTFALTUNG

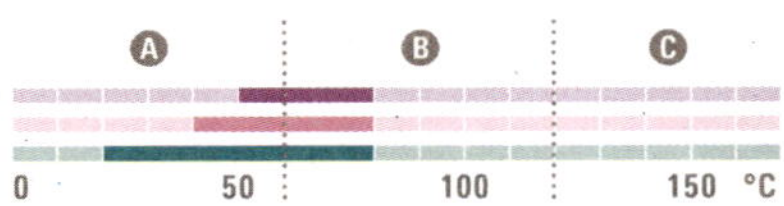

A *Zitrusartig, floral, prickelnde Schärfe*
B *Warm-balsamisch, weniger scharf*
C *Leicht balsamisch, milde Noten*

PASST GUT ZU

Geflügel, Fleisch (gebraten, gegrillt, frittiert – besonders zu trocken gebratenem Fleisch), Bohnen, Pilze, Auberginen, grünem Tee

LÄNDERKÜCHE

China (Provinzen Szechuan, Yunnan): *huo guo (Feuertopf), málà-Gerichte (mit Chili), Szechuan-Ente* **Korea:** *Kimchi (Eingelegtes Gemüse)* **Tibet:** *Nationalgericht Momos (gefüllte Nudeln), Brühen, Eintöpfe* **Japan:** *grüner Tee* **Indien (Bombay, Goa):** *Fischgerichte*

ZITRONENKONFITÜRE MIT SZECHUANPFEFFER

1 kg unbehandelte Zitronen

800 g Zucker

1 EL Szechuanpfeffer

Zitronen gut abwaschen und in sehr feine Scheiben schneiden. Dabei eventuell vorhandene Kerne entfernen. Über Nacht in Zucker einlegen und marinieren lassen. Anderntags vorsichtig aufkochen und bei schwacher Hitze köcheln, bis die Zitronenschalen glasig sind. Jetzt mit ganzen Szechuanpfefferfrüchten kräftig würzen und 5 Minuten köcheln lassen. In sterile Gläser füllen, mindestens eine Woche ziehen lassen und als Frühstückskonfitüre oder zu kräftigen Käsesorten genießen. In jedem Glas sollten mindestens ein bis zwei Pfefferkörner zu finden sein.

Sind die Beeren, beziehungsweise Früchte, noch ganz, sollte man sie aufspalten und die bitteren Samen entfernen. Ähnlich wie beim Sternanis sitzen Geschmack und Aroma in der Schale. Manche bevorzugen jedoch die zusätzliche feinherbe Note und die Knusprigkeit der ansonsten aromalosen Samen. Für viele Gerichte werden die Beeren mit oder ohne Samen trocken angeröstet – Vorsicht, sie verbrennen leicht. Dabei werden die flüchtigen Aromen freigesetzt und der für die Schärfe verantwortliche Aromastoff oxidiert, sodass das Gewürz etwas milder wird. Danach werden die gerösteten Beeren im Mörser zerstoßen oder grob gemahlen. Man kann jedoch auch frisch gemahlenen Szechuanpfeffer kurz vor dem Servieren über das Gericht streuen, um neben der Schärfe die feine Aromatik der blumigen und harzigen Noten zu nutzen. Ein Mittelweg ist, die Beeren ungemahlen in heißem Fett zu braten und anschließend mitzukochen. Während in den Beeren selbst die Schärfe betont ist, hat das Fett die Aromen gelöst und so erhalten.

Szechuanpfeffer ist ein Kombinationskönig: Die süßlich-balsamische Note kommt auch in Ingwer, Minze und Salbei vor, in Wacholder und Zitrusfrüchten findet sich das fruchtig-zitronige Citronellal. Eukalyptusartig-kampferige Aromen finden sich unter anderem in Lorbeer, Thymian und Basilikum und der Aromastoff Geraniol ist ebenso in Koriander, Lorbeer und Muskat für den blumig-rosenartigen Duft verantwortlich. Allein diese Auflistung zeigt die vielfältigen Möglichkeiten der Aromenkombination. Aber auch das Prickeln ist etwas ganz Besonderes. Deswegen findet er sich in zwei sehr gebräuchlichen Gewürzmischungen Asiens: In der →chinesischen Fünf-Gewürze-Mischung mit Fenchelfrüchten, Gewürznelke, Sternanis und Zimt, wobei er der einzige Scharfmacher ist, und im japanischen →Shichimi togarashi, zusammen mit Chili, Mandarinenschale, Hanf-, Mohn-, Sesamsamen und Nori-Algen. In Japan wird er als Tischwürze trocken geröstet, gemahlen und im Verhältnis von 5:1 mit Salz gemischt. Auch Szechuanpfeffer zu grünem Tee ist durch die prickelnde Schärfe eine echte

Bereicherung: Den Tee würzen, ziehen lassen und als Begleitung zu mild gewürzten asiatischen Gerichten trinken.

In Szechuan und Yunnan trennt man von der brennenden Schärfe der Chilis, là, die prickelnde Schärfe des Szechuanpfeffers sogar als gesonderte Empfindung ab: má. Oft werden má und là kombiniert, erkennbar an der Bezeichnung „málà" im Namen des Gerichts, zum Beispiel *málà ji ding*: scharfes klein geschnittenes Hühnerfleisch. Scharfe Brühe enthält ebenfalls viel Szechuanpfeffer und Chili, ist ziegelrot und wird für den *huo guo* (Feuertopf) eingesetzt. Das Gewürz kann aber auch direkt über die Speisen gestreut werden.

GEWÜRZMISCHUNGEN

Chinesische Fünf-Gewürze-Mischung, japanisches Shichimi togarashi, asiatische Tischwürze (mit Salz)

EINKAUF, LAGERUNG

Szechuanpfeffer stammt zum Teil aus Wildsammlungen, weshalb er bisweilen pflanzliche Verunreinigungen enthalten kann, die aussortiert werden müssen. Es gibt ihn in Asialäden ganz, als aufgebrochene Beeren oder gemahlen. Der Anteil der aromatisch neutralen Samen kann schwanken. Lagern lässt er sich wie Pfeffer: Dunkel und trocken halten die ganzen Früchte bis zu drei Jahre.

Tamarindus indica (FRUCHT)

TAMARINDE

Tamarinde (Indische Dattel, Sauerdattel) stammt vermutlich ursprünglich aus Äthiopien. Das Gewürz wird schon lange für Würzsaucen wie die Worcestersauce nach Europa importiert. Hauptexporteur ist heute Indien, wo der Block oder die Paste aus den bohnenförmigen Früchten des Tamarindenbaumes gewonnen wird. Dort wie in Afrika, Lateinamerika und Südostasien dient Tamarinde zum Säuern von Speisen.

Tamarinde hat fast schwarzes Fruchtfleisch und erinnert im Geschmack an saure Drops: sauer, mit einer schwachen Süße. Ihr Geschmack wird von dem hohen Anteil an Weinsäure und anderen Fruchtsäuren bestimmt. Das Säuerungsmittel lebt aber auch von seinen flüchtigen Aromen: etwa LIMONEN mit orangenartig, terpentin-zitronenartigen Noten, blumig-rosenartigen Düften aus GERANIOL und den Anistönen des SAFROL. Dazu kommen honigartig-säuerliche bis fruchtig-bittere Aromen. Selbst röstig-karamellige Noten und grün-florale, aromatisch-würzige Gerüche spielen eine Rolle.

Tamarinde wird meist als Block, Paste oder Konzentrat angeboten. Verwendet man Tamarinde vom Block, wird ein ungefähr nussgroßes Stück für 10–15 Minuten in etwas heißem Wasser eingeweicht. Zum Lösen der Frucht und der Aromen muss man das Mark umrühren, ausdrücken und durch ein Sieb passieren. So erhält man Tamarindenwasser, mit dem man die Speisen würzt. Alternativ löst man etwas Paste in Wasser auf oder verrührt 1–2 Teelöffel Konzentrat mit etwas heißem Wasser. Tamarindenwasser wie -konzentrat riechen etwas angebrannt und schmecken vor allem sauer.

METHYLSALICYLAT *fruchtig, süßlich* ◊ *Alkohol, Wasser (schlecht)* ÄPFELSÄURE *fruchtig, apfelartig* ◊ *Wasser* GERANIOL *blumig, floral* ◊ *Alkohol, Fett* LIMONEN *orangenartig, terpentin-zitronenartig* ◊ *Alkohol, Fett* CUMOL *aromatisch organisch* ◊ *Alkohol, Fett* ZIMTSÄURE *honigartig-säuerlich* ◊ *Alkohol, Fett, Wasser* ETHYLCINNAMAT *beerenartig-bitter* ◊ *Alkohol* SAFROL *süßlich, warm, anisartig, holzig* ◊ *Alkohol, Fett* PHENYLACETALDEHYD *grün-floral, honig-würzig, Hyazinth* ◊ *Alkohol, Fett* FURFURAL *brotig-holzig-karamell* ◊ *Fett Alkohol* PYRAZIN *röstig, karamellig* ◊ *Fett* OXALSÄURE *adstringierend* ◊ *Wasser*

TAMARINDE

GESCHMACK

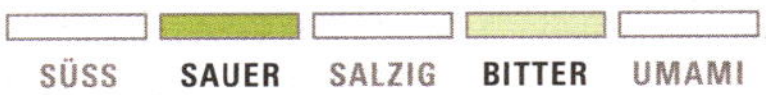

Tamarinde schmeckt sauer, aber auch süß. Ihr Duft ist fruchtig, insgesamt erinnert ihr Aroma an Sojasauce und Pflaumen.

HARMONIE

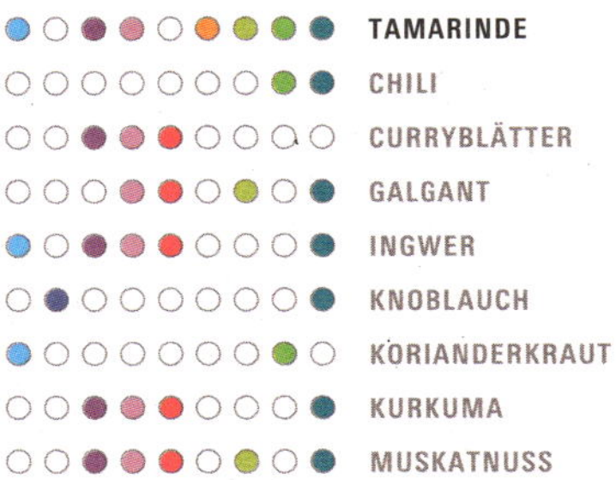

AROMENENTFALTUNG

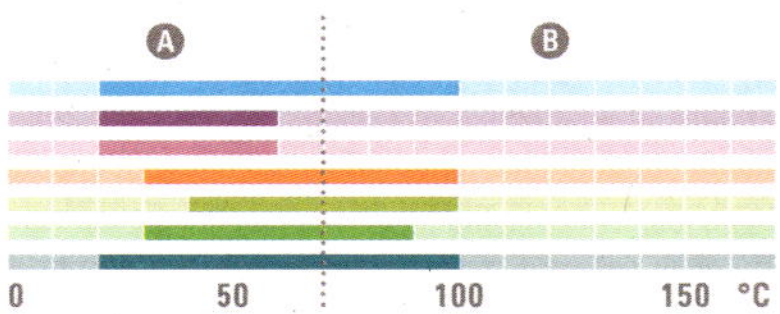

A *Säuerlich-würzige Fruchtnote*
B *Aromatisch, leicht erdige Säure*

PASST GUT ZU

Nüsse, Fisch, Fleisch, Geflügel, Gemüse, Pilzen

LÄNDERKÜCHE

***Indien:** Reis- und Gemüseeintöpfe, Chutneys, Dals* ***Thailand:** Tom Yam, Pad Thai* ***Indonesien:** Marinade für Saté-Spieße* ***Iran:** gefülltes Gemüse* ***Mittelamerika:** Agua fresca* ***Ghana:** Yams-Gerichte*

GEWÜRZMISCHUNGEN

Worcestersauce, Braune Sauce

EINKAUF, LAGERUNG

Es gibt sie in Delikatessengeschäften als Block, als trockene Paste oder als Konzentrat. Gekühlt hält es nahezu unbegrenzt.

TAMARINDEN-LIMONADE

1 nussgroßes Stück Tamarindenmark oder 1 TL Tamarindenkonzentrat

500 ml Wasser

Zucker nach Geschmack

Man legt den getrockneten Tamarinden-Block, den man etwas zerteilt, für mehrere Stunden in Wasser ein oder vermischt das Tamarindenkonzentrat mit dem Wasser. Je nach Geschmack süßen. Eisgekühlt zu scharfen Gerichten servieren.

In Indien, Südostasien, der ostafrikanischen und lateinamerikanischen Küche wird Tamarinde zum Säuern von Speisen verwendet – ähnlich wie bei uns Zitrone oder Essig. Da Tamarinde in sehr vielen Aromagruppen präsent ist, finden sich Anknüpfungspunkte zu sehr vielen Kräutern und Gewürzen, vom durch schwefelige Aromen geprägten Knoblauch über Scharfmacher wie Chili und Ingwer bis zur erdig-würzigen Muskatnuss. Aufgrund ihres Geschmacks und der fruchtigen Aromen verträgt sich Tamarinde hervorragend mit scharfen Gewürzen: Sie spricht die Rezeptoren für süß und sauer an und mildert dadurch zum Beispiel Chilischärfe. Vielen scharfen indischen Gerichten wie *Vindaloo* verleiht Tamarinde die charakteristische Säure. Da in Tamarinde das pflanzliche Geliermittel Pektin reichlich vorkommt, bindet sie Chutneys, Relishes, Gelees und Marmeladen. Deswegen wird sie auch mit Rohrzucker und Chili zu einem sirupartigen Dip für Fisch eingekocht. Schweine- und Lammfleisch kann man mit Tamarinde, Sojasauce und Ingwer marinieren oder diese Sauce zu gebratenem Fisch reichen: Ihr charakteristisches Aroma ergänzt den Röstduft um frische Noten, die gleichzeitig die Brücke zu Ingwer und dessen Schärfe bieten. In westlich orientierten Gerichten macht sich Tamarindenpaste bestens zu reifen, herzhaften Käsen. Dazu wird die Paste mit Honig, wenig Chili und etwas Salz vermengt und glattgerührt. Diese süß-säuerliche Würze wird als Akzent zum Käsegang serviert.

Thymus vulgaris

THYMIAN

Das mediterrane Kraut liebt die Sonne: Je mehr es davon bekommt, desto intensiver wird sein Aroma. Thymian weckt Assoziationen an Waldboden, Honig, sonnenbeschienene Küste, an frisch gegrillten Fisch oder Fleisch. Sein Aroma ist angenehm würzig und ausgewogen. Auch getrocknet kann man ihn gut einsetzen: Zwar fehlen dann die fruchtigen Aromen, doch steigert das Trocknen noch seine Würzigkeit. Das macht ihn nicht nur in der mediterranen Küche zu einem sehr vielseitigen und beliebten Gewürz.

Es existieren zahlreiche Thymiansorten, von denen für die Küche der Echte Thymian und der Zitronenthymian am interessantesten sind. Allen Sorten ist der „pizzaartige" Geruch gemein, für den THYMOL und CARVACROL verantwortlich sind. Je nach Sorte kommen dann zitrusartig-holzige, leicht verbrannte Noten hinzu, auch die Konzentration der frischen, blumigen und aromatischen Noten variiert. Beim Zitronenthymian finden sich außerdem frische Rosen- und Zitrustöne durch das NEROL und die rosig-blumigen Düfte des CITRONELLOLS. Auf der Geschmacksebene weist Thymian unter anderem die aus Rosmarin bekannte bittere ROSMARINSÄURE auf.

Das Kraut würzt sehr intensiv, muss also vorsichtig dosiert werden. Man rebelt die Blättchen von den Zweigen ab. Sind die Triebe noch weich, kann man sie auch komplett verwenden. Auch mit den Blüten wird gewürzt. Sie enthalten florale Aromen, die leichter flüchtig sind, also mehr Nerol, Linalool als die Blätter und Zweige. Frischen Thymian sollte man erst gegen Ende der Garzeit dazuzugeben, so bleibt das gesamte Aromenspektrum erhalten. Mitgekocht, verflüchtigen sich die zitrusartigen und blumigen Noten und die Bitterstoffe werden eher betont. Dabei empfiehlt es sich, ganze Zweige in die Speisen zu legen, die man am Schluss einfach entfernen kann. Kocht oder schmort man das Kraut dagegen auf eher niedrigeren Temperaturen mit, bleiben viele der flüchtigen Aromen erhalten, da sie im Fett gelöst werden, und die bitteren Gerbstoffe nicht freigesetzt werden. Getrockneter Thymian kann von Anfang an mitgekocht werden. Sachkundig getrocknet – zum Beispiel in Bündeln im Freien, ohne eingeschlossene Feuchtigkeit –, lassen sich seine nach Pizza duftenden Noten hervorheben und der Verlust an leicht flüchtigen Düften zumindest einschränken. Trotzdem weist der frische Thymian ein feineres Aroma auf und wird nicht nur in der Top-Gastronomie dem getrockneten vorgezogen. Da sich beide Hauptaromen in Alkohol lösen und schon in kleinen Mengen wahrgenommen werden, kann man mit Thymian sehr gut Essige aromatisieren.

Die Aromenvielfalt im Thymian sorgt für seine universelle Verwendbarkeit. So fügt er sich zum Beispiel im Kräutersträußchen *Bouquet garni* bestens ein: Die Bestandteile Lorbeer, Petersilie und Thymian sind alle durch die Kombination aus frischen, blumigen sowie würzig-aromatischen Noten gekennzeichnet. Das Kraut harmoniert außerdem sehr gut mit den

LINALOOL *blumig, zitrusartig, frisch* ◊ *Alkohol, Fett* NEROL *frisch, rosig, zitrus* ◊ *Alkohol, Fett, Wasser* CITRONELLOL *rosenartig-blumig, leicht bitter* ◊ *Alkohol* P-CYMOL *holzig, terpentinartig, zitrus* ◊ *Alkohol, Fett* GERMACREN *holzig, würzig* ◊ *Alkohol, Fett* THYMOL *thymianartig* ◊ *Alkohol, Fett, Wasser (schlecht)* CARVACROL *pizzaartig, oreganoartig* ◊ *Alkohol, Fett*

GESCHMACK

SÜSS SAUER SALZIG **BITTER** UMAMI

Frischer Thymian duftet blumig-frisch nach warmen Garigueböden, nach Pizza und Tannennadeln. Getrocknet würzt er noch intensiver und kann mitgekocht werden.

HARMONIE

THYMIAN
BASILIKUM
KAPERN
KNOBLAUCH
LORBEER
MAJORAN
MUSKAT
OREGANO
ROSMARIN
SENF
ZWIEBELN

AROMENENTFALTUNG

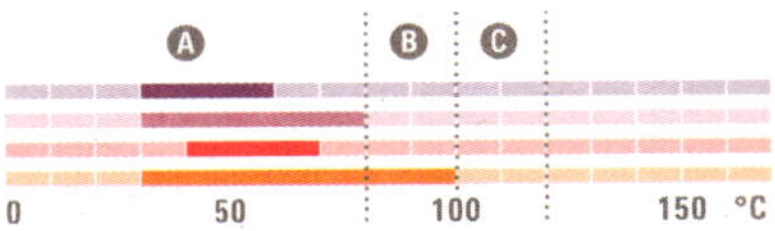

A *Blumig-aromatisch* **B** *Sehr aromatische Noten* **C** *Bittere Anklänge*

PASST GUT ZU

Dunklem Fleisch, gegrilltem Fisch, Kohl, deftigen Suppen, Zucchini, Auberginen, Tomaten, Pilzen, Frischkäse

GEWÜRZMISCHUNGEN

Französische Herbes de Provence (getrocknet), Fines herbes und Bouquet garni (frisch), jordanisches Zatar (getrocknet), ägyptisches Duqqah (getrocknet), Wurstmischungen (getrocknet)

LÄNDERKÜCHE

Italien: *Tomatensugo, Pilz-Risotto, Pizza, Focaccia (Fladenbrot)* ***Frankreich:*** *Pot-au-feu, Ratatouille, Cassoulet (Eintopf), Coq au Vin* ***Deutschland:*** *Blut- und Leberwurst, Gulaschsuppe, Fleischbrühen, Schweinebraten* ***Großbritannien:*** *Hasenpfeffer, Lancashire Hotpot (Fleischauflauf), Stews* ***Orient:*** *Schisch-Kebab* ***Lateinamerika:*** *Gerichte mit Chili, jamaikanischer Jerk* ***Äthiopien:*** *Wat (geschmorte Eintöpfe)*

LAGERUNG, ANBAU

Frischer Thymian hält, in ein feuchtes Tuch eingeschlagen, eine Woche im Kühlschrank. Getrocknet hält er, luftdicht verschlossen und trocken gelagert, sogar über ein Jahr. In Kübeln kann er selbst gezogen werden. Die Pflanze mag viel Sonne und sandige Böden (Kakteenerde).

APFEL-THYMIAN-EMULSION

- 500 g Äpfel (Granny Smith)
- Saft von ½ Zitrone
- ½ TL Ascorbinsäure (Supermarkt)
- 100 ml Apfelsaft
- 50 g Zucker
- Reichlich frischer Thymian (wenn möglich mit Blüten)
- 1 TL Salz
- Ca. 100 ml kräftiges, fruchtiges Olivenöl (Südfrankreich)

Die Äpfel schälen, entkernen, würfeln und sofort mit Zitronensaft und Ascorbinsäure beträufeln beziehungsweise bestreuen. Die Schalen mit Apfelsaft und Zucker aufkochen und die Apfelwürfel hineingeben. Etwa 20 Minuten kochen, bis die Äpfel weich sind, dann in der Küchenmaschine sehr fein pürieren. Jetzt den abgezupften Thymian, die Blüten noch nicht, in das Püree geben und erwärmen. Salzen und 20 Minuten bei sehr schwacher Hitze aromatisieren. Wer möchte, kann das Püree nun durch ein feines Sieb streichen, um Thymian und Apfelschalen herauszufiltern, es muss aber nicht sein. Jetzt die Blüten hineingeben. Das Apfelthymianpüree falls erforderlich mit Salz abschmecken und Olivenöl einrühren, bis eine glatte, standfähige Emulsion entsteht. Zu Rotbarben, gekochter Lammschulter oder Schweinebratenstücken servieren.

übrigen mediterranen Kollegen Rosmarin, Oregano, Majoran, Salbei und Bohnenkraut: Sie sind selbst kräftig genug, um sich von der intensiven Würzkraft des Thymians nicht dominieren zu lassen. Ergänzt um Lavendel, ergibt sich eine klassische Gewürzmischung mit getrockneten Kräutern: In Herbes de provence unterstützen sich die aromatischen, würzigen Kräuteraromen gegenseitig und gehen aufgrund ihrer Fettlöslichkeit gut in die Speisen über. In diesen mediterranen Kontext passt etwa ein mit Thymian und reichlich Knoblauch gespickter Schweinebraten. Geschmort wirkt Knoblauch mild-aromatisch und fügt sich gut in das Aroma ein. Auch gegrillter Fisch oder Wild wird mit dem Würzkraut verfeinert. Dabei werden die Röstaromen der Speisen durch die Pizza- und Zitrusdüfte sowohl unterstützt als auch ergänzt. Als Fischgewürz ist der mildere Zitronenthymian sehr beliebt. Seine frischen Aromen gleichen den fettigen Geschmack mancher Fische aus, gleichzeitig setzen umgekehrt die leicht schwefeligen Aromen des Fischs gute Kontraste zu den sehr aromatischen Düften des Mittelmeerkrauts. Die bitteren Gerbstoffe im Thymian regen die Verdauung an und machen schwere Speisen so bekömmlicher. Diese Bitterkeit passt auch zu → Rotwein und → Bier. Deshalb macht sich Thymian sehr gut in Schmorgerichten, die mit diesen Alkoholika zubereitet wurden – wobei erneut die pizzaartigen Töne die Röstaromen des Schmorbratens ergänzen. Das Kraut kann gegen Muskat im Kartoffelpüree ausgetauscht, aber nicht als Ersatz verwendet werden, dafür sind die beiden doch zu unterschiedlich. Thymian im Kartoffelpüree braucht außerdem starke Mitspieler: Gut eignen sich etwa Dorade vom Grill oder Seeteufel auf Rosmarin.

Solanum lycopersicum (GETROCKNET)

TOMATEN, GETROCKNET

Getrocknete Tomaten sind wahre Geschmackswunder. Alles, was frische, sonnengereifte Tomaten enthalten, liegt bei den getrockneten in konzentrierter Form vor. Sie haben einen intensiven umami-Geschmack, weil sie neben einer Vielzahl an Duftaromen besonders viel Glutaminsäure enthalten. Deswegen sind sie als natürliche „Geschmacksverstärker" willkommen.

Das komplexe Aroma von Tomaten setzt sich aus etwa 400 Duftstoffen zusammen, ohne dass ein Schlüsselaroma existiert. Dieser Umstand macht sie kulinarisch extrem anpassungsfähig. Frische Tomaten riechen grün, blumig-rosenartig und etwas erdig-gemüsig. Das Trocknen konzentriert die Inhaltsstoffe und setzt sie frei. Vor allem würzen getrocknete Tomaten durch ihren hohen Anteil an nun freier GLUTAMINSÄURE – dem Stoff, der die Rezeptoren für den umami-Geschmack anspricht (→ Grundgeschmacksrichtungen, Seite 10). Tomaten wirken daher außergewöhnlich „geschmacksverstärkend". Bei gekochten und besonders bei getrockneten Tomaten werden aber noch weitere Duftstoffe betont: Das braun-röstig, candyartige FURANEOL etwa findet sich auch in Erdbeeren und Buchweizen, in Ananas ist es duftbestimmend. Dazu kommen ein fast veilchenartiger Duft sowie aromatisch-nelkenartige Noten, hervorgerufen durch das in der Gewürznelke dominierende EUGENOL. Fruchtig-süßliche Noten und nussig-wachsige Töne tragen ebenso zum Gesamtaroma getrockneter Tomaten bei wie der Duft grüner Tomaten, wie er am Stielansatz zu riechen ist. Frische pfefferige Noten mit leicht bitterem Geschmack kommen durch den Stoff NARINGENIN hinzu, der auch in Kubebenpfeffer und Zitrusfrüchten vorhanden ist und dort wie auch in Grapefruit den bitteren Geschmack mitbestimmt. Die Süße der Tomaten rührt von dem Zucker Tomatin her.

Man kann getrocknete Tomaten roh verzehren oder klein geschnitten kurz oder lang mitkochen. Zusammen mit der Säure würzt das freie Glutamat jede Speise. Nur überwürzen sollte man mit den hochkonzentrierten Aromabomben nicht – also eher sparsam dosieren. Manchmal werden getrocknete Tomaten zur Haltbarmachung nicht in Öl eingelegt, sondern gesalzen, das muss man bei der Verwendung berücksichtigen: Eventuell sollte man sie dann wässern, um das Salz zu entfernen. Kurz in ganz wenig Wasser kochen muss man nicht in Öl eingelegte Tomaten ohnehin, um sie weich zu bekommen. Würzt man langsam köchelnde Speisen wie Eintöpfe, Suppen oder Schmortöpfe mit getrockneten Tomaten dieser Art, kann das natürlich entfallen. Der typische herzhafte Geschmack lässt sich auch mit Tomaten-Coulis erzeugen. Je länger dieses Tomaten-Püree kocht, umso stärker werden die Proteinketten in den Tomaten zersetzt (Hydrolyse) und es entsteht freie Glutaminsäure (→ Abschmecken: umami, Seite 43).

Mit Olivenöl, dem Öl eingelegter Tomaten, Thymian, Rosmarin, Kapern, Knoblauch, Chili, schwarzen Oliven, Schwarzem Pfeffer und Zitronen-

(Z)-HEX-3-ENAL *grün-grasig ◊ Alkohol, Wasser* 6-METHYL-5-HEPTEN-2-ON *stechend, fruchtig, zitrus, grün ◊ Alkohol, Fett* 3-METHYLBUTANAL *holzig, nussig ◊ Alkohol, Fett* 1-PENTEN-3-ON *stechend pfeffrig, senfartig ◊ Alkohol, Fett* (E,E,)2,4-DECADIENAL *wachsig, nussig ◊ Alkohol, Fett* (E)-HEX-2-ENAL *fruchtig-röstig ◊ Alkohol, Fett* METHIONAL *zwiebel-fleischartig, kartoffelig ◊ Alkohol* DIMETHYLSULFID *schwefelig, schweißig ◊ Alkohol, Fett, Wasser* DIMETHYLTRISULFID *schweflig-faulig, gekochte Zwiebel ◊ Alkohol, Fett* GERANYLACETON *rosenartig-süßlich, Magnolie ◊ Alkohol, Fett* β-DAMASCENON *Rose, fruchtig, floral ◊ Alkohol, Fett* β-IONON *veilchenartig, rosenartig ◊ Alkohol, Fett* PHENYLACETALDEHYD *grün-floral, honig-würzig, Hyazinth ◊ Alkohol, Fett* EUGENOL[T] *nelkenartig ◊ Alkohol, Fett* FURANEOL *süßlich, braunröstig, candyartig ◊ Alkohol* 2-ISOBUTYLTHIAZOL *grüne Tomaten, weinblattartig ◊ Alkohol, Fett* NARINGENIN *bitter, scharf ◊ Alkohol, Wasser*

GESCHMACK

SÜSS SAUER SALZIG BITTER UMAMI

Getrocknete Tomaten duften wie frische, nur intensiver fruchtig. Sie sind noch süßlicher und säuerlicher. Besonders der umami-Geschmack kommt in getrockneten Tomaten hinzu: Das macht sie zu idealen natürlichen „Geschmacksverstärkern".

PROVENZALISCHE ERDE MIT GETROCKNETEN TOMATEN, PILZEN, SPINATSALAT UND TOMATENGELEE

FÜR DIE PROVENZALISCHE ERDE

2 getrocknete Tomaten (nicht in Öl eingelegt)

50 g Tapenade (Olivenpaste aus der Provence)

1 größere Knoblauchzehe

2–5 EL Maltodextrin (z. B. „Maltosec" von Sosa), die genaue Menge hängt von dem Öl und Feuchtigkeitsgehalt der Tapenade ab, alternativ vorgegarter Coucous

FÜR DIE PILZBEILAGE

50 g frische Morcheln

100 g braune Champignons

50 g Butter

Salz

Gemüsefond zum Glattziehen

FÜR DIE GEMÜSEBEILAGE

400 g frisches Frühlingsgemüse (z. B. Spargelköpfe, Mairübchen, junge Möhren)

1 EL Olivenöl

FÜR DEN SPINATSALAT

1 Handvoll junger Spinat

1 EL sehr fruchtiges Olivenöl

einige Spritzer Zitronensaft

FÜR DAS TOMATENGELEE

5 getrocknete Tomaten

Salz

1 g Agar-Agar

Für die Provenzalische Erde: Die getrockneten Tomaten sehr fein hacken, mit der Tapenade mischen, den Knoblauch schälen, sehr fein hacken und ebenfalls damit mischen. Nach und nach Maltodextrin unterheben, bis eine trockene und krümelige Masse entsteht. Dadurch wird die „Erde" sehr intensiv und schmeckt nur nach Tomaten, Oliven und Knoblauch. (Wer sich scheut, dies zu verwenden, kann Couscous unterheben, bis eine trockene, krümelige Masse entsteht. Der Geschmack ist aber nicht so intensiv.)

Für die Pilzbeilage: Die Pilze putzen und in Butter andünsten, anschließend salzen. Sehr fein und lang pürieren, mit Gemüsefond glattziehen, nötigenfalls durch ein Sieb streichen. Es soll einen guten Stand haben.

Für die Gemüsebeilage: Das Gemüse waschen, putzen, in Stücke schneiden und nur kurz dämpfen. Anschließend kurz in heißem Olivenöl schwenken. Nicht weiter würzen.

Für den Spinatsalat: Den Spinat waschen, nach Bedarf klein schneiden und mit Olivenöl und Zitronensaft als Salat anmachen. Nicht weiter würzen, er soll seinen erdigen, knackigen Charakter behalten.

Für das Tomatengelee: Die getrockneten Tomaten mit kochendem Wasser überbrühen und 1 Stunde ziehen lassen. Filtern, das Tomatenwasser aufbewahren und salzen. Die eingeweichten Tomaten gut ausdrücken. Das Tomatenwasser mit dem Agar-Agar mischen. Aufkochen und in einer Form gelieren lassen. Die Tomaten als Garnitur in schmale Streifen schneiden.

Zum Anrichten: Das Pilzpüree auf Teller geben, gut mit der trockenen „Erde" bedecken, das Tomatengelee in passende Formen schneiden und mit dem Gemüse und dem Salat anrichten.

HARMONIE

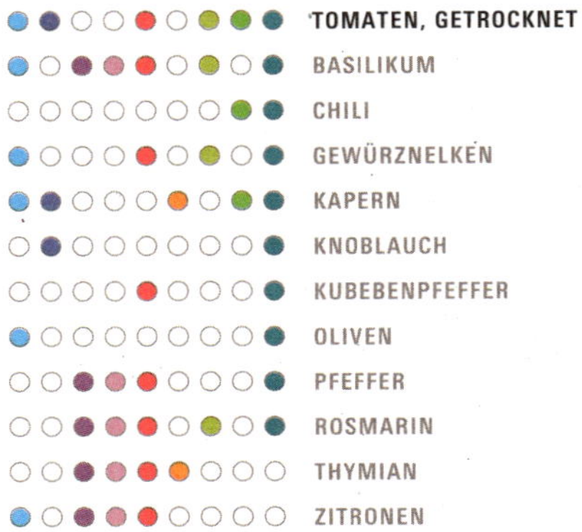

AROMENENTFALTUNG

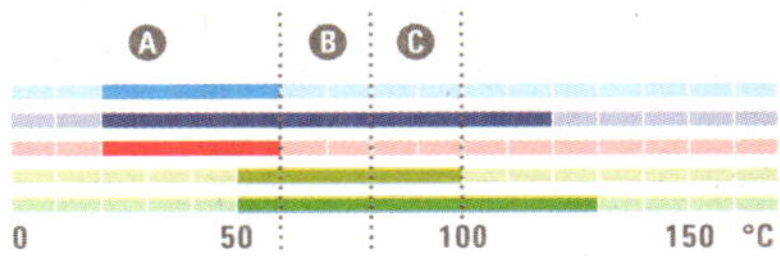

A *Frisch-fruchtig-grünlich* **B** *Blumig-aromatische Anklänge* **C** *Satter umami-Geschmack*

PASST GUT ZU

Sugos, Eintöpfen, Suppen, Schmorgerichten, Käse, Salaten, belegten Broten mit Käse oder Salami, pur zu jedem Antipasti-Teller, Früchten (Erdbeer, Ananas)

GEWÜRZMISCHUNGEN

Italienisches Pesto, mexikanische Moles und Salsas, indonesische Sambals

LÄNDERKÜCHE

Italien: *rote Tapanade, Antipasti, Tomaten-Sugo, Pesto rosso* **Frankreich:** *Pizza à la Nice*

EINKAUF, LAGERUNG

Man bekommt getrocknete Tomaten mit und ohne Öl, gesalzen oder ungesalzen. Oder man trocknet Tomaten aus der eigenen Ernte. Vollständig in Öl eingelegt, halten sie sich in einem verschlossenen Glas monatelang, auch ungekühlt.

TOMATENPESTO

- 20 g Mandeln oder andere Nüsse
- 50 g getrocknete, eingelegte Tomaten
- 1 Knoblauchzehe
- ¼ getrocknete Chilischote
- 5–6 EL Olivenöl (oder ein passendes Nussöl)
- Salz
- Kubebenpfeffer

Nüsse trocken goldbraun rösten. Abkühlen lassen. Die klein gehackten Tomaten mit der Knoblauchzehe, der Chili – je nach gewünschtem Schärfegrad mit oder ohne Kerne und Trennwände – und Olivenöl in ein hohes Gefäß geben und mit einem Pürierstab zu einem Mus verarbeiten. Mit Salz und Kubebenpfeffer abschmecken. Eventuell noch etwas Öl dazugeben, um die Konsistenz einzustellen.

saft kann man aus getrockneten Tomaten eine rote Tapenade herstellen, die gut zu gebratenem Fleisch oder Fisch passt. Hier harmonieren die Säuren der Tomaten, Kapern und Zitronen, die wiederum die Röstaromen des Fischs und Fleischs ergänzen. Dazu liefern Oliven eine leichte Bitterkeit, die Tomaten halten zusätzlich Süße und vor allem ihren typischen Geschmack bereit. Pfeffer und Chili sorgen für den Schärfereiz, das Fett des Olivenöls löst die Aromen. In dieser Mischung kommen Schärfe und alle Grundgeschmacksrichtungen zusammen, unterstützt von den schweraromatischen Düften der mediterranen Kräuter. Über ihre aromatisch-süßlichen Töne können getrocknete Tomaten aber auch mit Gewürznelken harmonieren. Eine kulinarische Offenbarung ist ein Pesto, bei dem anstelle von Basilikum getrocknete Tomaten verwendet werden. Sie bieten wie Basilikum ein reiches Aromenspiel, liefern aber zusätzlich noch ihren umami-Geschmack. Getrocknet und in Öl eingelegt, geben sie Sandwiches und *Tramezzini* wunderbar fruchtige Noten. Das übrig gebliebene Öl kann zum Beispiel in Salaten verwendet werden oder zum Niedrigtemperaturgaren von Fisch und Gemüse. Dabei werden die im Öl gelösten Aromen der Tomaten während der längeren Garzeit auf die Lebensmittel übertragen.

TOMATEN SELBST TROCKNEN

Dazu halbiert man sonnengereifte Tomaten und lagert sie einige Stunden oder Tage draußen auf einem Backblech. Nachts sollte man sie besser hereinnehmen, da die Feuchtigkeit schnell zu Schimmelbildung führen kann. Oder man trocknet sie halbiert bei geringer Hitze – maximal bei 50–60 °C – im Backofen, bis sie völlig verschrumpelt sind. Um getrocknete Tomaten haltbarer zu machen, legt man sie in Olivenöl ein. Gleichzeitig aromatisieren die Tomaten das Öl, wobei sie den umami-Geschmack in sich behalten, denn dieser ist in Wasser, aber nicht in Fett löslich.

Dipteryx odorata
(GETROCKNET)

TONKABOHNE

Die „Bohnen" sind eigentlich die Samen der Frucht des südamerikanischen Tonkabaumes. Sie werden bis zu fünf Zentimeter groß und sehen aus wie Datteln. Manchmal werden Tonkabohnen als Vanilleersatz bezeichnet und verwendet. Damit tut man ihnen unrecht, denn sie ergänzen das Vanillearoma eher um eine exotische Note. Immer mehr Genießer entdecken sie als Zutat für Süßspeisen und herzhafte Saucen.

Das Hauptaroma der Tonkabohne wird durch das CUMARIN definiert. Weil der Stoff in den Bohnen noch an Zucker gebunden ist, werden sie für einen Tag in Rum eingelegt: Durch einsetzende Fermentationsprozesse spaltet sich das Cumarin ab und setzt seinen heuartigen, an Vanille erinnernden Duft frei. Das Aroma gibt auch welkendem Waldmeister einen Teil seines Dufts und kommt ebenfalls in Cassia-Zimt vor. In hohen Dosen ist es leberschädigend, bei den typischen geringen Würzmengen ist jedoch für den überwiegenden Teil der Bevölkerung keine Gefährdung zu erwarten. Der dominante Grundgeschmack im Gewürz ist bitter.

Man reibt die getrockneten Samen mit einer kleinen Reibe über die fertigen Speisen, dabei sollte man vorsichtig dosieren. Man kann sie auch im Ganzen in Sahne mitkochen und dann vor dem Essen entfernen, denn das Fett löst die Aromen. Mitgekocht können sie bis zu zehn Mal wiederverwendet werden. Gerieben entfaltet sich ihr Duft jedoch viel besser.

SELLERIEPÜREE MIT TONKABOHNEN

- 1 Knollensellerie
- Salz
- 200 ml Milch
- Gemüsefond
- 1 Msp. Tonkabohne
- 1 Msp. feines Espressopulver (Arabica)
- Pfeffer

Die Sellerieknolle in kleine Würfel schneiden, salzen und in der Milch 10–15 Minuten weich kochen, dabei je nach Bedarf Gemüsefond zugeben, um die Flüssigkeitsmenge zu korrigieren. Den Tonkabohnenabrieb und das Espressopulver ebenfalls in die Milch geben. Alles sehr fein pürieren, Geschmeidigkeit korrigieren, mit Pfeffer und Salz abschmecken. Zu Gemüse, Fisch- oder Geflügel servieren.

Tonkabohnen passen zu allen Nüssen, besonders zu Walnüssen, deren wachsige, süßlich-aromatische Töne gut mit den vanilleartigen Anklängen der Tonkabohne harmonieren. Mohn und Kokos eignen sich über ihre nussigen, buttrig bis cremig-karamelligen Noten als Partner – und natürlich Vanille: Sie werden mit Tonkabohnen in Eis, ***Panna cotta***, ***Flan*** oder ***Crème brûlée*** kombiniert. Der bittere Geschmack funktioniert außerdem zusammen

ANGELICIN *bitter ◊ Alkohol, Fett* CUMARIN *heuartig, getr. Waldmeister ◊ Alkohol, Fett, Wasser*

GESCHMACK

SÜSS SAUER SALZIG **BITTER** UMAMI

Tonkabohnen duften betörend nach welkem Waldmeister und Vanille, sie schmecken leicht bitter. Mit ihnen würzt man vor allem Süßspeisen, aber auch Saucen und Dressings.

HARMONIE

AROMENENTFALTUNG

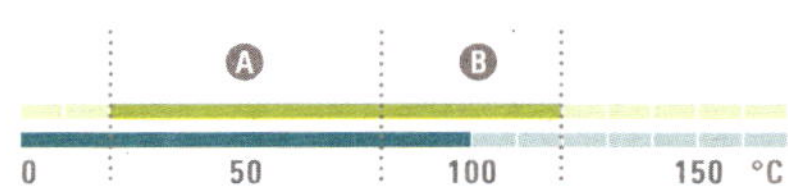

A *Frisch, heuartig-süßlich* **B** *Schwerere, süßliche, schokoladig-tabakähnliche Noten*

PASST GUT ZU

Süßspeisen, Saucen, Dressings, Schokolade, dunklen Bratensaucen

T

LÄNDERKÜCHE
Deutschland: *Vanilleeis, Vanillepudding*
Italien: *Panna cotta* ***Spanien:*** *Flan*
Frankreich: *Crème brûlée, Schokoladenpralinen*

EINKAUF, LAGERUNG
Ganze Tonkabohnen bekommt man etwa in Apotheken – oder bestellt sie online. Luftdicht, trocken und kühl aufbewahrt, halten sie mehr als ein Jahr.

mit den Röststoffen von Schokolade – beide weisen zudem süßliche Noten auf – oder mit gebratenem Gemüse und Fleisch. Auch in tiefen dunklen Saucen auf Weinbasis, etwa bei geschmortem Rindfleisch in Barolo, entfaltet die Tonkabohne ein unglaubliches Aromenspiel. Beide Aromastoffe der Bohne lösen sich neben Fett auch in Alkohol, sodass sie neben den tiefen Eigenaromen der Speise voll zur Entfaltung kommen und bestehen können. Aufgrund der Alkohollöslichkeit werden auch Liköre mit Tonkabohnen aromatisiert – noch heute findet sich der Duft in vielen Parfüms.

TRÜFFEL

Tuber

Die Königin unter den Pilzgewächsen zählt zu den teuersten Lebensmitteln der Welt – auch weil die Nachfrage regelmäßig das leider schrumpfende Angebot übersteigt. Die Trüffel ist der Star der Gastronomie und unverzichtbar bei festlichen Menüs während der Trüffelzeit von November bis März. In die echten Pilze (schwarzer Périgord- oder weißer Alba-Trüffel) ist das Geld gut investiert. Sommertrüffeln sind günstiger, aromatisch aber kein Vergleich. Dann sollte man lieber zu echtem Trüffelöl greifen.

BUTAN-2-ON *alkoholisch, ätherisch, stechend* ◇ *Alkohol, Wasser* BUTAN-2-OL *süßlich, alkoholisch* ◇ *Alkohol, Wasser* 2-METHYLBUTANOL *erdölartig-benzinartig, geröstet* ◇ *Alkohol, Fett* DIMETHYLSULFID *erdig, schwefelig* ◇ *Alkohol, Fett, Wasser* ***Alba- und Périgord-Trüffel:*** BIS(METHYLTHIO)METHAN *erdig-faulig* ◇ *Alkohol, Wasser* 2-METHYL-1-PROPANOL *fruchtig-schokoladig, fuselig* ◇ *Alkohol, Wasser* ***Winter- und Sommertrüffel:*** HEPTANAL *frisch-grün, kräuterig* ◇ *Alkohol, Fett* PENTAN-1-OL *fruchtig-süßlich bis fruchtig-säuerlich, Banane, Aprikose* ◇ *Alkohol, Fett* METHYLANISOL *rauchig, erdig, nussig* ◇ *Alkohol, Fett*

Der Duft der echten schwarzen Périgord-Trüffeln ist im wahrsten Sinne des Wortes tierisch, denn der erdig-moschusartige Ton, der dem Molekül ANDROSTENOL entstammt, ist der Lockstoff (Sexualpheromon) der Eber für die Sauen. Es ist chemisch eng mit dem Testosteron verwandt. Je nach Sorte wird das Trüffelaroma durch eine ganze Reihe schwefeliger Verbindungen unterstützt, etwa dem leicht stechenden und leicht flüchtigen DIMETHYLSULFID. Dazu kommen noch erdig-scharf bis stechende und erdig-süßlich duftende Aromen. In weißen Alba-Trüffeln stehen schwefelige und erdig-würzige Aromen im Vordergrund, deren Duft an Knoblauch erinnert. Des Weiteren wird sowohl bei der Sorte Périgord als auch bei Alba das Aromenspektrum durch einen ausgeprägt nussig-pilzigen Charakter bestimmt. Winter- und Sommertrüffeln haben dagegen ein deutlich schwächeres Aroma. Bei Wintertrüffeln stehen eher aromatische und schwefelige Töne im Vordergrund, während das Androstenol gar nicht oder nur in unmaßgeblichen Mengen vorkommt. Bei Sommertrüffeln bilden sich fruchtige und eher grasige Düfte. Sie riechen daher zwar erdig, es fehlt ihnen aber an der Charakteristik, die mit der Périgord oder Alba verbunden wird. Die bei anderen Pilzen vorherrschenden Duftmoleküle spielen bei Trüffeln keine Rolle.

SCHOKOLADENMOUSSE MIT TRÜFFELN

- 100 ml Sojamilch
- 1 frische schwarze Trüffel
- 80 g Zucker
- 200 g dunkle Schokolade

Sojamilch erwärmen, einen Teil der Trüffeln einraspeln, Zucker und die geriebene Schokolade darin schmelzen und einrühren, bis eine glatte Emulsion entsteht. Mit dem Schneebesen (oder Handmixer) luftig aufschlagen. Weitere geraspelte Trüffelstücke unterheben und als luftiges, schwer getrüffeltes Schokoladenmousse servieren.

Man sollte Trüffeln nicht schälen, sondern nur abbürsten. Waschen darf man sie auf keinen Fall, weil sie sich mit Wasser vollsaugen würden. Sie sind zudem mitunter porös, sodass ein Teil der Aromen verdünnt würde. Weiße Trüffeln geben deutlich weniger schwefeliges Knoblaucharoma an die Speisen, als ihr Duft vermuten ließe. Ihr Aroma ist unvergleichlich fein – man muss sehr achtgeben, es weder beim Zubereiten zu zerstören noch mit anderen Gewürzen und Aromen zu überdecken. Man schneidet sie mit einem Trüffelhobel in hauchdünne Scheiben, die roh übers Essen gestreut werden. Die kräftigere schwarze Trüffel kann kulinarisch vielseitiger eingesetzt werden, ihr komplexes Aromenspiel bietet viele Anknüpfungspunkte. Im Grunde bereichert sie jedes Gericht. Sie kann im Gegensatz zur Alba kurz mitgekocht werden – ihre Aromen brauchen das sogar, um sich voll entfalten zu können. Die preislich, aber eben auch aromatisch hinter diesen Spitzenpilzen abfallenden Sommer- und Wintertrüffeln vertragen durchaus ein wenig Würze: Das hebt ihren eher zurückhaltenden Eigengeschmack. Die herzhafte Säure etwa von Essig tut diesen Trüffeln gut, da der neu hinzukommende Grundgeschmack die intensiven, aber allein über die Nase wahrnehmbaren Aromen sensorisch unterstützt. Kochen sollte man Sommertrüffeln nie, dabei bliebe kaum etwas vom Aroma übrig.

Trüffel lebt von Trüffel. Die Zugabe weiterer Gewürze dominiert sehr leicht ihr feines Aroma – und wer möchte schon Trüffeln verwenden, um sie dann von anderen Aromen überdeckt zu sehen? Ein wenig Fleur de Sel passt dazu, aufgrund der Überschneidung schwefeliger Aromen sind auch Zwiebeln und Knoblauch gute Partner. Ebenso harmonieren die erdigen Aromen des Selleries gut mit denjenigen in Weißen und Schwarzen Trüffeln, etwa in Suppen. Alle Trüffelsorten können sehr gut mit Sahne und Butter kombiniert werden, weil deren Fette ihre Aromen lösen und so am raschen Entweichen hindern. Da die Aromen der Alba-Trüffeln viel weniger hitzebeständig sind als die der Périgord-Trüffeln, gibt es auch viele Unterschiede. Beide passen wunderbar in ihre jeweiligen Regionen: Die auf den Eigengeschmack der Lebensmittel setzende, eher schlichte italienische Küche bevorzugt die empfindlichen Weißen Trüffeln: Frisch gehobelt passen sie zu möglichst einfachen Gerichten: Rührei, Bandnudeln, Risotto, geschmolzene *Fonduta* (Käse), Polenta oder eine Scheibe *Lardo* (weißer Speck). Parmesan und

GESCHMACK

SÜSS SAUER SALZIG **BITTER** **UMAMI**

Je nach Sorte spielen ein wenig Moschus, der Duft von Waldboden, Knoblauch und viele weitere Nuancen zusammen. Weiße Alba- duften intensiver als schwarze Périgord-Trüffeln. Sommer- und Wintertrüffeln sind deutlich weniger aromatisch.

HARMONIE

AROMENENTFALTUNG

A *Erdig-schwefelige Noten* **B** *Betonung der tierischen Aromen* **C** *Sehr erdig, aber mit Aromenverlust*

PASST GUT ZU

Vor allem milden Speisen: Pasta, zartem Fisch, Meeresfrüchten (insbesondere Jakobsmuscheln), Eierspeisen, kurzgebratenem Fleisch, Linsen, Sellerie, Leberterrinen und -würste

LÄNDERKÜCHE

Italien: *Pasta mit weißen Trüffeln, Rührei mit weißen Trüffeln* ***Frankreich:*** *„Elyssé" (Trüffelsuppe), Bloc de Foie Gras d'Oie Truffé (getrüffelte Gänsestopfleber)* ***Deutschland:*** *Leberwurst, Terrine*

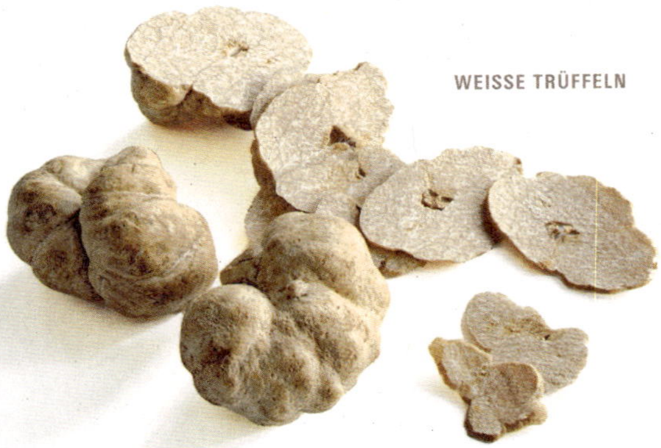

WEISSE TRÜFFELN

EINKAUF, LAGERUNG

Trüffeln kaufen, selbst beim Fachhändler, ist Vertrauenssache. Frische Knollen können einige Tage verschlossen im Kühlschrank gelagert werden. Manche raten, sie in ein leicht feuchtes Tuch zu wickeln. Wegen der flüchtigen Aromen wird der Duft während der Lagerung nach und nach schwächer.

WICHTIGE TRÜFFELSORTEN

SCHWARZE TRÜFFELN: *Die berühmtesten schwarzen Trüffeln stammen aus dem Périgord im Südwesten Frankreichs. Im besten Reifezustand – von Januar bis März – ist ihr Fruchtfleisch schwarzviolett und von feinen weißen Adern durchzogen. Schwarze Trüffeln aus Département Vaucluse haben ein ähnlich feines Aroma.*

WEISSE TRÜFFELN: *Sie haben von Oktober bis Dezember Saison, ihre Hochzeit ist der Monat November. Die besten Qualitäten kommen aus Alba und Umgebung (Piemont). Es gibt aber auch anständige weiße Trüffeln aus anderen italienischen Regionen und aus Kroatien.*

SOMMERTRÜFFELN: *Sie kosten nur 20–30 Prozent der Périgord, können aber aromatisch auch nicht mithalten. Die Pilze stammen aus Italien, Frankreich und Spanien und sind etwas heller. Sie haben lange Saison: von Mai bis Dezember.*

WINTERTRÜFFELN: *Die Sorte kostet etwa die Hälfte der Périgord und ist auch aromatisch etwa halb so gut. Ihre weißen Adern sind dicker als die der Périgord. Saison ist von Dezember bis März.*

BURGUNDERTRÜFFELN: *Aromatisch reiht sich diese Sorte, die manchmal auch in Deutschland, der Schweiz oder Österreich gefunden werden kann, bei den Sommer- und Wintertrüffeln ein.*

andere Käsesorten harmonieren ebenfalls mit der Alba – wie im italienischen Klassiker Pasta mit Trüffeln. Die fettigen, schwefeligen Aromen des Käses dienen hier als aromatische Brücke zu den schwefeligen Aromen der Trüffel, der milde Geschmack der Pasta lässt sie voll zur Geltung kommen. Die kompliziertere französische Küche liebt hingegen die Périgord-Trüffel – den „Schwarzen Diamanten", wie der französische Gastrosoph Brillat-Savarin sie einst nannte –, weil sie mit ihr alles Mögliche anstellen kann. Sie passt zu Speisen mit etwas kräftigerem Eigenaroma wie Kalbsfilet und kann ohne Aromaverlust in Butter oder Öl leicht erhitzt werden. Eine Weinempfehlung zum Schluss: Zu den Edelpilzen passen Weißweine, die nicht zu fruchtig sind, und Rotweine, die weder zu bitter schmecken noch zu viel an holzigem Aroma besitzen. Auch trockene Roséweine sind gute Begleiter.

TRÜFFELKONSERVEN

Es gibt neben der Frischware auch Trüffeln in Konserven. Die besten heißen „Brossées Extra" oder „Pelées" (geschält). Das Wasser, in denen die Trüffeln zum Konservieren gekocht wurden, wird gesondert als Trüffeljus verkauft – und schmeckt tatsächlich sehr intensiv nach Trüffeln. ***Crema di Tartufo*** oder ***Crema al Tartufo*** besteht fast ausschließlich aus frisch konservierten weißen Trüffeln oder Sommertrüffeln. Bei den weißen wird jedoch mit Aromastoffen nachgeholfen, da man ihr Aroma nicht verlustfrei konservieren kann. Die Crema darf nie mitgekocht werden, da sich in diesem Fall das Aroma verflüchtigen würde. Günstigerem Trüffelöl ist künstlich erzeugtes Androsterol zugesetzt. Es ist identisch mit dem Originalmolekül, die hintergründige Duftkomposition echter Trüffeln wird so jedoch ausgeklammert. Wegen seiner Intensität muss es sehr sparsam eingesetzt werden. ***Salsa tartufa*** oder ***Trüffel-Tapenade*** gibt es in vielen Variationen. Ihre Grundlage ist immer eine grob gehackte Pilzfarce (meist aus Champignons), der bis zu zehn Prozent Trüffeln zugegeben sind. Sogar Trüffelhonig gibt es. Mit Trüffeln aromatisierte Pasta funktioniert jedoch nicht: Nach dem Kochen sind alle wasserlöslichen Trüffelaromen ausgeschwemmt.

GESCHICHTE UND GESCHICHTEN

Entgegen der verbreiteten Meinung erschnüffeln weder Trüffelschweine noch die heutzutage vorwiegend eingesetzten Hunde das Sexualhormon des Ebers, Androstenol, sondern das schwefelige Dimethylsulfid.

Vanilla planifolia

VANILLE

Aus einer kapriziösen Orchidee wird mittels eines wochenlangen, sehr aufwendigen Verfahrens eines der kostbarsten Gewürze der Welt: Vanille duftet und schmeckt unvergleichlich. Nicht nur aus der süßen Küche ist sie kaum noch wegzudenken. Ersetzen lässt sie sich durch nichts – am wenigsten durch synthetisches Vanillin.

Der betörende Duft einer Vanilleschote wird durch über 100 Aromastoffe ausgelöst. Zum Teil kommen sie nur in kleinsten Mengen vor, tragen aber dennoch zur endgültigen Duftkomposition bei. Der alleinige Einsatz von synthetisch erzeugtem, reinem Vanillin in Convenienceprodukten wirkt da oft sehr stumpf und vordergründig. Die wesentlichen Aromakomponenten echter Vanille sind die charakteristisch duftenden Moleküle VANILLIN und VANILLYLALKOHOL sowie P-HYDROXYBENZALDEHYD mit seinen zimtigen Noten. Das Aroma löst sich nicht nur gut in Fett, sondern auch in Alkohol. Deshalb duften Weine, die in kleinen Barrique-Fässern aus neuem Holz ausgebaut werden, oft ein wenig nach Vanille: Im Holz befindet sich unter anderem auch Vanillin.

Wegen der guten Fettlöslichkeit der Aromen kann man die ganzen Schoten in Creme oder Sirup ziehen lassen. Nach etwa 20 Minuten nimmt man sie heraus: Abgewaschen und getrocknet kann die Schote so öfter verwendet werden. Für Kuchenteige, in denen man die ganzen Schoten schlecht ziehen lassen kann, wird das Vanillemark herausgekratzt und zu den Backzutaten gegeben. Aufgrund der geringen Flüchtigkeit und der fettreichen Umgebung bleiben die Aromen auch unter Ofenhitze erhalten. Die aufgeschlitzten Schoten sollte man unbedingt aufheben, sie können noch vielfältig weiterverwendet werden.

Vanille ist in der süßen Küche sehr beliebt. Ausgeschabte Vanilleschoten etwa kann man über Früchte legen, die im Ofen gebacken werden: Die Früchte bekommen dadurch eine warme Vanillenote und der Zucker karamellisiert bei höheren Backtemperaturen, sodass ergänzend feine malzige Noten hinzukommen. Die ausgekratzte, getrocknete Schote kann kleingemixt unter Zucker oder andere Gewürze gemischt werden. Tonkabohnen und Zimt verstärken die aromatische Richtung, Kardamom hingegen sorgt für eine Abrundung des Aromas, da es blumige, zitrusartige bis kampferige Noten einbringt. Abgesehen von Pâtisseriecreme oder Vanilleeis lässt sich die Schote, die selbst nicht dominant süß schmeckt, auch als Gewürz in der herzhaften Küche einsetzen. Hähnchen und besonders Krustentiere wie Hummer harmonieren mit ihr, weil die zarten Aromen nebeneinander bestehen können. Die Fleischgerichte und Meeresfrüchte dürfen jedoch nicht zu stark angebraten werden, da starke Röstaromen schnell die Vanille überdecken würden. In Kohlgemüse mildert und maskiert die Vanillenote das schwefelige Kohlaroma. Auch die Schwefelverbindungen in Spargel,

VANILLIN *vanilleartig* ◊ *Alkohol, Fett, Wasser* VANILLYLALKOHOL *vanilleartig* ◊ *Alkohol, Fett, Wasser* P-HYDROXYBENZALDEHYD *zimtig* ◊ *Alkohol, Fett, Wasser* ANISSÄURE *süßlich-erdig, tierisch* ◊ *Alkohol, Fett, warmes Wasser* VANILLINSÄURE *cremig, milchig vanilleartig* ◊ *Alkohol, Fett* 3-HYDROXY-4-METHOXYBENZALDEHYD *süßlich* ◊ *Alkohol, Fett* PIPERONAL *floral, vanillig, kirschartig, zimtig* ◊ *Alkohol, Fett*

GESCHMACK

SÜSS SAUER SALZIG BITTER UMAMI

Vanille lässt Süßholz und Tabak anklingen, gepaart mit einem zart-fruchtigen, sahnig-süßen Aroma. Auch ein Hauch Rosine oder Pflaume kann je nach Sorte hineinspielen.

HARMONIE

VANILLE
CHILI
KAFFEE
KAKAO
KARDAMOM
PFEFFER
SÜSSHOLZ
TONKABOHNE
ZIMT

AROMENENTFALTUNG

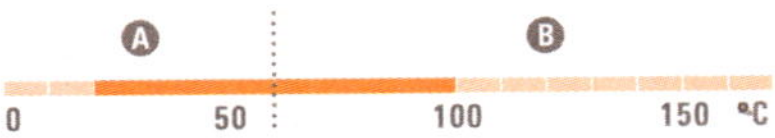

A *Aromatische typische Vanille* **B** *Cremige, süßlich-florale, aromatische Noten*

PASST GUT ZU

Süßspeisen aller Art, Fisch, Hähnchen, Wurzelgemüse wie Pastinaken, Karotten oder Petersilienwurzeln, Spargel

LÄNDERKÜCHE

Deutschland: *Vanillekipferl, Vanilleeis, Pudding* ***Frankreich:*** *Crème brûlée* ***Italien:*** *Panna cotta, Galliano (Likör)* ***Spanien:*** *Flan*

GEWÜRZMISCHUNG: VANILLEZUCKER

Es gibt zwei Arten Vanillezucker: Entweder wird feiner Zucker mit Vanillepulver gemischt (leicht hellgraue Farbe) – oder er wird mit Vanille-Extrakt gemischt: Dann schmeckt er weniger aromatisch und ist gelblich. Beide bieten im Gegensatz zum minderwertigen Vanillin-Zucker durchaus das gesamte Aroma. Werden die Schoten in Zucker gelegt, empfiehlt es sich, diesen vorher zu schmelzen und dann zu zerpulvern *(→ Supermarkt-Gewürzmischungen).*

QUALITÄTEN, EINKAUF, LAGERUNG

Ganze Schoten von guter Qualität kauft man im Fachgeschäft. Natürliches Vanillin kann hin und wieder auf den Schoten zu länglichen weißen „Fäden" kristallisieren. Dies wird „givre" (Raureif) genannt und ist ein Qualitätsmerkmal. Licht- und luftdicht verschlossen, halten die Schoten bis zu vier Jahre. Je nach Anbaugebiet schmeckt Vanille unterschiedlich: Die **Bourbonvanille** *aus Madagaskar, Mauritius, den Komoren und Réunion prunkt mit einem vollen, sahnigen Aroma.* **Mexikanische Vanille** *gilt als die zarteste und bietet ein etwas dunkleres Aro-*

VANILLISIERTER WIRSING

- 600 g Wirsing
- 10 ml Erdnussöl
- 50 g Schalotten (fein gewürfelt)
- Salz, Pfeffer
- 100 ml Gemüsefond
- 100 ml saure Sahne
- ½ TL Bourbonvanillepulver
- Etwas Butter

Wirsing waschen und in feine Streifen schneiden. Erdnussöl in einem Wok erhitzen und den Wirsing darin kurz und schnell anbraten, sofort herausnehmen. Die Schalotten glasig dünsten, salzen, pfeffern und mit Gemüsefond ablöschen, reduzieren. Saure Sahne angießen und mit Bourbonvanillepulver abschmecken. Weiter reduzieren lassen, vom Feuer ziehen und den Wirsing kurz abschwenken. Zum Beispiel mit gebratenen Hähnchenbrüsten, in dünne Scheiben geschnitten, anrichten. Restliche Sahnesauce mit Butter emulgieren und über den Kohl gießen.

Pastinaken oder Petersilienwurzeln werden durch Vanille abgemildert. Die Pflanze ist zwar botanisch nicht mit der Chili verwandt, aber chemisch gesehen steht Vanillin dem Scharfmacher Capsaicin recht nahe. Diese enge Verbindung war schon den Azteken bekannt, die ihr bitteres Getränk *Xocóatl* aus Wasser, Kakao, Vanille und Chili zubereiteten. Als man das Wasser mit Milch ersetzte und süßte, traf das auch den Geschmack der Europäer: Bis heute ist Vanille eine beliebte Kakaowürze. In dieser Kombination ist auch ein Chili-Vanille-Öl wunderbar: Eine Chili- und eine Vanilleschote auf 500 ml Öl bei 50 °C für 30 Minuten ziehen lassen, anschließend mit dem Stabmixer grob aufmixen, danach filtern. Beide Aromen lösen sich im Fett, das Ergebnis ist ein hervorragendes Würzmittel für Gemüse und Fisch. Die gute Fettlöslichkeit der vanilleartig duftenden Aromen erlaubt auch wohlschmeckende reine Vanilleöle. Dazu müssen die Schoten bei 50–60 °C für etwa eine Stunde in beispielsweise Olivenöl ziehen, dann kann abgefiltert werden. Das bekannte Wiener Rindfleischgericht „Vanillerostbraten" hat übrigens nichts mit Vanille zu tun, sondern mit Knoblauch: Den nannte man in Österreich früher „Vanille des armen Mannes".

GESCHICHTE UND GESCHICHTEN

Frische Vanilleschoten schmecken und riechen nach nichts. Um ihr unvergleichliches Aroma zu erzeugen, bedarf es eines aufwändigen, viele Wochen dauernden Prozesses: Die kurz vor der Reife geernteten, gelbgrünen Schoten – botanisch korrekt die Fruchtkapseln einer immergrünen, tropischen Orchideenart – werden entweder wie in Mexiko über Wasserdampf erhitzt oder, nach der Bourbon-Methode, kurz mit heißem Wasser blanchiert. Anschließend werden sie unter Sonnenlicht angetrocknet und nachts in Jutesäcken oder anderen geschlossenen Behältern zum Schwitzen gebracht. Dabei läuft die für die Aromabildung entscheidende Fermentation ab: Die Samenkapseln schrumpfen, werden dunkel und Enzyme setzen nach und nach die Aromen frei, besonders Vanillin. Abschließend reifen die Schoten zum Teil mehrere Monate in mit Wachspapier ausgelegten Weißblechdosen. Bis ins 19. Jahrhundert blieb die Vanilleproduktion eine Domäne der mexikanischen Indigenas, da nur sie wussten, wie man die kapriziöse Orchidee zum Fruchten bringen konnte. 1838 entdeckte der belgische Botaniker Charles Morren, dass die Orchideenblüten von ganz speziellen Bienen und Kolibris bestäubt wurden, die es nur in Mexiko gab. Zusammen mit dem Sklaven Edmond Albius entwickelte er später eine Methode der künstlichen, also händischen Bestäubung, die noch heute außerhalb Mexikos praktiziert wird (→ Geschichte des Würzens, Seite 78).

ma. ***Tahitivanille****, botanisch von der „echten“ Gewürzvanille zu unterscheiden, enthält weniger Vanillin, jedoch höhere Gehalte anderer aromatischer Substanzen, die den Schoten ein blumiges Aroma verleihen. Die „schwarzen Punkte“ sind in vielen Vanillegerichten ein Indiz für die Verwendung von echten Vanilleschoten.*

Juniperus communis

WACHOLDER

Wacholder gehört zu den am intensivsten duftenden Gewürzen der nördlichen Hemisphäre. Er riecht warm-würzig nach Nadelbäumen und Harz und schmeckt leicht süß. Die kugeligen Fruchtzapfen der immergrünen Konifere, umgangssprachlich „Wacholderbeeren“ genannt, werden alle zwei Jahre im frühen Herbst reif. Nach der Ernte werden sie getrocknet und sind das klassische Wildgewürz.

Die Süße des Wacholders stammt von seinem hohen Anteil an Zuckern. Sein Duft wird von einem Gemisch aus den warm-harzigen, kampferigen Tönen des α- und β-PINEN bestimmt, den harzigen, pinienartigen Noten des TERPEN-4-OL und dem α-TERPINEOL, dessen zitrus- bis fliederartiger, leicht terpentinartiger Geruch auch in Majoran oder Lorbeer vorkommt. Des Weiteren spielen die holzig-kampferigen Düfte des BORNEOL sowie das Aroma GERANIOL mit seinen blumig-rosenartigen Noten hinein. Ebenfalls maßgeblich für den Duft sind daneben die würzig-kräuterigen, holzigen Töne des SABINEN, bekannt aus Majoran oder Kubebenpfeffer.

Man kann Wacholderbeeren im Ganzen mitkochen, zum Beispiel in einen Einwegteebeutel, den man 20 Minuten vor Schluss der Garzeit in das Schmorgericht hängt und vor dem Servieren wieder entfernt. Die Beeren können auch in der Pfeffermühle frisch gemahlen oder im Mörser zerdrückt werden. Zerdrückt oder gemahlen würzen sie kräftiger als ganz, denn so wird das ätherische Öl besser freigesetzt. Deshalb muss man sie dann nicht mehr so lange mitkochen. Man kann die Beeren auch in der Pfanne kurz trocken rösten, um ihnen ein paar zusätzliche Röstaromen mitzugeben. Grundsätzlich sollte man Wacholder sparsam dosieren: Drei ganze oder zwei zerdrückte Beeren genügen pro Portion, bei Sauerkraut sogar schon eine. Die Aromen in Wacholder lösen sich fast alle in fettiger Umgebung, aber auch bestens in Alkohol: Bis auf die Zitrus- und Fliedernoten bleiben dort alle Nuancen erhalten.

GERANIOL *blumig, floral* ◇ *Alkohol, Fett* α-, β-PINEN *warm-harzig, Piniennadeln, kampferig* ◇ *Alkohol, Fett* TERPEN-4-OL *harzig, pinienartig* ◇ *Alkohol, Fett* α-TERPINEOL *zitrusartig fliederartig, etwas terpentinartig* ◇ *Fett, Wasser* SABINEN *frisch-holzig, neutralkräuterig* ◇ *Alkohol, Fett* 1,4-CINEOL *würzig* ◇ *Alkohol, Fett* BORNEOL *holzig-kampferig* ◇ *Alkohol, Fett*

GESCHMACK

SÜSS SAUER SALZIG BITTER UMAMI

Wacholderbeeren erinnern in ihrem Aroma an Gin, sie duften würzig, ein wenig harzig, und schmecken süßlich, warm-brennend. Das klassische europäische Wildgewürz.

HARMONIE

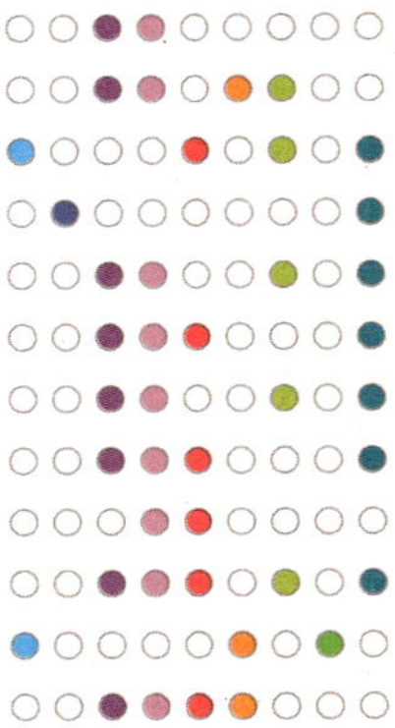

WACHOLDER
FENCHEL
GEWÜRZNELKE
KNOBLAUCH
LORBEER
MAJORAN
PIMENT
PFEFFER
ROSA BEEREN
ROSMARIN
SÜSSHOLZ
THYMIAN

AROMENENTFALTUNG

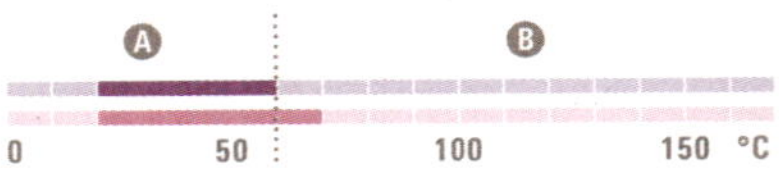

A *Leicht blumige, deutlich harzige Aromen* **B** *Betonung der holzigen Duftanteile*

PASST GUT ZU

Wild, Wildgeflügel, Sauerkraut, Rind, Schwein, Kalbsnieren, Kalbsleber, kräftigem Fische

LÄNDERKÜCHE

Deutschland/Alpiner Raum: *Wildbeizen, klare Schnäpse, Sauerkraut, Rotkohl, Schweinebraten, Krautsuppe, Suppen mit Enten- oder Gänseklein* ***England:*** *Gin, Plumpudding* ***Skandinavien:*** *eingelegter Hering* ***Niederlande:*** *Genever (Schnaps)* ***Schweiz:*** *Brotaufstrich* ***Belgien:*** *Kalbsnieren (mit Gin flambiert)* ***Frankreich:*** *Wildbret, Pasteten*

GEWÜRZMISCHUNGEN

Fischgewürz, Wildgewürz, Einmachgewürz

QUALITÄTEN, LAGERUNG

Ganze Beeren stammen aus Wildsammlung. Die besten kommen aus mediterranen, kalkhaltigen Gebirgslagen, also Dalmatien. Die Früchte sollten violett- bis

KÜRBISLATWERGE MIT WACHOLDER

- 500 g Hokkaidokürbis, fein gewürfelt
- 10 Wacholderbeeren, zerdrückt
- ½ TL Zucker
- 1 TL Salz
- 100 g Butter
- 100 ml Gin

Den Kürbis zusammen mit Wacholderbeeren, Zucker und Salz in Wasser kochen, bis er weich ist, dann immer wieder Butter (als Lösungsmittel für Terpene) und Gin zugeben und bei geringer Hitze weiteraromatisieren. Anschließend mit dem Stabmixer pürieren, sodass die Wacholderbeeren zerkleinert werden. Die Creme sollte dicklich und standfest sein. Zum Beispiel als Würzpaste zu Leber- oder Wildgerichten servieren – oder schlicht auf Toast zum Aperitif.

Wacholder gibt nicht nur der bekannten Spirituose Gin seinen typischen Geschmack. Die violetten Beeren passen aufgrund ihrer Süße auch zu Äpfeln – zum Beispiel in Apfelkuchen – und natürlich zu kräftigem Fleisch wie Wildbret, Wildgeflügel, Ente, Kaninchen, Schwein, Schinken und Lamm. Gerade Wild mit seinen süßlich-leberartigen Fleischtönen ergänzt sich mit der harzigen Süße des Wacholders bestens. Für das Marinieren von Wild gibt man in einen Dreiviertel Liter Rotwein fünf bis sechs Wacholderbeeren, drei Zweige Rosmarin und zehn Zweige Thymian, dazu einige Lorbeerblätter und schwarze Pfefferkörner. Das Fleisch wird darin zwei Tage eingelegt. Die Kombination passt wegen der Überschneidungen der kampferig-harzigen Duftbereiche der verschiedenen Gewürze, der Wein löst die Aromen. Zusätzlich wird der süße Geschmack um die Schärfe des Pfeffers ergänzt. Auch Fische mit kräftigen Aromen kann man mit den zerdrückten Beeren würzen. Ebenso verträgt alles Gegrillte Wacholder: Eine durch das Schmoren mild-aromatisch gewordene Knoblauchzehe ergänzt die leicht harzigen Noten der zerdrückten Beeren und die röstigen Aromen des Grillguts. Durch seine Süße ist Wacholder außerdem ein ideales Gewürz für säurebetonte Gerichte, denen so ebenfalls eine weitere Geschmackskomponente hinzugefügt wird. Das funktioniert etwa bei Sauerkraut oder säuerlichen Marinaden, zum Beispiel für Sauerbraten, provenzalische *Daubes* oder Wild in Buttermilchmarinade.

EXTRA: GIN

Wacholder und *Gin* sind nahezu Synonyme. Erfunden haben den Drink nicht die Engländer, sondern die Holländer: Älteste Quellen zum *Genever* stammen aus dem frühen 17. Jahrhundert. Englische Soldaten brachten ihn von Feldzügen mit nach Hause und nannten ihn Gin. Seit 1769 produzierte die Gordon Co. in London einen dreifach gebrannten Gin. 1791 regulierte ein Gesetz die Qualität der Herstellung, London Dry Gin bezeichnete schließlich eine verfeinerte Methode, bei der vierfach in Kupferkesseln destilliert wurde, was das Ergebnis besonders rund und trocken machte. Damit trat *Dry Gin* seinen Siegeszug als Cocktailgrundlage an, zum Beispiel im Martini.

Der Wacholder – zusammen mit Koriander, Ingwer, Muskat, Orangenschalen und Granatapfelkernen – wird schon während der Destillation zugesetzt. Die Alkoholdämpfe werden dabei entweder direkt über die Gewürze geleitet oder diese werden in die Kornmaische gemischt und mit dieser zusammen destilliert – manchmal geschieht auch beides. Guter Gin sollte mindestens 47 Volumenprozent Alkohol besitzen, damit er rund schmeckt.

schwarzbraun sein. Eine grünliche Farbe oder stark verschrumpelte Haut zeugen hingegen von schlechter Qualität. Ganze Beeren sind bis zu zwei Jahre haltbar.

Galium odoratum

WALDMEISTER

Waldmeister duftet betörend – aber erst wenn man die Pflanze verletzt oder ihre Blätter welken. Er riecht nach Frühling, intensiv blumig-süßlich und trotzdem würzig. Das macht ihn sehr variantenreich einsetzbar – nicht nur in der Maibowle. Das älteste Rezept dafür stammt bereits aus dem Jahr 854.

Das typisch heuartige Aroma des Waldmeisters bildet sich erst während des langsamen Trocknens: Enzymatische Prozesse lassen dabei das dafür verantwortliche CUMARIN entstehen. Das aus Cassia-Zimt und Tonkabohne bekannte Aroma ist in hohen Dosen toxisch, weshalb man diese Kräuter und Gewürze nicht im Übermaß genießen sollte. Häufig wird die Duftchemie von Waldmeister auf diese heuartigen Noten reduziert, dabei spielen noch viele weitere Aromaverbindungen eine große Rolle, vor allem THYMOL und CARVACROL, die beim Thymian duftbestimmend sind. Sie duften aromatisch, nach Thymian, Pizza und Oregano. Des Weiteren bestimmen grüne, fettige Duftnoten den Geruch des Waldmeisters.

Um das volle Aroma von Waldmeister zu erleben, muss man ihn welken lassen – nicht trocknen. Erst dann fängt er richtig an zu duften. Das Kraut sollte immer eher vorsichtig dosiert werden, da sein Aroma sehr durchdringend ist. Man lässt die welken Zweige in den Speisen ziehen und entfernt sie am Schluss. Die drei Hauptaromen sind alkohollöslich, weshalb man mit ihm alkoholhaltige Getränke wie Bowle würzen kann.

Weißwein kann mit Waldmeister aromatisiert werden, um daraus eine etwas andere *Zabaglione* oder andere Weinschaumcremes oder Waldmeistergelee herzustellen. Weil sich alle Aromen ebenso in Fett lösen, kann man für Desserts Milch oder Sahne mit dem Kraut würzen, die zusätzlich mit Waldmeisterblüten dekoriert wird. Es passt außerdem gut zu Marinaden für helles Fleisch, zu Saucen oder Salatdressings, in denen es für eine aromatische Spitze mit heuartigen Noten sorgt, die sonst nicht in diesen Speisen vorkommen. In Kombination mit Estragon, Zitronenmelisse und Basilikum erweitert es deren grüne, zitrusartige Töne um aromatisch wür-

HEXADECAN-2-ON *fruchtig, wachsig ◊ Alkohol, Fett* THYMOL *thymianartig ◊ Alkohol, Fett, Wasser (schlecht)* CARVACROL *pizzaartig, oreganoartig ◊ Alkohol, Fett* CUMARIN *heuartig, getr. Waldmeister ◊ Alkohol, Fett, Wasser*

GESCHMACK

SÜSS SAUER SALZIG **BITTER** UMAMI

Waldmeister duftet nach Schokolade, Vanille, Rosen, Zitrusfrüchten und Heu. Das Aroma entwickelt sich erst in welken Blättern.

HARMONIE

WALDMEISTER
ANIS
BASILIKUM
ESTRAGON
FENCHEL
KERBEL
LANGER PFEFFER
THYMIAN
ZITRONENMELISSE

AROMENENTFALTUNG

A *Leicht fruchtig, wachsig* **B** *Typisch aromatisch, heuartig-blumige Aromen betont*

PASST GUT ZU

Wein, Äpfeln, Birnen, Erdbeeren, Melone, hellem Fleisch, Salat, Frischkäse

LÄNDERKÜCHE

Deutschland: *Maibowle, Wackelpudding, Berliner Weiße* ***Frankreich:*** *Huhn, Ziegenkäse*

EINKAUF, ANBAU, LAGERUNG

Waldmeister bevorzugt Buchenwälder. Er blüht Ende Mai, dann sollte man ihn ernten. Man kann ihn auch in Kübeln aussäen oder an einer schattigen Stelle im Garten. Waldmeister lässt sich gut einfrieren.

WALDMEISTERSPRÜHSAHNE

- 1 Bund Waldmeister
- 300 ml Schlagsahne
- 2 EL Zucker
- 1 Blatt Gelatine
- Chlorophyll (z. B. aus Spinat, bei Bedarf)

Die welken oder angetrockneten Waldmeisterblätter in etwa 200 ml Sahne geben und im Kühlschrank für 3–5 Stunden die Aromen extrahieren lassen. Die restliche Sahne mit dem Zucker erwärmen und die eingeweichte und ausgedrückte Gelatine darin auflösen. Die Waldmeistersahne filtern (eventuell aus Spinat gewonnenes Chlorophyll hinzufügen, damit die grüne Farbe betont wird) und mit der gezuckerten Sahne vermengen. In einen Sahnesyphon geben, zweimal begasen und kühl stellen. Zu Obstsalaten, Trifles (mit Walderdbeeren oder Mara-de-Bois-Erdbeeren), die mit einem Hauch Thymian gekräutert sind, servieren oder schlicht den Obstkuchen – vorzugsweise mit roten Früchten – damit garnieren.

zige Noten, im Falle des Estragons ergänzen sich außerdem die kerbel- bis basilikumartigen Noten des Estragols bestens mit dem charakteristischen Waldmeisterduft. Daraus ergeben sich wiederum neue Kombinationsmöglichkeiten mit Anis, Fenchel oder etwa Kerbel, die ebenfalls einen hohen Estragolgehalt aufweisen.

Juglans regia (NUSS)

WALNUSS

In Südfrankreich wird die Walnuss frisch wie ein Gemüse verzehrt. Ansonsten kennt man sie getrocknet als würzende Zutat für Backwaren, Süßspeisen, aber auch in der herzhaften Küche. Das Walnussöl ist eines der vollmundigsten Aromaöle überhaupt und eignet sich besonders gut für Salatdressings.

HEXANAL *fruchtig, fettig, grün* ◊ *Alkohol, Fett, warmes Wasser* PENTANAL *fruchtig, holzig, leicht stechend* ◊ *Alkohol, Fett* 1-PENTEN-3-OL *butterig-grünlich* ◊ *Fett,*

Das Duftspektrum der Walnuss, das sich auch im Öl wiederfindet, definiert sich durch eine ganze Reihe von Abbauprodukten der Fettsäuren in der Nuss. Dazu gehören etwa HEXANAL, das vor allem bei frischen Nüssen einen fruchtigen Gründuft beisteuert, weiterhin der fruchtig, leicht holzig duftende Aromastoff PENTANAL sowie ein butteriger, grünlicher Duft und fettiggrüne, leicht beißende Noten. Auch die würzig-röstigen, nusstypischen

Röstaromen tragen entscheidend zum charakteristischen Duftspektrum bei. Die Nuss weist je nach Anbaugebiet oder Alter oft eine adstringierende Wirkung auf, die Zunge wird „rau“ oder „pelzig“. Dies liegt an verschiedenen Säuren und bitteren Gerbstoffen. Der bekannteste, auch in Cranberries, Meerrettich, Pfeffer, Piment und Rotweinen vorkommende Stoff ist dabei das hier an Zucker gebundene QUERCETIN. Das Fettsäurenspektrum setzt sich aus circa 7 Prozent Palmitinsäure (C 16:0), 2 Prozent Stearinsäure (C 18:0), 20 Prozent Ölsäure (C 18:1), 58 Prozent Linolsäure (C 18:2) und 13 Prozent Alpha-Linolensäure (C 18:3) zusammen. Der Anteil an mehrfach ungesättigten Fettsäuren, darunter die essenzielle Omega-3-Säure Alpha-Linolen, ist also recht hoch. Walnussöl wird in einem aufwendigen Verfahren meist kaltgepresst: Aus zehn Kilogramm Kernen erhält man etwa vier bis fünf Liter Öl, das erklärt seinen relativ hohen Preis.

WALNUSSLIKÖR

- 20 frische grüne Walnüsse (selbst gepflückt vom Baum im Juni/Juli)
- 200 ml Wodka
- 1 l kräftiger Rosé
- 200 g Zucker

Die frischen Walnüsse ungeschält heiß abspülen, mit einem scharfen Messer halbieren und mit Wodka und Rosé in einem Glasgefäß bedecken. Vier bis sechs Wochen extrahieren lassen. Filtern und je nach Geschmack mit Zucker süßen. Ein köstlich nussiger, leicht bitterer, von grünen Aromen dominierter Aperitif.

Reife Walnüsse fallen von selbst vom Baum und werden dann getrocknet. Wenn man die Nüsse trocken röstet, betont man ihren nussigen Aromaanteil: Die grünen, fettigen Düfte verflüchtigen sich schneller, wodurch die würzig-röstigen Aromen dominieren. Kleingehackt kann man die Nüsse auch mit Zucker karamellisieren. Durch die Hitze bilden sich dabei aus dem Zucker karamellig-röstige Düfte, während aufgrund der Maillard-Reaktion gleichzeitig eine Vielzahl von Röstaromen entstehen (→ Würzpraxis Rösten, Seite 53). Walnussöl darf wegen der zahlreichen ungesättigten Fettsäuren und aufgrund des Vitamin-E-Gehalts nicht erhitzt werden. Sein Aroma ist so intensiv, dass man es fast in jedem Fall mit einem neutraleren Öl strecken sollte.

Die Nüsse geben Speisen eine nussige, süßlich-bittere, auch etwas fruchtige Komponente. In Broten werden sie und das Walnussöl gerne wegen des Zusammenspiels der Röstaromen mitgebacken: Ihre Röstaromen ergänzen sich mit denen, die sich während des Backens bilden. Aus dem gleichen Grund harmonieren die Nüsse auch in Braten. Speziell in dunklen, kräftigen Bratensaucen sind Dörrobst, Maronen und Walnüsse eine beliebte Kombination. Die nussigen, röstigen Noten sind kräftig genug, um neben dem Eigenaroma der Speisen bestehen zu können, hinzu kommt die angenehme Süße von Dörrobst und Walnuss. Bei Bratkartoffeln, die kurz vor Ende der Bratzeit mit Walnüssen bestreut werden, komplementieren sich

Wasser (E)-2-HEPTENAL *fettig-grün, beißend, mandelartig ◊ Alkohol, Fett* VANILLINSÄURE *leicht vanillig ◊ Alkohol, Fett* 2-PENTYLFURAN *fruchtig-würzig, erdig-bohnig ◊ Fett* QUERCETIN *adstringierend ◊ Alkohol, Fett*

GESCHMACK

Walnüsse sind deutlich süß, kräftig aromatisch mit einem leicht bitteren Nachgeschmack und Adstringenz. Die relativ weichen Nüsse bieten ein sanftes Mundgefühl.

HARMONIE

AROMENENTFALTUNG

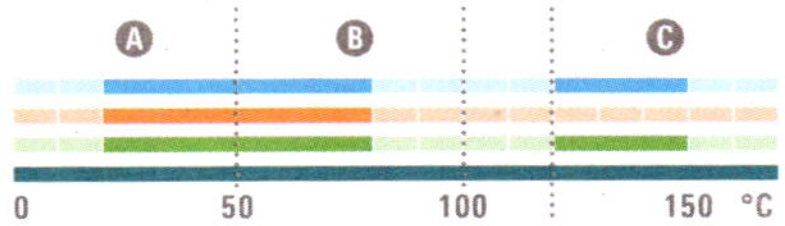

A *Feine nussige Töne* **B** *Aromatische Noten im Nussaroma* **C** *zusätzliche Röstaromen*

PASST GUT ZU

Allen Fleischsorten, vielen Gemüsesorten, Süßspeisen, Eis, Salate, Käse, Quark, Teigwaren, Brot

LÄNDERKÜCHE

Deutschland, Österreich, Schweiz: *Nusslikör, Nussgeist, Torten, Desserts* ***Pfalz:*** *Schwarze Nüsse* ***Schweiz:*** *Engadiner Nusstorte* ***USA:*** *Waldorfsalat*

EINKAUF, QUALITÄTEN, LAGERUNG
Walnüsse gibt es in jedem Supermarkt, zur Saison im Herbst auch auf Märkten. Grün und unreif sind sie ebenfalls eine Delikatesse, dann müssen sie bereits im Juni und Juli geerntet werden. Walnüsse halten bei korrekter, trockener Lagerung ein Jahr oder mehr. Bei noch längerer Lagerung verliert die Nuss an Aroma und kann ranzig und bitter werden. Keine geruchsintensiven Lebensmittel in der Nähe lagern.
Man kann die Kerne aber auch tiefkühlen – ihr Aroma leidet nicht darunter. Walnussöl sollte man im Kühlschrank aufbewahren und eher zügig aufbrauchen, es wird schnell ranzig.

ebenfalls die Röstaromen beider Zutaten. Die klein gehackten Nüsse können auch direkt – pur oder karamellisiert – über Suppen oder Salate gestreut werden. Ein Klassiker ist der ***Waldorfsalat***: Hier werden Walnüsse mit säuerlichen Äpfeln, Knollensellerie und Mayonnaise kombiniert. Die fruchtigen Noten und das Süßlich-Bittere der Walnuss ergänzen die Äpfel und mildern die erdigen Aromen der Sellerie. Sind im Salat Knoblauch oder Bärlauch enthalten, empfehlen sich geröstete Walnussstücke, die den schwefeligen Noten ausgleichende Röstaromen entgegensetzen. Natürlich harmonieren Walnüsse auch mit frischem Obst, besonders Birnen, Pflaumen, Äpfeln oder Trauben. Deren frische Fruchtsäuren kontrastieren sehr gut die Wachsigkeit der Nüsse, dazu harmoniert die Süße beider Zutaten. In der bekannten Kombination Walnuss und Käse – vor allem Frisch- und Edelpilzkäse wie Gorgonzola oder Roquefort – werden die fettig-wachsigen Aromen eher betont, da das Käsearoma ebenso über ein breites Spektrum aus diesem Bereich definiert ist. Das kann man sich beispielsweise für ein Risotto zunutze machen, in das man am Schluss Gorgonzola und gehackte Nüsse unterhebt. In der süßen Küche nutzt man gehackte Walnüsse vielfältig als Füllung und in Torten: Neben ihren Röstaromen passen auch die süßbitteren und wachsigen Aromen sowie die weiche Textur der Nüsse perfekt zu Gebäck.

EXTRA: NUSSLIKÖR

Aus grünen, unreifen Walnüssen wird ein Nusslikör hergestellt. Weil unreife Nüsse noch viel Vitamin C enthalten, wurde er früher eher aus medizinischen Gründen, zum Beispiel bei Magenproblemen, eingesetzt. Aus dem Medikament hat sich dann später eine kulinarische Delikatesse entwickelt. Man kann mit ihm etwa Zabaione oder andere Weinschaumspeisen sowie Nusscrêpes aromatisieren. Orangenscheiben können in Nusslikör mariniert und anschließend mit grob gehackten und in Sirup gekochten Nüssen bestreut werden. Auch hier ergänzen sich wieder die Fruchtsäuren mit den wachsigen Noten.

GESCHICHTE UND GESCHICHTEN

Der Walnussbaum weist eine botanische Besonderheit auf: Er produziert in den Blättern Juglon, einen Wirkstoff, der die Keimung anderer Pflanzen hemmt. Er gelangt über den Regen in den Boden rund um den Baum. Deshalb wachsen kaum Pflanzen in der näheren Umgebung eines Walnussbaums. Juglon dient dem Baum auch als Schutz vor Insekten. Auch deshalb pflanzen viele Gärtner Walnussbäume, um lästige Insekten fernzuhalten. Abgesehen von der jährlichen Walnussernte.

Vitis vinifera (GETROCKNETE FRUCHT)

WEINBEERE

Getrocknete Weinbeeren nennt man allgemein Rosinen. Sultaninen und Korinthen sind besondere Sorten aus bestimmten Rebsorten: Sultaninen sind kernlos, hellgelb und werden aus der weißen Sultana-Traube gewonnen. Korinthen stammen von der Rebsorte Korinthiaki. Sie sind ebenfalls kernlos, aber dunkel, kleiner und kräftiger im Geschmack. Sie werden reif geerntet und dann getrocknet: Der Flüssigkeitsverlust steigert ihren Zuckergehalt.

Die Aromenchemie der Weinbeere ist sehr vielschichtig aufgebaut. Dominant sind HEXAN-1-OL und seine chemischen Verwandten HEXAN-2-OL und HEXAN-3-OL , die grüngrasig-fruchtig bis kräuterig-aromatisch duften. Würzigere Noten werden durch OCTAN-1-OL eingetragen. Des Weiteren finden sich in Weinbeeren buttrige Noten, eine etwas an grüne Blätter erinnernde, leicht nussige Komponente sowie zitrusartige, wachsige Töne. Außerdem kommen blumige, zitrusartige und blumig-frische, leicht holzige Düfte vor. Diese Stoffe bestimmen häufig auch im Wein das Aroma. Grünlich-florale Noten, deren Würzigkeit an Hyazinthen erinnert, sowie stark aromatisch-süßliche, fruchtig-mostige, aus Grapefruit und Beeren bekannte Töne vervollständigen das Aromenspektrum der Beere. Natürlich unterscheidet sich die genaue Zusammensetzung je nach Sorte und Anbaugebiet – sonst wäre die Welt der Weine sehr arm. In der Sauvignontraube kommt etwa noch das charakteristische erdig-pfefferige Aroma hinzu. Der stets vorhandene leicht säuerliche Geschmack wird durch einen hohen Gehalt an WEINSÄURE bestimmt. Getrocknete Weinbeeren werden aber längst nicht aus allen Rebsorten hergestellt.

HEXAN-1-OL *blätterig, fruchtig, grüngrasig* ◊ *Alkohol, Fett, Wasser* OCTAN-1-OL *holzig, zitrus, würzig* ◊ *Alkohol, Fett, Wasser* 1-PENTAN-3-OL *fruchtig-süßlich-säuerlich, Banane, Aprikose* ◊ *Alkohol, Fett* (E)-HEX-2-ENAL *fruchtig-röstig* ◊ *Alkohol, Fett* DECANAL *leicht zitrusartig, wachsig* ◊ *Alkohol, Fett* OCTAN-2-OL *fettig, erdig, würzig* ◊ *Alkohol, Fett, Wasser* GERANIOL *blumig, floral* ◊ *Alkohol, Fett* LINALOOL *blumig, zitrusartig, frisch* ◊ *Alkohol, Fett* HORTIENOL *floral, leicht holzig* ◊ *Alkohol, Fett* METHYLANTHRANILAT *mostig, grapefruchtig, beerig* ◊ *Alkohol, Fett* PHENYLACETALDEHYD *grün-floral, honig-würzig, Hyazinth* ◊ *Alkohol, Fett* 2-ISOBUTYL-3-METHOXYPYRAZIN *erdig, grünpfeffrig* ◊ *Alkohol, Fett*

WEINBEEREN-OLIVENÖLCREME

- 100 g getrocknete Weinbeeren
- 100 ml Wasser
- 50 g frischer Ingwer
- 1 EL Zucker
- 1 TL Salz
- 100 ml Olivenöl

Weinbeeren in Wasser einlegen, leicht erwärmen und die Beeren quellen lassen. Ingwer schälen und in kleine Stücke schneiden. Zucker und Ingwer vermischen und in einer Pfanne ohne Wasser und Fett erwärmen, leicht karamellisieren lassen. Weinbeeren samt Einweichwasser zugeben und salzen. Leise köcheln lassen, bis Ingwer und Weinbeeren sehr weich sind. Das Olivenöl beigeben und 10 Minuten köcheln lassen. Anschließend in einer Küchenmaschine sehr fein zu einer glatten und festen Emulsion pürieren – oder alles gleich im Thermomix zubereiten. Als Würzemulsion zu Fruchtdesserts (Pfirsich, Aprikose, Pflaume, Trauben), zu gebratener Entenbrust oder Wild servieren.

GESCHMACK

SÜSS SAUER SALZIG BITTER UMAMI

Weinbeeren schmecken nicht nur süß, sondern je nach Sorte auch ein wenig säuerlich. Ihr Aroma ist herb-würzig und fruchtig.

HARMONIE

WEINBEERE
CHILI
DATTELN
KNOBLAUCH
KORIANDER
OLIVEN
PFEFFER

W

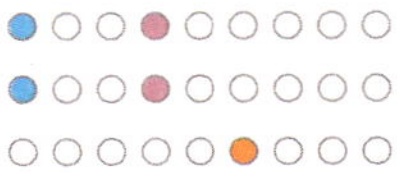

KORINTHEN

SULTANINEN

AROMENENTFALTUNG

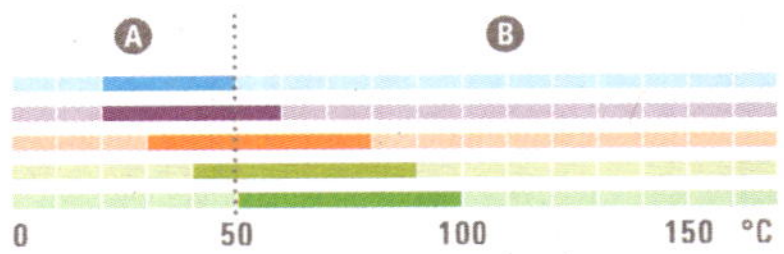

A *Feiner, floral-säuerlicher Duft und Geschmack* **B** *Intensivierung der aromatischen Anklänge*

PASST GUT ZU

Mehlspeisen, Brot, Äpfeln, Gurken, Joghurt, Reis, Trockenfrüchten, dunklem Fleisch

LÄNDERKÜCHE

Deutschland: *Rosinenbrötchen, Rosinenbrot (Klöben), Christstollen, Hefezopf, gedeckter Apfelkuchen, Rheinischer Sauerbraten, Rumtopf, Müsli, Studentenfutter* ***Österreich:*** *Apfelstrudel, Kaiserschmarrn, Gugelhupf (Kuchen)* ***Italien:*** *Panettone (Hefekuchen), Caponata (Gemüsesalat)* ***Frankreich:*** *Quiche du Payanet (Champignonauflauf)* ***Türkei:*** *süßer Safranreis* ***Maghreb:*** *Couscous* ***Marokko:*** *Briouats (gefüllte Teigtaschen), Tajines (Schmorgerichte)* ***USA:*** *Cookies, Muffins* ***England:*** *Kirschkuchen* ***Schweden:*** *Glögg (Punsch)*

QUALITÄTEN, LAGERUNG

Je größer und heller Sultaninen sind, desto höher ist ihre Qualität. Weniger gute Qualitäten werden geschwefelt, das macht sie heller und haltbarer. Diese Schwefelung muss jedoch gekennzeichnet sein. Bio-Sultaninen werden mit Pottasche behandelt, was ihre Trocknung beschleunigt. Rosinen (Sultaninen und Korinthen) lassen sich bis zu einem Jahr trocken bei Zimmertemperatur lagern. Vor Milben und Motten schützen!

Getrocknete Weinbeeren können roh verzehrt, blanchiert, gebraten, gebacken oder mitgekocht werden – das Aroma verändert sich dabei nur wenig. Man kann sie in Wasser oder in hochprozentigem Alkohol einlegen, dann werden sie beim Backen weicher und die Aromen verteilen sich besser auf den Kuchen, weil sie bereits alle im Alkohol gelöst wurden. Nur die kleineren, festen, länger getrockneten Korinthen bleiben meist bissfest.

Weinbeeren steuern viel Süße bei, was die Kombination mit Datteln oder Vanille erklärt. Der leicht säuerliche Geschmack kommt gut in Kombination mit Bratäpfeln und Apfelstrudel zur Geltung. Aber sie passen auch in herzhafte Gerichte: Nicht nur der Sauce beim Rheinischen Sauerbraten geben sie ihr typisches Aroma. Auch in vielen süß-säuerlichen orientalischen Gerichten kommen Rosinen zusammen mit anderen Trockenfrüchten vor: zu Reisgerichten etwa mit säuerlichen Berberitzen, oft gemeinsam mit Safran, Rosenwasser, Zimt, Zucker und Kurkuma. Zusammen mit Minze, Gurken und Joghurt entsteht eine Creme, die als kühlend-erfrischende Ergänzung zu den dunklen Röstaromen gebratener Lammkoteletts gereicht wird – oder zu Couscous. Nüsse und Rosinen sind eine klassische Kombination, da die nussigen Aromen beider Zutaten gut miteinander harmonieren. Außerdem wird dabei die Textur-Aroma-Kombination „hart und röstig“ mit „weich und süß“ zusammengeführt. Die Trockenfrüchte passen ausgezeichnet zu Olivenöl und Knoblauch: Hier werden in allen Zutaten die fruchtigen bis zitronig-wachsigen Aromen betont. Gemeinsam mit gerösteten Pinienkernen würzen Weinbeeren gekochten Spinat, dessen Aromen durch die leichte nussige Süße abgemildert werden. In süßen ***Briouats***, Blätterteig gefüllt mit Weinbeeren und Datteln oder Walnüssen, harmonieren die nussig-süßen, fettig-wachsigen Aromen aller Zutaten miteinander.

LAMMHACKBÄLLCHEN MIT ROSINENKERN

500 g frisches Lammhackfleisch (am besten von der Lammschulter selber wolfen)

Salz

Harissa-Pulver

1 Handvoll weiche, nicht zu trockene Rosinen

Fett zum Braten oder Ausbacken

Frische Korianderblättchen

Das Hackfleisch sehr lange kneten, damit es auch ohne Ei oder andere Bindemittel hält, dabei Salz und Harissa einarbeiten. Ruhig kräftig würzen. Dann kleine Hackbällchen formen und mit je 2–3 Rosinen füllen. Wieder verschließen und in heißem Fett braten oder schwimmend ausbacken. Korianderblättchen waschen, trocken schütteln und die Bällchen damit bestreut servieren.

Ruta graveolens

WEINRAUTE

Die Weinraute wächst wild rund ums Mittelmeer und war bereits in der Antike als bitteres, scharfes Würzkraut beliebt. Im Mittelalter wurde sie als Heilkraut geschätzt – heute kommt sie eher als Zierpflanze in heimischen Gärten vor. Sparsam dosiert, kann man mit ihr jedoch interessante Würzakzente setzen.

UNDECAN-2-ON *fettig, kräuterig, beißend* 💧 *Alkohol, Fett* NONAN-2-ON *fruchtig-süßlich-erdig* 💧 *Alkohol, Fett, Wasser (schlecht)* CUMARIN *heuartig, getr. Waldmeister* 💧 *Alkohol, Fett, Wasser* UMBELLIFERON *süß, heuartig* 💧 *Alkohol, Fett* QUERCETIN *adstringierend* 💧 *Alkohol, Fett*

GESCHMACK

SÜSS SAUER SALZIG **BITTER** UMAMI

Weinraute duftet charakteristisch heuartig-kräuterig. Sie schmeckt deutlich bitter und ist leicht scharf.

HARMONIE

WEINRAUTE
BASILIKUM
KAPERN
KNOBLAUCH
KORIANDER
OLIVEN
SELLERIE
THYMIAN

AROMENENTFALTUNG

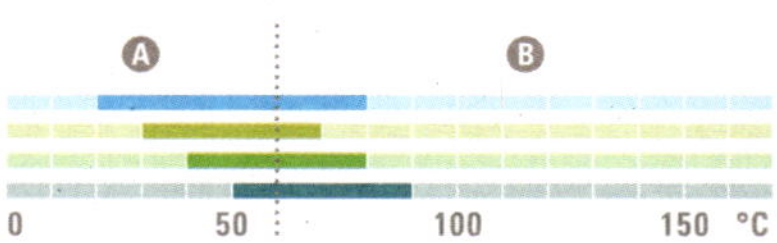

A *Sehr intensiver Duft, herber Geschmack*
B *Feine süß-bittere, heuartige Noten*

Das ätherische Öl der Weinrautenblätter wird in erster Linie durch das fettig-wachsig und leicht kräuterig duftende UNDECAN-2-ON sowie durch NONAN-2-ON mit fruchtig-erdig-süßlichen Noten bestimmt. Zu diesem steuert außerdem das aus Tonkabohne und Waldmeister bekannte CUMARIN seine heuartigen Aromen bei. In Weinraute finden sich noch viele weitere Inhaltsstoffe, die alle zum heuartig-kräuterigen, grünlichen Duft und dem leichten Schärfereiz beitragen. Der bittere Geschmack und die adstringierende Wirkung findet über den Gerbstoff QUERCETIN statt, der auch in Cranberries, Meerrettich, Pfeffer, Piment, Walnuss und Wein vorkommt. Er bildet sich erst beim Zerbeißen oder Schneiden der Blätter. In sehr hohen Dosen kann das Kraut giftig sein, bei den üblichen Mengen besteht jedoch kein Grund zur Sorge. Vor allem Schwangere sollten es jedoch meiden.

Die frischen Blätter werden im Mörser zerquetscht und vorsichtig dosiert den Speisen kurz vor dem Servieren zugefügt. Um das herbe Aroma zu reduzieren, gibt man entweder nicht zerquetschte Blättchen zu den Speisen – aus der intakten Blattstruktur können die Inhaltsstoffe viel langsamer austreten – oder man lässt das Kraut kurz mitziehen und entfernt es anschließend wieder: Die flüchtigen Aromen gehen viel schneller in die Speisen über als die Bitterstoffe. Werden die frischen Blätter etwa für die äthiopische Gewürzmischung Berbere geröstet und gemahlen, verbleiben nur die bitteren Gerbstoffe, leichte Schärfe und neu gebildeten Röstaromen.

Die Weinraute passt gut zu mediterranen Kräutern wie etwa Thymian, in deren Aroma ebenso wachsig-kräuterige und fruchtige, erdig-süßliche Noten in dieser ausgeprägten Form vorkommen. Leicht säuerliche Tomatensugos mit mediterranen Kräutern, Oliven und Kapern funktionieren ebenfalls mit einer kleinen Menge Weinraute. Die fruchtig-süßlichen Noten und der etwas bittere Geschmack der Oliven tragen ähnliche Noten wie Weinraute ein, die Kapern ergänzen ihren säuerlichen Geschmack. Genauso passt ein wenig Weinraute zu fruchtigen, süßsauren Obstsalaten: Während ihre fruchtigen Noten harmonieren, setzen der heuartige Duft, ihre Schärfe und die leichte Bitterkeit einen interessanten Kontrast. Gleichzeitig maskieren sowohl Fruchtsäure als auch -süße die Bitterkeit des Krauts. Das lässt auch Erdbeeren mit einigen frischen, gehackten Blättern der Weinraute vorzüglich schmecken – wie im Rezept. In Italien setzt man Grappa mit einem Zweig Weinraute an (*grappa con ruta*) – in Spirituosen sind die alkohollöslichen Gerbstoffe durchaus erwünscht. In der äthio-

ERDBEERSALAT MIT WEINRAUTE

400 g Erdbeeren in Viertel oder Achtel geschnitten	Alle Zutaten vermischen und etwa 15 Minuten ziehen lassen. Gekühlt als fruchtiges Dessert reichen.
Erdbeerlikör	
1 EL Weinrautenblätter	

pischen Küche wird nicht nur gelegentlich eine Tasse des duftenden äthiopischen Kaffees mit einigen frischen Blättern aromatisiert, das Kraut gehört auch in die beliebte Mischung → ***Berbere*** – zusammen mit vielen weiteren Gewürzen: Ajowan, getrocknetes Basilikum, Bockshornklee, Chili, Gewürznelken, Ingwer, Kardamom, Knoblauch, Koriandersamen, Langer Pfeffer und Piment. Der Weinraute-Klassiker aus dem alten Rom ist ***Moretum***: eine Paste aus Selleriegrün, Koriander, Knoblauch, Käse – und eben frischer, im Mörser zerquetschter Weinraute.

PASST GUT ZU

Obst, Erdbeerenn, Reis

LÄNDERKÜCHE

Italien: *Grappa con ruta, Moretum (antike Kräuterkäse-Paste)* ***Äthiopien:*** *Kaffee*

GEWÜRZMISCHUNG

Äthiopisches Berbere

EINKAUF, LAGERUNG

Man bekommt Weinraute in Gärtnereien als winterfesten Zierstrauch und manchmal auch als Kräutertopf auf Märkten. Die frischen Blätter halten nur wenige Tage im Kühlschrank. Getrocknet verliert Weinraute viele Aromen.

Artemisi absinthium

WERMUT

Das Küchenkraut Wermut ist mit Estragon und Beifuß verwandt. Sein silbriges, filzig behaartes Laub schmeckt sehr bitter. In der Antike wurde es vor allem als Heilkraut verwendet, seit dem 19. Jahrhundert ist es zentraler Bestandteil von Absinth. Sein α-Thujon-Gehalt, so glaubte man, war für die halluzinogene Wirkung des Schnapses verantwortlich. Aber auch als Würzkraut hat Wermut eine lange Tradition.

Die beiden Hauptaromen des Wermutdufts werden durch das mentholig und nach Pastis riechende THUJOL und das mentholige α-, β-THUJON beigesteuert. Thujon findet man auch in den mediterranen Kräutern Salbei, Rosmarin, Beifuß, Thymian sowie auch in der Eberraute, allerdings nicht in diesem hohen Maß. Dazu kommen noch holzig-minzige, kräuterige, terpentinartige Noten, warme, kampferig-balsamische Töne und ein Duft nach Kampfer und Eukalyptus. Des Weiteren finden sich in Wermut rauchig-holzige Noten und ein deutlicher Anisduft. Der beim Wermut besonders ausgeprägte Bittergeschmack kommt über das Molekül ABSINTHIN zustande, das die Pflanze als Abwehrstoff gegen Insekten bildet.

Zum Würzen werden die Blätter und die Zweigspitzen blühender Pflanzen verwendet – am besten frisch. Allerdings sollte das Kraut aufgrund seiner Bitterkeit immer sehr sparsam eingesetzt werden. Am besten gibt man es erst kurz vor dem Garwerden dazu: Dann verteilen sich die Aromen

THUJOL *anis-mentholartig* ◊ *Alkohol, Fett, Wasser (schlecht)* THUJON *mentholartig* ◊ *Alkohol, Fett* α-, β-PINEN *warm-harzig, pinienartig-kampferig* ◊ *Alkohol, Fett* 1,8-CINEOL[T] *Eukalyptus, kampferig, kühlend* ◊ *Alkohol, Fett* α-, β-PHELLANDREN *würzig-minzig, terpentin* ◊ *Fett* KAMPFER *scharf-bitter-mentholig-eukalyptusartig* ◊ *Alkohol, Fett* BORNYLISOVALERAT *herbal-baldrianartig* ◊ *Alkohol, Fett* CADINEN *leicht holzig* ◊ *Alkohol, Fett* ANETHOL *anisartig* ◊ *Alkohol*

W

WOLFSBARSCH UNTER SALZ MIT WERMUTKRAUT

1 ganzer großer Wolfsbarsch (ca. 1 kg)

1 Bund Wermut

1 Eiweiß

1 kg grobes Meersalz

Den Wolfsbarsch schuppen und ausnehmen. Das Wermutkraut waschen, trocken schütteln und grob hacken. Den Bauch des Fisches mit einem Teil davon füllen, die Außenhaut gleichmäßig mit dem restlichen Wermut bedecken. Das Eiweiß zu einem weichen Schaum schlagen. Mit ausreichend Salz vermengen und einen Teil als Bett auf einem Backblech verteilen. Den Ofen auf 200 °C vorheizen. Den Fisch auf das Eiweißbett setzen. Mit dem Rest des Salzes bedecken und im Ofen 20–30 Minuten garen. Die Salzkruste aufbrechen und mit in Pastis, Orangenscheiben und Butter geschwenkten (und glacierten) kleinen gegarten Kartoffeln servieren.

bereits in der Speise, während die nichtflüchtigen Bitterstoffe keine Zeit haben, aus den Blättern auszutreten.

Wegen seiner verdauungsanregenden Bitterstoffe wird das Wermutkraut so wie etwa Eberraute, Beifuß oder Bockshornklee besonders in der fettreichen Küche eingesetzt – zudem sind seine Aromen fast alle fettlöslich. Als Küchenkraut passt es zu kräftigen Fleischgerichten wie Lamm oder Schwein. Wermut lässt sich vor allem mit Gewürzen kombinieren, die stark genug sind, um gegen sein Aroma anzukommen, etwa Rosmarin, Eberraute, Beifuß oder Fenchel. Anis und Gewürznelken ergänzen das Kraut um warme, aromatisch-süßliche Noten, Orangenschalen fügen fruchtig-süßliche Aromen hinzu und nehmen dem Wermut etwas von seiner Bitterkeit. Bis auf den würzig-minzigen, terpentinartigen Duft lösen sich alle Wermutaromen auch bestens in Alkohol – das macht ihn für Spirituosen interessant. ***Absinth*** wird aus Wermut und dem ätherischen Wermutöl, Fenchel, Anis, Melisse und anderen Kräutern hergestellt. Einen Wermutwein erhält man, wenn man einen Liter Wein mit 20 Gramm Wermut ansetzt und weitere aromatische oder bittere Kräuter hinzufügt, etwa Zimt, Nelken, Pomeranzen oder Enzian. Die Mischung lässt man ungefähr eine Woche an einem nicht zu kühlen Ort stehen und seiht sie danach ab. Auch in Getränken wie zum Beispiel Pernod, Cinzano, Martini oder Pastis ist Wermut enthalten.

EXTRA: ABSINTH

Absinth wurde zum ersten Mal in der Schweiz als heilendes Elixier erzeugt. Es ist ein mythenumranktes Getränk: „Die grüne Fee" (la fée verte) wurde im späten 19. Jahrhundert aufgrund ihres hohen Alkoholgehalts und des günstigen Preises zum Lieblingsgetränk der Pariser Bohème. In der „grünen Stunde" zwischen 17 und 19 Uhr galt es als chic, Absinth zu trinken. Dabei ging man durchaus rituell vor: Man legte einen speziellen Absinthlöffel mit einem Stück Würfelzucker quer auf ein Glas, dann ließ man langsam Wasser darüber tropfen. Vom Löffel tropfte das gesüßte Wasser in den Absinth und färbte ihn milchig. Zu den berühmten Absinthtrinkern dieser Zeit zählten Charles Baudelaire, Paul Gauguin, Vincent van Gogh, Edgar Allan Poe, Arthur Rimbaud, Henri de Toulouse-Lautrec und Oscar Wilde. Nachdem der Genuss von Absinth immer mehr in die Kritik kam, wurde er bis 1915 in den meisten europäischen Ländern verboten. Heutige Untersuchungen von Absinthflaschen aus jener Zeit haben ergeben, dass die negativen Begleiterscheinungen des „Absinthismus" nicht vom angeblich hohen Gehalt an Thujon herrührten, sondern vom hohen Alkoholgehalt – noch dazu wurde oft Fuselalkohol verwendet. Aufgrund seiner ausgeprägten Bitterkeit ist Wermut nur in kleinen Mengen bekömmlich. Daher sind gesundheitliche Schäden durch das enthaltene Thujon unwahrscheinlich.

In dem seit einigen Jahren wieder zugelassenen Absinth ist der Thujongehalt auf maximal 0,5 mg/Kg beschränkt. Er wirkt weder euphorisierender noch aphrodisischer als andere Alkoholika – und enthält auch kein Tetrahydrocannabinol, den Wirkstoff von Cannabis.

GESCHMACK

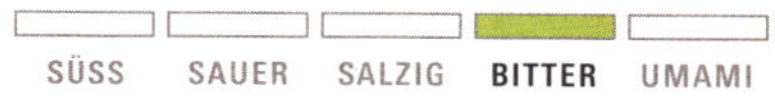

Wermut schmeckt ausgeprägt bitter und duftet nach Menthol.

HARMONIE

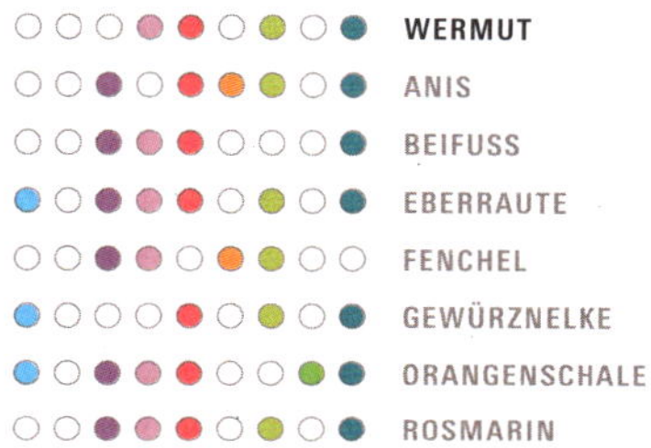

AROMENENTFALTUNG

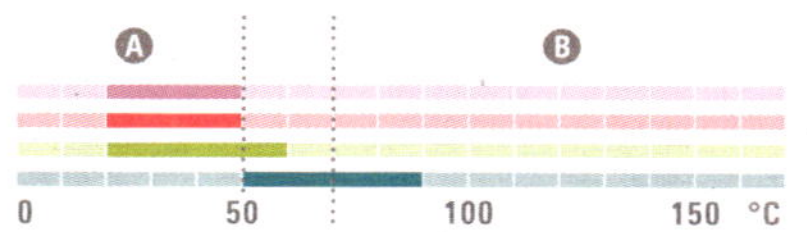

A *Feine bittere, anisartige Aromen* **B** *Starke Betonung der Bitternoten*

PASST GUT ZU

Fettreichen Speisen, Lammfleisch, Schweinefleisch

LÄNDERKÜCHE

Schweiz, Frankreich, Deutschland: *Absinth* ***Frankreich:*** *Pernod, Pastis* ***Italien:*** *Cinzano, Martini* ***Österreich:*** *Wermut (Aperitiv)*

EINKAUF, LAGERUNG, ANBAU

Als Gewürz ist Wermut so gut wie nicht zu bekommen, man kann in Apotheken danach fragen. Das Kraut kann aber einfach im Garten angebaut werden, Samen oder Setzlinge gibt es in Gärtnereien. Getrockneter Wermut ist etwa ein Jahr haltbar.

Hyssopus officinalis

YSOP

Die uralte mediterrane Gewürzpflanze wird schon im Alten Testament erwähnt, und die Römer bereiteten mit ihr einen Kräuterwein zu. Das Kraut verträgt auch die etwas kühlere Luft jenseits der Alpen. Man kann es leicht im Topf züchten – und seine grünen Blätter fast das ganze Jahr über ernten.

β-PINEN *pinienholzig-kampferig* ◊ *Alkohol, Fett* PINOCAMPHON *leicht kampferig* ◊ *Alkohol, Fett* PINOCARVON *eukalyptusartig, würzig* ◊ *Alkohol, Fett* β-CARYOPHYLLEN *holzig-terpentinartig* ◊ *Alkohol, Fett*

GESCHMACK

SÜSS SAUER SALZIG **BITTER** UMAMI

Ysop schmeckt bitter und leicht säuerlich, duftet nach Kampfer und etwas minzig, er erinnert an Rosmarin, Thymian und Bohnenkraut. Die Blüten sind zarter im Aroma.

HARMONIE

- YSOP
- APRIKOSEN, GETROCKNET
- KERBEL
- LORBEER
- MINZE
- PETERSILIE
- ROSMARIN
- THYMIAN

AROMENENTFALTUNG

A *Feines harzig-herbales Aroma* **B** *Beginnende Bitterkeit, leichte Adstringenz*

Der würzige Geruch des Ysops wird hauptsächlich durch das pinienartig-kampferig duftende β-PINEN, das leicht kampferige PINOCAMPHON sowie durch das eukalyptusartige PINOCARVON gesteuert – hinzu kommen würzig-holzige Töne. Für den bitteren Geschmack der Pflanze sorgen Gerbstoffe wie KAFFEESÄURE, CARNOSOLSÄURE und ROSMARINSÄURE, die sich zum Beispiel ebenso in Rosmarin finden.

Man verwendet die frischen Blätter und Blüten, allerdings nicht gleichzeitig in einem Gericht, weil die Blätter das zartere Aroma der Blüten überdecken würden. Die Blätter sollte man generell sparsam dosieren, um andere Aromen nicht zu überdecken. Ysop gibt man eher zum Schluss der Garzeit zum Essen, damit sich die Bitterstoffe nicht lösen. Der Geschmack kann jedoch andererseits auch als Effekt gezielt eingesetzt werden: Reibt man Bratgut mit einer Ysop-Marinade ein, wird die Bitterkeit besonders betont, weil sich die Duftstoffe unter der Hitzeeinwirkung verflüchtigen.

GLASIERTE KAROTTEN MIT YSOP

- 500 g Karotten
- ¼ l Hühnerbrühe
- 1 EL Butter
- 1 EL Honig
- Salz , Pfeffer
- 1 EL gehackte Ysopblätter

Die Karotten schälen und in Scheiben schneiden, mit der Brühe, der Butter und dem Honig in einen Topf geben, salzen, pfeffern. Bei mittlerer Hitze zugedeckt 20 Minuten köcheln lassen, bis die Karotten weich sind und die Flüssigkeit zu einem Sirup verkocht ist. Mit Salz und Pfeffer abschmecken und gehackten Ysop untermischen.

Mit den frischen Ysopblättern beziehungsweise -blüten würzt man Salate, Dressings oder deftige Suppen. Auch Kaninchen, Zicklein und Wildragouts vertragen etwas von seinem würzig-bitteren Aroma. Ihr Eigenaroma ist kräftig genug, sich von dem des Ysop nicht dominieren zu lassen. Für eine Marinade eignen sich – ähnlich wie bei Rosmarin – Lammfleisch und andere kräftige Fleischsorten. Obwohl durch andere Moleküle bestimmt, erinnert der eukalyptusartige Duft in Ysop an Minze, weshalb Ysop sowohl in Kombination mit ihr als auch allein Quark oder Kräuterbutter würzt. Alle Aromen werden in der fettigen Umgebung gelöst. Zu süßen

Früchten wie frischen oder getrockneten Aprikosen passt Ysop ebenfalls. Seine ausgeprägte Bitterkeit kann das Zusammenspiel von Säure und Süße in den Früchten durch Hinzufügen seiner dritten Geschmackskomponente gut ausbalancieren. Dies gilt auch für viele Kräuter-Früchte-Gemüse-Kombinationen, die mit Ysop verfeinert werden, etwa Thymian-Rhabarber-Apfel oder Rosmarin-Orange. Das Kraut ist etwas bitterer als Salbei, eine *Saltimbocca* mit Ysop ist aber trotzdem eine interessante Variante. Da sich fast alle Aromen auch in Alkohol lösen, nutzt man Ysop schon seit der Römerzeit für Spirituosen – ein prominentes Beispiel aus heutiger Zeit ist der französische Kräuterlikör *Chartreuse*.

Es gibt noch andere Kräuter, die als Ysop bezeichnet werden, aber einer ganz anderen Art angehören, nämlich den nordamerikanischen Agastachen: Anisysop duftet nach Anis und Lakritze, der mexikanische Lemonysop hat ebenfalls ein anisartiges Aroma.

PASST GUT ZU

Lamm, Kaninchen, Zicklein, Wild, Pilzen, deftigen Suppen, Tomaten, Hülsenfrüchten, Kohl, Kürbis, Früchten, Desserts

LÄNDERKÜCHE

Mitteleuropa: *deftige Kartoffelgerichte, Lammbraten* ***Mittelmeerländer:*** *Gerichte mit Zicklein* ***Frankreich:*** *Chartreuse*

EINKAUF, ANBAU

Da Ysop bei uns nicht (mehr) populär ist, bekommt man ihn nur in wenigen Gärtnereien frisch. Man kann ihn aber gut selbst anbauen: Er ist nicht nur winterhart, sondern sogar halbimmergrün und wirft sein Laub nur bei starkem Frost ab.

Citrus x junos

YUZU

Yuzu, die „japanische Zitrone", besticht durch einen intensiven Zitronenduft, ist aber weit weniger säuerlich und sieht aus wie eine große gelbe Mandarine. Mit ihrem leichten Duft nach schwarzen Johannisbeeren und Kokosnuss findet die Frucht auch in europäischen Küchen immer mehr Zuspruch.

Für den typischen Yuzuduft ist vor allem die intensiv und grün-zitronig riechende Aromenverbindung YUZULACTON verantwortlich. Charakteristisch sind auch YUZUNON und YUZUNOL: Zusammen mit weiteren Inhaltsstoffen unterstreichen sie den milden, blütenartig-floralen Duft. Hinzu kommt ein Hauch cremig-kokosnussartiger Noten, die von wachsigen Aromen noch unterstützt werden, sowie ein Duft nach schwarze Johannisbeere, schwefelige Töne sowie pilzig-orangenartige und florale, zitrusartige Noten.

Ähnlich wie bei Zitronen und anderen Zitrusfrüchten kann man sowohl die Schale als auch den Saft als Gewürz verwenden. Meist wird jedoch die fein geriebene Schale genutzt, in der sich die Aromen konzentrieren. Sie lässt sich auch trocknen. Wegen ihres intensiven Aromas sollte man Yuzus vorsichtiger als Limetten oder Zitronen dosieren. Der Vorteil der Yuzu gegenüber anderen Zitrusfrüchten ist die Hitzebeständigkeit der Aromen: Bei hohen Temperaturen bleibt nicht nur – wie gewohnt – die Säure erhalten, sondern auch fruchtige, zitrusartige Noten. Nur in dieser Frucht

YUZUNON *floral-zitrusartig* 💧 *Alkohol, Fett* YUZUNOL *stechend-zitrusartig, floral* 💧 *Alkohol, Fett* 1-OCTEN-3-ON *pilzig, metallisch, leicht orangig* 💧 *Alkohol, Fett* (E)-NON-4-ENAL *floral, zitrusartig* 💧 *Alkohol, Fett* (E)-DEC-4-ENAL *grün floral, zitrusartig* 💧 *Alkohol, Fett* (E)-NON-6-ENAL *zirtrusartg, wachsig* 💧 *Alkohol, Fett* 4-MERCAPTO-4- METHYL-PENTAN-2-ON *schwefelig, fruchtig, grüner Tee* 💧 *Alkohol, Wasser (schlecht)* YUZULACTON *intensiv-grün-zitronig* 💧 *Alkohol, Fett* Δ-2-DODECENOLACTON *fruchtig, zitrusartig, cremig, Kokosnuss* 💧 *Alkohol, Fett*

GESCHMACK

Der Duft der Yuzu erinnert an Zitrone, Grapefruit und etwas an Mandarine, sie ist aber viel weniger säuerlich. Verwendet werden Yuzu wie Zitronen oder Limetten.

HARMONIE

AROMENENTFALTUNG

A *Frische Säure, wachsige Anklänge, schwefelig* **B** *Feine, cremig-süßliche Zitrusaromen*

PASST GUT ZU

Fisch, Salat, Fleisch, Süßspeisen, Cocktails

GEWÜRZMISCHUNGEN

Japanisches Yuzukosho (Chilipaste), japanische Ponzu (Würzsauce)

LÄNDERKÜCHE

Japan: *Nabemono (Eintöpfe), Misosuppe, Sashimi (roher Fisch)* ***Korea:*** *Yujacha (Tee)*

QUALITÄTEN, EINKAUF

Yuzus werden in Japan grün (unreif) und gelb (reif) angeboten – hierzulande sind sie nur schwer zu bekommen. Angeboten werden in asiatischen Lebensmittelgeschäften und im Gewürzefachhandel Yuzusaft (rein und gesalzen) sowie Pulver, das aus dem Saft oder der Schale gewonnen wurde.

YUZU-EIS

- Saft von 2 Yuzu (oder Yuzu-Saft aus dem Fachhandel)
- 200 ml Sahne
- ½ TL Salz
- 100 g Glucosesirup (Bäcker oder Fachhandel)
- ½ TL Guarkernmehl (Bioladen)
- ½ TL Xanthan (Fachhandel)
- 2 cm langes Stück frischer Ingwer

Alle Zutaten in einen Mixer geben und sehr fein pürieren. In einer Eismaschine oder im Tiefkühlfach gefrieren. Als kaltes Element zu gegrillten oder gebratenen Fischgerichten geben.

werden diese durch Lactone definiert, also Aromaverbindungen, die deutlich schwerer flüchtig sind.

In Japan wird aus den Schalen zusammen mit Salz und frischen Chili eine fermentierte Gewürzpaste hergestellt: ***Yuzukosho***. Es gibt davon sogar zwei Varianten: mit grünen und mit roten Chilis. Sie schmeckt bitter-scharf und wird zu ***Nabemono*** (winterliche Suppen und Eintöpfe), zu ***Misosuppe*** und zu ***Sashimi*** (roher Fisch) als eine Art appetitanregende Alleswürze gereicht. ***Ponzu*** ist eine süß-säuerliche Sauce, die außer Yuzusaft auch den süßen Reiswein →***Mirin*** enthält, dazu Reisessig, ***Katsuobushi*** (getrocknete Thunfischflocken, →***Dashi***) und Kombu-Algen. Sie wird zu kurz gegrilltem Fleisch und Fisch – besonders Thunfisch – gereicht. Die säuerlich-zitronigen Aromen lösen sich in Alkohol, also auch in Essig, und korrigieren eventuell vorhandene tranig-fettige Düfte im Fisch. Die pilzartigen Aromen in den Algen und der Yuzu werden gut durch die Röstaromen der Speise ergänzt. Diese Verbindung kommt ebenso in Kombination mit geröstetem Sesam zum Tragen. Ihre fruchtigen, zitrusartigen bis grünen Noten lassen sie außerdem mit dem zum Teil ähnlich aufgebauten Basilikumaroma harmonieren. Einige Spitzenrestaurants setzen die Frucht als interessante, intensiv zitronig duftende Alternative zu Zitronen oder Limetten ein – sowohl die geriebene Schale als auch den reinen Saft: Damit werden Fischgerichte gewürzt, Süßspeisen oder Salatsaucen aromatisiert. Für den koreanischen Tee ***Yujacha*** werden Fruchtscheiben mit Schale in Honig eingelegt und anschließend mit heißem Wasser aufgegossen, dabei macht man sich die Hitzebeständigkeit des yuzutypischen Zitronenaromas zunutze. Aber auch im Westen wird die Frucht immer bekannter. Sehr beliebt ist sie etwa in Cocktails: All ihre Inhaltsstoffe lösen sich gut in Alkohol, sie bringt ein wenig Säure mit – und mehr Aroma als die Standard-Säuerungsmittel Limette oder Zitrone.

Cinnamomum zeylanicum

ZIMT

Im Ägypten der Pharaonen wurde Zimt zu rituellen Zwecken eingesetzt. Im Alten Testament galt es als mindestens so wertvoll wie Gold. Kaiser Nero ließ bei der Bestattung seiner von ihm ermordeten Frau die Zimtvorräte eines ganzen Jahres verbrennen – als Zeichen seiner angeblichen Reue. Heute wird Zimt rund um die Welt als vielseitiges Gewürz eingesetzt – für süße wie würzige bis scharfe Speisen. Neben den bekanntesten Sorten Ceylon- und Cassia-Zimt existieren noch eine indonesische und eine vietnamesische Sorte.

Das dominante Aroma im Gewürz ist stets ZIMTALDEHYD. Zusammen mit dem nelkenartig duftenden EUGENOL bestimmt es den Geruch. Der chinesische Cassia-Zimt unterscheidet sich von dem echten Ceylon-Zimt chemisch vor allem durch seinen weit höheren Gehalt an CUMARIN. Dieser sekundäre Pflanzenstoff ist für heuartige, herbe Aromen verantwortlich und kommt auch im Waldmeister und in der Tonkabohne vor. In größeren Mengen führt er zu Übelkeit und Erbrechen, weshalb der Genuss von Cassia-Zimt nicht übertrieben werden sollte. Die unbedenkliche Tagesdosis von Cumarin wurde 2006 auf 0,1 mg/kg Körpergewicht festgelegt.

Verwendet wird die Rinde der Pflanze als ganze längliche Stücke oder zu Pulver zermahlen. Ganze Rindenstücke sollte man immer mitkochen: Die Aromen sind nicht sehr flüchtig und gehen langsam in die Speisen über. Gemahlenen Zimt gibt man dagegen eher später dazu. Es schadet ihm zwar nicht, wenn er zum Beispiel in Currymischungen mitkocht, dabei verändern sich jedoch die Aromen auf komplexe, nie genau vorhersagbare Weise. Die Inhaltsstoffe des Zimts sind fettlöslich, daher lassen sich auch Milchprodukte und Käseaufläufe hervorragend mit Zimt „exotisch" würzen.

RIGATONI MIT ZIMTBUTTER

- 250 g Rigatoni (Pasta)
- 100 g Butter
- 1 TL Zimt
- 1 Boskop-Apfel (sehr klein gewürfelt)

Pasta al dente kochen. Butter bei mittlerer Hitze in einem Pfännchen schmelzen, kurz aufschäumen lassen, vom Herd ziehen und fein gemahlenen Zimt einrühren. Eventuell mit ein, zwei Esslöffeln Nudelwasser emulgieren, in eine große Schüssel geben und die warme, aber gut abgetropfte Pasta darin schwenken. Winzige Würfel (brunoise) von Boskop unterheben. Als primo piatto vor einem Wildgang servieren.

Der klassische „westliche" Einsatz von Zimt in Desserts – etwa Apfelkompott und Pflaumenkuchen – ist durch seine süßlichen Noten naheliegend. Dass man mit dem warmen, „dunklen" Gewürz auch herzhafte und

LINALOOL *blumig, zitrusartig, frisch* ◊ *Alkohol, Fett* α-TERPINEN *herbal, zitrusartig* ◊ *Alkohol, Fett* γ-TERPINEN *koniferenartig* ◊ *Fett, Wasser* TERPINEN-4-OL *blumig-würzig* ◊ *Alkohol, Fett* β-CARYOPHYLLEN *holzig-terpentinartig* ◊ *Alkohol, Fett* BENZALDEHYD *bittermandelig, marzipanig* ◊ *Alkohol, Fett, Wasser* ZIMTALDEHYD *intensiv zimtig* ◊ *Alkohol, Fett* EUGENOL[T] *nelkenartig* ◊ *Alkohol, Fett* ZIMTALKOHOL *süß-würzig, hyazinthig, zimtig* ◊ *Alkohol, Fett* SAFROL *süßlich, warm, anisartig, holzig* ◊ *Alkohol, Fett* CUMARIN *heuartig, getr. Waldmeister* ◊ *Alkohol, Fett, Wasser*

GESCHMACK

SÜSS SAUER SALZIG **BITTER** UMAMI

Zimt riecht sehr charakteristisch süß-aromatisch und warm, mit einer erkennbar herb-adstringierenden Note – vor allem beim chinesischen Cassia-Zimt.

HARMONIE

- ZIMT
- BASILIKUM
- GEWÜRZNELKE
- KARDAMOM
- LORBEER
- MUSKAT

AROMENENTFALTUNG

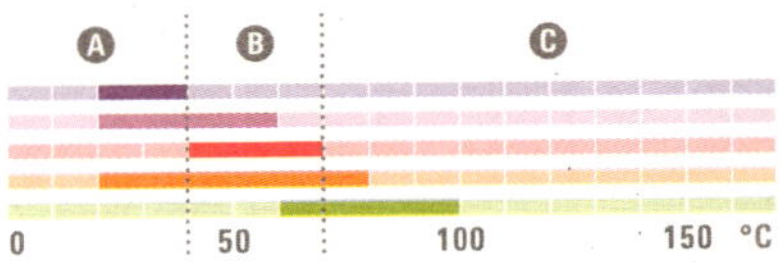

A *Feine würzig-florale Zimttöne* **B** *Aromatische Noten* **C** *Würzig, warm, an Gewürznelke erinnernd*

PASST GUT ZU

Süßspeisen, Gewürzbrot, Obst, Fleisch, Gemüse, Hülsenfrüchten, Käseauflauf, Pasta

GEWÜRZMISCHUNGEN

Indische Masalas, arabisches Baharat, tunesisches Gâlat Dagga, marokkanisches Ras el-Hanout, iranisches Advieh, chinesische Fünf-Gewürze-Mischung, georgisches Khmeli Suneli, Lebkuchengewürz, Glühweinmischung, karibische Würzsaucen, mexikanische Redado-Paste, Moles, Thai-Curry

LÄNDERKÜCHE

Deutschland: *Milchreis, Zimtsterne, Spekulatius, Pflaumenkuchen, Glühwein* ***Indien:*** *Eintopf- und Schmorgerichte, scharfe Currys, Biryani (Reisgericht)* ***Naher Osten:*** *Kibbeh (Klöße)* ***Marokko:*** *Couscous, Lamm- und Hühner-Tajines, Bstilla (Pastete)* ***Arabischer Raum:*** *Mishmisheya (Lammeintopf)* ***Iran:*** *Khoresh (Eintopf)* ***Thailand, Vietnam:*** *Fleischtöpfe, Nudelsuppen*

QUALITÄTEN, LAGERUNG

Je dünner die Rindenschichten, desto besser. **Ceylon-Zimt** *wird nach der Ekelle-Terminologie klassifiziert: E00000 steht für die beste Qualität, absteigend über E0 bis Ekelle I bis IV.* **Cassia-Zimt** *ähnelt ihm zwar optisch, ist jedoch herber und schärfer.* **Indonesischer Zimt** *kommt vom Aroma her näher an Ceylon-Zimt heran.* **Vietnamesischer Zimt** *ähnelt Cassia, er wird selten angeboten. Gekühlt halten die Rindenstücke 2–3 Jahre.*

scharfe Gerichte würzen kann, ist in den hiesigen Küchen hingegen kaum bekannt. Der „Türöffner“ dafür ist das nelkenartige Eugenol, das sich nicht nur in Gewürznelken, Piment und Muskat, sondern auch in Lorbeer, Basilikum und Kardamom findet. All diese Gewürze schlagen für Zimt die Brücke zu ihren jeweiligen Einsatzgebieten: Muskat ergänzt das Rindengewürz um eine holzige Harzigkeit etwa für ein Kartoffelpüree, zusammen mit Lorbeer lässt es sich gut in Schmorgerichten verwenden: In Rotwein geschmortem Rindfleisch gibt ein wenig Zimt besondere, warm-würzige Noten. Mit ganzen Zimtstangen lässt sich wie mit allen verholzten Gewürzen gut räuchern: Man bringt einen kleinen Teil einer Zimtstange zum Glimmen und kann unter einer Glasglocke zum Beispiel Ziegenkäse oder gegarte Gemüse à la minute räuchern (→ Würzpraxis Räuchern, Seite 53).

EXTRA: RINDENGEWÜRZE

Wenn wir mit Zimt würzen, essen wir Baumrinde. Auf Plantagen der Insel Sri Lanka – früher Ceylon – wird das immergrüne Lorbeergewächs zwei bis drei Meter hoch. In den Handel kommt die überwiegend von ein- bis zweijährigen Schößlingen stammende Innenrinde: Dazu wird die gesamte Rinde abgeschabt und dann die äußere Korkschicht entfernt. Anschließend werden die dünnen Rindenstücke ineinandergeschoben. So entstehen die typischen Zimtstangen.

Auf Sri Lanka dienen auch die Blüten und Blätter des Ceylon-Zimts als Gewürz. „Zimtblüte“ werden dabei die unreifen Früchte genannt. Sie kommen nur in geringer Zahl in den Handel – was hierzulande unter diesem Namen angeboten wird, stammt meist nicht von Sri Lanka beziehungsweise der Art Ceylon-Zimt, sondern von der chinesischen Art Cassia.

GESCHICHTE UND GESCHICHTEN

Weil Zimt schon in der Antike ein begehrtes und teures Gewürz war, erzählten laut Herodot die damit handelnden Araber wilde Geschichten über das Gewürz. So konnten sie es noch interessanter und teurer machen. Gleichzeitig gelang es ihnen lange Zeit, den Herkunftsort zu verschleiern. Sie betrieben sozusagen eine frühe Form des Marketings und des Monopolismus. Ihre Geschichten handelten etwa davon, dass Zimt aus einem Land stamme, in dem riesige Vögel damit ihre Nester bauten. Diese Nester würden auf so hohen Felsen sitzen, dass kein Mensch an sie herankäme. Sie jedoch könnten die Vögel überlisten: Sie böten ihnen Fleischköder an, die die Vögel in ihre Nester brächten. Aufgrund dieser zusätzlichen Last brächen die Nester zusammen, die Zimtstangen fielen zu Boden und könnten so eingesammelt werden. In anderen Erzählungen wird die chinesische Cassia angeblich von angriffslustigen, geflügelten Tieren bewacht, die die Araber jedoch heldenhaft überwinden würden. Damals klang das sicher auch nicht weniger glaubwürdig als so mancher griechische Mythos.

Citrus limon

ZITRONE, ZITRONENSCHALE

Zitronen sind klassische Säuerungsmittel. Ihre Schale bildet die Quintessenz dieser Zitrusfrucht, weil die Aromen hier konzentriert vorliegen. Die fruchtigen, balsamischen Duftnoten sowie die bitteren und ausgeprägt sauren Geschmacksnuancen machen sie zu einem universell einsetzbaren Würzmittel in der süßen und herzhaften Küche.

Das Schlüsselaroma der intensiv duftenden Zitronenschale wird durch GERANIAL und NERAL gebildet. Die Zitrusfruchtnote wird durch das nach Orangen duftende LIMONEN unterstützt. Blumig-florale, zitronige Noten werden unter anderem durch LINALOOL beigesteuert. Diese beiden Verbindungen sind auch in Kräutern und Gewürzen mit leichter Zitrusnote oder blumig-frischen Tönen vorhanden, etwa Koriander, Fenchel und Dill – und selbst dort, wo man es kaum vermuten würde, wie zum Beispiel in Pfeffer oder Muskat. Zitronenschale enthält ferner eine tiefer würzige bis minzige Frische mit einem Hauch Balsam und Terpentin, dazu fliederartige, würzig-zitronige Töne. Außerdem kommen warm-würzige, balsamische Noten, kampfer- bis wachsartige Düfte und ein holziger Ton hinzu sowie die typischen frischblumigen bis teilweise wachsigen Fruchtnoten der Schale. Schließlich werden mitunter bitter wirkende Aromen eingetragen, die vor allem zu schmecken sind. In Zitronenfruchtfleisch und -saft stehen ebenfalls Geranial und Neral im Vordergrund, die anderen Aromen sind in deutlich geringerer Konzentration vorhanden – lediglich Bitterstoffe finden sich dort ebenso. Der Saft weist erhebliche Mengen an ZITRONENSÄURE auf, er hat den höchsten Säureanteil aller Zitrusfrüchte.

Von unbehandelten Früchten kann man sowohl den Saft als auch die Schale verwenden. Um mehr Saft aus einer Zitrone zu bekommen, sollte man sie vorher unter Druck ein wenig hin- und herrollen, so platzen die Saftkämmerchen auf. Das Besondere an der Schale gegenüber dem Zitronensaft sind die hohe Aromakonzentration und die Bitterstoffe, die die Speisen neben der Säure zusätzlich würzen. Andererseits sind Zitronenschalen nicht so sauer wie der Saft. Man zieht sie am besten mit einem Zestenreißer ab. Stets nur die gelbe Schale verwenden – das Weiße darunter schmeckt sehr bitter. Die Zesten kann man in kochenden Speisen mitziehen lassen und vor dem Servieren wieder entfernen. Kleingehackt können sie aber auch problemlos mitgegessen werden. Durch das Kochen wird das ätherische Öl aus der Schale besser extrahiert, wobei zu langes Kochen allerdings die Bitternoten in den Vordergrund stellt, da sich die übrigen Aromen langsam verflüchtigen. Man kann Zitronenschale auch abreiben, dann bekommt man ein feines Schalenmus, Zitronengelb genannt. Verwendet wird diese saure Würze ähnlich wie Zesten, nur hat sie eine feinere Konsistenz. Lässt man frische Zitronen ein paar Wochen in der Sonne trocknen, intensivieren sich Aroma und Säure.

DECANAL *leicht zitrusartig, wachsig* 💧 *Alkohol, Fett* **NONANAL** *blumig-wachsig, fettig* 💧 *Alkohol, Fett* **OCTANAL** *blumig-rosenartig* 💧 *Alkohol, Fett* **GERANIAL** *zitronenartig, blumig* 💧 *Alkohol, Fett* **NERAL** *zitronenartig* 💧 *Alkohol, Fett* **LINALOOL** *blumig, zitrusartig, frisch* 💧 *Alkohol, Fett* **NERYLACETAT** *rosen-orangenartig* 💧 *Alkohol, Fett* **GERANYLACETAT** *blumig, rosenartig* 💧 *Alkohol, Fett* **LIMONEN** *orangenartig, terpentin-zitronenartig* 💧 *Alkohol, Fett* **α-, β-PHELLANDREN** *würzig-minzig, terpentin* 💧 *Fett* **α-TERPINEN** *herbal, zitrusartig* 💧 *Alkohol, Fett* **α-TERPINEOL** *zitrusartig, fliederartig, etwas terpentin-artig* 💧 *Fett, Wasser* **α-PINEN** *warm-harzig, Piniennadeln* 💧 *Alkohol, Fett* **CAMPHEN** *wachsig, kampferig* 💧 *Alkohol, Fett* **NEROLIDOL** *floral, grün, wachsig* 💧 *Alkohol, Fett* **α-, β-CARYOPHYLLEN** *würzig-holzig, terpentinartig* 💧 *Alkohol, Fett* **α-SELINEN** *bitter* 💧 *Alkohol, Fett* **VALENCEN** *orangig, bitterorangig* 💧 *Alkohol, Fett*

GESCHMACK

SÜSS · **SAUER** · SALZIG · **BITTER** · UMAMI

Zitronen duften fruchtig mit vielen Untertönen: balsamisch, blumig, ein wenig minzig. Diese Aromen kommen in der Schale besser zur Geltung, im Saft werden sie von den höheren säuerlichen Anteilen überdeckt.

HARMONIE

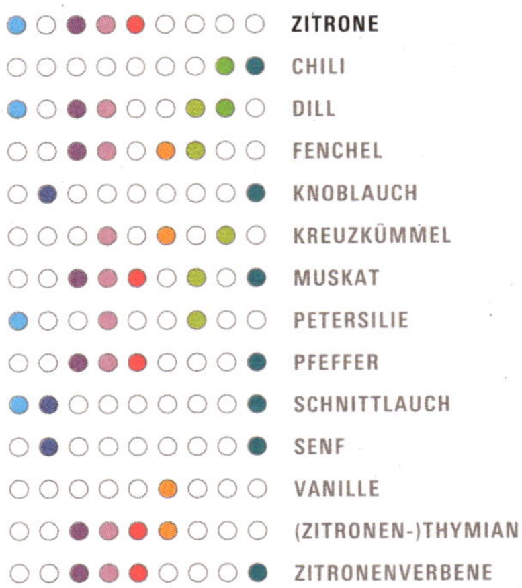

AROMENENTFALTUNG

A *Feine florale, wachsig-zitrale Aromen* **B** *Harzig-floral, leicht bitter* **C** *Hervorheben der Bitternoten*

PASST GUT ZU

Fisch, Geflügel, hellem Fleisch, Salate, Gemüse, Paniertem, Süßspeisen, Backwaren, Torten (Zitronat)

LÄNDERKÜCHE

Österreich: *Wiener Schnitzel, Backhuhn* ***Deutschland:*** *Christstollen (Zitronat), Zitronensorbet, Zitronencreme, Zitronenlimonade* ***Italien:*** *Pasta al limone, Zitronenhuhn, Zitroneneis, Panettone (Hefekuchen, Zitronat), Limoncello (Likör)* ***Frankreich:*** *Vinaigrette* ***England:*** *Cumberlandsauce* ***Levante:*** *Taboulé (Petersiliensalat), Meze, Grillfleisch* ***Marokko:*** *eingelegte, gesalzene Zitronen, Tajine, Couscous* ***Griechenland:*** *marinierte Hähnchenspieße, gegrillte Fische* ***Südamerika:*** *Ceviche (Fisch)* ***Lateinamerika:*** *Mojos*

ZITRONENUNIVERSALGEWÜRZ

- 2 unbehandelte Zitronen
- 60 g Zucker
- 5 schwarze Pfefferkörner

Die Zitronen waschen, schneiden und die Kerne entfernen. Zusammen mit dem Zucker und dem Pfeffer in einen Thermomix geben und gut 1 Stunde auf 100 °C kochen lassen. Danach auf 80 °C eine weitere Stunde „köcheln", dabei auf kleinster Stufe rühren. Immer wieder Wasser nachgeben, damit genügend Flüssigkeit enthalten ist. Zum Schluss sehr fein auf höchster Stufe pürieren. Es entsteht eine Würzcreme, die sowohl Saucen als auch Gemüse oder Obst entsprechend würzt. Auf Fleisch oder Fisch gegeben, bringt diese Würzcreme ebenfalls deutliche Zitronennoten in viele Gerichte. Man kann dieses Zitronengewürz auch im Topf kochen und mit dem Stabmixer pürieren, es ist nur mühsamer.

Zitronensaft ist nicht nur in der europäischen Küche ein beliebtes Säuerungsmittel – aber dort vor allem, denn andere Weltküchen bevorzugen eher Limetten oder Bitterorangen. Fisch- und Fleischgerichte werden klassischerweise damit aromatisiert: Die Säure dient als frische Ergänzung zu den Röstaromen bei Gebratenem, insbesondere nimmt sie Fischen das manchmal Tranige, Schwere. Für diese frisch-röstige Kombination kann man auch ein Brathuhn mit ganzen Zitronen füllen – die Früchte aber vorher gut anpieksen, damit der Saft beim Braten im Ofen austreten kann. Über die Schale erhält man dazu ein paar Bitternoten, die dem Huhn zusätzliche aromatische Tiefe geben. Wenn man es gut zuschnürt, bläht sich das Huhn beim Braten auf und lässt fast keine Aromen entweichen. Einen ganz besonderen Effekt macht man sich in der südamerikanischen Küche zunutze. Dort wird Fischfilet lange in Zitronen- oder Limettensaft eingelegt: In dieser *Ceviche* wird das Protein im Fisch durch die Säure denaturiert und so „roh gegart". Ein Klassiker der italienischen Küche ist *Pasta al limone:* Der Saft und die Schalen von Zitronen werden mit Pfeffer, Mascarpone und Crème fraîche als fettreichen Aromaträgern kombiniert. Heraus kommt ein fruchtig-scharf-saures Erlebnis, besonders wenn man noch ein paar Spritzer der scharfen, sauer-fruchtigen Tabascosauce hinzufügt. Eine bekannte marokkanische Spezialität sind gesalzene und in Öl eingelegte ganze Zitronen, denen nach zwei Tagen Pfeffer, Lorbeer, Kardamom und Zimt zugegeben werden. All diese vollkommen unterschiedlich erscheinenden Gewürze weisen eine starke Überlappung im Bereich der pinienartigen, zitrusartigen bis leicht harzigen Noten auf. Mit den eingelegten Zitronen wird häufig das marokkanische Nationalgericht Tajine mit Couscous gewürzt, meistens wenn es mit Huhn oder Fisch zubereitet wird. In Marokko würzt man auch Salate mit der klein geschnittenen gesalzenen Schale. Süßspeisen mit

Vanille enthalten häufig Zitronenschale beziehungsweise Zitronat, da so die schweren, süßlich-aromatischen Noten um das typische Zitrusaroma aufgehellt werden. Auf Sizilien und in der Gegend um Neapel werden Zitronen in hochprozentigem Alkohol eingelegt, um ihre Aromen zu lösen: So wird der Likör *Limoncello* hergestellt, der gekühlt als Digestif getrunken wird.

EXTRA: ZITRONAT

Aus den dickeren Schalen der Zitronatzitrone, die wenig Fruchtfleisch und kaum Saft enthält, wird das Zitronat erzeugt. Beim Kandieren werden die Schalen mehrmals mit Zuckersirup übergossen, wodurch ihnen Wasser entzogen und die Bitterkeit genommen wird. Gleichzeitig bildet sich eine Zuckerschicht auf den Schalen. Zitronat ist eine wichtige Backzutat in der europäischen Küche, zum Beispiel im Christstollen.

EINKAUF, QUALITÄTEN, LAGERUNG

Man sollte immer unbehandelte Früchte kaufen. Es gibt viele verschiedene Zitronenarten, die zu unterschiedlichen Zeiten reifen und auch verschieden schmecken. Leider werden diese Sorten im Handel so gut wie nie unterschieden. Sogar die Blätter der →Kaffirlimette werden manchmal fälschlich als „Zitronenblätter“ bezeichnet. Wenn man nur wenig frischen Zitronensaft benötigt, muss man die Zitrone nicht anschneiden, sondern sticht sie lediglich an. So bleibt der Rest länger frisch. Eine halbe Zitrone hält länger, wenn man sie mit der angeschnittenen Seite auf einen kleinen Teller mit ein paar Essigspritzern legt. Ganze Zitronen halten im Gemüsefach des Kühlschranks monatelang.

Cymbopogon citratus

ZITRONENGRAS

Zitronengras ist ein tropisches Grasgewächs. Seine Wildform ist unbekannt, kultiviert kommt es in vielen verschiedenen Arten vor. Zum Kochen wird das Westindische Zitronengras verwendet, das Gerichten eine wunderbar frische, zitronige, aber auch leicht bittere Note verleiht.

Zitronengras duftet nicht nur nach Zitronen, sondern trägt auch einen Hauch von Rosen und Verbene (Eisenkraut) in sich. Das ätherische Öl wird durch ein Gemisch aus dem zitronig-blumigen GERANIAL und dem zitronenartig duftenden NERAL bestimmt. Beide Verbindungen sind zu einem großen Teil für das Tomatenaroma sowie für das von Zitronen(schalen) und Zitronenverbene verantwortlich. Des Weiteren sind süßlich-balsamische Noten, blumig-frische Töne und grün-apfelige Düfte mit Anklängen an Zitrus und Baumrinde im Aroma von Zitronengras vorhanden.

Damit sich das feine Aroma entwickelt, muss man Zitronengras zerschneiden, also die Faserzellen verletzen. Das trockene Wurzelende und die beiden äußeren Blätter schneidet man weg, der Rest wird in größere Teile geschnitten oder als Ganzes mitgekocht. Die Aromen lösen sich im Fett der Speisen. Man lässt es daher in der Suppe oder im Curry mitziehen und entfernt es vor dem Servieren: Die Stücke sind zu faserig und zäh zum Kauen. Möchte man das Zitronengras jedoch mitessen, darf man nur den weichen Teil zur Wurzel hin verwenden, der wie Frühlingszwiebeln in feine Scheiben geschnitten wird.

GERANIAL *zitronenartig, blumig* ◊ *Alkohol, Fett* **NERAL** *zitronenartig* ◊ *Alkohol, Fett* **MYRCEN** *süßlich-würzig, balsamisch, pfeffrig, terpentinartig* ◊ *Alkohol, Fett* **LINALOOL** *blumig, zitrusartig, frisch* ◊ *Alkohol, Fett* **NEROLIDOL** *floral, grün, wachsig* ◊ *Alkohol, Fett*

GESCHMACK

SÜSS SAUER SALZIG **BITTER** UMAMI

Zitronengras duftet und schmeckt erfrischend zitronig, etwas herb, leicht pfeffrig.

HARMONIE

AROMENENTFALTUNG

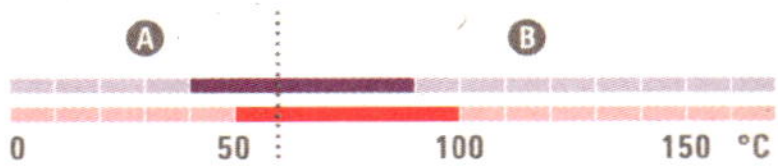

A *Anklang an Zitrusblüten* **B** *Feine florale Zitrusnoten ohne Säure*

PASST GUT ZU

Geflügel, Kalb, Fisch, Meeresfrüchten, Krustentieren

LÄNDERKÜCHE

Singapur: *Nonya-Küche* ***Thailand:*** *Larps (Salate mit Fleisch), Currys, Suppen* ***Vietnam:*** *Suppen, Frühlingsrollen* ***Indien:*** *Tee*

GEWÜRZMISCHUNGEN

Indonesische Bumbu-Pasten

EINKAUF, LAGERUNG

Manchmal bekommt man Zitronengras abgepackt im Supermarkt, ansonsten kauft man es im Asialaden. Frisches Zitronengras hat eine schöne Farbtönung von Weißrosa bis hellgrün. Man kann es im Ganzen hervorragend einfrieren.

KOKOSFISCH

- 500 ml Kokosmilch (ungezuckert)
- Etwas frischer Ingwer, gehackt
- 1–2 Stangen frisches Zitronengras
- 12 Seeteufelbäckchen
- Etwas Kokosöl
- 1 Hauch Chili, Salz
- Grobes Meersalz

Kokosmilch erhitzen, dann Ingwer und den kleingeschnittenen weichen Teil einer Stange Zitronengras dazugeben. Aufkochen und sechs Stunden marinieren lassen. Auf 70 °C erwärmen und die Seeteufelbäckchen darin 20 Minuten garen. Herausnehmen und warm halten. 250 ml der Kokosmilch unter starker Hitze auf 100 ml reduzieren, mit etwas Kokosöl binden und mit Chili und Salz abschmecken. Die Sauce als Spiegel in tiefe Teller geben und die Fischbäckchen daraufsetzen. Mit grobem Meersalz und sehr dünn geschnittenen Zitronengrasscheiben garnieren.

Zitronengras ist das klassische Gewürz der thailändischen, indonesischen, malaysischen und vietnamesischen Küche. Sein Duft wirkt nicht dominant und gibt vielen Gerichten dennoch einen Frischekick – das macht es als Zutat so begehrt. Es passt ideal zu zarten Speisen, die sein Aroma nicht überdecken, etwa helles Fleisch, Fisch oder Meeresfrüchte. Eine aromatische Überlappung gibt es vor allem mit Basilikum und Ingwer im Bereich der zitronig-frischen, blumigen Aromen. Bei Knoblauch, Kokosnuss und Chili werden eher Aromen ergänzt: von schwefeligen Tönen über süßlich-fettige, cremige Noten bis zu schärferen Paprikanoten. Südostasiatische Gerichte, in denen all diese Gewürze vorkommen, sind daher Beispiele für gleichzeitiges Food-Pairing und Food-Completing (→Seite 58, 60). Für eine duftende Vinaigrette lässt man Zitronengras, Basilikum, Ingwer, Knoblauch, Kokosnuss und Chili 24 Stunden in Essig ziehen. Zitronengras eignet sich auch für ein Pfirsich- oder Birnendessert, in dem über Ingwer oder Fenchelsamen weiter die zitrusartigen Aromen betont werden. Man kann aus Zitronengras auch einen Tee zubereiten.

GESCHICHTEN UND GESCHICHTEN

In Asien und Australien wachsen viele verschiedene botanische Sorten von Zitronengras, sie werden dort auf Feldern angebaut. Die Pflanzen brauchen tropisches Klima zum Gedeihen: viel Sonne, viel Niederschlag und keinen Frost. Kulinarisch bedeutend sind das sogenannte Ostindische und das Westindische Zitronengras – wobei die Namen nicht unbedingt eine genaue Herkunftsangabe darstellen: Das Ostindische wird zum Beispiel in Latein- und Südamerika angebaut. Auf dem indischen Subkontinent nutzt man die Duftstoffe aus dieser Sorte seit Jahrhunderten für Parfüms. Für diesen Zweck wird aus dem Gras ein Öl hergestellt.

Auch das mittelalterliche Europa kannte bereits Zitronengras: Es wurde zum Aromatisieren von Getränken wie Bier und Wein verwendet.

Melissa officinalis

ZITRONENMELISSE

Bei dem Küchenkraut Zitronenmelisse und dem Heilkraut Melisse, das in den berühmten Melissengeist kommt, handelt es sich um die gleiche Pflanze. Sie ist schon seit 3000 Jahren bekannt: „mel" ist ein altgriechischer Wortstamm und taucht in vielen Sprachen zur Bezeichnung von Honig auf: miel, miele. Schon damals bauten Imker Melisse für ihre Bienen an, sie scheinen auf Melissenblüten zu fliegen.

Der frische, blumige und zitronige Duft der Zitronenmelisse lässt sich auf die leicht flüchtigen Bestandteile NERAL und GERANIAL zurückführen. Daneben finden sich in dem Kraut der Aromastoff LINALOOL, der etwa Muskat, Ingwer und selbst Zimt seine blumig-frischen Aromen verleiht, das frisch nach Rosen und Zitrus duftende NEROL, bekannt aus den ätherischen Ölen von Rosen und Lavendel, sowie ein leicht süßlich-bitterer Geschmack. Das Kraut enthält weiterhin schwerer flüchtige, holzig-terpentinartige Geruchstöne und fruchtige, zitrusartige, grüne Noten, die sich etwa in Äpfeln wiederfinden. Erwähnenswert ist schließlich die KAFFEESÄURE in den frischen Blättern, die diesen einen etwas bitteren Geschmack verleiht.

MELISSENSIRUP

- 2 l Wasser
- 2,5 kg Zucker
- Mind. 2 Handvoll Blätter Zitronenmelisse
- 6 unbehandelte Zitronen
- 30 g Weinsteinsäure

Wasser, Zucker und Zitronenmelisse in einen Topf geben. Zitronen mit Schalen in Scheiben schneiden und hinzufügen. 1 Minute aufkochen. Vom Herd nehmen, 6 Stunden abkühlen und stehen lassen. Weinsteinsäure einrühren, Topf zudecken und 5 Tage in den Kühlschrank stellen. Das Ganze durch ein Tuch abseien, den Saft in ausgekochte oder heiß ausgespülte Flaschen füllen und gut verschließen. Im Kühlschrank oder im Keller aufbewahren. Mit Mineralwasser gemischt, ergibt es ein erfrischendes Sommergetränk.

Die Blätter der Zitronenmelisse werden immer frisch verwendet und am besten nur grob zerzupft über die fertigen Speisen gegeben. Mitkochen oder allzu feines Kleinhacken würde ihre edlen Aromen zu früh aus der weichen Blattstruktur freisetzen. Beim Trocknen verflüchtigt sich ein Teil der floralen, blumigen Noten, was die holzig-harzigen Töne und den bittersüßen Geschmack betont.

Immer wenn man auch mit Zitrone, Zitronenschale oder Limette würzen könnte, passt Zitronenmelisse – zusätzlich oder als Ersatz. Ihr Aroma ist allerdings weniger dominant als das der Zitrone, dazu bittersüß und etwas

6-METHYL-5-HEPTEN-2-ON *stechend, fruchtig, zitrusartig, grün* 💧 *Alkohol, Fett* NERAL *zitronenartig* 💧 *Alkohol, Fett* GERANIAL *zitronenartig, blumig* 💧 *Alkohol, Fett* CITRONELLAL *fruchtig-zitronig* 💧 *Alkohol, Fett* CITRONELLOL *rosig-blumig, leicht bitter* 💧 *Alkohol* LINALOOL *blumig, zitrusartig, frisch* 💧 *Alkohol, Fett* NEROL *frisch, rosig, zitrusartig* 💧 *Alkohol, Fett, Wasser* GERANYLACETAT *blumig, rosig* 💧 *Alkohol, Fett* β-CARYOPHYLLEN *holzig-terpentinartig* 💧 *Fett*

GESCHMACK

SÜSS	SAUER	SALZIG	**BITTER**	UMAMI

Das Kraut duftet deutlich nach Zitrone, schmeckt bittersüß und ein bisschen scharf. Das Aroma hält sich in Speisen angenehm im Hintergrund und ist nicht so aufdringlich wie echte Zitrone oder Zitronengras.

HARMONIE

- ZITRONENMELISSE
- BASILIKUM
- BRUNNENKRESSE
- DILL
- FENCHEL
- GALGANT
- INGWER
- KERBEL
- LIMETTE
- MINZE
- PETERSILIE

SCHNITTLAUCH
THYMIAN

AROMENENTFALTUNG

A *Frisch, grünlich, zitronig-herbal*
B *Florales Zitrusaroma* **C** *Leichte Bitterkeit*

PASST GUT ZU

Fisch, Huhn, Gemüsesalaten

LÄNDERKÜCHE

Frankreich: *Bénédictine, Chartreuse (Liköre)*
Deutschland: *Kasseler Grüne Sauce, Sorbets*

EINKAUF, LAGERUNG

Frisch gibt es sie in Gärtnereien. Die Blätter sind vor der Blüte am aromatischsten. Im Kühlschrank im Gefrierbeutel bleiben die Blätter einige Tage frisch. Getrocknet verlieren sie viel von ihrem Aroma.

scharf. Deshalb harmoniert sie auch mit Galgant und Ingwer. Wegen der in beiden vorkommenden grün-fruchtigen Zitrusaromen passt sie besonders zu Äpfeln, aber auch mit Erdbeeren, Himbeeren, Melonen oder Pfirsichen lassen sich schmackhafte Desserts zubereiten. Für Speisen gilt, dass deren Eigenaromen nicht zu stark sein dürfen: Interessant ist etwa ein Pilzgericht, über das als Kontrast ein paar Zitronenmelisseblätter gestreut werden. Fisch und Geflügel bekommen mit Zitronenmelisse einen Frischekick, genauso wie Obstsalate. Obwohl Zitronenmelisse mit vielen frischen Kräutern harmoniert, sehr gut zum Beispiel mit den ebenfalls zitrusartig duftenden Kräutern Basilikum und Thymian, sollte sie stets im Vordergrund bleiben, damit ihre feinen Inhaltsstoffe nicht von anderen Aromen überdeckt werden. Sie passt solo zum Beispiel in den Kräuterquark, zum Frischkäse, in Joghurts und Kräuterbutter, deren Fett ihre Aromen hervorragend löst. Auch Essig, vor allem Apfelessig, kann man mit Zitronenmelisse aromatisieren, denn in Alkohol lösen sich ihre Aromen ebenso gut. Viele Cocktails enthalten die Blätter der Zitronenmelisse deshalb nicht nur zur Dekoration. Getrocknet eignet sie sich für einen sehr guten Tee, der auch Sorbets einen fruchtigen, leichten Bitterton verleiht.

Aloysia citriodora

ZITRONENVERBENE

Die Pflanze stammt aus Südamerika und kam erst im 18. Jahrhundert nach Europa. Die leuchtend grünen Blätter enthalten viel ätherisches Öl, duften herrlich nach Zitrone, schmecken aber nur leicht säuerlich. Zitronenverbene stammt zwar aus der Familie der Eisenkrautgewächse, das Echte Eisenkraut (Verbena officinalis) ist aber sehr bitter und duftet keinesfalls zitronig.

GERANIAL *zitronenartig, blumig ◊ Alkohol, Fett* NERAL *zitronenartig ◊ Alkohol, Fett* CITRONELLAL *fruchtig-zitronig ◊ Alkohol, Fett* LIMONEN *orangenartig, terpentin-zitronenartig ◊ Alkohol, Fett* α-PINEN

Der Duft der Zitronenverbene ist durch sehr leicht flüchtige und blumige Aromastoffe bestimmt. Der erste frische, zitronige Eindruck wird durch vier Hauptaromen erzeugt: das zitronig-blumig duftende GERANIAL, das zitrusartige NERAL, das frische, apfelig-säuerlich duftende NEROLIDOL und CITRONELLAL, das eine zitrusartige Frische beisteuert, die auch in Kaffirlimettenblättern und Zitronenmelisse vorkommt. Zitronenverbene enthält weiterhin eine Orangennote sowie warm-harzige, mitunter terpentinartige, fruchtige

Düfte. Außerdem finden sich in dem Kraut holzige, terpentinartige bis balsamische Töne, eine erdig-bitter wirkende Duftkomponente und ein etwas bitterer Geschmack.

Frisch duften die Blätter stark nach Zitrone und schmecken ähnlich – nur weniger intensiv sauer. Getrocknet behalten sie viel von ihrem Aroma, wenngleich sich ein Teil der blumigen Noten verflüchtigt. Man kann sie zwar fein gehackt mitkochen, am besten aber nur kurz, sonst verflüchtigen sich fast alle Aromen. Im Bauch von Fischen oder Geflügel können jedoch die Blätter oder sogar ganze frische Zweige mitgegart werden.

TABOULEH MIT ZITRONENVERBENE (STATT PETERSILIE)

- 100 g Couscous (vorgekocht)
- 4 EL Wasser
- 2 EL Orangenblütenwasser
- 2 frische Tomaten
- 2 gehackte Knoblauchzehen
- 1 kleine gehackte Schalotte
- Salz, Pfeffer
- 100 ml Olivenöl
- 1 Bund Zitronenverbene

Couscous mit Wasser und Orangenblütenwasser anquellen. Tomaten enthäuten, fein würfeln, dabei Tomatenwasser (ohne Kerne) zum Couscous geben. Klein gewürfelten Knoblauch unterheben, ebenso die gehackte Schalotte. Mit Salz und Pfeffer würzen und das Olivenöl einrühren. Nun etwa 1 Stunde ausquellen lassen. Zitronenverbene waschen, nicht zu fein hacken und unterheben, noch etwa 30 Minuten quellen lassen. Dazu passt eine Flasche eiskalter Rosé Mas de la Dame aus Les Baux.

Über die Harmonie der blumig-zitrusartigen und eukalyptusartigen Aromen verträgt sich die Zitronenverbene gut mit Basilikum oder dem Zitronenthymian, zusammen mit Minze ergibt sich eine leicht kühlende Frische. Besonders gut passt das Kraut zu asiatischen Gerichten – ähnlich wie Zitronengras – und verträgt dort scharfe beziehungsweise schwefelig-stechende Gewürze wie Chili und Knoblauch. Der blumig-harzige Zitronenduft ergänzt sich sehr gut mit den schwefeligen Noten des Knoblauchs und der Schärfe. Zu viel Chili ist allerdings nicht ratsam, da die Schärfe sonst die Aromen überdeckt. Die Kombination mit Fisch bietet sich, so wie bei allen nach Zitronen duftenden Pflanzen, ganz besonders an. Der entscheidende Unterschied ist, dass Zitronenverbene den Speisen zwar eine zitronige Frische verleiht, dabei aber den säuerlichen Geschmack ausspart. Wenn dieser Effekt erreicht werden soll, ist das Kraut erste Wahl. Ebenso eignet es sich für herzhafte Saucen und Marinaden für Fisch und Geflügel. Das Kraut kann auch Süßspeisen, Obstsalate, Fruchtsäfte und Bowlen aromatisieren. Sahneeis lässt sich wegen der Fettlöslichkeit der Aromen gut mit Zitronenverbene auffrischen. Getrocknete Blätter ergeben einen erfrischenden Tee, mild und intensiv zitronig.

warm-harzig, pinienartig-kampferig ◊ *Alkohol, Fett* **KAMPFER** *scharf-bitter-mentholig-eukalyptusartig* ◊ *Alkohol, Fett* **1,8-CINEOL**[T] *Eukalyptus, kampferig, kühlend* ◊ *Alkohol, Fett* **NEROLIDOL** *floral, grün, wachsig* ◊ *Alkohol, Fett* **β-CARYOPHYLLEN** *holzig-terpentinartig* ◊ *Alkohol, Fett* **α-CURCUMEN** *kräuterig-bitter, erdig* ◊ *Alkohol, Fett* **SPATHULENOL** *bitter* ◊ *Alkohol, Fett*

GESCHMACK

Die Blätter der Zitronenverbene duften nach Zitrone, schmecken aber nicht sauer. Im Nachgeschmack sind sie etwas bitter. Sie können als Ersatz für Zitronengras dienen.

HARMONIE

AROMENENTFALTUNG

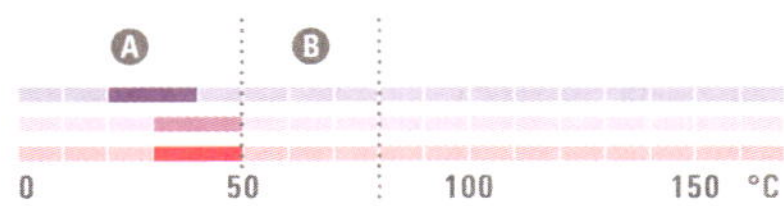

A *Feine floral-zitrusartige Noten* **B** *Deutliches, intensiv zitrus-harziges Aroma*

PASST GUT ZU

Fisch, Huhn, Ente, Pilzen, Reis, Obst

LÄNDERKÜCHE

Deutschland: *Fruchtsaft, Obstsalat, Dessert, Kompott, Bowle* ***Frankreich:*** *Viele Fischgerichte, Bowle, Eistee* ***Thailand:*** *Milchreis, Desserts*

DORADE MIT SPITZKOHL-SPARGEL-GEMÜSE, GRACILARIA UND RHABARBERCONFIT

FÜR DIE DORADEN

2 Doraden (à ca. 500 g; aus griechischer, spanischer oder türkischer Aquakultur)

grobes Salz

1 Bund Zitronenverbene

FÜR DAS SPITZKOHL-SPARGEL-GEMÜSE MIT GRACILARIA

2 kleine Schalotten

400 g junger Spitzkohl

300 g frische Gracilaria (Rotalgen, „Spaghettialgen", z. B. gesalzen aus der Bretagne)

2 Stangen grüner Spargel

50 g Rohmilchbutter

Salz

FÜR DAS RHABARBERCONFIT

Kubebenpfeffer

250 ml Wasser

2 EL Zucker

1 EL Salz

1 Stange Rhabarber

10 Zitronenverbenenblätter

Für die Doraden: Die Doraden filetieren. (Kopf und Gräten können für einen Fond verwendet werden.) Die Zitronenverbene waschen, trocken schütteln, die Fleischseiten der Fische leicht salzen und mit Zitronenverbene belegen. Auf der Hautseite in einer antihaftbeschichteten Pfanne kurz und kräftig knusprig braten. Danach kurz auf die Fleischseite wenden. Die Fleischseite glasig werden lassen, die Zitronenverbene soll ihre Aromen abgeben. Zum Anrichten die Zitronenverbene entfernen.

Für das Gemüse: Die Schalotten schälen und den Spitzkohl waschen. In sehr kleine Stücke schneiden. Die Gracilaria kurz wässern, abtupfen und in kleine Stücke schneiden. Den Spargel im unteren Drittel schälen und in feine Scheiben schneiden. Die Butter in einem Topf zerlassen und die Schalotten bei schwacher Hitze glasig dünsten, leicht salzen. Den Kohl dazugeben und bissfest garen. Die Algen zugeben, nicht länger als 2 Minuten durchschwenken. Die Spargelscheiben unterheben, warm halten.

Für das Rhabarberconfit: Den Kubebenpfeffer im Mörser zerkleinern. 250 ml Wasser mit Zucker, Salz und Kubebenpfeffer in einem kleinen Topf aufkochen und so lange köcheln, bis sich Zucker und Salz gelöst haben. Den Rhabarber wenn nötig schälen und in 2 cm lange Stücke schneiden. Gegebenenfalls der Länge nach halbieren. Sud vom Herd ziehen und die Rhabarberstücke und die Zitronenverbenenblätter einlegen, bei etwa 50 °C etwa 15–20 Minuten marinieren lassen. Der Rhabarber darf keinesfalls zu weich werden. Herausnehmen, abseihen und die Zitronenmelisse entfernen.

Zum Anrichten: Gemüse und Rhabarber getrennt anrichten. Den Fisch mit der Hautseite nach oben (damit sie knusprig bleibt) an das Gemüse legen.

EINKAUF, LAGERUNG

Frisch ist sie in Gärtnereien erhältlich. Man kann das Kraut nur kurz im Kühlschrank oder in einem Wasserglas aufbewahren. Gehackte Blätter können aber in Eiswürfelbehältern mit etwas Wasser eingefroren werden. Getrocknet bekommt man Zitronenverbene als Tee, so hält sie ein Jahr.

EXTRA: SELBST ANBAUEN

Der robuste, pflegeleichte Zitronenstrauch ist ursprünglich in Uruguay, Argentinien, Chile und Peru beheimatet und deswegen sogar bedingt winterhart: Temperaturen bis zu einigen Grad Celsius unter null hält er aus. Weil er nicht höher als einen Meter wird, eignet er sich als Topfpflanze für den Garten: So kann man ihn bei sehr niedrigen Temperaturen einfach hereinholen (→ Kräuter und Gewürze im eigenen Garten, Seite 84).

ZUCKER

Der Zucker in unseren Küchen ist Saccharose. Die steckt in vielen Früchten und Pflanzensäften: vor allem im Zuckerrohr und in der Zuckerrübe, aus denen Zucker industriell erzeugt wird. Neben dem raffinierten, gereinigten, einfach nur süß schmeckenden Haushaltszucker gibt es aber noch viele Zuckersorten, die entweder anders schmecken oder sich aufgrund ihrer chemischen Struktur beim Zubereiten von Speisen anders verhalten.

KRISTALLZUCKER

GESCHMACK

Zucker riecht nach nichts. Er definiert die reine Grundgeschmacksrichtung „süß". Erst bei sehr hohen Temperaturen bilden sich Karamellnoten.

AROMENENTFALTUNG

A *Rein süß* **B** *Bildung karamelliger Noten*

Allgemein gesehen ist „Zucker" nur der Oberbegriff für eine ganzen Familie von Molekülen, die ähnliche physikalisch-chemische Eigenschaften haben – und die meistens süß sind. Die Saccharose ist ein sogenanntes Disaccharid, eine chemische Verbindung von Glucose (Traubenzucker) und Fructose (Fruchtzucker). Saccharose bildet Kristalle, die sich in Wasser auflösen, schmeckt süß und hat keinerlei weitere Aromen. Zucker definiert damit die reine Geschmacksrichtung „süß" (→ Abschmecken: süß, Seite 36).

Durch Zugabe von Wasser kann Zucker zu unterschiedlich konzentrierten Sirupen verkocht werden. Grundlage ist immer eine Mischung aus Zucker und Wasser im ungefähren Verhältnis von 3:2. Wenn sich der Zucker unter Rühren und schwacher Hitzezufuhr aufgelöst hat, wird die Mischung zum Kochen gebracht und nicht mehr umgerührt. Je nach erreichter Dichte entspricht das Resultat unterschiedlichen Kochgraden:

LÄUTERZUCKER: Er entsteht beim Kochen von Haushaltszucker, das heißt, wenn Saccharose auf 100 °C erhitzt wird.

FADENZIEHENDER ZUCKER: Fadenzucker entsteht zwischen 103 und 109 °C, wenn die Zuckerlösung länger weiterkocht, bis sie so dick ist, dass sie bei der Probe Fäden zieht. Sie wird für Glasuren und zum Kandieren verwendet.

FLUGZUCKER: Die Lösung wird noch weiter eingekocht und auf etwa 114 °C erhitzt. Beim Eintauchen eines gebogenen Drahtes bildet sich eine Haut, wenn man hineinpustet, entstehen Blasen. Flugzucker eignet sich für Baisers oder, bei dicken Blasen, für Fondants.

FETTFREIE ZUCKERKARAMELL-CREME MIT NICHTGEBRANNTEN „GEBRANNTEN" MANDELN

- 100 g Haushaltszucker
- 200 g Wasser
- 3 g Agar-Agar
- 2 EL Mandelsplitter
- 4 EL Isomalt

Den Haushaltszucker in einem schweren Topf hell karamellisieren lassen. Mit dem Wasser ablöschen und den Karamell loskochen. Abkühlen lassen und Agar-Agar einrühren. Aufkochen und danach vollkommen gelieren lassen, anschließend mit einem Stabmixer oder einer Küchenmaschine sehr fein und vollkommen glatt pürieren. Isomalt in einer heißen Pfanne schmelzen und die Mandelsplitter mit einem Holzlöffel damit rasch überziehen. Die Mandelsplitter sollten nicht braun werden. Vollkommen abkühlen lassen. Karamellcreme auf einem Teller ausstreichen und die knusprigen Mandelsplitter darauf verteilen. Mit Kräutern und Früchten der Saison garnieren.

BALLEN BILDENDER ZUCKER: Diese bei 116 °C kochende, noch stärker konzentrierte Zuckerlösung wird für Marmeladen verwendet.
BRUCH: Bei etwa 135 °C wird der Zucker fest, bricht aber beim Eintauchen in Wasser. Bruchzucker kommt bei Bonbons zum Einsatz und ist in der Patisserie wichtig, weil er zu Beginn noch formbar ist.
KARAMELL: Ab 150 °C wird Zucker zum festen Karamell und verändert sich stark: Während sich seine Süße vermindert, bildet sich der Stoff Maltol mit karamellig-röstigen Düften, zudem nimmt er eine braune Farbe an. Aromen wie Färbung können beim Anbraten von Gemüse genutzt werden, etwa als Bräunungshilfe und Würze. Wird der Zucker zu lange erhitzt, bilden sich immer mehr Bitterstoffe.

Zucker süßt Speisen nicht nur, sondern unterstreicht und harmonisiert auch andere Geschmacksrichtungen: Selbst in kleinen Dosen überdeckt seine leichte Süße immer wieder Bitterstoffe oder mildert sie ab (→ Abschmecken: bitter, Seite 41). Genauso funktioniert das mit säuerlichen Noten: Tomaten etwa nimmt Zucker ihre Säure und unterstützt gleichzeitig deren eigene Tomatensüße (→ Abschmecken: sauer, Seite 37).

GESCHICHTE UND GESCHICHTEN

In der Antike süßte man hauptsächlich mit Honig, im indischen Raum mit Zuckerrohrsaft. Dort wurde vermutlich im 4. Jahrhundert ein Verfahren entwickelt, um aus dem Saft des Rohrzuckers Zucker zu kristallisieren. Die Perser erfanden im 7. Jahrhundert den Zuckerhut. Über arabische Händler und die Kreuzfahrer gelangte dieses Wissen nach Europa und von dort in die Kolonien europäischer Staaten. Deshalb entstanden dort viele Zuckerrohrplantagen – auf Grundlage der Sklaverei. Mitte des 18. Jahrhunderts begann

PASST GUT ZU

Süßen Speisen, herzhaften Speisen, in kleinen Dosen als harmonische Komponente

GEWÜRZMISCHUNGEN

Vanillezucker, Zucker mit Zimt, Gewürzzucker für Kaffee (mit Kakaopulver, Kardamom, Zimt, Muskatnuss, Nelken, Piment, Vanille), Lavendelzucker, Gewürzzucker für Pikantes (Muskatblüte, Muskatnuss, Kardamom, Salz), Orangenzucker, viele weitere

QUALITÄTEN, LAGERUNG

Zucker ist eines der wenigen Nahrungsmittel ohne offizielles Haltbarkeitsdatum, unbegrenzt haltbar. Bis auf den Unterschied zwischen Rohzucker und raffiniertem Zucker gibt es beim Haushaltszucker keine großen Qualitätsunterschiede.

DIE WICHTIGSTEN ZUCKERSORTEN

Auf den folgenden Seiten werden die wichtigsten klassischen Zuckersorten und ihre aromatischen Unterschiede aufgeführt und abgebildet. Neben Saccharose gibt es jedoch noch viele andere natürliche Süßungsmittel beziehungsweise Zuckeraustauschstoffe, die kulinarisch sehr interessant sind – vor allem wenn sie beim Schmelzen nicht Bräunen oder weniger süß sind (→ Abschmecken: süß, Seite 36).

BRAUNER ZUCKER, FARIN: *Ein meist mit Rohrzuckersirup braun gefärbter, grob auskristallisierter Weißzucker. Er kann auch durch Karamellisierung aus Weißzucker gewonnen werden und ist deswegen „würziger" als reiner Weißzucker. Typische Anwendungen sind herzhafte Speisen wie Saucen oder Braten. Er ist aber nicht gesünder als Weißzucker.*

FARINZUCKER

EINMACHZUCKER: *Dieser meist grobkörnige Weißzucker mit großen, gleichmäßigen Zuckerkristallen eignet sich zum Einkochen von Früchten. Die großen Kristalle lösen sich nur langsam auf, es können sich keine Klümpchen bilden und der Zucker brennt nicht so schnell an. Es gibt auch rot gefärbten Einmachzucker, der aber nicht anders schmeckt.*

EINMACHZUCKER

GELIERZUCKER: *Damit bereitet man Marmeladen, Gelees und Konfitüren zu, denn hier wurde Weißzucker mit Pektin, Zitronen- oder Weinsäure und zum Teil mit gehärteten Fetten versetzt. Konfitüren gelieren damit auch bei geringerer Kochzeit.*

GELIERZUCKER

GLUCOSESIRUP: *Eine nichtsüße, zähe Flüssigkeit aus Stärkeketten. Er wird bei der Eiszubereitung zugesetzt, da er Wasser bindet und Zucker am Kristallisieren hindert. Ganaches und Cremes in der Pâtisserie gibt Glucosesirup eine wunderbare Geschmeidigkeit.*

INVERTZUCKER, AKAZIENHONIG: *Beim Lösen in Wasser unter Hitze und durch Zusatz von Säure – etwa Zitronensäure, Zitronensaft oder Ascorbinsäure – wird der Zucker in seine Bestandteile Glucose und Fructose aufgespalten. Invertzucker kristallisiert unter Lagerung nicht mehr aus und kann daher instant und schnelllöslich in Bars und in der Pâtisserie verwendet*

INVERTZUCKER

GLUCOSESIRUP

KANDISZUCKER

RAPADURA

PALMZUCKER

werden. Er hat aber eine höhere Süßkraft als Läuterzucker. In Akazienhonig besteht die natürliche Süße aus Invertzucker (→ Abschmecken: süß, Seite 36).

KANDISZUCKER: *Es gibt ihn weiß oder braun, er wird durch langsames Auskristallisieren von Zuckerlösung hergestellt. Die großen weißen Stücke nennt man in Norddeutschland „Kluntjes", mit ihnen wird vor allem Tee gesüßt. Brauner Kandis schmeckt wie brauner Zucker leicht karamellartig, ist aber oft nur mit Zuckercouleur gefärbt.*

KRISTALLZUCKER, RAFFINADE: *Aus Zuckerrüben oder Zuckerrohr wird durch Raffination Kristallzucker beziehungsweise Raffinade gewonnen: Zucker mit besonders hoher Reinheit und in verschiedenen Körnungen vom Hagelzucker bis Puderzucker.*

LÄUTERZUCKER, ZUCKERSIRUP: *Gekochte Lösung aus Zucker und Wasser mit derselben Süßkraft wie Saccharose. Kuchen oder Gebäck wird darin getränkt, er dient auch als Garflüssigkeit für Früchte, zum Süßen von Speisen oder eingekocht als Obstglasur – und vor allem als Cocktailzutat, weil er sich im Gegensatz zu kristallinem Zucker auch in kalten Umgebungen gut löst. Wird er weitergekocht, bis er leicht gelblich karamellisiert, nannte man das Ergebnis früher „Kunsthonig".*

PALMZUCKER: *Ein aus dem Blütensaft der Zuckerpalme gewonnener Zucker. Er ist weniger süß als Kristallzucker und hat zusätzlich karamellige Noten.*

ROH-ROHRZUCKER, MUSCOVADE: *Das ist Vollrohrzucker, nachdem er in der Zentrifuge von einem Großteil der Melasse getrennt wurde, er ist jedoch noch nicht raffiniert. Aus diesem Grund hat er noch immer leichte Noten von Karamell, Malz und*

Lakritze und passt deshalb zum Beispiel gut zu pikanten Zwiebeln, die mit dem Zucker geschmort werden.

ROHRZUCKER: *Das raffinierte Endprodukt aus Roh-Rohrzucker: ebenso wie Rübenzucker besteht er aus reiner Saccharose.*

VOLLROHRZUCKER: *Aus dem eingedickten und getrockneten, unraffinierten Saft des Zuckerrohrs wird Vollrohrzucker hergestellt. Neben Saccharose enthält er auch Spurenelemente und Mineralien und hat ein aromatisch-würzig-karamelliges Aroma. Er ist in Reformhäusern auch als Ursüße erhältlich.*

ZUCKERHUT: *Eine schon uralte Form für Zucker, die es heute kaum noch gibt. Aus Zuckerrohr ausgekocht, sammelte er sich in einem Trichter – daher seine typische Form.*

ROHRZUCKER

die Zuckergewinnung aus Rüben, nachdem Andreas Sigismund Marggraf 1747 den Nachweis erbracht hatte, dass die süßliche Substanz im Rübensaft identisch ist mit der in Rohrzucker. Das Fabrikationsverfahren zur Zuckerextraktion entwickelte Franz Carl Achard 1801. Die erste Zuckerfabrik der Welt stand im schlesischen Cunern.

Von den dort verwendeten Techniken und Abläufen konnten auch viele andere Industriezweige des 19. Jahrhunderts profitierten. Ganze landwirtschaftliche Regionen stellten auf den Anbau von Zuckerrüben um. Mittlerweile ist der Zucker aus gesundheitlichen Gründen ins Gerede gekommen, immer mehr Menschen müssen ihre Zuckeraufnahme reduzieren, Diabetes wurde zur „Volkskrankheit" erklärt. Zuckerersatzstoffe können geschmacklich allerdings nicht mit Zucker mithalten, was man zum Beispiel in den verschiedenen Diätsoftdrinks merkt. Deshalb hat der natürliche Zuckerersatz → Stevia in den letzten Jahren an Popularität gewonnen: Denn die Steviasüße erinnert geschmacklich mehr an Zucker als alle künstlichen Ersatzstoffe (→ Abschmecken: süß, Seite 36).

SÜSSKRAFT IM VERGLEICH

Süße ist messbar. Haushaltszucker (Saccharose) ist dabei das Standardmaß, an dessen Süße die Süßkraft anderer Süßmacher gemessen wird, ihm wird der Wert 1.0 zugeordnet. Alle anderen Süßungsmittel werden im Verglich dazu angegeben. Zuckerderivate oder -ersatzstoffe sind natürliche, etwa aus Früchten oder Pflanzen gewonnene Süßungsmittel. Synthetisch hergestellte Stoffe werden als Süßstoffe bezeichnet.

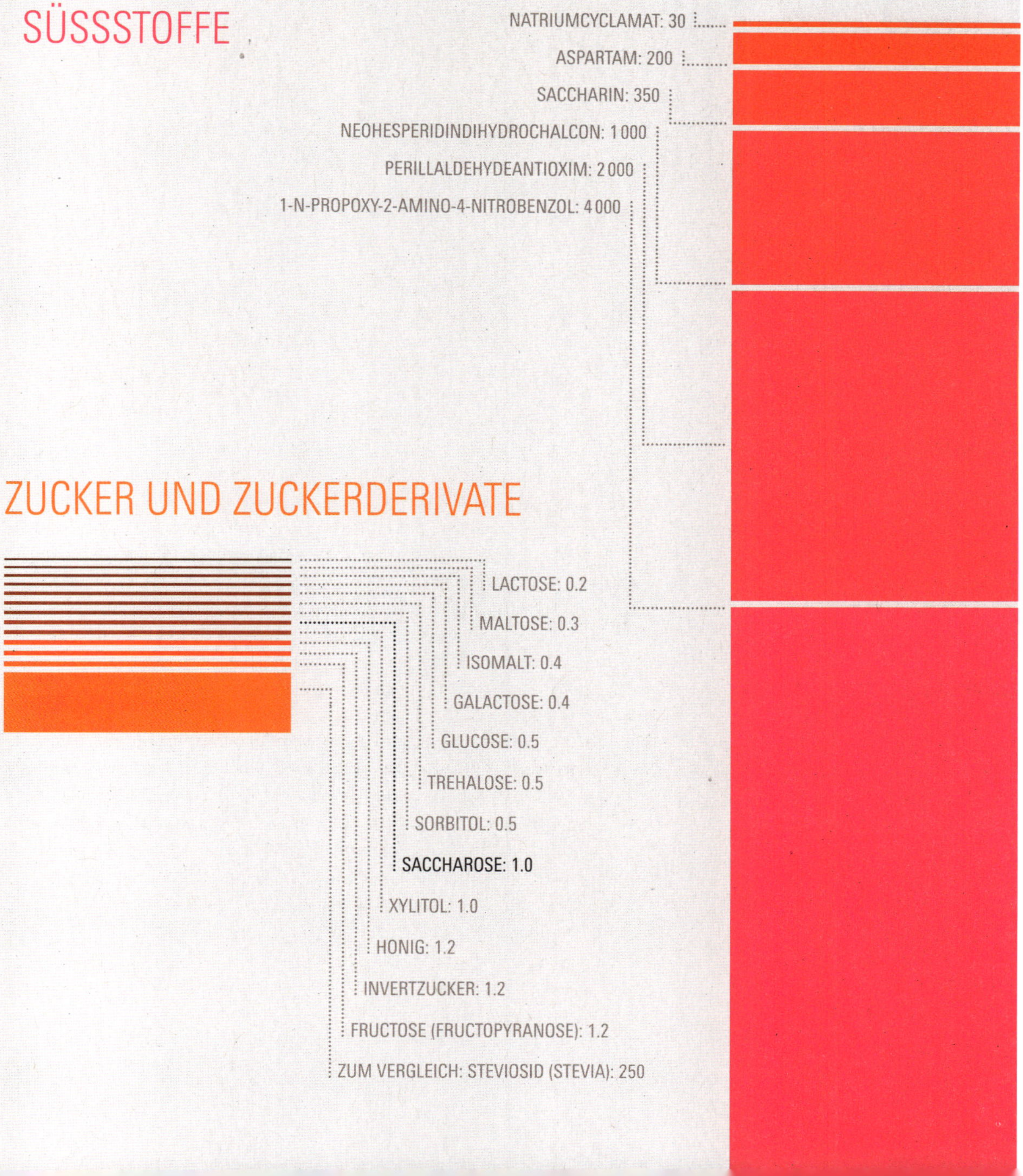

Allium cepa

ZWIEBEL, SCHALOTTE, FRÜHLINGSZWIEBEL

Ob gelb, weiß oder rot, als kleine und sehr aromatische Schalotten oder ganz jung als Frühlingszwiebeln: Rund um den Erdball und seit Tausenden Jahren verleihen sie Speisen eine wichtige Duft- und Geschmacksgrundlage.

ISOALLIIN[T] *schwefelig, zwiebelig, stechend* ◊ *Alkohol, Wasser* THIOPROPANAL-S-OXID[T] *lauchig, stechend, reizend* ◊ *Alkohol, Wasser* DIMETHYLSULFID *schwefelig, schweißig* ◊ *Alkohol, Wasser* DIMETHYTRISULFID *kohlartig* ◊ *Alkohol* DIPROPYLSULFID *lauchig-schwefelig* ◊ *Alkohol, Fett* METHIONAL *zwiebel-fleischartig, kartoffelig* ◊ *Alkohol* METHYLPENTYL-DISULFID *schwefelig, stechend* ◊ *Alkohol*

GESCHMACK

SÜSS SAUER SALZIG BITTER UMAMI

Zwiebeln sind scharf und reizen frisch angeschnitten zu Tränen. Sie sind aufgrund ihrer schwefeligen und süßen Aromen weltweit eines der beliebtesten Würzmittel in der Küche.

HARMONIE

ZWIEBEL
ESTRAGON
INGWER
KERBEL
KNOBLAUCH
PAPRIKA
PFEFFER
SHIITAKE
SUMACH

Die Chemie der Zwiebeln erinnert an Knoblauch, der beim Schneiden ebenfalls tränenreizende Schärfe entwickelt. Indirekt hervorgerufen werden diese Dünste hier durch die Schwefelverbindung ISOALLIIN, chemisch verwandt mit dem verantwortlichen Aromastoff im Knoblauch. Sobald Isoalliin durch die Zerstörung der Zellen austreten kann, trifft es mit einem Enzym zusammen, wodurch der eigentliche tränenreizende Stoff THIOPROPANAL-S-OXID entsteht. Zwiebeln enthalten außerdem Zucker, der für die typische Süße in weniger scharfen Sorten wie Gemüsezwiebeln oder Schalotten sorgt. Diese Süße tritt beim Kochen weiter in den Vordergrund. Der Zucker dient als Karamellisierungshilfe und bildet die bei hohen Temperaturen typischen Karamellnoten aus. Die freie Glutaminsäure in Zwiebeln sorgt für ihren herzhaften → umami-Geschmack.

Von der Farbe lässt sich auf Schärfe und Geschmack schließen: Gelbe Zwiebeln sind am schärfsten, weiße milder und die roten am aromareichsten. Der tränenreizende Stoff oxidiert schnell, daher verliert die Zwiebel beim Kochen, Braten und auch beim Salzen rasch ihre Schärfe – und damit ihr Heulpotenzial. In getrockneten Zwiebeln ist das tränenreizende Enzym ebenfalls nicht mehr aktiv. Werden Zwiebeln besonders langsam gebraten, entwickeln sie ihren ganzen Aromenreichtum und schmecken süßlich. In der europäischen Küche wird zum Schmoren oft eine halbierte, an der Oberfläche verbrannte Zwiebel mitgegeben: Freie Glutaminsäure und Zucker wirken dabei als natürliche „Geschmacksverstärker", das entstandene Karamell gibt Farbe und Röstaromen (→ Würzpraxis Rösten, Seite 53, → Abschmecken: umami, Seite 43). Von Frühlingszwiebeln wird nur die weiße Knolle angebraten, in Ringe oder feine Streifen geschnitten. Den grünen Stiel gibt man wie Schnittlauch erst ganz zum Schluss in das Gericht, damit er schön knackig bleibt. Für das Zwiebelkochen werden die kleingeschnittenen Zwiebeln kurz scharf angebraten beziehungsweise frittiert und dann mit Brühe abgelöscht. In dieser Zwiebelbrühe, die reich an umami-Geschmack ist, lässt man dann andere Zutaten gar kochen: Sie nehmen dadurch den Geschmack der Zwiebeln und dezente Röstaromen an.

Generell passen Zwiebeln zu allen Kräutern, denn sie erweitern diese um die Komponente umami-Geschmack. Sie ist es auch, die sich so gut in Gulasch einfügt. Als Faustregel gilt: die gleiche Menge Zwiebeln wie Fleisch. Was wären *Käsespätzle* ohne das Aroma langsam geschmorter Zwiebeln? Man kann dafür auch Röstzwiebeln nehmen, denn es geht immer um umami-Geschmack, Süße und röstige Aromen. Nicht umsonst kennt man

RÖSTZWIEBEL OHNE HITZE

1 gelbe Zwiebel

1 EL Gerstenmalzextrakt (Naturkostladen)

Die Zwiebel in feine Würfel hacken und mit dem Gerstenmalzextrakt vermischen. Ein, zwei Tage ziehen lassen und als „entschärfte, gemälzte" Zwiebeln auf Fleischgerichten („Zwiebelrostbraten") oder gegrilltem Gemüse servieren. Die Zwiebeln entwickeln einen malzigen Geschmack, der an leicht geröstete Zwiebeln erinnert, ohne dass sie ihre frische Knackigkeit verlieren – lediglich ihre beißende Schärfe ist verschwunden.

Röstzwiebeln in Deutschland auch als Beigabe zum Kartoffelpüree, in Österreich zum Rostbraten oder in Dänemark, Schweden und den USA als unverzichtbare Zutat zum *Hotdog*. Als Tischwürze, die zusätzlich eine angenehme Textur ergänzt, dienen sie in der indonesischen Küche: Dort werden geröstete Zwiebelringe über das Nationalgericht *Nasi goreng* gestreut. Die Grundlage für viele indische Gerichte bilden oft Zwiebeln, die in reichlich Fett und möglichst langsam gesotten werden. Diese Zubereitung wird Baghar-Methode genannt – auch hier spielen umami-Geschmack, die Süße und die entstehenden Röstaromen eine große Rolle. In der persischen Küche isst man Zwiebeln gerne roh als Beilage zu Gegrilltem – bestreut mit Salz, Sumach und Petersilie. Das Salz nimmt der Zwiebel ihre Schärfe, Petersilie steuert frisch-würzige Aromen bei und Sumach liefert Säure und Fruchtigkeit. Diese persische Beilage spricht also verschiedenste Rezeptoren im Mundraum an. In der italienischen Küche verwendet man die Würze und Süße der Zwiebeln für Pastasaucen und Risotto. Für den klassischen Sugo *all'amatriciana* wird Speck mit Zwiebeln angebraten und mit frischen Tomaten abgelöscht. Dadurch wird noch mehr freie Glutaminsäure hinzugefügt und die herzhafte Geschmacksempfindung „umami" weiter verstärkt. Röstaromen begleiten auch hier das Gericht. In Frankreich zieht man die süßeren, weniger scharfen und sehr aromareichen Schalotten den gewöhnlichen Zwiebeln vor. Sie werden häufig nicht gebraten, sondern als Soßengrundlage eingekocht und können dann mit den verschiedensten Kräutern kombiniert werden. Zusammen mit Estragon, Kerbel und Petersilie gehören sie in die Sauce béarnaise, die Steaks und Grillfleisch begleitet.

EXTRA: ZWIEBELN UND TRÄNEN

Tipps gegen die Tränen beim Zwiebelschneiden gibt es zuhauf – sie helfen allesamt wenig. Dauerhaft Abhilfe schaffen könnte die Gentechnik: Mit ihrer Hilfe kann man schon heute in Züchtungen das dafür verantwortliche Aroma „deaktivieren", solch eine Zwiebel ließe sich dann tränenfrei schneiden.

AROMENENTFALTUNG

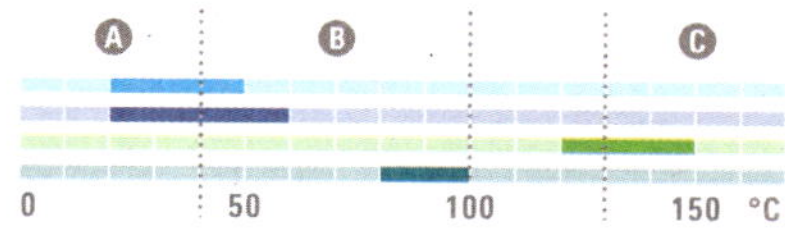

A *Frische, stark stechende Schwefelnoten*
B *Milde Zwiebelaromen, kaum stechend*
C *Bildung vieler Röstnoten aus Zwiebelproteinen und Zuckern*

PASST GUT ZU

Vielen herzhaften Gerichte (Würzbeilagen, Saucengrundlagen), Fleisch, Fisch

LÄNDERKÜCHE

Deutschland, Österreich: *Zwiebelrostbraten, Käsespätzle, Frikadellen, Gulasch* ***Frankreich:*** *Zwiebelsuppe, Quiche lorraine (Zwiebelkuchen)* ***Italien:*** *Risotto, Sugo all'amatriciana* ***Spanien:*** *Tortilla, Tapas*

GEWÜRZMISCHUNGEN

Kreolische Cajun-Mischung, indonesische Bumbu-Pasten, italienische Trockenmischungen für Pastasaucen

EINKAUF, LAGERUNG

Zwiebeln, Schalotten *und mittlerweile auch Frühlingszwiebeln gibt es in jedem Supermarkt.* ***Frühlingszwiebeln*** *sind Zwiebelgewächse ohne den verdickten unterirdischen Teil. Die weiße Knolle ähnelt im Aroma unserer Küchenzwiebel, ist aber zarter, der grüne Teil erinnert an Schnittlauch oder Lauch. Im Kühlschrank halten sie einige Tage, alle anderen Zwiebeln einige Wochen.*

GEWÜRZ-MISCHUNGEN

Gewürzmischungen liefern zwar ein bereits vorgefertigtes Aromenspektrum, sind aber oftmals das Ergebnis langer Tradition und passen deswegen perfekt in ihr jeweiliges Einsatzgebiet. Es ist besser, sie frisch zuzubereiten, denn gemahlen verlieren sie bald ihr Aroma. Deshalb stellt dieses Kapitel die bekanntesten Mischungen aus aller Welt nicht nur vor, sondern erklärt außerdem, was überhaupt drinsteckt und wie man sie selbst herstellen kann. Wegen der unzähligen regionalen Unterschiede existieren keine endgültigen Rezepte: Zur groben Orientierung sind jeweils die ungefähren Mischungsverhältnisse angegeben – so kann man das Ergebnis selbst bestimmen. Wichtig für die Zubereitung ist ein guter Mörser, am besten mit geriffelter Oberfläche. Mixer oder Schnellhacker mögen praktischer sein, aber unter der entstehenden Hitze leidet oft das Aroma.

Wie wollen Sie würzen? Je nachdem, ob Sie auf der Suche nach einer stark duftenden, einer trigeminal reizenden – also besonders scharfen –, oder etwa einer eher sauren Mischung sind, das jeweilige Kapitel hält Varianten dafür bereit. Der Flavour, der Gesamteindruck aller Sinne während des Essens, zeigt die Einzelheiten einer Mischung.

BOUQUET GARNI

Das bekannte Sträußchen besteht aus einer Mischung aus frischen und getrockneten Kräutern, die zusammengebunden werden oder in einem Baumwollsäckchen stecken. Anders als Fines Herbes ist diese Mischung so zusammengestellt, das man sie mitkochen, zumindest längere Zeit mitziehen lassen kann. Man legt das Bouquet in Brühen, Suppen, Eintöpfe und Schmorgerichte und entfernt es am Ende wieder. Bouquets garnis bestehen standardmäßig aus frischen Stängeln Petersilie, Thymianzweigen (frisch oder getrocknet) und Lorbeerblättern. Es gibt zahllose Varianten, je nach Verwendungszweck: Für Lammgerichte oder dunkle Saucen beispielsweise kombiniert man Petersilie oder Thymian oder Lorbeer mit Salbei, Basilikum, der bitteren Pimpinelle, Kerbel, Estragon, Rosmarin und Bohnenkraut. Pimpinelle, Rosmarin, Salbei und Bohnenkraut passen gut zu dieser Art von Fleischgerichten, weil sie aromatisch genug sind, um den Speisen ein würzig-kräftiges Aroma zu verleihen. Außerdem machen ihre Bitterstoffe (Gerbstoffe) die Speisen bekömmlicher. Auch für Fisch und Meeresfrüchte gibt es eine Mischung: Dill – mit seinen frischen Zitrustönen ein klassischer Fischbegleiter –, Estragon und für die säuerlichen Aromen Zitronenschale. Gute Grundzusammenstellung: Mischung aus 4 Zweigen Petersilie, 2 Zweigen Thymian und 1 Lorbeerblatt.

FLAVOUR: *kräuterig, würzig*
ZUTATEN: *frische Petersilie, Thymian, Lorbeer. Variante für Lammgerichte: Salbei, Basilikum, Pimpinelle, Kerbel, Estragon, Rosmarin, Bohnenkraut. Variante für Meeresfrüchte: Dill, Estragon, Zitronenschale*
ZUBEREITUNG: *Die Kräuterzweige und das Lorbeerblatt werden mit Garn zusammengebunden oder in ein Baumwollsäckchen gesteckt – es gehen auch Papierbeutelchen für Tee. Das Säckchen beziehungsweise Sträußchen wird nach dem Kochen entfernt.*

FINES HERBES

Eine bekannte französische Gewürzmischung aus frischem Schnittlauch, Kerbel, Petersilie und Estragon. Zusätzlich können Bibernell, Basilikum, Thymian, Rosmarin, Kresse oder Melisse hinzukommen. Man würzt damit Suppen, Saucen, Omelettes oder Frischkäse und Quark. Sie sollten anders als die Kräuter und Gewürze im Bouquet garni nicht lange oder am besten gar nicht mitgekocht werden – Schnittlauch und Kresse vertragen Hitze gar nicht, Petersilie und Basilikum nur kurz. Es gibt diese Mischung auch getrocknet zu kaufen, aber auch hier gilt: Schnittlauch, Petersilie und Basilikum verlieren im getrockneten Zustand viele bis all ihre Aromen. Gute Grundzusammenstellung: Mischung aus Schnittlauch, Kerbel, Petersilie und Estragon zu gleichen Teilen.

FLAVOUR: *frisch-kräuterig*
ZUTATEN: *Schnittlauch, Kerbel, Petersilie, Estragon. Varianten zusätzlich mit: Bibernell, Basilikum, Thymian, Rosmarin, Kresse, Melisse*
ZUBEREITUNG: *Die frischen Kräuter hacken, mischen.*

KRÄUTER DER PROVENCE, HERBES DE PROVENCE

Diese getrocknete und haltbare Mischung ist so beliebt, weil sie praktisch zu allen auch bei uns populären mediterranen Gerichten passt. Sie besteht meist aus den klassischen mediterranen Kräutern Rosmarin, Oregano, Thymian, Salbei, Majoran und Bohnenkraut. Bei edleren Zusammenstellungn kommt als besonders „provenzalische" Zutat

FLAVOUR: *kräuterig, blumig*
ZUTATEN: *Rosmarin, Oregano, Thymian, Salbei, Majoran, Bohnenkraut. Varianten mit Lavendel, Basilikum, Lorbeer, Estragon, Fenchelfrüchte*

ZUBEREITUNG: *Getrocknete Kräuter mischen – oder frische Kräuter rebeln und vermischen. Getrocknet und in einem verschlossenen Glas ist die Mischung ein Jahr haltbar.*

noch Lavendel dazu. Es gibt keine feste Zusammensetzung, einige Varianten enthalten auch getrocknetes Basilikum, Lorbeerblätter, Estragon und Fenchelfrüchte. Die Mischung passt zu Gemüsesuppen und Gemüsegerichten mit Tomaten, Auberginen und Zucchini, würzt Salat-Vinaigrettes, aber auch Geflügel, Lamm, Kurzgebratenes und Gegrilltes. Sie sollte immer mitgekocht werden. Kräuter der Provence lassen sich aufgrund der fett- und alkohollöslichen Aromen der getrockneten Kräuter sehr gut in Öl oder Essig einlegen und als Marinaden benutzen. Gute Grundzusammenstellung: Mischung aus Rosmarin, Oregano, Thymian, Salbei, Majoran und Bohnenkraut zu gleichen Teilen.

LEBKUCHENGEWÜRZ

FLAVOUR: *herzhaft, blumig, würzig*
ZUTATEN: *Zimt, Nelken, Piment, Koriander, Ingwer, Kardamom, Muskatnuss oder Macis. Regionale Varianten zusätzlich mit Pfeffer, Anis, Fenchel, getrockneten Schalen von Zitrusfrüchten, Vanille*
ZUBEREITUNG: *Die Zutaten mörsern und vermischen, Zimt und Nelken reichlich verwenden, den Rest zurückhaltend zur Abrundung.*

Immer wenn es weihnachtlich duften soll, kommt Lebkuchengewürz zum Einsatz. Deutsche Mischungen enthalten viel Zimt, außerdem Nelken, Piment, Koriander, Ingwer, Kardamom und Muskatnuss beziehungsweise Macis. Dazu können je nach Region noch Anis, Fenchel, getrocknete Schalen von Zitrusfrüchten und Vanille kommen. In ost- und nordeuropäischen Mischungen fehlt der Zimt fast gänzlich, dafür enthalten sie häufig tatsächlich Pfeffer, der in deutschen Mischungen für ***Pfefferkuchen*** fehlt. Mit Lebkuchengewürz kann man nicht nur Lebkuchen beziehungsweise Pfefferkuchen, sondern auch Joghurt, Schokolade oder Tee und Kaffee würzen. Varianten sind Neunerleigewürz, Spekulatiusgewürz und Glühweingewürz, die oft ähnlich zusammengesetzt sind wie Lebkuchengewürz.
Vordergründig scheinen sich diese Mischungen kaum von indischen Curry-Mischungen zu unterscheiden, dennoch duftet das Lebkuchengewürz kaum „indisch". Das liegt an der Abmischung der Mengenverhältnisse: Im Lebkuchengewürz stehen vor allem Zimt und Nelken im Vordergrund, während Piment, Koriander und Muskatnuss eher zur Abrundung dienen. In den nordindischen Currys und Dal-Gewürzmischungen ist es umgekehrt. Dort stehen Koriander, Ingwer und mitunter Fenchel im Vordergrund. Gute Grundzusammenstellung: Mischung aus 17 Teilen Zimt, 4 Teilen Gewürznelken sowie je 1 Teil Piment, Muskat, Koriander, Kardamom und Ingwerpulver.

AROMA & GRUNDGESCHMACK

DUKKA, DUKKAH, DUQQA

FLAVOUR: *nussig, mild, salzig*
ZUTATEN: *Haselnüsse, Cashew-, Pinienkerne, Koriandersamen, Kreuzkümmel, Sesamsamen, Fenchelfrüchte, Pfeffer, edelsüßes Paprikapulver, Salz. Variante zusätzlich mit Thymian*

Eine afrikanisch-orientalische Nuss-Gewürzmischung, besonders beliebt in Ägypten und seit einiger Zeit auch in Australien. Man kann sie als fertige Mischung im Fachhandel kaufen – oder recht einfach selbst herstellen. Sie besteht aus einer Mischung klein gehackter angerösteter Nüsse – Haselnüsse, Cashewkerne, Pinienkerne und eventuell weitere – und ebenfalls gerösteten Gewürzen: Koriandersamen, Kreuzkümmel, Sesamsamen, Fenchelfrüchten, Pfeffer, edelsüßem

LEBKUCHENGEWÜRZ
FINES HERBES
BOUQUET GARNI
KRÄUTER DER PROVENCE, HERBES DE PROVENCE

ZUBEREITUNG: *Nüsse trocken anrösten und klein hacken. Koriandersamen, Kreuzkümmel, Sesamsamen und Fenchelfrüchte trocken rösten und mörsern, mit Pfeffer, Paprikapulver und Salz vermischen. Eventuell getrockneten Thymian dazugeben. Vor dem Servieren auf Fladenbrot mit Olivenöl zu einer Paste verrühren, kurz ziehen lassen.*

Paprikapulver und Salz. Es gibt auch eine Variante mit getrocknetem Thymian. Traditionell wird die Mischung mit Fladenbrot und Olivenöl als Vorspeise genossen. Dukka bietet sich aber auch überall dort an, wo im herzhaften Bereich Nüsse zum Einsatz kommen: zum Beispiel in einem Karottensalat, zu gebratenem Gemüse oder als nussige Kruste für Steak oder gebratenen Fisch. Gute Grundzusammenstellung: Mischung aus je 3 Teilen Haselnüsse und Cashewkerne, je 1 Teil Pinienkerne, Koriandersamen, Kreuzkümmel, Pfefferkörner, Paprikapulver und Salz, 3 Teilen Sesamsamen und Fenchelfrüchten nach Belieben.

GOMASIO, GOMASHIO

FLAVOUR: *nussig, salzig*
ZUTATEN: *heller Sesam, Meersalz. Variante mit Nori-Flocken*
ZUBEREITUNG: *Der Sesam wird kurz trocken geröstet, um ihn nussiger und aromatischer zu machen. Abgekühlt, wird er im Mörser zerstoßen und mit Meersalz vermischt.*

Die wörtliche Übersetzung aus dem Japanischen sagt klar, aus was diese Würze besteht, die in Japan wie bei uns der Salzstreuer ganz selbstverständlich auf jedem Tisch steht: „Goma" heißt Sesam und „Sio" beziehungsweise „Shio" Salz. Man nimmt meist die hellere Sesamsorte, seltener die dunkle. Damit werden Reis-, Gemüse- und Nudelgerichte, Suppen und Salate gewürzt. Mitgekocht wird Gomasio nie, sondern immer erst über die fertigen Gerichte gestreut. Es gibt eine Variante mit Nori-Flocken und sogar eine salzlose mit Sesam, Seetang-Flocken und etwas Sojasauce. Die koreanische Version, Kkaesogeum, enthält mehr Sesam. Gomasio ist im gesundheitsbewussten Japan auch deshalb so beliebt, weil Sesam ein hervorragender Kalzium-Träger ist: Zwei Esslöffel Sesamsamen bieten so viel Kalzium wie ein Glas Milch. Und die vertragen bekanntlich die meisten Japaner nicht wegen ihrer Laktoseintoleranz. Mit „Gomasio" beschreibt man in Japan übrigens auch die Farbe von dunklem Haar, in das sich diverse graue Strähnen geschlichen haben – vergleichbar dem englischen Ausdruck „salt and pepper" (Salz und Pfeffer). Gute Grundzusammenstellung: Mischung aus 7 Teilen Sesam und 1 Teil Salz.

KHMELI-SUNELI

FLAVOUR: *kräuterig, minzig, bitter, süß*
ZUTATEN: *Bockshornblätter, Ysop, Koriandersamen, Studentenblumen, Minze, Melisse, Dill, Bohnenkraut, Majoran, Estragon, Lorbeerblätter, Fenchelfrüchte, Zimt, Nelken*
ZUBEREITUNG: *Die getrockneten Bockshornblätter zerreiben, Ysopblätter, Studentenblumen und die anderen frischen Kräuter klein hacken. Koriandersamen, Fenchelfrüchte und Lorbeerblatt anrösten und im Mörser zerkleinern, die ganzen Nelken lediglich im Mörser zerkleinern. Alles mit Zimt vermischen.*

Auf Märkten in Tiflis wird diese Mischung, übersetzt: „getrocknete Gewürze", in vielen Variationen angeboten. In Khmeli-Suneli können trockene gemahlene Bockshornblätter, Ysop, Koriandersamen, Studentenblumen (Tagetes), Minze oder Melisse, Dill, Bohnenkraut, Majoran, Estragon, Lorbeerblätter, ein wenig Fenchelfrüchte, Zimt und eine Prise gemahlene Nelken enthalten sein. So ergibt sich eine interessante, bitter-kräuterig-süßliche Mischung, die man für Marinaden oder zum Einreiben von Grillfleisch verwenden kann. Auch in Gemüsegerichten, Suppen und Eintöpfen macht sich Khmeli-Suneli gut. Typischerweise würzt man mit dieser Mischung in Georgien und im gesamten Kaukasus leicht säuerliche Saucen aus Früchten und Nüssen mit dem Namen *Satsivi*. Gute Grundzusammenstellung: Mischung aller Zutaten zu gleichen Teilen.

AROMA & SCHÄRFE

ADVIEH

FLAVOUR: *harmonisch, warm, röstig, süß, sauer, scharf*
ZUTATEN: *Zimt, Koriander, Muskat, Safran, Sesam, Rosenblätter, Kardamom. Regionale*

Das ist die Sammelbezeichnung für iranische, eher milde Würzmischungen, die ebenso in den arabischen Ländern der Golfregion beliebt sind. Sie werden je nach Region unterschiedlich oder auch für bestimmte Speisen speziell zusammengestellt: Eine syrische Variante

GÂLAT DAGGA, QÂLAT DAQQA
ADVIEH
BAHARAT (TUNESISCH)
COLOMBO POWDER

CHINESISCHE FÜNF-GEWÜRZE-MISCHUNG
BAHARAT (TÜRKISCH)
HAWAYIJ
BAHARAT

Varianten zusätzlich mit Kreuzkümmel oder mit Limettenschale, Chili, Kurkuma, Sumach, Pul Biber
ZUBEREITUNG: *Kardamom, Sesam und Koriandersamen trocken anrösten und mörsern, mit Muskat, Safran und Rosenblättern vermischen. Eventuell um die anderen Zutaten ergänzen.*

verwendet etwa Sumach zum Säuern. Es existieren auch süßlich-erdige Advieh, mit denen *polo* gewürzt wird, gedämpfter persischer Reis. Man gibt die Gewürzmischung kurz vor dem Ende der Garzeit hinzu, damit sich die Aromen durch das Mitdünsten voll entfalten, aber noch nicht verflüchtigen. Oder man streut die Mischung über das fertige Reisgericht. Bei dem Advieh für *koresh* (Eintöpfe) wird die iranische Vorliebe für eine süßsaure Würze deutlich. Die Variante wird von Anfang an mitgekocht. Am Golf sind Advieh durchweg schärfer: In einer Variante aus Oman wird Advieh mit Essig gesäuert und mit Knoblauch verfeinert zu einer Paste verrührt. Sie würzt langsam garende Gerichte, Fleisch und Geflügel werden vor der Zubereitung damit eingerieben. Die jüdische Variante ist Advieh-e halegh: Nüsse, geriebene Äpfel, Trockenobst und Zimt werden mit Wein verdünnt. Die Gewürzmischungen dieser Sammelbezeichnung unterscheiden sich alle mehr oder minder deutlich, sodass es keine Grundzusammenstellung gibt.

BAHARAT

FLAVOUR: *süßlich, warm-würzig, erdig, röstig, leicht scharf*
ZUTATEN: *edelsüßes Paprikapulver, Pfeffer, Koriander, Nelken, Kreuzkümmel, Kardamom, Muskatnuss, Zimt. Türkische Variante: zusätzlich mit Minze. Tunesische Variante: Rosenblüten, Schwarzer Pfeffer, Zimt. Variante am Persischen Golf: Loomi, Safran*
ZUBEREITUNG: *Koriandersamen, Nelken, Kreuzkümmel und Kardamom kurz trocken rösten und im Mörser zerstoßen. Mit Paprika, Pfeffer, geriebener Muskatnuss und Zimt vermischen. Eventuell mit frisch gehackter Minze oder getrockneten Rosenblättern ergänzen.*

Eine sehr populäre Gewürzmischung im arabischen Raum. Baharat heißt auf Arabisch schlicht „Gewürz". Es gibt viele regionale Varianten, aber die klassische Mischung besteht aus edelsüßem Paprikapulver, gemahlenem Pfeffer, Koriander, Nelken, Kreuzkümmel, Kardamom, Muskatnuss und Zimt. Mit dem ausgewogen warm-würzigen Baharat mit süßlicher Note werden alle möglichen Fleisch- und Fischgerichte gewürzt – besonders beliebt ist Lamm mit Couscous und Gemüse. Es wird den Speisen entweder schon beim Kochen zugesetzt oder dient als Tischwürze. Auch Mokka kann damit vorsichtig aromatisiert werden, indem man vor dem Aufbrühen etwas davon ins Kaffeepulver gibt. Eine türkische Variante enthält Minze. Tunesisches Baharat besteht hauptsächlich aus getrockneten Rosenblüten, Schwarzem Pfeffer und Zimt. Am Persischen Golf gibt es ein Golf-Baharat für gegrillte Fleischgerichte, das aus *Loomi*, also getrockneten schwarzen Zitronen, und Safran zusammengestellt wird. Gute Grundzusammenstellung: Mischung aus 6 Teilen Paprikapulver, je 2 Teilen Koriander, Zimt und Kreuzkümmel, je 1 Teil Muskat, Pfeffer und Nelkenpulver sowie sehr wenig Kardamom.

CHINESISCHE FÜNF-GEWÜRZE-MISCHUNG

FLAVOUR: *süßlich-scharf-bitter, erdig-anisartig-würzig-mild*
ZUTATEN: *Zimt, Fenchelfrüchte, Sternanis, Gewürznelken, Szechuanpfeffer. Varianten mit getrockneter Orangenschale, Ingwer oder Zitwerwurzel*
ZUBEREITUNG: *Die Fenchelfrüchte trocken anrösten, dann zusammen mit Zimt, Sternanis,*

Das chinesische Kochideal ist die Harmonie. Dafür ist das Fünf-Gewürze-Pulver ideal geeignet, weil es unterschiedliche Geschmacks- und Aromarichtungen vereint und ausgleicht: Szechuanpfeffer ist scharf und säuerlich, Zimt süßlich, Gewürznelke süßlich-erdig-säuerlich, Fenchel würzig-scharf. Zusammen ergeben sie einen sehr harmonischen, abgerundeten Geschmack – ein perfekter Ausgleich zwischen Yin und Yang, die in der chinesischen Philosophie für entgegengesetzte Pole oder Kräfte oder allgemein gesprochen für den

Ausgleich der Elemente stehen. Es gibt viele Varianten dieser berühmten chinesischen Gewürzmischung, die in ganz Asien und auch in westlichen Ländern verbreitet ist: Mal kann getrocknete Orangenschale dabei sein, dann wird die Mischung etwas herber-säuerlich, mal enthält sie statt Szechuanpfeffer Ingwer, manchmal auch die mit dem Ingwer verwandte, aber wesentlich bitterere Zitwerwurzel. Das Gewürz dient als Alleswürze in einer Küche, die Gewürze ansonsten eher zurückhaltend verwendet, etwa für kantonesische Ente oder in der Sojasaucenmarinade für gekochtes Huhn. Man kann die ungemahlenen Gewürze auch wie eine Art Bouquet garni verwenden: in einem Säckchen mitgekocht und am Ende entfernt. Gute Grundzusammenstellung: Mischung aus gleichen Teilen Zimt, Fenchelfrüchten, Sternanis, Gewürznelken und Szechuanpfeffer.

Gewürznelken und Szechuanpfeffer im Mörser zerstoßen. Eventuell gemörserte Orangenschale hinzufügen oder durch Ingwerpulver beziehungsweise frisch gehackte Ingwer- oder Zitwerwurzel ergänzen.

COLOMBO POWDER

Diese mildscharfe Mischung von den Antillen ist so etwas wie das karibische Gegenstück zu indischen Masalas (Currymischungen) und wurde vermutlich von den vielen Plantagenarbeitern aus Sri Lanka mitgebracht. Die Besonderheit: Sie enthält gerösteten rohen Reis. Der Reis bekommt so deutlich nussartige Röstaromen und dient gleichzeitig als Verdickungsmittel. Daneben besteht die Mischung aus Koriandersamen, Kreuzkümmel, schwarzen Senfkörnern, Schwarzen Pfefferkörnern, Bockshornkleesamen, Gewürznelken und gemahlenem Kurkuma. Man würzt mit Colombo Powder alle möglichen Fleischsorten, Schalentiere und Gemüse. Die Mischung wird wie alle Currymischungen im Fett kurz angedünstet (Tadka), bevor die übrigen Zutaten dazukommen. Man kann später damit auch noch nachwürzen. Gute Grundzusammenstellung: Mischung aus 4 Teilen Reis, je 2 Teilen Koriandersamen und Kurkuma, 2 Teilen Kreuzkümmel, je 1 Teil schwarze Senfkörner, Schwarze Pfefferkörner und Bockshornkleesamen sowie pro 5 g Senfkörner 8 Gewürznelken.

FLAVOUR: *röstig, bitter-süß-erdig*
ZUTATEN: *gerösteter Reis, Koriandersamen, Kreuzkümmel, schwarze Senfkörner, schwarze Pfefferkörner, Bockshornkleesamen, Gewürznelken, Kurkuma*
ZUBEREITUNG: *Ungekochten Reis etwa fünf Minuten bei mittlerer Hitze in einer trockenen Pfanne rösten. Dann Koriandersamen, Kreuzkümmel, schwarze Senfkörner, Bockshornkleesamen und Gewürznelken dazugeben und mitrösten lassen. Anschließend im Mörser zusammen mit den Pfefferkörnern zerstoßen und mit geriebenem Kurkuma vermischen.*

GÂLAT DAGGA, QÂLAT DAQQA

Eine tunesische, mittelscharfe bis scharfe Fünf-Gewürze-Mischung. Ursprünglich stammt sie aus dem Süden Tunesiens, ist heute aber auch in anderen nordafrikanischen Ländern beliebt, insbesondere in Marokko für *Tajine*-Gerichte. Gâlat dagga besteht neben den pikant-kräuterigen Paradieskörnern aus Pfeffer, Zimt, Nelken und Muskat. Sie kommt häufig in Eintöpfen wie zum Beispiel einer Tajine mit Lammfleisch zum Einsatz. Da Gâlat dagga hier zuvorderst seine Schärfe beitragen soll, wird die Mischung die ganze Zeit über mitgekocht. Aber auch Fleisch kann vor dem Braten mit ihr eingerieben und mariniert werden. In Gemüsegerichten, vor allem in solchen mit Kürbis oder Auberginen, bringt Gâlat dagga warme, erdige Töne ein. Wenn man sie erst spät zu den Speisen gibt, betont man ihren erdig-süßlichen Charakter.

FLAVOUR: *mittelscharf bis scharf, pikant-kräuterig, erdig-warm-süßlich, röstig*
ZUTATEN: *Paradieskörner, Pfeffer, Zimt, Nelken, Muskat*
ZUBEREITUNG: *Alle Zutaten trocken anrösten, dann im Mörser zerstoßen und vermischen.*

DAS SPIEL MIT DEN AROMEN: EINE BASIS, DREI VARIANTEN

Auf der gemeinsamen Basis von Gewürznelke in Verbindung mit drei Varianten von Schärfe kommen je nach Komposition mit ähnlich duftenden Gewürzen deutlich unterschiedliche Würzspektren zur Geltung. Das deutsche Lebkuchengewürz, die chinesische Fünf-Gewürze-Mischung und das französische Quatre-épices definieren eine wichtige Basis der würzig-terpendominierten Gewürzmischungen, die in verschiedenen Kulturen geschaffen wurden.

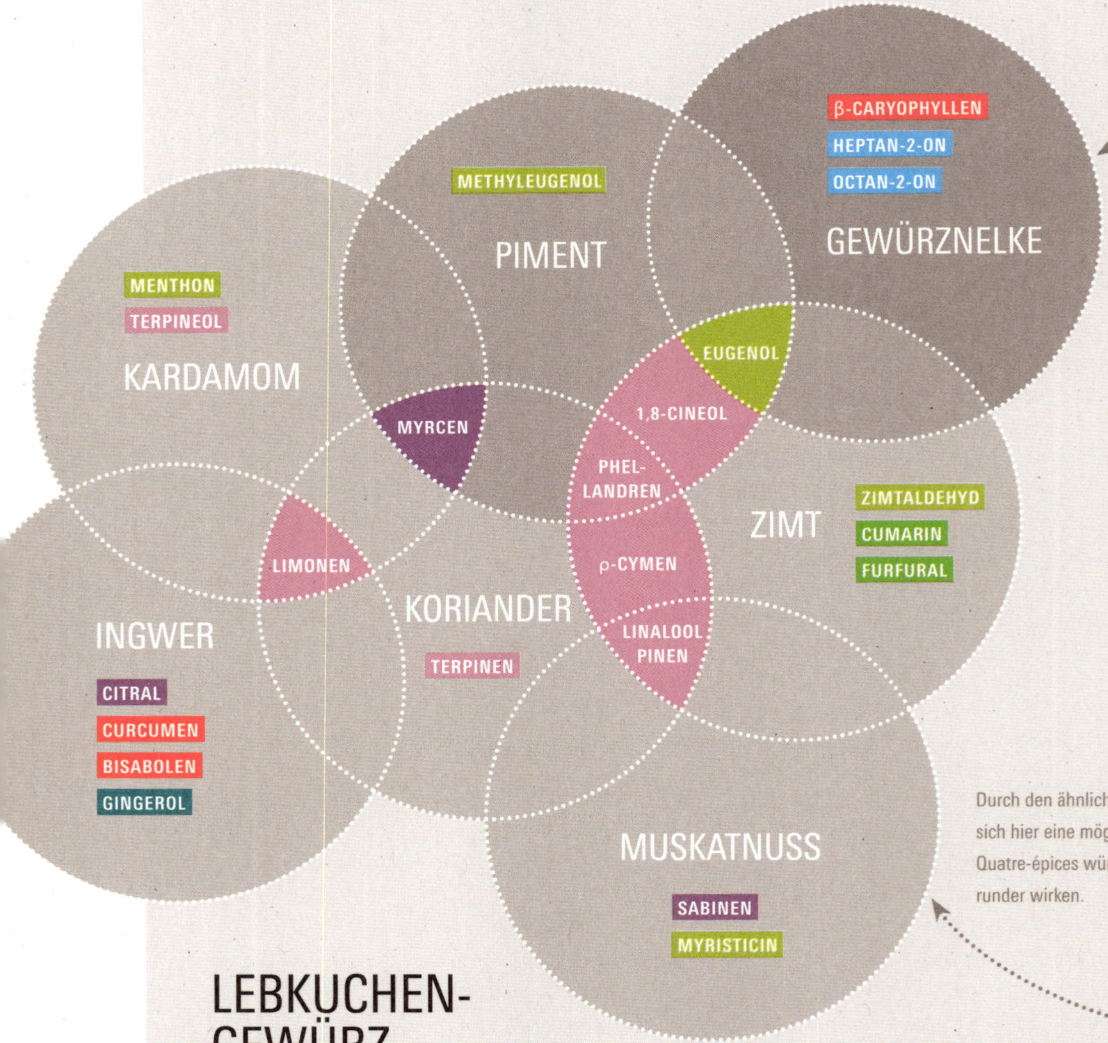

Durch den ähnlichen Grundaufbau ergibt sich hier eine mögliche Erweiterung: Quatre-épices würde mit Kardamom noch runder wirken.

LEBKUCHEN-GEWÜRZ

Würzig, floral bis harzig, süßlich-nelkenartig, aromatisch, leicht scharf.
Die am breitesten aufgestellte Mischung lebt von ihren vielen sich überlappenden und ergänzenden Aromen. Im Zentrum steht Koriander mit seinen warm-würzigen balsamischen Noten, an den der süßliche, würzige Zimt und Kardamom mit zitrusartigen, floralen Noten andocken, genauso wie Muskatnuss mit ihrem erdig-würzigen Aroma. Ingwer bringt eine frische Schärfe mit ins Spiel, Piment sorgt ebenfalls für leichte Schärfe – aromatische Gewürznelken runden die Mischung ab (→ Seite 376).

FÜNF-GEWÜRZE-MISCHUNG

Würzig, nelkenartig, holzig-harzig bis zitrusartig, balsamisch, blumig, scharf.
Zimt bildet hier das Zentrum. Sein dominierender würziger Duft, gepaart mit den harzigen bis fruchtigen, zitrusartigen Aromen, überlappt mit den charakteristischen Aromaverbindungen der übrigen vier Partner: dem Schlüsselaroma der Gewürznelke, den frisch-balsamischen Tönen in Sternanis, den blumigen Noten im scharfen Szechuanpfeffer sowie den holzigen und harzigen Aromen im Fenchel. Die jeweils eigenen Hauptaromen werden dabei nicht übertönt (→ Seite 382).

Der mildere Piment steht dem dominant scharfen Szechuanpfeffer gegenüber. Dem entsprechen die eher eingebettete würzige Frische auf der einen bzw. die hervorstechenden Anisnoten auf der anderen Seite.

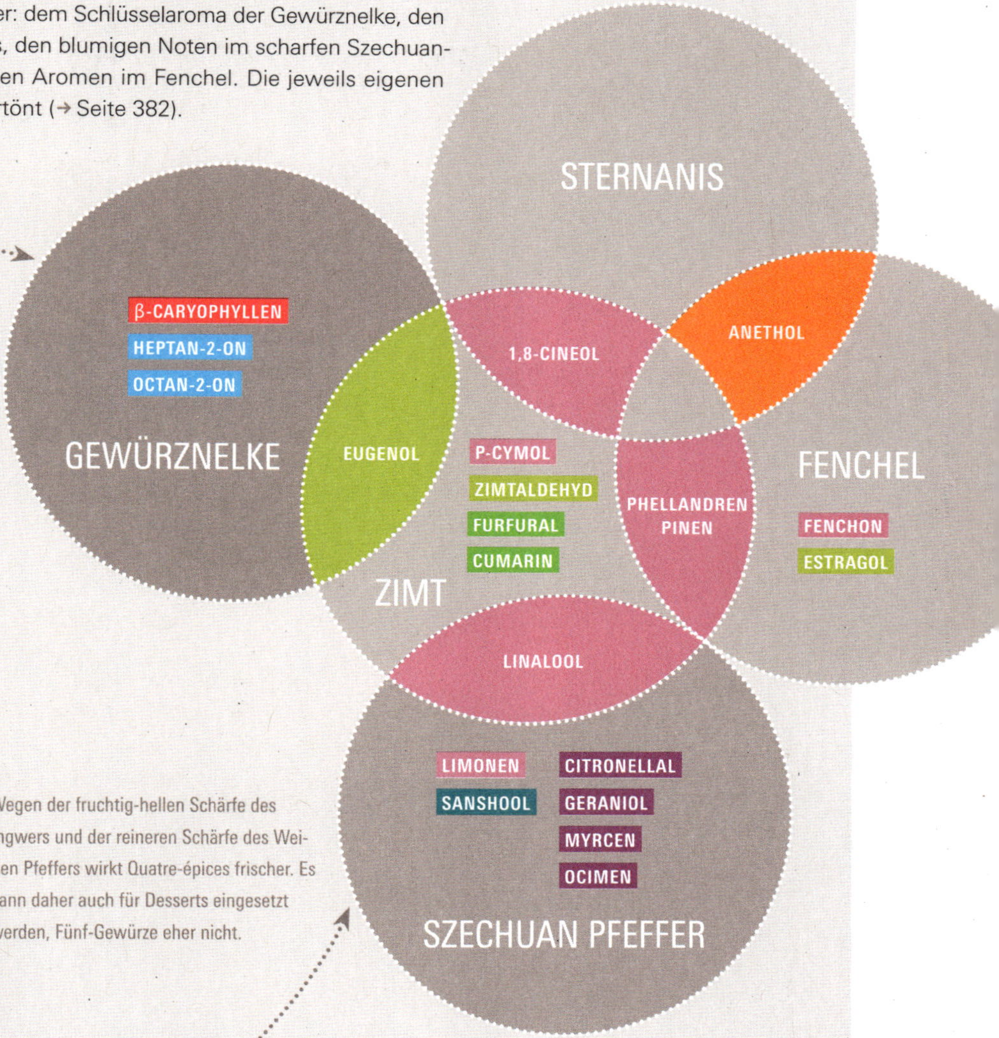

Wegen der fruchtig-hellen Schärfe des Ingwers und der reineren Schärfe des Weißen Pfeffers wirkt Quatre-épices frischer. Es kann daher auch für Desserts eingesetzt werden, Fünf-Gewürze eher nicht.

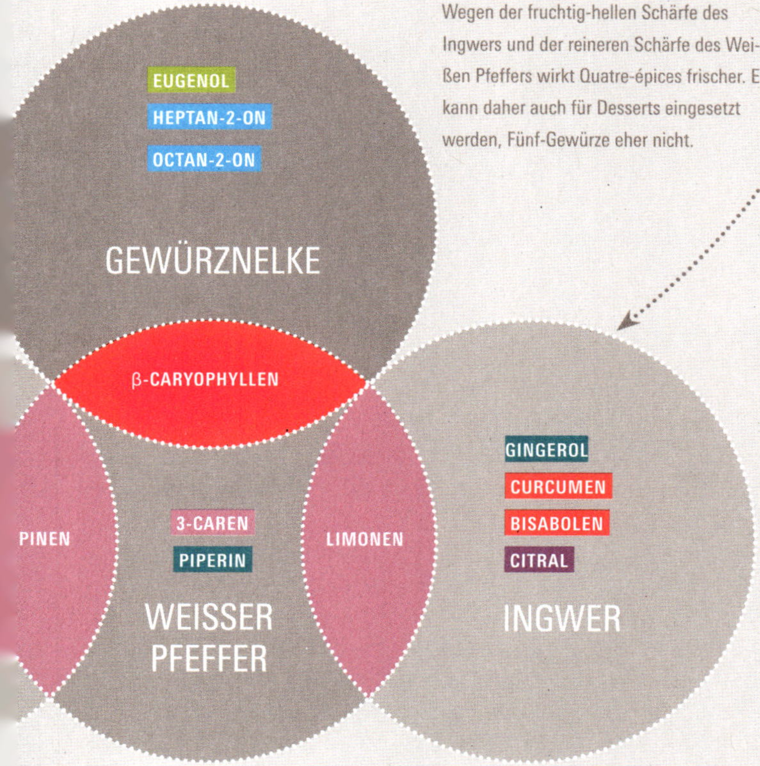

QUATRE-ÉPICES

Harzig, nelkenartig, erdig-würzig, scharf.
Quatre-épices wirkt wie ein kleiner Ausschnitt aus dem Lebkuchengewürz. Der Allrounder Piment ist durch Weißen Pfeffer ersetzt, der neben seiner Schärfe eine harzigere Note einbringt. Er bildet das Zentrum für Gewürznelke, Muskat und Ingwer, deren nelkenartige, erdig-würzige bzw. scharfe Hauptaromen sich gar nicht überlappen. Quatre-épices erscheint daher weniger komplex als das Lebkuchengewürz (→Seite 392).

Gute Grundzusammenstellung für Gâlat dagga: Mischung aus 3 Teilen schwarze Pfefferkörner, 2 Teilen Gewürznelken, 1 Teil Paradieskörner, 3 Teilen Muskat und 1 Teil Zimt.

HAWAYIJ

FLAVOUR: *mittelscharf, leicht bitter, blumig-fein, pfeffrig*
ZUTATEN: *Safran, Schwarzer Pfeffer, Kreuzkümmel oder Kümmel, Kardamom, Kurkuma*
ZUBEREITUNG: *Die Gewürze werden angeröstet, dann mit dem Kurkuma und den zerriebenen Safranfäden vermischt.*

Eine jemenitische mittelscharfe Gewürzmischung mit einer deutlichen Safrannote. Neben Safran besteht sie aus Schwarzem Pfeffer, Kreuzkümmel oder Kümmel, Kardamom und Kurkuma. Weil diese Mischung von vielen ausgewanderten jemenitischen Juden in Israel verwendet wird, hat sie auch Eingang in die dortige Küche gefunden. Sie wird in Eintöpfen, Schmorgerichten und Suppen eingesetzt sowie als Einreibegewürz für Gegrilltes. Besonders zur Wirkung kommt die Mischung in süß-scharfen Kombinationen: Dort setzt sie einen Kontrast zum süßen Bestandteil. Beispiele sind etwa Ente mit Aprikosen, Lamm mit getrockneten Pflaumen oder Huhn mit Honig und Walnüssen. Auch eine Kürbissuppe mit einer kräftigen Prise Hawayij löst ganz neue Geschmackserlebnisse aus. Gute Grundzusammenstellung: Mischung aus je 3 Teilen schwarze Pfefferkörner und Kreuzkümmel, 2 Teilen Kurkuma sowie je 1 Teil Safran und Kardamomsamen.

MASALAS

Indische Gewürzmischungen werden häufig etwas ungenau als „Curry" bezeichnet (→ Curryblätter). Korrekterweise sollte man von „Masala" sprechen. So heißen Würzmischungen in Indien, die es fertig zu kaufen gibt, die aber auch jeder Koch und jede Köchin individuell zusammenstellt. Sie können aus gemahlenen oder ganzen Zutaten bestehen, die zu unterschiedlichen Zeiten an das Gericht gegeben werden, um ihre jeweiligen Aromen zur vollen Geltung kommen zu lassen. Die meisten Masalas sind sehr aromatisch und scharf, einige Varianten können je nach Zusammensetzung auch ins Säuerliche oder Süße gehen. Einige aus Masalas abgeleitete, nicht original indische Varianten werden hier ebenfalls aufgeführt.

Ein indisches Schmorgericht beginnt gewöhnlich damit, dass die Gewürze und Zwiebeln – beziehungsweise das fertige Masala – in → *Ghee* (Butterschmalz) langsam gedünstet werden (Tadka-Methode): Die Aromen gehen in das Fett über und verteilen sich dadurch später besser in den Speisen. Außerdem entstehen dabei noch Röstaromen.

GARAM MASALA

FLAVOUR: *scharf, süßlich, würzig, erdig, aromatisch, rund, röstig*
ZUTATEN: *schwarze Kardamomsamen, Koriandersamen, Kreuzkümmel, Schwarzer Pfeffer, Gewürznelken, Zimtstangen, Tejpat-Blätter bzw. Echter Lorbeer*

Eine in der nordindischen Küche besonders beliebte trockene Mischung. Garam Masala bedeutet übersetzt so viel wie „scharfes Gewürz" – obwohl es verglichen mit den südindischen Varianten gar nicht besonders scharf, manchmal sogar leicht süßlich wirkt. Natürlich gibt es von Garam Masala endlos viele Varianten, die sich aber alle von einer Grundmischung ableiten lassen. Darin sind enthalten: Schwarzer Kardamom aus Nepal, reichlich Koriandersamen, Kreuzkümmel,

KASCHMIR-VARIANTE
BOMBAY MASALA
GARAM MASALA
GUJARAT MASALA
PUNJAB MASALA

ZUBEREITUNG: *Alle Gewürze werden einige Minuten trocken angeröstet, um ihre Aromen zu „aktivieren", dann werden sie im Mörser gemahlen.*

ganzer Schwarzer Pfeffer, Nelken, grob gebrochene Zimtstangen und die nach Zimt duftenden, lorbeerähnlichen Tejpat-Blätter. Um sie zu ersetzen, kann man auch den europäischen Echten Lorbeer nehmen – aber vorsichtig dosieren, sonst wird es schnell bitter! Die Mischung würzt ***kormas***, geschmorte Fleisch- und Geflügelgerichte mit Nüssen und Joghurt. Die erdigen, leicht süßlichen und verhalten scharfen Aromen passen besonders gut zu Tomaten- und Zwiebelsoßen, in denen sie die Süße und den umami-Geschmack unterstützen. Das Gleiche gilt für ***Dals***, würzige Bohnen- und Linseneintöpfe. Für gegrillte Fleischgerichte wird die Kardamomnote betont, indem man Koriander, Kreuzkümmel und Lorbeer weglässt. Diese Mischung passt auch gut zu den ***Moghul***-Gerichten, in denen reichlich Butter, Sahne oder Joghurt eingesetzt wird. Verschlossen und dunkel, kann die Mischung einige Monate gelagert werden. Gute Grundzusammenstellung: Mischung aus 10 Teilen Koriandersamen, 8 Teilen Kreuzkümmel, 3 Teilen Schwarzer Pfeffer, 2 Teilen schwarze Kardamomsamen, 1 Teil Nelken sowie pro 3 TL Pfefferkörner 2 Zimtstangen und 2 Lorbeerblätter.

BOMBAY MASALA

FLAVOUR: *nussig-fruchtig, süßlich, etwas bitter*
ZUTATEN: *Garam Masala, Variante zusätzlich mit Kokosnussraspeln, Sesamsamen, Mohnsamen*
ZUBEREITUNG: *Alle Zutaten kurz trocken anrösten, Kokosraspeln nicht verbrennen lassen! Dann im Mörser vermischen.*

Diese Variante hat eine körnige Konsistenz durch die Zugabe von Kokosnussraspeln sowie Sesam- und Mohnsamen. Damit würzt man besonders ***Dals*** (Linsengerichte) und Gemüsegerichte. Hier ist der Zeitpunkt der Würzzugabe entscheidend: Kocht man die Mischung mit, verflüchtigen sich einige der ätherischen „spitzen" Aromen, dadurch wird der Gesamteindruck „feiner". Würzt man erst gegen Ende, werden Geschmack und Duft intensiver.

KASCHMIR-VARIANTE

FLAVOUR: *mildscharf, erdig, leicht süßlich*
ZUTATEN: *Schwarzer Pfeffer, Nelken, Zimtblüte, Tejpat-Blätter, schwarzer Kreuzkümmel, grüner Kardamom, Macis, Muskatnuss*
ZUBEREITUNG: *Alle Zutaten kurz trocken anrösten und im Mörser vermischen.*

Die nördlichen Regionen sind bekannt für eher erdige, tiefe und weniger scharfe Gewürzmischungen. Dafür verwendet man ebenfalls schwarzen Kreuzkümmel und den frischer duftenden grünen statt des schwarzen Kardamoms, dazu einige Streifen Zimtblüte und Macis (Muskat) sowie etwas geriebene Muskatnuss. Das Ergebnis ist ein kaum scharfes, sehr erdiges und harmonisches Aromenspiel.

GUJARAT MASALA

FLAVOUR: *scharf, nussig, würzig*
ZUTATEN: *Garam Masala, Variante zusätzlich mit Sesam, Fenchelfrüchte, Ajowan, Chili*
ZUBEREITUNG: *Die Zutaten werden kurz trocken angeröstet. Anschließend alles im Mörser vermischen.*

Der indische Bundesstaat Gujarat grenzt an Pakistan und war lange muslimisch geprägt – diese Einflüsse machen sich auch in der Küche und in dieser Würzmischung bemerkbar: Sesam und Nüsse werden oft verwendet. In dieser Mischung werden zusätzlich Sesamsamen, Fenchel-, Ajowanfrüchte und Chilis hinzugefügt. Dadurch betont man die Schärfe und über den Sesam einen leicht nussigen Charakter.

MASALAS

Die indischen Mischungen basieren fast alle auf Garam Masala („scharfes Gewürz"). Davon ausgehend haben sich regionale Varianten entwickelt, die bestimmte Zutaten weglassen und dafür andere ergänzen. Garam Masala und die abweichende Zusammensetzung seiner Verwandten sind hier farblich dargestellt.

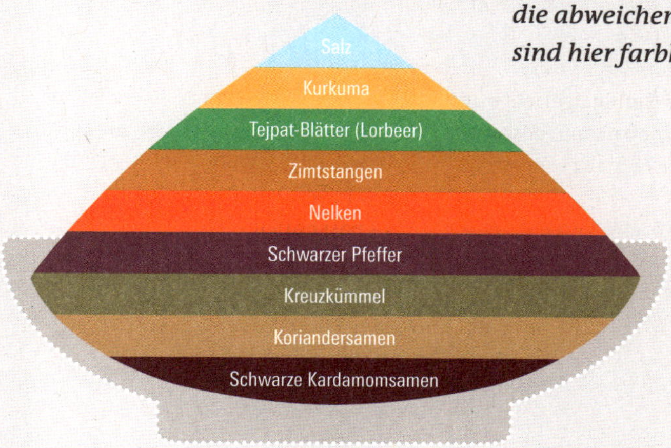

GARAM MASALA
Flavour: scharf, süßlich, würzig, erdig, aromatisch-rund, Röstaromen

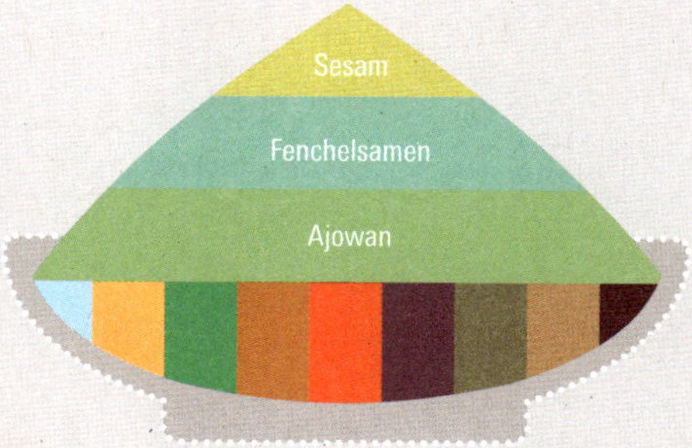

GUJARAT MASALA
Flavour: scharf, nussig, würzig

BOMBAY MASALA
Flavour: nussig-fruchtig, süßlich, etwas bitter

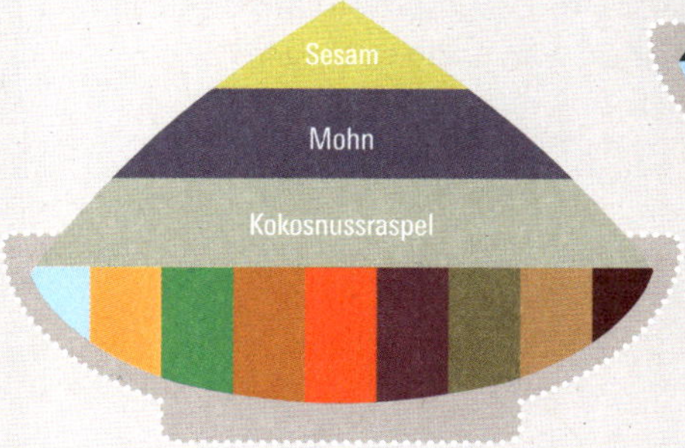

PUNJAB MASALA
Flavour: süßlich, mild frisch-scharf

KASCHMIR MASALA
Flavour: mildscharf, erdig, leicht süßlich

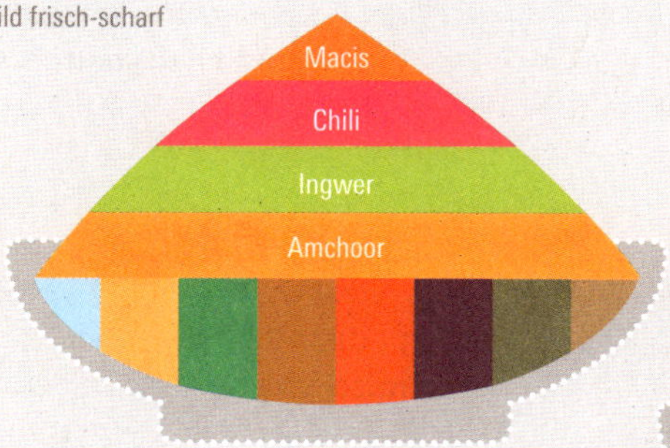

TANDOORI MASALA
Flavour: erdig-würzig, scharf-säuerlich

MASSALÉ
Flavour: mittelscharf, erdig, warm

PUNJAB MASALA

FLAVOUR: *süßlicher, mild frisch-scharf*
ZUTATEN: *Kreuzkümmel, Schwarzer Pfeffer, Nelken, Zimtstangen, Tejpat-Blätter, grüner Kardamom, Fenchelfrüchte, Macis, schwarzer Kreuzkümmel, Ingwer, Rosenblätter*
ZUBEREITUNG: *Alle Zutaten bis auf den frisch geriebenen Ingwer und die Rosenblätter trocken anrösten, dann mit Ingwer und Rosenblättern im Mörser vermischen.*

Der Punjab ist eine Großregion, die heute zwischen Pakistan und Indien aufgeteilt ist. Charakteristisch für diese Mischung ist der schwarze Kreuzkümmel aus dem nördlich angrenzenden Kaschmir. Der Anteil an Koriandersamen und schwarzem Kardamom ist reduziert, dafür werden neben dem schwarzen Kreuzkümmel noch grüner Kardamom, Fenchelfrüchte, Macis, Ingwerpulver oder fein geriebener frischer Ingwer und getrocknete Rosenblätter ergänzt. Auch diese Masala-Variante ist nicht in erster Linie scharf, sondern eher mild und etwas süßlicher.

CHAT MASALA

FLAVOUR: *säuerlich-scharf, würzig*
ZUTATEN: *Pfeffer, Kreuzkümmel, Ajowanfrüchte, Amchoor, Asant, getrocknete Minze, Anardana, Chili*
ZUBEREITUNG: *Die Zutaten im Mörser zerstoßen und vermischen. Sie werden diesmal nicht geröstet, weil man Röstaromen im Salat nicht unbedingt braucht beziehungsweise möchte.*

Eine Variante von Garam Masala, die zusätzlich den Grundgeschmack „sauer" einträgt. Man streut sie roh über Obst- und Gemüsesalate: „Chat" bedeutet „Salatsnack". Sie besteht aus Pfeffer, Kreuzkümmel, Ajowan, Amchoor, Asant, getrockneter Minze, getrockneten Granatapfelkernen (Anardana) und Chili. Das Ergebnis ist eine wunderbar würzige, säuerlich-scharfe Mischung. Verrührt mit Joghurt oder Sauerrahm, ergibt sich ein schöner, scharf-würziger Kontrast zum süßen Obst – die Säuerlichkeit bildet die Brücke zu einem überraschend vollen Aroma: So wird aus einem schlichten Obstsalat ein interessanter Zwischengang. Zusammen mit Gemüse und unter Beigabe von Joghurt kann man aus Chat Masala auch eine Art indisches *Gazpacho* herstellen: Alles im Mixer mit etwas Öl und Knoblauch pürieren und kalt servieren.

TANDOORI MASALA

FLAVOUR: *erdig-würzig, scharf-säuerlich*
ZUTATEN: *Zimt, Koriander, Kreuzkümmel, Nelken, Macis, Ingwer, Chili, Salz, Amchoor, Kurkuma oder Safran*
ZUBEREITUNG: *Ganze Zimtstangen, Koriander, Kreuzkümmel, Nelken und Macis-Streifen kurz trocken rösten, dann im Mörser zerstoßen und mit den anderen Zutaten vermischen.*

Für die im Lehmofen (Tandur) gegarten Gerichte, besonders für Huhn, gibt es diese spezielle Mischung. Sie kann je nach Region unterschiedlich zusammengestellt sein, etwa mit Zimt, Koriander, Kreuzkümmel, Nelken, Macis, Ingwer, Chili, Salz sowie Amchoor zur Säuerung und Kurkuma oder Safran als Farbgeber. Für *Tandur*-Gerichte wird diese Mischung mit Joghurt vermengt, um die Fleischstücke vor dem Garen darin zu marinieren. Man kann damit aber auch Fleisch vor dem Grillen einreiben (→ Tandoori bei Marinaden).

MADRAS CURRY

FLAVOUR: *aromatisch-würzig-erdig, sehr scharf*
ZUTATEN: *Chili, Schwarzer Pfeffer, Senfsamen, Ingwer, Kardamom, Koriandersamen, Kreuzkümmel, Nelken, Zimt, Lorbeer, Curryblätter, Kurkuma*

Madras Curry ist sehr bekannt für seine Schärfe. Die stammt von den getrockneten Chilis, dem Schwarzen Pfeffer, den Senfsamen und dem Ingwer. Außerdem sind unter anderem Koriander und Kreuzkümmel enthalten sowie frische Curryblätter – eine Spezialität der südin-

dischen, tamilischen Küche. Die gelbe Farbe und erdige Töne gibt wie fast immer Kurkuma. Für die reine Schärfe wird die Mischung, etwa zu Schmorgerichten, von Anfang an dazugegeben. Soll dagegen – zum Beispiel bei Fisch und Meeresfrüchten – auch die aromatische Würze betont werden, gibt man Madras Curry erst kurz vor Ende der Kochzeit hinzu. Der Name Madras Curry ist allerdings eine Erfindung von indischen Restaurants in Großbritannien – und in Indien unbekannt (→ Curryblätter). Gute Grundzusammenstellung: Mischung aus je 12 Teilen Kurkuma, Koriandersamen und Kreuzkümmel, dazu 6 Teilen gehackter Ingwer, 3 Teilen Schwarzer Pfeffer, je 2 Teilen gehackte Chili, Senfsamen und Kardamom, je 1 Teil Gewürznelken und Zimt sowie pro TL Senfsamen 10 Curryblätter und 5 Lorbeerblätter.

ZUBEREITUNG: *Senfsamen, Kardamom, Koriandersamen, Kreuzkümmel, Nelken und Lorbeer trocken anrösten, mit klein gehacktem Chili, Kurkuma, Zimt und Pfefferkörnern im Mörser zerstoßen. Anschließend mit gehacktem frischem Ingwer und Curryblättern ins Öl geben (Tadka). Man kann die Curryblätter auch vorher kurz in der heißen Pfanne trocknen.*

VINDALOO CURRY

FLAVOUR: *aromatisch-würzig-erdig, sehr scharf*
ZUTATEN: *Chili, Schwarzer Pfeffer, Senfsamen, Ingwer, Kardamom, Koriandersamen, Kreuzkümmel, Nelken, Zimt, Lorbeer, Curryblätter, Kurkuma*
ZUBEREITUNG: *Senfsamen, Kardamom, Koriandersamen, Kreuzkümmel, Nelken und Lorbeer trocken anrösten, mit klein gehacktem Chili, Kurkuma, Zimt und Pfefferkörnern im Mörser zerstoßen. Anschließend mit gehacktem frischem Ingwer und Curryblättern ins Öl geben (Tadka). Man kann die Curryblätter auch vorher kurz in der heißen Pfanne trocknen.*

Diese Mischungen aus Goa sind bekannt für ihre Schärfe. Die Zusammenstellung der Gewürze unterscheidet sich nicht wesentlich von anderen „Curry-Mischungen", durch die Zugabe von mehr Chilis sind sie allerdings schärfer.

Vindaloo oder Vindalho ist unter portugiesischem Einfluss entstanden. Goa war bis 1960 eine portugiesische Kolonie und die Portugiesen importierten ihre Art, Schweinefleisch zu marinieren: mit Wein, Knoblauch und Gewürzen. Da in Goa viele Christen leben, ist Schweinefleisch dort verbreitet. Vindaloo passt aber auch zu Huhn, Lamm oder Kartoffeln. In England ist das Gericht „Vindy" beliebt und berühmt-berüchtigt wegen seiner Schärfe. Sein Verzehr gilt als „Mutprobe", besonders in feuchtfröhlichen Nächten.

MASSALÉ

FLAVOUR: *mittelscharf, erdig, warm*
ZUTATEN: *Koriandersamen, Kreuzkümmel, Schwarzer Pfeffer, Kardamom, Nelken, Zimt, Chili, Muskatnuss*
ZUBEREITUNG: *Alle Zutaten kurz trocken rösten und im Mörser vermischen.*

Eine Gewürzmischung von der französischen Insel Réunion, die auch namensgebend für die dortigen curryartigen Gerichte ist. Sie enthält, offensichtlich von indischen Einwanderern und deren mitgebrachten Ess- und Würzgewohnheiten inspiriert, Koriandersamen, Kreuzkümmel, Schwarzen Pfeffer, ein wenig Kardamom, Nelken, Zimt, Chili und Muskatnuss. Massalé hat also große Ähnlichkeit mit Garam Masala und anderen indischen Gewürzmischungen. Man würzt mit ihr Eintöpfe, Suppen, Schmorgerichte und Marinaden für Fisch und Fleisch. Auch in der Verwendung gleicht die Gewürzmischung Massalé ihren indischen „Verwandten": Sie wird mit der Tadka-Methode angebraten. Gute Grundzusammenstellung: Mischung aus je 2 Teilen Koriandersamen, Kreuzkümmel und Schwarzer Pfeffer, je 1 Teil Kardamom, Nelken und Muskatnuss sowie pro TL Koriandersamen ¼ Zimtstange, Chili nach Belieben.

QUATRE-ÉPICES

FLAVOUR: *Trigeminusreiz (mild), erdig, manchmal etwas süßlich*
ZUTATEN: *Pfeffer, Nelken, Muskat, Ingwer. Variante mit Zimt/Macis statt Ingwer, Piment statt Nelken*
ZUBEREITUNG: *Pfefferkörner und Nelken kurz trocken rösten, dann mit geriebenem Muskat und frisch gehacktem Ingwer im Mörser vermischen.*

Eine der wenigen klassischen europäischen Gewürzmischungen, die das Mittelalter überlebt haben. Sie wird in Frankreich hauptsächlich für Wurstwaren, Wildragouts, Pasteten, eingelegte Gewürzgurken und anderes mariniertes Gemüse verwendet. Schinken und Schweinebraten wird damit eingerieben, aber auch in Keksen oder Lebkuchen kommen die „vier Gewürze" gelegentlich vor. Die Mischung besteht vor allem aus schwarzen oder weißen Pfefferkörnern, dazu kommen Nelken, Muskat und Ingwer. Sie erinnert mit ihren Aromen an die mittelalterliche europäische Küche: Damals war zum Beispiel Ingwer in Europa noch viel gewöhnlicher als heute, wo wir ihn eher aus der asiatischen Küche kennen. Manchmal wird der Ingwer durch Zimt oder Macis ersetzt, die Nelken durch Piment. Quatre-épices duftet jedoch auch ohne Piment wie Piment – weshalb man Piment bisweilen „Viergewürz" (Quatre-épices)

MASSALÉ
SAMBHAR-PULVER
TABIL
QUATRE-ÉPICES

nennt. Gute Grundzusammenstellung für Quatre-épices: Mischung aus 9 Teilen Pfeffer, 3 Teilen Muskatnuss, 1 Teil Nelken und 2 Teilen Ingwer.

SAMBHAR-PULVER

FLAVOUR: *scharf, nussig, würzig-aromatisch*
ZUTATEN: *getrocknete Hülsenfrüchte, Koriandersamen, Kreuzkümmel, Schwarzer Pfeffer, schwarze Senfsamen, Bockshornkleesamen, getrocknete Chilis, Asant, Kurkuma. Variante zusätzlich mit Zimt, Kokosflocken*
ZUBEREITUNG: *Hülsenfrüchte kurz anbraten. Koriandersamen, Kreuzkümmel, Pfeffer, Senfsamen, Bockshornkleesamen und Chilis kurz trocken rösten. Mit Asant und Kurkuma im Mörser vermischen.*

Eine Würzzutat aus der südindischen, vegetarischen Küche. Mit dieser Mischung werden Hülsenfrüchte (Dal), Gemüse, Saucen – sie heißen ebenfalls Sambhar – und Suppen aromatisiert. Das Besondere ist, dass die Mischung kurzgebratene und dadurch gebräunte Hülsenfrüchte, zum Beispiel weiße Kichererbsen oder schwarze Mungobohnen, enthält, die ein nussiges Aroma beitragen und als Verdickungsmittel für eine cremige Konsistenz sorgen. An Gewürzen sind meist enthalten: Koriandersamen, Kreuzkümmel, Schwarzer Pfeffer, schwarze Senfsamen, Bockshornkleesamen, getrocknete Chilis, Asant und Kurkuma. Dazu können noch Zimt oder Kokosflocken kommen, dann wird die Mischung süßlicher. Die frisch hergestellte Mischung kann man luftdicht etwa zwei Wochen ungekühlt aufbewahren. Gute Grundzusammenstellung: Mischung aus 3 Teilen Koriandersamen, je 1 Teilen Kichererbsen, Mungobohnen und Urdbohnen, 2 Teilen Kreuzkümmel, je 1 Teil schwarze Pfefferkörner, Bockshornkleesamen, schwarze Senfsamen und Kurkuma, 1/8 Teil Asant sowie pro TL Pfeffer 1–2 getrocknete Chilis.

TABIL

FLAVOUR: *mildscharf und harmonisch, nussig, in manchen Varianten leicht süßlich*
ZUTATEN: *Koriander, Knoblauch, Kreuzkümmel, milde Chili oder Paprika. Varianten mit Pfeffer, Ingwer, Fenchel, Muskat, Nelke, Anis und Cassia-Zimt*
ZUBEREITUNG: *Knoblauch schälen und hacken. Frische oder getrocknete, milde Chilischoten klein hacken. Koriandersamen und Kreuzkümmel kurz trocken anrösten. Eventuell frischen Ingwer schälen und kleinhacken. Alles mit den übrigen gemörserten Zutaten vermischen.*

Tabil heißt übersetzt Koriander. Das ist die dominierende Zutat dieser bekannten marokkanischen Gewürzmischung, die außerdem Knoblauch, Kreuzkümmel und milden Chili oder Paprika enthält. Manchmal kommen noch Pfeffer, Ingwer, Fenchel, Muskat, Nelke, Anis und Cassia-Zimt hinzu. Sie wird oft als süßlich-erdige Komponente mit Harissa in Eintopfgerichten und Couscous kombiniert und dabei reichlich dosiert. Man kann mit ihr auch Hackfleisch, Suppen oder Pastasaucen würzen. Warum nicht mal ein erdig-orientalisches Pesto daraus herstellen? Gute Grundzusammenstellung: Mischung aus 3 Teilen Koriandersamen, 1 Teil Kreuzkümmel sowie pro EL Koriandersamen 2 Knoblauchzehen und ½–1 Chilischote.

AROMA, GRUNDGESCHMACK & SCHÄRFE

BARBECUE-MISCHUNG

FLAVOUR: *mittelscharf, leicht süßlich, salzig, würzig, kräuterig*

Die Nordamerikaner sind bekanntlich die (selbsternannten) Könige des Barbecues, kurz BBQ. Deshalb haben sie auch – inspiriert von der karibischen und kreolischen Küche – eine mittelscharfe Gewürzmischung entwickelt, mit der sie Steaks und Koteletts ein paar Stunden vor dem Grillen bestreichen. So eine Mischung kann natürlich im Detail höchst unterschiedlich zusammengestellt sein, aber sie enthält fast immer gemahlenen Pfeffer unterschiedlicher Farben, getrockneten Thymian und Majoran, etwas Kreuzkümmel, etwas Cayennepfeffer oder eine andere Sorte Chilipulver, edelsüßes Paprikapulver, Senfpulver der britischen Art (*Colman*) und Zucker zum Karamellisieren. Alternativ und zusätzlich wird beim Barbecue natürlich auch mit Saucen gewürzt (→ Ketchup). Gute Grundzusammenstellung: Mischung aus je 6 Teilen Senfpulver und Zucker, 4 Teilen edelsüßes Paprikapulver, je 2 Teilen Kreuzkümmel und Pfefferkörner sowie je 1 Teil Majoran, Thymian und Cayennepfeffer.

ZUTATEN: *Pfeffer, Thymian, Majoran, Kreuzkümmel, Cayennepfeffer, edelsüßes Paprikapulver, Senfpulver, Zucker*
ZUBEREITUNG: *Alle Zutaten vermischen, Kreuzkümmel vorher bei Bedarf kurz anrösten.*

BERBERE

Die bekannte scharfe äthiopisch-eritreische Würzmischung vereint eine Vielzahl von arabischen und indischen Aromen. In Berbere gehören Chilis, Ingwer, Knoblauch, Nelken, Koriandersamen, Piment, das an Thymian erinnernde Ajowan, getrocknetes Basilikum, Bockshornklee, Langer Pfeffer sowie die bitteren getrockneten Früchte der Weinraute und schließlich Korarima. Diese äthiopische Spezialität ist auch als äthiopischer Kardamom bekannt, erinnert tatsächlich an Kardamom und wird auch in ähnlicher Weise zum Würzen von Kaffee genutzt. Berbere prägt neben → Mitmita die äthiopische Küche und wird vielseitig zum Würzen eingesetzt: in Eintöpfen, aber auch zu gebratenem und geschmortem Fleisch. Gute Grundzusammenstellung: Mischung aus 2 Teilen gemahlener Chili (etwa Cayenne), je 1 Teil Salz und Ajowan, jeweils ½ Teil Kardamom, Bockshornklee, Knoblauch, Ingwer, Basilikum und Langer Pfeffer sowie jeweils 1/8 Teil Piment und Nelken.

FLAVOUR: *scharf, bitter, kräuterig, würzig*
ZUTATEN: *Chilis, Ingwer, Knoblauch, Nelken, Koriandersamen, Piment, Ajowan, Basilikum, Bockshornklee, Langer Pfeffer, getrocknete Früchte der Weinraute, Korarima*
ZUBEREITUNG: *Alle Zutaten anrösten und im Mörser vermischen.*

CAJUN-MISCHUNG

In der kreolischen und der Cajun-Küche Louisianas wird gerne reichlich gewürzt. Die Zusammenstellung kann stark variieren – fertig zu kaufende Gewürzmischungen enthalten meist edelsüße Paprika, Schwarzen Pfeffer, Cayennepfeffer (Chili), Fenchelfrüchte, Kreuzkümmel, Senfpulver, getrocknete Kräuter wie Thymian, Oregano und Salbei sowie Salz, getrockneten Knoblauch und getrocknete Zwiebeln. Aromatischer schmeckt die Mischung, wenn man sie selbst frisch zusammenmischt. Mit dem Pulver wird das Grillgut – Fisch ebenso wie Fleisch – eine Stunde vor dem Barbecue eingerieben oder langsam garende Gerichte wie *Gumbos* (Eintöpfe) und *Jambalayas* (Reisgerichte) gewürzt. Gute Grundzusammenstellung: Mischung aus je 2 Teilen edelsüßes Paprikapulver und Thymian, je 1 Teil schwarze Pfefferkörner, Kreuzkümmel, Senfpulver, Cayennepfeffer, Oregano und Salz sowie pro TL Pfefferkörner 1 Knoblauchzehe und Zwiebel.

FLAVOUR: *scharf, erdig, würzig, salzig*
ZUTATEN: *edelsüßes Paprikapulver, Schwarzer Pfeffer, Cayennepfeffer (Chili), Fenchelfrüchte, Kreuzkümmel, Senfpulver, Thymian, Oregano, Salbei, Salz, (getrockneter) Knoblauch, (getrocknete) Zwiebeln*
ZUBEREITUNG: *Die Gewürze trocken anrösten und die getrockneten Zwiebeln und Knoblauch durch sehr klein geschnittene frische ersetzen. Mit den gemörserten Gewürzen und Kräutern zu einem Brei vermischen.*

RAS EL-HANOUT
CAJUN-MISCHUNG
MITMITA
BERBERE

HARISSA-PULVER
PANCH PHORON, PANCH PHORA
BARBECUE-MISCHUNG
SHICHIMI TOGARASHI
ZA'ATAR, ZATAR

HARISSA-PULVER

FLAVOUR: *sehr scharf, schwefelig, erdig-würzig*
ZUTATEN: *Chilischoten, Koriandersamen, Kreuzkümmel, Knoblauch. Variante zusätzlich mit Paprika*
ZUBEREITUNG: *Koriander, Kreuzkümmel und Chili trocken anrösten und evtl. mit Paprika im Mörser vermischen. Knoblauch hacken und mit den Gewürzen vermischen.*

Es ist so etwas wie das tunesische Nationalgewürz: Harissa ist eine der bekanntesten nordafrikanischen Gewürzmischungen, die als bitterscharfe Fertigsauce in Dosen (→ Harissa-Sauce) oder als trockene Mischung auch bei uns angeboten wird. Sie enthält viel getrocknete oder frische Chilischoten, Koriandersamen, Kreuzkümmel und Knoblauch, manchmal auch Paprika. Harissa als Pulver würzt gegrilltes Fleisch, ***Merguez*** (pikante Würste), Couscous und ***Tajines***. Gute Grundzusammenstellung: Mischung aus 3 Teilen Koriandersamen, 2 Teilen Kreuzkümmel sowie pro TL Kreuzkümmel 1 Knoblauchzehe und 1–2 getrocknete Chilischoten.

MITMITA

FLAVOUR: *scharf, würzig, salzig*
ZUTATEN: *Chilis (Piri Piri), Kardamom, Kreuzkümmel, Salz. Variante zusätzlich mit Zimt, Nelken, Ingwer*
ZUBEREITUNG: *Alle Zutaten anrösten und im Mörser vermischen.*

Diese scharfe Mischung stammt ursprünglich aus Äthiopien. Sie besteht zum überwiegenden Teil aus den scharfen, kleinen roten Chilis (Piri Piri) mit sehr geringen Mengen Kardamom, Kreuzkümmel, Salz und je nach Mischung auch aus Zimt, Nelken oder Ingwer. Man würzt mit ihr ***Kitfo*** – rohes Rindfleisch, eine Art äthiopisches Tatar – und das aus Ägypten stammende Saubohnengericht ***Ful***. Mitmita und → Berbere sind die beiden wichtigsten Gewürzmischungen in der äthiopischen Küche.

PANCH PHORA, PANCH PHORON

FLAVOUR: *fenchel-anisartig, kräuterig, etwas bitter, leicht scharf*
ZUTATEN: *Kreuzkümmel, Fenchelfrüchte, Bockshornkleesamen, Nigella, schwarze Senfsamen. Variante zusätzlich mit Chili oder Pfeffer*
ZUBEREITUNG: *Samen ohne Fett in einer Pfanne kurz rösten, danach im Mörser zerkleinern und vermischen.*

Auch bekannt unter dem Namen bengalische Fünf-Gewürze-Mischung. Sie enthält Kreuzkümmel, Fenchelfrüchte, Bockshornkleesamen, Nigella und schwarze Senfsamen, die in einigen regionalen Varianten durch Radhuni, eine Art „wilder Sellerie" mit Petersilienduft, ersetzt werden. Damit würzt man in Bengalen und im östlichen Indien vor allem Fisch und vegetarische Gerichte. Die gemahlenen Gewürze werden zu Beginn im Öl kurz gedünstet (Tadka-Methode). Eine ideale Mischung für Kartoffelgerichte und ***Dals*** (Linsengerichte). Man kann die verhaltene Schärfe jederzeit mit Chili oder Schwarzem Pfeffer steigern. Gute Grundzusammenstellung: Mischung aus allen Zutaten zu gleichen Teilen.

RAS EL-HANOUT

FLAVOUR: *scharf, bitter, süß, harmonisch-aromatisch*
ZUTATEN: *Kubebenpfeffer, Pfefferkörner, Zimtstangen, Gewürznelken, grüne Kardamomkapseln,*

Wörtlich übersetzt bedeutet Ras el-Hanout so viel wie „Chef des Ladens". Sie ist eine klassische marokkanische Mischung, die meist noch nicht gemahlen in den Handel kommt. Gemahlen und angeröstet wird immer erst bei Bedarf, damit sich das feine Aroma der Zutaten nicht beim Lagern verflüchtigt. Ras el-Hanout gibt es in so vielen Variationen, wie es Gewürzhändler gibt. Zu den häufigsten Zutaten gehören Kubebenpfeffer, Pfefferkörner, Zimtstangen, Gewürznelken, grüne Kardamomkapseln, getrocknete Chilischoten, Pimentkörner und Muskatnüsse. Dazu kommen oft getrocknete Rosenblätter, Lavendelblüten, Kreuzkümmel, Safran, Sternanis, Koriander, Paradieskörner, Nigella, Bockshornklee, Kurkuma, Ingwer, Galgant, Mönchspfeffer und Langer Pfeffer. In einem Ras el-Hanout sind mindestens 20 Zutaten enthalten, es können sogar bis zu 100 sein. So ergibt sich ein scharfes, bitteres und süßliches Aromenspiel, das zu einer Vielzahl von Speisen passt, nicht nur zu Couscous. Angeblich enthalten manche Originalmischungen noch die giftigen Zutaten Belladonna und Spanische Fliege, denen man aphrodisische Wirkungen zuschreibt. Auch das hat zum legendären Ruf von Ras el-Hanout beigetragen.

getrocknete Chilischoten, Piment, Muskatnüsse, Rosenblätter, Lavendelblüten, Kreuzkümmel, Safran, Sternanis, Koriander, Paradieskörner, Nigella, Bockshornklee, Kurkuma, Ingwer, Galgant, Mönchspfeffer, Langer Pfeffer

ZUBEREITUNG: *Alle Zutaten bis auf Muskatnüsse, Rosenblätter, Safran, Ingwer beziehungsweise Galgant, Kurkuma und Lavendel trocken anrösten, dann mit geriebener Muskatnuss, Kurkuma, Rosenblättern und Safran im Mörser vermischen. Ingwer beziehungsweise Galgant fein hacken und mit der Gewürzmischung vermengen.*

SHICHIMI TOGARASHI

Der japanische Name steht für „Sieben-Zutaten-Chili". Das ist eine in ganz Japan beliebte, grobkörnige Chili-Gewürzmischung, von der es regional unterschiedliche Varianten gibt. Die Mischung aus weißen und schwarzen Sesamsamen, Mohn-, manchmal auch Hanfsamen, Tangerinen-, Mandarinen- oder Orangenschalen, Nori-Flocken, Chiliflocken und Sansho (Szechuanpfeffer) schmeckt mehr oder weniger scharf, aber die Chili-Schärfe übertönt nie die übrigen Aromen. Manchmal taucht außerdem Yuzu-Schale in der Mischung auf, um die säuerlich-fruchtigen Aromen zu betonen. Auch Perilla kann dazukommen. Mit Shichimi Togarashi, das übrigens selbst dann noch so heißt, wenn wesentlich mehr als sieben Gewürze enthalten sind, würzt man Nudelsuppen, *Udon* (Nudelgerichte), *Nabemono* (Eintöpfe) und *Yakitori* (Hühnchenspieße). Nicht verwechseln mit Ichimi togarashi, was lediglich gemahlener Chili ist – wörtlich: Ein-Gewürz-Chili. Gute Grundzusammenstellung: Mischung aus je 3 Teilen Sansho, Chiliflocken und Tangerinenschalen, je 2 Teilen weiße Sesamsamen und schwarze Sesamsamen, je 1 Teil Mohnsamen und Nori.

FLAVOUR: *scharf, süß-sauer, bitter, nussig, fruchtig, jodig*

ZUTATEN: *weiße und schwarze Sesamsamen, Mohnsamen, Tangerinen-, Mandarinen- oder Orangenschalen, Nori-Flocken, Chiliflocken, Sansho (Szechuanpfeffer). Variante zusätzlich mit Hanfsamen, Yuzu-Schale, Perilla*

ZUBEREITUNG: *Sesam, Hanf, Pfeffer und Mohn kurz trocken anrösten. Nori, Zitrusfrüchteschalen und Perilla feinhacken. Alles vermischen.*

ZA'ATAR, ZATAR

Diese Gewürzmischung ist in Nordafrika, dem Nahen Osten und der Türkei verbreitet. Zu ihren Grundzutaten zählt unter anderem das Zatar-Kraut. Bei uns eher unbekannt, kann man es mit getrocknetem Thymian, Oregano oder Majoran ersetzen – es ist aber nicht das Gleiche. Mit Olivenöl vermischt, wird das Pulver vor dem Backen auf Fladenbrot gestrichen. So kann man es auch als Dip verwenden oder am Tisch damit Fleischbällchen würzen. Gute Grundzusammenstellung: Mischung aus je 2 Teilen Zatar-Kraut und Sesamsamen, 1 Teil Sumach sowie ¼ Teil Salz.

FLAVOUR: *bitter, sauer, kräuterig*

ZUTATEN: *Sumach, geröstete Sesamsamen, Zatar-Kraut, Salz*

ZUBEREITUNG: *Sesam rösten, Zatarkraut kleinhacken, mit Sumach vermischen, salzen. Für einen Dip mit Olivenöl anrühren.*

DIE EIGENE GEWÜRZMISCHUNG, TEIL I

Keine Angst vor eigenen Erfindungen. Bei der Küchenarbeit fällt genug Material an, das sich kreativ verwenden lässt. Gemüseabschnitte, Kohlstrünke oder Rote-Bete-Stiele sind zu schade zum Wegwerfen – sie können ein Teil der eigenen Gewürzmischung werden. Dieses Schaubild bietet ein paar Ideen dafür. In den jeweiligen Überlappbereichen sind die Grunddüfte aus den enthaltenen Aromen angegeben, so lassen sich auch bestimmte Teile einer Mischung einzeln oder in neuen, eigenen Kombinationen verwenden. Auf zum fröhlichen Experimentieren: Aus Erfahrung wird man zum Gewürzmeister.

SOMMERTIEFE

Sehr erdige Aromen werde von sehr floralen Düften im Sinne des Food-Completings ergänzt. Süß-säuerliche Geschmacksrichtung

Verwendung: Fisch, helles Fleisch, gebratenes Gemüse, Hülsenfrüchte (rote Linsen)

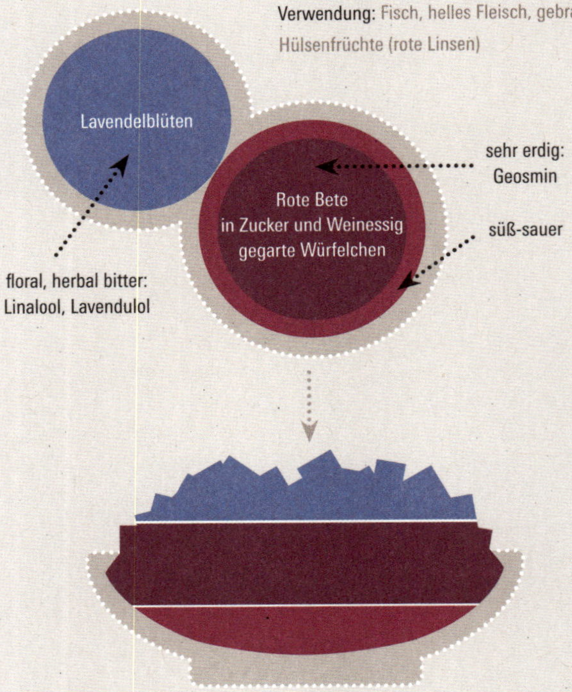

AUS DEM STALL

Sowohl Food-Pairing als auch Completing

Verwendung: Linseneintöpfe, Wursteintöpfe, Gemüsepürees, gebratenes Fleisch

Wichtig: Erst zu Tisch anwenden

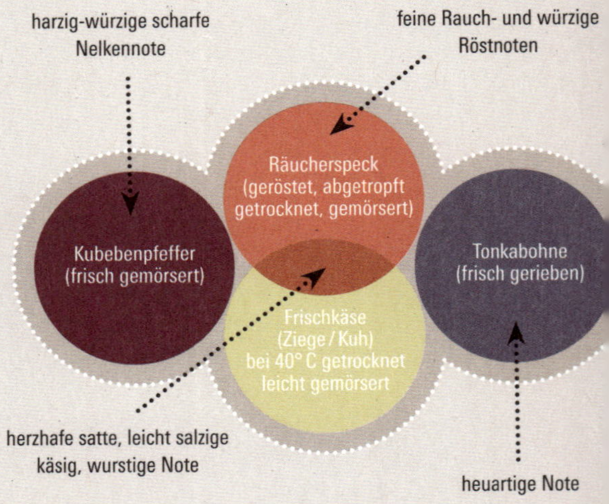

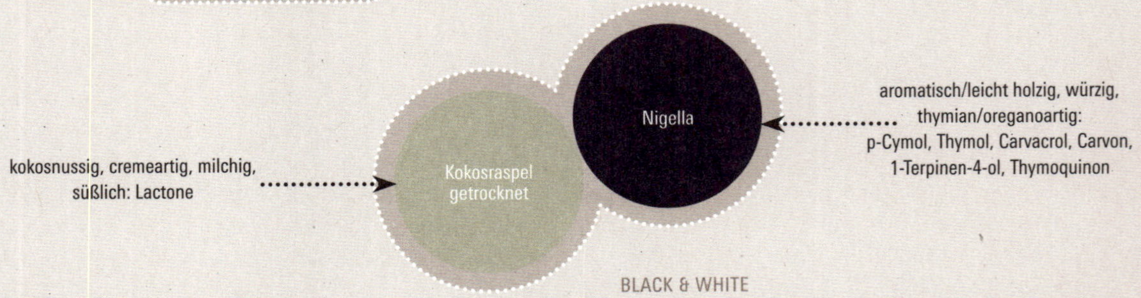

BLACK & WHITE

Ergänzung der kräuterigen, aromatischen Noten mit cremig-süßlichen Kokosnoten im Sinne des Food-Completings

Verwendung: Fisch, helles Fleisch, Milchreis, milde Currys

SÜSSES JAHRMARKTSGEWÜRZ

Zentrales Food-Pairing über die Röstaromen

Verwendung: Desserts, Eiscreme, Milchprodukte, Frischkäse (Ziege, Kuh), kurz gebratenes Wildfleisch

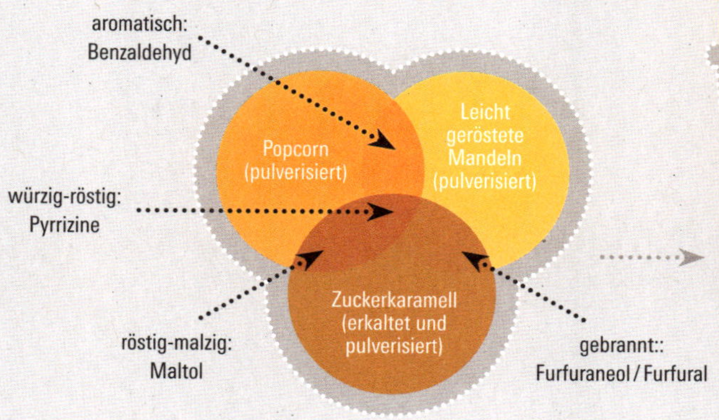

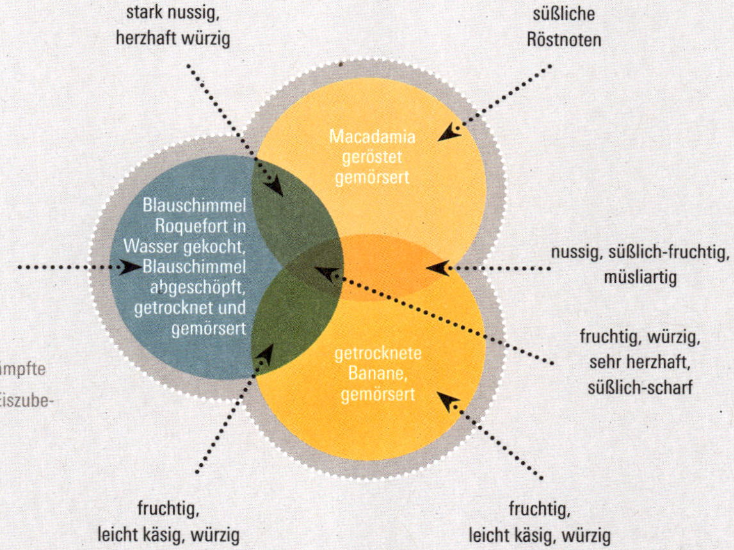

SÜSSER BLAUSCHIMMEL

Verwendung: Pasta auf Sahnebasis, gedämpfte Kartoffeln, Fisch, Kohlrabi, Blumenkohl, Eiszubereitungen aus Ziegenkäse

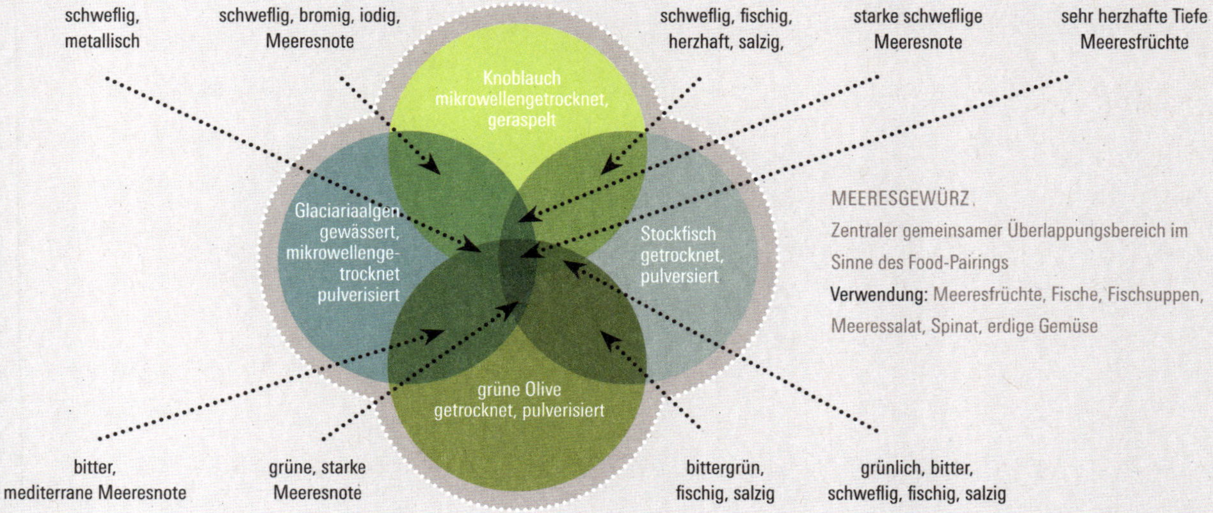

MEERESGEWÜRZ

Zentraler gemeinsamer Überlappungsbereich im Sinne des Food-Pairings

Verwendung: Meeresfrüchte, Fische, Fischsuppen, Meeressalat, Spinat, erdige Gemüse

SALZIGER GEWÜRZSCHWEFEL

Sowohl Food-Pairing als auch Completing

Verwendung: Hülsenfrüchte, vegetarische Gerichte, Eierspeisen, gedämpfter Fisch

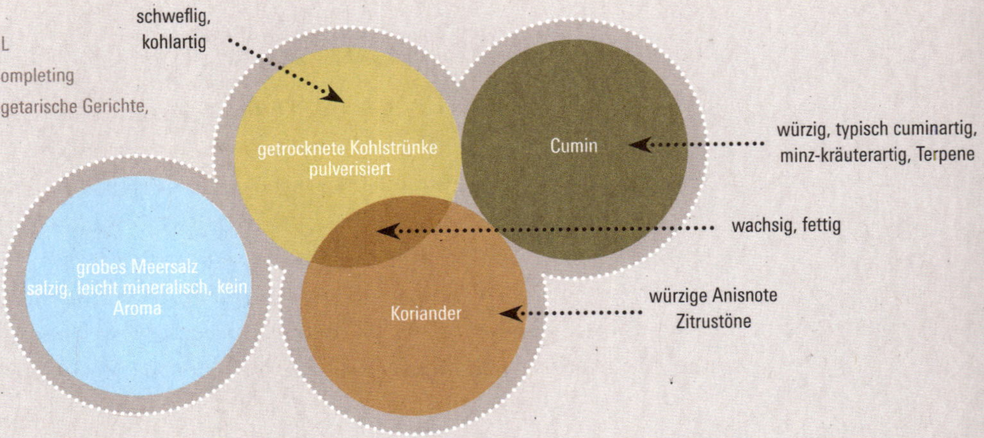

BROTGEWÜRZ

Röstaroma ergänzt würzig-süßliche Noten

Verwendung: Käsezubereitungen, Fleisch, Fisch, Bratkartoffeln, Gemüseteller, Bratwurst

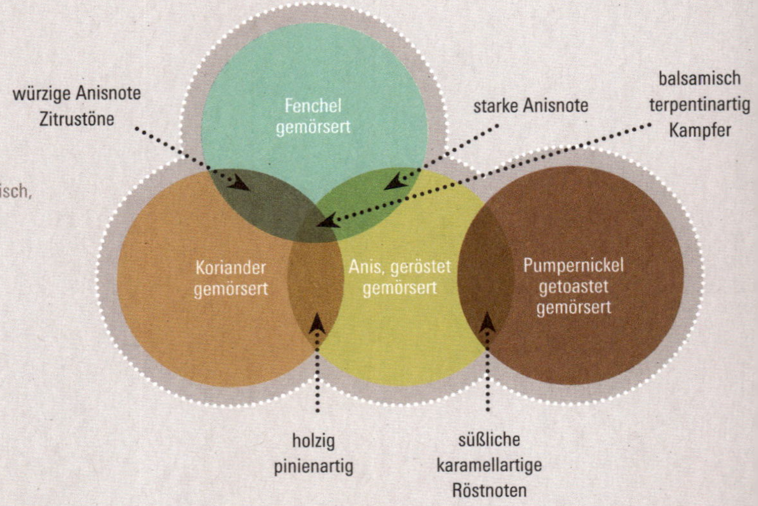

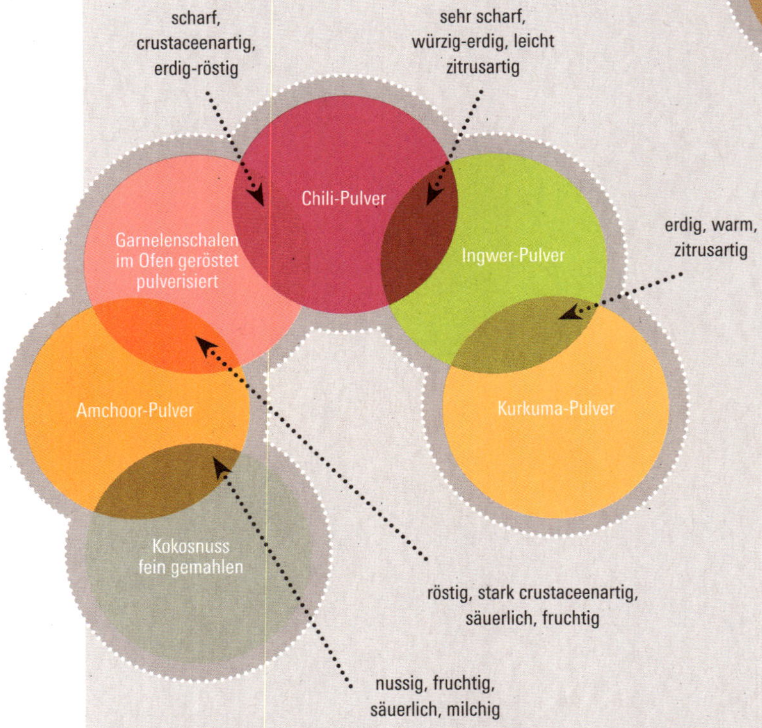

INDISCHES MEER

Sowohl Food-Pairing als auch Completing über längere Strecke

Verwendung: Basmatireis, Meeresfrüchte-Biryani, exotische Fischgerichte, Fischsuppen, Fischravioli

FRISCHES HERBSTROT

Verbindung über Anknüpfpunkte an der zentralen Zutat

Verwendung: Suppen, Kartoffelpfannen, Pasta, Risotti, Süßwasserfisch, herbstliche Wurzelgemüse

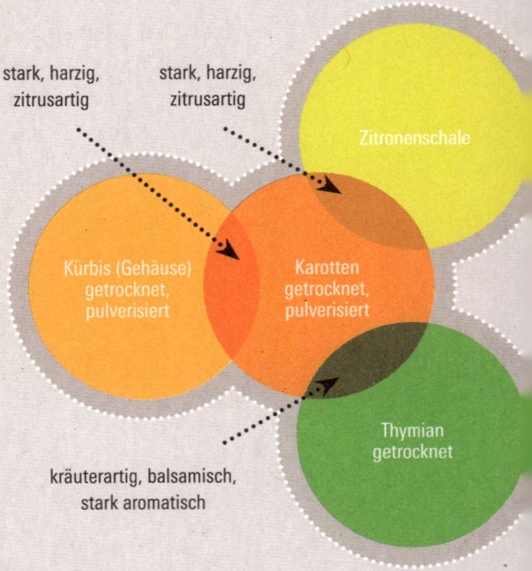

DIE EIGENE GEWÜRZMISCHUNG, TEIL II

Im Gegensatz zu trockenen Gewürzmischungen bestehen Saucen oder Würzpasten immer auch zu einem großen Teil aus Zutaten, die verschiedene Grundgeschmacksrichtungen einbringen. Wasserbasierte Saucen tragen stets die Richtungen salzig, süß, sauer und umami ein, ölbasierte Saucen oder Würzöle hingegen mehr die fettlöslichen Aromen. Am besten funktioniert die Mischung, wenn sowohl Geschmack über die Zunge als auch retronasal Aromen eingebracht werden. Daher sind viele Saucen Emulsionen aus beiden Lösungsmitteln. Häufig wirken sie auch durch ihre zähflüssige Konsistenz und damit über das Mundgefühl.

KETCHUP

Ketchup wirkt durch das Zusammenspiel der Grundgeschmacksrichtungen sauer (Tomate, Essig), süß (Tomate, Zucker), umami (Tomate, Zwiebel) und salzig. Bei schärferen Sorten wird über Pfeffer und Tabasco zusätzlich ein trigeminaler Schmerzreiz ausgelöst. Erdige und würzige Noten werden durch Gewürze wie Nelken, Paprika und Muskat beigefügt. Bei kräuterdominierten Ketchups werden aromatische duftende Kräuter wie Thymian und das terpenreiche, balsamisch-holzige Rosmarin eingesetzt.

Zubereitung: Für ein traditionelles und unser modernes Ketchuprezept, siehe Seite 412 und 413.

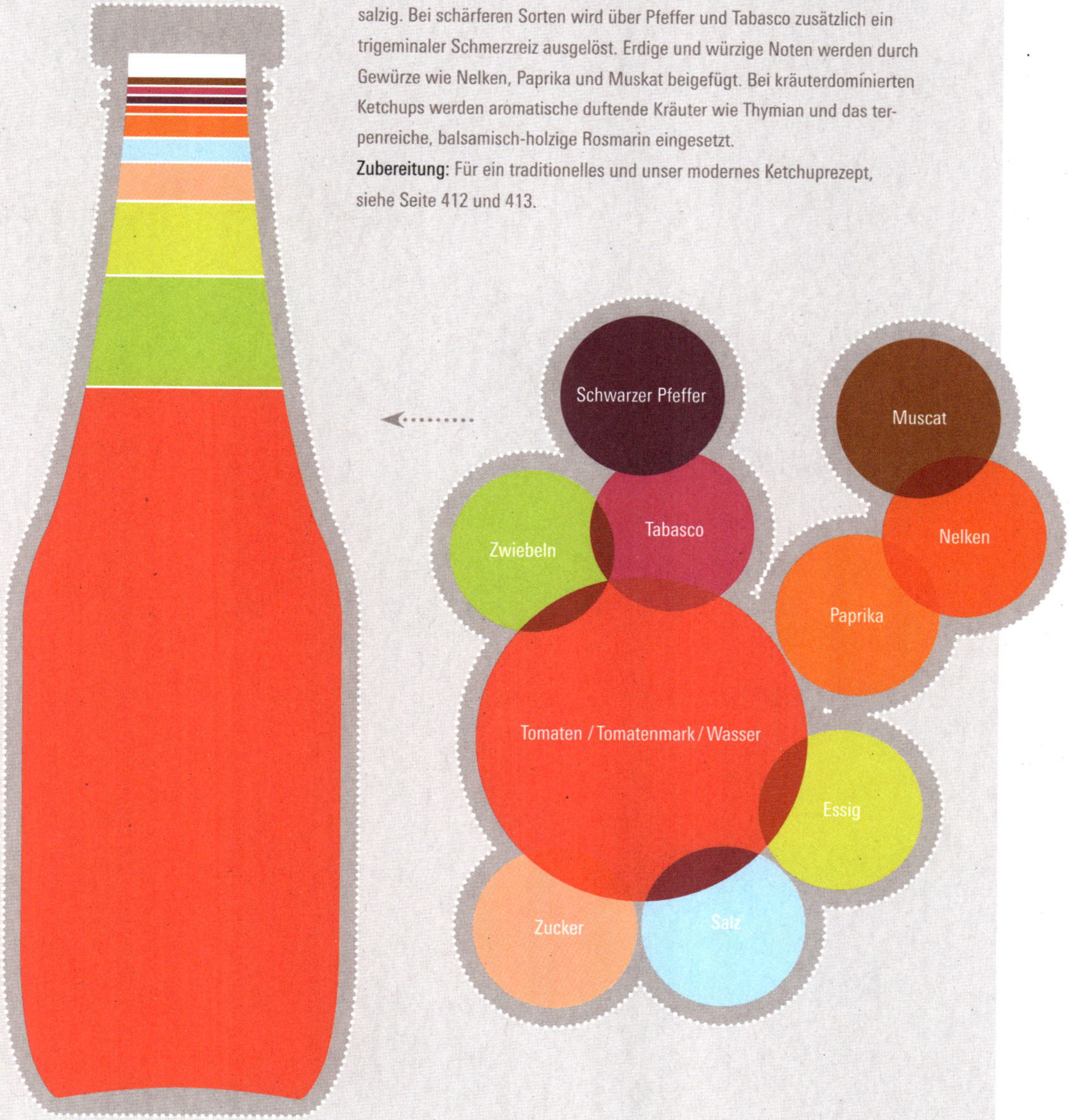

AUBERGINENRAUCH

Köstliche Raucharomen lassen sich leicht akzentuiert auf den Teller bringen. Wegen ihres weichen Fleischs eignen sich Auberginen bestens als Träger.

Zubereitung: Die Aubergine wird gegrillt, dann geschält, halbiert und in einem Tischräucherofen geräuchert. Da sie durch das Grillen bereits gar ist, lässt sie sich anschließend mit Olivenöl sehr fein pürieren. Um eventuelle Kerne zu entfernen, kann man die Mischung anschließend durch ein Sieb streichen.

Verwendung: Als kleine Tupfen aus Dosierfläschchen für praktisch alle Gerichte – von Antipasti bis Desserts auf Basis exotischer Früchte.

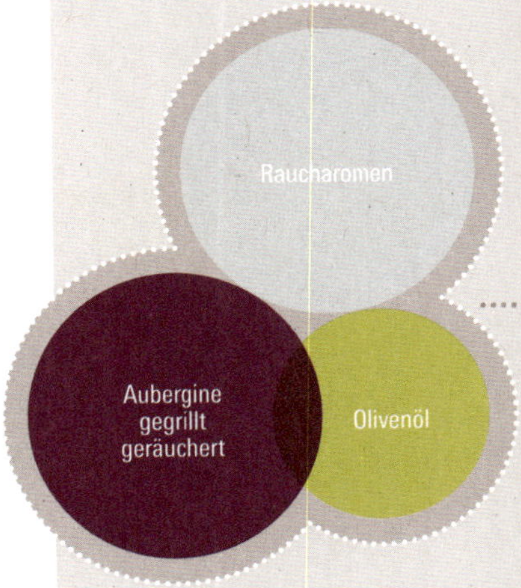

SOMMERFRISCHE

Diese Würzsauce ist dem „Gurkenaldehyd" (2E,6Z)-Nona-2,6-dien-1-al gewidmet, aromabestimmend in Wassermelone, Gurke und Borretsch. Pfefferminze gibt kühlende Frische, die Dillspitzen Würze. Geschmacklich dominieren die Säure des Essigs – heller Weinessig oder weißer Balsamico –, etwas Salz und abrundend ein kleiner Zuckeranteil.

Zubereitung: Die fein pürierten und fein geschnittenen Zutaten mit dem Essig vermischen, mit Salz und Zucker abschmecken. Die Konsistenz der Sauce muss unter Umständen mit dem kaltlöslichen, natürlichen Verdickungsmittel Xanthan angeglichen werden.

Dip: Wurstplatten, kalte Fischplatten, gegrillte Fische, Rohkostteller, sehr junger Frischkäse. **Saucentupfer:** Warme Fischteller, zu Käsegängen

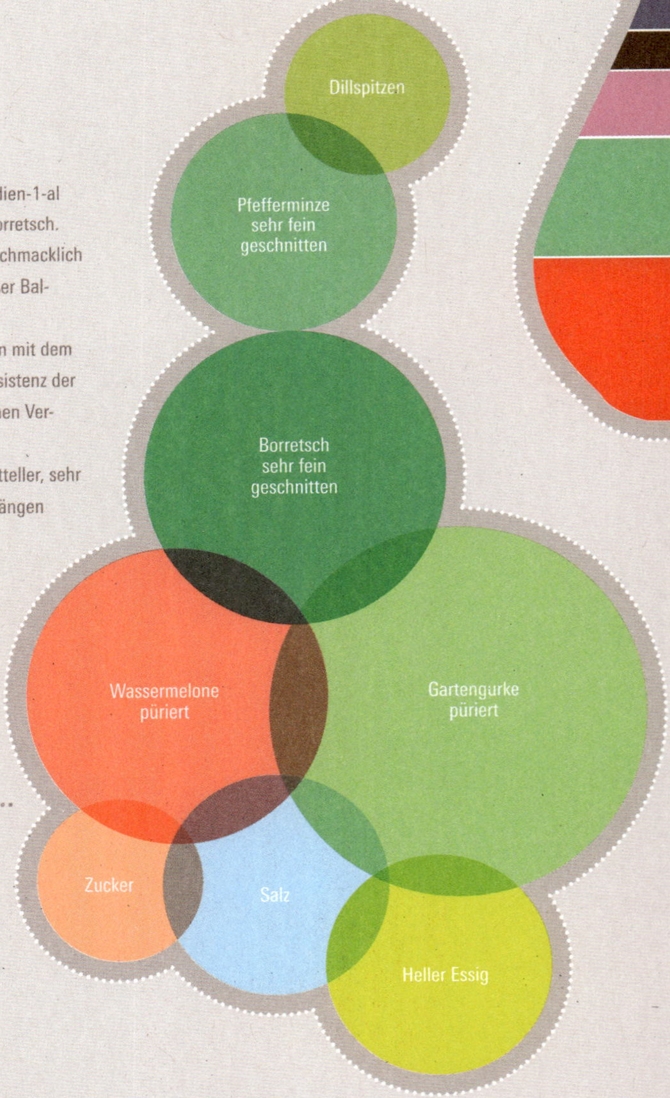

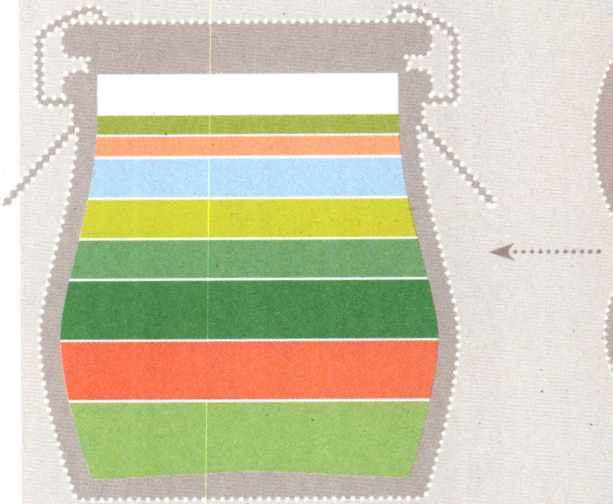

APRIKOSENMAYONNAISE

Alle Zutaten überlappen sich bei den grünen, fruchtigen Noten. Aprikosen wirken als Emulgator, Säuerungsmittel und Aromengeber zugleich. Ihre fruchtig-cremig duftenden Lactone lassen die ohnehin dickliche Mayonnaise sehr cremig und dicht erklingen – keine weiteren Gewürze sind notwendig.

Zubereitung: Sehr fein geschnittenen Queller mit pürierter Aprikose und Olivenöl vermischen.

Verwendung: Als Dip für reife Käse, Meeresfrüchte, Fisch, dunkles Fleisch, vegetarische Gerichte. Ohne Queller zu Käsegängen, Früchten.

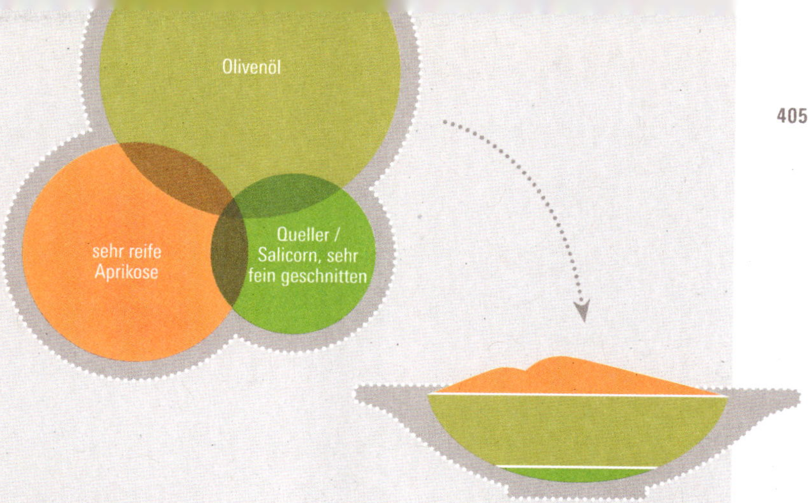

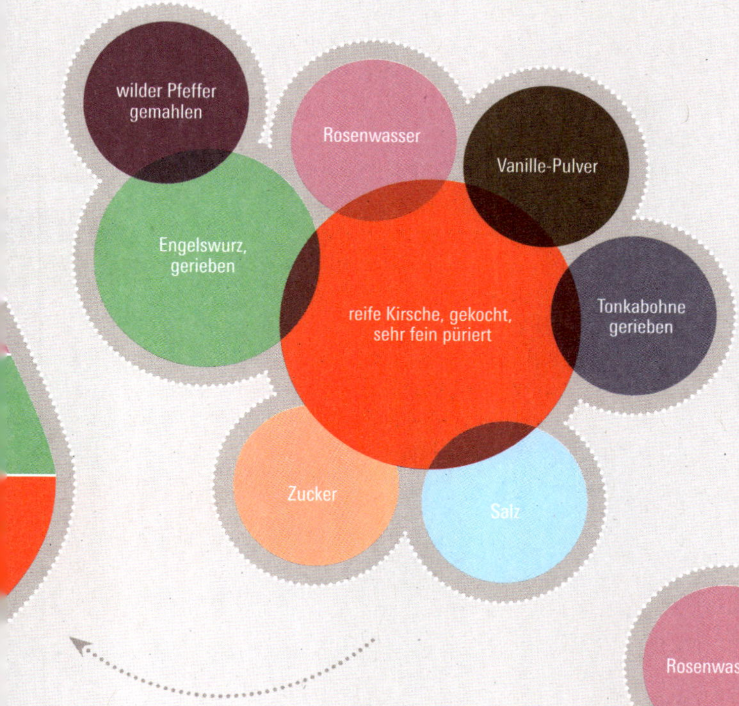

SÜSS-WÜRZIGE TIEFE

Rote Kirschen sind eine sehr gute Grundlage für viele Saucen: Sie besitzen sehr würzige Noten, die sich bestens „aufparfümieren" lassen: mit würzigen Blütennoten von Rosenwasser, harzig-moschusartigem Engelwurz (Angelika), aromatischer Vanille und heuartiger Tonkabohne. Leichte, holzige Schärfe wird durch Voatsiperifery-Pfeffer erreicht.

Zubereitung: Die reifen Kirschen kochen, anschließend sehr fein pürieren. Abgekühlt mit Angelika (Engelwurz), Pfeffer, Tonkabohne sowie den übrigen Zutaten vermischen.

Verwendung: Als parfümähnlicher Dip für reife, fast scharfe Käse (fruchtig-aromatischer Kontrast), Wildfleisch, gegrilltes Fleisch und Gemüse (Ergänzung rauchiger Aromen), Rindfleisch, vegetarische Gerichte.

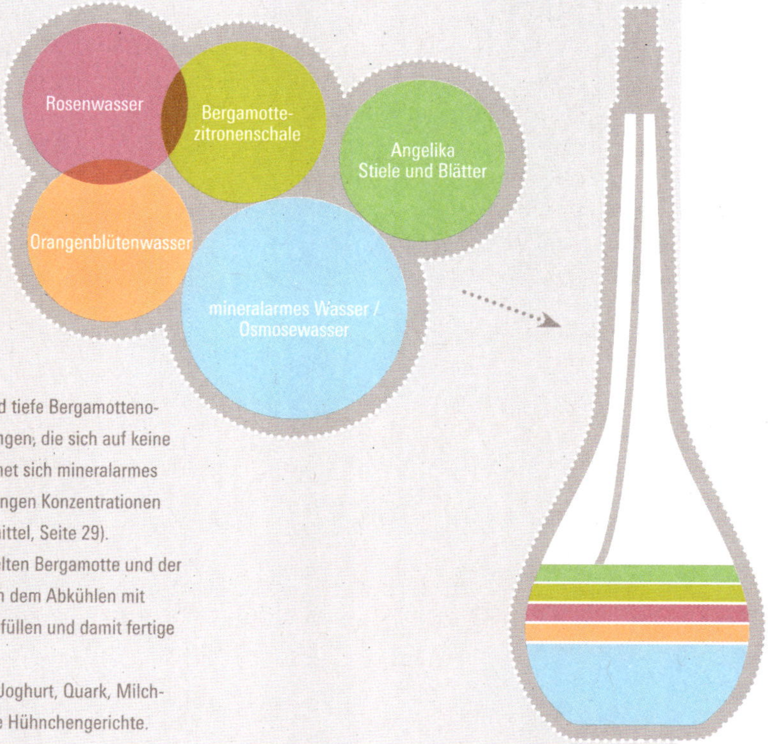

DAS PARFÜM ZU TISCH

Aromensprays bringen typisch würzige Blütennoten, ein Hauch Moschus und tiefe Bergamottenoten in servierfertige Speisen ein. Durch den feinen Film ergeben sich Würzungen, die sich auf keine andere Weise erzielen lassen. Zum Extrahieren der fettlöslichen Aromen eignet sich mineralarmes Wasser am besten. Die Aromen sind darin zwar flüchtig, werden aber in geringen Konzentrationen für eine Weile durch „Käfige" aus Wassermolekülen festgehalten (Lösungsmittel, Seite 29).

Zubereitung: Mineralarmes Wasser mit dem Schalenabrieb einer unbehandelten Bergamotte und der Angelika kurz aufkochen und die Aromen zugedeckt extrahieren lassen. Nach dem Abkühlen mit Orangenblüten und Rosenwasser dezent abschmecken. In kleine Zerstäuber füllen und damit fertige Speisen besprühen.

Verwendung: Als Aromaspray für exotische Fischzubereitungen, Frischkäse, Joghurt, Quark, Milchreis (mit Rosinen), Pudding, Obst, Blanc mangers, Lammtajines, orientalische Hühnchengerichte.

SUPERMARKT-GEWÜRZMISCHUNGEN

In den meisten Supermärkten stehen mittlerweile mehr Gewürzmischungen als Einzelgewürze im Regal – eine Entwicklung, die eher zu bedauern ist. Statt nach Wacholder und Lorbeer greift manch einer heute lieber nach einer beliebigen Würzmischung für „Wild". Auch von „Curry"-Gewürzmischungen ist in vielen Kochbüchern immer wieder die Rede. Sicher wird man eine Gewürzmischung mit Namen „Curry" im Supermarktregal finden, die ausreicht, um Reis eine „indische" Note zu verleihen, ein gutes indisches Currygericht wird damit aber niemand herstellen können. Im Fachhandel und in indischen Lebensmittelgeschäften gibt es sogar sehr gute Currymischungen, ob als Pulver oder als Paste. So gibt es für viele Gerichte die scheinbar perfekte Mischung schon würzfertig im Regal. Ein Blick auf die Inhaltsangabe verrät allerdings: Selbermachen geht meist sehr einfach – und schmeckt besser. Currypulver etwa ist nicht zu vergleichen mit selbst gemischten und gerührten →Masalas, allein schon wegen der Intensität des Duftes, die in Fertigmischungen schnell verschwindet.

Deswegen soll hier erklärt werden, was gewöhnlich in solchen Mischungen enthalten ist. Auch wenn das individuelle Abschmecken eines Hähnchens grundsätzlich dem Würzen mit einem fertigen „Brathuhngewürz" vorzuziehen ist, kann man sein Brathuhn mit der eigenen Mischung zumindest sorgenfrei würzen. Wer gefallen am Selbermischen findet, kann sich auch anspruchsvolleren Gewürzmischungen oder Pasten widmen – oder sogar eigene Würzen erfinden (→ ab Seite 400).

BRATENGEWÜRZ

Für den europäischen Braten gibt es eine Vielzahl an fertigen Mischungen zu kaufen. Die meisten enthalten edelsüßes Paprika, Senfmehl beziehungsweise Senfkörner, Kümmel, manchmal auch zusätzlich Kreuzkümmel, Nelken, Majoran, getrockneten Knoblauch und getrocknete Zwiebeln. Manchmal kommt zusätzlich Fenchel, Liebstöckel, Muskat oder Selleriesaat dazu. Besser schmeckt es, wenn man die Zwiebeln und den Knoblauch frisch verwendet. Man verrührt die Mischung mit etwas Öl und mariniert darin den Braten mindestens eine Stunde. Im Ofen den Braten immer wieder damit bestreichen.

BRATHUHNGEWÜRZ, GEFLÜGELGEWÜRZ

Zu einem klassischen Brathuhn gehören neben Salz viel edelsüßer Paprika – auch wegen der Farbe –, Knoblauch, Pfeffer und verschiedene getrocknete Kräuter: Majoran, Rosmarin, Oregano, Basilikum. Dazu ein Hauch Zimt oder Piment – oder beides. Schließlich kann auch noch Senfpulver und etwas Kümmel hinzugegeben werden. Die Mischung im Mörser zerkleinern, dann mit wenig Wasser quellen lassen und mit Öl zu einer Paste verstreichen. Damit wird das Huhn bestrichen. Man kann zusätzlich noch etwas Bier in die Paste geben – oder die Mischung statt in Wasser gleich in Bier quellen lassen.

BROTGEWÜRZ

Ob man Brot überhaupt würzen soll, ist unter Bäckern wie Hobbybäckern umstritten. In Weißbrot kommt sicher nur Salz – und vielleicht Oliven oder Nüsse. Dunkleres Brot, auch Sauerteigbrot, kann schon kräftiger gewürzt werden. Klassisch sind Anis, Fenchel, Kümmel und Koriandersamen in etwa gleichen Anteilen. Beliebt und etwas exotischer sind Schwarzkümmel, Kurkuma, Schwarzer Pfeffer und Schabzigerklee.

CEVAPCICI-GEWÜRZMISCHUNG

Klassisch kommen in die Balkan-Hackfleischmischung aus Rind, Schwein und Lamm milder oder scharfer Paprika, Thymian, Pfeffer, Salz, fein gehackte Zwiebeln und Knoblauch, eventuell Majoran, frische Petersilie und *Ajvar* (Paprikamus). Um das Fleisch lockerer zu machen, kann man etwas Backpulver dazugeben.

CHILI-CON-CARNE-MISCHUNG

In dieses TexMex-Gericht gehört getrockneter Oregano – idealerweise mexikanischer Oregano, botanisch etwas anderes als die europäische Sorte, aber vom Aroma nah an „unserem" Küchenkraut –, Kreuzkümmel und verschiedene Chilis (Jalapeño, Ancho, Pasilla). Dazu kommen Zwiebeln und Knoblauch, manchmal Koriandersamen, Lorbeer und Schwarzer Pfeffer. Für die Brühe kann man alles Mögliche verwenden: neben einer Rinderbrühe ebenso Bier, Wein oder kalten Kaffee – auch Tomaten geben Flüssigkeit. Experimentiert werden kann auch mit dunkler Schokolade oder ungesüßtem Kakaopulver, dann nähert man sich schon eher mexikanischen Rezepturen (→ Mole poblano).

CURRYPULVER

Auf Märkten und im Supermarkt findet man immer wieder alle möglichen „Currypulver". Dieser Ausdruck hat sich bei uns eingebürgert, ist aber irreführend: „Curry" ist eigentlich die aus Indien stammende Bezeichnung für Eintopfgerichte mit viel Sauce. Wörtlich heißt „Curry", tamilisch „kari": Sauce. Unter „Currypulver" versteht man eine „indisch" schmeckende Würzmischung, die neben Kurkuma fast immer Koriander, Kreuzkümmel, Schwarzen Pfeffer, Bockshornklee und weitere variierende Gewürze enthält. Die scharfe Variante heißt Madras-Currypulver, sie enthält zusätzlich Chili. In diesem Buch stehen die vielen „Curry"-Mischungen unter ihrer originalen Bezeichnung, →Masala.

GLÜHWEIN-MISCHUNG, GLÖGG-MISCHUNG

Grundsätzlich ähneln Gewürzmischungen für Glühwein denen für →Lebkuchen. Selbstgemacht bieten sich folgende Zubereitungen an: Für 1 l Rotwein nimmt man beispielsweise 50 ml Rum und 20 ml Amaretto, 7 Gewürznelken und 2 Stangen Zimt. Dazu kommen 2 unbehandelte Orangen oder Zitronen oder beides, in Scheiben geschnitten. Einige geben auch noch einen Sternanis dazu. Alles zusammen erwärmen – nicht kochen! Danach die Gewürze abseihen. Man kann den Glühwein mit Orangensaft oder schwarzem Tee verdünnen und nach Geschmack zuckern.

Die schwedische Variante heißt Glögg – eine mögliche Rezeptur wäre: Rosinen mit Johannisbeersaft oder Orangensaft und einer Scheibe frischem Ingwer aufkochen, würzen mit Nelken – am besten in einem Teebeutel, damit man sie einfach wieder entfernen kann –, mit Rotwein und Wodka aufgießen, erwärmen und mit Mandeln im Glögg servieren. Der Teebeutel ist dem Abseihen auch deshalb vorzuziehen, weil die Rosinen im Glögg bleiben müssen.

GULASCHGEWÜRZ

Dafür gibt es eine Vielzahl fertiger Mischungen zu kaufen. Ganz wesentlich sind natürlich scharfes und mildes Paprikapulver, dazu kommt klassisch Kümmel, Pfeffer, Majoran und etwas Zitronenschale. Man kann außerdem dazugeben: Senfmehl, Koriander, Nelken, Thymian, Piment, Muskat, frischen Knoblauch und Lorbeer – bis auf den Knoblauch und den Thymian aber eher vorsichtig dosieren. Die wichtigste Faustregel für ein gutes Gulasch lautet: Genauso viel Zwiebeln wie Fleisch nehmen! Vorsicht: Das Paprikapulver sollte nicht zu früh dazugegeben werden, denn es brennt leicht an, verliert sein Aroma und wird dann bitter.

GYROS-WÜRZMISCHUNG

Für Schweinefleisch nach Gyros-Art – Gyros ist eigentlich Fleisch vom Drehspieß, ähnlich wie Döner Kebab – sollte man das geschnetzelte Fleisch einige Stunden marinieren und dann in der Pfanne braten. In die Marinade kommt: viel Zitronensaft, etwas Olivenöl, reichlich gehackter Knoblauch, Schwarzer Pfeffer, Kreuzkümmel, getrockneter Oregano oder Thymian oder beides, etwas Paprikapulver – scharf oder edelsüß –, ein wenig Rosmarin und eine Spur Zimt. Die Würzmischung lässt sich noch mit reichlich gehackter frischer Petersilie und etwas geriebener Muskatnuss ergänzen. Manch einer gibt auch Zwiebelringe dazu, die mitmariniert und anschließend roh als schmackhafte Beilage serviert werden können.

LAVENDELZUCKER

Lavendelblüten am besten mittags ernten, trocknen und zerkleinert oder ganz mit dem Zucker vermischen. Dann mehrere Wochen aromatisieren lassen. Damit kann man Süßspeisen oder Obstsalate ähnlich wie mit Vanillezucker würzen. Die Mischung hält sich verschlossen recht lange.

LIPTAUERGEWÜRZ

In die österreichische Spezialität Liptauer kommt neben Butter, Quark und Sauerrahm auch eine Gewürzmischung, die aus Senf, scharfem oder mildem Paprikapulver, Kümmel, Knoblauch, Salz und Schnittlauch besteht, eventuell auch den Kräutern der Provence, Schwarzem Pfeffer, Kümmel und Zwiebelscheiben.

PAELLA-GEWÜRZ

Wichtig für die Farbe sind Safran oder Kurkuma, dazu kommen Schwarzer Pfeffer und edelsüßes Paprikapulver. Man kann es auch mal mit der schärferen, rauchigen spanischen Sorte *Pimentón de la Vera* versuchen (→ Paprika). In den meisten Fertigmischungen sind zusätzlich noch getrocknete Zwiebeln und Knoblauch enthalten, manchmal auch mediterrane Kräuter wie Rosmarin oder Thymian. An Gewürzen kommen Nelken und Muskatnuss dazu. Das Ganze wird mit Weißwein abgelöscht und mit Zitrone abgeschmeckt.

SCHASCHLIK-GEWÜRZ

Damit würzt und mariniert man nicht nur Fleischspieße, sondern alle möglichen Fleischgerichte vom Balkan. Verrührt man die Zutaten mit Ketchup, bekommt man eine aromatisch-scharfe Grillsauce. Essenziell sind Paprika – edelsüß und oder scharf –, Kurkuma wegen der Farbe, Senfkörner, Chili und getrocknete Zwiebeln. Manchmal ist auch Lorbeer, Liebstöckel, Sellerie oder Koriander enthalten. Oregano und Thymian passen ebenfalls dazu.

SELLERIESALZ

Diese Mischung besteht aus Salz, Selleriesaat, Sellerieknollen und Sellerieblättern. Sie kann wie normales Tafelsalz verwendet werden – allerdings sparsamer, weil sie durch das Selleriearoma stärker würzt.

SPEKULATIUSGEWÜRZ

Die Mischung ist in der Zusammensetzung mit → Lebkuchengewürz zu vergleichen. Dominierend ist das Ingweraroma. Die Mischung besteht neben Ingwer häufig aus Zimt, Koriander, Sternanis, Nelken, Piment, Orangen- und Zitronenschalen, Kardamom, Macis und Muskatnuss. Sie passt gut zu Weihnachtsgebäck, aber man kann damit auch einmal eine Bratensauce aromatisieren.

STEAKPFEFFER

Gewöhnlich eine grob zerstoßene Mischung aus Schwarzem und Weißem Pfeffer verschiedener Pfeffersorten. Besonders edle Sorten enthalten auch den seltenen echten Roten Pfeffer, Wildpfeffersorten und Langen Pfeffer. Oft enthält die Mischung außerdem Salz und Paprika, Kräuter, getrocknete Zwiebeln, Orangenschalen, Piment und weitere Gewürze. Mit ihr bestreut man Steaks kurz vor dem Servieren, sie passt aber auch zu Fisch, etwa Lachssteaks und Ähnliches.

VANILLEZUCKER

Vanillezucker gibt es in zwei Varianten. Wird feiner Zucker mit Vanillepulver gemischt, das aus den gemahlenen Schoten und Mark gewonnen wird, ist das Ergebnis leicht hellgrau gefärbt und voll aromatisch. Wenn der Zucker dagegen mit Vanille-Extrakt gemischt wird, ergibt sich eine gelbliche, etwas weniger aromatische Variante. Beide bieten im Gegensatz zum Fertigprodukt Vanillinzucker aber durchaus das gesamte Vanille-Aroma – vor allem wenn das Vanillepulver sowohl aus den Schoten als auch aus dem Mark gemahlen wurde. Vanillepulver kann man auch ungesüßt in reiner Form kaufen.

Der häufig genannte Tipp, man möge die ausgekratzten Vanilleschoten in Zucker geben, so bekäme man „Vanillezucker", ist allenfalls vom Geruch her akzeptabel. Die fettlöslichen Vanille-Aromen haften kaum auf den wasserliebenden Kristallzuckeroberflächen. Besser ist es daher, Zucker zu schmelzen, ohne ihn zu karamellisieren, um ihn dann nach dem erneuten Erstarren zu pulverisieren. Diesem Pulver gibt man jetzt die Vanilleschote zu. Aus der Schmelze erstarrter Zucker ist „amorph", nicht mehr kristallin: Auf dessen irregulären Oberflächen haften die flüchtigen Aromen besser.

WILDGEWÜRZ

Vermutlich gibt es so viele Gewürzmischungen für Reh, Hirsch, Hase und Co. wie es Köche gibt. Klassische Zutaten sind Lorbeerblätter, Schwarzer Pfeffer, Wacholderbeeren, Piment und getrocknete mediterrane Kräuter wie Majoran, Thymian und Rosmarin. Manchmal kommen auch Nelken, getrocknete Steinpilze, Orangenschalen, Koriander, Senfkörner oder Senfmehl und sogar Kakao dazu.

WURSTMISCHUNGEN

Ähnlich wie beim Wild heißt es, wenn es um die Wurst geht: Vieles kann, wenig muss, der Variationen sind kein Ende. Als klassisches Wurstgewürz gilt Majoran. Oder ganze Senfkörner – zum Beispiel in der Jagdwurst. In eine italienische Mortadella kommen auf alle Fälle Pistazien, in eine toskanische Salami Fenchel und in die bayrische Weißwurst oder die fränkische Gelbwurst Petersilie. Man kann Würste aber auch mit Muskatblüte (Macis), Ingwer, Kardamom, Piment oder Koriander würzen.

SAUCEN UND PASTEN

Marinaden, Dips, Saucen und Pasten – dieses Kapitel behandelt die Welt der Würzen mit flüssiger bis sämiger Konsistenz. Die bei der Zubereitung verwendeten Öle, Essige, Fruchtsäfte oder Wasser tragen nicht nur neue Aromen ein, sie dienen auch als Lösungsmittel für die Duftnoten, verhindern also einen Aromenverlust. Heutzutage gibt es in gut sortierten Lebensmittelläden fast alles in Flaschen oder Gläsern zu kaufen, aber erstaunlich vieles lässt sich auch selbst herstellen. Wo es möglich ist, liefert das Kapitel die Zubereitung.

Wie wollen Sie würzen? Die Saucen und Pasten sind nach ihrer jeweils dominanten Grundgeschmacksrichtung beziehungsweise ihrer Trigeminusreizung geordnet. Der Flavour, der Gesamteindruck aller Sinne während des Essens, zeigt die Einzelheiten einer Mischung.

SÜSS

KETCHUP

FLAVOUR: *süß, sauer, umami, tomatig*

Diese dickflüssige, pikant-süß-säuerliche Sauce ist für Feinschmecker der Tod jedes ernstzunehmenden Gerichts. Kinder lieben sie trotzdem und würden ohne Ketchup keine Fischstäbchen oder Pommes essen. Etwas besser als sein Ruf unter Erwachsenen ist der Ketchup aber schon. Grundlage für Ketchup ist Tomatenmark. Tomaten, besonders gekocht, passiert und konzentriert, sind ein hervorragender natürlicher „Geschmacksverstärker" (→ Tomaten, getrocknet). Dieses Mark wird mit Essig, Zucker und Gewürzen wie Paprika, Pfeffer, Nelken, Zimt, Ingwer, Zwiebeln und Muskat verrührt. Wird das Mark aus den besonders aromatischen sonnengetrockneten Tomaten verwendet, findet dieser Ketchup auch unter Gourmets Gnade: Damit kann man eine Tomatensauce oder -suppe im Handumdrehen aufpeppen. Oder man rührt einen guten Ketchup neben Senf in die Fleischmasse für Buletten.

TRADITIONELLES KETCHUP-REZEPT AUS DEN USA

- 100 Tomaten
- 500 g Salz
- Muskatblüte
- 3 geriebene Muskatnüsse
- Piment
- Gewürznelken
- Zimt
- Geriebener Ingwer
- Gemahlener Pfeffer

Etwa 100 Tomaten an einem trockenen Tag ernten und zerquetschen, das Salz dazugeben. 2 Stunden kochen lassen, dabei die ganze Zeit über rühren, damit nichts anbrennt. Solange es noch heiß ist, die Masse durch ein Sieb passieren und die Haut dadurch herausfiltern. Mit Muskatblüte, Muskatnüssen, Piment, Gewürznelken, Zimt, Ingwer und Pfeffer nach Belieben würzen. Auf kleiner Flamme so lange kochen, bis es eindickt, dabei immer weiterrühren. Erkalten lassen und in Flaschen abfüllen. 100 Tomaten ergeben 4 oder 5 Flaschen und halten sich 2–3 Jahre.

Das Salz in diesem Rezept diente im 19. Jahrhundert als Konservierungsmittel und erzeugt einen extrem salzigen Geschmack. Man kann die Menge in der heutigen Zeit selbstverständlich reduzieren.

In Australien, Neuseeland und Südafrika wird „Ketchup" oft synonym für „Tomatensauce" verwendet. Der Unterschied zwischen heutigem Tomatenketchup und der ursprünglichen, italienischen Tomatensauce – aus der Ketchup vermutlich in den USA entwickelt wurde – besteht im zugesetzten Essig und darin, dass man diese Essig-Tomaten-Gewürze-Mischung reifen lässt. Dabei fermentiert sie und es werden weitere Aromen freigesetzt. Außerdem wird die Sauce durch den Essig länger haltbar. Die frühen Ketchup-Varianten waren noch deutlich dünnflüssiger und bitterer als heute. Die heutigen, industriell hergestellten Sorten werden durch den Gehalt an Pektin sämiger und durch mehr Zucker süßer. Der hohe Zucker- und Salzgehalt von industriellem Ketchup wird von Ernährungswissenschaftlern und gesundheitsbewussten Eltern immer wieder kritisiert. Allein schon deshalb sollte man gekauften Ketchup eher sparsam in der Küche einsetzen. Oder man stellt sich seinen eigenen, zuckerreduzierten Ketchup ohne jeden Zusatz von Aromen und Konservierungsmitteln selbst her, siehe unser modernes Ketchup-Rezept.

MODERNES KETCHUP-REZEPT

1 kg Tomaten	Tomaten abziehen, klein schneiden. Zwiebeln würfeln. Mit Weinessig, Zucker, Salz und Paprikapulver würzen, grob geschroteten Pfeffer und Muskat nach Belieben sowie Nelkenpulver und Tabasco hinzugeben. Ca. 20 Minuten kochen lassen. Im Mixer pürieren, heiß in Gläser füllen, sofort verschließen und vier Wochen ziehen lassen.
150 g Zwiebeln	
100 ml Essig, Weinessig	
50 g Zucker	
1 TL Salz, 1 TL mildes Paprikapulver	
Schwarzer Pfeffer, grob geschrotet	
Muskat	
1 Msp Nelken, gemahlen	
1 TL Tabasco	

CURRYKETCHUP

Eine beliebte scharfe Variation, mit Currypulver gewürzt. Er wird insbesondere zur Currywurst gereicht – dann meist noch mit weiterem scharfem Currypulver. Und oft mit rohen Zwiebeln.

FLAVOUR: *süß, sauer, umami, tomatig, curryartig, scharf*

STEAK- UND BARBECUESAUCEN

Beim Grillen und Rösten entstehen neue Stoffe, die köstlich duften. Steaksaucen tragen meist ein Räucheraroma, das eng verwandt ist mit Röstaromen – aus diesem Grund passen sie so gut zu gegrilltem Fleisch (→ Würzpraxis: Räuchern, Seite 53). Es gibt unzählige Rezepte für Barbecuesaucen. Bei denjenigen auf Tomatenbasis können neben Tomatenketchup oder Tomatenmark Senf, Chili, Currypulver, Pfeffer, Honig, Zwiebeln, Knoblauch, ein Spritzer Zitrone, Tabasco und Balsamicoessig enthalten sein. Man kann sie auch mit Whiskey verfeinern, denn er liefert ebenfalls Raucharomen. Mit Steak- und Barbecuesaucen mariniert man das Fleisch, besonders Spareribs, vor dem Grillen oder Backen – oder man reicht die Saucen als Tischwürze nach dem Grillen. Die Zucker in den Tomaten und der Sauce können bei hohen Temperaturen karamellisieren und verbrennen. Hält man die Grilltemperatur niedriger, ist das aber kein Problem.

ZUBEREITUNG (DIP): Alle Zutaten außer den Whiskey vermischen, zehn Minuten leicht köcheln lassen. Erst nach dem Kochen mit Whiskey abschmecken – so bleiben dessen Noten besser erhalten. Im Kühlschrank mehrere Stunden ziehen lassen.

FLAVOUR: *süß, sauer, umami, tomatig, rauchig, scharf*

ZUTATEN (SAUCE): *½ gehackte Zwiebel, 50 ml Tomatenmark, 50 ml Tomatenketchup, 30 ml Balsamicoessig, 30 g brauner Zucker, 10 g Honig, etwas Senf, 1 TL Rauchsalz, Pfeffer, etwas Knoblauch, evtl. Worcestersauce*

ZUBEREITUNG *Grundzutaten verrühren und bei niedriger Hitze eine halbe Stunde köcheln lassen – dabei verliert sich der am Anfang etwas strenge Essiggeschmack.*

ZUTATEN (DIP): *2 Knoblauchzehen (kleingehackt), frischer Ingwer (klein gehackt), 3 Zitronenscheiben, Olivenöl, etwas Sojasauce, Worcestersauce, 3 EL Honig, 2 EL Balsamico, 4 EL Ketchup oder Tomatenmark, etwas Senf, Rauchsalz, Pfeffer, Chilipulver, 50 ml Bourbon-Whiskey*

BARBECUESAUCEN MIT FRÜCHTEN

FLAVOUR: *süß, tomatig, fruchtig, scharf*
ZUTATEN: *Ketchup, Apfelmus, Apfelsaft, Sojasauce, Apfelessig, brauner Zucker, Zwiebelmus, Paprikapulver, Knoblauchmus, Pfeffer. Varianten mit getrockneten Aprikosen, frischen Pflaumen bzw. Pflaumenmus mit Zimt sowie zerquetschten reifen Pfirsichen mit Zimt oder Ingwer*
ZUBEREITUNG: *Für eine Grillsauce (mit Äpfeln, Aprikosen, Pflaumen oder Pfirsichen) vermischt man alle Zutaten miteinander. Man kann den Ketchup auch mit Senf, Senfpulver oder Essig ersetzen.*

Man kann Marmeladen oder Fruchtsäfte und -sirupe mit scharfen Chilisaucen vermischen: So bekommt man eine frisch-fruchtige und scharfe Grillsauce. Diese Saucen verbrennen leicht, man sollte sie deshalb immer erst am Ende des Grillvorgangs oder bei Tisch zum Fleisch geben. Nimmt man sie zum Marinieren während des Grillens, sollte man sie mit Wasser verdünnt auftragen. Zum süß-fruchtigen Aroma der Pflaumen und Pfirsiche passt immer Zimt, zu den Pfirsichen auch Ingwer.

Scharf und fruchtig ist eine beliebte Kombination – nicht nur in den USA. Schon der klassische Ketchup geht schließlich in die Richtung, und auch *Relishes*, indische Würzsaucen aus Obst oder Gemüse sowie Chilis spielen mit dieser Kombination.

EAST CAROLINA BARBECUESAUCE

FLAVOUR: *süß, leicht säuerlich, rauchig, scharf*
ZUTATEN: *¾ Tasse Apfelessig, ¼ Tasse Wasser, 1 Tasse mittelscharfer Senf, ½ Tasse Zucker, ¼ Tasse brauner Zucker, Chilipulver, Pfeffer (schwarz und weiß), Sojasauce, 2 El Butter und ½ EL „liquid smoke“ oder Rauchsalz*
ZUBEREITUNG: *Apfelessig, Wasser, Senf, Zucker, Chilipulver und Pfeffer 30 Minuten leicht köcheln (simmern) lassen, danach mit einem Spritzer Sojasauce, der Butter und dem „liquid smoke“ abschmecken und kurz weiterköcheln lassen. Wird Rauchsalz verwendet, die Sojasauce eher weglassen.*

In den USA ist Grillen – beziehungsweise Barbecue – eine Frage des Lebensstils, vor allem im Süden. Jeder möchte der größte Grillmeister sein, es finden unzählige Wettbewerbe statt. Das hat auch zu einer großen Bandbreite an Marinaden und Grillsaucen geführt. Besonders berühmt und variantenreich sind die aus dem US-Bundesstaat North Carolina.

Neben den Grillsaucen auf Tomatenbasis gibt es auch solche auf Essigbasis – sie sind entsprechend dünnflüssig. In North Carolina nimmt man für die East Carolina beziehungsweise Eastern North Carolina Barbecuesauce vor allem Apfelessig. Der Essig dringt langsam in das Fleisch ein, transportiert dabei die übrigen Aromen von zum Beispiel Chili oder Cayennepfeffer und macht es zart.

SENF-BARBECUE-SAUCEN

FLAVOUR: *süß, leicht bitter, rauchig, scharf-*
ZUTATEN: *200 ml Bier, 250 g mittelscharfer Senf, 100 g brauner Zucker, Salz, Pfeffer*
ZUBEREITUNG: *Bier, Senf, braunen Zucker, Salz und Pfeffer verrühren und im Kühlschrank mehrere Stunden ziehen lassen. Kann mit Honig, Thymian, Oregano oder Tabasco verfeinert werden.*

Im südlichen Carolina sind Grillsaucen auf Senfbasis beliebt – sie stammen ursprünglich von deutschen Einwanderern. Sie werden häufig mit braunem Zucker, Melasse oder Honig gesüßt. Auch getrocknete Kräuter wie Thymian und Oregano oder Bier werden gerne als Aromageber verwendet. Es gibt auch scharfe Varianten, bei denen die Senfsaucen mit Chilisaucen oder Tabasco gemischt werden. Damit wird das Fleisch vor dem Grillen mariniert oder sie werden als Dip am Tisch serviert, vor allem für gegrilltes Huhn und Schweinefleisch.

SENF-BARBECUE-SAUCEN
EAST CAROLINA BARBECUESAUCE
BARBECUESAUCEN MIT FRÜCHTEN
CURRYKETCHUP
KETCHUP
STEAK- UND BARBECUESAUCE

SAUER

ACHIOTE-SAUCE

FLAVOUR: *süß, sauer, salzig, bitter, würzig-harzig, scharf*
ZUTATEN: *Annattosamen, Chilis, Knoblauch, Zwiebeln, Tomatenmark, Pfeffer, Salz, Essig, Wasser, Maisstärke*
ZUBEREITUNG: *Die Zutaten werden in einem Mörser oder Blitzhacker zu einer Paste verarbeitet. Im Kühlschrank einen Tag ziehen lassen.*

Aromatisch in eine ähnliche Richtung wie die ebenfalls mexikanischen →Recado-Pasten gehen diese flüssigen mexikanischen Saucen: Sie enthalten die blumig-bitter duftenden und schmeckenden Annattosamen, die auch für die charakteristische rötlich-gelbe Färbung verantwortlich sind, dazu kommen Chilis, Knoblauch und Zwiebeln, Tomatenmark, Pfeffer und etwas Salz. Sie werden auf Basis von Essig und Wasser angerührt und mit Maisstärke eingedickt. Es gibt sie auch fertig in Flaschen zu kaufen.

CHERMOULA, CHARMOULA

FLAVOUR: *sauer, salzig, kräuterig, scharf*
ZUTATEN: *Petersilie, Korianderkraut, Zitronensaft, eingelegte Zitronen, Knoblauch, Kreuzkümmel, Salz. Varianten zusätzlich mit Zwiebeln, Paprikapulver, Schwarzem Pfeffer, Safran oder Kurkuma*
ZUBEREITUNG: *Eingelegte Zitronen und Knoblauch klein schneiden, mit Zitronensaft und den Gewürzen und gehackten Kräutern vermischen.*

Eine Mischung für Marinaden und Dips aus Algerien, Tunesien und Marokko. Sie besteht aus frischer Petersilie und Korianderkraut, aus Zitronensaft, eingelegten Zitronen, Knoblauch, Kreuzkümmel und Salz. Außerdem kann sie Zwiebeln, Paprikapulver, Schwarzen Pfeffer und für die Farbe Safran oder Kurkuma enthalten. In erster Linie werden mit Chermoula Fisch und Meeresfrüchte mariniert, aber auch Fleisch- oder Gemüsegerichte. Auch Schafskäse kann man darin über Nacht einlegen. Mit gebratenen Zwiebeln kann aus der Mischung auch eine Sauce bereitet werden.

CHIMICHURRI

FLAVOUR: *sauer, salzig, kräuterig, scharf*
ZUTATEN: *Rotweinessig, Petersilie, Frühlingszwiebeln, Knoblauch, Olivenöl, Schwarzer Pfeffer, Cayennepfeffer, Salz, Oregano, Thymian, Lorbeer, edelsüßes Paprikapulver, frischer Koriander, Tomaten*
ZUBEREITUNG: *Essig mit den Gewürzen verrühren. Das Öl nach und nach, die frischen, klein gehackten Zutaten zum Schluss unterrühren. Noch aromatischer wird die Sauce, wenn man sie bis zu zwei Wochen verschlossen im Kühlschrank ziehen lässt.*

Diese frische und scharfe Petersiliensauce stammt aus Argentinien, ist aber in ganz Süd- und Mittelamerika beliebt. Sie enthält viel gehackte Petersilie, Frühlingszwiebeln, Knoblauch, Rotweinessig, Olivenöl, Schwarzen Pfeffer, Cayennepfeffer, Salz und etwas getrockneten Oregano und/oder Thymian, manchmal auch Lorbeer und süßes Paprikapulver. Sie wird zu Steaks oder Bratwurst auf *Choripán* (Weißbrot) gereicht und hat Ähnlichkeit mit italienischem Pesto. Man kann damit auch Geflügel oder Fisch marinieren. Der chilenische Pebre ist ähnlich in Zusammensetzung und Verwendung (*Choripán*), er enthält jedoch statt Petersilie frisches Korianderkraut und Tomaten. Die brasilianische Variante Vinagrete für Grillgut ähnelt ebenfalls diesen beiden Würzsaucen: Auch für sie verwendet man Tomaten, lässt dafür aber die Kräuter weg.

CHUTNEYS

FLAVOUR: *sauer, süß, fruchtig, pikant, scharf bzw. kühlend*
ZUTATEN: *eingekochtes Gemüse/Obst, Joghurt/ Quark, Öl, Zitronensaft, Zitronensäure, Tamarinde oder Essig*
ZUBEREITUNG: *Chutneys werden entweder wie Marmeladen eingekocht – oder die Zutaten werden roh und frisch vermischt und anschließend 30 Minuten stehen gelassen.*

Diese frisch zubereiteten würzigen, süß-sauren bis ausgesprochen pikanten Saucen stammen aus Indien, wo sie als Dips zu vielen Speisen gereicht werden, besonders zu *Papadam* (dünne Linsenmehlfladen) als Auftakt eines Menüs oder zu *Dosa* (Pfannkuchen). Chutneys haben eine musartige, manchmal auch eher flüssige Konsistenz. Prinzipiell kann man sie aus jeder beliebigen Gewürz-, Gemüse- oder Fruchtart herstellen, auch aus Milchprodukten wie Joghurt oder Quark. Es gibt Chutneys aus Datteln, Zwiebeln, Kokosnüssen, Pflaumen, Tomaten, Mangos, unreifen Zitronen, selbst aus Erdnüssen. Als Säuerungsmittel kommt häufig Zitronensaft oder -säure, Tamarinde oder Essig zum Einsatz. Über die Engländer kamen Chutneys während der Kolonialzeit etwa nach Südafrika (*Blatjang*), nach Europa und in die USA, wo sie in Gläsern eingemacht und konserviert angeboten werden. Sie sind verwandt mit Relishes, Saucen, die auf eingelegtem Gemüse oder Obst basieren und besonders in den USA beliebt sind.

REGIONALE VARIANTEN

Verschiedene indische oder pakistanische Regionen bevorzugen jeweils andere Zusammensetzungen. In Nordindien sind etwa Joghurtchutneys beliebt, die mit Zwiebeln oder Minze gewürzt werden. Es gibt aber auch ausgesprochen scharfe Chutneys mit viel frischen roten oder grünen Chilis.

HARI CHUTNEY

Chutneys aus frischem Koriandergrün oder frischer Minze heißen auf dem indischen Subkontinent Hari Chutney, übersetzt „Grüne Sauce". Sie dienen auch dazu, die Schärfe der Chilis in Currys zu mildern. Mit ihnen würzt man gefüllte Teigtaschen wie *Pakoras*, *Samosas* und andere Snacks aus Gemüse sowie Salate.

MEETHI CHUTNEY

So werden säuerlich-süße Chutneys aus Tamarinde genannt, übersetzt „Süße Sauce". Die Tamarinde wird in Wasser eingeweicht und dann mit Gewürzen und weiteren Zutaten im Mörser vermischt: Kreuzkümmel, Fenchelsamen, unraffiniertem Rohrzucker, Cashews und Rosinen.

KNOBLAUCH-CHUTNEYS

Beliebt in weiten Teilen Indiens und Pakistans sind Knoblauch-Chutneys, die neben Knoblauch getrocknete oder frische Kokosnussraspel und rotes Chilipulver enthalten. Das Pulver wird entweder direkt als Gewürz beim Kochen verwendet oder mit einer Art Quark, Buttermilch oder Öl angerührt.

INGWER-CHUTNEYS

Sie sind in der tamilischen Küche populär. Chutneys mit Ingwer werden zu *Dosa* (Pfannkuchen) gereicht. Sie bestehen neben geriebenem frischem Ingwer aus verschiedenen Linsen, frischer grünen Chili und getrockneter roten Chili, Tamarinde, Rohrzucker, Wasser, Salz und Öl. Alternativ kann man auch noch Senfsamen und Curryblätter dazugeben.

MARINADEN (SAUER)

Saure Marinaden sind nicht nur geschmacklich eine Sensation – weil sie den Grundgeschmack „sauer“ direkt ansprechen. Sie haben auch eine ganze Reihe positiver Effekte auf Lebensmittel: In saurer Umgebung haben schädliche Bakterien kaum Überlebenschancen, die Lebensmittel sind länger haltbar. Man kennt das in unseren Breiten vor allem vom Sauerbraten: Fleischstücke werden in einer Marinade aus Essig, Weißwein und Gewürzen für mehrere Tage eingelegt – ohne dass sie verderben würden. Beim Marinieren wirkt Säure auch auf Proteine: Eiklar oder roher Lachs kann, etwa mit Essig beträufelt, durch die Säure wie unter Hitze „gegart“ werden (→ Abschmecken sauer).

ESCABECHE

FLAVOUR: *säuerlich-frisch, kräuterig*
ZUTATEN: *Öl, Essig, Wasser, Zwiebel, Knoblauch, Lorbeer, Möhren, Paprika, Pfeffer, Lorbeer, Senfkörner, Kräuter*
ZUBEREITUNG: *Alles zerkleinern, vermischen.*

Die Marinade enthält Öl, Essig, Wasser, Zwiebel, Knoblauch, Lorbeer, Möhren, Paprika und verschiedene Gewürze je nach Region – unter anderem Pfeffer, Lorbeer, Senfkörner und Kräuter. Sie wird für eine in der spanischen, portugiesischen und lateinamerikanischen Küche genauso wie rund um das Mittelmeer verbreitete Zubereitungsart verwendet: Gebratener Fisch, den man zuvor in Mehl gewendet hat, damit seine Haut knusprig wird, wird rund 24 Stunden gekühlt in die Marinade eingelegt, also gebeizt. Danach wird er entweder kalt gegessen oder in Eintöpfen noch einmal aufgewärmt. In Spanien wird auch Huhn, Kaninchen oder Schweinefleisch auf diese Weise zubereitet. In Mexiko legt man Jalapeño-Chilis in Escabeche ein. Auch der deutsche Brathering ist prinzipiell nichts anderes: Frischer grüner Hering wird in Mehl paniert, gebraten und anschließend mariniert. Beim Marinieren werden seine Gräten so weich, das man sie mitessen kann.

TANDOORI

FLAVOUR: *säuerlich, herzhaft, erdig-würzig, scharf*
ZUTATEN: *Joghurt, Chili, Kreuzkümmel, Koriandersamen, Safran oder Kurkuma. Varianten zusätzlich mit Zwiebeln, Knoblauch, Ingwer, Zitronensaft*
ZUBEREITUNG: *Kreuzkümmel, Chili und Koriandersamen kurz trocken rösten und im Mörser mit Safran/Kurkuma zerkleinern. Mit Joghurt vermischen. Danach mit sehr klein gehackter Zwiebel, Knoblauch und etwas Ingwer abschmecken. Eventuell einen Spritzer Zitronensaft hinzufügen.*

Die zunächst trockene Würzmischung →Tandoori Masala besteht im Wesentlichen aus Chili, Kreuzkümmel, Koriandersamen und Safran oder Kurkuma – beides dient der Farbe. Für eine Marinade wird sie in Joghurt eingerührt, der zusätzlich noch mit Zwiebeln, Knoblauch, Ingwer und Zitronensaft aromatisiert wird. Um Fleisch, besonders Huhn, im Tandur/Tandoor zu rösten, wird es zuvor in diesem gewürzten Joghurt eingelegt. So wird das Fleisch durch den Joghurt nicht nur zarter, es bekommt wegen des Safrans bzw. Kurkumas auch eine typische orangerote Färbung.

Der Tandur (Englisch: Tandoor) ist ein in Indien häufig anzutreffender Backofen aus Lehm, der mit Holzkohle beheizt wird. In ihm werden Fladenbrote wie ***Nan*** oder ***Chapati*** gebacken, indem man sie an die heißen Seitenwände drückt. Fleisch, etwa Tandoori-Huhn, das in in diesem Backofen gegart und zuvor in die Tandoori-Marinade eingelegt wurde, wird durch die Holzkohle ein wunderbares Aroma verliehen.

WILDBEIZE

FLAVOUR: *säuerlich herzhaft, warm-würzig, glühweinartig*
ZUTATEN: *Rotwein/Rotweinessig, Zwiebeln, Knoblauch, Lorbeer, Wacholderbeeren, Piment, Gewürznelken, Senfkörner, Pfeffer, Karotten, Thymian, Rosmarin, Salbei, Petersilie, Knollensellerie, Honig, Zimt*
ZUBEREITUNG: *Alle Zutaten vermischen und kurz aufkochen lassen.*

Möchte man dunkles Fleisch einlegen, nimmt man als Grundlage der Marinade Rotwein und Rotweinessig, weil deren Farbe sich hervorragend in das dunkle Fleisch, besonders Wild, einfügt. Des Weiteren kommen die schweren, mitunter gerbstoffreichen adstringierenden Weine dem süßlichen „Blutgeschmack" und dem umami-Charakter des Wildbrets sehr entgegen. Dazu kommen gewöhnlich Zwiebeln, Knoblauch, reichlich Lorbeer, Wacholderbeeren, Piment, Gewürznelken, Senfkörner, Pfeffer, Karotten, Thymian, frischer oder getrockneter Rosmarin, frischer Salbei, Petersilie, Knollensellerie – oder ein anderes Wurzelgemüse wie Petersilienwurzel oder gelbe Rüben –, Honig, eventuell auch Zimt. Das Ganze wird aufgekocht und dann über das rohe Fleisch gegossen. Wildbeize ist durch seine Zutaten also etwas süßer, weniger sauer und dafür erdiger als Escabeche. Man bekommt heute Wild allerdings oft in so guter Qualität, dass sich ein Beizen nicht mehr lohnt. Einen zarten Rehrücken sollte man auf keinen Fall beizen, die Würzaromen würden das natürliche zarte Aroma des Rehs nur übertönen. Sollte das Wild oder Lamm tatsächlich einen starken Hautgout haben, kann man es auch über Nacht einfach in Buttermilch einlegen, das mildert den typischen „Wildgeschmack", den nicht alle als angenehm empfinden.

ZITRONEN-KNOBLAUCH-MARINADE

FLAVOUR: *frisch-säuerlich, kräuterig-scharf*
ZUTATEN: *Olivenöl, Zitronensaft, Knoblauch, Petersilie, Zitrone*
ZUBEREITUNG: *Alle Zutaten zerkleinern und roh vermischen.*

Eine in Griechenland populäre Art zum Beispiel Hühnerspieße zuzubereiten. Man stellt eine Mischung aus Olivenöl, Zitronensaft, klein geschnittenem Knoblauch und gehackter Petersilie her und mariniert darin einige Stunden die Fleischstücke, die man dann auf ebenfalls in der Marinade eingelegte Holzspieße steckt. Das Marinieren der Holzspieße verhindert ihr Verbrennen beim Grillen, außerdem geben sie dann weiter Aroma an das Fleisch ab.

MINZSAUCE, MINT SAUCE

FLAVOUR: *sauer, süß, frisch-kräuterig, kühlend*
ZUTATEN: *1 Tasse Essig (für 25 g Minze), Grüne Minze, Pfefferminze, Zucker, Pfeffer, Salz. Indische Variante zusätzlich mit Koriander, Chili, Zwiebeln, Zitronensaft. Minz-Raita zusätzlich mit Joghurt.*
ZUBEREITUNG: *Minze fein hacken, mit etwas Zucker, Pfeffer und Salz vermischen, mit aufgekochtem Essig übergießen und kalt stellen.*

Eine sehr britische Institution, die nicht für jede festlandeuropäische Zunge geeignet oder zumindest gewöhnungsbedürftig ist, obwohl Minzsaucen in der mittelalterlichen Küche weit verbreitet waren. Auf den Britischen Inseln ist sie immer noch eine fast unvermeidliche, sehr delikate Zutat zu Lamm und Hammel – und zu fast nichts anderem außer gelegentlich zu Erbsen. Sie besteht aus gehackter →Minze, genauer gesagt aus der milden englischen Grünen Minze ohne Menthol, aus der kräftigeren Pfefferminze mit Menthol oder aus einer Mischung beider. Die gehackte Minze wird mit Essig, etwas Zucker, Pfeffer und Salz vermischt und als Sauce immer kalt gereicht. Es gibt sie fertig in Gläsern zu kaufen. Minzsauce bietet einen angenehmen säuerlich-süßlich-frischen Kontrast zum oft als „fettig-schwer"

MINZSAUCE, MINT SAUCE
CHERMOULA, CHARMOULA
WILDBEIZE
ESCABECHE

CHUTNEY
CHUTNEY
CHIMICHURRI
ZUTATEN FÜR CHUTNEYS
ACHIOTE-SAUCE
ZITRONEN-KNOBLAUCH-MARINADE

empfundenen Lammfleisch. Man könnte diese Sauce auch zu Gemüse oder jungen Kartoffeln reichen: Der kühlende Effekt der Minze bietet immer einen interessanten Kontrast – in Südamerika etwa gleicht man regelmäßig die Schärfe von Chilis mit Minze aus. Die indische Küche kennt ein → Chutney mit Minze: ***Hari Chutney***, das aber anders als die originär britische ***Mint sauce*** meist auch Koriander, Chili, Zwiebeln und Zitronensaft enthält.

MINZ-RAITA

ZUBEREITUNG: *Frischen Koriander und Minze hacken, Chili und Zwiebeln sehr fein hacken. Mit Joghurt vermischen und mit Salz und Zitronensaft abschmecken.*

Mischt man Minzsauce mit Joghurt, bekommt man ***Minz-Raita***, einen indischen Dip, der gekühlt zu vielen indischen Vorspeisen wie ***Samosa*** oder Grillspießen gereicht wird – vor allem wegen des „kühlenden" Effekts der Minze und des Joghurts.

MOLE VERDE

FLAVOUR: *sauer, kräuterig, bitter, scharf*
ZUTATEN: *Wasser/Brühe, Majoran, Thymian, Epazote, Hoja santa, Sauerampfer, Blattspinat, grüne Tomatillos, grüne Poblano-Chilis*
ZUBEREITUNG: *Frische Kräuter, Chilis und Tomatillos hacken und mit Brühe oder Wasser eine halbe Stunde leicht köcheln lassen. Salzen.*

Mit Mole bezeichnet man eine Vielzahl an mexikanischen Saucen. Die meisten sind dominant scharf (→Moles). Die grünen Moles sind eine mildere, säuerliche Ausnahme. Sie werden nicht aus Gewürzmischungen hergestellt, stattdessen werden frische Kräuter angerührt und mit Wasser oder Brühe gekocht. Die grüne Farbe kommt von den verwendeten Kräutern, etwa Majoran, Thymian, Hoja santa (mexikanischer Blattpfeffer), Sauerampfer oder Epazote – dieses Kraut ist, frisch oder getrocknet, in der mexikanischen Küche, aber nur dort, eine beliebte Zutat. Dazu enthält Mole verde Blattspinat, grüne Tomatillos sowie die milden grünen Poblano-Chili. Wie von allen Moles gibt es auch von Mole verde unzählige Variationen.

PERSILLADE

FLAVOUR: *sauer, nussig-kräuterig*
ZUTATEN: *Petersilie, Knoblauch. Varianten mit Semmelbröseln, Lorbeerblättern, Estragon, Basilikum, Oregano oder Anchovis. Gremoulata zusätzlich mit Zitronenschale.*
ZUBEREITUNG: *Frische Petersilie und Knoblauch fein hacken und vermischen. Für eine Gremolata mit abgeriebener und klein geschnittener Zitronenschale vermischen.*

Die Grundform aller Persilladen besteht aus viel Knoblauch und viel Petersilie, beides klein gehackt und nach kurzer Ziehzeit frisch verwendet. Kocht man sie mit, wird die Schärfe des Knoblauchs abgemildert, gibt man sie erst zum Schluss oder nach Ende der Garzeit zu Geflügel, Fisch oder Gemüse, ist die Schärfe des Knoblauchs noch deutlicher spürbar. Ein Klassiker der französischen und frankokanadischen Küche sind Pommes Persillade: Bratkartoffeln, an die man am Ende der Garzeit Persillade gibt.

PERSILLADE-VARIATIONEN

Persillade kann man vielfältig variieren. Mischt man das Petersilien-Knoblauch-Gemisch mit Semmelbröseln, kann man damit Fleisch gegen Ende der Garzeit einreiben, zum Beispiel Lammkoteletts oder Kalbsbraten. Man kann die Petersilie auch mit Lorbeerblättern, frischem Estragon, Basilikum oder Oregano ersetzen oder ergänzen. In der Provence werden außerdem gerne Anchovis dazugegeben, das macht sie würziger.

GREMOLATA

Vermischt man Persillade mit abgeriebener Zitronenschale, wird daraus die klassische Mischung für Mailänder *Ossobuco*, also geschmorte Kalbshaxe.. Gremolata passt aber auch zu gegrilltem oder gebackenem Fisch, deftigen Linsen- und Bohnensuppen, Eintöpfen und Salaten.

PISTOU

Gibt man Olivenöl und Parmesan an die Persillade, erhält man etwas Ähnliches wie Pistou. Das klassische Pistou besteht allerdings aus frischem Basilikum, Knoblauch, Käse und Olivenöl, manchmal auch Tomaten. Damit würzt man die berühmte *Soupe au pistou*.

PESTO-VARIANTE

Ergänzt man das Ganze mit gehackten Pistazienkernen, erhält man ligurisches → Pesto – mit dem das provenzalische Pistou verwandt ist. Beides kann man mit Pasta genießen oder als Gewürz für klare Gemüsesuppen verwenden.

RECADO-PASTE

Eine mexikanische Spezialität von der Halbinsel Yucatán. Recado-Paste enthält viel Knoblauch, Piment und Schwarzen Pfeffer, Koriandersamen, Kreuzkümmel, Zimt, Gewürznelken, getrockneten Oregano, Salz und Weißweinessig oder (Bitter-)Orangensaft.

RECADO ROJO: Diese beliebte Variante verwendet zusätzlich Annattosamen, um der Paste und den mit ihr bestrichenen Lebensmitteln eine tiefrote Farbe zu verleihen. Es gibt viele Varianten, die zum Würzen von Fleisch, Geflügel oder Fisch vor dem Grillen verwendet werden. Besonders beliebt ist *cochinita pibil*, langsam gebackenes oder gebratenes Schweinefleisch in Bananenblätter gewickelt. Ähnlich in der Zubereitung ist *pollo pibil*, gedämpftes oder gebackenes Huhn in Bananenblättern. Man kann Recado rojo in Lateinamerika-Geschäften fertig in Blöcken kaufen. Die Paste ist im Kühlschrank einige Monate haltbar.

FLAVOUR: *süß, salzig, würzig-schwefelig, etwas scharf*
ZUTATEN: *Knoblauch, Piment, Schwarzer Pfeffer, Koriandersamen, Kreuzkümmel, Zimt, Gewürznelken, Oregano, Salz, Weißweinessig/(Bitter-)Orangensaft. Recado rojo zusätzlich mit Annattosamen*

SAUCE GRIBICHE

Eine klassische, etwas säuerliche Sauce der französischen Küche aus hart gekochtem Eigelb, sauer eingelegten Gurken, Kapern, Senf, Kräutern (Petersilie, Koriander, Estragon), Essig und Öl. Sie wird zu Kalbskopf, Sülzen und Fisch gereicht sowie zu Krebsen und anderen Schalentieren. Sie kann aber auch als Dressing zu Salaten serviert werden (→ Mayonnaise). Auch zu weißem oder grünem Spargel schmeckt sie–

FLAVOUR: *sauer, würzig, fett*
ZUTATEN: *2 EL Weißweinessig, Öl, Eigelb, 1 TL Senf, Kapern, Petersilie, Koriander, Estragon, Cornichons (kleine saure Gurken), Fleur de sel, Pfeffer*
ZUBEREITUNG: *Eier hart kochen, Eigelb trennen und mit einer Gabel zerdrücken. Mit Senf*

SAUCE GRIBICHE
MOLE VERDE
PISTOU
GREMOLATA MIT ZITRONE
PERSILLADE
RECADO-PASTE

als gute Alternative zur üblichen milderen Sauce hollandaise. Es gibt sogar einen französischen Stummfilm, der „Gribiche" heißt. Darin geht es um einen Jungen, der von seiner kulinarisch interessierten Mutter nach der Sauce benannt wurde. Der deutsche Titel, „Heimweh nach der Gasse" greift den Bezug allerdings nicht auf.

vermischen und unter Zugabe von Öl zu einer Mayonnaise verrühren (montieren). Weißweinessig zugeben. Kapern, Kräuter, Cornichons und Eiweiß klein hacken. Alles vermengen, mit Meersalz (Fleur de sel) und Pfeffer abschmecken.

UMAMI

FISCHSAUCE

FLAVOUR: *umami, salzig, nussig, käsig, würzig*
ZUTATEN: *Unausgenommener Fisch, Meersalz. Im Handel meist zusätzlich: Wasser, Zucker und Geschmacksverstärker. Als Sauce zum Dippen bei Tisch werden regional verschiedene weitere Zutaten beigegeben, zum Beispiel Knoblauch, Chilis, Kreuzkümmel, Kukurma, Koriandersamen, frischer Koriander, Zitronengras, Garnelenpasten, Ingwer, Kokosmilch, Limetten*

Ähnlich wie die → Sojasauce ist auch die Fischsauce eine essenzielle Grundzutat der asiatischen Küchen. Sie prägt die jeweiligen Regionalküchen in Südostasien, in Japan, Korea und China kennt man sie zwar, dort spielt sie aber keine prägende Rolle. Fischsauce in ihrer traditionellen Form entsteht durch Fermentation von rohem, gesalzenem Fisch oder anderen Meerestieren in Holz- oder Steinbehältern. Dieser Prozess kann über ein Jahr dauern. Die für die Fermentation verantwortlichen Enzyme sind fischeigen, daher werden stets ganze Fische verwendet, mit deren Verdauungstrakt, insbesondere der Bauchspeicheldrüse: Dies ist der enzymreichste Teil des Fischgewebes. Das Salz hemmt dabei das Bakterienwachstum. Das Ergebnis ist eine dünnflüssige, herzhaft-würzige und salzige, hell- bis dunkelbraune Sauce. Ihren Geschmack erhält sie aus den Fermentationsprozessen des Fischeiweißes (→ Abschmecken: umami Seite 43) und Aromen, die aus dem Holz der Fässer austreten – bei Lagerung in Stein- oder Tontöpfen ist diese „Holzabrundung" nicht vorhanden. Die Menge des Salzes hat einen wichtigen Einfluss auf den enzymatischen Fermentationsprozess und auf die Entwicklung der Aromen. Je länger die Sauce reift, desto weniger duftet sie nach Fisch. Aus Fischfetten entstehen während der Fermentation eine Vielzahl von Aromen mit nussigem bis fruchtigem Charakter, aus den Aminosäuren bilden sich würzige Aromen. Der umami-Charakter wird durch das Freilegen der Glutaminsäure erzielt, die Geschmackstiefe und -breite (→ kokumi, Seite 48) durch Proteinstücke. Manche Proteinbruchstücke sorgen für leicht bittere Noten. Unter anderem wird Histamin gebildet, das manchen Leuten Probleme bereitet, die oft fälschlicherweise auf das in Fischsauce reichlich enthaltene Glutamat geschoben werden. Bei der Fermentation von Fischen entstehen also eine Vielzahl von Stoffen, die erst in diesem Zusammenwirken und in ihrer Gesamtheit die grandiose kulinarische Sensation der Fischsaucen erzeugen.

Wegen ihres hohen Salzgehalts ersetzt Fischsauce in der südostasiatischen Küche oft das Salz. Man würzt damit während des Kochens oder direkt am Tisch. Fischsauce wird in der südostasiatischen Küche seit Jahrhunderten mit Kokosnuss, Zwiebeln, Knoblauch, Zitronengras, Ingwer, Zitrusfrüchten und frischem Koriander kombiniert – seit Erdnüsse und Chili aus der „Neuen Welt" auch den asiatischen Raum erreicht haben, auch mit diesen „neueren" Grundzutaten. Fischsauce hat den Vorteil, dass sie als Gewürz mit umami-Geschmack praktisch zu allen herzhaften und scharfen Speisen passt.

REGIONALE UNTERSCHIEDE

So prägend die Fischsauce ist, gibt es doch zahlreiche regionale Unterschiede in der verwendeten Fischart, dem Mengenverhältnis von Fisch und Salz sowie der Fermentationsdauer. Auch werden die Fischsaucen typisch für die Region und für das zu begleitende Gericht mit anderen Zutaten verfeinert. Im Folgenden werden einige bekannte Fischsaucen aus asiatischen Ländern sowie ihre Variationen näher vorgestellt.

BUDU

Diese malaiische Fischsauce kennt man auch in Südthailand. Sie wird aus Anchovis hergestellt, die bis zu sechs Monate eingelegt werden. Gewöhnlich wird sie mit Palmzucker und Tamarinde versetzt, was sie dunkler in der Farbe und etwas süßsauer macht. Sie schmeckt ähnlich wie Patis auf den Philippinen.

JEOTGAL

Unter diesem Namen kennt man eine Fischsauce in Korea. Sie wird aus verschiedenen Meeresfischen und -früchten erzeugt. Damit würzt man vor allem ***Kimchi*** (eingelegten scharfen Kohl).

NAM BLA (AUCH: NAM PLA)

So wird die Fischsauce in Thailand genannt, sie ähnelt sehr der vietnamesischen Sauce. Der Unterschied ist lediglich, dass in der thailändischen Küche mehr Knoblauch und Chili mit ihr kombiniert wird als in der vietnamesischen. Vor allem der kleine rote Chili (Vogelaugen-Chili) ist in Thailand beliebt – und er ist höllisch scharf. Nam Bla wird in Currys mit auch aus der indischen Küche bekannten Gewürzen kombiniert: Kreuzkümmel, Kurkuma, Koriandersamen. In der südthailändischen Küche mit Zitronengras, Garnelenpasten und frischem Ingwer.

NAM PA

Laos kennt die Fischsauce unter dem Namen Nam Pa. Sie wird überwiegend aus Süßwasserfisch erzeugt, manchmal auch aus einer Mischung aus Salz- und Süßwasserfisch. Sie riecht und schmeckt intensiver als vietnamesische oder thailändische Fischsauce und kann als Padek oft große Stücke fermentierten Fischs (***Nam Padek***) enthalten. Häufig wird sie selbst hergestellt – und aufgrund ihres durchdringenden Aromas vor dem Haus gelagert. Diese Grundsauce der laotischen Küche wird regelmäßig mit der laotischen Standardzutat Kokosmilch kombiniert – und mit Knoblauch, frischem Koriander, Zitronengras, Ingwer und Chili ergänzt.

NGAN PYA YE

Auch die Küche Myanmars (Burma) kennt eine eigene Fischsauce. Sie wird aber lange nicht so regelmäßig eingesetzt wie in Vietnam, Laos oder Thailand, oft wird sie durch Salz ersetzt. Der Grund: Die burmesische Küche ist stark von der indischen geprägt, die Fischsauce nicht kennt.

NUOC MAM (MANCHMAL AUCH: NUOC NAM)

So heißt die Fischsauce in Vietnam. Sie wird hauptsächlich aus Anchovis erzeugt. Die typische vietnamesische Kombination zum Dippen bei Tisch besteht aus Nuoc Mam mit Limonen und Chili. Diese Grundmischung wird häufig mit Knoblauch, Ingwer, Zitronengras, Zucker und frischem Koriander ergänzt. Mit Nuoc Mam würzt man fast alles: von Suppen über warme und kalte Salate bis hin zu Currys.

FISCHSAUCEN UND VARIANTEN

Die Basis besteht immer aus gesalzenen, fermentierten Fischen und Meeresfrüchten, das Aroma ist umami, salzig. Durch regional spezifische Kombinationen mit weiteren Zutaten entstanden in Vietnam, Laos, Thailand, Malaysia und anderen asiatischen Ländern verschiedenste Varianten.

GARUM, LIQUAMEN

Im antiken Rom verwendete man eine Grundwürze, die vermutlich ähnlich hergestellt wurde und ähnlich geschmeckt haben muss wie die ostasiatischen Fischsaucen: Sie wurde ebenfalls aus fermentierten Fischen erzeugt – und eben nicht aus bakteriell verdorbenen Fischen, wie man lange annahm. Im berühmten Kochbuch, das nach Apicius benannt wurde (→ Geschichte des Geschmacks, Seite 67), taucht sie immer wieder unter dem Namen Garum oder Liquamen als eine Art Alleswürze auf. Nach dem Untergang des Römischen Reichs ist sie in Europa in Vergessenheit geraten. Der Wiedereinzug einer auf fermentiertem Fisch basierenden Würzsauce in die europäische Küche geschah zunächst in Großbritannien in Form der Worcestershiresauce, die ursprünglich auf Basis fermentierter Anchovis erzeugt wurde.

NUOC CHAM

FLAVOUR: *umami, sauer, süß, erdig, kräuterig, leicht scharf*
ZUTATEN: *Nuoc Mam, Wasser, Chilis. Varianten zusätzlich mit Knoblauch, Zucker, Limettensaft, Ingwer, Karotten, Korianderkraut, Nüsse*
ZUBEREITUNG: *Alle Zutaten mit Fischsauce vermengen. Oft wird die Sauce kurz erhitzt, um den Zucker besser zu lösen. Ein paar Stunden bei Raumtemperatur ziehen lassen. Man sollte sie immer frisch zubereiten.*

Ein vietnamesischer Dip, der dort zu jeder Speise als Tischwürze gereicht wird. Besonders beliebt ist er zu Frühlingsrollen, er wird aber auch als Salatsauce oder zu Nudeln und Suppen verwendet. Es gibt viele regionale Varianten, meist versucht man, alle Geschmacksrichtungen sowie die Schärfe auszubalancieren: Im Norden besteht Nuoc Cham oft nur aus Fischsauce und Wasser mit gehackten Chilis. Im Süden kommen – als aromatisch scharf-süß-saure Kombination – noch Knoblauch, Zucker und Limettensaft hinzu. Man kann auch fein gehackten Ingwer für etwas Schärfe, fein geschnittene Karotten für erdige Aromen oder frisches Korianderkraut für kräuterige, grüne Töne dazugeben. Man kann den Knoblauch vorher außerdem ein wenig anrösten, um der Sauce Röstaromen zu geben. Geröstete und gemahlene Nüsse liefern neben ihren nussigen Röstaromen noch eine knusprige textuelle Ergänzung.

PASTEN UND BRÜHEN AUF BASIS VON FISCH

ANCHOVISPASTE, SARDELLENPASTE

FLAVOUR: *umami, salzig*

Sozusagen das europäische Gegenstück zur indonesischen → Trassi. Sie wird allerdings aus Anchovis beziehungsweise Sardellenfilets erzeugt, die in Salz eingelegt und fermentiert wurden. Anchovis sind die Filets von manchmal bis zu zwei Jahren in Salzlake eingelegten Sardellen, die durch die Fermentierung ein intensives Aroma entwickeln. Natürlich kann man statt der Paste auch eingelegte und klein gehackte Sardellen oder Anchovis verwenden – dann hat man sogar den Vorteil, dass man durch Abspülen die Salzigkeit reduzieren kann. Man kann die Paste roh als Aufstrich verwenden, zum Beispiel anstelle von Salz zu hart gekochten Eiern – dann schmeckt sie deutlich nach Anchovis beziehungsweise Sardellen. Oder man würzt mit ihr Hackfleischmischungen, Eintöpfe oder Saucen. Anchovis- oder Sardellenpasten sind anders als Trassi nicht „scharf". Die schwedischen Anchovis sind übrigens keine „echten" Anchovis, sondern Ostseesprotten (***Skarpsill***), die weniger stark gesalzen und fermentiert wurden. Sie schmecken wesent-

HÄUFIG MIT NAM PA KOMBINIERTE ZUTATEN
HÄUFIG MIT BUDU KOMBINIERTE ZUTATEN
ZUTATEN FÜR ANCHOÏADE
HÄUFIG MIT NAM BLA KOMBINIERTE ZUTATEN
NUOC MAM (WÜRZVARIANTEN)
NUOC CHAM
KOMBU-BLÄTTER UND DASHI-INSTANT-GRANULAT
NGAN PYA YE (WÜRZVARIANTEN)
ANCHOVISPASTE
TRASSI

lich milder, werden häufig süßsauer eingelegt und dienen als wichtige Zutat für *Janssons frestelse* (Kartoffelauflauf) oder als Zutat für *smorgås* (belegte Brote), oft mit gekochten Eiern.

ANCHOÏADE

In der Provence wird aus Anchovis ein Dip erzeugt: eine Mischung aus Anchovis, Knoblauch und manchmal schwarzen Oliven und Kapern. Mit Olivenöl aufgeschlagen dient sie als Dip für Rohkost-Gemüsegerichte oder man nimmt sie als sehr würzigen Brotaufstrich. Um sie herzustellen, muss man die Zutaten klein hacken und mit Olivenöl kräftig vermischen.

DASHI

FLAVOUR: *umami*

Der Fischsud Dashi ist eine wichtige Zutat in der japanischen Küche. Er ist in seinem Einsatzspektrum vergleichbar mit den europäischen Brühen und eine Grundlage für viele Suppen, beispielsweise *Misosuppe*. Klassische Grundzutaten sind Kombu-Algen (→ Algen), Wasser und Bonitoflocken (*Katsuobushi*), hauchdünne Scheiben einer in einem langwierigen Verfahren holzartig getrockneten Fischart aus der Familie der Makrelen und Thunfische. Die Flocken sind auch als Topping für Salate beliebt. Algen und Bonitoflocken werden nur sehr kurze Zeit im sich erwärmenden Wasser eingeweicht, der Sud dann abgegossen. Inzwischen wird häufig Instant-Dashi-Granulat verwendet. In der chinesischen Küche benutzt man getrocknete Austern, Jakobsmuscheln und Kalmare, die wie getrocknete Pilze eingeweicht werden – wie dort kann man auch das Einweichwasser mitverwenden.

TRASSI, BELACHAN, KAPI, BAGOONG

Flavour: umami, salzig, röstig, scharf

Diese Pasten werden aus gesalzenen und getrockneten Garnelen erzeugt. In Indonesien heißen sie Trassi, in Thailand Kapi, auf den Philippinen Bagoong und in Malaysia Belachan. In China werden sie unter dem Namen ham ha angeboten. Für Belachan werden klein gestampfte gesalzene, frische Garnelen im Boden vergraben, wo sie monatelang fermentieren. Anschließend wird die Paste frittiert – das erzeugt Röstaromen und dient der Sterilisation – und zu Blöcken gepresst. Die Herstellung in anderen südasiatischen Ländern und China variiert. In Vietnam beispielsweise werden kleine Garnelen zunächst mehrere Monate getrocknet, dann mit Salz zermahlen und wieder für längere Zeit in einem Gefäß stehen gelassen, dann mit Zucker vermischt und weiter fermentiert und schließlich für mehrere Tage in der Sonne getrocknet. Auf den Märkten gibt es die Paste meist getrocknet in dreieckigen, krümeligen, dunkelbraunen Blöcken. In Vietnam und Hongkong gibt es sie auch als wässrig-graue Paste. Die fischigen, sehr salzigen und streng schmeckenden Pasten sind für europäische Gaumen gewöhnungsbedürftig, aber in ganz Südostasien und China als Würzzutat beliebt. Ähnlich wie die Fischsaucen riechen und schmecken sie deutlich nach Fisch (Garnelen) und werden auch ganz ähnlich verwendet. Man sollte mit ihnen sparsam würzen: Das Würzziel ist nicht das fischige Aroma, sondern der umami-Geschmack. Die Pasten müssen immer mitgekocht werden – meist werden sie mit anderen Gewürzen in Fett sautiert. Sie kommen in viele Currys und Dips. In Thailand und ähnlich in Vietnam ist Garnelenpaste die Grundzutat für die Würzsauce *Nam phrik kapi*. Trassi oder Belanchan ist auch Bestandteil einiger → Sambals, Würzpasten auf Chilibasis: Zum Beispiel besteht Sambal Belachan aus Belachan, Chili, Knoblauch, Schalotten und Zucker. Diese Mischung wird in Malaysia oft pur mit Reis gegessen.

SOJASAUCE

FLAVOUR: *umami, salzig*

Die asiatische Küche ist von der Sojasauce geprägt. Sie wird immer aus einer Mischung aus gedünsteten Sojabohnen, geröstetem Getreide (meist Weizen), Salz und Wasser hergestellt. Diese Mischung fermentiert mithilfe einer Schimmelpilzkultur (Aspergillus) in Fässern zumeist aus Zedernholz. Traditionell reift Sojasauce mindestens 18 Monate, manchmal auch bis zu fünf Jahre. Die Dauer, Fermentation und Lagerung bestimmen den Geschmack der Sojasaucen. Industriell kann dieser Prozess auf wenige Tage verkürzt werden, im Aroma machen sich die zugefügten Farb- und Aromastoffe jedoch bemerkbar. Deshalb sollte man immer darauf achten, traditionell erzeugte Sojasauce zu kaufen – auf deren Etikett sind entsprechend keine Zusatzstoffe angegeben. Der Geschmack, der bei der Fermentation entsteht, ist aber grundsätzlich immer →umami-Geschmack.

REGIONALE VARIANTEN

Aufbauend auf dieser Basis, haben sich in Asien viele verschiedene Sojasaucenvarianten entwickelt.

CHINESISCHE SOJASAUCEN

Es gibt Sojasauce, Jiangyou, in zwei Varianten: Die helle Sojasauce ist ziemlich salzig, mit ihr würzt man Fischgerichte, Gemüse und Suppen. Sie ist auch die Grundlage vieler Dips. Eine dunklere Variante, meist aus Taiwan, kommt ohne Weizen aus. Daneben gibt es Varianten mit Zusätzen, zum Beispiel Melasse, wodurch diese ebenfalls dunkle Sojasauce süßer wird. Mit den dunklen Sojasaucen würzt und färbt man herzhafte Gerichte wie rotgeschmortes Fleisch. Es gibt auch eine sehr dunkle chinesische Sojasauce, die mit Strohpilzen aromatisiert wird. Man kann sie anstelle der dunklen Sojasauce verwenden. Die Kombination Sojasauce, Reiswein und Ingwer wird in allen chinesischen Regionalküchen häufig eingesetzt. In der Provinz Kanton werden Knoblauch und Schwarze-Bohnen-Sauce hinzugefügt, die nördliche Pekingküche kombiniert Sojasauce mit Bohnenpasten, Knoblauch und Sesamöl. In der Szechuan-Küche wird es, etwa durch die Zugabe von Szechuanpfeffer oder Chili, deutlich schärfer.

JAPANISCHE SOJASAUCEN

Der japanische Überbegriff für alle Varianten von Sojasauce ist Shoyu. Generell ist der Weizenanteil der handelsüblichen japanischen Saucen höher als bei den chinesischen. Sie sind deswegen etwas feiner und süßer im Geschmack. Auch in Japan existiert eine weizen- und damit glutenfreie Variante, Tamari genannt, die als die klassische Sauce zu Sashimi (Sushi) gilt. In Japan kombiniert man Sojasauce manchmal mit Sake und Zucker oder dem süßen Reiswein ***Mirin.*** Auch Teriyaki-Sauce für gegrillte, gebratene und gebackene Speisen basiert auf Sojasauce, die zu gleichen Teilen mit Sake und Mirin gemischt wird, dazu kommt ein wenig Zucker.

KOREANISCHE SOJASAUCEN

Sojasaucen heißen auf koreanisch Kanjang (auch: Gangjang). Es gibt sie in zwei Variationen. Die inzwischen am häufigsten benutzte ist ähnlich zu den bei uns verbreiteten japanischen Saucen, aber etwas weniger salzig. Die für Suppen benutzte ***Guk gangjang*** oder ***Joseon gangjang*** ist heller (bräunlich) und tendenziell salziger als die normale Sojasauce. Typisch für die koreanische Küche ist die Kombination von Sojasauce mit Knoblauch, braunem Zucker, Sesamsaat und Chili.

INDONESISCHE SOJASAUCEN

Auch die indonesische Sojasauce ketjap oder kecap ist würzig und von dunkler Farbe. Ketjap asin ist die dünnflüssigere, salzige Variante, sie ähnelt sehr der hellen chinesischen Sojasauce, ist aber

SOJASAUCE – GRUNDZUTATEN
HÄUFIG KOMBINIERTE ZUTATEN ZU SOJASAUCE I
SCHWARZE-BOHNEN-PASTE
GELBE-BOHNEN-PASTE, -SAUCE
SOJASAUCE UND DAMIT HÄUF
ZUTATEN FÜR EINE SOJASAUCEN-MARINADE

AUSTERNSAUCE
CHINESISCHEN KÜCHE
INDONESISCHE SOJASAUCE (WÜRZVARIANTEN)
EINIGE ZUTATEN ZU HOISIN-SAUCE
HELLES MISO UND GRUNDZUTATEN
ZUTATEN IN KOREA
PHILIPPINISCHE SOJASAUCE – GRUNDZUTATEN

etwas dickflüssiger. Ketjap manis wird durch Gewürze wie Palmzucker oder Sternanis zusätzlich gesüßt und ist von sirupartiger Konsistenz. Ketjap sedang bewegt sich genau zwischen beiden.

PHILIPPINISCHE SOJASAUCEN

Unter dem Namen *Toyo mansi* kennt man auf den Philippinen eine helle Sojasauce, die mit dem Saft der Kalamansi-Frucht aromatisiert wird: einer Kreuzung aus Limette und Zitrone. Über diese säuerliche Note passt sie besonders gut zu Fischgerichten.

VON SOJASAUCE ODER -BOHNEN DOMINIERTE WÜRZSAUCEN

AUSTERNSAUCE

FLAVOUR: *umami, würzig-süßlich, meeresfrüchteartig*

Ursprünglich wurde diese in der chinesischen Küche beliebte, dickflüssige, dunkle Würzsauce aus fermentierten Austern hergestellt. Heute dient als Basis meist Sojasauce und Austernextrakt, eingekocht mit Salz, Knoblauch und Zwiebeln. Sie wird mit Maismehl eingedickt und mit Zuckercouleur dunkelbraun gefärbt. Sie riecht und schmeckt würzig-süßlich und angenehm nach Fisch beziehungsweise Meeresfrüchten. Auf ihrer Basis kann man – vermischt mit vorzugsweise der dunklen Sojasauce – wohlschmeckende Saucen herstellen, die besonders gut zu deftigem pfannengebratenem und geschmortem Rindfleisch passen, ebenso zu Pilzgerichten und zu Brokkoli oder Auberginen. Das leicht fischartige Aroma der Sauce und das Fleisch passen überraschend gut zusammen. Einen ähnlichen Effekt nutzt man in der vietnamesischen und thailändischen Küche bei der Verwendung von klaren → Fischsaucen.

BOHNEN-SAUCEN

GELBE-BOHNEN-SAUCE
FLAVOUR: *umami, scharf*

Auf Basis von gelber Sojabohnenpaste wird in China und Thailand die Gelbe-Bohnen-Sauce erzeugt. In China ist sie das traditionelle Würzmittel für Peking-Ente. Auch zum Würzen von Nudelgerichten ist sie beliebt. In den Provinzen Szechuan und Hunan wird daraus mit Chilis eine sehr scharfe Angelegenheit. In Thailand würzt man ***phad pakk bung taujiau*** (Wasserspinat) mit Gelber-Bohnen-Sauce, heller Sojasauce und Austernsauce.

SCHWARZE-BOHNEN-SAUCE
FLAVOUR: *umami*
ZUTATEN: *Helle und/oder dunkle Sojasauce, Reiswein/Sherry, Zucker, Salz, gemahlener Pfeffer*

Diese Sauce – oder je nach Konsistenz Paste – wird aus fermentierten Sojabohnen (chinesisch: *douchi*) hergestellt und ist in der asiatischen Küche eine wichtige Würzzutat anstelle von oder ergänzend zur Sojasauce. Außerdem dient die Paste wiederum als Basis für weitere Saucen und Würzpaste.

WÜRZVARIANTEN MIT SOJASAUCE

Die asiatische Küche kennt viele regionale Vorlieben, wenn es darum geht, Sojasauce mit jeweils unterschiedlichen Würzzutaten anzurühren. Oft werden die Würzsaucen als Marinade verwendet. In einer anderen Variante werden Würzzutaten wie etwa Ingwer frisch zum Gericht gegeben und dann mit Sojasauce abgerundet.

HOISIN-SAUCE

FLAVOUR: *umami, süß, scharf*
ZUTATEN: *2 EL neutrales Öl, Knoblauch, Chili, 125 ml Rote-Bohnen-Paste, 3–4 EL Zucker, 2 EL Sojasauce, 3 EL Reisessig, 2 EL Wasser, Salz*
ZUBEREITUNG: *Knoblauch und Chili anbraten, Chilischoten herausnehmen, Rote-Bohnen-Paste dazugeben, mit Zucker, Sojasauce, Reisessig und Wasser eine halbe Stunde köcheln lassen.*

Eine Würzsauce der chinesischen und vietnamesischen Küche. Sie schmeckt süß-scharf und eignet sich für alle pfannengebratenen Gerichte, auch zum Marinieren von Fleisch vor dem Grillen. Man kann sie in asiatischen Feinkostgeschäften fertig kaufen, selbst gemacht ist aber wie immer: eben selbst gemacht!

SOJASAUCEN-MARINADEN

FLAVOUR: *umami, salzig, süß*
ZUTATEN: *Sojasauce, Reiswein (oder Sherry), Zucker, Salz, Pfeffer*
ZUBEREITUNG: *Alle Zutaten vermischen.*

In der chinesischen Küche ist das kurze Marinieren von geschnittenem Fleisch, bevor es im Wok gebraten wird, sehr beliebt. Das macht das Fleisch etwas zarter, vor allem aber würzt die Marinade. Üblicherweise besteht diese Marinade aus heller oder dunkler Sojasauce – oder einem Gemisch aus beiden. Dazu kommt Reiswein, ersatzweise Sherry, eine Prise Zucker, Salz und gemahlener Pfeffer. Die Marinade kann mit Wasser verlängert werden, dann kann man sie später als Sauce verwenden. In diese Marinade wird das geschnittene Fleisch eingelegt und mit etwas Kartoffelstärke bestreut. Dann verrührt man es mit der Flüssigkeit. Man lässt das Fleisch eine halbe bis eine Stunde bedeckt im Kühlschrank marinieren. Am Ende des Marinierens kann man noch mit ein paar Tropfen Sesamöl aromatisieren.

HP SAUCE, BRAUNE SAUCE

FLAVOUR: *umami, würzig, fruchtig-süß-säuerlich*

HP ist die führende Marke der berühmt-berüchtigten englischen „Brown Sauce". Diese dünnflüssige Würzsauce erinnert in Konsistenz, Aroma und den Zutaten an Worcestershiresauce und erzeugt wie diese einen umami-Geschmack: würzig, fleischig, herzhaft, auch ein wenig fruchtig-süß-säuerlich. HP Sauce besteht aus Gerstenmalzessig, Tomaten, Melasse, Branntweinessig, Traubenzucker-Fruchtzucker-Sirup, Datteln, Zucker, Salz, modifizierter Maisstärke, Roggenmehl, Tamarindenextrakt, Sojasauce, Gewürzen und Zwiebelextrakt. In der englischen und nordamerikanischen Küche wird alles Mögliche mit ihr gewürzt, selbst Marinaden werden daraus hergestellt. Beim Frühstück passt sie zum Spiegelei, mittags kommt sie in den ***Shepherd's Pie*** und abends wird sie zum Steak gereicht – sie passt immer. Spötter sagen, sie sei deshalb so populär, weil sie die Fantasielosigkeit des jeweiligen Gerichts zumindest etwas kaschiert. Hier liegt der Vergleich mit der kontinentaleuropäischen Maggi-Würze nahe.

Erfunden hat sie (vermutlich) der englische Kolonialwarenhändler Frederick Gibson Garton, der sie 1895 unter dem Namen „H.P. Sauce" zum Patent anmeldete. Das Rezept hatte er einem gewissen Harry Palmer abgekauft. „H.P." nannte Garton seine Sauce wohl nicht nur wegen dessen Initialen, sondern auch weil er gehört hatte, dass man sie bereits in einem Restaurant im Westminster Palace, den Houses of Parliament, servierte – deshalb sieht man auch das englische Parlament auf dem Etikett. Das könnte aber auch alles ein Marketing-Gag gewesen sein.

KARIBISCHE BARBADOS-MISCHUNG

Eine der Alleswürze-Pasten aus der Karibik (→ Karibische Würzsaucen), mit der Grillgut mariniert wird und Eintöpfe oder Saucen gewürzt werden. Diese milde Sauce besteht aus Zwiebel, Knoblauch, Frühlingszwiebeln, Schnittlauch, frischem Thymian, Petersilie, Majoran, Piment und Salz. Die Basis ist Worcestersauce oder Sojasauce.

FLAVOUR: *umami, salzig, frisch-kräuterig*
ZUTATEN: *Worcestersauce/Sojasauce, Zwiebel, Knoblauch, Frühlingszwiebeln, Schnittlauch, Thymian, Petersilie, Majoran, Piment, Salz*
ZUBEREITUNG: *Alle Zutaten roh vermengen.*

MAGGI-WÜRZE

Maggi und Sojasauce hatten früher den gemeinsamen Nenner Soja – heute sind die Basis der Maggiwürze hydrolisierte Weizenproteine. Diese Proteine werden enzymatisch zu Bruchstücken gespalten, wodurch Glutaminsäure freigesetzt wird: ein „natürlicher Geschmacksverstärker", der für den umami-Geschmack verantwortlich ist. Letztlich spielt es kaum eine Rolle, ob Soja- oder Weizenproteine verwendet werden, Ziel ist stets der umami-Effekt.

FLAVOUR: *umami, würzig, salzig*

Maggi-Würze dient genauso wie Braune Sauce (HP Sauce) oder Worcestershiresauce als „Allzweckwaffe" in der Küche. Auch wer überhaupt keine Ahnung vom Würzen hat: Mit diesen Kondimenten bringt er immer etwas „Geschmack" ans Essen. Aus dem gleichen Grund werden sie von Feinschmeckern abgelehnt: Will man Geschmack und Duft gezielter steuern, greift man lieber zu Zutaten, die nur spezifische Aromen ins Essen tragen.

MISO

Miso gehört zusammen mit → Dashi in die Miso-Suppe, kann aber auch zum Einlegen verwendet (*Pickles*) oder als Würzpaste direkt über Lebensmittel gegeben werden. Es kommt in drei Grundvarianten vor, je nachdem, welchem Bestandteil die spezielle Schimmelpilzkultur (koji) zugesetzt wird. Alle Sorten haben jeweils weitere Untervarianten – selbst verschiedene „Jahrgänge" unterscheiden sich geschmacklich etwas. Besteht das Miso aus Sojabohnen und fermentiertem Reis, heißt es Kome miso. Es ist das in Japan meistverkaufte Miso, schmeckt süß und kaum salzig und eignet sich gut für Dressings. Generell sind die helleren Sorten süßer, die roten salziger. Wird statt Reis Gerste zugesetzt nennt man es Mugi miso: diese dicklichere Paste schmeckt viel weniger süßlich, dafür salziger. Mame miso besteht ausschließlich aus fermentierten Sojabohnen, es ist meist dunkel und dicklich, schmeckt eher nach umami und wenig süß. Miso sollte grundsätzlich beim Kochen nicht zu hoch erhitzt werden, weil das viele der wertvollen Inhaltsstoffe zerstören würde.

FLAVOUR: *immer salzig und umami, dazu je nach Art auch süßlich*
ZUTATEN: *Sojabohnen, Koji-Starterkultur, Wasser, Salz. Zusätzlich Reis (bei Kome miso) oder Gerste (bei Mugi miso).*
MISO-DRESSING: *Miso und Joghurt als Basis zusammenmischen, dann Sesamöl und Zitronensaft dazugeben, zum Schluss die Chili*

MAGGI-WÜRZE
HP SAUCE, BRAUNE SAUCE
SALZLAKE
KARIBISCHE BARBADOS-MISCHUNG
WORCESTERSHIRESAUCE, WORCESTERSAUCE

SALZLAKE

FLAVOUR: *umami, salzig*
ZUTATEN: *200 g Salz auf 1 l Wasser. Varianten zusätzlich mit Kümmel, Piment, Pfefferkörnern, Zucker, Wacholder, Koriander, Lorbeer, Thymian, Rosmarin*
ZUBEREITUNG: *Wasser salzen. Werden Gewürze hinzugefügt, muss man die Lake kurz aufkochen.*

Eine stark salzige wässrige Lösung, die zum Nasspökeln von Fisch, Fleisch, Gemüse oder Käse (Schafskäse, Feta) dient. Das Einlegen in Salzlake dient in erster Linie der Haltbarmachung, weil den Lebensmitteln über die Osmose Wasser entzogen wird. Käse wird vor Austrocknung bewahrt – entfernt man ihn aus der Lake, wird er schnell trocken und verfärbt sich, er beginnt auch zu gären und wird ungenießbar. Auch das Berliner Solei ist ein typisches Salzlakenprodukt: Hart gekochte Eier in der angebrochenen Schale werden in Salzlake eingelegt, die mit Kümmel, Piment und Pfefferkörnern gewürzt ist. Ansonsten sind zur Würzung von Salzlaken Zucker, Wacholder, Pfeffer, Koriander, Lorbeer, getrocknete Kräuter wie Thymian oder Rosmarin beliebt.

WORCESTERSHIRESAUCE, WORCESTERSAUCE

FLAVOUR: *umami, säuerlich, würzig-fruchtig, leicht scharf*

Es gibt je nach Hersteller Worcestersauce und Worcestershiresauce – sie schmecken alle ähnlich. Das Besondere an der Worcester(shire)sauce ist das traditionelle Herstellungsverfahren: Die Zutaten reifen und fermentieren jahrelang in geschlossenen Behältern, meist Holzfässern. Ursprünglich war Sojasauce auch die Basis für die englische Worcestershiresauce. Inzwischen besteht die Würze im Wesentlichen aus Gerstenmalzessig, Zucker, Salz, Sardellen, Tamarinden, Zwiebeln, Knoblauch sowie diversen Gewürzen und hat ein würzig-fruchtig-säuerliches Aroma mit leicht scharfem Abgang. Die Rezeptur hat indisch-koloniale Wurzeln – und sollte im 19. Jahrhundert der britischen Küche einen Hauch Exotik verpassen. Mit diesem breitgefächerten Aromenspektrum passt Worcestersauce als Allzweckwaffe ähnlich dem kontinentaleuropäischen Maggi zu allen Lebensmitteln und akzentuiert den umami-Geschmack. Wegen der umami-Brücke zum Käse ist Worcestersauce zum Beispiel eine klassische Zutat zum ***Caesar's Salad***, der immer Parmesan enthält – und meistens auch Sardellen, die wiederum Grundzutat der Worcestersauce sind. Auch andere eher würzig-salzige Salatdressings lassen sich mit Worcestersauce verfeinern. In ***Welsh rarebit***, die britische Version des Käsefondues, gehören traditionell ein paar Spritzer Worcestersauce, ebenso in die ***Bloody Mary***. Worcestershiresauce kann durch die ähnlich schmeckende Braune Sauce (Brown Sauce, HP Sauce) ersetzt werden. Im Kühlschrank ist sie auch geöffnet jahrelang haltbar.

Die Worcestershiresauce wurde angeblich aufgrund eines Versehens erfunden: Die Legende besagt, dass die beiden Apotheker John Lea und William Perrins aus Worcester von einem gewissen Lord Sandys, dem Exgouverneur von Bengalen, den Auftrag bekamen, eine Sauce herzustellen, die so würzig-scharf schmeckte wie die, die der Lord in Indien schätzen gelernt hatte. Was die Apotheker dem Lord zum Kosten gaben, schmeckte dem aber ganz und gar nicht. Lea und Perrins räumten das Fass mit der missglückten Soße frustriert in den Keller und vergaßen es dort. Als sie zwei Jahre später noch einmal probierten, stellten sie fest, dass ihr Gebräu jetzt wunderbar aromatisch nach gewürztem Wein schmeckte.

FETT

GUACAMOLE

FLAVOUR: *fettig, zitrusartig, frisch-kräuterig, manchmal fruchtig-scharf*
ZUTATEN: *Avocado, Zitronen-/Limettensaft, Salz, Pfeffer. Varianten zusätzlich mit Sauerrahm, Tomaten, Korianderkraut/-samen, Chili, Knoblauch*
ZUBEREITUNG: *Avocadofruchtfleisch mit einer Gabel zerquetschen und sofort mit Zitronen- oder Limettensaft mischen. Salzen und pfeffern, eventuell weiter verfeinern.*

Eine mexikanische Mole, die hauptsächlich aus reifen Avocados und frischem Zitronen- oder Limettensaft besteht (→ Moles). Dieser verhindert die sofort einsetzende Oxidation, das Braunwerden des Avocadofruchtfleisches – ähnlich wie bei Äpfeln. Gewürzt wird mit Salz und Pfeffer. Man kann den Dip mit Sauerrahm, rohen Tomaten oder Tomatillos, mit frischem Korianderkraut oder Koriandersamen, frischem Chili – die eher fruchtigen, frischen Sorten wie Habanero, Poblano oder Bonnet, keine mit Raucharoma – und Knoblauch verfeinern. Sie passt zu Nachochips und vielen anderen mexikanischen Speisen: etwa *Tacos*, *Tortillas* oder *Enchiladas*.

MAYONNAISE

FLAVOUR: *fett, fruchtig, nussig, bitter (je nach Öl)*
ZUTATEN: *Eigelb, Öl, milder Essig oder Zitronensaft, Salz, Pfeffer*
ZUBEREITUNG: *Eigelb mit Salz, Pfeffer und Zitronensaft/Essig verrühren. Zugabe von Senf erleichtert das Emulgieren. Öl tropfenweise zugeben.*

Diese Mischung aus Eigelb, Öl und Essig ist die Basis vieler vor allem kalter Saucen. Ihre einzigartige sämige Konsistenz bekommt sie durch das Aufschlagen von Eigelb mit Öl. Das Lecithin und die Proteine aus dem Eigelb dienen als Emulgator, Fett dient als Aromaträger. Das Öl schließlich bestimmt das Aroma der Mayonnaise. Neutral und zurückhaltend schmeckt sie mit dem geschmacksneutralen Sonnenblumenöl. Olivenöl macht sie vollmundiger, aber auch bitterer. Aromatische Öle wie Haselnuss-, Walnuss-, Sesam-, Mohn- oder auch Arganöl setzen noch stärkere Akzente. Am besten verlängert man diese aromatischen Öle mit einem geschmacksneutralen Öl. Auch Pesto eignet sich zum Aromatisieren, ebenso wie Meerrettich, Chutneys, Sardellenpaste, Fruchtpürees, Senf, Ketchup, getrocknete Tomaten, Tapenade, frische Kräuter wie etwa Dill oder Brunnenkresse, Gewürze, Currymischungen oder abgeriebene Zitronenschale. Wichtig ist, dass vor allem am Anfang das Öl nur tröpfchenweise dazugegeben wird, um das Umkippen der Mayonnaise zu verhindern.

KLASSIKER AUF MAYONNAISEBASIS

AIOLI

Angeblich die Urform der Mayonnaise – mit reichlich Knoblauch. Abgeschmeckt wird mit Salz, einem Spritzer Zitrone und einer Messerspitze Cayenne- oder Weißem Pfeffer. Für eine andere Variante verrührt man Mayonnaise mit in Milch eingeweichtem Weißbrot, gehackten Knoblauchzehen und Olivenöl. Aioli ist ein klassischer Begleiter zur provenzalischen Fischsuppe *Bouillabaisse*, passt aber auch zu gegrilltem Fleisch, gekochtem Lammfleisch, Pellkartoffeln, gebackenen Kartoffeln oder Krustentieren. Man kann sie auch mit Dijonsenf und Sardellenfilets beziehungsweise Sardellenpaste würzen.

GRÜNE SAUCE
AIOLI
GUACAMOLE
GLOUCESTERSAUCE
COCKTAILSAUCE
AMERICAN DRESSING
REMOULADE

SAUCE TARTARE
SAUCE CHANTILLY
SAUCE PALOISE
SAUCE HOLLANDAISE
SAUCE BÉARNAISE
ROUILLE

AMERICAN DRESSING
Auch hier kann Mayonnaise als fettige Grundlage dienen. Sie wird mit Joghurt, Ketchup, klein gehackten Essiggürkchen, Rosmarin, Thymian, Dill, Zucker, Salz und Pfeffer gewürzt. Man kann die Mayonnaise auch durch Crème fraîche ersetzen. Ein idealer Dip für Rohkost und anderes.

COCKTAILSAUCE
Eine kalte Würzsauce, die zu kaltem Fleisch, Geflügel, Fisch, auch zu Krabben und zu Gegrilltem passt. Die Basis ist meist eine Mayonnaise, die zum Beispiel mit Ketchup oder Tomatenmark, Meerrettich, Senf, Madeira, Tabasco und Gewürzen verfeinert wird. Auch Ingwer und Curry eignen sich – der Fantasie sind keine Grenzen gesetzt.

GLOUCESTERSAUCE
Dafür wird Mayonnaise mit Senfpulver, Cayennepfeffer und Worcestershiresauce gewürzt und mit Fenchelkraut und etwas saurer Sahne verrührt. Das Ergebnis ist eine englische Sauce zu kaltem Braten, Sülze und Räucherfisch.

GRÜNE SAUCE
Das ist Mayonnaise, vermischt mit einer Vielzahl frischer Kräuter. Statt Mayonnaise kann man auch Schmand oder saure Sahne nehmen. Grüne Sauce wird kalt zu gekochtem Fleisch oder Fisch, zu kaltem Braten oder zu Pell- und Salzkartoffeln gereicht. Von dieser Sauce gibt es viele regionale Varianten wie Frankfurter Grüne Sauce, die italienische Salsa verde oder die französische Sauce verte.

REMOULADE
Diese Sauce besteht aus Mayonnaise, Senf, Anchovis und gehackten Essiggurken, gewürzt mit Estragon, Kapern, Kerbel und Petersilie. Sie passt zu gebackenem Fisch, Hummer und Meeresfrüchten.

ROUILLE
Eine scharf-würzige Variante von Aioli: mit Paprika, Chili, Safran und einer mehligen zerquetschten Kartoffel.

SAUCE BÉARNAISE
Sie besteht aus einer Sauce hollandaise mit Estragon, bisweilen auch Kerbel, trockenem Weißwein, Schalotten und Weißem Pfeffer. In Frankreich ist sie ein Klassiker zu Steak oder gegrilltem Lachs.

SAUCE CHANTILLY
Das ist mit Schlagsahne aufgeschlagene und mit Zitrone gewürzte Mayonnaise. Chantilly passt zu Fischfilets und Schalentieren, aber auch zu Steaks.

SAUCE HOLLANDAISE
Eigentlich eine Art milde Mayonnaise, nur ohne Öl, dafür mit Butter. Sie besteht aus aufgeschlagenem Eigelb und Butter, abgeschmeckt mit Salz, Zitrone und etwas Muskat. Zu gekochtem Fisch, Krustentieren und feinen Gemüsesorten wie Spargel oder Artischocken passt sie perfekt. Die Butter macht sie zu einem idealen Aromaträger.

SAUCE PALOISE
Ersetzt man den Estragon in der *Sauce béarnaise* durch Pfefferminze, bekommt man eine Sauce für gedämpften Fisch, Grillhähnchen oder Lamm.

SAUCE TARTARE

Die Tartarensauce besteht aus Mayonnaise, gehacktem Eigelb und Schnittlauch. Kompliziertere Varianten lassen die Mayonnaise weg: Dann wird gehacktes Eigelb mit Schnittlauch, Essiggurken, Kapern, grünen Oliven, Petersilie, Senf und Schalotten vermischt. Sie passt zu kaltem und warmem Fisch und zu Meeresfrüchten, aber auch zu Roastbeef und anderem kalten Braten.

PESTO ALLA GENOVESE

FLAVOUR: *fettig, kräuterig, nussig, leicht scharf*
ZUTATEN UND ZUBEREITUNG: *Siehe Rezept Seite 276*

Das klassische Pesto kommt aus Ligurien: Pesto alla genovese. Es besteht aus klein gehacktem Basilikum, Knoblauch, gegebenenfalls trocken angerösteten Pinienkernen, Parmesan oder Pecorino (Käse) und Olivenöl, eventuell abgeschmeckt mit Salz und Pfeffer. Man kann es leicht in einem Schnellhacker herstellen – Achtung: es darf nicht heiß werden, das wäre schlecht für die Aromen, von denen einige nicht hitzebeständig sind. Schonender ist die Zubereitung im Mörser. In Gläsern aufbewahrt, hält so ein frisches Pesto zwei Wochen im Kühlschrank. Wichtig ist, dass es dabei immer von Öl bedeckt ist. Mit Pesto würzt man klassischerweise ***Pasta*** (Spaghetti oder kürzere Nudeln), man kann es aber auch als Brotaufstrich für ***Bruschetta***, als Dip oder als Würze für Salate und Suppen verwenden – dabei gibt es auch immer eine schöne Farbe. Ebenso kann man Fische dünn nach dem Braten mit Pesto bestreichen. Als Variante davon kann man Basilikum durch frischen Koriander oder Rucola ersetzen und Walnüsse dazugeben – oder sie anstelle der Pinienkerne verwenden. Gekauftes Pesto ist oft von minderer Qualität, weil die Zutaten durch günstigere, aber weniger aromatische ersetzt werden: Grana Padano statt Parmesan/Pecorino, Sonnenblumenöl statt Olivenöl. Außerdem kann das Pesto Konservierungsstoffe oder künstliche Aromen enthalten.

PESTO-VARIANTEN, SELBST GEMACHT

BÄRLAUCHPESTO

Dafür werden Pinienkerne oder Mandeln angeröstet und statt Knoblauch mit frischem Bärlauch, Petersilie, Käse und Olivenöl gemixt.

ORIENTALISCHE PESTO-VARIANTE

Hierfür werden getrocknete Tomaten verwendet und mit Limettenschale, geröstetem Sesam, Rosinen mit etwas Sesamöl und einem neutralen Öl (Sonnenblumen, Distel) vermischt. Abgeschmeckt wird mit Salz, Pfeffer und Ras el-Hanout. Das ergibt eine würzige, leicht scharfe und spannende Pastasauce, aber auch ein Gewürz für Fisch, Suppen oder Couscous.

TOMATENPESTO

Für ein rotes Tomatenpesto werden Mandeln oder Pinienkerne mit gehackten getrockneten Tomaten vermischt und mit Knoblauch, etwas rotem Chili und Olivenöl püriert. Mit Salz abschmecken.

WALNUSS-KAPERN-PESTO

Gehackte Walnüsse trocken anrösten und mit Knoblauch, Kapern, Petersilie und Olivenöl – noch besser eignet sich Walnussöl – pürieren. Dann geriebenen Parmesan untermischen und mit Zitronensaft, Salz und Pfeffer abschmecken.

TOMATENPESTO
WALNUSS-KAPERN-PESTO
ORIENTALISCHE PESTO-VARIANTE
BÄRLAUCHPESTO
PESTO ALLA GENOVESE

SCHARF

CHILI-SAUCE SÜSS-SAUER

FLAVOUR: *scharf, sauer, süß, fruchtig*
ZUTATEN: *Chilis (z. B. Habaneros, Vogelaugenchilis), Knoblauch, Honig oder Zucker, Salz, Reisessig und/oder Zitrone, ggf. Fischsauce, Frühlingszwiebeln, Ingwer. Variante zusätzlich mit Erdnüssen oder frischen Früchte oder Tomaten*
ZUBEREITUNG: *Alle Zutaten klein hacken und zusammen aufkochen, bis die Sauce eine sämige Konsistenz erhält. Anschließend in Gläser oder Fläschchen füllen. Im Kühlschrank hält sich die Sauce mindestens ein Jahr.*

In Asien eine beliebte Sauce besonders zu gegrilltem Huhn oder Frühlingsrollen. Man kann sie als Dip zu *Tacos* oder Fleischfondue einsetzen, als Marinade beim Barbecue zu Geflügel oder als Tischwürze nicht nur für asiatische Suppen. Es gibt unzählige Varianten, aber alle enthalten Chilis – meist rote, es können jedoch auch grüne oder beide Sorten sein. Besonders gut eignen sich die fruchtig-scharfen Habaneros oder die sehr scharfen thailändischen Vogelaugenchilis. Dazu kommen Knoblauch, Honig oder Zucker, Salz und als Säuerungsmittel Reisessig oder Zitrone. In Südostasien enthält die Chilisauce oft auch einen Schuss Fischsauce. Um ihr würzige Tiefe zu geben, kann man außerdem das Weiße von Frühlingszwiebeln dazugeben. Frisch-scharf wird sie mit etwas geriebenem Ingwer. Sie kann nach dem Kochen mit fein gehackten Erdnüssen verfeinert werden – dann bekommt sie eine noch sämigere Textur und passt beispielsweise gut zu indonesischen Hühnerspießchen. Für eine fruchtigere Version kann man pürierte frische Früchte mitkochen: Mango, Ananas, Banane, Pfirsich oder auch Sultaninen. Fruchtig wird sie ebenso mit Johannisbeergelee oder Pflaumenmarmelade – oder man verlängert sie mit Tomaten.

HARISSA-PASTE

FLAVOUR: *sehr scharf, schwefelig, erdig-würzig*
ZUTATEN: *Gehackte Chilischoten, Koriandersamen, Kreuzkümmel, Knoblauch. Variante zusätzlich mit Tomatenmark, Olivenöl*
ZUBEREITUNG: *Eingeweichte Chilischoten mit gemahlenem Koriander und Kreuzkümmel sowie frischem Knoblauch im Mörser vermischen. Tomatenmark und Olivenöl unterheben.*

Harissa ist das tunesische Nationalgewürz. Die sehr scharfe nordafrikanische Gewürzmischung wird als Pulver (→ Harissa-Pulver) und fertig als Paste in Tuben oder Dosen angeboten. Harissa als Dip ist das mit Olivenöl angerührte Pulver, es würzt gegrilltes Fleisch, *Merguez* (pikante Würste) und die im ganzen Norden Afrikas verbreiteten Speisen beziehungsweise Gerichte Couscous und Tajine. In Tunesien isst man Harissa-Paste sogar als Brotaufstrich zum Frühstück.

KARIBISCHE WÜRZSAUCEN UND -PASTEN

FLAVOUR: *scharf, kühlend, bitter, kräuterig, frisch, erdig*

Auf den englischsprachigen karibischen Inseln werden zum Marinieren von Fleisch, Geflügel und Fisch sowie zum Würzen von Eintöpfen und Saucen verschiedene Würzpasten mit frischen Kräutern verwendet. Es gibt davon unzählige Varianten. Zu den Grundzutaten gehören viele frische Kräuter: Petersilie, Minze, Thymian, Selleriekraut, Oregano, Korianderkraut, Culentro (Langer Koriander) und Schnittlauch. Dazu kommen fast immer Frühlingszwiebeln und Knoblauch. Zu den häufig verwendeten Gewürzen zählen Ingwer, Nelken, Zimt, Piment, Paprika, Pfeffer und Chili. Zur weiteren Aromatisierung werden Bitterorangensaft oder süßer Orangensaft, Worcestersauce, Limettensaft, Essig und Öl verwendet. Anhand dieser Zutatenliste kann man schon erkennen, dass diese Gewürzpasten in der Karibik eine Art Alleswürze sind. Nicht alle Varianten besitzen eine dominierende Schärfe, davon abgesehen ähneln sie sich aber sehr in ihrer Zusammensetzung. Frisch im Mörser oder im Blitzhacker zubereitet, halten die Pasten einige Wochen im Kühlschrank.

GRUNDZUTATEN: *Petersilie, Minze, Thymian, Selleriekraut, Oregano, Korianderkraut, Culentro, Schnittlauch, Frühlingszwiebeln, Knoblauch, Ingwer, Nelken, Zimt, Piment, Paprika, Pfeffer, Chili, Bitterorangensaft oder süßer Orangensaft, Worcestersauce, Limettensaft, Essig, Öl*

ZUBEREITUNG: *Alle Zutaten frisch zerkleinern, vermengen, dann einige Stunden ziehen lassen.*

WICHTIGE VARIANTEN

BAJAN-MISCHUNG

Diese Würzsauce besteht aus Scotch-Bonnet-Chilis – sie sind sehr scharf und fruchtig, ähnlich der Habanero-Chili – sowie Frühlingszwiebeln, Knoblauch, Petersilie, frischem Thymian, Schnittlauch, Salz und Limettensaft. Man reicht sie zu Fisch und Fleisch gleichermaßen.

JAMAIKA-JERK

Eine weniger kräuterige, dafür recht scharfe Würzpaste, die auf Jamaika Kultstatus genießt. Man reibt mit ihr Schweine- und Hühnerfleisch, aber auch Garnelen vor dem Grillen ein. Sie besteht aus reichlich Scotch-Bonnet-Chilis, Frühlingszwiebeln, Schalotten, Knoblauch, frischem Ingwer und frischem Thymian, gemahlenem Piment, Pfeffer, Zimt, Muskat, Nelken, braunem Zucker, Salz, Weißweinessig und Öl.

KUBANISCHER ADOBO

Adobos sind trockene oder flüssige Gewürzmischungen, die in ganz Lateinamerika beliebt sind. Auch auf den spanischsprachigen Karibikinseln werden sie zum Einreiben oder als flüssige Marinade verwendet. Sie enthalten eine Mischung aus mediterranen Kräutern wie Oregano und Thymian, kombiniert mit Kreuzkümmel, frischem Koriandergrün, Knoblauch und Schwarzem Pfeffer. Für die flüssige Variante wird Bitterorangen- oder Limettensaft als Säuerung dazu gegeben – alle Zutaten werden roh miteinander vermengt. Ansonsten stellt man auf den spanischsprachigen Karibikinseln ein *Sofrito* her, eine Mischung aus Fett, Kräutern, Gewürzen, Zwiebeln und anderen Gemüsen, die ähnlich wie eine indische Tadka den Gerichten die nötige würzige Grundlage gibt.

MILD SEASONING

Eine nichtscharfe Variante: Diese Rezeptur kommt ohne Chili aus. Trotzdem erhalten ein damit eingeriebenes Brathuhn oder Ofenkartoffeln eine karibische Note: Zimt, Nelken, getrockneter oder frischer Thymian, Schwarzer Pfeffer, Salz, abgeriebene Zitronenschale, Knoblauch und Paprika tragen dazu bei. Mit Öl nach Belieben wird daraus eine Paste.

TRINIDAD-MISCHUNG

Die Zutaten für diese Sauce sind grüne Chili, Schwarzer Pfeffer, Frühlings- und gelbe Zwiebeln, Knoblauch, Culentro oder Korianderkraut, Minze, frischer Ingwer, Salz und Limettensaft. Sie dient oft als Tischwürze zu allen möglichen Gerichten. Culentro heißt „Langer Koriander“ auf Spanisch. Er sieht völlig anders aus, duftet aber ähnlich wie Koriander – und kann durch ihn ersetzt werden.

MOJO

FLAVOUR: *scharf, sauer, erdig, kräuterig*
ZUTATEN: *Grüne bzw. rote Chilis, Knoblauch, Petersilie, Koriandergrün, Kreuzkümmel, Weinessig, Olivenöl. Varianten ohne Chili oder zusätzlich mit Avocado*
ZUBEREITUNG: *Alle Zutaten roh vermischen. Gegebenenfalls mit Avocado vermengen.*

Diese scharfe kanarische Sauce gibt es in einer roten und einer grünen Variante, selbst gemacht oder fertig im Glas – zumindest auf den Kanaren, in Spanien und in spanischen Spezialitätengeschäften. Mojos sind die klassische Ergänzung zum kanarischen „Nationalgericht" ***Papas arrugadas*** (runzelige Kartoffeln). Aber die Mojos passen auch zu gegrilltem Fleisch oder Fisch. Sogar Salate kann man mit ihnen anmachen. Es gibt unzählige Mojorezepte. Eine typische grüne Mojo kann aus einer Mischung aus milden und scharfen grünen Chilis, viel Knoblauch, etwas Petersilie, reichlich Koriandergrün, etwas Kreuzkümmel, Weinessig und Olivenöl bestehen. Das wird alles roh vermischt. Möchte man es milder, kann man die Chilis auch weglassen – dann hat man eine Petersilien-Koriandersauce. Für eine rote Mojo verwendet man statt der grünen Chilis süße und scharfe rote Paprika beziehungsweise Chilis. Man kann die Mojo auch mit Avocado vermischen und dann als Dip zu Fisch und hellem Geflügel reichen.

MOLE

FLAVOUR: *scharf, süß, bitter, sauer, kräuterig, fruchtig, nussig*
ZUTATEN (MOLE NEGRO): *70 g eher milde, große Chilischoten (Anchos, Pasillas, Mulatos), Öl, 200 g Tomaten, 750 g Zwiebeln, 10 Knoblauchzehen, 30 g Chipotle-Chilis, 150 g Mandeln, 100 g Erdnüsse, 8 Nelken, 1 TL Pfefferkörner, 1 Zimtstange, ½ TL Anissamen, 30 g Butter, 100 g Rosinen, 150 g zartbittere Schokolade, ½ l Hühnerbrühe*
ZUBEREITUNG (MOLE NEGRO): *Die milden, großen Chilischoten kurz in Öl braten, dann in warmem Wasser eine halbe Stunde einweichen. Chilis pürieren. Tomaten häuten, mit gehackten Zwiebeln und Knoblauchzehen sowie den Chipotle-Chilis dünsten und anschließend pürieren. Mandeln, Erdnüsse, Nelken, Pfefferkörner, Zimtstange und Anissamen in der Butter leicht andünsten und mit den Rosinen pürieren. Alle Zutaten in einem großen Topf einige Minuten köcheln lassen, die Schokolade darüberraspeln, mit der Hühnerbrühe auffüllen und eine halbe Stunde köcheln lassen. Eventuell mehr Hühnerbrühe dazugeben, die Sauce soll eine flüssig-sämige Konsistenz haben. Abschmecken.*

Mole ist der Sammelbegriff für eine spezielle Art meist gekochter Saucen in der mexikanischen Küche. Aber auch Gerichte, die auf dieser Sauce basieren, können Mole heißen. Die Sauce hat Kultcharakter und ist so etwas wie das mexikanische Nationalgericht. Es gibt in Mexiko viele „Feria de Mole", Volksfeste, bei denen Mole-Gerichte zubereitet werden. Das Geschmackserlebnis einer Mole setzt sich grundsätzlich so zusammen: Schärfereiz (Chili), sauer (Tomatillos, Tomaten), süß (getrocknete Früchte, Zucker, Tomaten), bitter (Schokolade, Röstaromen), verschiedene Düfte und eine sämige Textur (zerkleinerte Tortillas, Nussmehl, Kürbiskerne).

BEKANNTE MOLES

Eine gute Mole enthält rund zwanzig verschiedene Zutaten. Da die Herstellung solcher Saucen sehr aufwendig ist, werden oft Gewürzmischungen angerührt und gekocht. Es gibt auch bei uns Mole als Paste in Gläsern. Man rührt die Pasten mit Fleischbrühe an. Frisch gemachte Molepaste hält im Kühlschrank sechs Monate, man kann sie auch einfrieren.

MOLE COLORADITO

Das ist eine auch in Nordamerika sehr bekannte rote Mole. Sie besteht hauptsächlich aus Tomaten, Nüssen, roten Chilis, Zimt, Oregano, Kreuzkümmel, Piment, mexikanischer Schokolade, Zwiebeln, Knoblauch, Rosinen, Hühnerbrühe und Tortillakrümeln.

MOLE NEGRO

Diese Mole ist eine Variation der poblano. Sie kann als Chilisorten Ancho, Pasilla (getrocknete Chilaca, mild, beerig), Mulato oder Chipotle (getrocknete Jalapeños, rauchig, schokoladig, scharf) enthalten. Sowohl in Mole poblano als auch in Mole negro kommen außerdem häufig Annattosamen, Tomaten, Tomatillos, getrocknete Früchte, Kreuzkümmel, Nelken, Knoblauch, Anis, Sesam, Makulan (mexikanischer Blattpfeffer, Hoja santa) und Tomaten.

MOLE POBLANO

Außerhalb Mexikos meint man mit Mole meist diese Sauce. Ihre wichtigsten und charakteristischsten Zutaten sind Chili und Schokolade, wobei die Schokolade die Schärfe der Chilis ausgleicht. Mexikanische Schokolade ist aber nicht süß und dafür zimtig – ersatzweise kann man dunkle Schokolade nehmen. Die Schokolade wird immer erst zum Schluss dazugegeben. Als Chilis werden getrocknete Poblano (Ancho) bevorzugt, die bis zu zehn Zentimeter groß werden und noch grün geerntet werden. Sie schmecken süß, fruchtig und mild nach Pflaumen und Tabak. In einer Mole poblano können aber auch Mulato-Chilis sein, das sind ebenfalls getrocknete und stark geräucherte Poblanos. Mole poblano wird zu allen möglichen Fleischgerichten gereicht, traditionell ist es Truthahn.

PIPIÁN, PIPIÁN VERDE

Die entscheidende Zutat für diese nussige Mole, die zu gegrilltem Geflügel und Enchiladas gereicht wird, sind Kürbiskerne, getrocknet oder geröstet. Sie werden gemahlen und in Schmalz oder Öl gesotten, vermischt mit anderen Gewürzen: Kreuzkümmel, Pfeffer, Knoblauch, Culentro (Langer Koriander) und getrocknete Chilis (Ancho). Dazu kommt häufig Zitronensaft und Brühe, um die Sauce dünnflüssiger zu machen. Man kann mit Pipián auch Fleisch vor dem Grillen, Braten oder Backen marinieren – oder es anschließend damit übergießen. Oft wird sie gemeinsam mit Mole poblano gereicht. Auch sie gibt es abgepackt in mexikanischen Lebensmittelgeschäften.

MEXICO UND DIE MOLES

San Pedro Atocpan, ein Ort mit knapp 10 000 Einwohnern in den Bergen südlich von Mexico City, produziert mehr als die Hälfte aller Moles in Mexiko und knapp 90 Prozent aller Moles, die in Mexiko City gegessen werden. Bis in die 1940er Jahre war der Ort ein verschlafenes Nest, dessen Einwohner wie in so vielen ländlichen Regionen mehr schlecht als recht von der Landwirtschaft lebten. Nur wenige Familien stellten Mole her. Eine von ihnen hatte die Idee, ihre Würzsaucen auf einem Markt in Mexiko City zu verkaufen, aber der Weg war sehr weit und ihre Transportmittel begrenzt. Wirtschaftlich lohnte sich das Unternehmen nicht. Legende oder Wahrheit – der Geschichte nach kam eines Tages ein neuer Priester in den Ort, der in den Saucen ein großes Marktpotenzial erkannte. Er finanzierte Mühlen, die das mühsame Mahlen der Zutaten erleichterten, wodurch wesentlich mehr Moles hergestellt werden konnten. Mit der Befestigung der Straße in Richtung Hauptstadt begann sich der Verkauf zu rentieren. In den 1970er Jahren gründeten die Bewohner gemeinsam mit dem Priester eine Kooperative und eröffneten ein Restaurant. Schnell verbreitete sich der Ruhm ihrer Moles. Heute leben 92 Prozent der Bevölkerung in San Pedro Atocpan von der Zubereitung von Mole-Mischungen und -pasten. Die Produktion erfolgt aber nach wie vor in kleinen Familienbetrieben.

HARISSA (SAUCE)
MILD SEASONING
CHILI-SAUCE SÜSS-SAUER
BAJAN-MISCHUNG
JAMAICA-JERK
KUBANISCHER ADOBO
MOLE NEGRO

PIPIÁN, PIPIÁN VERDE
MOLE COLORADITO
MOJO VERDE
MOJO ROT
MOLE POBLANO
TRINIDAD-MISCHUNG

NAM PRIK

FLAVOUR: *scharf, umami, sauer, süß, würzig, nussig, erdig*

Wörtlich übersetzt heißt diese beliebte thailändische Sauce, die auch in hiesigen Thai-Restaurants als Alleswürze häufig auf dem Tisch steht, „Chili-Wasser". Sie enthält getrocknete Garnelen, Garnelenpaste (→ Fischsauce), mit Palmzucker gemörserte Chilis, reichlich Knoblauch, Fischsauce und Limettensaft. Weiter können dazukommen: Schalotten, Erdnüsse, Korianderkraut, kleine Auberginen und unreife Früchte.

NAM PRIK PAO

Eine Variante mit gerösteten roten Chilis und Tamarindenextrakt als Säuerungsmittel. Diese Paste wird sehr gerne mit unreifen Mangos kombiniert – eine Leibspeise der Thailänder. Die scharf-saure umami-Würzpaste kommt auch in die berühmte sauer-scharfe Garnelensuppe *Tom Yung Goong* und in viele Currys. Es gibt in Thailand unzählige regionale Varianten dieser Sauce.

ROMESCO-SAUCE

FLAVOUR: *scharf, sauer, süß, salzig, leicht bitter, erdig, nussig, fruchtig, röstig*
ZUTATEN: *4 getrocknete Chilis (ohne Samen), Olivenöl, 1 Scheibe Weißbrot, 20 g Mandeln, 20 g Haselnüsse, 2 Knoblauchzehen, Tomaten, 2 EL Rotweinessig, Salz, Pfeffer*
ZUBEREITUNG: *Chilis 30 Minuten einweichen und abtropfen lassen. In Olivenöl mit einer Scheibe Weißbrot rösten. In einer zweiten Pfanne Mandeln und Haselnüsse anbräunen. Chilis, Brot, Nüsse sowie die Knoblauchzehen pürieren. In einem Topf abgezogene, entkernte und gehackte Tomaten zu einem steifen Püree eindicken, mit den übrigen Zutaten noch einmal pürieren. Dabei 1 EL Olivenöl zugießen, mit 2 EL Rotweinessig sowie Salz und Pfeffer abschmecken.*

Eine berühmte würzige und leicht scharfe Sauce aus Katalonien, genauer der Provinz Tarragona. Man verwendet für sie Nyora/Ñora-Chilis, sie sind geröstet und getrocknet. Dazu kommen geröstete Mandeln und Haselnüsse, gerösteter Knoblauch, geröstete reife, süße Paprikas – in Spanien verwendet man dafür eine spezielle Sorte, die *cuerno de cabra*, Ziegenhorn, heißt –, Tomatenmark, Tomaten, Weißweinessig, Salz und Pfeffer. Zum Andicken wird zerkleinertes Weißbrot verwendet. Die Sauce besticht durch ihre ausgeprägten Röstaromen. Sie begleitet Fisch, gegrillte Fleischgerichte und gegrilltes Gemüse, wobei die beiderseitigen Röstaromen bestens harmonieren.

Ein berühmtes katalanisches Gericht sind *Calçots* mit Romesco-Sauce: am offenen Feuer geröstete Frühlingszwiebeln. Auch hier harmonieren wieder die Röstaromen. Zu Calçots wird auch die Sauce *Salvitxada* gereicht, die ähnlich zusammengesetzt ist wie Romesco, aber weniger Tomaten und mehr Paprika enthält, wodurch sie im Aroma noch „röstiger" wirkt.

SALSA

FLAVOUR: *scharf, fruchtig, kräuterig, rauchig*

Salsa ist das spanische Wort für Sauce. Salsas sind kräuterbetonte Saucen, gekocht oder aus rohen Zutaten zubereitet, die in ganz Lateinamerika, besonders in Mexiko, beliebt sind. Die meisten Salsas haben eine dominierende Schärfe – aber nicht alle sind scharf. Es gibt sie in unzähligen Varianten, die einander alle ähneln – lediglich einige Zutaten werden ausgetauscht. Salsas können fertig in Flaschen und Dosen gekauft werden, man kann sie jedoch auch recht einfach selbst herstellen.

ROMESCO-SAUCE
SALSA BRAVA
NAM PRIK
SALSA CHIPOTLE (SALSA TAQUERA)
SALSA NEGRA
SALSA VERDE
SALSA CRIOLLA
SALSA FRESCA (PICO DI GALLO)

SALSAS

Salsa ist der Oberbegriff für eine Vielzahl lateinamerikanischer Saucen, die roh oder gekocht aus verschiedenen Zutaten gerührt werden. Basis sind Chilis, Tomaten, Zwiebeln und frische Kräuter. Oft werden sie als Dips für Nachos oder zu Kartoffeln (Salsa brava) verwendet. Dazu ein mexikanisches Bier und es ist nicht mehr weit zur fiesta mexicana.

SALSA FRESCA (PICO DI GALLO)
Eine der klassischen Salsa-Mischungen

SALSA CHIPOTLE
Variante der Salsa fresca

SALSA VERDE
Spezielle mexikanische Variante

SALSA VERDE
Die Grundmischung

SALSA VERDE
Mediterrane Variante

SALSA CRIOLLA
Südamerikanische Variante

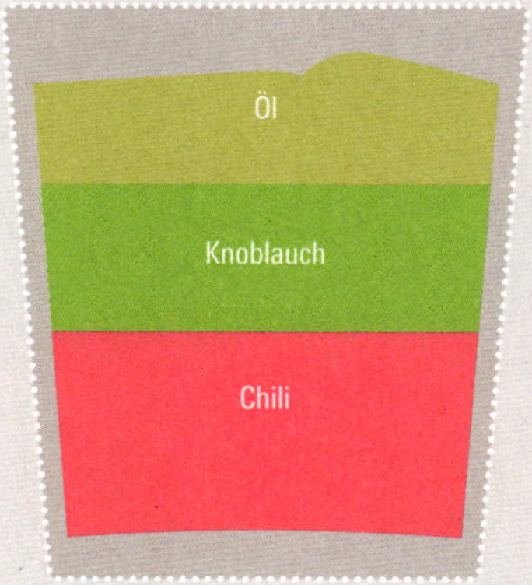

SALSA NEGRA
Dunkle und scharfe Variante

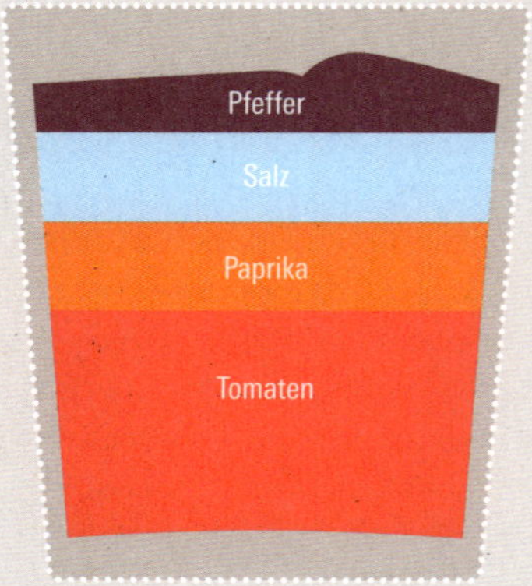

SALSA BRAVA
Eher milde Salsa-Variante

KLASSISCHE SALSAS

SALSA BRAVA
Die „wilde Sauce“ ist trotz des Namens eine eher milde gekochte Sauce auf Tomatenbasis, denn sie wird mit Paprika statt Chili gewürzt. Sie trifft man häufig in spanischen Tapasbars an, wo sie wie Ketchup zu Kartoffelecken oder *patatas bravas* (Bratkartoffeln) gereicht wird.

SALSA CHIPOTLE (SALSA TAQUERA)
Nimmt man statt der frischen Jalapeño-Chilis wie in der Salsa fresca ihre geräucherte und getrocknete Variante (Chipotle) und kocht sie zusammen mit Tomaten oder Tomatillos, bekommt man eine rauchige, erdige Salsa, die wegen dieser Röstaromen besonders gut zu Gegrilltem passt.

SALSA CRIOLLA
Diese südamerikanische Salsa enthält Zwiebeln und eine oder mehrere der folgenden Zutaten: Cilantro (Langer Koriander) oder Korianderkraut, Rote Bete, gekochte Kartoffeln, Avocado, Chili und manchmal auch Tomaten. Sie kann sowohl roh zubereitet als auch gekocht werden und wird als Brotaufstrich oder zu Meeresfrüchten, Fleisch oder Reis serviert. Cilantro sieht anders aus als Korianderkraut, hat aber ein ähnliches Aroma und kann durch dieses auch bei uns inzwischen verbreitete Gewürzkraut ersetzt werden.

SALSA FRESCA (PICO DI GALLO)
Die klassische mexikanische Salsa fresca (pico di gallo) besteht aus gehackten Tomaten, einer gehackten roten Zwiebel, den eher milden grünen Jalapeño-Chilis, reichlich gehacktem Korianderkraut und Limettensaft oder einem aromatischen Essig, etwa Sherry-Essig. Alle Zutaten werden roh gemischt, dann lässt man die Mischung eine halbe Stunde stehen und reicht sie zum Beispiel als Dip für Nachochips oder als Sauce zu *Tacos* und *Tostadas*, aber auch zu vielen Bohnen-, Reis-, Eier- und Fleischgerichten. Sie schmeckt selbstgemacht immer weitaus besser als die, die man in kleinen Tetrapaks in lateinamerikanischen oder mexikanischen Spezialitätenläden kaufen kann. Was nicht heißt, dass die abgepackten Salsa fresca nicht auch sehr lecker sein können.

SALSA NEGRA
Sie enthält nur ganze getrocknete Chilis und Knoblauch – die Mischung wird in Öl einige Minuten gesotten. Anschließend werden die gebratenen Chilis in Wasser eingelegt, püriert und mit den anderen Zutaten zu einem Püree vermischt. Das wird dann noch einmal in Öl gebraten.

SALSA VERDE
Ein weiterer Klassiker. Salsa verde besteht aus Petersilie, Minze oder Basilikum, Knoblauch, Kapern und Anchovisfilets für die salzig-würzige umami-Grundlage. Das Ganze wird mit Olivenöl vermengt und mit Salz und Pfeffer abgeschmeckt. Sie erinnert an das italienische Pesto, ist aber würziger und säuerlicher. Salsa verde wird auch nicht zu Pasta gereicht, sondern zu gedünstetem oder gebratenem Fisch und gegrilltem Fleisch – oder zu Gemüse: als Dip für Artischocken und als Sauce zu Blumenkohl oder Brokkoli. In Mexiko enthält Salsa verde oft auch Tomatillos und kann gekocht sein. Andere Varianten werden mit Parmesan statt Anchovis hergestellt und verwenden zur Säuerung Aceto Balsamico. Dann bekommt man eine eher mediterrane Salsa verde, die besonders gut zu kaltem gegarten oder warmem gekochten Fleisch passt. Diese Salsa gibt es auch abgepackt in mexikanischen Spezialitätenläden – in verschiedenen Varianten.

SAMBAL

FLAVOUR: *scharf, süß, sauer, salzig, umami (bei Fischzugabe), fruchtig, erdig, karamellig, kokumi (bei Bohnenvariationen)*

Sambals sind indonesische, dickflüssige Würzsaucen auf Chilibasis, die es in unzähligen Varianten gibt – nicht alle sind scharf. Sie sind ebenso in Malaysia und anderen asiatischen Küchen beliebt, zum Beispiel in Singapur, auf den südlichen Philippinen oder auf Sri Lanka. Zunehmend werden sie auch in Europa populär und man bekommt bereits einige Varianten fixfertig in Gläsern im Supermarkt. Ausgefallenere Sorten kauft man im Asiashop. Mit Sambals würzt man am Tisch nach oder man kocht sie mit – dann ersetzen sie im Gericht die Chilis. Besonders gut geeignet ist Sambal zum Würzen von pfannengebratenen Gerichten oder gebratenen Nudeln beziehungsweise Reis. Auch zu milderen Käsesorten wie Gouda oder Edamer kann man Sambals reichen. Ergänzt man Sambals mit frischen Früchten wie Mango, Banane oder Durian (→ Sambal Durian), mildert sich die Schärfe der Chilis.

SAMBAL-VARIANTEN

Sambals gibt es in zwei Grundvarianten: Entweder werden frische Zutaten roh zubereitet oder sie werden zuvor gebratenen.

SAMBAL ASAM, ASSEM

Bei dieser Variante werden rohe rote und grüne Chilis mit Zitronen- oder Limettensaft und Tamarindenextrakt gewürzt, dazu kommen Zucker und Salz oder Trassi. Die Paste zeichnet sich neben ihrer Schärfe durch ihre Säuerlichkeit aus.

SAMBAL BAJAK

Dafür werden Chilis mit Knoblauch, Trassi und den Kernen des Lichtnussbaums (Kemirinüsse) in Öl gesotten und abschließend zusammengemischt. Das Ergebnis ist dunkel und sehr aromatisch und kann mit Kokosmilch noch verlängert werden – dann ist es milder. Sambal Bajak passt besonders gut zu Reisgerichten wie *Nasi Goreng* oder in Currys.

SAMBAL BELACAN

Diese Sambalpaste besteht aus rohen roten und grünen Chilis, gewürzt mit Zitronen- oder Limettensaft, Zucker, Salz (oder Trassi).

SAMBAL DURIAN, TEMPOYAK

Basis ist hier die fermentierte Durian-Frucht (Stink- oder Käsefrucht): Das Fleisch dieser großen und stacheligen Früchte ist süß und schmeckt unvergleichlich, vor allem viel angenehmer als der erste Eindruck vermuten lässt: nach Walnuss und Vanille, kräftig fruchtig und deutlich nach Zwiebeln. Die Frucht dämpft die Schärfe der Chilis.

SAMBAL MANIS, TUMIS, KALASAN

Das sind süße und mildere, gebratene Sambals – „manis" bedeutet „süß". Die Süße und die dunkle Farbe kommen durch den karamellisierten Palmzucker und die Tomaten zustande. Speziell bei Sambal kejap manis werden außerdem die süßliche indonesische Sojasauce, frische Tomaten, Chilis, Schalotten und Limettensaft verwendet. Eventuell war diese Sauce die Vorlage für unseren Ketchup – geschmacklich ähnelt sie ihm jedenfalls.

SAMBAL MANIS, TUMIS, KALASAN
SAMBAL TRASSI
SAMBAL PETAI
SAMBAL ASAM, ASSEM
SAMBAL BAJAK
SAMBAL TUMIS
SAMBAL OELEK, ULEK
SAMBAL BELACAN

TABASCO RED PEPPER
TABASCO GREEN PEPPER
TABASCO (SELBST GEMACHT)
MASSAMAN
GRÜNE CURRYPASTE
ROTE CURRYPASTE
GRUNDZUTATEN CURRYPASTE
GELBE CURRYPASTE
ZHUG, ZUG, SKHUG

SAMBAL PETAI

Eine Spezialität von Sumatra und Borneo. Chilis werden mit Schalotten, Zitronengras, Anchovis, Kurkumablättern und Parkia gebraten – „Stinkbohnen", die knoblauchartig riechen. Das Ergebnis schmeckt süß-sauer und scharf. Es gibt davon auch eine rohe Variante.

SAMBAL OELEK, ULEK

Frische, mit dem Mörser (ulek) klein geriebene Chilis und Salz ergeben das scharf und salzig schmeckende Sambal Oelek, das auch bei uns bekannt ist: In den meisten Chinarestaurants steht es als Würze auf dem Tisch. Sambal Oelek kann mit Zitronensaft und etwas Zucker verfeinert werden. Damit lässt sich grundsätzlich alles würzen, was man auch mit Chili würzen würde. Man kann es mitkochen, roh etwa an Salate geben oder mit einer Messerspitze davon eine Suppe schärfen.

SAMBAL TRASSI

Dafür vermischt man die rohe Chilipaste mit Garnelenpaste (Trassi) statt Salz. Die Garnelenpaste fügt dem Sambal ihren eigenen, etwas strengen Charakter hinzu.

SAMBAL TUMIS

Chilischoten werden mit Tomaten, Zwiebeln, Knoblauch und weiteren Gewürzen angebraten und anschließend vermengt: Das ergibt Sambal Tumis.

TABASCO

Die Pfeffersauce unter dem Namen „Tabasco" ist ein eingetragenes Markenzeichen der McIlhenny Co. auf Avery Island im US-Bundesstaat Louisiana. Die Sauce hieß ursprünglich „Tabasco Pepper Sauce" und wird laut Herstellerangabe seit 1868 nach einem natürlich streng geheimen Originalrezept aus der namensgebenden Chilisorte erzeugt: Tabasco. Die ungefähr 4 cm langen, spitz zulaufenden Früchte wachsen aufrecht. Unreif sind sie gelb, vollreif rot – so werden sie auch geerntet. Sie erreichen dann auf der Scoville-Skala Werte von 30 000 bis 50 000 Einheiten, also so viel wie eine durchschnittliche Cayennepfeffer-Mischung. Neben der jeweiligen Chilisorte enthält Tabascosauce Essig und Salz. Der Chilisud lagert bis zu drei Jahre in Eichenfässern, hier bildet sich durch Fermentierung das besondere Aroma heraus.

FLAVOUR: *scharf, sauer, salzig, süß, fruchtig, rauchig, würzig*

ZUTATEN (SELBST GEMACHT): *Chilis, Salz, Branntweinessig, trockene Eichenzweige, Bourbon Whiskey*

ZUBEREITUNG (SELBST GEMACHT): *Chilis pürieren, durch ein Sieb drücken, den Saft salzen und mit Branntweinessig säuern. Trockene Eichenzweige ankokeln und in die Sauce geben, zusätzlich mit Bourbon Whiskey aromatisieren – das trägt ebenfalls Röst- und Raucharomen bei. Das Ganze im Kühlschrank oder auch an einem wärmeren Ort verschlossen mindestens eine Woche ziehen lassen. Danach die Eichenzweige entfernen. Man kann auch den Chilibrei ziehen lassen und erst dann durch ein Sieb drücken, um die flüssige Sauce zu bekommen.*

TABASCO-VARIANTEN

Mittlerweile gibt es vier weitere Saucen: Die mildeste Variante besteht aus grünen Jalapeño-Chilis (Green Pepper Sauce), die etwas schärfere (Garlic Pepper Sauce) aus Knoblauch, Tabasco- und Jalapeño-Chilis. Habanero Pepper Sauce besteht aus den sehr scharfen Habanero-Chilis, außerdem werden Mango, Papaya, Tamarinde oder Bananen, Ingwer und Schwarzer Pfeffer verwendet. Die rauchige Chipotle Pepper Sauce enthält geräucherte reifen Jalapeños (Chipotle) und eignet sich aufgrund der Raucharomen gut zum Barbecue. Die Saucen geben allen möglichen Speisen einen scharf-sauren Kick.

THAILÄNDISCHE CURRYPASTEN (KRUEANG KAENG)

FLAVOUR: *scharf, sauer, salzig, umami, fruchtig, herzhaft, erdig, schwefelig*
ZUTATEN: *Rote oder grüne Chilis, Garnelenpaste, Knoblauch, Schalotten, Zitronengras, Galgant, Kaffirlimettenblätter, Koriandersamen und Kreuzkümmel. Varianten zusätzlich mit Korianderkraut und Thai-Basilikum oder Kardamom, Nelken, Muskat und Macis oder Zimt, Gewürznelken und Kurkuma*
ZUBEREITUNG: *Koriandersamen und Kreuzkümmel – gegebenenfalls auch Kardamom, Nelken und Macis – kurz trocken rösten, dann im Mörser zerstoßen und mit Garnelenpaste, klein gehacktem Knoblauch, Chilis, Kaffirlimettenblättern, Schalotten, Zitronengras, Galgant und eventuell Korianderkraut und (Thai-)Basilikum vermengen.*

In Thailand werden diese Pasten häufig selbst hergestellt, bei uns kann man sie im Glas kaufen und damit im Handumdrehen thailändische Currys zaubern. Man kann sich jedoch auch selbst daran versuchen.

VARIANTEN

GELBE CURRYPASTE

Diese mittelscharfe Variante geht in eine ähnliche Richtung wie Massaman: Neben den klassischen Zutaten für Thai-Pasten enthält sie außerdem Zimt und Gewürznelken. Gelb wird sie aufgrund der Zugabe von Kurkuma. Sie ist universell einsetzbar.

GRÜNE CURRYPASTE

Sie enthält ähnliche Zutaten wie die rote Variante. Grün wird sie durch die grünen Chilis, frisches Korianderkraut und frisches gehacktes (Thai-)Basilikum. Sie schmeckt besonders gut zu Fisch, aber auch zu anderen Varianten.

ROTE CURRYPASTE

Diese Paste enthält rote Chilis, ***kapi*** (Garnelenpaste), viel Knoblauch, Schalotten, Zitronengras, Galgant, Kaffirlimettenblätter sowie meist auch Koriandersamen und Kreuzkümmel. Sie dient als Würzgrundlage für alle thailändischen Currygerichte mit Huhn, Rind, Lamm oder Fisch.

MASSAMAN

So heißt eine indisch beeinflusste thailändische Paste mit einem etwas anderen Aroma: Aufgrund von Zutaten wie Kardamom, Nelken, Muskat und Macis hat sie ein deutlich wärmeres und erdigeres, eben „indischeres" Aroma. Massaman passt gut zu Huhn und Lamm.

ZHUG, ZUG, SKHUG

FLAVOUR: *scharf, schwefelig, erdig-würzig*
ZUTATEN: *Frische grüne oder rote Chilis oder Tomaten, Kardamom, Kreuzkümmel, Knoblauch, Pfeffer, evtl. Koriandergrün*
ZUBEREITUNG: *Gewürze in einer Pfanne trocken rösten, dann im Mörser fein mahlen. Mit den übrigen Zutaten im Mörser oder mit dem Mixer pürieren. Die Paste in ein Glas füllen und mit Öl bedeckt wie ein Pesto einige Wochen im Kühlschrank lagern. Macht man sie mit Zitronensaft und Olivenöl flüssiger, wird daraus eine pikante Salatsauce.*

Eine scharfe Gewürzpaste aus dem Jemen, die insbesondere in der jüdischen Küche sehr beliebt ist – dort heißt sie Skhug: In Israel reicht man sie zusammen mit ***Hummus*** als Tischwürze und würzt damit ***Falafel*** (frittierte Kichererbsenbällchen) und ***Schawarma*** (Fleisch vom Spieß) oder streicht sie sich aufs Pitabrot. In Israel gibt es eine grüne und eine rote Variante, entsprechend mit frischen grünen oder roten Chilis, und eine Variante mit Tomaten: brauner Skhug. Daneben besteht die Gewürzpaste grundsätzlich aus Kardamom, Kreuzkümmel, Knoblauch und Pfeffer, manchmal auch frischem Koriandergrün. Diese Paste gibt es auch fertig zu kaufen. Eng verwandt mit Zhug ist →Hawayij, eine ebenfalls in Israel und der gesamten Levante verbreitete, jemenitische Würzmischung.

ALKOHOLE, ESSIGE, FETTE UND ÖLE

In diesem Kapitel werden alle „Aromaträger" zusammengefasst: Alkohole – also auch Essige – sowie Fette und Öle lösen aufgrund ihrer chemischen Struktur besonders gut Aromen und halten sogar flüchtige Düfte in den Gerichten fest. Gleichzeitig fügen sie den Speisen ihre eigenen Duft- und Geschmacksnoten hinzu. Bei Weinen, Likören und Bränden kann etwa die alkoholische Note erwünscht sein. Diese verliert sich allerdings beim Erhitzen und die leichte Bitterkeit eines Rotweins oder die Torfigkeit eines Whiskys stehen dann im Vordergrund. Fette und Öle sorgen außerdem dafür, dass die Poren des in ihnen gebratenen Fleischs rasch geschlossen werden, wodurch das Steak saftig bleibt und seinen Eigengeschmack behält.

Wie wollen Sie würzen? Die Aromaträger dieses Kapitels sind nach ihrer jeweils dominanten Grundgeschmacksrichtung beziehungsweise ihrer adstringierend-alkoholischen Trigeminusreizung geordnet.

SÜSS

ACETO BALSAMICO TRADIZIONALE

TYPISCHE VERWENDUNG: *Gelato di crema mit Aceto Balsamico, Rucolasalat mit Ziegenfrischkäse, Mousse au Chocolat mit Balsamico-Vinaigrette, Entenlebermousse*

Bei einem Balsamico-Essig steht noch der leicht säuerliche Geschmack im Vordergrund. Der echte Aceto Balsamico Tradizionale ist dagegen süß-würzig und nur leicht säuerlich. Er verleiht einer Vielzahl von Speisen ein unvergleichliches Aroma. Der Zusatz *Tradizionale* ist eine geschützte Herkunftsangabe innerhalb der EU und weist ihn als besondere Qualität aus. Seine flüchtigen Noten hängen stark von der Lagerung und dem Ausbau ab: Frisch gepresster Traubenmost, überwiegend aus spätgelesenen, also süßen weißen Trauben, wird eingekocht und auf ein Drittel reduziert. Dieses Konzentrat wird mit altem Aceto Balsamico und etwas frischem Wein vermischt, in kleine Holzfässer gefüllt und jahrelang gelagert. Dabei wird der Most, der sich unter Sauerstoff langsam in Essig verwandelt – ein Prozess, der „schleichende Fermentation" genannt wird – und der durch Verdunstung des Wassers dickflüssiger wird, in immer wieder andere Fässer umgefüllt. Die Reihenfolge ist festgelegt: Zuerst lagert der Balsamico in 60-Liter-Fässern aus Maulbeere. Dann kommt er in Fässer aus Kastanienholz mit 50 Liter Fassungsvermögen. Es folgen Fässer aus Kirsche (40 Liter), Esche (30 Liter) und Eiche (20 Liter). Wie bei in Holzfässern gereiftem Wein oder Whiskey gehen aus dem Holz eine ganze Reihe Aromen in den Balsamico über – etwa vanillige, rauchige und holzig-karamellige Noten. Aceto Balsamico Tradizionale gibt es aus Modena und aus Reggio Emilia – das ist auf den Etiketten auch verzeichnet. Aceto Balsamico aus Modena ist mindestens 12 Jahre alt – sonst dürfte er nicht *Tradizionale* heißen – oder über 25 Jahre gereift, dann trägt er den Zusatz *Extravecchio*. Diese Bezeichnungen sowie ein cremefarbener beziehungsweise goldfarbener Verschluss sind die einzigen Hinweise auf das Alter – eine Jahreszahl findet sich nicht. Mit Aceto Balsamico aus Reggio Emilia verhält es sich ähnlich, nur dass es hier noch eine dritte, 18 Jahre alte Qualität gibt. Je älter der Aceto, desto teurer ist er und desto vielschichtiger, runder und weniger sauer ist sein Aroma. Aber auch der günstigere Aceto Balsamico, der mit Most vermischt ist, lässt sich vielseitig einsetzen.

BALSAMICO-KRÄUTER-PRALINEN

- 100 ml bester alter Balsamico (dickflüssig, cremig)
- 200 g beste dunkle Schokolade
- Thymianöl oder Thymian (besser ist das Öl, aus dem Fachgeschäft)

Balsamico mit einem Tropfen Thymianöl vermischen (oder frischen Thymian verwenden) und in kleinen Halbschalen aus Silikon einfrieren. Schokolade schmelzen und bis kurz vor dem Festwerden abkühlen. Auf dieser Temperatur halten. Die gefrorenen Balsamico-Thymian Halbkugeln mit einem Zahnstocher aufspießen und rasch drei- bis viermal durch die Schokolade ziehen. Kalt stellen und Vorgang wiederholen, bis Schokopralinen entstanden sind. Nach erneutem Abkühlen zum Digestif (sinnigerweise ein Whisky) verzehren. Nicht zu lange aufbewahren.

Mit Aceto Balsamico (Tradizionale) und Olivenöl kann man herrliche Vinaigrettes erzeugen, da die Süße des Balsamico den Bittergeschmack des Olivenöls relativiert und sich seine Aromen im Öl lösen. In buttrigen Saucen gibt Balsamico Fischgerichten, etwa mit Steinbutt, den letzten Pfiff – wesentlich zurückhaltender und tiefgründiger, als das der obligatorische Spritzer Zitronensaft könnte. Tomatensaucen verleiht er ein wundervoll süß-säuerliches Aroma: Tomaten verfügen über ein ganz ähnliches Aromenspiel zwischen süß, sauer und umami. Echten Aceto Balsamico Tradizionale sollte man entweder für kalte Speisen oder als Tischwürze verwenden oder erst ganz zum Schluss in heiße Speisen geben: Kochen würde nur sein komplexes Aroma zerstören. Man würzt sparsam, mit wenigen Tropfen, zum Beispiel Erdbeeren, Desserts mit Vanilleeis oder dunkle Schokolade – aber auch Parmesan und andere kräftige Käsesorten. Saucen und kalte Marinaden – zum Beispiel für Pilze – werden ebenfalls mit Aceto Balsamico Tradizionale gewürzt. Bei Leberpasteten betont man mit Balsamico deren süßliche Aromen. Man kann auch gekochtes Kraut mit Balsamico süß-säuerlich würzen: ein ebenso deftiges wie feines Erlebnis.

SÜSSE LIKÖRE

TYPISCHE VERWENDUNG: *Gegrillte Bananen mit Grand Marnier, Geschmorte Ente mit Grand Marnier, Obstsalat mit Cassis, Crevettenspieße flambiert mit Anisette*

Mit Likören und feinen → Obstbränden würzt man in erster Linie Süßspeisen mit Schlagsahne – auch weil ihr Fett neben dem Alkohol in den Likören ein guter Aromaträger ist. Die naheliegendsten Kombinationen sind oft die besten: Zum Schokoladendessert wird Sahne mit Nusslikör oder Kaffeelikör aromatisiert, für Obstsalate mit Cassis, einem französischen Likör aus schwarzen Johannisbeeren. Liköre sollten nicht mitgekocht werden, denn neben der Süße möchte man ihre alkoholischen Noten erhalten.

Die orangenbetonten Liköre wie Cointreau, Grand Marnier und Curaçao enthalten anders als andere Liköre neben ihrer Süße auch viel Säure, was ihrem Aroma immer etwas Frische verleiht. Dieses Spiel der beiden Grundgeschmacksrichtungen kommt in Fruchtsalaten sehr gut zur Geltung – oder in süßen Früchten: Eine gegrillte Banane, überträufelt mit Cointreau oder Grand Marnier, ist eine Delikatesse. Diese Liköre werden aus Süß- beziehungsweise Bitterorangenschalen erzeugt – dabei nutzt man sowohl die Wasser- als auch die Alkohollöslichkeit der Aromastoffe in der Schale. Das fruchtig-süß-bittere Aroma der Orangen harmoniert ebenfalls mit den bitteren Aromen dunkler Schokolade. Dunkle Saucen vertragen nicht nur die fruchtig-bitteren Aromen frischer oder getrockneter Orangenschalen, sondern auch einen Schuss Orangenlikör: Das Fett und die dunklen Röststoffe in Schmorgerichten mit Lamm oder Ente werden von dessen fruchtig-bitteren Noten bestens ergänzt. Anisliköre wiederum – Anisettes in Frankreich, Anisados in Spanien – sind die klassische Verfeinerung für Fisch und Krustentiere. Das sind hochprozentige Spirituosen, die mit viel Zucker und Gewürzen wie Zimt und vor allem → Anis beziehungsweise → Sternanis versetzt wurden. Es gibt auch nichtsüße Anisschnäpse wie Rakı, Mastika, Pastis, Ouzo oder Arrak, mit denen man natürlich ebenso würzen kann – vor allem wenn man das Anisaroma wünscht, aber keine Süße. Auch das kann sich bei Krustentieren und Fisch anbieten.

MIRIN

TYPISCHE VERWENDUNG: *Misosuppe, Huhn mit Teriyaki-Sauce*

Die japanischen Pendants zum chinesischen, dunklen und würzigen → Shao Xing sind Mirin und → Sake, beide heller in der Farbe. Mirin schmeckt wesentlich süßer und hat weniger Alkohol (14 Volumenprozent), da er nicht vollständig durchgegoren ist. Eine nahezu alkoholfreie Sorte nennt sich shin mirin. Mit Mirin betont man den fischigen Geschmack eines Gerichts. Man würzt mit ihm Misosuppen, ***Teriyaki***-Sauce und Sushireis – getrunken wird er nicht.

COINTREAU
CURAÇAO
GRAND MARNIER
PORTWEIN
KAFFEELIKÖR
MADEIRA
MIRIN
ACETO BALSAMICO TRADIZIONALE
CASSIS

SÜSSWEINE

TYPISCHE VERWENDUNG: *Zabaione mit Marsala, Gebratene Geflügelleber mit Portwein*

Süße Weißweine oder Dessertweine verwendet man – außer in Süßspeisen und zu sehr intensiven reifen (Blauschimmel-)Käsen – für Schweinefleisch, Leber oder Geflügel, weil hier süße Noten willkommen sein können. Wie bei trockenen Weinen gilt: Vorsicht bei der Dosierung. Durch die Reduktion beim Einkochen können süße Weine das Essen schnell zu süß machen. Werden sie erst am Schluss dazugegeben, verkocht der Alkohol nicht und lässt sich noch deutlich wahrnehmen.

Desserts werden in erster Linie mit Süßweinen verfeinert. Hier kommen auch die ausgeprägten Dessertweine wie süße Sherrys, Portwein, Madeira oder Marsala zum Einsatz. Lediglich mit lieblichen oder gar halbtrockenen Weinen und mit Sherrys sollte man Süßspeisen eher nicht würzen – dann besteht die Gefahr, dass die im Wein enthaltenen Bitterstoffe zu sehr in den Vordergrund treten. Anderseits kann natürlich die Bitterkeit auch erwünscht sein: Eine klassische Zabaione wird mit halbtrockenem oder trockenem → Sherry weniger süß als mit Marsala. Bekannte süße Sherry-Qualitäten heißen Cream oder Pale Cream. Ein kräftiger, trockener Oloroso wird durch Zugabe eines Süßweines oder süßen Traubenmosts zu einem halbsüßen bis süßen Sherry. Eine schnell hergestellte Begleitung zu Rindersteaks oder gebratener Geflügelleber ist die Portwein-Sauce: Man mischt Rotwein mit rotem Portwein zu gleichen Teilen und kocht sie ein. Das dickflüssige Ergebnis wird mit Butter montiert – indem kleine Stücke eiskalter Butter mit einem Schneebesen in die Sauce eingerührt werden und diese nicht mehr gekocht wird – oder mit Sahne legiert.

SAUER

VERJUS, AGREST

TYPISCHE VERWENDUNG: *Vinaigrettes, Desserts, Geröstetes Schwein (nach Le Viandier)*

Verjus („vert" und „jus", grüner Saft) zeichnet sich durch eine ausgeprägte Säure, leichte Bitterkeit und eine deutliche Adstringenz aus. Das komplexe Zusammenspiel macht Verjus zu einem ganz besonderen Würzmittel, vorwiegend im Geschmacksbereich „sauer". Verjus ist der ausgepresste Saft unreifer Weintrauben – in diesem Reifezustand ist der Unterschied zwischen roten und weißen noch marginal. Der frisch gepresste Saft muss schnell und gekühlt verarbeitet werden, um Oxidationsnoten in Geruch und Geschmack zu vermeiden. Er lässt sich wie Essig oder Zitronensaft einsetzen. Im

ROTE-BETE-SALAT

- 2 Rote Bete
- 3 (1+2) EL Verjus
- 2 TL Mandelbutter (wie Erdnussbutter)
- 1 Schalotte, 1 kleine Knoblauchzehe
- Einige Friséespitzen

Rote Bete waschen, schälen und in etwa 5 mm große Würfel schneiden. Diese Würfel für etwa 24 Stunden mit 1 EL Verjus im Kühlschrank marinieren (falls möglich sous-vide, d. h. im Vakuum). 2 TL Mandelbutter mit dem restlichen Verjus zu einer glatten Vinaigrette verrühren. Die Schalotte und die Knoblauchzehen fein schneiden und leicht salzen, zu der Vinaigrette geben. Die marinierte Rote Bete dazugeben, noch 15 bis 20 Minuten bei Zimmertemperatur ziehen lassen, mit den Friseespitzen garnieren und als kleinen Vorspeisensalat genießen.

Gegensatz zu Essig hat Verjus keine stechende Essigsäure, ebenso fehlen die flüchtigen, fruchtig-sauren Aromen, die den Duft des Zitronensafts bestimmen. Wegen seiner milden Säure kann man ihn mit Erdnussbutter, Mandelbutter oder Pistazienpüree zu einer säuerlich-nussigen Vinaigrette aufschlagen, die vor allem Gemüsesalaten oder Desserts ganz besondere Noten verleiht. Verjus lässt sich auch in Marinaden zu Fisch, Schweine- oder Hähnchenfleisch bestens verwenden. Fein geschnittene Wurzelgemüsestreifen (*julienne*) oder -würfel (*brunoise*), in Verjus eingelegt und mariniert, sind eine wunderbare, leicht säuerliche Einlage für Pürees oder Saucen. Neben der feinen Säure, die beim Zerbeißen freigegeben wird, bieten sie ein interessantes Texturenspiel. Der originale *Dijon-Senf* wird von alters her mit Verjus statt Essig gesäuert. Verjus war im Europa des Mittelalters das Säuerungsmittel der ersten Wahl. Erst mit der Verbreitung der Zitronen verschwand er mehr und mehr aus den europäischen Küchen. Heute erfährt er eine berechtigte Renaissance, die vor allem durch seine Verwendung in der Spitzenküche ausgelöst wurde.

ESSIGE

TYPISCHE VERWENDUNG: *Rheinischer Sauerbraten, Blattsalate (Fruchtessig), Gegrillte Paprika (Tomatenessig), Chinesische Rohkost (Reisessig), Fish & Chips (Malzessig), Rehragout (Baroloessig)*

Essig kann man sowohl frisch dazugeben als auch mitkochen – dann wird vor allem das Säuerliche betont. Viele der oft teuren Essige kocht man nicht mit, um das feine Aromaspiel zu erhalten (→ Aceto Balsamico Tradizionale). Sie werden erst zum Schluss vorsichtig dosiert an die Speisen gegeben. Man kann sie auch reduzieren und aus diesen dickflüssig gewordenen Essigen hocharomatische Tupfer auf den Teller setzen.

BRANNTWEINESSIG

Die bekanntesten Essige für den Alltagshaushalt in europäischen Küchen sind Branntweinessig und Weinessig. Branntweinessig ist nur sauer und hat kein eigenes Aroma außer dem stechenden Geruch der Essigsäure. Als Ausgangsmaterial dienen Brände aller Art, etwa aus Getreide, Kartoffeln, Zucker oder Zuckerrohr. Manchmal wird auch reiner Agraralkohol (Ethanol) verwendet. Durch Fermentation wandeln Essigsäurebakterien den Alkohol unter Sauerstoff in Essigsäure um. Dabei spielt das Ausgangsmaterial geschmacklich nur eine geringe Rolle. Das ist auch beabsichtigt, denn diese Essige sollen „neutral" sauer schmecken, um Gerichte zu säuern, ohne ihnen zusätzliche Aromen zuzuführen.

FRUCHT- UND OBSTESSIGE

Frucht-und Obstessige bringen das Aroma der Frucht mit, aus der sie erzeugt wurden. Und die sollte dann zur jeweiligen Speise passen. Man kann also alle Gerichte, in denen Äpfel vorkommen oder zumindest Äpfelsäure, hervorragend mit Apfelessig säuern. Aber natürlich kann man auch bewusst Kontraste setzen und einen Erdbeeressig zu einem Salat geben, in dem keine Erdbeeren vorkommen – aber vielleicht Blüten: Die wiederum schlagen die süßlich-blumige Brücke zurück zum Erdbeeraroma im Erdbeeressig. Auch hier gilt: Ausprobieren.

ZUBEREITUNG: *Man kann Fruchtessige leicht selbst herstellen, etwa mit Fruchtmark. Dazu werden Früchte je nach Gusto – Himbeeren, Erdbeeren oder schwarze Johannisbeeren – mit gutem, neutralem Branntweinessig gemixt. Dann lässt man die Früchte den Essig aromatisieren und filtert eventuell das Fruchtfleisch oder die Kerne heraus.*

GEMÜSEESSIGE

Fermentierte Gemüse halten mehr und mehr in der Gastronomie Einzug (→ Grundgeschmack, umami, Seite 8). Auch daraus lassen sich feine Gourmetessige vergären, die nichts mehr mit dem sauren Essig gemein haben – bis auf eine fein in die Gemüsearomen eingebundene Säure.

ZUBEREITUNG: *Gemüseessige werden genauso hergestellt wie Fruchtessige. Köstlich ist zum Beispiel ein Essig aus gegrillter Gemüsepaprika. Dazu wird Paprika gleich welcher Farbe gegrillt, bis deutliche Röstaromen zu riechen sind. Danach werden sie mit Essig – wegen ihrer passenden Aromen hier auch gern mit Wein- oder Sherryessig – mit einem Stabmixer aufgeschlagen, dann lässt man die Aromen einwirken. Damit würzt man zum Beispiel kalte Tapas oder italienische Antipasti.*

GETREIDEESSIGE

Durch die vielen Erkenntnisse auf dem Gebiet der Gärungstechnik und der Biotechnologie lassen sich Gärfehler vermeiden und qualitativ hochwertige Produkte herstellen. Der Gaumen dankt es uns. Aus Bier lässt sich Bieressig herstellen, dieser besticht durch seine feine, malzige Note, ohne den oft bitteren Biergeschmack in den Vordergrund zu rücken. Mit „Sauerbier" hat das nicht mehr viel zu tun. Der englische Malzessig ist ein ähnliches Produkt, hier wird allerdings nicht Bier vergoren, sondern eine Getreidemaische. Mit diesem süßlich-würzigen Essig wird auf den Britischen Inseln gerne der Fisch bei ***Fish & Chips*** gewürzt. Auch Reisessige müssen zu den Getreideessigen gezählt werden, obwohl ihre Verwendung in Asien eine eigenständige Kultur entwickelt hat. Sie sind in den asiatischen Ländern der Standardessig wie bei uns der Branntwein- oder Weinessig. Reisessig duftet wie Branntweinessig eher neutral und ist so klar wie Wasser. Vor allem ist er auch deutlich milder, hat also weniger Essigsäure als europäischer Branntweinessig.

HONIGESSIG

Er wird aus Honigwein (Met) vergoren, abhängig vom Honig ist er dunkler oder heller. Je nach Reifung des Honigweins und des Essigs kann er sehr mild und harmonisch schmecken, fast wie ein Balsamico. Einige Anbieter stellen sortenreine Honigessige her – aus Kastanienblüten, Lindenblüten, Akazienblüten oder Waldhonig –, manche sind so mild und mit so wenig Essigsäure, dass man sie wie manche sortenreine Weinessige als Aperitif trinken kann.

ZUBEREITUNG: *Man kann ihn leicht selbst erzeugen – durch Mazeration: Einfach einen milden, neutralen Essig – zum Beispiel Reisessig, Weißweinessig – mit etwas erwärmtem, flüssigem Honig versetzen und an einem eher warmen Ort (in der Sonne auf der Fensterbank) 14 Tage ziehen lassen: „mazerieren". Man könnte das Honig-Essig-Gemisch vor dem Mazerieren auch noch mit etwas frischer Zitronenmelisse versetzen, das gibt dem Essig eine spritzige Note. Damit lassen sich vor allem Salate und Süßspeisen aromatisieren.*

MOLKENESSIG

Molke fällt bei der Käseherstellung an und kann ebenfalls zu Essig vergoren werden. In verschiedenen Alpenländern wird diese ansonsten fast in Vergessenheit geratene Tradition noch gepflegt. Der Molkenessig enthält sowohl Milch- als auch Essigsäure, also unterschiedliche Säuren. Je nach Mischungsverhältnis wirkt er mal in die eine, mal in die andere Richtung. Zusätzlich steuert Milchsäure ein anderes Aroma als Essigsäure bei.

WEINESSIGE

Weinessige würzen subtiler als Branntweinessige, da sie bereits eine Reihe von Aromen mitbringen. Die saure Geschmacksrichtung wird durch das aromatische Spiel der Weine ergänzt. So haben Weinessige aus Rot- oder Weißweinen bereits deutlich unterschiedliche Charaktere: Rotweinessige sind kräftiger, dunkler, Weißweinessige etwas fruchtiger, milder und heller in der Farbe. Entsprechend verwendet man sie: Rotweinessige für deftige, dunkle Speisen, dunkle Saucen, dunkles Fleisch, Wild, Rind. Weißweinessige für helle Saucen, Geflügel, Fisch. In Salatvinaigrettes ist die Wahl eher Geschmackssache. Übrigens: → Aceto Balsamico ist eigentlich kein Rotweinessig, sondern wird aus Weißweintrauben hergestellt. Die dunkle Farbe kommt durch die Fasslagerung beziehungsweise Lebensmittelfarbe. Aceto balsamico bianco hat wiederum nichts mit einem echten Balsamico zu tun, ist allerdings ein Weißweinessig, der etwas süßer als normaler Weißweinessig schmeckt. Ebenso schmecken und riechen der spanische Sherryessig oder ein Champagneressig charakteristisch nach ihren jeweiligen Ausgangsprodukten. Sherryessig schmeckt vollmundig-kräftig, nach Holz und etwas süßlich. Mit ihm sollte man vorsichtig würzen, weil er manchmal auch Speisen zu viel Aroma beifügen kann und dann andere Aromen überdeckt.

Viele Winzer vergären mittlerweile sortenreine Trauben zu Spitzenessigen, die einen ganz speziellen Einsatz zu Tisch oder für Speisen benötigen und keinesfalls „einfach so" über Salate gekippt werden sollten. Insbesondere Trauben mit hohem Zuckergehalt liefern ein unschlagbares Säure-Süße-Spiel, denkt man etwa an die roten süßlichen Banyulsessige der Winzer im Südwesten Frankreichs oder an die feinen kräftigen Baroloessige im Piemont. Damit kann man ganz gezielt würzen. Die Variationen sind endlos, man muss ein wenig herumexperimentieren. Zur Orientierung kann die Faustregel dienen: Dort, wo der jeweilige Wein gepasst hätte, passt auch der Essig aus diesem Wein. Das Gleiche gilt für die Weinbegleitung: Wird zum Ragout Barolo getrunken, bietet es sich an, das Ragout mit Baroloessig zu würzen. Der Aromengleichklang ist auf jeden Fall unterschwellig zu spüren. Süße Essige eignen sich auch für Desserts.

SHAO XING

TYPISCHE VERWENDUNG: *Betrunkenes Huhn, Pfannengebratenes Gemüse*

Der Reiswein Shao Xing wird in China als trockener Aperitif getrunken und vor allem zum Kochen verwendet. Es gibt zahllose Gerichte, zu denen Shao Xing gehört, besonders bekannt ist ***Drunken chicken*** (betrunkenes Huhn), das in altem Reiswein mariniert und gekocht wird. Es gibt auch eine Variante, in der es erst gekocht und dann mindestens eine Nacht im Kühlschrank in Shao Xing mariniert wird. Durch die Kälte entsteht eine Gelatine aus der Kochflüssigkeit und dem Reiswein. Das Huhn wird auch kalt gegessen. Ansonsten dient Shao Xing zusammen mit Sojasauce als Grundlage für zahlreiche Marinaden. Er passt zu allen Fleisch- und Fischsorten, eignet sich etwa dazu, ein pfannengerührtes Gericht mit gebratenen Zwiebeln, Knoblauch und Ingwer abzulöschen. Immer steuert er ein herb-saures, vollmundiges Aroma bei – vergleichbar einem trockenen Sherry. Durch diesen lässt sich Shao Xing auch ersetzen: Obwohl sich beide Getränke aromatisch schon unterscheiden, gehen sie doch in die gleiche Richtung.

SHERRY

TYPISCHE VERWENDUNG: *Gemüsesuppe, Ochsenschwanzconsommé, Mockturtlesuppe*

Ein trockener Sherry Fino oder Amontillado erinnert an trockene asiatische Reisweine, die er gelegentlich auch ersetzen kann. Grundsätzlich wird Sherry aus trockenen und süßen Weißweinen durch Zusatz höherprozentigen Alkohols (Branntwein) erzeugt. Diese Weine werden während des Reifungsprozesses in Holzfässern immer wieder miteinander verschnitten. Das Aroma von Sherry erinnert an Mandeln oder Nüsse, auch ist ein deutlicher Hefeton zu riechen.

Mit den trockenen Qualitäten kann man Saucen für Kurzgebratenes ablöschen und Marinaden würzen. Morcheln und Pilze passen gut zum nussigen Aroma des Sherrys. Gemüsesuppen auf Kürbis- oder Avocadobasis vertragen ebenfalls das nussige Aroma eines Sherrys, der süße Kürbis durchaus auch einen Spritzer süßen Sherry. Desserts wie eine ***Zabaione*** können mit halbtrockenem oder trockenem Sherry gewürzt werden. Der Basis-Sherry für die trockenen Qualitäten ist ein Fino: hellgelbe Farbe, trocken, mindestens drei Jahre gelagert. Er ist gut zum Kochen geeignet. Die feinere Variante nennt sich Manzanilla. Dessen lange gereifte Version heißt Manzanilla Pasada. Ihr Aroma ist kräftiger, würziger, etwas salzig und trocken-herb. Qualitativ noch höher steht der sehr körperreiche Amontillado: mit einem höheren Alkoholgehalt von bis zu 22 Volumenprozent. Er duftet nussig und nach Mandeln und ist sehr trocken (→ Süßweine).

WEIN

TYPISCHE VERWENDUNG: *Coq au Vin, Burgunderbraten, Meeresfrüchte Buzara-Art*

Dominant im Aroma des Weins sind vor allem die grasig-grünlich und fruchtig-süßlich duftenden Aromen aus den Weintrauben, dazu kommen würzigere und butterige Noten und blumige, zitrusartige bis leicht holzige Töne. In der Sauvignontraube kommt ganz charakteristisch ein erdig-pfefferiger Duft hinzu (→ Weinbeere). Ergänzt wird das noch durch die Aromen, die bei der Gärung des Mosts und während der Lagerung in Holzfässern entstehen.

Würzt man mit trockenem Wein, nutzt man in erster Linie die Säure. Wein enthält neben Weinsäure auch Apfel- und Zitronensäure. Grundsätzlich beim Kochen mit Wein gilt, dass man diesen reduzieren sollte, um die Aromen zu konzentrieren. Also einkochen und den Alkohol verdampfen lassen – nach etwa zehn Minuten enthält ein Gericht kaum noch Alkohol. Das gilt besonders für Weißwein, den man um mehr als die Hälfte reduzieren sollte, um sein Aromaspiel zur Geltung zu bringen. Gibt man Wein erst gegen Ende des Garprozesses dazu, erhält man mehr von seinem alkoholischen Charakter und betont seine herberen Aromen. Als bewährte Faustregel für das Abschmecken gilt, dass man den Wein verwenden soll, den man zur jeweiligen Speise trinkt – oder bereits während des Kochens. Sollte das ein besonders exklusiver Wein sein, den man nicht verdampfen lassen will, kann man zum Kochen einen günstigeren Wein der gleichen Rebsorte und Region nehmen und eventuell das Gericht vor dem Servieren noch mit einem Schuss des edleren Kollegen nachwürzen. Auch einen leicht „korkenden" Wein kann man noch zum Kochen verwenden: Die Korktöne verschwinden beim Erhitzen. Aber abgestandene oder oxidierte, umgekippte Weine sind auch durchs Kochen nicht mehr zu retten.

Wein sollte immer vorsichtig dosiert werden. In Gerichten, die sehr salzig sind, gehen seine Aromen eher unter. Die Säure im Wein wird durch Säure im Gericht verstärkt, das Ergebnis kann schnell zu sauer werden. Auch durch Reduktion können besonders resche Weine das Essen zu sauer machen. Gerbstoffe (Tannine) im Wein reagieren mit säurereichen Speisen wie zum Beispiel Salaten

WEISSWEIN
VERJUS (AGREST)
ROTWEIN
WEISSWEINESSIG
ROTWEINESSIG
HONIGESSIG
OBSTESSIG

BRANNTWEINESSIG
APFELESSIG
SHAO XING
BIERESSIG
MOLKENESSIG
TOMATENESSIG
AMONTILLADO
MANZANILLA
FINO

ebenfalls negativ, der Gerbstoff präsentiert sich noch bitterer. Bei delikatem Gemüse wie Spargel oder Spinat passen die Säure und das Aroma von Wein ebenfalls nicht. Bittere Speisen wie Radicchio oder Artischocken erscheinen durch die Gerbstoffe im Wein noch bitterer. Das gilt auch bei der Kombination von Süße und Tanninen, auch hier treten die Gerbstoffe verstärkt in den Vordergrund.

ROTWEIN ODER WEISSWEIN? In eine zarte, helle Sauce wird man keinen Rotwein kippen, auch keinen Rotweinessig – außer man legt Wert auf eine dunklere Farbe. Miesmuscheln wird man aus farblichen Gründen ebenfalls eher nicht in Rotwein kochen. Umgekehrt ist die Farbe in einem Gulasch oder bei Burgunderbraten willkommen. Gleichzeitig erhält man über einen kräftigen Rotwein auch die rotbeerigen, dunklen Aromen und die Holztöne der Barriquefässer, in denen er gelagert worden ist. Bei Schalen- und Krustentieren sucht man dagegen eher die spritzigen, säurebetonten Aromen des Weißweins. Wichtig ist oft das Zusammenspiel von Röstaromen bei gebratenem Fleisch mit den Röstaromen von Weinen, die lange in Holz gelagert wurden. Das können auch reifere Weißweine aus dem Barrique sein, deren Aromen besonders gut mit den Röstaromen von gegrilltem Fisch und Krustentieren harmonieren.

BITTER

ANGOSTURA

TYPISCHE VERWENDUNG: *Manhattan (Cocktail), Champagner-Cocktail, Marinierte Thunfischsteaks nach Guayana-Art*

Angostura ist ein Bitterlikör. Er besteht aus Enzianwurzel, Angelika, Kardamom, Zimt, Nelken, Bitterorangenschale und weiteren Gewürzen. Einige Sorten, aber nicht das Original aus Trinidad und Tobago, enthalten auch Rinde des Angostura-Baumes. Angosturabitter ist eine klassische Barzutat und macht aus trockenen Drinks sehr trockene. Man kann ihn auch in der Küche einsetzen – wenn man Speisen einen interessanten, vielschichtigen Bittergeschmack mitgeben möchte: Suppen, Saucen sowie auch und gerade Desserts. Der aromaprägende Kardamom kann dabei als Brücke zu Gerichten mit Kardamom dienen. Ursprünglich war Angostura als Tonikum gegen Malaria und Magenbeschwerden gedacht und wurde im 19. Jahrhundert erstmals im venezolanischen Ort Angostura (Ciudad Bolívar) hergestellt. Daher der Name – nicht etwa von der Rinde.

BIER

TYPISCHE VERWENDUNG: *Schweinebraten in Biersauce, Schwarzbiersauce mit Speck, Ananas auf Guinness-Sabayon, Englischer Plumpudding*

Das bittere Hopfengetränk dient unter Feinschmeckern nicht nur als durstlöschender Sommeraperitif, sondern verleiht Gerichten und Saucen einen deutlich wahrnehmbaren bitteren Geschmack. So lassen sich Schmorgerichte mit Bier statt mit Wein zubereiten: Schon wird die Sauce bitter und auch das darin geschmorte Fleisch erhält eine wunderbar bittere Note. Vor allem in den Bierbraugebieten in Frankreich (Nordfrankreich, Bretagne, Alsace), in Flandern oder auch in England wurden dazu köstliche Gerichte entwickelt. Ähnliche Gerichte gibt es auch in den deutschen Braugebieten: bayrischen Schweinebraten mit Biersauce, das ***Bierbratl***, oder in Nord-

BROMBEER-BIER
HELLES STARKBIER
DUNKLES BIER
HELLES BIER
SCHWARZBIER
BIER
DUNKLE SCHOKOLADE
NOILLY PRAT
MARTINI
CAMPARI
ANGOSTURA

deutschland die Schwarzbiersauce mit Speck. Bei Schwein oder Wild ergibt sich stets ein köstlicher Kontrast zu der leichten Süße des Fleischs. Dunkles Bier liefert ebenfalls Bitterstoffe, wenn auch nicht so prägnant wie Pils. Durch das stärkere Mälzen spalten sich mehr Kohlenhydrate, das Bier erscheint „süßer" – und die Schmorgerichte weniger bitter.

CAMPARI

TYPISCHE VERWENDUNG: *Fruchtterrine, Sorbet, Gebratene Leber*

Der Likör aus Bitterorangen verleiht Fruchtterrinen eine angenehm bittere Note. Werden zum Beispiel Orangenfilets, Mangos und Äpfel mit einem heißen Sirup aus Wasser – ca. 1 g Agar-Agar auf 100 ml –, etwas Zucker und einem Schuss Campari übergossen, erhält die Terrine eine fruchtig-bittere Note, die sowohl der Säure als auch der Süße der Früchte entgegenkommt. Auch viele Eis- oder Sorbetzubereitungen lassen sich mit Campari verfeinern. Hier muss allerdings etwas sparsamer dosiert werden, denn Bitternoten sind bei niedrigen Temperaturen viel deutlicher wahrnehmbar. Die fruchtige Bitterkeit des Orangenlikörs harmoniert auch bestens mit den zarten Bitternoten von Leber. Ein Lebergericht – etwa eine Creme aus Geflügelleber, Butter und Joghurt – lässt sich deshalb statt mit dem üblichen Portwein mit einem Schuss Campari wunderbar ablöschen. Campari lässt sich auch in Leberterrinen oder selbst hergestellten Leberwürsten oder -mousse einsetzen – vor allem bei Mousses aus Fischleber: Auch hier harmoniert die fruchtige Bitterkeit des Camparis mit den herzhaften und süßlichen Noten der Innereien bestens.

DUNKLE SCHOKOLADE

TYPISCHE VERWENDUNG: *Mole poblano, Brasilianisches Chili con carne, Wildragout*

Schokolade besteht zu einem großen Teil aus Kakaobutter, also Fett. Dieses Fett hat ganz besondere Schmelzeigenschaften: Es schmilzt bei 33,8 °C – das heißt gerade unterhalb der Temperatur im Mund – und entfaltet dabei den vollen Duft und Geschmack der Schokolade. Erst während des Schmelzens und beim Kontakt mit Speichel werden viele der Röstaromen der Schokolade freigegeben, die dann retronasal wahrgenommen werden oder als bitterer Geschmack auf der Zunge liegen. Schokolade hat auch einen adstringierenden Effekt, der ihren Gesamteindruck abrundet. Die Kombinationsmöglichkeiten der dunklen Schokolade auch in der herzhaften Küche ergeben sich aus den Aromen des → Kakaos, der in Bitterschokolade besonders konzentriert vorliegt. Kakao harmoniert mit einer Vielzahl anderer Aromen: mit Nüssen und Kaffee wegen der gemeinsamen Röstnoten, mit Zimt über seine süßlichen Töne oder mit Muskatnuss. Auch Früchte wie Himbeeren oder Orangen ergänzen sich gut mit Schokolade. Man kann kurzgebratenes Fleisch, vor allem Wild, in Kakaopulver wälzen oder Saucen auf Rotwein- oder Portweinbasis mit Kakao beziehungsweise Schokolade abschmecken: Hier ergänzen sich die Gerbstoffe des Weins mit den Röstaromen des Kakaos. Auch *Chili con carne* kann man mit etwas Schokolade verfeinern. Die mexikanischen → Moles enthalten ebenfalls Schokolade und schmecken eher bitter-aromatisch als süßlich.

WERMUT

TYPISCHE VERWENDUNG: *Kaninchenkeulen, Bouillabaisse (Fischsuppe), Aprikosendessert, Jakobsmuscheln, Manhattan (Cocktail)*

Ein Wermutwein (Vermouth) ist grundsätzlich ein mit Kräutern und Gewürzen aromatisierter, oft mit Alkohol aufgespritzter Wein von ungefähr 15–18 Volumenprozent Alkohol und relativ hohem Zuckergehalt. Aroma- und namensgebend ist das bittere Wermutkraut. Aber in einen echten Wermut kommen noch sehr viele andere Kräuter und Gewürze. Ursprünglich dienten sie der Maskierung unangenehmer Aromen billiger Weine – daraus haben sich in heutiger Zeit verschiedenste Rezepturen für Wermutwein entwickelt. Italienische Wermuts wie Cinzano und Martini sind oft etwas süßer als die französischen. Der edelste aus der Familie der trockenen Wermutweine ist der französische Noilly Prat. Aufgrund seines besonders intensiven Aromas ist gerade er bei Köchen zum Aromatisieren von Saucen beliebt, speziell zu Fisch. In diesen Saucen ersetzt er den Weißwein als Aromageber, weil er aufgrund seiner Kräuter- und Gewürzaromen einen ganz speziellen südfranzösischen Touch hat. Noilly Prat wird aus zwei südfranzösischen Weinen erzeugt: dem alkoholreichen, säurearmen Clairette und dem säurebetonten Picpoul de Pinet. Eine Cuvée dieser Weine lagert acht Monate in großen Eichenfässern, danach wird sie in kleinere Fässer umgefüllt, die für ein Jahr starken Witterungsveränderungen wie direkter Sonneneinstrahlung oder Kälte ausgesetzt werden. So wird daraus ein sehr aromatischer, trockener, sherryähnlicher Wein mit viel Körper. Außerdem wird er mit etwas Mistelle (Most und Alkohol) und einer Fruchtessenz angereichert. Dann kommen die Kräuter und Gewürze dazu, ungefähr zwanzig verschiedene – unter anderem Kamille, Bitterorangenschale, Muskat, Koriander, Nelken, Enzian und vermutlich Wermut. Dadurch ergibt sich eine Mischung aus eher erdigen, süßlichen und bitteren Aromen.

UMAMI

REIFER KÄSE

TYPISCHE VERWENDUNG: *Käsespätzle, Gratins, Lasagne, Nudelaufläufe, Fonduta*

Viele reife Käse haben einen ausgeprägten umami-Geschmack, aufgrund des Proteinabbaus während der Reifung (→ Verwendung von Fett, Seite 47, → Abschmecken: umami, Seite 43). Allerdings löst sich der umami-Geschmack nicht in Fett. Im Käsefett sind vielmehr die typischen fruchtig-seifigen, nussigen Käsedüfte vorhanden. Sie sind Beigabe, Abrundung und Zusatz zum umami-Geschmack. Man kann daher Käse mit Wasser aufkochen und das Fett abschöpfen. Das verbleibende „Käsewasser" ist der eigentliche Geschmacksträger für umami- und Salzgeschmack.

KOMBU-ALGENÖL

TYPISCHE VERWENDUNG: *Fisch- und Fleischgerichte*

Dazu werden eingeweichte Kombu-Algen (→ Algen), die reich an Glutaminsäure sind, mit neutralem Öl auf 80 °C erwärmt und anschließend püriert und gefiltert. Das so erhaltene Öl lässt sich für Fisch- und Fleischzubereitungen verwenden und gibt Speisen einen kräftigen umami-Geschmack. Hier wird die übliche Löslichkeit umgangen: Der umami-Geschmack löst sich zwar nicht im Öl beziehungs-

TRÜFFELÖL
KOMBU-ALGENÖL
UMAMIÖL
GOUDA CANDEMA (1000 TAGE ALT)
GRANA PADANO
SCHWEIZER SBRINZ
SAKE

weise in Fett, allerdings werden durch das Pürieren genügend Emulgatoren aus den Algen gelöst, die den Geschmack im Öl halten.

SAKE

TYPISCHE VERWENDUNG: *Sushi, Sashimi, Sake Nanban (süßsauer eingelegter Fisch)*

Sake besteht aus Reis, Wasser und Hefe. Durch Zugabe eines Schimmelpilzes verwandelt sich die Stärke im Reis in Zucker – und dieser wiederum durch Gärung in Alkohol. Mit 18–20 Volumenprozent Alkohol wird dieser „Reiswein“ gefiltert und in Tanks zur Reifung gegeben. Es gibt sehr trockene bis eher süße Sorten – der umami-Geschmack ist immer vorhanden. Außerdem bietet guter Sake noch eine Reihe weiterer Aromen: fruchtige Düfte nach Äpfeln, Bananen und Melonen, kräuterige, würzige Aromen, selbst Schokolade oder Karamell kann man manchmal herausriechen. Hochwertige Qualitäten werden auf etwa 7 °C gekühlt und dann getrunken – vor, nach und während einer Mahlzeit. Kalt ist er aber auch ein fantastischer Begleiter zu fermentierten japanischen Vorgerichten, zu denen er seine umami-Note beisteuert. Sake kann wie Weißwein zum Ablöschen von Fisch oder Meeresfrüchten in der Pfanne verwendet werden oder als Bestandteil einer Marinade. Meeresfrüchte können auch in Sake gedämpft werden.

TRÜFFELÖL

TYPISCHE VERWENDUNG: *Kartoffelpüree, Pasta, Lauwarmer Kartoffelsalat, Fonduta (geschmolzener Käse)*

Echtes Trüffelöl ist ein gutes Speiseöl, das mit → Trüffeln oder zumindest Trüffelresten (Schalen) versetzt wurde. Es kann interessante Akzente setzen: Ein mit wenigen Tropfen aromatisiertes Kartoffelpüree ist ein Gedicht. Auch Pasta verträgt ein paar Tropfen. Großzügig über das Gericht gelöffeltes Öl macht alles wieder zunichte – Geschmack und Aroma werden penetrant-aufdringlich. Beim Kauf von Trüffelöl ist darauf zu achten, dass wirklich das Aroma echter Trüffeln darin ist. Das heißt, auf dem Etikett darf nicht stehen, es befinde sich „Aroma“, „Trüffelaroma“ oder „naturidentisches Aroma“ in der Flasche: Im Labor erzeugtes Trüffelaroma ist zwar weder schädlich noch verwerflich, es ist das identische Molekül: Androsterol. Es wird aber niemals das Aroma echter Trüffeln nachahmen können, das – wie bei so vielen aromatischen Zutaten – erst aus der Kombination aller höchst komplexer Bestandteile entsteht.

UMAMIÖL

TYPISCHE VERWENDUNG: *Gedämpfter Fisch, Gemüsesalat, Fleischsalat, Ravioli, Involtini*

Bessere Alternativen zu einem schlechten Trüffelöl sind selbst hergestellte Öle aus Pilzen und deren Resten, die nicht zum Kochen verwendet werden. Dazu können Füße von Champignons, Steinpilzen, Pfifferlingen und auch Trüffelreste in neutrales Öl gelegt werden. Diese Mixtur wird im Thermomix bei 50 °C für 10 Minuten erwärmt und anschließend püriert. Danach lässt man sie über Nacht stehen und filtert das aromatisierte Öl ab. Das Resultat ist ein intensives, nach Pilzen duftendes „Umamiöl“. Es lässt sich zum Würzen von Gemüsesalaten, Fleischsalaten oder auch zum Finalisieren von Saucen verwenden. Interessant ist das Würzen von gedämpften Speisen: Ihnen können über das Öl herzhafte Noten hinzugefügt werden. Aus den abgefilterten Feststoffen lässt sich mit Frischkäse noch eine köstliche Farce für Ravioli oder Involtini zaubern.

FETT

ARGANÖL

TYPISCHE VERWENDUNG: *Obstsalat, Kartoffelpüree, Marokkanische Brioche*

Das edle, aromatische Öl der marokkanischen Arganbäume gibt Gerichten beim Finalisieren immer erdige Komponenten. Arganöl ist reich an ungesättigten Fettsäuren (80 Prozent) und in seiner Fettzusammensetzung mit Erdnussöl zu vergleichen. Das empfindliche Öl sollte man nie erhitzen, sondern über warme Speisen erst kurz vor dem Servieren geben – oder gleich in der kalten Küche einsetzen. Salate oder Dips bekommen mit Arganöl einen ganz eigenen, erdigen, auch nussigen Geschmack: Das Aroma duftet ein wenig nach Moschus und nach gerösteten Haselnüssen, mit sommerlichen, mediterranen, auch etwas harzigen Noten. Wegen seiner süßlichen Komponenten erinnert es entfernt an Mohnöl, weshalb es wie Mohnöl auch mit süßen Speisen und Desserts harmoniert, sofern es nicht überdosiert wird.

AVOCADOÖL

TYPISCHE VERWENDUNG: *Marinierte Lammlachse, Brotspezialitäten, Blattsalate*

Es wird aus den fettreichen Früchten des südamerikanischen Avocadobaumes gewonnen. Das Aroma wird durch einen fruchtigen, wachsigen Geruch bestimmt, es lassen sich auch nussige und erdige sowie grünlich-holzige Aromen erkennen. Zudem ruft das Öl ein angenehm buttriges Mundgefühl hervor. Aufgrund seines hohen Anteils an einfach ungesättigten Fettsäuren (Palmitinsäure) und des geringen Anteils an mehrfach ungesättigten Fettsäuren ist Avocadoöl hocherhitzbar: Mit über 250 °C hat es den höchsten Rauchpunkt aller Pflanzenöle und eignet sich deshalb auch zum Braten. Mit Avocadoöl lassen sich etwa hervorragend Grillmarinaden anrühren – es verbrennt nicht beim Grillen und gibt der Marinade sein typisches Aroma. Beim Backen kann Avocadoöl Butter ersetzen – und andere aromatische Effekte als Butter erzeugen. Avocadoöl von guter Qualität ist auffällig grün, die Farbe verschwindet allerdings beim Erhitzen.

BUTTER

TYPISCHE VERWENDUNG: *Schottisches Shortbread, Zuckerkuchen, Butterschnitzel vom Kalb, Spaghetti al Limone*

Sie besteht zu rund 60 Prozent aus überwiegend kurzkettigen, gesättigten Fettsäuren, zu rund 25 Prozent aus Ölsäure und einem sehr geringem Anteil an Linol- und Linolensäure. Außerdem enthält Butter bis zu 16 Prozent Wasser – deswegen schäumt und spritzt sie bei hohen Temperaturen. Ihr Rauchpunkt liegt mit etwa 150–175 °C recht niedrig, bei hohen Temperaturen verbrennt sie. Je nach dem Futter der Kuh ändert sich das Aroma. Neben Butter aus Kuhmilch gibt es Butter aus Schaf- oder Ziegenmilch. Auch aus Büffel- oder Yakmilch wird vor allem in Asien Butter erzeugt. Man unterscheidet grundsätzlich Sauerrahmbutter und Süßrahmbutter. Letztere wird ohne den Zusatz von Milchsäurebakterien hergestellt, deshalb entstehen bei der Süßrahmbutter nicht die für die Sauerrahmbutter typischen Aromastoffe: Geschmack und Aroma von Süßrahmbutter sind milder und sahniger, nicht säuerlich-süß. Außerdem flockt sie beim Erhitzen weniger schnell aus und eignet sich deshalb gut, um Soßen aufzumontieren. Sauerrahm-Fassbutter wird in einem aufwendigeren Verfahren hergestellt: Die Butter wird in einem kleineren Fass erzeugt, was bedeutet, dass weniger Butter in der gleichen Zeit hergestellt werden kann. Sie ist besonders aromatisch.

Aufgrund ihres speziellen Aromas ist Butter besonders gut zum Backen geeignet. Außerdem bringt Butter beim Backen noch weitere benötigte Stoffe ein, zum Beispiel Wasser. Braten sollte man mit Butter nur bei milder Hitze, da sie schnell bräunen und bitter werden kann. Braune Butter nutzt diesen Effekt positiv: Die gelösten Proteine und Milchzucker unterziehen sich einer Bräunungs-, also →Maillard-Reaktion, und verleihen der Butter einen nussigen, karamellartigen Duft. Damit lassen sich bestens Gemüse, Spätzle oder sogar Desserts würzen.

BUTTER AROMATISIEREN: *Ihr Fett löst viele Aromen, ihre Konsistenz hält ebenfalls die Aromastoffe fest. Bekannte Varianten sind Butter mit Salz, Paprika oder frischen Kräutern. Aus Sonnenblumenkernen kann man köstliche „Sonnenblumenbutter" erzeugen: Kerne rösten, mit Butter garen und anschließend fein pürieren. Außerdem gibt es zum Beispiel Algenbutter aus der Bretagne oder Räucherbutter (Räuchern, Seite 51).*

BUTTERSCHMALZ, GHEE

Um die Brateigenschaften zu verbessern, entzieht man Butter Eiweiß und Wasser. Das Ergebnis, Butterschmalz oder Ghee, ist ein nahezu reines Fett und spritzt deshalb nicht beim Braten. Der Rauchpunkt liegt höher, knapp über 200 °C. Butterschmalz bringt neben den typischen Butteraromen auch nussige Düfte in die Speisen, wie es in der nordindischen Dalküche oft üblich ist. Gekochte gelbe oder rote Linsen, mit Ghee zubereitet, sind eine Köstlichkeit. Mit Butterschmalz kann man sowohl frittieren als auch braten oder backen.

ERDNUSSBUTTER, ERDNUSSÖL

Erdnussbutter ist in den USA und in Afrika beliebt: Die Nüsse werden blanchiert, leicht geröstet und mit Öl zu einer glatten Masse verrührt. Die Butter wird als Backzutat, zum Beispiel für Erdnussplätzchen, für ***peanut butter fudge*** (eine Art weicher Bonbons) verwendet – oder einfach als Brotaufstrich statt Butter, zusammen mit Marmelade zum Frühstück.

TYPISCHE VERWENDUNG: *Peanut-Butter-Brownies, Mayonnaise mit Erdnussöl, Selleriecreme mit Zitrone und Erdnussöl*

Das fast neutral schmeckende, raffinierte Erdnussöl ist lange haltbar. Weil es hocherhitzbar ist, kann man es gut zum Kochen, Braten und Frittieren verwenden. Der Rauchpunkt des unraffinierten, aromatischen Öls liegt deutlich niedriger: Es eignet sich zwar zum Kochen und Braten, nicht jedoch zum Frittieren. Gekochten Speisen verleiht es ein leichtes Aroma nach → Erdnuss. Wenn man es nicht sofort dazugibt, sondern erst nach einiger Zeit, erhöht sich der aromatische Effekt. Auch in der kalten Küche ist natives Erdnussöl zum Anmachen von Salaten oder zum Aromatisieren von Fleisch und Gemüse geeignet. Für die Zubereitung von Remouladen oder Mayonnaisen ist natives oder raffiniertes Erdnussöl gleichfalls besser geeignet als viele andere Nussöle, weil es nicht dominant ist.

SONNENBLUMENKERNÖL
AVOCADOÖL
ARGANÖL
PALMÖL
HASELNUSSÖL

OLIVENÖL, TRÜB
OLIVENÖL
MOHNÖL
OLIVENÖL
ERDNUSSÖL
KÜRBISKERNÖL

HASELNUSSÖL

TYPISCHE VERWENDUNG: *Pfannkuchen, Ziegenkäseröllchen, Bohnen-Erbsen-Gazpacho, Pampelmuse mit Salbei, Schokolade*

Haselnüsse duften und schmecken frisch, fruchtig und nussig, mit Röstaromen, die selbst in ungerösteten Nüssen deutlich wahrnehmbar sind – und auch im Öl, das meist aus den ungerösteten Nüssen hergestellt wird. Es hat eine gelbe Farbe, ein mild süßlich-nussiges Aroma und wie die meisten Nussöle eine deutliche Bitternote. Wegen seines Fettsäurenspektrums lässt sich Haselnussöl gut erhitzen. Es ist ein schmackhafter Aromazusatz für viele Gemüsegerichte oder Salate, sollte aber sparsam eingesetzt werden, da sein Aroma schnell dominant wird. Wenn das der Fall ist, kann man es mit geschmacksneutralem Öl strecken. Das aus Haselnuss erzeugte Öl kann sowohl mit süßen als auch mit salzigen Speisen kombiniert werden. Klassisch ist die Kombination mit Schokolade, da sich hier die Röstaromen des Öls mit der Süße verbinden. Pfannkuchen in Haselnussöl auszubacken verleiht diesen ein schönes Nussaroma. Auch herzhafte Kombinationen funktionieren gut: etwa über Ziegenkäse und Frischkäse geträufelt – sie enthalten ebenfalls leicht nussige Noten –, mit grünem Salat oder als Zugabe zu cremigen Gemüsesuppen. Gebratene Leber kann noch in der Pfanne mit Haselnussöl und gehackten Haselnüssen gewürzt werden, was sowohl die Röstaromen verstärkt als auch die nussige Süße in der Leber unterstützt.

KOKOSFETT

TYPISCHE VERWENDUNG: *Gebackene Garnelen, Eiskonfekt, Kokosflocken (Kekse), Kalter Hund*

Kokosfett spielt in der Margarine- und Süßwarenherstellung eine wichtige Rolle. Das nichtraffinierte, stark aromatische Fett bringt deutliche Kokosaromen (→ Kokosnuss) in die Speisen und kann direkt zum Aromatisieren verwendet werden. Raffiniertes Öl zeichnet sich nicht nur durch eine natürliche Festigkeit aus, sondern ist dazu hocherhitzbar, geschmacksneutral und lange haltbar. In asiatischen Ländern wird es als alltägliches Brat- und Frittierfett eingesetzt.

KÜRBISKERNÖL

TYPISCHE VERWENDUNG: *Steirischer Käferbohnensalat, Kürbiscremesuppe, Kalter Rindfleischsalat, Kartoffelsalat, Sülze*

Das Fettsäurenspektrum von → Kürbiskernen ist durch einen hohen Anteil an ungesättigten und längerkettigen Fettsäuren bestimmt und das Öl ist deswegen recht hitzeempfindlich. Sein komplexes Aromenspektrum reicht von holzigen, leicht stechenden Noten über grasig-grünfruchtige Töne bis hin zu einem nussigen Duft. Aufgrund der Röstung der Kerne vor der Weiterverarbeitung enthält es zudem tiefe Röstnoten. Wegen seiner Hitzeempfindlichkeit wird das Öl nur in der kalten Küche verwendet oder um warme Speisen vor dem Servieren zu aromatisieren. Wenn man das charakteristisch-durchdringende Aroma etwas abmildern möchte – zum Beispiel in Salaten –, streckt man es mit einem geschmacksneutralen Öl. Die steirische Küche ist berühmt für seinen vielfältigen Einsatz: Ein Salat aus Käferbohnen und Rettich wird mit Kürbiskernöl und Essig angemacht, Kartoffelsalat verleiht es nicht nur eine hellgrüne Farbe, sondern auch eine charakteristisch-nussige Note. Wegen dieses zusätzlichen Aromas ist auch saures, kaltes Rindfleisch oder Sülze mit Kürbiskernöl eine beliebte Spezialität. Gemüsesuppen lassen sich mit einigen Tropfen wunderbar nussig aromatisieren. Selbst Eis mit Kürbiskernöl oder ein Kürbisparfait funktionieren: Halbgefrorenes aus Kürbiskernen mit Kürbiskernöl aromatisiert ist eine Delikatesse.

LEINÖL

TYPISCHE VERWENDUNG: *Pellkartoffeln mit Quark & Leinöl, fruchtige Essige, zu Obst*

Leinöl wird aus den Samen von Lein gewonnen. Es schmeckt sanft bitter und hinterlässt einen nussigen Eindruck. Mit 56 bis 71 % hat es von allen Ölen den höchsten Anteil an Omega-3-Fettsäure (alpha-Linolensäure). Daher darf das Öl nicht erhitzt werden und sollte, damit es nicht ranzig wird, im Kühlschrank gelagert und schnell verbraucht werden.

MACADAMIANUSSÖL

TYPISCHE VERWENDUNG: *Salate aller Art, Gemüsesaft, Gebratene Seezunge*

Macadamiaöl ist ein eher zurückhaltendes, nur leicht bitteres Speiseöl. Es zeichnet sich durch einen sehr hohen Anteil an ungesättigten Fettsäuren aus, und zwar sowohl bei den kürzerkettigen als auch bei den längerkettigen Fettsäuren. Das Öl löst flüchtige Aromen bestens. Man sollte das feine Öl immer erst an die fertigen Speisen geben, da sich durch langes Erhitzen seine feinen, tabakartig-orangenartigen bis erdigen Aromen verflüchtigen. Bei Zimmertemperatur ist es sehr dünnflüssig: Diese besonderen Fließeigenschaften machen es zu einem idealen Salatöl, das alle Bestandteile gleichmäßig benetzt. Man kann damit auch zarten Fisch aromatisieren, da es – anders als zum Beispiel Olivenöl – dessen feine Aromen nicht überdeckt. Ebenso passt es zu mildem Frischkäse, milden Suppen, zu frischen Gemüse- und Obstsäften sowie zu Süßspeisen.

MANDELÖL

TYPISCHE VERWENDUNG: *Tapenade aus grünen Oliven, Gebratene Entenleber*

Mandelöl bietet sich immer dann an, wenn man eine Alternative zu Olivenöl sucht, einem aber Walnussöl zu rustikal, Haselnussöl zu kräftig und Arganöl zu intensiv ist. Es fügt Speisen eine angenehm süßliche, nussige Aromakomponente hinzu und harmoniert insbesondere mit Fisch, Salaten, Fruchtsäften und Spargel. Über die süßen Komponenten passt das Öl gleichfalls gut zu Ente und Entenleber. Es lässt sich aber auch zum Braten verwenden – was in der indischen und chinesischen Küche genutzt wird, etwa in Gerichten mit Fisch oder Geflügel wie zum Beispiel Ente. Eine Anregung für ein europäisches Bratengericht wäre ein Kaninchenrücken, den man mit einem Rosmarinzweig in auf 50 °C erhitztes Mandelöl legt und 15 Minuten ziehen lässt: Das Ergebnis ist wunderbar zart mit einem Hauch von Mandel und Rosmarin.

MOHNÖL

TYPISCHE VERWENDUNG: *Kartoffelsalat, Tomaten mit Mozzarella, Mohnnudeln*

Die ätherischen Öle von Mohn enthalten viele ungesättigte Fettsäuren. Besonders die Linolensäure kann rasch oxidieren, daher muss Mohnöl schnell aufgebraucht werden und darf nicht erhitzt, wenn dann nur unmittelbar vor dem Servieren eingesetzt werden. Mit dem fruchtigen Mohnöl würzt man Salate und gibt ihnen ein zart-nussiges Aroma – zarter, als mit Haselnuss- oder Walnussöl. Kartoffelsalat ohne Mayonnaise schmeckt mit einem Schuss Mohnöl noch besser: Die Röstaromen und die Frucht setzen einen schönen Kontrast. Ähnliche Effekte kann man beim Spargel oder bei Tomaten mit Mozzarella erzielen, wenn man Mohnöl statt des üblichen Olivenöls verwendet: Dabei ergänzen sich die fruchtigen Aromen. Mohnöl kann auch wie die Mohnsamen für Desserts eingesetzt werden.

OLIVENÖL

TYPISCHE VERWENDUNG: *Spaghetti aglio, olio e peperoncino, Gegrillte Dorade, Avocadocreme mit Zitronengras, Griechischer Joghurt mit Nüssen*

Im Olivenöl dominieren die grünen Duftstoffe: Es riecht fruchtig, grünlich bis nussig, je nach Olivensorte, Anbaugebiet und damit „Terroir". Natives Olivenöl lässt sich problemlos bis 170–180 °C erhitzen – das reicht zum Braten, Schmoren, sogar zum Frittieren. Gefiltert sollte es aber sein, sonst raucht es zu schnell. Will man mit Olivenöl wirklich heiß braten, sollte man zu raffiniertem greifen, das ist bis über 200 °C erhitzbar, schmeckt jedoch eher neutral. Ansonsten setzt man Olivenöl in der kalten Küche ein oder beträufelt warme Speisen damit. Wegen der Fettlöslichkeit der Aromen und auch aus Tradition passt Olivenöl perfekt zu allen mediterranen Kräutern. Man kann Olivenöl auch mit diesen Kräutern aromatisieren – und umgekehrt frische Kräuter in Olivenöl konservieren (→ Pesto). Selbst Süßes passt manchmal, etwa Vanilleeis. Bei diesen Kombinationen wird die süß-bittere Konstellation auf der Geschmacksebene angesprochen. Für die Qualität eines Olivenöls spricht neben dem Bio-Siegel auch ein EU-Siegel für eine geschützte Herkunftsbezeichnung: je nach Land etwa A.O.C. (Frankreich, Schweiz) oder D.O.P., D.O.C. und D.O.C.G. (Italien).

Abhängig von Anbaugebiet, Erntezeitpunkt und Lagerzeit lassen sich grob drei typische Geschmacksnuancen und eine jeweils davon abhängige Verwendung in der Küche herausarbeiten. Mildfruchtige Olivenöle passen zu Fischen, vor allem wenn sie gedämpft oder gedünstet wurden, auch zu Salaten aus frischen, jungen Blättern sowie zu Mayonnaisen und feinen Saucen. Mit mittelfruchtigen Olivenölen kann man helles Fleisch oder Fisch braten, backen oder danach beträufeln. Es harmoniert bestens mit Kräutern, mit den meisten Gemüsesorten, ob gebraten oder damit beträufelt, und mit Obst – zum Beispiel Orangen. Intensiv fruchtiges Olivenöl kann schon sehr dominant werden und benötigt entsprechend intensive Mitspieler. Es eignet sich als Vorspeise auf geröstetes Weißbrot geträufelt, sowie für alle dunklen Fleischsorten wie Rind, Lamm oder Wild: gebraten, gegrillt oder geschmort. Auch der Klassiker *Spaghetti aglio, olio e peperoncino* schmeckt mit einem möglichst aromareichen, kräftigen Öl am besten.

HERSTELLUNGSVERFAHREN

Ein heute praktisch sinnloses Qualitätsmerkmal ist „Kalt gepresst". Im Gegensatz zu früheren Verfahren werden heute überwiegend Zentrifugen eingesetzt, in denen das Öl generell unter 27 °C bleibt. Wurde das Öl ohne Anwendung von Hitze erzeugt, ist es also unraffiniert, heißt es „Nativ". Für die Bezeichnung „Natives Olivenöl extra" oder „vergine" muss der Anteil der freien Fettsäuren unter 0,8 Prozent liegen. Diese sind unerwünscht, weil sie das Öl schnell ranzig werden lassen und den Geschmack verfälschen. Hat Olivenöl keine dieser Zusatzbezeichnungen, wurde es raffiniert: Es ist länger haltbar und höher erhitzbar, duftet und schmeckt aber weniger intensiv.

Die für die Extraktion des Öls eingesetzten Zentrifugen trennen nicht nur schonend das Öl vom Brei gemahlener Oliven. Um unerwünschte oxidative, enzymatische und mikrobiologische Vorgänge zu vermeiden, wird das Öl unter Ausschluss von Sauerstoff erzeugt, was die Qualität deutlich erhöht. Zentrifugen können kontinuierlich arbeiten und sind dadurch ökonomisch vorteilhafter. In einer Ölmühle wird immer eine bestimmte Menge Oliven zu Brei gewalzt, aus welchem dann unter hohem Druck – jedoch ohne dass sich die Masse erhitzt – das Öl herausgepresst wird. Beim Tropföl tropft das Öl selbstständig aus dem Olivenbrei, der auf Matten ausgelegt wird.

OLIVENÖLWÜRFEL

- 1 EL Trockeneiweiß (Eiweißpulver vom Eiklar, Fachhandel)
- 2 EL Wasser
- 100–150 ml fruchtiges Olivenöl (z.B. Les Baux, Frankreich)
- Maldon Seasalt oder Fleur de Sel

Eiweißpulver und Wasser mit einem Handmixer zu einem Schaum schlagen. Dann das Olivenöl in einem feinen Strahl unterheben, sodass eine dickliche Emulsion entsteht. Die Emulsion in eine nichthaftende Form geben und im Ofen bei 80 °C stocken lassen. Nach dem Festwerden und Erkalten in Würfel schneiden, nach Belieben mit Salz bestreuen und zum Beispiel zu Salaten, Gemüse-, Fisch- oder Lammgerichten als Texturelement geben. Die Würfel schmecken und duften intensiv nach Olivenöl.

Beide Verfahren werden heute immer seltener, weil sie mehr Zeit in Anspruch nehmen und nicht mit Sauerstoffabschluss arbeiten können.

PALMKERNFETT

TYPISCHE VERWENDUNG: *Margarine*

Palmkernfett wird aus den Kernen der Ölpalmenfrüchte gewonnen und enthält über 80 Prozent gesättigte Fettsäuren, hauptsächlich Laurinsäure. Sowohl → Kokosfett als auch Palmkernfett sind Fette mit natürlicher Festigkeit. Sie sind hocherhitzbar, völlig geschmacksneutral und lange haltbar. Deshalb werden sie in asiatischen Ländern als alltägliche Brat- und Frittierfette eingesetzt.

PALMÖL

TYPISCHE VERWENDUNG: *Bobó de camarão (brasilianischer Garneleneintopf), Feijão de Óleo de Palma (angolanischer Bohneneintopf)*

Palmöl enthält einen relativ hohen Anteil an der gesättigten Fettsäure Palmitinsäure, aber auch einen fast ebenso hohen Anteil an der einfach ungesättigten Ölsäure sowie einen spürbaren Anteil an der mehrfach ungesättigten Linolsäure. Es duftet nach Veilchen, schmeckt etwas süßlich und hinterlässt ein angenehm buttriges Mundgefühl. Unraffiniert ist es leuchtend orangerot. Weltweit ist meist raffiniertes Palmöl noch vor Sojaöl das quantitativ wichtigste Speiseöl. Es eignet sich aufgrund des hohen Anteils an gesättigten Fettsäuren hervorragend zum Braten und Frittieren – wozu es in asiatischen und afrikanischen Ländern auch eingesetzt wird. Unraffiniertes Palmöl enthält zudem sehr viele Carotine und die Vitamine A und E. Problematisch ist, dass für die Anpflanzung von Ölpalmen in vielen asiatischen Ländern wie etwa Indonesien großflächig Regenwald abgeholzt wird. Von Nachhaltigkeit kann hier nur selten gesprochen werden.

PEKANNUSSÖL

TYPISCHE VERWENDUNG: *Rohkost, Obstsalate, Amerikanische Cookies*

Mit dem sehr aromatischen, aber hierzulande selten angebotenen Öl kann man wie mit anderen Nussölen Speisen aromatisieren. Man sollte es aufgrund seines komplexen Aromas erst über die fertigen Gerichte geben. Es passt gut zu Salaten – ein lauwarmer Kartoffelsalat bekommt dadurch eine sehr interessante nussige Note –, kann aber auch warmen Gemüsegerichten interessante Akzente geben.

KOKOSFETT
PALMFETT
BUTTER
SCHWEINESCHMALZ
RINDERTALG MIT GRIEBEN
ERDNUSSBUTTER
GHEE

Neben den nussigen Grundaromen weist die → Pekannuss einen leicht fruchtig-blumigen Duft mit kampferig-würzig-holzigen Noten auf. Das Fettsäurenspektrum der Pekannuss ist ähnlich dem des

PINIENKERNÖL

TYPISCHE VERWENDUNG: *Carpaccio mit Bresaola, Pesto, Sautierte Erdbeeren und Kirschen*

Das Öl aus Pinienkernen wird noch selten, aber zunehmend häufiger angeboten. Es besitzt ein besonders mild-feines, dezent nussiges Aroma, das wie die Kerne zart an Kiefernnadeln erinnert. Damit veredelt man Nudel- und Reisgerichte – immer erst am Ende dazugeben, nie mitkochen –, aromatisiert Vinaigrettes oder reicht es zu mildem Käse – kräftiger Käse würde es überdecken. Besonders gut harmoniert das Öl mit Fisch.

PISTAZIENÖL

TYPISCHE VERWENDUNG: *Marokkanische Aprikosen-Pastilla (Gebäck), Gedämpfte Garnelen mit Pfirsichen und Pistazien-Vinaigrette, Rote-Bete-Carpaccio mit Manchego-Käse*

Das hellgrüne Öl wird aus gerösteten und geschälten → Pistazien erzeugt. Es ist eine Köstlichkeit, vor allem wegen seines Dufts: Das Pistazienaroma ist durch warm-harzig-terpentinartige Noten gekennzeichnet und durch süßlich-balsamische und holzig-pfeffrige Töne. Beim Rösten bildet sich aus den Fettsäuren ein ganzes Spektrum an fruchtigen, röstigen, warm-kakaoartig bis karamellig-holzig duftenden Aromen. Ein paar Tropfen Pistazienöl bereichern Fisch oder helles Fleisch wie Kalb oder Geflügel. Leber harmoniert gut wegen der gemeinsamen süßen Aromen. Man kann Pistazienöl auch zu warmem Gemüse wie zum Beispiel Zucchini, Avocado oder Aubergine geben. Bei Obst sollten entsprechend nur säurearme Sorten genommen werden: Das feine Öl verträgt keine Säure.

ROSENÖL

TYPISCHE VERWENDUNG: *Persische Eintöpfe, Muffins, Rosenblütencreme (Dessert), Bowle*

Das ausgeprägt blumige Rosenöl ist Bestandteil jeder großen Küche, besonders im Bereich der Süßigkeiten und Desserts. Die Düfte der Rosenblüten werden vordergründig durch die typischen „Rosen"-Noten und einen Hauch Zitrusaroma bestimmt. Daneben besteht der Rosenduft aber noch aus einer Vielzahl weiterer Aromen, die den Rosenblütencharakter teils unterstützen und teils durch zimtige bis blumig-wachsige Noten ergänzen. Viele Bestandteile des betörenden Dufts sind leicht flüchtig, daher ist der Umgang mit Rosenöl und -wasser nicht einfach. Es darf nur am Schluss eines Kochprozesses oder in kalte Speisen gegeben werden, wenn man das volle Aroma erhalten und genießen möchte. Sind die Speisen ölhaltig, ist die Flüchtigkeit etwas reduziert, da die Aromen im Fett gebunden werden.

SCHMALZ

TYPISCHE VERWENDUNG: *Schmalzgebäck, Wiener Schnitzel, Schmalzbrot. Blätterteig*

Schmalz besteht aus tierischem Fett. Es gibt unterschiedliche Qualitäten: Als besonders fein gilt Flomenschmalz, das aus dem Bauchwandfett von Schweinen erzeugt wird. Die beste Qualität von Schmalz wird aus dem Fett der Nieren- und Lendengegend hergestellt – es hat kaum Eigengeschmack und wird deshalb gerne beim Backen eingesetzt. Die industrielle Erzeugung von Schmalz hat Einfluss auf Geschmack und Verhalten: Durch Trockenschmelze erzeugtes Schmalz ist dunkler und würziger und hat einen etwas niedrigeren Rauchpunkt. Bei der Nassschmelze wird das Fett mittels Wasserdampf unter Druck verflüssigt. Es schmeckt neutraler, hat eine hellere Farbe und einen höheren Rauchpunkt. Schmalz aus dem Supermarkt ist meist eine Mischung aus beidem. Aber es gibt auch Produzenten, die reinsortiges Schmalz für die anspruchsvolle Küche verkaufen. Anders als viele Margarinen enthält naturbelassenes Schmalz keine ungesunden Trans-Fettsäuren. Wegen seiner verhältnismäßig großen Fettkristalle erzeugt Schmalz beim Backen schöne, flockige Krusten – besonders erwünscht beim Blätterteig. Es lässt sich gut zum Braten einsetzen, da es aufgrund der gesättigten Fettsäuren einen hohen Rauchpunkt aufweist. Man kann also gewöhnliche Bratöle oder Butter häufig durch Schmalz ersetzen. Klassisch ist etwa ein in Schmalz ausgebackenes Wiener Schnitzel – es muss regelrecht darin schwimmen, damit die Panade die richtige Knusprigkeit bekommt – oder in Schmalz frittiertes Gebäck.

Gänseschmalz ist gelblicher als Schweineschmalz. Es wird aus Gänseflomen, dem Unterhautfettgewebe der Gänse gewonnen. Da es schon bei 25 °C schmilzt, wird es häufig mit Schweineschmalz oder → Talg aus Rinderfett gemischt, um den Schmelzpunkt zu erhöhen. Sowohl Schweine- als auch Gänseschmalz zeichnen sich durch einen relativ hohen Gehalt an ungesättigten Fettsäuren aus, was sie im Gegensatz zu Rindertalg weniger haltbar macht. Die Aromen des jeweiligen Schmalzes sind natürlich durch die Proteine und Fettsäurenabbauprodukte bestimmt, die auch die Fleischaromen der Tiergattungen bestimmen (→ Verwendung von Fett, Seite 47).

SESAMÖL

TYPISCHE VERWENDUNG: *japanische Sesam-Eiscreme, Chinakohl-Salat, Sautierte Garnelen mit Sesam*

Aus den Sesamsamen werden zwei verschiedene Öle hergestellt: Raffiniertes Sesamöl ist blassgelb und schmeckt eher neutral. Es kann hoch erhitzt werden und heißt in Indien, wo es gerne verwendet wird, Gingili oder Til-Öl. Das kalt gepresste Öl ist dunkler, bernsteinfarben. Es schmeckt deutlich nach Sesam und ist besonders in der asiatischen und orientalischen Küche zum Würzen der fertigen Gerichte beliebt. In der chinesischen Küche wird auch Sesamöl aus gerösteten Samen verwendet. In dieser Variante werden die Würzeigenschaften der Röststoffe gezielt eingesetzt. Besonders in der scharfen Szechuanküche sind Sesamsamen und dieses Sesamöl verbreitet. Dort lässt man gestoßene rote Chilis in dunklem Sesamöl ziehen, wobei die Aromen der Chilis im Öl gelöst werden: Das Ergebnis ist orangerot und herrlich aromatisch-röstig-scharf.

SONNENBLUMENKERNÖL

TYPISCHE VERWENDUNG: *Mayonnaise und davon abgeleitete Saucen, Vinaigrettes, Ganaches*

Das geschmacksneutrale Öl weist einen überdurchschnittlich hohen Anteil an der zweifach ungesättigten Linolsäure auf. Insgesamt besteht Sonnenblumenöl aus mehr als 90 Prozent ungesättigten Fettsäuren, weswegen es sowohl in der kalten als auch in der warmen Küche vielseitig einsetzbar ist: Sofern gefiltert und raffiniert, ist es hocherhitzbar. Ölsäure und Oleinsäure sorgen außerdem dafür, dass das Öl auch bei Temperaturen von bis zu - 10 °C flüssig bleibt. Somit kann raffiniertes Sonnenblumenöl neben seiner Funktion als Brat- und Frittieröl oder als geschmacksneutrale Grundlage für Saucen oder Mayonnaisen bestens zur Konsistenzregulierung in Fettzubereitungen genützt werden, etwa in Schokocremes. Im Gegensatz zum →Olivenöl hat es keine Bitteraromen.

TALG

TYPISCHE VERWENDUNG: *Belgische Pommes Frites, Mititei (rumänische Hackfleischwürste)*

Schmalz von Rindern heißt Talg. Wie bei Gänse- und Schweineschmalz gibt es davon ebenfalls unterschiedliche Qualitäten: Premier Jus – vorsichtig geschmolzen und gereinigt – oder Nierentalg, englisch suet, beliebt in der britischen und nordamerikanischen Küche. In Belgien werden Pommes traditionell in Nierentalg frittiert. Nierenfett ist hoch erhitzbar und verdirbt kaum. Damit ist ausgelassenes Nierenfett eines der besten Bratfette überhaupt. Die knusprigen Grieben des ausgelassenen Fetts schmecken ausgezeichnet zum Aperitif: Eine leider vergessene Köstlichkeit, die wiederentdeckt werden sollte.

TRAUBENKERNÖL

TYPISCHE VERWENDUNG: *Insalata Caprese, gefüllte Chicorée mit Rote Bete*

Traubenkernöl wird aus Trestern hergestellt, also den Resten, die beim Weinpressen anfallen. Für einen Liter Öl benötigt man rund 50 Kilogramm Kerne, was wiederum rund 500 Kilogramm Weintrauben entspricht. Der Duft des Traubenkernöls ist durch fruchtig-grasige, stechende-medizinale und süßlich-fettig-butterige Noten mit leicht zitrusartigen Untertönen geprägt. Das Öl setzt sich zu einem überwiegenden Teil aus zweifach ungesättigten Fettsäuren zusammen und nur zu einem sehr geringen Teil aus der dreifach ungesättigten Linolensäure. Dieser geringe Anteil an der Omega-3-Säure macht Traubenkernöl relativ haltbar. Wegen seines hohen Rauchpunkts kann das native Öl zum Braten eingesetzt werden, aber auch raffiniert behält Traubenkernöl sein typisches Aroma. Es erinnert in seiner Fruchtigkeit tatsächlich an Wein. Während Kenner sogar die jeweilige Rebsorte herausspüren, kann jeder den Unterschied zwischen rotem und weißem Traubenkernöl erkennen: Das weiße ist etwas lieblicher und fruchtiger, rotes Traubenkernöl hat herbere, kräftigere Noten und erinnert eindeutig an Rotwein. Im Abgang nimmt man bei beiden Ölen ein Nussaroma und den leicht herben Duft von Trester wahr. Eine weitere Besonderheit ist, dass es bei niedrigen Temperaturen geschmeidig bleibt: Deshalb ist es ideal für die Herstellung von Würzölen, Marinaden und Dressings, die im Kühlschrank aufbewahrt werden. Das weiße Traubenkernöl eignet sich gut zum Anbraten von edlen Fischen und Meeresfrüchten sowie für Rohkost. Das etwas kräftigere rote Traubenkernöl verfeinert Käse und man kann damit Fleischsorten wie Rind oder Wild anbraten. Als Faustregel gilt: Wozu ein Weißwein passt, dazu passt auch weißes Traubenkernöl. Das Gleiche gilt für

ROSENÖL
MACADAMIANUSSÖL
TRAUBENKERNÖL
PINIENKERNÖL
PISTAZIENÖL
WALNUSSÖL
PEKANNUSSÖL

Rotwein und rotes Traubenkernöl. Zu Salaten passen beide Sorten. Beide Varianten können auch mit einem geschmacksneutralen Öl wie etwa Sonnnenblumenkernöl verlängert werden.

WALNUSSÖL

TYPISCHE VERWENDUNG: *Linsensuppe, Apfel-Tartelettes, Waldorfsalat*

Walnussöl ist eines der vollmundigsten Aromaöle überhaupt. Es wird in einem aufwendigen Verfahren meist kaltgepresst: Aus zehn Kilogramm Kernen bekommt man nur etwa vier bis fünf Liter Öl. Das Duftspektrum der → Walnuss, das sich auch im Öl wiederfindet, definiert sich durch einen frischen Gründuft, fruchtig-holzige, butterig-grünliche und leicht beißende Noten, aber auch durch würzig-röstige, nusstypische Aromen und rein bitter wirkende Stoffe. Der Anteil an mehrfach ungesättigten Fettsäuren, darunter auch Omega-3-Säure, ist recht hoch. Weil diese – zusammen mit dem ebenfalls reichlich vorhandenen Vitamin E – empfindlich auf Hitze reagiert, lässt sich Walnussöl nicht zum Braten einsetzen. Solche feinen Öle eignen sich nur für Rohkost, Salate – berühmt ist der Waldorfsalat – oder finalisieren mit wenigen Tropfen gegarte Speisen. Walnussöl ist so aromatisch, dass man es für ein Salatdressing fast immer mit einem neutraleren Öl strecken sollte. Zum Verbacken ist es viel zu schade – wer etwas Walnussaroma haben möchte, sollte besser einen Teil des Mehls durch fein gemahlene Walnüsse ersetzen.

ADSTRINGIEREND-ALKOHOLISCH

COGNAC UND ANDERE WEINBRÄNDE

TYPISCHE VERWENDUNG: *Parmesanrisotto, Apple Pie, Badische Schneckensuppe, Bœuf Bourguignon, Mousse au chocolat*

Der herkunftsgeschützte Branntwein (Weinbrand) aus Weißweinen der westfranzösischen Region Cognacais rund um die Stadt Cognac heißt: Cognac. Zu 90 Prozent besteht er aus der Rebsorte Ugni Blanc, besser bekannt als Trebbiano. Sie ist auch eine der wichtigsten Rebsorten für den Most, aus dem Aceto Balsamico gewonnen wird, und ebenfalls die Grundlage für Armagnac, einem Weinbrand aus der gleichnamigen Region in Südwestfrankreich. Trebbiano liefert einen säurebetonten, leichten Brennwein, er hat nur 8 Volumenprozent. Für die Cognac-Herstellung wird das zweimal gebrannte Destillat, jetzt mit einem Maximalalkoholgehalt von 72 Volumenprozent, in Eichenholzfässern gelagert. Dabei vermischen sich wie bei jeder Lagerung in Holz die Aromen aus den Weintrauben mit denen der Holzfässer. Je älter der Cognac ist, desto dunkler wird er. Am Ende wird der Alkoholgehalt durch Zugabe von Wasser auf 40 Volumenprozent reduziert. Er darf gezuckert und mit Zuckercouleur gefärbt werden – was bei guten Cognacs jedoch nicht gemacht wird. So entsteht ein Weinbrand mit verhalten süßen Noten und milden Holztönen. Cognac ist meist deutlich milder und weniger torfig als schottischer → Whisky. Der süßlichere Bourbon Whiskey ist vom Aroma eher beim Cognac.

Mit Cognac, ersatzweise auch anderem Weinbrand oder spanischem Brandy – der aber meist etwas süßer ist –, würzt man vor allem Saucen. Dabei geht es nicht um den Alkohol, der beim Mitkochen bis auf kleine Reste recht schnell verdampft, sondern um die verhalten süßlichen, typischen

Cognac-Aromen, die eine Sauce wunderbar abrunden. Schärfe liefert Pfeffer, mit dem Cognac hervorragend harmoniert. Unter Köchen gehen die Meinungen auseinander, ob es beim Kochen wirklich echter, womöglich alter Cognac sein muss. Die Frage ist, ob man die Güte des Weinbrands in der Speise wahrnehmen kann oder nicht. Unstrittig ist, dass das ausgeglichene Aromenspiel bei Cognac oder gutem Weinbrand entscheidend ist: nicht zu süß, nicht zu herb, nicht zu viel Holzgeschmack. In ein Parmesanrisotto gehört Cognac – Whisky würde zu viele Röstaromen beisteuern: Man löscht den angerösteten Reis mit Cognac ab, bevor man mit Brühe aufgießt. Ein weiterer wichtiger Einsatzbereich für Cognac (und Rum) sind eingelegte Früchte. Klassische französische Gerichte mit Cognac sind *Crêpe Suzette*, Obstsalat und *Mousse au chocolat* nach Charentaiser Art. Man kann mit Cognac marinieren oder Mayonnaise für Fisch, Meeresfrüchte und Geflügelsalat aromatisieren. Überhaupt passt sein edles, feines Aroma hervorragend zu Krusten- und Schalentieren. Einen Versuch wert sind Miesmuscheln, in Cognac statt in Weißwein gekocht, natürlich mit Wasser verlängert.

OBSTBRÄNDE

TYPISCHE VERWENDUNG: *Apfeleierkuchen, Käsefondue, Rehragout*

Obstbrände haben einen so hohen Alkoholanteil, dass bei ihnen – im Gegensatz zu → süßen Likören – der brennende, trigeminale Reiz die Süße überwiegt. Trotzdem werden sie nicht mitgekocht, denn anders als bei Cognac, Rum, Wein oder Whisk(e)y soll der alkoholisch-stechende Reiz erhalten bleiben. Grundsätzlich passen Obstbrände immer zu dem Obst, aus dem sie gebrannt wurden – aber nicht nur dazu: Kirschwasser gibt auch einem Schweizer Käsefondue einen fruchtigen Pfiff. Gin, der aus Wacholder hergestellt wird, harmoniert mit allen Wildgerichten, zu denen → Wacholder als Gewürz passt. Der trockene Calvados, ein nordfranzösischer Branntwein aus Äpfeln, ist köstlich zu Apfeldesserts – weil hier seine leicht herbe Note zur Geltung kommt.

RUM

TYPISCHE VERWENDUNG: *Marmelade, Rumtopf, Risotto*

Die Maische beim echten Rum besteht aus Melasse, seltener aus frischem Zuckerrohrsaft wie zum Beispiel beim brasilianischen Cachaça oder beim Rhum agricole. Die Melasse wird fermentiert, so zur Gärung gebracht und anschließend destilliert. So erhält man weißen Rum. Wie beim Whisky oder Cognac gilt lange gelagerter Rum als der beste, weil er dann am rundesten und aromatischsten ist. Weißer Rum lagert in Edelstahlfässern. Dunkler Rum reift in gebrauchten Holzfässern zum Beispiel aus der Whiskyproduktion – umgekehrt werden auch gebrauchte Rumfässer zur Whiskyreifung eingesetzt. Dabei nimmt er Aromen und Farbstoffe aus dem Holz an. Er wird allerdings häufig mit Zuckercouleur beziehungsweise Karamell nachgefärbt. Deutsche und österreichische Rumsorten sind Verschnitte, die lediglich 5 Prozent echten Rum enthalten müssen. Österreichischer „Inländerrum" wird sogar nur aus Rumalkohol und Aroma erzeugt – hat also mit karibischem Rum nichts zu tun. Besondere Qualitäten sind der Rhum agricole aus frischem Zuckerrohrsaft von den französischen Antillen, aus Martinique und Guatemala. Jamaika-Rum schmeckt kräftiger und würziger als andere Rumsorten.

Rum wird traditionell zum Backen verwendet: Der Alkohol lockert den Teig auf, verdampft dann aber während des Backens. Das süßlich-würzige Rum-Aroma verbleibt und gibt manchen Backwaren erst den letzten Schliff. Umstritten ist dabei, ob man dafür teuren, echten Rum braucht oder ob auch Rumverschnitt oder gar Rumaroma ausreicht. Die Spanne reicht von Verfechtern des kräftigen Jamaika-Rums bis hin zur Verwendung des reinen Rum-Aromas aus dem Fläschchen. Herzhafte Rezepte mit Rum sind eher selten. Analog zum → Cognac kann man etwa ein Risotto mit Rum ablöschen. Besonders gut eignet sich Rum zum Flambieren, weil es ihn auch in sehr hochprozentigen Versionen mit bis zu 80 Volumenprozent Alkohol gibt. Außerdem kann man natürlich alle möglichen Früchte für einen *Rumtopf* einlegen oder Marmelade mit Rum aromatisieren – das geht auch sehr gut mit Whisk(e)y. Zu Süßspeisen passt Rum besonders aufgrund seiner häufig deutlichen Karamelltöne und der gemeinsamen Brücke „Zucker". Deswegen gehören auch Rum und Vanilleeis zusammen – und eine Vanillesauce lässt sich zum Schluss mit einem Schuss Rum abrunden.

WHISKY, WHISKEY

TYPISCHE VERWENDUNG: *Grüne Pfeffersauce, Barbecue-Saucen, Eingelegte Mangos*

In Schottland schreibt man Whisky, in Irland und den USA Whiskey. Das Getreide – Gerste beim schottischen Whisky, Roggen (Rye) oder Mais (Corn) beim amerikanischen – wird feucht zum Keimen gebracht. Der entstandene Grünmalz kann über rauchendem Torf getrocknet werden, was das typische Torfaroma erzeugt. Besonders torfig sind die Whiskys der schottischen Insel Islay. Irischer Whiskey ist nie getorft und deshalb milder, fast süß. Tennessee Whiskey wird über Holzkohle gefiltert (charcoal mellowing), was ihn besonders mild macht. Nach der Mälzung wird das Getreide grob gemahlen und mit warmem Wasser vermischt. Die entstandene Maische (beer) lässt man gären, destilliert sie zweimal und lagert sie anschließend in Eichenfässern. Dabei sind Holzart, Wetter und Mikroklima wichtig. Amerikanischer Whiskey reift fast ausschließlich in neuen Fässern aus Weißeiche, die innen angekohlt (getoastet) werden. Beliebt ist neuerdings das „Finishing": Das Umfüllen in Fässer, in denen zuvor Rum, Sherry, Portwein, Wein, Madeira oder Cognac gelagert wurde. Die süßlicheren, komplexen schottischen Whiskys der Speyside werden häufig in Sherryfässern gelagert. Schottische Inselwhiskys reifen in alten Bourbon-Fässern und nehmen so deren rauchigen Geschmack an. Gute Sorten reifen 10 bis 15 Jahre – manche noch länger. Cask Strength bedeutet, dass der Whisky beim Abfüllen nicht auf 40–46 Volumenprozent verdünnt wurde. Besondere Delikatessen stammen aus einem bestimmten Fass (single cask oder single barrel), einem bestimmten Jahrgang (vintage, Jahrgangswhisky) oder sind nicht gemischt (Malt Whisky – gemischt: blended).

Whisk(e)y kann je nach Vorliebe bereits zu Anfang an die Speisen gegeben werden – so verdampft der meiste Alkohol und nur Süße oder Torfigkeit verbleiben – oder erst kurz vor dem Servieren: Dann ist er zusätzlich spürbar stechend. Süßliche, milde Whiskys lassen sich wie Cognac einsetzen, besonders die sehr aromaintensiven, torfigen Sorten können aber leicht zu viel des Guten sein. Klassisch für den Einsatz in der Küche ist eine Sauce mit Grünem Pfeffer, Sahne und Whisky. Früchte wie Mangos vertragen durchaus kräftige Röst- und Torfaromen, man kann sie auch darin einlegen. Whisky passt zu Süßspeisen wie Schokoladentorte und harmoniert besonders mit Vanille: Deren Aromen besitzt er über die Lagerung in den Holzfässern. Auch Ketchup und BBQ-Saucen vertragen einen Schuss Whiskey, vorzugsweise Bourbon, dessen Röstaromen gut zu Gegrilltem passen.

SCOTCH
BOURBON
IRISH MALT
JAMAIKA RUM
CACHAÇA
WEISSER RUM

BRANDY
BRANNTWEIN
ARMAGNAC
COGNAC
CALVADOS
BIRNE
KIRSCHWASSER
GIN

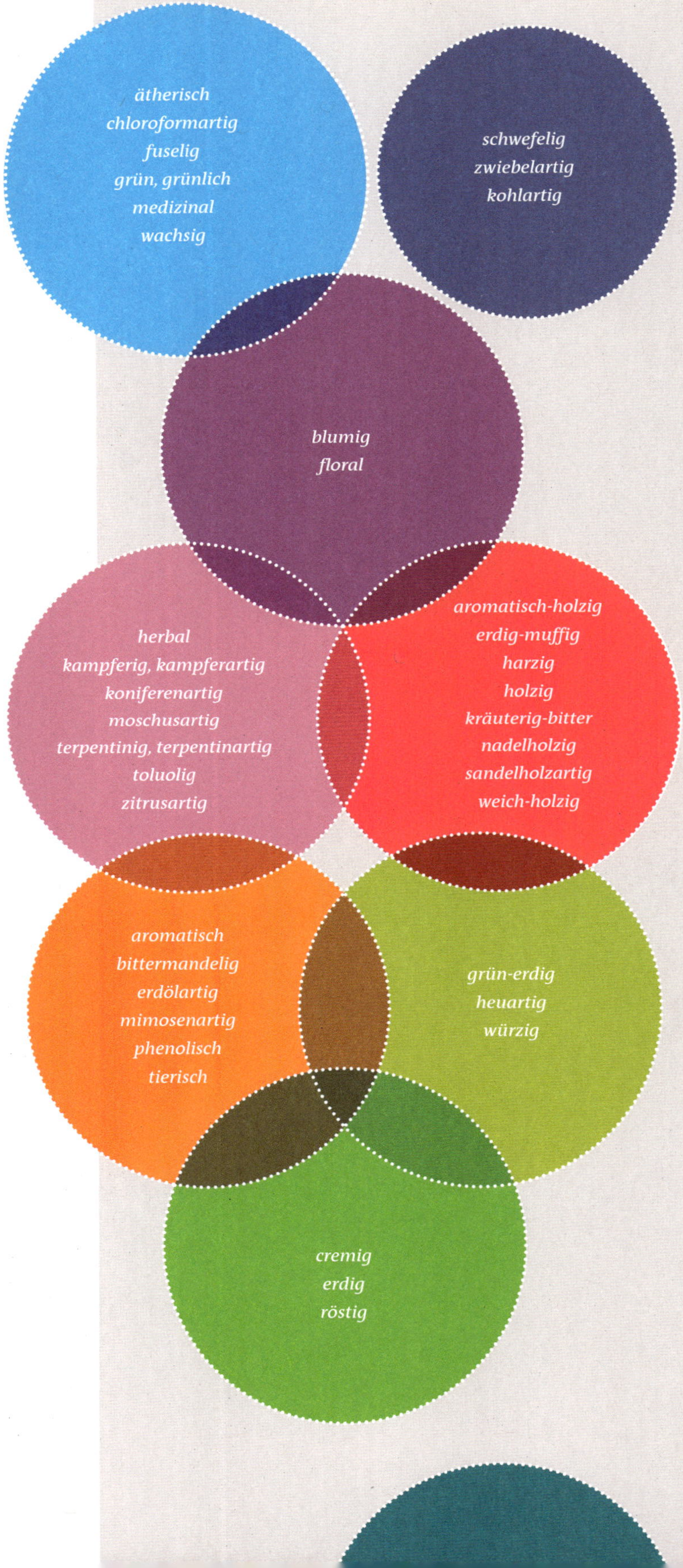

KLEINE GERUCHSSCHULE

Es gibt weit mehr Aromastoffe und Gerüche als Worte, daher sind verbale Beschreibungen von Düften oft unzulänglich. Deshalb sollen auf diesem Schaubild diejenigen Duftnuancen innerhalb einer Aromagruppe näher beschrieben werden, unter deren Eigenschaften sich viele am wenigsten vorstellen können. Da einige Duftausprägungen in mehreren Gruppen zu finden sind, überlappen sich die Blasen zum Teil.

Ätherisch: flüchtiges Betäubungsmittel, Krankenhausgeruch Chloroformartig: stechend, eindinglich Fuselig: stechende Noten in schlechtem Schnaps Grün: frisch gemähter Rasen, Duft im Olivenöl, Avocado Medizinal: Anklänge an Hustensaft, Kräuterlikör Wachsig: bienenwachsartig, Kerzenwachs, Paraffin, Gurkenartig bis fettig

Schweflig: typischer Kohlgeruch, gekochter Kohl, Zwiebelartig, Lauchartig, Kresse und Rettichartig

Blumig: duftendes warmes Holz, ein Hauch Kräutersalbe Floral: Geranie, Apfelblüte, Strauch- und Baumblüten, aus denen noch eine Frucht entsteht

Herbal: unspezifischer Kräuterstrauß ohne Thymian Kampfer: stark kräuterartig, wärmend, ein wenig wie junge Schafgarbenblätter oder Buchsblätter Koniferenartig: junge Triebe von Koniferen Moschusartig: starkes Herrenparfum, leicht schweißartig Terpentinartig: ein wenig wie Klebstoff, Pinselreiniger, Bohnenkraut Toluolig: ein wenig wie Klebstoff, stark aromatisch wie Fettlöser, Nagellackentferner Zitrusartig: Duft von Zitrusschalen

Aromatisch-holzig: Sandelholz, Eichenholz, würziges Holz ohne Harz Erdig-muffig: feuchter Waldboden, leicht moderig Harzig: Baumharz, frische Tannentriebe Holzig: frisch gebrochenes Waldholz Kräuterig-bitter: frisch zerriebener Rosmarin Nadelholzig: frische Pinientriebe, Tannentrieb, mit etwas Harz Sandelholzartig: sehr warme, tropische Noten, würziges Holz Weich-holzig: frisch geschnittenes Holz der Gartenheckensträucher

Aromatisch: Vanille, Thymian Bittermandelig: mandelartig, marzipanig Erdölartig: benzinartig, ölig Mimosenartig: schwer-süßlich, (Stern-)Anisartig Phenolisch: streng-würzig, Holzrauch Tierisch: organisch

Grün-erdig: Petersilien- oder Sellerieblätter Heuartig: getrocknetes Heu, Waldmeister, frisch geriebene Tonkabohne Würzig: Gewürznelke, Zimt, Anis, sehr „warme" Gerüche

Cremig: Reifer Pfirsich, Kokosnuss Erdig: Frische Erde, Schimmel Röstig: Gebackenes Brot, gebratenes Fleisch

WAS PASST WOZU?

Kursiv gesetzte Kräuter und Gewürze ergänzen die Aromen des Lebensmittels („Completing“). Die anderen steuern Aromen im Sinne des „Food-Pairing“ bei (Seite 56).

CHAYOTE

Thymian 327
Wacholder 339
Weinraute 348
Zitronengras 359

CHINAKOHL
Chili 133
Ingwer 170
Knoblauch 187

EIERSPEISEN
Bärlauch 110
Champignon 131
Chili 133
Dill 149
Estragon 156
Kerbel 186
Kresse 196
Kurkuma 205
Liebstöckel 212
Oliven 482
Pekannuss 261
Petersilie 264
Pfeffer 267
Pfifferling 272
Portulak 279
Rauke 281
Sauerampfer 301
Schnittlauch 302
Sellerie 304
Trüffel 334

ERBSEN
Bohnenkraut 123
Kerbel 186
Knoblauch 187
Lorbeer 216
Majoran 222
Minze 230
Oregano 249
Thymian 327
Zitrone 357

ERDMANDEL
Tonkabohne 333
Vanille 337
Zimt 355

FELDSALAT
Champignon 131
Knoblauch 187
Pfifferlinge 272
Zwiebel 372

FENCHEL
Chili 133
Ingwer 170
Knoblauch 187
Paprikapulver 251

FISCH
Algen 93
Amchoor 100
Angelika 101
Anis 103
Annatto 105
Asant 108
Bärlauch 110
Basilikum 111
Berberitze 116
Bockshornklee 122
Bohnenkraut 123
Borretsch 127
Chili 133
Curryblätter 144
Datteln 147
Dill 149
Erdnuss 152
Estragon 156
Gewürzfenchel 158
Galgant 160
Granatapfel 164
Haselnuss 168
Ingwer 170
Kaffee 173
Kaffirlimettenblätter 175
Kapern 180
Kardamom 181
Kerbel 186
Knoblauch 187
Kokosnuss 190
Koriander 192
Kresse 196
Kümmel 202
Kürbiskerne 204
Kurkuma 205
Lavendel 210
Liebstöckel 212
Limette 214
Lorbeer 216
Macadamianussöl 481
Majoran 222
Mandel 224
Meerrettich 229
Minze 230
Myrte 241
Orange 247
Oregano 249
Paprika 251
Paradieskörner 253
Parakresse 256
Paranuss 257
Perilla 262
Petersilie 264
Pfeffer 267
Piment 273
Pinienkerne 275
Pistazie 277
Rosa Beeren 282
Rosmarin 268
Salbei 291
Sauerampfer 301
Schnittlauch 302
Sellerie 304
Senf 305
Sesam 309
Sternanis 318
Süßholz 320
Sumach 321
Szechuanpfeffer 323
Tamarinde 325
Thymian 327
Trüffel 334
Vanille 337
Wacholder 339
Walnuss 342
Wermut 349
Yuzu 353
Zitronen 357
Zitronengras 359
Zitronenmelisse 361
Zitronenverbene 362

GANS & ENTE
Beifuß 114
Berberitze 116
Bohnenkraut 123
Eberraute 151
Galgant 160
Langer Pfeffer 209
Majoran 222
Maronen 225
Salbei 291
Wacholder 339

GARTENGURKEN
Algen (Nori) 93
Borretsch 127
Bockshornkleekraut 122
Brunnenkresse 196
Champignons 131
Dill 149
Estragon 156
Essig 464
Fenchelkraut 158
Gewürzfenchel 158
Haselnüsse 168
Honig 367
Kapern 180
Kresse 196
Kubebenpfeffer 199
Minze 230
Macis 238
Muskatnuss 238
Nigella 242
Pistazien 277
Senf 305
Sesam 309
Tonkabohne 333
Walnüsse 342
Waldmeister 341
Weißer Pfeffer 267
Zucker 366

GRÜNKOHL
Ajowan 92
Gewürznelke 162
Koriander 192
Lavendel 210
Lorbeer 216
Minze 230
Muskat 238
Pfeffer 267
Rosmarin 286
Senf 305
Tonkabohne 333
Vanille 337
Ysop 352
Zimt 355

HAFERWURZEL
Kerbel 186
Muskat 238
Petersilie 264
Zitrone 357
Zitronenmelisse 361

HUHN
Algen (Dulse) 93
Annatto 105
Basilikum 111
Berberitzen 116
Cashew 129
Chili 133
Erdnuss 152
Estragon 156
Galgant 160
Granatapfel 164
Kaffirlimettenblätter 175

KOKOSMILCH
Ajowan 92
Basilikum 111
Curryblätter 144
Galgant 160
Grüner Pfeffer 267
Kaffirlimettenblätter 175
Langer Pfeffer 206
Zitronengras 359

KÜRBIS
Anis 103
Arganöl 476
Bockshornklee 122
Curryblätter 144
Essig 464
Fenchel 158
Galgant 160
Granatapfelkerne 164
Ingwer 170
Kreuzkümmel 197
Lorbeer 216
Maronen 225
Pekannüsse 261
Thymian 327
Zitronensaft 357
Zitronenschale 357
Zucker(karamell) 366

LAMM, GEBRATEN
Aprikosen (getr.) 107
Beifuß 114
Bockshornklee 122
Bohnenkraut 123
Curryblätter 144
Estragon 156
Gewürzfenchel 158
Knoblauch 187
Kreuzkümmel 197
Kubebenpfeffer 199
Lavendel 210
Limette 214
Lorbeer 216
Macadamianuss 218
Mandeln 224
Minze 230
Orangenschalen 247
Oregano 249
Paprika 251
Portulak 279
Rosmarin 268
Sumach 321
Tamarinden 325
Thymian 327
Wacholder 339
Wermut 349
Ysop 352
Zimt 355

LAUCH
Anis 103
Estragon 156
Dill 149
Kreuzkümmel 197
Lorbeer 216
Petersilie 264
Rosa Beeren 282
Timutpfeffer 267
Zitrone 357

LEBER, GEBRATEN
Anis 103
Estragon 164
Gewürzfenchel 158
Haselnuss 168
Kakao 176
Kubebenpfeffer 199
Lavendel 210
Majoran 222
Mandeln 224
Piment 273
Pistazienöl 485
Salbei (Kalbsleber) 291
Thymian 327
Trüffel 334
Wacholder (Kalbsleber) 339

LINSEN
TELLERLINSEN, BRAUNE LINSEN, BERGLINSEN, PUYLINSEN
Champignon 131
Essig 464
Haselnuss 168
Gewürznelke 162
Kardamom 181
Knoblauch 187
Kreuzkümmel 197
Lorbeer 216
Sellerie 304
Thymian 327
Rosmarin 286
Steinpilze 316
Orangenschale 247
Walnüsse 342
Zitronensaft 357
Zwiebel 372

MANGOLD

PAK CHOI
Angelika 101
Chili 133
Ingwer 170
Knoblauch 187
Kreuzkümmel 197
Lorbeer 216
Rosmarin 286

PAPRIKA
Haselnuss (geröstet) 168
Mandel 224
Minze 230
Parmesan 259
Pfeffer 267
Rosmarin 268
Steinpilz 316
Thymian 327

PEPINO
Langer Pfeffer 209
Rosa Beeren 282
Timutpfeffer 267

PILZE
Algen 93
Asant 108
Basilikum 111
Beifuß 114
Estragon 156
Ingwer 170
Koriandersamen 194
Majoran 222
Muskat 238
Oregano 249
Rauke 281
Salbei 291
Szechuanpfeffer 323
Tamarinde 325
Thymian 327
Ysop 352
Zitronenmelisse 361
Zitronenverbene 362

PÖKELFLEISCH & BEEF JERKY
Essige 464
Lorbeer 216
Pfifferling 272
Sellerie 304
Steinpilz 316
Senf 305
Sojasauce 429
Thymian 327
Wacholder 339

RHABARBER
Algen 93
Anis 103
Ingwer 170
Pfeffer 267
Rosenwasser 284
Sternanis 318
Zitrone 357

REIS
Ajowan 92
Algen 93
Annatto 105
Aprikosen (getr.) 107
Bärlauch 110
Berberitzen 116
Bergamotte 118
Bockshornklee 122
Brennnessel 128
Chili 133
Dattel 147
Granatapfel 164
Ingwer 170
Kardamom 181
Kokosnuss 190
Koriandersamen 194
Kurkuma 205
Lavendel 210
Limette 214
Mandeln 224
Minze 230
Orangen 247
Parmesan 259
Perilla 262
Pinienkerne 275
Pistazie 277
Rosen 284
Safran 290
Sumach 321
Tamarinde 325
Weinbeere 345
Weinraute 348
Zimt 355
Zitronenverbene 362

RETTICH, RADIESCHEN
Ingwer 170
Kreuzkümmel 197
Muskat 238
Pfeffer 267
Sauerampfer 301

RIND, GEKOCHT
Algen (Kombu) 93
Annatto 105
Aprikosen (getr.) 107
Basilikum 111
Chili 133
Dill 149
Ingwer 170
Kaffirlimettenblätter 175
Kapern 180
Kürbiskernöl 480
Lorbeer 216
Majoran 222
Meerrettich 229
Perilla 262
Pfeffer 267
Piment 273
Schnittlauch 302
Tonkabohne 333
Vanille 337
Wacholder 339
Zimt 355

ROSENKOHL
Kreuzkümmel 197
Kümmel 202
Minze 230
Muskat 238
Pfeffer 267
Salbei 291
Thymian 327
Tonkabohne 333
Vanille 337

ROTE BETE
Aprikose (frisch) 229
Basilikum 111
Kreuzkümmel 197
Macadamianuss 218
Meerrettich 229
Orange 247
Rauke 281
Rosenwasser 284
Wasabi 229

ROTKOHL
Anis 103
Aprikosen (getr.) 107
Balsamico 460
Beifuß 114
Bergamotte 118
Estragon 156
Galgant 160
Gewürznelke 162
Ingwer 170
Kardamom 181
Lavendel 210
Lorbeer 216
Orangenschalen 247
Rosenwasser 284
Rosinen 345
Rosmarin 286
Steinpilze 316
Wacholder 339
Walnuss 342
Wein 467
(Wein)essig 466
Zimt 355
Zucker 366
Zuckerkaramell 366

SCHOKOLADEN-GERICHTE
Anis 103
Aprikosen (getr.) 107
Asant 108
Bergamotte 118
Blauschimmelkäse 473
Cranberrys (getr.) 142
Dill 149
Erdnuss (geröstet) 152
Fenchel 158
Gewürznelke 162
Ingwer 170
Kaffee 173
Kresse 196
Kürbiskerne 204
Kürbiskernöl 480
Kreuzkümmel 197
Kurkuma 205
Liebstöckel 212
Mastix 227
Minze (Pfefferminze) 230
Nigella 242
Olivenöl 482
Parmesan 259
Pfeffer 267
Rosa Beeren 282
Rosenblätter 284
Raucharomen 56
Rauchsalz 297
Rosenblätter 284
Rosenwasser 284
Rosmarin 286
Rum 490
Tonkabohne 333
Whisky 491
Zimt 355
Zitronenschale 357

SCHWEIN, GEBRATEN
Algen (Dulse) 93
Anis 103
Annatto 105
Basilikum 111
Beifuß 114
Bohnenkraut 123
Champignon 131
Eberraute 151
Gewürzfenchel 158
Gewürznelke 162
Koriandersamen 194
Langer Pfeffer 209
Majoran 222
Myrte 241
Oregano 249
Pfeffer 267
Pfifferling 272
Piment 273
Rosmarin 268
Salbei 291
Sauerampfer 301
Steinpilze 316
Sternanis 318
Tamarinde 325
Thymian 327
Wacholder 339
Wermut 349

SEITAN
Essige 464
Erdnuss 152
Fenchel 158
Kapern 180
Kerbel 186
Mohn 234
Nigella 242
Oliven 245
Portulak 279

SENFKOHL
Chili 133
Safran 290
Salbei 291
Szechuanpfeffer 323
Wermut 349

SOJABOHNE
Chili 133
Koriander 192
Kreuzkümmel 197
Paprika 251
Szechuanpfeffer 323
Thymian 327
Tonkabohne 333
Vanille 337
Zimt 355

SPARGEL
Bärlauch 110
Estragon (Estragonbutter) 156
Kaffirlimettenblätter 175
Kerbel 186
Kokosnuss 190
Mandel 224
Mandelöl 481
Mohnöl 481
Parmesan 259
Perilla 262
Petersilie 264
Rosa Beeren 282
Sauce Hollandaise 441
Schnittlauch 302
Tonkabohne 333
Vanille 337
Waldmeister 341
Zitrone 357
Zuckerkaramell 366

SPEISERÜBE
Bockshornklee 122
Fenchel 158
Kerbel 186
Knoblauch 187
Kreuzkümmel 197
Liebstöckel 212
Majoran 222
Minze 230
Muskat 238
Petersilie 264
Pfeffer 267
Rosmarin 286
Thymian 327
Vanille 337

SPINAT
Algen 93
Bockshornkleeblätter 379
Granatapfel 164
Muskat 238
Pinienkernöl 485
Portulak 279
Sauerampfer 301
Weinbeeren 345

SPROSSEN
Basilikum 111
Essige 464
Ingwer 170
Olivenöl 482
Petersilie 264
Tamarinde 325
Walnuss 342
Yuzu 353
Zitrone 357

SÜSSKARTOFFELN
Bergamotte 118
Majoran 222
Rosenpaprika 251
Thymian 327
Tonkabohne 333
Zimt 355
Zitronenverbene 362

TARO
Anis 103
Basilikum 111

Petersilie 264
Pfeffer 267
Piment 273
Sternanis 318
Thymian 327
Zitrusschale 357

HELLES WURZELGEMÜSE
PETERSILIENWURZEL
Bergamotte 118
Knoblauch 187
Muskatnuss 238
Oregano 249
Pfeffer 267
Sumach 321
Tonkabohne 333
Zitrusschale 357

PASTINAKE
Kokosnuss 190
Liebstöckel 212
Orange 247
Sojasauce 429
Tonkabohne 333
Zimt 355
Zitrone 357

SELLERIEKNOLLE
Anis 103
Bockshornklee 122
Chili 133
Dill 149
Estragon 156
Kerbel 186
Korianderkraut 192
Kreuzkümmel 197
Liebstöckel 212
Muskatnuss 238
Nigella 242
Petersilie 264
Pfeffer 267
Sesam 309
Sternanis 318
Tonkabohne 333
Wacholder 339
Zimt 355

SCHWARZWURZEL
Anis 103
Dill 149
Knoblauch 187
Muskatnuss 238
Petersilie 264
Pfeffer 267
Szechuanpfeffer 323
Tonkabohne 333
Vanille 337

ZICHORIEN
Bittermandel 120
Borretsch 127
Rosenwasser 284
Tonkabohne 333

ZUCCHINI
Basilikum 111
Bohnenkraut 123
Currykraut 144
Mohn 234
Oregano 249
Pistazienöl 485
Rosmarin 268
Sesam 309
Thymian 327
Walnuss 342

ZUCKERMAIS
Basilikum 111
Curryblätter 144
Kerbel 186
Knoblauch 187
Koriandersamen 194
Kreuzkümmel 197
Nigella 241
Parmesan 259
Thymian 327

ZUCKERMELONE
Algen 93
Amchoor 100
Bergamotte 118
Lavendel 210
Rosa Beeren 282

REGISTER

REZEPTE

GEWÜRZMISCHUNGEN

SAUCEN UND PASTEN

ALKOHOLE, ESSIGE, FETTE UND ÖLE

SCHAUBILDER

ALPHABETISCHES REGISTER

A

B

LITERATUR UND QUELLEN

GESCHMACK UND GERUCH

Aburad, N.A., CD36 may determine our desire for dietary fats. In: Journal of Clinical Investigation 115 (2005), S. 2965.

Amador, Juan, Mariniertes Wollhandkrabbenfleisch mit Kopfsalatgazpacho. In: Journal Culinaire 05 (2007), S. 76.

Behrens, Maik/Meyerhof, Wolfgang/Hellfritsch, Caroline/Hofmann, Thomas, Sweet and Umami Taste. Natural Products, Their Chemosensory Targets, and Beyond, Angewandte Chemie International Edition 50 (2011), S. 2220.

Belitz, Hans-Dieter/Grosch, Werner/Schieberle, Peter, Lehrbuch der Lebensmittelchemie, Wien, 2007.

Blum, Carsten, Analytik und Sensorik von Gewürzextrakten und Gewürzölen. Dissertation zur Erlangung des naturwissenschaftlichen Doktorgrades der Universität Hamburg, Hamburg, 1999.

von Blomberg, Anne Sybille, Die Welt der Düfte, München, 1990.

Börsch-Haubold, Angelika, Kleine duftende Moleküle. In: science in school, URL: http://www.scienceinschool.org/2007/issue6/scents/german, abgerufen am 20.09.2012.

Buck, L./Axel, R., A Novel Multigene Family May Encode Odorant Receptors: A Molecular Basis for Odor Recognition, In: Cell 65 (1991), S. 175.

Büttner, Andrea, Spaß an Essen und Trinken. Retronasale Geruchswahrnehmung. In: Nachrichten aus der Chemie 52 (2004), S. 540.

Cadwallader, K. R./Kim. H./Puangpraphant, S./Lorjaroenphon, Y., Changes in the Aroma Components of Pecans During Roasting, University of Illinois, 2007.

Cameron, P./Hiroi, M./Ngai, J./Scott, K., The molecular basis for water taste in Drosophila. In: Nature 465 (2010), S. 91.

Chandrasekhar J./Hoon, M. A./Ryba, N. J. P./Zuker, C., The receptors and cells for mammalian taste. In: Nature 444 (2006), S. 288.

Chaudhari, N./Roper., S. D., The cell biology of taste. IN: The Journal of Cell Biology 190 (2010), S. 285.

Dessirier, J. M./Simons, C. T./ O'Mahony, M./Carstens, E., The oral sensation of carbonated water. In: Chemical Senses 26 (2001), S. 639.

Donhauser, Rose-Marie/Riese, Jerk Martin, Die Welt des Wassers, Neustadt-Weinstraße, 2009.

Frenzel, Ralf/Sackmann, Jörg, Aromen, Wiesbaden, 2008.

Franco, M. I./Turin, L./Mershin, A./Skoulakis, M. C., Molecular vibration-sensing component in Drosophila melanogaster olfaction, In: Proceedings of the National Academy of Science of the United States of America, URL: www.pnas.org/cgi/doi/10.1073/pnas.1012293108, abgerufen am 20.09.2012.

Fukuwatari, T., Expression of the putative membrane fatty acid transporter (FAT) in taste buds of the circumvallate papillae in rats. FEBS Letters 414 (1997), S. 461.

Guadagni, G./Buttery, R. G., Harris, J., Odour intensities of components. In: Journal of the Science of Food and Agriculture 17 (1966), S. 142–144.

Hatt, Hanns, Geschmack und Geruch. In: Schmidt, Robert .F./Lang, Florian/Heckmann, Manfred (Hg.), Die Physiologie des Menschen, Heidelberg/Wien, 2005.

Hirschfelder, Gunther, Europäische Esskultur. Eine Geschichte der Ernährung von der Steinzeit bis heute, Berlin, 2001.

Holzer, P., Vanilloid receptor TRPV1. Hot on the tongue and inflaming the colon. In: Neurogastroenterology and Motility 16 (2004), S. 697.

Inoshita, T./Tanimura, T., Cellular identification of water gustatory receptor neurons and their central projection pattern in Drosophila. In: Proceedings of the National Academy of Science 103 (2006), S. 1094.

Katzer, Gernot, Die Chemie des guten Geschmacks. Gewürze mit terpenreichen ätherischen Ölen. In: Journal Culinaire 07 (2008), S. 42.

Katzer, Gernot, Chemie der Gewürze. Gewürze mit nichtterpenoiden ätherischen Ölen. In: Journal Culinaire 08 (2009), S. 90.

Katzer , Gernot, Chemie der Gewürze. Teil III: Nichtflüchtige Inhaltsstoffe von Gewürzen, In: Journal Culinaire 10 (2010), S. 103.

Laugerette, F. et al., CD36 involvement in orosensory detection of dietary lipids, spontaneous fat preference, and digestive secretions. In: The Journal of Clinical Investigation 115 (2005), S. 3177.

Lindemann B., Receptors and transduction in taste. In: Nature 413 (2001), S. 219.

Meierhenrich, Uwe .J./Golebiowski, Jérôme/Fernandez Xavier/Cabrol-Bass, Daniel, Die molekulare Basis der olfaktorischen Chemorezeption. In: Angewandte Chemie 116 (2004), S. 6570.

Nagata, Y./Takeuchi, N., Determination of odor threshold value by triangle odor bag method. In: Bulletin of Japan Environmental Sanitation Center 17 (1990), S. 77–89.

Nagata, Y., Measurement of odor threshold by triangle odor bag method. In: Odor Measurement Review, S. 118–127, Japan Ministry of the Environment.

Nakamura, M./Kurihara, K., Differential temperature dependence of taste nerve responses to various taste stimuli in dogs and rats. In: American Journal of Physiology – Regulatory, Integrative and Comparative Physiology 261 (1991), S. 1402.

Ney, Karl. H., Lebensmittelaromen, Hamburg, 1987.

Ohloff, Günther, Scent and Fragrances: The Fascination of Odors and Their Chemical Perspectives, 1990.

Plattig, Karl-Heinz, Spürnasen und Feinschmecker. Die chemischen Sinne des Menschen, Heidelberg, 1995.

Roca, J./Roca, J./Roca, J., Couisson Parfum. In: Apicius 03 (2008), S. 18.

Schäfer, K./Braun, H. A./Isenberg, C., Effect of Menthol on Cold Receptor Activity. In: The Journal of Genetic Physiology 88 (1986), 757.

Schieberle, Peter/Hofmann, Thomas, Die molekulare Welt des Lebensmittelgenusses. In: Chemie in unserer Zeit 37 (2003), S. 388.

Schulte, Erhard/Holl, Arthur, Untersuchungen an den Geschmacksknospen der Barteln von Corydoras paleatus Jenyns, In: Cell and Tissue Research 120, Nr. 3 (1971), S. 450–462.

Stähler, Frauke/Meyerhof, Wolfgang, Geschmackspräferenzen/Geschmacksaversionen. Wie Rezeptorzellen Nahrungspräferenzen prägen. In: Schweizer Zeitschrift für Ernährungsmedizin 2/10 (2010), S. 6.

Stummerer, Sonja/Hablesreiter, Martin, Food design XL, Wien, 2009.

Ternes, Waldemar, Naturwissenschaftliche Grundlagen der Lebensmittelzubereitung, Hamburg, 2001.

Toelstede, S./Dunkel, A./Hofmann, T., A Series of Kokumi Peptides Impart the Long-Lasting Mouthfulness of Matured Gouda Cheese. In: Journal of Agricultural and Food Chemistry 57 (2009), S. 1440.

Turin, L., A spectroscopic mechanism for primary olfactory reception, Chemical Senses 21 (1996), S. 773.

Turin, L., A method for the calculation of odor character from molecular Structure. In: Journal of Theoretical Biology 216 (2002), S. 367.

Vilgis, Thomas, Wein. Im Glas und in der Küche. In: Journal Culinaire 08 (2008), S. 48.
Vilgis, Thomas, Molekularküche. Das Kochbuch, Wiesbaden, 2008.
Vilgis, Thomas, Molekularküche. Geschmack, Aromen, Flavour, Wiesbaden, 2009.
Vilgis, Thomas, Wasser. Neutraler Geschmack mit vielen Nuancen. In: Journal Culinaire 11 (2010), S. 88.
Wuketits, Franz M., Wie der Mensch wurde, was er isst. Die Evolution menschlicher Nahrung, Stuttgart, 2010.
Yau, N. J. N./McDaniel, M. R., The effect of temperature on carbonation perception. In: Chemical Senses 16 (1991), S. 337.

WÜRZPRAXIS

Dvorac, Z./Vognarova, I., Available Lysin in meat and Meat Products. In: Journal of the Science of Food and Agriculture 16 (1965), S. 305.
Gilbert, J./Knowles, M. E., The Chemistry of Smoked Foods: a Review. In: International Journal of Food Science & Technology 10 (1975), 245.
Guérlin, R./Léard, M., Infrared Spectra of Furan Adsorbed on Some Alkali Halides. Adsorption Potential Calculations. In: The Journal of Physical Chemistry 86 (1982), S. 3338.
Gustafson, K. E./Dickhut, R. M., Molecular Diffusivity of Polycyclic Aromatic Hydrocarbons in Aqueous Solution. In: Journal of Chemical & Engineering Data 39 (1994), 281.
Hindi, S. S. Z., Evaluation of Guaiacol and Syringol Emission upon Wood Pyrolysis for some Fast Growing Species, World Academy of Science, Engineering and Technology 80 (2011), 583.
Honikel, Karl-Otto/Jira, Wolfgang, Rauch in Fleischerzeugnissen. Erwünschte und nicht erwünschte Inhaltsstoffe. In: Journal Culinaire 13 (2011), S. 81.
van Parijs, F. R. D./ Morreel, K./Ralph, J./Boerjan, W./Merks, R. M. H., Modeling Lignin Polymerization. I. Simulation Model of Dehydrogenation Polymers, Plant Physiology 153 (2010), S. 1332.
Riha, W. E./Wendorff, W. L., Evaluation of Color in Smoked Cheese by Sensory and Objective Methods, Journal of Dairy Science 76 (1993), S. 1491.
Sikorski, Z. E./Kolanowski, E., Smoking. In: Toldrá, F. (Hg.), Handbook of Meat Processing, Blackwell/ Ames/Iowa, 2010, S. 231.
Toldrá, F. (Hg.), Handbook of Meat Processing, Blackwell/Ames/Iowa, 2010.
Vilgis, Thomas, Kräuter, Gewürze, Aromen. Molekulare Hierarchie. In: Journal Culinaire 12 (2011), S. 16.
Vilgis, Thomas, Rauch und Raucharomen. Physik, Chemie, Funktion. In: Journal Culinaire 13 (2011), S. 16.
Vilgis, Thomas, Aroma ist Schall und Kraut. In: Physik in unserer Zeit 43 (2012), S. 154.

KLEINE GESCHICHTE DES WÜRZENS

Bayless, Rick, Authentic Mexican. Regional Cooking from the Heart of Mexico, New York, 2007.
Becker, Karin, Der Gourmand, der Bourgeois und der Romancier. Die französische Esskultur in Literatur und Gesellschaft des bürgerlichen Zeitalters, Frankfurt/Main, 2000.
Bellasco, Warren, Food. The Key Concepts, Oxford/ New York, 2008.
Brillat-Savarin, Jean Anthèlme/Ludwig, Emil (Übers.), Physiologie des Geschmacks oder Betrachtungen über das höhere Tafelvergnügen, Frankfurt/Main, 1979.
Brockhaus: Ernährung, Mannheim, 2008.
Brockhaus (Hg.), Kochkunst, Mannheim/Leipzig. 2008.
Buchinger, Manfred/Gutmann, Johannes, So schmeckt die Freude, St. Pölten, 2011.
Dalby, Andrew/Graininger, Sally/Vocke, Roland (Übers.), Küchengeheimnisse der Antike, Würzburg, 1996.
Davidis, Henriette/Hensch, Kurt (Hg.), Praktisches Kochbuch für die gewöhnliche und feinere Küche, Leipzig, 2007
Davidson, Alan (Hg.), Food in Motion. The Migration of Foodstuffs and Cookery Technique, Band 1, Oxford, 1981.
Döbler, Hannsferdinand, Kleine Kulturgeschichte. Kochkünste und Tafelfreuden, München, 2000.
Donhauser, Rose Marie/Kresovic, Danijel, Gewürze, Neustadt an der Weinstraße, 2010.
Fansa, Mamoun/Katzer, Gernot/Fansa, Jonas (Hg.), Chili, Teufelsdreck und Safran. Zur Kulturgeschichte der Gewürze, Oldenburg, 2007.
Fischer-Fabian, Florian/Fischer-Fabian, Thomas, Die Gourmet-Bibel, München, 2008.
Freedman, Paul (Hg.), Essen. Eine Kulturgeschichte des Geschmacks, Darmstadt, 2007.
Goody, Jack, Cooking, Cuisine and Class, Cambridge, 1982.
Gorys, Erhard, Das neue Küchenlexikon, München, 1999.
Gutmann, Johannes, Auf der Sonnenseite, St. Pölten, 2008.
Hengartner, Thomas/Merki, Christoph Maria (Hg.), Genussmittel. Ein kulturgeschichtliches Handbuch, Frankfurt/Main, 1999.
Hirschfelder, Gunther, Europäische Esskultur. Geschichte der Ernährung von der Steinzeit bis heute, Frankfurt/Main, 2001.
Horbelt, Rainer/Spindler, Sonja, Die deutsche Küche im 20. Jahrhundert, Frankfurt/Main, 2000.
Iburg, Anne, Dumonts kleines Gewürzlexikon, Köln, 2003.
Karmasin, Helene, Die geheime Botschaft unserer Speisen. Was Essen über uns aussagt, München, 1999.
Katzer, Gernot/Fansa, Jonas, picantissimo, Göttingen, 2007
Kotány, Erwin, In 80 Gewürzen um die Welt, Wien, 2011.
Matthaei, Bettina, Würzen, München, 2004.
Morris, Sallie/Mackley, Lesley, Das Handbuch der Gewürze, München, 2008.
Müller, Klaus E., Kleine Geschichte des Essens und Trinkens, München, 2009.
Norman, Jill, Nüsse, Würzburg, 2005.
Norman, Jill, Kräuter & Gewürze, München, 2010.
Ortiz, Elisabeth Lambert, Kräuter, Gewürze & Essenzen, München, 2011.
von Paczensky, Gert/Dünnebier, Anna, Kulturgeschichte des Essens und Trinkens, München, 1999.
Pini, Udo, Das Gourmet Handbuch, Potsdam, 2007.
Prato, Katharina, Die gute alte Küche. Neu editiert und kommentiert von Christoph Wagner, Wien, 2006.
Rozin, Elisabeth, Ethnic Cuisine, New York 1992.
Schraemli, Harry, Von Lukullus bis Escoffier. Kulturgeschichte des Kochens, Zürich, 1949.
Schubert, Ernst, Essen und Trinken im Mittealter, Darmstadt, 2006.
Schuhbeck, Alfons, Meine Küche der Gewürze, München, 2009.
Scully, Terence, The Art of Cookery in the Middle Ages, Suffolk, 1995.
Stalzer, Karin/Szalai, Christina, Was den Einen nährt, macht den anderen krank, Oberstdorf, 2007.
Stella, Alain, Das Buch der Gewürze, München, 1999.
Till, Susanne, Die sinnliche Welt der Gewürze, Wien, 2004.
Vilgis, Thomas, Molekularküche, Wiesbaden, 2009.
Visser, Margaret, Mahlzeit!, Frankfurt/Main, 1998.
Wallmann, Johanna, Mein Kräutergarten, München, 2011.
Werle, Loukie/Cox, Jill, Ingredenzien, Potsdam, 2007.
Woltron, Ute, 99 Genüsse, die man nicht kaufen kann, Wien, 2011.

Thomas A. Vierich kocht leidenschaftlich gern und beschäftigt sich auch beruflich mit dem Thema. Er war jahrelang Gastroredakteur in Berlin und lebt heute als Journalist und Autor in Wien. Für die Stiftung Warentest hat er bereits das Buch „Sehr schnell kochen" geschrieben.

Thomas A. Vilgis ist Professor für Theoretische Physik an der Universität Mainz und Leiter der Arbeitsgruppe „Molekulare Lebensmittelwissenschaften" am Max-Planck-Institut für Polymerforschung. Er ist ein begeisterter Koch und hat seine Ideen bereits in mehreren außergewöhnlichen Kochbüchern beispielsweise zur Molekularküche veröffentlicht. Außerdem berät er zahlreiche Spitzenköche bei der Kreation neuer Gerichte.

4., komplett überarbeitete Auflage

Stiftung Warentest
Lützowplatz 11–13
10785 Berlin
Telefon 0 30/26 31–0
Fax 0 30/26 31–25 25
www.test.de
email@stiftung-warentest.de

USt-IdNr.: DE136725570

Vorstand: Hubertus Primus
Weitere Mitglieder der Geschäftsleitung:
Dr. Holger Brackemann, Daniel Gläser

Programmleitung: Niclas Dewitz

Konzeption und Idee: Thomas A. Vierich, Thomas A. Vilgis, Niclas Dewitz, Martina Römer, Johannes Tretau
Autoren: Thomas A. Vierich, Thomas A. Vilgis
Projektleitung: Johannes Tretau, Veronika Schuster
Lektorat: Johannes Tretau, Dr. Angelika Winnen
Rezeptlektorat: Bettina Snowdon
Mitarbeit: Friederike Krickel, Florian Ringwald, Merit Niemeitz
Korrektorat: Hartmut Schönfuß
Fachliche Unterstützung: Nicole Merbach

Art Direktion, Grafik, Layout: Martina Römer, Berlin
Fotografie: Knut Koops, Berlin
Foodstyling: Frauke Koops, Geesthacht

Produktion: Vera Göring
Verlagsherstellung: Rita Brosius (Ltg.), Susanne Beeh
Litho: bildpunkt Druckvorstufen GmbH, Berlin
Druck: Firmengruppe APPL, aprinta druck, Wemding

ISBN: 978-3-86851-473-5

FENCHON *bitter, kampferig* 💧Alkohol → Fenchel

2-HYDROXY-4,4,6-TRIMETHYL 2,5-CYCLOHEXADIEN-1-ON *safranartig* 💧Fett → Safran

ISOPHORON *beerig, pfefferminzartig, leicht zitrusartig* 💧Alkohol, Wasser (schlecht) → Safran

KAMPFER *scharf, bitter, mentholig, eukalyptusartig* 💧Alkohol, Fett → Beifuß, Bohnenkraut, Eberraute, Galgant, Rosmarin, Salbei, Wermut, Zitronenverbene

LIMONEN *orangenartig, terpentin-zitronenartig* 💧Alkohol, Fett → Dill, Fenchel, Koriander, Kümmel, Muskat, Myrte, Sellerie, Tamarinde

MYRTENOL *würzig-holzig, harzig, minzig, medizinal* 💧Alkohol, Wasser → Myrte

PERILLALDEHYD *minzig, zimtig, würzig* 💧Alkohol, Fett → Bergkümmel, Kreuzkümmel, Perilla

PERILLAALKOHOL *grünlich terpentinartig-fettig* 💧Alkohol, Fett, Wasser → Bergkümmel, Kümmel

α-PINEN *warm-harzig, piniennadelig* 💧Alkohol, Fett → Angelika, Asant, Currykraut, Koriandersamen, Mastix, Myrte, Wermut

β-PINEN *pinienholzig-kampferig* 💧Alkohol, Fett → Annatto, Asant, Basilikum, Bergamotte, Curryblätter, Galgant, Mastix, Wacholder, Wermut

PINOCAMPHON *leicht-kampferig* 💧Alkohol, Fett → Ysop

PINOCARVON *eukalyptusartig* 💧Alkohol, Fett → Ysop

SABINEN *frisch-holzig, neutralkräuterig* 💧Fett → Eberraute, Estragon, Kardamom, Majoran, Muskat, Pfeffer, Wacholder

SAFRANAL *tabakartig, kräuterartig, würzig* 💧Fett → Safran

CIS-SABINOL *würzig, bitter* 💧Alkohol, Fett → Rosa Beeren

TERPINEN *zitrusartig, mentholig, kiefernartig, terpentinartig, ölig-herbal* 💧Alkohol, Fett → Oregano

TERPEN-4-OL *harzig, pinienartig* 💧Alkohol, Fett → Beifuß, Bergamotte, Majoran, Oregano, Salbei, Wacholder

TERPINEN-4-OL *blumig-würzig* 💧Alkohol, Fett → Curryblätter, Perilla, Zimt

THUJON *mentholartig* 💧Alkohol, Fett → Eberraute, Salbei, Wermut

ABIETINSÄURE *harzig* 💧Fett → Mastix

AMYRIN *bitter* 💧Alkohol, Fett → Rosa Beeren

TRANS-α-BERGAMOTTEN *holzig, leicht teeartig* 💧Alkohol, Fett → Basilikum

α-BISABOLOL *weich, floral, sandelholzartig* 💧Alkohol, Fett → Angelika, Bockshornklee, Lavendel

β-BISABOLEN *balsamisch, warm-harzig, tierisch-holzig* 💧Alkohol, Fett → Angelika, Bergamotte, Ingwer, Kubebenpfeffer, Langer Pfeffer, Oregano, Pekannuss, Pfeffer

CUBEBOL *kühlend, frisch* 💧Fett, Wasser → Kubebenpfeffer

β-CUBEBEN *zitrusartig, apfelig-rettichartig* 💧Alkohol, Fett → Kubebenpfeffer, Muskat, Rosa Beeren

CUBENOL *würzig, grünteeartig, stumpf* 💧Alkohol, Fett, Wasser (schlecht) → Algen, Myrte

COPAEN *holzig, harzig* 💧Alkohol, Fett → Kubebenpfeffer

α-CURCUMEN *kräuterig-bitter, erdig* 💧Alkohol, Fett → Curryblätter, Zitronenverbene

γ-CURCUMEN *nadelholzig, erdig* 💧Alkohol, Fett → Currykraut

γ-EUDESMOL *süßlich, holzig* 💧Alkohol, Fett → Bockshornklee

FARNESOL *Maiglöckchen, jasmin-blütenartig* 💧Alkohol → Rose

FARNESIFEROLE *erdig-muffig, bitter* 💧Alkohol, Fett → Asant

P-MENTHA-1,3-DIEN-7-AL *blumig* 💧Alkohol, Fett → Kreuzkümmel

NEROLIDOL *floral, grün, wachsig* 💧Alkohol, Fett → Currykraut, Kubebenpfeffer, Kurkuma, Zitrusfrüchte, Zitronengras, -schale, -verbene

ISHWARAN *blumig, pfeffrig* 💧Fett → Annatto

β-SELINEN *erdig-gemüsig, herbal* 💧Fett → Curryblätter, Currykraut, Liebstöckel, Sellerie

SPILANTHOL *fruchtig, süß, scharf* 💧Alkohol, Wasser → Parakresse

α-SINENSAL *frisch, süßlich, orangig, wachsig* 💧Alkohol → Orange, Bitterorange

β-SINENSAL *frisch, süßlich, orangig, wachsig* 💧Alkohol → Orange, Bitterorange

THYMOQUINON *aromatisch-holzig* 💧Alkohol, Fett → Nigella

THYMOHYDROQUINON *aromatisch-säuerlich* 💧Alkohol, Fett, Wasser (schlecht) → Nigella

ANISALDEHYD *blumig-mimosenartig* 💧Alkohol, Fett → Anis, Fenchel, Sternanis

ANISALKOHOL *blumig-süßlich* 💧Alkohol, Fett → Anis

ANISKETON *anis-fenchelartig* 💧Alkohol → Anis

ANISSÄURE *süßlich-erdig, tierisch* 💧Alkohol, Fett, Wasser (warm) → Anis, Vanille

BENZALDEHYD *bittermandelig, marzipanig* 💧Alkohol, Fett, Wasser → Aprikosen, Bittermandel, Haselnuss, Kreuzkümmel, Mandel, Maronen, Paranuss, Zimt

BENZYLTHIOCYANAT *schmerzend kalt* 💧Fett → Kresse, Senf

CUMOL *aromatisch organisch* 💧Alkohol, Fett → Tonkabohne

2,6-DIHYDROXYBENZOESÄURE *erdig, milchig* 💧Alkohol, Wasser (heiß) → Macadamianuss

2,4-DIBROMPHENOL *phenolisch iodig* 💧Alkohol, Wasser (schlecht) → Algen

2,6-DIBROMPHENOL *iodig, phenolisch, erdig* 💧Alkohol, Wasser (schlecht) → Algen

4-ETHYLGUAJACOL *rauchig, sojasaucenartig, süßlich* 💧Alkohol, Fett → Kaffee

4-ETHYLPHENOL *hefig-bitter, stallartig* 💧Alkohol, Wasser (schlecht) → Balsamico

VANILLIN *vanilleartig* 💧Alkohol, Fett, Wasser → Kaffee, Vanille

VANILLYLALKOHOL *vanilleartig* 💧Alkohol, Fett, Wasser → Vanille

VANILLINSÄURE *cremig, milchig vanilleartig* 💧Alkohol, Fett → Brennnessel, Vanille, Walnuss

4-VINYLGUAJACOL *würzig-rauchig, nelkenartig* 💧Alkohol, Wasser (schlecht) → Kaffee, Kapern

M-XYLOL *aromatisch-süßlich* 💧Alkohol, Fett → Datteln

1-ALLYL-2,4DIMETHOXY-BENZEN *eukalyptusartig* 💧Alkohol, Fett → Kerbel

PERILLAACETAT *würzig, kräuterig* 💧*Alkohol, Fett* → *Perilla*

NEOMENTHOL *minzig, kühlend* 💧*Alkohol, Fett, Wasser* → *Minze*

1,3,8-P-MENTHATRIEN *grasig-würzig* 💧*Alkohol, Fett* → *Petersilie*

MENTHOL *minzig, kühlend* 💧*Alkohol, Fett, Wasser* → *Minze, Pfifferlinge*

MENTHON *schwach-minzig* 💧*Alkohol, Fett, Wasser* → *Kardamom, Minze*

MENTHYLACETAT *minzig* 💧*Alkohol, Wasser* → *Minze*

CIS-SABINENHYDRAT *kräuterig* 💧*Alkohol, Fett* → *Majoran*

PIPERITON *scharf, minzig* 💧*Alkohol, Wasser* → *Minze*

α-PHELLANDREN *würzig-minzig, terpentinartig* 💧*Fett* → *Asant, Dill, Fenchel, Piment, Rosa Beeren*

β-PHELLANDREN *minzig, terpentinartig* 💧*Fett* → *Angelika, Dill, Ingwer, Kurkuma, Liebstöckel, Piment, Rosa Beeren, Zitrusfrüchte*

PULEGON *schwach pfefferminzartig, kampferig* 💧*Alkohol, Fett* → *Minze*

ROSENOXID *rosenartig, litschiartig, Gewürztraminer* 💧*Alkohol* → *Rose*

(Z)-VERBENOL *pinienartig, terpentinartig* 💧*Alkohol, Fett* → *Sonnenblumenkerne*

α-TERPINEOL *zitrusartig, fliederartig, etwas terpentinartig* 💧*Alkohol, Fett* → *Cranberrys, Lavendel, Muskat, Wacholder, Zitrusfrüchte*

α-TERPINEN *herbal, zitrusartig* 💧*Alkohol, Fett* → *Bohnenkraut, Majoran, Rose, Zimt, Zitrone*

γ-TERPINEOL *koniferenartig* 💧*Fett, Wasser* → *Estragon*

TERPINYLACETAT *würzig* 💧*Alkohol, Fett, Wasser* → *Liebstöckel*

THUJOL *anis-mentholartig* 💧*Alkohol, Fett, Wasser (schlecht)* → *Wermut*

α-CUBEBEN *herbal, kräuterig, wachsig* 💧*Alkohol, Fett* → *Kubebenpfeffer, Rosa Beeren*

CADINEN *trockenes Holz* 💧*Alkohol, Fett* → *Beifuß, Bockshornklee, Kubebenpfeffer, Liebstöckel, Parakresse, Wermut*

α-CADINOL *leicht holzig* 💧*Alkohol, Fett, Wasser* → *Beifuß, Bockhornklee, Curryblätter*

α-CARYOPHYLLEN *würzig-holzig* 💧*Alkohol, Fett* → *Annatto, Currykraut, Eberraute, Gewürznelke, Paradieskörner, Sellerie*

β-CARYOPHYLLEN *holzig-terpentinartig* 💧*Alkohol, Fett* → *Eberraute, Langer Pfeffer, Oregano, Paradieskörner, Rosmarin, Zimt*

CEMBREN *harzig, holzig* 💧*Alkohol, Fett* → *Sumach*

FARNESEN *zitronenartig, kräuterig* 💧*Alkohol, Fett* → *Galgant, Ingwer*

α-, β-DAMASCENON *rosenartig, fruchtig, floral* 💧*Alkohol, Fett* → *Granatapfel, Kaffee, Rose, Tomaten*

DAVANOL *bitter* 💧*Alkohol, Fett* → *Eberreuate*

GERANYLACETON *rosig-süßlich, Magnolie* 💧*Alkohol, Fett* → *Tomaten*

GERMACREN *holzig, würzig* 💧*Alkohol, Fett* → *Liebstöckel, Parakresse, Pistazie, Thymian*

β-GURJUNEN *balsamig, weich, holzig* 💧*Alkohol, Fett* → *Sonnenblumenkerne*

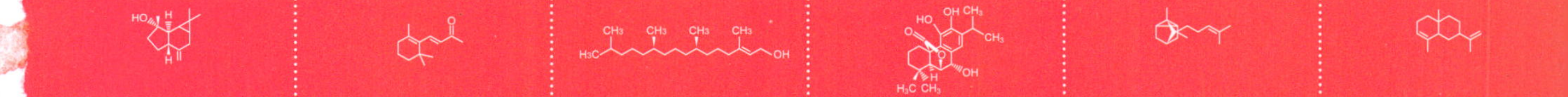

SPATHULENOL *erdig-würzig, bitter* 💧*Alkohol, Fett* → *Annatto, Majoran, Zitronenverbene*

β-IONON *veilchenartig, rosenartig* 💧*Alkohol, Fett* → *Algen, Aprikosen, Rose, Tomaten*

PHYTOL *leicht blumig, jasminartig* 💧*Alkohol, Fett* → *Algen, Portulak*

ROSMANOL *schwach aromatisch* 💧*Wasser* → *Rosmarin*

SANTALEN *sandelholzartig* 💧*Alkohol, Fett* → *Pekannuss*

α-SELINEN *bitter, holzig* 💧*Alkohol, Fett* → *Zitrusfrüchte, Zitronenschale*

TIRUCALLOL *harzig* 💧*Alkohol, Fett* → *Mastix*

VALENCEN *orangig, bitter-orangig* 💧*Alkohol, Fett* → *Zitrone*

VULGARIN *bitter* 💧*Alkohol, Wasser* → *Beifuß*

ZINGIBEREN *zitrus-ingwerartig, metallisch* 💧*Fett* → *Ingwer, Kurkuma, Langer Pfeffer, Paradieskörner*

ANETHOL *anisartig* 💧*Alkohol* → *Anis, Estragon, Fenchel, Sternanis, Süßholz*

ANGELICIN *bitter* 💧*Alkohol, Fett* → *Angelika, Tonkabohne, Zitrone*

BERGAPTEN *fruchtig-bitter* 💧*Alkohol, Fett* → *Bergamotte, Liebstöckel, Portulak, Weinraute*

BERGAPTOL *fruchtig-bitter, säuerlich* 💧*Alkohol, Fett* → *Bergamotte*

2-BROMPHENOL *phenolisch meerartig* 💧*Alkohol, Fett, Wasser (schlecht)* → *Algen*

4-BROMPHENOL *erdölartig, phenolisch, meerartig* 💧*Alkohol, Fett, Wasser (schlecht)* → *Algen*

CARVACROL *würzig, pizzaartig, oreganoartig* 💧*Alkohol, Fett* → *Bohnenkraut, Koriandersamen, Oregano, Sumach, Thymian, Waldmeister*

CHLORBENZOL *mandelartig, aromatisch* 💧*Alkohol, Fett, Wasser (schlecht)* → *Algen*

GUAJACOL *aromatisch-rauchig* 💧*Alkohol, Fett* → *Sesam*

4'-HYDROXYACETOPHENON *phenolisch, tabak-orangenartig* 💧*Alkohol, Fett* → *Macadamianuss*

P-HYDROXYBENZALDEHYD *zimtig* 💧*Alkohol, Fett, Wasser* → *Vanille*

METHYLANTHRANILAT *mostig, grapefruchtig, beerig* 💧*Alkohol, Fett* → *Weinbeere*

STYROL *süßlich* 💧*Alkohol, Fett, Wasser (schlecht)* → *Maronen*

THYMOL *thymianartig* 💧*Alkohol, Fett, Wasser (schlecht)* → *Bohnenkraut, Oregano, Thymian, Waldmeister*

ACETYLEUGENOL *nelkenartig, würzig* 💧*Alkohol, Fett* → *Gewürznelke, Lorbeer*

APIOL *grün-erdig* 💧*Alkohol, Fett* → *Perilla, Petersilie, Sellerie*

BENZYLACETAT *floral, jasminartig* 💧*Alkohol, Fett* → *Essig, Früchte*

CUMARIN *heuartig, süßlich, tonkabohnig* 💧*Alkohol, Fett, Wasser* → *Lavendel, Liebstöckel, Tonkabohne, Waldmeister, Weinraute, Zimt*

DILLAPIOL *dillartig, frisch* 💧*Alkohol, Fett* → *Dill, Fenchel*

(E)-3,5-DIMETHOXY-4-HYDROXYZIMTSÄURE *mandelig* 💧*Alkohol* → *Macadamianuss*

ISOFRAXIDIN *bitter* 💧 *Alkohol* → *Eberraute*

5,7-DIMETHOXYCUMARIN *bitter, zitrusartig* 💧 *Alkohol, Fett* → *Limette*

ELEMICIN *harzig-würzig* 💧 *Alkohol, Fett* → *Estragon, Muskat*

ESTRAGOL *süßlich, kerbel- und basilikumartig, leicht minzig* 💧 *Alkohol, Fett* → *Anis, Basilikum, Estragon, Fenchel, Kerbel, Sternanis*

ETHYLBENZOAT *mild-aromatisch, süßlich* 💧 *Alkohol, Fett* → *Cranberrys*

EUGENOL *nelkenartig* 💧 *Alkohol, Fett* → *Anis, Galgant Gewürznelke, Granatapfel, Kardamom, Liebstöckel, Mandel, Piment, Rose, Rosmarin, Zimt*

2-PHENYLETHANOL *honig-süßlich, rosenartig* 💧 *Alkohol, Fett, Wasser* → *Rose*

SAFROL *süßlich, warm, anisartig, holzig* 💧 *Alkohol, Fett* → *Muskat, Tamarinde, Zimt*

SESAMOL *neutral-nussig* 💧 *Fett* → *Sesam*

ZIMTALDEHYD *intensiv zimtig* 💧 *Alkohol, Fett* → *Zimt*

ZIMTSÄURE *honigartig-säuerlich* 💧 *Alkohol, Fett, Wasser* → *Datteln, Lorbeer, Tamarinde*

ZIMTSÄUREESTER *beerenartig-bitter* 💧 *Alkohol* → *Basilikum*

CORIANDRIN *grasig-heuig* 💧 *Alkohol, Fett* → *Korianderkraut*

γ-DECALACTON *kokosnussartig* 💧 *Alkohol, Fett* → *Parmesan*

2,3-DIETHYL-5-METHYLPYRAZIN *röstig, erdig* 💧 *Alkohol, Fett* → *Kaffee, Kakao*

DIETHYLPHTHALAT *aromatisch, bitter* 💧 *Alkohol, Fett* → *Essig*

DIHYDROCOUMARIN *bitter* 💧 *Alkohol, Fett* → *Lavendel*

2,6-DIMETHYLPYRAZIN *nussig-röstig* 💧 *Alkohol, F*... → *Parmesan*

5-ETHYL-4-HYDROXY-2-METHYL-3(2H)-FURANON *würzig-röstig* 💧 *Alkohol, Fett* → *Kaffee*

FURANEOL *süßlich, braun-röstig, candyartig* 💧 *Alkohol* → *Bockshornklee, Kaffee, Tomaten*

2-FURANMETHANOL *brotartig, röstig* 💧 *Alkohol* → *Parmesan*

FURFURAL *brotig-holzig-karamellig* 💧 *Alkohol, Fett* → *Kapern, Maronen, Paranuss, Pistazie, Tamarinde*

FURFURYLALKOHOL *verbrannt, bitter, karamellig, schokoladekaffeeartig* 💧 *Alkohol, Fett* → *Pistazie, Süßholz*

2-FURYLMETHANTHIOL *rö... nussig, kaffeeartig* 💧 *Alk... Fett* → *Sesam*

LENTHIONIN *erdig-pilzig, shiitakepilzig* 💧 *Alkohol, Fett* → *Shiitake*

MALTOL *aromatisch-karamellig-süßlich* 💧 *Wasser (heiß)* → *Walnuss, Zuckerkaramell*

2-METHYLPYRAZIN *nussig, Kakao, röstig, grünlich* 💧 *Alkohol, Fett* → *Kürbiskerne*

MENTHOFURAN *erdig-minzig* 💧 *Alkohol, Fett* → *Minze*

METHYLBENZOFURAN *leicht nussig* 💧 *Alkohol, Fett* → *Paranuss*

5-METHYL-2-FURFURAL *karam... lig-süßlich-würzig* 💧 *Alkoho... Fett* → *Pistazie*

PYRAZIN *röstig, karamellig* 💧 *Fett* → *Erdnuss, Kreuzkümmel, Pistazie, Sesam, Tamarinde*

SEDANOLID *bitter, würzig* 💧 *Alkohol, Fett* → *Liebstöckel*

SOTOLON *ahornsirupartig, karamellig* 💧 *Alkohol, Fett* → *Bockshornklee, Kaffee, Liebstöckel*

2-(12-TRIDECENYL)FURAN *erdig-nussig* 💧 *Alkohol, Fett* → *Avocado*

UMBELLIFERON *süß, heuartig* 💧 *Alkohol, Fett* → *Korianderkraut, Lavendel, Portulak, Weinraute*

WEINLACTON *süßlich, kokosnussartig, würzig, holzig* 💧 *Alkohol* → *Orange*

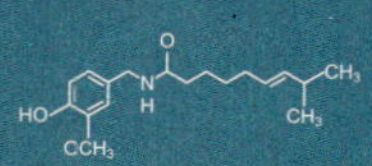

CAPSAICIN *schmerzhaft heiß, scharf* 💧 *Alkohol, Fett* → *Chili, Paprika*

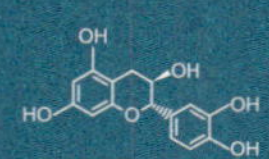

CATECHIN *adstringierend* 💧 *Alkohol, Fett, Wasser* → *Kakao, Perilla, Walnuss*

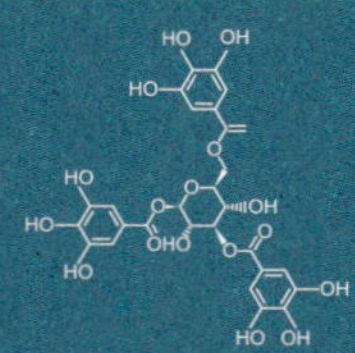

CORILAGIN *adstringierend* 💧 *Alkohol, Wasser* → *Myrte, Sumach*

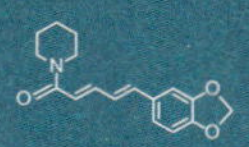

PIPERIN *schmerzhaft heiß, scharf* 💧 *Alkohol, Fett* → *Kubebenpfeffer, Langer Pfeffer, Pfeffer*

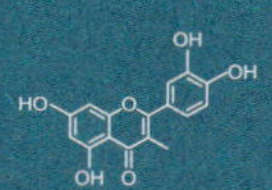

QUERCETIN *adstringierend* 💧 *Alkohol, Fett* → *Cranberrys, Eberraute, Meerrettich, Pfeffer, Piment, Walnuss, Weinraute*

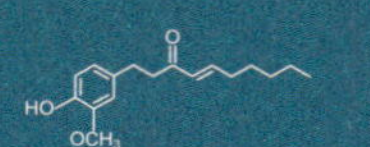

SHOGAOL *warm, scharf* 💧 *Fett, Wasser* → *Galgant, Ingwer, Paradieskörner*

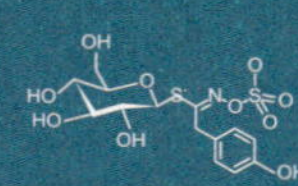

SINALBIN *schmerzend kalt, scharf* 💧 *Fett, Wasser* → *Senf*